HISTÓRIA
DO ATEÍSMO

FUNDAÇÃO EDITORA DA UNESP

Presidente do Conselho Curador
Mário Sérgio Vasconcelos

Diretor-Presidente
Jézio Hernani Bomfim Gutierre

Superintendente Administrativo e Financeiro
William de Souza Agostinho

Conselho Editorial Acadêmico
Danilo Rothberg
Luis Fernando Ayerbe
Marcelo Takeshi Yamashita
Maria Cristina Pereira Lima
Milton Terumitsu Sogabe
Newton La Scala Júnior
Pedro Angelo Pagni
Renata Junqueira de Souza
Sandra Aparecida Ferreira
Valéria dos Santos Guimarães

Editores-Adjuntos
Anderson Nobara
Leandro Rodrigues

Georges Minois

História do Ateísmo
Os descrentes no mundo ocidental, das origens aos nossos dias

Tradução
Flávia Nascimento Falleiros

World copyright © 1998 Librairie Arthème Fayard
© 2012 Editora Unesp

Título original: *Histoire de l'athéisme – Les incroyants dans le monde occidental des origines à nos jours*

Fundação Editora da Unesp (FEU)
Praça da Sé, 108
01001-900 – São Paulo – SP
Tel.: (0xx11) 3242-7171
Fax: (0xx11) 3242-7172
www.editoraunesp.com.br
www.livrariaunesp.com.br
atendimento.editora@unesp.br

CIP – Brasil. Catalogação na publicação
Sindicato Nacional dos Editores de Livros, RJ

M625h

Minois, Georges, 1946-
    História do ateísmo: os descrentes no mundo ocidental, das origens aos nossos dias / Georges Minois; tradução Flávia Nascimento Falleiros. – 1. ed. – São Paulo: Editora Unesp, 2014.

    Tradução de: Histoire de l'athéisme – Les incroyants dans le monde occidental des origines à nos jours
    ISBN 978-85-393-0524-7

    1. Ateísmo – História. I. Título.

14-11355   CDD: 211.8
                                                                   CDU: 211

Editora afiliada:

Asociación de Editoriales Universitarias
de América Latina y el Caribe

Associação Brasileira de
Editoras Universitárias

Para minha esposa,
por trinta anos compartilhados

GOTT IST TODT! GOTT BLEIBT TODT! UND WIR HABEN IHN GETÖDTET! WIE TRÖSTEN WIR UNS, DIE MÖRDER ALLER MÖRDER? [...] IST NICHT DIE GRÖSSE DIESER THAT ZU GROSS FÜR UNS? MÜSSEN WIR NICHT SELBER ZU GÖTTERN WERDEN, UM NUR IHRER WÜRDIG ZU ERSCHEINEN? [...] DIESS UNGEHEURE EREIGNISS IST NOCH UNTERWEGS UND WANDERT — ES IST NOCH NICHT BIS ZU DEN OHREN DER MENSCHEN GEDRUNGEN.*

Friedrich Nietzsche, *A gaia ciência*, VI, 125

---

* Trad.: Deus morreu! Deus permanece morto! E fomos nós que o matamos! Como haveremos de nos consolar, nós, assassinos dos assassinos? [...] Não é a grandeza desse ato grande demais para nós? Não estamos condenados a nos tornarmos, nós mesmos, deuses, para ao menos parecermos dignos deles? [...] Esse acontecimento enorme ainda está em marcha, ele avança, e ainda não chegou aos ouvidos dos homens. (N. T.)

SUMÁRIO

INTRODUÇÃO 1

PRIMEIRA PARTE
O ATEÍSMO NA ANTIGUIDADE E NA IDADE MÉDIA

CAPÍTULO 1
NO INÍCIO: FÉ OU DESCRENÇA? 11
*O problema do ateísmo primitivo / A mentalidade primitiva: o mana / Na origem,
nem fé nem descrença: a consciência mítica / Do mito vivido ao mito conceitualizado:
a religião e seus derivados / Do mito vivido à magia, a atitude supersticiosa e seus
derivados / Do ateísmo teórico ao ateísmo prático: uma hipótese de trabalho / O ateísmo
entre os povos primitivos e antigos*

CAPÍTULO 2
OS ATEÍSMOS GRECO-ROMANOS 35
*Até o século V: aceitação de um panteísmo materialista / 432 a.C.: o decreto de Diopites,
início dos processos por ateísmo e impiedade / De Sócrates, o agnóstico, a Diágoras e
Teodoro, o Ateu / Platão, pai da intolerância e da repressão ao ateísmo / As desmitifica-
ções: Evêmero e o panteísmo estoico / O epicurismo: um ateísmo moral / O ceticismo do
mundo greco-romano nos séculos II e I antes de nossa era / O ateísmo antigo e seus limites*

CAPÍTULO 3
UM ATEÍSMO MEDIEVAL? 71
*"Séculos de fé"? / A contribuição árabe-muçulmana para a descrença / O problema da
dupla verdade / As seduções da razão / Meios incrédulos / A necessidade de "provas"*

prova a dúvida / Milagres, maravilhoso e ceticismo / "A caramunha da impiedade oculta-se sob a bonomia" / Testemunhos de descrença / O naturalismo materialista dos camponeses / Fragilidade do controle clerical / O mundo dos excomungados, ateus em potencial

SEGUNDA PARTE
O ATEÍSMO SUBVERSIVO DA RENASCENÇA

CAPÍTULO 4
O CONTEXTO DA DESCRENÇA NA RENASCENÇA....................119
Lucien Febvre e O problema da descrença no século XVI / Pádua e Pomponazzi / O uso da dúvida na Itália / Um novo contexto sociocultural menos favorável à fé / As grandes viagens e o problema dos povos ateus / O peso do vocabulário / As impurezas da fé. O sentido da blasfêmia / O diabo e o ateísmo / Um contexto confuso

CAPÍTULO 5
TESTEMUNHOS DO ATEÍSMO NO SÉCULO XVI.........................151
Calvino, revelador da descrença / Testemunhos sobre o ateísmo antes de 1570 / Um fenômeno europeu / A recrudescência da descrença após 1570 / Um ateísmo contestatário / Do Mediterrâneo à Inglaterra: o ceticismo popular

CAPÍTULO 6
UM ATEÍSMO CRÍTICO (1500-1600)..175
O credo dos descrentes / Os ateus na apologética: Duplessis-Mornay / A homenagem de Charron / A descrença na Itália, de Pietro Aretino a Giordano Bruno / Dolet, Gruet e Servet: os mártires do pensamento livre (1546-1553) / A descrença como revolta existencial / A mensagem agnóstica do Cymbalum mundi *(1537) / Importância do ateísmo prático nos meios marginais*

TERCEIRA PARTE
DE UMA CRISE DE CONSCIÊNCIA A OUTRA (1600-1730)

CAPÍTULO 7
A PRIMEIRA CRISE DA CONSCIÊNCIA EUROPEIA: OS CÉTICOS LIBERTINOS (1600-1640)..211
O pensamento libertino / Um novo contexto cultural confuso / A inquietude diante do aumento da descrença: testemunhos / O pensamento dos libertinos segundo o padre Garasse (1623) / Atitude e origem dos libertinos segundo Garasse / As controvérsias

em torno da Doctrine curieuse / Os principais círculos libertinos / Casos duvidosos: Gassendi, Patin / O pessimismo cético de Naudé e Le Vayer / O pessimismo epicurista: Vauquelin, Des Barreaux e Viau

CAPÍTULO 8
O AVESSO INCRÉDULO DO GRANDE SÉCULO (1640-1690) 253
O aumento do perigo e a preocupação de Bossuet / Os testemunhos literários / Os tempos dos falsos devotos / A voga de Epicuro / Significado dos libertinos da segunda geração / A mentalidade dualista / O cartesianismo: fator de incredulidade? / Spinoza, Hobbes, Huet: a fé na defensiva / Os átomos e a incredulidade / Desvios da incredulidade no século XVII: Vanini / Cremonini e o ateísmo italiano / Holanda e Inglaterra: uma incredulidade que se revela / O agnosticismo do século XVII: o Theophrastus de 1659

CAPÍTULO 9
A SEGUNDA CRISE DA CONSCIÊNCIA EUROPEIA: RAZÃO E ATEÍSMO (1690 – CA. 1730) 301
Todos os caminhos levam ao ateísmo / A era da suspeita e da dúvida / As viagens causam incredulidade / História comparada e crítica bíblica: dois novos agentes da incredulidade / Bayle e a defesa dos ateus / A Inglaterra, pátria do livre-pensamento / Collins, Toland e Shaftesbury / A luta contra o ateísmo

QUARTA PARTE
O DESCRENTE SÉCULO XVIII

CAPÍTULO 10
O MANIFESTO DO ABADE MESLIER (1729) 339
O escândalo / Deus não existe / O único ser é a matéria / A crítica da revelação / Jesus, o "arquifanático" / Uma história de loucos / A vida e o segredo de Jean Meslier / A propagação das ideias de Meslier no século XVIII / Meslier, da Revolução Francesa à União Soviética / Os êmulos de Meslier / Dom Deschamps e sua "teologia ateia"

CAPÍTULO 11
IRRELIGIÃO E SOCIEDADE NO SÉCULO XVIII 377
Balanço das visitas pastorais: o início do desinteresse / A incompreensão das autoridades morais: Massillon / Fraqueza da apologética: Afonso de Ligório / A confusão do clero francês (1750-1775) / Da confusão ao pânico (1775-1782) / Paris, capital da descrença: o testemunho de Mercier / Progressos da incredulidade na Europa central /

XII   GEORGES MINOIS

O exemplo vem de cima: alta nobreza, alto clero, alta burguesia / Pequenos burgueses, artesãos, barqueiros, marinheiros / O ateísmo: um produto do cristianismo? A separação entre profano e sagrado / Responsabilidade dos excessos dogmáticos e do jansenismo / Difusão da incredulidade: cafés, clubes, jornais / Os manuscritos clandestinos ateus e deístas

Capítulo 12
NOVOS QUESTIONAMENTOS SOBRE OS FUNDAMENTOS DO CRISTIANISMO: HESITAÇÕES DO DEÍSMO 433

O deísmo ou o medo do vazio / Um Deus indemonstrável, porém presente: Hume, Kant e a filosofia alemã / A recusa do aniquilamento / Morte do ateu e morte do crente / Crentes e descrentes unidos pelo pessimismo / A frente desunida dos defensores da fé / A alma, a moral, a natureza: hesitações e problema político / Deísmo, ateísmo e anticlericalismo: Morelly / O desvio antirracionalista e cético / Voltaire e a "guerra civil dos incrédulos"

Capítulo 13
A AFIRMAÇÃO DO MATERIALISMO ATEU 473

O mito do complô ateu / Origens e traços gerais do materialismo / Ateísmo cético (D'Alembert) e ateísmo prático (Helvétius) / Do homem-máquina ao ateu comum / "O que é um ateu?" (Sylvain Maréchal, 1800) / Desvios: o ateísmo niilista alemão e o ateísmo sádico / Diderot, ateu inquieto, e D'Holbach, ateu sereno / "O que é um ateu?" (D'Holbach, 1770)

QUINTA PARTE
O SÉCULO DA MORTE DE DEUS (SÉCULO XIX)

Capítulo 14
A DESCRISTIANIZAÇÃO REVOLUCIONÁRIA: IRRUPÇÃO DO ATEÍSMO POPULAR 503

O anticlericalismo / Padres vermelhos e padres ateus: os êmulos de Meslier / Os missionários do ateísmo / Os ateus das aldeias / O eterno dilema ateísmo-deísmo entre os dirigentes / Uma substituição de religiões? / Balanço da descristianização

Capítulo 15
A ASCENSÃO DO ATEÍSMO PRÁTICO E SEUS COMBATES 531

Um giro pela França da irreligião / Um exemplo: a Bretanha / As autoridades religiosas em estado de alerta / As variações sociais da incredulidade / O papel do anticlericalismo /

HISTÓRIA DO ATEÍSMO   XIII

Fatores de incredulidade. A fé pós-tridentina / O livre-pensamento, tropa de choque da descrença / O livre-pensamento: uma contra-Igreja? / "Guerra a Deus" (Paul Lafargue) / Os diferentes aspectos do combate

Capítulo 16
DA CRENÇA À DESCRENÇA: OS CREDOS SUBSTITUTOS........571
A Igreja em ruptura com o mundo moderno / Carências da teologia e da exegese / Da fé à descrença pelo seminário e pela Bíblia: Renan, Turmel, Loisy, Alfaric / História das religiões, escola de descrença / As vias do ateísmo, ou como se perde a fé no século XIX / Os nostálgicos de Deus / A grande confusão de credos / As novas Igrejas

Capítulo 17
ATEÍSMOS SISTÊMICOS OU AS IDEOLOGIAS DA MORTE DE DEUS.....................605
O racionalismo hegeliano e sua posteridade idealista / Feuerbach e o ateísmo antropológico / Marx, Lenin e o ateísmo socioeconômico / O ateísmo historicista / O ateísmo psicológico e o individualismo desesperado de Stirner, Schopenhauer e Hartmann / Nietzsche, da morte de Deus à loucura / O ateísmo psicofisiológico e psicanalítico

SEXTA PARTE
O FIM DAS CERTEZAS (SÉCULO XX)

Capítulo 18
ATEÍSMO E FÉ: DA GUERRA AO ARMISTÍCIO?...........637
O movimento dos "sem-Deus" na URSS (1925-1935) / Enfraquecimento dos "sem--Deus" e reviravolta política (1935) / O ateísmo militante nos países marxistas depois de 1945 / Os movimentos ateus não marxistas / Os combates racionalistas dos anos 1950-1980 / Rumo a um armistício? / A "recuperação" dos ateus pela Igreja / É possível provar a existência de Deus? / A teologia ao encontro do ateísmo

Capítulo 19
A HIPÓTESE DEUS: UM PROBLEMA ULTRAPASSADO? 669
O existencialismo: rejeição de Deus em nome da liberdade / O nonsense da questão de Deus para a filosofia analítica / A ciência: negar Deus ou revisar o conceito? / O abrandamento do marxismo / As pesquisas sociológicas e a medida da descrença / O fim das categorias (ateu, descrente, agnóstico, indiferente) / Perder a fé no século XX: alguns exemplos / Psicologia e sociologia do ateísmo ambiente

CAPÍTULO 20
A QUANTAS ANDA A DESCRENÇA, APÓS 2 MIL ANOS DE CRISTIANISMO?...................697
A importância da descrença e as dificuldades do ateísmo militante / A ruptura da fé: de Deus ao Espírito / Crenças personalizadas e tentativas de monopolização / A tentação paracientífica e suas ambiguidades / Do ateísmo à indiferença / Os jovens e Deus: um abandono em massa / O "retorno do religioso": uma ilusão / Rumo à perda do sentido

CONCLUSÃO: O SÉCULO XXI SERÁ IRRELIGIOSO?...................725

REFERÊNCIAS BIBLIOGRÁFICAS...................731
ÍNDICE ONOMÁSTICO...................741

– INTRODUÇÃO –

Uma história da descrença [*incroyance*] e do ateísmo, numa época em que se proclama por toda a parte a "volta da religião", a "revanche de Deus" e o "reencantamento do mundo", seria uma provocação, um ato de inconsciência, um arcaísmo ou um delírio? Nada disso, evidentemente.

Diga-se antes de tudo que, pelo fato de todos esses pseudorretornos serem bastante suspeitos, se olharmos a realidade mais de perto, veremos que está longe de corresponder a uma renovação do fato religioso. É claro, as estantes das livrarias estão abarrotadas de volumes sobre a história da Igreja, as religiões, o protestantismo, o cristianismo, a fé, os crentes, a espiritualidade, e de guias, enciclopédias e dicionários do mundo religioso. A religião não atrai mais tanto assim as pessoas às igrejas, no entanto, vende muito bem. O padre Decloux, que em 1995 lamentava o fato de os autores se comprazerem "em retomar incessantemente a questão do ateísmo, multiplicando os livros sobre o assunto",[1] sem dúvida não havia comparado com atenção as seções "ateísmo" e "religião" das bibliotecas. Eu mesmo escrevi diversas obras de história religiosa e participei de trabalhos coletivos sobre o assunto. E foi precisamente esse dilúvio de livros sobre a fé que suscitou meu interesse pelo campo da descrença, que continua sendo muito pouco estudado numa perspectiva histórica.

Desde o raríssimo livro de Spitzel, *Scrutinium atheismi historico-aetiologicum* [Investigação histórico-etiológica do ateísmo], publicado há quase três séculos e meio, em 1663, as histórias do ateísmo são extremamente escassas; a mais completa, até o momento, é a de F. Mautner, *Der Atheismus und seine*

---

1 Decloux, Les athéismes et la théologie trinitaire. À propos d'un livre récent, *Nouvelle Revue Théologique*, v.117, n.1, jan./fev. 1995, p.112.

Geschichte im Abendlande [O ateísmo e sua história no Ocidente], publicada em quatro volumes entre 1920 e 1923.

O ateísmo foi objeto de inúmeros estudos filosóficos, sociológicos, psicológicos e psicanalíticos; diferentes momentos, bem como seu surgimento em certas regiões limitadas, também foram estudados, entretanto as únicas verdadeiras sínteses completas continuam sendo os trabalhos soviéticos, muitas vezes tendenciosos.

Há, portanto, um relativo vazio historiográfico. Essa lacuna merece ser preenchida, pois o ateísmo tem sua história própria, que não é um simples negativo da história das crenças religiosas. Se há poucas histórias sobre o assunto, é precisamente em razão da conotação negativa que se atribui à descrença. Todos os termos utilizados para designá-la são formados com um prefixo privativo ou negativo: a-teísmo, des-crença, a-gnosticismo, in--diferença. Pode-se ler em *L'État des religions* [O estado das religiões]:

> Isso é o testemunho de uma história, de uma luta para subtrair o ser humano ao universo divino, bem como de uma dificuldade se não em viver, pelo menos em exprimir de maneira positiva – sem nostalgia, sem referência a um universo do qual se deseja a libertação – uma existência livre, autônoma, responsável. Como se houvesse um mal-estar ou um resquício de provocação em existir sem deus nem diabo, simplesmente em meio aos homens.[2]

O termo "ateu" conserva uma vaga conotação pejorativa, e sempre causa certo medo: herança de muitos séculos de perseguição, de desprezo e ódio por todos aqueles que negavam a existência de Deus e se viam, assim, irremediavelmente amaldiçoados. Inconscientemente, a ideia da maldição ainda vigora: "Graças a Deus, Deus não existe. Mas, que Deus nos livre, e se Deus, ainda assim, existisse de fato?", diz um provérbio russo. Nesse domínio, a certeza pode ser absoluta? A aposta não é por demais arriscada? Muitos descrentes convictos ainda hesitam em se proclamar ateus. O termo não é neutro, e dele ainda exala um vago odor de fogueira. Quanto ao vocábulo "materialista", que frequentemente lhe é associado, ele também mantém uma nuance de desprezo: ligado a uma doutrina "grosseira", "baixa", "primária", foi por muito tempo utilizado como acusação ou injúria.

Há, portanto, uma pesada herança passional em torno do ateísmo, noção impregnada de agressividade, por parte tanto de seus partidários

---

2 Clévenot (org.), *L'État religieux du monde*, p.495.

quanto de seus adversários, pois se trata da negação por excelência: a negação de Deus. Como escrever a história de uma atitude negativa? Na maioria das vezes, é o campo adversário que se encarrega da história "dos que se opõem a...", tratando-a com todos os preconceitos costumeiros. A descrença aparece com mais frequência na história das religiões do que em obras que lhe sejam propriamente consagradas, e o perigo da história da descrença é justamente acabar sendo uma história da fé pelo avesso. Durante muito tempo, os únicos testemunhos relativos à descrença vinham das autoridades religiosas que a reprimiam, especialmente nos séculos XVI e XVII. Até mesmo no século XX, um espírito tão aberto quanto o de Gabriel Le Bras não hesitou em anexar, ainda que com um olhar cheio de simpatia, a história da irreligião à sociologia religiosa: "O ateísmo dos meios modernos nos obriga a investigar todos os quadros sociais e toda a vida do espírito, pois a sociologia da irreligião constitui um dos principais capítulos, o mais emocionante de toda a sociologia religiosa".[3] A dificuldade não é menor na época contemporânea: com exceção dos movimentos ateus militantes, muito minoritários, como escrever a história de uma atitude que não parece ter nenhum conteúdo positivo? Alguém pensaria, por exemplo, em escrever a história daqueles que não acreditam em óvnis?

Outro problema: o do vocabulário, que exprime uma profusão de nuances. Do ateu materialista puro-sangue ao crente integrista, há lugar para o agnóstico, o cético, o indiferente, o panteísta, o deísta: aos olhos dos fiéis, todos são mais ou menos ateus. Todavia, as diferenças entre eles são consideráveis. Aliás, é preciso dizer também que nem sequer os termos "ateu" e "descrente" são sinônimos perfeitos. Então, cabe perguntar: história do ateísmo ou história da descrença? São essas questões metodológicas que devemos abordar desde o início.

A atitude descrente é um componente fundamental, original, necessário e, portanto, inevitável em qualquer sociedade. Por isso tem obrigatoriamente um conteúdo positivo, e não se reduz unicamente à não crença. É uma afirmação: a afirmação da solidão do homem no universo, geradora de orgulho e angústia; sozinho diante de seu enigma, o homem ateu nega a existência de um ser sobrenatural que intervenha em sua vida, mas seu comportamento não se apoia em tal negação; ele a assume, seja como um dado fundamental (ateísmo teórico), seja inconscientemente (ateísmo prático).

---

3 Le Bras, *Lumen Vitae*, p.20.

Essa solidão, que faz a grandeza e a miséria do homem ateu, encontra-se na origem de condutas diversas: ela engendra uma moral e uma ética fundada sobre o único valor discernível no universo: o homem. Não crer em Deus não é uma atitude negativa. É uma posição que acarreta escolhas práticas e especulativas autônomas, que tem portanto sua especificidade e sua história, diferente esta da história dos crentes. Tal como as religiões, o ateísmo é plural: ele evoluiu, assumiu formas diferentes, sucessivas e simultâneas, e por vezes antagônicas.

É claro, a história do ateísmo foi moldada durante muito tempo por suas relações com as religiões, que o perseguiram, antes que ele mesmo se tornasse perseguidor em certas culturas não crentes do século XX. O ateísmo é tão antigo quanto as religiões. Pois nesse campo há sempre lugar para a dúvida especulativa, bem como para a conduta rebelde. No que diz respeito ao cristianismo em particular, que gosta de se gabar de seus 2 mil anos de existência, o ateísmo goza de uma anterioridade que deveria lhe valer respeitabilidade. Dois mil e quinhentos anos antes de Cristo, sábios indianos já haviam proclamado que o céu é vazio. Para nos restringir unicamente à civilização ocidental, é preciso dizer que, desde o século VI antes de nossa era, Parmênides, Heráclito e Xenófanes de Cólofon já professavam a eternidade da matéria, e que, pouco tempo depois, Teodoro, o Ateu, anunciava a morte de Deus. Como lembra Georges Hourdin:

> O ateísmo é historicamente muito mais antigo do que a civilização cristã. Ele tem autonomia. Alguns filósofos da Antiguidade, como Epicteto e Epicuro, eram ateus. Por outro lado, o ateísmo é mais amplamente difundido em termos geográficos do que o conhecimento do Evangelho. O que se costuma chamar, por exemplo, de religiões do Extremo Oriente – budismo, confucionismo – é muitas vezes e simplesmente sabedoria e racionalismo. Cristo, Filho de Deus, encarnou portanto num momento em que já havia ateus. As Igrejas que lhe deram continuidade não deram cabo do ateísmo.[4]

O ateísmo, independente das religiões, pode ser concebido como a grandiosa tentativa do homem de criar um sentido para si mesmo, de justificar para si mesmo sua presença no universo material, de nele construir um lugar inexpugnável. O mito religioso da Torre de Babel pode encontrar

---

4 Hourdin, Conversions du christianisme à l'athéisme. In: Girardi; Six (orgs.), L'Athéisme dans la vie et la culture contemporaines, t.I, p.392.

INTRODUÇÃO

aqui uma interpretação inesperada e bem diferente daquela que lhe dá a exegese religiosa.

Aliás, esse estranho episódio foi deformado por essa exegese, que o apresentou como uma manifestação do orgulho humano devidamente castigado por Deus: os homens, para evitar ser mais uma vez tragados por um dilúvio, decidiram construir uma torre gigantesca que os protegesse das águas, desafiando assim o poder divino; Deus, para puni-los, teria então introduzido a diversidade das línguas, tornando impossível a compreensão entre os homens, e semeando a desunião entre eles, o que levou ao fim da construção. O texto bíblico, na verdade, não diz nada disso. Eis o relato do Gênesis:

> Todo o mundo se servia da mesma língua e das mesmas palavras. Como os homens emigrassem para o Oriente, encontraram um vale na terra de Senaar e aí se estabeleceram. Disseram um ao outro: "Vinde! Façamos tijolos cozamo-los ao fogo!". O tijolo lhes serviu de pedra e o betume de argamassa. Disseram: "Vinde! Construamos uma cidade e uma torre cujo ápice penetre os céus! Façamo-nos um nome e não sejamos dispersos sobre toda a terra".
>
> Ora, Iahweh [Senhor] desceu para ver a cidade e a torre que os homens tinham construído. E Iahweh disse: "Eis que todos constituem um só povo e falam uma só língua. Isso é o começo de suas iniciativas! Agora, nenhum desígnio será irrealizável para eles. Vinde! Desçamos! Confudamos a sua linguagem para que não mais se entendam uns aos outros". Iahweh os dispersou daí por toda a face da terra, e eles cessaram de construir a cidade. Deu-se-lhe por isso o nome de Babel, pios foi aí que Iahweh confundiu a linguagem de todos os habitantes da terra e foi aí que ele os dispersou por toda a face da terra.[5]

Traduzamos: sem Deus, os homens são unidos, solidários, e decidem construir uma humanidade forte, independente, que domine o mundo e lhe dê um sentido: "Conquistemos para nós um nome!". Esses homens não pensam em Deus, constroem o próprio futuro com orgulho, na união; eles podem representar a humanidade ateia, organizando-se sozinha. Ora, Deus sente ciúme desse entendimento que os fortalece; ele confunde as línguas e introduz a divisão. Deus quer uma humanidade fraca, humilde, submissa; não pode suportar que os homens se organizem a sua revelia, que confraternizem sem levar em conta sua existência. Prefere que os homens

---

5 Gênesis 11,1-9. [Trad. *Bíblia de Jerusalém*. 6.ed. São Paulo: Paulus, 2010. N. E.]

se desentendam, briguem, o que lhe dá de volta o papel de árbitro supremo. A fé, portanto as religiões, fator de divisão, é fator de solidariedade humana diante da descrença: não seria a Torre de Babel o símbolo de uma humanidade ateia em busca de se dar um sentido – o "nome" – e cujos esforços são aniquilados pela intervenção do sagrado, do divino, do sobrenatural, do absoluto, que divide e assola toda e qualquer esperança de união natural?

Essa interpretação, evidentemente, tem poucas chances de ser aceita. E, no entanto, a julgar estritamente pelo texto, parece uma leitura possível. O episódio, em todo caso, pode ilustrar a hostilidade fundamental das religiões para com a descrença. Até meados do século XX, crentes e descrentes constituíam no Ocidente dois mundo antagônicos, dispostos a chegar às vias de fato. Apenas em época bastante recente, tal oposição parece finalmente superada. Por que esse ódio ou, no mínimo, essa suspeição? Que importância tem, para aqueles que creem, que outros não creiam e vice-versa? Essa intolerância nada tem a ver com o problema da verdade: ninguém persegue os que não creem no teorema de Pitágoras, ou os que negam que dois e dois são quatro; contentam-se em tratá-los de loucos. Se durante muito tempo a vontade de eliminar o ateísmo prevaleceu, é porque a ausência de fé era supostamente capaz de acarretar uma diferença de comportamento individual e social. O homem sem Deus, até a época de Bayle, e mesmo depois, é um homem sem moral, portanto um perigo para a sociedade. A história do ateísmo é também a dos que lutam por uma moral puramente humana.

A história do ateísmo não é simplesmente a história de uma ideia, mas é também uma história do comportamento. Por isso recorrerei, na medida do possível, às pesquisas sociológicas, inclusive as religiosas. Trata-se de compreender por que e como uma fração da sociedade europeia, desde as suas origens, viveu sem referência a um deus qualquer. Isso permite lembrar para nossa época, em pleno desarranjo cultural, como os homens conseguiram viver outrora, inventando para sua existência um sentido totalmente independente da fé religiosa.

De cada cinco homens, hoje, mais de um é ateu; e dos quatro quintos restantes, quantos são indiferentes, céticos, agnósticos? A história do ateísmo não é a história de um punhado de indivíduos. Ela diz respeito a centenas de milhões de pessoas que não conseguem acreditar em Deus. A fé não pode ser decretada, não pode ser demonstrada, nem pode ser imposta. O que, sem dúvida, deveria interpelar os que creem: como é possível que eles creiam e tantos outros não? A história dos descrentes deveria alimentar a reflexão dos crentes.

INTRODUÇÃO

Quanto ao autor, normalmente os leitores gostam de saber sua opinião pessoal quando trata de assuntos como este, nem que seja apenas para espreitá-lo e pegá-lo em contradição, num ou noutro sentido. Limito-me a dizer que não há neste livro nenhuma intenção apologética a favor do ateísmo ou contra ele, a favor da fé ou contra ela. A principal motivação, aqui, é uma busca de sentido, que não rejeita *a priori* nenhuma atitude. Embarcamos todos numa estranha aventura. Nascemos sem pedir, vivemos sem saber por quê, morremos sem receber desculpas, somos todos submetidos à mesma trajetória sem ter direito à menor explicação. Muitos nem sequer se preocupam com isso. São, provavelmente, os mais felizes. Outros têm respostas prontas, lisas, indiscutíveis, que herdaram ou elaboraram; acreditam nelas e sem dúvida têm razão de se fiar nelas – ao menos sabem qual conduta devem adotar. Enfim, há os que não compreendem nada, os inquietos, os angustiados, todos aqueles que, desde as origens, considerando este mundo grotesco e grandioso, e não se satisfazendo com nenhuma resposta, perguntam-se: por quê? O historiador tem o dever de explorar o passado dessas três atitudes, com compreensão e compaixão, sabendo que ele mesmo está imerso numa dessas três correntes mais fortes do que ele. Pertencendo ao terceiro grupo, invejo tanto os que nada se perguntam quanto os que apenas têm respostas; eu, que só tenho perguntas, sem respostas.

Este livro fala da história dos descrentes, designando com esse vocábulo todos os que não reconhecem a existência de um deus pessoal que intervenha em sua vida: ateus, panteístas, céticos, agnósticos, mas também deístas, sendo infinitas as nuances entre tais categorias. Todos eles, juntos, constituem sem dúvida a maioria da humanidade. Esta é, na verdade, a história dos homens que creem apenas na existência dos homens.

PRIMEIRA PARTE

O ATEÍSMO NA ANTIGUIDADE E NA IDADE MÉDIA

– 1 –

NO INÍCIO: FÉ OU DESCRENÇA?

O homem primitivo era ateu ou religioso? O problema das origens é ao mesmo tempo capital e insolúvel. Capital porque permitiria determinar o caráter natural do ateísmo ou da atitude religiosa, o que daria a uma ou a outra dessas realidades uma justificação fundamental. Insolúvel porque a mentalidade primitiva dos povos pré-históricos está para sempre fora do alcance de um estudo científico. Estamos, pois, reduzidos neste domínio a nos contentarmos com reles indícios cuja interpretação depende amplamente dos pressupostos dos pesquisadores. No entanto, há pelo menos um século e meio sociólogos, etnólogos, psicólogos e historiadores têm debatido exaustivamente essa questão.

O PROBLEMA DO ATEÍSMO PRIMITIVO

Posta no contexto dos conflitos entre fé e ciência que marcaram o século XIX, a questão, evidentemente, não é neutra. Os dois campos reivindicam uma anterioridade que faria do adversário um derivado artificial e

12   O ATEÍSMO NA ANTIGUIDADE E NA IDADE MÉDIA

sem o valor de uma atitude original, natural, autêntica e sã. Até uma época recente, os pesquisadores, crentes ou ateus, trabalharam antes de tudo para defender uma causa, ideológica ou religiosa.

Em 1936, por exemplo, Henri de Lubac via na afirmação marxista de uma fase primitiva arreligiosa da humanidade a vontade partidarista de mostrar que a religião não é uma necessidade essencial do homem, e que corresponde unicamente a um estado transitório da sociedade.[1] Ele criticava também os pressupostos sociológicos de Émile Durkheim e etnológicos de Lucien Lévy-Bruhl que, prolongando o esquema de Auguste Comte, fariam do estágio religioso uma fase provisória na história do espírito humano. O trabalho das ciências se insere hoje num espírito menos polêmico, mas nem por isso a interferência de nossos pressupostos contemporâneos estaria menos presente. No entanto, é indispensável prestar conta dessas pesquisas.

O primeiro estudo sério consagrado ao assunto data de 1870: *The Origin of Civilization and the Primitive Condition of Man* [A origem da civilização e a condição primitiva do homem]. John Lubbock (1834-1913), que estudou povos primitivos da Austrália e da Terra do Fogo, afirma nessa obra que a humanidade, em suas origens, é ateia, isto é, não tem a mínima ideia de um mundo divino qualquer. Colocando-se numa perspectiva evolucionista, ele retraça as etapas da elaboração progressiva da religião, passando sucessivamente pelas fases fetichista, totemista, xamanista, idólatra antropomórfica. Declara ao mesmo tempo que existem povos completamente ateus: os cafres, os melanésios, os yagans da Terra do Fogo e os aruntas da Austrália.

Já no ano seguinte, Edward Tylor (1832-1917) reage a essa proposição e mostra que a pretensa ausência de ideias sobre Deus nesses povos provém da inadequação dos conceitos que descrevem o sistema de crenças dos primitivos. Esses povos, explica ele, ignoram *nossa* concepção de Deus, mas isso não quer dizer que não tenham *uma* concepção de Deus. Já se esboçava assim uma ambiguidade fundamental que encontraremos com frequência: a tendência a utilizar o termo "ateu" para qualificar todos aqueles que têm uma concepção diferente da divindade. Assim, pagãos politeístas e cristãos monoteístas poderão se tratar mutuamente de ateus.

Segundo Taylor, o homem primitivo é levado a conceber uma realidade sobre-humana ou extra-humana a partir de sua experiência do sono, do sonho, das visões, do êxtase, do delírio, da morte. Daí teria saído a noção de alma, atribuída a todos os objetos, vivos ou inertes, depois reservada ao

---

1 Lubac, L'origine de la religion. In: Kologrivof (org.), *Essai d'une somme catholique contre les sans-Dieu.*

homem e dotada de imortalidade; progressivamente, o homem chegaria ao monoteísmo. Quatro anos mais tarde, Herbert Spencer (1820-1903), situando-se também numa perspectiva evolucionista, afirma que a religião original repousa sobre o culto dos ancestrais.[2]

Outros pesquisadores do fim do século XIX acreditaram reconhecer nos povos primitivos não somente um sentimento religioso, mas um monoteísmo original. Como Howitt, que em 1884 se interessou pelas tribos do Sudeste australiano, e, pouco depois, Andrew Land, para quem o deus do céu é o ancestral primitivo da tribo.[3] O principal defensor dessa tese extrema é o padre Wilhelm Schmidt (1868-1954): numa extensa obra sobre os pigmeus,[4] ele mostra que o Ser supremo desse povo, todo-poderoso, mestre da vida e da morte, criador, justiceiro, é o típico deus único. Desde então, outros acreditaram descobrir os mesmos vestígios de monoteísmo primitivo no Tira-Wa do povo pawnee, no Nzambi dos bantus, no Vatauineuva (o "Velhíssimo") dos yagans, no Kalunga dos ovambos, acrescentando que muitas vezes esse deus supremo não é objeto de culto porque está fora de alcance e não se ocupa dos homens.

Essas concepções, em geral concebidas com um pano de fundo apologético, foram muito criticadas, especialmente por Raffaele Pettazzoni (1883-1959), para quem a noção de monoteísmo é empregada de modo abusivo por esses sociólogos e etnólogos. Outros autores sustentaram a tese contrária, ou seja, a da ausência de sentimentos religiosos nos povos estudados.[5] Mas sua argumentação também é frágil, pois repousa sobre uma definição muito estreita e ocidental da religião.

Em 1912, Émile Durkheim retoma o debate em *As formas elementares da vida religiosa*, estudando o meio dos aborígenes australianos, considerados os mais próximos da condição primitiva da humanidade. Sua abordagem, exclusivamente sociológica, pode alimentar tanto os argumentos ateus quanto os religiosos. Se a religião depende do substrato econômico e social que lhe dá origem, ela supera este último, porque tem um valor objetivo que não é menor que a experiência científica; ela é mais que um epifenômeno, assim como o pensamento é mais que o cérebro:

---

2 Spencer, *Principles of Sociology*.
3 Lang, *The Making of Religion*.
4 Schmidt, *Ursprung der Gottesidee. Eine historisch-kritische und positive Studie*.
5 Spencer; Gillen, *The Northern Tribes of Central Australia*; Nieuwenhuis, *De Mensch in de werkelijkheid*; Volz, *Im Dämmer des Rimba*; Tessmann, *Preussische Jahrbücher*.

Portanto, longe de ignorar a sociedade real e dela fazer abstração, a religião é a sua imagem; reflete todos os seus aspectos, mesmo os mais vulgares e os mais repugnantes. Mas se é verdade que, através das mitologias e das ideologias, transparece claramente a realidade, também é certo que nelas a realidade se vê engrandecida, transformada, idealizada.[6]

Para Durkheim, as formas elementares da vida religiosa se ordenam em torno da noção de totem, que é ao mesmo tempo o nome e emblema do clã, a partir do qual se elaboram as classificações religiosas, os ritos e os tabus. Todas as categorias fundamentais do pensamento, e portanto também a ciência, são de origem religiosa: "Se a religião engendrou tudo o que há de essencial na sociedade, é porque a ideia da sociedade é a alma da religião".[7]

A ideia fundamental de Durkheim, no que diz respeito a nossos propósitos neste trabalho, é que nos povos mais primitivos, e implicitamente, portanto, na origem da humanidade, encontram-se todos os elementos constitutivos da atitude religiosa, mesmo a mais avançada, a saber:

> distinção das coisas em sagradas e profanas, noções de alma, de espírito, de personalidade mítica, de divindade nacional e até mesmo internacional, culto negativo com as práticas ascéticas que são suas formas exacerbadas, ritos de oblação e comunhão, ritos imitativos, ritos expiatórios, nada de essencial lhes faltando.[8]

Desde o início, o culto desempenha um papel fundamental na coesão social: "É que a sociedade só pode fazer que sua influência seja sentida se for um ato, e ela só é um ato se os indivíduos que a compõem forem assembleias e agirem em comum".[9] As forças religiosas, enraizadas na sociedade, são interiorizadas pelos indivíduos, que as associam a sua vida íntima. Além do mais, sendo as sociedades mais ou menos engajadas nas relações com outras sociedades, as ideias religiosas podem adquirir rapidamente um caráter universalista. Durkheim não deixa, portanto, nenhuma possibilidade para um ateísmo original. Quanto a isso, ele está de acordo com a maioria dos etnólogos e sociólogos de sua época, que pensavam que não havia povos primitivos sem religião.

Nem por isso o problema está resolvido. Em primeiro lugar, porque afirmar que a universalidade do sentimento religioso nos povos primitivos

---

6 Durkheim, *Les Formes élémentaires de la vie religieuse*, p.601.
7 Ibid., p.599.
8 Ibid., p.593.
9 Ibid., p.598.

tende a provar uma revelação original é evidentemente um raciocínio abusivo – essa hipótese, aliás, é totalmente ausente em Durkheim. Em segundo lugar, porque a assimilação do pensamento dos povos primitivos do século XX ao da humanidade pré-histórica é outro salto contestável. E, por último, porque a noção de "religioso" está sempre cercada de incertezas e pode dar lugar a muitas contestações: o que é qualificado de "religioso" neste ou naquele povo primitivo não estaria mais próximo de um animismo naturalista do que de uma verdadeira crença religiosa? O limite entre teísmo e ateísmo não é claro nem mesmo em nossa época. Parece ainda mais vago, e até mesmo inexistente, na mentalidade primitiva.

A MENTALIDADE PRIMITIVA: O MANA

Desde 1900, etnólogos e filósofos têm se orientado a uma noção mais apta a qualificar as relações entre o homem pré-histórico e seu ambiente natural: a noção de "mana", isto é, uma força imaterial e ativa, difusa em todos os objetos. Em 1891, Codrington já a tinha estudado entre os melanésios,[10] mas foi em 1915 que o alemão Lehmann lhe consagrou um amplo estudo.[11] Uma mesma realidade é então identificada, com nomes diferentes, entre os malgaxes (*hasina*), os hurons (*orenda*), os tlingits (*yok*), os omahas (*wakenda*), os barongas (*tilo*) etc.

É difícil conceber e, sobretudo, definir o mana. Codrington via nele um "poder ou uma influência sobrenatural que entra em cena para efetuar tudo o que está além do poder ordinário do homem, fora do processo comum da natureza". Essa definição, que parece introduzir uma diferença entre natureza e sobrenatureza, foi depois corrigida. Como precisará Georges Gusdorf, a mentalidade primitiva é monista: ela não distingue entre o natural e o sobrenatural, entre a física e a metafísica. O homem e seu ambiente formam algo uno, e a ontologia não é pensada, mas vivida. O primitivo não separa o profano do sagrado; ele está imerso no meio com o qual é uno. Vive no vivo, como parte integrante de um todo uno:

> O primitivo tem uma visão única, e a palavra "mana" designa essa atitude unitária do homem diante do universo, ou melhor, no universo. [...] O mana é imanente à existência em sua espontaneidade, mas pode se encontrar tanto

---

10 Codrington, *The Melanesians*.
11 Lehmann, *Mana: eine begriffsgeschichtliche Untersuchung auf ethnologischer Grundlage*.

junto do sujeito quanto junto do objeto. Mais exatamente, o mana corresponde a certo enfrentamento do homem e da realidade ambiente, dado inicialmente como um ser no mundo característico da vida primitiva. A intenção "mana" não designa especialmente uma situação propriamente "religiosa": ela indica certa polarização da existência em seu conjunto, fora de qualquer referência a "deuses", ou mesmo a "espíritos", por mais imprecisos que sejam.[12]

De fato, o mana não é uma realidade em si, mas antes uma estrutura da consciência que nos faz agir intuitivamente, como se os objetos que nos rodeiam estivessem carregados de intenções a nosso respeito. Trata-se, portanto, de um dado bruto, imediato, que nada tem a ver com um sentimento do divino ou do sagrado. Mas esse modo de consciência preanimista pode engendrar dois tipos de atitude: a magia e a religião. Para Lehmann, a noção confusa de mana é uma espécie de objetivação do sentimento de temor para com o objeto: se o poder é atribuído ao próprio objeto, tende-se à magia; e se é atribuído a um espírito que dirige o objeto, tende-se ao teísmo e, portanto, à religião.

Magia e religião têm portanto a mesma origem. Ora, essas duas atitudes caracterizam respectivamente as visões ateia e deísta do mundo. O que conduziria a excluir toda e qualquer anterioridade de uma em relação à outra. A célebre obra de Henri Bergson sobre *As duas fontes da moral e da religião* parece reforçar essa hipótese. Publicada em 1932, ela se apoia em inúmeros estudos etnológicos da época e conclui pelo caráter simultâneo e indissociável da magia e da religião: "Não se pode pretender que a religião derive da magia: elas são contemporâneas". Em sua fase preanimista, escreve Bergson, "a humanidade teria imaginado uma força impessoal tal como o mana polinésio, difundida no todo, desigualmente distribuída entre as partes; só mais tarde ela teria chegado aos espíritos".[13] A magia é a prolongação da ação humana sobre o mundo; é portanto "inata ao homem, sendo apenas a exteriorização de um desejo do qual o coração está repleto".

Na origem, portanto, não haveria nenhuma concepção abstrata ou teórica de um sobrenatural qualquer: "Não é uma força impessoal, não são espíritos já individualizados que teriam sido concebidos a princípio; simplesmente teriam sido atribuídas intenções às coisas e aos acontecimentos, como se em toda a parte a natureza tivesse olhos fitando os homens".[14]

---

12 Gusdorf, *Mythe et métaphysique*, p.89.
13 Bergson, *Les Deux sources de la morale et de la religion*, p.185.
14 Ibid.

Desse fundo comum teriam saído, para baixo, a magia, que utiliza as forças impessoais da natureza, e, para o alto, a religião, que personaliza tais forças. A religião popular conservou esses dois aspectos, e as grandes religiões tradicionais terão a maior dificuldade para separá-los.

No entanto, Bergson amplia abusivamente o termo "religião" à situação comum anterior a essa distinção quando escreve: "A verdade é que a religião, sendo coextensiva à nossa espécie, deve resultar de nossa estrutura". Se nos basearmos em seu raciocínio precedente, o que é extensivo à nossa espécie é o estágio do mana, que é ao mesmo tempo pré-religioso e pré-mágico, isto é, pré-ateu. Aliás, o próprio filósofo confirma o caráter derivado da religião quando nega todo elo fundamental entre esta última e a moral, a qual é apenas expressão de necessidades sociais:

> Quando dizemos que uma das funções da religião, tal como desejada pela natureza, é manter a vida social, não pretendemos dizer com isso que haja solidariedade entre a religião e a moral. A história dá testemunhos do contrário. Pecar sempre foi ofender a divindade, mas nem sempre a divindade se sentiu ofendida pela imoralidade ou pelo crime: aconteceu até mesmo de ela os prescrever.[15]

O caráter simultâneo e indissociável da magia e da religião também é afirmado, de outra forma, por Claude Lévi-Strauss, que escreve em *O pensamento selvagem*:

> O antropomorfismo da natureza (em que consiste a religião) e o fisiomorfismo do homem (pelo que definimos a magia) formam dois componentes sempre dados, e dos quais apenas a dosagem varia. [...] Não há religião sem magia, do mesmo modo que não há magia que não contenha pelo menos uma pitada de religião. A noção de uma sobrenatureza só existe para uma humanidade que atribui a si mesma poderes sobrenaturais e que, por outro lado, atribui à natureza os poderes de sua sobre-humanidade.[16]

O etnólogo mostra como a religião corresponde a uma humanização das leis naturais, por atribuição a um Ser superior das forças da natureza, e como a magia corresponde a uma naturalização das ações humanas, por atribuição à natureza de intenções e poderes de tipo humano. Se subsiste

---

15 Ibid., p.217.
16 Cf. Lévi-Strauss, *La Pensée sauvage*, p.265.

certa mistura entre as duas atitudes, a natureza de ambas é fundamentalmente diferente, embora ambas provenham de um fundo comum.

Ora, insistamos, a atitude mágica é fundamentalmente ateia e con-
duzirá, pela evolução natural, ao ateísmo prático. Quando tropeço numa
cadeira, caso eu viva no estágio do mana, dou-lhe um pontapé; caso seja
um pouco mais evoluído, atribuo o tropeção à vontade divina e sou um
espírito religioso; ou então acuso a cadeira de má intenção para comigo, e
dou mostra de um estado de espírito mágico, que não faz referência a um
ser sobrenatural – e mais cedo ou mais tarde hei de chegar à indiferença
para com a cadeira, e então considerarei que sou o único responsável por
minha falta de cuidado.

NA ORIGEM, NEM FÉ NEM DESCRENÇA: A CONSCIÊNCIA MÍTICA

Na origem, o mito é um modo de ser no mundo, a maneira do homem
de viver sua inserção em dado meio ambiente, que age sobre ele e sobre o
qual ele age. Para satisfazer suas necessidades fundamentais, ele estabelece
com o mundo um tecido de relações afetivas vitais, baseadas no par atração-
-repulsão. Atribuindo às coisas intenções que ele explora para sua própria
satisfação, ele vive no mito, do qual não se dissocia pelo pensamento. Nesse
estágio, o mito não é nem uma teoria, nem uma lenda, nem uma alegoria,
nem um símbolo; é um gênero de vida, um modo de ser, no qual o acesso
ao sentido é imediato, sem dissociação.

O homem primitivo está imerso na realidade mítica. Como escreve
Georges Gusdorf: "É por isso que ele não conhece a instabilidade do homem
moderno, que perdeu seu lugar ontológico e está sempre em busca dele.
Ele se sente em seu lugar, no centro da realidade, não suficientemente
consciente de si mesmo para se desejar outro em relação ao que ele é".[17]
Seria inútil qualificar esse estado inicial de religioso ou ateu. Ele é um e
outro a um só tempo, e portanto, ao mesmo tempo, a negação mútua disso.
No estado mítico, o ser é unitário; não há distinção entre divino e profano,
natural e sobrenatural. O primitivo vive no sagrado, mas um sagrado vivido,
não conceptualizado. O mito é a realidade última, que compreende tudo e
seu contrário, perigoso e amistoso, atraente e repugnante. Mircea Eliade
sublinhou essa ambivalência do sagrado original, que não passa, de fato,

---

17 Gusdorf, op. cit., p.144.

de uma reação diante de um mundo cheio de boas e más intenções, capaz de produzir o bom e o mau, o agradável e o doloroso:

> A atitude ambivalente do homem diante de um sagrado ao mesmo tempo atraente e repugnante, benéfico e perigoso, encontra sua explicação não somente na estrutura ambivalente do próprio sagrado, mas também nas reações naturais que o homem manifesta diante dessa realidade transcendente que o atrai e o amedronta com igual violência. A resistência se afirma com mais nitidez quando o homem se vê diante de uma solicitação total do sagrado, quando é chamado a tomar a decisão suprema: aderir, completamente e sem voltar atrás, aos valores sagrados, ou então manter-se, quanto a eles, numa atitude equívoca.[18]

A partir desse estágio, o homem pode reagir negativamente ao sagrado, pela repulsa, pela rejeição, pelo ódio, pelo sarcasmo ou pela indiferença. Essas atitudes serão verificadas em relação às religiões constituídas. Mas no estágio mítico o homem não é nem religioso nem ateu. Para ser crente ou ateu, é preciso se distanciar, pelo pensamento, do mundo divino, que é aceito ou rejeitado.

O problema deve colocar-se portanto em termos ontológicos: o que *existe*, o que é *real* e o que *não existe* – e não em termos de pessoal-impessoal, corporal-incorporal, conceitos que não têm, na consciência dos primitivos, a precisão que adquiriram nas culturas históricas. O que é provido de mana existe no plano ontológico e, por conseguinte, é eficaz, fecundo, fértil. Portanto, não seria possível afirmar a "impessoalidade" do mana, já que essa noção não tem sentido algum no horizonte mental arcaico. Aliás, não se encontra em nenhum lugar o mana hipostasiado, destacado dos objetos, dos acontecimentos cósmicos, dos seres e dos homens.[19]

Assim, no ponto de partida, haveria uma humanidade cuja consciência, imersa em seu meio ambiente, viveria no mito. Depois dessa fase arreligiosa, o momento decisivo é aquele em que emergem a razão e a consciência de si, aquele em que intervém a inteligência. Pois a inteligência distingue, separa, dissocia, classifica o que até então era uno. Assim começam a se opor o eu e o mundo, o profano e o sagrado, o mito pensado e o mito vivido. Aí é que se situa a verdadeira passagem entre a pré-história e a história. O pensamento mítico dá lugar a duas atitudes opostas, mas complementares

---

18 Eliade, *Traité d'histoire des religions*, p.386.
19 Ibid., p.32-3.

e ainda frequentemente entrelaçadas: a atitude religiosa e a atitude mágico--supersticiosa, ambas potencialmente cheias de crença e ateísmo.

A atitude religiosa corresponde à conceitualização do mito, que não é mais vivido, mas representado, atuado e pensado. Ele se torna uma realidade autônoma, estruturada pelo espírito e no qual se crê. É a partir daí um objeto simbólico, objeto de um discurso, organizado numa literatura sagrada. É claro que o mito, que a partir daí faz referência a uma realidade exterior, perdeu sua força: "A retomada do mito pela inteligência, sua transcrição refletida deixa escapar o essencial, na medida em que ela destaca o mito da situação, conferindo-lhe assim uma autonomia em pensamento que o desnatura".[20] Mesmo assim ele continua indispensável. Pois a desagregação do estado mítico é, para o homem, uma fonte irremediável de inquietude e angústia existencial. Na interioridade de sua consciência, ele se coloca em relação ao mundo e, tendo perdido a harmonia inicial, encontra-se em perpétua defasagem em relação ao meio em que vive. Nessa situação, tudo o que quer é reencontrar a segurança e a unidade perdidas, pela religião, pela filosofia, pela magia, pela técnica, pela política.

Assim nasce a atitude religiosa: nela, o sagrado primitivo mítico é organizado pela inteligência num *logos*, um discurso coerente que tende a explicar o mundo por um relato que isole o sagrado do profano e ao mesmo tempo os una por elos eficazes: sacramentos, símbolos, ritos. O mundo divino se torna autônomo e adquire transcendência. Georges Gusdorf retraçou o surgimento da religião:

> A consciência refletida, ao elaborar a experiência primitiva do sagrado, faz nascer a religião. O que parece se produzir de início é uma espécie de organização da matéria plástica e difusa do sagrado. [...] Ao estágio ritual das observações imanentes sucede assim um estágio teológico em que o sagrado, ao invés de ser objeto de uma apreensão direta, é posto em perspectiva de acordo com a exigência de um discurso coerente.
>
> A primeira etapa é sem dúvida aquela que permite opor nitidamente o sagrado e o profano, separando o lugar dos deuses do lugar dos homens. [...] O homem se afirma doravante diante de seu Deus, e essa relação de exterioridade corresponde aqui à afirmação de uma transcendência do divino. O sobrenatural se desenlaça da natureza, que adquire assim uma certa autonomia.[21]

---

20 Gusdorf, op. cit., p.67.
21 Ibid., p.222.

Essa distinção entre profano e sagrado, que é o fundamento por excelência da atitude religiosa, opera-se segundo uma linha que Roger Caillois define da seguinte maneira:

> O domínio do profano se apresenta como o do uso comum, o dos gestos que não necessitam de nenhuma precaução e que se mantêm nas margens, geralmente estreitas, deixadas ao homem para que ele exerça sem impedimentos sua atividade. O mundo do sagrado, ao contrário, aparece como o do perigoso ou proibido: o indivíduo não pode se aproximar dele sem desencadear forças sobre as quais ele não tem o domínio e diante das quais sua fraqueza se sente desarmada.[22]

DO MITO VIVIDO AO MITO CONCEITUALIZADO: A RELIGIÃO E SEUS DERIVADOS

Com a atitude religiosa, o mito é conceitualizado na linguagem teológica, pela razão. A partir daí, a evolução sociocultural trabalha irreversivelmente o dado mítico revelado. A partir do momento em que intervém a inteligência, a contestação é possível: o que a razão organiza, ela pode também criticar. Desde que o mito não é mais vivido, mas sim pensado, ele se torna objeto de fé e pode igualmente ser rejeitado: de agora em diante a descrença pode se opor à crença.

O discurso teológico, para organizar o dado mítico, recorrerá à razão, e esta tenderá inelutavelmente, sob a pressão da evolução natural, a reduzir o lugar do revelado, a absorvê-lo do interior. Essa racionalização progressiva da fé pela razão conquistadora, que digere o mito explicando-o, pode levar ao ateísmo, quando a razão substitui o revelado como única norma da verdade. O movimento é conhecido. É aquele que, do Iluminismo ao cientificismo, procederá à desmitificação da fé, dissolvendo os mitos ao explicá-los, do mesmo modo que Édipo fez desaparecer a Esfinge ao resolver seu enigma.

Pouco importa aqui o valor dos argumentos da desmitificação. O fato de Fontenelle, Bayle ou Voltaire terem cometido excessos na apreciação dos mitos religiosos não prejudica em nada a aparente marcha triunfal da razão – que Léon Brunschvicg desejava ver levada ao extremo.[23] O último ponto da teologia racional seria então a divinização da razão:

---

22 Caillois, *L'Homme et le sacré*, p.30.
23 Brunschvicg, Religion et philosophie, *Revue de Métaphysique et de Morale*, 1935.

A teologia racional aparece no fim das contas como uma promoção teológica da razão. O Deus que não podia ter nome próprio recebe um pela transformação da inicial da palavra "razão" em letra maiúscula. Essa majoração eleva a razão a uma potência superior.[24]

O sagrado mítico organizado pelas religiões também é ameaçado pela interiorização e personificação da fé. Esse movimento, que também parece inelutável, conduz ao esfacelamento do sagrado, que se torna assim puro sentimento interior, até o momento em que, como escreve Roger Caillois,

> alguns subordinam tudo à conservação de sua vida e de seus bens, e parecem assim considerar tudo profano, tomando com relação a tudo, na medida de seu alcance, uma grande liberdade. Naturalmente, o interesse os governa, quando não o prazer efêmero. Apenas para eles está claro que o sagrado não existe em forma alguma.[25]

O egoísmo sagrado é, portanto, o resultado lógico da interiorização do sagrado, e da espiritualização crescente da religião, que elimina o sagrado dos objetos exteriores.

A lógica da racionalização parece conduzir à dissolução do Deus das grandes religiões. Ora, ele resiste até hoje, e até mais do que previsto. Ele perdeu muito terreno no decorrer do século XX, mas conta ainda com centenas de milhões de fiéis, muito mais do que previram em 1900 os profetas de sua morte. Isso se dá porque as grandes religiões continuam a satisfazer parcialmente a necessidade de uma apreensão mítica do real. Permitindo que o real conserve uma parte de mistério, de certo modo elas mantêm uma parte do mito primitivo e, portanto, permitem que o indivíduo crente reencontre em parte a unidade original perdida. Nisso reside a força real das religiões, e é o que explica o fato de se manterem, bem ou mal, no centro de um mundo desencantado e racionalizado. Pela religião, o homem tenta curar a inquietude existencial, recuperando a segurança do mito vivido.

Lucien Lévy-Bruhl mostrou muito bem que a mentalidade mítica, recalcada no homem moderno, tende incessantemente a ressurgir, porque é uma estrutura inalienável do espírito humano:

---

24 Gusdorf, op. cit., p.233.
25 Caillois, op. cit., p.177.

NO INÍCIO: FÉ OU DESCRENÇA?

Nela encontra-se a razão profunda do encanto que atrai para os contos folclóricos e a sedução de sua linguagem. Basta que os escutemos para essa vigilância ser suspensa, essa violência dar trégua. Num instante, num único impulso, as tendências recalcadas recuperam o terreno perdido. Quando escutamos um conto, abandonamos com volúpia a atitude racional, e não nos submetemos mais a suas exigências.[26]

Numa carta a Jacques Maritain, ele afirma que "a mentalidade primitiva é um *estado* da mentalidade humana", corresponde à situação original apaziguante de harmonia, ou antes, de fusão com o meio natural. A quebra dessa unidade entre o homem e o mundo está na origem da angústia existencial. A religião é uma tentativa de preencher o fosso cavado, de recuperar – graças ao sagrado – a idade de ouro, o paraíso terreno. Pelo mito religioso e teológico, estabelece-se um elo com o sagrado: um modelo exemplar é fornecido a todas as ações humanas significativas, permitindo que se conformem ao divino.[27] O mito oferece um arquétipo cuja repetição pelo ritual religioso anula o tempo e a quebra original: "A repetição", escreve Mircea Eliade, "acarreta a abolição do tempo profano e a projeção do homem num tempo mágico-religioso que nada tem a ver com a duração propriamente dita, mas constitui esse eterno presente do tempo mítico."[28]

A importância dessa função religiosa levou certos autores a concluir abusivamente que a dimensão religiosa era uma estrutura fundamental do espírito humano. Ora, a religião, mito conceitualizado, é apenas um meio entre outros – meio longamente privilegiado, é verdade – para satisfazer o desejo utópico de volta à consciência mítica vivida. Esta última, sim, é uma necessidade fundamental, e não a religião. A necessidade religiosa só apareceu depois. Convém reafirmar, com Georges Gusdorf:

É preciso, pois, renunciar a toda e qualquer ambiguidade, reconhecendo na consciência mítica uma estrutura inalienável do ser humano. Ela traz em si o sentido primeiro da existência e suas orientações originais. A função lógica do pensamento se desenvolve somente depois. [...] O descrédito em que caiu a consciência mítica, e depois sua total evicção, representa sem dúvida o pecado original do intelectualismo.[29]

---

26 Lévy-Bruhl, *La Mythologie primitive*, p.317.
27 Eliade, op. cit., p.345.
28 Ibid., p.360.
29 Gusdorf, op. cit., p.253.

O estágio religioso evolui sob o efeito das condições socioculturais. Segundo um grau mais ou menos elevado de racionalização, ele pode levar a quatro tipos de atitudes, da fé religiosa tradicional à descrença racionalista. Quando o dado revelado ou mitológico vence o aspecto racional, entramos no domínio das grandes religiões tradicionais, que são codificadas, ordenadas em torno de um certo número de dogmas, dirigidas por um clero, e afirmam a existência de um ou vários deuses que intervêm nos negócios humanos e impõem uma moral. Se, ao contrário, o elemento revelado é negado em proveito da simples afirmação de uma divindade transcendente, mas sem providência, estamos diante do deísmo. Se, por sua vez, a transcendência é negada em proveito de um Grande Todo, de um princípio organizador não pessoal, entramos na esfera do panteísmo, que pode ser naturalista ou espiritualista. Enfim, se toda noção de divindade, finalidade, transcendência, alma imortal é negada, caímos no ateísmo teórico ou dogmático, que pode ele próprio assumir diversas formas.

DO MITO VIVIDO À MAGIA, A ATITUDE SUPERSTICIOSA E SEUS DERIVADOS

Há, no entanto, outra série de atitudes possíveis. Com efeito, o pensamento mítico original dá lugar a duas posições míticas derivadas: a primeira é a religião, isto é, o mito conceitualizado; a segunda é a superstição de tipo mágico, isto é, o mito em ação. A atitude supersticiosa, realizando por sua vez a separação entre profano e sagrado, divino e humano, vê manifestações do sagrado em todo o profano e tenta utilizar ou manipular essas forças sobrenaturais para restabelecer o estado original supostamente harmonioso entre o homem e o mundo. Nesse caso, o que predomina é o aspecto prático, e não o aspecto especulativo, como na religião. O sagrado encarna numa enorme variedade de objetos e, ao encarnar, individualiza-se, limita-se e fragmenta-se ao infinito. Os objetos assim habitados pelo sagrado – pedras, árvores, fontes, montanhas etc. – exercem um poder; contudo, uma vez identificado, esse poder pode ser magicamente circundado, desviado, utilizado pelo espírito humano, que se tornou consciente e, portanto, agora é mestre das forças que agem no mundo.

É claro que religião, superstição e magia não são categorias hermeticamente fechadas umas às outras. Toda religião comporta uma parte de superstição e magia, e toda superstição possui uma dimensão religiosa. Daí inúmeras ambiguidades quando a Igreja Católica, a partir da reforma tridentina, iniciou a caça às superstições: se o divino encarnou num homem, se se materializa no pão e no vinho, conferindo-lhes poderes miraculosos, por que não poderia se manifestar em outros seres? Será difícil fazer os fiéis compreenderem isso.

Apesar de tudo, é possível distinguir a atitude religiosa da supersticiosa: a primeira representa o mito conceitualizado, e a segunda, o mito vivo e atuante em sua forma mágica. Versão especulativa no primeiro caso e ativa no segundo. Conforme o grau de importância que a ação adquire no decorrer da evolução sociocultural, a atitude mágico-supersticiosa pode desembocar em quatro situações diferentes.

Em primeiro lugar, a luta das autoridades religiosas contra as superstições e a magia – combate de fôlego, que se estenderá por muitos séculos de cristianismo – pode contribuir para a integração, no interior das grandes religiões tradicionais, de um certo número de espíritos supersticiosos satisfeitos com a dose de magia contida em todos os grandes cultos. Assim, nos séculos XVIII e XIX, o cristianismo aceitará a incorporação de certos elementos populares, estabelecendo um compromisso com as práticas supersticiosas.

Um segundo grupo, que se recusa a aceitar os dogmas fundamentais das grandes religiões, mas para o qual a fé é um dado revelado por um profeta ou um homem inspirado, evolui no sentido de uma mentalidade de seita. O movimento sectário, que é também alimentado por dissidências das religiões tradicionais, apoia-se numa fé eficaz e salvadora, assegurando a salvação eterna a um pequeno número de eleitos.

Um terceiro grupo derivado da mentalidade supersticiosa e mágica cai no esoterismo e no ocultismo. A crença, nesse caso, é orientada para a ação terrena, por meio de uma captação das forças invisíveis, naturais e sobrenaturais. O aspecto prático da existência torna-se mais importante que o aspecto especulativo.

Enfim, quando o aspecto prático exerce um domínio exclusivo, depois de perder qualquer referência ao sobrenatural, a atitude supersticiosa, totalmente secularizada, laicizada e materializada, leva a um ateísmo prático. Esse é um modo de existência que consiste, para homens imersos nas ações cotidianas, em viver sem se interrogar sobre uma eventual divindade, no postulado de um materialismo implícito. Atitude especialmente importante no mundo contemporâneo.

Chegamos assim a sete atitudes fundamentais que se desenvolvem entre os dois polos que são a primazia dada à racionalização e a primazia dada à ação, isto é, o ateísmo teórico e o ateísmo prático; as posições

O ATEÍSMO NA ANTIGUIDADE E NA IDADE MÉDIA

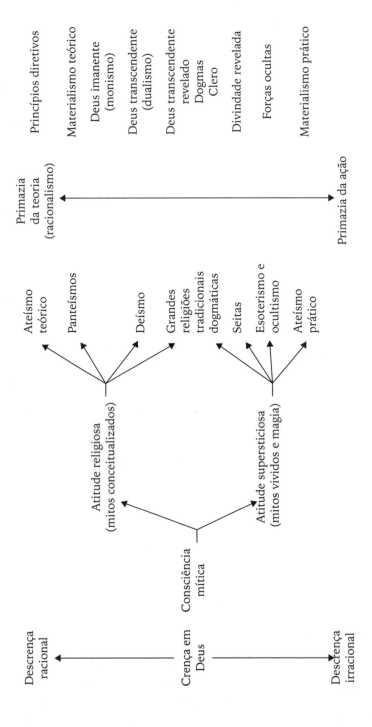

Gênese das principais atitudes de fé e ateísmo

intermediárias são o panteísmo, o deísmo, o pertencimento a uma grande religião tradicional, o fenômeno sectário, o esoterismo e o ocultismo (*ver o esquema da p.26*).

DO ATEÍSMO TEÓRICO AO ATEÍSMO PRÁTICO: UMA HIPÓTESE DE TRABALHO

Essa visão das coisas é certamente esquemática e, portanto, redutora, mas parece constituir uma hipótese de trabalho fecunda, que nos servirá de base ao longo deste trabalho. Ela exige algumas observações prévias.

Em primeiro lugar, lembramos que as separações assim estabelecidas não são de modo algum estanques. Na mentalidade, assim como na experiência vivida dos homens, os limites entre as diferentes atitudes são sempre vagos. Entre o puro ateu teórico e o puro panteísta, por exemplo, quantas possibilidades de fusão, acordo, ambiguidade e passagem não há! Do mesmo modo, onde se situa a fronteira exata entre o ateísmo prático e a atitude esotérica, entre o deísmo e o panteísmo?

Em segundo lugar, convém evitar uma leitura histórica excessivamente estrita do esquema. Discernimos três etapas, mas os elos entre elas são tanto lógicos como cronológicos. Apenas o pensamento mítico pode ser considerado anterior. Quanto ao resto, se é verdade que o tempo tem seu papel – em grande parte é sob o efeito do progresso da razão teórica, das ciências exatas e, por fim, das ciências humanas que as diferentes atitudes se distinguem, a partir dos mitos degradados, em conceitos e superstições –, não é apenas o progresso temporal que deve ser considerado, pois (e insistimos nisso) essas diferentes atitudes são encontradas em todas as civilizações. São simultâneas, portanto. Desde a Antiguidade, como veremos, há espíritos religiosos, deístas, panteístas, sectários, esotéricos, ateus práticos e teóricos.

Um dos objetivos deste trabalho será demonstrar isso. Rejeitamos de antemão a ideia clássica de uma evolução em sentido único, que parte de um estado religioso e chega, ao término de um crescente processo de laicização, a uma racionalização integral da visão do universo, de tipo materialista. É evidente que o mundo atual é mais ateu do que era há cinco mil anos, mas também é inegável que os elementos religiosos e irracionais são ainda bem mais importantes do que se imaginava há um século ou dois. Na verdade, mais do que se suceder, as diferentes atitudes, do ateísmo à crença, são simultâneas: cada cultura, cada civilização tem seus ateus e seus crentes, até mesmo a Europa "cristã" da Idade Média. A importância das diferentes atitudes depende da organização dos valores socioculturais, econômicos e políticos de cada civilização. A atitude com relação ao sagrado, sua aceitação ou rejeição integral, é apenas um dos elementos do conjunto cultural, cujo equilíbrio geral favorece ora tal tipo de crença, ora tal tipo de ateísmo. Uma das debilidades da historiografia das religiões, que no mais das vezes é obra de crentes, é privilegiar em excesso a dimensão religiosa do homem, quando esta não passa de um elemento entre muitos outros. Não é raro que a história religiosa conserve, mesmo em nossos dias, um fim apologético inconsciente, partindo de um *a priori* segundo o qual a religião em questão é "verdadeira" e, por conseguinte, indestrutível.

Em terceiro lugar, o esquema que acabamos de elaborar não passa de uma hipótese de trabalho, que nos parece mais fecunda que a visão linear tradicional. Como toda hipótese, tem de ser submetida à prova, pode sofrer adaptações ou até ser questionada mais profundamente, caso encontremos elementos contraditórios determinantes. Ora, no domínio da mentalidade, mais do que em qualquer outro, a interpretação dos testemunhos pesa tanto quanto os próprios fatos, sobretudo quando estamos no terreno movediço das crenças e da descrença. A história do ateísmo não é somente a do epicurismo, do ceticismo libertino, do materialismo iluminista, do marxismo, do niilismo e de algumas outras teorias intelectuais. É também a história de milhões de seres humildes, imersos em suas tarefas cotidianas, preocupados demais com a simples necessidade de sobreviver, a ponto de nem sequer poder questionar os deuses. O ateísmo prático, em geral negligenciado, é a fachada existencial da descrença, tão fundamental quanto sua fachada nobre, teórica. Os dois polos do ateísmo são os dois extremos da atitude para com o divino; como todos os extremos, opõem-se, completam-se e ligam-se; eles balizam as diferentes nuances do sentimento religioso, absorvendo por cima e por baixo os refratários ao divino, os inimigos dos deuses, os militantes do pensamento livre, assim como os decepcionados e os indiferentes às religiões. Essas duas franjas extremas sempre existiram, ocupando um espaço maior ou menor, conforme as circunstâncias, os valores dominantes e a atitude das próprias religiões.

Mas o ateísmo não é somente uma atitude de recusa, rejeição ou indiferença, que só poderia ser definido em relação às religiões. Ele é também uma atitude positiva, construtiva e autônoma. Como de costume, contrariamente aos pressupostos da historiografia religiosa, o ateu não é aquele que não crê. O ateu crê também – não em Deus, mas no homem, na matéria, na razão. Em cada civilização, o ateísmo contribui com algo.

O ATEÍSMO ENTRE OS POVOS PRIMITIVOS E ANTIGOS

Os vestígios do ateísmo são tão antigos quanto os da religião. No entanto, apenas estes últimos se prestam a um estudo específico, o que levou à postulação do caráter exclusivo da atitude religiosa nas sociedades antigas. Templos, baixos-relevos, pinturas, textos cultuais constituem o essencial dos materiais legados pelas civilizações antigas. Mas será que isso significaria que, para todos os camponeses, artesãos, homens de guerra, o mundo divino era evidente?

Já há algum tempo, historiadores anglo-saxões começaram a chamar a atenção para o fenômeno do ceticismo nas sociedades antigas. Desde 1966, C. Geertz tem lembrado que "se o estudo antropológico das implicações religiosas continua insuficientemente desenvolvido, o estudo antropológico da indiferença religiosa é inexistente".[30] E em sua grande obra, hoje clássica, *Religião e o declínio da magia*, Keith Thomas afirma que as sociedades antigas também conheceram o questionamento das crenças religiosas:

> Ninguém ainda levou em conta a importância da apatia, da heterodoxia e do agnosticismo que existiam antes do início da industrialização. *Até as sociedades mais primitivas têm seus céticos em matéria de religião.* É possível que as mudanças sociais tenham aumentado a importância do ceticismo na Inglaterra dos séculos XVI e XVII. Mas é evidente que o domínio da religião organizada sobre o povo nunca foi tão completo a ponto de sufocar outros sistemas de crença.[31]

Criticando a concepção durkheimiana, que faz do ritual religioso o fator da unidade coletiva, através da imagem de uma Idade Média idealizada, Keith Thomas mostra que tal unanimidade jamais existiu.

De modo inverso, a existência de povos inteiros refratários à religião, totalmente ateus, é coisa igualmente lendária. Essa ideia, muito polêmica, foi desenvolvida a partir do século XVIII por certos filósofos a propósito dos chineses. Depois de combatê-la, os apologistas cristãos do século XIX se apropriaram dela, dentro de um espírito racista e antibudista. "Os povos budistas podem ser vistos, sem nenhuma injustiça, como povos ateus", escreve, por exemplo, Barthélemy de Saint-Hilaire. Isso não quer dizer que os chineses professem o ateísmo e se vangloriem de tal descrença com essa

---

30 Geerts, em Banton (ed.), *Anthropological Approaches in the Study of Religion*, p.43.
31 Thomas, *Religion and the Decline of Magic*, p.206. É o que mostra também Radin, *Primitive Man as Philosopher*.

30   O ATEÍSMO NA ANTIGUIDADE E NA IDADE MÉDIA

jactância da qual poderíamos citar mais de um exemplo entre nós; quer dizer somente que esses povos não conseguiram se erguer, em suas mais elevadas meditações, até a noção de Deus.[32] Tais afirmações, hoje descartadas,[33] nos lembram de imediato quão carregado de polêmicas multisseculares é o termo "ateu".

Nem por isso é menos verdade que as velhas civilizações tiveram sua parte de ateísmo. O próprio *Dictionnaire de théologie catholique* [Dicionário de teologia católica] confessa que "é pela Índia que deve começar a história do ateísmo"; já o norueguês Finngeir Hiorth escreve: "Há documentos que demonstram a existência de ateus na Índia cerca de 2.000 anos antes que na Grécia", isto é, pelo menos 2.500 anos antes de Jesus Cristo.[34] Sem recuar a tempos tão longínquos, uma tradição ateia se estabeleceu firmemente, desde de pelo menos o século IV antes da nossa era, nas filosofias hindus Vaisheshika-Nyaya e Sankhya.[35] Esta última, que dá grande importância aos números, perpetuou-se; encontram-se vestígios dela num punhado de intelectuais indianos que reivindicam abertamente o ateísmo.[36]

A China oferece um primeiro exemplo da diversidade de atitudes que ilustram nosso esquema inicial. Enquanto o taoismo tardio e o misticismo de Lao-Tsé representam tendências esotéricas e sectárias, e o budismo constitui a religião tradicional central, as nuances do confucionismo, mais ou menos tingidas de ateísmo, constituem os aspectos deísta, panteísta e ateu teórico do pensamento chinês. Aliás, Mo-Tsé criticava os "sem-deus" de sua época. O próprio ateísmo prático está presente na obra de Yang-Xu, e o materialismo cético, na de Wang Chaung.[37] Sozinho, o confucionismo é um verdadeiro caleidoscópio ateu-religioso, e representa, por suas diferentes facetas, uma espécie de religião sem deus, de tipo panteísta:

> Essa religião é extremamente naturalista, racionalista e humanista. Não deixa lugar a nenhum mito nem a nenhuma divindade sobrenatural ou milagre irracional. Como sua consequência última é a unidade do homem com o céu,

---

32 Apud Vacant; Mangenot, Athéisme et erreurs annexes. In: Vacant et al., *Dictionnaire de théologie catholique.*

33 Peyrefitte, Les Chinois sont-ils a-religieux? In: Delumeau et al., *Homo religiosus, autour de Jean Delumeau,* p.695-703.

34 Hiorth, Réflexions sur l'athéisme contemporaïn, *Les Cahiers Rationalistes,* n.504, p.21.

35 Garbe, *Die Samkhyaphilosophie,* p.253 e ss.

36 Gonda, *Die Religionen Indiens.*

37 Rosthorn, Die Urreligion der Chineses, em *Die Religionen der Erde in Einzeldarstellungen.*

e ela tem isso em comum com o confucionismo, o taoismo e o budismo, ela é uma verdadeira religião sincrética.[38]

Uma forma de ateísmo também está presente na Pérsia Antiga, com o zervanismo, uma especulação sobre o "tempo infinito", o *Zervan*, princípio supremo impessoal. Essa corrente, considerada ímpia pelo zoroastrismo, será por ele perseguida. O Egito e a Babilônia não deixaram vestígios de ateísmo teórico, o que não exclui a existência nessas civilizações de um ateísmo prático, tal como o que encontramos, numa época mais tardia, nas sociedades germânicas e escandinavas, com as confissões dos vikings.[39] Evidentemente, a expressão explícita do ateísmo é rara fora das grandes correntes filosóficas. Sem culto, sem ritos, sem templos, sem textos litúrgicos ou dogmáticos, que vestígios o ateu comum poderia deixar de sua ausência de fé religiosa? Com frequência, sua existência é atestada apenas por seus adversários, os crentes, que o amaldiçoam.

O mesmo acontece entre os hebreus. No entanto, que tenham existido ateus no povo da Bíblia parece algo tão escandaloso aos crentes que os exegetas tendem a deformar, relativizar, enfraquecer o sentido dos testemunhos mais claros. Diversas vezes os Salmos criticam os ímpios que negam a existência de Deus: "O ímpio é soberbo, jamais investiga: – 'Deus não existe' – é tudo o que pensa" (10,4); "Diz o insensato em seu coração: 'Deus não existe!'" (14,1). Jeremias, por sua vez, declara: "Eles renegaram Iahweh e disseram: 'Ele não existe! Nenhum mal nos atingirá'" (5,12). O Sirácida, o Livro de Jó, o Coélet contêm passagens cujo tom é extremamente cético, e nas quais a imortalidade da alma é igualmente questionada. O padre Meslier as retoma para elaborar sua demonstração do ateísmo no século XVIII: "Nossos adoradores de Cristo não têm por que invectivar nem se insurgir contra esse sentimento, já que é expressamente o sentimento mesmo de um de seus sábios, as palavras com que sonharam como palavras divinas".[40]

Interpretação errônea, afirma a maioria dos exegetas: na Bíblia, "Deus não existe" não quer dizer que não haja Deus, mas simplesmente que Deus é indiferente ou impotente para castigar os culpados. Por isso o *Dictionnaire du judaïsme* [Dicionário do judaísmo] afirma que o ateísmo é um "conceito desconhecido da língua hebraica, pois a antiga Israel pertencia a um mundo em que ninguém duvidava da existência das forças sobrenaturais". Do

---

38 Wingteit-Chan, *Religiöses Leben im heutige China*, p.222.
39 Beetke, *Die Religion der Germanen in Quellenzeugnissen*.
40 Meslier, *Œuvres de Jean Meslier*, t.II, p.300.

mesmo modo, os textos dos rabinos sobre "aquele que nega o princípio fundamental" fazem referência aos que negam a justiça de Deus. É apenas no século II que o erudito Eliseu ben Avouyah (70-140), negando categoricamente a providência divina, a ideia de recompensa e castigo, aproxima-se de uma atitude ateia.

No entanto, a presença atestada, em Israel, de elementos que declaram não temer Deus e até ignorá-lo, é bastante perturbadora e tenderia a revelar a existência de um certo ateísmo prático. Devemos acrescentar que os saduceus, que negam a ressurreição dos corpos, a imortalidade pessoal, as recompensas na vida futura, a existência dos anjos e dos demônios, parecem muito próximos das posições deístas.

Ernst Bloch, em *Atheismus im Christentum* [O ateísmo no cristianismo], pôs em evidência os elementos de revolta que os escritos bíblicos contêm contra as injustiças sociais. Ele vê nessa atitude uma profunda similitude com a revolta que anima o comunismo, e não hesita em escrever: "Apenas um verdadeiro cristão pode ser um bom ateu, apenas um verdadeiro ateu pode ser um bom cristão".[41] Por trás desse aparente paradoxo, ele descobre, na raiz da contestação bíblica e comunista, o mesmo sentimento de revolta potencialmente ateu, puramente humano, que leva o indivíduo a questionar uma ordem socioeconômica injusta, em nome de uma solidariedade puramente terrena.

Seja como for, a sociedade hebraica pré-cristã é marcada por uma grande diversidade de atitudes com relação ao mundo divino. As fontes, apesar de exclusivamente religiosas, mencionam uma forte corrente cética nas obras de sabedoria que formam os últimos livros da Bíblia, sob influência da filosofia grega. O tom desiludido do Coélet se aproxima de um vago deísmo: um Deus distante que não intervém na vida dos homens, que deixa prosperar a injustiça; uma igualdade perfeita na morte, que parece definitiva e não é acompanhada de nenhum julgamento; um apelo para que aproveitemos nossa curta existência terrena:

> Vai, come teu pão com alegria e bebe teu vinho com satisfação [...] Desfruta a vida com a mulher amada em todos os dias da vida de vaidade que Deus te concebe debaixo do sol [...] tudo o que te vem à mão para fazer, faze-o conforme tua capacidade, pois, no Xeol [reino dos mortos] para onde vais, não existe obra, nem reflexão, nem conhecimento e nem sabedoria.[42]

---

41 Bloch, *Atheismus im Christentum*.
42 Eclesiastes 9,7-10.

Epicuro não dirá coisa diferente! A existência de Deus pode não ser negada, mas parece bem formal, e esse apelo para aproveitar a vida se assemelha e quase se confunde com uma forma de ateísmo prático.

Entre os judeus da diáspora, como os da Palestina sob a ocupação helenística, o epicurismo e o estoicismo – que se difundem sorrateiramente – exercem uma sedução inegável, e os exegetas tentam minimizá-la para salvaguardar o aspecto apriorístico de uma originalidade radical do povo de Israel. Por que esse povo diminuto, ocupado, deportado, dispersado, escapou das leis comuns das influências culturais? Essa atitude dos comentadores, rabinos e clérigos cristãos, que perdura até hoje, encontra-se na origem desse mito judeu, tão nocivo para todos, inclusive para os próprios judeus: o mito de um povo à parte, fora da humanidade comum, povo eleito para uns, maléfico para outros. Desses preconceitos irracionais nasceram tanto os *pogroms* quanto a arrogância dos extremistas religiosos de Israel. O povo judeu não escapa das questões ordinárias da humanidade. Os últimos livros do Antigo Testamento deixam ao menos que se entreveja uma tentação deísta ou panteísta que parece estar de acordo com as correntes filosóficas céticas que naquele momento agitavam o mundo helenístico, no qual o povo de Israel se encontrava profundamente imerso. Embora a literatura religiosa bíblica, resultado de uma seleção efetuada pelo clero, não seja a mais adequada para esclarecer esses aspectos, o estudo do ateísmo antigo se baseia em fontes infinitamente mais explícitas com os escritos profanos greco-romanos.

– 2 –

OS ATEÍSMOS GRECO-ROMANOS

O mundo grego ilustra, em toda a sua diversidade, o fenômeno do ateísmo. Fontes abundantes, bem como uma relativa liberdade de expressão, permitem estudar sua gênese, suas manifestações e suas implicações no âmbito de uma civilização impregnada de religião. Mas a complexidade e as múltiplas nuances entre correntes filosóficas e religiosas mostram quão vagos são os limites que separam a crença da descrença. Uma extrema prudência se impõe no que diz respeito à utilização dos termos, a começar pelo vocábulo *atheos*, que designa o adversário dos deuses tradicionais, mas pode muito bem referir-se a um fiel de outra religião, ou simplesmente a um espírito supersticioso.

ATÉ O SÉCULO V: ACEITAÇÃO DE UM PANTEÍSMO MATERIALISTA

Num longo período, da época arcaica até o período pré-socrático, é difícil estabelecer a distinção entre ateísmo e crença religiosa em virtude do caráter particular da religião e das correntes filosóficas. Todas são manifestamente hostis à ideia de transcendência. A realidade última é a natureza, incriada e eterna, da qual o homem faz parte. Os próprios deuses se encontram no mundo; eternos, possuidores de forma corporal, eles intervêm continuamente nos assuntos humanos, fixam destinos, revelam suas vontades por meios dos oráculos e seus desejos podem ser alterados por meio de práticas mágicas. A religião grega tradicional movimentou-se fortemente na direção de um panteísmo fundado nos mitos,[1] que não são mais evidentemente vividos, e sim conceitualizados, formatados e, amiúde, rebaixados a lendas pelos poetas. No nível popular, essa religião é saturada de superstições incontáveis e práticas mágicas ocultas. Tanto no nível superior quanto no inferior, trata-se portanto de uma religião cindida, que se avizinha, de um lado, do ateísmo teórico por uma tendência à explicação simbólica dos mitos e, por outro, de um ateísmo prático em razão da assimilação dos mitos na vida cotidiana. O aspecto frequentemente trivial da mitologia grega levou os historiadores a se perguntar se os fiéis acreditavam de fato naquelas histórias. Como demonstrou Paul Veyne, a questão não se coloca nesses termos.[2] A verdade é um fenômeno cultural, e os mitos gregos são elementos de uma cultura que não pode ser avaliada em termos de verdadeiro ou falso.

As correntes filosóficas pré-socráticas, que abordam a realidade de um ponto de vista racional, misturam tanto a natureza quanto a divindade, privilegiando a tal ponto o primeiro termo que seu panteísmo intrínseco se aproxima muito do ateísmo. Não é necessário muito para que a doutrina dessas correntes se transforme em materialismo naturalista.

A ideia essencial dessas correntes é que existe uma realidade substancial, sem começo nem fim, uma "matéria" (*hylé*), da qual todos os seres são mera modificação: a água para Tales, o ar para Anaxímenes, o fogo para Heráclito, a terra para outros. Essa matéria-prima de tudo é ao mesmo tempo divina; é animada por um sopro, uma espécie de espírito organizador, que faz dela uma matéria viva. Essa concepção hilozoísta (de *hylé*, "matéria", e *zoé*, "vida") é considerada em geral a origem do materialismo – tal ideia já era sustentada por Karl Marx em sua tese de 1841[3] e logo depois será retomada por Lange: "O materialismo é tão antigo quanto a filosofia, porém não mais antigo do que ela".[4]

---

1 Lenoble, *Histoire de l'idée de nature.*
2 Veyne, *Les Grecs ont-ils cru à leurs mythes?*
3 Marx, *Différence de la philosophie de la nature chez Démocrite et chez Épicure.*
4 Lange, *Histoire du matérialisme et critique de son importance à notre époque.*

OS ATEÍSMOS GRECO-ROMANOS

Um breve exame das doutrinas pré-socráticas confirma a propensão muito nítida destas ao ateísmo. Assim, Teofrasto conta que o antiquíssimo filósofo Anaximandro de Mileto (ca. 610 a.C. – ca. 547 a.C.) dizia:

a causa material e o elemento primeiro de todas as coisas era o *apeiron* (o indeterminado, o caos original), e ele foi o primeiro a dar esse nome à causa material. Ele declara que não se trata nem da água, nem de qualquer outro dos elementos, mas de uma substância diferente destes, que é indeterminada, e da qual procedem todos os céus e os mundos que estes contêm.[5]

O *apeiron*, substância incriada, produz por si mesmo todos os seres que existem. No século VI antes de nossa era, Xenófanes de Cólofon afirma que o ser absoluto e eterno é o mundo. Sem dúvida, esse mundo é deus, mas um deus imanente, que em nada se distingue da matéria. Xenófanes sente apenas desprezo pelo antropomorfismo da religião popular e condena todas as especulações sobre os deuses: "Nenhum homem sabe nem jamais saberá nada de certo a respeito dos deuses".

Para Heráclito, "o mundo não foi feito nem pelos deuses, nem por algum homem; ele sempre foi, é e será; é o fogo sempre vivaz, que se inflama e se apaga regularmente". Concepção cíclica de um universo autônomo, que pela eternidade se inflama e se apaga. Por volta da mesma época, Parmênides de Eleia também identifica o ser absoluto ao mundo, eterno e incriado, "o Todo, o Único, o Imóvel, o Indestrutível, o Universal uno e contínuo". "Parmênides é o pai do materialismo e dos materialistas, pois professa que o mundo físico é o ser absoluto",[6] observa Claude Tresmontant. Que esse mundo seja chamado de divino ou não, pouco importa: ele permanece a única realidade.

No século V antes de Cristo, o siciliano Empédocles de Agrigento reafirma a eternidade do mundo incriado, no qual nada se perde, nada se cria e tudo se transforma:

Quero dizer-te outra coisa: não existe criação nem gênese para nada do que é perecível, tampouco desaparição na funesta morte; há somente uma mistura e uma modificação daquilo que foi misturado; mas criação, gênese a respeito disso, não passa de uma apelação forjada pelos homens. [...] Loucos – pois não têm um pensamento profundo – daqueles que imaginam que o que não era

---

5 Eusébio de Cesareia, *Praep. Evang.*, I, VIII, 1.
6 Tresmontant, *Le Problème de l'athéisme*, p.23.

antes possa vir a existir, ou que alguma coisa possa perecer e ser inteiramente destruída. Pois não é possível que algo possa nascer daquilo que não existe de modo algum, exatamente como é impossível e inusitado que aquilo que é deva perecer, pois o que é para sempre será, seja lá o lugar em que for colocado.[7]

Para Empédocles, Zeus, Hera, Nestis e Edoneu não passam de personificações míticas dos quatro elementos: fogo, terra, água e ar. Já Anaxímenes crê num elemento original, o ar, e Anaxágoras situa a origem de todas as coisas no caos incriado.

Leucipo, que nasceu por volta do ano 500 a.C., e seu discípulo Demócrito, nascido por volta de 460 a.C., propõem uma doutrina nitidamente mais elaborada, mas ainda mais claramente materialista. Para eles, a realidade última é o átomo, partícula ínfima, material, plena, indivisível, animada desde sempre de movimento. Esses átomos, de tamanhos e formas diversos, combinam-se ao sabor de seus movimentos para originar todas as formas do universo, inertes e vivas, e isso sem finalidade alguma, sem nenhum princípio de organização preestabelecido. O acaso e a necessidade dos encontros são as únicas coisas que governam o desfile de seres que se criam e se desmancham desde a eternidade. Nada escapa a esse processo, nem mesmo o homem, cujo corpo é apenas o fruto de uma organização mais complexa, cuja alma é composta de átomos esféricos sutis que têm o temperamento do fogo e cujos pensamentos e sentimentos são resultado das impressões causadas no corpo e na alma pelas emanações atômicas externas. Afora os átomos não há nada, isto é, o vazio.

Os próprios deuses são atômicos, sem papel particular. Os fenômenos que a religião lhes atribui não passam de simulacros, de impressões produzidas no espírito humano pelos fenômenos naturais. Daí provém a crença na intervenção divina. Demócrito vai, pois, muito mais longe do que os outros filósofos no sentido do materialismo mecanicista, porque ensaia uma explicação psicológica para o fenômeno da crença religiosa e, por isso mesmo, nega qualquer valor a esta última. Explicar é desmitificar.

O materialismo de Demócrito encontra uma acolhida favorável entre os intelectuais gregos e é transmitido por uma corrente de pensamento que chega no século III a Epicuro. Mas, nesse ínterim, mudanças culturais e políticas mudam as atitudes religiosas e as relações entre crentes e descrentes. Até por volta do fim do século V antes de nossa era, parece reinar uma relativa liberdade de concepções religiosas na Grécia. As relações parecem muito

---

7 Diels, *Die Fragmente der Vorsokratiker*, I, p.312 e 313.

tranquilas entre a mitologia popular com nuances de magia, o culto oficial comandado pelo clero dos templos e a filosofia fortemente panteísta – para não dizer ateia – que dilui os deuses na matéria. Ninguém era incomodado por suas opiniões religiosas ou por sua descrença, nem mesmo Demócrito. Tales, para quem "o mundo é cheio de deuses", dedica-se com tranquilidade ao estudo científico deste mundo, dando explicações naturais tanto para os terremotos quanto para os movimentos dos astros. Ao contrário de uma ideia preconcebida, o estudo científico da natureza não teve de esperar que o cristianismo dessacralizasse o mundo material.

Até o século V, portanto, as atitudes dos gregos no domínio das crenças parece nitidamente mais orientado para a parte superior de nosso esquema (ver p.26). Parece existir uma espécie de consenso entre os filósofos com relação ao panteísmo, do qual certos aspectos poderiam até ser qualificados de ateus, tanto os deuses haviam se tornado insignificantes.

432 A.C.: O DECRETO DE DIOPITES, INÍCIO DOS PROCESSOS POR ATEÍSMO E IMPIEDADE

Ora, bruscamente, as oposições endureceram. O ateísmo latente é percebido de súbito como um perigo, uma ameaça que deve ser eliminada. Em Atenas, as expressões do ateísmo ou do simples ceticismo não são mais toleradas.

O caso de Protágoras simboliza o novo estado de espírito. O sofista, que ensina a arte do raciocínio, é conhecido por suas posições de extremo relativismo. "Ele foi o primeiro a declarar que sobre qualquer coisa era possível fazer dois discursos exatamente contrários, e usou esse método", escreveu Diógenes Laércio.[8] Por volta do ano 415 a.C., ele compôs um tratado *Sobre os deuses* do qual apenas a primeira frase chegou até nós: "A propósito dos deuses, não posso saber se existem ou não, nem qual forma têm; os elementos que me impedem de sabê-lo são numerosos, como o caráter obscuro da questão e a brevidade da vida humana". Essa afirmação de ceticismo religioso, que não teria perturbado ninguém alguns anos antes, deu origem ao primeiro auto de fé de que se tem notícia na história ocidental. "Foi por causa do início desse discurso", relata Diógenes Laércio, "que

---

8 Diógenes Laércio, *Vies, doctrines et sentences des philosophes illustres*, II, p.185.

ele foi expulso de Atenas e seus livros foram queimados em praça pública, depois que o arauto os confiscou de todos que os tinham comprado".[9]

Protágoras, professor de ceticismo, não tinha reputação de ímpio até então. Além disso, a obra acusada, que ele lia publicamente, não passava de uma constatação de agnosticismo: o espírito humano, limitado, não pode chegar ao conhecimento dos deuses, o que difere de uma negação da sua existência. Mas os tempos não eram mais propícios a tais distinções: "Ele dizia não saber se os deuses existem, o que é o mesmo que dizer que eles não existem", declara Diógenes de Oinoanda. Epifânio é ainda mais categórico: "Protágoras dizia que os deuses, nem mesmo um único deus sequer, existiam". É por ateísmo, portanto, que ele é condenado, e a severidade da pena é exemplar: exílio, segundo Diógenes Laércio, condenação à morte, segundo outros.

Por que tamanho endurecimento contra o ateísmo e a impiedade? O caso aconteceu em 416-415 a.C., em plena Guerra do Peloponeso, e o acusador é um rico aristocrata, Pitodoro, ao passo que Protágoras é democrata. É exatamente no elo entre religião e política que devemos buscar as causas da série de processos por impiedade que começa então e cuja história é relatada por Eudore Derenne.[10] Mas por trás dessa acusação há outras motivações mais prosaicas.

A origem dessa caça às bruxas é o decreto adotado em 432 a.C. a pedido de Diopites, que prevê a execução de perseguições contra todos os que não creem nos deuses reconhecidos pelo Estado. Diopites é adivinho e se preocupa com a importância que as especulações filosóficas haviam adquirido em Atenas. Sua manobra é antes de tudo um ato de defesa a favor de uma corporação ameaçada. Dando explicações naturais a fenômenos atribuídos até então à ação das divindades, os intelectuais desacreditam as práticas divinatórias. A primeira vítima do decreto, Anaxágoras de Clazomena, morador de Atenas desde 462 a.C., mestre de Péricles, havia se consagrado ao estudo dos fenômenos meteorológicos, geológicos e astronômicos. Diógenes Laércio faz uma longa enumeração dos fenômenos naturais para os quais Anaxágoras havia dado uma "explicação":

> Ele disse que o Sol era uma massa incandescente maior que o Peloponeso, que na Lua havia moradas, colinas e vales, [...] que os cometas eram a reunião de astros errantes que emitiam chamas, e que as estrelas cadentes eram projetadas

---

9 Ibid.
10 Derenne, *Les Procès d'impiété intentés aux philosophes à Athènes aux Ve et IVe siècles avant J.-C.*

pelo vento como faíscas; que os ventos nasciam de uma rarefação do ar pelo Sol, que o trovão vinha do choque das nuvens, e os relâmpagos da fricção entre elas, que o terremoto resultava do vento que se embrenha na terra...[11]

Essas "explicações", ainda limitadas a um círculo bastante restrito, minavam a credibilidade dos adivinhos, que atribuíam os fenômenos aos deuses. Comenta Plutarco:

> Anaxágoras não era um autor antigo; suas teorias, longe de ser vulgarizadas, ainda eram mantidas em segredo, e eram difundidas apenas entre poucas pessoas, que só falavam delas com precaução e desconfiança. [...] Elas arruinavam a divindade, reduzindo-a a causas sem inteligência, a potências cegas, a fenômenos necessários.[12]

Anaxágoras é acusado de impiedade por ter tentado compreender os mistérios divinos. A condenação é pronunciada, mas sua natureza exata não é conhecida: a morte ou o ostracismo, segundo Olimpiodoro, a prisão, segundo outros. Péricles teria intervindo a favor do condenado. Entre os próximos do célebre estratego, há outras personagens suspeitas de impiedade: sua mulher, Aspásia, e o escultor Fídias.

A acusação de impiedade contra os "físicos" se torna comum. A tradição religiosa grega, que ignora a transcendência e afirma a unidade da natureza e do divino, poderia evoluir para um quase ateísmo, no caso do materialismo mecanicista dos filósofos, ou, como vimos, para um conjunto mágico-supersticioso. O cientista que trabalha num espírito positivista é acusado de querer desvendar o segredo dos deuses, dissecar o sagrado, por uma espécie de "deossecção". É exatamente este, como testemunha Plutarco, o sentido do decreto de Diopites, "em virtude do qual serão perseguidos por crime contra a cidade-Estado todos aqueles que não creem nos deuses e ensinam doutrinas relativas aos fenômenos celestes". O que se reprova em Anaxágoras é o fato de ele ensinar "a expulsar de si mesmo e a esmagar qualquer temor supersticioso dos sinais celestes, e impressões que se formam no ar e produzem grande terror em todos os que ignoram suas causas e em todos que temem os deuses com um pavor desvairado, porque não têm um conhecimento seguro, que a verdadeira filosofia natural dá".[13]

---

11 Diógenes Laércio, op. cit., I, p.105.
12 Plutarco, Nicias. In: _____, *Vies parallèles*, 23.
13 Id., Périclès. In: _____, *Vies parallèles*, II e IX.

Explicação mágica contra explicação científica: o confronto se transforma rapidamente num clássico. Já nessa época ele deriva para uma acusação de ateísmo contra os filósofos físicos. Mas por que o ateísmo já começa a ser considerado um *delito*? Por que tal batalha em torno de uma simples crença? Por que não acreditar nos deuses é mais grave do que não acreditar na forma redonda da Terra, por exemplo? Por que aqueles que são acusados de ateísmo contestam tal acusação? A conotação pejorativa que o termo "ateu" adquire, e que dura praticamente até hoje, pode parecer enigmática, sobretudo quando se pensa na atitude aparentemente mais liberal que prevalecia na época grega arcaica. Apenas a reação corporativista dos adivinhos não explica um julgamento de valor que privilegia a crença em detrimento da descrença: outros elementos devem ser levados em conta, como revela o processo de Sócrates.

DE SÓCRATES, O AGNÓSTICO, A DIÁGORAS E TEODORO, O ATEU

Foi também uma acusação de impiedade e ateísmo que condenou à morte esse ilustre personagem, considerado um dos pais do pensamento europeu. O texto da acusação, apresentado em 399 a.C. por Lícon, Ânito e Meleto, é conhecido:

> Eis a queixa que redigiu e confirmou por juramento contraditório Meleto, filho de Meletos de Pitos, contra Sócrates, filho de Sofronisco de Alopeke: Sócrates é culpado de não acreditar nos deuses reconhecidos pelo Estado e introduzir novas divindades; além disso, é culpado de corromper os jovens. Pena: a morte.[14]

As "novas divindades" seriam uma alusão às palavras de Sócrates sobre seu "demônio".

As ideias de Sócrates a respeito dos deuses continuam tão controvertidas quanto em sua época.[15] Para Aristófanes, ele é um ateu completo, e coloca-o em cena em *As nuvens*, fazendo-o dizer: "Os deuses? Por eles é que jurarás? Em primeiro lugar, os deuses são uma moeda que não tem mais valor entre nós"; "Quem? Zeus? Isso não passa de asneira; Zeus nem

---

14 Diógenes Laércio, op. cit., I, p.116.
15 Derenne apresentou as interpretações dos historiadores alemães sobre ele em Derenne, op. cit., p.94, nota 1.

sequer existe"; "Então queres reconhecer apenas os nossos deuses? Saiba então que eles são o Vazio que aqui está, e as Nuvens, e a Língua, apenas esses três".[16] Na mesma peça, Sócrates dá uma verdadeira aula de ateísmo a Estrepsíades para lhe provar que os deuses não existem.

A imagem que Xenofonte oferece é totalmente diferente: um Sócrates religioso, que demonstra a existência dos deuses pela finalidade do universo (deuses que tudo veem e enviam sinais aos homens), um Sócrates pio e inclinado à oração. Platão, mais cauteloso, vê em Sócrates um místico e, sobretudo, um cético, segundo seus diálogos. O lado agnóstico é nitidamente privilegiado. Na *Apologia*, ele diz ignorar o que é o inferno e o que há após a morte. No *Crátilo*, afirma nada saber dos deuses e recomenda que sejam seguidos os costumes e a religião oficial. No *Eutífron*, rejeita os mitos e, no *Fedro*, declara que, não tendo tempo nem capacidade suficientes para conhecer sequer a si mesmo, seria ridículo que se pronunciasse sobre os mitos e os deuses:

> Se, tendo dúvidas a seu respeito, reduzimos cada um desses seres ao que há neles de verossímil, recorrendo a sabe-se lá que grosseiro bom senso, necessitaremos de muito tempo livre! Ora, quanto a mim, não tenho tempo para ocupações dessa espécie, e eis, meu caro, a razão: ainda não sou capaz, como pede a inscrição délfica, de conhecer a mim mesmo! Assim, enquanto me faltar tal conhecimento, vejo quão ridículo é tentar sondar coisas que me são estranhas. Por conseguinte, renuncio a tais histórias e, a respeito delas, fio-me na tradição; não são elas, como eu dizia há pouco, que busco sondar, mas a mim mesmo.[17]

Encontramos mais uma vez essa bela confissão de agnosticismo nos libertinos franceses do século XVII: sendo nosso espírito incapaz de compreender tais questões metafísicas, basta que nos conformemos às práticas em vigor, sem aderir interiormente a elas: "Honra aos deuses, segundo os costumes do teu país". Posição relativista e indiferentista, que choca a opinião pública, ainda mais que surgia então a necessidade de se identificar com um culto cívico. Os elos entre o Estado e a religião são reforçados na época da Guerra do Peloponeso, que foi um choque cultural de primeira grandeza. O Estado, em conflito permanente durante cerca de trinta anos, e depois vencido, humilhado e ameaçado, apega-se a tudo o que possa

---

16 Aristófanes, *Les Nuées*, versos 246, 365 e 425.
17 Platão, *Phèdre*, 229, e.

encarnar sua identidade e sua unidade. Os deuses e o culto local não são mais simplesmente crenças, mas símbolos de comunhão cívica. A religião dos filósofos, excessivamente espiritual, intelectual, individualista e universal, com seu princípio divino único, é inapta a desempenhar o papel de cimento social e patriótico. Pôr em dúvida os deuses da cidade é ser ímpio e traidor, é pôr em perigo o civismo dos jovens. A religião é parte integrante do patrimônio da cidade-Estado, no âmbito de um contrato implícito entre os deuses e o Estado, cujos magistrados são ao mesmo tempo sacerdotes. É nesse elo entre religião e política que reside, em parte, a causa da repressão ao ateísmo. Mas isso não é tudo.

Sócrates foi discípulo de Arquelau, e acusam-no de utilizar as ciências naturais para sondar os segredos da natureza. Seus defensores, de maneira reveladora, negam que ele "especule sobre os fenômenos celestes", que "busque o que se passa sob a terra";[18] é falso, afirmam eles, dizer que Sócrates "discutia, como os outros, sobre a natureza do universo; ele não investigava como nasceu o que os filósofos chamam de mundo, nem por que leis necessárias se produz cada um dos fenômenos celestes".[19]

Os processos por impiedade revelam também outras causas de ateísmo e outros motivos de acusação. O exemplo de Diágoras, condenado no mesmo ano que Protágoras, em 415 a.C., é interessante por mais de uma razão. Antes de tudo, porque é o primeiro personagem conhecido a seguir uma trajetória intelectual que vai da fé à descrença. Nascido em Melos por volta do ano 475 a.C., esse poeta lírico escreveu obras profundamente religiosas e depois se tornou ateu. Os autores antigos não estão de acordo sobre as razões por que ele teria perdido a fé, mas as explicações que dão têm um caráter espantosamente moderno. Explicação de ordem intelectual, por um lado: segundo Suidas, Diágoras teria sido discípulo de Demócrito, convencido por sua teoria da origem das crenças religiosas como consequência do pavor humano diante dos fenômenos naturais. Explicação moral por outro lado: segundo uma obra anônima atribuída a Diágoras, ele teria perdido a fé depois de constatar que um discípulo que lhe havia roubado um peã, e que em seguida havia negado o fato com um falso juramento, viveu uma vida feliz; a seu ver, isso era prova de que não existia justiça divina, nem providência, nem deuses. Razão científica e problema do mal: tais serão, durante séculos, os dois obstáculos contra os quais se estilhaçarão as crenças religiosas de muitos fiéis. Que isso corresponda historicamente

---

18 Id., *Apologie*, 18, b.
19 Xenofonte, *Mémorables*, I, 11-4.

ou não ao caso de Diágoras, pouco importa; que tais histórias tenham sido contadas desde o século V mostra que a questão já se colocava.

Uma anedota contada por Cícero confirma o debate sobre o problema do mal entre aqueles que se baseiam no bem para provar a existência de Deus e aqueles para os quais a existência do mal é um sinal evidente da ausência de providência. Em Samotrácia, enquanto Diágoras observava os ex-votos oferecidos pelos marinheiros que haviam escapado de naufrágios, um amigo lhe perguntou:

– Tu, que pensas que os deuses não se ocupam dos assuntos humanos, não vês, graças a todas essas pinturas, como são numerosos aqueles que, graças a seus pedidos, conseguiram escapar da ira da tempestade, chegando depois ao porto sãos e salvos?

– Não – respondeu ele –, pois em nenhum lugar foram pintados todos aqueles que naufragaram ou pereceram no mar.

Diágoras ficou com fama de ateu pleno desde a época grega. É violentamente criticado por certos conservadores, como Aristófanes, e outros autores declaram que ele os horroriza tanto que preferem calar-se a seu respeito. No século IX, Aristóxenes de Tarento escreve que atribuem a Diágoras um livro em prosa que ridiculariza os deuses; e Filodemo, em seu *Tratado sobre a piedade*, toma-o como a principal referência em matéria de ateísmo. Contam que ele teria divulgado os segredos de Elêusis e tentado dissuadir aqueles que desejavam ser iniciados. Também teria ridicularizado publicamente Dioniso. Essas provocações teriam lhe valido uma condenação à morte, e sua cabeça teria sido posta a prêmio; depois de fugir, teria terminado seus dias em Acaia.

Foram conservados vestígios de inúmeros outros processos por impiedade e ateísmo.[20] Diógenes de Apolônio, contemporâneo de Anaxágoras e discípulo de Anaxímenes, físico renomado, escapa por pouco. Ele dava uma explicação puramente física do universo, em que "nada nasce do nada e nada a ele retorna". Para ele, religiões e mitos são pura alegoria, e sua reputação de ateu lhe vale inimizades ferrenhas. O filósofo Estilpo, nascido em Mégare, discípulo de Diógenes e amigo de Teodoro, o Ateu, também conseguiu evitar as perseguições abordando a questão relativa aos deuses apenas em ambientes privados, como conta Diógenes Laércio: "Crates lhe perguntara se os deuses se regozijavam com as genuflexões e as orações, ao que ele respondeu: 'Não me pergunta isso em plena via pública, animal!

---

20 Cf. Derenne, op. cit.; Decharme, *La Critique des traditions religieuses chez les grecs*; Drachmann, *Atheism in Pagan Antiquity*; Jacoby, *Diagoras*.

Espera que estejamos sós!'". Essa foi também a resposta de Bion a alguém que lhe perguntava se os deuses existiam: "Afasta-te primeiro da multidão, velho infeliz!".[21] Estilpo zomba do antropomorfismo dos deuses tradicionais com grande desenvoltura.[22]

Seu amigo Teodoro, nascido em Cirena, torna-se no século IV o típico descrente, a ponto de receber o apelido de *o Ateu*. Esse aristocrata, expulso de sua cidade natal por motivos políticos, instala-se em Atenas, onde sua liberdade de espírito e costumes causa escândalo. Julgando que o sábio está acima da moral comum e não tem necessidade nem de amigos, nem de pátria, nem de deuses, estima que pode se permitir tudo. "Ele arruinava com opiniões variadas as opiniões que os gregos tinham dos deuses", e parece que, não se contentando em negar os deuses tradicionais, bem mereceu o apelido. É o que pensa Cícero, e é o que se pode deduzir do seguinte trecho de Plutarco:

> Talvez se possam encontrar nações bárbaras ou selvagens que não conhecem a noção de divindade; mas jamais existiu homem que, conhecendo tal noção, conceba-a como perecível, e não eterna. Assim, aqueles que foram denominados ateus, os Teodoros... não ousaram dizer que a divindade era algo perecível, mas não acreditavam que existisse algo imperecível. Atacavam a existência do imperecível, mas conservavam a noção comum de divindade.[23]

A fama de Teodoro, o Ateu, alcançará em seguida os cristãos, que, paradoxalmente, louvam sua descrença. Clemente de Alexandria estima que o pagão crente é duplamente ateu: porque não conhece o verdadeiro Deus e porque adora falsos deuses. Antes a atitude de Teodoro, que pelo menos rejeita os falsos deuses. Essa não é, evidentemente, a opinião dos atenienses. Sob Demétrio de Falero (317 a.C. – 307 a.C.), Teodoro, o Ateu, foi julgado pelo Areópago e, provavelmente, banido.

Na época da conquista macedônica, Dêmades foi multado por ter defendido a divinização de Alexandre, prova de impiedade, porque subentende que os deuses são criações humanas – posição que é retomada na mesma época por Evêmero. Quanto a Teofrasto, o processo movido contra ele a pedido do democrata Hagnónides tem motivação puramente política: ele é acusado de ter sido favorável aos macedônios. Que a razão política tenha

---

21 Diógenes Laércio, op. cit., I, p.146.
22 Ibid.
23 Plutarco, *De com. nat.*, XXXI, 3, 1075, a.

com frequência levado a melhor sobre a motivação religiosa no desenrolar desses processos é confirmado pelo fato de os ateus notórios jamais terem sido importunados: como Hipon de Régio, filósofo do fim do século V que ensinava que nada existe fora da matéria, e Aristodemo, o Pequeno, admirador de Sócrates, que zombava dos crentes.

PLATÃO, PAI DA INTOLERÂNCIA E DA REPRESSÃO AO ATEÍSMO

Já na primeira metade do século IV antes de nossa era, o número de ateus na Grécia é considerável, em todas as categorias sociais, o que é motivo de preocupação. O testemunho de Platão quanto a isso é essencial. No Livro X das *Leis*, o filósofo faz pela primeira vez na história um apanhado do problema. Atestando a presença maciça de ateus, busca as causas de tanta descrença, a seus olhos perigosa, e preconiza medidas severas contra os ateus. Em muitos sentidos, pode-se considerar que Platão está na origem da opinião pejorativa que pesará sobre o ateísmo durante dois mil anos; estabelecendo um elo entre descrença e imoralidade, ele dá um passo decisivo para atingir os ateus, maculando-os de modo indelével. A partir de então, o ateísmo, amplamente associado a adjetivos como "vulgar", "grosseiro", vai opor-se à atitude nobre dos idealistas, que se reportam ao mundo puro das ideias, do espírito. O ateísmo começava a ser malvisto porque contrariava as atividades dos adivinhos e do clero, e porque era considerado uma atitude anticívica. Nos processos, os motivos políticos subjacentes eram, como já dissemos, essenciais. O delito de descrença estava ligado, portanto, a uma conjuntura passageira. Platão vai enraizá-lo numa concepção metafísica e ética fundamental que o transformará em verdadeiro crime.

O filósofo começa por uma constatação: o ateísmo está por toda a parte difundido; tais doutrinas foram, "por assim dizer, semeadas entre todos os homens". Os descrentes se distinguem em três categorias: os que não creem absolutamente na existência dos deuses; os que julgam que os deuses são totalmente indiferentes aos assuntos humanos; e os que acreditam que eles podem ser seduzidos e mudar de ideia por meio de orações e sacrifícios. Platão atribui a esses ateus o seguinte discurso:

> Estrangeiro ateniense, cidadãos de Lacedemônia e Cnossos, dizeis a verdade! Entre nós, há de fato alguns que não admitem que os deuses existem, e outros que os caracterizam exatamente como acabais de dizer. Assim reivindicamos exatamente o que exigistes quanto a vossas leis: que não sejamos

duramente ameaçados antes que tenhais tentado nos convencer da existência dos deuses e nos tenhais ensinado, alegando provas suficientes, que a natureza deles é por demais excelente para que possam se deixar, contrariamente ao que é justo, desviar e seduzir.[24]

Ou seja, em vez de nos perseguir, deem-nos provas da existência dos deuses. Tarefa urgente, avalia Platão, pois o ateísmo é fonte de imoralidade e incivismo: "Jamais se viu alguém que atribui aos deuses uma existência em conformidade com o que decretam as leis cometer voluntariamente atos ímpios, nem dar livre curso a uma linguagem que esteja em oposição à lei". Por que os ateus não creem nos deuses? "Vou dizer-te mais claramente ainda", responde o ateniense, que exprime nas *Leis* a posição de Platão:

> Fogo, água, terra, ar, tudo isso, dizem eles, existe em virtude da Natureza e do Acaso, e nada disso em virtude da Arte. Quanto a este corpo que, desta vez, e posteriormente às precedentes, se relaciona à Terra, ao Sol, à Lua ou aos astros, sua existência se deve a esses outros corpos, os quais são absolutamente desprovidos de alma. Mas, arrastados ao acaso, cada qual isoladamente, pela ação que constitui a propriedade de cada um separadamente; ajustando-se, conforme o encontro entre eles, de maneira apropriada, o que é quente com o que é frio, o que é seco contra o que é úmido, o que é mole contra o que é duro, em suma, tudo o que pôde, em consequência de uma necessidade qualquer, combinar-se à aventura numa combinação de contrários, é dessa maneira, e segundo tais procedimentos, que isso engendrou assim o céu inteiro, com tudo o que há no céu, bem como, por sua vez, todo o conjunto dos animais e das plantas, posto que dessas causas resultaram todas as estações do ano; contudo não, afirmam eles, graças a uma inteligência, tampouco a uma divindade, muito menos a uma arte, mas, como dizemos, pelo duplo efeito da Natureza e do Acaso.[25]

Reconhecemos nesse discurso as teorias dos físicos e, em especial, o atomismo de Demócrito. O ateísmo tem portanto causas intelectuais: as teorias científicas de tipo materialista. Mas tem também causas morais: os ateus rejeitam os deuses em virtude de "sua incapacidade de dominar o gozo e as paixões". Querendo dar livre curso a seus apetites grosseiros, ensinam que tudo é permitido quando se obedece à natureza, e que esta vai no sentido da dominação dos mais fortes. Platão já agita o espectro da seleção natural

---

24 Platão, *Les lois*, X, 885.
25 Ibid., X, 889.

e antecipa a célebre fórmula: "Se Deus não existe, tudo é permitido". A lei moral só pode ser forte se tiver raízes na lei divina transcendente, intocável, absoluta. O ateísmo é o fermento da dissolução da sociedade, e os intelectuais ateus são os corruptores da juventude.[26]

Opor-se a essa doutrina que se baseia numa falsa ciência e numa imoralidade intrínseca é um dever, diz Platão. Primeiro, é necessário dedicar-se à tarefa pela persuasão, depois pela repressão. O filósofo a empreende com a repugnância mais extrema, tamanha sua indignação por ter de provar a evidência:

> Como falaríamos, sem ira, para provar a existência dos deuses? Forçosamente é com grande dificuldade que suportamos e odiamos toda essa gente que nos obrigou, que nos obriga ainda a falar disso, por falta de acrescentarem fé aos discursos que, desde sua mais tenra idade, quando ainda estavam pendurados às tetas, ouviram da boca de suas amas e de suas mães.[27]

Temos a impressão de ouvir os sermões dos pregadores do século XIX! Os ateus não têm "uma única razão válida", o menor "traço de inteligência". Ter de lhes provar a existência dos deuses é algo indigno. "Mas é preciso fazê-lo! Não, de fato não devemos deixar que alguns de nossos semelhantes caiam na demência por voracidade de gozo, enquanto outros talvez fizessem o mesmo por ira contra esse tipo de gente."[28]

Eis Platão em luta contra essa terrível serpente contra a qual vão combater também os melhores espíritos da cultura ocidental até os nossos dias e, sem dúvida, ainda por algum tempo: provar a existência de Deus. Na falta de conclusões indiscutíveis depois de dois mil anos de esforços, essa interminável busca mostra ao menos que a existência de Deus não é uma evidência.

Os melhores intelectuais crentes da história das religiões se dedicaram em vão a provar racionalmente a existência de Deus. Desde Pitágoras, ninguém nega seu teorema. Desde Platão, o ateísmo persiste. Bernard Sève, que fez recentemente um balanço da questão filosófica da existência de Deus, pergunta-se:

---

26 Ibid., X, 890.
27 Ibid., X, 887.
28 Ibid., X, 888.

50   O ATEÍSMO NA ANTIGUIDADE E NA IDADE MÉDIA

A questão da existência de Deus atinge o cerne da razão humana, ou será que, ao contrário, trai exatamente o que pode restar de irracionalidade na própria razão? Pretender estabelecer racionalmente a existência de Deus, refletir racionalmente sobre as implicações de tal existência, seria avançar até as possibilidades mais extremas da razão ou, ao contrário, regredir a formas de irracionalidade que a razão jamais consegue vencer de todo?[29]

A pergunta se aplica em primeiro lugar a Platão, segundo o qual não basta usar contra os físicos o argumento da finalidade e da universalidade da crença, como acredita ingenuamente Clínias:

> É fácil alegar primeiro a Terra, o Sol, assim como todo o conjunto dos astros; depois o arranjo tão maravilhosamente ordenado das estações, dividido pelo ano e pelo mês; enfim, o fato de todos os povos, tanto os gregos quanto os bárbaros, crerem na existência dos deuses.[30]

As maravilhas da natureza e o caráter universal da fé: esses argumentos serão inúmeras vezes repetidos. Platão já assinala sua insuficiência diante de cientistas que retorquirão que os astros "são somente terra e pedras, e são incapazes de se preocupar com os assuntos humanos".

A demonstração de Platão baseia-se numa concepção radicalmente dualista da realidade. Rompendo com as filosofias de tipo monista até então predominantes, ele postula a existência, fora do mundo material, de um mundo imutável das ideias, dos arquétipos, do divino, das almas. Partindo da noção de alma individual, anterior ao corpo, ele chega à alma do mundo, que é o mundo divino; os deuses, bons e perfeitos, intervêm nos assuntos humanos e não podem ser influenciados. Pouco importa aqui o valor da demonstração. O essencial é a constatação de ruptura do ser, entre um mundo espiritual e divino e um mundo material e humano.

Essa concepção platônica agrava consideravelmente o caso dos ateus, que desde então são acusados de negar a metade mais nobre da realidade para apegar-se ao mundo ilusório, efêmero, flutuante, das sombras da caverna. Espíritos "grosseiros" e "vulgares", que não se elevam na contemplação das ideias. Até então, ser ateu podia, a rigor, passar por um erro ou uma prova de incivismo; agora não somente é uma marca de cegueira, mas também de má-fé e baixeza moral, um perigo para a vida social e política,

---

29 Sève, *La Question philosophique de l'existence de Dieu*, p.275.
30 Platão, op. cit., X, 886.

pois não permite o reconhecimento dos valores absolutos nas condutas pública e privada. As fontes da moral encontravam-se até então no mundo humano, que não era fundamentalmente diferente do divino. Separando os dois e colocando os valores imutáveis do lado dos deuses, Platão transforma os ateus em seres imorais, sem normas absolutas de conduta, incapazes de obedecer a outra coisa senão a suas próprias paixões. Começa então a repressão ao ateísmo em nome da moral e da verdade. O dualismo do ser traz o maniqueísmo da ação: o bem e o verdadeiro contra o mal e o erro.

Nessa ótica, Platão propõe que se ponha em prática uma legislação repressiva muito dura contra o ateísmo e a impiedade. Todos os ímpios deverão ser denunciados, e aquele que se calar será igualmente considerado ímpio. As sanções serão proporcionais à gravidade da impiedade; o caso mais grave é a "doença do ateísmo", na qual se distinguem dois graus: o ateu cuja conduta é correta, perigoso apenas por suas ideias, e o ateu depravado, que, além do mais, é um mau exemplo:

> Tal tipo pode encontrar-se de fato num estado de total incredulidade com relação à existência dos deuses e juntar a sua incredulidade um caráter naturalmente justo; ele toma ódio dos maus; a impaciência que sente com relação à injustiça faz que não se comprometa a agir de maneira semelhante, que fuja daqueles seus semelhantes que não são justos. Em tal outro, ao contrário, caso venha se juntar à convicção de que tudo é vazio de deuses a incontinência em relação aos prazeres e às penas; caso tenha a sua disposição uma memória vigorosa e uma viva aptidão para instruir-se, então sem dúvida a doença do ateísmo é comum às duas espécies, mas, enquanto em detrimento do resto dos homens a doença de um produzirá efeitos menores, a do outro produzirá outros bem mais consideráveis.[31]

Para a primeira categoria, a dos ateus simples, Platão prevê inicialmente a prisão com isolamento total por pelo menos cinco anos na "Casa de Penitência". Durante esse período, fará cursos de reeducação: "Nenhum cidadão poderá se relacionar com eles, com exceção dos membros do Conselho Noturno, cujas relações terão como objetivo admoestá-los e, ao mesmo tempo, prover à salvação de suas almas". Ao fim desse período de lavagem cerebral, caso o detento pareça ter recuperado os bons sentimentos, será autorizado "a viver na sociedade das pessoas de bom senso", isto é, os

---

31 Ibid., X, 908.

crentes. "Caso contrário, e caso seja condenado mais uma vez por acusação semelhante, a pena deverá ser a morte."[32]

Quanto à segunda categoria, a dos ateus depravados, eles serão trancafiados por toda a vida numa penitenciária situada num "lugar deserto, e o mais selvagem possível, cujo nome evoque a ideia de que se trata de um lugar de castigo". Ali, no mais completo isolamento, "recebendo dos carcereiros apenas o alimento prescrito pelos Guardiões das Leis", o ateu viverá como um verdadeiro desgraçado. "Depois, quando morrer, seu cadáver deverá jogado, sem sepultura, fora das fronteiras. No caso de algum homem livre se interpor, querendo dar-lhe sepultura, que ele seja, da parte da autoridade competente, passível de perseguição por crime de impiedade."[33]

O "divino" Platão, que inventa ao mesmo tempo a intolerância religiosa, a inquisição e os campos de concentração, não limita a repressão aos ateus *stricto sensu*. Os mágicos e os feiticeiros, os praticantes de sortilégios, que tentam manipular as forças ocultas e divinas, terão a mesma sorte. Haverá uma religião oficial de Estado, obrigatória: todo e qualquer culto privado, toda e qualquer prática supersticiosa, bem como a indiferença, serão punidos severamente, até a morte:

> Enfim, é preciso estabelecer uma lei que se aplique a todos esses ímpios em geral, lei cujo efeito seja reduzir o número de faltas cometidas contra a divindade pela maioria deles, tanto por atos como por palavras, e, evidentemente, deter o avanço dessa aberração, não dando direito a ligar-se a nenhum culto, salvo àquele que esteja em conformidade com a lei.

AS DESMITIFICAÇÕES: EVÊMERO E O PANTEÍSMO ESTOICO

O tom está dado. Os projetos platônicos estão à altura dos temores do filósofo e à extensão do ateísmo na época. E a crise da religião vai se acentuar ainda mais na segunda metade do século IV. As agitações políticas, o fim da independência das cidades-Estado, com a constituição dos impérios helenístico e, depois, romano, arruínam a religião cívica em proveito da religião individual, do ceticismo, do ateísmo e do ocultismo. Sob o impacto das mudanças políticas, econômicas e sociais, os valores tradicionais

---

32 Ibid., X, 909.
33 Ibid.

OS ATEÍSMOS GRECO-ROMANOS
53

desaparecem. A religião clássica é a principal vítima dessas transformações, em benefício da descrença racional e da descrença irracional.

A evolução da cultura helenística nos séculos IV e III corresponde bem ao esquema que adotamos como hipótese de trabalho: o enfraquecimento do centro de gravidade religioso se traduz por um esfacelamento das atitudes, tanto no sentido racional, com o progresso de um estoicismo panteísta e de um ateísmo teórico, quanto no sentido irracional, com a proliferação das seitas, dos cultos de mistérios, das práticas mágicas, da bruxaria, mas também do ateísmo prático. Pôde-se até mesmo estabelecer um paralelo com nossa época no estimulante livro de Maria Daraki *Une Religiosité sans Dieu* [Uma religiosidade sem Deus].

O recuo da religião clássica é inevitável. No século III, Calímaco, num epigrama funerário, rejeita as crenças tradicionais sobre o além. As inscrições com promessa de imortalidade desaparecem das lápides.[34] Os deuses antropomorfos do Olimpo desaparecem do culto doméstico. Por toda a parte, a dúvida e a indiferença avançam. Até mesmo as pessoas mais humildes se desinteressam do culto. Os deuses invisíveis são substituídos pelos soberanos divinizados, sinal revelador do ceticismo reinante. No ano 290 a.C., quando Demétrio e Lanassa, sua esposa, entram em Atenas como deuses epífanos (Demétrio-Deméter), um concurso de peãs é organizado em sua honra, e Hermocles, que venceu o concurso, proclama:

> Quanto a ele [Demétrio], ele aparece com um rosto cheio de benevolência, como convém a um deus, e é belo e muito alegre. [...] Os outros deuses estão longe, ou não têm ouvidos, ou não existem, ou não nos dão a menor atenção: mas tu, vemo-te diante de nós, e não talhado em pedra ou madeira, mas real e verdadeiro.[35]

Toda evolução cultural tende a minar as bases da religião. Desde o século V, os poetas tomam liberdades com os mitos. Eurípedes deixa transparecer seu ceticismo por torneios como: "os deuses, sejam quais forem os deuses", ou: "Zeus, seja quem for Zeus". Aristófanes, tratando os deuses com insolência, contribui para que sejam desconsiderados.[36] Os historiadores dão mostras de relativismo, como deve ser: embora seja difícil conhecer a opinião pessoal de Tucídides sobre a religião, todo o seu discurso exprime

---

34 Festugière, *Épicure et ses dieux*.
35 Ibid., p.72.
36 Hild, *Aristophanes impietatis reus*.

um bom senso racional; Hecateu é o primeiro a dar uma interpretação racionalista dos mitos; Cinésias é um ateu confesso.

Os sofistas, evidentemente, não contribuem para reforçar a fé: para eles, o homem é a medida de todas as coisas. A maioria é cética ou agnóstica. Trasímaco nega a providência. Alguns tentam explicar como a ideia dos deuses conseguiu germinar no espírito humano, o que é a forma mais radical de aniquilar a crença. É o caso de Pródico de Ceos. Crítias põe na boca de Sísifo que os deuses foram inventados por um "homem extremamente hábil", a fim de garantir a virtude dos indivíduos pelo temor do castigo. Para muitos estoicos, os deuses são simplesmente homens célebres divinizados, os primeiros benfeitores da humanidade: é a opinião de Perseu, discípulo de Zenão; já Crisipo declara que "transformaram homens em deuses". Perseu sugere também que os homens teriam adorado as coisas que lhes eram úteis, como o pão e o vinho, invocados sob os nomes de Deméter e Dioniso. Cícero põe na boca de Balbo que outrora era costume colocar no céu todos aqueles que haviam prestado serviços à sociedade, como Hércules, Castor, Pólux, Esculápio, Baco.

É o sofista e mitógrafo Evêmero (340 a.C. – 260 a.C.) que, no *Relato sagrado*, leva mais longe a teoria, que hoje tem o seu nome, que diz que os deuses são antigos homens célebres, divinizados após a morte. Dessacralizando o Olimpo, acredita que Zeus era um soberano sábio e benfazejo que, depois de ter viajado pelo mundo inteiro, foi morrer em Creta; altares teriam então sido erguidos em sua honra, como se fazia nas monarquias helenísticas da época. Afrodite teria sido a primeira cortesã, e o rei de Chipre, enlouquecido por sua beleza, teria feito dela uma deusa; já Atena teria sido uma rainha belicosa e conquistadora. Diodoro resume assim a teoria: "Os deuses viveram na terra, e é por causa dos serviços que prestaram aos homens que as honras da imortalidade lhes foram dadas; Hércules, Dioniso, Aristeu são alguns exemplos".

Sexto Empírico dá uma versão ligeiramente diferente do evemerismo:

> Evêmero, apelidado de o Ateu, diz o seguinte: quando os homens não eram ainda civilizados, aqueles que venciam os outros em força e inteligência para obrigar todos os outros a fazer o que ordenavam, desejando gozar de mais admiração e mais respeito, atribuíram-se falsamente um poder sobre-humano e divino, o que os fez serem considerados deuses pelas multidões.[37]

---

37 Sexto Empírico, *Contre l'enseignement des sciences*, IX, 17.

A explicação de tipo evemerista será retomada com frequência por Nicanor de Chipre, Mnaseas de Patras, Dionísio Skytobrachion e Apolodoro, ao passo que Políbio afirmará que autores de invenções úteis foram divinizados. Os gregos não esperaram os cristãos para dessacralizar seus mitos e seus próprios deuses.

A crise dos séculos IV e III antes da nossa deu origem também à grande renovação do panteísmo materialista que é o estoicismo. Essa corrente se inscreve na tradição do monismo grego, em oposição total ao dualismo platônico. Como em todas as formas de panteísmo, é difícil determinar se se trata de um ateísmo ou de uma corrente religiosa. Maria Daraki o qualifica de "religiosidade sem deus"; poderíamos muito bem dizer também que é um "ateísmo religioso". A "divindade" é a natureza, sábia e boa, o Todo, o universo, inteiramente material, fora do qual nada existe. Esse universo é composto pelos quatro elementos, dos quais o principal é o fogo, que o penetra por todas as partes, lhe dá unidade e coesão, e o incendeia periodicamente. O universo é cíclico: é consumido pelo fogo divino antes de renascer pelo resfriamento, e isso por toda a eternidade. O homem, parte integrante desse todo universal, desse grande ser divino, é dotado – como todo animal – de uma alma, um "sopro", que é igualmente material.

A posição dos estoicos com relação aos deuses individuais é bastante vaga. Se nos referirmos às obras de Arato, discípulo de Zenão no século II, e às do aristotélico Dicearco, os deuses são alegorias, sinais do divino impessoal. Ao racionalizar os mitos hesiódicos, dando-lhes um conteúdo "histórico", esses autores remontam à queda original, a partir da qual distinguem duas raças de homens: os *sophoi*, ou sábios, que vivem em concordância com a natureza, e os *phauloi*, a humanidade decaída e desnaturada, composta de ateus – "eles são ímpios para com os deuses", "eles ignoram os deuses", "eles se opõem aos deuses por seu modo de viver", "eles são inimigos deles", "eles são ateus, no sentido que opõem ateu a divino", "a alma dos *phauloi* sobrevive algum tempo após a morte, ou então se dissolve com o corpo",[38] ao passo que a dos sábios reencarna até a conflagração universal. É a não conformidade do *phaulos* com a natureza que faz dele um ateu, pois há conformidade entre as leis da natureza e as leis divinas. A natureza é sagrada, sem ser uma deusa. Ela é o Grande Todo cósmico que tende ao bem, mas só se torna consciência pessoal no sábio.

---

38 Von Armin (ed.), *Stoicorum veterum fragmenta*, III, 660, 604, 661, 606 e 809.

56   O ATEÍSMO NA ANTIGUIDADE E NA IDADE MÉDIA

Como mostra Maria Daraki, com o estoicismo passa-se do religioso mítico ao sagrado psicológico: enquanto o primeiro, na religião tradicional, objetiva o divino em personagens sobrenaturais, o segundo faz do homem a fonte e o centro do sagrado. O sábio estoico, tomando como sua a vontade da natureza, torna-se verdadeiramente divino. É isso que quer dizer Cleante em seu *Hino a Zeus*, quando escreve: "Que tua vontade seja feita". E é também o sentido da proclamação de Empédocles: "Sou deus".

Aqui, não há nenhuma transcendência, mas divinização do homem que vive em conformidade com a natureza. Esse *sophos*, esse sábio, é um homem divino; na verdade, esse é o super-homem, do qual ele tem a força e o orgulho. Essa concepção está certamente mais próxima daquilo que chamamos de ateísmo do que de uma forma religiosa qualquer. O sábio é ao mesmo tempo o deus e o crente. Uma tal divinização da humanidade está no extremo oposto da concepção religiosa tradicional, porque apaga a distinção entre o divino e o profano, entre o deus e o fiel. O cristianismo verá nela até mesmo uma forma perniciosa de ateísmo: o sábio cristão, isto é, o santo, não deve viver em conformidade com a natureza, mas dominá-la, domá-la.

Esse tipo de retorno a uma natureza primitiva divinizada é característico dos períodos de crise cultural profunda. Por isso Maria Daraki pôde estabelecer um paralelo com a situação atual do Ocidente, em que a confusão das certezas, a falência das ideologias, dos valores e das religiões, o protesto individualista e a rejeição de uma ciência determinista se combinam, como na época do estoicismo, para favorecer uma espécie de religiosidade difusa, sem deus, que se fundamenta numa natureza ressacralizada pela ecologia e não distingue mais sagrado e profano – em suma, um retorno ao monismo original.[39]

O EPICURISMO: UM ATEÍSMO MORAL

Outro produto da crise cultural dos séculos IV e III: o epicurismo, muito mais nitidamente ateu que o estoicismo. Deformado por seus adversários, será durante séculos o pesadelo do cristianismo, que o transformará numa doutrina quase diabólica, aliando ateísmo, materialismo integral e imoralidade. Todos os descrentes serão tratados como "os porcos de Epicuro", e o epicurismo constituirá uma lixeira cômoda na qual se pode jogar, sem

---

39 Daraki, *Une Religiosité sans Dieu. Essai sur les stoïciens d'Athènes et saint Augustin*, p.215.

escrúpulo algum, todos os céticos e libertinos, enfarpelados do injurioso adjetivo de "epicurista".

Que o epicurismo esteja no extremo oposto das religiões tradicionais é perfeitamente admissível. De fato, juntando um estilo de vida a uma especulação filosófica, ele é ao mesmo tempo um ateísmo teórico e um ateísmo prático. No entanto, Epicuro (341 a.C. – 270 a.C.) afirma a existência dos deuses: "Os deuses existem, o conhecimento que temos deles é uma clara evidência". Eles são materiais, feitos de átomos sutis; são belos e felizes.[40] A felicidade dos deuses deve servir de modelo à nossa: eles gozam da paz completa, da ataraxia, porque não se ocupam de nada, nem mesmo dos assuntos humanos. Não adianta implorar aos deuses ou temê-los: eles são indiferentes à nossa sorte. Esses deuses, que não criaram o mundo, que quase nunca intervêm nele, que não prometem nem recompensa nem punição aos homens cuja vida é terrena e termina com a morte, sem a sobrevivência da alma, esses deuses têm apenas uma existência formal. Segundo Epicuro, celebrá-los já é participar um pouco de sua felicidade. A partir disso, muitos epicuristas podem prescindir deles, sem que os fundamentos da doutrina sejam alterados.

De fato, como mostrou J.-A. Festugière, parece que a origem do epicurismo é uma reação ao medo dos deuses, que envenena a vida humana. Esse é um aspecto pouco conhecido das religiões antigas, que também contribui para seu questionamento numa crise que, decididamente, apresenta várias similitudes com a que ocorreu no fim do século XIX. Habituados a associar a noção de temor religioso ao cristianismo, com diabo e inferno, ameaças de castigo eterno exploradas durante muito tempo pelo clero, temos tendência a esquecer que o medo estava presente nas religiões pagãs, e que ele contribuiu significativamente para o desenvolvimento do ceticismo e do ateísmo. O pagão tem medo de seus deuses, cujas reações são imprevisíveis. Deuses que moldam seu destino, de maneira arbitrária, como ilustra a história dos Átridas; deuses que provocam sem motivo cataclismos naturais ou conduzem o homem à morte, reservando-lhe um além incerto, sobre o qual circulam os mais sinistros rumores. A partir do momento em que o crente postula a existência de uma providência, de uma intervenção divina nos assuntos humanos, ele passa a ter tudo a temer desses seres sobrenaturais todo-poderosos, rancorosos, sempre prontos a se vingar. "Assim, o temor aos deuses, a sua ira contra os vivos, a sua vingança sobre os mortos,

---

40 Festugière, op. cit.

desempenhou um papel importante na religião dos gregos. Talvez o próprio Epicuro o tenha sentido."[41]

Essa opinião pode ser corroborada pelo testemunho de Plutarco, espírito religioso tradicional que declara, em sua *Deisidaimonia* [Superstição], que de certo modo o ateísmo epicurista é preferível ao temor excessivo que muitos fiéis sentem pelos deuses, aterrorizados porque atribuem seus males a eles: chafurdam na lama confessando seus pecados e tremem diante da perspectiva de uma eternidade de suplícios. O ateu, ao contrário, escreve Plutarco, em caso de dificuldade busca em si mesmo a consolação; sereno e sem temor, atribui suas infelicidades ao acaso ou à Fortuna, a *Týkhe*.

A rejeição dos deuses seria uma reação de revolta, a revolta do homem que quer assumir as rédeas de seu destino, que recusa os mitos divinos que o mantêm na escravidão e no medo. Essa reação é manifesta no mais célebre continuador de Epicuro, o romano Lucrécio (100 a.C. – 50 a.C.). Em seu longo poema *De natura rerum* [Sobre a natureza das coisas], ele mostra, por meio de inúmeros exemplos mitológicos, que os deuses são criações humanas inspiradas pelo temor das forças naturais. Do mesmo modo, a religião torna o homem infeliz, fazendo-o acreditar que as catástrofes são deliberadamente provocadas pelos deuses. E se estes são capazes de lhe enviar tais cataclismos nesta vida, o que não lhe reservarão na próxima? A imaginação inventou todos esses suplícios, que mantêm o medo. O homem deve rejeitar essas fábulas:

> É preciso expulsar e derrotar esse temor do Aqueronte, que, penetrando até as profundezas do homem, perturba sua vida, colore-a inteiramente com a negritude da morte. [...] Não há, como diz a fábula, um infeliz Tântalo, temeroso de um enorme rochedo suspenso sobre sua cabeça e paralisado por um terror sem objeto; é antes o vão temor dos deuses que atormenta a vida dos mortais e o medo dos golpes do destino que ameaçam cada um de nós. Tampouco existe um Tício jazendo no Aqueronte, dilacerado pelos pássaros; estes, aliás, não teriam em seu vasto peito de que se alimentar por toda a eternidade.[42]

Para Lucrécio, Epicuro salvou o homem da religião. E, vencendo-a, devolveu-lhe a dignidade:

---

41 Ibid., p.82.
42 Lucrécio, *De natura rerum*, III, 978-1024.

Enquanto, aos olhos de todos, a humanidade levava na terra uma vida abjeta, esmagada pelo peso de uma religião cujo rosto, mostrando-se do alto das regiões celestes, ameaçava os mortais com seu aspecto horrível, um homem da Grécia, o primeiro, ousou erguer seus olhos mortais contra ela, e contra ela voltou-se. Longe de detê-lo, as fábulas divinas, o relâmpago, os estrondos ameaçadores do céu só fizeram excitar ainda mais o ardor de sua coragem e seu desejo de ser o primeiro a forçar as portas estritamente fechadas da natureza. [...] E assim a religião foi vencida e pisoteada, e nós, a vitória nos ergue aos céus.

Assim, segundo Lucrécio, o epicurismo é realmente um ateísmo. Negligenciando os deuses impassíveis e felizes que seu mestre ainda preservava, ele se atém a um puro materialismo mecanicista. "A matéria se compõe de átomos absolutamente plenos que se movem, indestrutíveis, pela eternidade. [...] O universo total, portanto, não tem limite algum"; infinito, formado pelo vazio e pela matéria, em que tudo se faz e se desfaz sem nenhum plano de conjunto. Diferença com relação à concepção de Demócrito: os átomos têm uma trajetória ligeiramente oblíqua, e esse *clinamen*, essa inclinação, que torna possíveis as diversas combinações, permite também salvaguardar certa contingência e certo grau de liberdade humana, abrindo espaço para a moral.

O epicurismo é de fato a primeira grande tentativa de estabelecer uma moral ateia, uma moral que repousa sobre o único valor autêntico possível num mundo humano sem deus: a busca da felicidade individual terrena. Essa felicidade reside na ausência de sofrimento físico e perturbação moral, nesse estado de sabedoria pleno de equilíbrio chamado ataraxia. Apenas a busca do prazer deve motivar o sábio, o que exclui uma vida de facilidades e devassidão, fonte de males, mais do que de prazeres. Na verdade, o prazer, tal como Epicuro o compreende, assemelha-se mais ao ascetismo que ao divertimento. É resultado de uma sábia e delicada dosagem que, praticada por todos, levaria a uma sociedade perfeita, justa, equilibrada:

> Posto que o prazer é o primeiro dos bens naturais, disso decorre que não aceitamos o primeiro prazer à mão; em certos casos, quando têm como consequência algum desgosto maior, chegamos até a desprezar certos prazeres. Por outro lado, há inúmeros sofrimentos que consideramos preferíveis aos prazeres, quando acarretam um grande prazer.
>
> [...]
>
> As iguarias mais simples proporcionam tanto prazer quanto a mesa mais ricamente servida, quando se encontra ausente o sofrimento que causa a

necessidade, e o pão e a água propiciam o mais vivo prazer quando ingeridos após uma longa privação. O hábito de uma vida simples e modesta é portanto um bom modo de cuidar da saúde, e torna o homem, ainda por cima, corajoso para suportar as tarefas que tem necessariamente de realizar em vida. Uma vida simples lhe permite ainda apreciar melhor uma vida opulenta, quando tem a ocasião, e o previne contra as reviravoltas da fortuna. Por conseguinte, quando dizemos que o prazer é o bem soberano, não estamos falando dos prazeres dos devassos nem dos gozos sensuais, como pretendem certos ignorantes que nos combatem e deturpam nosso pensamento. Falamos da ausência de sofrimento físico e da ausência de perturbação moral.[43]

Caluniada pelos estoicos desde o início, a doutrina epicurista servirá, paradoxalmente, de contraponto aos olhos dos crentes, e de prova de incompatibilidade entre ateísmo e moral. Esse mal-entendido é ainda mais surpreendente quando se pensa que estoicos e epicuristas pregavam, ambos, a indispensável conformidade com a natureza; mas, enquanto os primeiros viam a sabedoria numa assimilação voluntária do homem e do natural, os segundos recomendavam uma dosagem inteligente dos elementos naturais a fim de assegurar a maior paz possível à alma. Assim, os epicuristas salvam a dignidade e a especificidade humanas, ao passo que os estoicos a dissolvem na natureza, supostamente divina.

Outro paradoxo: os cristãos, que rejeitarão essas duas doutrinas por considerá-las ateias, admirarão a moral estoica, porque prega a aceitação voluntária do acaso, e desprezarão a moral epicurista, porque faz do indivíduo o único mestre de sua conduta. Ora, o autêntico sábio epicurista, dominando a natureza, está muito mais próximo do asceta cristão do que o sábio estoico, que obedece à natureza. Mas, aos olhos dos cristãos, o primeiro erra por reivindicar a busca do prazer como valor supremo, já que o cristianismo exalta o sofrimento e a dor, deliberadamente buscada com o intuito de purificação.

O cristianismo também não poderá perdoar o epicurismo pela negação formal da mortalidade da alma. Para Epicuro, a morte do indivíduo é total e definitiva: ela não deve ser temida, portanto. "O nada será igual para aquele cuja vida cessou hoje ou para aquele que morreu há meses ou anos", escreve Lucrécio. Os átomos que compõem o indivíduo se recomporão para dar origem a outras formas.

---

43 Epicuro, *Lettre à Ménécée*, apud Diógenes Laércio, op. cit., II, p.261-2.

OS ATEÍSMOS GRECO-ROMANOS

Acrescentamos que o epicurismo, em sua busca de prazeres equilibrados, não é de modo algum uma garantia de vida feliz, como ilustra Lucrécio, pai do mal-estar existencial: "Cada qual tenta evadir-se de si mesmo, sem no entanto poder fazê-lo, ficando assim atado a si mesmo e acabando por se odiar". Mesmo o amor é um suplício, uma loucura, um desejo exacerbado que jamais pode ser satisfeito. Para Lucrécio, o inferno é o eu e todos os seus temores, é a angústia existencial. Podemos nos libertar de alguns desses temores, por exemplo, do temor de deus e da morte, mas a infernal angústia fundamental, a de existir, só desaparece com o próprio homem.

O CETICISMO DO MUNDO GRECO-ROMANO NOS SÉCULOS II E I ANTES DE NOSSA ERA

Assim, apesar das advertências de Platão, a religião tradicional continua a perder terreno para as correntes heterodoxas, do ocultismo ao panteísmo, do ateísmo prático ao ateísmo teórico. Os séculos IV e III são um período de confusão de crenças e descrenças, em que os limites tradicionais entre elas se tornam vagos. É difícil saber, por exemplo, qual é a opinião dos cínicos sobre os deuses. Enquanto Antístenes sustenta a unidade da divindade, Diógenes tem fama de ateu, talvez injustificada, por sua falta de respeito para com os deuses antropomorfos:

> Ele tinha raciocínios como: "Tudo pertence aos deuses, ora os sábios são amigos dos deuses e, entre amigos, tudo é partilhado, logo tudo pertence aos sábios". Certa vez, ao ver uma mulher prosternada diante dos deuses e que, por isso, deixava à mostra o traseiro, quis livrá-la da superstição. Aproximou-se dela e disse: "Ó, mulher, não temes que por acaso o deus esteja atrás de ti (já que tudo está repleto de sua presença) e que lhe mostres assim um espetáculo indecente?". Postou um gladiador perto do Asclepeion com a missão de açoitar todos aqueles que se prosternassem de boca no chão.[44]

A atitude provocadora de Diógenes, que zomba dos deuses, dos mistérios, da providência e das superstições, aproxima-o sem dúvida das concepções panteístas tradicionais. Nesse sentido é que Maria Daraki interpreta a anedota relatada por Diógenes Laércio: "Tendo Platão definido

---

44 Diógenes Laércio, op. cit., II, p.20.

o homem como um animal de dois pés sem plumas, e tendo o auditório aprovado a definição, Diógenes levou a sua escola um galo depenado e declarou: 'Eis o homem, segundo Platão'".[45] Isso simbolizaria a oposição entre o platonismo, que, tendo separado o sagrado do profano, pode tomar o homem, dessacralizado, como objeto de estudo, e o panteísmo cínico, que considera um sacrilégio o estudo da natureza e, em especial, do homem, que é a imagem dos deuses.

O desaparecimento dos processos por impiedade e ateísmo no fim do século IV, longe de significar o desaparecimento dessas atitudes, é uma prova de sua generalização. Tornam-se tão comuns que não chocam mais e, em Atenas, os filósofos pregam livremente o ateísmo: é o caso de Bion de Boristeno, discípulo de Teodoro, o Ateu, na primeira metade do século III, enquanto Carnéades demonstra a impossibilidade de provar a existência de Deus. Aristarco de Samos é interpelado, durante algum tempo, por causa de suas teorias astronômicas, mas ninguém ousa processá-lo por impiedade. A lei de Sófocles, filho de Anficleides, que proibia aos filósofos de ensinar em Atenas, é revogada. No século I antes de nossa era, um tratado anônimo *Sobre a política*, atribuído a Hipodamos, ainda pede, inutilmente, a proibição de ensino dado por filósofos ateus.

Entre os novos pensamento em voga, o aristotelismo, ao mesmo tempo que afirmava a necessidade de um deus como motor primeiro do universo, tem um forte tom materialista: um universo eterno, incriado, almas mortais, nenhuma vida no além.

É nesse clima de dispersão intelectual que os cultos aos deuses estrangeiros, teoricamente proibidos, estabelecem-se em grande número, vindo do Oriente e aproveitando a tolerância das autoridades romanas, que então governam Atenas. A mistura de elementos gregos, etrusco-romanos e orientais leva a uma deliquescência religiosa no decorrer dos séculos II e I antes de Cristo.

No momento em que Roma conquista a parte oriental do Mediterrâneo, há o recuo da religião tradicional, a alteração e o desprestígio dos 30 mil deuses latinos repertoriados por Varron. Mas, como observa Albert Grenier, "na verdade, não foram essas especulações novas que mataram as antigas crenças; estas morreram por si mesmas, porque não correspondiam mais ao estado intelectual e social do povo. Como não havia nada que substituir, os romanos adotaram, quase por acaso, seja noções filosóficas, seja mitos e

---

45 Ibid., p.21.

cultos estrangeiros".[46] Como no mundo grego, o declínio do culto privado e público no decorrer dos séculos II e I é acompanhado de uma explosão de crenças, desde o sucesso dos cultos de mistérios até o ateísmo, diante das questões que foram deixadas sem resposta pela religião oficial.

Em 186 a.C., mais de 7 mil pessoas são envolvidas no enorme escândalo das bacanais – ao qual se seguiu um processo lento, de cinco anos, com inúmeras acusações de ateísmo.[47] Com a conquista da Grécia vêm o estoicismo, o epicurismo e o ceticismo eclético, favorecendo o ateísmo nos círculos aristocráticos, como o de Cipião Emiliano, frequentado por Políbio, Terêncio e Lucílio, que não são nenhum modelo de fervor religioso. O homem e sua psicologia estão no centro das preocupações, e os deuses são esquecidos. O vazio é preenchido, entre os intelectuais, pelo ateísmo e, no povo, pelas superstições.

Em meados do século I antes de nossa era, Lucrécio, Bruto, Cássio e Cícero são ótimas testemunhas e protagonistas do ceticismo reinante. Já falamos do primeiro. "Nem Cássio nem outro contemporâneo dele está muito convencido da existência dos deuses, ou pelo menos essa convicção é vacilante demais para influenciar a ação", como observa Albert Grenier.[48] Às vésperas da Batalha de Filipos, segundo relata Plutarco, Cássio exprime seu ceticismo a Bruto:

> Mas, de resto, dizer que existam espíritos ou anjos, e ainda que tenham existido, que tenham forma de homens, ou voz, ou poder algum que chegue até nós, não parece coisa verossímil. Quanto a mim, gostaria que existissem, para que tivéssemos confiança, não somente em tão grande número de armas, navios e naus, mas também no socorro dos deuses, posto que somos autores e defensores de belíssimos, santíssimos e virtuosíssimos atos.[49]

No que diz respeito a Cícero, o grande tratado que consagra à questão religiosa, *Da natureza dos deuses*, é um reflexo da grande quantidade de opiniões sobre o assunto e do ceticismo que resulta dele. "Quando se vir quanto os homens mais doutos se dividiram sobre essa questão, haverá, a menos que me engane, com que fazer duvidar até mesmo aqueles que creem ter

---

46 Grenier, *Le Génie romain dans la religion, la pensée et l'art*, p.186-7.
47 Tito Lívio, 39, 8 e ss.
48 Grenier, op. cit., p.438.
49 Plutarco, Brutus. In: _____, *Vies parallèles*, II, p.1079.

encontrado algo de certo".[50] No tratado, escrito em forma de conversação, Cota assume o ponto de vista dos descrentes: "Tenho dificuldade de impedir certos pensamentos que de tempos em tempos me perturbam e me fazem quase incrédulo a esse respeito".[51] Epicuro, continua ele, teria dito que é difícil negar a existência dos deuses: "Sim, em público; mas em particular, como fazemos aqui, nada é mais fácil".

No entanto, a questão é ainda muita obscura, provavelmente além de nossa compreensão:

> Se me perguntarem o que é Deus, farei com vocês como fez Simônides com o tirano Hieron, que lhe fez a mesma pergunta. Primeiro ele pediu um dia para pensar; no dia seguinte, mais dois dias; e como toda vez esquecia quantos dias tinha pedido, Hieron quis saber a causa. "Porque", respondeu ele, "quanto mais reflito, mais a coisa me parece obscura".[52]

Veleio, que defende o ponto de vista da fé, desenvolve outro argumento clássico: todos os povos têm uma ideia de deus impressa em sua alma; "ora, todo julgamento da natureza, quando é universal, é necessariamente verdadeiro. É preciso reconhecer portanto que há deuses". Cota contesta esse universalismo: "Estou persuadido de que há muitos povos suficientemente brutos para não ter a mínima ideia dos deuses".[53] Diágoras, Teodoro, o Ateu, os ímpios: não são todos prova de que a ideia de deus não é universal? E diante do grande número e da diversidade das crenças, como não seríamos céticos? "Muitos se espantam que um arúspice olhe para outro sem rir, mas o que mais me espanta é que vocês [os crentes] consigam conter o riso quando vários de sua seita se reúnem."[54]

O ATEÍSMO ANTIGO E SEUS LIMITES

É nesse clima de ceticismo generalizado que aparece o cristianismo, percebido durante muito tempo como uma forma de ateísmo. Há dois mil anos, o limite entre crença e descrença era tão vago e impreciso quanto em

---

50 Cícero, *De natura deorum*, I, 6.
51 Ibid., I, 22.
52 Ibid.
53 Ibid., I, 23.
54 Ibid., I, 25.

OS ATEÍSMOS GRECO-ROMANOS

nossos dias. Entre o total ateísmo teórico de certos filósofos e a proliferação das superstições populares, centenas de seitas, religiões, escolas de pensamento espiritualistas e materialistas dividem entre si o mercado da crença. Mithra, Ísis, Osíris, Serápis, Cibele, Júpiter e dezenas de outros convivem com as crenças astrológicas e mágicas, com o monoteísmo judeu, as doutrinas epicurista, estoica, platônica, neoplatônica, cínica e cética. Nessa cacofonia, a religião greco-romana oficial não passa de um quadro formal e cívico, cujos templos e cerimônias ainda marcam a paisagem, porém mais à maneira de um cenário do que propriamente como uma verdade reconhecida. Sacerdotes, áugures e vestais têm seu papel, mas ele é amplamente laicizado. Quanto à massa do povo, ela escuta os adivinhos e vive ao ritmo de suas incontáveis superstições, numa situação muito semelhante ao ateísmo prático, de tanto que o sentimento do divino havia se degradado.

O mundo mediterrânico parece ter chegado ao relativismo religioso e a uma total liberdade de crença. A religião oficial tradicional não tem mais condições de assegurar um mínimo de controle sobre a fé. A tolerância com as opiniões religiosas reina nessa Torre de Babel, em que nenhum valor universal é unanimemente reconhecido. Essa situação é muito semelhante à que vivemos hoje: explosão das crenças, relativismo, perda dos valores e dos referenciais nacionais e culturais, religião *à la carte*, predominância da ação e da busca das satisfações individuais imediatas, religião tradicional (a do panteão greco-romano dois mil anos atrás, o cristianismo hoje) relegada a um estado de tradição formal, ou até mesmo de folclore, angariando ainda muitos fiéis, porém incapaz de orientar a cultura e influir nas escolhas da sociedade.

Como é que esse caos ético-religioso, fonte de ceticismo desencantado, não acarretou um naufrágio generalizado da religião, da crença em deus(es), e uma generalização do ateísmo? Por que a descrença não se impôs quando todas as condições culturais eram excepcionalmente favoráveis? Havia explicações ateias do mundo à disposição; Lucrécio havia acabado de expor uma visão racional – para a época – do universo. Por que, no fim das contas, seguir são Paulo e postergar dois mil anos a questão, à qual, hoje, mais uma vez nos confrontamos? Deixemos de lado as explicações de tipo sobrenatural e providencialista, que só têm valor no sistema das crenças. Por que, da variedade de crenças propostas, os homens seguem na direção da solução aparentemente mais absurda, a de um deus todo-poderoso que se faz homem para morrer numa cruz e ressuscitar?

A acolhida reservada a são Paulo em Atenas, por volta do ano 50, quando ele vai para lá para pregar sua doutrina, é reveladora. O apóstolo desperta curiosidade a princípio, sobretudo entre os filósofos estoicos e epicuristas, sempre abertos às novidades, mas um tanto entediados diante do afluxo de novas seitas orientais. Dão atenção a suas explicações até o momento em que saem daquilo que é racionalmente aceitável: a ressurreição dos mortos. O trecho dos Atos dos Apóstolos que relata o episódio é instrutivo. Paulo se dirige à multidão, na ágora:

> Havia até filósofos epicuristas e estoicos que conversavam com ele. Alguns diziam: "O que quer dizer essa tagarelice?". E outros: "Deve ser um pregador de divindades estrangeiras". Com efeito, Paulo anunciava Jesus e a ressurreição. Eles o pegaram consigo e o conduziram até o Areópago. "Podemos saber", perguntaram eles, "que nova doutrina é essa que expões? Tu nos enches os ouvidos com palavras estranhas, e gostaríamos muito de saber o que querem dizer." É preciso que se diga que todos os habitantes de Atenas e todos os estrangeiros residindo na cidade passavam a maior parte do tempo contando ou escutando as últimas novidades. De pé, no meio do Areópago, Paulo tomou a palavra.[55]

Ele expõe as grandes linhas de sua doutrina e chega ao ponto crucial:

> E eis que Deus, sem levar em conta esses tempos de ignorância, anuncia agora aos homens que todos, em todos os lugares, devem se converter. Com efeito, ele fixou um dia em que deve julgar o mundo com justiça, pelo homem que ele designou, como deu garantia a todos, ressuscitando-o dentre os mortos.
> Quando ouviram as palavras "ressurreição dos mortos", uns começaram a zombar, outros declararam: "Nós te ouviremos sobre isso em outra ocasião". Foi assim que Paulo os deixou.[56]

O paulinismo é rejeitado por causa da imagem indigna que oferece da divindade e também da contradição que existe entre esse deus e a razão humana. Esses filósofos aceitam a ideia de um deus, mas um deus que se rebaixa ao nível dos homens é indigno do absoluto divino e se, ainda por cima, contradiz as leis da natureza, torna-se inverossímil. Eis por que, durante muito tempo, os cristãos foram considerados ateus no mundo pagão, sobretudo entre os intelectuais. O termo é empregado com frequência na época das perseguições, num amálgama que pode parecer surpreendente:

---

55 Atos dos Apóstolos 17,18-21.
56 Atos dos Apóstolos 17,30-33.

segundo Luciano, cristãos e epicuristas, confundidos sob o rótulo de ateus, são vítimas de revoltas populares provocadas pelos oráculos, que os denunciam como responsáveis pela ira dos deuses. "Antes do édito de Décio", lembra Robin Lane Fox, "as cidades tomaram iniciativa de promulgar seus próprios decretos e acusações contra os cristãos: temiam, ou lhes era sugerido que temessem, aqueles 'ateus' que não participavam dos cultos que desviavam a ira dos deuses".[57]

O termo "ateu" é suscetível de interpretações diversas, correspondendo em particular às duas grandes categorias que distinguimos anteriormente. O ateísmo prático, no nível do comportamento, pode referir-se a todos aqueles cuja moral não é conforme às normas dominantes. Essa acepção predomina no povo. Porfírio foi seu porta-voz: "Toda vida leviana é cheia de servidão e irreligiosidade: ela é ateia, portanto, e desprovida de justiça, porque nela o espírito é impregnado de irreligiosidade e, por conseguinte, de injustiça".[58]

Para os filósofos, ao contrário, como ilustra o episódio de são Paulo em Atenas, é ateia toda doutrina que oferece uma concepção degradante da divindade. O deus dos filósofos tem exigências racionais que não correspondem ao deus da revelação. Para epicuristas e estoicos, os cristãos, com seu deus feito homem, são ateus. Cornelio Fabro escreveu:

> Se, antes de mais nada, ateísmo significa negação direta de Deus, então ele consiste em primeiro lugar, e sobretudo, no fato de admitir uma noção de Deus que o anule enquanto Deus e o rebaixe diante de sua majestade. É exatamente esse o julgamento que os maiores filósofos gregos fazem das divindades da mitologia popular e do Estado; é exatamente essa também, pela lei dos contrários, a condenação que fazem do cristianismo.[59]

Além do mais, como expõe o cético grego Sexto Empírico em suas *Hypotyposes pyrrhoniennes* [Hipóteses pirronistas], acreditar na providência é uma verdadeira impiedade, em razão da existência do mal, pois é supor ou que esse deus permite voluntariamente que se faça o mal, e nesse caso ele é mau, ou que é incapaz de impedi-lo, e nesse caso não é deus. Daí o paradoxo segundo o qual os que afirmam a existência de deus são ímpios, para não dizer ateus:

---

57 Fox, *Pagans and Christians*, p.551.
58 Harnack, *Der Vorwurf des Atheismus in den drei ersten Jahrhunderten*, p.50.
59 Fabro, Genèse historique de l'athéisme philosophique contemporain. In: Girardi; Six (orgs.), *L'Athéisme dans la philosophie contemporaine*, p.34.

Aqueles que afirmam com segurança que deus existe caem necessariamente na impiedade. De fato, dizendo que deus é a providência de todas as coisas, são forçados a declarar que deus é a causa dos males; por outro lado, se dissessem que ele não é providência de coisa alguma, conviriam necessariamente que deus não é nem mau nem impotente, ao passo que o contrário disso constituiria uma impiedade evidente.[60]

Para voltar à nossa questão central – por que é que o ateísmo não saiu vencedor da confusão religiosa que se instalou no mundo romano durante o século I? –, devemos levar em conta justamente essa confusão, em que os termos "ateu" e "crente" perdem seu sentido estrito. O cristianismo, que vai se impor lentamente, é percebido na época como uma variante do ateísmo: ateísmo moral por causa da conduta estranha de seus fiéis, ateísmo teórico por sua concepção degradante de deus aos olhos dos filósofos.

É verdade que existiam então muitas outras formas de ateísmo, ainda que os historiadores das ideias variem em suas classificações. Segundo Cornelio Fabro:

Devemos considerar no mundo grego ao menos três formas de ateísmo. Em primeiro lugar, o ateísmo supersticioso e político, isto é, os deuses como forças do mundo e da história; em segundo lugar, o ateísmo do qual foram acusados os filósofos, ou mais exatamente aqueles poucos dentre os grandes filósofos que rejeitaram a religião como indigna em razão das forças da nature- za ou dos interesses da política; ora, é evidente que estes não eram ateus por si mesmos, mas podiam ser deístas autênticos, como, por exemplo, Platão, Aris- tóteles e outros mais. Enfim, parece que ateus declarados radicais, segundo as listas que chegaram até nós, não faltaram.[61]

Anton Anwander, por sua vez, distingue sete formas de ateísmo antigo:

A descrença prática das pessoas incultas; a autoglorificação do Estado, que, exigindo sacrifícios ao imperador, coloca o homem no lugar de Deus; a substi- tuição da fé em Deus pela fé no destino com traços ora heroico-fatalistas, ora astrológico-mágicos; a destruição da fé em Deus pela razão, mas que prefere uma reinterpretação dos velhos mitos a uma negação radical de Deus; a dúvida e o desespero diante da necessidade da consciência num mundo em má situação;

---

60 Sexto Empírico, *Hypotyposes pyrrhoniennes*, III, 11-2.
61 Fabro, op. cit., p.32.

a recusa tinhosa de toda e qualquer atitude independente com relação aos problemas mais elevados, estigmatizada como ateísmo e impiedade.[62]

Assim a Antiguidade conheceu, se não todas, pelo menos um grande número de formas possíveis de ateísmo; e, durante os séculos cristãos, foi para elas que se voltaram todos os contestadores antirreligiosos, todos os defensores do materialismo e do ateísmo. Portanto, se perguntarmos não por que o cristianismo venceu – questão examinada inúmeras vezes pelos historiadores da religião –, mas sim por que o ateísmo, em uma de suas formas, não se impôs quando as condições pareciam tão favoráveis, parece que temos de levar em conta o caráter híbrido de todas essas formas de descrença.

O verdadeiro ateísmo teórico puro é extremamente raro na época. A enumeração mostra bem: a cada forma de ateísmo está ligada certa forma de crença religiosa ou irracional, e bem poucos desses ateísmos se pensam como ateísmo. Ao contrário, estão prontos a acusar os outros de impiedade e de ateísmo. Longe de reivindicar o título, apresentam-se cada qual como a forma mais autêntica da piedade. Como vimos, até mesmo Sexto Empírico considera, por exemplo, que o ceticismo é a única forma aceitável da piedade, pois não restringe os deuses aos limites das definições e dos dogmas. Os deuses existem, diz ele em substância, mas não sabemos o que a palavra "deus" significa, e não podemos demonstrar a existência deles:

> Posto que os dogmáticos dizem ora que deus é corpóreo, ora que é incorpóreo, que uns dizem que ele é feito à imagem do homem e outros não, que uns o situam no espaço e outros não, e que, entre os que o situam no espaço, alguns o situam dentro e outros fora do mundo, como é que podemos formar a ideia de deus, já que não há concordância nem quanto a sua essência, nem quanto a sua forma, nem quanto ao espaço que ele habita? Que os dogmáticos comecem entrando em acordo e tendo todos a mesma opinião sobre a essência de deus. [...] A existência de deus não é óbvia. Se ele fosse apreensível por nossos sentidos, os dogmáticos concordariam em dizer o que ele é, qual ele é e onde habita.[63]

---

62 Anwander, Le problème des peuples athées. In: Girard; Six (orgs.), *L'Athéisme dans la vie et la culture contemporaines*, t.I, v.2, p.66-7.

63 Sexto Empírico, op. cit., III, 3, 6.

Falta conteúdo ao ateísmo antigo. Mesmo quando conserva certa noção de deus, como no caso do epicurismo, ele é sentido externamente como uma forma de impiedade entre outras; jogando ao mesmo tempo com a crença e a racionalidade, ele não é percebido como radicalmente diferente. O ateísmo integral, tal como o concebemos hoje, tem necessidade de um aparato científico e conceitual que a cultura da época não podia oferecer.

Como a religião, o ateísmo varia de acordo com o tipo de civilização do qual é uma das facetas. Do mesmo modo que não há religião universal e imutável, não existe ateísmo universal e imutável. O ateísmo antigo compartilha as concepções cosmológicas e filosóficas da Antiguidade, que ainda não lhe permitem apresentar uma explicação global crível de um universo sem deus. Ele só pode relegar os deuses a um papel totalmente passivo, ou transformá-los em alma do mundo, impessoal e material. Situando-se num terreno religioso, continua a ser sentido como uma contrarreligião. Até que rompa com essa lógica, o ateísmo conservará uma imagem pejorativa, ligada à impiedade.

Além do mais, a evolução do poder político romano, com a divinização do imperador, a criação do culto de Roma e de Augusto e a restauração da religião tradicional por este último, não caminha de modo algum para uma secularização da sociedade. O Império precisa de uma religião e da submissão ao poder. Ele encontrará isso no cristianismo, religião que, sublimando a submissão política na submissão a Deus, segundo a análise de Maria Daraki, é perfeitamente adaptada às necessidades sociopolíticas do Baixo Império.

– 3 –

UM ATEÍSMO MEDIEVAL?

A imagem tradicional da Idade Média vem sendo há algum tempo profundamente retocada: depois da apologia *Pour un autre Moyen Âge* [Por uma outra Idade Média], de Jacques Le Goff, depois do requisitório de Régine Pernoud *Pour en finir avec le Moyen Âge* [Para dar uma solução à Idade Média] e da discussão de Jean Delumeau a respeito da "lenda da Idade Média cristã", muitos outros trabalhos de medievalistas dão hoje uma imagem mais complexa desse milênio de história.

"SÉCULOS DE FÉ"?

Os historiadores do ateísmo, do racionalismo e do materialismo passam levianamente de Lucrécio a Rabelais, aceitando sem o devido exame o unanimismo da crença cristã dos quinze séculos que os separam, como se a onda de cristandade tivesse afogado qualquer possibilidade de ceticismo e ateísmo, deixando emergir como forma única de contestação apenas as heresias, sinal de vitalidade do sentimento religioso. Assim, o *Dictionnaire de théologie catholique*, de Vacant e Mangenot, afirma no verbete "ateísmo": "Constatamos quase dezesseis séculos sem uma negação organizada de Deus, ligada a uma gênese científica do mundo ou a um novo sistema de moral".

Que correntes de pensamento e modos de vida tão importantes na Antiguidade tenham desaparecido por tanto tempo, antes ressurgir milagrosamente no século XVI, é em si bastante suspeito. O homem medieval não conseguia ver o mundo senão como crente? A crença em Deus teria se tornado uma estrutura do espírito, um modo de pensamento indelével, uma evidência universal?

Hoje essas certezas são questionadas. É claro que prudência e relativização se impõem. Mas não vemos por que essa época, por maior que fosse o poder da Igreja, seria imune a certas formas de dúvida, ceticismo e ateísmo. A importância dada à busca das "provas da existência de Deus", com santo Anselmo e santo Tomás, por exemplo, deveria ser suficiente para despertar suspeitas. Se a fé fosse evidente, essa preocupação seria superficial. Não há dúvida de que o ateísmo medieval tem um matiz especial, que não é o do materialismo mecanicista. Também não resta dúvida de que ele não foi um modo de pensamento predominante. Mas ele existiu, tanto em sua forma prática quanto em sua forma teórica.

Como não podia deixar de ser, foi a historiografia marxista que primeiro chamou a atenção para a existência de correntes potencialmente ateias na Idade Média. Já em 1959, a obra de H. Ley[1] dedicava-se a descobrir, através das disputas escolásticas a respeito de Aristóteles, Averróis, os nominalistas e Siger de Brabante, a expressão de certo agnosticismo, de certo materialismo e de um ateísmo implícitos, travestidos de disputas formais por razões de segurança. A propósito da influência árabe, escreveu, por exemplo, que "a confiança nas forças do homem e a recusa das fórmulas teístas e deístas constituíam o cerne do ateísmo de Averróis".[2] As discussões sobre a eternidade do mundo, a mortalidade da alma, a liberdade ou os milagres permitem fazer valer, a pretexto da *disputatio* medieval, argumentos contra e a favor, antes de chegar a uma síntese. Os argumentos das teses opostas à fé, longe de ser evitados, são apresentados muitas vezes com uma força perturbadora. E se a exploração desses argumentos pelos marxistas foi com frequência exagerada, como escreveu Cornelio Fabro:

---

1 Ley, *Studie zur Geschichte des Materialismus im Mittelalter*.
2 Ibid., p.151.

isso não impede que na filosofia árabe, assim como na filosofia latina medieval, haja posições limítrofes, que beiram a "perda" de Deus por parte da razão humana, ou que podem levar a minimizar a ideia de Deus, de seus atributos fundamentais, e a pôr em crise a própria ideia de sua existência.[3]

Isso vale para a possibilidade de um ateísmo medieval teórico, filosófico. Emmanuel Le Roy Ladurie mostrou que existiu um ateísmo popular em pleno apogeu da Idade Média cristã e no âmago da própria cristandade. Em seu estudo *Montaillou, village occitan* [Montaillou, povoado occitânico], ele descobriu exemplos de descrença entre os camponeses.[4] Numa nota capital, o historiador aproveita para corrigir os erros de apreciação sobre a impossibilidade conceptual de descrença na Idade Média:

> Lucien Febvre, bem como outros medievalistas eminentes como Mollat e Perroy, acreditam que o "problema da descrença" na Idade Média e no século XVI deve ser colocado, ou melhor, não colocado, em função da mentalidade essencialmente religiosa, sobrenaturalista, mágica e crédula da maioria das pessoas. Segundo Lucien Febvre, somente a partir de 1641 (quando Cyrano declarou: "De um homem, só merece crédito aquilo que é humano") teria sido possível adquirir o sentido do impossível e do racional e, portanto, da descrença. Que ilusão! O texto de Cyrano é na verdade de Montaigne. [...]
>
> Contra aqueles que pensam que as pessoas simples e pouco sofisticadas do Antigo Regime intelectual, a começar, é claro, pelos camponeses, eram incapazes de "descrença", eu lembraria as palavras perspicazes [...] proferidas por Bénigne Bossuet – mais judicioso, quanto a isso, que Lucien Febvre – a propósito do ceticismo em relação à Eucaristia: "Que Deus realize coisas elevadas e incompreensíveis, nada há acima dele; que o mundo rejeite e resista a tão elevada revelação é natural no homem animal". O erro de Lucien Febvre foi sem dúvida, nesse aspecto, ter sido infiel a seus próprios métodos e ter julgado a descrença da época medieval ou renascentista segundo as estruturas de nossa descrença iluminista, racionalista e contemporânea.[5]

Que haja um ateísmo popular medieval, evidentemente minoritário e diferente do ateísmo contemporâneo, é também o que tendem a mostrar

---

3 Fabro, Genèse historique de l'athéisme philosophique contemporain. In: Girard; Six (orgs.), *L'Athéisme dans la philosophie contemporaine*, p.38.

4 Ladurie, *Montaillou, village occitan*, p.534.

5 Ibid., p.535, nota 2.

estudos recentes sobre a noção de crença na Idade Média, e leva Jean-Claude Schmitt a fazer a seguinte pergunta: "Existe, nessa cultura religiosa aparentemente unânime, lugar para a descrença?".[6] A resposta implica uma nova análise dos testemunhos, das narrativas hagiográficas, dos processos de canonização, dos registros de milagres e das pregações, que revela uma boa dose de ambivalência, posto que se encontra neles muita credulidade, mas também uma necessidade de provas tangíveis, materiais, indícios de uma inquietação e de uma incredulidade difusas. Essa impressão é reforçada por sinais de hostilidade, ceticismo, ironia e sarcasmo. O incrédulo punido pelo santo é um tema corriqueiro das narrativas hagiográficas. Jean-Claude Schmitt escreveu:

> Se fizermos o somatório de todas essas críticas, desses ataques, dessas brincadeiras – às vezes licenciosas –, perceberemos a presença significativa de comportamentos que, sem dúvida, não exprimem, da parte de simples fiéis, um agnosticismo de princípio, mas antes uma desconfiança que, pontualmente, denota uma ampla liberdade na recepção do discurso ortodoxo dos clérigos.[7]

A questão das superstições também é instrutiva, porém de manejo delicado. Vestígios de antigos mitos, as superstições são periodicamente questionadas pelas autoridades eclesiásticas que se dedicam a depurar a fé e a adaptá-la às novas necessidades. Esse "tratamento permanente das crenças"[8] é fonte de ambiguidades e relativismo, porque o espírito popular tem dificuldade para compreender as distinções entre "verdadeiras" e "falsas" crenças, ainda mais que o diabo, mestre ilusionista e distribuidor de "falsas provas", sempre pode embaralhar o jogo. A fé popular medieval, ato muito mais social que individual, aparece como extremamente confusa.

Quanto à fé dos intelectuais, incessantemente remodelada pelo esforço de racionalização dos teólogos escolásticos, ela contém sua própria

---

6 Schmitt, La croyance au Moyen Âge, *Raison présente*, n.113. Sobre a noção de crença medieval, ver em especial Vauchez (ed.), *Faire croire. Modalités de la diffusion et de la réception des messages religieux du XIIe au XVe siècle*; Wirth, La naissance du concept de croyance: XIIe--XVIe siècle, *Bibliothèque d'Humanisme et Renaissance*, t.XLV.

7 Schmitt, op. cit., p.10.

8 Ibid., p.12: "A historicidade do cristianismo está no princípio do que poderia ser chamado de tratamento permanente das crenças. [...] Longe de ser um sistema de crenças fechado e estabelecido de uma vez por todas, o cristianismo medieval jamais deixou de modificar-se, inovar (inventando, por exemplo, a crença no purgatório), adaptar-se e proibir. [...] Estejamos certos de que essa faculdade de adaptação foi um dos segredos da força e da perenidade da Igreja".

destruição, segundo Jean-Claude Schmitt.[9] A razão, que opera na revelação, não para nunca de corroê-la. A história da teologia medieval – e a da filosofia, que é inseparável dela – é uma ilustração disso. Do averroísmo aristotélico ao occamismo, ela abre perigosas perspectivas para um universo ora panteísta, ora materialista, ora ateu, perspectivas imediatamente afastadas, porém suficientemente sedutoras para fazer que alguns se tornem adeptos da "dupla verdade".

A princípio, tudo parece simples. Para os Pais da Igreja, ateus são todos aqueles que não creem no verdadeiro Deus, o Deus dos cristãos:

> Qualificai de mutilados não somente os que creem que não há deus algum, mas também os que dividiram em profusão a majestade divina e puseram na mesma categoria o demiurgo e a criação. Os únicos ateus não são, portanto, Diágoras de Mileto, Teodoro de Cirene, Evêmero de Tegeia e seus acólitos, que negam absolutamente que haja deuses [...], mas são também Homero e Hesíodo.[10]

Assim se exprime Teodoreto de Ciro, que rejeita tanto os adeptos das religiões pagãs quanto os das doutrinas panteístas e agnósticas:

> Evitaremos o ateísmo de Diágoras de Mileto, de Teodoro de Cirene e de Evêmero de Tegeia, esse homens que – é Plutarco quem no-lo diz – pensaram que não havia deus; desviar-nos-emos também da ideia inconveniente que os estoicos fazem da divindade, dizendo que Deus é corpóreo; e execraremos as afirmações equívocas e indignas de crença que Protágoras profere sobre Deus; eis, aliás, um exemplo: "Quanto aos deuses, não sei se existem, nem se não existem, nem que ideia se pode fazer deles".[11]

Outros, no entanto, como Clemente de Alexandria, distinguem de maneira surpreendente os crentes das religiões pagãs, aos quais reservam o termo "ateus", e os filósofos antigos que negaram a existência de qualquer divindade, e que, para eles, são infinitamente preferíveis aos primeiros:

---

9 Ibid., p.11.

10 Teodoreto de Ciro, *Thérapeutique des maladies helléniques*, III, 4.

11 Ibid., II, 112-3. Eusébio de Cesareia rejeita igualmente Diágoras, Teodoro, Evêmero (*La Préparation évangélique*, XIV, 16, 1).

Eis os mistérios dos ateus. Tenho razão de chamar de ateus essa gente que ignora o verdadeiro Deus, que venera sem pudor uma criancinha, uma criança despedaçada pelos titãs, uma mulher de luto, e membros cujo pudor realmente proíbe que deles se fale. Uma dupla impiedade os possui: primeiro, aquela que os faz ignorar Deus, posto que não reconhecem como Deus aquele que realmente é Deus; e, depois, esse erro pelo qual atribuem existência àqueles que não a têm, nomeando deuses aqueles que não são realmente deuses, ou melhor, nem sequer existem, pois tudo o que sempre tiveram foi apenas um nome. [...]

E também – é preciso que eu diga aqui todo o meu pensamento – espanta-me ver como foram tratados de ateus Evêmero de Agrigento, Nicanor de Chipre, Diágoras e Hipon de Melos e, com eles, também o famoso cireano, Teodoro, e muitos outros, apenas por terem levado a vida com sabedoria e terem percebido, com mais argúcia do que o restante dos homens, os erros relativos a esses deuses.[12]

Outra complicação surge com a interpretação das Escrituras, que vai constituir, ao longo da história do cristianismo, um sério tema de disputa – a ponto de ser causa de apostasia para diversos intelectuais cristãos, como Renan, Loisy, Turmel. A polêmica, cujo cerne será variável, começa desde Orígenes, que ousa escrever:

Que homem de juízo poderá crer que, no primeiro, no segundo e no terceiro dia, a noite e a manhã puderam se dar sem sol, sem lua e sem estrelas, e que o dia, aquele que é chamado de primeiro, tenha podido nascer quando o próprio céu ainda não existia? Quem seria estúpido o bastante para imaginar que Deus plantou, à moda de um agricultor, um jardim do Éden, em certo país do Oriente, e que lá colocou à vista de todos uma árvore da vida, de tal modo que todo aquele que dela provasse com os dentes do corpo receberia a vida? [...] De que serviria dar outros exemplos quando qualquer um, se não for desprovido de juízo, pode encontrar facilmente uma profusão de casos semelhantes que as Escrituras contam como se tivessem realmente acontecido e, se forem tomados textualmente, logo se vê que pouca realidade têm?[13]

É uma grande audácia da parte de um autor cuja fé não poderia ser posta em dúvida, mesmo que se apresente de forma pouco ortodoxa. Nada detém o pensamento inteligente em sua busca da verdade, nem mesmo o jugo de

---

12 Clemente de Alexandria, *Le Protreptique*, II, 23, 1 e II, 24, 2.
13 Apud Febvre, *Le Problème de l'incroyance au XVIe siècle*, p.154-5.

uma religião dogmática como o cristianismo. Assim, desde o século IX circulam teorias panteístas sobre a alma do mundo, inspiradas no *Comentário ao sonho de Cipião*, de Macróbio.[14]

A CONTRIBUIÇÃO ÁRABE-MUÇULMANA PARA A DESCRENÇA

Essa corrente é reforçada no século XII pela contribuição do averroísmo, uma das filosofias mais controvertidas da Idade Média no âmago da cristandade. Sua origem muçulmana ilustra ao mesmo tempo o fato de que nenhuma religião escapa às especulações filosóficas e a permanência das trocas culturais entre fiéis e infiéis.

Desde o início, o Islã encara o problema da descrença e do ateísmo (em árabe, *ad-dahriyyah*; "ateu", *dahri*, que designa também o materialista, deriva de *ad-dahr*, "tempo"). O Alcorão constata a existência de numerosos ateus, que não são confundidos com os infiéis:

Eles dizem: não há outra vida além da atual. Morremos e vivemos, apenas o tempo nos aniquila. Eles não sabem nada; tudo o que dizem não passa de suposições.

Quando lemos para eles nossos milagres evidentes (nossos claros versículos), o que eles dizem? Eles dizem: trazei, pois, de volta à vida nossos pais, se dizei a verdade.

Dize-lhes: Deus nos fará reviver, e depois vos fará morrer; em seguida vos reunirá no dia da ressurreição. Não há dúvida alguma quanto a isso; mas a maioria dos homens não sabe disso.[15]

O mundo muçulmano, que era mais aberto aos estudos científicos do que o mundo cristão, e que desde cedo se beneficiou das traduções das obras filosóficas mais importantes da Antiguidade, assistiu ao desenvolvimento de correntes naturalistas ateias, como o pensamento que Omar Khayyam exprime no fim do século XI: "Essa cuia invertida que é chamada de céu, sob a qual se arrasta e morre a raça dos homens, não levanteis as mãos para ela como um apelo; pois ela não é menos impotente do que nós

---

14 Bréhier, *La Philosophie du Moyen Âge*, p.64.
15 Corão, XLV, 23-5.

mesmos".[16] Num mundo material mecanicista, governado por um rigoroso determinismo, não há por que buscar deus.

No século XII, quando tais ousadias se tornam difíceis no âmbito de monarquias intolerantes, alguns filósofos defendem uma separação completa entre a fé e a especulação filosófica. Em *O regime do solitário*, Ibn Badja, que vive entre os almorávidas da África do Norte, sustenta que o sábio deve se isolar da sociedade para poder pensar livremente. Na mesma época, Ibn Tufayl exprime, num romance filosófico precursor de Robinson Crusoé, o pessimismo do intelectual diante da intolerância religiosa. O herói do romance, Hayy ibn Yaqzan, cresceu sozinho numa ilha deserta, onde descobriu pela observação e pela experiência os princípios da filosofia. Quando tenta transmitir seu saber à comunidade muçulmana de uma ilha vizinha, é perseguido e deve retornar a sua solidão. Para Ibn Tufayl, que sabe que na vida real a fuga não é possível, a única solução é o silêncio: que os filósofos, formando uma comunidade invisível, guardem para si mesmos suas especulações. Não há contato possível entre a filosofia livre, que pode levar ao ateísmo, e a fé. Todos os males sociais, os confrontos fanáticos vêm da mistura dos gêneros. Fé e razão, cada uma com sua utilidade, devem ser separadas: fideísmo para as massas, racionalismo para a elite.

Essa também é a posição de Ibn Roschd, isto é, Averróis (1126-1198), cujo *Discurso decisivo* visa definir o status legal da filosofia em relação à religião, e assim proteger a liberdade de pensamento do filósofo. Tal liberdade seria proveitosa para ele mesmo em primeiro lugar, porque a doutrina que ele defende não concorda com a fé. Retomando Aristóteles tal como fora interpretado por Alfarabi e por Avicena, Averróis afirma a eternidade do mundo material, a incapacidade de Deus de conhecer os particulares, e nega a ressurreição dos corpos, com nuances que não atenuam o essencial.[17]

Essas teses racionalistas, transmitidas notadamente pelos filósofos judeus, vão afetar em breve as relações entre a razão e as três religiões do Livro. Do lado judeu, Maimônides utiliza com precaução a ideia da eternidade do mundo, mas, no século XIII, Isaac Albalag, autor de *Reparação das doutrinas*, não hesita em aceitar paralelamente uma verdade filosófica contrária à fé e uma verdade de fé contrária à razão – é o que se chama, propriamente falando, de doutrina da "dupla verdade". Escreve ele:

---

16 Apud Bréhier, op. cit., p.196.
17 Gauthier, *La Théorie d'Ibn Roschd Averroès sur les rapports de la religion et de la philosophie*.

UM ATEÍSMO MEDIEVAL?

Em muitos pontos, acharás minha opinião racional contrária à minha fé, pois sei por demonstração que tal coisa é verdadeira pela via da natureza, e sei ao mesmo tempo, pelas palavras dos profetas, que o contrário é verdadeiro pela via do milagre.[18]

Para um crente, é impossível ir mais longe no sentido da aceitação de conclusões racionais.

No Ocidente, alguns não hesitam em ir tão longe, mesmo tendo de concordar com as conclusões ateias que se atribuíam a Averróis. No século XIII, Egídio Romano se torna o eco da reputação de incredulidade total associada ao filósofo muçulmano, que teria condenado as três grandes religiões:

Esse grande homem, que não tinha religião nenhuma, dizia preferir que sua alma estivesse na companhia dos filósofos do que na dos cristãos. Averróis considerava impossível a religião dos cristãos em virtude do mistério da eucaristia. Chamava a dos judeus de religião de crianças por seus diferentes preceitos e obrigações legais. Afirmava que a religião dos maometanos, que contempla unicamente a satisfação dos sentidos, é uma religião de porcos.[19]

Muito rapidamente, certa tradição verá em Averróis o possível autor do famoso tratado blasfematório mítico, o *De tribus impostoribus* [Tratado dos três impostores], que chama Moisés, Jesus e Maomé de mentirosos, e que Leão X condenará oficialmente em 1513. O tema ímpio da comparação das três grandes religiões é muito conhecido nos meios sincretistas da Sicília no século XIII: foi na corte de Frederico II que se elaborou o tratado *Il novellino*, no qual se encontra o "Conto dos três anéis", que considera os três monoteísmos a simples expressão simbólica, adaptada aos países e às épocas, de uma verdade metafísica.

Essa espécie de ecumenismo cético se desenvolve nas zonas fronteiriças entre os mundos muçulmano e cristão. Desde os primórdios do Islã, certos poetas árabes epicuristas, os *zindigs*, reduzem Maomé à dimensão de um sábio, e o persa Bassan Ibn Burd se pergunta se deve responder ao chamado do sino da igreja ou ao canto do almuadem. No século X, conferências em Bagdá reúnem muçulmanos, cristãos e judeus de todas as tendências, mas também ateus materialistas, para comparar opiniões com "argumentos

---

18 Apud De Libera, Introdução. In: Averróis, *Le Livre du discours décisif*, p.80-1.
19 Relatado em Moreri, *Le Grand Dictionnaire historique*.

extraídos da razão humana". Um grande colóquio é realizado também em Barcelona, em 1263.[20]

Na cristandade, a ideia da dupla verdade também faz progressos decisivos, a ponto de preocupar as autoridades religiosas. O fato de a responsabilidade disso ter sido atribuída por engano – desde Petrarca até Ernest Renan – a Averróis não muda nada: no Ocidente, no século XIII, há uma corrente de pensamento disposta a defender proposições ateias, fundamentando-se para tal na autonomia da razão. Essa corrente é solenemente condenada em 1277 por Étienne Tempier, bispo de Paris, que censura 219 teses inadmissíveis para a fé:

> Eles afirmam que há coisas verdadeiras de acordo com a filosofia, ainda que não o sejam de acordo com a fé, como se houvesse duas verdades contrárias e como se, em oposição com a verdade das Escrituras, a verdade pudesse se encontrar nos livros dos pagãos amaldiçoados, dos quais está escrito: perderei a sabedoria dos sábios.

Para Raimundo Lúlio, que escreve em 1311, essa duplicidade remontaria a Averróis. É também a acusação proferida por Petrarca em meados do século XIV, em seu *De sui ipsius et multorum ignorantia*. Os averroístas, diz ele, são ateus que "desprezam tudo aquilo que está em conformidade com a religião católica", mas somente assumem suas posições de ateus em recintos privados: "Eles combatem sem testemunhas a verdade e a religião e, às escondidas, sem que ninguém os veja, ridicularizam Cristo para adorar Aristóteles, que não compreendem". "Quando chegam a uma discussão pública, não ousando vomitar sua heresia, costumam protestar que dissertam independentemente da fé e deixando-a de lado."

Entre as teses que esses filósofos ousam defender, Étienne Tempier sublinha as seguintes: "o mundo é eterno"; "a ressurreição futura não deve entrar nas considerações do filósofo, pois é impossível tratá-la pela razão"; "a morte é o termo das coisas temíveis" (negação da sobrevivência da alma); "não é possível que um corpo corrompido volte à existência numericamente idêntico ao corpo que ele era anteriormente"; "é impossível para Deus fazer sobreviver perpetuamente uma realidade transformável e corrompível"; "Deus não conhece o particular". Veem-se aí teses capazes de arruinar os dogmas fundamentais da fé cristã. Outras proposições fazem da filosofia a única

---

20 Berriot, *Athéismes et athéistes au XVIe siècle en France*, t.I, p.313.

fonte de certeza e negam qualquer qualidade à teologia, afirmando que esta se fundamenta em fábulas, que o movimento e a raça humana são eternos, que jamais houve um primeiro homem, que a história do universo é cíclica e se repete a cada 36 mil anos, que os corpos celestes são movidos por uma alma, que a natureza é uma inteligência motriz, que todo acontecimento é necessário, que a fé cristã tem suas fábulas e seus erros como as outras religiões, que ela é um obstáculo para a ciência, que a felicidade se encontra nesta vida e não numa outra. As 219 proposições de 1277 revelam a extraordinária diversidade das opiniões que circulavam na Universidade de Paris naquela época, algumas chegando muito perto de uma espécie de quase ateísmo.

O PROBLEMA DA DUPLA VERDADE

A decisão de censurar era motivada sobretudo pelas afirmações e pelos escritos de dois filósofos, Boécio de Dácia e Siger de Brabante. Do primeiro, sabemos que foi perseguido em razão de suas opiniões em 1277, e que em 1283 se encontrava na corte pontifical em Orvieto, talvez preso, como Siger de Brabante. Autor de um grande tratado intitulado *Da eternidade do mundo* e diversos comentários sobre Aristóteles, pregava em suas obras a estrita separação entre os domínios do natural e do sobrenatural. O teólogo, portanto, não tem direito algum de tirar conclusões no campo científico, do mesmo modo que o cientista não pode se pronunciar em matéria de teologia. Assim, para voltar ao problema da criação, é impossível para o físico provar pela razão que o mundo começou; na ordem natural, a criação não existe; todo fenômeno é provocado por outro, todo ser é engendrado por outro, todo movimento é produzido por outro: não há primeiro homem, não há começo absoluto.

Verdade da fé de um lado, verdade racional de outro: com Siger de Brabante, não se trata mais de simples distinção, mas de verdadeira oposição. Esse mestre em artes em Paris desde 1266, recorre a todas as sutilezas e a todo formalismo da dialética escolástica para defender sofismas ousadíssimos, como: "Deus não existe; os sentidos não alcançam a realidade; não há distância entre o passado e o presente; o pesado, entregue a si mesmo, não desce; o princípio de contradição não é verdadeiro". "Todas proposições em que é possível ver o germe do ateísmo especulativo", constata Émile Bréhier.[21]

---

21 Bréhier, op. cit., p.296.

Em suas *Questões sobre a metafísica*, Siger de Brabante se refugia atrás do pretexto do estudo científico de Aristóteles:

> Nossa intenção principal não é buscar o que é a verdade, mas qual foi a opinião do filósofo [...]. Aqui, buscamos somente a intenção dos filósofos, sobretudo a de Aristóteles, mesmo que, por acaso, o sentimento do filósofo não corresponda à verdade, e mesmo que a revelação nos tenha ensinado sobre a alma algumas coisas às quais não podemos chegar por meio das razões naturais. Mas, por enquanto, os milagres de Deus não nos dizem respeito, posto que tratamos apenas de coisas naturais.[22]

Siger tira do aristotelismo conclusões totalmente opostas ao dogma. Por exemplo, "segundo a fé, o mundo e o movimento tiveram um começo. Não há razão que prove isso, pois aquele que dá uma razão não coloca a fé". De acordo com a razão, portanto, o mundo é eterno, Deus não é a causa imediata dos acontecimentos e não conhece o futuro, não há almas individuais, mas um intelecto universal, a ressurreição é impossível. No entanto, Siger jamais se pronuncia sobre o valor absoluto de suas conclusões. Enquanto os grandes doutores da época esforçam-se por conciliar fé e razão, ele se contenta em provar que elas são antinômicas. Sua explicação inicial é um anteparo bastante frágil: depois de lembrar que é preciso crer no que ensina a Igreja, Siger mostra que a ciência racional leva a crer no contrário.

"Siger não admite outra verdade além daquela que é descoberta pela razão", observa Émile Bréhier. É o que pensa um professor de teologia que lecionou em Paris na mesma época que Siger: Tomás de Aquino, que não se deteve enquanto sua doutrina não foi condenada. Para isso, em seu tratado *Contra Averróis*, ele se dedica a demonstrar que a duplicidade da atitude de Siger equivale a afirmar que o conteúdo da fé é falso:

> Ele pensa que a fé se baseia em afirmações das quais se pode concluir o contrário necessariamente; ora, posto que necessariamente só pode ser concluído o verdadeiro necessário cujo oposto é o falso possível, por conseguinte, segundo suas próprias palavras, a fé se baseia no falso impossível.

---

22 Apud Parain (ed.), *Histoire de la philosophie*, t.I, p.1448. Sobre Siger de Brabante, ver o clássico de Mandonnet, *Siger de Brabant et l'averroïsme latin au XIIIe siècle*.

UM ATEÍSMO MEDIEVAL?

Como mostrou muito bem Alain de Libera, Tomás de Aquino é o inventor da fórmula da "dupla verdade", que ele atribui falsamente a Averróis[23] e da qual Siger, que jamais a empregou, seria o propagador no Ocidente. Num sermão de 1270, o teólogo critica os que fazem afirmações ímpias, dizendo que "eles recitam as palavras dos filósofos". Para ele, essa é a atitude "de um falso profeta e de um falso doutor, posto que suscitar uma dúvida sem resolvê-la é o mesmo que admiti-la". No mesmo ano, Alberto, o Grande, intervém no debate, e uma primeira condenação é pronunciada pelo bispo de Paris contra treze erros ensinados na Faculdade de Artes. Siger é advertido mais uma vez em 1272 e convocado a comparecer em 23 de outubro de 1277 diante do tribunal do inquisidor da França, Linon du Val. Declarado herético, impetra um recurso em Roma, mas o julgamento é confirmado e ele é condenado a internamento na Cúria, onde morre no fim de 1284, assassinado por seu secretário.

"Aristóteles é um ser divino", escreveu Siger de Brabante. A redescoberta da física do Estagirita, no início do século XIII no Ocidente, é uma verdadeira revelação nos centros intelectuais. Esse pensamento ordenado, lógico, sistemático, é comentado com paixão. Para a fé, contudo, pode ser extremamente perigoso, devido a seu materialismo intrínseco. Por meio de seus diversos comentadores, como o grego Alexandre de Afrodísias e o árabe Averróis, o pensamento aristotélico se opunha ao cristianismo em dois pontos: impossibilidade da criação divina e eternidade da matéria; negação da imortalidade individual, posto que o único elemento imortal é o "intelecto ativo", que é Deus, do qual cada alma individual é apenas uma parte provisoriamente associada a um corpo. Por isso é que o ensino da *Física* e da *Metafísica* de Aristóteles foi proibido em Paris em 1210 e, depois, pelo papa em 1215 e em 1228.

A condenação de 1210, em particular, foi motivada pela propagação de duas heresias de tipo panteísta que ilustravam concretamente os perigos de certos aspectos do aristotelismo para a fé. Evidentemente, não se trata de ateísmo, mas de um pensamento que tende a negar a separação dualista do divino e do humano, do sagrado e do profano – um retorno ao monismo pré-platônico, que é na verdade a última etapa antes do ateísmo. A primeira dessas duas heresias é a de Amalrico de Bena, falecido em 1206, cujo cadáver foi exumado e abandonado em terras não consagradas. Inspirando-se no filósofo e teólogo do século IX João Escoto Erígena, ele afirmava que

---

23 Libera, op. cit., p.58-61.

"todos os seres são um único ser e todos os seres são Deus".[24] Esse panteísmo espiritualista podia facilmente se transformar em ateísmo. Bastava substituir palavra "Deus" pela palavra "matéria". Aliás, para Amalrico, a fé estava fadada a ser substituída pela ciência como fonte de conhecimento.

No caso de David de Dinant, que viveu na mesma época, a influência aristotélica é mais nítida. Suas obras, os *Quaternuli* e o *De tomis*, foram condenadas à fogueira e não restou nenhum exemplar. Mas seu pensamento pode ser reconstituído com o que disseram seus adversários. Para ele, os três princípios aristotélicos – Deus, a matéria e a inteligência – são apenas um, em razão de sua simplicidade. Doutrina que se pôde comparar ao monismo parmenidiano e cuja consequência, segundo Émile Bréhier, "era eliminar todos os dogmas cristãos e a própria base da vida cristã, a crença na queda e na redenção".[25]

AS SEDUÇÕES DA RAZÃO

A partir do século XII, os intelectuais cristãos redescobrem maravilhados os poderes da razão. Pelas traduções do árabe para o latim das obras científicas e filosóficas gregas, eles se encantam com a sabedoria dos antigos: "Somos anões montados sobre ombros de gigantes", teria dito Bernardo de Chartres. Mas os gigantes eram pagãos e, entre eles, muitos eram céticos, agnósticos, panteístas ou mesmo ateus. O que os filósofos cristãos vão buscar em suas obras são explicações científicas e técnicas lógicas; para a fé, já possuem as Escrituras. Por isso vão se lançar de corpo e alma ao estudo das ciências, com um otimismo e um entusiasmo raramente encontrados na história.

A famosa escola de Chartres distingue-se por um espírito de curiosidade e investigação inesgotável, um extraordinário apetite de saber em todos os campos. Gilberto Porretano, Alain de Lille, Guilherme de Conches, Thierry de Chartres explicam as maravilhas do mundo. Para eles, Deus é o autor do universo, como revelam as Escrituras, e a ciência desvenda os tesouros do funcionamento de sua obra. O fato de que possa haver oposição entre essas duas fontes de conhecimento, revelação e razão, é excluído. Abelardo, um dos partidários mais entusiastas da união da fé e da razão, escreve: "Não se pode crer naquilo que não se compreende, e é ridículo ensinar aos outros

---

24 Martinho da Opava, *Chronique*, p.393.
25 Bréhier, op. cit., p.185.

aquilo que nem quem ensina nem os auditores podem compreender pela inteligência".

Palavras admiráveis, porém bastante imprudentes! São Bernardo, o fanático de Deus, censor implacável e guardião vigilante das verdades da fé, aflige-se. Esses sábios que querem explicar a criação do homem "não a partir de Deus, mas da natureza", são perigosos, afirma ele. Abelardo não passa de um "pretensioso cheio de orgulhoso":

> [Ele] trabalha para destruir a verdade da fé, sustentando que a razão humana é capaz de compreender Deus em toda a sua extensão. Mergulha o olhar nas profundezas dos céus e dos abismos, pois não há nada que ele não escrute no céu ou nos infernos.[26]

São Bernardo desconfia da razão, pois sabe que ela, uma vez lançada, não se detém por nada, e não sossegará enquanto não tiver ocupado todo o terreno e não tiver expulsado a fé para fora do homem. Ele pode constatar que os mais audaciosos mestres de Chartres não hesitam em colocar Deus de lado para aprofundar a ciência com toda a liberdade.

É o caso de Guilherme de Conches (1080-1154). Ele considera que, Deus tendo criado a natureza e suas leis, o determinismo mecanicista é desejado por ele. A tarefa da razão humana é explicar o funcionamento do mundo, sem se deixar deter por aparentes contradições com as Escrituras, que podem ser resolvidas pela interpretação alegórica. Tampouco se pode deixar impressionar por pretensos "milagres", pelos quais Deus contradiria as leis que criou.

> O que importa não é que Deus tenha podido fazer isso, mas que isso seja examinado, explicado racionalmente, que seu objetivo e sua utilidade sejam demonstrados. Sem dúvida, Deus pode fazer tudo, mas o importante é que tenha feito esta ou aquela coisa. Sem dúvida, Deus pode fazer de um tronco de árvore um bezerro, como dizem os rústicos, mas quando o fez?

São os "rústicos" portanto que creem nos milagres, identificados assim com as superstições. Guilherme não hesita, contra todas as teorias físicas e metafísicas de seu tempo, a retomar a ideia epicurista dos átomos, embora ligada à noção de ateísmo. Essas "partículas simples e pequeninas, que são

---

26 São Bernardo, *Lettre*, 191.

86   O ATEÍSMO NA ANTIGUIDADE E NA IDADE MÉDIA

os primeiros princípios", combinam-se para engendrar todas as formas. E quando o Gênesis afirma fatos que desafiam as leis da física, por exemplo: "Deus criou o firmamento no meio das águas", Guilherme escreve: "Vamos mostrar que isso é contrário à razão e, por conseguinte, não pode ser", o que significa que deve ser explicado pela alegoria.[27]

Se Deus fez o mundo, o mundo é racional e, portanto, a razão pode compreendê-lo. Guilherme de Conches rejeita a atitude dos fideístas obscurantistas:

> Sei o que dirão; não sabemos como a coisa se faz, mas sabemos que Deus pode fazê-la. Infelizes! O que há de mais infeliz que tais palavras? Deus pode fazer uma coisa e não ver como ela é, e não ter razão para que ela seja assim, e não tornar manifesta a utilidade que ela tem?

A natureza, dessacralizada, é uma bela máquina entregue ao estudo do homem. Guilherme de Saint-Thierry, alarmado com essas visões naturalistas que expulsam Deus de suas próprias obras, cataloga os erros de Guilherme de Conches e o denuncia a são Bernardo. Uma ciência independente é uma ciência que mais cedo ou mais tarde negará a existência do Deus da revelação.

O cisterciense também vê a ameaça do ateísmo no uso imoderado da orgulhosa dialética, essa lógica racional que pretende resolver todos os problemas metafísicos e até os teológicos. Com uma ferramenta dessas, nenhum dogma está protegido, como mostrou em meados do século XI Berengário, arquidiácono da cidade de Angers que contestou a imortalidade da alma, a ressurreição e a transubstanciação. Pedro Damião atacou essas doutrinas impudentes, declarando que Deus é superior ao próprio princípio de não contradição. No fim do século XI, o dialético Roscelino utiliza sua arte noutra direção: negando a realidade das espécies e dos gêneros – dos "universais", como eram chamados – e afirmando que somente existiam indivíduos, ele põe em risco todas as bases neoplatônicas da teologia cristã. Mas, para ele, fé e razão são dois domínios separados, e a primeira não tem nada a temer das especulações da segunda.

Toda essa agitação intelectual do século XI ao XIII mostra que se estava longe de um pacífico unanimismo da fé cristã. É óbvio que Deus não é diretamente negado nesses debates. Contudo, deliberadamente posto de

---

27 Guilherme de Conches, *Philosophia mundi*, II, 3.

lado por uns, sujeitado ao âmbito da razão por outros, é submetido a duras provas. Enquanto os espíritos audaciosos foram apenas intelectuais, que exprimem suas ideias em calhamaços escritos em latim, a Igreja pôde controlar a situação com censuras e condenações. Muito mais difícil de comandar é o meio dos poderosos, príncipes, reis, imperadores e os que os rodeiam. A presença de um príncipe de ideias ousadas encoraja a formação na corte de correntes heterodoxas, que podem chegar ao ateísmo.

MEIOS INCRÉDULOS

A corte do imperador Frederico II parece ter sido um desses focos de extrema liberdade de crença. Acusações nesse sentido não faltam, desde o século XIII. Em 1239, Gregório IX escreve a propósito de Frederico:

> Temos provas contra sua fé. Ele disse que o mundo inteiro foi enganado por três impostores, Jesus Cristo, Moisés e Maomé, e põe Jesus Cristo crucificado acima dos outros dois, mortos em glória. Além do mais, ousou dizer que apenas os insensatos creem que Deus, criador de tudo, tenha podido nascer de uma virgem [...] e que só se deve crer naquilo que se pode mostrar pela razão natural [...]. Ele combateu a fé de diversas outras maneiras, tanto por suas palavras quanto por suas ações.[28]

Em 1245, no concílio de Lyon, o advogado pontifical Albert de Beham trata assim o imperador:

> Novo Lúcifer, ele tentou escalar o céu, elevar seu trono acima dos astros, para se tornar superior ao vigário do Altíssimo. Quis usurpar o direito divino, mudar a eterna aliança estabelecida pelo Evangelho, mudar as leis e as condições da vida dos homens. Esse pretenso imperador não passa de um Herodes inimigo da religião cristã, da fé católica e da liberdade da Igreja.

Adepto da astrologia, Frederico II discute com seu filósofo-astrólogo, Miguel Escoto, questões físicas e metafísicas que revelam um espírito crítico inclinado a pôr em dúvida todas as crenças que não lhe pareçam racionais, sobre Deus, o céu e o inferno.[29] A natureza da alma o perturba especialmente.

---

28 Apud Fleury, *Histoire ecclésiastique*, t.XVII, p.255.
29 Berriot, op. cit., I, p.329.

88 O ATEÍSMO NA ANTIGUIDADE E NA IDADE MÉDIA

Insatisfeito com as respostas cristãs, ele envia ao dialético muçulmano Ibn Sabin as *Questões sicilianas*. Ele não recusa *a priori* nenhuma fonte de informação, de Aristóteles aos Evangelhos, passando pelo Alcorão e Averróis. Seu ecletismo o leva a um relativismo extremo, e o muçulmano Ibn al-Jawzi, a quem consultou em Jerusalém, considera-o um ateu: "O imperador era um materialista que não levava a sério o cristianismo".

Elaborada num contexto polêmico, essa conclusão deve ser matizada, mas a reputação de Frederico II é alimentada nos séculos seguintes por uma longa série de acusações, que se estende também a seu círculo e a seus partidários. Para o cronista Villani, do século XV, o imperador "levava uma vida epicurista, estimando que nenhuma outra sucederia a esta", e seu filho Manfredo não acreditava "nem em Deus nem nos santos, mas somente nos prazeres da carne". Para Moreri, ele era "ímpio até o ateísmo". Para Dante, seus partidários italianos, os gibelinos, a exemplo do capitão Farinata, pensavam que "o paraíso deve ser buscado apenas neste mundo". No século XVIII, o erudito Mazzuchelli atribui a redação do *De tribus impostoribus* ao secretário do imperador, Pier della Vigna. Certas anedotas lhe imputam observações ímpias: "A alma se dissipa como um sopro", e: "Até quando há de durar essa hipocrisia?", enquanto passava um sacerdote carregando o santo sacramento. "Ele era um ateísta", escreveu sem nuances o cronista Fra Salimbene, contemporâneo de Frederico II; ele lembra com pavor os estudos experimentais feitos pelo imperador para verificar as afirmações dos livros de Aristóteles e compreender o mistério da união da alma e do corpo. Essa curiosidade extrema, essa preocupação constante de verificar indicam sobretudo um espírito racionalista e agnóstico.

Outro soberano da época, Afonso X, o Sábio, rei de Castela, deixou uma fama suspeita, tanto que também foi acusado de ser o autor do *De tribus impostoribus*. O biógrafo Beauchamp fala de "ateísmo",[30] em virtude do caráter eclético e aberto desse erudito que recorria tanto a judeus e muçulmanos quanto a cristãos. Visivelmente insatisfeito com a obra do Criador, "o rei repetia com frequência sua blasfêmia, que, se tivesse participado do conselho de Deus quando da criação do homem, certas coisas estariam em melhor ordem do que estão", conta o historiador Sanctius no século XV. Essas ousadias não poderiam ser comparadas ao ateísmo, mas são testemunho de uma notável liberdade de espírito.

---

30 Beauchamp, *Biographie universelle*, art. Alphonse X.

Rumores de incredulidade envolvem também personagens menos célebres, o que talvez seja indício de um ceticismo mais presente nas escolas medievais do que geralmente se acredita. Por exemplo, no século XI, o clérigo Vilgardo de Ravena, que, segundo o cronista Rodulfus Glaber, considerava Virgílio, Horácio e Juvenal superiores aos Evangelhos. "Descobriram-se na Itália vários partidários dessa doutrina contagiosa", e alguns deles vão difundi-la na Espanha. Mais conhecido, Simão de Tournai, doutor da Universidade de Paris no século XIII, que, segundo seu contemporâneo Tomás de Cantimpré:

> pôs-se insolentemente a dizer palavras execráveis de blasfêmia contra Jesus Cristo [...]. Os que subjugaram o mundo com suas seitas e ensinamentos são, diz ele, três, a saber, Moisés, Jesus Cristo e Maomé. Em primeiro lugar, Moisés fez o povo judaico enlouquecer. Em segundo lugar, Jesus Cristo [fez o mesmo com] os cristãos. E, em terceiro lugar, Maomé [fez o mesmo com] o povo gentio.[31]

Depois do escândalo, ele caiu em estupor. Para os historiadores, Simão de Tournai teria realizado um exercício de escola, examinando os argumentos contra e a favor do tema dos três impostores, o que mostra ao menos que tal tema era bastante difundido na época. Aliás, encontramos outro vestígio dele, pouco tempo depois, no início do século XIV, no teólogo Álvaro Pelágio, que conta que

> um denominado Scotus, franciscano e dominicano, preso em Lisboa por diversas impiedades, também havia tratado de impostores Moisés, Jesus Cristo e Maomé, dizendo que o primeiro enganara os judeus, o segundo os cristãos e o terceiro os sarracenos.[32]

A leitura desses diferentes indícios dá o que pensar sobre o "apogeu da Idade Média cristã", entre os séculos XI e XIII. Ainda mais que, em razão da forte tutela eclesiástica, das censuras e das destruições, é possível que tenhamos apenas a parte visível do *iceberg* cético ou ateu. Assim, nos meios intelectuais europeus da Idade Média, circulam ideias racionalistas que atacam os pilares da fé, tratam Moisés, Jesus e Maomé como impostores, negam a imortalidade da alma e a ideia de criação, afirmam que nada existe

---

31 Tomás de Cantimpré, *Bonum universale de apibus*, apud Berriot, op. cit., I, p.338.
32 Apud Berriot, op. cit., p.339.

90 O ATEÍSMO NA ANTIGUIDADE E NA IDADE MÉDIA

além desta vida; ideias naturalistas e mecanicistas que se situam fora do âmbito das crenças. Não devemos confundir tais ideias com as heresias, que são o oposto do ateísmo teórico, já que aumentam o aspecto irracional da fé, conservando ou acentuando certos pontos obsoletos dos credos oficiais, e rompem o equilíbrio teológico das grandes religiões em detrimento da razão. As correntes que acabamos de analisar também destroem esse equilíbrio, mas em detrimento do irracional. Elas tendem, na verdade, a um naturalismo ateu.

A NECESSIDADE DE "PROVAS" PROVA A DÚVIDA

O esforço dos teólogos do século XI ao XIII para aprofundar as provas da existência de Deus não é de modo algum um puro exercício de escola. Seria difícil explicar a importância que eles atribuem a essa questão caso tivessem simplesmente de confirmar uma evidência, uma certeza unânime, uma verdade inabalável. Se a filosofia escolástica e a teologia especulativa são mobilizadas para provar que Deus existe, é por que há espíritos que duvidam. E não é por acaso que a busca de provas se intensifica no século XI, com santo Anselmo. É nesse momento, de fato, que a dialética começa a fazer estragos nas certezas da fé.

As "provas" apresentadas são evidentemente adaptadas às necessidades e à cultura da época; visam refutar uma descrença de tipo medieval e provar a existência de um deus medieval, de tipo aristotélico, que não é nem o deus da Bíblia nem o deus da época contemporânea. Além disso, mesmo no contexto que lhes é próprio, elas só convencem os convencidos. Não se prova a existência de uma pessoa; sua existência é experimentada. Por isso o deus das provas racionais pode ser o deus de Aristóteles, o deus da filosofia, isto é, uma noção; mas, quanto ao deus da Bíblia, dele só se pode fazer uma experiência pessoal – é o que dizem os místicos. Ora, esse tipo de encontro é incontrolável e a Igreja desconfia, e trabalha para o conjunto de fiéis a quem Deus se dá apenas por mediação: sinais para os humildes, provas intelectuais para os eruditos.

Desde a Antiguidade já existem as provas morais, cosmológicas, providencialistas, as da universalidade da crença. Infelizmente, elas são mais argumentos do que provas. No século XI, o arcebispo de Canterbury, santo Anselmo, aprimora o que acredita ser a prova irrefutável, aquela que se aproxima da evidência graças a sua ofuscante simplicidade: a prova ontológica. Ela está contida na definição de Deus que Anselmo apresenta no *Proslogion*

[Proslógio]: Deus é "um ser tal que nada maior pode ser pensado". Ora, uma das características essenciais de um ser assim é que ele não existe somente no pensamento, mas também na realidade, porque do contrário não estaria em conformidade com sua definição, ele não seria "o maior". Portanto, Deus existe necessariamente, e os ateus não pensam no que dizem: *"Deus não existe* é uma proposição contraditória".

Essa prova ontológica é contestada já na época de santo Anselmo por um monge de Marmoutier, Gaunilo, em seu texto *Pro insipiente* [Em defesa do insensato]. Esse conceito de Deus, escreve ele, não é uma quimera, uma pseudoideia? Como é possível pensar seriamente um conceito cujo referente, isto é, o ser real, não é conhecido em forma alguma na realidade? Anselmo, em seu *Liber apologeticus*, responde que o conceito de Deus, com todos os seus predicados (bondade, poder, misericórdia, justiça, eternidade etc.), advém de nossa fé. A "prova" de santo Anselmo, como todas as outras provas, só pode convencer aquele que já crê na existência de Deus.[33]

No século XIII, a busca de provas segue outra direção, inspirada diretamente em Aristóteles: o procedimento da regressão ao infinito, a busca da primeira causa. Santo Tomás de Aquino apresenta a exposição mais sistemática desse procedimento em sua *Suma teológica*, com as cinco vias de acesso a Deus. A primeira diz respeito à necessidade de um primeiro motor para explicar a existência do movimento. A segunda postula a necessidade de uma causa primeira, porque não se pode voltar infinitamente na série das causas e efeitos. A terceira se apoia na afirmação de um ser necessário, que existe por si mesmo e ao qual todos os outros, os contingentes, devem sua existência. A quarta, inspirada em santo Anselmo, postula a existência de um ser que possui a perfeição absoluta, medida de todas as perfeições. A quinta, constatando a finalidade que existe no mundo, deduz a existência de uma inteligência superior transcendente.

Entre os séculos XI e XIII, haverá muitas outras tentativas de provar a existência de Deus. Elas revelam uma necessidade experimentada havia muito tempo por esses pensadores apaixonados pela racionalidade. Ao contrário do que se escreveu durante muito tempo, os intelectuais da Idade Média são apaixonados pela razão. Situados numa cultura cristã, eles põem essa razão a serviço da fé, sem pensar que há contradição entre esses dois domínios. Ora, tal atitude, longe de fortalecer a crença, prepara argumentos

---

33 Sobre o problema das provas da existência de Deus, ver Sève, *La Question philosophique de l'existence de Dieu*.

para seus adversários. Pois há um fosso intransponível entre a essência e a existência. Kierkegaard escreverá:

> Provar de fato a existência de alguém que existe é o mais vergonhoso dos atentados, pois é uma tentativa de torná-lo risível. [...] Como, no entanto, tem-se a ideia de provar que ele existe, se não porque se permitiu que fosse ignorado? E eis que se torna ainda pior a coisa, provando-lhe a existência diante de seu nariz.[34]

O desejo de provar a existência de Deus exerce, porém, uma espécie de fascínio nos pensadores cristãos, sobretudo nas chamadas eras clássicas, isto é, naquelas em que há confiança na razão: depois de Tomás de Aquino, Descartes, Leibniz e Malebranche retomarão os mesmos argumentos. Ainda que satisfeitos com sua demonstração, sem dúvida não converteram ninguém. Os pensadores do século XX julgaram com severidade essa tentativa, na qual viram, paradoxalmente, um fortalecimento do ateísmo. "Afirmar Deus é notadamente afirmar na fonte primeira de tudo, e até mesmo nas mais altas necessidades racionais, uma Liberdade concreta, um Absoluto que transcende formas e categorias", escreve Édouard Le Roy em 1929. "Por conseguinte, deduzir Deus equivale a negar. Pretender encontrá-lo assim é o mesmo que desejar alcançá-lo por um método ateu."[35] Em 1935, Gabriel Marcel confirma: "A teodiceia é o ateísmo",[36] e Georges Gusdorf, estudando o problema das provas da existência de Deus, observa: "Essa espécie de ateísmo foi praticada, muito inocentemente, pela maioria dos grandes metafísicos clássicos".[37]

Querer provar a existência de Deus é reduzi-lo a um objeto metafísico, e adotar a seu propósito um ponto de vista que é o do ateu. Trata-se mais de um ato de fé na razão do que num Deus pessoal. Foi preciso esperar que Kant viesse arruinar as bases da razão pura para pôr fim à ilusão de uma demonstração da existência de Deus. Nossa época levou o criticismo muito mais longe e até dissolveu a razão no relativismo geral, mostrando a que ponto essas empreitadas estão ligadas à história e à cultura de uma época. Essas demonstrações a serviço da fé só valem no interior de uma dada cultura. A

---

34 Kierkegaard, *Post-scriptum aux Miettes philosophiques*, p.369.
35 Le Roy, *Le Problème de Dieu*, p.83.
36 Marcel, *Journal Métaphysique*, p.65.
37 Gusdorf, *Mythe et métaphysique*, p.300.

evolução das normas culturais, ao revelar as fraquezas das demonstrações precedentes, contribui para torná-las elementos de enfraquecimento da fé.

Os nominalistas já suspeitavam disso no fim da Idade Média. A partir do século XIV, a atmosfera intelectual muda. Duns Scot, um dos primeiros, demonstra sérias reservas à possibilidade de raciocinar por analogia a respeito de Deus. O espírito humano conhece apenas os seres sensíveis e, escreve Émile Bréhier, "ainda que Duns Scot tenha admitido a prova da existência de Deus, às vezes ele parece duvidar que a inteligência humana possa ir dos seres sensíveis até Deus. [...] Vê-se que a univocidade do ser, seja como for, empurra-o para o agnosticismo".[38]

O passo é dado por Guilherme de Occam em meados do século XIV. Para ele, fé e razão são coisas separadas, e a autonomia de cada uma torna vãs todas as tentativas que visam dar provas da existência de Deus: "É possível provar pela razão natural que Deus é a primeira causa eficiente de cada coisa e que é dotado de um poder infinito? É a mesma verdade sobre Deus que pode ser provada na teologia e na física?", pergunta-se ele no *Quodlibet*, e sua resposta é negativa. Em primeiro lugar, é impossível chegar ao conhecimento de Deus pela ciência, pois esta só pode conhecer o particular, o individual, e não pode atingir a verdade, a realidade. O espírito humano conhece intuitivamente objetos singulares; constata relações entre eles e as exprime por signos e por uma lógica formal, mas não pode pretender remontar aos gêneros e termos universais.

Do mesmo modo, as verdades religiosas são indemonstráveis. Por um lado, porque a única existência certa é aquela que pode ser percebida intuitivamente e, por outro, porque as "provas" cosmológicas dadas por santo Tomás repousam numa falsa concepção científica do universo: a necessidade de um primeiro movimento e de uma primeira causa. *A fortiori*, não poderíamos provar a realidade dos atributos divinos – posto que só temos conhecimento intuitivo dos contrários de tais qualidades: pluralidade, mudança, finitude em potência e em extensão. Que o mundo tenha sido criado é também indemonstrável, pois vemo-nos diante de uma eternidade antes e depois dele, o que é absurdo. Nessa matéria, apenas a fé pode oferecer certezas; a razão não é de nenhum auxílio.

Guilherme de Occam aniquila as cinco provas de santo Tomás. É claro que ele não chega ao ateísmo, mas subtrai da crença em Deus todos os seus sustentáculos racionais, fazendo-a correr o risco de degenerar em

---

38 Bréhier, op. cit., p.335.

superstição, no âmbito de um fideísmo integral. O século XIV anuncia um novo movimento cultural que oscila para o irracional. No domínio das ciências, a partir de então o objetivo não é mais buscar a verdade, incognoscível, mas encontrar hipóteses capazes de dar conta das aparências. É assim que um discípulo de Occam, Nicolau de Autrecourt, chega à teoria democritiana dos átomos. Ele é obrigado a se retratar em 1374.

No domínio do pensamento religioso, o momento não é mais o das provas, mas do encontro místico, levado às vezes a um tal grau de despojamento que a existência de Deus parece se desvanecer. Deus torna-se o incognoscível absoluto, o que leva o grande representante da mística renana, Mestre Eckhart, a escrever, em *Renovação do Espírito*: "Deus é sem nome, pois dele ninguém pode dizer ou conhecer coisa alguma [...] Se eu disser ainda que Deus é algo que é, tampouco é verdade; ele é algo totalmente transcendente, é um *sobressendo não ser*". Por trás dessas misteriosas fórmulas perfila-se a atração pelo vazio, o niilismo. No século XV, a teologia negativa de Nicolau de Cusa vai na mesma direção: Deus exclui toda determinação positiva, ele abarca as contradições; deve ter consciência de nossa ignorância a respeito de sua natureza, porque ele está além de nossas capacidades.

Essa abordagem de Deus pela negação, ou apófase (do grego *apophasis*, "negação"), ao negar todo e qualquer limite à plenitude divina, ao colocar o divino acima do que é concebível, pode chegar a um quase ateísmo, como observa Bernard Seve: "Tomadas ao pé da letra, extraídas do movimento de ascese que as produz e sustenta, essas frases seriam literalmente ateias". Os extremos se tocam: que Deus esteja aquém ou além da existência dá praticamente no mesmo. Aliás, diversos autores espiritualistas e místicos da teologia negativa foram considerados suspeitos de ateísmo. Claude Bruaire, em *Le Droit de Dieu* [O direito de Deus], não hesita em levar o paradoxo a sua conclusão extrema: "A teologia negativa é a negação de toda teologia. Sua verdade é o ateísmo".

A busca de provas da existência de Deus, do século XI ao XIII, reduzia o divino a um objeto de conhecimento intelectual contestável. A busca do Deus transcendente durante os séculos XIV e XV conduzia a um abismo insondável, em que o ser não se distinguia mais do nada. Para todos esses teólogos profundamente crentes, a busca de Deus andava, sem que tivessem consciência disso, lado a lado com o ateísmo: no primeiro caso, por um excesso de racionalismo teológico; no segundo, por um excesso de pessimismo sobre as capacidades do espírito humano.

MILAGRES, MARAVILHOSO E CETICISMO

Existe ambiguidade também nas camadas populares, mas com outra forma. Há cerca de meio século, a história das mentalidades e a sociologia religiosa vêm descobrindo, por detrás da "fé cristã" das massas medievais, uma extrema diversidade de crenças e descrenças, uma mistura inextricável de fé e ateísmo, animismo e materialismo. Superstições herdadas de outras eras, interpretações variadas dos dogmas cristãos, rejeição de certas crenças fundamentais, desapego ou sarcasmo em relação ao culto, tudo isso torna vagos os limites entre a fé e o ateísmo. Por detrás dessa profusão, não seria possível distinguir o espectro do ceticismo em ação no inconsciente das massas? Não teria a angústia existencial nascido da ruptura do equilíbrio mítico original que se manifesta através de todas essas marcas de heterodoxia?

Em seu recente e belíssimo livro sobre as *Mentalités médiévales* [Mentalidades medievais],[39] Hervé Martin reuniu uma enorme quantidade de sinais e comportamentos cuja interpretação exige que se recorra a um fundo extremamente antigo, não somente pré-cristão, mas também pré-religioso. Os relatos de milagres, por exemplo, são abundantes. Recensearam-se 4.756 apenas nos séculos XI e XII, dos quais 57% são de ressurreições e curas.[40] Tais relatos, que são portanto textos hagiográficos, revelam a presença de um certo número de incrédulos, sempre punidos pela ação do santo. P. A. Sigal recolheu diversos exemplos. Os incrédulos são sobretudo senhores feudais, que negam o sobrenatural ou a intervenção dos santos. Assim, no início do século XI, um membro de uma célebre família de Autun que havia saqueado um priorado declara que não se preocupa nem com o poder dos santos nem com os crédulos que acreditam neles. Um outro senhor feudal, Bernard de Seneffe, zomba do clero e afirma que os santos não dão palpites nos assuntos dos homens. Essa é também a opinião de um escudeiro presente ao epicédio do santo Guilherme Firmat, bem como de Robert, conde de Mortaux. "A literatura hagiográfica", escreve P. A. Sigal, "jamais perdeu sua característica de literatura de combate, destinada a convencer os incrédulos",[41] o que supõe certa importância destes últimos.

Esses textos revelam que a mentalidade mítica pré-religiosa continua presente. O santo cura, tanto em vida quanto depois de morto, por meio do *mana*, essa força misteriosa que está nas coisas e que ele tem o poder de

---

39 Martin, *Mentalités médiévales: XIe-XVe siècle.*
40 Sigal, *L'Homme et le miracle en France aux XIe et XIIe siècles.*
41 Ibid., p.215.

manipular. O processo de cura se inscreve numa estrutura fechada de base mítica, que visa restaurar um equilíbrio natural: uma falta inicial (enfermidade) justifica uma promessa ou um contrato passado com o santo, o que leva a uma peregrinação, seguida da restauração da saúde do enfermo e do cumprimento da promessa. As relíquias também têm um poder próprio de cura, uma *virtude* que se pode até mesmo estocar num líquido, o *vinage*, como se fosse possível armazenar uma energia vital.

As narrativas hagiográficas mostram também, através do maravilhoso, a capacidade constante de produzir mitos: santos que atravessam o mar sobre manjedouras de pedra, aparições, mosteiros em que a morte não pode penetrar etc. Integrados à pregação popular em forma de *exempla*, esses mitos são evidentemente degradações, conceitualizações do espírito mítico original. Eles não são mais vividos, mas contados. Esse maravilhoso "exemplar", que herda superstições pré-cristãs, situa-se todavia na grande empreitada de restauração mágica do equilíbrio universal.[42] "Versão atenuada do mito, instrumento lógico para pensar e neutralizar a contradição segundo a famosa definição de Lévi-Strauss, a lenda faz aflorar problemas fundamentais, para os quais ela propõe 'soluções oníricas'", escreve Hervé Martin,[43] que cita, por exemplo, o caso dos veados que se atrelam ao arado do santo para contribuir com uma força de trabalho capaz de vencer a hostilidade do meio natural. A intervenção das fadas é da mesma ordem.

Jung e Freud também sublinharam o elo entre o maravilhoso e o desejo, com a supressão onírica das interdições, das fronteiras, das limitações: desejo de abundância, de delícias, de felicidade, de liberdade sexual. Desejo também de fusão com a natureza, com as forças naturais, que é revelado, por exemplo, pelo mundo dos híbridos, meio homens e meio animais. Nesse nível do inconsciente coletivo popular, constata-se que essa proliferação das superstições e do maravilhoso medieval, vista amiúde como sinal de uma credulidade excessiva de base religiosa, encobre na realidade um substrato ateu, naturalista, pré-religioso. Deus está ausente desses desejos, nos quais se manifesta uma visão da humanidade autônoma imersa num universo monista.

A atitude da Igreja para com o maravilhoso e as superstições da Idade Média tende a embaralhar ainda mais o jogo. A partir do século XII, um quadro clerical mais rigoroso esforça-se para integrar as práticas mágicas

---

42 Le Goff, *L'Imaginaire médiéval. Essais*; Meslin, *Le Merveilleux. L'Imaginaire et la croyance en Occident*; Merdrignac, *La Vie des saints bretons durant le haut Moyen Âge*.
43 Martin, op. cit., p.203.

e supersticiosas, apresentando-as como simbólicas. Essa cristianização das forças ocultas pré-cristãs preenche o maravilhoso e o miraculoso cristão. É o que Jacques Le Goff chama de aparecimento de uma "ortodoxia do sobrenatural".[44] A crença no duplo e na licantropia, por exemplo, pode reforçar a crença na encarnação de Deus; as metamorfoses mágicas condizem muito bem com a transformação da água em vinho ou da mulher de Loth em estátua de sal. Até a crença em monstros pode servir de ilustração para os diferentes pecados.[45] Tudo isso visa dar uma imagem unificada do mundo, mas prepara um futuro difícil para a fé quando, a partir do século XIII, estabelece-se um início de racionalização da crença, com um combate às superstições. Como a distinção entre as boas crenças e as superstições se operará nas camadas populares? A luta contra as superstições não acabará atingindo as crenças, levando assim a um ceticismo generalizado?

Durante muito tempo, o que aconteceu foi o contrário, isto é, a crença prevalece indistintamente, e a massa de superstições conserva toda a sua força na religião popular. Inúmeros testemunhos assinalam ainda no século XV a existência de crenças surpreendentes em plena cristandade: na Inglaterra, há gente que cultua o sol, outros adoram a lua, as estrelas, e, até mesmo no século XVII, alguns assimilam Cristo ao sol e o Espírito Santo à lua. Grutas, fontes, árvores continuam sendo objetos de culto, tanto na Itália como na Espanha e na Bretanha.

No fim da Idade Média opõem-se duas concepções sobre os poderes mágicos que algumas pessoas supostamente possuem. Segundo Jean Delumeau:

> Para as pessoas simples, especialmente nas regiões rurais, esses poderes resultavam do *mana* – esse termo polinésio, que designa uma força misteriosa, aplica-se muito bem nesse caso – de que se beneficiam certos indivíduos. Mas, para os juízes e os teólogos, o que não parecia natural só podia ser explicado, logicamente, por uma intervenção sobre-humana. Por trás dos malefícios, ocultava-se o poder do inferno, que as confissões de pacto satânico e de participação no sabá faziam sair das sombras.[46]

Mana ou Satanás? As duas explicações não seguem ambas na direção de um enfraquecimento do divino? Ao fim, quando o espírito científico e

---

44 Le Goff, op. cit., p.29.
45 Lecouteux, *Les Monstres dans la pensée médiévale européenne*.
46 Delumeau, *La Peur en Occident*, p.483.

98   O ATEÍSMO NA ANTIGUIDADE E NA IDADE MÉDIA

racional tiver desconsiderado o *mana* e a bruxaria, essas duas explicações reforçarão o ceticismo e o ateísmo. As explicações irracionais nas camadas populares do fim da Idade Média contêm tantos germes de ateísmo quanto o nominalismo nas camadas eruditas.

"A CARAMUNHA DA IMPIEDADE OCULTA-SE SOB A BONOMIA"

Algumas formas rituais toleradas de zombaria do sagrado podem ser igualmente corrosivas para a fé. É o caso de certas festas descomedidas que ocorrem por toda a parte após o Natal, como a Festa dos Loucos, a Festa do Asno, a Festa dos Inocentes, ou ainda o *charivari*.[47] Quando se nota seu surgimento na história, no século XII, são festas organizadas nas igrejas por jovens clérigos que ridicularizam as cerimônias religiosas e zombam da hierarquia por meio de ritos de inversão. Apesar de seu caráter irreverente, são toleradas como uma espécie de desafogo e, ao mesmo tempo, como um reconhecimento às avessas da ordem social e natural. Rapidamente, ao que parece, ganham importância, prolongam-se, agregam paródias, mascaradas, bufonarias, gritos de animais, indecências de todos os tipos, fortemente impregnadas de licenciosidade sexual. Robert Muchembled assinala que, até o século XVI, em Lille:

> o Dia dos Inocentes e, de modo geral, a Festa dos Loucos, que possuíam um caráter sexual definido, eram uma espécie de cerimônia mágica para assegurar a fecundidade e os casamentos do ano seguinte. Como nas lupercais romanas, os rapazes, nus ou quase, perseguiam as mulheres e as donzelas, faziam gesticulações obscenas, jogavam cinzas ou outras matérias nos espectadores etc.[48]

Essas festas, como as do carnaval, de maio, de são João ou de são Miguel, indicam uma população que conservou através dos séculos uma concepção naturalista, animista e mágica do universo. Um mundo ainda amplamente mítico, sem fronteira entre o profano e o sagrado. A grande quantidade de ritos festivos descritos pelos folcloristas permitiu que se destacassem seis ciclos de festividades na Idade Média, todos ligados aos ritmos naturais, especialmente o da fertilidade: carnaval-quaresma, maio,

---

47   Cox, *La Fête des fous. Essai théologique sur les notions de fête et de fantaisie*; Le Goff; Schmitt, *Le Charivari*; Heers, *Fêtes, jeux et joutes dans les sociétés d'Occident à la fin du Moyen Âge*.

48   Muchembled, *Culture populaire et culture des élites dans la France moderne, XVe-XVIIIe siècle*, p.73.

UM ATEÍSMO MEDIEVAL?

são João, Assunção, Todos os Santos, Doze Dias (Natal).[49] A ligação com as comemorações religiosas cristãs não engana: é num substrato animista e naturalista que se implanta o ano litúrgico.

Tais festas também põem em evidência a ausência de sentimento de transcendência no povo cristão medieval. Imerso no concreto, ele vive num mundo de coisas, de coisas animadas por forças. Nos próprios sacramentos, ele vê essencialmente o concreto, como a hóstia, que ele faz questão de *ver* no momento da consagração. Panteísmo popular ou naturalismo animista – tanto faz – que permite à magia agir – uma magia natural, nem profana nem sagrada. O mundo do divino é, antes de mais nada, o dos santos, cujo *mana* pode ser utilizado, santos presentes graças a suas relíquias e estátuas, às quais se podem infligir maus-tratos caso não cumpram suas funções mágicas.

Falar de ateísmo a propósito desse estado de espírito é forçosamente colocar o problema do vocabulário. Contentamo-nos em assinalar que a fé popular medieval, mais próxima do espírito mítico do que do espírito religioso, encontra-se no limite do ateísmo prático. Ela se situa na parte inferior de nosso esquema inicial, na região da magia, do ocultismo e da superstição correspondente às populações que dão primazia à ação em razão da extrema precariedade de sua existência. Esse quase ateísmo prático é apenas implícito. Mas a ambiguidade começa a aparecer a partir do século XIV, com as primeiras tentativas da hierarquia clerical para separar o lícito do ilícito na fé popular. Os riscos de uma rejeição consciente da crença podem se manifestar.

Os primeiros sinais de uma reação das autoridades eclesiásticas contra as festas populares podem ser percebidos a partir dos anos 1330. Eles estão ligados provavelmente à importância que essas festas ganharam nas cidades, e ao forte impulso que tiveram do século XI ao XIII. Ora, no meio urbano, essas festas de origem rural perdem o elo direto com os ritmos biológicos. Menos espontâneas, tornam-se mais contestadoras, mais agressivas. Resta ainda um aspecto onírico de busca da idade de ouro mítica, de retorno ao mundo melhor de antes da ruptura. Mas, no contexto urbano, as festas são também ocasião para descarregar certa agressividade contra as autoridades que polarizam o descontentamento. São portanto mais inquietantes. As impertinências se tornam mais conscientes. Como escreve Francis Rapp, "a caramunha da impiedade oculta-se sob a bonomia".[50]

Diante da contestação crescente de certos aspectos da religião oficial, bispos, cabidos e concílios locais reagem, reforçam o controle, proíbem.

---

49 Vaultier, *Le Folklore pendant la guerre de Cent Ans d'après les lettres de rémission du Trésor de Chartes.*
50 Rapp, *L'Église et la vie religieuse en Occident à la fin du Moyen Âge*, p.160.

100 O ATEÍSMO NA ANTIGUIDADE E NA IDADE MÉDIA

Acabam pondo um termo à Festa dos Loucos, no fim do século XV. E, sobretudo, encetam um longo combate contra o religioso ilícito, contra a superstição; empreendem a grande obra de separação do profano e do sagrado, fazem o contrário da política sincrética de assimilação que haviam seguido até então. Começa a exclusão do profano, a imposição do mundo dualista, que só existia na mente dos eruditos. Essa obra, fortalecida no século XVI pelo Concílio de Trento, vai se prolongar pelo menos até o século XVIII.

O impacto é capital. Não tanto pelo sucesso da empreitada, muito relativo, mas pelas mentalidades que ela revela e pelas reações que provoca. Antes de tudo o divino, o sagrado rompe com suas ligações materiais para ser relegado ao transcendente. Cada vez mais desencarnado, isolado, circunscrito, ele perde seus fundamentos naturais. Desse modo, seu desaparecimento será mais fácil quando chegar o momento, na época da ciência. A separação do profano e do sagrado prepara em parte o ateísmo contemporâneo.

TESTEMUNHOS DE DESCRENÇA

No fim da Idade Média, as primeiras lutas para a depuração da fé levaram à revelação da presença de inúmeros sinais de descrença no povo cristão, sinais negligenciados até então, porque estavam encobertos pelo véu pudico do sincretismo religioso. Os testemunhos são abundantes.

Por exemplo, em meio à juventude urbana de estudantes do século XII, os famosos goliardos, que os historiadores encontram muita dificuldade para explicar: errantes, sem dúvida, cultos ou semicultos, conhecedores do latim, classificados às vezes como saltimbancos, bufões, devassos, vagabundos. Eles formavam grupos provocadores – o nome vem de *gula*, "goela", e designa portanto os que falam aos berros. Em suas canções, reunidas sob o título de *Carmina Burana*, atacam as autoridades religiosas, fustigam seus vícios, sua cupidez e sua luxúria, num tom naturalmente obsceno, e dizem blasfêmias que, se tomadas ao pé da letra, revelam um verdadeiro ateísmo: "a alma é mortal, preocupo-me apenas com o meu corpo!"; sinto-me "mais ávido de volúpia do que de salvação eterna"; "quero morrer na taverna, que é onde o vinho está mais perto da boca do moribundo".[51] Simples discurso de bêbado? O aumento das condenações de *goliards* demonstra, no mínimo, que são considerados um perigo não negligenciável. Honório

---

51 Dobiache-Rojdestvensky, *Les Poésies des goliards*.

de Autun chamou-os de "ministros de Satanás", e negou-lhes qualquer esperança de salvação.[52]

Os *goliards* desapareceram no século XIII, mas seu espírito se perpetuou, especialmente em certa tradição blasfematória urbana que se observa até o fim do século XV. Em seu livro *Marginaux parisiens* [Marginais parisienses], Bronislaw Geremek encontrou sua pista: "Nos processos dos clérigos e no direito destes ao *privilegium fori*, a acusação de *'goliardise'* aparece com frequência".[53] Os motivos de condenação visam em especial certas blasfêmias graves, qualificadas de "heréticas", em particular: "Eu renego Deus", ofensa que podia acarretar intervenção do poder civil e condenação a ter a língua furada com ferro quente.[54] Os pregadores do século XV insistem na frequência das práticas blasfematórias: em Dijon, o franciscano Jean Foucault pede uma repressão severa contra seus autores, outros assinalam a recrudescência da frase: "Eu renego Deus".[55]

Mais reveladora é talvez a denúncia nos sermões da existência nas paróquias de céticos, agnósticos, argumentadores e outros rebeldes. Em 1486, em Troyes, um pregador distingue quatro categorias de "crentes", das quais a última parece muito próxima do ateísmo prático:

> Cristãos creem de quatro maneiras. Uns se fiam simplesmente nas palavras dos santos e da Santa Igreja sem compreendê-las, mas prefeririam morrer a renegar Deus. Outros há que pela razão compreendem o que a fé ensina. Outros por sentimento e devoção. Eles não possuem a razão, mas têm o sentimento por experiência. Outros não creem nem pela razão, nem pela experiência, nem pelo sentimento, mas pelo costume, não pensam nem compreendem nada além das coisas presentes. E estes estão bem distantes da fé dos cristãos.[56]

Na mesma época, um pregador de Auxerre menciona a presença de céticos, cujas dúvidas vão longe:

> Querem ter experiência de sua fé e não desejam de modo algum se contentar com a palavra de Deus. E quando lhes falamos de Deus, de seu paraíso e de seus julgamentos, eles respondem: "E quem voltou de lá? Quem desceu do

---

52 Honorius Augustodunensis, *Elucidarium*, II, 18.
53 Geremek, *Les Marginaux parisiens aux XIVe et XVe siècles*, p.184.
54 Cauzons, *Histoire de l'Inquisiton en France*, t.II, p.149.
55 Martin, *Le Métier de prédicateur à la fin du Moyen Âge: 1350-1520*.
56 Apud Martin, op. cit., p.359.

céu?". Não é só. Sabem bem onde estão, mas não sabem para onde vão nem o que será deles. [...] Querem ver os sinais e os milagres de Deus, nem sua paixão nem sua ressurreição lhes bastam, e não têm mais fé que os diabos.[57]

O pregador revela, além do mais, que o conformismo de muitos oculta, na verdade, a descrença e o ateísmo. "Há muitos que, por mais macaquice que façam, não têm uma gota de fé neles, são todos perversos e censuráveis". As mesmas observações são feitas por um pregador de Bayeux. Nesse fim da Idade Média, estamos longe da aceitação crédula e unânime da fé.

Na Inglaterra, na mesma época, processos contra os meios contestatários dos lolardistas revelam uma surpreendente gama de opiniões "racionalistas". O historiador John Thomson mostra que essas opiniões não formam um sistema ateu coerente, mas negam os aspectos essenciais da fé, num espírito que qualificaríamos de "liberdade de crença".[58] Em setembro de 1422, um homem é julgado em Worcester por ter negado a ressurreição dos mortos. Na mesma cidade, em 1448, um certo Thomas Semer nega a divindade de Cristo, a existência do céu e do inferno, a imortalidade da alma, a Trindade e o caráter divino das Escrituras, o que é muito para um único homem, que, ainda por cima, é clérigo. Em 1491, um pisoeiro é julgado em Newbury porque acredita que a alma morre ao mesmo tempo que o corpo, assim como a chama se apaga quando nela se sopra. Em 1499, em Salisbury, quatro homens e uma mulher confessam que vão à missa "unicamente por medo dos outros e para escapar dos perigos que nos ameaçariam caso não fizéssemos como os outros"; quantos outros não estão no mesmo caso? Em 1502, em Windsor, um homem é julgado por não crer na ressurreição, e em 1508 uma mulher de Aldermanbury é julgada pelo mesmo motivo.[59] Em 1493, uma londrina declara que seu paraíso é nesta vida e que de nada lhe adiantará um paraíso no outro mundo. A tentação do ateísmo foi confessada por inúmeros clérigos e laicos dessa época.[60]

Que importância devemos dar a esses testemunhos? Segundo um grande especialista em mentalidade religiosa desse período, o historiador Keith Thomas, não se deve subestimar o ceticismo popular medieval:

---

57 Ibid., p.359-60.
58 Thomson, *The Later Lollards*.
59 Ibid., p.27, 36-7, 76, 80, 82 e 160.
60 Coulton, The Plain Man's Religion in the Middle Ages, *Medieval Studies*, p.13.

UM ATEÍSMO MEDIEVAL?

> Os tribunais eclesiásticos descobriram uma grande variedade de ceticismo popular. A maioria foi relegada pelos historiadores com o termo geral de "lollardismo". Mas não é de modo algum uma teologia wicliffiana ou teologia protoprotestante que subentende essa recusa de certos elementos fundamentais da doutrina cristã. [...] É possível que a importância real da descrença tenha sido muito maior do que indicam os testemunhos.[61]

Concordamos de muito bom grado, ainda mais que certos elementos dos quatro cantos da Europa vêm reforçar essa hipótese. Da Itália emanam rumores insistentes de ceticismo, e a literatura é um bom espelho. Assim, a obra de Poggio (1380-1459) contém uma coletânea de contos, as *Facetiae* (1438-1452), entre os quais muitos revelam um profundo ceticismo. Entram em cena a luxúria e a avareza do clero, temas anticlericais comuns, mas alguns contos vão mais longe, como aquele do enfermo que retorque a amigos que lhe explicam que Deus castiga os que ele ama: "Não me admira que Deus tenha tão poucos amigos: do jeito que os trata, deveria ter menos ainda!". Ou ainda o do bispo que, comendo perdizes numa Sexta-Feira Santa, declara ao criado: "'Não sabes que sou padre? O que é mais difícil: fabricar o corpo de Cristo com pão ou peixes com perdizes?'. Depois, fazendo o sinal da cruz, ordena às perdizes que se transformassem em peixes e as come como tais". Citamos ainda o caso de um pregador que, quando o recriminaram por ter dito que Cristo alimentou quinhentas pessoas e não cinco mil com apenas cinco pães, retorquiu: "Cala-te, imbecil, já será bem difícil que acreditem que eram quinhentas".[62]

Essas historietas revelam o ceticismo reinante, compartilhado provavelmente pelo autor, clérigo, secretário apostólico, pai de quatorze filhos, admirador de Lucrécio e Luciano, conhecido por seus escritos licenciosos, apologista do heresiarca Jerônimo de Praga, do qual louva a "obstinação ou incredulidade". Poggio é suficientemente suspeito para que, mais tarde, seja citado como o possível autor do *De tribus impostoribus*.

Boccaccio deixou a mesma fama. Prosper Marchand chega a dizer, em seu *Dictionnaire historique* [Dicionário histórico], de 1758: "No que diz respeito à religião, creio que Boccaccio não possuía nenhuma e era perfeitamente ateu, o que poderia ser comprovado por alguns capítulos do *Decamerão*, em especial por aquele em que se trata de um diamante que um

---

61 Thomas, *Religion and the Decline of Magic*, p.199-200.
62 Poggio, *Les Facéties de Pogge*, CCLXII, CCXXVI, CCXXVII.

104   O ATEÍSMO NA ANTIGUIDADE E NA IDADE MÉDIA

pai de família deixou a seus três filhos".[63] Nesse conto simbólico, as três religiões – judaica, cristã e muçulmana – são colocadas no mesmo nível. O *Decamerão* está repleto de quadros e retratos que revelam uma sociedade licenciosa e incrédula, à imagem do Senhor do Rosário: "Ele era um grande blasfemador de Deus e dos santos [...]. Jamais frequentava a igreja, denegrindo com palavras abomináveis todos os sacramentos, como coisas vis". Ceticismo, incredulidade, derrisão diante dos milagres e das coisas santas, além dos ataques rituais ao clero, impregnam a obra.

Muito revelador é também o *De genealogia deorum* [Sobre a genealogia dos deuses], composto por volta de 1360, no qual Boccaccio, retomando a ideia de Evêmero, mostra que os deuses antigos são apenas o resultado da deificação do herói, ou da personificação de fenômenos físicos. Ele leva a audácia ao extremo, sugerindo que os primeiros cristãos começaram fazendo a mesma coisa com Paulo e Barnabé. Racionalismo e materialismo encontram-se por trás dessas insinuações.

Ainda na Itália, em 1459, um doutor em direito canônico, Jovinus de Solcia, é condenado por ter dito que "Moisés, Jesus e Maomé governaram o mundo segundo seus caprichos".[64] Em Portugal, no mesmo ano, Diego Gomez reduz as grandes religiões a influências astrais. Afirma ter lido num tratado hebreu que o judaísmo, o cristianismo e o Islão eram "extravagâncias do espírito humano, fábulas pueris e ridículas", e que Saturno, Mercúrio e Marte reinam respectivamente sobre essas três religiões.[65]

A astrologia chega a seu apogeu nessa época, e suas relações com a fé são muito ambíguas. Num certo número de casos, essa pseudociência trai uma concepção naturalista e materialista do universo, submetendo todas as questões humanas, inclusive a religião, à ação física dos astros. Cristo e Maomé ganham um horóscopo; o aparecimento das grandes religiões e de suas vicissitudes é explicado pelas grandes conjunções planetárias. A presença de astrólogos em todas as cortes europeias, até mesmo na do papa, alimenta a confusão, embora reações esporádicas lembrem que certos limites devem ser respeitados: em 1327, Cecco d'Ascoli é condenado à fogueira em Florença. Entre as acusações que o condenam encontra-se o horóscopo de Cristo, em que ele explica sua sabedoria, seu nascimento num estábulo e sua morte na cruz pela influência dos astros. Os protestos de Nicole d'Oresme (1320-1382), bispo de Lisieux, contra a invasão da

---

63 Marchand, *Œuvres complètes*, t.I, p.315, nota H.
64 Apud La Monnoie, *De tribus impostoribus*, p.30.
65 La Croze, *Entretiens sur divers sujets d'histoire*, p.130.

astrologia ilustram a concorrência traiçoeira que esta poderia representar para a fé religiosa.[66]

O NATURALISMO MATERIALISTA DOS CAMPONESES

Entre os artigos de fé mais frequentemente contestados pela mentalidade popular medieval encontram-se a imortalidade da alma e a ressurreição dos corpos. Os próprios filósofos e teólogos têm dificuldade para elaborar um conceito de alma em frases coerentes, com palavras que tenham realmente significado. Claude Lecouteux mostrou recentemente a confusão que se criou em torno dessa ideia – que remete tanto ao *animus* quanto ao *spiritus* latinos – de "seguidora", de duplo espiritual e duplo físico germânico.[67] Até o papa Gregório, o Grande, no início do século VII, não parece muito seguro a esse respeito. A questão, como vimos, também intriga Frederico II e, no século XIV, há testemunhos de total incredulidade com respeito a ela, mesmo na elite social. Froissart conta que Betissac, tesoureiro do duque de Berry, teria confessado: "Não posso crer em coisa alguma da Trindade, nem que o Filho de Deus tenha se dignado a se rebaixar tanto que tenha vindo dos céus para descer à terra no corpo de uma mulher, e creio e digo que, quando morremos, não há alma alguma". Quanto à ressurreição dos corpos, a crença se impõe lentamente. Ainda no século VI, Gregório de Tours conta que alguns membros do clero não haviam ainda aderido à ideia:

> Um de meus padres aludiu mais de uma vez à perniciosa doutrina dos saduceus e manifestou sua descrença na ressurreição dos corpos. Quando lhe expliquei que isso fora previsto pelas Santas Escrituras e confirmado por toda a tradição apostólica, ele respondeu: "Não contesto que muitos creiam nisso, mas não podemos saber se é verdade, ainda mais que, quando Deus manifestou sua ira contra o primeiro homem, aquele que fez com suas próprias mãos, ele lhe disse: "Ganharás teu pão com o suor da tua fronte, depois retornarás à terra de onde vieste, pois és pó e ao pó voltarás".[68]

---

66 Sobre as relações entre a astrologia e a fé no fim da Idade Média, ver Minois, *Histoire de l'avenir. Des prophètes à la prospective*, parte III: "L'âge de l'astrologie".
67 Lecouteux, *Fées, sorcières et loups-garous au Moyen Âge*.
68 Gregório de Tours, *Histoire des francs*, X, 13.

106   O ATEÍSMO NA ANTIGUIDADE E NA IDADE MÉDIA

Diante desses exemplos vindos de cima, ninguém se espantará com a extraordinária cacofonia da religião popular medieval, na qual não faltam sinais de naturalismo, materialismo e ateísmo.[69] Jacques Paul falou da presença de "espíritos fortes, ateus irredutíveis, ou naturalistas. [...] Admitamos que surja certa incredulidade, resta saber se provém da heresia, do anticlericalismo ou do folclore, isto é, de antigas crenças recalcadas ou desaparecidas".[70]

A investigação realizada no início do século XIV pelo inquisidor Jacques Fournier na aldeia de Montaillou – investigação magistralmente analisada por Emmanuel Le Roy Ladurie – é um verdadeiro repertório de opiniões naturalistas e materialistas. Seriam tais opiniões exclusivas dessa região? Acreditamos que não. Basta ver a extraordinária variedade de mitos naturalistas mencionados em quase toda a parte pelas autoridades eclesiásticas até o início do século XVII.

Na região de Montaillou, muitas pessoas humildes, como Arnaud de Savignan, trabalhador de uma pedreira de Tarascon-sur-Ariège, creem na eternidade do mundo. O mundo material jamais teve começo e jamais terá fim, afirma ele, explicando que baseia essa crença num ditado popular e no ensinamento que recebeu do mestre que o alfabetizara.[71] Para se desculpar, acrescenta: "Por causa das minhas ocupações na pedreira, saio cedo da missa e não tenho tempo de ouvir os sermões". Na verdade, a ideia da eternidade do mundo parece ter sido amplamente conhecida. Uma mulher de Ax, Jaquette Carot, declara: "Não há outro século além do nosso", e Arnaud de Savignan afirma: "Ouvi de muitas pessoas, moradoras de Sabarthès, que o mundo sempre existiu e existirá para sempre". As mesmas afirmações são feitas por um homem de Ax em 1335.[72]

Negar o fim do mundo é negar também a ressurreição da carne. Os habitantes de Sabarthès não recuam diante dessa lógica. Em Montaillou, Béatrice de Planissoles declara "que os corpos serão destruídos como teias de aranha, porque são obra do diabo". Um notável local, Guillaume Austatz, manifesta seu ceticismo publicamente, no cemitério, e Bernard d'Orte encerra da seguinte maneira uma discussão com alguns amigos: "Depois de

---

69 Delaruelle, *La Piété populaire au Moyen Âge*; Manselli, *La Religion populaire au Moyen Âge, problèmes de méthode et d'histoire; La Religion populaire en Languedoc du XIIIe siècle à la moitié du XIVe siècle*.

70 Paul, La religion populaire au Moyen Âge. À propos d'ouvrages récents, *Revue d'Histoire de l'Église de France*, n.70, p.86.

71 Ladurie, *Montaillou, village occitan de 1294 à 1324*, p.360.

72 Ibid., p.525.

troçar um instante, disse a Gentile, mostrando-lhe os polegares das minhas mãos: 'Será que ressuscitaremos com essa carne e esses ossos? Não me faças rir! Eu não acredito!'". O mesmo ceticismo desenvolto é declarado por Jaquette Carot: "Reencontrar nossos pais e nossas mães no outro mundo? Recuperar nossos ossos e nossa carne pela ressurreição? Não me faças rir!".[73]

Quanto à alma, muitos a consideram puramente material. É o caso de Raymond de l'Aire, um camponês da paróquia de Tignac, também na região de Montaillou. Podemos mesmo falar de naturalismo ateu em seu caso ou, como fiz Emmanuel Le Roy Ladurie, de "spinozismo selvagem". De fato, para esse pitoresco campônio do início do século XIV, tudo o que contam os padres "é pataquada". A alma é simplesmente o sangue, e não existe mais depois da morte. Evidentemente, também não existe ressurreição, paraíso ou inferno. A crucificação, a ressurreição, a ascensão de Cristo, tudo isso também é "pataquada", assim como a virgindade de Maria: Cristo foi concebido "na porra e na merda, no pau e na trepada, isto é, pelo coito do homem com a mulher, como todo mundo". Aliás, é possível, ainda segundo seus próprios termos, "que Deus e a Virgem Maria não fossem mais desse mundo visível e audível".[74]

Ainda se pode afirmar que o ateísmo era inconcebível na mentalidade popular antes do século XVI? Não muito longe de Montaillou, em Ornolac, Guillemette Benet, aldeã, afirma que "a alma é o sangue", e o criador de animais Raymond Sicre diz que é pão![75] Quando a referida Guillemette cai de um muro e seu nariz começa a sangrar, ela grita: "É a alma! A alma! A alma é só sangue". Naturalmente, portanto, os animais também possuem alma.

Professando a unidade das espécies naturais, inclusive o homem, esses camponeses manifestam às vezes um panteísmo rústico: Deus e a natureza parecem ser uma coisa só. Eles discutem essas questões enquanto afiam suas foices, como Pierre Rauzi e Raymond de l'Aire:

– Achas que Deus e a bem-aventurada Maria são alguma coisa?

E eu lhe respondi:

– É claro, eu acredito.

Então Pierre me disse:

– Deus e a bem-aventurada Virgem Maria não são nada mais do que mundo visível que está à nossa volta, nada além daquilo que vemos e ouvimos.

---

73 Ibid., p.527 e 525.
74 Ibid., p.528 e 529.
75 Ibid., p.530.

108   O ATEÍSMO NA ANTIGUIDADE E NA IDADE MÉDIA

Como Pierre Rauzi era mais velho do que eu, achei que ele me dissera a verdade! E permaneci nessa crença uns sete a dez anos, sinceramente convencido de que Deus e a Virgem Maria não eram mais do que esse mundo visível que está à nossa volta.[76]

Às vezes, as explicações desses homens para os fenômenos naturais pertencem ao puro naturalismo materialista: "As árvores provêm da natureza da terra, e não de Deus", afirma Arnaud de Bédeillac. "O tempo, seguindo seu curso, faz o frio, as flores e as sementes; e Deus nada pode contra isso", assegura Aycard Boret.

Esses curiosos camponeses de Ariège têm um surpreendente lado racionalista. De fato, como constata Emmanuel Le Roy Ladurie, parecem diferenciar religião, magia e superstição. Nota-se neles:

uma verdadeira rejeição do milagre; uma vontade de suprimir Deus do mundo material. Ao mesmo tempo que de Deus, livram-se de toda uma causalidade sobrenatural, baseada no maravilhoso concreto. [...] O que fazem esses camponeses senão teorizar um occamismo selvagem, que também leva à supressão do sobrenatural?[77]

Haveria alguma correspondência, algum paralelismo entre a evolução da elite e a do povo no sentido da expressão de um ceticismo profundo, uma evolução no sentido de um ateísmo teórico na camada superior da população e de um ateísmo prático nas camadas inferiores? O fim da Idade Média, a partir desse início do século XIV, é marcado por uma crise da filosofia, da teologia e da religião em geral. O elemento racional, que cumpria o papel de unir as crenças, racha, liberando os espíritos: alguns derivam rumo ao ceticismo e outros ao naturalismo. É claro que falar de ateísmo seria ainda excessivo, ou então devemos lhe dar um sentido adequado para a época: nos séculos XIV e XV, Deus torna-se mais inacessível do que jamais fora antes. Incognoscível para os místicos da teologia negativa, indemonstrável para o nominalismo occamiano, inativo para certo número de fiéis, ele parece brilhar sobretudo por sua ausência. É evidente que, através das incontáveis tragédias dessa época conturbada, o sobrenatural é onipresente, mas sobretudo em suas formas degradadas, que são a intervenção dos santos, a superstição, a magia e a bruxaria. A Igreja, enfraquecida pelo episódio do

76 Ibid., p.363.
77 Ibid., p.586.

UM ATEÍSMO MEDIEVAL?

papado de Avignon (o Grande Cisma), pela crise conciliar e pelas heresias, não tem mais como assegurar o respeito das crenças tradicionais e dos dogmas. Ocorre uma explosão na direção das margens, que pode atingir os confins do ateísmo.

FRAGILIDADE DO CONTROLE CLERICAL

A impiedade cresce, favorecida pelas desordens da época: destruição das igrejas durante a Guerra dos Cem Anos, afrouxamento do controle clerical devido à dizimação do clero ou à extrema mediocridade de seus membros, da qual Paul Adam deixou uma boa descrição.[78] Os padres, formados de improviso por um pároco que lhes ensina rapidamente como celebrar os ofícios, são admitidos nas funções sacerdotais depois de um exame simples, aplicado pelo bispo ou pelo arquidiácono: rudimentos de latim, fórmulas sacramentais, cânones penitenciais e, sobretudo, mimos ao examinador. Essa prática é evocada com frequência nas farsas populares. Os resultados se mostram à altura dos métodos. Guillaume Durand, bispo de Mende, fustiga a grosseira ignorância dos padres, que se tornam ridículos quando discutem questões religiosas com os infiéis. Nicolas de Clamanges indigna-se:

> Mas de onde vêm nossos párocos? Não foi dos estudos nem das escolas que foram tirados para assumir as paróquias, mas do arado ou outros instrumentos de trabalho. Eles não entendem melhor o latim que o árabe; há alguns até – sinto-me envergonhado de dizer – que não sabem ler e são incapazes de distinguir o *a* do *b*. [...] O que dizer então dos conhecimentos literários e doutrinais do clero, se quase todos os padres, sem compreender nem as palavras nem o sentido delas, mal conseguem ler pausadamente, sílaba por sílaba? Que fruto para os outros terão eles, para quem o que leem é língua bárbara? Como conseguirão a obter graças de Deus para os outros, se eles mesmos ofendem e desonram seu ministério com sua ignorância e com a indignidade de sua vida?[79]

Os concílios locais se queixam de seus trajes, de sua recusa de se tonsurar, de suas vistas às feiras, mercados e tabernas, de seu concubinato e de

---

78 Adam, *La Vie paroissiale en France au XIVe siècle*.
79 Nicolas de Clamanges, De corr. Eccl. statu., cap. VI e XVI. In: _____, *Opera*, p.8 e 16.

110 O ATEÍSMO NA ANTIGUIDADE E NA IDADE MÉDIA

seu amor pelo lucro, e os mendicantes os chamam de "asnos desbridados".[80] Muitos padres se envolvem na vida militar e alguns fazem parte de bandos de mercenários – o mais ilustre foi o famoso "arcipreste" Arnaud de Cervole.[81] Em 1368, Urbano V permite que o bispo de Périgueux absolva os padres que haviam auxiliado as Grandes Companhias.* Como um clero como esse se formou e controlou a crença dos fiéis?

A vida paroquial também é irregular. O absenteísmo nas missas dominicais é maciço em alguns casos. A expressão "prática unânime", muito amiúde empregada a respeito da vida religiosa medieval, revela-se equivocada diante dos documentos. Jamais, e em lugar algum, os fiéis frequentaram todos, todos os domingos, a missa. Desde a época carolíngia, os bispos, preocupados com esse fenômeno, recorrem às testemunhas sinodais para advertir os negligentes e, caso seja necessário, alertar as autoridades. No início do século X, Réginon de Prüm redige um questionário: quantos paroquianos vão à missa? Quantos comungam nas grandes festas? Um século mais tarde, Burchard de Worms repete o mesmo documento.

No fim da Idade Média, respostas parciais podem ser dadas a essas perguntas, graças aos estudos de sociologia religiosa. Na região de Flandres, J. Toussaert fala de um "abstencionismo esmerado na missa de domingo", de um "desleixo alternado",[82] com alguns exemplos extremos: o chefe da revolta flamenga de 1328 gabava-se de jamais haver posto os pés numa igreja. Os bispos de Angers, Mende e Montauban juntam-se às queixas de Nicolas de Clamanges. Muitos casos são citados: em Grenoble, um homem ficou nove anos sem ir à missa e, na diocese de Cerisy, duas mulheres faltaram três anos. Um dominicano escreve, em 1330:

> À messes ne vont qu'à matines
> ne n'oient loenges divines.
> Quand ils sont levés par matin,
> la première parole de vin
> est, et de boire et de mengier.
> Et non pas d'aller au moustier.[83]

---

80 A situação não parece ter sido melhor no século XIII. Ver Dobiache-Rojdestvensky, *La Vie paroissiale en France au XIIIe siècle d'après les actes épiscopaux*.

81 Cherest, *L'Archiprêtre. Épisodes de la guerre de Cent Ans au XVIe siècle*.

* Companhias de mercenários recrutados durante a Guerra dos Cem Anos. (N. T.)

82 Toussaert, *Le Sentiment religieux en Flandre à la fin du Moyen Âge*.

83 Langfors, *La Société française vers 1330, vue par un frère prêcheur du Soissonnais*, p.14. [Trad.: "À missa só vão às matinas/ não ouvem louvores divinos./ Pela manhã, quando acordam,/ A primeira palavra é o vinho/ E beber e comer./ E não ir ao monastério". – N. T.]

A recepção dos sacramentos também é flutuante. O Concílio de Apt observa, no século XIV, que "em inúmeras dioceses há muita gente que se diz cristã, mas pouco se preocupa em confessar seus pecados ou receber o corpo de Cristo", e Paul Adam conclui que reina "no povo certa indiferença com as obrigações mais importantes da religião".[84] Os que assistem aos ofícios não parecem tirar grande proveito: tagarelam, falam das novidades, interrompem o padre, muitos se contentam apenas em assistir à elevação, para ver a hóstia, ou em beijar uma estátua, antes de seguir para a taberna. Guillaume Le Maire, bispo de Angers, queixa-se no início do século XIV: "Deus é blasfemado, o demônio é venerado, as almas se perdem, a fé católica é pisoteada".[85]

Desde o século XV, os homens são mais distantes da prática religiosa do que as mulheres. Não querem parecer carolas, comungam raramente, sentem-se pouco à vontade na missa e são turbulentos, blasfemam de modo provocador, numa espécie de invocação às avessas: "Deus me condena", "eu renego Deus", "ventre de Deus", "corpo de Deus".[86]

Alguns meios parecem completamente afastados da vida religiosa, a começar pelas tropas irregulares de mercenários que pilham e incendeiam igrejas e mosteiros, torturam, violam e assassinam em toda a Europa durante a Guerra dos Cem Anos. O cronista Cuvelier atribui a Du Guesclin esta tirada, quando se encontrou com os chefes das Grandes Companhias:

> En ce qui me concerne, messeigneurs, je vous le dis franchement,
> Je n'ai jamais fait le bien et je m'en repens,
> Je n'ai fait que le mal, occire et tuer les gens;
> Mais si j'ai fait du mal, vous devez admettre
> Que vous ne valez pas mieux, et même
> Vous pouvez vous vanter d'être encore pires.
> [...]
> Considérons la vie que nous avons menée:
> Violé les femmes et brûlé les maisons,
> Tué hommes et enfants et mis à rançon,
> Comment nous avons égorgé vaches, brebis et moutons,
> Comment nous avons pillé oies, poussins, chapons,
> Et bu les bons vins, et massacré,

---

84 Adam, op. cit., p.251.
85 Apud Adam, op. cit., p.293.
86 Rapp, op. cit., p.160.

Violé les églises et les monastères.
Nous avons fait bien pis que ne font les larrons;
Si les larrons volent, c'est pour nourrir leurs enfants,
Et c'est pour vivre, car celui qui est frappé de pauvreté,
À peine peut-il en ce siècle subsister;
Nous sommes pires que les larrons, nous qui tuons.[87]

Qual era o sentimento dessas tropas de Esfoladores, Crocodilos* e outras Grandes Companhias? Há pouco risco de erro em atribuir a esses grupos o termo de ateísmo prático. Deus parece ser apenas uma palavra para eles, utilizada essencialmente nos xingamentos. A suspeita de ateísmo recai sobre esses meios da rude fraternidade militar. No processo dos Templários, no início do século XIV, o questionário preparado pelos juízes continha diversos pontos relativos à negação da fé.[88]

As autoridades civis se preocupam com o aumento da impiedade popular no fim da Idade Média. Na França, a primeira legislação nesse sentido data de são Luís, mas é o decreto de 22 de fevereiro de 1347, retomado diversas vezes mais adiante, que marca o grande início da luta contra os blasfemadores e prevê punições com golilha, pelourinho, incisão dos lábios e ablação da língua. Do lado da Igreja, a Inquisição não precisa se preocupar com os infiéis, isto é, com aqueles que estão totalmente fora da fé cristã. A teoria diz que não se pode converter pela força, como escreveu Tertuliano: "É direito humano e natural que cada um possa adorar o que quiser". Na realidade, desde santo Agostinho, a prática das conversões forçadas é legitimada pelo pretexto de que são para o bem eterno do convertido; consequentemente, a

---

87 Apud Minois, *Du Guesclin*, p. 272-3. Sobre as relações entre os militares e a fé, ver Minois, *L'Église et la guerre. De la Bible à la guerre atomique*. [Trad.: "No que me diz respeito, senhores, digo francamente,/ Jamais fiz o bem, e disso me arrependo,/ Fiz apenas o mal, assassinei e matei;/ Mas, se fiz o mal, deveis admitir/ Que não valeis mais, e mesmo/ Podeis vos gabar de ser ainda piores./ [...]/ Consideremos a vida que levamos:/ Violentamos as mulheres e ateamos fogo às casas,/ Matamos homens e crianças e raptamos,/ E como degolamos vacas, ovelhas e carneiros,/ E como saqueamos, roubamos gansos, potros, galos gordos,/ E bebemos bons vinhos, e massacramos,/ Violamos as igrejas e os mosteiros!/ Fizemos muito pior do que fazem os ladrões;/ Se os ladrões roubam, é para alimentar seus filhos,/ E é para viver, pois aquele que é atingido pela pobreza/ Quase não pode sobreviver neste século;/ Somos piores que ladrões, nós que matamos". – N. T.]

* No original, "*Écorcheurs*" e "*Caïmans*", tropas que integravam as Grandes Companhias. (N. T.)

88 Oursel (ed.), *Le Procès des Templiers*, p.78-80.

UM ATEÍSMO MEDIEVAL? 113

negação da existência de Deus pode ser motivo de processo inquisitorial.[89] Os primeiros, contudo, só se realizarão no século XVI.

O MUNDO DOS EXCOMUNGADOS, ATEUS EM POTENCIAL

No fim da Idade Média, outra forma de sanção eclesiástica pode revelar e ao mesmo tempo gerar condutas ateias: a excomunhão. As próprias autoridades morais e religiosas da época, Gerson, Nicolas de Clamanges, Pierre d'Ailly, confessam que seu emprego é abusivo. O bispo de Angers, Guillaume Le Marie, aponta paróquias que contam quatrocentos, quinhentos e até setecentos excomungados,[90] números confirmados pelos registros da diocese de Cerisy, na Normandia;[91] na diocese de Grenoble, em alguns casos, mais da metade dos paroquianos se encontra nessa situação.

Os excomungados, e às vezes suas famílias, como em Angers (estatutos de 1314), não podem entrar em igrejas, participar de ofícios, receber os sacramentos e ser sepultados em terra cristã. Ora, o que preocupa muito os pastores é que a maioria não se esforça para obter a absolvição e leva uma vida normal. Trata-se de um "erro novo", constata o Concílio de Avignon em 1326 e depois em 1337. Uma questão é: não há nisso um sinal de indiferença para com a religião?

Essa preocupação se insinua nas constatações desoladas das autoridades: "São muitos os que, desprezando a força da disciplina, permanecem um ano na excomunhão em grande prejuízo para suas almas e para o escândalo de muitos", dizem os estatutos de Avignon de 1341. "Os homens desprezam inteiramente as sentenças de excomunhão, tornam ridículo o poder das chaves,* pronunciam palavras blasfematórias e escandalosas contra a Igreja e seus ministros e destroem a força da disciplina eclesiástica", declara o bispo de Angers. "Chegou a nossos ouvidos que se produz um abuso abominável em algumas partes de nosso território, a saber, que homens, filhos da iniquidade e objeto de maldição, que não temem a Deus nem ao homem, desprezam as censuras eclesiásticas", queixa-se o Concílio de Lavaur, em 1368. "Há em nossas dioceses uma infinidade de gente

---

89 Cauzons, op. cit., t.II, p.149.
90 Port (ed.), *Liber Guillelmi Majoris*, p.74.
91 Dupont, Le registre de l'officialité de Cerisy, 1314-1357, *Mémoires de la Société des Antiquaires de Normandie*, t.30, p.361-492.
* Referência a Mateus 16,19: "Eu te darei as chaves do Reino dos Céus e o que ligares na terra será desligado nos céus". (N. E.)

excomungada que não procura retornar ao seio da Santa Mãe Igreja". Na diocese de Grenoble, conforme a paróquia, assinalam-se de cinco a quarenta excomungados, e alguns se encontravam nessa condição havia mais de dez anos, sem tentar se reconciliar.

Por mais que vociferem e ameacem, as autoridades não podem fazer nada: "O desprezo assumido pelos excomungados é extremamente perigoso, porque a excomunhão acarreta a condenação eterna", lembra Pierre d'Ailly em seu *Traité de la réforme de l'Église* [Tratado da reforma da Igreja], e o bispo Hugon de Bourges se preocupa: "Persistir muito tempo na excomunhão é perigoso para os excomungados e para os que convivem com eles: a impiedade aumenta, os erros pululam e numerosos perigos espirituais surgem". Para Jean Gerson, essa atitude mostra um "desprezo por todas as coisas divinas".[92]

A fé desses excomungados convictos é eminentemente suspeita, como explicam os estatutos de Autun em 1323: "O desprezo desses homens é razão suficiente para que sua fé seja julgada suspeita". Portanto, é lícito levá-los diante da Inquisição, como preveem os estatutos de Autun, Apt, Bourges, Paris e Orléans. Em Bourges, o bispo pede que lhe forneçam uma lista dos nomes dos excomungados há mais de nove anos. Mas as resistências são fortes e os padres sofrem ameaças por parte das famílias dos excomungados.

Os abusos na excomunhão não teriam como resultado criar rebeldes entre pessoas que se sentem injustamente condenadas, por motivos muitas vezes fúteis? Além disso, essa prática não aumentaria o desapego das vítimas em relação à fé? Excluídas dos ofícios e dos sacramentos, elas não têm mais contato com a vida religiosa. Enfim, o fato de os excomungados não se esforçarem para se reconciliar com a Igreja não revelaria uma espécie de ateísmo latente, uma indiferença prática para com a fé?

Dezenas de milhares de pessoas que vivem anos e anos fora da esfera religiosa provam que devemos rever profundamente a imagem de uma Idade Média unanimemente cristã e crente. Jean Delumeau já mostrou amplamente a parte lendária associada à expressão "Idade Média cristã": o que essa religião, saturada de superstições, magia, astrologia e resíduos de crenças pagãs tem a ver com a "mensagem evangélica"?[93]

---

92 Gerson, Rememoratio per praelatum quemlibet agendorum. In: _____, *Opera*, t.II, col. 107.

93 Delumeau, *Le Christianisme de Luther à Voltaire*, Paris, p.330.

UM ATEÍSMO MEDIEVAL? 115

Mas tal apresentação das coisas supõe que exista uma mensagem evangélica "verdadeira", autêntica e intemporal, diferente daquela que propunha a Igreja medieval. Essa face "verdadeira" do cristianismo só poderia ser descoberta por uma cuidadosa exegese das origens, da elaboração dos textos primitivos. Ora, estamos hoje menos seguros do que nunca da boa interpretação desses textos, menos seguros do que nunca das verdadeiras intenções de Jesus. Quantas imagens contraditórias foram apresentadas, todas fundamentadas nas palavras do Evangelho? O "verdadeiro" cristianismo seria o de santo Agostinho, o de Lutero, o de Pio IX, o de João Paulo II, o de Jan Hus, o de são Francisco, o de são Bernardo, o do cura de Ars, o de Pio X, o de Luís XIV, o dos jansenistas, o dos místicos, o das diferentes heresias? Existe um cristianismo "verdadeiro"? É o do Vaticano II, que diz o contrário do Vaticano I? É o de João XXIII, que diz o contrário de Gregório XVI?

Se, no fim da Idade Média, o cristianismo ainda não havia mostrado seu verdadeiro rosto, não devemos imaginar que o rosto que ele apresentou era o único possível no contexto cultural da época? "O" cristianismo, imutável e intemporal, é um mito, extremamente útil, devemos convir, para negar toda e qualquer descristianização. Desse modo, os adversários da Igreja podem ser desqualificados como se se enganassem de alvo, atacando uma caricatura do cristianismo. Houve o cristianismo teocrático de Inocêncio III, o cristianismo conciliar do século XV, o cristianismo triunfalista tridentino, o cristianismo reacionário do século XIX, o cristianismo integrista de Pio IX e Pio X, o cristianismo aberto do Vaticano II. Cada um era uma expressão religiosa inevitável, adaptada às condições socioculturais da época, sem que se possa privilegiar um em detrimento dos outros, em nome de um hipotético e abstrato cristianismo "verdadeiro".

Há portanto uma forma medieval de cristianismo, que não é falsa nem autêntica. E essa forma medieval foi moldada por infinitas tendências que fizeram o pêndulo se inclinar para um certo racionalismo nos meios eruditos, do século XI ao XIII, na época da "dupla verdade", e depois para um relativo ceticismo, nos séculos XIV e XV, na época dos nominalistas.

De uma ponta à outra da Idade Média e da cristandade, existiram correntes céticas. No império bizantino, no século VII, "os excessos da devoção não deixaram de suscitar reações: a zombaria libertadora do homem da rua, o ceticismo de alguns diante de tantos milagres e tantas relíquias... Os hagiógrafos dão a impressão muitas vezes de ter de responder aos céticos".[94]

---

94 Dragon, *Histoire du christianisme*, t.IV, p.87.

No Ocidente, no início do século XI, Rodulfus Glaber fala de um homem muito sábio que "se pôs a ensinar com ênfase toda espécie de coisas contrárias à santa fé".

Dificilmente essas formas de ceticismo e heterodoxia podem ser qualificadas de ateias no sentido estrito do termo. O divino continua quase sempre presente numa forma ou outra. Mas não é exagero discernir um ateísmo latente nos dois extremos da cultura medieval. Entre os eruditos, a tentação racionalista aristotélica e averroísta é forte o bastante para que alguns aceitem se afastar da fé ao estudar a natureza; seus adversários nominalistas adotam a atitude contrária, mas o criptoateísmo é o mesmo: a razão é incapaz de provar Deus. No povo, Deus aparece mergulhado num amálgama de superstições, às vezes com forte tendência ao naturalismo materialista; o dia a dia dos camponeses não parece longe do ateísmo prático. Em todos esses casos, a presença divina parece precária. Na cristandade do fim do século XV, margens não negligenciáveis da sociedade vivem implicitamente um ateísmo latente, teórico e prático.

O terreno só podia favorecer os primeiros ataques conscientes contra a fé no século XVI.

SEGUNDA PARTE

O ATEÍSMO SUBVERSIVO DA RENASCENÇA

– 4 –

O CONTEXTO DA DESCRENÇA NA RENASCENÇA

Na época de Rabelais coloca-se pela primeira vez, no centro da cristandade, o problema de um ateísmo consciente de si mesmo. As impertinências do autor de *Gargântua* chamam a atenção desde então, primeiro das autoridades religiosas, que censuram a obra em 1542, depois dos historiadores, que esmiúçam os cinco livros do autor angevino como se tivessem em mãos um elemento de prova capital. O debate, promovido pelo menos desde meados do século XIX, vai muito além de Rabelais. O que está em jogo é saber se, na época de Francisco I e Lutero, havia homens e mulheres que já pensavam e agiam conscientemente como ateus.

LUCIEN FEBVRE E *O PROBLEMA DA DESCRENÇA NO SÉCULO XVI*

Em 1877, Gebhart vê Rabelais como um cético que se recusa a escolher entre o credo e a descrença.[1] Em 1922, Henri Busson afirma que a primeira

---

1 Gebhart, *Rabelais, la Renaissance et la Réforme.*

120 O ATEÍSMO SUBVERSIVO DA RENASCENÇA

Renascença, recuperando as ideias dos antigos, fundou o ateísmo moderno, do qual a primeira afirmação sistemática teria sido o discurso de Dolet em Toulouse, em 1533.[2] No ano seguinte, Abel Lefranc reconhece em Rabelais um verdadeiro descrente.[3] Em 1942, Lucien Febvre compromete todo o seu prestígio e erudição nessa batalha a fim de demonstrar o contrário num livro brilhante, que marcou época: *O problema da incredulidade no século XVI: a religião de Rabelais*. O talento do grande historiador parece ter resolvido a questão, apesar dos pequenos retoques,[4] durante mais de trinta anos.

Em 1975, Henri Weber volta ao tema. Ele sublinha a "crise da piedade" pela qual o povo cristão passava na época, vivendo ainda num "semipaganismo", enquanto os humanistas, redescobrindo a Antiguidade e utilizando o averroísmo paduano, marcados pelas mudanças técnicas e sociais, acentuavam a parte da razão e da religião natural.[5] Em 1976, François Berriot, numa tese defendida na Universidade de Nice, *Athéismes et athéistes en France au XVIe siècle* [Ateísmos e ateístas na França do século XVI],[6] demonstra, com grande abundância de material, que a descrença está presente desde Rabelais, mesmo que sua expressão seja muitas vezes despistada pelos imperativos da mais elementar prudência. Desde então, a maioria dos historiadores aderiu a essa opinião, com a qual também concordamos. Mas, em razão da imprecisão dos termos, da dissimulação indispensável por causa da censura e dos confrontos religiosos da época, a situação não é tão simples.

Retomemos a argumentação de Lucien Febvre. Para ele, as brincadeiras e impertinências de Rabelais seguem a linha geral da época, a tradição das bufonarias clericais, que parodiavam as cerimônias do culto e as palavras da missa, imitavam os gestos e as passagens sagradas; os milagres, a ressurreição de Epistémon não passam de paródias de romances de cavalaria. Aliás, os contemporâneos de Rabelais não o acusaram de incredulidade: nem por seu curso em Montpellier nem por seus escritos, que a Sorbonne suspeita, ao contrário, de ser favoráveis aos reformados.

A acusação de ateísmo contra Rabelais foi feita em 1549 pelo frade Gabriel de Puy-Herbault, associando-o ao termo "luterano". Mas, como

---

2 Busson, *Le Rationalisme dans la littérature française de la Renaissance: 1553-1601*.
3 Lefranc, *Étude sur le Pantagruel. Œuvres de Rabelais*.
4 Saulnier, Le sens du *Cymbalum mundi* de Bonaventure des Périers, *Bibliothèque d'Humanisme et Renaissance*, t.XIII, p.167.
5 Weber, *Histoire littéraire de la France*, cap. V.
6 Publicado pelo Atelier National de Reproduction des Thèses, Université de Lille-III, Thèses-Cerf, 1977.

O CONTEXTO DA DESCRENÇA NA RENASCENÇA 121

observa com razão Lucien Febvre, o termo "ateu" era uma injúria que designava um herético, um cismático, um sacrílego, um heterodoxo ou qualquer pessoa que não compartilhasse da fé da comunidade a que pertencia. É exatamente nesse sentido que é utilizado pelo calvinista Viret, em sua *Instruction chrestienne* [Instrução cristã], de 1564:

> Quando são Paulo, na Epístola aos Efésios, chama os pagãos de *ateístas*, ele declara precisamente que estes não são apenas sem Deus que negam qualquer divindade, mas também os que desconhecem completamente o verdadeiro Deus e seguem os deuses estrangeiros, ao invés dele. [...] Chamam-se comumente por esse nome não somente aqueles que negam qualquer divindade, se é que se pode encontrar tais infelizes entre os homens, mas também os que zombam de toda religião, como os deístas.

"Ateu" é uma espécie de superlativo de "deísta"; de modo ainda mais genérico, como diz Lucien Febvre, "'ateu' não passa de um palavrão destinado a causar comoção num auditório de fiéis".[7] Também é um insulto, como conta Henri Estienne com a anedota do injuriado Pasquin: "'Mas o que foi que lhe disseram?', perguntam seus amigos. 'Ladrão, Mentiroso? Envenenador?' 'Muito pior do que isso', responde Pasquin. 'Sacrílego, então? Parricida? Libertino? Ateísta?' 'Não, pior ainda... Chamaram-me de papa!'".[8]

Esse insulto é utilizado amiúde nos inflamados debates religiosos do século XVI. Quem não foi tratado de ateu naquela época? Dolet o foi por Calvino; Erasmo por Dolet; Scaliger por Rabelais; Castellion por Conrad Badius; Ronsard por La Roche-Chandrieu...[9] Naqueles tempos de lutas religiosas, alguém sempre é ateu para alguém. Para o protestante Antoine de La Roche-Chandrieu, não existe ateu pior do que o católico:

> Athée est celuy que la coustume emporte
> Ores croyant ainsi, ores d'une autre sorte,
> [...]

---

7 Febvre, *Le Problème de l'incroyance au XVIe siècle. La religion de Rabelais*, p.128.
8 Estienne, *Apologie pour Hérodote*, II, 373.
9 Febvre cita vários casos: "Ele é ateu como ninguém foi", escreve Rabelais a Erasmo a propósito de Scaliger. "Suas ideias, onde as encontrou, senão em Luciano, o autor mais mordaz, mais insolente de todos, sem religião, sem Deus, e dado a ridicularizar todas as coisas, religiosas ou profanas?", pergunta Dolet, ele mesmo condenado à fogueira como ateu, sobre Erasmo.

Athée est qui, mentant, maintient la papauté
De laquelle il se moque et voit la fausseté.[10]

No outro campo, quem passa por ateu é Lutero. A acusação é feita por um homem sério, o cardeal Du Perron, que chega a essa conclusão porque o reformador parece aceitar mais ou menos a ideia do sono das almas até o dia do Juízo Final. Para o padre Garasse, Lutero atinge "a perfeição do ateísmo". Henri Estienne, por sua vez, é chamado pelos calvinistas de "Pantagruel de Genebra e príncipe dos ateístas". E Lucien Febvre conclui:

> Ateu: a palavra tinha forte impacto em meados do século XVI. Não possuía um sentido estritamente definido. [...] Devemos desconfiar das palavras de outrora. Elas têm em geral dois valores, um absoluto, outro relativo. O primeiro já é difícil de definir. Quando se diz que o ateísmo é o fato de negar a divindade, não se diz nada de muito preciso. Mas, além disso, o valor relativo da palavra mudou muito. [...] Devemos desconfiar das palavras; devemos desconfiar mais ainda das acusações de outrora.[11]

Trataremos de ter em mente a lição.

Lucien Febvre lembra ainda que todos os termos que designam uma forma de descrença foram criados depois do século XVI, seja *libertino* e *libertinismo* (por volta de 1600), *deísmo* (século XVII), *panteísmo, materialismo, naturalismo, fatalismo, teísmo, espírito forte, livre-pensador* (século XVIII), *racionalismo* (século XIX).[12] Os contemporâneos de Rabelais, portanto, carecem de conceitos, de ferramentas mentais essenciais para a compreensão do fenômeno da descrença. Além do mais, para elaborar um pensamento ateu coerente, eles precisariam encontrar apoio na filosofia e na ciência da época. Ora, eles vivem num mundo que mistura natural e sobrenatural, ciência e magia, sagrado e profano, um mundo em que a noção de natureza autônoma, submetida a suas próprias leis deterministas, não existe. Até mesmo as descobertas geográficas, tão importantes na época, como observa Lucien Febvre, não fazem "surgir em seus espíritos objeções, objeções intransponíveis contra o cristianismo", mas apenas "um surpreendente fervor de

---

10 Ibid., p.128. [Trad.: "Ateu é aquele que é levado pelo costume,/ Ora crendo nisso, ora crendo naquilo,/ [...]/ Ateu é aquele que, mentindo, mantém o papado/ Do qual zomba e vê a falsidade". – N. T.]
11 Ibid., p.127 e 137-8.
12 Ibid., p.329-30.

O CONTEXTO DA DESCRENÇA NA RENASCENÇA

123

proselitismo".[13] Os homens daquele tempo, diz ainda Lucien Febvre, mantêm a confiança inabalável nas Escrituras, de inspiração divina, ainda que alguns raros indivíduos comecem, a partir de 1550, a aplicar aos Evangelhos os esquemas de explicação evemeristas.

A conclusão de Lucien Febvre é inequívoca:

> Falar de racionalismo e de livre-pensamento, em se tratando de uma época em que, contra uma religião de alcance universal, os homens mais inteligentes, mais eruditos e mais audaciosos eram realmente incapazes de encontrar apoio seja na filosofia, seja na ciência, é falar de uma quimera. Mais exatamente, sob a proteção de palavras sonoras e vocábulos impressionantes, é cometer o mais grave e o mais ridículo de todos os anacronismos; é como, no campo das ideias, munir Diógenes de um guarda-chuva e Marte de uma metralhadora.[14]

E mais:

> Ter a pretensão de fazer do século XVI um século cético, um século libertino, um século racionalista e glorificá-lo como tal é o pior dos erros e das ilusões. Por vontade de seus melhores representantes, ele foi, ao contrário, um século inspirado. Um século que, em todas as coisas, buscava antes de tudo o reflexo do divino.[15]

Na época de Rabelais, era impossível não crer em Deus. Essa é a mensagem fundamental de Lucien Febvre. Embora haja sinais de descrença, eles se referem a casos isolados, de personagens atingidas pelo destino que se interrogam a respeito do mal. Essa descrença não é a de hoje. Não é sistemática, e jamais leva sua lógica até o fim, isto é, ao ateísmo. Apenas por volta de meados do século é que as coisas começam a mudar, muito lentamente.

Depois de François Berriot, e utilizando trabalhos mais recentes, consideramos que tais conclusões merecem ser relativizadas, no que diz respeito tanto ao conjunto de ferramentas mentais que permitiriam elaborar um verdadeiro ateísmo quanto à existência de verdadeiros ateus, sobretudo em certas camadas sociais.

---

13 Ibid., p.422.
14 Ibid., p.324-5.
15 Ibid., p.427.

124 O ATEÍSMO SUBVERSIVO DA RENASCENÇA

PÁDUA E POMPONAZZI

As mudanças socioeconômicas, políticas, religiosas e culturais da primeira Renascença tornam possível uma concepção ateia do mundo. Inicialmente, não há ruptura brutal com a Idade Média. Ora, vimos que a história intelectual medieval criara as condições para um ateísmo latente, com o racionalismo averroísta, o naturalismo da escola de Chartres, a dupla verdade, a discussão sobre as provas da existência de Deus, o nominalismo occamiano e a teologia negativa. Todo esse debate de ideias deixa marcas e prossegue, sobretudo na Itália. Mais do que em nossa época, as ideias circulam – na língua comum dos eruditos, o latim – entre os centros intelectuais europeus.

Assim, na Itália, em Pádua, na universidade dependente de Veneza e, portanto, fora do alcance da Inquisição romana, desenvolvem-se especulações muito livres e audaciosas, que prolongam a corrente do averroísmo latino. Ali, defendem-se teses que negam o milagre e a imortalidade da alma, separando fé e razão. A reputação dos paduanos é duvidosa desde o século XV, e muitas mentes suspeitas da época passaram pela cidade, como estudantes ou como professores. No século XVIII, o erudito alemão J. F. Reimmann, um dos primeiros a escrever uma *História do ateísmo*,[16] sublinhou o papel fundamental de Pádua. Para esse luterano fervoroso, superstição e ateísmo caminhavam juntos na Itália do século XVI, em razão dos escândalos do papado, da hipocrisia dos teólogos romanos, do maquiavelismo dos jesuítas, do culto a Aristóteles, do caráter dissoluto dos costumes, da dedicação dos italianos mais à filologia do que à teologia. Para ele, já havia numerosos ateus na Itália no século XV, e suas ideias teriam imigrado para a França no século XVI, com gente como Cesalpino, Ruggieri e Vanini. Do lado francês dos Alpes, o terreno teria sido preparado por Petrarca, Pierre Grégoire e Pierre Firmin. A tese do ateísmo dos paduanos seria retomada depois por Renan e Mabilleau no século XIX[17] por outros grandes historiadores do livre-pensamento no século XX, como Charbonnel, Busson e Pintard.

Mais recentemente, P. O. Kristeller contestou essa interpretação e defendeu que essa era uma leitura tendenciosa da história do pensamento, comprometida com o mito propagado tanto pelos crentes quanto pelos

---

16 Reimmann, *Historia universalis atheismi et atheorum falso et merito suspectorum.*
17 Mabilleau, *Étude historique sur la philosophie de la Renaissance en Italie.*

O CONTEXTO DA DESCRENÇA NA RENASCENÇA   125

descrentes nos séculos XIX e XX.[18] Prova disso, segundo ele, é a vida e a doutrina do mais ilustre paduano da época, Pietro Pomponazzi (1462-1525). O
homem é representativo, de fato, mas não no sentido sugerido por Kristeller.
O que nos diz sua obra? Em 1516, seu *Tractatus de immortalitate animae*
[Tratado da imortalidade da alma] estabelece que a alma não pode ser
demonstrada pela razão. Para ele, Tomás de Aquino traiu Aristóteles, que,
assim como a maioria dos filósofos da Antiguidade, negava essa imortalidade. Essa crença teria sido introduzida apenas com a finalidade de manter
os povos em obediência, ideia que ele ilustra no primeiro capítulo, pondo
as três grandes religiões num mesmo plano. O livro segue realmente a linha
da dupla verdade: a luz natural da razão nos ensina amiúde o contrário da
fé, mas é a esta última que devemos nos submeter. Essa obra causou um
escândalo. Para defendê-la, Pomponazzi compôs dois tratados anônimos
nos quais retoma a mesma ideia: os maiores sábios da Antiguidade, Simônides, Homero, Hipócrates, Galeno, Plínio, Sêneca, Alexandre de Afrodísias,
Alfarabi, negaram todos a imortalidade da alma, e esta foi apenas um meio
utilizado pelos legisladores para conter os povos. Apesar da proteção de
que se beneficiava o autor, seu livro foi queimado e introduzido no Índex.

Pomponazzi escreveu também um tratado intitulado *De fato, de libero
arbitrio et praedestinatione* [Do destino, do livre-arbítrio e da predestinação],
e um *De naturalium effectum causis* [Das afecções naturais], ambos póstumos,
publicados respectivamente em 1567 e 1556. Neles, o autor afirma que o
livre-arbítrio é inconciliável com a ideia de providência e os milagres têm
causas naturais, que um dia a ciência explicará. Alguns são também falsos
milagres, devidos a nossa imaginação. Ele ataca portanto uma das provas
tradicionais da religião e trava uma vigorosa ofensiva contra a suposta ação
dos santos, identificados às vezes com charlatães. Faz alusões audaciosas
aos pseudomilagres que marcam o nascimento das religiões e põe em dúvida
a verdade das ressurreições milagrosas, elementos que depois serão retomados tantas vezes pelos libertinos. E, é claro, há sempre a pirueta final:
essas piedosas mentiras são úteis para reforçar a fé dos povos. Quanto aos
eruditos, ainda que a razão os leve a negar, eles devem acreditar cegamente
naquilo que lhes diz a revelação.

Pode-se afirmar, portanto, que Pomponazzi não é ateu. Todavia, muitos acreditaram que fosse. Se, como lembra Kristeller, ele morreu em paz,
como professor de uma universidade dos Estados pontificais, inumado por

---

18 Kristeller, Le mythe de l'athéisme de la Renaissance et la tradition française de la libre
pensée, *Bibliothèque d'Humanisme et Renaissance*, t.XXXVII, n.1, p.337-48.

um futuro cardeal, ele o deve unicamente a seus poderosos protetores, os cardeais Bembo e Júlio de Medici. E a proteção dos prelados da Renascença não é garantia de ortodoxia. Inúmeros contemporâneos de Pomponazzi acusaram-no de ateísmo. Em 1518, Niphus compôs um libelo, *De immortalitate* [Da imortalidade], com o objetivo de refutar o *Tractatus de immortalitate animae*. Seus próprios discípulos, Paolo Giovio e um certo Helideu, falaram de seu materialismo ateu. No entanto, como observa François Berriot, ele parece mais um cético, ou mesmo um agnóstico, "um homem que busca, e essa busca o tortura". Situação desconfortável, é verdade. É possível permanecer dividido entre a fé e a razão, sem pender mais para um lado do que para o outro? Desconhecemos a verdadeira escolha de Pomponazzi, como de muitos de seus contemporâneos. Tais homens não podiam se exprimir com toda a franqueza em razão das proibições eclesiásticas. Daí o caráter sinuoso de seu pensamento, suas reviravoltas, arrependimentos e contradições. Mas eles debatem ideias, e estas abalam profundamente as certezas da fé.

O USO DA DÚVIDA NA ITÁLIA

Mais de um século antes de Descartes, a utilização da dúvida metódica se difunde por toda a Europa como um meio prudente de exprimir ideias perigosas. Essa é outra inovação cultural que se deve levar em conta: "Suponhamos que...". Assim, torna-se possível enunciar uma tese incrédula. Mas "supor que" não quer dizer negar. É claro que, em seguida, apresenta-se a refutação, mas o mal já foi feito. É verdade que os escolásticos recorriam a um procedimento semelhante, examinando os prós e contras de uma ideia antes de propor uma solução. A prática universitária e monástica da *disputatio*, exercício de argumentação formal, também podia se prestar a trocas um tanto equívocas. Contudo, se até então era estritamente regulada, controlada e limitada, ela se tornou, primeiro na Itália, um meio geral de questionamento das crenças. É o que Delio Cantimori[19] já havia estudado em 1939 e Silvana Seidel Menchi aprofundou mais recentemente: "Os arquivos inquisitoriais italianos dão, ao contrário, a prova da penetração da dúvida nos meios mais diversos da dissidência, e de sua tendência a se tornar, bem mais que um instrumento de comunicação, um *habitus mentis*".[20]

---

19 Cantimori, *Eretici italiani del Cinquecento*.
20 Menchi, *Erasmo in Italia, 1520-1580*, trad. fr.: *Érasme hérétique. Réforme et Inquisition dans l'Italie du XVIe siècle*, p.211.

O CONTEXTO DA DESCRENÇA NA RENASCENÇA   127

Típico dos estragos que o método pode provocar é o testemunho, datado de 1559, de um agostiniano de Catânia, Andrea Ursio, intimado a se explicar sobre opiniões heterodoxas que manifestou a respeito da presença real na Eucaristia. É uma deformação, diz ele, que data do tempo "em que eu era repetidor e devia, todas as manhãs, nos debates que fazíamos no convento, argumentar contra o verdadeiro, como exercício".[21] Em alguns conventos, havia colóquios em que dois oradores se enfrentavam defendendo teses opostas sobre trechos da Escritura, e até mesmo sobre dogmas. Assim, insinuam-se dúvidas que são repertoriadas pelos arquivos inquisitoriais – dúvidas sobre as diferenças de práticas cultuais em cada país, dúvidas sobre o além, dúvidas sobre os sacramentos: "Sempre acreditei e defendi que [o sacramento do altar] era o verdadeiro corpo e o verdadeiro sangue de Cristo; mas, ao saber que ele podia apodrecer, comecei a duvidar".[22]

A partir dos anos 1530, os leigos passam a utilizar esse método. As dúvidas expressas vão cada vez mais longe. Da dúvida técnica, hermenêutica, passa-se à dúvida sistemática, substancial. O valor histórico dos Evangelhos é posto em questão. E, inevitavelmente, alguns acabam no ateísmo. Assim, o monge Giulio Basalù confessa em 1555: "Li algumas das anotações de Erasmo e admirei-o por negar, ao que me parece, a divindade de Cristo"; depois cai em na ideia de que "com a morte do corpo, a alma de cada um também morreria", que Deus não existe, "[sendo] todas as religiões uma invenção dos homens para conduzir seus semelhantes a uma vida honesta".[23] O irmão Marco, um beneditino de Split, chega mais ou menos à mesma conclusão.

Na confissão de Basalù, Erasmo é posto em questão. Não sem razão. O holandês é um grande adepto do método da dúvida, o que lhe vale uma condenação da Sorbonne, em 1526-1527, por diversas proposições "escandalosas, blasfematórias e heréticas" contidas em seus *Colóquios* e *Paráfrases*. Ele ousa duvidar da atribuição do Apocalipse a são João, da Epístola aos Hebreus a são Paulo, do Símbolo dos Apóstolos aos apóstolos, bem como da autenticidade das palavras eucarísticas, da obrigação da confissão auricular, da eficácia das indulgências, do estado da alma separada do corpo, da revelação à Virgem da natureza humana e divina de Cristo. Essas impertinências, essas desconfianças blasfematórias só podem enfurecer os

---

21 Ibid., p.219.
22 Ibid., p.218.
23 Pommier, L'itinéraire religieux d'un moine vagabond au XVIe siécle, *Mélanges d'Archéologie et d'Histoire de l'École Française de Rome*, n.66, p.293-322.

dogmáticos dos dois campos. Em 1524, quando Erasmo propõe que também se considere duvidosa a questão do livre-arbítrio e da Trindade, Lutero se exalta, qualifica-o de cético e até de ateu, segundo o padre Maimbourg. Do mesmo modo, o padre Garasse colocará Erasmo e Zwingli lado a lado, como "falcões do ateísmo". Aliás, desde o *Elogio da loucura*, Erasmo era comparado a Luciano, e criticado por colocar judeus, cristãos e muçulmanos no mesmo plano, escrevendo:

> Os turcos e os selvagens da mesma espécie pretendem-se os únicos verdadeiros crentes e desprezam os cristãos por considerá-los dados a superstições, mas são ainda menos curiosos que os judeus, que esperam pacientemente seu messias e acreditam obstinadamente em Moisés.[24]

Étienne Dolet não tolera o humor e a leviandade de Erasmo: "Ele ri, brinca e faz trocadilhos sobre o próprio Cristo". Erasmo é um "Luciano", um "sem-Deus". Termos que, evidentemente, não se justificam no que diz respeito a um pensador que por diversas vezes demonstrou seu horror aos ateus: "absorvidos na matéria, não veem nada além dela, [...] pensam acima de tudo em riquezas e em seu bem-estar; a preocupação com a alma vem somente depois, quando creem nela, naturalmente, pois, na impossibilidade de vê-la, a maioria duvida de sua existência".[25]

A dúvida: eis uma das palavras-chave dos humanistas, indicando um novo estado de espírito. Diante dos dogmatismos exaltados dos dois campos, católico e protestante, certos pensadores propõem a dúvida como remédio para os confrontos. A Erasmo, no primeiro campo, corresponde no segundo Castellion, autor de uma *De arte dubitandi* [Da arte da dúvida], na qual fustiga "essa raça de homens que ignoram a dúvida, que ignoram a ignorância, que só sabem se exprimir por asserções apodíticas, homens que, caso te distancies deles, condenam-te sem hesitar e, não contentes de jamais duvidar de si mesmos, não toleram a dúvida em ninguém".[26] "Se os cristãos tivessem duvidado mais, não estariam hoje maculados por tantos crimes funestos."[27] Já desponta aí a argumentação dos filósofos contra o fanatismo.

---

24 Erasmo, *Élogie de la folie*, 43.
25 Ibid.
26 Castellion, *De arte dubitandi*. In: Cantimori; Feist (eds.), *Per la storia degli eretici italiani del secolo sedicesimo in Europa*, p.345.
27 Ibid., p.347.

O CONTEXTO DA DESCRENÇA NA RENASCENÇA 129

As Igrejas, aliás, perceberam muito bem o perigo que o hábito da dúvida representa para a fé. A partir dos anos 1570-1580, a dúvida, até então tolerada, é assimilada à heresia. Um certo Girolamo Biscazza, de Rovigo, é a primeira vítima desse endurecimento. Julgado uma primeira vez pela Inquisição em 1564, ele pensa de boa-fé que pode manifestar suas dúvidas: "Quando expôs suas dúvidas diante do ofício da Inquisição", conta um informante, "pediu soluções; porém recebeu como única resposta a ordem de se retratar". Disseram-lhe que "é ruim, e mesmo manifestamente herético, duvidar das coisas que a Santa Igreja aceita como santas, recomenda e prega". Liberado, o ingênuo fidalgo imagina que pode continuar a duvidar como antes, e apresenta-se espontaneamente ao tribunal em 1569, declarando: "Minhas dúvidas permanecem em relação aos mesmos artigos que antes". Ele é entregue ao braço secular em 1º de abril de 1570 e morto na fogueira.[28]

UM NOVO CONTEXTO SOCIOCULTURAL MENOS FAVORÁVEL À FÉ

As mudanças de ordem econômica e social operam no mesmo sentido. O florescimento urbano, industrial e comercial acelera a ascensão de uma classe burguesa cuja mentalidade não se adapta mais aos limites da piedade medieval. Realista, racional, prático, ávido de lucros, individualista, terra a terra, em busca de satisfações terrenas que o dinheiro lhe propicia, o burguês é desconfiado, independente e menos crédulo. E, ainda por cima, ele lê, sobretudo porque a imprensa, recém-criada, difunde obras cuja proliferação preocupa as autoridades: obras religiosas, mas de todas as tendências, obras literárias, nas quais há toda a espécie de ideias, obras técnicas e científicas que ampliam o conhecimento do mundo e da natureza. Essa brutal abertura faz crescer ao mesmo tempo a curiosidade e o relativismo, e portanto leva ao questionamento de muitas coisas. A correspondência entre os grandes mercadores da época, italianos, alemães, ingleses, franceses, não trata apenas de problemas financeiros e comerciais; ela menciona também as novidades literárias e os grandes debates religiosos.

O homem de letras adquire um status social que faz dele uma personalidade do mais alto nível. Erasmo é o primeiro autor a viver, ainda que modestamente, de sua pena. Ele é recebido e cortejado pelos soberanos. Os

---

28 Menchi, op. cit., p.228-31.

130   O ATEÍSMO SUBVERSIVO DA RENASCENÇA

intelectuais laicos independentes começam a ter alguma importância. Ao redor dos reis, desenvolvem-se cortes, focos de costumes dissolutos, em que centenas de nobres ricos vivem no luxo, na despreocupação, na intriga e na busca do prazer imediato. Todos os austeros reformadores apontarão o *entourage* dos reis como antros de ateísmo. Em 1575, o historiador Louis Régnier de La Planche explica que "o ateísmo e a magia" se difundiram na França a partir de Henrique II, e um panfleto de 1579 acusa o cortesão Lignerolles de "fazer abertamente profissão de ateísmo".[29]

Aos olhos de seus detratores, o ateísmo não tem apenas causas intelectuais, mas está ligado também à decadência moral. Estabelecem muito frequentemente o elo com a sodomia e o desregramento sexual. Um caso entre mil: em 1592, um professor do colégio de Nîmes, Lachalade, é suspenso "por ser suspeito do vício detestável de sodomia" e por "ser ateu e sem religião". Um de seus alunos conta que "havia escutado do referido Lachalade, filósofo, que considerava asneira e tolice esta e aquela religião, falando da religião reformada e da religião papista".[30]

À parte os exageros polêmicos, é certo que se deve reconhecer a importância do desejo de liberação dos costumes, especialmente os sexuais, no crescimento do ateísmo no século XVI. De Jacques Gruet a Vanini e de Noël Journet a Giordano Bruno, os ateus e os heterodoxos assumiram a defesa de um amor natural, liberado das proibições religiosas. Em outros, mas às vezes também nos mesmos, constata-se uma revolta de tipo político e social, encorajada pelas desordens do século. Em Jacques Gruet, por exemplo, o ateísmo anticalvinista é solidamente fundamentado na vontade de libertar Genebra da tirania dos pastores.

A atmosfera de guerra religiosa teve seu papel, é evidente, e de diversas maneiras. Se para alguns o confronto das confissões dá ocasião para endurecer posições e chegar ao fanatismo, para outros o espetáculo do conflito, com a exposição de argumentos contraditórios, é motivo de ceticismo. A atenção dos historiadores se concentrou sobretudo na primeira atitude, mais dramática, mais espetacular e que, no curto prazo, foi um fator essencial no século das guerras de religião. Mas discretamente, por trás do alvoroço dessas minorias que se matavam, a dúvida, o ceticismo, a indiferença se insinuam nos que pensam ou simplesmente se submetem. No longo prazo, quando os combates arrefecem, o verdadeiro vencedor será ainda a dúvida.

---

29 La Planche, *Histoire de l'Estat de France*, p.6, e *Tocsain contre les massacreurs et auteurs des confusions de France*.
30 Relatado por Berriot, *Athéismes et athéistes au XVIe siècle en France*, t.II, p.843, nota 22.

O CONTEXTO DA DESCRENÇA NA RENASCENÇA   131

No prefácio de sua *Instruction chrétienne* [Instrução cristã], de 1563, Pierre Viret sentiu o recrudescimento da indiferença:

> Em meio aos diferendos que existem hoje em matéria de religião, muitos abusam em demasia da liberdade que lhes é dada de seguir, das duas religiões que se opõem, ou uma ou outra. Pois há muitos que se dispensam de ambas e vivem sem religião nenhuma.[31]

Além do mais, as guerras de religião, com seu cortejo de horrores, são um golpe para a ideia de providência divina, apesar das explicações tradicionais dos pregadores sobre a justa punição dos pecados dos homens. "A crença num Deus árbitro do mundo estava abalada [...] pela visão da injustiça triunfante e do mal espalhado por toda a parte", escreve Jacob Burckhardt.[32] A miséria extrema nos cantões devastados pela guerra, onde se assiste a cenas de antropofagia, leva François Berriot a julgar verossímil "que o sentimento religioso, no século XVI, tenha vacilado, nos mesmos indivíduos, entre a mais exaltada superstição e a mais revoltada blasfêmia".[33]

A fé também não pode sair impune do irrefreável anticlericalismo que marca a época. Mais uma vez, não se trata de um fenômeno novo. Os monges eram objeto de ataques violentos havia muito tempo e, desde o século XI, inúmeros movimentos heréticos visavam o clero por causa de sua luxúria e cupidez. Mas nunca a crítica foi tão violenta, tão infame e tão geral quanto no século XVI. Anticlericalismo não é antirreligião, obviamente. Contudo, a separação entre o padre e o que ele representa nem sempre é clara.

No que diz respeito às ideias, o retorno em peso das filosofias antigas joga a favor de um relativismo muito amplo, se não de um ateísmo em sentido estrito. De fato, nos planos filosófico e científico, que não são separados na época, a Renascença é uma época de ecletismo, e até mesmo de confusão. O recuo do aristotelismo racional, cujo último grande bastião é Pádua, ocorre em proveito de um retorno de concepções mágicas, animistas, irracionais, no âmago de um naturalismo panteísta. Segundo Robert Lenoble:

> Para o homem renascentista, a Natureza assume o lugar de Deus, porque ela mesma possui uma alma, realiza intenções constantes e vela pelo homem

---

31 Apud Lecler, *Aux origines de la libre pensée française. Étienne Dolet*, *Études*, t.207, n.10, p.403-20. Para J. Lecler, alguns levam essa indiferença ao "mais grosseiro ateísmo".
32 Burckhardt, *La Civilisation de la Renaissance en Italie*, p.271.
33 Berriot, op. cit., t.I, p.52.

132   O ATEÍSMO SUBVERSIVO DA RENASCENÇA

como uma providência. O maravilhoso cristão é substituído por um maravilhoso mágico, um pouco como entre os descrentes de hoje pela crença na telepatia, nas mesas girantes e na radioestesia miraculosa. O céu não é mais o céu cristão, mas não está vazio: os astros recuperaram sua divindade.[34]

Para o mesmo autor, as palavras "Deus, os deuses, os astros ou a Natureza" assumem um sentido mais ou menos equivalente na linguagem dos astrólogos, dos alquimistas e dos físicos. Dos neoplatônicos, que admitem e explicam todos os prodígios pela ação de gênios, até Paracelso, que espera o retorno de Elias, "o Artista", isto é, o químico, passando por Cardano, que escreve: "Se, no lugar dos anjos e dos demônios, colocarmos astros benfazejos ou contrários, podemos dar as mesmas explicações e explicar as mesmas aparências",[35] estamos diante de uma visão naturalista e panteísta do mundo.

Esse retorno parcial ao animismo e à magia revela uma fragmentação das concepções filosóficas e religiosas que não poupa as sumidades. Leonardo da Vinci mostra, em seu *Quarto tratado de anatomia*, um ceticismo mal dissimulado: "Quanto ao restante da definição da alma, deixo-a à imaginação dos Irmãos, pais dos povos, que, por inspiração, conhecem todos os segredos. Deixo de lado as Escrituras sagradas, porque elas são a soberana verdade".[36] Descobrindo na natureza um espírito presente na totalidade do universo, Leonardo parece inserir-se numa corrente panteísta. Vasari o coloca claramente entre os ímpios: "Ele chega a uma concepção tão herética a ponto de não se sujeitar a religião alguma, estimando a esmo ser muito mais filósofo do que cristão".

Ao mesmo tempo que as concepções de tipo neoplatônico e animista, a Renascença redescobre o atomismo democritiano, epicurista e lucreciano. Epicuro, que Dante havia colocado no inferno com "todos os seus sectários que fazem a alma morrer com o corpo", volta à tona e, com ele, a concepção de um mundo mecanicista, puramente material, entregue ao estudo científico. No entanto, é mais o aspecto moral que é considerado na época da primeira Renascença: a busca do prazer, que encontra numerosos adeptos nos meios cortesãos.

Com a filosofia, é também toda a mitologia antiga que ressurge, expõe-se em baixos-relevos, afrescos e pinturas, invade a poesia e o romance.

---

34 Lenoble, *Esquisse d'une histoire de l'idée de nature*, p.295.
35 Cardano, *De subtilitate*, XIX.
36 Apud Charbonnel, *La Pensée italienne au XVIe siècle et le courant libertin*, p.444.

O CONTEXTO DA DESCRENÇA NA RENASCENÇA 133

Temas artísticos e literários, os mitos pagãos não são mais aceitos ao pé da letra, é claro. Mas os eruditos humanistas começam a interpretá-los, a lhes dar explicações racionais, que mostram como e por que os homens puderam criar deuses.[37] Há, por conseguinte, um risco de que o método alegórico se estenda ao cristianismo e a todas as religiões. É o que veem os defensores atentos das Escrituras reveladas, que insistem no caráter perfeitamente histórico das narrativas bíblicas, especialmente do Gênesis e de sua cronologia.[38] Por exemplo, propor uma interpretação alegórica dos seis dias da criação, como fez Orígenes, é abrir as portas para todas as reduções possíveis, inclusive para a tese da eternidade do mundo. Um combate multissecular nasce aqui, e o que está em jogo é a dessacralização progressiva da Bíblia, via de penetração do ateísmo.[39]

Um testemunho importante sobre a realidade do perigo é o do teólogo Melchior de Flavin, que participa do Concílio de Trento e redige em 1570 um tratado intitulado *De l'État des âmes après le trépas* [Do estado das almas após o óbito]. Devemos observar, antes de tudo, que para ele nunca houve tantos ateus na Europa quanto em sua época. O ateísmo sempre existiu, escreve ele, como mostram a Bíblia, são Paulo, santo Agostinho e os escritos dos filósofos antigos, mas na época viam-se corriqueiramente pessoas que "duvidavam da existência de Deus" e "negavam Deus contra o senso comum", tanto entre os eruditos quanto entre "homens mais que brutos".

Os responsáveis? Satanás, é claro, que trabalha continuamente para espalhar a descrença. Mas também a medicina materialista, "que nega a providência de Deus, a criação do mundo, a vida eterna e a imortalidade das almas, a encarnação de Nosso Senhor, em suma, que nega Deus".[40] Esses médicos veem a alma como um simples "espírito sutil", um "vento sutil", uma "compleição do corpo", ou mesmo o sangue. Outros responsáveis: os "libertinos epicuristas", que só se interessam por seus prazeres e chafurdam no "mui fétido e mui pernicioso lamaçal do ateísmo". A multiplicação das heresias também contribuiu para essa situação. Enfim, há aqueles que "desprezam as Escrituras divinas" e as rebaixam a fábulas mitológicas.

---

37 Allen, *Mysteriously Meant. The Rediscovery of Pagan Symbolism and Allegorical Interpretation in the Renaissance*.
38 Pereyra, *Commentatorium... in Genesim tomi quatuor*, t.I, p.1b.
39 Laplanche, *La Bible en France entre mythe et critique, XVIe-XIXe siècle*.
40 Melchior de Flavin, *De l'État des âmes après le trépas*, XIII.

AS GRANDES VIAGENS E O PROBLEMA DOS POVOS ATEUS

Outro fator cultural contribui muito, no século XVI, para alimentar o debate sobre o ateísmo e, sem dúvida, para fazer certos espíritos evoluírem para a descrença: as grandes viagens das descobertas. Ao contrário do que escreveu Lucien Febvre, essas viagens não foram vistas pelos cristãos da Europa somente como uma ocasião de proselitismo, de conversão de novas almas à verdadeira fé. Elas também deram o que pensar e duvidar.

Em primeiro lugar, provando pelos fatos a afirmação da universalidade da fé. Segundo essa opinião, predominante até então, todos os homens receberam uma revelação natural e não existiam povos ateus, nem mesmo entre os mais primitivos. É a ideia que defende Calvino em sua *Instituição da religião cristã*:

> Como os próprios pagãos confessam, não há nação tão bárbara nem gente tão selvagem que não traga essa impressão no coração, que existe um Deus. E aqueles que em outras paragens desta vida parecem em quase nada diferir das bestas mais brutas, possuem ainda assim em seu âmago alguma semente de fé.[41]

Jean Chassanion de Monistrol retoma a ideia: "Jamais houve nação tão bárbara que por certa persuasão e impressão de natureza não tenha em conta alguma divindade".[42] Urbain Chauveton confirma experimentalmente essas declarações em 1579, relatando que os povos da Flórida "confessam ser a alma imortal, e que existe um lugar destinado aos maus"; eles têm "padres que chamam de *jarvars*, aos quais se ajustam com toda a fé", e praticam a monogamia.[43] Pouco depois, Marc Lescarbot faz observações similares a propósito dos povos da Nova França.[44] Pierre Le Loyer e Jean de Mendoza louvam os povos da Índia, do Japão e da China por suas opiniões religiosas.[45]

Contudo, também há viajantes que contam o contrário, e dizem ter visto povos sem religião, povos ateus. Que esses primeiros etnólogos tenham sido vítimas de ilusões ou não, pouco nos importa aqui. O que nos interessa é o impacto de seus testemunhos sobre o espírito dos europeus. Assim, de acordo com Jean de Léry,

---

41 Calvino, *L'Institution de la religion chrétienne*, t.I, p.43.
42 Monistrol, *Les Grands et tedoutables jugements et punitions de Dieu advenus au monde*, I, 24, p.135.
43 Chauveton, *Brief discours et histoire d'un voyage de quelques François en la Floride*.
44 Lescarbot, *Relation dernière de ce qui s'est passé au voyage du Sieur Poutrincourt en la Nouvelle France depuis 20 mois en ça*.
45 Mendoza, *Histoire du grand royaume de Chine*.

O CONTEXTO DA DESCRENÇA NA RENASCENÇA 135

Jean Leon diz que há também certos povos na África que não são maometanos, judeus, cristãos, nem de outras seitas, mas sem fé, sem religião, e sem a nenhuma sombra dela, de modo que não oram, nem constroem templos, vivendo como bestas brutas.

Em 1583, uma obra anônima evoca o ateísmo dos índios da América: "Eles vivem sem conhecimento de nenhum Deus, sem preocupação, sem lei e sem nenhuma religião, tal qual bestas brutas"; eles praticam a comunhão dos bens e das mulheres. Do mesmo modo, os negros ao sul da Etiópia não têm "nenhuma religião nem nenhum conhecimento de Deus".[46]

Voltemos agora ao testemunho mais marcante, porque mais refletido: o do calvinista Jean de Léry (1536-1613), que desembarcou no Brasil em 1556 e publicou em 1578 uma *História de uma viagem feita à terra do Brasil*, na qual se interessa pela religião dos índios. Sua impressão predominante confirma a tese do ateísmo dos povos primitivos:

A sentença de Cícero, a saber, que não há povo tão brutal nem nação tão bárbara e selvagem que não tenha o sentimento de que existe alguma divindade, é tida e recebida por todos como uma máxima indubitável; todavia, quando considero de mais perto nossos tupinambás da América, não me vejo de modo algum impedido no que toca à sua aplicação no caso deles. Pois, em primeiro lugar, além de não terem nenhum conhecimento do único e verdadeiro Deus, não obstante o costume de todos os antigos pagãos, que tiveram a pluralidade dos deuses [...] eles não confessam nem adoram nenhum deus celeste ou terrestre: e, por conseguinte, não tendo nenhuma regra nem lugar próprio para se reunir a fim de realizar ofício religioso ordinário, eles não oram na forma da religião, nem em público nem em particular, seja lá o que for.[47]

Mas, examinando melhor as coisas, Jean de Léry acredita discernir nos índios certa ideia de Deus, que eles se recusam a admitir, o que só pode lhes ser sugerido pelo diabo, e é por isso que serão condenados. Ele vai mais longe, tirando lições de seu estudo de etnorreligião. Comparando esses ateus

---

46 *Copie d'une lettre missive envoyée aux gouverneurs de La Rochelle par les capitaines des galères de France.*

47 Léry, *Histoire d'un voyage en terre de Brésil*, cap.XVI, p.379. Já no prefácio, ele escreve: "Com relação ao que se chama de religião entre os outros povos, pode-se dizer francamente que não somente esses pobres selvagens não têm nenhuma, mas ainda que, se existe nação que seja e viva sem Deus, é realmente a deles".

136   O ATEÍSMO SUBVERSIVO DA RENASCENÇA

primitivos aos ateus europeus, "dos quais a terra se encontra coberta", ele considera estes últimos piores – é o diabo que os guia:

> O que eu quis narrar expressamente nestas linhas, a fim de que cada um entenda, é que, se os mais endiabrados ateístas – dos quais a terra se encontra coberta – têm isso em comum com os tupinambás, de querer fazer crer, até mesmo de maneira mais estranha e bestial do que estes, que não há Deus algum, então que ao menos lhes ensinem, em primeiro lugar, que há diabos para atormentar, mesmo neste mundo, aqueles que negam Deus e seu poder.[48]

Além do mais, por mais cegos que sejam, os primitivos creem na imortalidade da alma. Que a vergonha recaia sobre os ateus europeus, que a negam:

> Em segundo lugar, porque esses ateus, negando todo princípio, são de todo indignos de que se lhes alegue o que as Escrituras santas dizem tão magnificamente da imortalidade das almas, pressuporei que nossos pobres brasileiros, que em sua cegueira lhes ensinarão que não há somente no homem um espírito que não morre com o corpo, mas também que, estando separado dele, está sujeito à felicidade ou à infelicidade perpétua.[49]

Ingenuamente, Jean de Léry também faz algumas observações pouco elogiosas sobre a religião cristã. Ele fala aos indígenas sobre o Deus todo--poderoso, terrível, que comanda os trovões, o Deus vingador, o Deus do medo do cristianismo europeu. Então, relata ele, "sua resolução e resposta a isso era que, posto que ele os espantava desse modo, ele não valia nada".[50] Resposta cheia de bom senso, que Léry acha ridícula. Do mesmo modo, ele mostra ingenuamente que a fé é um elemento cultural frágil, dependente do meio em que se encontra e não de uma revelação: diversos jovens normandos, "que tinham permanecido oito ou nove anos naquele país distante, para se acomodar a ele, levando uma vida de ateístas", haviam adotado os costumes dos índios e esquecido completamente Deus![51]

Por conta própria, Léry declara que sua viagem confirmou sua fé, pois pôde constatar a imensa diferença dos gêneros de vida, que ele atribui simplesmente à crença dos europeus e à descrença dos índios. Para ele, fé

---

48 Ibid., p.391.
49 Ibid., p.393.
50 Ibid., p.384.
51 Ibid., p.370.

cristã e civilização estão intimamente ligadas. Ele é ainda mais virulento com os ateus europeus, com Rabelais e seu bando ("rabelistas, zombeteiros e difamantes de Deus"). Seu testemunho é, para nós, infinitamente mais precioso pelo que revela da Europa do que por suas observações sobre o Brasil. Seu interesse pelo debate a propósito dos povos ateus mostra como o problema do ateísmo era importante para os intelectuais. Além do mais, Léry estabelece muito bem a diferença entre os ateus, que não creem em Deus, e os epicuristas, para os quais Deus não se ocupa dos assuntos humanos. Isso nos conduz à questão do vocabulário, talvez dispensada com certa pressa por Lucien Febvre.

O PESO DO VOCABULÁRIO

Que o termo "ateu" tenha servido com frequência como injúria imprecisa contra qualquer adversário religioso, e tenha sido amplamente empregado para designar pessoas que eram crentes de uma religião diferente, é inegável. Mas isso não quer dizer que não tenham existido verdadeiros ateus. Uma boa analogia pode ser feita com o termo contemporâneo "fascista", utilizado como insulto contra qualquer pessoa considerada autoritária demais, mesmo que ela não tenha nenhuma relação real com a doutrina do mesmo nome; isso não impede que tenha havido e haja fascistas autênticos.

É surpreendente constatar que foi no decorrer da primeira metade do século XVI que floresceu pela primeira vez a palavra "ateu". Isso não pode ser obra do acaso. Logo no início do século, o termo aparece apenas em grego e latim, em glossários, como o de Calepinus, de 1502, a propósito de doutrinas antigas: "*Atheos*, que não crê em deus algum. *Atheus* e *atheos*, que não tem nem deus nem religião (*atheista*)". Também é em grego que Rabelais utiliza a palavra em 1532 a respeito de Scaliger. Em 1552, Guillaume Postel a emprega em latim, e Du Bellay em francês, em 1549.

Os que recorrem à palavra sabem muito bem o que ela significa. Eles abusam dela conscientemente, tomando às vezes o cuidado de explicar bem seu sentido. Em sua *Athéomachie* [Ateomaquia], de 1561, Bourgueville escreve: "*Atheos* é um termo grego que, traduzido para o francês, quer dizer um homem que não conhece Deus, infiel, ignorante ou renegador de Deus, que é denominado ateísta ou renega Deus". Dupréau, em seu *Dictionnaire alphabétique des hérétiques* [Dicionário alfabético dos heréticos], constata: "Há ateus, que creem que não existe Deus e retiram dos assuntos humanos a providência divina, que pensam que tudo é comandado pelo destino

138   O ATEÍSMO SUBVERSIVO DA RENASCENÇA

e as almas morrem com o corpo". Em sua tradução do *Pimandro*, de 1579, François de Foix distingue a impiedade, que é o fato de malquerer a Deus, e o ateísmo, que:

> vem a decidir que não há nenhuma religião nem providência, o que chamamos de ateísmo, estimando que todas as coisas que há diante de nós conhecidas de Deus são fábulas e imposturas, e que não há Deus algum que tenha bondade, virtude ou poder, mas todas as coisas continuam por ordem e sucessão, cada qual em sua condição, sem autor, nem condutor, nem criador que as tenha feito.

O jesuíta espanhol Perpiniano faz a mesma distinção em 1566, e em 1595 Pollot, em seu *Discours contre l'athéisme* [Discurso contra o ateísmo], dirige-se "àqueles que negam o verdadeiro Deus, ou mesmo toda divindade.

O sentido do termo é bastante conhecido, o que não impede que seja utilizado de modo abusivo. Não é possível que Calvino ignore o que seja um ateu no sentido estrito e, no entanto, ele trata de "ateístas" todos os que simplesmente dão mostra de desconfiança na onipotência de Deus e a maioria de seus adversários, tão crentes quanto ele. Seu inimigo Antoine Catalan também abusa do termo, qualificando os calvinistas de "epicuristas e ateístas" e englobando na expressão "ateístas e sem deus" os "anabatistas, zwinglianos, luteranos, melanchtonistas, calvinistas, zebedeístas e libertinos".[52] Catalan sabe muito bem que toda essa gente crê em Deus, com exceção talvez dos libertinos. "Ateísmo" é uma palavra cômoda para desqualificá-los, o que não significa de modo algum que não corresponda a certa realidade. Ele se aplicava aos casos extremos, que haviam se tornado fonte de preocupação tanto para os católicos quanto para os protestantes.

Os outros termos relativos à descrença têm um sentido preciso entre os teólogos do século XVI, que não se confundem. Eles utilizam com frequência a palavra "acrístico", inicialmente em grego, como, por exemplo, numa carta de Antoine Fumée a Calvino em 1542. Gabriel Dupréau a define da seguinte maneira: "Aqueles que hoje professam que Cristo realmente não ressuscitou dentre os mortos, mas que foi levado por seus discípulos durante a noite"; e a isso acrescenta, em 1559, que o termo era comum "há alguns anos". Sua carreira foi curta, portanto.

Destino muito mais duradouro espera a palavra "deísta", cujo surgimento é apontado como recente em 1563 pelo pastor Viret, que o opõe a "ateu":

---

52 Catalan, *Passevant parisien*, p.93.

O CONTEXTO DA DESCRENÇA NA RENASCENÇA   139

> Há diversos [libertinos] que confessam acreditar que existe um deus, uma divindade, como os turcos e os judeus, mas, quanto a Jesus Cristo e tudo aquilo de que a doutrina dos evangelistas e dos apóstolos dão testemunho, eles consideram tudo isso fábulas e devaneios. Ouvi dizer que há, nesse grupo, os que se chamam deístas, palavra nova, que eles querem opor a ateísta. Pois dado que ateísta significa aquele que é sem deus, eles querem dar a entender que não são completamente sem deus porque creem que existe um deus, e que o reconhecem como criador do céu e da terra; porém, de Jesus Cristo eles não sabem o que é, e nada atribuem a ele nem à sua doutrina.[53]

Essa palavra, que terá grande popularidade no século XVIII, é pouco utilizada no século XVI. Em 1576, os Estados de Castres denunciam "diversas heresias más e seitas condenáveis [...] denominadas deístas".

O termo "libertino" é mais antigo. Desde a Idade Média, designa os adeptos do livre espírito, e é também nesse sentido que Calvino o emprega em 1545 em seu panfleto *Contra a seita fantástica e furiosa dos libertinos que se denominam espirituais*. Eles pregam liberdade total de costumes. Geoffroy Vallée, condenado à fogueira em 1574, em Paris, e autor de *Fleau de la foy*, sem dúvida era um deles. Pouco a pouco o termo adquire o sentido de incrédulo, com Viret (1565), Nancel (1583) e La Noue (1587). Quanto aos "espíritos fortes", a expressão só aparece em latim no século XVI. Foi somente em 1629 que o abade Cotin os define em francês: "Certas pessoas se denominam espíritos fortes [...] pois professam não crer em nada que não possam ver e tocar".

Para Henri Busson, se a maior parte do vocabulário relativo à incredulidade surge e torna-se precisa bruscamente, por volta de 1540, é porque esse estado de espírito se endurece num sistema consciente, e conclui: "Não somente refutamos esse paradoxo segundo o qual a incredulidade é impossível no século XVI, como ainda dizemos que ela sempre existiu".[54]

AS IMPUREZAS DA FÉ. O SENTIDO DA BLASFÊMIA

Temos evidências também de que no século XVI o contexto se tornou mais favorável à incredulidade na própria prática religiosa e no

---

53 Apud Busson, Les noms des incrédules au XVIe siècle (athées, déistes, achristes, libertins), *Bibliothèque d'Humanisme et Renaissance*, t.XVI, p.273-83.

54 Ibid., p.282.

140   O ATEÍSMO SUBVERSIVO DA RENASCENÇA

comportamento dos fiéis. A impressão de deliquescência, já forte no século XV, acentua-se. Ela é constatada tanto pelos contemporâneos quanto pelos historiadores.

A frequentação da missa é cada vez mais esporádica. Na Bretanha, por exemplo, Alain Croix encontrou vários exemplos: em Vertou, em 1554, mais de duzentas pessoas não vão à missa nem duas vezes por ano.[55] Na mesma data, a situação parece ainda pior em certos setores do Périgord, como testemunha uma carta enviada ao padre Broët:

> Nossa população, em matéria de fé, é mais ignorante do que os garamantes. Perto de Bordeaux, existem florestas de cerca de trinta léguas cujos habitantes, sem preocupação alguma com as coisas do céu, vivem como animais de carga. Encontram-se ali pessoas de 50 anos que jamais ouviram sequer uma missa e nunca aprenderam uma única palavra sobre religião.[56]

Lucien Romier conta que, segundo o marechal de Cossé, em 1571 o culto não era mais celebrado havia mais de dez anos nas paróquias do norte da França, onde os camponeses viviam numa "espécie de selvageria".[57]

Exemplos semelhantes são abundantes em todas as províncias[58] e em toda a cristandade.[59] François Berriot estudou o testemunho dos missionários jesuítas na Córsega de 1565 a 1615.[60] A situação é tão grave que eles chegam a se perguntar se a ilha foi evangelizada algum dia. Os padres, concubinários, ignorantes, às vezes homicidas, são incapazes de celebrar os ofícios e administrar os sacramentos. Os fiéis não conhecem nem *Pater Noster*, nem *Ave Maria*, nem *Credo*, e entregam-se com toda a liberdade às práticas pagãs. Alguns acreditam em vários deuses, outros não acreditam em nenhum. Observa-se toda uma gama de atitudes supersticiosas, e muitos vivem em estado de ateísmo prático, sem nenhuma referência ao divino.

O caso não é excepcional, e em dioceses tão diversas quanto Beauvais e Rodez, muitos padres pouco conhecem do latim e não sabem a diferença

---

55 Croix, *Culture et religion en Bretagne aux XVIe et XVIIe siècles*.

56 Apud Romier, *Le Royaume de Catherine de Médicis. La France à la veille des guerres de religion*, t.II, p.99.

57 Ibid.

58 Le Goff; Rémond (eds.), *Histoire de la France religieuse*, t.II; Rémond; Le Goff; Lebrun (eds.), *Du Christianisme flamboyant à l'aube des Lumières*, p.199-213.

59 *Histoire du christianisme*, t.VIII; Vénard (ed.), *Le Temps des confessions, 1530-1620*, parte III, La vie des chrétiens, p.857-1028. Essa obra fornece uma abundante bibliografia atualizada.

60 Berriot, op. cit., t.I, p.622-31.

entre mandamentos e sacramentos. O abuso da excomunhão continua e mantém fora da Igreja dezenas de milhares de pessoas que não fazem nenhum esforço para se reintegrar: de 10 a 20 pessoas por ano, entre 1531 e 1563, na paróquia de Saint-Genest, na região de Avignon, e 65 apenas em 1520 na paróquia vizinha de Saint-Agricol; na cidade de Morteau, na Franche-Comté, 580 pessoas em 1570, e em Montivilliers, na região de Caux, é preciso um caderno de 270 páginas para contabilizá-las entre 1498 e 1528.

Superstições de toda espécie, sempre muito vivas, parecem até proliferar, e não somente nas camadas populares. A corte de Henrique III é infestada de crendices desse tipo,[61] e o jurista Barthélemy de Chassaneuz considera útil dedicar uma parte de seu *Index conciliorum*, de 1531, à questão do anátema dos animais. Algumas superstições extremamente persistentes estão presentes de uma ponta à outra da cristandade, como o culto à lua, mencionado da Bretanha à Polônia, e até na Basilicata.[62] Por toda a parte, a Igreja deve pactuar com tais práticas, ou assimilá-las, como mostra Frantisek Smahel na Boêmia.[63] Pesada hipoteca para a fé das gerações futuras, quando tiveram de se alinhar, por bem ou por mal, ao espírito racional e científico e cortar os ramos supersticiosos. Estando eles muito bem enxertados no tronco da fé legítima, sua destruição ameaça derrubar a árvore inteira.[64]

As marcas de desrespeito à Igreja, que se multiplicam na época da Reforma, não vêm somente dos protestantes. Elas revelam um desapego crescente em relação a uma instituição que parece incapaz de se adaptar às novas exigências culturais ou, ao contrário, adaptando-se bem demais, parece trair sua missão. O fenômeno vai se reproduzir nos séculos XIX e XX. Brincadeiras, zombarias e sarcasmos se alimentam do anticlericalismo e adquirem "uma familiaridade, uma liberdade de tom que mostram que a mentalidade popular, em suas profundezas, talvez não seja tão impregnada de fé quanto dizem alguns".[65] Os defeitos do clero constituem um reservatório inesgotável para tais brincadeiras: não só os pecados costumeiros, mas também desordens psicológicas que começam a se revelar no clero regular – neuroses, cenas de histeria, comportamentos esquisitos, como o do

---

61 Lucinge, *Lettres sur la cour d'Henri III*.
62 Viscardi, La mentalité religieuse en Basilicate à l'époque moderne. In: Delumeau et al., *Homo religiosus*, p.264-73.
63 Smahel, Magisme et superstitions dans la Bohême hussite. In: Delumeau et al., op. cit., p.255-63.
64 Langlois, La dépénalisation de la superstition d'après la *Théologie morale* de Mgr. Gousset (1844). In: Delumeau et al., op. cit., p.280-86.
65 Berriot, op. cit., p.233.

142   O ATEÍSMO SUBVERSIVO DA RENASCENÇA

jesuíta Surin, que perdeu a fala e tentou se suicidar, ou o de Arnoux, que acreditava ser um galo.

Os casos de sacrilégio e blasfêmia aumentam de maneira vertiginosa. Em parte, sem dúvida, porque recebem muito mais atenção do que outrora. Mas, ao que parece, o clima de contestação, revolta e confronto religioso contribuiu para uma real inflação. Os cronistas relatam, todos com preocupação, inúmeros casos de hóstias pisoteadas ou perfuradas a faca, crucifixos destruídos por gente em que é difícil separar os sentimentos protestantes da loucura, da embriaguez e da revolta antirreligiosa. Uma indicação de que esse último elemento não era ausente encontra-se numa peça popular, uma "moralidade", representada desde o início do século: a *Moralité des blasphémateurs de Dieu* [Moralidade dos blasfemadores de Deus],[66] entre cujas personagens, inspiradas por Satanás, estão tanto o blasfemador como o "negador de Deus", que clama sua vontade de liberação e afirmação da autonomia humana:

> Ha je regny Dieu. Se je veisse
> Que encor des maulx je luy feisse
> Et lutasse à luy corps à corps
> Tant que à bas tomber je le feisse
> Et com victorieux je deisse
> Que les hommes sont les plus forts.*

É realmente um espírito de revolta contra o céu e a terra que anima essas personagens, uma vontade de liberação humana, de livrar-se da tutela dos deuses, um desejo – já naquela época – de matar Deus para que o homem possa tomar as rédeas de seu destino: *"Je regny Dieu le créateur/ et aussi bien sa quirielle".***

O teatro renascentista permite seguir o crescimento desse espírito de contestação sacrílego, que é acompanhado de um desprezo cada vez maior pelo sagrado e um avanço geral da imoralidade. A amplificação da repressão é outro indício. A preocupação das autoridades cresce e, paralelamente, suas

---

66 *Moralité très singulière et très bonne des blasphémateurs du nom de Dieu, où sont contenus plusieurs exemples et enseignemens à l'encontre des maulx qui procèdent à cause des grands juremens et blasphèmes qui se commettent de jours en jours, imprimée nouvellement à Paris par Pierre Sergent.*

 * Trad.: "Ah, eu renegaria Deus se visse/ Que mais males lhe fizesse/ E lutasse com ele corpo a corpo/ Até que cair o fizesse/ E com vitória dissesse/ Que os homens são os mais fortes". (N. T.)

 ** Trad.: "Renego Deus, o criador,/ E com ele todo o seu séquito". (N. T.)

atitudes endurecem. Para os casuístas e confessores, luxúria e blasfêmia são os dois grandes pecados da época. Os tribunais civis e eclesiásticos estão abarrotados de casos de blasfemadores, que são punidos com mais ou menos severidade. A Inquisição entra em ação: 644 processos no século XVI unicamente na cidade de Toledo, dos quais 600 acabam em condenação, número muito inferior ao dos casos assinalados.[67] Na Espanha, na Itália, em Portugal, os processos por blasfêmia se misturam aos casos de "indiferença", isto é, pessoas cada vez mais numerosas que afirmam que todas as religiões são iguais. Os "éditos de fé" da Inquisição espanhola, que enumeram os delitos que devem ser reprimidos, são reveladores desse ponto de vista a partir dos anos 1520-1530.[68]

O sentido exato das blasfêmias e dos sacrilégios varia conforme os indivíduos. O fato de insultar Deus e se revoltar contra ele é *a priori* um sinal de fé: não se cogita insultar alguém que não exista. É o que dizem os historiadores que, como Lucien Febvre, negam a possibilidade de ateísmo na primeira metade do século XVI. Na verdade, o sentido profundo da blasfêmia é mais obscuro. Antes de tudo, é revolta contra uma situação, um estado de fato, visto como insuportável: a tutela da religião e suas proibições. Deus é visto mais como o símbolo dessa situação do que como uma pessoa real, e a violência verbal contra ele pode ser sinal, ao contrário, da rejeição de sua existência, concebida como um mito que legitima um estado de coisas odioso. A blasfêmia consciente pode ser um grito de loucura desesperada, equivalente a um suicídio espiritual, mas também pode ser a afirmação provocadora da inexistência de Deus, ou a "adesão secreta a um ateísmo", como disse Jean Delumeau.[69]

O DIABO E O ATEÍSMO

Para as autoridades do século XVI, o aumento do ateísmo está ligado à grande onda de bruxaria que assola a Europa. Apenas Satanás pode inspirar aos homens o supremo insulto: negar a existência de Deus, coisa que, para o diabo, constitui evidentemente uma grande revanche. Assim, num curioso texto intitulado *Les Commandements de Dieu et du Dyable* [Os mandamentos de Deus e do Diabo], Satanás, estabelecendo as crenças de sua religião às

---

67 Benassar, *L'Homme espagnol*, p.77.
68 Bethencourt, *L'Inquisition à l'époque moderne. Espagne, Portugal, Italie. XVe-XIXe siècle*, p.183.
69 Delumeau, *La Peur en Occident*, p.522.

144   O ATEÍSMO SUBVERSIVO DA RENASCENÇA

avessas, ordena a seus fiéis que neguem a existência de Deus: "Aos santos escritos fé não dareis", diz ele.[70] Uma lei espanhola de 1592 classifica o ateísmo entre os instrumentos do diabo:

> Entre outros grandes pecados, desgraças e abominações que esse miserável tempo nos traz a cada dia para a ruína e confusão do mundo, estão as seitas de diversos malefícios, bruxarias, embustes, ilusões, encantos e impiedades que certos verdadeiros instrumentos do diabo, depois das heresias, apostasias e ateísmos, fazem avançar a cada dia.[71]

O demônio, o maligno, o mestre das ilusões e da falsidade, faz a descrença penetrar no coração dos homens. É o que dizem os juízes que julgam os bruxos. Os testemunhos são abundantes, desde o célebre *Marteau des sorcières* [Martelo das bruxas],* do fim do século XV, no qual se descreve a iniciação numa confraria demoníaca: "A profissão de fé consiste numa renegação parcial ou completa da crença [...] Há uma grande diversidade entre os que renegam a fé: alguns o fazem de boca, mas não de coração, outros o fazem de boca e de coração".[72] Perguntam à bruxa "se ela quer mesmo abjurar a fé, renegando a religião cristã". Em *Démonomanie des sorciers* [Demonomania dos bruxos], Jean Bodin afirma que o diabo exorta a bruxa a "renunciar a Deus, a sua fé e a sua religião". E dá testemunhos, como o de um advogado parisiense, "que confessou ter assumido obrigações com o diabo, renunciando a Deus". Ele cita seus confrades Lambert Daneau e Claude Deffay, segundo os quais "a maioria dos bruxos não se contenta em renunciar a Deus, mas ainda se faz rebatizar em nome do diabo". Seu capítulo sobre "os que renunciam a Deus e a sua religião por convenção expressa" é muito explícito. A renúncia a Deus está presente em quase todas as minutas de processos de bruxaria, e Ambroise Paré confirma que os bruxos "renunciam a Deus, criador e salvador". O juiz Nicolas Rémi, da Lorena, é um especialista: ele manda para a fogueira cerca de novecentos bruxos e bruxas, e distingue por trás de cada condenado um plano deliberado de Satanás para fazer que Deus seja esquecido.[73]

---

70 Maréchal (ed.), *Les Commandements de Dieu et du Dyable.*
71 Apud Delumeau, op. cit., p.461.
 * Trata-se, na verdade, de um martelo "contra as bruxas". Referência ao *Malleus maleficarum*, tratado escrito por dois dominicanos alemães e publicado em Estrasburgo em 1486 ou 1487. (N. T.)
72 Institor; Sprenger, *Le Marteau des sorcières*, p.316.
73 Rémi, *Daemonolatriae libri tres.*

O CONTEXTO DA DESCRENÇA NA RENASCENÇA 145

É também o que pensam os teólogos. "É o fim visado pelo diabo, e é para isso que trabalha ao se fazer adorar como Deus", declara Pierre Le Loyer, para quem a bruxaria contribui de início para a instauração do ateísmo, para depois levar à substituição do verdadeiro Deus pelo diabo.[74] Henri Boguet confirma isso em seus *Discours exécrables des sorciers* [Discursos execráveis dos bruxos], publicados em Lyon em 1610. Pierre de Lancre, que persegue os bruxos no País Basco, mostra que Satanás exige uma renúncia à fé em Deus, e suas vítimas confessam isso; Simon Goulard conta anedotas a esse respeito.[75]

Esse vínculo entre satanismo e ateísmo suscita pelo menos três questões na óptica do tema que nos interessa. Antes de mais nada, a onda de bruxaria que assola a Europa do século XV ao início do século XVII corresponde a uma psicose coletiva, a um medo tanto das classes dirigentes quanto do mundo camponês diante do aumento de perigos naturais e sobrenaturais, reais e supostos, engendrando uma mentalidade obsidional que se fixa no diabo.[76] O satanismo dessa época, com suas manifestações, sabás, possessões, enfeitiçamentos e outros sortilégios, só existe na mente dos juízes e das vítimas. O ateísmo associado a ele não seria também pura psicose, uma ilusão de clérigos descontrolados?

Não acreditamos nisso. Além dos testemunhos que não têm nada a ver com a bruxaria e confirmam o fato, devemos distinguir entre o suposto fenômeno do satanismo e suas manifestações. Estas são bem reais: epidemias, guerras, catástrofes, casos de histeria e neurose. O erro é atribuí-las ao demônio. O mesmo vale para a descrença. Ela abalou os contemporâneos, sobretudo as autoridades, que a classificam entre as calamidades, heresias, sacrilégios etc. O fato de que o ateísmo tenha sido recenseado com as heresias – cuja existência ninguém negará – como um dos flagelos da época milita a favor de sua realidade.

Por outro lado, os processos de bruxaria evidenciam que o bruxo ou a bruxa creem não mais em Deus, mas no diabo. Daí nossas outras duas perguntas. A primeira, de vocabulário: acreditar no diabo, mas não em Deus, é ateísmo? A outra, de lógica: acreditar no diabo, mas não em Deus, é possível? O par Deus-diabo não é inseparável por natureza? Acreditar em um deles é acreditar automaticamente no outro. Postular a existência de Deus sem o diabo é perder-se em contradições insolúveis a respeito do problema

---

74 Le Loyer, *Discours des spectres et apparitions d'esprits*.
75 Goulard, *Tresor d'histoires admirables et mémorables de notre temps*.
76 Delumeau, op. cit., p.474-506.

do mal; aliás, é por isso que, mesmo no fim do século XX, a Igreja ainda não conseguia se livrar oficialmente do incômodo compadre, indispensável sabotador que explica os fracassos da divina criação. No outro sentido, a complementaridade é ainda mais evidente.

Ora, como observa Emmanuel Le Roy Ladurie, constata-se no século XVI uma certa tendência para a dissociação: "Para grande escândalo dos padres, o ateísmo já progride [...]. Muitos espíritos fortes não creem mais em Deus. Mas quase todo mundo acredita ainda no diabo".[77] Situação insustentável, que não podia durar. Não acreditar mais em um dos dois parceiros é expor--se a duvidar da existência do outro. O que acontece no século XVI é justamente que, sob o efeito dos excessos da repressão antissatânica, "espíritos fortes" começam a manifestar seu ceticismo com relação ao diabo. Este vai arrastarem Deus em sua queda. O ateísmo começa muito frequentemente com a perda da crença no diabo: justificação paradoxal e invertida do discurso das autoridades religiosas. Estas afirmavam que o demônio, bem real, incitava os homens a não acreditarem mais em Deus; e percebe-se que, na realidade, é fazendo acreditar que ele mesmo não existe que o diabo provoca a descrença em Deus. "A mais bela artimanha do diabo é fazer crer que ele não existe", dirá Baudelaire. Temos aqui a ilustração, num sentido que talvez não tenha ocorrido ao poeta: sem diabo não há Deus.

O clero pressente essa astúcia e condena aqueles que duvidam da realidade da bruxaria. Em 1565, no caso da possessão de Laon, os huguenotes são acusados de ceticismo.[78] Em 1571, um teólogo reformado acusa "os padres e os monges [...] de ter desnaturado os espíritos e forjado ilusões".[79] Ele é acusado de incredulidade, como o médico Pierre Pigray, que reduz os casos de bruxaria à histeria, à ignorância e à impostura, e seu confrade Pierre Belon, em 1555, ou ainda Guillaume Bouchet, Jean Wier e Montaigne. Os tempos dos céticos libertinos ainda são recentes. Aliás, o terrível Pierre de Lancre dedica todo um volume de seu tratado sobre *L'Incrédulité et mescréance des sortilèges pleinement convaincue* [A incredulidade e descrença dos sortilégios plenamente convencida] à refutação do ponto de vista dos descrentes sobre a bruxaria: duvidar do poder ativo do diabo é tomar o caminho do ateísmo.

---

77 Ladurie, *Le Monde*, jan. 1972.
78 Histoire du diable de Laon. In: Cimber; Danjou (eds.), *Archives curieuses de l'histoire de France*, t.VI.
79 Lavater, *Trois livres des apparitions des esprits, fantosmes, prodiges*.

UM CONTEXTO CONFUSO

É claro que outros pegam um caminho mais curto e começam a duvidar do próprio Deus, mas ao mesmo tempo dão certo crédito ao diabo, e com isso ele é condenado. Os contemporâneos viram no aumento de certos comportamentos desviantes um sinal da descrença reinante.

Além da bruxaria, acreditam constatar uma recrudescência da homossexualidade, da bestialidade, do aborto, do suicídio, do erotismo pagão, da astrologia, todos em contradição com a fé. No que diz respeito à homossexualidade, o escândalo se deve ao fato de estar mais à vista, sobretudo nas cortes. Qualificada de "crime contra a natureza" desde os primórdios do cristianismo, é considerada pelos censores a marca do espírito depravado, desapegado de Deus e, portanto, ateu. É sem a menor hesitação que Ambroise Paré, em sua obra *Les Monstres et les prodiges* [Os monstros e os prodígios] associa "ateístas e sodomitas, que se juntam contra Deus e contra a natureza". A acusação de "vício infame" aparece no mais das vezes ao lado daquela de impiedade e incredulidade: contra Dolet, Muret, Servet, Vallée.

A propósito do crime de bestialidade, é ainda Ambroise Paré que escreve que os monstros são "produtos dos sodomitas e ateístas que se juntam e se excedem com os bichos contra a natureza". Diversos livros do século XVI abordam a zoofilia, da qual quase não se falava mais, desde os manuais dos confessores da alta Idade Média, o que traduz uma preocupação com a degradação moral da época, atribuída ao avanço da descrença.[80] Do mesmo modo, o aborto é corriqueiramente associado ao ateísmo, à ignorância dos princípios da fé.

O problema do suicídio talvez seja ainda mais revelador. Alguns homens da Renascença tiveram uma impressão muito nítida de aumento do número de suicídios. Boccaccio, na segunda metade do século XIV, dizia-se surpreso com a frequência de suicídios por enforcamento em Florença. Muito mais tarde, Erasmo pergunta-se em seus *Colóquios* qual seria a situação se os homens não sentissem mais medo da morte, em virtude da rapidez com que se precipitam nela. Pouco depois, em 1542, Lutero fala de uma epidemia de suicídios na Alemanha, e em 1548 o arcebispo de Mainz crê assistir a outra; já em Nuremberg são registrados quatorze casos de suicídio em 1569. Na mesma época, Henri Estienne declara: "Quanto ao nosso século, temos os ouvidos cheios de exemplos [de suicídio], tanto de homens quanto de

---

80 Por exemplo, Hedelin, *Des Satyres, brutes, monstres et démons, de leur nature et adoration.*

mulheres", e Montaigne conta que, segundo seu pai, houve 25 casos em uma única semana em Milão.[81]

Essa impressão, que é difícil confirmar com números, preocupa os contemporâneos, que, em sua maioria, veem nisso ou uma manifestação suplementar da influência diabólica, ou uma consequência da descrença, do ateísmo e da impiedade – e ambas estão estreitamente interligadas. Ocorre que, entre os casos de maior repercussão, encontram-se pessoas de fé suspeita: Cardano, Muret (que teria tentado morrer de fome), Filippo Strozzi, Walter Raleigh, que também faz uma tentativa. Bonaventure des Périers, que se mata em 1544, é um ateu autêntico, admirador de Sêneca e dos antigos, um espírito original e pessimista. Evidentemente, a associação entre ateísmo e suicídio é de natureza mítica. Mas o importante, aqui, é observar que ela pôde ser estabelecida, e pareceu digna de crédito, sinal de uma sociedade que toma consciência da extensão do ateísmo.

A ascensão dos "costumes pagãos", que acompanha o renascimento da cultura antiga, também contribui para arrefecer a fé e silenciar Deus. Na arte e na literatura abundam as fábulas mitológicas, coroadas de um erotismo onipresente, criando um clima pouco propício às crenças religiosas – mais uma vez, sobretudo no ambiente das cortes.

Lembramos enfim a extrema popularidade da astrologia, vista por muitos teólogos como um sistema materialista e naturalista concorrente da fé em Deus e capaz de substituí-la. A lei dos astros, que nega o livre-arbítrio, dita os acontecimentos e move os corpos segundo um determinismo implacável, destrói a lei de Deus. Evidentemente, os astrólogos tomam o cuidado de declarar sua absoluta submissão à religião. Assim, Simon des Phares, em seu *Recueil des plus célèbres astrologues* [Coletânea dos mais célebres astrólogos], escrito entre 1494 e 1498, lembra que os astros fazem apenas pender os temperamentos, mas nunca os determina, eles agem sobre os corpos e não sobre os espíritos. A astrologia, afirma ele, é uma atividade puramente científica, que não invade e sim completa o campo religioso: Moisés, Daniel, Jó também teriam sido astrólogos.[82]

Tais argumentos são pouco convincentes para as autoridades eclesiásticas, que se preocupam que a astrologia se propague nas camadas populares com os almanaques e suas "prognosticações". Tudo isso só pode fortalecer as velhas superstições naturalistas, como o culto à lua, e desenvolver o ocultismo em detrimento do sobrenatural divino. A reputação de ateísta de

---

81 Minois, *Histoire du suicide. La Société occidentale face à la mort volontaire*, cap. IV.
82 Id., *Histoire de l'avenir. Des Prophètes à la prospective.*

alguns astrólogos de corte, como Ruggieri, sublinha o elo entre astrologia e descrença. Pierre Le Loyer, em seu *Discours des spectres et apparitions d'esprits* [Discurso dos espectros e aparições de espíritos], estabelece claramente que a astrologia é um agente do ateísmo:

> Segundo os mesmos astrólogos, são as estrelas tão poderosas que disputam paridade e potência com Deus. Não é isso uma grande blasfêmia? Claro está que aí se tem um belo começo de ateísmo, e ninguém deve se espantar se tais pessoas, assim como os naturalistas, enveredam com tanta facilidade pela impiedade. Pois é um passo para chegar à ignorância de Deus negar sua providência imensa e incansável e, atribuindo tantos poderes aos astros, privar o Pai e ordenador do universo de suas operações ordinárias.[83]

Ele acusa os grandes nomes da astrologia do passado, reais ou supostos, Simão, o Mago, Cecco d'Ascoli, Hali d'Abenragel, de serem "libertinos e ateístas", de colocarem até mesmo os acontecimentos religiosos sob a influência dos astros, de fazerem destes os verdadeiros deuses, substituindo o Deus autêntico e determinando tanto as almas quanto os corpos.

Assim, para muitos contemporâneos, o século XVI é uma época favorável ao ateísmo. Por trás das manifestações do diabo, da heresia, da imoralidade, do paganismo, da astrologia, eles acreditaram distinguir um fenômeno comum: o aumento da descrença, anunciadora do fim dos tempos. O perigo é bem real para eles: em 1516, Thomas More, descrevendo a cidade ideal em sua *Utopia*, declara que o ateísmo é maldito, porque tal atitude arruína todos os fundamentos da moral e da lei. O ateu não é digno do título de cidadão, nem mesmo de homem, pois ele se avilta ao nível da "baixa materialidade animal". Todavia, o grande humanista se distingue por um espírito de tolerância que contrasta com as violências religiosas da época: os ateus são desprezados, mas tolerados, porque "não é dado ao homem acreditar no que quiser". O trecho é revelador:

> Ele [o legislador] proíbe contudo, com piedosa severidade, que alguém degrade a dignidade humana, admitindo que a alma perece com o corpo, ou que o mundo avance ao acaso, sem uma providência qualquer. Os utopistas acreditam portanto que, após esta vida, castigos sancionam os vícios e recompensam as virtudes. Aquele que não pensa assim, eles não o consideram nem mesmo

---

83 Le Loyer, *Le Discours des spectres et apparitions d'esprits*, p.557.

um homem, dado que avilta a sublimidade de sua alma na baixa materialidade animal. Eles se recusam até mesmo a admiti-lo entre os cidadãos, pois, sem o temor que o refreia, ele não daria a menor importância às leis e aos costumes do Estado. Com efeito, um homem hesitará em mudar sub-repticiamente as leis ou arruiná-las pela violência, se não temer nada que esteja acima delas, e se não tiver nenhuma esperança que vá além de seu próprio corpo? Aquele que pensa assim não deve esperar dos utopistas nenhuma honra, nenhuma magistratura, nenhum ofício público. Eles o desprezam onde estiver, como um ser de natureza baixa e sem recursos, sem todavia lhe infligir nenhuma pena corporal, convencidos de que não é dado ao homem crer no que quiser.[84]

Evoluindo no âmbito da cristandade, teólogos e juristas do século XVI olham com maus olhos para o ateísmo, que para eles está associado a todos os males da época. Que a descrença tenha estado presente no espírito de todos os pensadores já é um indício capital. Resta verificar o fato. Acabamos de ver que o contexto favorecia a ideia de ateísmo, na forma de um rumor persistente. Agora devemos examinar testemunhos e casos específicos.

Para isso, é essencial ter sempre em mente o fato de que o ateísmo era considerado ainda um flagelo social, e perseguido. Ninguém podia se declarar ateu. A descrença deve se manifestar de modo extremamente sutil, sinuoso; os ateus devem dissimular, apagar pistas, fazer declarações contraditórias, que nos desconcertam. Sem dúvida, eles podiam se permitir mais franqueza entre si. Mas temos apenas testemunhos escritos, necessariamente mais prudentes.

O ateísmo, do qual certas formas são latentes durante a Idade Média, torna-se uma realidade consciente no século XVI. Consciente, mas inconfessável, sob pena de morte. Para rastreá-lo, portanto, dispomos apenas de testemunhos hostis e escritos repletos de disfarces e subentendidos. O fato de que o ateísmo tenha nascido em circunstâncias tão difíceis contribui para lhe dar um matiz especial. O ateísmo do século XVI não pode ser um ateísmo de sistema, um ateísmo sereno, porque não tem nenhuma possibilidade de se expressar como tal, na forma de uma narrativa bem elaborada. Ele só pode ser um ateísmo de contestação, de oposição, de questionamentos. Só pode se apresentar, num primeiro momento, com um aspecto negativo, agressivo, como a expressão de uma revolta.

---

84 More, *Utopia*, p.135.

– 5 –

TESTEMUNHOS DO ATEÍSMO NO SÉCULO XVI

Encontramos os ateus do século XVI sobretudo nos testemunhos de seus adversários. Estes devem ser considerados com precaução, mas sua quantidade, diversidade e seriedade não deixam dúvida quanto à existência de descrentes. O exame dos casos julgados no decorrer do século, tanto pelos tribunais protestantes quanto pelos católicos, confirma o caráter indefinido das doutrinas, seja porque os imperativos de prudência levaram os ateus a se contradizer voluntariamente – ou, no mínimo, a se exprimir de modo obscuro e repleto de subentendidos –, seja porque não tiveram realmente uma doutrina, mas antes uma atitude de pura revolta contra a tirania dos credos. Essa última forma é a que parece predominar. Enfim, não devemos nos surpreender se encontrarmos as mesmas personagens entre acusadores e acusados: isso faz parte da confusão religiosa de um século no qual, não podendo reivindicar o título de ateu para si mesmo, o ateu deve admiti-lo e ao mesmo tempo contestá-lo.

CALVINO, REVELADOR DA DESCRENÇA

Um dos testemunhos mais decisivos é o de João Calvino. Evidentemente, conhecendo seu temperamento extremista, é preciso examiná-lo com prudência. Em 1534, Calvino, em sua *Psychopannychia*, aponta a existência de uma forma de heresia situada por ele nas proximidades do ateísmo: a crença no sono da alma após a morte. A alma "não pode sobreviver sem um corpo, ela morre e perece com o corpo, até que o homem ressuscite por inteiro". Para esses heterodoxos, "a alma do homem não passa de uma virtude e uma faculdade de movimento sem substância". De acordo com Calvino, essa é uma primeira forma de ateísmo, uma forma que ataca a ideia de alma imortal, e ele a identifica com um ressurgimento do epicurismo, doutrina do "homem sensual", daquele que crê que, "do mesmo modo que aos animais nada resta depois de mortos, também ao homem não se reserva nada após a morte".[1]

Em 1550, o tratado *Des scandales* [Dos escândalos] aborda variedades autênticas de ateísmo. A impiedade, que até então "estava escondida, revela-se", deplora Calvino. Inspirados pelo diabo, certos homens, "inimigos da verdade", atacam todas as crenças religiosas, não medindo esforços para "tornar a palavra de Deus odiosa, [...] destruir a fé". Seu método é a zombaria, odiosa aos olhos do austero reformador. Eles "caçoam", ridicularizam a cristandade, tanto o protestantismo quanto o catolicismo, "divertem-se, escarnecendo da parvoíce e das piadas dos papistas". São epicuristas, "inebriados de Satã", "porcos" em busca unicamente da satisfação dos sentidos, persuadidos de que Deus não existe e de que, "no que diz respeito a suas almas, elas não diferem em nada daquela dos cães e dos animais". Julgam que é preciso "muita sandice" para acreditar que a morte de um "condenado pendurado numa forca" possa dar vida eterna a todos os homens. Os crentes são, para eles, "tolos e imbecis acima de todos os idiotas do mundo", uns simplórios, que aceitam sem analisar o conteúdo das Escrituras, "coisa bem vulgar", escrita em "linguagem grosseira e simples": como acreditar que Deus pôde se unir à natureza humana? A "razão natural", assim como o "senso humano", proíbe dar fé a tais frioleiras. A existência do mal não é suficiente para reduzir a nada essas fábulas, e mais especialmente

---

1 Calvino, Psychopannychie. Traité par lequel il est prouvé que les âmes veillent et vivent après qu'elles sont sorties des corps, contre l'erreur de quelques ignorants qui pensent qu'elles dorment jusques au dernier jugement. In: _____, *Œuvres françaises de Jean Calvin*, p.105.

a predestinação, que faria de Deus um verdadeiro tirano e tornaria vãs todas as regras e todas as leis, já que todos os acontecimentos se produziriam "por necessidade"? As religiões foram criadas apenas para manter os homens submissos, apavorando-os com o temor do inferno. Quem faz esse tipo de discurso? Essencialmente os nobres da corte, os membros da alta burguesia, os "altos prelados e outros barretes que os valham", "tesoureiros e grandes mercadores", que trocam essas proposições de incrédulos em seus "banquetes e alegres companhias", quando não perdem a ocasião de ridicularizar a fé.[2]

Nove anos mais tarde, na *Instituição cristã*,[3] além da polêmica com a Igreja Católica, Calvino examina a questão da descrença desde o primeiro capítulo, afirmando que "ainda hoje, muitos se adiantam para negar que existe um Deus". Visivelmente, esse estado de espírito o espanta, porque Deus é evidente para ele: "O conhecimento de Deus e de nós são coisas conjuntas". Até mesmo "entre os povos mais embrutecidos", a ideia do divino está enraizada em todos os homens, dos mais simples aos mais sábios. Essa incompreensão é para nós um sinal da existência de ateus: não se inventa uma coisa inconcebível. Calvino constata que o inverossímil existe: os incrédulos, que mesmo o contato com a Santa Ceia deixa indiferentes, "vazios e secos".

O reformador tenta analisar as vias de penetração dessa incredulidade. Primeiro, a concupiscência dos sentidos, que anestesia a consciência para poder se satisfazer sem remorso. Os devassos e os epicuristas "se elanguescem, negam que exista um Deus". Na verdade, eles buscam esvaziar o céu, matar Deus para satisfazer livremente suas paixões. Há outra razão para esse extravio: o orgulho, que exige provas, que põe em dúvida a fé como simples opinião sem fundamento sério. Obviamente, por trás dessas atitudes encontra-se o diabo, que tenta por todos os meios "destruir completamente nossa fé", levantando dúvidas sobre a divindade do Cristo e sobre o Espírito Santo.

Calvino não se engana: a atração pelo pensamento antigo, a redescoberta de Diágoras e sobretudo de Epicuro, que ridicularizam a fé, "zombando de todas as religiões do mundo", conduzem à "negação de Deus". Os antigos não passavam de "zombeteiros" e "galhofeiros". Eles contaminam o espírito com crenças ao mesmo tempo panteístas, naturalistas e ateias, ensinando

---

2 Id., *Des scandales qui empeschent aujourd'huy beaucoup de gens de venir à la pure doctrine de l'Evangile et en débauchent d'autres.*

3 Id., *Institution de la religion chrestienne.*

que "é a roda da fortuna que faz girar e agita os homens", que o acaso governa o mundo, que Deus é indiferente e se "desincumbiu do cuidado de governar o mundo", que o universo é animado por um espírito "difundido por todas as partes, por todo o grande corpo", que tudo vem da natureza, "a qual eles elegem como artífice e mestra de todas as coisas". "Essa peste dos epicuristas" afirma que o universo se compõe de átomos, "ninharias que voam pelos ares como poeira miúda, encontrando-se na aventura". Quanto a Lucrécio, ele ladra "como um cão para aniquilar toda e qualquer religião", e Horácio põe todas em dúvida. Enfim, Calvino não se esquece do papel dos averroístas, com sua teoria sobre a alma do mundo.

Muitos se deixam seduzir por tais mentiras, escreve ele. Contestam as autoridades civis e religiosas. Acusam o céu de injustiça, responsabilizando-o por pestes, guerras e fome: eles o "execram". E desesperam-se diante da morte. Sua atitude é de "revolta geral", "obstinação e fúria desesperada", "desprezo e rebelião": "Hoje, muitos são monstruosos e como que feitos a despeito da natureza, sem vergonha nenhuma desviam toda semente de divindade que se propagou na natureza dos homens e a usam para enterrar o nome de Deus". Sem dúvida, são predestinados ao ateísmo.

Esses impudentes contestadores suscitam uma montanha de perguntas, cuja lista mostra a perenidade das interrogações humanas diante do mistério da vida e do mundo, e diante da insuficiência das respostas dadas pelas religiões. O que Deus fazia antes de criar o mundo? Por que esperou tanto tempo para se revelar? Ele previu a triste sorte de suas criaturas sobre a terra? Que prova temos da inspiração das Santas Escrituras, da existência de Moisés, da ressurreição de Jesus, que é confirmada apenas "por mulheres assustadas" e "uns infelizes discípulos desvairados de tanto temor"? Por que sacrificar as delícias possíveis desta vida para garantir uma hipotética beatitude futura, que sem dúvida não passa de "uma sombra que para sempre há de nos escapar"? Por que Deus não impediu o erro de Adão, responsável pela condenação de sua própria criação? Por que ele se revelou apenas a alguns? Por que não se manifestou de maneira evidente, "com palavras claras e sem nenhuma figura"? Por que pune pecadores pre-destinados a fazer o mal, zombando "cruelmente de suas criaturas"? Por que tão grande variedade de religiões e seitas? Isso não demonstra que "a religião foi inventada pela astúcia e pela inteligência de uns poucos homens sutis, a fim de que, por tal meio, pusessem rédea no simples popular", para "enganar os simples idiotas"?

Para Calvino, essas perguntas revelam espíritos cegos, corrompidos, em quem "a incredulidade está enraizada". Na verdade, elas abrangem comportamentos diversos, desde o deísmo negador da revelação até o ateísmo, passando por um panteísmo naturalista. Encontramos aí toda a gama de atitudes de "descrença", mas a característica comum entre todas é, como discerne Calvino, a rebelião, a "apostasia ou revolta". Os descrentes do início do século XVI não dispõem de um sistema de mundo coerente que eles pudessem opor às construções teológicas. O primeiro ateísmo a se manifestar oralmente no interior da cristandade é um ateísmo negativo diante de um sistema de crenças cujas incoerências, reveladas inicialmente pelos pensamentos medievais da dupla verdade e do nominalismo, são confirmadas e ampliadas pela redescoberta dos pensamentos antigos. O ateísmo da Renascença começa com a suspeita.

TESTEMUNHOS SOBRE O ATEÍSMO ANTES DE 1570

Muitos outros testemunhos confirmam o de Calvino. Em 1542, Antoine Fumé revela, numa carta, a existência de grupos de libertinos em Paris.[4] A partir de 1545, Simon Vigor, reitor da Universidade de Paris, denuncia numa série de sermões o avanço do ateísmo, até então extremamente raro, "porque naturalmente está enraizada no espírito dos homens a ideia de uma divindade".[5] Trata-se de fato de um ateísmo no sentido estrito, que afirma que "não existe Deus". Esses ateus querem "extinguir a religião", inspirando-se nos filósofos antigos e utilizando a "razão natural" e o "juízo humano". Suas afirmações são categóricas: "Deus não se vê, portanto não existe Deus"; "ninguém viu o mundo ser feito, portanto é loucura acreditar na criação do mundo". Trata-se de céticos que creem apenas no testemunho dos sentidos.

Nos sermões dos anos 1550, em Saint-Germain-l'Auxerrois, François Le Picard afirma que, em plena Paris, "há hoje pessoas que não conhecem Deus", e "há algumas tão más que dizem que não há Deus nem providência de Deus"; "essa gente é chamada *athei*, isto é, *sino Deo*".[6] Le Picard atribui esse ateísmo ao orgulho e à carne, e analisa o processo que conduz a ele: por sugestão de Satã, "as pessoas desistem de ir à igreja", depois param de

---

4 Herminjard, *Correspondance des réformateurs dans les pays de langue française*, t.VIII, p.228-33.
5 Vigor, *Sermons catholiques du Saint Sacrement de l'autel, accommodez pour tous les jours des octaves de la feste-Dieu*. Especialmente o primeiro sermão, p.1-39, e o do último dia das oitavas de Corpus Christi, p.269-320.
6 Le Picard, *Les Sermons et instructions chrétiennes*.

orar, começam a blasfemar, perseguem unicamente os bens terrenos, abandonam toda espiritualidade e caem no materialismo, acreditando apenas nos sentidos. Notemos que Le Picard descreve também um ateísmo prático, o dos que vivem no "esquecimento de Deus", pensando apenas em satisfazer suas necessidades terrenas.

Ainda a propósito de meados do século XVI, Le Fèvre de La Boderie escreve em 1568: "Há mais de quinze anos, para meu imenso pesar, eu estava seguro de que, sob o semblante humano, encontravam-se espíritos tão monstruosos que ousam renegar plenamente Deus e sua providência".[7] Em 1553, Michel Servet acredita que o avanço notável da impiedade no mundo é um sinal da proximidade do fim dos tempos.[8]

No início dos anos 1560, os catecismos opostos dos protestantes e dos católicos se juntam num mesmo diagnóstico. O catecismo reformado de Brentius, traduzido para o francês em 1563, examina as questões colocadas pelos "homens incrédulos" da época: por exemplo, como os ressuscitados poderão se manter na terra? Em que estado ressuscitarão os enfermos? Com quem viverão os que se casaram diversas vezes? Tais curiosidades, aliás, já tinham sido expressas em parte nos Evangelhos. Segundo Brentius, certo número de pessoas nega a ressurreição dos corpos e a imortalidade da alma, bem como a divindade de Cristo.[9] Ele atribui esses erros a Satã, que incita o homem a crer apenas em seus sentidos e a pedir provas materiais da existência de Deus. Isso lhe lembra os epicuristas e os pirrônicos. Ele distingue os deístas – que "acreditam que cada qual será salvo em sua religião, na medida em que viva honestamente" –, os naturalistas – que afirmam "que pouco importa com que nome seja chamado esse espírito: Mundo, Natureza, Júpiter ou seja lá que nome for" –, os teístas – para quem Deus não cuida dos destinos individuais –, os materialistas – que negam a imortalidade da alma –, os acristas – que não creem no Evangelho – e os ateus – "más pessoas entre as quais algumas duvidam que haja um Deus, e outras simplesmente negam que Deus existe". Para estes últimos, a fé em Deus é uma superstição inventada para manter "o povo em dever"; os escritos de Moisés e dos apóstolos são puramente humanos, seus autores "foram homens que enganaram e foram enganados". Enfim, Brentius confirma que o problema do mal é um obstáculo para muitos, escandalizados

---

7 Apud Busson, Les noms des incrédules au XVIe siècle, *Bibliothèque d'Humanisme et Renaissance*, t.XVI, p.273-83.

8 Servet, *Christianismi restitutio*, p.664.

9 *Cathéchisme de Jean Brenze.*

com a prosperidade dos maus, e que julgam que "não há nenhum Deus, não é possível que ele tolerasse tamanha iniquidade".

Três anos depois, em 1566, o catecismo do Concílio de Trento faz a mesma constatação. Ele enumera uma série de objeções corriqueiras, que mostram quão longe se estava da fé passiva e da completa credulidade sugeridas por alguns estudos. Questões de simples bom senso têm o dom de irritar os teólogos por sua trivialidade, porque eles não possuem as respostas e se safam com considerações espirituais vazias, com palavras: em que estado ressuscitarão os obesos, os calvos, os aleijados, os manetas, os cegos? Como uma virgem conseguiu engravidar? Por que o Espírito Santo não tem nome? Como alguém pode ser filho de Deus? Como explicar a Trindade? O *Catecismo* se irrita com essas mostras de ceticismo e lembra os perigos da curiosidade vã, do espírito raciocinador: Deus nos falou, e seus mistérios são inconcebíveis. Deve-se crer, sem buscar demonstrações, e ponto final.[10] O *Catecismo* jamais utiliza o termo "ateísmo", mas por trás de certas teorias ímpias refutadas por ele sente-se a presença de tal atitude: negação da criação e da providência, eternidade do mundo, problema do mal.

O protestante Pierre Viret não tem pudores com o vocabulário. Em 1563, no prefácio da *Instrução cristã*, ele explica que a multiplicação de deístas e "ateístas" o levou a modificar seu texto, cuja primeira edição datava de 1556. Segundo ele, convém lutar contra esses dois flagelos, que ele distingue de maneira muito clara. Ele descreve os deístas como pessoas instruídas, em geral inteligentes, hábeis o bastante para se conformar externamente à religião do país em que vivem, mas que aproveitam as oposições entre protestantes e católicos para elaborar sua própria crença, que consiste em reconhecer simplesmente "que existe um Deus", que criou talvez o mundo, mas desde então é indiferente a sua própria obra. Portanto, tudo está nas mãos do acaso e da liberdade humana, e as Escrituras reveladas não passam de "fábulas e devaneios". Todas as religiões se equivalem, e na verdade não valem nada. Os deístas negam a imortalidade da alma e a divindade do Cristo, consideram simplórios todos os crentes e olham o mundo com um olhar cético, desdenhoso e pessimista.

Quanto aos "ateístas", são gente "sem Deus", ou "completamente sem Deus". Não se contentam em olhar o mundo com ar de troça: ao invés de "perecer sozinhos com seu erro e seu ateísmo, sem contaminar e corromper os outros", eles fazem proselitismo. Enfim, são muito numerosos, tanto que

---

10 *Cathéchisme du concilie de Trente*, parte I, cap. II, 1.

158   O ATEÍSMO SUBVERSIVO DA RENASCENÇA

"chegamos a um tempo em que há risco de que tenhamos mais dificuldade para lutar com tais monstros do que com os supersticiosos e os idólatras, se Deus não nos amparar". Assim, para Viret, o ateísmo teve um desenvolvimento tão espetacular entre 1556 e 1563 que se tornou um perigo mais sério do que todas as heresias!

Dois anos mais tarde, em 1565, ele retoma o assunto num curioso livro, *Interim faict par dialogues* [Ínterim feito por diálogos], em cujo capítulo consagrado aos "libertinos" dois interlocutores, Tito e Davi, mostram que ao lado do Anticristo, isto é, a Igreja Católica, há o perigo do ateísmo, que mina tanto as fileiras protestantes quanto as católicas. Também aqui, Viret toma o cuidado de distinguir os ateus dos simples indiferentes, que ele chama de *besaciers*.* Estes põem todas as religiões no mesmo plano e seguem externamente aquela que favorece seus interesses. Daí, eles evoluem para o último estágio, o ateísmo, em que "zombam de Deus", vivem "sem fé, sem lei, sem religião", sem se preocupar "nem com o Evangelho, nem com a missa, nem com o pregador ou o padre". Pensam apenas na satisfação de suas necessidades materiais e, como os epicuristas, buscam os prazeres. Aqueles que pertencem às categorias sociais dominantes não temem exibir sua descrença, reunir-se, zombar publicamente dos "devaneios" dos crentes, e existem pessoas desse tipo em todas as cidades. Outros, sem dúvida intelectuais, tornaram-se ateus em consequência da leitura dos filósofos da Antiguidade e são mais discretos. E há, enfim, os ateus práticos no meio do povo.

Entretanto – e isso é um fato notável para essa época de fanatismo religioso –, Pierre Viret é favorável à tolerância, mesmo com os ateus. Ele admira a política adotada por Jeanne d'Albret em seus Estados, onde reina uma situação de "ínterim", "por meio da qual é facultado a cada qual viver em sua religião, de acordo com sua consciência, sem perturbar, impedir ou perseguir uns e outros". Essa tolerância, constata ele, pode favorecer a propagação do ateísmo, mas isso é melhor do que as perseguições, que não conseguem dominar a consciência: "Não se pode fazer bons cristãos pela espada, pelo fogo e pela fogueira".[11]

Esse testemunho da amplidão do ateísmo na virada dos anos 1560 é confirmado por outros autores. Em 1563, o historiador luterano Jean Sleidan, vê na Alemanha o fenômeno marcando sua geração: "Muitos se tornaram

---

* Palavra comumente usada para se referir a um mendigo, literalmente designa aquele que porta um alforje (*besace*). (N. T.)

11 Viret, *Interim faict par dialogues*, p.207.

TESTEMUNHOS DO ATEÍSMO NO SÉCULO XVI

ateístas agora", e muitos "não se preocupam mais com coisa nenhuma e não creem em mais nada".[12] Em 1559, Gabriel Dupréau-Prateolus conta:

> Há alguns anos, dirigindo-me a Poitiers para estudar, passei por Orléans. Um habitante dessa cidade, conhecido latinista e helenista [...] me contou muito confidencialmente que adeptos muito numerosos dessa seita [os ateus] haviam chegado a tal grau de loucura que não somente tinham por Cristo maus sentimentos, como ainda duvidavam da existência de Deus e de sua providência.[13]

Outros não creem em Cristo, que chamam de "supremo impostor".

UM FENÔMENO EUROPEU

A presença irrefutável de ateus em Paris, em Orléans, no Béarn e na maioria das regiões da França, bem como na Alemanha, está bem demonstrada, portanto, por volta de 1560. Mas o país mais visado é a Itália, que tem uma sólida reputação de descrença na época, e não só na Universidade de Pádua. Desde o início do século, Maquiavel fala da irreligião difundida por toda a Roma e em particular no clero:

> É portanto à Igreja e aos padres que nós, italianos, devemos essa primeira obrigação de sermos sem religião e sem modos; mas devemo-lhes outra ainda mais importante, que é a fonte de nossa perdição: é que a Igreja sempre alimentou e alimenta incessantemente a divisão nesta terra infeliz.[14]
>
> Os cardeais são os primeiros a mostrar seu ceticismo, eles, que vemos se entregar o mais que podem a suas tendências criminosas, porque não temem um castigo que fulmine seus olhos e no qual não creem.[15]

Em 1543, o humanista Gentian Hervet, preceptor da família Aubespine, na França, e dos Pool, na Inglaterra, faz uma viagem à Itália com um aluno. Ele fica espantado com a quantidade de ateus que encontra lá, e escreve a Francisco I, na dedicatória do *De fato*: "Não faz muito tempo que nasceu, ou melhor, que foi suscitada pelos infernos essa maldita seita que tem o

---

12 Sleidan, *Histoire entière déduite depuis le déluge jusqu'au temps présent en XXIX livres*, livro XXV.
13 Dupréau-Prateolus, *Nostrorum temporum calamitas*, f.210.
14 Apud Berriot, *Athéismes et athéistes au XVIe siècle en France*, t.I, p.439.
15 Ibid.

nome de ateus".[16] Em 1540, Étienne Dolet, que nega ser descrente, afirma que esse estado é particular aos italianos:

> Tiveste a audácia de me inculcar um estigma inerente aos italianos, porém desconhecido dos franceses, o sentimento da mortalidade da alma. Acaso existe um único escrito meu que possa suscitar nos bons espíritos a mais leve suspeita de impiedade (chamo impiedade a opinião que supõe a morte da alma)?[17]

Numa obra de 1535, Dolet chega a elogiar a fé cega e a condenar o espírito de livre análise, que conduz ao ateísmo. Em um parágrafo, ele refaz o itinerário fatal desses raciocinadores, talvez dele próprio:

> De tanto discutir os artigos da fé cristã, de tudo levar a sua fantasia, de polir, por assim dizer, e refinar a religião, de tanto perscrutar até o mais profundo dos mistérios, muitos acabaram por rejeitar as coisas que veneravam, desprezar a instituição de Cristo, negar que Deus cuida dos assuntos deste mundo, afirmar que tudo acaba nesta vida. Tal é a peste que devasta nosso século, e que suscitou a condenável curiosidade dos luteranos.[18]

A Suíça também é atingida, como testemunham diversos casos retumbantes, revelando a existência de núcleos importantes de descrentes. A propósito do caso de Jacques Gruet, executado em Genebra em 1547 e do qual voltaremos a falar, Calvino decide, por uma carta de 1550, publicar e queimar publicamente um manuscrito descoberto na casa do condenado, e que se apresenta como o enunciado das descrenças de Gruet. O reformador hesita em divulgar "blasfêmias tão execráveis", "blasfêmias enormes contra Deus e zombaria contra a religião cristã", que poderiam causar escândalo e incentivar imitações, mas ele decide tornar o caso público "para dar exemplo a todos os cúmplices e adeptos de uma seita tão repugnante e mais que diabólica, até mesmo para calar a boca de todos aqueles que quiserem desculpar ou acobertar tais enormidades, e mostrar que condenação merecem".[19] Como confessa Calvino, existem portanto grupos de livres-pensadores em Genebra em meados do século XVI.

---

16 Apud Busson, loc. cit.
17 Apud Boulmier, *Estienne Dolet, sa vie, ses œuvres, son martyre*, p.266.
18 Dolet, *De imitatione Ciceronia*, apud Berriot, op. cit., t.I, p.396.
19 Apud Berriot, op. cit., t.I, p.450.

Na mesma época, em escritos de 1547 e 1553, um outro espírito suspeito, Guillaume Postel, afirma a existência de ateus.[20] Esse místico livre-pensador, extremamente desconcertante, ataca com frequência os "ateístas", "dados aos sentidos", que "negam a providência e vivem à maneira dos animais", "almas rebeldes a Deus e à razão". O ateísmo, exposto pelos antigos, especialmente por Plínio, volta com força e mais perigoso do que nunca: "Jamais houve tamanha perfídia, iniquidade e desprezo por Deus e por sua lei".

Outro testemunho essencial, o do humanista Henri Estienne, que dedica dois capítulos de sua *Apologie pour Hérodote* [Apologia para Heródoto] ao avanço da impiedade. Ele observa que os intelectuais não se contentam mais em atacar o papa e a religião católica, mas "vão além" e caem em "uma verdadeira ateisteria", negando a existência de Deus, a providência e a divindade de Cristo. Influência da razão, do pensamento antigo e também de uma contestação diante da existência do mal – um ancião que aparece no livro declara: "Sempre me sucedeu duvidar que existisse um Deus, por aquilo que eu via de atos tão horríveis ficar impune".[21]

Todas as nuances estão presentes. Alguns, que poderíamos chamar de deístas, "esforçam-se de todas as maneiras para rejeitar qualquer sentimento de Deus" e procuram aproveitar a vida, mantendo ao mesmo tempo uma aparência de crença. Outros vão às últimas consequências "e são inteiramente ateístas". Em geral, são pessoas de profissões intelectuais, nobres, burgueses, que praticam a ironia, a zombaria, o "escárnio e a mofa" contra a credulidade dos fiéis das duas religiões, e declaram "acreditar tanto em Deus e em sua providência quanto neles acreditou aquele perverso Lucrécio". Sem ilusões, sem pudor, eles zombam do paraíso e do inferno; este último, dizem eles, é tão real quanto o lobisomem e parece as "ameaças que se fazem às criancinhas". Os que acreditam em tais fábulas não passam de "pobres idiotas".

Para Henri Estienne, esses ateus estão na verdade desesperados, revoltados: alguns se suicidam, outros morrem dizendo blasfêmias atrozes. Ele apresenta uma lista desses infelizes, que visivelmente ele considera como histéricos que amaldiçoam o céu até no momento de sua execução: o livreiro

---

20 Postel, *Absconditorum clavis; Les très merveilleuses victoires des femmes du Nouveau Monde et comment elles doibvent à tout le monde par raison commander; Les premières nouvelles de l'autre monde, ou l'admirable histoire de la Vierge vénitienne.*

21 Estienne, *Apologie pour Hérodote ou Traité de la conformité des merveilles anciennes avec les modernes,* cap. XVIII, 1.

162   O ATEÍSMO SUBVERSIVO DA RENASCENÇA

Jean André, o jacobino De Roma, o senhor Jean Menier, o *lieutenant criminel** Jean Morin, os conselheiros do Parlamento Ruzé e Claude des Asses. Por outro lado, no *Discours merveilleux* [Discurso maravilhoso], ele mostra esses "perversos ateístas" apavorados diante da morte. Aliás, Henri Estienne acusa a italiana Catarina de Médicis "de ter enchido de ateístas o reino e especialmente a corte da França". Para ele, o ateísmo, que vem sobretudo da Itália, é bem pior do que a heresia daqueles que se enganam de fé.

A RECRUDESCÊNCIA DA DESCRENÇA APÓS 1570

Henri Estienne escreveu em 1566. No decorrer dos anos 1570, o número de testemunhos, em toda a Europa, cresce. Simples aumento das fontes ou propagação real do ateísmo? Na atmosfera caótica das guerras de religião, as denúncias se multiplicam, as acusações recíprocas ganham amplidão, as palavras, por vezes, vão mais longe do que o pensamento. Apesar disso, a impressão que se tem é que uma das consequências paradoxais dos conflitos religiosos foi a perda da fé numa parcela da população: escandalizada com os confrontos, ela perdeu toda confiança na providência e na existência de Deus.

É o que pensa o capitão protestante François de La Noue, comandante de guerra famoso e bem posicionado para observar os efeitos do conflito sobre as pessoas. Em seus *Discours politiques et militaires* [Discursos políticos e militares],[22] ele estima que há na França, em 1587, "um milhão de ateus ou incrédulos" – número imaginário, sem dúvida muito exagerado, mas que se destina a impressionar os dirigentes do país e dá uma ideia do grau de preocupação desse crente sincero e bastante tolerante. Para explicar essa situação, La Noue enumera os fatores usuais: leituras profanas, em particular dos filósofos antigos, mas também de Maquiavel, a quem ele atribui grande parte de responsabilidade, e de romances licenciosos ou simplesmente estúpidos, como *Amadis*, *Perceforest*, *Tristan*; costumes de vida desregrados; más frequentações, como entre os pajens, que xingam e blasfemam o tempo todo; "viagens aos países estranhos", onde a vida não é propícia à prática religiosa; ensino universitário que favorece o ceticismo; o epicurismo, que leva ao esquecimento de Deus em favor da

---

* Magistrado do Antigo Regime cuja atribuição era cuidar de todos os casos e processos que envolvessem crimes. (N. T.)

22 La Noue, *Discours politiques et militaires nouvellement recueillis et mis en lumière*.

satisfação das paixões e da depravação. Mas La Noue acrescenta à lista a influência das disputas e guerras religiosas, que "geraram um milhão de epicuristas e libertinos". As violências e atrocidades cometidas pelos crentes semearam dúvidas em muitos espíritos, sem contar o modo de vida dos soldados, cuja divisa é: "Comamos, bebamos e gozemos, pois amanhã talvez estejamos mortos".

É nas cidades sobretudo que se encontram os ateus. La Noue os divide em duas categorias, que correspondem a nossa distinção entre ateísmo prático e ateísmo teórico. De um lado, os burgueses que vivem "sem desassossego", e cuja preocupação não vai além do "vinho, o pernil, o jogo de quilhas"; são como os porcos. De outro, os indivíduos mais intelectuais, que refletem, filosofam, raciocinam, e são perigosos porque, graças a sua eloquência e seu saber, atraem as "almas simplórias" pela "sutileza de seus argumentos"; são numerosos na corte, onde posam de espíritos superiores e ironizam a fé.

Outra novidade *fin de siècle*, que se acentuará com os libertinos e exaspera La Noue: os descrentes não exibem mais uma atitude de revolta; praticam um conformismo de fachada, que lhes permite "possuir a si mesmos, sem se sujeitar demais a diversas coisas que arrancam de nós, sem propósito, esse pouco de liberdade de que dispomos, e que nos é tão cara". A divisa deles é: "Esconde tua vida". Nada de proselitismo evidente; eles reservam suas declarações ímpias para as reuniões feitas "em segredo, entre aqueles que são da confraria". Em público, seguem as devoções comuns, o que lhes permite guardar total liberdade e independência.

Essa hipocrisia denunciada por La Noue se deve em parte ao endurecimento das autoridades com relação à impiedade e ao ateísmo. Os poderes religiosos e civis tomam consciência da extensão do movimento. Em 1585, o Concílio de Aix pede que os ateus sejam sistematicamente procurados e punidos, nem que para isso se tenha de recorrer ao braço secular.[23] As declarações do rei em 1588 e 6 de abril de 1594 estipulam as penas para a impiedade e a blasfêmia: multa de dez escudos na primeira ofensa, de vinte escudos na segunda e "punições exemplares e extraordinárias" na terceira. Quem tivesse apreço por sua tranquilidade que fosse discreto!

Mas em que acreditam esses descrentes? La Noue hesita em expô-lo, com medo de difundir seus argumentos perniciosos. Mas como é necessário que os fiéis saibam do que devem se abster, ele enumera as principais

---

23 *Recueil des actes, titres et mémoires concernant les affaires du clergé de France*, t.VII, col. 994.

características desses ateus e ímpios. Embora não constituam ainda um sistema coerente, elas começam, segundo ele, a se ordenar em torno da ideia de natureza: deve-se "seguir os preceitos que estão de acordo com a natureza", pois é esta que, por suas leis, regula toda a vida neste mundo. Esse naturalismo parece pender para o materialismo e nega a imortalidade da alma. É também um racionalismo: a razão humana deve ser nosso guia; devemos nos basear nos "escritos profanos" e rejeitar as "imaginações fantásticas" das Escrituras. A religião, as devoções "tornam melancólico" e covarde aquele que se vê diante da morte. O medo do inferno é uma ficção inventada para manter os povos obedientes.

Esse é mais ou menos o mesmo quadro que encontramos em Innocent Gentillet, em seu *Anti-Machiavel*, de 1576.[24] O título indica claramente a acusação contra o florentino e seus discípulos. Para Gentillet, a descrença se difundiu a partir da Itália, onde os escritos de Maquiavel "semeiam o ateísmo e a impiedade", mas a França já registra um grande número de ateus. Como La Noue, ele se pergunta se deve "expor aos olhos e ouvidos das pessoas de bem palavras tão duras de ouvir", e responde afirmativamente: é preciso esclarecer o público sobre o perigo.

Eis o que pensam os ateus. Eles se inspiram em Epicuro, "doutor dos ateístas e mestre da ignorância", e deleitam-se com poetas e autores antigos como Luciano, Marcial, Tibulo, Catulo, Propércio, Ovídio, Porfírio. A partir desses mestres, eles elaboraram sua doutrina: não existe deus, mas um universo eterno, que, para alguns, é divino ou sustentado pela alma do mundo; este, por sua vez, é governado pelos astros ou pelo acaso, de onde resultam as combinações dos átomos. Obviamente, não existe providência; os homens devem se arranjar com sua "Fortuna", provar "virtude" diante do destino e enfrentar uma morte que é definitiva. A razão é seu único guia, e as Escrituras são fábulas. Eles culpam a Igreja de ter acabado com o paganismo e destronado a ciência antiga.

Gentillet insiste mais do que La Noue na responsabilidade do renascimento do materialismo antigo pela difusão do ateísmo. Mas não esquece o papel das disputas religiosas e do espírito de gozo. Sua descrição da conduta dos ateus é deformada por preconceitos hostis: diz que são covardes e hipócritas que se escondem ou, ao contrário, impudentes que blasfemam sem parar. Seu retrato dos meios em questão é mais interessante. Segundo ele, os ateus se encontram, em primeiro lugar, na corte, onde se reúnem

---

24 Gentillet, *Discours sur les moyens de bien gouverner et maintenir en bonne paix un royaume contre Nicolas Machiavel, Florentin.*

TESTEMUNHOS DO ATEÍSMO NO SÉCULO XVI

"ateístas e depreciadores de Deus e de qualquer religião", no mundo das finanças, e em particular entre os banqueiros, perceptores e oficiais, e até mesmo na Igreja, na qual clérigos que não possuem as ordens maiores e gozam de benefícios são "imbuídos de ateísmo".

As afirmações de Gentillet são confirmadas no ano seguinte, com os mesmos termos até, pelo conselheiro real Pierre de La Primaudaye que em 1577, em sua *Académie françoise*, dá testemunho da existência de um "grande número" de descrentes, número que cresceu três anos depois.[25] Embora sejam particularmente abundantes na corte, o que ele está bem posicionado para observar, há ateus "em todos os estados e de toda a qualidade". Os mais intelectuais se inspiram em Epicuro, Lucrécio, Galeno, Plínio e Luciano, mas também em Averróis, para afirmar a eternidade do mundo e negar a criação e a imortalidade da alma. Suas doutrinas aparecem mais em suas conversas familiares do que em seus escritos, pois eles se apresentam amiúde sob a proteção da piedade, ainda que alguns exibam uma atitude blasfematória.

A Bíblia é um dos alvos preferidos de seus ataques: amontoado de "contos", contém coisa inverossímeis, como a criação de Eva, a ressurreição e a ascensão de Cristo. Tudo isso é muito bom para os simplórios; eles, ao contrário, reivindicam as luzes da razão e "creem apenas naquilo que veem e experimentam". Assim, espantam-se que ninguém tenha retornado para dar testemunho da vida futura, que certamente não existe, porque a alma – que é apenas "sangue", "sopro" ou "espíritos vitais e animais" – desaparece com o corpo. Deus, se por acaso exista algum, não se mete nos assuntos da humanidade, que "são conduzidos pela Fortuna, pela Prudência ou pela loucura dos homens". Talvez Deus seja a natureza, ainda que esta seja cruel, "madrasta", e tudo leve à morte. Os ateus fazem perguntas como: por que Deus fez o mundo em dado momento e não em outro? O que ele estava fazendo antes disso? Se a providência existe, por que existe o mal? Em última análise, os profetas e os patriarcas bíblicos são para eles apenas "velhos sonhadores". Está claro que a religião é uma invenção humana, destinada "aos simples e aos tolos": "É bom para a vida humana que os homens sejam dessa opinião, sem a qual a sociedade humana não poderia ser mantida inviolável, e os homens não fariam nada direito, caso não fossem, como por uma rédea, contidos por esse temor".[26]

---

25 La Primaudaye, *L'Académie françoise. Premier livre. De la cognoissance de l'homme et de son institution en bonnes mœurs; Suite de l'Académie françoise en laquelle il est traicté de l'homme et comme par une histoire naturelle du corps et de l'âme est discouru de la création.*
26 Id., *Suite de l'Académie françoise*, cap.95.

UM ATEÍSMO CONTESTATÁRIO

Assim se confirmam os traços do ateísmo do fim do século XVI: mais atitude do que doutrina coerente, revolta contra a religião, apoiada no pensamento antigo e em críticas racionais, mas ainda hesitando entre o panteísmo, o deísmo e o ateísmo estrito.

Os testemunhos crescem entre 1580 e 1600. Em 1586, Pierre Le Loyer, já citado, escreve que "os ateus pululam neste século miserável", da China – onde os mercadores e os homens letrados são em sua maioria ateus e sem religião – à Europa cristã. Seus mestres: Epicuro, Demócrito, Lucrécio, Cássio, Celso, Galeno, Porfírio, Alexandre de Afrodísias, Averróis, Maquiavel, Pomponazzi, Cardano, que adotam "a natureza como guia".[27] Em 1588, Pierre Crespet, teólogo da Santa Liga, escreve um livro contra os muçulmanos, os heréticos e os "ateístas que abundam em nossa França".[28] Ele os agrupa porque considera que todos têm em comum o desejo de se livrar da lei divina para poder satisfazer seus apetites carnais. Todas as heresias e impiedades levam à rejeição integral de Deus, porque esses infelizes "preferem se tornar inteiramente ateístas, sem mais tantas tolices, crendo ora de um lado, ora de outro". Eles se apoiam nos filósofos antigos e em sua "razão natural". A descrição de Crespet corresponde àquilo que já citamos inúmeras vezes, e ele vê ateus mais especialmente em três meios: o exército, a corte, os intelectuais. Entre os soldados, o ateísmo é prático, está ligado à depravação, aos hábitos de violência e de saque; na corte, é característico de pessoas que "fazem chacota" dos mistérios cristãos, da concepção virginal, da providência, da Trindade e da criação, que ironizam duramente a fé e perguntam "onde está Deus e onde é que ele mora"; quanto aos intelectuais, eles ainda não ousam falar em público nem escrever suas ideias, e discutem sobre elas em ambientes privados. De qualquer modo, diz Crespet, a situação é grave: "O ateísmo tem livre curso, tanto os homens ignoram Deus e não têm mais fé nem consciência". Ele aponta como prova um certo Noël Journet, ex-soldado que se tornou mestre-escola, queimado vivo em 1582 por suas blasfêmias contra Moisés, os apóstolos e Jesus.

Outro observador dos anos 1580, que nada tem de teólogo, mas é um ótimo pintor da sociedade rural, Noël du Fail, também fala do avanço da descrença sua *Epître de Polygame à un gentilhomme contre les athées et ceux qui vivent sans Dieu* [Epístola de Polígamo a um fidalgo contra os ateus e aqueles

---

27 Le Loyer, *Le Discours des spectres et apparitions d'esprits.*
28 Crespet, *Six livres de l'origine, excellence, exil, exercice, mort et immortalité de l'âme.*

que vivem sem Deus], composta em 1585.[29] Encontramos aí a confirmação daquilo que já falamos exaustivamente sobre as origens de um ateísmo que se propaga, o problema do mal, a contestação dos mistérios e a acusação da religião como defesa da ordem social. Outro observador não teólogo, guarda das florestas reais do Bourbonnais, Antoine de Laval, também fica indignado, em 1584, ao ver na corte tamanha exibição de ateísmo, depravação e "chacota" com a fé. Em obras posteriores, ele lamenta a proliferação de "ímpios, blasfêmias e ateísmos".[30]

Um prisma diferente é dado pelo franciscano Jean Benedicti, pregador e grande viajante – ao menos no Mediterrâneo – e autor da obra *La Somme des pechez* [Súmula dos pecados],[31] de 1594. Encontramos nele os temas usuais da influência nefasta do pensamento antigo, das lutas religiosas e do desejo epicurista de aproveitar a vida, mas ele revela também o papel da profunda ignorância religiosa em que vive o povo: "Neste pobre reino, a ignorância do populacho é tão grande que ele vive no mais das vezes como animais". O povo não conhece nem sequer as bases da fé, e isso o conduz a um ateísmo prático: a ignorância é "uma abertura para um belo ateísmo". Portanto, não são apenas as categorias superiores que são atingidas. Outra originalidade de Benedicti: o elo que estabelece entre ateísmo e bruxaria. Os ateus, escreve ele, "adoram às avessas o grande diabo Satanás, consagrando-lhe a honra que pertence a Deus. Eles desacreditam do próprio batismo e da religião. Eles blasfemam contra o Criador. Eles cometem prodigiosas lascívias".[32]

Sublinhamos anteriormente o caráter ambíguo dessa associação entre o culto satânico e o ateísmo. De fato, Benedicti se sente confrontado com uma nebulosa de atitudes contestatárias em que se mesclam um vago deísmo que coloca todas as religiões no mesmo plano, um naturalismo fatalista, o materialismo que vê a alma como "sangue", "harmonia", ou "ar" – de acordo com a opinião de alguns médicos epicuristas – e, em alguns casos, um completo ateísmo. Segundo ele, essas ideias são formuladas comumente em conversas de comensais, ao passo que, no "povinho", o ateísmo coexiste com as superstições mais aberrantes, como, por exemplo, a adoração do sol

---

29 Du Fail, *Propos rustiques. Baliverneries. Contes et discours d'Eutrapel*, p.379-98.

30 Laval, *Des Philtres, breuvages, charmes et autres fascinations et diaboliques en amour; Desseins des professions nobles et publiques.*

31 Benedicti, *La Somme des pechez et remèdes d'iceux*, mas o livro foi escrito provavelmente no início dos anos 1580, pois a ordem de publicação data de 1583.

32 Ibid., p.70.

ou da lua. Ele conheceu um "pobre homem" que lhe disse que "o sol era um verdadeiro deus, que ele chamava de Suprema Luz, Supremo *Genius*".[33]

A aproximação do ano 1600 reforça o alarmismo. Para alguns, a multiplicação do número de ateus é um sinal da iminência do fim, da chegada do Anticristo, do julgamento final. E ninguém tem dúvidas dessa multiplicação. Pierre Matthieu escreve em 1597:

> Essa impiedade que se insinuou na religião formou almas verdadeiramente ateias, que se referem sempre com desdém à providência de Deus, negam-na completamente, creem que a alma se encontra enterrada no corpo, sem apreensão alguma, nem de uma segunda vida, nem de uma segunda morte.[34]

Em 1599, o reformado Marnix de Sainte-Aldegonde considera provável o desmoronamento do cristianismo em razão dos conflitos religiosos que abrem as portas para o ateísmo. Diante do lamentável espetáculo desses confrontos, o crente não sabe mais onde está a verdade; "permanece flutuando em perpétuo desassossego da consciência, do qual acabe se precipitando no abismo do ateísmo e da impiedade"; acaba imaginando "que não existe Deus nem verdadeira religião, ou então que cada um pode servi-lo como bem quiser".[35]

Para o magistrado e historiador Florimond de Raemond, autor de uma muito renomada *Histoire de l'hérésie* [História da heresia], de cerca de 1600, as lutas religiosas estão realmente na origem do avanço do ateísmo, pois instalaram a dúvida nas pessoas. Mas, para ele, a culpa é toda dos reformados. A ideia de liberdade religiosa é perniciosa, porque conduz necessariamente ao relativismo, ao nivelamento das crenças: as "novidades" acabam sempre levando ao "execrável ateísmo". Recorrendo a toda a sua erudição de historiador, ele dá numerosos exemplos, tomados por toda a Europa no decorrer do século XVI: na Polônia, no Palatinado, na Boêmia, na Suíça, na Itália, no Brabante, onde se veem seitas que negam a imortalidade da alma e proclamam o reino da Fortuna e da natureza.[36]

Em 1607, um religioso da cidade de Toulouse, P. Blancone, também atesta a confusão dos credos e o reino da incerteza. Entre astrologia, força

---

33 Ibid., p.68-9.
34 Matthieu, *Histoire des derniers troubles de France sous les règnes des très chrestiens roys Henry III... Henri IV*, p.38.
35 Sainte-Aldegonde, *Tableau des différences de la religion*. In: _____, *Œuvres*.
36 Raemond, *Histoire de la naissance, progrez et décadence de l'héresie de ce siècle, divisée en huit livres*.

do destino e naturalismo, a confusão é extrema, e muitos duvidam de que a "máquina redonda" tenha sido criada por Deus.[37] Em 1612, o jesuíta Jacques Gaultier escreve que o século viu inúmeros crentes caírem "no abismo de Epicuro ou no ateísmo".[38] No mesmo ano, o pregador Antoine Tolosain retrata o "bando" dos "ateus" como "muito engrossado e inchado", zombando do inferno por instigação do próprio Satanás.[39]

DO MEDITERRÂNEO À INGLATERRA: O CETICISMO POPULAR

Nenhum país é poupado. Na Europa mediterrânea, a Inquisição, que até então reprimia apenas os delitos de heresia, blasfêmia e indiferença, começa a atacar também a descrença e o ceticismo, sinal de seu preocupante avanço. Em Lisboa, o édito de fé de 12 de fevereiro de 1594 introduz, pela primeira vez, o delito de dúvida sobre a existência do paraíso e do inferno e o que consiste em afirmar que são reais apenas o nascimento e a morte; esses delitos são retomados nos éditos de 1597 e 1611. Na mesma época, a Inquisição siciliana aumenta a lista dos casos condenáveis com expressões estranhamente semelhantes às que encontramos nos testemunhos dos autores citados: "o paraíso e o inferno não existem", "não há nada mais além de nascer e morrer", "a alma do homem é apenas um sopro", "o sangue é a alma".[40]

Com a adoção do Índex dos livros proibidos por Roma em 1557,[41] a Inquisição empreende a caça às obras suspeitas de propagar a descrença: os éditos de Milão (1593), Alexandria (1595) e Ferrara (1596) exigem a apresentação de listas dos livros em poder dos livreiros e tipógrafos. Segundo os historiadores portugueses e espanhóis, esse trabalho de censura foi eficaz na Península Ibérica, assim como na Itália, onde, por exemplo, em dois séculos (de meados do século XVI a meados do século XVIII), existe apenas uma única edição de Erasmo, em Lucca, em 1568; de vinte inventários estudados, datados de 1555 a 1587, são encontrados 3.425 volumes confiscados, dos quais 604 de Erasmo. Até mesmo em Veneza, onde a Inquisição

---

37 Blancone, *La Vie miraculeuse de la séraphique et dévote Catherine de Sienne.*
38 Gaultier, Des athéistes ou épicuriens. In: _____, *Table chronographique de l'etat du christianisme, depuis la naissance de Jésus-Christ jusques à l'année 1612*, p.593.
39 Tolosain, *L'Adresse du salut éternel et antidote de la corruption qui règne en ce siècle et fait perdre continuellement tant de pauvres âmes.*
40 Bethencourt, *L'Inquisition à l'époque moderne. Espagne, Portugal, Italie. XVe-XIXe siècle*, p.186-8.
41 Minois, *Censure et culture sous l'Ancien Régime.*

170   O ATEÍSMO SUBVERSIVO DA RENASCENÇA

é autorizada a intervir na censura preventiva em 1562 e 1569, são processados 28 livreiros e confiscados 1.150 livros.[42] Para o historiador italiano Antonio Rotondo, essa é uma das razões da fraqueza do ateísmo na Itália nos séculos XVII e XVIII, o que também explica sua ruptura com as correntes intelectuais europeias e seu atraso ulterior.[43] As estatísticas de processos inquisitoriais por delito de ateísmo ilustram a raridade dos casos: diante do tribunal da Inquisição de Veneza, 16 processos de 1547 a 1585, 21 de 1586 a 1630, 90 no período de 1547 a 1794; somente 13 nesse mesmo no Friuli e 24 em Nápoles. Os casos são muito mais numerosos na Espanha, mas as estatísticas não permitem distinguir a parte de ateísmo nas "proposições heréticas e blasfêmias".[44]

Em outra parte da Europa, na Inglaterra da rainha Elizabeth, onde nem se pensa em Inquisição, a preocupação com o ateísmo é a mesma. Alguns contemporâneos chegam a falar de 900 mil ateus no reino, o que é ainda mais fabuloso do que o milhão de La Noue no caso da França, dada a pequena população das ilhas britânicas na época: um inglês a cada três seria descrente. O fato de tal cifra ter sido evocada indica bem a importância do problema. Todos os historiadores britânicos reconhecem a incrível indiferença religiosa que caracteriza o reino de Elizabeth, por trás das superficiais disputas entre puritanos e anglicanos, que só dizem respeito a uma pequena minoria. Um chega a escrever que aquela época foi "a era da mais profunda indiferença antes do século XX".[45]

Os tribunais eclesiásticos estão cheios de casos que ilustram essa afirmação não muito exagerada, como, por exemplo, os habitantes de Cheshire, que declaram em 1598 que concordariam em dar dinheiro para demolir a igreja, mas certamente não para construí-la; ou o açougueiro de Ely, que atiça seu cachorro contra as pessoas que vão à igreja; ou o ator londrino que afirma que se aprende muito mais numa peça teatral do que em vinte sermões; ou ainda o usurário de Hereford, a quem pedem que vele pela salvação de sua alma e que responde: "O que é que eu tenho a ver com a minha alma? Me deixem enriquecer, não me interessa saber se é Deus ou o diabo que vai levar a minha alma".[46]

---

42   Seidel-Menchi, *Erasmo in Italia, 1520-1580*.
43   Rotondo, La censura ecclesiastica e la cultura. In: Romano; Vivanti (eds.), *Storia d'Italia*, v.V.
44   Bethencourt, op. cit., p.332-4 e 336-9.
45   Stone, *English Historical Review*, p.328.
46   Apud Thomas, *Religion and the Decline of Magic*, p.204-5.

Esses poucos exemplos revelam um verdadeiro ateísmo prático no campo e nas cidades inglesas. Em 1600, os bispos de Londres, diocese urbana, e de Exeter, diocese rural, lamentam que, entre os fiéis, "a questão da existência de Deus seja um assunto frequentemente discutido". As opiniões mais variadas são expressas sobre os pontos essenciais da fé. Em 1573, um habitante de Kent "nega que Deus tenha feito o sol, a lua, a terra e a água, e nega também a ressurreição dos mortos"; em 1582, um juiz de Surrey declara que "Deus não tem nada a ver com o mundo desde que o criou, e que o mundo não é governado por ele"; em 1563, um certo Thomas Lovell, de Hevingham, na região de Norfolk, tem a audácia de se perguntar por que "acreditamos no Filho de Deus, se oramos para Deus Pai, e o Filho não mereceu confiança nem mesmo na terra dele, de onde foi expulso", e acrescenta: "eles foram mais espertos do que nós"; um camponês de Bradwell, no Essex, diz que "é da opinião de que todas as coisas vêm da natureza, e que ele se considera ateu"; em 1578, Matthew Hamont é condenado à fogueira em Norwich por ter negado a divindade e a ressurreição de Cristo e por ter declarado que o Novo Testamento era um amontoado de "tolices, histórias humanas ou, antes, simples fábula". Os casos também são numerosos no início do século seguinte, e as afirmações de ateísmo são cada vez mais categóricas: em 1633, um homem da região de Rutland afirma estar certo de que "não há deus nem alma a se salvar"; em 1635, Brian Walker, em Durham, proclama: "Não creio que exista deus ou diabo, e creio apenas naquilo que vejo". Para ele, Chaucer vale mais do que a Bíblia.[47]

Essa galeria é ainda mais surpreendente quando se pensa que tais casos vêm das camadas mais baixas do povo, de simples camponeses e artesãos, o que invalida as declarações depreciativas dos libertinos aristocratas, segundo as quais somente eles estariam acima dessas crenças reservadas ao povo imbecil e destinadas a mantê-los em obediência. Se considerarmos tais exemplos credíveis, o povo é menos crédulo e muito mais crítico do que imagina a elite. Todos esses casos provêm de arquivos judiciários, o que lembra também que a expressão dessas dúvidas e desse ateísmo comportava riscos enormes, que podiam chegar à pena capital: podemos considerar portanto que a prudência elementar levava a maior parte desses céticos a guardar suas opiniões para si mesmos. Os dirigentes mais clarividentes não se deixam enganar: na segunda metade do século XVII, lorde North afirma que os que creem na vida futura são bem poucos, "sobretudo no vulgo".

---

47 Ibid., p.201-2. O ateísmo na Inglaterra elisabetana foi estudado por Buckley, *Atheism in the English Renaissance*; Allen, *Doubt's Boundless Sea. Skepticism and Faith in the Renaissance*.

172   O ATEÍSMO SUBVERSIVO DA RENASCENÇA

Algumas seitas põem em dúvida este ou aquele ponto; uma delas, na diocese de Ely, em 1573, afirma que o inferno é apenas uma alegoria. A divindade de Cristo é muito frequentemente questionada. Em 1542, um habitante de Dartford declara que "o corpo que Cristo recebeu no ventre da Virgem Maria não subiu aos céus e lá não se encontra"; em 1556, é um padre de Tunstall que chama de loucos os que afirmam que Cristo se encontra sentado à direita do Senhor; em 1576, um homem da região de Norfolk afirma que há diversos Cristos; nos anos 1580, Edward Kelly nega a divindade de Cristo; em 1596, um indivíduo é julgado por ter dito que "Cristo não era o salvador e que o Evangelho não passava de uma fábula".

Outro sinal da presença constante do ateísmo na sociedade elisabetana: o testemunho de incontáveis puritanos que confessam ter sido tentados pela descrença. Mesmo homens como Richard Baxter e John Bunyan confessaram ter perdido a fé algumas vezes. Em 1597, lady Monson "acha que o diabo a tenta para que ponha fim a seus dias e para que duvide da existência de um deus", e ela confessa isso a um astrólogo. Em 1574, John Fox conta que um estudante de direito havia sido tentado pelo diabo, e este lhe dizia que não se sofre no inferno, não existe deus algum, Cristo não é filho de Deus, as Escrituras são falsas e é a natureza que dá origem a todas as coisas.[48]

Essa é a situação que faz o embaixador da Espanha escrever, em 1617, que existem 900 mil ateus na Inglaterra. Por mais exagerado que seja, esse número é sintomático. O embaixador tem diante de seus olhos os cortesãos que, como na França, exibem um ceticismo desdenhoso, apesar das preocupações teológicas dos soberanos. Intelectuais, membros da alta nobreza e eruditos são conhecidos por sua descrença. As personalidades mais em evidência são descrentes notórios: Christopher Marlowe acha que o Novo Testamento foi "grosseiramente escrito", que Moisés não passa de um mágico e que Cristo é um bastardo homossexual.[49] Sir Walter Raleigh declara que "morremos como os animais e, depois de partirmos, nada resta de nós"; ele está no centro de um círculo de ateus e tenta se suicidar na prisão.[50] O conde de Essex é conhecido por sua descrença e, durante o processo, o juiz Coke tenta acrescentar esse delito à acusação; aliás, ele frequenta gente que é mais do que suspeita de ateísmo, como Christopher Blount, Francis Bacon, Thomas Hariot, George Gascoigne, John Caius, Nicolas Bacon, o conde Oxford.

---

48 Apud Thomas, op. cit., p.199 e 574.
49 Kocher, *Christopher Marlowe*.
50 Lefranc, *Sir Walter Raleigh écrivain*, p.381.

É inegável portanto que o século XVI foi marcado pela grande tentação do ateísmo, que semeia a desordem em todos os meios. Desde o desapego desiludido e realista das camadas populares até o desprezo de céticos dos mais importantes, o século das paixões religiosas desenfreadas também sentiu o calafrio da grande dúvida. E se, afinal, não houver nada? Nada além da matéria, nada além da natureza, nada além da vida e da morte neste mundo? A Bíblia, a criação, Jesus, a religião, tudo é questionado, e essa grande vaga pode ter sido muito maior e mais fundamental do que as agitações superficiais entre católicos e protestantes, que até aqui polarizaram a atenção dos historiadores. Por trás da cortina de som e fúria produzida pela minoria de fanáticos que se matam entre si, percebe-se um lento processo de desapego, de questionamento parcial ou total da fé. Mais do que o século das guerras de religião, o século XVI não teria sido o da dúvida?

– 6 –

UM ATEÍSMO CRÍTICO (1500-1600)

François Berriot, em seu estudo *Athéismes et athéistes au XVIe siècle en France*, escreve:

na ausência efetiva de um ateísmo sereno e de um materialismo científico, essa época vive, ainda assim, profundos movimentos de ruptura com o cristianismo: blasfêmias, sacrilégios, depravação, culto a Satanás... são exemplos de manifestações de uma espécie de revolta contra a moral e a fé cristãs. Ao mesmo tempo, nos subúrbios das cidades, aparecem camadas sociais que escapam às leis civis e religiosas, enquanto regiões inteiras, desfavorecidas por sua posição geográfica, vivem realmente à margem do cristianismo. As mutações históricas exacerbam o sentimento de insegurança, a descoberta do mundo, o renascimento do racionalismo e do materialismo antigos subvertem as próprias condições do pensamento, como que aflito com seu próprio poder. [...] Ninguém duvida que, entre as massas populares das cidades e do campo, tenham existido homens verdadeiramente irreligiosos, animados por movimentos de revolta violenta, na falta de um racionalismo sereno, do qual certamente

176 O ATEÍSMO SUBVERSIVO DA RENASCENÇA

eram incapazes. Seria um erro negligenciar essas diferentes formas de "ateísmo" presentes nos seres rudes, próximos da terra e das estações do ano.[1]

O CREDO DOS DESCRENTES

Para Berriot, não é surpreendente que desde o século XVII a redação do famoso tratado ímpio *De tribus impostoribus* tenha sido atribuída a um autor da Renascença. É por volta de 1538-1540 que se começa a falar desse livro mítico, do qual muitos tentaram desvendar o segredo de sua origem. O texto latino data provavelmente dos anos 1640-1650, mas é certo que sua ideia central corresponde ao grande movimento de contestação que descrevemos anteriormente. A inspiração do livro, aliás, é mais deísta do que ateia, posto que logo de início o autor escreve, com uma leve reserva: "Deus não existe? Admita-se que existe. [...] Mas nada diz que ele exige um culto. [...] Qual seria o objetivo de sua adoração? Deus tem necessidade de um culto?".[2] Se há um Deus, trata-se de um Deus distante, indiferente, do tipo dos deuses de Epicuro ou, mais precisamente, de Celso, em seu *Discurso verdadeiro contra os cristãos*, tal como o conhecemos pela refutação de Orígenes. Celso, adepto de um racionalismo naturalista, atacava os fundadores das religiões, que para ele são falsários e impostores – especialmente Moisés, mágico hábil, Jesus e seus apóstolos, que arrastaram a corja popular com suas fábulas. Apenas restava ao autor do *De tribus* acrescentar à lista Maomé. Essas três personagens, que dizem transmitir uma revelação, são impostores, como todos aqueles que se fazem passar por iluminados a fim de criar uma religião:

> Todo fundador de uma nova religião torna-se suspeito de impostura. Aquele que quiser introduzir novos dogmas, ou apenas uma nova reforma, e isso em nome da autoridade de uma força superior, invisível, deverá necessariamente produzir seus poderes, se não quiser passar por um impostor que vem contra-dizer o sentimento geral, com autoridade de uma revelação especial.[3]

Cada um deles tem seu método: no caso de Moisés e Maomé, a violência política; no de Jesus, a astúcia. As religiões judaica e cristã são especialmente odiosas pelo fato de afirmarem que Deus criou o homem livre e permitiu que

---

1 Berriot, *Athéismes et athéistes au XVIe siècle en France*, t.I, p.264-5.
2 *De tribus impostoribus*, p.21-3.
3 Ibid., p.27.

UM ATEÍSMO CRÍTICO (1500-1600)

ele sucumbisse à tentação, condenando sua própria criatura ao sofrimento e à morte. Nenhum pai de família digno desse nome faria uma coisa dessas:

> Toma uma faca, dá-la a teus filhos, a teus amigos, proibindo-os de a usar, e isso com a previsão certeira de que eles se servirão dela contra si mesmos, contra sua posteridade inocente. Apelo para teus sentimentos paternos: farias tal coisa? Uma defesa como essa não seria pura galhofa?[4]

E melhor ainda: para se emendar por ter permitido que milhões de suas criaturas caíssem em desgraça, Deus entrega seu filho único à crucificação! Para o autor do *De tribus*, o cristianismo é uma religião odiosa. Aliás, todas as religiões são enganação, invenção dos poderosos, que se aproveitam da ignorância dos humildes. Essas religiões, que se enfrentam umas com as outras, caem em descrédito simplesmente por sua diversidade. O sábio deve duvidar, portanto, e seguir apenas sua razão: "É preciso crer em todos, o que é ridículo, ou em ninguém, o que é mais seguro, até que se entre na via certa".[5] A "luz natural" nos guia rumo a uma crença na eternidade do mundo e num deus que, na verdade, seria a natureza.

Embora o texto latino atual desse misterioso tratado date de cerca de 1650, é certo que já deviam circular manuscritos com esse título desde o século XVI, manuscritos que jamais foram encontrados, conhecidos por rumores e boatos, e que alimentaram uma verdadeira lenda. Desde 1543, Guillaume Postel fala dele, depois Genebrard, em 1581, e Florimond de Raemond, em 1610, além do carmelita espanhol Jerónimo de la Madre de Dios, em 1611. Pouco tempo depois, Campanella afirma que por volta de 1538 "veio da Alemanha o livro *De tribus impostoribus*, conforme a doutrina de Aristóteles e Averróis, segundo os quais todos os legisladores são impostores, sobretudo Jesus Cristo, Moisés e Maomé".[6] Em 1631, Mersenne cita trechos da obra, que lhe foram recitados por um amigo, mas até então ninguém tinha deitado a mão num exemplar. Elizabeth da Inglaterra, e depois Cristina da Suécia, ordenaram buscas para encontrá-lo, sem sucesso.

Pela primeira vez, em 1642, alguém afirma tê-lo descoberto: o inglês Thomas Browne, autor de *Religio Medici* [A religião de um médico], faz uma resenha verossímil da misteriosa obra. As menções se multiplicam durante a segunda metade do século XVII; depois, em 1716, uma carta

---

4 Ibid., p.11.
5 Ibid., p.33.
6 Apud Berriot, op. cit., t.I, p.547.

decisiva de Leibniz menciona a brochura, de 28 páginas, que se encontra em posse de Jean-Frédéric Mayer e teria sido comprada por ele em 1680. François Berriot retraçou a história desses diferentes exemplares, muito procurados no século XVIII por bibliófilos curiosos, como La Vallière, que em 1765 consegue um exemplar por 300 libras (um ano de salário de um pároco para sua simples subsistência!), exemplar que depois foi parar na Biblioteca Real – mais tarde, Biblioteca Nacional.[7] Henri Busson estudou o texto e concluiu que "é apenas uma das versões desse livro proteiforme. Durante todo o século XVI, e talvez antes, havia incrédulos que escreviam, copiavam e punham em circulação esses panfletos irreligiosos".[8]

Os exemplares mais antigos do *De tribus* que ainda existem datam do fim do século XVII, quando a obra ganha nova vida durante a crise da consciência europeia. O texto, em si, foi redigido provavelmente por volta de 1650, a partir de tradições e manuscritos muito anteriores, hoje desaparecidos. Os exemplares impressos eram certamente poucos, posto que a vigilante Congregação Romana do Índex não julgou necessário incluir o título na lista de livros proibidos. Também é verdade que no século XVIII o ateísmo quase não se mostra, e o *De tribus* podia parecer relativamente moderado em sua expressão, mesmo em relação aos textos do século XVI.

O tema, no entanto, permanecia atual e, segundo J. Denonain, havia exemplares em circulação até na Polônia. Naturalmente, Voltaire se interessou pelo livro, enquanto Holbach e Naigeon redigiam em francês um *Traité des trois imposteurs* [Tratado dos três impostores], devidamente incluído no Índex em 1783. A ideia da obra é suficientemente audaciosa, em todo caso, para que os eruditos duvidassem de existência de um texto como esse no século XVI, como fez o dijonês Bernard de La Monnoie no início do século XVIII. Opinião equivocada – já que diversos autores do século XVI falaram da obra, embora não tenham conseguido encontrá-la –, mas que confirma que a audácia dos incrédulos da Renascença podia ir longe, surpreendendo até os êmulos do Iluminismo.

OS ATEUS NA APOLOGÉTICA: DUPLESSIS-MORNAY

As autoridades religiosas do século XVI não se enganam. A reação está à altura da preocupação. A repressão contra a descrença se torna notadamente

---

7 Ibid., p.546-60.
8 Busson, *La Pensée religieuse de Charron à Pascal*, p.97.

UM ATEÍSMO CRÍTICO (1500-1600)   179

mais dura a partir dos anos 1570 e se traduz em numerosas execuções. Os motivos de condenação são variados, compreendendo toda a espécie de heresias, mas entre eles aparece cada vez mais o termo "ateísmo".

As autoridades reagem também por escrito. Os tratados de refutação do ateísmo se multiplicam, e a velha preocupação de provar a existência de Deus, que tinha sido abandonada no fim da Idade Média, ressurge. Uma das primeiras obras desse tipo é a de Ramon de Sebonde, cujo título é revelador: *La Théologie naturelle de Raymond Sebon, docteur excellent entre les modernes, en laquelle, par l'ordre de nature, est desmontrée la vérité de la foy chrestienne et catholique* [A teologia natural de Raymond Sebon, doutor de excelência entre os modernos, na qual, por ordem da natureza, é demonstrada a verdade da fé cristã e católica]. Traduzido por Montaigne em 1569, o livro é dirigido contra:

> [esse] grande número de pessoas que julga que a alma nada é sem o corpo e que mede seu viver e sua duração pela vida e pela duração de seus membros: desleixado, por conseguinte, com os bens vindouros, desprezando assim a condenação eterna e não se impondo dever algum para evitá-la.

A demonstração se apoia no exame da natureza e da Bíblia, isto é, do livro da criação e do livro da revelação.

Em 1585, Pierre de Dampmartin, conselheiro do duque de Alençon, utiliza argumentos filosóficos tirados das maravilhas do universo para provar a existência de Deus.[9] Apela-se também para a velha-guarda dos Pais da Igreja, que são traduzidos para que sua dialética apologética seja posta à disposição dos não latinistas e dos não helenistas: em 1570, Gentien Hervet traduz para o francês *A cidade de Deus*. Recorre-se até a autoridades não teológicas, como Marsílio Ficino, cuja obra *A religião cristã* também é traduzida para o francês, em 1578, por Guy Le Fèvre de La Boderie. O tradutor manifesta claramente sua intenção na apresentação: trata-se de combater "o ateísmo e a impiedade que se insinuam secretamente no coração e espírito de muitos voluptuosos e depravados".[10]

Entre as diversas obras de apologética contra os ateus, destacam-se as de Philippe de Duplessis-Mornay. Em 1582, ele publica uma *Athéomachie*, cujo programa já está explícito no título.[11] Trata-se de lutar contra o "ateísmo

---

9 Dampmartin, *De la Connoissance et merveilles du monde et de l'homme.*
10 La Boderie, *De la Religion chrestienne de Marsile Ficin.*
11 Plessis-Mornay, *Athéomachie ou Réfutation des erreurs et detestables impietez des athéistes libertins et autres esprits profanes de ces derniers temps, escrite pour la confirmation des infirmes en la Foy de*

brutal" que invade a sociedade. O livro todo é construído em torno desse termo obsedante: no primeiro capítulo, o autor estuda as "causas do horrível ateísmo"; no segundo, prova a existência de Deus diante do "erro e da estupidez dos ateus"; depois, examina as fontes bíblicas e neotestamentárias a fim de refutar "a cegueira do mundo, obstinado no ateísmo".

Ao que parece, Duplessis-Mornay engloba com esse termo – por ele qualificado de "insensata opinião do homem embrutecido" – tanto o deísmo que nega a providência e a imortalidade da alma quanto o ateísmo em sentido estrito, já que o define como o fato de "negar Deus, criador todo-poderoso, ou sua providência". Esse "pensamento vão, esse monstro horrível que é o ateísmo, com sua incredulidade e seu endurecimento desesperado", foi previsto por Deus. Talvez até tenha sido querido por ele, que, servindo-se do diabo, mostrou sua ira permitindo que a descrença se difundisse por um "decreto secreto", o que, mesmo assim, é bastante preocupante.

É praticamente impossível, observa Duplessis-Mornay, manter o ateísmo durante uma vida inteira, mas os casos se multiplicam. Precisão interessante: os ateus começam a buscar armas na própria Bíblia, utilizando as passagens ambíguas à moda dos sofistas, especialmente as dos Salmos e das obras de sabedoria, a fim de negar a imortalidade da alma. Eles tinham a faca e o queijo na mão para extrair dessa literatura desiludida, sobretudo de um livro como o Coélet, então denominado Eclesiastes, conclusões como: "não há outra vida a não ser esta, vã e miserável"; "depois da morte, não haverá nenhuma diferença entre os bons e os maus, nem entre os homens e os animais". Para Duplessis-Mornay, trata-se de uma manobra desleal, porque esse tipo de opinião foi introduzido ali pelo Espírito Santo apenas como objeto de disputa. E, no entanto, é um novo perigo que desponta, acentuado pela prática protestante da livre análise das Escrituras: começa-se a perceber que é possível encontrar nessa coletânea heteróclita que é a Bíblia absolutamente tudo e seu contrário, e isso mina os argumentos apologéticos tirados da autoridade da Palavra. Já começa a despontar o espírito filosófico, que tirará grande proveito das grosseiras incongruidades e imoralidades bíblicas.

A *Athéomachie* revela também a importância atribuída pelos ateus ao problema do mal, ao triunfo da injustiça na terra: Deus, se existisse, permitiria

---

l'*Église chrestienne et maintenant mise en lumière par Baruch Canephius*. A atribuição desse livro a Duplessis-Mornay foi contestada. Talvez ele apenas o tenha inspirado, o que não faz nenhuma diferença para nossos propósitos.

uma coisa dessa? Enfim, eles não fazem diferença entre o homem e o animal, pois todos caminham no mesmo passo para a morte total.

Mais desenvolvida é a outra grande obra apologética de Duplessis--Mornay, publicada em 1581: *De la Vérité de la religion chrestienne contre les athées, épicuriens, païens, juifs, mahumedistes et autres infidèles* [Da verdade da religião cristã contra os ateus, epicuristas, pagãos, maometanos e outros infiéis]. Nesse ataque de larga envergadura, ele dedica diversos capítulos aos ateus, mas mostra mais nuances do que na *Athéomachie*. Ele faz uma distinção cuidadosa entre os deístas, que se recusam a aderir a uma religião, e os verdadeiros ateus, cujo número ele reduz a alguns casos extremos, isto é, aos que decidem "suspender o próprio julgamento em coisas que não compreendem" – o que corresponderia mais exatamente, aliás, a uma atitude cética ou agnóstica. Lúcido, Duplessis-Mornay reconhece que homens assim sempre existiram na história, mas reduz suas motivações a um simples desejo de gozar dos bens materiais e da carne. Sufocados pela sensualidade, "não querem crer nem em Deus nem em si mesmos" e "tratam de persuadir a própria alma de que não possuem alma".

Com essa finalidade, levantam artificialmente questões ociosas, que são apenas pretextos para não crer, sofismas: se Deus não tem corpo, não pode agir; se tem corpo, este é perecível e deve sofrer tentações, o que é contrário à ideia de Deus. Por que acreditar num Deus que ninguém jamais viu? A criação é uma falsa ideia, pois como é possível explicar que o mundo, tão recente, já esteja tão povoado? É preferível pensar que o mundo é eterno ou, a rigor, que o mundo é Deus; a evolução do mundo acontece por acidentes, influências astrais, acaso. Por que Deus, depois de viver tanto tempo sozinho, ocupando-se sabe-se lá do quê, teve a ideia, em dado momento, de criar o mundo? É absurda a ideia de que Deus "cuida de tantas coisas particulares, nesta cloaca terrena, nesta região elementar sujeita a tantas mutações"; se Deus governasse o mundo, não existiria liberdade. Quanto à alma, como acreditar nela, se tudo mostra que a morte individual é total e definitiva? Se há imortalidade, "se as almas vivem, que venham no-lo dizer". Só pode haver uma "alma sensitiva e vegetativa", que "perece com a matéria"; ela está indissoluvelmente ligada ao corpo, sofre e morre com ele. E como ter fé na ressurreição dos corpos, depois de se ver cadáveres em putrefação?

No que diz respeito ao cristianismo, afirma Duplessis-Mornay, os ateus contestam a autoridade das Escrituras e seus argumentos se tornam mais sofisticados: como é que textos tão grosseiros, dos quais os autores clássicos nada dizem, poderia ser a palavra de Deus? É possível acreditar realmente que outrora os homens viviam de setecentos a novecentos anos?

Que de 70 hebreus que entraram no Egito saíram 600 mil? Que aqueles primitivos conseguiram fazer obras colossais, como a Arca de Noé e a Torre de Babel? Como acreditar que uma serpente pudesse falar, ou em outras fábulas do mesmo gênero? Moisés não passa de um mágico, e as profecias são ilusões. No que diz respeito a Cristo, "o que ele fez, em toda a sua vida, que seja digno de memória?". O que ele é, quando comparado aos grandes homens da Antiguidade, ele que "não deixou nada por escrito, nem de sua vida nem de sua doutrina"? Um homem nasceu de uma virgem? Coisa muito "estranha"! E, ainda por cima, filho de Deus, isso é inconcebível; e é incompreensível "por que Deus enviou seu querido filho ao mundo naquele momento preciso e não em outro, e por que não mais cedo ou mais tarde". Quanto à ressurreição, é "provável que o corpo tenha sido roubado".

Enfim, há esse enorme obstáculo que é o problema do mal. Para começar, é incompreensível que Deus tenha se dirigido a um povo e não a todos os homens. Mas, sobretudo, por que ele pune os filhos por um pecado que foi cometido pelos pais? Isso não é o cúmulo da injustiça? Por que ele permite que se faça o mal? "Por que as doenças, e por que, finalmente, a morte?" Por que os maus prosperam? Duplessis-Mornay, ao falar de "um burburinho quase universal", não é insensível ao problema, embora acabe se submetendo ao mistério.

Como se vê, o ateísmo dos anos 1580 se baseia acima de tudo em interrogações, numa revolta do espírito humano diante de crenças que não atendem mais às exigências racionais. Acrescentam-se a isso argumentos emprestados do pensamento antigo – Demócrito, Epicuro, Lucrécio, Alexandre de Afrodísias, Juliano – e de Averróis, com a teoria da alma do mundo. Mas o arcabouço continua negativo, crítico. E Duplessis-Mornay não se esquece de todos aqueles que vivem sem pensar nessas questões, numa situação de ateísmo prático.

A HOMENAGEM DE CHARRON

Entre os inúmeros tratados de apologética contra os ateus escritos nessa época, mencionamos os do jesuíta Antonio Possevino, de 1584 e 1585,[12] e o de Pierre Charron, *Les Trois veritez* [As três verdades], de 1593. Neles encontramos os mesmos temas, inicialmente com uma tentativa de classificação

---

12 Possevin, *De atheismis sectatorium nostri temporis; Atheismi haereticorum hujus seculi.*

dos diferentes tipos de descrentes. Alguns, que Charron chama de "deístas, filhotes de ateístas", acreditam num Deus indefinido, "impotente, indiferente, sem inquietação e providência"; outros são "céticos", duvidam de tudo e recusam-se a se pronunciar; a terceira categoria é a dos verdadeiros ateus, que declaram "não existir Deus algum", e, no que diz respeito a eles, Charron tem curiosamente a mesma opinião de Duplessis-Mornay, estimando que são raros, porque essas pessoas devem possuir uma grande força na alma. É a primeira vez que encontramos tal homenagem – da parte de alguém, é verdade, cuja atitude foi considerada ambígua. Para Charron, é preciso uma "firmeza de alma" singular, "uma alma extremamente forte e intrépida" para manter o ateísmo com constância num mundo hostil, sendo alvo de críticas e ataques, assim como de dúvidas da consciência, formada numa sociedade crente. O ateu, "só e sem apoio", confrontado com o "tédio e o desespero", tem uma grandeza trágica.

O resto é mais conformista. As causas do ateísmo são sempre as mesmas: sensualidade, conflitos religiosos, espírito de livre análise, pensamento antigo, reino da injustiça, punição divina. Ao expor os argumentos dos ateus, Charron adota um tom que mal esconde sua simpatia pelo ceticismo. Por exemplo, quando a religião é apresentada como uma "invenção artificial bastante útil aos poderosos", quando a ausência de providência é denunciada pela constatação de que há muitas coisas que "não seriam ou seriam bem diferentes, caso houvesse um Deus", ou quando a impossibilidade de provar a existência de Deus é cogitada: não há "razão necessária e suficiente para mostrar que há um deus e uma providência". O cristianismo é uma religião irracional, quando na verdade a razão é que deveria ser nosso único guia.

Essa ambiguidade de Pierre Charron é encontrada por intermédio de todos os casos célebres de descrença julgados no século XVI. Quando os examinamos, não nos surpreende que tenham servido para justificar os pontos de vista mais opostos. Para uns, pessoas como Rabelais, Postel, Dolet, Servet, Cardano, Des Périers e outros eram crentes sinceros, apenas heterodoxos a respeito de certos pontos; para outros, o pensamento desses homens, sinuoso e contraditório, não passava de uma cortina para dissimular um ateísmo ou, no que diz respeito a alguns, um deísmo vagamente naturalista. É muito difícil chegar a uma conclusão. No mínimo, podemos dizer que esses casos ilustram a dispersão das crenças que marca a época. Mas às vezes isso vai muito mais longe.

Mencionamos anteriormente Rabelais, um bom cristão, de acordo com Lucien Febvre. Mas devemos lembrar que, para Henri Estienne, esse autor não tinha mais fé do que Lucrécio:

184 O ATEÍSMO SUBVERSIVO DA RENASCENÇA

Quem é que não sabe que nosso século fez reviver um Luciano na pessoa de François Rabelais, em matéria de escritos zombeteiros sobre toda a espécie de religião? [...] Pois então não sabemos que o objetivo desse homem era alfinetar a verdadeira religião cristã, embora fingisse apenas tender a expulsar a melancolia dos espíritos? [...] Isto é, não acreditar mais em Deus e em sua providência do que acreditou o perverso Lucrécio.[13]

Benedicti e Dumoulin são da mesma opinião e, em 1608, F. des Rues fala de "François Rabelais, verdadeiro ateísta".[14] Sua reputação está feita, e alguns o verão até como um possível autor do *De tribus impostoribus*. Observemos apenas que se encontram em suas obras traços assinalados pelas autoridades da época como marcas de ateísmo. Mas trata-se de romances, e nada autoriza a atribuir a Rabelais todas as ideias de suas personagens.

A DESCRENÇA NA ITÁLIA, DE PIETRO ARETINO A GIORDANO BRUNO

Na primeira metade do século, os italianos são particularmente suspeitos. Pietro Aretino (o Aretino) não exala santidade. Sua poesia erótica, seus ataques permanentes contra o clero fazem dele um alvo privilegiado dos censores, que ele se dá ao luxo de provocar, graças a seus poderosos protetores. O que se pode fazer contra um homem – ainda que seja ateu – defendido pelo papa, por Carlos V, Francisco I, pelos Médicis, por Ticiano e outros mais? Isso lhe permite fazer, em suas comédias, observações extremamente ousadas sobre a religião, Cristo e a imortalidade da alma. Em *A cortesã* (1535), *Talenta* (1542) e *O filósofo* (1546), o clima é totalmente antirreligioso e materialista.

O mesmo clima reina nas obras teatrais de Maquiavel: epicurismo sensual em *A mandrágora* (1515), peça em que se despreza o inferno e se recomenda o aborto. O fato de que o papa Leão X a tenha apreciado diz muito sobre o que era tolerado na época. Maquiavel é ainda mais explícito em seus poemas e contos, como em "O asno de ouro", constatação realista e desiludida sobre um mundo em que os animais são mais fortes, mais adaptados e mais felizes do que os homens, que são corroídos pelos pensamentos, pelo medo da morte, pela ambição e pelas desilusões. "Apenas o

---

13 Estienne, *Apologie pour Hérodote*, I, cap. XIV.
14 Des Rues, *Description contenant toutes les singularitez des plus célèbres villes*, p.155.

UM ATEÍSMO CRÍTICO (1500-1600)   185

homem massacra o homem, crucifica-o, despoja-o." Única solução: gozar da
existência sem refletir. "Vivo bem mais feliz nesse lamaçal em que mergulho
e me lambuzo sem me atormentar com pensamentos vãos", conclui o asno:
uma apologia do ateísmo prático.

Se as obras de ficção são de interpretação delicada, a correspondência
é mais reveladora do pensamento autêntico. Ora, as cartas de Maquiavel
deixam poucas dúvidas: o florentino aparece como um fatalista, e de um
naturalismo epicurista, quando escreve a um amigo: "Acredito, acreditei e
sempre acreditarei que Boccaccio tinha razão quando dizia: mais vale fazer
e se arrepender do que se arrepender e não fazer nada".

O estudo da história, que em outros mostra por toda a parte a providência em ação, em Maquiavel só faz confirmar o reino da Fortuna. A religião
jamais passou de um meio para assegurar o bom funcionamento do Estado;
Sólon, Licurgo, Numa e todos os grandes legisladores sabiam disso: "Lá
onde o temor de Deus não existe, é preciso que o império sucumba". Moisés
e Maomé souberam aproveitar as forças religiosas para conduzir sua luta, e
Savonarola também utilizou o subterfúgio para fazer "acreditar que ele se
entrevistava com Deus". A religião é o melhor sustentáculo do príncipe,
como repete Maquiavel em seus *Discursos*:

> Infeliz do Estado em que o temor ao Ser supremo não existe mais! Ele deve
> perecer, caso não seja provisoriamente salvo pelo próprio temor do príncipe, que
> compensa a falta de religião; mas como os príncipes reinam apenas o tempo de
> uma vida, o Estado está fadado à dissolução a curto prazo [...]. Nada mais fácil,
> ao contrário, do que conservar um Estado formado por um povo religioso, por
> conseguinte cheio de bons sentimentos e inclinado à união.[15]

Quando a crença religiosa enfraquece, o espírito de contestação e
revolta progride. Foi o que aconteceu na Antiguidade: "Quando os oráculos
começaram a falar ao gosto dos poderosos, e o povo reconheceu a fraude, os
homens tornaram-se menos crédulos, e mostraram-se dispostos ao levante".
As religiões pagãs morreram, foram substituídas pelo cristianismo – o que
Maquiavel parece lamentar, pois a nova religião, talvez mal compreendida,
"tornou os homens mais fracos". O cristianismo se tornou a religião da submissão, por causa da "covardia dos homens que interpretaram a religião de
acordo com a preguiça". Mas as religiões também são mortais: "A existência

---

15 Maquiavel, *Discours*, III, 1.

de todas as coisas deste mundo tem um término. Falo aqui dos corpos compostos, como as repúblicas ou as religiões. É mais evidente que o mais claro dia que, posto que esses corpos não se renovam, eles não podem durar". Esse é um ponto de vista novo, completamente oposto ao ensinamento da Igreja, segundo o qual o cristianismo jamais acabaria. Introduzindo a dimensão temporal e histórica no centro da religião, Maquiavel lhe inocula um veneno mortal, cuja ação perniciosa começa a se desenvolver a partir do século XVIII. Fazer a história das religiões, registrar seu nascimento, sua vida, seu declínio e sua morte, não é fazer a cama para o ateísmo?

A história comparativa não é muito favorável às verdades absolutas. É o que se percebe pelos escritos de um outro italiano de reputação igualmente duvidosa: Girolamo Cardano. Em seu *De subtilitate*, de 1550, constatando como as diferentes religiões combatem umas às outras, ele faz uma comparação entre "as leis dos idólatras, dos cristãos, dos judeus, dos maometanos" – e explica as diferenças em parte pela influência dos astros –, mas não se pronuncia sobre a superioridade de uma dessas religiões: "Que o acaso decida a vitória!". Os censores do século seguinte também incluirão Cardano entre os ateus. Para o padre Garasse, "Cardano, que é um dos mais temerários escritores já conhecidos, e que em tudo pende para o lado do ateísmo, avança duas razões para demonstrar a pretensa eternidade do mar e assim conclui que o mar jamais teve começo e, por conseguinte, tampouco o mundo".[16] Ele o acusa de ser de "opinião que a alma do homem é de mesma espécie e mesma essência que a de um cavalo: o primeiro ateísta de nosso tempo que publicou impunemente essa maldita doutrina foi Girolamo Cardano".[17] Mersenne, Tomasini e Raynaud são da mesma opinião: Cardano é um ateu; já Naudé, Parker e La Mothe Le Vayer o veem simplesmente como um cético, ou um ímpio audacioso.

Os eruditos de nossa época também se mostram divididos e percebem entreveem em Cardano fortes similitudes com o pensamento paduano: rejeição do milagre, eternidade do mundo, dúvidas sobre a imortalidade da alma. Em *De vita propria*, ele se mostra igualmente heterodoxo, mas nunca nega categoricamente a existência de Deus. Do mesmo modo, podemos chamar de ateu o napolitano Telésio, fundador de um sistema ousado, baseado nas relações entre matéria e força, pelo qual a alma, de essência material sutil, encontra-se alojada nas cavidades cerebrais? E o que pensar da carta de 22 de junho de 1534, encontrada pelo erudito La Monnoye, na

---

16 Garasse, *La Doctrine curieuse des beaux esprits de ce temps*, p.435.
17 Ibid., p.944.

qual o humanista Fausto de Longiano anuncia a Aretino: "Comecei outra obra intitulada *Templo da verdade*, intento estranho que talvez eu divida em trinta livros: nela ver-se-á a destruição de todas as seitas, da judia, da cristã, da maometana, e das outras religiões"?[18] Ninguém sabe se o projeto foi realizado. Em todo caso, não sobrou nenhum vestígio deles. E o florentino Francisco Pucci – que Voetius chamava de "sem religião" e que foi católico, protestante, depois católico de novo e, na realidade, visionário heterodoxo – não seria antes um simples iluminado?[19]

Ainda na Itália: o sienense Bernardino Ochino, personalidade estranha, publica em 1563 uns *Diálogos* entre um judeu e um cristão, a propósito da divindade de Cristo.[20] O procedimento, inúmeras vezes repetido, permite todas as audácias e todas as ambiguidades. Assim, Ochino coloca na boca do judeu todos os argumentos clássicos contra o Messias, ao passo que a "refutação" do cristão parece bastante inconsistente, e a conversão do judeu no fim da obra parece pouco verossímil. Aliás, ela não engana ninguém, muito menos os pastores de Zurique, que denunciam a manobra:

> Ele dava a palavra a um judeu, que atacava e blasfemava contra a doutrina de Jesus Cristo, e refutava debilmente os argumentos desse judeu. Reunia todas as heresias contra a Santa Trindade e a divindade de Jesus Cristo, a pretexto de combatê-las e, longe de condená-las, parecia favorecê-las, deturpando as passagens das Escrituras que provam a divindade do Filho de Deus. O objetivo desses trinta diálogos era lançar dúvidas sobre a doutrina cristã, excitar querelas e causar escândalo.[21]

Se é por isso, Ochino não tem nada de ateu. Contudo, desde o século XVII, alguns lhe atribuíram o adjetivo e o viram como um possível autor do *De tribus impostoribus*. É o que se deduz da leitura de uma carta de 1640, escrita pelo cavaleiro Digby:

> Bernardinus Ochinus foi um ateu formado e manifesto que, tendo sido fundador e patriarca da ordem dos capuchinhos, de um zelo muito ardente, tornou-se herético, depois judeu e, enfim, turco. Depois de tudo isso, mostrou--se muito vingativo e escreveu contra todos os três, tratando-os de os maiores

---

18 La Monnoye, *Lettre à M. Bouhier*. In: _____, *Œuvres complètes*, t.II, p.405.
19 Bayle, *Œuvres complètes*, t.III, p.2520-1.
20 Ochino, *Dialogi triginta in duos libros divisi*.
21 Apud Berriot, op. cit., t.I, p.463.

188   O ATEÍSMO SUBVERSIVO DA RENASCENÇA

impostores do mundo, entre os quais incluiu Cristo, nosso Salvador, Moisés e Maomé.[22]

Se Bernardino de Siena pôde ser considerado ateu, não nos surpreende que Giordano Bruno tenha herdado a mesma reputação: "Ele atacava as bases da própria religião, negava a revelação, subvertia os fundamentos mais sólidos do cristianismo [...] Como ateu é que foi punido com o suplício derradeiro", escreve J. P. Niceron.[23] E o abade Goujet confirma: "Era um ímpio, ainda que filósofo. Foi queimado em efígie* em virtude de seu diálogo *Spaccio*, obra raríssima, digna produção de um ateu".[24] Desde então, os estudos sobre o pensamento de Giordano Bruno, assim como os autos de seus interrogatórios, revelaram uma personagem muito mais complexa, efetivamente adversário dos cultos revelados, hostil aos dogmatismos presunçosos de todos os donos da verdade, mas que guardava um profundo senso do divino.

Esse dominicano de vida agitada, detido em 1592 por ordem da Inquisição, interrogado primeiro em Veneza e depois transferido para Roma, onde permaneceu sete anos na prisão, antes de morrer na fogueira em 16 de fevereiro de 1600, logo ganhou a dimensão de um símbolo – mas um símbolo incômodo, porque seu pensamento desconcertante recobre todos os tipos de crença e descrença, de modo que nenhuma corrente pode de fato se reconhecer nele: nem a fé dogmática nem o ateísmo.

Aliás, os motivos da acusação misturam, inextricavelmente, teologia, ciência e filosofia, indissociáveis tanto no pensamento de Giordano Bruno quanto no dos inquisidores. Para o ex-dominicano, a ideia de revelação não tem sentido, tampouco a do pecado original: a seu ver, Jesus é um homem que recebeu uma ajuda divina especial. Mas o que lhe censura o Santo Ofício diz respeito também às relações entre o mundo material e Deus. O cerne de sua doutrina tem caráter panteísta: Deus é imanente ao mundo, é a força espiritual que anima a matéria e se oculta em seu seio. Giordano Bruno situa no nível dos átomos a intervenção do Espírito, da alma do mundo; o átomo

---

22   Ibid., p.456.
23   Niceron, *Mémoires pour servir à l'histoire des hommes illustres dans la république des lettres*, t.XVII, p.219.
*   Pelo direito antigo, tratava-se de uma condenação pela qual o acusado sofria ficticiamente a pena capital: sua efígie (uma representação grosseira de sua pessoa, quadro ou manequim, por exemplo) era queimada em público. No caso de Giordano Bruno, a pena capital pela fogueira foi aplicada posteriormente. (N. T.)
24   Gouget, *Bibliothèque françoise*, t.VIII, p.121.

é centro de vida, é o ponto no qual se insere o Espírito, e é coeterno a Deus. Os átomos, movidos de seu próprio interior, não se combinam nem ao acaso nem de modo desordenado, mas de acordo com uma vontade organizadora, indo na direção de estruturas cada vez mais complexas e cada vez mais perfeitas.[25] Portanto, Giordano Bruno rejeita parcialmente Demócrito e Epicuro.

O mundo é o Todo, infinito. Dois infinitos não poderiam coexistir fora um do outro, ou um ao lado do outro. Deus, portanto, não é separado do mundo, ele está no mundo, é imanente a ele. Todavia, os escritos de Giordano Bruno permitem matizar esse panteísmo. Em *De l'infinito universo et mondi* [O universo infinito], ele sugere uma separação de ordem lógica entre Deus e o mundo, que não coincidem de modo algum:

> Digo que o universo é todo infinito porque não tem nem marco, nem limite, nem superfície; digo que o universo não é totalmente infinito porque cada uma de suas partes que podemos tomar é finita e, dos incontáveis mundos que ele contém, todos são finitos. Digo que Deus é todo infinito porque ele exclui dele todo limite, e porque cada um de seus atributos é uno e infinito; e digo que Deus é totalmente infinito porque ele está inteiro no mundo e em cada uma de suas partes infinitamente e totalmente; ao contrário da infinitude do universo, que está totalmente no todo, mas não nas partes que podemos compreender nele, se todavia, com relação ao infinito, eles podem ser chamadas de partes.[26]

Assim, em 1600, Giordano Bruno é um homem sozinho, com quem ninguém deseja se comprometer. Nem Galileu ou Descartes falarão dele. Marsenne o chamará de "o mais temível pensador dos ateístas, ateus ou libertinos", mas estes últimos também rejeitam a companhia de Bruno, que para eles é um místico iluminado. Segundo o testemunho do alemão Gaspar Scioppius, Bruno teria declarado, enquanto esperava a sentença: "Vós que me condenais, este julgamento vos faz talvez mais medo do que a mim"; e que, já na fogueira, teria afastado o crucifixo que lhe estendiam, mostrando que não precisava de intermediários para se juntar ao Grande Todo. Derradeira apostasia para uns, derradeira fidelidade a suas convicções panteístas para outros.[27] Apenas em nossa época de explosão de credos e fronteiras entre fé e descrença é que o pensamento de Giordano Bruno voltou a ter interesse.

---

25 Michel, L'atomisme de Giordano Bruno. In: Colloque International de Royaumont, *La Science au XVIe siècle*, p.251.
26 Bruno, *De l'Univers fini et des mondes*, apud Koyré, *Du Monde clos à l'univers infini*, p.77.
27 Minois, *L'Église et la science. Histoire d'un malentendu*, t.I, p.339-42.

DOLET, GRUET E SERVET: OS MÁRTIRES DO PENSAMENTO LIVRE (1546-1553)

Fora da Itália, outros casos retumbantes vieram ilustrar, no decorrer do século XVI, as dificuldades de expressão de um ateísmo perseguido, que ainda tentava se descobrir. Em Paris, o tipógrafo Étienne Dolet é condenado à fogueira em 1546, após dois anos de detenção e sob a acusação de "impiedade", como "ateu reincidente", "epicurista e saduceu". Ao contrário de Giordano Bruno, Dolet foi adotado pelos livres-pensadores europeus, que dele fizeram seu precursor e seu insigne representante.[28] No entanto, é bastante difícil apreender o pensamento desse aventureiro da edição e separar a provocação da convicção profunda. Nascido em Orléans em 1509, ele foi iniciado no pensamento de Lucrécio, Plínio e Cícero pelo editor Nicolas Bérauld, em Paris. Aos 18 anos, foi estudar em Pádua, aprofundou-se no pensamento de Cícero sob a orientação do humanista Simon de Villeneuve e ligou-se a Des Périers e Nicolas Bourbon. Detido diversas vezes em Toulouse e depois em Lyon, só foi liberado por indulto real; mas sua reputação de ateu já estava solidamente estabelecida em 1535 – ele tinha apenas 26 anos –, como mostra uma carta daquele ano, escrita por Jean-Angel Odone:

> Eu era muito ligado a ele em Bolonha. Nada vi de Cristo nele nem em seus livros: só Deus sabe se ele tinha alguma coisa dele no coração. Ele próprio me declarou que, quando fugiu da França, levou, para se consolar de seu infortúnio, não o Antigo e o Novo Testamento, mas as *Epístolas* de Cícero *Ad familiares*. Eu não vos teria falado de sua conduta ímpia se não soubéssemos que todos esses símios de Cícero dão mostras da mesma depravação, da mesma impudência [...]. Ignoramos se a Universidade e o Parlamento de Paris têm a intenção de puni-lo com a pena capital. Pois com frequência ocorre que esses ateus sejam esmagados pela punição que merecem (como está dito na Epístola) no momento em que, em sua alegria, exclamam: "Paz, paz, comamos e bebamos".[29]

De fato, em suas reações, atos e escritos dos anos 1534-1535, Dolet aparece inicialmente como um cético ou agnóstico, desapegado das religiões.

---

28 Chassaigne, *Étienne Dolet*; Lecler, Aux origines de la libre pensée française. Étienne Dolet, *Études*, t.207, n.10, p.403-20.

29 Apud Chassaigne, op. cit., p.100.

UM ATEÍSMO CRÍTICO (1500-1600)

Durante o caso dos pasquins,* em 1534, ele escreve a Guillaume Scève, depois da execução de cerca de vinte huguenotes: "Quanto a mim, assisto como espectador a essas tragédias. Sem dúvida, lamento por esses miseráveis, e sinto piedade por eles, mas estimo que são bem ridículos e tolos de pôr sua vida em perigo por sua estúpida teimosia e sua insuportável obstinação". Em seu *Dialogue sur l'imitation de Cicéron* [Diálogo sobre a imitação de Cícero], de 1535, ele declara que a teologia é uma ocupação vã, que, aliás, pode levar à perda da fé. Vestígio de uma experiência pessoal? "Ocorre a muitos que, depois de analisar profundamente os mistérios que anteriormente reverenciavam, passem a desprezá-los e, achando-os falsos e sem fundamentos, desdenham a religião de Cristo".[30] Enfim, num parágrafo magnífico, ele ataca esses homens – especialmente os teólogos – que dissertam com segurança sobre questões das quais tudo se ignora, como se tivessem acesso ao conselho dos deuses:

> Nada no mundo me parece mais grotesco do que a loucura dessa gente que, como se fosse aparentada às potências celestes, ou fizesse parte com eles do céu de Júpiter, tem sempre os deus na ponta da língua, para vos ensinar como se chega ao céu, ou como se mergulha na escuridão do reino das trevas. Estúpida e insuportável raça de homens! Como se fossem comensais de Júpiter e dos deuses para nos comunicar os celestes decretos![31]

Em que acredita esse agnóstico? Provavelmente não na imortalidade da alma, ainda que se refira a ela num poema escrito por ocasião do nascimento de seu filho, porém acrescentando sua preocupação de evitar aborrecimentos e salvar sua reputação. A imortalidade que ele concebe é antes aquela que pode ser adquirida pela glória terrena: "Meu desejo é vencer a morte e, enquanto viver, colocar em minha vida tanta nobreza e coragem quanto for capaz, a fim de assegurar a imortalidade".

Ele também não crê em milagres, profecias, manifestações do sobrenatural e na providência. O destino é para ele a única coisa que governa o mundo: "Tudo nasce do poder soberano da natureza engenhosa e de seu maravilhoso poder". Naturalismo e fatalismo epicuristas? De fato, isso

---

* Episódio em que escritos injuriosos, que questionavam a fé de Francisco I, foram colados nos muros de Paris e de outras cidades francesas, em 1534. O rei declarou sua fé publicamente e ordenou perseguições e execuções. (N. T.)

30 Apud Lecler, op. cit., p.37.

31 Apud Chassaigne, op. cit., p.182.

parece mais próximo de seu pensamento íntimo. Ele jamais trata de Cristo em suas obras. Quanto a Deus, ele afirma diversas vezes acreditar nele, mas essa divindade indefinida e distante se assemelha muito à dos panteístas. Tudo isso é mais do que suficiente para que os detentores das verdades teológicas não hesitem em colocá-lo na categoria dos ateus. Para Visagier, ele não passa de um "símio de Luciano":

> Zomba, símio de Luciano, tu não me levarás a tuas doutrinas: negar ao céu a existência de Deus que quis que seu Filho morresse para a salvação dos homens; negar a falta de Adão que entregou o gênero humano às garras ferozes da morte; negar o julgamento supremo e as penas do inferno...

Floridus Sabinus redige um panfleto contra Dolet, o *Adversus Stephani Doleti calumnias*, no qual o acusa de dissimular seu ateísmo: "Tu te absténs, é claro, de manifestar tua opinião sobre Deus e a alma". Calvino compartilha essa opinião, e Castellion escreve que ele é um homem "para o qual não há Deus nem Cristo".

Étienne Dolet é queimado vivo pelos católicos em Paris, em 1546. No ano seguinte, em Genebra, os calvinistas executam Jacques Gruet, mais ou menos pelos mesmos motivos: "sedicioso blasfemador e ateu". No entanto, a personagem e o contexto são muito diferentes. Secretário genebrino, Gruet era conhecido por seus costumes duvidosos, suas afirmações perigosas e seu espírito de oposição política. Foi detido após a descoberta de um pasquim injurioso contra os ministros reformados da cidade, em particular contra Calvino. Os motivos da condenação se baseiam essencialmente no conteúdo de suas conversas privadas, mas dois anos após sua execução descobriu-se em sua casa uma dissertação em latim que era um manifesto de total descrença, autentificada a pedido do Conselho de Genebra e por seus próprios amigos como sendo de sua autoria. Calvino manda queimar o manuscrito num auto de fé público cuja função é servir de advertência para os círculos descrentes da cidade. Essa dissertação não existe mais, contudo o Conselho de Genebra registrou uma análise que foi feita para justificar a condenação e, no século XVIII, um secretário copiou o conteúdo de uma carta intitulada *Clarissime lector* [Ilustríssimo leitor], atribuída a Gruet, cuja autoria ele negou, mas reconheceu tê-la em sua posse.

Esses dois documentos permitem delimitar o pensamento de Gruet, desde que sejam autênticos, é claro. François Berriot examinou demoradamente esse problema: as circunstâncias excepcionais em que ocorre o processo, a audácia extraordinária dos escritos incriminados, que vão mais

UM ATEÍSMO CRÍTICO (1500-1600)

longe do que aquilo que vimos até aqui, o caráter suspeito das testemunhas de acusação, que tinham ligações com Calvino, tudo isso nos faz acreditar num conluio para depreciar o ateísmo e a oposição política aos ministros. Que Calvino tenha inventado tais blasfêmias parece psicologicamente impossível a Berriot, e que tenham sido consideradas verossímeis é um sinal da existência real de círculos de descrentes naquela Genebra de meados do século XVI:

> É inteiramente razoável afirmar portanto que realmente houve, em Genebra, durante a primeira metade do século XVI, uma curiosa personagem de nome Jacques Gruet que, nos fundos de um casarão situado no burgo de Four e durante seus passeios a Mollard, dizia a si mesma que "aquilo que escrevera e ensinara Moisés era apenas a pôr ordem entre os seres humanos"; "que havia uma lei natural pela qual era preciso se guiar"; e que, quanto aos mistérios do universo, se nos remetêssemos a Platão e Aristóteles, perceberíamos um pouco de "verdade".[32]

Os fragmentos dos dois documentos citados por François Berriot são eloquentes. O cristianismo é rejeitado com um exagero impressionante: os profetas são "loucos, sonhadores, fantasiosos"; os apóstolos, "patifes e malandros, apóstatas, toscos, desmiolados"; a Virgem, uma "lasciva"; "o Evangelho não passa de um monte de mentiras; todos os livros são falsos e maus; e há neles menos sentido do que nas fábulas de Esopo; trata-se de uma falsa e louca doutrina". Quanto a Cristo:

> Jesus foi um biltre, um mentiroso, um louco, um sedutor, malvado e miserável, um infeliz fabulador, um rústico cheio de presunção gloriosa e maligna que foi merecidamente crucificado [...]. Ele dizia ser o filho de Deus, quanto dizem os hereges em suas sinagogas; ele se fazia de hipócrita, sendo enforcado como bem merecia e morto miseravelmente em sua loucura, doido insensato, grande bêbado, detestável traidor e enforcado perverso, cuja vinda ao mundo só trouxe malvadeza, desgraça e *baroche*,* e todos os opróbios e ultrajes que se possam inventar.[33]

---

32 Berriot, op. cit., t.II, p.865.

* Vocábulo do francês "médio" (de 1330 a 1500); hoje é um sobrenome cuja etimologia remete a *basoche*, derivado de *basilica* (em latim, "igreja"), cruzado com *paroche*, "paróquia". (N. T.)

33 Apud Berriot, op. cit., t.I, p.450.

194   O ATEÍSMO SUBVERSIVO DA RENASCENÇA

Mas o ataque não se limita ao cristianismo: "Deus não é nada", "os homens são semelhantes às feras", lê-se na dissertação. Quanto à carta ao "ilustríssimo leitor", ela não poderia ser mais explícita:

> Sei o que disseram e escreveram os homens, mas creio que tudo o que foi escrito a propósito do poder divino é falsidade, sonho e fantasia. [...]. Alguns sábios dizem que o homem foi criado da substância da terra e que o primeiro foi Adão [...].
>
> Realmente, de minha parte, penso que o mundo é sem começo e não terá fim. De fato, que homem pôde descrever veridicamente as coisas do começo do mundo? Nenhum outro além de Moisés descreveu a primeira geração, e esse mesmo Moisés escreveu sobre o que se passou dois mil anos antes de sua época: ora, tudo o que escreveu, ele aprendeu em seu próprio espírito, não tinha nenhuma autoridade sobre o que dizia e sobre o que dizia lhe ter sido revelado. Eu, de minha parte, nego sua autoridade porque inúmeros homens a contestaram. [...]
>
> O mesmo Moisés afirmava, como eu disse, que suas primeiras narrativas lhe foram reveladas por Deus, o que ignoro. Depois dele, vieram outros homens que inventaram ainda mais e acrescentaram outras fábulas e as escreveram, como Jó, Isaías e outros antigos. Depois os modernos, como Jerônimo, Ambrósio, Beda, Scot, Tomás de Aquino e outros bárbaros, que inventaram outras falsidades. [...]
>
> No entanto, que dignidade aparece no Deus deles? É uma coisa horrível fazer o homem, dar vida a ele e então, depois de dois ou três dias de vida, dar-lhe a morte. É uma coisa inverossímil criar o homem e aniquilá-lo. Do mesmo modo, alguns dizem que a alma está no corpo, outros dizem que é um espírito: mas para onde vai esse espírito ao sair do corpo? Se me respondes: ele permanece em algum lugar à espera do julgamento final, então por que Deus não o deixa em seu próprio corpo, ao invés de fazê-lo mudar de lugar? Se dizes: os espíritos estão em repouso, glorificando Deus, e outros estão no inferno, se estão no inferno, alguma essência apareceria; ora, jamais se soube nada com certeza dessas coisas. [...]
>
> Creio que, quando o homem morre, não há nenhuma esperança de vida [...]
>
> Penso que os filósofos astrólogos estão mais próximos da verdade. Penso verdadeiramente que nada é movido senão pelo sol, pela lua e pelas estrelas, com os quatro elementos. No entanto, se me perguntares quem fez essas coisas, posto que ninguém é autor delas, eu não saberia o que te responder.[34]

---

34   Ibid., t.II, p.862-4.

UM ATEÍSMO CRÍTICO (1500-1600)

Tudo está aí. Jacques Gruet é tão próximo do ateísmo quanto se podia ser no século XVI, e as acusações de Calvino não parecem exageradas, caso os dois escritos sejam autênticos. Revelou-se que Gruet era um dos principais opositores políticos de Calvino, e provavelmente participou de uma tentativa de complô contra ele, e que este último era dado a qualificar seus adversários de "libertinos e ateístas: eram os crimes comuns que se atribuíam a todos aqueles que aborreciam Monsenhor", escreve Jérôme Bolser.[35] Contudo, os dois documentos citados são completados por testemunhos de conversas privadas, por notas escritas nas margens de uma obra de Calvino e pela presença na casa de Gruet – que parece ter sido um leitor voraz – de obras pouco ortodoxas.

O caso de Michel Servet, mais célebre, é também muito mais suspeito. Servet, que Calvino manda para a fogueira em 1553, seguramente não é ateu. Ele afirmou claramente sua crença na ressurreição e na imortalidade da alma:

> Entre todas as heresias e todos os crimes, não há maior do que afirmar que a alma é mortal. Quem diz isso não crê em absoluto que haja nem justiça, nem ressurreição, nem Jesus Cristo, nem Santas Escrituras, nem coisa alguma, senão que tudo é morte, e que o homem e o animal em nada diferem. Se tivesse dito isso, eu mesmo me condenaria à morte.[36]

Mas seu pensamento, próximo do milenarismo, é tão desconcertante que nem os católicos nem os protestantes conseguem se identificar nele; assim, estabelece-se um consenso cômodo para transformá-lo em ateu, em negador de toda e qualquer religião, como dizem os juízes: "Saibam que esse maldito personagem não deixou nenhum ponto da doutrina ao abrigo de suas imundices. Ele não teve outro objetivo a não ser apagar a luz que temos pelas palavras de Deus, a fim de extinguir toda religião".[37]

A DESCRENÇA COMO REVOLTA EXISTENCIAL

Reveladora da confusão que reina na época é a acusação de ateísmo contra Servet, que Guillaume Postel chama aqui de Villeneuve:

---

35 Bolsec, Histoire de la vie, mœurs, actes, doctrine, constance et mort de Jean Calvin. In: Cimber; Danjou (ed.), Archives curieuses de l'histoire de France, t.V, p.343.
36 Roget, Le Procès de Michel Servet, p.82.
37 Ibid., p.57.

É um hábito generalizado convencer os homens de que se deve viver na impiedade e, tal qual os brutos, deixar-se levar pelo que é proibido. Alguns até fizeram de sua impiedade uma profissão pública. Basta-me como prova o detestável *Traité des trois prophètes* [Tratado dos três profetas], de Villeneuve, o *Cymbalum mundi* [Címbalo do mundo], o *Pantagruel*, e o *Nouvelles Indes* [Novas Índias], cujos autores foram chefes do partido luterano.[38]

Ora, esse mesmo Guillaume Postel é suspeito de ser o possível autor do *De tribus impostoribus*, o que, mais uma vez, não tem fundamento. A reputação de Postel se deve a seu interesse pela Cabala, pelo Oriente e pela união de todas as religiões, o que, para os fanáticos, equivale ao ateísmo. No entanto, ele condenou a descrença com energia e sem ambiguidades, e a considerava o crime por excelência da época, um crime inspirado pelo diabo e que não seria perdoado. Mas ele também tem um lado milenarista, o que não deixa de lembrar o recorte da história que Joaquim de Fiore fazia no início do século XIII. Na obra *Absconditorum clavis* [Chave das coisas ocultas], de 1547, Postel desenvolve sua ideia sobre as quatro idades do mundo: a infância (era do politeísmo), a juventude (tempo da lei mosaica), a idade adulta (época da graça e do cristianismo) e a velhice, que estamos iniciando e que corresponde à "restituição universal", quando a concordância entre a razão e a fé permitirá explicar os mistérios. Esse racionalismo cristão realizará a concórdia teológica universal. Não há nada de ateu nisso, mas também não há nada que seja perfeitamente ortodoxo. Essa vontade de racionalizar a fé e situar o cristianismo no centro de uma evolução parecia suspeita.

O contemporâneo Florimond de Raemond toma sua defesa e afirma querer "vingar a injúria feita a esse homem que eles apontam como ateu". Ele o apresenta como uma alma "em busca" durante toda a juventude ou, como diríamos hoje, um inquieto, que empreende a busca da verdade:

> Era no tempo em que tantas e diversas religiões começavam a perturbar o mundo e surpreenderam tanto esse espírito, na verdade presunçoso e ousado no frescor de sua juventude, que ele não sabia em que crer. Ele errava em todas as direções, portanto, sondando turcos, judeus, cristãos da Grécia, da Alemanha e outros, lendo com cuidado os seus livros.[39]

---

38 Postel, *De orbis terrae concordia*, p.72.
39 Raemond, *Histoire de la naissance de l'hérésie de ce siècle*, p.229.

Depois, tendo concebido seu sistema, Postel teria se tornado um grande defensor da religião católica. Mais tarde, J. P. Niceron manifestará a mesma opinião, mas ao mesmo tempo emitirá reservas quanto à pretensão racionalista de Postel:

> Alguns chegaram a acusá-lo de ateísmo e deísmo, acusação completamente frívola, já que não há um só escrito seu em que ele não suponha a divindade e não reconheça expressamente a inspiração divina dos Escritos sagrados. [...]
> Ele pretendia demonstrar pela razão e pela filosofia todos os dogmas da religião cristã, sem fazer exceção dos mistérios. Persuadido de que sua razão natural estava muito acima da dos homens, imaginava que converteria, por meio dela, todas as nações da terra à fé de Jesus Cristo.[40]

Esse é um julgamento do século XVIII. Duzentos anos antes, o ecumenismo de Guillaume Postel seria suspeito. E, outra ironia, um dos acusadores de Postel é Pierre de La Ramée, ou Ramus, ele mesmo acusado de ser um leitor assíduo do *De tribus impostoribus*. Florimond de Raemond escreveu:

> Em minha infância, vi no colégio de Presle um exemplar dele nas mãos de Ramus, homem bastante apreciado por seu grande e eminente saber, que confundiu seu espírito entre tantas buscas pelos segredos da religião, que ele manejava com a filosofia. Faziam aquele livro perverso passar de mão em mão, entre os mais doutos, desejosos de vê-lo.[41]

Acusação igualmente vã contra um autêntico defensor da religião, mas que mostra como era comum a suspeita de ateísmo na época. Outro humanista, M. A. Muret, paga caro por isso em meados do século. Condenado em Paris e depois em Toulouse, em 1554, ele leciona em seguida em Veneza e Pádua. Scaliger diz a respeito dele: "Muret seria o melhor cristão do mundo caso acreditasse em Deus tão bem quanto persuade os outros de que é preciso acreditar nele"; e, no século seguinte, Henri Ernstius repercute um rumor que atribuía a Muret a autoria do *De tribus*. Grande admirador de filosofia antiga, Muret é sobretudo vítima de sua reputação de homossexual – que deu origem às duas condenações que sofreu.

Já assinalamos a frequência com que as autoridades civis e religiosas vinculavam sodomia e ateísmo. É longa a lista dos acusados suspeitos de vício

---

40 Niceron, op. cit., t.VIII, p.295 e 356.
41 Raemond, op. cit., p.236.

198 O ATEÍSMO SUBVERSIVO DA RENASCENÇA

contra a natureza e interrogados por esse motivo: Michel Servet, Geoffroy Vallée, Giordano Bruno, Lucilio Vanini, Jacques Gruet, Étienne Dolet, Des Barreaux, La Chalade. Esse amálgama entre depravação moral e depravação intelectual é compreensível do ponto de vista dos acusadores: para eles, aquele que nega a verdade fundamental, a existência de Deus, abandona todo e qualquer valor absoluto, renuncia à ordem divina do mundo, que é ao mesmo tempo cósmica, moral e intelectual; ele retorna ao caos. Da parte dos acusados, mesmo que o vínculo entre imoralidade e ateísmo seja um exagero grosseiro, nem por isso deixa de ser verdade que, em certo número de casos, a descrença parece ligada a uma concepção vulgar do epicurismo, o que reforçaria a ideia de que o ateísmo teórico da Renascença seria um dos elementos de uma revolta mais geral do espírito contra o jugo sufocante dos dogmas religiosos – tanto católicos quanto protestantes –, uma reivindicação de liberdade global diante dos poderes civis e religiosos. Essa revolta se acentua no fim do século, quando as desordens político-religiosas arruínam o prestígio desses poderes.

A MENSAGEM AGNÓSTICA DO *CYMBALUM MUNDI* (1537)

Daremos um último exemplo com Bonaventure des Périers, que se suicidou em 1544. Fim digno de um verdadeiro ateu, escreve Henri Estienne, que fustiga seus escritos licenciosos e, sobretudo, o famoso *Cymbalum mundi*, obra anônima de 1537, cuja autoria foi logo descoberta, como mostra uma observação de Claude de l'Estoile escrita num exemplar mantido na Biblioteca Nacional: "O autor, Bonaventure des Périers, homem perverso e ateu, como se vê por este livro detestável".[42] A obra, considerada uma das mais ímpias do século, determina a reputação do criado de Margarida de Navarra, que só escapa das perseguições graças à proteção de que goza. Toda uma linhagem de críticos e censores dos séculos XVII e XVIII, que vai de Garasse e Mersenne a La Monnoye, classifica-o irremediavelmente entre os piores ateus. Foi a geração de Voltaire que relativizou esse julgamento.

Incluído no Índex, condenado pela Sorbonne, o *Cymbalum* quase desapareceu: restam apenas dois exemplares originais. Muitos dos que o atacaram jamais conseguiram vê-lo, o que contribuiu, como acontece em geral, para

---

42 *Cymbalum mundi en francoys*, Lyon, 1538.

dar um caráter mítico à obra e transformá-la num símbolo, sobretudo para os católicos; já o círculo protestante de Margarida de Navarra manteve um silêncio prudente a seu respeito.

Folheemos o livro. O título é misterioso, talvez evoque a vaidade humana. O subtítulo, *Quatre dialogues poétiques, fort antiques, joyeux et facétieux* [Quatro diálogos poéticos, mui antigos, alegres e graciosos], é mais explícito: trata-se de um divertimento poético à moda antiga, inspirado em Luciano, Celso e Ovídio. É uma sátira de todos os dogmatismos, de todos os pretensos sábios que, desde a Antiguidade, afirmaram conhecer a verdade. Des Périers desmistifica as religiões antigas, a astrologia e a alquimia. As zombarias a respeito da mitologia são críticas veladas contra o cristianismo; algumas são nítidas, como a impostura dos milagres e das curas, da imortalidade da alma, da providência, da criação. Todas essas "boas novas" não passam, na realidade, de "fábulas", "abusos e enganação", que serviram apenas aos ricos e poderosos. Os ataques contra o cristianismo são às vezes mais diretos: os católicos, com seus jejuns, seu celibato e suas indulgências, são loucos, assim como os protestantes com sua austeridade e seu orgulho. Toda essa gente que pretende "explicar e julgar tudo, os céus, os campos elísios, o vício, a virtude, a vida, a morte, a paz, a guerra, o passado, o devir", é insana ou odiosas personagens.

Livro insolente, o *Cymbalum* é cheio de impertinências blasfematórias, sonoras injúrias e frases como "eu renego Deus", *corbieu* e *vertudieu*,* mas trata-se sobretudo da obra de um cético amargurado, pessimista, que constata que o homem, incapaz de alcançar a verdade, desperdiça tolamente sua curta vida perseguindo quimeras. Para que "perdeu seu tempo neste mundo, sem fazer nada além de procurar aquilo que ao acaso não é possível descobrir e que, talvez, nem sequer exista"?[43] A anedota que encerra o segundo diálogo reflete bem o espírito do livro: quando pedem a Mercúrio que revele seu segredo sobre o mundo, ele foge balbuciando em voz baixa palavras incompreensíveis, o que faz seu interlocutor dizer: "É bem insano o homem que espera ver algum caso daquilo que não existe, e mais infeliz aquele que espera o impossível".[44]

O mais sábio é se calar. Quando não se pode saber nada de verdadeiro, é melhor não dizer nada e viver como todo mundo: "Devemos fingir que

---

* Blasfêmias derivadas respectivamente de *"corps de Dieu"* (corpo de Deus) e *"vertu de Dieu"* (virtude de Deus). (N. T.)

43 Des Périers, *Cymbalum mundi*, Paris, 1883, p.21.

44 Ibid., p.26.

corremos e trabalhamos muito, e perdemos o fôlego".[45] Alguns conseguem fingir bem. Outros, como Des Périers, não suportam a farsa trágica que é a vida humana, e preferem sair de cena antes do fim do miserável espetáculo. Des Périers é um cético, ou melhor, um agnóstico. Suas outras obras, como *L'Homme de bien* [O homem de bem], *L'Avarice* [A avareza], *Le Jeu* [O jogo], mostram um homem que tenta se agarrar ao único guia sério da humanidade, a razão. Em *Les Nouvelles Récréations* [Novas recreações], ele despeja sua amargura contra a Igreja, os vícios e a estupidez dos teólogos. Prega uma moral epicurista, baseada no respeito da virtude e sem nenhuma referência sobrenatural.

O homem e seu suicídio são um mistério, mas a mensagem de Des Périers é bastante clara. Ela revela um aspecto frequentemente oculto da Renascença, que não foi para todos uma época otimista. Ele encarna o despertar daquilo que já pode ser chamado de angústia existencial na sociedade ocidental, o *mal de vivre* desses homens que, insatisfeitos com as respostas prontas dadas pelas religiões, voltam-se para a razão e constatam que ela é muita e ao mesmo tempo muito pouca para esclarecer o sentido da existência. Muita, porque suscita esperanças irrefletidas de liberação e compreensão dos mistérios do universo, e muito pouca, porque seus limites são rapidamente alcançados e deixam uma amarga frustração. A razão é poderosa o bastante para arruinar a fé, mas não o suficiente para substituí-la. Ela destrói as certezas, sem poder preencher os vazios que cria, deixando o homem no meio do caminho, consciente de uma única coisa: sua ignorância, um fardo que ele deve carregar em silêncio, ao longo de uma vida que já não tem mais sentido. É o que descobre Des Périers e, com ele, muitos ateus da Renascença, ateus da primeira geração, que ainda não tentaram a vã reconstrução de um sistema do mundo.

Essa evolução inicia uma crise profunda na cultura europeia. Foi por acaso que o suicídio se tornou, como mostramos em outro trabalho,[46] uma das grandes preocupações dos intelectuais no fim do século XVI? Acreditamos que não. Há muitas convergências: as mudanças econômicas, sociais, religiosas, geográficas e científicas criam um contexto favorável ao desenvolvimento do ateísmo e à confusão dos intelectuais. Evidentemente, não se trata de estabelecer um elo entre ateísmo e suicídio. Os suicídios cometidos na época foram muito mais de crentes do que de descrentes. Mas o aumento do ateísmo é correlativo de uma grande interrogação sobre

---

45 Ibid., p.52.
46 Minois, *Histoire du suicide. La société occidentale face à la mort volontaire.*

UM ATEÍSMO CRÍTICO (1500-1600)

o sentido da existência, e essa interrogação é inseparável, para um espírito honesto, da questão shakespeariana: ser ou não ser? Essa questão marca a primeira crise da consciência europeia.

IMPORTÂNCIA DO ATEÍSMO PRÁTICO NOS MEIOS MARGINAIS

Na outra ponta do leque da descrença, o século XVI assistiu também ao desenvolvimento de um ateísmo prático, que prospera inicialmente nas cortes dos reis e dos príncipes. Quase todos os censores da época denunciam o epicurismo depravado que se instala nessa microssociedade em que convivem os extremos: basta lembrar aqui o clima suspeito da corte de Henrique III, na qual se veem tanto as flagelações da devoção teatral do soberano quanto as extravagâncias dos *mignons*.* Os italianos, que desembarcaram em grande número com Catarina de Médici, são frequentemente apontados como responsáveis pela decadência moral e pela descrença na corte. Um biógrafo da rainha os chama de "raça de ateístas, alimentados no ateísmo", que "encheu de ateístas o reino e especialmente a corte da França".[47] Quanto à soberana, ela não tem "nenhum Deus", segundo ele. Muitos jovens cortesãos demonstram desprezo pela religião e, entre si, praticam a blasfêmia. As cortes de Henrique IV e Elizabeth também não são conhecidas por sua devoção.

O círculo dos homens de negócios também está contaminado. Muitos banqueiros, financistas e negociantes, interessados unicamente em enriquecer, não parecem se preocupar com religião, como esse mercador de Alberstadt que, segundo Simon Goulard, declara que "se pudesse passar o tempo em deleites, não desejaria outra vida".

Um meio frequentemente considerado suspeito é o dos médicos. Segundo Melchior de Flavin, que escreve em 1595, muitos depositam "mais fé em Hipócrates do que na palavra revelada de Deus". Denuncia muitos epicuristas entre eles e os considera materialistas.[48] O simples fato de buscarem causas naturais para as enfermidades, que os teólogos ainda tendem a qualificar como castigos divinos, já os torna suspeitos. É o que afirma, de

---

* Referência aos favoritos do rei Henrique III, membros da corte que possuíam uma série de privilégios, entre os quais se incluía dormir no mesmo quarto do monarca. Eram ridicularizados sobretudo pelos calvinistas, que lhes atribuíam costumes rebuscados e homossexualidade. (N. E.)

47 *Discours merveilleux de la vie, actions et déportements de la reyne Catherine de Médicis*, p.101 e 107.

48 Flavin, *De l'Éstat des âmes après le trépas et comment elles vivent estant du corps séparées.*

maneira um tanto surpreendente, o padre Mersenne, embora seja adepto da ciência mecanicista moderna. Ele vê entre as razões do ateísmo:

> o gosto desordenado e o zelo excessivo com que alguns se dedicam aos fenômenos naturais e remetem a causas naturais todos os movimentos, efeitos, propriedades e afecções que fazem parte deles, de modo que nada lhes parece acima da natureza; daí decorre que os filósofos e os médicos têm uma tendência ao ateísmo e nele acabem incorrendo.[49]

Particularmente bem situados para fazer o estudo delicado das relações entre o corpo e a alma, os médicos tendem muitas vezes a negligenciar esta última, ou transformá-la em emanação do processo físico. André du Breil, em 1580, chama-os de "depravados", "sedutores", "ateístas".[50]

Desde os *goliards*, todos os meios escolares e estudantis são suspeitos de ateísmo, e o Parlamento de Paris multiplica o número de decretos contra seus excessos e desordens. Na grande cidade, atores e cômicos também têm uma sólida reputação de libertinagem, criada tanto por seu modo de vida quanto pelas impertinências de seus espetáculos. Escapando a qualquer controle, vivendo com frequência em concubinato, quase nunca frequentando as igrejas, eles estão à margem das crenças tradicionais.

Ladrões, escroques, bandidos, malandros, prostitutas, marginais de todas as espécies não são forçosamente ateus, mas seu modo de vida concede à religião um lugar ínfimo. Nas execuções públicas, alguns condenados recusam qualquer auxílio religioso, como revela Pierre de l'Estoile: "Essa gente determinada morre resoluta, sem nenhuma apreensão do julgamento de Deus, como homens sem fé e sem religião".[51] Tão impressionado quanto ele é o espectador anônimo da execução do famoso bandido Carrefour, que blasfema e nega qualquer arrependimento, "fossem quais fossem as adjurações e as admoestações de seu padre confessor". Não temos aí os casos mais firmes de ateísmo, um tipo de ateísmo prático absoluto, que parece ter sempre existido, em homens habituados a viver à margem de todas as regras sociais? Ao contrário do ateísmo teórico dos intelectuais, que, apesar de tudo, mantêm um fundo de dúvida e permanecem sensíveis à argumentação, o ateísmo do bandido, impermeável ao discurso religioso,

---

49 Mersenne, *Quaestiones in Genesim*, p.230.
50 Breil, *Police de l'art et science de médecine, contenant la réfutation des erreurs et insignes abus qui s'y commettent pour le jourd'huy.*
51 L'Estoile, *Journal*, t.II, p.533.

atinge o absoluto. Do mesmo modo que existe a "fé do carvoeiro", existe a descrença do carvoeiro.

É raro que se fale desses ateus do submundo, da contrassociedade, porque esse ateísmo não é pensado, é um modo de existir. O mundo dos bandidos compreende alguns ateus absolutos, mas também muitos outros cuja atitude é mais ambígua. Evidentemente, não se trata de fiéis exemplares. O texto *Mémoire concernant les pauvres* [Dissertação concernente aos pobres], que descreve o subproletariado parisiense – estimado em 10 mil indivíduos – mostra que eles vivem na blasfêmia e na total ignorância da religião: muitos "reconheceram não saber o que eram a confissão e a comunhão, outro ter ficado quatro ou cinco anos sem confessar nem comungar e sem ter assistido a uma missa".[52] Mas a situação espiritual de alguns camponeses, excomungados havia anos, é mais respeitável? É claro que eles roubam, fornicam, insultam as autoridades, zombam do clero e dos sacramentos, matam de tempos em tempos. Testemunhos de todas as grandes cidades da Europa confirmam: a imensa plebe urbana do século XVI vive afastada da religião. No entanto, ela se move num ambiente cristianizado: cruzes, crucifixos, cemitérios, sinos, igrejas, capelas, procissões, mosteiros, imagens, clérigos regulares e seculares, feriados santos, tudo lembra a presença da Igreja e, portanto, teoricamente, de Deus. Naturalmente, é impossível saber em que medida a existência de um deus está inscrita nas estruturas mentais desses marginais. Que haja uma contradição flagrante entre o tipo de vida que eles levam e a moral cristã não é, em si, uma prova absoluta de ateísmo. Sem dúvida, há neles todos os graus possíveis de crença e descrença, com uma grande dose de superstição.

A mesma constatação pode ser feita a respeito dos soldados e mercenários que percorrem a Europa em todas as direções. Sua reputação é conhecida:

> vagabundos, desocupados, perdidos, malvados, torpes, entregues a todos os vícios, ladrões, assassinos, raptores e violentadores de mulheres e moças, blasfemadores e negadores de Deus, mergulhados no abismo de todos os males, comportando-se pior do que qualquer inimigo, seja turcos, seja infiéis.[53]

Essa é a opinião de Francisco I sobre suas tropas. A grande quantidade de testemunhos a respeito desse assunto nos dispensa de mais detalhes:

---

52 *Mémoires concernant les pauvres qu'on appelle enfermez*, apud Berriot, op. cit., t.I, p.215.
53 Apud Berriot, op. cit., p.209.

204 O ATEÍSMO SUBVERSIVO DA RENASCENÇA

queixas da população, reclamações das autoridades, quadros de Breughel, desenhos de Dürer, relatos de todas as origens não deixam a menor dúvida quanto ao nível moral da soldadesca dos Valois e dos Habsburgo. Quanto às tropas das guerras de religião, elas avançam contra os templos ou contra as igrejas, conforme o campo, cometendo os piores sacrilégios, a tal ponto que o padre Crespet considera que as próprias tropas católicas são verdadeiros bandos de ateus: "Não sei que gentalha se arrebanha para as guerras contra os heréticos, porque são ateístas, blasfemadores, ladrões, rufiões, sacrílegos, e que cem vezes mereceram a forca. Como seria possível que Deus desse a vitória a tal gente?".[54] Nas próprias tropas da Liga, outro texto de 1589 registra a presença de "ateístas e ladrões assassinadores [assassinateurs], incendiários e menosprezadores de Deus"; esses soldados estão "cheios de ateísmos: por esse nome compreendo todas as impiedades que se podem imaginar no mundo",[55] e ele enumera as proezas desses homens, que vão do estupro em altares ao pisotear de hóstias consagradas, passando pela defecação em pias batismais. É difícil não concordar com o julgamento do autor, que acusa os soldados "católicos" de ter "o ateísmo no coração".

Sinal revelador: as ordens reais para reprimir atos de blasfêmia, impiedade e sacrilégio nos exércitos se multiplicam no decorrer do século XVI (1534, 1537, 1543, 1544, 1546, 1551, 1553, 1557, 1566, 1579), todas em vão. Os exércitos se assemelham cada vez mais a um bando de descrentes. O fenômeno se intensifica no início do século seguinte, com as enormes tropas de mercenários da Guerra dos Trinta Anos. Franco Cardini, em *La Culture de la guerre* [A cultura da guerra], delimitou bem esse fato sociológico: absorvendo em suas fileiras parte dos marginais, bandidos, vagabundos, delinquentes, desequilibrados, sádicos e desajustados, os exércitos são, na verdade, prisões ambulantes, hospitais gerais móveis, com 30 a 50 mil internos. E esses exércitos ainda têm que ser permanentes, porque, caso se dissolvam, a ordem pública fica ameaçada. Além disso, é necessário garantir o soldo a esses homens, de preferência que seja suficientemente regular para evitar revoltas e suficientemente irregular para manter o atrativo. A tropa vive no país, pilha, mata, viola, saqueia, tortura: basta ver as gravuras de Jacques Callot. Isso acontece porque os gloriosos exércitos de Wallenstein e de Condé são formados pela escória de uma sociedade que ainda não praticava o encarceramento, como se a futura população penitenciária, a dos

---

54 Crespet, *Instruction de la foy chrestienne contre les impostures de l'Alcoran mahométique, tant contre mahométistes que faux chrestiens et athéistes*, f.204.
55 *Conseil salutare d'un bon François aux Parisiens*.

UM ATEÍSMO CRÍTICO (1500-1600)

trabalhados forçados, das galeras, dos presídios e dos asilos, andasse à solta pelos campos. É a esse preço que se mantém um precário equilíbrio social.[56]

Um esforço de conversão dessa soldadesca é tentado com a criação da capelania militar. Na França, duas ordenanças de Henrique II, datadas de 1555 e 1558, determinavam a existência de um capelão por regimento. O capelão-mor da França é considerado o bispo dos exércitos, mas tem apenas um papel contencioso, porque os bispos não aceitam a criação de uma "diocese dos exércitos" e rejeitam o sistema espanhol, que permite a intervenção de Roma. Com efeito, a partir de 1579, Alessandro Farnese exige um capelão por companhia e, no dia 26 de setembro de 1644, um breve de Inocêncio IV institui na Espanha capelães e vigários-gerais, nomeados pelo rei e com colação canônica de Roma. Nascia assim o vicariato nos exércitos.

Richelieu cogita durante certo tempo criar um corpo de capelães que ficaria à disposição dos exércitos, mas no século XVII os comandantes se contentam em negociar com o bispo do local onde as tropas estacionam, que designa padres para suas necessidades. Para essa tarefa delicada, os prelados escolhem com frequência os maus elementos, e os casos duvidosos, evitando pôr em risco os bons elementos em contato com a soldadesca. Desse modo, o nível moral do grupo tinha poucas chances de se elevar.

Os jesuítas que acompanham os exércitos franceses redigem manuais de piedade que lembram os soldados de seus deveres: *Instructions pour le soldat chrétien* [Instruções ao soldado cristão], *Le Soldat glorieux* [O soldado glorioso], *Avis pour les soldats* [Advertência aos soldados], *Le Miroir des soldats* [O espelho dos soldados], *Le Bon soldat* [O bom soldado], *Manuel du soldat chrétien* [Manual do soldado cristão], *Le Guerrier chrétien* [O guerreiro cristão], *Le Soldat chrétien* [O soldado cristão], *Le Maître d'armes* [O mestre de armas]. Os padres Auger, Bembo, Le Blanc, Possevin, Grafft, Andrara, Marcel e Sailli tentam cristianizar os costumes daqueles brutos terríveis que são os soldados da Guerra dos Trinta Anos – sem grande resultado, como mostra o famoso relato de Grimmelshausen.[57] E os chefes? Eram eles mais crentes? Nada nos permite generalizar. Para Henri Busson, que segue a opinião de Henri Estienne, Pierre Strozzi, por exemplo, é um verdadeiro ateu.[58]

Outros meios poderiam ser mencionados, como o dos pajens, secretários, domésticos e serviçais dos grandes senhores. Para o católico Artus Désiré, esses malandros são importantes agentes do ateísmo:

---

56 Cardini, *La Culture de la guerre*, p.189.
57 Abordamos esses problemas em *L'Église et la guerre. De la Bible à l'ère atomique*, cap. VIII.
58 Busson, *Le Rationalisme dans la littérature française de la Renaissance*, p.519-20.

Há símios domésticos e privados que não saem de casa e nada fazem além de beber e comer, são *nullius religionis*, mas perfeitos ateístas, jogando a bolinha de um lado para o outro, dizendo ora uma coisa, ora outra, para aderir e comprazer a seus amos e amas, de acordo com a religião de cada um, mas tendo sempre a bolinha do ateísmo que os arrasta e faz cair em eterna desgraça.[59]

Assim, sem nenhuma dúvida possível, o ateísmo está presente, em todas as suas formas, no século XVI. Presença denunciada, e não reivindicada, é verdade. Mas podia ser diferente numa Europa em que se exacerbavam as paixões religiosas? O ateísmo, como vimos, não estava ausente da Idade Média, mas existia sobretudo de forma latente.

O que muda, no século XVI é que o ateísmo é reconhecido em si mesmo e por si mesmo, através das atitudes e das declarações que contestam os pontos essenciais da fé. Mesmo que o termo fosse ainda utilizado de maneira abusiva, mesmo que o limite entre fé e descrença continue indefinido, o volume das acusações e dos indícios, o cotejo dos argumentos e dos testemunhos mostram que certos círculos em especial são seriamente tocados pela descrença.

Uma descrença que se manifesta com discrição, em particular ou em escritos ambíguos, jamais às claras. Ela contesta em nome da razão, em nome sobretudo do desejo de viver. Essa primeira expressão consciente do ateísmo acompanha um grande número de interrogações sobre os dogmas e as proibições. A crise profunda que abalou a Igreja com a Reforma agiu como um revelador, encorajando a formulação de perguntas que até então nunca tinham sido feitas. A admiração pelos filósofos antigos trouxe argumentos aos contestadores. Mas esses ateus pioneiros não tinham ainda doutrina coerente. São um pouco como franco-atiradores do pensamento. Não há entre eles nenhum entendimento, nenhuma concordância; muitos são ainda deístas, panteístas; todas as nuances existem, e suas negações nem sempre se referem aos mesmos pontos. Eles têm perguntas, e bem poucas respostas sérias.

Entretanto, os responsáveis religiosos se preocupam, contra-atacam, refutam, reprimem, tentam responder às perguntas ou sufocá-las. No fim do século XVI, quando os conflitos religiosos começam a se acalmar, o ateísmo emerge como um fato de sociedade, como uma ameaça, como um perigo infinitamente mais temível do que as confissões rivais. Entre católicos e protestantes, fala-se a mesma língua. O ateísmo, por seu lado, é radicalmente

---

59 Désiré, *La Singerie des huguenots*.

diferente. Apesar disso, grande parte dos teólogos permanece obnubilada pelas querelas sobre a graça, o livre-arbítrio, a Eucaristia, a predestinação, a missa, o papa, e ainda não consegue avaliar a gravidade da contestação ateia.

Aproveitando essa inconsciência, o ateísmo, em formas diversas, vai se fortalecer e começar a esboçar uma visão de mundo. Seu desenvolvimento é favorecido pelas duas crises culturais europeias, a do início do século XVII e a dos anos 1680-1720. O ateísmo crítico e semiclandestino dos anos 1600 dará lugar ao ateísmo sistemático dos anos 1730.

TERCEIRA PARTE

DE UMA CRISE DE CONSCIÊNCIA A OUTRA (1600-1730)

– 7 –

A PRIMEIRA CRISE DA CONSCIÊNCIA EUROPEIA: OS CÉTICOS LIBERTINOS (1600-1640)

O início do século XVII marca a verdadeira entrada na modernidade, isto é, no plano intelectual, no perpétuo questionamento dos valores. As certezas se desgastam cada vez mais rápido; combatem e sucedem umas às outras, carcomidas por um espírito crítico cada vez mais ácido, e seu caráter efêmero favorece o aumento do ceticismo. O processo é lento de início, e atinge apenas uma elite do pensamento, porém, uma vez lançado, nada o detém. Da quase unanimidade da fé medieval à extrema dispersão das crenças atuais, assiste-se a uma espécie de entropia do pensamento religioso.

O que podemos chamar de primeira crise da consciência europeia foi amplamente preparado pelas reflexões dos humanistas e pelas guerras de religião. Essa crise se encarna, por assim dizer, em 1600, nas interrogações de Hamlet, o titubeante ansioso. Aliás, até hoje não se falou o suficiente sobre quão ausente Deus está nos trabalhos de Shakespeare, em que tudo é obra de um destino cego. A época é de perguntas, e a essas perguntas os teólogos só podem contrapor um sistema frágil, baseado em Aristóteles, cujos fundamentos são aniquilados pela ciência mecanicista. O enorme equívoco cometido contra Galileu, em 1663, marca o início de um movimento de recuo generalizado das grandes religiões. O recurso à autoridade, a aliança com o poder político no contexto do absolutismo, permite manter uma fachada irrepreensível durante o "grande século das almas", mas o ceticismo prossegue discretamente em seu avanço, e torna-se mais estruturado, mais sistemático, durante a segunda crise da consciência europeia, a dos anos 1680-1720, magnificamente descrita por Paul Hazard. Da primeira para a segunda crise, passa-se da contestação cética dos libertinos para o ateísmo rígido, sistemático e agressivo do abade Meslier. Tudo isso é ainda assunto de intelectuais, mas as repercussões num público mais amplo já se fazem sentir no século XVIII.

O caminho percorrido entre 1600 e 1730 no domínio da descrença é considerável. O período entre 1600 e 1640 é o dos libertinos, termo enganador, por trás do qual não se deve imaginar um alegre bando de homens sem juízo, preocupados apenas em gozar a vida com o pretexto de que Deus não existe. Essa é a imagem que os censores religiosos difundiram, mas está muito longe de corresponder à natureza profunda desse grupo.

O PENSAMENTO LIBERTINO

Por volta de 1600, o termo "libertino", que Viret utiliza desde 1585 como sinônimo de livre-pensador, designa comumente os que rejeitam as crenças dominantes de seu tempo e desejam se libertar delas, mas certa conotação de depravação se associa a ele, graças aos boatos que se espelham sobre tais espíritos independentes.[1] Em meados do século XVI, uma seita holandesa, que possuía ramificações no norte da França, levava esse nome e difundia a crença panteísta num espírito divino que seria a causa e a alma de todas as coisas.

De fato, os libertinos dos anos 1600-1640 não têm nenhuma unidade de pensamento. Todos pertencem aos círculos aristocráticos; o único ponto em comum entre eles é a audácia intelectual. A grande erudição desses homens faz deles espíritos céticos, ou mesmo cínicos; mas eles são discretos, para não dizer secretos, por razões evidentes de segurança, e adotam em geral uma atitude pública muito conformista. Com frequência, somente após sua morte é que se descobrem textos ímpios entre seus documentos. Por exemplo, Joseph Trouiller, nascido em 1590, que se instalou em Roma,

---

1 Há uma lista desses boatos em Perrens, *Les Libertins en France au XVIIe siècle*.

no ano de 1614, após estudar medicina e exercê-la com o séquito do bispo de Béziers, entre cardeais e embaixadores: apenas quando faleceu que se descobriram em sua biblioteca inúmeros livros antirreligiosos.

Alguns se acomodam à obrigação de segredo, outros sofrem com isso, como o erudito orientalista e jurista Guillaume Gaulmin, um dos precursores da livre exegese, preso algum tempo na Bastilha. Ele escreveu: "Sentimo-nos infelizes de saber o que muitos não sabem; na verdade, é perigoso saber o que todos ignoram".

A língua se solta nas reuniões informais organizadas por pequenos grupos, como a Tétrada, que se formou por volta de 1630 em torno de quatro homens – Élie Diodat, François de La Mothe Le Vayer, Gassendi, Naudé – e no qual se encontram o erudito Auger de Mauléon, os advogados Charles Feramus e René de Chantecler, o orientalista Jacques Gaffarel, prior de Saint-Gilles, Étienne Pellault, senhor de Villeroc, e François-Auguste de Thou. Mas, ao que parece, também se fala muito livremente em alguns salões e bibliotecas, como na do abade de Marolles, ou na casa de Bassompierre, Mersenne e Thou. Nas reuniões em que reina uma "honesta liberdade", o piedoso bispo Coëffeteau não parece chocado por discutir com o ateu Viau. Todas as hipóteses são examinadas entre pessoas de boa companhia. Os céticos eruditos, que amiúde são bibliotecários dos príncipes e contam com altíssimas proteções, gozam de uma grande imunidade, à medida que, recusando-se a qualquer proselitismo, se contentam em se considerar espíritos superiores, os únicos a poder se dar ao luxo da incredulidade, ao passo que o populacho deve ser mantido em suas superstições tradicionais.

Fazer profissão de ateísmo ou deísmo é teoricamente passível de pena de morte por impiedade, e alguns infelizes a experimentarão, mas há às vezes uma surpreendente liberdade de discussão nesses círculos intelectuais, como mostra o *Recueil général des questions traitées és conférences du Bureau d'Adresse* [Coletânea geral das questões tratadas em conferências do Escritório de Averiguação].[2] Um dos lugares de discussão mais célebres é a famosa Academia Puteana. Dirigida pelos irmãos Pierre e Jacques Dupuy, ela se reúne de 1617 a 1645 no palacete do presidente do Tribunal de Thou. Lá, médicos, eruditos, magistrados, embaixadores de todas as opiniões se reúnem, comparam os sistemas religiosos, levantam contradições, examinam dogmas. Na maioria céticos ou agnósticos que rejeitam credos particulares, eles se declaram "imunes à tolice" ou "iluminados", no

---

2 Publicado em Lyon, no ano de 1666.

214 DE UMA CRISE DE CONSCIÊNCIA A OUTRA (1600-1730)

sentido de esclarecidos e curados da doença dos erros populares. Ao mesmo tempo que a Contrarreforma se afirma nos meios oficiais e na vida religiosa comum, a fé é objeto de debates nos círculos instruídos. O questionamento das crenças tradicionais, menos agressivo do que na época das guerras de religião, tornou-se um componente da alta sociedade na moda.

As origens dessa libertinagem erudita devem ser buscadas na evolução sociocultural do início de século XVI. Numa obra recente, R. H. Popkin propõe uma explicação paradoxal muito contestada.[3] Segundo ele, o ceticismo dos anos 1600-1640 seria consequência da crise religiosa da Reforma e, ao mesmo tempo, uma resposta elaborada pelo pensamento católico a partir de Erasmo, a fim de se opor ao dogmatismo subjetivo dos protestantes. Devastando as bases de todo conhecimento racional sólido, ele teria favorecido o fortalecimento de uma religião de tipo fideísta. A prática religiosa meticulosa de alguns libertinos parece ir nesse sentido. Na realidade, se pregavam a observância externa do culto, era porque pensavam que todas as religiões eram equivalentes, e que o respeito à religião majoritária é um fator de coesão social e nacional indispensável.

Mais convincente é a explicação de G. Paganini, que apresenta o ceticismo dos anos 1600 como um movimento voluntário de liberação das crenças.[4] O aumento do ceticismo teria sido devido à evolução do intelecto confrontado com os conflitos religiosos e à influência do naturalismo italiano. Homens como Jean Bodin (1530-1596) e Pierre Chardon (1541-1603) são boas testemunhas desse espírito cético alimentado pelos ares dos tempos.

Jean Bodin é um espírito que dificilmente se deixa compreender. Ele concentra todas as contradições de sua época: economista e teórico político competente, é ao mesmo tempo partidário convicto da caça às bruxas; cético racionalista que prega a tolerância e, por outro lado, adversário do ateísmo. Em *O método da história*, faz um estudo comparado das religiões, sublinhando o papel do clima para explicar as diferenças entre elas e exigindo que a história da impiedade seja feita com um espírito relativista, ao passo que, em *A República* escreve que "pouco a pouco, do desprezo da religião, emergiu uma seita detestável de ateístas [...], da qual decorre uma infinidade de assassinatos parricidas, de envenenamentos".

É em seu *Colloquium heptaplomeres*, redigido por volta de 1590, que Bodin faz uma explanação mais completa de suas ideias religiosas. Esse

---

3 Popkin, *Histoire du scepticisme d'Erasme à Spinoza*.
4 Paganini, *Scepsi moderna. Interpretazione dello scetticismo da Charron a Hume*.

A PRIMEIRA CRISE DA CONSCIÊNCIA EUROPEIA

livro curioso, que os libertinos tanto admirarão, apresenta sete atitudes religiosas: um católico, um luterano, um calvinista, um judeu, um muçulmano, um deísta e um indiferente. Eles vivem em harmonia e debatem os méritos respectivos de sua posição. Unânimes, todos condenam o ateísmo, que acarreta a imoralidade e reduz o homem ao estado do animal. De modo surpreendente, também são hostis às discussões religiosas, que enfraquecem a fé e levam à dúvida. A própria conversa dos sete homens é uma ilustração disso, pois eles não poupam críticas às diferentes religiões, em especial ao cristianismo, fustigado com uma extraordinária violência pelo judeu, pelo muçulmano, pelo deísta e pelo indiferente. A personagem de Jesus é duramente contestada: a concepção virginal, a natureza divina, os milagres, a tentação de Satanás, a vocação tardia e a ressurreição são negados com argumentos que vêm em grande parte de Celso e Juliano. A Trindade, o Espírito Santo e o pecado original são considerados desafios à razão e às leis da natureza. O antropomorfismo, os sacramentos, as cerimônias, o caráter triste dessa religião, tudo isso pelo crivo de uma crítica impiedosa.

Diante de tal avalanche, o católico Coroni, reduzido à defensiva, sente--se desencorajado: "Ai de mim! Sempre a recomeçar", exclama ele. Sua resposta, de uma lastimável fraqueza, é pouco propícia a fortalecer a fé dos fiéis. Quando alega como "provas" os textos das Escrituras, perguntam-lhe: "Onde estão as testemunhas e as autoridades que podem garantir e certificar tudo isso e, quanto a essas garantias, quem é que poderia garanti-las com firmeza e segurança para que não fique nenhuma incerteza?".[5] Toralbe, o interlocutor deísta, declara que precisa de "argumentos convincentes" e só se deixará guiar pela razão, "esse raio da divindade infuso na alma de cada um para ver, julgar e conhecer o que é bom, ou mau, ou verdadeiro, ou falso". Para ele, apenas a razão permite "buscar qual é a melhor e a verdadeira" entre todas as religiões opostas. Concordando com Senamy, o indiferente, tende ao ceticismo, pois, segundo diz, "em meio a um tão grande número de religiões, das duas uma: ou nenhuma delas vale anda, ou uma delas é mais verdadeira do que outra".[6]

A conclusão do livro é nitidamente deísta e relativista. Aliás, é o indiferente, Senamy, que a dá: ele não condena nenhuma religião e pensa que, em

---

5 Apud Berriot, *Athéismes et athéistes au XVIe siècle en France*, t.II, p.793. Uma tradução inglesa do texto latino de Bodin foi publicada por Kuntz, *Colloquium of the Seven about the Secrets of the Sublime*, e trechos do texto francês por Chauviré, *Colloque de Jean Bodin des secrets cachez des choses sublimes*.
6 Ibid., p.795.

caso de dúvida, deve-se praticar a do país. Ele até admite o ateísmo, desde que não acarrete desordens sociais. Os libertinos da geração seguinte afirmarão sua admiração pelo *Colloquium*. É um dos livros preferidos de Naudé; Patin e a rainha Cristina possuem um exemplar da obra. Esse conformismo de fachada, associado a uma grande liberdade interna, é resumido numa frase atribuída a Malherbe por Tallemant des Réaux: "Vivi como os outros, quero morrer como os outros, e ir para onde vão os outros".

A dívida dos libertinos com Charron não é menor. No capítulo anterior, sublinhamos a ambiguidade desse personagem, cujo método é muito parecido com o de Bodin: expor os argumentos favoráveis e os contrários, sem tomar partido, favorecendo assim o relativismo e o livre-pensamento de tipo deísta – todas as religiões se equivalem e recorrem aos mesmos meios, milagres, revelações, profecias, o que as tornam todas suspeitas. Superior à religião é a sabedoria, que obedece à razão. Essa é a lição de seu tratado *De la Sagesse* [Da sabedoria], que entrou para o Índex em 1605 e se tornou o livro de cabeceira dos libertinos. O abade D'Aubignac, por exemplo, em seu romance *Macarise*, baseia a educação do príncipe nessa obra.

UM NOVO CONTEXTO CULTURAL CONFUSO

Mais complexos na gênese do pensamento libertino são os elos com a ciência moderna e o naturalismo italiano. Em que medida a crítica das religiões reveladas utiliza as descobertas da ciência mecanicista, a noção de universo escrita em linguagem matemática – para retomarmos a expressão de Galileu –, a teoria de Copérnico, as novas concepções da fisiologia humana e animal? Em outros termos, a ciência, que será a principal aliada do ateísmo no século XIX, já era percebida como tal pelos libertinos do século XVII?

Numa tese antiga sobre *Pascal et son temps* [Pascal e seu tempo], M. Strowski responde negativamente, lembrando que os libertinos nem sequer tentaram explorar o caso de Galileu. Segundo ele, a descrença deles não se apoiava nem na ciência nem nos progressos da filosofia, mas sim no epicurismo.[7] Do mesmo modo, ele nega qualquer influência do pensamento

---

7 "O deísta terá fé na ciência nos séculos XVIII e XIX, e essa mesma fé na ciência será a causa de seu deísmo. No século XVII, ao contrário, o deísta é um cético, mesmo em matéria de ciência" (Strowki, *Pascal et son temps*, t.I, p.228). Já então, o padre Mersenne notava o ceticismo generalizado dos libertinos: "Esforçam-se por persuadir os ignorantes de que não há nada certo no mundo, em razão do fluxo e do refluxo contínuo de tudo o que é terreno; é o que procuram infundir no espírito de certos jovens que sabem inclinados

italiano sobre os libertinos franceses, cuja atitude seria puramente existencial. Essa posição foi contestada em 1917 por J. R. Charbonnel, em *La Pensée italienne au XVIe siècle et le courant libertin* [O pensamento italiano no século XVI e a corrente libertina]. Mais recentemente, J. S. Spink mostrou que o naturalismo italiano, insistindo na invariabilidade das leis da natureza e na presença de uma inteligência difusa em todo o universo, certamente influenciou a reflexão dos libertinos, bem como a afirmação – oposta, em muitos aspectos – de uma separação completa entre Deus e o mundo material, que é um dos fundamentos do materialismo mecanicista.[8] Para G. Paganini, enfim, a corrente libertina se refere muito frequentemente à ciência moderna, em particular num autor como La Mothe Le Vayer.

Com efeito, partidários entusiastas da nova ciência podem ser encontrados tanto do lado dos libertinos quanto do lado de seus adversários. Pascal, Mersenne e Descartes, cristãos fervorosos, mesmo que deplorem o erro do caso Galileu, são favoráveis ao mecanicismo e ao sistema copernicano; e o cônego Gassendi é um ardente defensor dos átomos, mas nem por isso os transforma em arma contra a religião. Inversamente, o erudito libertino Guy Patin defende concepções retrógradas em matéria de medicina e se distingue por sua conta e risco opondo-se à teoria da circulação sanguínea. A situação é portanto extremamente confusa. O mais firme partidário de uma aliança entre a Igreja e a ciência moderna é, ao mesmo tempo, um dos mais ferozes adversários dos libertinos: o padre Marin Mersenne, que sonha com um totalitarismo cultural de base científico-religiosa.[9] Para ele, não haveria desacordo entre ciência e fé, e, por ciência, ele entende a nova ciência, a ciência mecanicista, a de Galileu. Até 1633, ele mostra um extraordinário otimismo; segundo ele, a Igreja está pronta a renunciar a Aristóteles, a aceitar os átomos, a corruptibilidade dos céus e os movimentos da terra, desde que lhe mostrem que tudo isso está em concordância com as Escrituras. É o que ele afirma em 1623, em *Quaestiones celeberrimae in Genesim*:

> Os teólogos não se submetem a nenhuma autoridade na qual a razão é ausente, pois é unicamente a Deus, como autor supremo da verdade, que eles se apegam com todas as forças; [...] e eu diria até mesmo que eles estão prontos a

---

à libertinagem e a todo tipo de volúpia e curiosidade, a fim de que, desacreditando a verdade no que diz respeito às ciências e às coisas naturais, eles façam o mesmo no que diz respeito à religião" (Mersenne, *La Vérité des sciences contre les sceptiques et les pyrrhoniens*).

8 Spink, *La Libre pensée française de Gassendi à Voltaire*.

9 Lenoble, *Mersenne ou la naissance du mécanisme*; Minois, *L'Église et la science*, t.II, cap. I.

218   DE UMA CRISE DE CONSCIÊNCIA A OUTRA (1600-1730)

aquiescer ao movimento da Terra e à imobilidade do céu, prontos a reconhecer que os planetas, as estrelas, o Sol são compostos pelos quatro elementos ou até mais do que isso; que o céu é corruptível; que ele é fluido como o ar; [...] que os átomos encontram-se por toda a parte difundidos e tudo compõem; eles renunciarão às substâncias, à forma, à matéria, ensinadas por Aristóteles, se julgarem que isso concorda com a verdade das Escrituras Santas.

A ciência não é somente fonte de conhecimento, é também virtude moral. Mersenne é um místico da ciência. Para ele, o mundo é um enorme problema de física, cujas soluções só conheceremos no céu, mas devemos fazer todo o possível para conhecer o maior número delas nesta vida. A vida virtuosa por excelência é a vida consagrada à pesquisa científica, porque nos permite participar das atividades do divino Engenheiro, que aplicou toda a sua habilidade no fabrico dos mecanismos.

A Igreja não tem melhor aliado que a ciência, afirma Mersenne, cuja convicção é que os fiéis devem ser "tão bons católicos quanto bons matemáticos". Aliás, oratorianos e jesuítas fornecem na época uma plêiade de sábios de primeira linha: astrônomos, físicos, químicos, biólogos – as consequências do caso de Galileu em detrimento da Igreja só serão sentidas tempo depois. Além do mais, as autoridades religiosas e os libertinos têm objetivamente um adversário em comum: a magia e a superstição. A Igreja pós-tridentina engaja a luta contra todos os tipos de contaminação do sagrado pelo profano e tenta racionalizar a fé, eliminando as múltiplas escórias animistas herdadas das velhas crenças naturalistas. Ambos os lados trabalham para a dessacralização do mundo, que deve ser reduzido ao estado mecânico. Mas, sem que se deem conta, a empreitada oferece perigos para a fé. A Igreja deseja devolver ao divino seu caráter transcendente; mas, isolado o divino, o contato com o espírito humano pode se tornar problemático. Para os libertinos, separar o sagrado do profano é antes de tudo eliminar o sagrado; a luta contra a magia e as superstições contribui para expulsar do mundo qualquer influência sobrenatural: Deus, se existe, não intervém no mundo.

Em seu desejo de rigor, a Igreja pós-tridentina prepara o desaparecimento do divino, que só pode se manifestar no mundo. Os mais sedentos de absoluto, os partidários mais radicais de uma ruptura com o profano, os jansenistas, trabalham inconscientemente para minar as bases da fé, como muito bem percebeu Sainte-Beuve. Pretendendo defender um cristianismo puro, acentuando a separação entre profano e sagrado, eles preparam as condições da constituição civil do clero; favorecendo um certo cristianismo racionalista despojado, eles cortam os laços concretos com o divino; a moral

A PRIMEIRA CRISE DA CONSCIÊNCIA EUROPEIA   219

individualista, os conflitos que eles suscitam na Igreja, a atitude de revolta contra o clero só podem encorajar o desapego dos fiéis em relação à Igreja, o que muitas vezes é o prelúdio da descrença. Sempre excessivo, é verdade, Joseph de Maistre verá os jansenistas como quase ateus.

Enfim, o último sinal de uma época intelectualmente agitada: o aumento das seitas esotéricas. Como todo período de explosão do saber e dos valores, a primeira crise da consciência europeia é marcada por um florescimento de duas tendências inversas, vistas como refúgios: a racionalização e o irracional. A época produziu René Descartes (1596-1650), mas também Jacob Boehme (1575-1624). O primeiro tenta reconstruir sobre as ruínas da escolástica uma grande síntese racional do saber humano, e o segundo se refugia numa gnose mística de participação no ser divino do mundo. Ambos creem em Deus, e ambos enfraquecem a religião, sem querer. Pois, implicando Deus em seus projetos, que são um impasse, eles preparam um futuro difícil para a fé.

Boehme é apenas o mais ilustre representante da corrente teosófica que floresce sobretudo na Alemanha, no início do século XVII. Gerhardt, Jung, Althusius, Comenius, Schupp, Molanus, Spener, Tschirnhaus, Thomasius, Andreae, os rosa-cruzes são outros tantos espíritos estranhos que são testemunho das divagações do pensamento na Europa Central, onde pululam seitas esotéricas.[10] A mística desses homens revela a confusão do pensamento religioso após o século da Reforma e ilustra o esfacelamento das crenças, prelúdio frequente do ceticismo.

A INQUIETUDE DIANTE DO AUMENTO DA DESCRENÇA: TESTEMUNHOS

Confusão intelectual e efervescência das ideias, eis o que caracteriza a cultura dos anos 1600-1640. Durante muito tempo, a historiografia religiosa clássica deu dessa época uma imagem idílica de maravilhosa renovação, após a terrível provação das guerras de religião. São Francisco de Sales, são Vicente de Paula, Pascal e Bellarmino constituem uma brilhante e falaciosa fachada, em que a mística, a caridade e a renovação teológica jogam nas sombras realidades bem menos reluzentes. Na verdade, os responsáveis religiosos estão preocupados. Depois do cisma protestante, ao qual o povo

---

10 Neveux, *Vie spirituelle et vie sociale entre Rhin et Baltique au XVIIe siècle: de J. Arndt à P. J. Spener.*

220   DE UMA CRISE DE CONSCIÊNCIA A OUTRA (1600-1730)

começa a se resignar, eles constatam o aumento de um perigo muito mais radical: o ateísmo, a descrença, que avança a passos largos.

Em 1623, Mersenne dá o grito de alarme: há 50 mil ateus em Paris![11] Exagero grosseiro, sem dúvida, que será corrigido depois, mas revela o tamanho da preocupação, compartilhada por muitos. A França está cheia de "ateus, deístas, libertinos, heréticos, cismáticos, injuriadores e blasfemadores do nome de Deus e outros ímpios", deplora a Companhia do Santo Sacramento. Cotin escreve em 1629: "Agora só se fala desses libertinos". Quanto a René du Pont, ele constata em sua *Philosophie des esprits* [Filosofia dos espíritos] que seus contemporâneos "zombam de tudo o que é ordenado para o serviço de Deus" e põem em dúvida "os primeiros fundamentos e princípios da religião". Pierre Baudin, Raconis e Rebreviettes se espantam com o número de incrédulos. Monsenhor Grillet diz que na corte e na alta sociedade encontram-se corriqueiramente:

> [homens que] não por jogo, não por ira, não por nenhuma paixão cuja violência possa servir de desculpa para sua própria malícia, diminuindo sua razão e sua livre vontade, mas a sangue-frio, intencionalmente e por desejo deliberado de parecer, sem outro fruto, inimigos de Deus e de toda religião, mostram-se eles mesmos como ímpios e maus, e tiram glória da crença de que, para eles, nosso Senhor Jesus Cristo é objeto de ódio, zombaria e desprezo.[12]

Os pregadores encontram-se evidentemente na linha de frente, desde que se trate de denunciar essa ameaça. O franciscano Jean Boucher, a partir de 1630, ataca todos os que questionam as verdades religiosas e fazem profissão de ateísmo e epicurismo. O escândalo é que sejam bem acolhidos por toda a parte: "É uma coisa estranha: apenas eles é que aparecem, eles é que são ouvidos pelos grandes e recebidos de braços abertos pelas melhores companhias". Tais libertinos se permitem uma curiosidade impertinente em relação à fé:

> Não vereis mais um bigode levantado que vos lance seus "porquês". Por que Deus deu leis ao mundo? Por que a fornicação é proibida? Por que o filho de Deus se encarnou? Por que a quaresma? Por que é proibido comer carne? Eis

---

11   Ele faz essa afirmação no exemplar das *Quaestiones celeberrimae in Genesim*, que se encontra na Biblioteca Nacional da França, A952, col. 671.

12   Apud Pintard, *Le Libertinage érudit dans la première moitié du XVIIe siècle*, t.I, p.36.

A PRIMEIRA CRISE DA CONSCIÊNCIA EUROPEIA   221

os belos espíritos de nossos tempos, a quem é necessário que Deus explique suas ações. Esses epicuristas e libertinos já se encontram à beira do ateísmo.[13]

Numerosos, esses descrentes formam um grupo heteróclito. Derodon distingue os "ateus refinados", de raciocínio sutil, dos "ateus depravados", dos "ateus ignorantes". O jesuíta Caussin fala de "ímpios manifestos", "neutros vacilantes, desconfiados, que vivem quase na indiferença da religião", "desbocados", provocadores, descrentes "às escondidas", discretos, que vão à missa "para não serem considerados e reconhecidos como ateus". O padre Garasse diferencia os "diogenistas", descrentes grosseiros e galhofeiros, dos partidários de um ateísmo "furioso e enraivecido". Pierre Charron classifica essa gente de acordo com as causas de sua incredulidade: há os que são cegos por orgulho científico, os que se sentem desencorajados, os que negam a liberdade e proclamam o determinismo, os que não discernem a ordem do universo, os que eliminam Deus para poder levar uma vida livre.

A grande quantidade de julgamentos parece confirmar essas preocupações. Em Paris, de 1599 a 1617, houve nove condenações por impiedade, das quais sete com pena capital; de 1617 a 1636, houve dezenove condenações, das quais dezesseis à morte; de 1636 a 1650, houve 22, das quais 18 à morte. Um decreto de 1636 assinala a recrudescência da impiedade e a necessidade de endurecer a repressão. Mas tais números são apenas um vago reflexo da realidade, porque as "impiedades" condenadas dizem respeito sobretudo a roubos de cibórios ou casos de magia. Algumas vezes, contudo, a acusação de ateísmo é mencionada, como no caso do médico La Fresnaye. Em 1614, em Aix, um jovem condenado à forca é descrito como epicurista, "inflexível em sua impiedade", interessado apenas em beber e comer e proferindo "execráveis blasfêmias contra Deus".[14] De 1619 a 1625, alguns casos retumbantes confirmam o alarme dos censores: execução de Vanini em 1619, de Fontanier em 1622 – morto na fogueira em Paris – e degredo de Théophile de Viau em 1625.

Outro dado revelador: o aumento do número de obras de apologética contra os descrentes. Há 11 na França entre 1600 e 1622, e 31 entre 1623 e 1640.[15] A partir de então, os autores não tentam mais dissimular o problema ou ocultar os argumentos dos ateus, que circulam por toda a parte.

---

13 Ibid., p.28-9.
14 *Histoire nouvelle et merveilleuse et espouvantable d'un jeune homme d'Aix en Provence emporté par le Diable et pendu à un amandier pour avoir impiement blasphémé le nom de Dieu et mesprisé la saincte messe [...]. Arrivé le 11 janvier de la présente année 1614.* Em Paris.
15 Segundo Pintard, op. cit.

222   DE UMA CRISE DE CONSCIÊNCIA A OUTRA (1600-1730)

Em 1626, Silhon escreve que não se trata mais de "calar as razões dos ateus para não fazê-las conhecidas, mas divulgá-las para combatê-las: elas são tão comuns, e o mal se tornou de tão universal que não se trata mais de escondê-lo, mas trabalhar no remédio e na prevenção".[16]

As obras contra os ateus vêm de todos os círculos: dos teólogos, obviamente, como os jesuítas Coton, Lessius e Garasse; dos eruditos, como Mersenne; dos religiosos, como Campanella; mas também de filósofos e políticos, como o chanceler inglês Bacon, que em seus *Ensaios* acusa o ateísmo de degradar o homem, rebaixando-o ao nível do animal, porque não é mais ligado a uma natureza superior. A seus olhos, contudo, a superstição é pior, porque difunde uma noção de Deus indigna dele.

Em 1621, em seu *De atheismo et haeresibus*, Jacques Servet define com precisão o que é um ateu, no sentido que damos hoje a essa palavra, ao passo que em 1631, em *Atheismus triumphatus*, Campanella atribui ao termo o sentido de "maquiavelista". O jesuíta Lessius, por sua vez, divide os inimigos da fé em dois grupos: de um lado, os que contestam a moral; de outro, os que contestam os dogmas e atacam a existência de Deus. Contra estes últimos, ele defende a imortalidade da alma, a ideia de providência e a fé em Deus. Segundo ele, os libertinos são muitos, mas individualmente pouco conhecidos, e vão até o ateísmo integral.

Muitos apologistas utilizam o argumento clássico da universalidade da crença em Deus, valendo-se, como muitos outros, dos resultados das viagens de exploração. Para o padre Coton, os africanos, os indianos, os judeus concordam na "adoração de um mestre universal e eterno"; para Derodon e Rebreviettes, até mesmo os canibais reconhecem um Ser supremo; Garasse toma o exemplo dos canadenses, e Gamaches cita as crenças dos chineses, dos japoneses, dos árabes e dos americanos; por sua vez, Jean Boucher escreve: "Aqueles que descobriram há pouco tempo um novo mundo encontraram homens sem reis, sem magistrados, sem ciência e sem leis, mas não sem religião".[17]

Mas o apelo à razão não é negligenciado. Para o padre Lacombe, é impossível "que um bom espírito que queira ceder à razão consiga encontrar alguma probabilidade no partido dos ateus". Os padres Caussin e Yves de Paris, bem como Ceriziers e Abra de Raconis, também usam sistematicamente o raciocínio contra a descrença. Outros atacam a veneração aos antigos. Aos olhos do padre Jean Boucher, Estácio é "o primeiro dos

---

16 Apud Pintard, op. cit., t.I, p.63.
17 Ibid., p.73.

A PRIMEIRA CRISE DA CONSCIÊNCIA EUROPEIA

223

pedagogos do ateísmo e o primeiro aluno de Satanás", e Luciano, "o profeta, o legislador e o doutor dos belos espíritos destes tempos".

Entre os apologistas, três nomes se destacam pela importância de sua obra e pelo testemunho essencial que legaram sobre o meio e as ideias dos libertinos. São três religiosos, que frequentam os meios intelectuais e a corte, nos quais a impiedade se tornou uma espécie de moda contagiosa. O padre Marin Mersenne, nascido em 1588, da ordem dos mínimos, corresponde-se com todos os sábios e eruditos com os quais conta a Europa na época. Falamos anteriormente de seu sonho de unir fé e ciência, união que, para ele, é natural e indispensável para assegurar o triunfo da Igreja. Provavelmente via na separação desses dois domínios a ameaça de um conflito futuro, e o caso de Galileu o abalou profundamente, sobretudo porque era um sincero heliocentrista. Os progressos do ateísmo e dos libertinos o preocupam e, em 1623, em suas *Quaestiones celeberrimae in Genesim*, ele ataca todos os sistemas que conduzem à impiedade: estoicismo, epicurismo, ceticismo, deísmo; nessa obra, refuta os argumentos dos paduanos sobre a alma e o sobrenatural.

Em 1624, quando *L'Antibigot ou Les Quatrains du déiste* [O anticarola ou as quadras do deísta] é publicado, ele responde com um calhamaço de dois volumes, *L'Impiété des déistes, athées et libertins du temps* [A impiedade dos deístas, ateus e libertinos desse tempo], em que mais uma vez trata de provar a existência de Deus. Ele ataca em particular a doutrina de Giordano Bruno, mostrando que conceitos como a unidade da substância e a imanência do divino conduzem diretamente ao ateísmo, pois subentendem que todos os seres são chamados ao mesmo destino. No ano seguinte, publica *La Vérité des sciences contre les sceptiques ou pyrrhoniens* [A verdade das ciências contra os céticos ou pirrônicos]. Depois, em 1634, contra o ateísmo dos políticos e dos filósofos, faz uma nova demonstração da existência de Deus, sempre com bases científicas, na obra *Questions théologiques, physiques, morales et mathématiques* [Questões teológicas, físicas, morais e matemáticas].

É num plano completamente diferente que se situa o padre Pierre Coton, jesuíta, confessor do rei Henrique IV. Vivendo no meio cortesão, é testemunha preciosa da degradação da fé na sociedade aristocrática do início do século. Durante muitos anos, com efeito, ele faz anotações sobre as conversas e a entrevistas que presencia entre os cortesãos, com argumentos contra ou a favor da fé e com elas faz um livro, *Le Théologien dans les conversations avec les sages et les grands du monde* [O teólogo nas conversas com os sábios e os grandes do mundo], que será publicado muito tempo depois de sua morte, em 1683, pelo padre Michel Boutauld. O prólogo e o

224 DE UMA CRISE DE CONSCIÊNCIA A OUTRA (1600-1730)

conteúdo da obra confirmam que o aumento da descrença havia se tornado um fenômeno de sociedade na elite. O autor garante a autenticidade das entrevistas, das quais a primeira trata dos ateus, a segunda, da pluralidade das religiões, e as demais, dos acristas e dos antitrinitários.

A obra permite constatar a extrema diversidade dos libertinos e de seus procedimentos, o que os torna um meio difícil de compreender. Eles utilizam métodos insidiosos, insinuam seus argumentos nos meandros das conversas, introduzem sub-repticiamente a dúvida nos espíritos. Falam de caça? Eis a ocasião de fazer uma observação sobre a imortalidade da alma e a inteligência animal. Há jovens e damas na roda? Eles adulam, adotam um tom epicurista. Há eclesiásticos? Tornam-se mais obscuros, tratam de diversas questões ao mesmo tempo e confundem os interlocutores. Às vezes, propõem fazer o papel do descrente, assegurando ao mesmo tempo sua boa-fé, o que lhes permite desenvolver seu pensamento sem disfarces.

Coton fornece toda uma galeria de retratos de libertinos, ainda mais perigosos pelo fato de serem sedutores: um "jovem senhor muito estimado por sua coragem, seu espírito, e até sábio", que semeia por toda a parte "dúvidas contra as verdades mais santas";[18] um "cavaleiro de conduta des-regrada", grande apreciador da Antiguidade, que não aceita nada se não lhe apresentarem as razões; um fidalgo que não cansa de fazer perguntas insidiosas e embaraçosas; um outro, muito conhecedor de teologia, ex--calvinista que regressou ao catolicismo e é um tanto curioso demais sobre a história da Igreja; e outro ainda, cujo retrato poderia bem convir aos liber-tinos que evocaremos mais adiante: vivia no círculo dos grandes e sob sua proteção, frequentava reuniões secretas, era discípulo de Vanini, "mestre de ateus", dissimulava sua descrença com um conformismo de fachada e levava uma vida muito livre, fora do matrimônio.[19] Todos têm um profundo desprezo pelo "populacho", uma elevada ideia de sua superioridade inte-lectual – "tendo mais espírito e coragem" do que os outros para se liberar das crenças tradicionais – e a convicção de que "os mais fortes espíritos e os mais esclarecidos não conhecem Deus".[20]

De fato, muitos são mais deístas do que verdadeiramente ateus, posto que rejeitam tudo o que lhes parece aviltar a divindade no cristianismo: a encarnação, a Trindade, o pecado original, a redenção, as fábulas do Antigo Testamento. A razão não pode admitir que um Deus ao mesmo tempo

---

18 Coton, *Le Théologien dans les conversations avec les sages et les grands du monde*, p.3 e 5.
19 Ibid., p.3, 62-3, 84 e 185.
20 Ibid., p.58.

todo-poderoso e infinitamente bom tenha criado o mundo sabendo que os homens cairiam no pecado, condenando-os de antemão ao inferno. Há contradições demais na teologia: mais vale seguir a pura razão e se conformar externamente à religião do país. Uma minoria vai mais longe e afirma que Deus é "uma ilusão, um sonho" e todos os sinais de sua presença são produtos da imaginação ou falácias. Esses ateus autênticos, declara Coton, já infestam às escondidas os círculos da corte.

O PENSAMENTO DOS LIBERTINOS SEGUNDO O PADRE GARASSE (1623)

O mais volumoso testemunho sobre as diferentes formas de descrença e seu avanço no primeiro quarto do século XVII é a obra de outro jesuíta, o padre François Garasse. Ele entrou para o noviciado da Companhia de Jesus, em Toulouse, em 1600; era um espírito exaltado, truculento, confuso e de bom grado exagerado. De 1618 a 1622, publica diversas obras contra os protestantes;[21] em 1622-1623, compõe um livro de mais de mil páginas contra os libertinos: *La Doctrine curieuse des beaux esprits de ce temps* [A doutrina curiosa dos belos espíritos deste tempo], publicado em agosto de 1623, em pleno desenrolar do caso de Théophile de Viau. Às vésperas da publicação, no dia 19 de agosto, Viau foi condenado à fogueira pelo Parlamento de Paris como autor presumido de um escrito anônimo ímpio, o *Parnasse satirique* [Parnaso satírico], publicado em abril de 1623. O livro de Garasse é atual, portanto, e não fruto de uma coincidência. Desde a execução de Vanini em 1619, em Toulouse, os libertinos são o centro das atenções. Théophile de Viau e seus companheiros fazem os cabarés parisienses ressoar com afirmações ímpias; condenado ao degredo em 1619, o poeta se valeu da proteção do duque de Montmorency. De volta a Paris, submete-se ostensivamente às exigências da religião católica, mas ninguém se engana. Preso em 11 de julho de 1623, executado em efígie e novamente condenado ao degredo, ele morre em 1625.[22]

É para enfrentar a ameaça da descrença, ilustrada pelo caso recente de Viau, que o padre Garasse toma a pluma. Em alguns meses, reúne um enorme dossiê graças a um amigo, o padre Voisin, que é ex-preceptor do

---

21 Especialmente Garasse, *Le Rabelais réformé, ou les bouffonneries, impertinences, impiétés et ignorances de Pierre du Moulin; Recherches des recherches d'Estienne Pasquier.*
22 Lachèvre, *Le Procès de Théophile de Viau devant le parlement de Paris.*

226 DE UMA CRISE DE CONSCIÊNCIA A OUTRA (1600-1730)

jovem Des Barreaux, outro libertino de renome, e conhece esse meio. "Vejo que certos ateístas, com o pretexto de uma beleza imaginária do espírito, combatem a religião como se tivessem parte com Satanás ou fossem seus substitutos, eis o que não posso suportar sem tomar a dianteira", escreve Garasse.[23]

A primeira dificuldade consiste em definir os libertinos. E, para dizer a verdade, Garasse não chega a precisar seus contornos: "Pela palavra libertino, não compreendo nem huguenote, nem ateu, nem católico, nem herético, nem político, mas certo composto de todas essas qualidades". "Ateu" é, para ele, um termo genérico, do qual ele usa e abusa, chamando Lutero, por exemplo, de "perfeito ateísta".

No entanto, ele tenta fazer uma classificação, pois tem consciência das diferenças que existem entre os ímpios. Para ele, os protestantes constituem a vanguarda desses descrentes: "são os falcões ateístas", que abrem o caminho para a incredulidade rejeitando os dogmas que lhes desagradam. Num diálogo imaginário entre um huguenote, um ateu e Cristo, ele coloca as seguintes palavras na boca do primeiro: "Quanto a mim, senhor, gostaria muito de acreditar em alguma coisa, mas não em tudo, porque me parece que o senhor inventa". Já o ateu declara: "Não acredito em nada, senhor, e considero que todas as suas novas não passam de lorota".[24]

Quanto aos libertinos, eles se distinguem em especial pelo tipo de vida que levam:

> Chamo libertinos nossos bêbados, moscas de taberna, espíritos insensíveis à piedade, que não têm outro Deus além de seu próprio ventre, que são cooptados por essa maldita confraria que se chama *confraria das garrafas* [...], gozando do benefício da idade, imaginando que em sua velhice Deus os receberá em sua misericórdia, e por isso são bem nomeados quando chamados de libertinos, porque são como que aprendizes do ateísmo. Dessa religião foram Epicuro, Apicius e Heliogábalo, o mais célebre doutor que jamais existiu nessa doutrina cabalística.[25]

Para além deles, segundo Garasse, encontram-se os céticos, discípulos de Charron, os galhofeiros, que tratam as coisas santas com derrisão e, enfim, o "ateísmo furioso e enraivecido", que nega a existência de Deus:

---

23 Sobre o padre Garasse, cf. Lecler, Un adversaire des libertins au début du XVIIe siècle, le père François Garasse, *Études*, t.209, n.23, p.553-72.
24 Garasse, *La Doctrine curieuse des beaux esprits de ce temps*, p.219.
25 Ibid., p.37.

A PRIMEIRA CRISE DA CONSCIÊNCIA EUROPEIA   227

Chamo ímpios e ateístas aqueles que são mais avançados na malícia, têm a impudência de proferir horrendas blasfêmias contra Deus, cometem brutalidades abomináveis, publicam em sonetos suas execráveis perversidades, fazem de Paris uma Gomorra, mandam imprimir o *Parnasse satirique*, têm a vantagem infeliz de ser de tal modo desnaturados em seu modo de viver que ninguém ousaria refutá-los de ponto em ponto, de medo de ensinar seus vícios e fazer enrubescer até mesmo a brancura do papel.[26]

Esses verdadeiros ateus são irrecuperáveis, mas pouco numerosos, diz Garasse, pois se trata de uma posição muito difícil de se manter com constância, como já haviam sublinhado Duplessis-Mornay e Montaigne. Pode-se negar a existência de Deus num momento de ira, paixão ou abatimento, mas daí a fazer disso uma convicção estável durante toda uma vida, há uma enorme distância. Garasse tem dificuldade de imaginar que se possa viver a vida inteira sem a menor fé. Num mundo impregnado de religião, a fé parece uma categoria, uma estrutura fundamental do espírito, como é, por exemplo, a certeza de que amanhã haverá outro dia. Como continuar a viver na ausência de tal crença? Garasse presta uma homenagem involuntária, como fez Charron, à força de espírito dos ateus: vivendo numa condição contra a natureza, devem estar em constante "inquietude", "infelicidade", "amargura".[27] Sem esperança de vida futura, e, além do mais, condenados ao inferno, eles fazem dó. Mas por que esses ateus não receberam a fé, que supostamente é um dom de Deus?

Dos libertinos aos verdadeiros ateus, há incontáveis nuances, e a tendência natural conduz os primeiros aos segundos. É para deter os primeiros que Garasse escreve, como fará mais tarde Pascal. O jesuíta adverte:

Disso extraio uma advertência ao leitor: se falo às vezes diversamente dos ateístas ou dos libertinos, dando indiferentemente algum conhecimento de Deus a nossos novos dogmatizandos, o leitor deve se lembrar de que há diversos graus de ateísmo, e que o conjunto de meu livro visa em geral todas as partes desse monstro, mas nomeadamente os libertinos, tanto pelo fato de formarem a grande confraria dos que chamo de pretensos belos espíritos como por não serem ainda inteiramente ateístas, podendo haver portanto alguma esperança em sua conversão, razão pela qual minha consciência me obrigou a

---

26 Ibid., p.38.
27 Ibid., p.159-66.

empreender este trabalho, que será para mim muito ameno, caso lhes seja de algum proveito.[28]

Uma vez estabelecidas as distinções necessárias, o padre Garasse tenta apreender o pensamento dos libertinos, que ele resume em oito pontos. O credo dos descrentes corresponde bastante bem ao que já sabemos dele por outras fontes:

> I. Há bem poucos bons espíritos neste mundo, e os tolos, isto é, os homens comuns, não estão à altura de nossa doutrina. E, por conseguinte, não devemos falar dela livremente, mas apenas em segredo, e somente entre os espíritos confidentes e cabalistas.
>
> II. Os belos espíritos fingem crer em Deus unicamente por decoro e imposição do Estado.
>
> III. Um belo espírito é livre em sua crença, e não se deixa facilmente cativar pela crença comum, cheia das mixordiazinhas que se propõem ao simples populacho.
>
> IV. Todas as coisas são conduzidas e governadas pelo Destino, que é irrevogável, infalível, imutável, necessário, eterno e inevitável para todos os homens, seja lá o que fizerem.
>
> V. É verdade que o livro que é chamado de Bíblia, ou Escritura Santa, é um livro mui gentil e contém muitas boas coisas. Mas que se deva obrigar um bom espírito a crer, sob pena de condenação eterna, em tudo aquilo que ali está, até na história da cauda do cão de Tobias, não tem cabimento.
>
> VI. Não há nenhuma outra divindade soberana neste mundo além da Natureza, à qual se deve contentar em todas as coisas, sem nada recusar ao nosso corpo ou aos nossos sentidos daquilo que desejam de nós no exercício de seu poder e de suas faculdades naturais.
>
> VII. Posto que haja um Deus, como é de decoro admitir para que não se esteja em constantes litígios com os supersticiosos, não decorre disso que haja criaturas que sejam puramente intelectuais e separadas da matéria. Tudo o que está na natureza é composto. E, por conseguinte, não há anjos nem diabos no mundo, e não é certo que a alma do homem seja imortal.
>
> VIII. É verdade que para viver feliz devemos apagar e afogar todos os escrúpulos. Mas tomemos cuidado para não parecermos ímpios e sermos abandonados, com receio de melindrar os simples, e nos privarmos da proximidade dos espíritos supersticiosos.[29]

---

28 Ibid., p.38.
29 Ibid., p.267.

A PRIMEIRA CRISE DA CONSCIÊNCIA EUROPEIA   229

Ao ler tais artigos, podemos nos perguntar em que reside a diferença entre ateus e libertinos. A natureza e o destino são as únicas divindades reconhecidas, o que confere uma nuance fortemente panteísta aos libertinos. A natureza, apresentada como um guia benfazejo que deve ser seguido, é feita para nossa felicidade:

> Deus é a natureza, dizem eles, e a natureza é Deus [...]. Esse Deus natural ou essa natureza divinizada ama tudo o que ela faz, de acordo com o que diz o próprio Gênesis [...]. Essa natureza, nossa boa mestra, colocou-nos neste mundo apenas para que gozemos de seus tesouros e dos frutos de sua bondade, e por tal regra não devemos recusar aos nossos olhos nada do que desejem ver, aos nossos ouvidos nada do que queiram ouvir, aos nossos sentidos nada do que desejem no exercício de suas faculdades naturais, e fazer o contrário disso é desfazer de si mesmo, é comandar tiranicamente e desmentir a natureza.[30]

Para Garasse, esse naturalismo conduz diretamente ao ateísmo.

Os libertinos rejeitam a ideia da revelação e zombam dos absurdos da Bíblia. Têm apenas de escolher: da baleia de Jonas aos 967 anos de Matusalém, das histórias picantes de Loth, que engravida suas filhas com a bênção de Deus, à jumenta de Balaão e à serpente falante do paraíso terreno, da qual perguntam: "Ela caminhava saltitando na ponta da cauda, voava ou se lançava como uma flecha animada?".[31] O episódio favorito dos libertinos no Antigo Testamento parece ser o da cauda do cão de Tobias, que o animal abana em sinal de contentamento quando o mestre retorna. Isso exaspera Garasse:

> Parece que essa cauda do cão de Tobias foi feita expressamente para entreter os espíritos indolentes dos libertinos, do mesmo modo que a cauda do cão de Alcibíades foi feita para entreter os tolos e indolentes de Atenas. Pois, em vez de pensar, falar, meditar sobre os mistérios de sua salvação, eles se divertem discorrendo sobre a cauda do cão de Tobias, como se fosse um caso de grandes consequências, e parece que essa cauda é um obstáculo intransponível para os ateístas, pois, de cem libertinos, oitenta que queiram troçar das Escrituras começarão por ela suas galhofas e farão o contrário do provérbio, que diz que jamais se deve começar pela cauda.[32]

---

30 Ibid., p.676-8.
31 Ibid., p.833.
32 Ibid., p.552.

230   DE UMA CRISE DE CONSCIÊNCIA A OUTRA (1600-1730)

O mais grave, porém, é que os libertinos utilizam a Bíblia para seus próprios fins, apontando nela argumentos favoráveis ao ateísmo: eles não têm dificuldade em desencavar as contradições e, no Livro da Sabedoria e no Eclesiastes, destacam expressões que parecem negar a imortalidade da alma. No fim das contas, a Bíblia tem para eles tanto valor quanto as fábulas antigas.

A alma é mortal; não existe céu nem inferno; o diabo é apenas uma invenção pueril. Segundo Garasse, um libertino seria especialmente curioso em relação ao tema: "Um dos maiores desejos que o comove é ver um diabo" e, por isso, dirige-se a todos os mágicos. Os libertinos são "acristas", isto é, recusam toda divindade a Jesus, "homem como um outro qualquer". Os milagres são a "melhor maneira de entreter o populacho no cumprimento de seu dever". Evidentemente, o problema do mal também é explorado, como uma das objeções fundamentais a um Deus que, "se vê tudo o que fazemos", deve ser ele mesmo a causa de nossos pecados. Somos dirigidos pelo destino, e não existe diferença alguma entre as religiões: "turcos, pagãos, cristãos, heréticos", que importa! Que cada um siga a religião de seu país, pois a religião não passa de uma invenção política para manter o povo na obediência.

ATITUDE E ORIGEM DOS LIBERTINOS SEGUNDO GARASSE

Para Garasse, os libertinos têm a impressão de constituir uma elite liberada. Entre eles, escreve o padre, distinguem-se três categorias: os espíritos mecânicos ou grosseiros, que Charron chamava de espíritos baixos e que seguem todas as superstições; os espíritos nobres ou, segundo Charron, comuns, que desprezam as opiniões populares e escolhem suas próprias crenças; e os espíritos transcendentes, "desviados" ou superiores, de acordo com a classificação de Charron, que estão acima de tudo. A imensa maioria dos homens se compõe de tolos, já os livres-pensadores possuem um "espírito acurado e acima do comum".

Esses espíritos fortes reivindicam uma liberdade absoluta de crença, uma total autonomia: "O espírito do homem nasceu livre, afirmam eles, e foge do cativeiro".[33] Garasse observa que todos os heréticos, inclusive os protestantes, têm em mente esta palavra: "liberdade". E tal liberdade,

---

33 Ibid., p.205.

A PRIMEIRA CRISE DA CONSCIÊNCIA EUROPEIA   231

eles a querem para praticar sua depravação e suas impiedades. O jesuíta dedica páginas e mais páginas à descrição de reuniões em que os libertinos, em cabarés ou na capela de Isle-du-Pont-de-Bois, em Paris, entregam-se a violentas paródias antirreligiosas, a sacrilégios, misturando obscenidades e blasfêmias. Zombando de todas as práticas da devoção, não hesitam em ir aos bandos às igrejas para rir dos sermões e ridicularizar a austeridade dos huguenotes. Mas, na maioria das vezes, mantêm suas convicções em segredo e comportam-se de maneira hipócrita, como verdadeiros falsos devotos. O retrato que Garasse faz lembra irresistivelmente Tartufo:

> Se for para dissimular a própria loucura, um ateísta será capaz se confessar duas vezes por ocasião das festas natalinas, fará conversões fingidas diante de três ou quatro doutores da fé, tanto bajulará os grandes senhores da corte e as autoridades que eles tomarão sua defesa e dirão dele o maior bem para mantê--lo na corte: "Que distinto homem! Um bom espírito, de boa conversação! É bem verdade que tem certas frases na boca das quais poderia se abster, mas não passam de gracejos, ele as diz para rir, pois se confessa sempre, e eu o vi comungar, assisti a sua conversão; ele ouve amiúde os sermões, e frequenta religiosos". Sim, mas é como fazia aquele maldito Teófilo de Constantinopla com os monges e os santos personagens para encobrir sua impiedade.[34]

Essa atitude lhes permite não "se fechar a entrada das companhias", "o acesso aos cargos", e também não "melindrar os simples" e não estar "em constantes rixas com os supersticiosos" e com os "espíritos mecânicos que se afligem quando se lhes propõe a máxima de que Deus não existe". Para enganar a todos, procedem com frequência por "bufonarias", fazem afirmações engraçadas, porém repletas de "ambiguidades e subentendidos". Somente confessam a verdade quando estão entre eles, em reuniões secretas. Mesmo seus escritos têm a forma ambígua do diálogo, ou apresentam defesas da fé tão fracas que realçam ainda mais as dificuldades da atitude religiosa. Isso quando não compõem livros contraditórios com a finalidade de enganar.

Quem são esses libertinos? A que meio social pertencem? Garasse distingue entre eles cortesãos e alta nobreza, militares e, sobretudo, jovens intelectuais depravados, que escrevem textos ímpios para se enaltecer diante dos poderosos. Alguns são egressos dos colégios jesuítas. Mas tiveram

---

34 Ibid., p.55.

maus mestres: Demócrito, Diógenes, Diágoras, Lucrécio, Porfírio, Plínio, Juliano, Epicuro e, entre os modernos, Pomponazzi, Maquiavel, Cardano, Mezêncio, Ruggieri, Panat, Vanini. Garasse analisa a obra deste último: ele ridicularizou a Bíblia, comparando as imposturas de Moisés às de Rômulo e Maomé; negou a encarnação, a existência do diabo e do inferno, a criação do mundo e do homem por Deus todo-poderoso; chegou até a sugerir que, por um processo natural, o homem poderia descender dos macacos: pelo "sêmen dos guenons e dos macacos, cultivando-se depois, vem a se aperfeiçoar e tomar forma de homens".[35]

Para Garasse, o ateísmo também pode ter causas psicofisiológicas, em particular a hipocondria. A bílis negra dos melancólicos era uma explicação muito em voga para os comportamentos desviantes, como o suicídio.[36] Mas a distinção entre o aspecto moral e a dimensão fisiológica ainda era muito vaga. Em 1586, por exemplo, em seu *Traité de la mélancolie* [Tratado da melancolia], Timothy Bright considera-a o produto da vingança divina e da tentação diabólica.[37] Em 1580, La Primaudaye, em sua *Académie française*, atribui à bílis negra certos efeitos psicológicos, como o desespero; o médico inglês Peter Barrough confirma tal observação em 1595.[38] Em 1607, Fernel define o "humor melancólico", aparentado à terra e ao outono, como um suco "de consistência espessa, frio e seco em seu temperamento".[39] O excesso desse humor no cérebro é responsável pelos pensamentos sombrios que afetam os melancólicos e fixam obsessivamente sua atenção num objeto: "Todos os seus sentidos são depravados por um humor melancólico que se espalha em seu cérebro", escreve Weyer. Para Sydenham, essa bílis negra leva alguns a se matar: eles "temem a morte, a qual, no entanto, dão a si mesmos na maioria das vezes". Em 1583, Peter Barrough já afirma que as pessoas que sofrem de melancolia "desejam a morte e, muito amiúde, pensam e determinam matar a si mesmas".[40]

Dois anos antes do tratado de Garasse, em 1621, Robert Burton publicou seu célebre livro *Anatomy of Melancholy* [Anatomia da melancolia]. Esse mal, segundo ele, atinge em especial as pessoas estudiosas, cujas meditações podem se transformar em ruminações mórbidas. Sua descrição é clássica: ao mesmo tempo fisiológico e analógico, em virtude das correspondências

---

35 Ibid., p.698.
36 Minois, *Histoire du suicide. La société occidentale face à la mort volontaire*, p.120-4.
37 Bright, *A Treatise of Melancholie*, p.228.
38 Barrough, *The Method of Physick*.
39 Fernel, *Physiologia*, p.121.
40 Apud Foucault, *Histoire de la folie à l'âge classique*, p.281.

A PRIMEIRA CRISE DA CONSCIÊNCIA EUROPEIA   233

universais. Trata-se de um excesso de bílis negra, associada ao mais sombrio dos elementos, a terra, e ao mais sombrio dos planetas, Saturno. Esse caráter é adquirido desde o nascimento, portanto alguns homens são predestinados a um temperamento sombrio. Todavia, este pode ser corrigido ou agravado pelo meio social e pelo comportamento individual. Curiosamente, Burton vincula a melancolia ao excesso de religião: pode ser provocada pelo desespero suscitado pelas crenças terroristas no inferno. Ele aponta como responsáveis por esse desespero os religiosos católicos e os puritanos. Os primeiros, por suas crenças supersticiosas e idólatras, favorecem a ação do diabo. Os segundos semeiam o terror com seus sermões apocalípticos. Como bom anglicano, Burton é um homem de equilíbrio e moderação. Nada de exageros, seja em religião, seja em outra coisa qualquer. O ateísmo deve ser evitado, porque o diabo é seu único mestre. Mas o excesso religioso não é melhor. O ascetismo desregra o espírito. A livre análise das Escrituras pode levar ao desespero. A predestinação calvinista, persuadindo alguns homens de que estão condenados, seja lá o que fizerem, também é um fator de desespero. Os infelizes, de espírito fraco, já se imaginam no inferno: "Eles sentem o cheiro do enxofre, falam com os demônios, veem e ouvem quimeras, sombras ameaçadoras, ursos, corujas, macacos, cães pretos, monstros, urros horrendos, ruídos assustadores, gritos, gemidos lamentáveis".[41]

O padre Garasse teria lido *Anatomy of Melancholy*? É pouco provável. Mas ele também recorre a essa explicação que supostamente dá conta de todos os males individuais, mais ou menos como o nosso estresse contemporâneo: segundo ele, as "fumaças negras e melancólicas", perturbando o cérebro, podem provocar o ateísmo, a não ser que seja ele que provoque a hipocondria.[42] Em todo o caso, um rápido estudo dos doentes mentais do hospital Passarelli, em Roma, convence-o de que existe um elo entre os dois fenômenos. Ele acrescenta a eles o papel do orgulho e da preguiça de espírito.

O que é deplorável e preocupante, prossegue Garasse, é que o ateísmo começa a se difundir em outras categorias sociais, como ilustram certos testamentos lavrados em Poitiers dos quais ele teve conhecimento: um "velho ateísta de Poitiers" declara que não existe "outro Deus no mundo senão a incorruptibilidade do corpo"; um outro pede, em 1601, que seja enterrado na praça do mercado para poder aproveitar as danças da aldeia. Garasse menciona também um homem que foi morto na fogueira, em Paris, na quinta-feira santa de 1573, e que foi identificado como Geoffroy

---

41 Burton, *The Anatomy of Melancholy*, t.I, p.439.
42 Garasse, op. cit., p.47 e 51.

234 DE UMA CRISE DE CONSCIÊNCIA A OUTRA (1600-1730)

Vallée,[43] autor de *La Béatitude des chrétiens* [A beatitude dos cristãos], uma obra deísta que rejeita a austeridade dos protestantes, o luxo dos católicos e a negação dos ateus.

AS CONTROVÉRSIAS EM TORNO DA *DOCTRINE CURIEUSE*

O livro do padre Garasse tem uma acolhida moderada. Por parte dos libertinos, isso é compreensível, e eles o acusam de calúnia: as "máximas do padre Garasse", segundo dizem eles, não passam de um amontoado de invenções. Do lado dos devotos, no entanto, também não se vê muito entusiasmo, em virtude da forma utilizada. Numa época em que, sob a influência dupla das duas reformas, protestante e católica, a religião tenta se purificar de todos os aspectos profanos ou demasiado humanos, as trivialidades de Garasse parecem chocantes. Citamos a passagem sobre a cauda do cão de Tobias: digressões desse tipo ferem o bom gosto e são indignas de uma obra erudita, escreve Guez de Balzac ao jesuíta. Essas bufonarias e grosserias são inadequadas quando se trata de defender a dignidade da religião.

Em outubro de 1623, o padre François Ogier julga oportuno lançar um ataque exemplar a Garasse numa obra virulenta, intitulada *Jugement et censure de la Doctrine curieuse de François Garasse* [Julgamento e censura da doutrina curiosa de François de Garasse]. Ogier, prior de Chomeil, acusa Garasse de ter feito mais mal do que bem. Antes de mais nada: era realmente útil expor em mil páginas e em francês todas as insanidades dos libertinos e todos os argumentos dos ateus? Isso era um verdadeiro problema para os defensores da fé, que Calvino já havia apontado. O próprio Garasse se questionou: é apropriado repetir "à luz do dia" e "ponto por ponto" a doutrina dos incrédulos? Ele deu uma resposta afirmativa, explicando que nada daquilo era segredo. Ogier, cujo estado de espírito não é diferente do dos libertinos nessa questão, pensa, ao contrário, que tais debates deveriam se desenvolver com discrição, entre sábios e eruditos; o próprio estilo de Garasse é feito para atrair leitores de baixa categoria e apresentá-los a argumentos ateus que eles nem suspeitavam que existissem: "Garasse escreve num estilo e num modo demasiado popular e sobre coisas capazes de atrair a escória do povo para a leitura de seu livro".[44] É pouco provável que a "escória do povo" tenha devorado as mil páginas do padre Garasse, ainda que uma segunda edição

---

43 Berriot, op. cit., t.II, p.759.
44 Ogier, *Jugement et censure de La Doctrine curieuse de François Garasse*, p.135.

A PRIMEIRA CRISE DA CONSCIÊNCIA EUROPEIA 235

tenha saído no ano seguinte. Mas a observação é significativa: para a maioria das autoridades eclesiásticas, o povo cristão não é capaz de compreender as verdades da fé e, portanto, deve ser mantido longe das discussões teológicas, domínio reservado do clero. O povo deve crer sem compreender; com isso, Ogier dá razão às acusações dos libertinos. Além do mais, nem toda verdade deve ser dita: o povo não precisa saber que existem ateus por toda a parte, e que eles têm argumentos sérios.

Acusando Garasse de ser um "Rabelais", um "zombador de Deus e dos homens", um "mestre em bufonarias e contos engraçados", Ogier o acusa de não estar à altura do tema, e de não ter compreendido, por exemplo, o verdadeiro sentido dos livros de Charron, autor sério e respeitável:

> Garasse, meu amigo, os livros de Charron são de gama um pouco alta demais para espíritos baixos e populares como o vosso. Os astros não se alimentam de todos os tipos de vapores e nosso espírito não faz boa comida de todas as espécies de leituras, ainda que de bons e excelentes autores [...]. Ocupai-vos, Garasse, como de hábito, de vossos doutores autênticos, Marot e Melin de Saint-Gelais, dos quais tirais tão belas provas, os colóquios de Cesarius, esse belo tesouro de exemplos, Rabelais [...]. Conservai cuidadosamente, lendo-os, vosso belo humor; doutro modo, o mundo perderia mil boas palavras para rir; e deixai as obras de Charron, demasiado sérias, para espíritos mais fortes e mais bem ordenados que o vosso.[45]

A observação é desconcertante. Mostra quão vagos e suscetíveis de interpretações diversas são os autores e as doutrinas daquela época: Charron é reivindicado tanto pelos libertinos quanto pelos devotos.

Garasse não é homem de se deixar tratar desse modo. Numa nota enviada ao procurador-geral Mathieu Molé, ele responde a todos os seus detratores, ponto por ponto: aos libertinos, aos protestantes que se ofende-ram por serem tratados de ateus e aos devotos que temiam um escândalo. Contra os partidários do método moderado, da camuflagem pudica, do silêncio e da asfixia dos problemas, ele proclama a necessidade de atingir a ameaça crescente da descrença com um golpe certeiro. Balzac tem direito a uma réplica rude, que fustiga sua preciosidade, e Ogier é contemplado, em janeiro de 1624, com uma *Apologie* [Apologia] de trezentas páginas que lembra as virtudes da brincadeira e do riso na defesa da fé. Uma religião

---

45 Ibid., p.172.

236   DE UMA CRISE DE CONSCIÊNCIA A OUTRA (1600-1730)

alegre é mais atraente que a cara de quaresma de muitos de seus defensores. Quanto a Charron, que ninguém se engane: "ele sufoca e estrangula suavemente o sentimento da religião, como com um cordão de seda, e conduz seu leitor a uma filosofia epicurista".[46]

No ano seguinte, em 1625, Garasse produz ainda um enorme in-fólio no qual retoma, com mais rigor e recato, as ideias de sua *Doctrine curieuse*: a *Somme théologique* [Suma teológica], obra publicada com a aprovação da Sorbonne. Charron é novamente apontado como um autor pernicioso: "Não quero nem bem nem mal à sua memória pessoal, mas devo dizer que quero um mal perfeito à sua doutrina, e digo um mal perfeito como aquele que Davi tinha aos maus".[47] De resto, nada de novo, a não ser a forma. Garasse adverte: o ateísmo progride, com o objetivo de apagar para sempre a ideia de Deus:

> As leis, as ordenanças, os éditos, os decretos devem apagar o nome de Deus, como uma quimera pintada e inventada numa cabeça oca. Nada mais se deve aprender tão cuidadosamente como esta proposição: não existe Deus. Esse deve ser o alfabeto das crianças, o discurso dos homens, a sabedoria dos anciãos, a substância de todas as ciências e a finalidade de todas as artes.[48]

Dessa vez, a réplica vem dos jansenistas. No início de 1626, o abade de Saint-Cyran publica anonimamente três volumes intitulados *La Somme des fautes et faussetés capitales contenues en la Somme théologique du P. François Garasse* [Suma das faltas e falsidades capitais contidas na Suma teológica do padre François Garasse]. O tom é extremamente desdenhoso. Saint-Cyran não é dado a galhofas. Para ser profundo, é preciso ser tedioso, e a brincadeira é sinal de ignorância, superficialidade e vulgaridade. Garasse não passa de um bobo, um pobre pregador perdido em questões das quais não pode dar conta: "Deste-me ocasião de experimentar algo de que ouvira falar algumas vezes: é bem difícil ser pregador e erudito ao mesmo tempo".[49] Saint-Cyran aponta ao longo de seus três pesados volumes os mínimos erros de interpretação das Escrituras tal como ele as concebe e, paradoxalmente, também defende Charron, um dos oráculos dos libertinos.

---

46 Garasse, *Apologie*, p.135.
47 Id., *Somme théologique*, Advertência XVIII, p.36.
48 Ibid., p.233.
49 *La Somme des fautes et faussetés capitales contenues en la Somme théologique du P. François Garasse*, t.I, p.8.

A PRIMEIRA CRISE DA CONSCIÊNCIA EUROPEIA 237

Em resumo, Charron e os libertinos são os dois grandes vencedores dessas querelas, às quais assistem contabilizando os golpes. As lutas internas da Igreja Católica, em particular as dos jesuítas contra os jansenistas, com toda a certeza contribuíram duradouramente para o avanço da descrença. Realçando as fraquezas de um campo e de outro, endurecendo posições, chamando a atenção para questões secundárias como graça suficiente e graça necessária, aumentando o rigorismo de uns e a negligência de outros e oferecendo o lamentável espetáculo de católicos se atacando entre si, molinistas e jansenistas debilitam o respeito à religião e dão razão a seus principais detratores. Quando Voltaire desejou estrangular o último jesuíta com as tripas do último jansenista, ou vice-versa, a piada foi apenas a consequência lógica desses conflitos.

OS PRINCIPAIS CÍRCULOS LIBERTINOS

Depois de ver os libertinos através dos olhos de seus adversários, convém agora entrar contato diretamente com eles. A tarefa é difícil, dado o relativo segredo que os circunda; eles deixaram poucos traços escritos e, para despistar, estes são em geral ambíguos e contraditórios. Estudos notáveis, que se tornaram clássicos da historiografia, felizmente lançaram luz sobre o conhecimento desse círculo multifacetado. Graças a Charbonnel, Busson, Pintard, Spink, Zuber, Adam, Tocanne, Ostrowiecki, Lecler e outros, podemos conhecer um pouco mais das ideias, do comportamento e das principais personalidades do movimento libertino.[50]
René Pintard, cujo estudo é, até hoje, o mais completo sobre o assunto, concluiu o seguinte: "Percebe-se, no fim do reinado de Henrique IV ou durante a menoridade de Luís XIII, nos meios mundanos, mas também entre os eruditos, uma incredulidade difusa, que ora brota, ora se oculta ou é ignorada".[51] O caráter difuso do movimento impossibilita qualquer classificação mais rigorosa, porém o autor distingue três categorias principais: católicos sinceros abalados pelas novidades científicas, que manifestam dúvidas, críticas, e encontram-se, como diríamos hoje, "em busca", como Gassendi, Gaffarel, Boulliau, Launoy, Marolles e Moncony; protestantes emancipados, que praticam a livre especulação filosófica, correndo o risco

---

50 Charbonnel, *La Pensée italienne au XVIe siècle et le courant libertin*; Pintard, *Le Libertinage érudit dans la première moitié du XVIIe siècle*; Spink, *La Libre pensée française de Gassendi à Voltaire*.
51 Pintard, op. cit., t.II, p.565.

238 DE UMA CRISE DE CONSCIÊNCIA A OUTRA (1600-1730)

de cair na incredulidade, como Diodati, Prioleau, Sorbière e Lapeyrère; e verdadeiros incrédulos anticristãos, como Le Vayer, Bourdelot, Trouiller, Quillet, Naudé, Bouchard e Luillier. Partidários de uma separação entre a fé a razão, eles hesitam entre racionalismo e ceticismo e não chegam portanto a construir um sistema coerente. Tendendo mais ao naturalismo italiano até meados do século, eles têm ojeriza ao sobrenatural.

J. S. Spink, por sua vez, distingue dois grandes grupos: de um lado, os céticos eruditos libertinos, homens estudiosos, bibliotecários, preceptores, homens finos e discretos, que praticam um conformismo de fachada; de outro, os naturalistas radicais, jovens fidalgos rebeldes, agitados, provocadores, como Roquelaure, Romainville, Haudessens, Cramail e Savary. Atormentados pelo desejo de se afirmar e por uma certa sede de absoluto, eles proclamam, de maneira às vezes imprudente, suas ideias radicais, negativas, se necessário, a ponto de beirar o niilismo, e muito frequentemente obscenas. Essa espécie de fúria que os anima seria uma expressão de desespero, uma forma de protesto juvenil contra o caráter cada vez mais rígido da sociedade? A "Advertência" inserida por Georges Sorel, em 1623, em sua *Histoire comique de Francion* [História cômica de Franção], fala a favor de uma resposta positiva: "A corrupção deste século, em que se impede que a verdade seja abertamente divulgada, obriga-me, aliás, a fazer isso, e a ocultar minhas principais críticas sob fantasias que, sem dúvida, parecerão cheias de tolices aos ignorantes, que não poderão penetrá-las a fundo".

Georges Sorel tem pouco mais de 20 anos quando publica esse livro, que é um bom testemunho sobre os grupos de jovens libertinos. Em suas associações, há filhos da nobreza, da magistratura, dos negócios, das finanças: os mesmos que são recrutados pelos jansenistas, de certo modo. Trata-se do mesmo protesto contra os impedimentos sociais, uns se retirando na devoção austera e outros na incredulidade? Só podemos fazer a pergunta. Para esses jovens, o destino é que comanda o mundo, e os deuses são invenções humanas.[52]

Os meios libertinos mais turbulentos situam-se no círculo imediato de personagens poderosas, capazes de garantir a imunidade de seus frequentadores, como o duque de Orléans, irmão do rei. Para esse desmiolado, presunçoso, inimigo mortal do cardeal Richelieu, manter uma roda de blasfemadores é também uma maneira de demonstrar sua independência.

---

52 Da edição original de *Histoire comique de Francion*, publicada em 1623, restam apenas três exemplares. A segunda edição, de 1626, tem correções feitas após o processo de Théophile de Viau.

A PRIMEIRA CRISE DA CONSCIÊNCIA EUROPEIA

Seu palacete é frequentado por Brissac, Candale, Bachaumont, Roquelaure, Aubijoux, Fontrailles, La Rivière e o barão de Blot, cujas canções ímpias circulam em manuscritos. Elas exprimem um ateísmo agressivo:

> Je suis bougre de vieille roche,
> Qui n'auray jamais de reproche
> D'avoir usé de sacrement.
> Morbleu, tous les sept je mesprise,
> Pour le monstrer plus hautement,
> Je consens qu'on me débaptise.
> [...]
> Car je sais bien
> Que nous ne serons rien
> Après notre trépas.[53]

Uma infinidade de outras canções anônimas do mesmo estilo, conservadas nas bibliotecas públicas, revela uma surpreendente violência antirreligiosa em plena época do catolicismo triunfante. Eis, por exemplo, um "hino" de Páscoa, seguido de duas canções que ridicularizam os mistérios cristãos e negam a imortalidade:

> Voicy ce jour heureux, si l'on croit l'histoire,
> Où notre créateur tout couronné de gloire
> Triompha de la mort et sortit des enfers.
> Amy, si tu le crois, que l'aze [âne] te foute!
> Ceux qui le virent pendre avoient les yeux ouverts:
> Quand il ressuscita, pas un n'y voyait goutte.

> Qu'on parle de Dieu le Père,
> De toute la Trinité,
> Qu'une vierge soit la mère
> D'un sauver ressuscité
> Et que l'esprit en colombe
> Descende comme une bombe,

---

53 Apud Adam, *Les Libertins au XVIIe siècle*, p.66. [Trad.: "Sou devasso de velha lavra,/ A quem jamais se repreenderá/ Ter usado de sacramentos./ Com os diabos, todos os sete eu desprezo,/ Para deixar isso bem claro,/ Consinto em ser desbatizado./ [...]/ Pois sei muito bem/ Que nada seremos/ Depois de nosso passamento". – N. T.]

240   DE UMA CRISE DE CONSCIÊNCIA A OUTRA (1600-1730)

Je me fous de leurs destins
Pourveu que j'aye du vin.

Pourquoi tant de cloches, de messes?
Peut-on ressusciter les morts?
Nous devons croire avec sagesse
Que l'âme meurt avec le corps.[54]

Outro círculo bastante envolvido no avanço da descrença: os médicos. Desde o século XVI, a reputação de incrédulos que tinham não parou de crescer. Para os teólogos, os progressos da ciência faziam que os médicos atribuíssem um papel exagerado à fisiologia, em detrimento do espírito. Em 1638, por exemplo, um candidato à tese de medicina explica as virtudes pelas causas somáticas. Muitos duvidam da alma espiritual: La Fresnaye acredita que ela desaparece com a morte; a hóstia, para ele, não passa de um "pedacinho de pão", e ele tem apenas desprezo por um Deus que bancou "o parvo na cruz". Louis de Serres, médico em Lyon, é teoricamente protestante, mas declara que, "se lhe derem 200 escudos, ele estará pronto a ir à missa; por 400, ele se tornará judeu, por 600, turco e, por 1000 escudos, ele renunciará a sua parte no paraíso".[55]

Mersenne conta que conheceu um médico "galhofeiro e bufão como Rabelais, porém muito mais perverso do que ele", que colecionava escritos contra o inferno, o paraíso, o papa. O médico Huarte tem uma sólida reputação de materialista. Seu confrade Basin, dono de muitos livros ímpios, frequentou todas as religiões e defende posições deístas. Para ele, a Bíblia é um romance, o cristianismo é uma fábula e Jesus, um impostor; Deus é o primeiro princípio, que "não se intrometia em nossos assuntos, posto que está acima deles, não tinha nada que fazer com nossos cultos". Acrescentamos que, nesse período de luta contra a bruxaria, os exorcistas se irritam particularmente com a presença de médicos que em geral negam

---

54 Ibid., p.83, 84 e 86. [Trad.: "Eis o dia feliz, se acreditarmos na história,/ Em que nosso criador todo coroado de glória/ Triunfou sobre a morte e saiu dos infernos./ Amigo, se crês nisso, que o diabo te carregue!/ Os que o viram pendurado tinham os olhos bem abertos:/ Quando ele ressuscitou, ninguém viu nadinha de nada." "Que falem de Deus Pai,/ De toda a Trindade,/ Que uma virgem seja a mãe/ De um salvador ressuscitado/ E que o espírito em pomba/ Desceu como uma bomba,/ Pouco me importa o destino deles,/ Desde que eu tenha vinho para beber". "Por que tantos sinos, tantas missas?/ Os mortos podem ressuscitar?/ Devemos crer com sabedoria/ Que a alma morre com o corpo". – N. T.]
55 Apud Pintard, op. cit., p.81.

os casos de possessão e os explicam pela histeria, o que mina a crença na ação do diabo.

A concorrência entre o padre e o médico à cabeceira de um doente mental ou físico já havia sido exposta no século XV pelo médico Jacques Despars (1380-1458), que também era cônego de Paris. Ele se insurgia contra a assimilação que os teólogos e o povo faziam muito frequentemente entre a loucura e a possessão demoníaca. A "multidão estúpida", dizia ele, consulta os santos, em vez do médico, encorajada por clérigos crédulos demais e de "ideias vulgares".

> A opinião costumeira da multidão e de certos teólogos é que os melancólicos e os maníacos têm o diabo no corpo, coisa em que os próprios doentes acreditam muitas vezes e afirmam. Os que se fiam nessas ideias vulgares não procuram, para o cuidado de sua enfermidade, a ajuda dos médicos, mas a dos santos conhecidos por ter o poder, conferido por Deus, de expulsar os demônios [...] Eles esperam conseguir os votos desses santos apenas realizando novenas nas igrejas dedicadas a eles e acorrentando-se ao lado de outros enfermos, ligados por correntes de ferro ou de outra natureza. Se, em vez de fazer novenas, eles recorrem aos conselhos dos médicos, a multidão estúpida julga que os votos dos santos lhes são negados, impedidos ou retardados; de fato, a crença diz que se deve primeiro experimentar o poder de Deus e dos santos, e que estes fazem inveja aos médicos e a suas obras.[56]

Despars atacava também os pregadores fanáticos que perturbavam a mente das pessoas. Desde então, o abismo entre medicina e religião só fez aumentar.

Enfim, além dos nobres e dos médicos, os libertinos contam em suas fileiras com uma quantidade considerável de eclesiásticos incrédulos, precursores de Meslier, que dissimulam. Escreve René Pintard:

> eclesiásticos duvidosos, que se arranjam para se abster uma vida inteira de uma fé que jamais tiveram. Indiferentes ou incrédulos, ei-los, ainda assim, na aventura: eles não adquiriram desde cedo a arte da mentira cínica, aprendem a dissimular e tergiversar; aprimoram, ao longo da carreira, uma fina habilidade para jogar com afirmações insinceras. Estranha ascese, essa desses incrédulos de batina.[57]

---

56 Apud Jacquart, Le regard d'un médecin sur son temps: Jacques Despars (1380-1458), *Bibliothèque de l'École des Chartes*, t.138, p.35-86.

57 Pintard, op. cit., p.83.

242   DE UMA CRISE DE CONSCIÊNCIA A OUTRA (1600-1730)

Citemos, por exemplo, Jean-Baptiste Hullon, esmoler do rei e prior de Cassan, e Michel de Marolles, abade de Villeloin, ambos depravados céticos.

A burguesia intelectual também fornece seu contingente de libertinos. Há consenso em geral em atribuir a um deles, um professor de filosofia, os famosos *Quatrains du déiste*, também chamados *L'Antibigot ou le faux dévotieux* [O anticarola ou o falso devoto], longo poema didático composto nos anos 1619-1623. O autor, alimentado no pensamento antigo, desenvolve em seiscentas quadras uma concepção deísta, que rejeita a ideia cristã de um Deus antropomórfico. A revelação, o pecado original, as penas do além, os cultos particulares são considerados invenções humanas sem coerência e sem lógica. A virtude consiste simplesmente em se conformar à ordem das coisas, sem que haja necessidade de um sistema de recompensa e punição, por sinal iníquo:

> Se peut-il concevoir plus grande impiété
> Que celle du bigot qui veut que Dieu punisse
> Ceux dont les actions suivent sa volonté
> Pour démontrer sur eux sa divine justice?[58]

O atrativo do estoicismo é manifesto nessa obra, como em muitos libertinos, para os quais Sêneca rivaliza com Epicuro.

Texto bastante indigesto, os *Quatrains*, que saem em forma manuscrita, sem dúvida seriam desconhecidas se Mersenne não tivesse considerado útil refutá-las num calhamaço de 1.340 páginas intitulado *L'Impiété des déistes*, o que lhes deu uma publicidade inesperada. Como mostra no mesmo ano o caso de Garasse, a controvérsia pública foi certamente o mais poderoso agente de difusão das ideias dos libertinos.

CASOS DUVIDOSOS: GASSENDI, PATIN

A extrema diversidade de posições dos libertinos se destaca pelo exame dos casos mais célebres. Há, antes de mais nada, as situações duvidosas, como a do cônego Gassendi, um dos maiores eruditos da época, visto com horror pelas autoridades religiosas por ter tentado reabilitar Epicuro. A

---

58 *Quatrains du déiste*, n.56. [Trad.: "É possível conceber maior impiedade/ Que a do beato que quer que Deus puna/ Aqueles cujas ações seguem sua vontade/ Para demonstrar para eles sua divina justiça?" – N. T.]

A PRIMEIRA CRISE DA CONSCIÊNCIA EUROPEIA

simples evocação de seu nome, como vimos, era suficiente para provocar a ira da Igreja. A reputação de libertino atribuída a Gassendi tinha como único fundamento as denúncias caluniosas dos jesuítas Rapin e Daniel, embora o cônego, cristão sincero, tivesse posições filosóficas muito independentes.

Nascido em 1592, perto de Digne, e ordenado em 1617, Gassendi tornou-se preboste da catedral da mesma cidade em 1623 e professor de matemática e aritmética no Colégio Real, em Paris, em 1645. Morreu em 1655. Correspondia-se com os sábios e eruditos de toda a Europa e foi o ponto de encontro de todas as inovações culturais da época. Naturalmente cético, e rejeitando o pensamento escolástico, é atraído pelo epicurismo a partir de 1626, encorajado por seus amigos, como Beeckmann. Foi como físico que abordou essa filosofia, convencido da realidade dos átomos e de sua capacidade de produzir o pensamento ao organizar-se.

Evidentemente, ele tinha consciência das dificuldades que poderia encontrar da parte das autoridades religiosas, que, em 1624, tinham acabado de condenar os franceses Jean Bitaud e Étienne de Claves por terem defendido as teses atomistas. Naquela ocasião, a Sorbonne havia proibido, por considerá-la "falsa, audaciosa e contrária à fé", a afirmação de que "todas as coisas são compostas de átomos indivisíveis". Assim, o atomismo praticamente só pode se desenvolver na Itália – o francês Jean-Chrysostome Magnan o ensinava em Pavia. Mas Gassendi, ao fazer de Deus o criador dos átomos e de seus movimentos, pensava que a conciliação não seria impossível.

Ele se dedica então a provar a existência de Deus no contexto do epicurismo. A ideia de Deus não é inata, tampouco nos vem inteiramente da experiência. Deus, causa primeira, inteligência suprema, criou um mundo inteligível. Gassendi via essa criação a partir de uma matéria eterna, embora se declare pela ideia da criação *ex nihilo* por fidelidade à Igreja. Deus pôs ordem e harmonia no universo, que é uma espécie de organismo vivo, com uma sensibilidade difusa. Os corpos emitem corpúsculos sutis que impressionam os seres.

Isso podia ter consequências perigosas para a ortodoxia católica, como mostrará no fim do século Antoine Arnauld. Ainda em vida, Gassendi, que publica em 1649 uma apresentação da vida e da obra de Epicuro num livro de 1.768 páginas, sofre ataques vindos dos horizontes mais diversos: dos jesuítas, mas também do astrólogo Jean-Baptiste Morin, que exige sua execução por ateísmo, e de Descartes, que mantém com ele uma polêmica privada sobre questões de física.

Aos olhos dos teólogos, Gassendi é suspeito por seu epicurismo, mas sua fé pessoal não é contestada. Outros são mais ambíguos, como Guy

244 DE UMA CRISE DE CONSCIÊNCIA A OUTRA (1600-1730)

Patin (1600-1672). Esse médico, decano da faculdade de medicina a partir de 1652, é um espírito cético. Inimigo dos jesuítas, ele se compraz em revelar as inverossimilhanças das crenças populares e coleciona excertos de Plínio, Tácito, Varrão, Sêneca ou Cícero que possam enfraquecer a fé; faz chacotas sobre a imortalidade da alma, ridiculariza os sermões e aponta todas as impiedades dos autores do século XVI – teoricamente para condená-los. Em sua profissão, é hostil às novidades, declarando crer apenas naquilo que vê, mas em teologia está sempre pronto a aceitar muitas coisas em confiança.[59] É difícil apreender o pensamento dessa personagem bastante cáustica, cuja reputação de livre-pensador baseia-se apenas em algumas anedotas duvidosas.

O PESSIMISMO CÉTICO DE NAUDÉ E LE VAYER

Outro médico e outro caso ambíguo: Gabriel Naudé. Esse bibliotecário de Mazarino é um erudito notável, cujo espírito claro e ordenado domina uma vasta cultura. Uma estadia em Pádua, onde ele assistiu às conferências de Cremonini, fortaleceu seu racionalismo crítico, sempre pronto a apontar a impostura e a ilusão que seduzem a credulidade popular. Voltando à Itália em 1630, no séquito do cardeal de Bagny, ele publica em Roma, em 1639, suas *Considérations politiques sur les coups d'État* [Considerações políticas sobre os golpes de Estado], obra de um realismo cínico e pessimista, que tira conclusões sobre a estupidez e a instabilidade populares: a religião tradicional, aliada a um Estado todo-poderoso, serve para manter a multidão na obediência; por essa razão é que é necessário opor-se a todas as novidades religiosas, como o protestantismo e o jansenismo.

Seu espírito crítico se fundamenta numa vasta erudição histórica, o que o leva a denunciar toda forma de ocultismo, a destruir implacavelmente mitos e lendas, a atacar os rosa-cruzes e, sobretudo, a elaborar uma impressionante síntese do nascimento e do declínio inevitável das religiões, inclusive do cristianismo. As monarquias, segundo ele, "começaram por algumas dessas invenções e charlatanismos, fazendo a religião e os milagres marcharem à frente de uma longa sequência de barbáries e crueldades". Convertendo-se, Clóvis utilizou apenas um subterfúgio político; depois, os monges forjaram falsas histórias de combates contra os diabos. As religiões,

---

59 *L'Esprit de Gui Patin*, coletânea de cartas, publicada em Amsterdã em 1710, esclarece um pouco os traços dessa personagem desconcertante.

A PRIMEIRA CRISE DA CONSCIÊNCIA EUROPEIA 245

prossegue ele, têm o mesmo destino dos impérios: também são mortais, os "Estados vindo a envelhecer e a se corromper, a religião pelas heresias ou ateísmos".

Para Naudé, os grandes acontecimentos recentes, a invenção da imprensa, as grandes descobertas marítimas, o heliocentrismo, o cisma protestante, tudo isso enfraquece inelutavelmente a religião, que ruma para o seu declínio. Sinal disso é o aumento do número de ateus, que eram inexistentes antes do reinado de Francisco I:

> É uma coisa livre de dúvida que estejam surgindo mais sistemas novos na astronomia, que mais novidades sejam introduzidas na filosofia, na medicina ou na teologia, que o número de ateus apareça mais desde 1542 [Copérnico], que após a tomada de Constantinopla todos os gregos, e com eles as ciências, refugiaram-se na Europa e em particular na França e na Itália, como não se fez durante os mil anos precedentes. Quanto a mim, desafio os mais bem versados em nossa história da França a me mostrar que alguém tenha sido acusado de ateísmo antes do reinado de Francisco I, alcunhado o restaurador das letras, e talvez até fosse impedido de me mostrar o mesmo na história da Itália, antes dos afagos que Cosme e Lourenço de Médici fizeram aos homens letrados.[60]

A religião previne as crises: "Tenho medo de que essas velhas heresias teológicas nada sejam quando comparadas com as novas". Embora afirme pró-forma não pôr o cristianismo em questão em suas comparações com as outras religiões, Naudé prevê seu fim: "Não se deve, pois, persistir no erro desses espíritos fracos, que imaginam que Roma será para sempre a sé dos Santos Padres".

De volta a Paris, Gabriel Naudé torna-se um dos principais membros da Tétrada, em que convive com um espírito ainda mais cético que ele, François de La Mothe Le Vayer (1588-1672). Ex-jurista que abandonou o direito para se dedicar livremente aos estudos, Le Vayer é um dos grandes eruditos do século, autor de obras pedagógicas, políticas e morais, cujos títulos principais são bastante significativos: *De la Philosophie sceptique* [Da filosofia cética], *Le Banquet sceptique* [O banquete cético], *Soliloques sceptiques* [Solilóquios céticos], *De l'Ignorance louable* [Da ignorância louvável], *De la Vertu des païens* [Da virtude dos pagãos], *De la Diversité des religions* [Da diversidade das religiões], *Quatre dialogues faits à l'imitation des Anciens par*

---

60 Apud Pintard, op. cit., p.473.

246   DE UMA CRISE DE CONSCIÊNCIA A OUTRA (1600-1730)

Orasius Tubero [Quatro diálogos feitos à imitação dos antigos por Orasius Tubero]. Esse pirrônico integral, de sorriso enigmático, discreto, leva uma vida simples, o que não o impede de ser nomeado preceptor do duque de Orléans em 1649 e, mais surpreendente, de Luís XIV em 1651. O Rei-Sol não conservará nenhum vestígio de sua influência, que vai no sentido de uma crítica implacável de todas as religiões, invenções humanas que visam facilitar a vida em sociedade:

> Tudo o que aprendemos dos deuses e das religiões não é nada além do que os homens mais hábeis conceberam de mais razoável, segundo seus discursos, para a vida moral, econômica e civil, assim como para explicar os fenômenos dos costumes, das ações e dos pensamentos dos pobres mortais, a fim de lhes dar certas regras para viverem livres, tanto quanto seja possível, de todo absurdo.[61]

Apoiando-se em relatos de viagem, Le Vayer contesta a existência de um sentimento universal da verdade e da existência de Deus. O bem, o mal, o verdadeiro e o falso são noções relativas, e a sabedoria diz que devemos suspender nossos julgamentos, abrigando-nos num modesto desapego. Ele admira Sócrates, Diógenes, Zenão, mas seu verdadeiro mestre é Pirro, cujo ceticismo absoluto lhe parece convir à verdadeira humildade cristã:

> [a filosofia cética é] uma das menos contrárias ao cristianismo e a que pode receber mais docilmente os mistérios de nossa religião [...]. Nossa religião é baseada na humildade, ou nessa respeitosa abjeção do espírito que Deus recompensa com suas graças excepcionais. E podemos assegurar que a pobreza de espírito bem explicada é uma riqueza cristã, já que o Reino dos Céus é tão expressamente prometido aos fracos de entendimento. Não é portanto sem razão que cremos no sistema cético, fundado num inocente reconhecimento da ignorância humana, o menos contrário de todos a nossa crença e o mais apropriado a receber a iluminação sobrenatural da fé. Não dizemos nada que não esteja em conformidade com a melhor teologia.[62]

Nos *Quatre dialogues faits à l'imitation des Anciens par Orasius Tubero*, publicado anonimamente em 1630, Le Vayer critica radicalmente toda crença em

---

61 Apud Charles-Daubert, Libertinage, littérature clandestine et privilège de la raison, *Recherches sur le XVIIIe siècle*, VII, p.45-55.
62 Le Vayer, *De la Vertu des païens*. In: _____, *Œuvres*, t.I, p.665.

A PRIMEIRA CRISE DA CONSCIÊNCIA EUROPEIA 247

Deus, que ele reduz a uma atitude irracional, baseada numa falsa interpretação da ordem e do poder da natureza:

> Os ateus, no entanto, eludem todos esses argumentos, dos quais dizem que não há demonstração alguma, afirmação que lhes é facilitada pelas regras de uma lógica exata, de modo que, entregando-se em seguida ao livre raciocínio sobre tal assunto, alguns julgam que as maravilhas da natureza, como os eclipses dos astros, os terremotos, o estrondo dos trovões e coisas semelhantes, deram aos nossos espíritos a primeira impressão de uma divindade.[63]

Retomando os relatos de viagem, de Bornéu à África e do México à China, ele estabelece que numerosos povos não têm a menor noção de divindade, o que não os impede de viver virtuosamente, ao passo que o excesso de religião, que engendra a superstição, é um fator de fanatismo e desordem. Le Vayer repete aqui, quase palavra por palavra, os *Ensaios* de Bacon:

> O ateísmo, diz o chanceler Bacon em seus *Ensaios morais* ingleses, deixa ao homem os sentidos, a filosofia, a piedade natural, as leis, a reputação e tudo o que pode servir de guia à virtude: mas a superstição destrói todas essas coisas e erige-se em tirana absoluta contra a capacidade de entendimento dos homens: eis por que o ateísmo jamais perturba os Estados, mas torna o homem mais previdente de si mesmo, como se não olhasse muito mais adiante. E creio, acrescenta ele, que os tempos inclinados ao ateísmo, como o tempo de Augusto César e o nosso, propício em algumas paragens, foram tempos civis e ainda o são, ao passo que a superstição foi a confusão de muitos Estados.[64]

Em *La Vertu des païens*, ele insiste no fato de que o cristianismo não é indispensável à moral: "todos os que seguem o uso íntegro da razão natural, ainda que sejam reputados ateus", têm uma moral. Quanto à providência, é uma quimera: basta constatar a existência de todos os males naturais, desses "mil monstros que envergonham a natureza", para se convencer disso. Na impossibilidade de discernir a verdade, "façamos pois sagazmente profissão da honrosa ignorância de nossa bem-amada Cética".[65] No plano prático, La Mothe Le Vayer se contenta com um conformismo frio e meticuloso, com o qual não se sabe até que ponto ele enganava as autoridades.

---

63 Apud Adam, op. cit., p.127.
64 Ibid., p.136.
65 Ibid.

248 DE UMA CRISE DE CONSCIÊNCIA A OUTRA (1600-1730)

O PESSIMISMO EPICURISTA: VAUQUELIN, DES BARREAUX E VIAU

Philippe Fortin de La Hoguette (1585-1670), preceptor do duque de Longueville, dissimula seu deísmo sob a aparência de um catolicismo rigoroso, cuja prática ele recomenda a seus filhos num testamento de 1655. René de Chantecler, presidente do Parlamento de Metz desde 1633, é um indiferente que pensa que é preciso se conformar à religião do país. Vauquelin des Yveteaux, preceptor do duque de Vendôme em 1604 e do futuro Luís XIII em 1609, afastado da corte pelo Partido Devoto,* tem fama de ateu. Ele leva uma vida epicurista refinada e tranquila em sua propriedade no Faubourg Saint-Germain. "Acusaram-no de crer apenas mediocremente em Deus", escreve Tallemant des Réaux; "acusavam-no também de gostar de meninos" – ambas as coisas estavam em geral associadas na mente dos devotos, como já vimos. Em 1645, ele causa escândalo com um soneto em que fala em "viver em Sardanapalo". Na realidade, os mexericos sobre sua suposta depravação são injustificados.

Assim como os que dizem respeito a Jacques Vallée des Barreaux, ex-discípulo de Cremonini em Pádua. Na verdade, ele é um cético profundamente pessimista, que exprime seu ideal em poucos versos:

> Avoir l'esprit purgé des erreurs populaires,
> Porter tout le respect que l'on doit aux mystères,
> N'avoir aucun remords, vivre moralement;
> Posséder le présent en pleine confiance,
> N'avoir pour l'avenir crainte ny espérance,
> Font attendre partout la mort tranquillement.[66]

Para Des Barreaux, a razão serve apenas para que tomemos conhecimento de nossa miséria. Estamos rodeados de uma natureza cega e cruel, e pelo nada, e nossa única perspectiva é a morte:

> On pleure, l'on gémit, l'on souffre, et foible et fort,
> Pendant le cours fatal d'une vie incertaine,

---

* Nome de um partido católico então muito influente no Parlamento francês. (N. T.)

66 Apud Adam, op. cit., p.203. [Trad.: "Ter o espírito livre dos erros populares,/ Consagrar todo o respeito devido aos mistérios,/ Não ter nenhum remorso, viver de acordo com a moral;/ Desfrutar do presente com plena confiança,/ Não ter para com o futuro nem temor nem esperança,/ Fazem esperar a morte tranquilamente, por toda a parte". – N. T.]

A PRIMEIRA CRISE DA CONSCIÊNCIA EUROPEIA

Par quels fascheux chemins au cercueil on nous traîne,
Pauvreté, maladie, et puis survient la mort.

D'un sommeil éternel la mort sera suivie,
J'entre dans le néant quand je sors de la vie,
O déplorable estat de ma condition![67]

Posto que tudo acaba no momento da morte, devemos aproveitar ao máximo a vida, pensa Des Barreaux. Mas a maioria dos céticos não tem nada de depravados. Até mesmo Théophile de Viau, que causou escândalo nos anos 1620 com seus versos licenciosos e suas visitas à taverna Pomme de Pin, e desejava viver segundo as leis da natureza, jamais cometeu os excessos que lhe atribuíam. Nascido em 1590, perto de Agen, numa família protestante, ele leva uma vida de poeta errante, depois foi mordomo na casa do conde de Candale, a partir de 1613, e do conde de Montmorency, a partir de 1619. Ele não conserva nada de sua educação protestante e deixa transparecer um naturalismo panteísta e místico em seus poemas, acreditando na existência de uma energia misteriosa da matéria. Para ele, o homem nasce da matéria e não passa de um animal como os outros: "Não devemos reconhecer outro Deus senão a natureza, à qual devemos nos entregar inteiramente e, esquecendo o cristianismo, segui-la como um animal". É assim que, em 1623, os juízes de Viau resumem seu pensamento, que não constitui um sistema elaborado, mas exprime-se em escritos desiludidos, cínicos, marcados por uma exasperação blasfematória.

Théophile de Viau aparece como um dos membros de um grupinho turbulento e torna-se rapidamente o bode expiatório dos jesuítas, que, na época, tentam penetrar na Universidade de Paris e aproveitam todas as oportunidades para provar seu zelo na luta contra os heréticos e os libertinos. Assim, em 1623, quando é publicado o *Parnasse des poètes satiriques* [Parnaso dos poetas satíricos], obra coletiva profundamente marcada pela impiedade, Théophile e alguns de seus companheiros são condenados à prisão. Considerado o instigador do grupo, é condenado à morte por contumácia e tem de fugir. Encontrado e julgado, sua condenação é transformada em degredo, mas sua saúde, abalada pela prisão, acaba por traí-lo e ele morre em 1626.

---

67 Ibid., p.195. [Trad.: "Choramos, gememos, sofremos, tanto os fortes quanto os fracos,/ Durante o curso fatal de uma vida incerta,/ Por que aflitivos caminhos ao ataúde vamos ter,/ Pobreza, enfermidade, e no fim a morte.// De um sono eterno será seguida a morte,/ Entro no nada ao sair da vida,/ Ó deplorável estado de minha condição". – N. T.]

250 DE UMA CRISE DE CONSCIÊNCIA A OUTRA (1600-1730)

Esse caso mostra que os libertinos continuam à mercê das peripécias político-religiosas. Enquanto uns levam uma vida tranquila, educando os grandes senhores, outros, cujo pensamento não é mais radical, mas cujo temperamento provocador os deixa à vista, correm o risco de morrer na fogueira. Nessa situação instável, movediça, as calúnias e os comentários têm um papel importante. Algumas reputações de ateísmo se baseiam apenas em rumores, os quais Guy Patin frequentemente passa adiante, quando não é ele mesmo que os cria. Eis, por exemplo, o que escreve de seu ex-mestre no colégio de Navarra, Claude Belurgey:

> Encontrei pessoas que conheceram outrora esse mestre de retórica, e elas me disseram que ele não se preocupava com religião, tinha em alta estima dois homens da Antiguidade, que são Homero e Aristóteles, zombava das Santas Escrituras, sobretudo de Moisés e de todos os profetas, odiava os judeus e os monges, não admitia nenhum milagre, profecia, visão ou revelação, zombava do purgatório [...]. Ele dizia que os dois livros mais estúpidos do mundo eram o Gênesis e *A vida dos santos*, e que o céu empíreo era pura ficção.[68]

Esse desprezo pelas Escrituras é um traço comum nos libertinos, embora alguns respeitem a Bíblia e tentem mostrar que foi a Igreja que confiscou e deformou seu sentido.[69]

Entre as outras personagens apontadas como suspeitas por Guy Patin, citamos Gui de La Brosse, naturalista e diretor do Jardim Real, falecido em 1641, que Patin detesta e classifica entre os porcos de Epicuro:

> O diabo há de sangrá-lo no outro mundo, como merece um pérfido, um ateu, um impostor, um homicida e carrasco público, tal como ele era, que nem mesmo moribundo teve mais sentimento de Deus que um porco, cuja vida ele imitava e cujo nome ele se atribuía. Certa vez, quando mostrava sua casa a algumas damas, chegou à capela e lhes disse, apontando para si mesmo: "Eis a salgadeira em que colocarão o porco quando estiver morto".[70]

Segundo Guez de Balzac, outro ateu notório era François Guget (1575-1655), professor do colégio de Borgonha.

---

68 Reveillé-Parise (ed.), *Lettres de Gui Patin*, t.II, p.478-9.
69 Ostrowiecki, La Bible des libertins, *Dix-septième siècle*, n.194.
70 Reveillé-Parise (ed.), op. cit., p.81.

A PRIMEIRA CRISE DA CONSCIÊNCIA EUROPEIA   251

Que tais casos, que por sinal não são confirmados, sejam autênticos ou não é algo secundário. Como escreve J. S. Spink, "o único mérito que se pode conferir a tais testemunhos é que eles dão uma impressão geral do ambiente intelectual".[71] Que tenham sido feitas acusações de incredulidade tão graves e numerosas, e portanto pareçam plausíveis, mostra a importância que tinha o ateísmo nos círculos intelectuais e aristocráticos franceses dos anos 1600-1650.

Mas esse ateísmo permanece uma atitude amplamente contestatária, que ainda não elaborou um sistema coerente de pensamento. Tomando exemplos da Antiguidade, muito mais do que no humanismo do século XVI,[72] ele repousa a um só tempo no ceticismo, no pessimismo e no epicurismo. Ceticismo nascido do espetáculo das guerras religiosas e das profundas transformações culturais: até os dogmas são afetados pelas querelas entre os católicos e os protestantes, entre os jesuítas e os jansenistas. Resta apenas um recurso: a razão. Contudo, quando Descartes morre, em 1650, ainda não havia decorrido tempo suficiente para que seu método penetrasse a sério na cultura. Os efeitos do método cartesiano começarão a ser percebidos na segunda metade do século. Somente então é que ele fornecerá um arcabouço aos sistemas críticos. Naquele momento, a razão parece incapaz de alcançar a verdade. A história do pensamento é de certa maneira a história dos altos e baixos da razão, alçada aos céus nos séculos XII e XIII, vilipendiada nos séculos XIV e XV, novamente louvada pelos humanistas, desvalorizada no fim do século XVI e no início do século XVII, levada de volta ao pedestal nas pegadas do cartesianismo nos anos 1650-1770, antes de ser limitada mais uma vez pelo criticismo kantiano. É claro que não se trata de simples oscilações; cada época aproveita a experiência das precedentes, e as correntes se entrecruzam. Digamos que, de modo geral, os libertinos franceses dos anos 1600-1640 constatam a falência dos grandes sistemas dogmáticos e renunciam a alcançar a verdade.

Quase sempre, essa abdicação intelectual vem acompanhada de pessimismo, e com frequência de epicurismo. Se não sabemos para onde vamos, a única coisa segura é a morte; assim, gozemos vida. Mas o regozijo dos libertinos, menos excessivo do que afirmam seus adversários, tem um gosto amargo.

---

71 Spink, op. cit., p.35.
72 Zuber, Libertinage et humanisme: une rencontre difficile, *Dix-septième siècle*, n.127, p.163-80. No mesmo número, consagrado aos "Aspects et contours du libertinage" [Aspectos e contornos da libertinagem], há um esclarecimento de Pintard, Les problèmes de l'histoire du libertinage, notes et réflexions, p.131-62.

Além do mais, o grupo é frágil, instável. Uns dissimulam, outros provocam; a reação das autoridades é incerta. Os libertinos criticam o cristianismo e todas as religiões, mas uns são deístas, outros panteístas, outros ainda ateus, e tudo isso com incontáveis matizes. Enfim, considerando-se uma elite, não praticam proselitismo, desprezam o povo, pregam um conformismo de fachada e apoiam o absolutismo por razões de ordem pública.

O movimento libertino francês não podia conquistar uma fatia ampla da sociedade. Quando acaba a Fronda, os círculos se dispersam e encolhem, em virtude dos falecimentos, das mudanças para o estrangeiro – Déhénault vai para a Holanda, Saint-Évremond para Londres – e aqueles que ficam tornam-se mais discretos. Todavia, as sementes de ateísmo semeadas pelos libertinos vão amadurecer durante a segunda metade do Grande Século, explorando o naturalismo italiano e o racionalismo cartesiano, e florescerão no decorrer da segunda crise da consciência europeia. De 1640 a 1680-1690 aproximadamente, a descrença, por trás do fausto da Igreja pós-tridentina triunfante, progride sub-repticiamente.

– 8 –

O AVESSO INCRÉDULO DO
GRANDE SÉCULO (1640-1690)

Sainte-Beuve, em sua monumental história de Port-Royal, escrevia:

> O século XVII, se considerado de certo ponto de vista, deixa entrever a incredulidade numa tradição direta e ininterrupta: o reino de Luís XIV está minado por ela. A Fronda lhe entrega um enxame de homens livres e emancipados, epicuristas ardentes e hábeis, os Lione, os Retz; verdadeiros originais de Don Juan; La Palatine, Condé e o médico-abade Bourdelot conspiram em *petit comité* para queimar um pedaço da Verdadeira Cruz; Ninon, Saint-Évremond, Saint-Réal; os poetas Esnault, Lainez e Saint-Pavin; Méré, Mitton e Des Barreaux; madame Deshoulières, que Bayle comparou a Spinoza [...]. A jovem corte tem infâmias pagãs que se devem dissimular. [...] Pode-se imaginar o grito de alarme dos cristãos vigilantes; e o que me espanta muito, em outro sentido, é essa espécie de tranquilidade com que Bossuet, instalado em sua cátedra de bispo na época mais solene do grande reino, e como no meio da ponte, parece considerar o conjunto das coisas e aceitá-lo como estável, sem ouvir debaixo (ele, profeta!) ou sem ao menos denunciar a voz das muitas águas.

254   DE UMA CRISE DE CONSCIÊNCIA A OUTRA (1600-1730)

Em suas sublimes Orações Fúnebres de Condé e de La Palatine, ele fez como haviam feito os heróis envelhecidos que celebrava: cobriu com um véu sagrado a incredulidade primeira e profunda; entoou o *Te Deum* de triunfo sobre os túmulos. A incredulidade seguia seu caminho, no entanto; dos príncipes e poderosos, ela passaria ao povo. Sob Luís XIV, a liberdade de espírito se encontrava apenas nas altas classes e um pouco na alta burguesia; o populacho dos subúrbios continuava paroquiano até o fanatismo: não se estava ainda tão longe da Liga! Paciência![1]

O AUMENTO DO PERIGO E A PREOCUPAÇÃO DE BOSSUET

O quadro pintado por Sainte-Beuve permanece válido em seu aspecto geral. A fachada cristã tão brilhante do Grande Século oculta, na verdade, um surdo trabalho de sapa, cujo resultado aparecerá dramaticamente nos anos 1700. Por tempo demais talvez, certa historiografia bem pensante polarizou a atenção sobre Vicente de Paula, Pascal, Bossuet, Marguerite--Marie, o ouro barroco e as missões jesuítas, apresentando a época do Rei-Sol como a do triunfo de um cristianismo pomposo, predecessor da grande crise religiosa do século XVIII. Os próprios contemporâneos se deixaram iludir muitas vezes pelas pompas do culto e pelo aparente unanimismo da prática paroquiana, afirmando a vitória definitiva da fé. E no entanto... É durante o reinado de Luís XIV, enquanto as catedrais ecoam os *Te Deum* e os sermões de aparato que, no segredo do presbitério, o padre Meslier compõe enraivecido o mais terrível precatório antirreligioso concebido desde o aparecimento do cristianismo.

A bomba Meslier vai explodir apenas no século XVIII. Mas, desde os anos 1660, a incredulidade avança discreta e inelutavelmente. A evolução das ideias conduz ao questionamento de uma fé endurecida pelo Concílio de Trento: explorando a herança do naturalismo italiano e das ideias de Gassendi, aplicando o método cartesiano à busca da verdade, discutindo os conceitos assoladores de Hobbes e Spinoza, Peyrère e Burnet, o mundo intelectual distancia-se cada vez mais da rocha de são Pedro. Os ecos de tais debates chegam aos ouvidos complacentes da segunda geração de libertinos, a dos falsos devotos, que dissimulam seu epicurismo até nos círculos próximos do rei e esperam apenas um deslize na piedade real para se revelar. Pior ainda, talvez: algumas fissuras, reveladas pelos relatórios dos missionários,

---

1 Sainte-Beuve, *Port Royal*, t.II, p.281-4.

aparecem na fé popular. O Grande Século não é o "Grande Século das almas", expressão consagrada por Daniel-Rops em sua piedosa *Histoire de l'Église* [História da Igreja]; é muito mais o Grande Século das aparências e dos fingimentos, o século da ambiguidade, quando, pela primeira vez, a defasagem entre cultura e religião se torna sensível aos olhos dos observadores atentos, enquanto as vozes oficiais proclamam sua osmose total.

Ao contrário do que diz Sainte-Beuve, Bossuet viu crescer as ameaças contra a fé e também sentiu toda a sua impotência. A Águia de Meaux* é um espírito racional e cartesiano, que sente confusamente que esse mesmo cartesianismo vai se tornar uma ferramenta formidável contra a fé; ele mostra essa ferida numa carta datada de 21 de maio de 1687:

> Vejo [...] um grande combate se preparando contra a Igreja sob o nome de filosofia cartesiana. Vejo nascer de seu seio e de seus princípios, em minha opinião mal ouvidos, mais de uma heresia; e prevejo que as consequências que se tiram disso contra os dogmas que nossos pais sustentaram vão torná-la odiosa, e a farão perder todos os frutos que ela podia esperar para estabelecer no espírito dos filósofos a divindade e a imortalidade da alma.
>
> Desses mesmos princípios mal ouvidos, um outro inconveniente terrível vai ganhando sensivelmente os espíritos: pois a pretexto de que se deve admitir apenas o que se ouve claramente, o que, reduzido a certos limites, é muito verdadeiro, cada qual toma a liberdade de dizer: ouço isso e não ouço aquilo, e, sobre esse único fundamento, aprova-se ou rejeita-se o que bem se quer; sem pensar que, além de nossas ideias claras e distintas, há outras confusas e gerais que nem por isso deixam de encerrar verdades tão essenciais que se subverteria tudo se fossem negadas. Introduz-se, com esse pretexto, uma liberdade de julgar que faz que, sem consideração pela tradição, defende-se temerariamente tudo aquilo que se pensa; e nunca esse excesso me pareceu maior do que me parece com esse novo sistema. [...]
>
> Em uma palavra, ou me engano muito, ou vejo um grande partido se formando contra a Igreja; e ele há de explodir em seu tempo, se não tentarmos logo nos entender, antes de nos comprometermos por completo.[2]

Essa carta é endereçada "a um discípulo do padre Malebranche", ele mesmo discípulo de Descartes. Bossuet vê muito bem que o método cartesiano, aplicado à religião, vai suprimir o sobrenatural e o milagroso: "Por

---

* Apelido de Bossuet, bispo da cidade de Meaux. (N. T.)
2 Bossuet, *Œuvres complètes*, t.II, p.723, carta a um discípulo de Malebranche.

256 DE UMA CRISE DE CONSCIÊNCIA A OUTRA (1600-1730)

essa via, quando bem me aprouver, tornarei tudo natural, até a ressurreição dos mortos e a cura dos cegos de nascença".

Bossuet também está bem situado para constatar a importância dos libertinos na corte. Ele os denuncia num sermão pascal:

> Que nada me digam dos libertinos, eu os conheço: todos os dias, ouço-os discorrer; e nada observo em seus discursos além de uma falsa capacidade, uma curiosidade vaga e superficial ou, para falar francamente, pura vaidade; no fundo, eles têm paixões indomáveis que, por medo de serem reprimidas por uma autoridade forte demais, atacam a autoridade da lei de Deus, a qual, por um erro natural do espírito humano, creem ter sido derrubado, de tanto o terem desejado.[3]

Para o bispo, os libertinos não têm um pensamento particular; tudo o que querem é viver como bem entendem, como epicuristas:

> De onde nasceu essa tropa de libertinos que vemos se erguer com tanta força do meio do cristianismo, contra as verdades do cristianismo? Não é que estejam irritados por lhes proparmos crer em mistérios incríveis; eles jamais se deram ao trabalho de examiná-los seriamente. [...] Que os segredos da predestinação sejam impenetráveis, que Deus se faça com uma palavra e faça tudo o que lhe aprouver no céu, desde que os deixe na terra contentar à vontade suas paixões.[4]

A corte está repleta de libertinos que se esquecem de Deus. Mas, afirma Bossuet, os verdadeiros ateus são raros: "Há em primeiro lugar os ateus e os libertinos, que dizem abertamente que as coisas ocorrem ao acaso e na aventura, sem ordem, sem governo, sem um comando superior. [...] A terra carrega poucos desses monstros; os próprios idólatras e os infiéis têm horror a eles".[5]

OS TESTEMUNHOS LITERÁRIOS

Outro testemunho privilegiado é de La Bruyère, observador implacável dos defeitos de seus contemporâneos. Ainda não se apontou suficientemente

---

3 Ibid., t.I, p.596.
4 Ibid., t.I, p.484-5.
5 Ibid., t.I, p.43.

que o maior capítulo de sua obra *Caractères* [Caracteres] trata dos "espíritos fortes", que ele condena sem nenhuma condescendência. As trinta páginas que dedica a eles são um sinal da importância que têm na alta sociedade. E é nesse aspecto que devemos nos concentrar. Pois, quanto ao resto, a análise do célebre retrato é pouco convincente. No que concerne a ele mesmo, La Bruyère faz um ato de fé cega:

> Sinto que há um Deus, e de modo algum sinto que não haja; isso me basta, e toda a razão do mundo me é inútil; concluo que Deus existe. Essa conclusão está em minha natureza: recebi muito facilmente tais princípios em minha infância, e conservei-os naturalmente desde então até a idade mais avançada, para suspeitá-los de falsidade. – Mas há espíritos que se desfazem desses princípios. – É uma grande questão se eles realmente existem; e, quando assim for, isso prova apenas que existem monstros.[6]

Por um lado, ele não admite a possibilidade de um ateísmo autêntico:

> O ateísmo não existe. Os grandes, que são os mais suspeitos, são preguiçosos demais para decidir em seu espírito que Deus não existe; sua indolência chega a torná-los frios e indiferentes a esse artigo tão capital, bem como à natureza de sua alma, e às consequências de uma verdadeira religião; eles não negam tais coisas nem as admitem: simplesmente não pensam nelas.

Por outro lado, algumas linhas depois, ele afirma a existência de dois tipos de incrédulos na corte: os libertinos e os hipócritas, e escreve sobre estes últimos: "O falso devoto não crê em Deus ou zomba de Deus; falemos dele obsequiosamente: ele não crê em Deus".

O capítulo é cheio dessas incoerências. Assim, depois de proclamar sua fé de carvoeiro, que nem necessita de justificação, ele multiplica as justificações, retomando todos os lugares-comuns, todos os argumentos superficiais e falaciosos em favor da fé. Se os habitantes de Sião, escreve ele, viessem ao nosso encontro para nos converter à religião deles, nós riríamos; ora, nós vamos ao encontro deles para lhes propor a nossa e eles não riem: isso não é a prova de que a nossa religião é a verdadeira? O grande La Bruyère nos habituou a raciocínios mais sérios! Ele evoca em tropel todos os argumentos a favor do cristianismo: os mistérios, os milagres, a beleza das cerimônias,

---

6 La Bruyère, Les esprits forts. In: _____, *Les Caractères*.

258   DE UMA CRISE DE CONSCIÊNCIA A OUTRA (1600-1730)

a aposta de Pascal, a ordem do mundo, as maravilhas da natureza, a ordem social, a imortalidade da alma, considerada evidente, e até mesmo certas fórmulas pseudocartesianas:

> Penso, logo Deus existe; pois de modo algum devo a mim mesmo aquilo que pensa em mim. [...] Se tudo é matéria, e se o pensamento em mim, bem como em todos os outros homens, não passa de um efeito do arranjo das partes da matéria, então quem pôs no mundo toda outra ideia além daquela das coisas materiais?

A incredulidade, segundo ele, desenvolveu-se muito com as viagens, prática nefasta que nos põe em contato com religiões diferentes e favorece o relativismo. Que necessidade temos nós de nos informar sobre as crenças alheias? "Alguns acabam de se corromper com as longas viagens e perdem o pouco de religião que lhes restava. Veem de um dia para o outro um novo culto, costumes diversos, cerimônias diversas..."

Entre os incrédulos, muitos o são por simples desejo de não agir como todo mundo; outros por gabarolice e enquanto estão em boa saúde, mas mudam de opinião ao se aproximar da morte: "Gostaria de ver um homem sóbrio, moderado, casto, imparcial, declarar que não existe Deus: ao menos falaria sem interesse; mas não se pode encontrar tal homem". Os ateus, observa o escritor, são atomistas em física: "Não me surpreende nem um pouco que homens que se apoiam num átomo cambaleiem nos mínimos esforços que fazem para sondar a verdade. [...] É natural em tais espíritos cair na incredulidade ou na indiferença, e fazer Deus e a política servirem à política".

Esse capítulo certamente não é o melhor de La Bruyère, e sua reputação não é engrandecida por essa pregação simplista. Mas ao vê-lo perder o necessário distanciamento que determina a qualidade de grande parte de seus *Caractères*, ao vê-lo se debater com paixão e desalinho contra os "espíritos fortes", imaginamos que eles deviam parecer bem perigosos.

Essa impressão é confirmada por um grande número de fontes literárias, desde Pascal, que considera necessário compor um grande tratado em consideração a eles, até Guy Patin, que escreve em 11 de novembro de 1662: "Dizem que o senhor Roquelaure propôs meios consideráveis para que se envie um exército à Itália, a saber, que o senhor de Liancourt forneceria 20 mil jansenistas, o senhor de Turenne 20 mil huguenotes, e ele 10 mil ateus". Para Nicole, há algo mais grave que o protestantismo: "Deveis saber, pois, que a grande heresia do mundo não é mais o calvinismo ou o luteranismo,

O AVESSO INCRÉDULO DO GRANDE SÉCULO (1640-1690)   259

mas o ateísmo, e há todas as espécies de ateus, de boa-fé, de má-fé, determinados, vacilantes e tentados". E, em outro momento, ele escreve: "A grande heresia dos últimos tempos é a incredulidade". Para Leibniz, em 1696, até o deísmo foi superado pelo ateísmo radical: "Quisera Deus que o mundo inteiro fosse ao menos deísta, isto é, persuadido de que tudo é governado por uma sabedoria soberana".

Entre as celebridades literárias do reino de Luís XIV, nem todos têm a fé simples de La Bruyère. É sabido quanto La Fontaine, que jamais põe os pés numa igreja, é suspeito de animismo panteísta, como mostra seu discurso à senhora de La Sablière, cujo salão recebe poetas líricos epicuristas. Quanto a Molière, ele começou uma tradução de Lucrécio antes de 1659, segundo Chapelain, e situa-se entre o pirronismo e o epicurismo, de acordo com Grimarest. Seu *Tartufo* é uma obra ambígua e suspeita, e é difícil determinar seu verdadeiro alvo: a hipocrisia ou a devoção? Don Juan, por sua vez, encarna a revolta humana contra toda forma de sagrado. Diz Sganarelle:

> Vês em Don Juan meu mestre, o maior facínora que a terra jamais viu, um endiabrado, um cão, um diabo, um turco, um herético, que não crê nem no céu nem no inferno, um lobisomem; que passa essa vida como um animal feroz; um porco de Epicuro, um verdadeiro Sardanapalo, que fecha os ouvidos a todas a censuras cristãs que lhe possam fazer, e chama de patranhas tudo aquilo em que cremos.[7]

A menos que Don Juan seja simplesmente um agnóstico, como poderia fazer supor a maneira como se esquiva das perguntas:

> Sganarelle: Seria possível dizer que não credes de modo algum no céu?
> Don Juan: Deixemos isso.
> Sganarelle: Isso quer dizer que não. E no inferno?
> Don Juan: Ah!
> Sganarelle: Ora, por favor. E no diabo?
> Don Juan: Sim, sim.
> Sganarelle: Bem pouco também... Então não credes em outra vida?
> Don Juan: Ah! Ah![8]

---

7 Molière, *Don Juan*, I, 1.
8 Ibid., III, 1.

260 DE UMA CRISE DE CONSCIÊNCIA A OUTRA (1600-1730)

A grandeza e a beleza diabólicas de Don Juan têm relação com a atitude de desafio de certos libertinos que rejeitam as obrigações sufocantes da religião clássica e reivindicam autonomia humana. O cavaleiro de Roquelaure, que Tallemant des Réaux qualifica como uma "espécie de louco que, ainda por cima, é o maior blasfemador de todo o reino", é o exemplo extremo.[9] Ainda de acordo com Tallemant, "tendo encontrado em Toulouse pessoas tão loucas quanto ele mesmo, rezou a missa durante um jogo de pela, comungou, dizem, as partes vergonhosas de uma mulher, batizou e casou cães, e fez e disse todas as impiedades imagináveis".[10] Isso lhe vale uma primeira detenção, em 17 de fevereiro de 1646. Solto, retorna a sua vida escandalosa. Vicente de Paula e os devotos pedem sua cabeça à rainha, e a assembleia do clero envia uma delegação à corte para exigir sanções. Roquelaure é trancafiado na Bastilha em 15 de abril de 1646, mas alguns se insurgiram nos círculos próximos de Mazarino: não se manda "prender um homem de condição por bagatelas tais!". Advertido de que Deus estaria contra ele no processo, Roquelaure replica: "Deus não tem tantos amigos quanto eu no Parlamento". Contudo, julga mais prudente fugir. Tallemant conta ainda que, estando gravemente enfermo seu amigo Romainville, "ilustre ímpio", Roquelaure recebe com uma espingarda o franciscano que vem confessá-lo: "Retirai-vos, padre, ou vos mato: ele viveu como um cão, deve morrer como um cão".

As *Historiettes* [Historietas] de Tallemant des Réaux são repletas de casos semelhantes. Mesmo que se descontem os mexericos e os exageros, elas mostram que a tradição libertina continua até os anos 1660, com o barão de Panat, discípulo de Vanini, Lioterais, que se suicida friamente, e o conde de Cramail, outro discípulo de Vanini, que declara: "Para pôr de acordo as duas religiões, basta colocar uns diante dos outros os artigos que nos convêm e limitar-se a eles; e dou garantias seguras de que aquele que os observar será salvo".[11] A mesma atitude deísta pode ser encontrada em René d'Haudessens, barão de Beaulieu, que "dizia que existiam 81 religiões, e que ele achava uma tão boa quanto a outra".[12]

---

9 Pintard, Les aventures et les procès du chevalier de Roquelaure, *Revue d'Histoire de la Philosophie*, 1937.
10 Réaux, *Historiettes*, t.II, p.385.
11 Ibid., t.I, p.232.
12 Ibid., t.II, p.263.

O AVESSO INCRÉDULO DO GRANDE SÉCULO (1640-1690) 261

Tallemant não se esquece de incluir em sua galeria libertina a famosa Ninon de Lenclos, que teria sido pervertida por incrédulos como Miossens e Alexandre d'Elbène:

> Ela viu que as religiões não passavam de imaginação, e que não havia nada de verdadeiro naquilo. [...] Ela faz profissão de não crer em nada, gaba-se de ter sido firme numa enfermidade em que se viu à beira do fim e de ter recebido todos os sacramentos apenas por decoro.[13]

Essa última observação mostra a nova importância dada aos derradeiros instantes da vida. A atitude diante da morte torna-se um teste, a prova suprema que garante a autenticidade da descrença ou que, ao contrário, marca a reviravolta final, a vitória definitiva da fé. É o momento da verdade, que os dois lados espreitam com certa avidez. Às vezes acontecem verdadeiras disputas à cabeceira dos moribundos, nas quais o desafio é marcar um ponto contra o campo adversário. Tallemant conta, por exemplo, que "um velho libertino chamado Bourleroy estando às portas da morte, a senhora de Nogent-Bautru, porque ele era amigo de seu marido, enviou-lhe um confessor. 'Eis', dizem-lhe, 'um confessor que a senhora de Nogent lhe envia.' 'Ah! Que bondosa dama!', diz ele. 'Tudo que vem dela é bem-vindo. Se me enviasse o turbante,* eu o aceitaria.' O confessor viu que não havia nada a fazer".[14]

OS TEMPOS DOS FALSOS DEVOTOS

Quanto a Roquelaure, ele se converte e se confessa. Falecido em 1660, ele é na realidade um dos últimos representantes dos libertinos escandalosos da primeira fase. Dali em diante, com o retorno à ordem monárquica, os comportamentos excessivos não são mais tolerados, e a descrença entra num período de semiclandestinidade. Em 1665, o senhor de Rochemont escreve: "A impiedade, que teme o fogo e é condenada por todas as leis, abstém-se em primeiro lugar de rebelar-se contra Deus e declarar-lhe guerra: ela tem sua prudência e sua política, suas voltas e reviravoltas, seus começos e seus

---

13 Ibid., t.II, p. 441 e 444.
* A expressão francesa *"prendre le turban"* é usada para sugerir uma conversão ao islamismo. (N. T.)
14 Réaux, op. cit., t.II, p.857.

262 DE UMA CRISE DE CONSCIÊNCIA A OUTRA (1600-1730)

progressos". É hora dos falsos devotos: "Eles morrem como os outros, bem confessados e comungados", diz Bayle. E há de todas as condições, até entre os bispos. Segundo Saint-Simon, o bispo de Autun, Gabriel de Roquette, serviu de inspiração para o personagem Tartufo. Promovido ao episcopado em 1667, "puro açúcar e mel, ligado às mulheres importantes daqueles tempos e partícipe de todas as intrigas",[15] não se sabe exatamente em que ele acreditava. Outro exemplo: Damien Mitton (1618-1690), que pertencia a um grupo de espíritos fortes, com o cavaleiro de Méré, e a propósito do qual Mathieu Marais escreve em suas *Mémoires* [Memórias]: "Ele acreditava em Deus por benefício de inventário, e havia feito um pequeno *Traité de l'immortalité de l'âme* [Tratado da imortalidade da alma], que mostrava a seus amigos dizendo-lhes ao ouvido que ele era *da mortalidade*".[16]

Um testemunho sobre essa segunda vaga de libertinos clandestinos dos anos 1650-1670 é fornecido pelo manuscrito das *Mémoires* de Pierre Beurrier, pároco de Saint-Étienne-du-Mont, em Paris, de 1653 a 1675.[17] Nesse documento, redigido após 1681, Beurrier conta que teve de lidar com frequência com ateus em sua paróquia e cita casos flagrantes, cuja autenticidade pôde ser verificada pelos historiadores. Por volta de 1660, ao saber que um advogado do Conselho estava gravemente enfermo, ele tenta lhe ministrar os sacramentos; consegue entrar após uma grande resistência, e então o moribundo lhe declara:

> Senhor, não me encontro em condições de me confessar nem de receber os sacramentos, pois o senhor não pôde esclarecer as dúvidas que tenho a respeito da religião cristã, que professei exteriormente para não ser notado e para salvar as aparências. Mas no fundo da minha alma acreditei que era uma fábula, e não sou o único a ter esse sentimento, pois somos ao menos 20 mil em Paris que têm esse sentimento. Conhecemo-nos todos entre nós, realizamos assembleias secretas e fortificamo-nos reciprocamente em nossos sentimentos de irreligião, acreditando que a religião não passa de uma política mundana, inventada para manter os povos na submissão e na obediência aos soberanos por temor de infernos imaginários. Pois de boa-fé não cremos em nada disso, tampouco no paraíso. Cremos que, quando morremos, tudo morre conosco. E que Deus, caso haja algum, não se mete em nossos negócios; e ele me disse diversas outras blasfêmias contra Jesus Cristo, que para ele é um impostor,

---

15 Saint-Simon, *Mémoires*, t.II, p.867.
16 Marais, *Mémoires*, t.III, p.480.
17 Biblioteca Sainte-Geneviève, manuscrito 885-887.

O AVESSO INCRÉDULO DO GRANDE SÉCULO (1640-1690)   263

assim como Moisés e Maomé. Ele acrescentou que muitos de seus camaradas de irreligião não deixaram de frequentar os sacramentos e as paróquias para não ser descobertos, mas que para ele não tinha querido tamanha hipocrisia, e que por isso havia trinta ou quarenta anos que vivia sem confissão nem comunhão.[18]

Segundo exemplo: o de um padre descrente e sodomita que, perturbado pelas conferências de Beurrier, vai procurá-lo e confessa:

> Senhor, tal como me vê, ainda que padre, não tenho religião, e o que o surpreenderá ainda mais é que foi meu mestre de teologia, doutor, professor, pregador e compositor de livros, quem me jogou nesse precipício de impiedade. [...]
> Diz então que seu mestre lhe havia ensinado:

> 1. Que a religião cristã não passava de uma fábula, e que apenas os fracos de espírito acreditavam no que ela ensinava, porque ensinava coisas impossíveis e extravagantes.
> 2. Que era verdade contudo que existe um Deus, que é o princípio de todas as coisas, mas que ele não se metia nos nossos assuntos, estando eles abaixo de sua grandeza.
> 3. Que nossa alma, na verdade, não morria com o corpo, mas que, ao sair deste, elevava-se aos astros para neles viver com os gênios a que chamamos de demônios.
> 4. Que não havia nem paraíso, nem inferno, nem purgatório.
> 5. Que todas as ações que julgamos pecados não o eram de modo algum, pois vêm de nossas inclinações naturais e paixões.
> 6. Que não existia pecado original, e que por conseguinte todas as inclinações e paixões que temos são tão inocentes quanto a própria natureza.
> 7. Que a polícia e a religião eram invenções de homens que desejavam se tornar senhores dos outros.[19]

Terceiro caso citado por Beurrier: o médico Basin, levado à impiedade por seus colegas de estudo em Paris e depois em Montpellier. Depois de experimentar as religiões judaica, protestante e muçulmana, ele "se convenceu de que todas as religiões não passavam de devaneios e instituições da política dos soberanos para submeter mais facilmente seus súditos pelo

---

18 Apud Adam, *Les Libertins au XVIIe siècle*, p.112-3.
19 Ibid., p.118-9.

264 DE UMA CRISE DE CONSCIÊNCIA A OUTRA (1600-1730)

logro da religião e do temor à divindade". Ele rejeita categoricamente toda e qualquer revelação: "Vossa Bíblia é um verdadeiro romance, no qual há mil contos inverossímeis, diversas tolices e contradições, muitas coisas impossíveis, muitas coisas imaginárias mal pensadas, mal digeridas e, sobretudo, mal escritas". Seu credo se resume a isto: "Creio nos três artigos da minha religião de filósofo: o primeiro é que a maior de todas as fábulas é a religião cristã; o segundo é que o mais antigo de todos os romances é a Bíblia; o terceiro é que o maior de todos os patifes e de todos os impostores é Jesus Cristo".[20] Ele também acredita que Deus, caso exista, não se ocupa dos homens e que, depois da morte, nossa alma retorna aos astros, ideia que ele teria tomado de empréstimo do médico naturalista e místico Jean--Baptiste Van Helmont (1577-1644).

Esses testemunhos são quase típicos demais para serem verdadeiros. Beurrier não os teria embelezado, deformado, a fim de criar tipos convencionais, com objetivos apologéticos? Era o que suspeitava René Pintard. Mas, para Antoine Adam, as personagens citadas ao menos existiram; e Jeanne Ferté encontrou o testamento de Louis Basin, datado de 16 de janeiro de 1660. Portanto, alguns aspectos devem ser considerados: em primeiro lugar, o grande número de descrentes, próximo dos 20 mil mencionados pelo advogado, dos 60 mil de Mersenne e dos 10 mil de Roquelaure, números um tanto fantasiosos, mas que indicam um grupo não negligenciável; o caráter clandestino das reuniões, confirmado pelo padre Zacarias de Lisieux em 1658; a transmissão da incredulidade de mestre para discípulo; o fato de os libertinos pertencerem à elite social e intelectual (um advogado, um médico, um sacerdote); enfim, a predileção desses homens por uma espécie de deísmo naturalista, muito mais do que por um verdadeiro ateísmo.

Aliás, a palavra "ateísmo" continua avíltada e empregada a torto e a direito pelos devotos, e o jesuíta Hardouin, em *Les Athées dévoilés* [Os ateus desmascarados], chega a aplicá-la a Pascal, o que provoca o seguinte comentário de Sainte-Beuve: "Ele se exprimia intrepidamente, taxando todos os outros de ateísmo, isto é, acusando-os de conceber um Deus que era quase como se não existisse, e que não incomodaria mais a natureza. Ateu! Ateu!, gritava o padre Hardouin a todos os deístas e teístas de seu tempo".[21]

---

20 Ibid., p.114-5.
21 Sainte-Beuve, op. cit., t.II, p.359.

A VOGA DE EPICURO

Os libertinos da segunda metade do século XVII têm dois mestres, Epicuro e Lucrécio, que admiravam através da obra de Gassendi. É notável que os principais propagadores dessa renovação epicurista, depois do cônego de Digne, tenham sido padres. Desde 1646, o abade Charles Cotin louva Epicuro em sua obra *Théoclée ou la vraie philosphie des principes du monde* [Teocleu ou a verdadeira filosofia dos princípios do mundo], e em 1650 o abade Marolles propõe uma tradução do livro *De natura rerum*, de Lucrécio, em prosa, com notas elogiosas, embora prudentes, sobre a eternidade dos átomos. Em 1669, o franciscano Le Grand, em seu *Épicure spirituel* [Epicuro espiritual], transforma o filósofo grego em modelo de virtude puritana, nisso imitado pelo pastor calvinista Du Rondel, em sua *Vie d'Épicure* [Vida de Epicuro], de 1679. Em 1685, Jacques Parrain, barão de Coutures, faz uma nova tradução de Lucrécio, recorrendo à falsa candura: aprova a física do poeta latino e declara ao mesmo tempo que a simples fé cristã basta para tornar caducos os mais belos sistemas materialistas. Em respeito às formalidades, conserva um Deus diante de um universo material autossuficiente e perfeitamente organizado, que funciona sem nenhuma intervenção externa.

Com Epicuro e Lucrécio, Gassendi volta a ter popularidade, como ilustra a publicação em oito volumes, de 1675 a 1677, de um *Abrégé* (?) *de la philosophie de Gassendi* [Compêndio (?) da filosofia de Gassendi], pelo médico Bernier, no qual ele mistura considerações sobre a alma do mundo. Outro adepto fervoroso de Gassendi é o poeta Claude-Emmanuel Chapelle (1626-1678), um depravado inclinado ao materialismo, a quem Bernier lembra que "não somos inteiramente barro e lama". Mais ortodoxo é o frade Emmanuel Maignal, que leciona em Roma de 1636 a 1650, quando se torna provincial da Ordem dos Mínimos em Toulouse; para ele, o pensamento e a natureza têm uma profunda unidade, e o mundo material se funde por etapas sensíveis no mundo espiritual, por meio de um sistema de escala dos seres.

Para os espíritos poéticos, a unidade entre natureza e pensamento é uma ideia extremamente sedutora, ao contrário do dualismo cartesiano, que pode parecer árido em virtude de seu intelectualismo estrito. É por isso sem dúvida que a maioria dos poetas da época, a começar por La Fontaine, é epicurista e gassendista. Eles são também deístas, como muitos pensadores em que a imaginação concorre com a razão. É o caso de Gabriel de Foigny, um curioso ex-monge franciscano que se converteu ao calvinismo e se instalou em Genebra, autor de *La Terre australe inconnue* [A terra austral desconhecida], de 1676, uma espécie de utopia anarquista em que os

266   DE UMA CRISE DE CONSCIÊNCIA A OUTRA (1600-1730)

homens, vivendo em total liberdade, adoram o Incompreensível, o "Grande Todo", do qual jamais se fala e ao qual não se deve orar, porque ele sabe tudo. O livro rendeu grandes aborrecimentos a Foigny; assim, ele voltou para a França em 1683 e se reconverteu ao catolicismo.

A época é rica em utopias: mais de trinta no século XVII e setenta no século XVIII, ao passo que, na Idade Média, esse tipo de literatura era quase inexistente. Essas utopias são, evidentemente, uma contestação do mundo real. De *A cidade do Sol*, de Campanella (1602), ao *Telêmaco*, de Fénelon (1699), elas revelam um desejo de fuga diante do absolutismo do Estado. A crítica política e social predomina, mas a crítica religiosa também é muito frequente. O traço mais claro é que as religiões reveladas, rivais e intolerantes, são substituídas por um deísmo universalista, numa concepção unificada da natureza. Dois exemplos ilustram esse aspecto.

Em 1657, aparece *Histoire comique des États et Empires de la Lune* [História cômica dos Estados e Impérios da Lua], de Cyrano de Bergerac e, em 1662, seu par: *Histoire comique des États et Empires du Soleil* [Histórica cômica dos Estados e Impérios do Sol]. Na primeira "história", o filósofo lunar explica que o universo é um imenso ser animado, incriado, composto de átomos eternos. É a emissão de corpúsculos pelos corpos que produz nossas sensações, e a inteligência pura resulta do movimento dos átomos. Todas as ideias advêm dos sentidos. Cyrano, que talvez tenha frequentado Gassendi, Chapelle, Marolles, Rohault, e que conhecia o naturalismo italiano por intermédio de Campanella e a filosofia sensualista de Telésio, concebe um mundo animado por uma alma, numa espécie de pan-psiquismo universal. A segunda obra afirma a unidade da natureza, o monismo mais estrito. Cyrano foi muito influenciado pelo livro *A cidade do Sol*, de Campanella, no qual os solarianos, deístas, adoram o Sol como "imagem, face, estátua viva" de Deus e inspiram-se nas ideias religiosas dos brâmanes. Em 1662, a publicação de *Nouvelles œuvres de Cyrano de Bergerac* [Novas obras de Cyrano de Bergerac] mostra que este, falecido em 1655, adotava a concepção de universo de Gassendi.

Refratário a qualquer pensamento religioso, parece ter sido um verdadeiro ateu: "Cyrano é tão pouco pagão quanto cristão. Não há o menor vestígio de sentimento religioso em sua obra. Ele não substitui o cristianismo pela religião da natureza",[22] escreve J. S. Spink. Suas obras teatrais e poéticas lhe deram uma sólida reputação de libertino, especialmente a

---

22 Spink, *La Libre pensée française de Gassendi à Voltaire*, p.83.

tragédia sobre *La Mort d'Agrippine* [A morte de Agripina], encenada em 1654, na qual se fala "desses deuses que o homem fez, e que de modo algum fizeram o homem", e a imortalidade da alma é negada:

Vivant, parce qu'on est, mort, parce qu'on n'est rien,
Pourquoi perdre à regret la lumière reçue,
Qu'on ne peut regretter, après qu'elle est perdue?

Estois-je malheureux lorsque je n'estois pas?
Une heure après la mort, nostre âme évanouie
Sera ce qu'elle estoit une heure avant la vie.*

Em sua sátira *Contre le pédant* [Contra o pedante], na carta *Contre le Carême* [Contra a Quaresma], Cyrano nos contempla com um pensamento ambíguo e, tendo antes de Pascal a ideia da aposta, opta pela solução contrária: se Deus existe, ele nos salvará de todo modo.

Em 1675, uma utopia é publicada anonimamente em Londres, *The History of the Sevarites* [A história dos sevaritas], e uma versão francesa desse texto aparece em 1677: *Histoire des sévarambes* [História dos sevarambos]. O autor é na verdade um francês, Denis Veiras (ou Vairasse), natural de Allais, ex-soldado que se tornou advogado e foi para a Inglaterra em 1665, onde conheceu Locke, e para a Holanda em 1672, retornando para Paris em 1674, e tinha relação com o mundo dos intelectuais. No país imaginário dos sevarambos, pratica-se uma religião solar, explicada pelo sábio Scromenas: o mundo é eterno e infinito e, nele, matéria e espírito encontram-se unidos. O espírito individual, emanando do Grande Todo, anima o corpo até a morte, depois passa para outro corpo. O Grande Todo ou Ser supremo é adorado na forma de seu ministro, o Sol. A religião se limita a umas poucas cerimônias que demonstram a gratidão dos homens à natureza e não comporta dogmas. O sábio Scromenas explica também como as crenças particulares, com seu fanatismo e preconceitos, são nefastas para a humanidade.

A utopia de Vairasse narra ainda a história audaciosa do impostor Omigas: ele se diz filho do Sol, declara que faz milagres e cura enfermos, e é capaz de tornar seu rosto luminoso; ele é seguido por um pequeno grupo de

---

* Trad.: "Vivo, porque se é; morto, porque nada se é,/ Por que perder com pesar a luz recebida,/ Que não se pode lamentar depois de perdida?// Era eu infeliz quando não era?/ Uma hora após a morte, nossa alma desfalecida/ Será o que era uma hora antes da vida". (N. T.)

268   DE UMA CRISE DE CONSCIÊNCIA A OUTRA (1600-1730)

discípulos e por mulheres, porque é belíssimo. A história de Omigas é, obviamente, a de Jesus e mostra que é preciso desconfiar de todos os "profetas".

SIGNIFICADO DOS LIBERTINOS DA SEGUNDA GERAÇÃO

Denis Vairasse é um libertino, próximo do ateísmo. Ele frequenta as reuniões semissecretas que sucederam às da Academia Puteana. Os libertinos da segunda geração se encontram na casa de Henri Justel, da senhora de La Sablière e do abade de Chaulieu. Este último aluga uma casa no Templo, posta a sua disposição pelo mais jovem dos irmãos Vendôme. Durante quase trinta anos, encontraram-se ali poetas e senhores epicuristas, como Chapelle, Malézieux, La Fontaine, Ninon de Lenclos, o cavaleiro e a duquesa de Bouillon, os abades de Châteauneuf, Courtin e Servien, o duque de Foix, La Fare, o financista Sonning, Jean-Baptiste Rousseau e o jovem Voltaire.

Socialmente, o círculo se amplia. Alta nobreza, médicos e eclesiásticos são numerosos, mas juntam-se a eles cada vez mais magistrados, juristas e burgueses especuladores, financistas, usurários. Essas pessoas são discretas, com algumas exceções: Claude de Chauvigny, barão de Blot (1605-1655), poeta obsceno; Claude Le Petit (1641-1662), um pobre-diabo, autor de *Bordel des muses* [Prostíbulo das musas], executado por crime de "lesa-majestade divina e humana"; o abade de Choisy, travesti que causa escândalo até se converter em 1683. Esse sacerdote andrógino, que se denomina duquesa de Barres e cujos gostos eram bastante conhecidos desde o seminário, prova que os critérios de moralidade no recrutamento do clero podiam ser bem elásticos, desde que se tratasse de pessoas de boa condição.[23]

O tom dominante nos escritos dos libertinos dessa época – muitos escrevem poemas, ensaios, obras de história – é um plácido epicurismo pessimista. Por exemplo, para o abade de Chaulieu:

> La mort est simplement le terme de la vie;
> De peines ni de biens elle n'est point suivie:
> C'est un asile sûr, c'est la fin de nos maux,
> C'est le commencement d'un éternel repos.*

---

23 Van der Cruysse, *L'Abbé de Choisy, androgyne et mandarin*. Choisy justificou seus gostos; cf. Van der Cruysse, op. cit., p.94.

 * Trad.: "A morte é simplesmente o término da vida;/ Nem de penas nem de bens ela é seguida:/ É um asilo seguro, é o fim de nossos males,/ É o começo de um eterno repouso". (N. T.)

O AVESSO INCRÉDULO DO GRANDE SÉCULO (1640-1690)   269

François Payot, senhor de Linières, autor de canções e epigramas, é acusado por Boileau de "seguir cegamente os conselhos de Epicuro, [...] acreditar cegamente na natureza". Jean Dehénault (1611-1682), conselheiro do rei e homem que não esconde seu ateísmo, traduz com esmero este trecho das *Troianas*, de Sêneca:

Tout meurt en nous quand nous mourrons;
La mort ne laisse rien, et n'est rien elle-même:
Du peu de temps que nous durons
Ce n'est que le moment extrême.*

Encontramos a mesma resignação melancólica nas mulheres: a senhora de Montbel, amante de François Payot, e sobretudo a senhora Deshoulières, verdadeira erudita, que estudou a obra de Gassendi e era considerada descrente, só batizou sua filha aos 29 anos. Sua impiedade calma lembra o pietismo da senhora Guyon. Devemos viver sem paixões, à espera de uma morte definitiva; como escreve no poema "Les fleurs": "Quand une foi nous cessons d'estre,/ Aimables fleurs, c'est pour jamais!".**

Os extremos também se tocam em Saint-Évremond, adversário de Pascal em muitos aspectos, mas que manifesta as mesmas preocupações. Jovem oficial, foi influenciado pela filosofia de Gassendi e tornou-se um epicurista, um apóstolo da volúpia, que procurava o prazer, a elegância e o refinamento. Mas há nele um fundo triste e pessimista. Como Pascal, viu muito bem a importância do divertimento na vida humana, mas, ao contrário dele, considera que isso é necessário e salutar para escapar do sentimento de nossa miséria e de nosso vazio existencial. Ele inveja os seres insensíveis, que têm a felicidade de não pensar.

O livre-pensamento da segunda metade do século XVII revela as mesmas preocupações do jansenismo e do quietismo. Nas três correntes, as mesmas categorias sociais manifestam sua inquietude. O fato de que eram movimentos de oposição, apesar das enormes diferenças, é comprovado no amálgama feito por seus adversários. Vimos Pascal ser taxado de ateu e, aos olhos dos jesuítas, um jansenista não é melhor que um descrente. A anedota contada por Saint-Simon mostra que, para Luís XIV, um ateu é preferível a

---

* Trad.: "Tudo morre em nós quando morremos;/ A morte nada deixa, e nada é em si mesma:/ Do pouco tempo que duramos/ Ela não passa do momento extremo". (N. T.)
** Trad.: "Uma vez que deixamos de ser,/ Amáveis flores, é para todo o sempre!". (N. T.)

270   DE UMA CRISE DE CONSCIÊNCIA A OUTRA (1600-1730)

um membro de Port-Royal. Ao saber que o duque de Orléans leva Fontpertuis com ele para a Espanha, o rei lhe diz:

> – Como, meu sobrinho! O filho de uma louca que perseguiu o senhor
> Arnauld por toda a parte! Um jansenista! Não vos quero envolvido nisso.
> – Mas, sire – respondeu-lhe o senhor de Orléans –, nada sei do que fez a
> mãe; mas o filho, um jansenista! Ele não crê em Deus.
> – É possível – continuou o rei. – Tendes certeza? Se é assim, não há mal
> algum. Podeis levá-lo.[24]

Jansenistas, quietistas e libertinos são colocados no mesmo plano pelas
autoridades, porque todos manifestam, cada um a sua maneira, uma rejeição do catolicismo pós-tridentino. Inquietos, pessimistas e obcecados pela
morte, estão em busca de uma filosofia de vida que lhes permita suportar
a existência. Os primeiros a encontram numa fé despojada, os segundos no
abandono ao amor divino e os terceiros numa sábia dosagem dos prazeres
e na negação da imortalidade individual. O livre-pensamento é assim, antes
de tudo, uma resposta a um problema existencial. Ele se exprime mais num
modo de vida do que numa doutrina. Nesses libertinos, ateísmo, deísmo e
panteísmo são coisas que permanecem confusamente mescladas.

A MENTALIDADE DUALISTA

Como dissemos, o momento era de separação do profano e do sagrado,
separação desejada pelos próprios responsáveis pela Igreja para que a fé
fosse interiorizada e preservada das contaminações supersticiosas. Até um
espírito tão religioso quanto Malebranche parece não ver o perigo e trabalha
pela dessacralização da natureza e por seu estudo científico. No extremo
oposto do naturalismo dos libertinos, ele a olha como técnico e erudito;
exclui qualquer força oculta ou sobrenatural, qualquer intervenção de tipo
espiritual, reduzindo os casos de possessão e feitiçaria, por exemplo, a
perturbações psicofisiológicas. Com isso, como escreve Georges Gusdorf,
"o oratoriano se via no perigo de anunciar no embalo o fim de Satanás"...[25]
e até mesmo de Deus, poderíamos acrescentar, um Deus separado de sua
criação e do qual muito em breve não se veria mais a utilidade.

---

24 Saint-Simon, op. cit., t.II, p.869.
25 Gusdorf, *La Révolution galiléenne*, t.I, p.193.

O AVESSO INCRÉDULO DO GRANDE SÉCULO (1640-1690)   271

Esse dualismo entre sagrado e profano se insinua até no Direito. Para Grotius (1583-1645), há de um lado o direito natural e universal, conforme à razão, e de outro o direito divino. Samuel Pufendorf (1632-1694) retoma essa distinção. Se existe harmonia entre os dois direitos, cada qual deve se restringir a sua esfera. Grotius e Pufendorf são crentes, evidentemente, mas julgam que Deus não tem condições de modificar a lei natural, que se fundamenta na razão.

Seguindo nessa direção, muito rapidamente a lei divina é enfraquecida e um vago deísmo é congregado. Por exemplo, o jurista alemão Thomasius (1655-1728) elimina Deus da moral e do Direito e os faz dependentes exclusivamente da razão natural. Acusado de ateísmo pelo orientalista Auguste Pfeiffer, é proibido de lecionar na Universidade de Leipzig em 1689.

O CARTESIANISMO: FATOR DE INCREDULIDADE?

A mentalidade dualista é suscetível portanto a perigosas derivas. No Partido Devoto, a responsabilidade é atribuída a Descartes, que Bossuet via como o iniciador de um pensamento hostil à religião. Essas suspeitas têm fundamento? A fé pessoal de René Descartes não é questionada, embora alguns de seus contemporâneos, como o protestante Voët, tenham encontrado meios de acusá-lo de ateísmo.[26] O filósofo se queixa diversas vezes dessa calúnia que os teólogos de Utrecht e Leyde espalham contra ele,[27] e numa carta a Mersenne, datada de 28 de outubro de 1640, vocifera contra os que confundem o ateísmo com o fato de explicar a natureza por meio de figuras e movimentos, em detrimento da física aristotélica das qualidades.[28] Por ocasião de sua morte, Saumaise filho conta a Brégy, numa carta de 19 de fevereiro de 1650, que enterraram Descartes no canto das crianças mortas sem batismo e dos pestilentos, pois "o acusam de ateísmo e impiedade".[29]

Acusações sem fundamento, mas que decorrem da excessiva prudência de Descartes e de seu método. Aquele que em 1633 prefere renunciar à publicação do grande tratado *O mundo*, fruto de anos de trabalho, quando toma conhecimento da condenação de Galileu, e define a si mesmo como

---

26 Descartes, *Œuvres complètes*, t.IV, p.536. Descartes escreve a Chanu, em 1º de novembro de 1646, que não quer se manifestar publicamente sobre a imortalidade da alma porque foi acusado de ateísmo.
27 Ibid., t.V, p.16, carta de 10 de maio de 1647 a Élisabeth.
28 Ibid., t.III, p.215.
29 Ibid., t.V, p.477.

272 DE UMA CRISE DE CONSCIÊNCIA A OUTRA (1600-1730)

"um homem que ama tão apaixonadamente o sossego que deseja evitar até mesmo as sombras de tudo que possa perturbá-lo".[30] "O desejo que tenho de viver em paz", confessa ele a Mersenne, "impõe-me guardar para mim minhas teorias." Mas ele vai mais longe, procurando sempre, antes de cada publicação, a concordância dos "senhores decanos e doutores da sagrada faculdade de teologia de Paris", e explicando em suas entrevistas com Burman que fez questão de falar de moral no *Discurso do método* "por causa dos pedagogos e de seus semelhantes, porque do contrário diriam que ele é sem religião e sem fé, e quer destituir a fé e a religião com seu método".[31]

Tantas precauções poderiam parecer suspeitas, como dá a entender Bossuet: "O senhor Descartes sempre temeu ser notado pela Igreja, e vemo-lo tomar precauções, algumas das quais chegando ao excesso".[32] Ele não teria pensamentos ímpios a ocultar? De modo algum. Suas cartas, em que ele fala mais abertamente do que em suas obras públicas, revelam um homem profundamente crente, contrário ao ateísmo – o qual não pode aceitar no plano intelectual – e convencido de ter a prova racional da existência de Deus, mas que se recusa a entrar em polêmicas por medo de não ser compreendido, o que acabaria sendo proveitoso para os incrédulos. Eis o que ele responde a Mersenne, que pede sua opinião sobre um misterioso "tratado anônimo ateu", do qual havia lhe enviado um exemplar:

> Eu vos agradeço o trabalho que tivestes de me enviar um fragmento desse manuscrito. O meio mais eficaz, que eu saiba, para responder às razões que ele apresenta contra a divindade, e ao mesmo tempo a todas aquelas dos outros ateus, é encontrar uma demonstração evidente, que faça crer a todos que Deus é. No que me diz respeito, ouso gabar-me de ter encontrado uma que me satisfaz plenamente, e que me faz saber com mais certeza que Deus existe do que sei a verdade de qualquer proposição de geometria; porém não sei se serei capaz de fazer que todos a compreendam do mesmo modo que eu a compreendo; e creio que é preferível não tocar nessa matéria a tratá-la imperfeitamente. O consentimento universal de todos os povos é assaz suficiente para manter a divindade contra as injúrias dos ateus, e um homem jamais deve entrar em disputa contra eles, se não estiver seguro de poder convencê-los...
>
> Não digo que em um dia futuro não venha a concluir um pequeno tratado de metafísica que comecei quando estava em Frize, e cujos principais pontos são

---

30 Id., *Œuvres et lettres*, p.1058.
31 Ibid., p.1400.
32 Bossuet, carta de março de 1701 a Pestel, doutor da Sorbonne.

O AVESSO INCRÉDULO DO GRANDE SÉCULO (1640-1690)   273

provar a existência de Deus e a de nossas almas, quando são separadas do corpo, donde decorre sua imortalidade. Pois me enfureço quando vejo que há gente neste mundo tão audaciosa e impudente, capaz de combater contra Deus.[33]

Mas, recusando-se a combater *por* Deus e a entrar na arena por excesso de prudência, Descartes se torna suspeito de incredulidade, logo ele que em 1627 foi encarregado pelo cardeal Bérulle, seduzido por suas capacidades intelectuais, de tomar da pluma para defender a fé.[34]

O método cartesiano, fazendo de Deus a garantia da verdade, é também potencialmente perigoso para a fé. É exatamente o que temia Pascal: "Não posso perdoar Descartes: ele teria preferido, em toda a sua filosofia, poder dispensar Deus, mas não pôde impedir de o fazer dar um empurrãozinho para pôr o mundo em movimento; depois disso, não tem mais que fazer com Deus".[35] E até o cartesiano Malebranche sentiu que o dualismo de Descartes assegurava tamanha independência ao mundo físico que bastava pouco para eliminar Deus. É claro que Descartes "prova" a existência de Deus, dando um conteúdo racional à prova ontológica de santo Anselmo: Deus é o "ser soberanamente perfeito"; ora, a existência é uma perfeição, logo Deus existe. Mas o próprio filósofo admite que essa demonstração só é válida para os filósofos, e que para o comum dos mortais é preciso recorrer às velhas provas pelos efeitos, sempre sujeitas a penhor.[36] Além disso, fazer de Deus a única garantia da razão, quando esta é a única garantia da existência de Deus, parece mistificação. Gassendi viu bem a fraqueza de Descartes nesse aspecto; segundo ele, não basta ter a ideia de um ser infinito para que este exista.

Alguns outros pontos precisos da filosofia e da física cartesianas podiam também fornecer argumentos aos ateus. Identificar a substância à extensão e as qualidades à disposição das partes torna bastante difícil a transubstanciação eucarística. Fazer dos animais máquinas puras, desprovidas de alma sensitiva, e cujas sensações são provocadas pela fermentação do coração, reservando apenas ao homem a alma racional, é dar uma mão aos ateus, escreve Froidmont a Descartes em 13 de setembro de 1637: "Se suprimimos a alma vegetativa e sensitiva nos animais, abrimos a porta aos ateus, que atribuirão as operações da alma racional a uma causa da mesma natureza e

---

33 Descartes, *Œuvres complètes*, t.I, p.144, carta de 25 de novembro de 1630.
34 Minois, *L'Église et la science*, t.II, p.52-3.
35 Pascal, *Pensées*, fragmento 77.
36 Sève, *La Question philosophique et l'existence de Dieu*.

274   DE UMA CRISE DE CONSCIÊNCIA A OUTRA (1600-1730)

nos darão uma alma material no lugar de nossa alma espiritual". Passar do animal-máquina ao homem-máquina, numa óptica materialista, não será muito difícil. O holandês Regius, discípulo de Descartes, dará esse passo fazendo da alma um modo do corpo.[37] A desconfiança impera, especialmente entre os jesuítas, e, para tranquilizá-los, Cordemoy redige uma carta "para mostrar que tudo o que o senhor Descartes escreveu sobre o sistema do mundo, e sobre a alma dos animais, parece ter sido retirado do primeiro capítulo do Gênesis".

Em 1684, o cartesiano Darmanson, em *La Bête transformé en machine* [A fera transformada em máquina], demonstra que Descartes, ao negar qualquer sensibilidade aos animais, é mais favorável à fé, pois se os animais, que não participaram do pecado original, sofrem, é porque Deus faz sofrer os inocentes. Além do mais, se as feras são conscientes, embora não tenham alma imaterial imortal, não poderia ser assim com o homem? Aliás, essa é a razão por que em Port-Royal, adepta da teoria do animal-máquina, a vivissecção é praticada sem remorsos. Ao contrário, em 1670, o abade Villers, seguido por vários autores do século XVIII, atribui aos animais uma alma imaterial; nesse caso, o que a impede de ser imortal? Gassendi e Maignan propõem uma terceira solução: os animais têm uma alma material, composta de partículas ígneas, que lhes proporciona uma forma rudimentar de pensamento. O assunto é espinhoso e, seja como for, o animal-máquina é uma hipótese arriscada, que contribui para tornar Descartes suspeito aos olhos da Igreja.

Nas obras de seus discípulos, aliás, a parte reservada à metafísica se reduz em proveito da física. Pierre-Sylvain Régis (1632-1707) conserva apenas o mínimo necessário para não cair no materialismo: o homem é um ser pensante, união entre um espírito e um corpo; ele tem uma ideia de Deus e uma ideia do mundo, e isso basta para provar a existência de ambos. As causas finais são excluídas da pesquisa científica, o que elimina a providência e a contemplação da bondade de Deus, como observa Leibniz em uma carta de 1693 ao abade Nicaise.

Por todas essas razões, desde a morte de Descartes, desabam condenações eclesiásticas sobre seu pensamento. Em 1652, professores oratorianos que se inspiram nele, como André Martin, de Marselha, sofrem sanções; em 1654 e 1658, o prior da congregação dos oratorianos pede a todos os professores que se limitem à filosofia comum; em 1661, certas teses

---

37 Bloch, *Le Matérialisme*, p.61.

O AVESSO INCRÉDULO DO GRANDE SÉCULO (1640-1690)   275

cartesianas são proibidas em Le Mans; em 1662, a faculdade de teologia de Louvain condena cinco proposições extraídas de Descartes; em 1663, todas as suas obras metafísicas são incluídas no Índex; em 1675, os beneditinos de Sainte-Geneviève proíbem que se ensine Descartes, e o Oratório faz o mesmo em 1678; em 1677, a Sorbonne condena Peland, professor em Angers, com base em suas anotações de aula; em 1678, os beneditinos de Saint-Maur proíbem "os professores de filosofia de ensinar as opiniões de Descartes"; estas são atacadas em 1679-1680 nos pátios da Sorbonne por Jean Coutiller e Jean du Hamel; em 1680, Régis é proibido de dar aulas sobre Descartes em Paris, e as ideias deste último são banidas dos colégios jesuítas em 1682 e em 1696; André, diretor do Liceu Louis-le-Grand, é destituído do cargo em 1706 sob a acusação de cartesianismo, proibido de lecionar em 1713 e preso em 1721; em 1713, outro professor é proibido de lecionar; em 1706 e 1714, os jesuítas publicam um formulário vetando o ensino de trinta proposições cartesianas, entre as quais a dúvida sistemá-tica, a eternidade das substâncias, a assimilação da matéria e da extensão e a impossibilidade de uma ordem universal diferente da atual.

No entanto, as obras de Descartes não são em si mesmas contrárias ao conteúdo da fé, e é Leibniz, um ilustre adepto do mecanicismo cartesiano, que compõe em 1668, apoiando-se nessas obras, uma *Confessio naturae contra atheistas*. Opositor do deísmo, no qual vê uma etapa para o ateísmo, Leibniz mostra que Descartes também podia ser utilizado a serviço do cristianismo. De fato, o perigo que Descartes representa para a fé não está tanto em seus escritos, mas em seu estado de espírito. A independência intelectual, a busca da verdade a todo custo, a rejeição das ideias não fundamentadas na razão, a prática da dúvida metódica, tudo isso libera o indivíduo da submissão às tradições e às autoridades.

Esse risco é ainda mais preocupante para as autoridades porque o car-tesianismo atinge muito rapidamente categorias sociais bem mais amplas do que as outras correntes de pensamento. A partir de meados do século, ela é a filosofia da moda nos ambientes finos e educados, o que chamaría-mos hoje de "grande público". As obras de Descartes estão disponíveis em francês por toda a parte; seus discípulos dão conferências às quais assistem a nata da sociedade parisiense; fragmentos e resumos de suas obras prin-cipais simplificam e difundem suas ideias de uma forma agradável, como *L'Art de vivre heureux selon les principes de M. Descartes* [A arte de viver feliz segundo os princípios do sr. Descartes], de 1667: os grandes dão o exem-plo, como Luís de Condé ou o duque de Luynes, que são imitados por seus aduladores. As mulheres sobretudo são loucas por Descartes, e podem

276   DE UMA CRISE DE CONSCIÊNCIA A OUTRA (1600-1730)

conhecê-lo pelas obras *Fine philosophie accomodée à l'intelligence des dames* [Fina filosofia acomodada à inteligência das damas], de René Bary, *Éducation des dames* [Educação das damas] (1674), de Poulain de La Barre, que também escreveu o tratado *De l'Égalité des deux sexes* [Da igualdade dos dois sexos] (1673), inspirado em Descartes. A senhora de Galland, a marquesa de Sablé, a senhorita de Launay e a duquesa de Maine são cartesianas, e esta última acreditava tanto em Descartes quanto em Deus, segundo se dizia. A senhora de Sévigné não poupa elogios a Descartes, e seu ex-secretário Corbinelli também é subjugado pelo filósofo: "Entreguei-me à filosofia de Descartes", escreve ele em 1673 à marquesa.

> Ela me parece ainda mais fácil por sua beleza, e por admitir no mundo apenas corpos e movimento, abominando tudo aquilo de que não se pode ter uma ideia clara e precisa. Sua metafísica também me agrada; seus princípios são singelos e as induções, naturais. Por que não a estudais? Ela vos divertiria com as senhoritas de Bussy. A senhora de Grignan a conhece à perfeição, e dela fala divinamente.[38]

SPINOZA, HOBBES, HUET: A FÉ NA DEFENSIVA

Se Descartes não passa de um perigo potencial para a fé, Spinoza aparece desde o início como um inimigo declarado da religião, sobre o qual chovem anátemas. No mais das vezes, os autores bem-pensantes do século XVII evitam mencionar seu nome, ou o acompanham com os epítetos de "miserável" e "maldito". Como a obra de muitos filósofos abominados, a sua é conhecida sobretudo por fontes de terceira mão, pelas simplificações abusivas e pelas deformações de seus inimigos. A *Ética*, de 1677, só é reeditada em 1802, o que significa que bem poucos exemplares deviam circular. Judeu, de condição humilde e incompreensível para a maioria dos leitores, Spinoza tem tudo para ser detestado. Torna-se conhecido de fato a partir de 1673, por meio do livro do suíço Stouppe, *La Religion des hollandais* [A religião dos holandeses], que afirma que ele é um "judeu muito mau, e não é melhor cristão".

Segundo Stouppe, o Deus de Spinoza não passa da soma de todo o universo material, ou de uma espécie de espírito da natureza difundido em todas as coisas, ideia com que os europeus estão familiarizados pelo contato

---

38 Sévigné, *Correspondance*, t.I, p.586-7.

O AVESSO INCRÉDULO DO GRANDE SÉCULO (1640-1690)   277

mais frequente com o Extremo Oriente. O *Journal des Savants* publica diversos artigos sobre Confúcio, que também é tema da obra *Confucius sinarum philosophus* [Confúcio, filósofo dos chineses] (1687), do jesuíta Couplet; Bernier escreve cartas sobre as Índias, La Loubère estuda o Sião (1691) e muitos se interessam pela religião de Malabar. Ao mesmo tempo, a ideia da alma do mundo é explorada pelos alquimistas, como Lémery (1645-1715) e Boulainvilliers, em sua *Idée d'un système général de la nature* [Ideia de um sistema geral da natureza] (1683). Em suma, Spinoza seria uma expressão dessa concepção oriental.

Na realidade, seu panteísmo é original e complexo. Deus e o mundo são inseparáveis, coexistentes; o mundo é uma substância, fora da qual nada existe; ele é a manifestação necessária de um Deus que é causa imanente de si mesmo e do universo. Deus e o mundo são inseparáveis é evidentemente o contrário do que ensina o cristianismo. E é também o contrário do cartesianismo, que repousa sobre o dualismo Deus-mundo. Por isso o primeiro a atacar as ideias de Spinoza na França é Malebranche, cristão e cartesiano, em seu livro *Entretiens de métaphysique* [Exercícios de metafísica], de 1688, no qual fala desse "ímpio de nossos dias que fazia do universo seu Deus"; para ele, trata-se de um quase materialismo: "O Ser infinitamente perfeito é o universo, é a reunião de tudo o que é [...]. Que monstro, Ariste, que horrenda e ridícula quimera".

Fica decidido portanto que Spinoza é um completo ateu, e é enquanto tal que se protesta com tanta indignação contra o judeu, desde Pierre Poiret, pastor em Amsterdã, em seus *Fondamenta atheismi eversa*, de 1685, até o beneditino François Lamy, em seu *Nouvel athéisme renversé* [Novo ateísmo subjugado], de 1696, que inclui cartas de Bossuet e Fénelon, encorajando-o em tal empreitada. Como cartesiano, Lamy rejeita qualquer ideia de filiação entre Descartes e Spinoza, contra a qual oferece uma refutação "popular" e outra "geométrica".

Do ponto de vista da história das ideias, é revelador constatar que dois sistemas tão opostos quanto o dualismo cartesiano e o monismo spinozista foram ambos acusados de levar ao ateísmo. Todos os caminhos parecem levar não a Roma, mas à descrença. Seja qual for o sistema filosófico concebido, ele é *ipso facto* considerado suspeito. É o sinal do clima geral da época: uma teologia que se esfalfa defendendo posições imobilistas, recusando toda e qualquer novidade, e um espírito público que tende a se libertar dos obstáculos lógicos, epistemológicos e teológicos para buscar a verdade, com toda a independência. Nisso, cartesianismo e spinozismo compartilham do mesmo estado de espírito, o que não os impede de trocar acusações de

278   DE UMA CRISE DE CONSCIÊNCIA A OUTRA (1600-1730)

ateísmo. Lucas, o primeiro biógrafo de Spinoza, escreve o seguinte: "Os partidários desse grande homem [Descartes], para desculpá-lo da acusação de ateísmo, fizeram desde então tudo o que puderam para fazer cair o raio sobre a cabeça de nosso filósofo".

E com êxito. Arnauld não precisa ler Spinoza para saber que ele é nocivo: "Não li os livros de Spinoza, mas sei que são livros muito nocivos, e estou persuadido de que seu amigo faria muito mal em lê-los. É um completo ateu, que não crê em nenhum outro Deus além da natureza", escreve ele a Vaucel em 30 de novembro de 1691. Nos Países Baixos, Jean Le Clerc, em seu tratado *De L'Incrédulité* [Da incredulidade], publicado em Amsterdã, em 1696, afirma que o Deus de Spinoza nada mais é que o mundo material. Isaac Jaquelot, pastor em Haia, observa em sua *Dissertation sur l'existence de Dieu* [Dissertação sobre a existência de Deus] (1697), que "os que querem apoiar Spinoza dizem em segredo que ele não é ouvido, a fim de que o pretenso sistema sirva de abrigo àqueles que se comprazem em contradizer a religião sem saber por quê". É o que pensa também Peter Jens, doutor em filosofia em Leyde (1697). O próprio Bayle rejeita o sistema de Spinoza e ao mesmo tempo faz dele o modelo do ateu virtuoso. Boulainvilliers, por sua vez, reivindica o patronato do filósofo em seu *Essai de métaphysique* [Ensaio de metafísica], em que escreve que "Deus e a universalidade das coisas são o mesmo". Em 1684, Marana, em *L'Espion turc dans les cours des princes chrétiens* [O espião turco nas cortes dos príncipes cristãos], assim como Gaultier de Niort em *La Nouvelle philosophie sceptique* [A nova filosofia cética], de 1714, transforma a matéria em substância universal única. Ora, Marana será uma das referências preferidas do abade Meslier.

Hobbes constitui o terceiro polo de incredulidade de origem filosófica no século XVII. Mas é de um ponto de vista histórico, sociológico e político que ele trata da questão religiosa no décimo segundo capítulo de *Leviatã*. Ele acrescenta uma explicação de tipo psicológico: "O homem, que olha muito longe diante dele, preocupando-se com o futuro, é corroído a cada dia pelo medo da morte, da pobreza e de outras calamidades, e sua ansiedade só se acalma durante o sono"; ele busca a causa dessa condição frágil e, como não vê causa visível, inventa um agente invisível: "Era nesse sentido talvez que alguns poetas antigos diziam que os deuses foram criados pelo medo dos homens, o que é absolutamente verdadeiro quando se trata dos deuses dos pagãos".[39] Naturalmente, o Deus dos cristãos é uma exceção, mas para

---

39 Hobbes, *Leviathan*, I, 12.

Hobbes, para além dessa restrição formal, as grandes religiões se explicam por causas sociológicas e, no fundo, a diferença entre religião e superstição é apenas uma questão de escala: "Religião é o medo das potências invisíveis, pouco importa que sejam fictícias ou admitidas universalmente por relatos; quando as potências invisíveis não são universalmente admitidas, falamos então de superstição".

Seja qual for o caminho tomado pelo pensamento livre e racional, ele parece conduzir sempre à dúvida, ao questionamento da crença religiosa. E o próprio Pascal, um modelo para os crentes, é a encarnação involuntária dessa crise da fé, de sua incapacidade de se impor intelectualmente na segunda metade do século XVII. A aposta de Pascal não seria uma confissão flagrante de impotência?

O Deus de Pascal é realmente o Deus oculto, tão oculto que é impossível demonstrar sua existência, escreve o autor dos *Pensamentos*:

> Não empreenderei aqui provar por razões naturais a existência de Deus, a imortalidade da alma ou qualquer outra coisa dessa natureza; não somente porque não me sentiria suficientemente forte para encontrar na natureza com o que convencer os ateus empedernidos, mas também porque esse conhecimento sem Jesus Cristo é inútil e estéril.

Paradoxo: Descartes se gabava de ter a prova da existência de Deus, e Pascal considera que tal demonstração pela razão não só é impossível, como beira a impiedade. Deus só pode ser conhecido através de Cristo, e o Deus provado pela razão é um ídolo: "A verdade fora da caridade não é Deus". A fé depende de um ato de vontade, de uma escolha livre.

Pascal faz a aposta. Mas a fragilidade dessa posição foi inúmeras vezes sublinhada. Em primeiro lugar, apostar que Deus existe não proporciona a fé. Em segundo lugar, é ilógico fazer uma aposta cujo objeto diz respeito à própria existência do que está em jogo, e uma aposta cujo valor apostado (a vida terrena) depende do resultado do jogo (existência ou não da vida eterna). Pascal evoca muito bem a situação difícil em que se encontra a religião em meados do século XVII. Na verdade, ela começa a se pôr na defensiva, a ser obrigada a abandonar o terreno racional para se refugiar no fideísmo.

O caso de Pierre-Daniel Huet, bispo de Avranches e exegeta renomado, é outro exemplo. Como Pascal, Huet é anticartesiano, e para aniquilar a soberania da razão humana, na qual o filósofo do *cogito* é campeão, e também para salvar a fé, ele não encontra nada melhor do que defender o ceticismo. É o que ele faz especialmente numa obra póstuma, o *Traité philosophique de*

280 DE UMA CRISE DE CONSCIÊNCIA A OUTRA (1600-1730)

la faiblesse de l'esprit humain [Tratado filosófico da fraqueza do espírito humano], publicado em 1723. Posto que a razão ameaça a fé, destrói-se a razão, declara-se que ela é incapaz de conhecer a verdade, em filosofia, em física, em política, em metafísica. Huet substitui a dúvida metódica de Descartes pela dúvida sistemática, preferindo sacrificar todo o saber humano e fundar sobre suas ruínas a crença em Deus, num espírito fideísta. Esse sacrifício – que, aliás, não é do agrado dos jesuítas, partidários de uma fé racional – mostra bem a preocupação dos crentes do século XVII diante do crescimento da descrença. Para salvar o essencial, alguns praticam a tática da terra devastada.

OS ÁTOMOS E A INCREDULIDADE

A tática é ainda mais atraente porque as ameaças surgem de todos os lados, não só na filosofia, mas também na física, com a teoria dos átomos, que subverte a síntese clássica aristotélico-tomista. Desde o início do século, a controvérsia começa na Itália, mais precisamente em Roma, onde os intelectuais que contestavam a prestigiosa Academia dos Linces, fundada por Federico Cesi, declararam guerra à escolástica. Eles tinham um projeto de enciclopédia da natureza que preocupava a Santa Sé e, em 1623, quando Galileu, que era um deles, apresenta em *O ensaiador* o atomismo como a teoria explicativa de todos os fenômenos naturais, o caso faz barulho. É que a teoria desenvolvida por Galileu traz de volta à tona os espectros do materialismo: Demócrito, Epicuro, Lucrécio, Giordano Bruno, Telésio, Hill e até mesmo Guilherme de Occam. Para o historiador Pietro Redondi, o caso de Galileu não foi motivado pela questão do geocentrismo, detalhe secundário ao qual a teologia podia muito bem se adaptar e que foi utilizado apenas como anteparo para dissimular o verdadeiro problema: os átomos: "*O ensaiador* mostrava numa forma dissimulada, mas bem visível aos olhos hábeis da exegese e da decodificação dos contemporâneos, as marcas de autores pagãos aureolados de ateísmo e de católicos aureolados de heresia".[40]

O cardeal Belarmino assume o combate contra essas novas e perniciosas teorias e começa a procurar talentos científicos e filosóficos capazes de defender a fé tradicional aristotélico-tomista. Trata-se de conceber "um programa de pesquisa atual em filosofia, de erudição e polêmica contra o

---

40 Redondi, *Galilée hérétique*, p.76.

ateísmo e o naturalismo, que haviam se infiltrado até nos salões dos palácios romanos".[41] A princípio, ele encarrega Virginio Cesarini de escrever um tratado sobre a imortalidade da alma. Contudo, o jovem logo se converte ao atomismo e produz, ao contrário, um comentário sobre o *De rerum natura*, de Lucrécio; após seu falecimento precoce, em 1624, seu amigo Agostino Mascardi o celebra como "quase um cético puro".[42] Decididamente, os cardeais não foram felizes na escolha dos campeões da Igreja: Belarmino fica tão decepcionado com Cesarini quanto Bérulle tinha ficado com Descartes. A partir de então, os espíritos mais ousados e mais hábeis se furtam à apologética. Sinal dos tempos?

Os eruditos da Companhia de Jesus são a vanguarda do combate contra a teoria atômica, à qual acusam essencialmente de tornar incompreensível a transubstanciação, a transformação do pão e do vinho em corpo e sangue de Cristo; segundo eles, e como demonstrou Suarez, ela só pode se "explicar" pela física aristotélica, que apresenta a matéria como a união entre uma "substância", ou realidade profunda, e "acidentes", ou aparência sensível. Pelo milagre eucarístico, a hóstia conserva os acidentes do pão, mas a substância torna-se corpo de Cristo. Uma matéria composta de átomos indiferenciados tornaria impossível a conceitualização do milagre eucarístico. Exatamente por isso, na aula inaugural do Colégio Romano, em 5 de novembro de 1624, o padre Spinola, ao falar dos partidários do atomismo, declara que "letrados desse jaez levam a religião ao fracasso".[43]

O atomismo é proibido entre os jesuítas em 1641, 1643 e 1649. Em 1676, eles obtêm a condenação de um notório atomista, o padre olivetano Andrea Pissini. Em 1678, o jesuíta Vanni, em sua obra *Exercitatio*, retoma a refutação dessa teoria, ainda do ponto de vista da transubstanciação. De 1688 a 1697, um grupo de atomistas "ateístas" é julgado em Nápoles; em 1694, o padre Giovanni De Benedictis retoma a história da luta contra a "nova filosofia", e o padre Antonio Baldigiani, consultor do Santo Ofício, escreve a Viviani que se cogita uma proscrição geral dos autores da física moderna, e "entre estes aparecem no topo Galilei, Gassendi, Descartes, como muito perniciosos para a república literária e para a sinceridade da religião".[44]

---

41 Ibid., p.104.
42 Ibid., p.109.
43 Ibid., p.149.
44 Ibid., p.351.

282   DE UMA CRISE DE CONSCIÊNCIA A OUTRA (1600-1730)

São os teólogos portanto que assumem o risco de vincular atomismo e ateísmo, o que é muito imprudente de sua parte. De fato, por mais que os partidários do atomismo se declarem bons cristãos, o fato de a Igreja os rechaçar ao nível dos incrédulos, deístas ou panteístas levará a opinião pública a associar o sucesso da física praticada por eles ao avanço da incredulidade dos cientistas.

Cada vez mais intelectuais aderem a essa teoria. Além de Gassendi, podemos citar David Sennert em Wittenberg (obra de 1618), David von Goorle em Utrecht (1620), Sébastien Basso em Genebra (1621), os químicos Bitaud e Claves (1624), J. C. Magnen (1646), o capuchinho Casimir (1674), o abade J.-B. du Hamel, o médico Thomas Willis (que defende posições naturalistas panteístas em seu *De anima brutorum* [A alma dos brutos], de 1672) e um outro médico, Antoine Menjot, exilado em Limoges em 1685. Em 1677, Gilles de Launay se gaba, em seus *Essais physiques* [Ensaios físicos], de ser um seguidor de Gassendi: "É uma glória segui-lo e defender com ele as opiniões de Demócrito e Epicuro, que ele acomodou ao cristianismo". Contudo, o cristianismo de Launay é de um gênero um tanto especial, uma mistura de naturalismo e deísmo, que crê numa alma do mundo separada da natureza.

O médico Guillaume Lamy (1644-1682) vai ainda mais longe e faz de tudo para tornar plausível o elo entre atomismo e descrença. Faz declarações ousadas em suas conferências, afirmando em tom de brincadeira que Deus tirou à sorte a criação e as qualidades de cada criatura: não há nem providência nem finalismo, portanto. Em seus *Discours anatomiques* [Discursos anatômicos], de 1675, ele adota a teoria epicurista dos átomos sutis que compõem a alma ígnea e a teoria estoica da alma material do mundo. Quanto à existência em cada um de uma alma imortal, ele deixa que os teólogos cuidem do assunto:

> No homem, além dessa alma que se dissipa com a morte, como a dos animais, a fé nos ensina que existe uma outra, imaterial e imortal, que sai imediatamente das mãos da divindade e é unida ao corpo por meio do espírito de que falei. Ela é o princípio do meu raciocínio, e traz em si uma inclinação natural a todos os homens para conhecer uma divindade; mas como esta só pode ser conhecida por meio da fé, cabe aos teólogos nos dizer em que devemos crer quanto a sua natureza.[45]

---

45 Lamy, *Discours anatomiques*, p.230.

O AVESSO INCRÉDULO DO GRANDE SÉCULO (1640-1690)   283

Um confrade de Lamy, Cressé, comenta que ele não parecia muito convencido de suas próprias afirmações, e Lamy lhe responde que, de fato, não acreditava na imortalidade enquanto filósofo, mas acreditava nela enquanto cristão, pois a razão deve ceder aos sentidos, e os sentidos à fé. O recurso à velha atitude da dupla verdade, condenada pela Igreja desde o século XIII, não era propício a tranquilizar os defensores da fé: "É evidente que, para ele, a fé nada mais era do que a aceitação daquilo em que ninguém crê", escreve a seu respeito J. S. Spink.[46]

DESVIOS DA INCREDULIDADE NO SÉCULO XVII: VANINI

O caso de Guillaume Lamy é característico de certos aspectos da descrença no século XVII: num mundo maciçamente impregnado de fé cristã, o questionamento desta só pode ser feito de fora e de modo indireto, pois não existe nenhum ponto de apoio fixo e a ameaça constante das autoridades obriga a tergiversar e a empregar meios sinuosos, a semear dúvidas sem assumi-las. Acusar esses céticos de duplicidade seria injusto. Por um lado, na ausência de liberdade de expressão, eles têm poucas escolhas; por outro, suas afirmações contraditórias refletem suas próprias hesitações. Num mundo em que a certeza da condenação eterna dos descrentes adquirira havia séculos o status de verdade intangível, ninguém a contesta a fé por diversão. Esses homens têm seus momentos de dúvida e angústia. E se afinal tudo aquilo fosse verdadeiro? O combate entre a razão individual e as crenças maciças dos outros não é nada fácil. Mesmo nos dias de hoje, para alguém que foi educado na fé, a incredulidade não é confortável. No século XVII, menos ainda! Até os espíritos mais fortes têm dúvidas.

Sobretudo se eles são sacerdotes, como Giulio Cesare Vanini (1585-1619), executado em Toulouse por ateísmo. Esse monge errante, pedagogo e filósofo, cujo destino trágico lembra o de outro religioso, Giordano Bruno, deixou uma reputação contraditória. Ateu da pior espécie para alguns, crente sincero para outros, ele é a ilustração perfeita da complexidade das relações entre fé e incredulidade nessa época.

O lado desconcertante do personagem aparece antes de tudo em suas obras, em que ele, à imitação de Cardano, que ele muito admira, cultiva a arte do paradoxo e da contradição, inspirando-se em alguns exemplos retirados

---

46 Spink, op. cit., p.142.

284   DE UMA CRISE DE CONSCIÊNCIA A OUTRA (1600-1730)

de *Les Livres de la subtilité* [Os livros da sutileza].[47] Assim, em *L'Amphitéâtre de l'éternelle providence* [O anfiteatro da eterna providência], dedicado ao duque de Taurisano, Vanini anuncia que vai defender a divina providência contra "os antigos filósofos, os ateus, os epicuristas, os peripatéticos, os estoicos". Curiosa defesa! O que ele faz na verdade é expor, claramente e com detalhes, a argumentação dos ateus contra a criação, e como única refutação contenta--se em declarar: "Deixemos de lado as incontáveis objeções que poderiam ser feitas contra um sistema tão plenamente oposto à razão".[48] Ou então lembra as afirmações de Maquiavel, "certamente o príncipe dos ateus", ou de um anônimo, um "ateu alemão", contra os milagres, limitando-se a assinalar que já refutou aquilo tudo em suas outras obras. Em se tratando do problema do mal, pretende refutar os argumentos de Diágoras por meio dos de Boécio, mas afirma que este se engana. Querendo provar a realidade da providência pelos oráculos e pelos milagres, mostra, ao contrário, que os oráculos são "contos" e "os milagres foram inventados e forjados pelos chefes para domar seus súditos, e pelos sacerdotes para atrair honras e respeito".[49] Quanto aos argumentos extraídos da Bíblia, para que mencioná-los, se "os ateus se importam tanto com as Escrituras quanto eu com as fábulas de Esopo"?[50] Outro procedimento: Vanini põe o cristianismo em contradição com ele mesmo por intermédio de uma crítica aos estoicos. De fato, estes admitem sem provas a providência, portanto negam a liberdade do homem e fazem de Deus o responsável pelo mal; e ele acrescenta candidamente: "A opinião deles parece inicialmente bastante perversa, no entanto ela concorda com a dos cristãos".[51] A providência existe, escreve ele em outro momento, o que torna perfeitamente inútil o ato de orar.

Vanini sugere também que o cristianismo, como as outras religiões, poderia ser determinado pelos astros e ser mortal, que fenômenos como os estigmas e os milagres, nos quais acreditam as "mulheres velhas", têm causas materiais, que a vida futura e a imortalidade das almas nada têm de certo, que Deus, caso exista, é guiado pela necessidade, e que talvez ele seja idêntico à natureza: "Perguntai-me o que é Deus? Se eu soubesse, seria eu mesmo Deus, pois ninguém conhece Deus, ninguém sabe o que é Deus,

---

47 Cardano, *Les Livres de la subtilité*.
48 Vanini, L'amphithéâtre de l'éternelle providence. In: _____, *Œuvres philosophiques de Vanini*, p.36.
49 Ibid., p.32.
50 Ibid., p.52.
51 Ibid., p.194.

O AVESSO INCRÉDULO DO GRANDE SÉCULO (1640-1690)   285

a não ser ele mesmo [...]. Ele é tudo, acima de tudo, fora de tudo e em tudo."[52]

Obviamente, o problema do mal é abordado de maneira quase tão ambígua quanto o restante. Vanini lembra que, segundo os ateus, "se Deus prevê nossos atos, então ele vê nossas faltas e, portanto, realiza-as"; ou seja, "Deus negligencia completamente as coisas deste mundo terreno", o que significa ainda que, "caso se ocupe com elas, não pode trazer nenhum remédio aos crimes, tampouco aos males"; Deus não impede o mal, "portanto pode ser visto como seu autor", pois, se quisesse, poderia "aniquilar todo o mal até nos confins do mundo". A isso é preciso opor os raciocínios dos teólogos... que Vanini confessa não compreender.[53]

Em outro momento, ele dá uma definição da providência segundo são Tomás, depois a qualifica de absurda; evoca os libertinos que fingem ser devotos por causa dos inquisidores, mas em segredo praticam o "epicurismo", e com muito mais ardor quando são doutos e letrados".[54] Ele mesmo declara preferir "a ira de Horácio à de nossos inquisidores", subentendendo que poderia refutar os argumentos dos crentes, mas abstém-se por prudência.[55] De resto, confessa seguir como modelo Epicuro, "que escreveu alguns livros sobre a piedade e a religião devotada aos deuses, ao mesmo tempo que professava que os deuses não dão nenhuma atenção às coisas deste mundo".[56]

Há o bastante em tudo isso para deixar o leitor perplexo. Em seus *Dialogues de la nature* [Diálogos da natureza], de 1616, pomposamente submetidos "ao julgamento da santa Igreja Católica, a quem o Espírito Santo deu como intérprete nosso santo padre Paulo V", Vanini coloca os argumentos mais irreligiosos na boca de ateus holandeses ou de judeus venezianos, mas o conteúdo é ainda mais suspeito do que aquele de *L'Amphitéâtre*, do qual ele renega abertamente certas ideias. Os argumentos a favor da fé, da criação e da ressurreição são destruídos, as religiões são tratadas de imposturas e Cristo é louvado... por sua duplicidade: admirem, diz ele em substância, como ele se esquiva das perguntas dos fariseus sobre os impostos ou sobre a mulher adúltera![57]

---

52 Ibid., p.120.
53 Ibid., p.65.
54 Ibid., p.93.
55 Ibid., p.68.
56 Ibid., p.106.
57 Vanini, De admirandis naturae reginae deaeque mortalium arcanis, ou Dialogues de la nature. In: _____, *Œuvres philosophiques de Vanini*, p.219-20.

286 DE UMA CRISE DE CONSCIÊNCIA A OUTRA (1600-1730)

O livro se apresenta na forma de um diálogo entre César, que desenvolve o ponto de vista do ateu (o prenome de Vanini é Júlio César), e Alexandre, que o refuta. Procedimento clássico, que permite expor sem rodeios os argumentos dos incrédulos. Assim, sobre a criação do homem:

> Alguns imaginaram que o primeiro homem havia nascido da podridão de diversos cadáveres de símios, porcos e rãs (matérias que aparentemente teriam sofrido a influência prática dos astros), pois, entre a carne e os costumes dos animais e os do homem, há uma grande semelhança. Outros, mais conciliadores, atribuem apenas aos etíopes os símios como ancestrais, porque eles têm a mesma cor de pele [...]. Os ateus nos repetem insistentemente que os primeiros homens andavam dobrados sobre si mesmos e de quatro, como as feras, e que foi somente com muito esforço que se conseguiu mudar esses modos, que pouco a pouco retomam seus direitos na velhice.

As respostas do bom Alexandre são estranhamente fracas, e muitas vezes chegam a retomar as acusações contra a religião:

> Como eu defendia diante desse ateu que os cristãos não são fracos de espírito, como bem atestam os combates de tantos gloriosos mártires, o blasfemador atribuía tais lutas a uma imaginação exaltada, à paixão pela glória, e até mesmo a um temperamento hipocondríaco. Dizia que todas as religiões, mesmo as mais absurdas, tinham tido seus mártires; que os turcos, os índios, e em nossos dias os heréticos, haviam produzido confessores que os tormentos não haviam detido.

Tudo isso ornamentado com observações pérfidas, como: "Acreditemos com humildade nas santas aparições gregorianas, pois não sou daqueles que, como os ateus, tratam tais coisas de invenções de algum padreco desejoso de conseguir uns trocados dos devotos".

Vanini é tão ambíguo em seu comportamento quanto em seus ensinamentos. Malenfant, escrivão no Parlamento de Toulouse, descreve-o lecionando, expondo suas ideias "primeiro como objeções dos ímpios às quais ele queria responder, mas as respostas não apareciam nunca, ou eram tão fracas que os mais perspicazes julgavam sensatamente que ele queria apenas ensinar, sem perigo, sua condenável e reprovada opinião".[58] Num

---

58 Apud Berriot, *Athéismes et athéistes au XVIe siècle en France*, t.II, p.800.

texto hostil, *Histoire véritable de l'éxécrable docteur Vanini* [História verdadeira do execrável doutor Vanini], pode-se vê-lo educando os sobrinhos de Cramail, começando "pouco a pouco a semear sua doutrina diabólica, todavia não imediatamente às claras". O *Mercure françois* afirma que ele "insinuava sua perniciosa opinião" com muita astúcia. Aliás, durante o processo, ele clama sua fé: "Esta palha me força a acreditar que existe um Deus", diz ele brandindo um raminho; ele avança com coragem para o suplício: "Vamos, vamos morrer alegremente como filósofo", declara antes que o carrasco arranque sua língua, o prelúdio à fogueira.

Quais eram os verdadeiros sentimentos de Vanini? Hoje, como na época em que viveu, os juízos mais opostos são feitos sobre suas convicções. A começar pela publicação de suas duas obras, *L'Amphitéâtre* e *Dialogues*, que obtêm um *imprimatur* muito elogioso das autoridades eclesiásticas, antes de serem incluídas no Índex em 1623. Para Garasse e Mersenne, Vanini é um ímpio abominável. Para Grammont, "ele ridicularizava todas as coisas sagradas, atacava o dogma da Encarnação, ignorava Deus, estimava que tudo era obra do acaso, adorava a natureza, que ele chamava de Mãe benfazeja e fonte de todas as coisas".[59] Essa é mais ou menos a opinião de Gilbert Voët, professor em Utrecht, ao passo que Descartes observa que nada justifica a acusação de ateísmo. Em 1712, Arpe publica uma *Apologie pour J. C. Vanini* [Apologia para J. C. Vanini] em que mostra que o agravo de ateísmo não tem valor, porque os jesuítas o utilizam de maneira indiscriminada contra todos os seus adversários. Para Bayle, em 1682, Vanini pode muito bem ser ateu e um perfeito cavalheiro, ao passo que, no ano seguinte, Diecmann, teólogo luterano de Wittenberg, declara que o italiano nada tinha de incrédulo, opinião compartilhada por três teses alemãs do início do século XVIII. Voltaire, por sua vez, absolve Vanini da acusação de ateísmo no *Dictionnaire philosophique* [Dicionário filosófico]. Ao contrário, o ministro protestante Jacques Saurin, de Haia, acusa-o de ter querido demonstrar o absurdo da noção de Deus, e faz dele um prosélito do ateísmo:

> Um homem infame, que vivia no começo do século passado, um homem que concebeu o mais abominável desígnio que jamais existiu, que erigiu com onze pessoas de sua laia um colégio de incredulidade, de onde deveria enviar seus emissários a todo o universo, a fim de desenraizar de todos os corações o dogma da existência de Deus; esse homem, digo eu, empenhou-se de modo

---

59 Grammont, *Historiarum Galliae ab excessu Henrici IV libri XVIII*, t.III, p.210.

288   DE UMA CRISE DE CONSCIÊNCIA A OUTRA (1600-1730)

bastante singular em provar que não há Deus, dando uma ideia de Deus. Ele acreditou que defini-lo era refutá-lo, e que o melhor meio para fazer ver que não existe Deus era dizer que Deus é.[60]

O padre Meslier vê em Vanini uma alma irmã, um inimigo da fé, e cita um excerto em que ele enumera as qualidades contraditórias da noção de Deus.[61] Para Jean Deprun, todavia, "a interpretação que Meslier faz desse excerto é a de um leitor muito bem informado, que sabe que Vanini foi supliciado em Toulouse por ateísmo, e que aplica no *Amphitheatrum* o conhecimento que tem desse ateísmo".[62]

Sem dúvida, Vanini não é um ateu no sentido estrito. Acreditando na unidade do Ser, ele distingue neste cinco níveis hierárquicos: Deus, as Inteligências (astros), os espíritos humanos ou almas racionais, as almas sensitivas, as almas vegetativas. Deus é a causa inteligente que cria formas idênticas às que existem nele. Cristo era um homem hábil, que queria estabelecer o reino da bondade e da virtude, mas a maioria das leis morais foi inventada pelos homens para manter os povos na obediência.

CREMONINI E O ATEÍSMO ITALIANO

Ideias confusas, inspiradas amplamente na filosofia ensinada em Pádua, e cujos traços gerais podem ser encontrados em outro italiano, contemporâneo de Vanini: Cremonini. Em 1626, numa conversa com o Grande Inquisidor a propósito da impiedade da época, o irmão Angelo Castellani conta que seu amigo Antonio Rovere lhe havia confirmado que Cremonini era um professor muito perigoso, porque difundia sua doutrina suspeita por meios dissimulados: apresentava-se como um fiel discípulo de Aristóteles, mostrava que este jamais ensinara a imortalidade pessoal da alma, separava ciência e fé, praticava a dupla verdade, ao invés de tentar uma conciliação; como os outros filósofos de Pádua, pensava que o estudo da alma era um problema de ciência natural, e não de ciência divina. A alma, espelho da natureza, depende apenas desta última, e a especificidade do homem reside em sua alma sensitiva. Nossas faculdades morais e nossa liberdade, submetidas aos dados fisiológicos, dependem igualmente da medicina.

---

60 Saurin, *Sermons sur divers textes de l'Écriture sainte*, t.I, p.200.
61 Deprun; Desné; Soboul (eds.), *Œuvres de Jean Meslier*, t.II, p.178.
62 Ibid., p.579.

Em 1611, ordenou-se em Roma uma investigação sobre Cremonini e, em 1613, duas notas mostravam a incompatibilidade da doutrina de seu *De coelo* com a da Igreja. Foi acusado de afirmar a eternidade e a necessidade do céu, a mortalidade da alma em razão de sua inseparabilidade do corpo, de declarar que Deus era simplesmente a causa final do movimento celeste e o agente mecânico do desenvolvimento universal, suprimindo assim seu caráter pessoal e a providência.

Intimado a corrigir seus erros, Cremonini se defende com subterfúgios: tais erros, diz ele, não se encontram em seus livros; além do mais, a alma é mortal apenas enquanto dá forma ao corpo, isto é, sob o ângulo das ciências naturais, e não da teologia; do mesmo modo, o Deus impessoal de que fala é o da física, e não o da religião; a eternidade do céu não diz respeito ao dogma da criação, mas é uma simples questão de filosofia natural.

Essas distinções sutis não tranquilizam o Santo Ofício porque, em 1616, em sua *Apologie de quinta coeli substantia*, Cremonini não se retrata. "É uma quimera", escreve ele, "imaginar uma alma que possa existir sem o corpo, do qual ela é o ato, ou que nele reside como o piloto no navio. [...] Para a alma do mundo, mais vale ficar junto a um corpo, sem o qual ela não existiria." Isso, aplicado à alma humana, torna-a mortal. Com efeito, a alma não passa de um esforço da matéria para se organizar. Quanto a Deus, ele é o fim ao qual tende a alma do mundo; seu pensamento é um ato simples, pura contemplação de si, que não conhece nem o mundo (pois este é domínio do múltiplo) nem a liberdade (pois esta implica novidade). Protegido pela imunidade de que goza Pádua – a cidade é uma possessão veneziana – em relação à Inquisição, Cremonini é bastante hábil para escapar das perseguições e continuar a ensinar seu panteísmo naturalista, apesar de outra advertência em 1619.

Contudo, a incredulidade está longe de ser exclusividade dos filósofos de Pádua. Estes representam certa forma de ateísmo teórico baseada em Aristóteles, mas havia na Itália uma grande quantidade de ateus práticos nos meios aristocráticos e, sobretudo, eclesiásticos. Os cardeais e os embaixadores, das mais diversas origens, têm em seus séquitos médicos e clérigos arrivistas, descrentes de todos os jaezes, que fazem de Roma, no século XVII, a maior concentração de ateus da cristandade.

Desde 1576, Innocent Gentillet já falava do "fétido ateísmo" romano. Cerca de 75 anos depois, Guy Patin escreve: "A Itália está repleta de libertinos, ateus e gente que em nada crê", o que é confirmado por Casaubon e muitos outros. Entre os testemunhos mais explícitos, encontramos o de Gabriel Naudé, que em *Naudaeana* acumula observações sobre a tradição

290 DE UMA CRISE DE CONSCIÊNCIA A OUTRA (1600-1730)

ímpia na península, desde Boccaccio, Pietro Aretino, Niccolo Franco, Palingenius, Cardano e Giordano Bruno, sem esquecer Girolamo Bori, esse "ateu perfeito", que afirmava que não existia nada além da oitava esfera – que se suponha ser o mundo divino – "a não ser um prato de finos confeitos para o senhor Inquisidor".

Em Roma, explica Naudé, pode-se ler e escrever tudo, com exceção daquilo que ataca o poder pontifical. Ele cita o exemplo do próprio médico de Urbano VIII, Giulio Mancini, cônego de São Pedro do Vaticano, que despreza a massa crédula e supersticiosa, escarnece daqueles que respeitam a quaresma e nega a imortalidade da alma. Naudé, que o conheceu, escreve:

> O papa de hoje teve um médico que era moralmente um bom homem, de nome Julio Mancini, grande astrólogo, muito erudito nas boas letras, que gozava de benefícios e que assim morreu em Roma, grande e perfeito ateu. A Itália inteira está repleta desse tipo de gente que crê apenas na fortuna.[63]

No entanto, ele foi enterrado com grande pompa, ao passo que o marquês de Manzoli, "que era ateu e homem de muito má vida", foi decapitado em 1673. É que, como diz Naudé, "perdoam-se em Roma os ateus, os sodomitas, os libertinos e diversos outros biltres; mas nunca se perdoam aqueles que maldizem o papa ou a corte romana, ou que parecem pôr em dúvida essa onipotência papal sobre a qual os canonistas da Itália fizeram correr tanta tinta".[64] Naudé menciona também Troilo Savella, decapitado aos 19 anos, no início do século, por "diversos crimes, dos quais o menor era ser franco e puro ateu".[65]

HOLANDA E INGLATERRA: UMA INCREDULIDADE QUE SE REVELA

A atitude libertina se difunde amplamente pela Europa por intermédio de nobres e intelectuais viajantes que fazem parte dos séquitos das grandes

---

63 Apud Pintard, *Le Libertinage érudit dans la première moitié du XVIIe siècle*, t.I, p.261.
64 Ibid., p.262.
65 Traiano Boccalini (1556-1613) ironizava de sua parte a atitude de Pomponazzi, contando que, convocado por Apolo, ele lhe disse: "Creio como cristão e como homem naquilo que não posso crer como filósofo e como sábio". O julgamento de Apolo teria sido: "Pomponazzi deve ser desculpado como homem e queimado como filósofo". Cf. Boccalini, *Récits du Parnasse*.

O AVESSO INCRÉDULO DO GRANDE SÉCULO (1640-1690)   291

figuras e cuja personalidade logo se torna um polo de desenvolvimento da incredulidade. Por exemplo, o médico Pierre Bourdelot, que vai a Roma em 1634 com o séquito do conde de Noailles, também faz parte do *entourage* da rainha Cristina da Suécia. Autor de um *Catéchisme de l'athée* [Catecismo do ateu], enviado ao decano dos pastores de Estocolmo, ele afirma que o céu é vazio e, tanto na Itália quanto na França, nenhum homem inteligente crê em Deus. Um de seus contemporâneos escreve sobre Bourdelot: "Se ele tivesse mantido sua impiedade entre as quatro paredes de sua vida privada, eu também a dissimularia. Mas o que ele fez sob os olhos de tão insignes senhores de toda a nobreza não pode ser calado".[66] É ele que organiza, no *entourage* de Cristina, bufonarias blasfematórias que ridicularizam a religião:

> Zombam do clero luterano. Inventam bufonarias sacrílegas. Armam ciladas contra os cristãos sérios, cujo espírito demasiado lento não capta a malícia com rapidez suficiente. Samuel Bochart, entre todos, é interpelado: certa vez, na biblioteca de Cristina, alguém o aborda e lhe pergunta o que pensa "de um certo livro chamado Bíblia", e o cândido ministro enceta sob risos uma apologia das Santas Escrituras.[67]

Aliás, a própria rainha Cristina da Suécia é uma personagem muito curiosa; seu ateísmo provocador chocou até mesmo os espíritos mais avançados da época, como Condé, que a conheceu em Antuérpia, após sua abdicação, em 1654. Segundo ele, fala-se dela como:

> uma rainha que não conhecia nem Deus nem religião, que tinha mais de um ministro da sua em seu séquito, que professava e pregava publicamente o ateísmo, que trazia na boca apenas discursos libertinos, e que autorizava, mesmo em público, os vícios de todas as nações e de todos os sexos, e que não dizia uma só palavra que não viesse misturada à blasfêmia [...]. A má reputação em que se metia (ainda que, como sabeis, não sou escrupuloso) me causava pena.[68]

O professor e bibliotecário de Cristina, Isaac Vossius, é um espírito forte que nega a revelação e morre como ateu.

---

66 Apud Pintard, op. cit., p.397.
67 Ibid., loc. cit.
68 Apud Pintard, op. cit., p.398.

292 DE UMA CRISE DE CONSCIÊNCIA A OUTRA (1600-1730)

Os Países Baixos são um dos pontos de encontro de todos os tipos de incrédulos europeus, por causa de sua relativa tolerância: "Ali a morada é livre para todo tipo de religião, ou de irreligião ou libertinagem", observa Saumaise a propósito da Universidade de Leyde, fundada em 1575. Em 1587, em seus *Discours politiques et militaires*, Vossius esboçou pela primeira vez uma história do ateísmo. Em 1625, Maurício de Nassau, em seu leito de morte, contentou-se em declarar aos pastores protestantes que o rodeavam à espera de uma confissão de fé edificante: "Direi em bem poucas palavras que creio apenas que dois e dois são quatro e quatro e quatro são oito. O senhor Fulano (apontando para um matemático que também estava presente) poderá vos esclarecer sobre outros pontos de nossa crença".[69]

Na Inglaterra, desenvolve-se na mesma época uma forma de incredulidade que adquire rapidamente características originais. Desde o início do século XVII, havia entre jovens aristocratas que se reuniam na casa do lorde Falkland, no castelo de Great Tew, um equivalente do movimento libertino francês. Batizados de socinianos,* eles admiravam Bacon e criticavam tanto o credo católico quanto o credo calvinista: "Eu me proclamarei não somente antitrinitário, mas até mesmo turco, sempre que vir mais razão nessas situações do que em seu contrário",[70] declara lorde Falkland. Um dos autores favoritos desses "racionalistas" é o italiano Giacomo Aconcio, apóstolo da tolerância, do ceticismo e da liberdade de consciência que havia servido a Elizabeth. Pois são também céticos, da linhagem de Montaigne.[71] Eles não são ateus, mas cultivam a dúvida sistemática.

Mais audacioso é o grupo formado em volta de Nicolas Hill, uma espécie de Gassendi inglês, partidário desde o fim do século XVI do heliocentrismo, da pluralidade dos mundos e sobretudo dos átomos; em 1601, ele publica a *Philosophia Epicurae, Democritiana, Theophrastica* [Filosofia epicurista, democritiana, teofrástica], obra severamente atacada por Mersenne como ímpia.[72]

O Grande Interregno de 1649-1660, que interrompe o funcionamento ordinário das instituições de vigilância e repressão da opinião após a guerra civil, permite a manifestação de uma grande diversidade de crenças e descrenças. As ideias mais extremas vêm à tona, tanto no domínio religioso quanto no político e no social. Em pleno século XVII, sob a proteção das

---

69 Balzac, *Socrate chrétien*, p.181.
 * Seguidores do italiano Fausto Socino, que negava a Trindade e a divindade de Jesus. (N. T.)
70 Falkland, *A Discourse of Infallibility*, p.241.
71 Trevor-Roper, The Great Tew Circle. In: _____, *Catholics, Anglicans and Puritans*, p.166-230.
72 Id., Nicholas Hill, the English Atomist. In: _____ , *Catholics, Anglicans and Puritans*, p.1-39.

religiões oficiais – o anglicanismo nesse caso –, circulam formas variadas de ateísmo no meio do povo. Em períodos ordinários, esses traços de descrença são sufocados, e as fontes oficiais dão uma falsa impressão de unanimismo cristão. A retirada momentânea da censura e da cultura escrita revela uma incrível efervescência de ideias. Uns negam a divindade de Cristo, outros a imortalidade da alma, a ressurreição, a realidade do céu e do inferno, a autoridade das Escrituras. Winstanley, líder dos *diggers*,* zomba do céu, "que não passa de uma invenção que nossos mestres mentirosos incutiram em vossa cabeça para que vos contentais enquanto eles roubam vossos bens".[73] Para Richard Coppin, "é quando sentimos medo do inferno que ele existe". Lodowick Muggleton conta que conheceu muitas pessoas que negavam a existência de Deus e afirmavam que apenas a natureza existe. É o caso de Laurence Clarckson, William Franklin e seus partidários. Esses dois tecelões de Lacock são acusados em 1656 de ter dito que "caso a Bíblia fosse reescrita, Tom Lampire de Melksham seria igualmente capaz de redigi-la". Para eles, "o céu e o inferno só existem na consciência do homem; caso tenha sorte e viva bem neste mundo, isso é o seu céu; caso seja pobre e miserável, isso é o inferno e a morte, e ele morre como uma vaca ou um cavalo". Um deles acrescenta que venderia todas as religiões por uma caneca de cerveja, "que Deus estava em todas as coisas, e que ele era o autor de todos os males e malvadezas que se cometem". Para o outro, "não há Deus nem potências acima dos planetas, nem outro Cristo senão o Sol que brilha para todos", e que "os doze patriarcas são as doze casas" da astrologia.

A proliferação desse tipo de opinião parece tão preocupante que, a partir de 1648, um decreto sobre a blasfêmia prevê penas contra os que negam a imortalidade, Cristo, o Espírito Santo, a existência de Deus e sua onipotência, e rejeitam a autoridade das Escrituras.[74] Mas como, paralelamente, de 1650 a 1657, desaparece a obrigação de servir aos ofícios e, em 1653, o casamento civil é introduzido, constata-se uma forte diminuição na frequentação das igrejas e na observância dos sacramentos. Esses hábitos se manterão depois da restauração de 1660. Em certas igrejas, assinalam-se a

---

* Os *diggers* (escavadores) formaram um movimento de camponeses ingleses que, em 1649, pretenderam criar uma sociedade igualitária e cristã, organizando-se em pequenas comunidades autônomas. (N. E.)

73 Thomas, *Religion and the Decline of Magic*, p.203. A propósito das correntes ateias na Inglaterra nessa época, cf. Hill, *The World Turned Upside Down*.

74 *Acts and Ordinances of the Interregnum (1642-1660)*, t.I, p.1133.

294   DE UMA CRISE DE CONSCIÊNCIA A OUTRA (1600-1730)

realização de um ofício quinzenal e uma não observância do batismo, da crisma e até mesmo dos enterros religiosos.[75]

Os testemunhos, abundantes no período de 1660 a 1690, vão todos no mesmo sentido. Em 1673, John Milton escreve: "Todo mundo se queixa de que, há alguns anos, os vícios desta nação aumentaram em número e em excesso; o orgulho, o luxo, a embriaguez, a prostituição, as pragas, as blasfêmias, o ateísmo audacioso e aberto abundam por toda a parte".[76] Esse é um sentimento geralmente difundido nos meios devotos, e queixas sobre as impiedades e as atividades de clubes como o Fogo do Inferno chegam em grande número ao arcebispo de Canterbury. A lei parece impotente para conter o movimento, e o próprio Parlamento está seriamente contaminado: em 1721, o projeto de lei sobre a blasfêmia apresentado pelo arcebispo de Canterbury é rejeitado. Nos anos 1680, sir Roger L'Estrange, que chefia os escritórios de censura, é alvo de inúmeros panfletos que o acusam de ser um criptocatólico ou ter parte com o diabo.

Como o catolicismo é um inimigo universal, curiosamente alguns o acusam de favorecer o ateísmo e outros de encorajar a superstição, o que paralisa os debates sobre a tolerância. As diferenças culturais entre protestantes e católicos aparecem claramente nos relatos de viajantes ingleses à França no século XVII.[77] Eles consideram que o culto católico é um conjunto de superstições pelo qual só sentem desprezo. Por exemplo, em 1635-1636, por ocasião da possessão de Loudun, os turistas ingleses vão vê-lo de perto.[78] Pressentindo charlatanismo, já influenciados pelo espírito baconiano, exigem verificações experimentais que desconcertam os exorcistas jesuítas. O dramaturgo Thomas Killigrew, que assiste aos exorcismos, observa ironicamente que, durante os interrogatórios dos possuídos, "o padre só fala em latim, e o diabo em francês". Quando o exorcista manda que o demônio vista de ferro o corpo da religiosa e propõe ao inglês que o toque, este observa: "Senti apenas a carne firme, braços e pernas enrijecidos". O duque de Lauderdale, que se encontra em Paris em 1637, também assiste aos exorcismos. "Eu começava a suspeitar de fraude", escreve ele, e quando lhe mostram na mão de Jeanne des Anges os nomes de Jesus, Maria e José "milagrosamente" escritos, ele constata que

---

75 Redwood, *Reason, Ridicule and Religion. The Age of Enlightenment in England (1660-1750)*, p.19.
76 Milton, *Haeresiae, Schism, Toleration and Best Means May Be Used against the Growth of Popery*, p.16.
77 Stoye, *English Travellers abroad, 1604-1667. Their Influence on English Society and Politics*; Lough, *France Observed in the Seventeenth Century by British Travellers*.
78 Retomamos aqui passagens de nosso artigo Religion et culture nationale d'après les voyageurs anglais au XVIIe siècle In: Delumeau et al., *Homo religiosus*, p.407-12.

aquilo fora feito com água-forte: "Então perdi a paciência e fui dizer a um jesuíta o que pensava". Ele pediu que este último tentasse uma experiência: ele pronunciaria uma frase em língua estrangeira e pediria ao demônio que possuíra a religiosa que a traduzisse. O jesuíta demonstrou confusão: "Ele me respondeu: 'Esses diabos não viajaram', o que me fez cair na gargalhada, mas não consegui nada além disso". Um a um, lorde Willoughby, George Courthop, Robert Montagu e Charles Bertier mostram o mesmo ceticismo, o que irrita profundamente os exorcistas. Para John Locke, que escreve em 1678, toda aquela história era um golpe imaginado por Richelieu com freiras atrizes.

Às vezes ocorrem incidentes reveladores do fosso cultural que havia se criado. Em 1655, o escocês John Lauder, que visita com certa desenvoltura turística a igreja Sainte-Croix de Poitiers, "olhando cuidadosamente todos os cantos", como ele mesmo diz, enquanto muitos fiéis estão ajoelhados em oração, atrai a ira de uma devota:

> fixando os olhos em mim e notando que eu não havia me ungido com água benta, que não fizera a genuflexão, disse-me num excesso de zelo: "Não venha aqui profanar esse lugar santo". Respondi imediatamente: "Sois muito devotada. Mas talvez vossa ignorância profane mais este santo lugar do que a minha presença". Tendo pronunciado tais palavras em público, e em particular diante de um padre, compreendi que seria melhor para a minha saúde que me retirasse, coisa que fiz.

De sua parte, a atitude claramente cética de John Locke tem o dom de enfurecer o clero de Tarascon: um padre lhe apresenta orgulhoso as relíquias de Santa Marta para que ele as beije e o filósofo não reage; o eclesiástico, "não conseguindo um beijo do herético empedernido, voltou-se furioso, guardou-as no armário e fechou a cortina", conta maliciosamente o inglês. Do mesmo modo, em Marselha, em 1681, depois de um padre enumerar os milagres realizados pela Virgem num santuário, um companheiro de John Buxton lhe faz perguntas embaraçosas; pouco habituado a que lhe peçam provas, o padre "começou a se enfurecer ao cabo de alguns minutos".

A incompreensão mútua é manifesta. Os viajantes ingleses veem com olhos irônicos, curiosos, ora brincalhões, ora sarcásticos, as "superstições" dos papistas franceses. Livres da tutela de Roma e do clero, esclarecidos pelas "luzes" da razão, persuadidos de sua superioridade e de sua lucidez, eles zombam da credulidade dos católicos. Desde os anos 1660-1680, a Inglaterra é nitidamente impregnada do espírito cético que se manifesta livremente no país e prepara diretamente o racionalismo do Iluminismo.

296   DE UMA CRISE DE CONSCIÊNCIA A OUTRA (1600-1730)

Diante desses céticos, os defensores da fé se agitam, mas têm dificuldade para definir o adversário. Para Joseph Glanvill, que escreve em 1670, é
porque a razão foi depreciada que a fé se enfraquece: "Que eu saiba, nada fez
tanto mal ao cristianismo como a crítica da razão, a pretexto de respeitar e
favorecer a religião, considerando-se que, com isso, os próprios fundamentos da fé cristã foram demolidos e o mundo foi preparado para o ateísmo".[79]
Para Ralph Cudworth, ao contrário, o culpado é o atomismo democritiano.
Em 1677, esse universitário de Cambridge publica o primeiro volume de
uma enorme obra que se tornaria um clássico da luta contra o ateísmo: *The
True Intellectual System of the Universe* [O verdadeiro sistema intelectual do
universo]. Ele escreve no prefácio: "Havíamos observado que o método de
nossos ateus modernos consistia primeiramente em atacar o cristianismo,
acreditando que era o mais vulnerável, e que daí seria fácil destruir toda
religião e todo ateísmo". Para ele, o atomismo não é ruim em si, mas foi
corrompido e integrado numa concepção ateia do destino e da necessidade.
Outra corrente antiga leva ao ateísmo: o materialismo de Anaximandro, que
situa a origem do mundo no caos. Cudworth enumera catorze argumentos
sobre os quais o ateísmo poderia se fundamentar:

1. Ninguém pode ter uma ideia de Deus; portanto ele é incompreensível.
2. Nada pode vir do nada; portanto o mundo é eterno.
3. Tudo o que existe é extenso; portanto Deus, que não é extenso, não é.
4. Fazer de um espírito incorpóreo a origem de tudo é fazer de uma
   noção abstrata vazia a causa do mundo.
5. Um Deus corpóreo é impossível, posto que todo ser corpóreo é
   corruptível.
6. O espírito resulta da combinação ao acaso dos átomos.
7. A razão é puramente humana; portanto não pode existir uma inteligência divina.
8. Todo ser vivo é um composto de átomos sujeito à decomposição;
   portanto Deus não pode ser imortal.
9. Dizem que Deus é a primeira causa do movimento, mas nada pode
   se mover sozinho.
10. Um ser pensante não pode ser a origem do movimento.
11. O conhecimento é a moldagem de elementos existentes fora do cog-
    noscente; portanto o mundo devia existir antes do conhecimento.

---

79 Glanvill, *A Seasonable Recommendation and Defence of Reason, on the Affairs of Religion against
Infidelity*, p.1.

12. O mundo é tão imperfeito que não pode ser atribuído à obra de um Deus.
13. Os negócios humanos são tamanho caos que a providência é excluída.
14. A capacidade de tudo ordenar ao mesmo tempo exclui a felicidade.

Os ateus, escreve Cudworth, acrescentam outras questões clássicas: o que Deus fazia antes da criação? Por que esperou tanto tempo para criar? Por que proíbe os prazeres? É a esse conjunto que o apologista tenta responder, rejeitando a prova cartesiana e utilizando sobretudo o argumento das causas finais. Sua demonstração nos importa menos do que o sucesso de seu livro, que indica que ele correspondia a uma necessidade profunda dos crentes. Estes, na Inglaterra, depois dos sobressaltos da guerra civil e diante do declínio da moralidade, temem um complô ateu para derrubar o Estado e são contrários a qualquer tolerância com o ateísmo. Até mesmo Locke adota essa atitude intransigente, e até o fim do século são criados órgãos para salvar a religião, como a Sociedade para a Propagação do Saber Cristão. As obras apologéticas se multiplicam, chegando a recensear os casos de intervenção providencial na história, como a *Complete History of the Most Remarquable Providence* [História completa da mais extraordinária providência], escrita em 1697 por William Turner. Para o autor, "relatar os casos de providência parece ser um dos melhores métodos para lutar contra o ateísmo que invade a nossa época".

O AGNOSTICISMO DO SÉCULO XVII: O *THEOPHRASTUS* DE 1659

Tudo isso condiz pouco com a imagem que temos do século XVII. Habituados a um recorte esquemático, que concentra no século do Iluminismo o início do grande ataque racionalista contra a fé, transformamos abusivamente o século de Luís XIV numa época de triunfo da religião, e situamos a passagem de uma para a outra numa crise espetacular da consciência europeia, de 1680 a 1715. Na realidade, a mentalidade religiosa evolui muito lentamente e a crise, se é que houve, foi preparada muito tempo antes. O século XVII não é o "Grande Século das almas", mas um século de fermentação intelectual que anuncia a decomposição dos credos entre libertinos, céticos, cartesianos, gassendistas, spinozianos, panteístas, deístas, racionalistas, socinianos e outros.

Essa fermentação se estende por toda a Europa, em formas e graus diversos: cínica na Itália, até nos corredores do Vaticano; subterrânea na

298   DE UMA CRISE DE CONSCIÊNCIA A OUTRA (1600-1730)

França, em virtude da vigilância da realeza; mais aberta nos países protestantes, Províncias Unidas* e Inglaterra. O movimento não é sistemático nem organizado; ainda procura se definir, assumindo formas muito variadas, tem seus arrependimentos, mas traduz-se globalmente por um avanço da incredulidade nas classes cultas, em que o verdadeiro ateísmo aflora às vezes de modo deliberado.

Um texto exprime muito bem essa hesitação do século XVII intelectual – um texto anônimo, o que também é revelador de certo temor: o *Theophrastus redivivus* [Teofrasto redivivo], de origem desconhecida, cuja redação muitos concordam em datar por volta de 1659.[80] É um enorme tratado de 1.500 páginas em latim e em seis partes, "o tipo de livro que parece não esperar leitores e se contenta em existir",[81] escreve J. S. Spink. O autor dá mostras de uma vasta erudição, cujo objetivo é anunciado no título completo: *Théophraste rendu à la vie. Enquête sur ce qui a été dit sur les dieux, le monde, la religion, l'âme, les enfers et les démons, le mépris de la mort, la vie selon la nature. Ouvrage construit à partir d'opinions de philosophes, et présenté, pour démolition, aux très savants théologiens* [Teofrasto devolvido à vida. Investigação sobre o que foi dito sobre os deuses, o mundo, a religião, a alma, os infernos e os demônios, o desprezo da morte, a vida de acordo com a natureza. Obra construída a partir de opiniões de filósofos e apresentada, para demolição, aos mui sábios teólogos]. Teoricamente, trata-se portanto de um tratado *contra* o ateísmo, mas construído de tal modo que, desde o século XVII, os críticos veem nele um enorme engenho de guerra ateu. O procedimento é bastante conhecido: o autor se apresenta como um bom cristão, que expõe todos os argumentos dos ateus para que se possa melhor refutá-los. Com esse pretexto, ele enche centenas de páginas, demonstrando que os deuses não existem, que não passam de uma expressão de medo ou pura abstração, que o mundo é eterno, que a religião é apenas uma técnica de governo, que a alma é mortal e que não existe nada depois dessa vida, que é preciso viver o dia de hoje, seguindo a natureza, como os outros animais.

Trata-se realmente de um ateísmo materialista integral, exposto de um ponto de vista sensualista:

---

* Referência às sete províncias calvinistas dos Países Baixos (Zelândia, Holanda, Utrecht, Overijsel, Frísia, Groninga e Guéldria) que formaram um Estado europeu entre 1579 e 1795. (N. E.)

80 Quatro manuscritos foram conservados e há uma boa edição crítica publicada na Itália: *Theophrastus redivivus*. Ver também o excelente estudo de Gregory, *Theophrastus redivivus. Erudizione e ateismo nel Seicento*.

81 Spink, op. cit., p.86.

O AVESSO INCRÉDULO DO GRANDE SÉCULO (1640-1690)   299

Toda ciência está no intelecto; ora, não há nada no intelecto que não tenha estado antes na sensibilidade [...] grande é, pois, a cegueira dos que afirmam a existência dos deuses, dos quais está claro que não podemos vê-los, nem ouvi-los, nem tocá-los, nem percebê-los de nenhuma maneira.

A interpretação clássica dessa obra[82] foi recentemente relativizada por Hélène Ostrowieck.[83] Obra ateia? Não há certeza: o livro exporia na verdade as fraquezas do ateísmo, mostrando suas contradições. Assim, ele mostra que tanto o ateísmo quanto o cristianismo utilizam o argumento da autoridade e a tradição, por meio de uma lista de vinte autores ateus, de Protágoras e Diágoras a Bodin e Vanini, que repetem os mesmos argumentos. "Ele joga o ateísmo contra a religião oficial, mas um ateísmo que deve demais ao pensamento que renega para ser realmente levado a sério".[84]

Trata-se de "uma tentativa de refundação da crença religiosa, uma refundação que exigiria previamente a aniquilação das crenças existentes"? Percebendo o tom pessimista e jansenista do livro, Hélène Ostrowieck conclui que é impossível saber o que o autor quis realmente fazer. Na verdade, o termo que mais conviria seria "agnosticismo": "A sua maneira também, o *Theophrastus* mostra ao mesmo tempo a impossibilidade de crer em Deus e a impossibilidade de não crer em Deus, ainda que seja somente para dar conta da miséria humana".[85]

A incredulidade subjacente ao século XVII é exatamente essa hesitação entre fé e ateísmo. Crer ou não crer? A pergunta faz eco à de Hamlet, da qual é apenas uma versão diferente. Sob suas pseudocertezas, o Grande Século oculta a angústia das perguntas sem resposta.

Contudo, a partir de 1680-1690, as coisas parecem se clarificar, graças à luz da razão que toma consciência de sua força. Mas a resposta que surge da segunda crise da consciência europeia não passa de um compromisso: nem ateísmo nem cristianismo, mas deísmo. Compromisso instável, que só pode ser provisório, se, como pensa Bonald, "deísta é um homem que, em sua curta existência, não teve tempo de se tornar ateu".

---

82 Id., La diffusion des idées matérialistes et antireligieuses au début du XVIIIe siècle, le *Theophrastus redivivus*, *Revue d'Histoire Littéraire de la France*, t.34, p.248-55.
83 Ostrowiecki, Le jeu de l'athéisme dans le *Theophrastus redivivus*, *Revue Philosophique de la France et de l'Étranger*, 1996.
84 Ibid., p.276.
85 Ibid., p.277.

– 9 –

A SEGUNDA CRISE DA CONSCIÊNCIA EUROPEIA: RAZÃO E ATEÍSMO (1690 – CA. 1730)

Se há uma época crucial para a emergência da descrença como elemento cultural, esta se situa na virada do século XVII para o XVIII. Correntes subterrâneas, afirmações clandestinas, críticas às escondidas, comportamentos marginais afloram à luz do dia, como uma grande vaga que ameaça submergir o edifício religioso. Essa constatação certamente não é exagerada no que diz respeito à cultura das elites, e fissuras preocupantes começam a aparecer na cultura popular.

TODOS OS CAMINHOS LEVAM AO ATEÍSMO

Fenômeno significativo de uma reviravolta da conjuntura espiritual: se até então todos os sistemas de pensamento filosóficos se inseriam, pelo menos formalmente, numa óptica religiosa, a partir daí eles passam a ser suspeitos de conduzir ao ateísmo. Montesquieu percebeu muito bem essa tendência em *Mes Pensées* [Meus pensamentos]:

302 DE UMA CRISE DE CONSCIÊNCIA A OUTRA (1600-1730)

Não sei o que acontece, é impossível conceber um sistema do mundo sem ser acusado de ateísmo. Descartes, Newton, Gassendi, Malebranche. Assim não se faz outra coisa a não ser provar o ateísmo e lhe dar forças, fazendo que se acredite que o ateísmo é tão natural que todos os sistemas, por mais diferentes que sejam, tendem sempre a ele.

Há uma legião de exemplos. Vimos como o dualismo cartesiano foi rapidamente acusado de levar à incredulidade. Por um lado, o estudo do mundo físico favorece, em si mesmo, o materialismo; por outro, a metafísica pura, isolando o domínio do pensamento, pode levar ao sensualismo, situando a origem de nossas ideias nos sentidos e suprimindo toda e qualquer garantia divina.

O mesmo desvio espreita a nova teoria triunfante, a de Newton. A atração universal é de fato uma descoberta maravilhosa, que seduz de imediato o mundo dos eruditos, porém sua integração na visão religiosa tradicional do mundo se revela bem difícil. O perigo mais nítido consiste em ver nessa atração uma propriedade da matéria, o que elimina a necessidade do Primeiro Motor e transforma o universo numa máquina autossuficiente. Richard Bentley, que trabalha com Newton, viu isso muito bem: "É claro que, se essa qualidade fosse inerente à matéria, não poderia ter havido caos, e o mundo teria de ter sido, de toda a eternidade, o que é hoje".[1] Vinte e cinco depois de Bentley, em 1717, Johann Buddeus trata do problema em seu *Traité de l'athéisme* [Tratado do ateísmo]. Para Newton, espírito profundamente religioso, o universo é impregnado da presença divina, e a atração manifesta sua ação permanente e indispensável. Mas ele é suspeito de outro erro: panteísmo, como observa Leibniz. Inicia-se uma polêmica entre este e Samuel Clark, que defende a posição de Newton e escreve: "Deus, estando presente por toda a parte, percebe todas as coisas por sua presença imediata [...]. Dizer que nada se faz sem sua providência e sua inspeção não é aviltar sua obra, mas dar a conhecer sua grandeza e excelência".[2]

Esse não é o único problema. Newton é atomista – não um atomismo geométrico, mas um atomismo dinâmico, segundo o qual as partículas também são movidas pela atração. Também nesse caso o universo é autossuficiente, aspecto que Diderot não deixará de explorar em 1754, em *Pensées sur l'interprétatin de la nature* [Pensamentos sobre a interpretação da natureza].

---

1 Bentley, *Réfutation de l'athéisme*.
2 Apud Russo, Théologie naturelle et sécularisation de la science au XVIIIe siècle, *Recherches de sciences religieuses*, t.66, p.32.

Além do mais, Newton distingue espaço absoluto e espaço relativo, o que, segundo Berkeley, é "um dilema perigoso, ao qual alguns dos que consagraram suas reflexões a esse assunto imaginam-se reduzidos, isto é, pensar ou que espaço real é Deus, ou que existe alguma coisa diferente de Deus que seja eterna, incriada, infinita, invisível, imutável. Noções que podem ser ambas legitimamente consideradas perniciosas e absurdas".[3]

De maneira geral, Berkeley se preocupa com a deriva rumo ao deísmo, que ele entrevê através da matematização crescente das concepções do universo. E ele se pergunta "se o fato de alguns virtuosos filosóficos de nossos dias não possuírem religião não poderia ser atribuído à sua falta de fé".[4] Contudo, como Newton escreve a Bentley, ele pensa que sua teoria será útil aos apologistas cristãos,[5] e fornece ao amigo todas as precisões necessárias nesse sentido. Isso não impede que haja suspeitas contra ele. Em meados do século XVIII, o abade Laurent François lembra que certos ateus se valem do pensamento de Newton, pois afinal ele repete os erros de Spinoza, apresentando um universo em que triunfa a necessidade.[6] Aliás, Newton é antitrinitário, e sua obra sobre a cronologia contradiz as datas fornecidas pela Bíblia, o que permite mais uma vez a Leibniz associá-lo à ideia de um complô ateu para destruir a cultura cristã.[7] Do lado católico, também há divisão: enquanto o papa Bento XIV é um grande admirador de Newton, os jesuítas do *Dictionnaire de Trévoux* [Dicionário de Trévoux] zombam ainda da lei da atração na edição de 1771.

Leibniz, o adversário de Newton, também não escapa das acusações: seu sistema é suscetível a derrapagens materialistas. No entanto, seu objetivo supremo é assegurar o triunfo do cristianismo e, para isso, busca mostrar o caráter racional deste último: ele elimina tudo o que pode parecer ilógico ou escandaloso; prova a compatibilidade entre potência e bondade divinas e entre estas e a existência do mal, explicando que Deus criou o melhor dos mundos possíveis; apresenta o mundo como uma máquina perfeita, que só pode ser obra de um arquiteto supremamente hábil, e no qual a realidade se encontra hierarquizada por um sistema de mônadas mais ou menos conscientes, em cujo topo se encontra a alma, constituída de mônadas de

---

3 Berkeley, *Principles of Human Knowledge*, t.I, p.94.
4 Id., *The Works*, Oxford, p.297.
5 Newton, *Four Letters from Sir Isaac Newton to doctor Bentley containing some Arguments in Proof of a Deity*, p.1.
6 François, *Preuves de la religion de Jésus-Christ contre le spinozisme et les déistes*, t.I. p.94.
7 Redwood, *Reason, Ridicule and Religion. The Age of the Enlightenment in England (1660-1750)*, p.99.

304 DE UMA CRISE DE CONSCIÊNCIA A OUTRA (1600-1730)

terceiro grau, sobre as quais nenhuma influência exterior pode agir – um mundo onde reina a "harmonia preestabelecida".

Tudo isso é inútil! As mônadas mais ou menos conscientes de Leibniz contêm em germe o materialismo hilozoísta, e seu discípulo Maupertuis não tardará a desenvolvê-lo. Seu universo-relógio é tão perfeito que Deus não serve para mais nada, como observa Samuel Clarke:

> A ideia daqueles que sustentam que o mundo é uma grande máquina que se move sem que Deus intervenha, como um relógio continua a se mover sem recorrer ao relojoeiro, essa ideia, digo eu, introduz o materialismo e a fatalidade e, com o pretexto de fazer de Deus uma *Intelligentia supramundana*, ela tende efetivamente a banir do mundo a providência e o governo de Deus.[8]

Enfim, a própria empreitada de racionalização para defender a religião é que acaba por colocá-la em perigo. Desde 1703-1704, Leibniz está convencido de que se prepara uma revolução cultural na Europa. Para salvar a religião do naufrágio, é preciso fundamentá-la na razão, e não mais no livro da revelação: "Se a religião depender do livro, perdendo-se o livro, ela também se perderá, se não estiver fundamentada na razão. Pois se nela estiver fundamentada, jamais poderá perecer de todo e, por mais que estiver corrompida, sempre haverá meios de ressuscitá-la".[9] O *Aufklärung* prosseguirá amplamente nessa direção, em especial com Christian Wolff (1679-1754), que levará até o fim esse raciocínio: "Para a religião revelada, basta que a razão não afirme nada que lhe seja contrário".[10] Contudo, racionalizar a religião não equivaleria, mais cedo ou mais tarde, a matá-la, integrando-a no domínio do profano? Assim, no século XVIII, o cristianismo será corroído por seus mais sinceros defensores, os cristãos racionais, que devem muito a Leibniz.[11]

Daniel Huet, percebendo o perigo, rompe com o cartesianismo e escreve em seu *Traité philosophique de la faiblesse de l'esprit humain* [Tratado filosófico da fraqueza do espírito humano], publicado somente em 1723, que a razão é incapaz de se erguer ao nível das realidades divinas. Contudo, essa orientação fideísta não está de acordo com os ares da época, que favoreciam, ao

---

8 Apud Russo, op. cit., p.32.
9 Apud Baruzi, *Leibniz et l'organisation religieuse de la terre*, p.487.
10 Wolff, *Vernünftige Gedanken von Gott*, § 381.
11 "Após sua morte, o pensamento se desenvolveu ao encontro de suas intenções, seguindo o caminho que ele mesmo traçou. Ele quis justificar o cristianismo; acabou por miná-lo" (Lenz-Medoc, La mort de Dieu. In: Bazin et al., *Satan*, p.612).

A SEGUNDA CRISE DA CONSCIÊNCIA EUROPEIA   305

contrário, a ideia da necessidade de uma forte dose de razão na religião. Em 1704, em *L'Usage de la foi et de la raison, ou l'accord de la raison et de la foi* [O uso da fé e da razão, ou concordância entre a razão e a fé], Pierre-Sylvain Régis, como bom cartesiano, mantém a separação entre os dois domínios, mas mostra que a razão serve à fé, reforçando os motivos para crer. O beneditino François Lamy vai mais longe em 1710, em *L'Incrédule amené à la religion par la raison* [O incrédulo levado à religião pela razão]. Deus está na origem tanto da razão quanto da fé, e ambas se apoiam mutuamente, ainda que certos mistérios estejam além das capacidades da razão humana. A princípio, os jesuítas do *Journal de Trévoux* são um pouco reticentes ao uso maciço das filosofias racionalistas a serviço da fé: "O reverendo padre Lamy teria calado esses pretextos nos libertinos caso tivesse tentado levar o incrédulo à religião por razões que não se apoiassem sobre as opiniões dos novos filósofos, e fossem independentes de todos os sistemas particulares".[12] Mas o movimento é irresistível: em 1717, Jean Denyse publica *La Vérité de la religion chrétienne démontrée par ordre géométrique* [A verdade da religião cristã demonstrada por ordem geométrica], inspirando-se em *L'Incrédule amené à la religion par la raison.*

Demonstrar que Deus existe para persuadir os ateus de que ele falou por revelação, para persuadir os deístas de que ele fundou a Igreja sobre a autoridade de Pedro, para converter os não católicos, essa é a obsessão dos apologistas do início do século XVIII. Com isso, eles provam quão importantes tinham se tornado os ateus, os deístas e os não católicos. Mas o método utilizado se revela perigoso: usar a razão para proteger a fé dos ataques racionalistas é curar o mal com o mal, e correr o risco de se ver às voltas com contradições que fortalecem o adversário. Assim, quando Lamy, como Malebranche, quis justificar a Encarnação, ele escreve que ela havia se tornado necessária pela sabedoria divina, pois, do contrário, a criação teria sido uma obra banal e indigna de Deus. Fénelon retorque que, se a Encarnação era necessária, isso significa que o mal também é, o que contradiz a sabedoria divina e o livre-arbítrio, e conduz à incredulidade.[13]

E o que é que não conduz à incredulidade? Atrapalhados por seus próprios raciocínios, os apologistas racionais se contradizem uns aos outros e se acusam mutuamente de favorecer o ateísmo com uma lógica defeituosa, de fazer mais mal do que bem à religião, acreditando defendê-la. Assim, em 1703, quando Jean Le Clerc publica em francês um resumo da grande obra

---

12 *Mémoires de Trévoux*, out. 1710, p.1748.
13 Fénelon, *Réfutation du système du père Malebranche*, cap. XXIII.

306   DE UMA CRISE DE CONSCIÊNCIA A OUTRA (1600-1730)

apologética de Ralph Cudworth, *The True Intellectuel System of the Universe*, com o objetivo de lutar contra o ateísmo atomista e mecanicista, Bayle o acusa de fornecer armas a esse mesmo ateísmo.[14] De fato, Cudworth declarava querer escapar do dilema clássico: ou a natureza está nas mãos do inteiro acaso, ou é governada por Deus, que cuida dos mínimos detalhes, até do funcionamento de uma pata de mosca, o que é incompatível com sua dignidade. Para isso, ele postulava a existência de uma "natureza plástica", que teria recebido de Deus o poder de fazer as coisas sem possuir a mínima consciência: "Há uma natureza plástica sob as ordens [de Deus] que, como um instrumento inferior e subordinado, cumpre servilmente essa parte de sua ação providencial que consiste em mover a matéria de maneira regular e ordenada".[15] Ideia confusa, que vai no sentido do vitalismo: "A natureza é uma coisa que não conhece, somente age", escreve ele mais adiante. Essa concepção, compartilhada pelo botânico Nehemiah Grew em sua *Cosmologia sacra*, de 1701, conduz diretamente ao ateísmo, observa Bayle em *Continuation des pensées diverses sur la comète* [Continuação dos pensamentos diversos sobre o cometa], em 1704, porque afirma que a natureza trabalha às cegas, sem saber o que faz. Essa natureza plástica não serve para nada: ou é um instrumento passivo, e nesse caso voltamos ao Deus em ação no mínimo detalhe do universo, ou tem uma atividade autônoma, e nesse caso podemos dispensar Deus. Le Clerc se ofende; os dois homens trocam cartas cada vez mais virulentas até 1706, quando Le Clerc acusa Bayle de "desculpar os ateus" e colocá-los no mesmo plano dos crentes.

Veem-se as mesmas polêmicas em relação às obras vitalistas do médico Georges-Ernest Stahl em 1706-1708 e às de Nicolas Hartsoeker sobre a alma do mundo em 1694. Bayle e Leibniz logo percebem que essas teorias levam diretamente ao materialismo, porque supõem que a alma age sobre o corpo.[16] Os jesuítas de Trévoux acusam Hartsoeker de ateísmo, acusação da qual ele se defende.

O mesmo processo sucederá mais tarde ao abade John Turberville Needham, que começa a publicar os resultados de suas observações microscópicas sobre os germes em 1745. Suas teorias sobre a epigênese, retomadas pelos defensores da geração espontânea, fornecem argumentos aos ateus, que veem nelas a prova de que a matéria é capaz de se organizar

---

14 Le Clerc publica resumos de 1703 a 1706 em sua *Bibliothèque choisie*.
15 Cudworth, *The True Intellectual System of the Universe*, I, 322.
16 Roger, *Les Sciences de la vie dans la pensée française au XVIIIe siècle*, p.43.

sozinha. Curiosamente, é Voltaire que chama a atenção de Needham para isso, atacando-o como um zeloso defensor da existência de Deus:

> Esse sistema ridículo conduziria, visivelmente, aliás, ao ateísmo. Ocorreu, de fato, que alguns filósofos, acreditando na experiência de Needham, sem tê-la visto, tenham declarado que a matéria podia se organizar sozinha; e o microscópio de Needham é tido como o laboratório dos ateus.[17]

Voltaire retoma essa questão diversas vezes, qualificando o ateísmo baseado na geração espontânea de "vergonha eterna do espírito humano", em sua obra *Singularités de la nature* [Singularidades da natureza].

Needham, por sua vez, acusa seus adversários, os partidários dos germes preexistentes, de entrar no jogo dos ateus, já que devem explicar, por exemplo, a existência dos monstros, e "atribuí-los à divindade, o que me parece ridículo, para não dizer blasfematório, e dá muito mais força ao materialismo do que o nosso sistema".[18]

A ERA DA SUSPEITA E DA DÚVIDA

Por mais que as novas teorias científicas e filosóficas tentem justificar a fé, elas são suspeitas de conduzir ao ateísmo, de tanto que seu desenvolvimento obceca as mentes da época. As disputas entre os apologistas só aumentam a psicose e fornecem armas aos incrédulos, que não esperavam tanto e só precisam emprestar os argumentos de seus adversários.

Declarar-se contrário ao finalismo, como Guillaume Lamy ou Claude Brunet, que afirma em 1697 que "a causa final não entra em consideração na natureza, em que tudo o que possui as faculdades para se produzir jamais deixa de aparecer, seja que mal ocorrer"?[19] É ser imediatamente taxado de epicurismo. Para Claude Perrault, que escreve em 1721, "os filósofos que sustentam com tanta afetação que não vemos absolutamente nada nas obras de Deus", isto é, aqueles que negam as causas finais, "devem ter outros motivos além do respeito que fingem ter pela profundeza impenetrável da Sabedoria eterna";[20] certamente querem se livrar de Deus.

---

17 Voltaire, *Questions sur les miracles*, carta IV.
18 Apud Roger, op. cit., p.513.
19 Brunet, *Le Progrès de la médecine*, p.43.
20 Perrault, *Œuvres de physique et de mécanique*, p.330.

308 DE UMA CRISE DE CONSCIÊNCIA A OUTRA (1600-1730)

Por mais que os cientistas se declarem crentes, por mais que afirmem que suas descobertas dão provas da sabedoria divina, suas obras só levantam novas dificuldades. O próprio espírito matemático, tanto tempo utilizado a favor da fé, volta-se contra ela: alguns começam a calcular o volume de carne necessário para a ressurreição dos mortos e concluem que ela é impossível, porque isso representaria uma massa superior à da Terra. O espírito da geometria não pode mais aceitar o caráter impreciso das crenças religiosas: "Há tantos anos", escreve Tyssot de Patot, "perambulo pelos vastos e iluminados caminhos da geometria que apenas com muita dificuldade suporto os sendeiros estreitos e tenebrosos da religião [...]. Quero a evidência ou a possibilidade em tudo."[21]

A contestação do fato religioso é cada vez mais clara, fundamentando-se em Descartes, Gassendi e Spinoza, cujas ideias fazem penetrar a dúvida no interior da crença: "Há mais de trinta anos que filosofo, muito convicto de certas coisas, e, no entanto, começo a duvidar", declara em 1674 François Bernier em seu *Abrégé de la philosophie de M. Gassendi* [Compêndio da filosofia do sr. Gassendi]. Quanto mais reflito sobre Deus, mais acho a questão obscura, acrescenta ele. Ele não é o único. As certezas religiosas se desagregam rapidamente nos círculos intelectuais, minados pela dúvida metódica. Em 1686, Jean Chardin escreve no diário da viagem que fez à Pérsia: "A dúvida é o começo da ciência. Quem não duvida de nada não analisa nada. Quem não analisa nada não descobre nada. Quem não descobre nada é cego e permanece cego". Para progredir no conhecimento, e até mesmo na fé, antes de mais nada é preciso duvidar. É o que pensa Jean Le Clerc: ao constatar em 1705, em sua *Bibliothèque choisie* [Biblioteca escolhida], que há cada vez mais obras de refutação do ateísmo porque há cada vez mais obras ateias, ele conclui que isso é uma coisa boa, porque o questionamento da fé resulta numa fé mais esclarecida.

Ela pode também resultar no desaparecimento da fé. Quando Voltaire acusa Descartes de levar ao ateísmo, ele não está de todo errado. É que na origem das ideias claras e evidentes, na origem do *cogito*, há a dúvida, a dúvida metódica, da qual não se sai com tanta facilidade quanto imaginava o filósofo. A Igreja sentiu intuitivamente o perigo que representava o método cartesiano. A dúvida metódica logo se torna uma dúvida existencial; é uma doença incurável do espírito e, além do mais, é contagiosa. A fé não morre necessariamente, mas fica para sempre enfraquecida. Até mesmo os

---

21 Patot, *Lettres choisies*, carta 67.

cartesianos mais bem-intencionados do mundo, como Malebranche, podem se revelar perigosos. Bayle, admirador do oratoriano, pesou muito bem até que ponto poderia levar seu racionalismo, que encerra Deus nos limites estreitos das deduções lógicas e lhe tira toda a liberdade, submetendo-o a um determinismo racional implacável. Não somente Deus não podia não ter feito o que fez, como ainda, levando a lógica ao extremo, devemos admitir que ele não quer salvar todos os homens e desejou o pecado e a danação da maioria.[22]

Fontenelle, na obra *La Dent d'or* [O dente de ouro], tira a lição desses paradoxos numa conclusão extremamente cética:

> Não estou tão convencido de nossa ignorância das coisas que são, e cuja razão nos é desconhecida, quanto daquelas que não são e para as quais encontramos explicação. Isso quer dizer que não somente não possuímos os princípios que levam ao verdadeiro, como temos outros que se acomodam muito bem ao falso. [...] Sobretudo quando se escreve sobre fatos que têm ligação com a religião, é assaz difícil que, conforme o partido que se defenda, não se atribuam a uma falsa religião vantagens que não lhe são devidas, ou que não se atribuam à verdadeira falsas vantagens das quais ela não necessita. Contudo, deveríamos estar convencidos de que jamais se pode acrescentar verdade àquela que é verdadeira, nem dar verdade àquelas que são falsas.

Se o espírito cartesiano se revela nefasto para a fé, o spinozismo, que sai pouco a pouco das sombras em que havia sido mergulhado pelos anátemas, tem efeitos ainda mais destruidores, em virtude do uso deliberadamente antirreligioso que se faz dele. É sob sua proteção que é colocado o famoso texto anônimo violentamente anticristão, redigido por volta de 1706 e intitulado *De tribus impostoribus ou traité des trois imposteurs ou l'esprit de Spinoza* [*De tribus impostoribus* ou tratado dos três impostores ou o espírito de Spinoza]. De certa maneira, o spinozismo pode ser interpretado como uma regressão, um retorno à unidade original, pela negação do dualismo sagrado-profano. A unidade de substância, que é postulada por Spinoza e cujos atributos são a extensão e o pensamento, resulta num sistema mais antirreligioso do que ateu, e que lembra o estado inicial da humanidade, isto é, o mito vivido.

Mas essa tentativa de restaurar uma visão de mundo pré-intelectual pela inteligência, pelo intelecto, é utópica e, inevitavelmente, Spinoza é

---

22 Bayle, *Réponses aux questions d'un provincial.* In: _____, *Œuvres diverses*, t.III.

310   DE UMA CRISE DE CONSCIÊNCIA A OUTRA (1600-1730)

empurrado por seus intérpretes para um lado ou para o outro. Uma das ideias mais em voga na época, a da alma do mundo, pode reivindicar uma parte dele. Encontramos um eco dele em Francesco Mario Pompeo Colonna (1644-1726), fidalgo romano que havia se instalado em Paris e em 1725 escreveu *Principes de la nature suivant l'opinion des anciens philosophes* [Princípios da natureza segundo a opinião dos antigos filósofos]. Esse discípulo tardio de Telésio e do vitalismo da Renascença apresenta o mundo como um organismo material animado de intensa vida própria. Ele se inspira nos filósofos antigos, que para ele eram todos ateus: "O Deus dos antigos mais religiosos era um Deus material", escreve ele, e eram também monistas, reconheciam apenas "um único ser, isto é, uma matéria que era naturalmente móvel e cognoscente".[23]

A alma individual é também material. É o que defendem inúmeros tratados clandestinos, como *L'âme matérielle* [A alma material], cuja redação data provavelmente de 1705. O autor afirma que essa era a opinião de muitos filósofos antigos e Pais da Igreja, e procede à demonstração da mortalidade da alma. A matéria, dotada de movimento, também é capaz de pensamento, a partir de certo nível de organização.

Tais ideias são cada vez mais comuns nos meios médicos, cuja reputação se deteriora nitidamente no período de 1690 a 1730, a tal ponto de muitos se erguerem em protesto contra essa generalização abusiva: o médico inglês G. Purshall tenta desculpar seus confrades numa obra de 1707;[24] ele é imitado por Le François em 1714[25] e, em 1733, em *La Médecine théologique* [A medicina teológica], Philippe Hecquet se entrega a uma longa defesa: não é porque os médicos falem sempre da natureza que são ateus.

> [Pois] essa natureza com base na qual fizeram o processo da religião dos médicos, como se eles acreditassem apenas no material dos objetos que ela lhes dá a contemplar ou tratar, essa natureza, digo eu, não é outra coisa senão a impressão de um dedo criador, transmitido e mantido em todos os corpos, e que um médico vê no menor órgão dos homens.[26]

Essa não é a opinião de todos os médicos. Hermann Boerhaave (1668-1738), por exemplo, elimina qualquer intervenção metafísica e explica

---

23 Colonna, *Les Principes de la nature suivant les opinions des anciens philosophes*, p.xxx.
24 Purshall, *Essay on the Mechanical Fabrik of the Universe*.
25 Le François, *Réflexions critiques sur la médecine*.
26 Hecket, *La Médecine théologique*, p.279.

A SEGUNDA CRISE DA CONSCIÊNCIA EUROPEIA

mecanicamente as faculdades da alma racional. Maubec, um médico de Montpellier, rejeita categoricamente num livro de 1709 a substância pensante de Descartes e atribui o pensamento à substância extensa – à matéria, portanto –, mas isso não o impede de adotar uma atitude fideísta.[27] O doutor Gaultier, da cidade de Niort, é inteiramente materialista, como explica numa obra de 1714, cujo título já é em si um programa: *Réponse en forme de dissertation à un théologien qui demande ce que veulent dire les sceptiques qui cherchent partout la vérité dans la nature, comme dans les écrits des philosophes, lorsqu'ils pensent que la vie et la mort sont la même chose, où l'ont voit que la vie et la mort des minéraux, des métaux, des plantes et des animaux, avec tous ces attributs, ne sont que des façons d'être de la même substance, à laquelle ces modifications n'ajoutent rien* [Resposta em forma de dissertação a um teólogo que pergunta o que querem dizer os céticos que buscam por toda a parte a verdade na natureza, bem como nos escritos dos filósofos, quando pensam que a vida e a morte são a mesma coisa, na qual se vê que a vida e a morte dos minerais, dos metais, das plantas e dos animais, com todos esses atributos, não passam de maneiras de ser da mesma substância, à qual essas modificações nada acrescentam]. Nominalista e pessimista, Gaultier acredita que é impossível provar a existência de Deus. Ele insiste na unidade da substância, coisa que, como observa um copista que fez um resumo da obra, aproxima-o de Spinoza, embora ele o combata. E essa não é a única contradição: Gaultier se diz fideísta, mas seu livro, mesmo aprovado por um franciscano e um mínimo, circula clandestinamente.

A mesma atitude tem o médico inglês William Coward, que em sua *Ophtalmoiatria* (1706) rejeita a substância pensante de Descartes e atribui o pensamento à matéria, ao mesmo tempo que se declara crente. É claro que esse materialismo fisiológico não é necessariamente ateu, e o próprio Jurieu reconhecia a impossibilidade de se refutar a ideia de matéria pensante.[28] Mas essa posição fideísta de crente materialista é bastante desconfortável, como mostram as acusações de impiedade contra o doutor Guillaume Lamy, que em seu *Discours anatomique* [Discurso anatômico] tenta explicar as funções intelectuais pela matéria.[29]

---

27 Maubec, *Principes physiques de la raison et des passions de l'homme.*
28 Jurieu, *La Religion du latitudinaire.*
29 Thomson, Guillaume Lamy et l'âme matérielle, *Dix-huitième siècle*, n.24.

312 DE UMA CRISE DE CONSCIÊNCIA A OUTRA (1600-1730)

AS VIAGENS CAUSAM INCREDULIDADE

Assim, na filosofia, nas ciências, na medicina, descobre-se, por volta de 1700, que todas as teorias podem fornecer argumentos aos inimigos da fé. E a crise cultural que isso provoca entre os crentes é agravada pelo fato de que outras disciplinas – história, geografia, crítica bíblica – vêm acrescentar interrogações às dos domínios conhecidos. Fatos que dificilmente podem ser integrados às sínteses religiosas tradicionais se acumulam, alimentando as teorias deístas num primeiro momento e ateias numa segunda etapa.

A intensificação das trocas culturais põe em dificuldade muitas certezas religiosas. Depois do impacto das grandes viagens de descoberta, que nesse momento já haviam terminado, é a vez dos diplomatas, dos missionários, dos turistas e dos curiosos. Em número cada vez maior, eles contam, descrevem hábitos e costumes, comparam, confrontam, interrogam-se e relativizam. É a época de Gulliver, de Robinson Crusoé, das modas turcas e chinesas. Percebe-se com surpresa que não há apenas selvagens no além-mar, e que civilizações extremamente refinadas se construíram com base no materialismo.

Alguns tiram conclusões apressadas, como Collins, que vê as centenas de milhões de chineses como Spinozas que se ignoram:

> Tanto quanto posso julgar dos sentimentos dos letrados da China pelos relatos que nos fazem deles os viajantes, sobretudo o padre Gobien em sua *Histoire de l'Édit de l'empereur de la Chine en faveur de la religion chrétienne* [História do édito do imperador da China a favor da religião cristã], parece-me que todos concordam com Spinoza que não há outra substância no universo além da matéria a que Spinoza dá o nome de Deus, e Estratão o de natureza.[30]

Boulainvilliers fica muitíssimo feliz por encontrar uma civilização brilhante, que pôde dispensar a revelação:

> Os chineses são privados da revelação: conferem ao poder da matéria todos os efeitos que atribuímos à natureza espiritual, da qual rejeitam a existência e a possibilidade. Eles são cegos e, talvez, opiniáticos. Mas são assim há quatro ou cinco mil anos; e a ignorância deles, ou teimosia, não privou seu estado político de nenhuma dessas maravilhosas vantagens que o homem razoável espera e

---

30 Collins, *Lettre à Dodwell sur l'immortalité de l'âme*.

A SEGUNDA CRISE DA CONSCIÊNCIA EUROPEIA 313

deve extrair naturalmente da sociedade: comodidade, abundância, práticas das artes necessárias, estudos, tranquilidade, segurança.[31]

Num primeiro momento, os chineses são considerados ateus, o que aniquila o grande argumento apologético da universalidade da religião natural. Até os anos 1680, essa universalidade é aceita tanto por católicos como Bossuet e Thomassin quanto por protestantes como Abbadie, que escreve em 1684: "Apenas as crianças, os loucos ou os que não fazem uso da razão é que podemos considerar suspeitos de não reconhecer o consentimento universal".[32]

Essas belas certezas desmoronam no fim do século, com a chegada de novos relatos de viajantes e missionários, cujas conclusões são claras: sim, existem povos ateus, e até mesmo povos naturalmente refratários a qualquer religião. A questão, já debatida no século XVI por ocasião das grandes descobertas, volta à cena graças à massa de fatos documentais disponível. Isso permite a Bayle, em particular, afirmar o ateísmo de grande número de povos insulares: "O padre Le Gobien, que conta todas essas coisas, não diz coisa alguma que aluda à religião desses insulares; mas é fácil adivinhar que se assemelham perfeitamente aos marianistas, cujo ateísmo ele confessa sem mais delongas".[33] O padre Labat, que durante muito tempo tentou converter o Caribe, acaba admitindo o caráter antirreligioso da população: "Aprendi que falava a um surdo, e que a libertinagem em que ele vivia, associada à indiferença natural que o Caribe tem pela religião, tornava-o incapaz de pensar em sua salvação".[34] Sobre os brasileiros, pode-se ler na *Histoire générale des voyages* [História geral das viagens]: "Pôde-se notar, nesse detalhe, que a religião ocupa pouco espaço nas ideias dos brasileiros. Eles não conhecem nenhuma espécie de divindade; não adoram nada; e sua língua não tem nem mesmo palavra que exprima o nome de Deus".

Desorientados por um momento, os defensores da religião se aprumam e contra-atacam. Para o padre Dutertre, o fato de os brasileiros admirarem as belezas do universo e temerem os fenômenos cósmicos mostra que eles têm um sentimento da divindade.[35] O padre Buffier constata que os selvagens acolhem com facilidade a ideia de Deus e conclui que "essa verdade

---

31 Boulainvilliers, *La Vie de Mohammed*, p.180.
32 Abbadie, *Traité de la vérité de la religion chrétienne*, t.I, p.185.
33 Bayle, op. cit., t.III, p.929.
34 Labat, *Nouveau voyage aux îles d'Amérique*, t.II, p.25.
35 Dutertre, *Entretiens sur la religion*.

314   DE UMA CRISE DE CONSCIÊNCIA A OUTRA (1600-1730)

é natural ao espírito do homem".[36] O padre Joseph-François Lafitau, em seu livro *Mœurs des sauvages américains comparées aux mœurs des premiers temps* [Costumes dos selvagens americanos comparados aos costumes dos primeiros tempos] (1724), escreve que as crenças dos povos americanos têm um fundo comum com o cristianismo, mas também com as religiões dos mexicanos, dos japoneses e dos povos da Antiguidade. A partir disso, chega à conclusão audaciosa de que Deus imprimiu uma ideia de si mesmo no homem desde a criação.

Sem ir tão longe, Montesquieu, numa dissertação apresentada à Academia de Bordeaux em 1716, declara, como Cudworth, que todos os povos têm uma ideia do Ser supremo. Em 1712, o pastor Élie Benoist mostra que não havia nada a tirar da situação atual dos selvagens, privados de qualquer revelação havia séculos, e o abade Prévost o confirmará em sua *Histoire générale des voyages*, contando a história de certos aventureiros que, isolados durante trinta anos, haviam esquecido tudo do cristianismo, com exceção do batismo.

A réplica havia sido encontrada. Os jesuítas, em especial, não hesitavam em recorrer ao sensualismo de Locke para explicar que os selvagens tinham uma ideia da divindade pela simples contemplação das maravilhas da natureza. No entanto, a suspeita não tarda a reaparecer: fundamentar o sentimento de Deus unicamente na luz natural não é se expor a um perigoso neonaturalismo, que traz em seu bojo o materialismo? É o que pensarão os doutores da Sorbonne ao condenar o abade de Prades, que sustentava que a ideia de Deus não era impressa em nossa alma pelo próprio criador. O medo de descobrir uma nova fonte de ateísmo só podia aniquilar uma outra linha de defesa da fé.

A questão chinesa levanta outros problemas. Antes de mais nada, os chineses são ateus? Sem dúvida alguma, afirma Bayle. Por volta de 1700, a maioria dos intelectuais europeus acredita que os letrados seguem uma filosofia naturalista ateia. Montesquieu, que conheceu um chinês em Paris, conclui das conversas dele que os habitantes do Império do Meio são "ateus ou spinozistas", o que é confirmado por Voltaire em 1732 e pelo marquês de Argens em 1739. Os jesuítas, contudo, replicam pelo padre Tournemine, e sobretudo pelo padre Du Halde, que em suas *Lettres édifiantes* [Cartas edificantes] apresenta os chineses como espiritualistas e deístas. Voltaire acabará mudando de ideia e encontrando nos chineses o modelo da religião

---

36 Buffier, *Traité des premières vérités*, p.34.

A SEGUNDA CRISE DA CONSCIÊNCIA EUROPEIA   315

racional; por sua vez, o abade Yvon não admite que possa existir uma moral sem religião e minimiza o suposto ateísmo dos chineses, explicando-o por um erro de raciocínio da parte deles.

O assunto divide tanto os devotos quanto seus adversários – os primeiros se recusam muitas vezes a acreditar que o verdadeiro ateísmo seja possível. Para o padre Croiset, não existe ateu sincero, mas somente pessoas que procuram um álibi para justificar seus costumes libertinos. Essa opinião é compartilhada pelo abade Yvon e por Legendre de Saint-Aubin, para quem o "ateísmo de convicção" é impossível. Há uma religião natural universal, cujas sementes foram semeadas em todos os homens. Isso não afasta o perigo, pois, como observam os filósofos, para que serve a revelação? A religião natural, que permitiu tal desenvolvimento dos chineses, não é suficiente? Essas discussões têm o efeito ao menos de relativizar o sentimento religioso.[37]

Os contatos com o mundo islâmico se passam num contexto muito diferente, mas acabam tendo o mesmo resultado. Enquanto o mundo chinês é visto com simpatia tanto pelos jesuítas como pelos filósofos, uns e outros encontrando nele argumentos para sua própria causa, séculos de confrontos criaram uma ideia dupla da religião muçulmana: ela é ao mesmo tempo um embuste fadado a desaparecer e um instrumento de Deus para castigar os cristãos. Desdemonizar o Islã aparece como uma empreitada duplamente ímpia e suspeita de ateísmo. Ora, é o que o conde de Boulainvilliers tenta fazer em sua *Vie de Mohammed* [Vida de Maomé], composta entre 1718 e 1721 e publicada em 1730 – e que Diego Venturino qualifica como o "primeiro texto francamente pró-islâmico produzido pela cultura europeia".[38] Boulainvilliers se serve das informações que encontra nos eruditos do fim do século XVII, como Pocock e D'Herbélot, e transforma a biografia do profeta numa arma contra o cristianismo. Obviamente, Maomé é um impostor "notório e reconhecido", mas é também um homem dotado de "qualidades superiores". Isso deve ser admitido, do contrário seu sucesso só poderá ser explicado pela vontade de Deus, "que os ímpios acusarão de ter induzido metade do mundo ao erro, e ter destruído violentamente sua própria revelação". A questão é bastante embaraçosa para os cristãos.

Boulainvilliers fornece igualmente uma visão positiva da religião muçulmana, que rejeita as contradições do cristianismo: a Encarnação,

---

37 Pinot, *La Chine et la formation de l'esprit philosophique en France (1640-1740)*.
38 Venturino, Un prophète "philosophe"? Une *Vie de Mohammed* à l'aube des Lumières, *Dix--huitième siècle*, n.24.

316   DE UMA CRISE DE CONSCIÊNCIA A OUTRA (1600-1730)

por exemplo, seria devida simplesmente a um erro de interpretação dos discípulos. O Islã é apresentado assim como a religião "mais simples em seus dogmas, a menos absurda em suas práticas, a mais tolerante em seus princípios", segundo escreve Condorcet. Louvar os méritos do Islã é, antes de mais nada, uma maneira de denegrir o cristianismo e favorecer o deísmo.

Mas o contato com outras civilizações não tem efeitos apenas sobre a evolução das ideias. Ele tem também resultados vividos pelos homens: confirma a fé de uns, mas provoca ceticismo e incredulidade em outros. Isso é evidente no caso do grande viajante Robert Challe (1659-1721). Educado num espírito religioso e destinado ao sacerdócio, ele é ordenado, mas renuncia à vida eclesiástica para se tornar soldado. Homem de inteligência aguda e temperamento pessimista, começa a refletir desde as suas aulas de filosofia, sobre as imperfeições da religião e a incapacidade do espírito humano de alcançar a verdade. Decidido a "ver com seus próprios olhos e a julgar apenas por seu juízo", ele viaja, constata a diversidade das crenças e a estupidez das multidões, que adoram qualquer coisa, desconsola-se ao ver "grandes povos mais sábios do que nós, ou ao menos tão regrados em seus costumes, ser persuadidos da verdade de mil extravagâncias das quais zombamos".[39] Desde a adolescência, observava as puerilidades dos catecismos, as "más razões dos pregadores", e "começava para valer a duvidar e a formar o propósito de examinar o que é a religião". A pompa triunfalista das cerimônias, a arrogância do clero, as divagações das Escrituras e dos apologistas introduzem a dúvida em seu espírito, agravada pela vida militar, pelo espetáculo das lutas entre jansenistas e jesuítas e por sua viagem às Índias Orientais. Reunindo todas as suas objeções, ele redige um livro intitulado *Difficultés sur la religion proposées au Père Malebranche* [Dificuldades da religião propostas ao padre Malebranche], publicado por volta de 1710, e no qual, entre outras coisas, compara as superstições cristãs às indianas: "Pergunto de boa-fé, padre, o que é mais ridículo? É mais extravagante esperar respeitosamente toda espécie de bens de uma figura com dez rostos e cem braços do que de uma hóstia incrustada num vaso precioso e radiante de pedrarias?".[40] Robert Challe não é ateu. As viagens o tornaram um vago teísta. Decepcionado com o cristianismo, ele se refugia num deísmo nostálgico, como a maioria dos espíritos críticos de seu tempo, que recuam diante do ateísmo estrito. Mas o processo de incredulidade está em marcha.

---

39 Challe, *Journal d'un voyage fait aux Indes orientales*, p.14.
40 Ibid., loc. cit.

HISTÓRIA COMPARADA E CRÍTICA BÍBLICA: DOIS NOVOS AGENTES DA INCREDULIDADE

Esse processo ganha um impulso suplementar com o aparecimento de duas novas ciências críticas: a história comparada e a exegese científica, cujos elos não numerosos. Desde certos Pais da Igreja, era clássico recuperar as religiões pagãs afirmando a anterioridade de Moisés, a quem elas teriam tomado de empréstimo os poucos elementos de verdade que podiam conter. Essa tática ainda era usada pelos apologistas por volta de 1700: Daniel Huet recorre a ela incessantemente; em 1711, o padre Bouchet tenta provar a origem mosaica do hinduísmo. Outros preferem postular uma origem comum e monoteísta a todos os cultos, remontando a uma revelação da época de Noé ou mesmo anterior a ele: essa é a tese de Ramsay e do chanceler Rollin, por exemplo.

Tais fábulas sem fundamento suscitam a reação dos eruditos a partir dos anos 1690. A história das religiões faz sua estreia, para escândalo de devotos como Arnauld. A religião não é assunto apenas para os teólogos, também pode ser estudada pelo ângulo sociológico e histórico: é o que se descobre na época. As primeiras investigações têm resultados catastróficos para a fé. Uma avalanche de obras clandestinas demonstra a origem puramente humana das religiões: por volta de 1698, a *Lettre d'Hypocrate à Damagette* [Carta de Hipócrates a Damagette] explica o nascimento das religiões pelas desigualdades sociais; o *Traité de la liberté* [Tratado da liberdade], queimado em 1700 por ordem do Parlamento, e as *Recherches curieuses de philosophie* [Pesquisas curiosas de filosofia], obras traduzidas do inglês em 1714, seguem na mesma direção; a *Suite des pyrrhoniens: qu'on peut douter si les religions viennent immédiatement de Dieu ou de l'invention des politiques pour faire craindre les préceptes de l'homme* [Continuação dos pirrônicos: que se pode duvidar se as religiões vêm imediatamente de Deus ou da invenção dos políticos para que sejam temidos os preceitos do homem] cita inúmeros exemplos históricos que comprovam que as religiões apareceram com a finalidade de defender a ordem social e afirma que a sociedade pode muito bem existir sem religião; a partir de 1721, as *Lettres de Thrasibule à Leucippe* [Cartas de Trasíbulo a Leucipo] explicam a origem das religiões pela ignorância do homem e por seu desejo de ser favorecido pela natureza, e o cristianismo nada mais do que uma seita entre outras, de caráter ao mesmo tempo politeísta e monoteísta.

Inevitavelmente, os textos bíblicos tornam-se objeto das investigações dos historiadores eruditos, que começam a dissecá-los com os instrumentos já utilizados para o exame dos textos profanos: gramática, filologia,

318 DE UMA CRISE DE CONSCIÊNCIA A OUTRA (1600-1730)

cronologia, arqueologia, numismática, paleografia. Iniciativa escandalosa para os defensores da fé tradicional: como se pode permitir o estudo crítico de um texto cujo autor é o próprio Deus? Quando o oratoriano Richard Simon publica sua *Histoire critique du Vieux Testament* [História crítica do Velho Testamento], em 1678, os guardiães do santuário protestam contra a blasfêmia: tal livro só pode estimular a impiedade. Nicole condena o autor, "que tem a ousadia de expor suas fantasias sem se constranger com o prejuízo que isso pode causar à religião. Enfim, sou um antípoda desse autor. Ele me faz odiar os livros e os estudos. Pois, na verdade, é de semelhantes pessoas que se pode dizer que mais valeria se nada soubessem".[41] Bossuet vê no livro "um amontoado de impiedade e um baluarte da libertinagem", um agente do ceticismo: "Tudo o que ele faz é apontar caminhos para ver que nada há certo e levar, tanto quanto pode, à indiferença. Nele, a erudição é medíocre, e a malignidade é em grau supremo".[42] O objetivo de Simon, segundo afirma a Águia de Meaux, é arruinar a religião: "Asseguro-vos de que seu verdadeiro sistema, em sua *Critique du Vieux Testament*, é destruir a autenticidade das Escrituras canônicas; na crítica do Novo, atacar diretamente a inspiração e mutilar, ou tornar duvidosos, diversos trechos das Escrituras".[43] Em 1690, quando Huet compara os mitos e as crenças dos hebreus com os de outros povos do Crescente Fértil para defender a Bíblia dos ataques dos eruditos, ele é acusado por Arnauld de favorecer a impiedade: "Seria difícil escrever um livro que fosse mais ímpio e mais capaz de persuadir os jovens libertinos de que é preciso ter uma religião, mas que são todas boas; e que o paganismo possa até mesmo ser comparado com o cristianismo".

Estudar o texto sagrado com métodos profanos é cometer um sacrilégio, é profaná-lo. As Escrituras são intangíveis, pois contêm a verdade em estado puro. Desde os Pais, admite-se que diversos sentidos podem ser encontrados no texto da revelação, contudo, por mais diferentes que sejam, eles coexistem, são simultâneos e não excludentes. Assim, o mesmo texto terá um sentido alegórico, um sentido moral, um sentido analógico e um sentido histórico, e todos são verdadeiros. Não se trata de negar a verdade do sentido literal histórico. Como lembra Bossuet em seu *Discours sur l'histoire universelle* [Discurso sobre a história universal], no simples plano cronológico ele permite determinar as grandes etapas da história do mundo: criação em 4004 a.C., dilúvio 1.656 anos depois, Torre de Babel em 1757

---

41 Apud Gusdorf, *La Révolution galiléenne*, t.II, p.388.
42 Bossuet, *Œuvres complètes*, carta de 22 de outubro de 1693.
43 Id., carta de 27 de maio de 1702.

após a criação, vocação de Abraão em 2083; os Dez Mandamentos 430 anos depois e assim por diante.

São essas belas certezas que se veem ameaçadas pela crítica histórica. Já em 1655, o protestante La Peyrère utilizou um trecho da Epístola aos Romanos para afirmar que existiram homens na terra antes de Adão,[44] o que valeu a prisão para ele e a fogueira para seu livro. Hobbes também se permitiu críticas desrespeitosas, e Spinoza atacou frontalmente o texto sagrado: a Bíblia, dizia ele, foi escrita por homens simples, que tinham mais imaginação do que raciocínio; seus escritos são cheios de contradições, erros, falsos milagres. Moisés não é o autor do Pentateuco; os livros de Josué, dos Juízes, de Ruth, de Samuel e dos Reis não são autênticos. Trata-se de uma obra puramente humana, e o cristianismo, que se baseia nela, não passa de um fenômeno transitório.

Vindo de Spinoza, o ataque é normal, pensam os teólogos, habituados a blasfêmias antibíblicas desde o século XVI. Muito mais preocupante é que crentes sinceros, imaginando agir bem, também entrem na arena; eles começam a encontrar anomalias e a embaralhar as pistas. A história comparativa se revela especialmente delicada. O que pensar, por exemplo, das listas de dinastias egípcias? A que foi redigida por Mâneto, sacerdote de Heliópolis no século III a.C., indicava a existência contínua de soberanos desde uma época muito anterior ao dilúvio, do qual ele não diz uma palavra; uma outra crônica, ainda mais antiga, cobria um período de mais de 36 mil anos.

E não é tudo: os eruditos enfileiram listas de dinastias assírias, babilônicas, sumérias, chinesas; obstinam-se em querer encontrar uma concordância com a Bíblia, e o chão se abre sob seus pés. Talvez os autores bíblicos tenham omitido os milésimos, sugere o padre Tournemine em 1703; talvez as trinta dinastias egípcias designem famílias que reinaram simultaneamente, e não umas após as outras, diz John Marsham em 1672. Em breve há tantas opiniões quanto cronologistas: o padre Antonio Foresti conta setenta datações da criação, entre um mínimo de 3.740 anos e um máximo de 6.984 anos a.C.

O mais grave é que alguns começam a se perguntar se Moisés, em vez de iniciador das civilizações antigas, não teria sido um simples copiador ou, quando muito, um imitador genial. É o que afirmam os ingleses John Marsham e, em 1685, John Spencer, do Corpus Christi College, em Cambridge. Como, depois de tantos séculos de dominação egípcia, aquele povinho rústico que eram os hebreus não teria sofrido influência de uma civilização

---

44 La Peyrère, *Prae Adamitae, systema theologicum ex praeadamitarum hypothesis.*

320 DE UMA CRISE DE CONSCIÊNCIA A OUTRA (1600-1730)

estável e dominadora? Os ritos do Levítico não seriam imitações de práticas egípcias? A tese, apesar de ímpia, nem por isso é menos sedutora, como confessa a contragosto o abade Renaudet em 1702:

[a obra de John Marsham é] perfeita em seu gênero pela ordem, pelo método, pela clareza, pela brevidade e pela profunda erudição de que está repleta. Mas é difícil desculpar ao autor o fato de, por inclinação pelas antiguidades egípcias ou por qualquer outro motivo, debilitar tanto o que diz respeito à antiguidade e à dignidade das Escrituras que fornece mais razões de dúvida aos libertinos do que a maioria daqueles que atacaram a religião abertamente.[45]

O drama é que os defensores da Bíblia que se lançam aos estudos eruditos para responder aos ataques somente fornecem mais armas aos adversários. Em sua *Demonstratio evangelica* [Demonstração do Evangelho], de 1678, Huet pretende apresentar provas pelos fatos, apoiando-se nas profecias de Moisés, e, sem querer, chama a atenção para as incoerências do Pentateuco, que no mesmo ano Richard Simon demonstra que não pode ser obra do grande legislador: ele contém numerosas citações, provérbios e expressões e um estilo que são muito posteriores, sem mencionar o fato de que faz um relato detalhado das exéquias de Moisés. Além do mais, as repetições, as variantes, as contradições, os erros cronológicos mostram que há diversas camadas redacionais no texto.

Huet é teólogo, Simon é filólogo, e ambos são cristãos fervorosos cuja obra sincera, com toda a certeza, favorece mais a dúvida do que os ataques de Spinoza. Pode-se dizer o mesmo do trabalho colossal dos beneditinos sobre as fontes cristãs. Eles vasculham, passam as bibliotecas por um pente-fino; revelam manuscritos e tiram séculos de poeira acumulada. Trabalho obscuro, ingrato, que ressuscita todo o passado da Igreja: vida de santos, história, polêmica, linguística, iconografia, arqueologia, numismática. Entre 1680 e 1720, beneditinos e bolandistas põem mãos à obra: Mabillon, Du Cange, Muratori, Montfaucon, Bentley, Pufendorf, Rymer, Leibniz e muitos outros. E quanto mais editam e acumulam in-fólios, mais as pessoas duvidam, mais fazem perguntas, mais mergulham no ceticismo.

O próprio Bossuet acaba se desorientando nessas discussões. Nos capítulos XXII e XXIII do *Discours sur l'histoire universelle*, ele admite que existem dificuldades e problemas. "Sem dúvida, há problemas que não existiriam se

---

45 Apud Hazard, *La Crise de la conscience européenne (1680-1715)*, p.41.

A SEGUNDA CRISE DA CONSCIÊNCIA EUROPEIA

o livro fosse menos antigo". Com essa confissão fatal, ele reconhece que o lado humano da Bíblia necessita de esclarecimentos, como qualquer texto antigo que, para ser compreendido, precisa que seu contexto seja reconstituído. Ele está perdido a partir desse momento, porque Richard Simon possui razões melhores do que as suas. Preso na armadilha, ele se enreda em debates que gostaria de evitar. Os laicos também se metem na discussão, porque as traduções da Bíblia se multiplicam, apesar dos esforços do clero para manter o monopólio da leitura do texto sagrado, por temor de interpretações errôneas: entre 1640 e 1660, três quartos das bíblias são editados em latim; entre 1695 e 1700, de 60 edições publicadas, 55 são em francês.

E os apologistas teimam em seguir na direção errada. Em *La Religion chrétienne prouvée par les faits* [A religião cristã provada pelos fatos], de 1722, Charles-François Houteville se apoia nas profecias e nos milagres bíblicos, que, segundo ele, não podem ser contestados, porque são atestados por testemunhos incontáveis e dignos de fé.[46] E isso precisamente no momento em que, sob a influência da nova física, a ideia de milagre é cada vez mais discutida. Spinoza os excluiu. Locke também se recusava a vê-los como acontecimentos sobrenaturais. Toland os interpreta como imagens: dizer que Deus para o Sol para Josué significa que tardou a anoitecer. Woolston os considera alegorias. Tratados clandestinos como *Examen de la religion* [Exame da religião], *Analyse de la religion* [Análise da religião] e *Examen et censure des livres de l'Ancien Testament* [Exame e censura dos livros do Antigo Testamento] criticam o sobrenatural contido nos escritos bíblicos e esboçam uma história natural das religiões. A gênese e a criação são especialmente visadas, com base na antiguidade dos egípcios, dos caldeus e dos chineses. Por volta de 1710, La Serre escreve uma continuação do *Examen de la religion* em que faz uma lista das inconsequências e contradições dos livros bíblicos, rejeita a doutrina do pecado original (como contrária à justiça) e a Trindade (como contrária à razão) e critica a riqueza do clero. Pouco depois de 1722, a obra *Préface ou examen critique du livre de l'abée Houteville* [Prefácio ou exame crítico do livro do abade Houteville] apresenta as religiões como criações que visam manter a ordem pública. A *Histoire critique du christianisme ou examen de la religion chrétienne* [História crítica do cristianismo ou Exame da religião cristã], atribuída a Fréret e escrita depois de 1733, explica o sucesso do cristianismo apenas pelo apoio dos imperadores cristãos e nega que a nova religião tenha feito progredir a moral. Por volta do fim dos anos 1730,

---

46 Laplanche, *La Bible en France entre mythe et critique. XVIe-XIXe siècle*, p.84-5.

o *Examen de la genèse* [Exame da gênese] e o *Examen du Nouveau Testament* [Exame do Novo Testamento], cuja autoria é supostamente de Madame du Châtelet, aproveitam os trabalhos dos eruditos para fazer uma crítica histórica e filológica. Algumas dessas obras clandestinas foram atribuídas a Jean-Baptiste de Mirabaud (1675-1760), secretário da duquesa de Orléans e responsável pela educação de suas filhas.

A crítica bíblica não é menos vigorosa na Inglaterra, onde se faz sobretudo do ponto de vista das ciências naturais e da geologia. Em 1692, em suas *Archaeologiae philosophicae*, Thomas Burnet ataca os livros do Pentateuco e demonstra a impossibilidade de fenômenos como o dilúvio universal: jamais poderia chover, em quarenta dias, o suficiente para que as mais altas montanhas ficassem submersas. Contrapondo gráficos, quadros e equações a Moisés, ele provoca a ira dos devotos. Em 1696, um professor de matemática de Cambridge, William Whiston, tenta reconciliar a Bíblia e Newton num livro intitulado *A New Theory of the Earth* [Uma nova teoria da Terra] e também atrai a ira clerical. Em 1668, em *Earthquakes and Subterraneous Eruptions* [Terremotos e erupções subterrâneas], Robert Hooke havia chamado a atenção para os fósseis e proposto a teoria do desaparecimento das espécies, o que questionava todas as ideias deterministas e criacionistas. Apesar dos esforços dos defensores da ortodoxia e da revelação bíblica, como o botânico John Ray e Offspring Blackall, a dúvida se insinua.

Para uma religião do Livro, fundamentada inteiramente numa revelação escrita na história, não existe agente de dissolução mais poderoso do que a crítica bíblica e a história: explicando o passado, elas o dessacralizam e humanizam; mostrando que a Bíblia se engana, que os acontecimentos supostamente sobrenaturais são muito humanos, elas dão um golpe fatal no cristianismo. Não se trata mais de simples blasfêmias ou injúrias gratuitas, como no século XVI, mas de fatos, cada vez mais difíceis de contestar, que põem os apologistas numa posição defensiva cada vez mais delicada. Entre 1690 e 1730, a iniciativa muda de lado. Os progressos dos estudos bíblicos e históricos agem a favor do deísmo e, pouco depois, do ateísmo.

BAYLE E A DEFESA DOS ATEUS

Essa época de crise intelectual e questionamento dos valores religiosos é propícia aos espíritos flexíveis, aos que sabem se adaptar, não tomar partido, estabelecer as distinções e as nuances necessárias. Fontenelle é um deles: ele sabe bem utilizar de maneira complementar suspeita e razão, racionalismo e ceticismo, para destruir os oráculos e os milagres, e minar as forças religiosas com a desculpa de atacar apenas a superstição.

Mas aquele que melhor encarna a confusão voluntária entre crença e descrença, tão característica dessa época, é Pierre Bayle (1647-1706), cuja fisionomia é tão bem reconstituída pela bela biografia de Élisabeth Labrousse.[47] Bayle é cristão, deísta ou ateu? Fazer essa pergunta é dar uma pista da complexidade de um personagem que, nas *Réponses aux questions d'un provincial* [Respostas às perguntas de um provincial], diz que é cristão e ao mesmo tempo rejeita a imaterialidade da alma, o livre-arbítrio, a imortalidade e a providência, em nome das ideias claras e racionais. Curioso cristão, que jamais deixou de tomar o partido dos ateus. Sainte-Beuve é talvez o único a ver nele uma natureza religiosa. Para Jurieu, Bayle é um "monumento de impiedade", e Afonso Maria de Ligório define bastante bem sua posição no fim do século XVIII:

> O ímpio Pierre Bayle é, afinal de contas, quem protege a retaguarda de todos esses execráveis escritores: ele reúne todas as suas impiedades e ora as defende, ora as contesta; pois sua intenção é apenas manter todas as coisas sob suspeita – tanto os erros dos incrédulos quanto as verdades de fé – para concluir assim que não há coisa alguma segura em que se possa crer, nem religião alguma que sejamos obrigados a adotar.[48]

Os historiadores e os filósofos contemporâneos confirmam: "De um ponto de vista estritamente histórico, o ateísmo virtual de Pierre Bayle não dá margem a dúvidas", escreve Henri Arvon,[49] e Cornelio Fabro observa: "Pode-se reconhecer que, com Pierre Bayle, o problema do ateísmo entra no fulcro do pensamento moderno e empreende sua obra subterrânea de corrosão na esfera da religião e da transcendência".[50] Bayle, prossegue o mesmo autor, forneceu argumentos a todos os ateus do século XVIII. Que o homem que encarna em muitos sentidos o espírito do fim do século XVII e do início do século XVIII seja reconhecido como ateu é muito significativo. Que seu ateísmo seja virtual e se fundamente no ceticismo, também.

---

47 Labrousse, *Pierre Bayle*.
48 Ligório, *Brève dissertation contre les erreurs des incrédules modernes*, t.I, p.239.
49 Arvon, *L'athéisme*, p.29.
50 Fabro, Genèse historique de l'athéisme philosophique contemporain. In: Girard; Six (orgs.), *L'Athéisme dans la philosophie contemporaine*, t.II, v.1, p.52.

324   DE UMA CRISE DE CONSCIÊNCIA A OUTRA (1600-1730)

O que o interessado pensa disso? Bayle se debruçou longamente sobre o fenômeno do ateísmo, primeiro para saber se este era possível e depois para estudar suas consequências. Ele dá uma definição muito ampla do ateísmo: para ele, ateu é aquele que não reconhece a intervenção de Deus no mundo e rejeita a providência, ainda que admita uma existência divina – em outras palavras, deísmo e ateísmo são equivalentes:

> Que se reconheça, tanto quanto se queira, um ser primeiro, um Deus supremo, um princípio primordial, isso não é suficiente para o fundamento de uma religião. [...] É preciso estabelecer, além disso, que esse ser primeiro, por um ato único de seu entendimento, conhece todas as coisas e, por um ato único de sua vontade, mantém uma certa ordem no universo, ou o muda, a seu bel-prazer. Daí a esperança de sermos atendidos em nossas orações; o temor de sermos punidos quando nos governamos mal; a confiança de sermos recompensados quando vivemos bem; toda a religião, em suma, e, sem isso, nenhuma religião.[51]

Ao contrário do que afirmam certos apologistas, escreve Bayle, os verdadeiros ateus existem. Não são os "ateus de prática", que são em geral uns fanfarrões depravados, provocadores, que "dizem mais do que pensam". Os verdadeiros ateus são os ateus de sistema, que foram convencidos da fragilidade da fé por "uma longa sequência de meditações profundas, porém malconduzidas". São pessoas ponderadas, sérias e discretas, que "não revelaram a ninguém, a não ser a dois ou três amigos, os sentimentos que trazem no coração".[52]

O fenômeno é amplo: há "milhares de ateístas e deístas", "pessoas que acreditam que as religiões são todas invenções do espírito humano"; e há também povos inteiros que são ateus, o que derruba o argumento apologético do consenso universal. Além do mais, os ateus não são necessariamente amorais, muito pelo contrário, ao passo que um grande número de cristãos o é. Tomemos as mulheres, por exemplo:

> Quem ousaria dizer que todas as mulheres cristãs que se distinguem por seus crimes são destituídas de qualquer sentimento religioso? Esse pensamento seria o mais falso do mundo, pois seguramente o vício das mulheres não é o

---

51 Bayle, Continuation des pensées diverses sur la comète. In: _____, Œuvres diverses, t.III, p.329.
52 Ibid., p.240.

A SEGUNDA CRISE DA CONSCIÊNCIA EUROPEIA

ateísmo. [...] No entanto, muitas há cujos costumes são extremamente corrompidos, ou por vaidade, ou por inveja, ou por maledicência, ou por avareza, ou por galanteria, ou por todas essas paixões reunidas.[53]

Dizer que os cristãos viciosos são cristãos que não mais têm fé é condenar-se a uma contradição, já que, segundo os devotos, uma sociedade composta de ateus não se sustentaria: "Eis, portanto, uma doutrina que só se sustenta por respostas que estabelecem o dogma contrário; pois se os homens viciosos são ateus, a sociedade, cuja maioria dos membros é ateia, pode muito bem se manter".[54] A moral natural é mais do que suficiente para assegurar a virtude da vida social. Não há razão alguma, portanto, para que se proíba o ateísmo, sob a condição, todavia, de que os ateus não façam proselitismo, pois eles devem se conformar às leis do Estado, e estas exigem em geral que haja respeito à religião: "Um ateu permanece com razão exposto a todo o rigor das leis e, desde que queira difundir seus sentimentos contra a proibição que lhe será feita, poderá ser castigado como um sedicioso que, não crendo em nada acima das leis humanas, ousa, ainda assim, pisoteá-las".[55] Na verdade, escreve Bayle, os piores inimigos do Estado são os supersticiosos e os fanáticos.

Ele é mais tolerante do que Locke no que diz respeito ao lugar dos ateus na sociedade. Para o filósofo inglês, todos os cultos são toleráveis, com exceção do catolicismo, mas o ateísmo escancarado deve ser proibido:

> Os que negam a existência de um Deus não devem ser tolerados, porque as promessas, os contratos, os juramentos e a boa-fé, que são os principais elos da sociedade civil, não conseguiriam obrigar um ateu a manter sua palavra; e caso a crença numa divindade seja banida do mundo, disso só poderá resultar, de imediato, a desordem e a confusão geral. Aliás, os que professam o ateísmo não têm direito algum à tolerância no que diz respeito à religião, posto que seu sistema as derruba todas.[56]

Locke admite, todavia, que o Estado pode intervir apenas nas marcas externas da crença, o que subentende que o indivíduo permaneça livre em sua consciência pessoal. Para ele, a fé é necessária, mas deve ser

---

53 Id., *Pensées diverses sur la comète*. In: _____, *Œuvres diverses*, t.III, p.91.
54 Id., *Réponses aux questions d'un provincial*. In: _____, *Œuvres diverses*, t.III, p.1057.
55 Id., *Commentaire philosophique*, p.431.
56 Locke, *Lettre sur la tolérance*, p.206.

326 DE UMA CRISE DE CONSCIÊNCIA A OUTRA (1600-1730)

fundamentada na razão. Por isso é que ele busca fornecer uma prova racional da existência de Deus a partir da experiência dos sentidos. Em 1695, em *The Reasonableness of Christianity* [A razoabilidade da cristandade], ele equilibra fé e razão. Mas seu método, que repousa sobre o testemunho dos sentidos e recusa as ideias inatas, provoca suspeitas nos teólogos, que o acusam de se inspirar em Hobbes. A assimilação do bem e do mal ao prazer e ao sofrimento, a separação cartesiana da fé e da razão só podem torná-lo suspeito. Como observa Harry Burrows Acton, não parece "duvidoso que sua doutrina, tendendo a provar que não podemos conhecer as essências reais, mas somente as essências nominais fundamentadas nas ideias em relação contingente umas com as outras, tenha aberto caminho para o ceticismo de Hume".[57]

No entanto, Locke está sinceramente preocupado com o aumento do ateísmo, como mostra o conteúdo de sua biblioteca e de suas últimas obras,[58] dirigidas contra os argumentos dos ateus sobre a natureza da matéria e a origem do mundo. Em seus *Discourses* [Discursos], publicados em 1712, ele desenvolve a demonstração cartesiana da incapacidade da matéria de produzir um processo de raciocínio e deduz que a alma tem uma origem divina. Ele ataca a ideia de acaso e eternidade do mundo, e utiliza a razão natural para combater a incredulidade.[59]

A INGLATERRA, PÁTRIA DO LIVRE-PENSAMENTO

A Inglaterra de 1700 está na vanguarda do deísmo e do ateísmo. O movimento das ideias oriundo do ceticismo da Restauração, gozando de uma relativa liberdade de expressão e estimulado pelas lutas políticas contra o absolutismo católico de Jaime II, para a defesa das liberdades fundamentais e garantia das liberdades individuais dadas pelo Habeas Corpus e pela Declaração de Direitos, resulta, nos anos 1690-1715, num radical questionamento do cristianismo e da religião de modo geral. O *Enlightenment* se inicia, e um de seus componentes essenciais é o ceticismo religioso.

---

57 Acton, The Enlightenment et ses adversaires. In: Belaval (org.), *Histoire de la philosophie*, t.II, p.635.
58 Encontram-se aí as principais obras de combate ao ateísmo, como mostraram Harrison e Laslett, *The Library of John Locke*.
59 Locke, *Discourses on the Being of a God and the Immortality of the Soul*.

Este atinge toda a sociedade, a tal ponto que, em 1708, Jonathan Swift pode escrever: "Considero que a multidão, a massa do povo na Inglaterra, compõe-se de livres-pensadores, isto é, de verdadeiros descrentes, a exemplo da elite".[60] Nesta, a alta nobreza da corte é especialmente atingida, e alguns casos extremos são conhecidos em todo o país, como o de John Wilmot, segundo conde de Rochester, ateu cínico e depravado, homem sem nenhuma ilusão, que acredita que a vida não passa de uma gigantesca farsa e o melhor é aproveitar o máximo possível, sem se deixar estorvar por ilusões morais e religiosas. Como Hobbes, pensa que o que chamamos de razão serve apenas para justificar os desejos e o interesse. Assim, a conversão *in extremis* desse descrente notório causou um grande alvoroço, para satisfação da Igreja anglicana.

Nas classes médias, a descrença é mais discreta, porém nas classes populares já atinge proporções preocupantes: blasfêmia, prostituição, baixa frequentação das igrejas e pouca adesão aos sacramentos. As declarações alarmadas dos bispos sobre tais problemas repetem-se cada vez mais. O bispo de Londres conclama o clero à vigilância em 1699. Uma onda de publicações alimenta o debate sobre a descrença: biografias de Vanini, Hobbes, Spinoza, obras polemistas contra ou a favor deste ou daquele aspecto da fé. Nessa inflação, é preciso levar em conta o clima geral de controvérsia que anima o mundo dos clérigos: para construir uma boa reputação, para cair nas graças das autoridades religiosas, para obter algum benefício eclesiástico, é bom dar mostras de zelo, atacando os incrédulos reais ou supostos e acusando a concorrência de favorecer a incredulidade. A questão do ateísmo é assim artificialmente inflada, isso é inegável.

No entanto, a explicação é insuficiente. Os próprios contemporâneos procuraram as causas do avanço do ateísmo. Entre as principais, apontam as querelas religiosas, que enfraquecem a credibilidade de religião. Assim, quando Whiston, Bull e alguns outros manifestam o desejo de retornar ao cristianismo primitivo, o dos primeiros séculos e dos Pais da Igreja, eles são acusados pelos conservadores de ignorância e ateísmo. Evidentemente, as querelas entre católicos, anglicanos e puritanos têm como efeito a exposição das fraquezas de uns e de outros. A tradução para o inglês do livro de Moses Amyraldus, *Traité des religions contre ceux qui les estiment toutes indifférentes* [Tratado das religiões contra aqueles que as estimam todas indiferentes], que tem sucesso imediato sob a Restauração, sublinha isso. Alguns consideram que

---

60 Swift, An Argument to prove that the Abolition of Christianity in England may, as things now stand, be attended with some Inconveniences. In: Davis (ed.), *Swift's Works*, t.II, p.34.

328   DE UMA CRISE DE CONSCIÊNCIA A OUTRA (1600-1730)

as polêmicas entre dogmatismos opostos só podem favorecer o ceticismo: eles lançam apelos à tolerância, como o autor de *Abusos do cristianismo; tentativa de pôr um fim às controvérsias religiosas*: "Cessemos de deificar e idolatrar nossas próprias interpretações e de impô-las tiranicamente aos outros".[61] Outros veem isso, ao contrário, como a melhor maneira de enfraquecer a religião; um tratado de 1685 pede uma Igreja forte e autoritária, capaz de conter os avanços do ateísmo, favorecidos pela tolerância.[62]

Obras sobre assuntos específicos, que questionam aspectos tradicionais da fé com o objetivo de defendê-la e purificá-la, são igualmente acusadas de semear a dúvida. É o caso de dois livros de Charles Blount, publicados em 1683: *Miracles, no Violations of the Laws of Nature* [Milagres, não violações das leis da natureza] e *Religio laici* [A religião do leigo], que contestam a necessidade dos milagres e do clero e pregam uma religião natural, com um credo mínimo. As obras de Burnet sobre a gênese e as origens da Terra se tornam evidentemente o alvo do episcopado. Em 1685, Herbert Croft, bispo de Hereford, escreve que Burnet "faz tanto para engrandecer a natureza e sua ação no mundo material que se pode suspeitar que ele a faça uma deusa igual a Deus",[63] e que tudo o que ele sente por "essas experiências triviais da matemática" é desprezo.

Entre os debates internos da religião na Inglaterra, um dos mais prejudiciais para a fé é aquele que diz respeito à Trindade. A discussão sobre esse assunto delicado irrompe em Oxford em 1690 e, nos anos seguintes, ocasiona um dilúvio de panfletos entre os unitaristas ou socinianos e os trinitaristas. A energia e o talento despendidos nessa querela têm como principal resultado o avanço do ceticismo. Newton, cujos sentimentos unitaristas são conhecidos, participa dessa discussão, que acaba respingando no arcebispo de Canterbury, o doutor Tillotson. Em 1695, o polemista John Edwards acusa os unitaristas de ateísmo e o arcebispo, de arianismo – ele o acusa de negar a revelação, desprezar Moisés e fornecer argumentos aos incrédulos em seu sermão sobre o inferno.[64] Em 1697, John Edwards reincide em *A fé sociniana, em que é provada sua tendência à irreligião e ao ateísmo*. Para outros, o socianismo é uma forma de idolatria semelhante ao papismo.

De fato, este último é igualmente acusado de levar à descrença. Em 1688, um simulacro de petição é enviado ao rei, felicitando-o por sua tolerância,

---

61 Apud Redwood, op. cit., p.43.
62 *A Persuasive to an Ingenious Trial of Opinions in Religion*.
63 Croft, *Some Animadversions upon a Book intituled The Theory of the Earth*, prefácio.
64 Edwards, *The Charge of Socinianism against Dr. Tillotson considered*.

que libera o povo da carolice. O soberano é Jaime II, um católico; se o rei deve ter uma religião, diz o texto, que seja o catolicismo, pois esta é a mais indulgente com os vícios e por isso leva diretamente ao ateísmo.[65] No mesmo ano, um panfleto intitulado *The Pedigree of Popery* [A linhagem do papismo] declara que o anticristo sediado em Roma favorece a descrença. As obras de William Chillingworth estabelecem uma equivalência entre catolicismo e ateísmo.[66] Outros estendem a assimilação aos muçulmanos e aos judeus.

Dessa confusão geral, em que o ateísmo está por toda a parte e em lugar nenhum, a fé sai bastante enfraquecida. Não há situação pior do que ignorar onde se encontra o adversário, pois todos desconfiam de todos. O perigo não circunscrito torna-se uma psicose coletiva, cujas causas são procuradas por toda a parte. Alguns a veem, não sem razão, no desenvolvimento do comércio e na busca do lucro: é o que afirma Jonathan Swift. Para Dorotheus Sicurus, que escreve em 1684, os progressos do ateísmo são ligados aos da civilização, da paz e do bem-estar.[67] Ele propõe remediar a situação com uma educação moral que negligencie as ciências e inspire o temor diante dos perigos da existência. Naturalmente, a propagação dos textos epicurianos também é incriminada, bem como a moda do espírito satírico, que tudo ridiculariza. Os escritos de Mandeville, Shaftesbury ou Swift, mesmo quando defendem a religião, criam uma atmosfera de derrisão pouco propícia ao caráter sério da fé. Os relatos de viagem também são questionados, assim como toda a literatura favorável à religião natural.

O desejo de levar uma vida dissoluta depende de uma razão essencial, que se censura sobretudo aos discípulos de Hobbes: Scargill, que leciona em Cambridge, é obrigado a abandonar o cargo de professor e retratar-se publicamente. O texto faz uma associação explícita entre seu imoralismo e suas posições hobbesianas. Como no continente, todos os caminhos podem levar ao ateísmo. Em 1729, um autor anônimo acredita entrever o ateísmo em todos os artigos do *London Journal*.[68] Em 1730, outro se queixa de serem admitidos na administração pública todos os tipos de céticos. Em 1731, um terceiro denuncia o ceticismo reinante, a moda de não aceitar nada acima da razão, a depravação, as conversas fúteis nos cafés.[69]

---

65 *To the King's most Excellent Majesty, the Humble Address of the Atheists, or the Sect of the Epicureans.*
66 Chillingworth, *The Religion of Protestants.*
67 Sicurus, *The Origins of Atheism in the Popish and Protestant Churches.*
68 *Reflections upon the Great Depravity and Infidelity of the Times.*
69 *The Infidel convicted.*

330 DE UMA CRISE DE CONSCIÊNCIA A OUTRA (1600-1730)

A reputação dos cafés é péssima. Desde a Idade Média, a taberna rivaliza com a igreja. Nesse fim do século XVII, ela se torna o centro de uma contracultura na qual se propaga a descrença. Em Londres, perto da Bolsa, uma rua é apelidada de alameda dos Ateus (*Atheists lane*). Lá se localiza a taberna *King's Head*, lugar de encontro de espíritos fortes. Em Oxford, diversos cafés cumprem essa função e, em 1680, alguns clientes são julgados por declarações sediciosas e antirreligiosas. Em seus sermões, Richard Bentley designa as tabernas como antros de ateus.

COLLINS, TOLAND E SHAFTESBURY

É nas tabernas que se fala dos autores na moda, os Toland, Shaftesbury, Collins, Coward e Chubb que propagam o deísmo e o ceticismo. Anthony Collins (1676-1729) pode ser considerado o verdadeiro fundador do livre-pensamento. Esse fidalgo da mais alta sociedade, educado em Eton e Cambridge, leva uma vida moralmente irrepreensível e em 1713 publica o livro *A Discourse of Free Thinking* [Um discurso de livre-pensamento], traduzido para o francês no ano seguinte com o título de *Discours sur la liberté de penser, écrit à l'occasion d'une nouvelle secte d'esprits forts ou de gens qui pensent librement* [Discurso sobre a liberdade de pensar, escrito por ocasião de uma nova seita de espíritos fortes ou de gente que pensa livremente]. Ele afirma que a liberdade é a essência do pensamento e portanto lhe é indispensável; chega a ser um dever de ordem religiosa e é necessária à perfeição da sociedade. Obrigar as pessoas a compartilhar da mesma profissão de fé é absurdo, e os missionários deveriam se tornar propagadores do livre-pensamento. Este não provoca nem confusão, nem desordem (como mostra o exemplo greco-romano), nem imoralidade (pois persuade que o vício causa infelicidade), nem ateísmo. A propósito do ateísmo, Collins observa que ele é menos perigoso que o fanatismo, fruto da sujeição. A obra termina com uma lista de quarenta livres-pensadores, entre os quais Collins inclui Salomão, Sócrates, Epicuro, Erasmo, Descartes, Gassendi, Hobbes, Milton e Locke.

Com John Toland (1670-1722), estamos diante de um panteísta spinozista que pouco se distingue do puro ateísmo. Em *Christianity not Mysterious* [O cristianismo sem mistérios], de 1696, ele ataca a ideia de mistério e mostra que o Evangelho deve ser interpretado pela razão. O livro é condenado à fogueira. Em 1704, Toland vai ainda mais longe com suas *Letters to Serena* [Cartas a Serena], em que explica que a imortalidade da alma é uma

A SEGUNDA CRISE DA CONSCIÊNCIA EUROPEIA

invenção do Egito Antigo e que a matéria, dotada de "força" e "ação", é a origem do movimento e do pensamento. Religiões e superstições estavam ligadas inicialmente aos ritos funerários e desenvolveram-se pela exploração que fizeram delas o clero e os teólogos, "impostores sagrados de todas as religiões, que se esforçam para manter o povo no cabresto e dividem seus despojos". Os tiranos se aproveitaram delas para controlar as massas e fazer que lhes fossem atribuídos poderes divinos. Assim, criou-se o hábito de interpretar os acontecimentos como manifestação da vontade divina. A ciência, ao contrário, mostra que não há lugar no universo para um Deus, um inferno ou um paraíso. Em 1710, nas *Origines Judaïcae*, Toland faz um paralelo entre Moisés e Spinoza, declarando que o segundo era tão inspirado quanto o primeiro. Em *Nazarenus* [Nazareno], de 1718, ele nega a divindade de Cristo, e em *Pantheistikon*, de 1720, ele chega ao extremo de seu materialismo atomista: o mundo é uma mecânica, o pensamento é um movimento do cérebro; nós dependemos das leis naturais, o que deve nos liberar de toda e qualquer preocupação, e a morte e o nascimento são a mesma coisa.[70] Toland é, ao lado de Collins, um dos frutos mais perfeitos da segunda crise da consciência europeia: um abre claramente a via do materialismo ateu, e o outro a do livre-pensamento.

O conde de Shaftesbury (1671-1713), contemporâneo de Toland, situa--se numa terceira via: a do deísmo otimista e sorridente. Não há necessidade de revelação nem de preocupação metafísica: Deus nos deu uma razão que nos leva ao belo e ao bem. A serenidade e o bom humor conduzem à verdadeira religião, ao passo que a melancolia leva ao fanatismo e ao ateísmo. Em relação a este último, Shaftesbury é bastante indulgente, e observa que seus adversários se contradizem. Nesse autor, religião e lei natural se confundem, banindo a revelação e o sobrenatural; a religião sobrenatural e universal se opõe à religião positiva e particular.

Inúmeras outras obras exprimem o entusiasmo dos intelectuais ingleses pelo materialismo, como *Second Thoughts Concerning the Human Soul* [Segundos pensamentos sobre a alma humana], escrito em 1702 por William Coward, em que ele demonstra que a alma é material e mortal, demonstração retomada em 1705 em *The Just Scrutiny* [Uma análise justa]. Essas obras suscitam protestos indignados na Câmara dos Comuns. Outros autores,

---

70 Iofrida, Matérialisme et hétérogénéité dans la philosophie de John Toland, *Dix-huitième siècle*, n.24.

332   DE UMA CRISE DE CONSCIÊNCIA A OUTRA (1600-1730)

como William Whiston, criticam os milagres, inclusive os de Cristo,[71] ou a providência, como Thomas Chubb.[72]

A LUTA CONTRA O ATEÍSMO

Diante do progresso dos diferentes aspectos da incredulidade e da psicose do ateísmo na Inglaterra, os intelectuais organizam uma resistência. A iniciativa mais original, que mostra como a situação era considerada séria, é a de Robert Boyle, que lega em testamento uma renda de 50 libras por ano para remunerar um conferencista que refutaria os argumentos antirreligiosos. As Conferências de Boyle (*Boyle's Lectures*), que começam em 1692, tornam-se rapidamente um encontro clássico para o grande público crente, mais ou menos como as Conferências de Notre-Dame durante a quaresma, no fim do século XIX, em Paris. As celebridades se alternam. O primeiro conferencista é Richard Bentley, que refuta os erros de Descartes, Hobbes e Spinoza e ataca sobretudo o materialismo epicurista, no qual ele vê a forma mais insidiosa de ateísmo. Bentley aceita as conclusões da ciência moderna, os átomos, o vazio, a atração, mas contesta o uso que os ateus fazem delas. A atração, longe de ser uma propriedade da matéria, é a marca da intervenção divina.

O segundo conferencista, Francis Gastrell, mira o campo moral em 1697: o ateu é um libertino; o ateísmo especulativo não passa de um pretexto para possibilitar a depravação. Nesse sentido, Gastrell concorda com Samuel Butler. O doutor John Harris toma a palavra em 1698 contra a teoria materialista da percepção, e especialmente contra Hobbes. Praticando a ironia, mostra que os homens mais inteligentes são os que têm nariz grande e bons olhos, já que todas as nossas ideias vêm dos sentidos.

Inúmeros outros contra-atacam por escrito. Os volumes se sucedem. Um dos autores mais originais, John Sherlock, ataca Collins, Tindal e Woolston na forma de um processo imaginário.[73] O bispo Gibson adverte os fiéis por suas cartas pastorais. Em 1730, Thomas Stackhouse, fazendo um balanço da controvérsia, menciona dezenas de livros,[74] e o tom se torna bastante virulento. Um panfleto pede que todos os deístas sejam presos.

---

71 Whiston, *Discourse of the Grounds and Reasons of the Christian Religion*.
72 Chubb, *The True Gospel of Jesus Christ asserted*.
73 Sherlock, *The Tryal of Witnesses of the Resurrection of Jesus*.
74 Stackhouse, *A Fair State of the Controversy between Mr. Woolston and his Adversaries*.

Nesse clima de suspeita geral, defender a religião é coisa arriscada. Thomas Wise, que retoma a obra de Cudworth a partir de 1706, é acusado de deísmo. Ele faz parte do grupo dos platônicos de Cambridge, apelidados de "latitudinários" em razão de sua concepção razoável e mediana da religião. Ele ataca em especial o cartesianismo, cujo efeito ambivalente é considerado perigoso: seu dualismo e seus argumentos em favor de Deus são positivos, mas seu método e seu materialismo na descrição do mundo, que pressupõe animais-máquinas, por exemplo, são preocupantes.

Muito mais conhecida é a obra de um grande adversário do ateísmo no século XVIII, o bispo George Berkeley. Os sete diálogos de seu *Alciphron* [Alcifrão], de 1732, têm o objetivo de contrapor-se ao "livre-pensador sob os ângulos variados do ateu, do libertino, do entusiasta, do desencantado, do crítico, do metafísico, do fatalista e do cético".[75] Quatro personagens participam do debate: os livres-pensadores Lisicles e Alcifrão e os defensores da fé cristã Crito e Eufrator. Alcifrão, inteligente, inimigo dos preconceitos, duvidoso das capacidades da razão e desgostoso das religiões por causa de sua diversidade, detesta o clero e considera que o homem deve, acima de tudo, buscar a felicidade, e isso vai do deísmo ao ateísmo. Lisicles encarna o libertino epicurista leviano; ele acha que há mais verdade numa taça de vinho do Porto e numa conversa amigável do que nos livros de Aristóteles e de Plínio. Crito, seu adversário, mostra que a ausência de princípios de Lisicles e Alcifrão leva à degradação da sociedade e até ao suicídio. Para ele, esses "filósofos de meia-pataca" fazem o jogo de Roma e do papismo. Alcifrão observa então que a verdadeira moral não precisa ser acompanhada de ameaças, e que existe uma moral natural para os homens livres. A Igreja Anglicana, diz ele, é inimiga das liberdades inglesas. Aliás, ele rejeita a tradição, a autoridade da Bíblia, as profecias, e sublinha as incoerências entre as Escrituras e a história chinesa, babilônia ou egípcia. Enfim, ele declara que os cristãos utilizam palavras e símbolos cujo sentido nem sequer conhecem. Crito, depois de refutar minuciosamente tais argumentos, resume a essência do livre-pensamento como a negação da existência de Deus e demonstra o absurdo da doutrina de Spinoza.

O livro de Berkeley, escrito no fim da segunda crise da consciência europeia, é sem dúvida a melhor exposição dos problemas postos naquele momento pelo ateísmo, cujos argumentos são apresentados com inteligência. E até de modo favorável demais ao ateísmo para o gosto dos defensores

---

75 Berkeley, *Alciphron, or the Minute Philosopher, in Seven Dialogues*, v.I, prefácio.

334   DE UMA CRISE DE CONSCIÊNCIA A OUTRA (1600-1730)

da religião, que chamam Berkeley de cético, inovador, deísta e até ateu.[76] De fato, a forma e o conteúdo do livro desconcertam uma opinião habituada a um tipo de controvérsia em que o apologista ataca frontalmente, com uma vasta erudição, as doutrinas clássica de Epicuro, Vanini ou Hobbes, como se o ateísmo moderno não passasse de uma repetição de ideias antigas e constituísse um conjunto estruturado e coerente, puramente intelectual. Berkeley mostra um ateísmo bastante flexível, ligado à vida, a seus instintos e contradições, na qual a razão e a paixão, as ideias e os sentimentos se entrelaçam inextricavelmente. E ele responde a esse ateísmo com a mesma flexibilidade. As referências a Hobbes, Toland, Descartes, Coward, Leibniz, à ciência e aos relatos de viagem estão presentes, é claro, mas são sempre tratadas com sutileza, com um talento literário indubitável. A forma do diálogo, mais viva, deixa a porta aberta para uma continuação da conversa, e isso desconcerta os apologistas, habituados a impor suas verdades de modo categórico. Desse ângulo, *Alciphron* mostra que em 1732 o ateísmo é um fato social, e penetra nos costumes, apesar de continuar ainda bastante minoritário.

As autoridades políticas e religiosas tentam reagir contra esse flagelo. Em 1702, por iniciativa de Guilherme III, funda-se a Sociedade para a Propagação do Evangelho, que coleta fundos, manda imprimir e distribui bíblias, mas faz também um trabalho de espionagem, de denúncia por blasfêmia e impiedade diante dos tribunais. O juiz-mor, sir John Gonson, adverte os jurados, em 1728, de que devem tratar das "ofensas que dizem respeito a Deus todo-poderoso e a sua santa religião entre nós estabelecida":

> Deveis portanto examinar todas as infrações contra a lei do nono [ano] de Guilherme III, com vistas à eliminação da blasfêmia e da impiedade; e especialmente de todos os livros e panfletos escritos contra a religião cristã, ou contra a autoridade das Santas Escrituras; certo número de escritores recentes, que são chamados de deístas, mas que na realidade são ateus, sem Deus, negadores de sua providência e até mesmo do Senhor que os salvou, pretendem julgar as verdades espirituais e sobrenaturais da vida eterna a partir das ideias sensíveis; na verdade, com a razão de que tanto se gabam, eles não são capazes de dar uma ideia do sopro da vida natural, nem da composição do mais ínfimo tufo de relva; e, apesar disso, desejariam, por meio

---

76 Bracken, *The Early Reception of Berkeley's Immaterialism*.

A SEGUNDA CRISE DA CONSCIÊNCIA EUROPEIA 335

de uma demonstração racional, determinar e julgar coisas invisíveis que só podem ser objeto de fé na palavra de Deus.[77]

Vãs injunções! Estamos em 1728, e os jovens do Clube do Fogo do Inferno, que pertencem à mais alta aristocracia, espalham ruidosamente seu ateísmo, para escândalo dos impotentes *clergymen*. A incredulidade está por toda a parte, das tabernas à corte. O tom é dado para o resto do século: a Inglaterra, menos de um século depois de ter sido a pátria do puritanismo, torna-se a da descrença. E é para ela que em breve se voltam os ateus do continente, como D'Holbach, que frequenta John Wilkes, Humes, Gibbon, Priestley, e cuja biblioteca comporta as obras de Hobbes, Locke, Tindal, Toland, Collins, Shaftesbury, e que traduz Swift, Hobbes, Akenside, Toland.[78] Em 1765, Diderot escreve a Sophie Volland: "A religião cristã está quase extinta na Inglaterra. Os deístas são incontáveis. Quase não há ateus: os que o são escondem-se. Ateu e facínora são sinônimos para eles". A distinção é importante, porém mais importante é o fato de que, doravante, deísmo, panteísmo e ateísmo adquiriram direitos de cidadania e entraram no debate público.

Assim, entre 1600 e 1730 aproximadamente, o centro de gravidade da descrença na Europa se desloca da Itália para a França, e desta para a Inglaterra. Ao mesmo tempo, essa passagem do humanismo renascentista italiano para o classicismo francês, e depois para o pragmatismo inglês, mudou profundamente as características dessa descrença da elite. Apoiando-se primeiro num naturalismo vitalista e monista encarnado por Vanini, ela se baseia em seguida numa visão dualista cartesiana e atomista do mundo, antes de voltar a uma concepção monista panteísta inspirada em Spinoza. Também houve variação na forma, no modo de expressão diante das realidades religiosas: provocadora, contestadora e revoltada na época dos libertinos, dogmática nos tempos de Gassendi, Descartes e Hobbes, cética, flexível e desconfiada com Fontenelle e Bayle.

De 1600 a 1730, a incredulidade ainda procura se definir. Ganha terreno na cultura europeia a cada crise de consciência. Contudo, diante das massas organizadas das Igrejas, só pode se definir por oposição, por negação, o que impede a elaboração de uma síntese construtiva. Ela nega a providência, a imortalidade, a criação, a natureza espiritual da alma, o inferno, o paraíso,

---

77 Gonson, *The Third Charge of Sir John Gonson to General Quarter Sessions of the Peace for Westminster*, p.91.
78 Lurbe, Matière, nature, mouvement chez d'Holbach et Toland, *Dix-huitième siècle*, n.24.

336 DE UMA CRISE DE CONSCIÊNCIA A OUTRA (1600-1730)

Deus, a Trindade, mas ainda tem dificuldade para afirmar sua visão do mundo. O sistema de mundo a que aspira o ateu só pode ser construído pela ciência, que descreve o que existe, o mundo material, natural, fora de tudo que é sobrenatural. Tal sistema deve muito portanto aos avanços científicos e, ao contrário do conteúdo da fé, que é imutável, o conteúdo da ciência evolui de hipótese em hipótese. Ora, de 1600 a 1730, a ciência faz progressos enormes, mas ainda hesita; de Galileu a Newton, e de Descartes a Leuwenhoek, as teorias se desafiam. Apenas a partir do início do século XVIII, a concepção de Newton parece se impor, dando aos materialistas do Iluminismo uma base sólida para construir seu sistema da natureza.

A marca mais convincente dos progressos do ateísmos ao fim da segunda crise da consciência europeia é essa espécie de psicose que assinalamos no mundo dos intelectuais, que acredita entrever a descrença por trás de cada nova teoria, nas entrelinhas de cada nova obra, mesmo nas de apologética religiosa. A caça às bruxas resulta, como sempre, no exagero do perigo que se pretende atacar. Embora alguns continuem a afirmar que o verdadeiro ateísmo é impossível, o cuidado que se tem em desentocá-lo mostra bem que se acredita nele, e que a grande luta profetizada por Bossuet se define.

O ateísmo, por volta de 1730, não é mais apenas um problema intelectual, uma questão debatida entre eruditos e teólogos. Desde a segunda metade do século XVII, o controle reforçado das paróquias pelo clero, que se traduz por um aumento do número de atas de visitas pastorais, revela que todas as categorias de fiéis começam a ser atingidas pela incredulidade, em diversos graus e de formas variadas. O século XVIII não é apenas o século das Luzes, mas é também o dos incrédulos. Tal período se inicia com dignidade em 1729, com a descoberta de um dos maiores e mais sistemáticos manifestos da história do ateísmo, obra de um padre camponês: o "testamento" do abade Meslier.

QUARTA PARTE

O DESCRENTE SÉCULO XVIII

– 10 –

O MANIFESTO DO ABADE MESLIER (1729)

No fim do mês de junho de 1729, morreu em seu presbitério o padre da paróquia rural de Étrépigny, localidade próxima de Mézières, nas Ardennes. Seu nome era Jean Meslier, originário da região, então com 65 anos. Meslier havia comandado sua paróquia durante quatro décadas. Isso é suficiente para dizer que o homem havia cumprido corretamente suas atribuições, a contento do bispo local e dos paroquianos, que o estimavam como um homem de bem.

O ESCÂNDALO

Sobre a mesa, uma carta dirigida ao "Senhor padre de...", sem mais informações, e destinada portanto ao primeiro confrade que chegasse para visitar o defunto. O conteúdo intriga. Jean Meslier declara: "Não creio mais que deva ter dificuldade para dizer a verdade", e, falando de uma segunda carta, anexada à primeira, anuncia: "Não sei muito bem o que pensareis, nem o que direis, ou o que direis de mim, por tal pensamento me ter penetrado a mente e tal desígnio o espírito. Talvez considereis este projeto um traço de loucura e temeridade em mim...".[1] Diabos!

A segunda carta é aberta. Está endereçada aos "Senhores padres das vizinhanças" e aí, surpresa! O valoroso padre que ministrou os sacramentos durante meio século revela que a religião não passa de "erro, mentira e impostura", e exorta seus confrades a desertar, dissociando-se plenamente da fé:

> Considerai bem as razões que existem para crer, ou para não crer, naquilo que vossa religião vos ensina, e vos obriga absolutamente a crer. Asseguro que, caso sigais a clareza natural de vosso espírito, vereis ao menos tão bem, e tão certamente quanto eu, que todas as religiões do mundo não passam de invenções humanas, e que tudo o que vossa religião vos ensina, e vos obriga a crer, como sobrenatural e divino, é no fundo erro, mentira, ilusão e impostura.[2]

O tom está dado. É inútil "proferir invectivas contra mim", escreve Meslier, prevendo as primeiras reações de seus confrades. Que tentem antes "saber se o que digo é verdade". Que me refutem, se puderem. Mas, se concordam comigo, intervenham:

> em favor da própria verdade e em favor dos povos que gemem, como vedes todos os dias, sob o jugo insuportável da tirania e das vãs superstições. [...] E caso não ouseis mais do que eu declarar-vos abertamente em vida contra tantos detestáveis erros, e tão perniciosos abusos que reinam tão poderosamente no mundo, então deveis ao menos permanecer em silêncio agora e declarar-vos ao menos no fim de vossos dias em favor da verdade.[3]

Eles são idólatras, explica Meslier:

> vós adorais com efeito débeis imagenzinhas de massa e farinha, e honrais imagens de madeira e gesso, imagens de ouro e prata.[4] Vós vos divertis interpretando e explicando figurativamente, alegoricamente e misticamente vãs escrituras que todavia chamais de santas e divinas; vós lhes dais o sentido que bem quereis; fazeis que signifiquem tudo o que quereis, por esses belos sentidos

---

1 Deprun; Desné; Soboul (eds.), *Œuvres de Jean Meslier*, t.III, p.203.
2 Ibid., t.III, p.185.
3 Ibid., t.III, p.187-8.
4 Ibid., t.III, p.194.

O MANIFESTO DO ABADE MESLIER (1729)

pretensamente espirituais e alegóricos que inventais para elas, e que fingis lhes dar, a fim de nisso encontrar e fazer que se encontrem pretensas verdades que delas estão ausentes, e sempre estiveram.[5]

Eles se inflamam ao discutir questões vãs de graça suficiente e eficaz. E, além do mais, vilipendiam o pobre povo e ameaçam-no com o inferno eterno por causa de pecadilhos, "e nada dizeis contra as roubalheiras públicas, nem contra as injustiças gritantes dos que governam os povos, que os pilham, que os pisoteiam, que os arruínam, que os oprimem, e que são a causa de todos os males e de todas as misérias que os esmagam".[6]

"Vosso chefe" (Cristo) disse que, se um cego conduzir outro cego, ambos cairão no fosso. E vos conduzis como cegos, quando vos caberia, a vós, "instruir os povos, não pelos erros da idolatria, nem pela inutilidade das superstições, mas pela ciência da verdade e da justiça, e pela ciência de todas as espécies de virtudes e bons costumes; sois todos pagos para isso".[7] De resto, ele não se importa com que possam pensar. Os mortos estão fora do alcance dos vivos; os mortos não são nada.

Meslier aparece por inteiro nessa carta patética: sua ironia amarga e seu pessimismo niilista, seu ateísmo materialista integral e sua revolta social. Ateu havia muito tempo, passou a vida a ensinar coisas em que não acreditava; acumulou um imenso rancor contra o sistema político-religioso que o obrigava ao silêncio e preparou uma vingança póstuma, sabendo perfeitamente que não poderia saboreá-la. Essa vingança não é simplesmente uma carta, mas um enorme manuscrito, que Meslier diz ter entregado ao escrivão da justiça paroquial. Lá encontram-se três exemplares de 366 folhas cada um, cobertas de uma letrinha minúscula e embrulhadas num papel cinza no qual está escrito:

> Vi e reconheci os erros, os abusos, as vaidades, as loucuras, as maldades dos homens. Odeio-os e detesto-os; durante minha vida, não ousei dizê-lo, mas direi ao menos ao morrer; e é para que saibam que escrevo este memorial, a fim de que possa servir como testemunho de verdade para todos os que o verão, e que o lerão, caso lhes apeteça.

---

5 Ibid., t.III, p.197.
6 Ibid., t.III, p.199.
7 Ibid., t.III, p.182.

O título do manuscrito é explícito: *Mémoire des pensées et des sentiments de Jean Meslier, prêtre, curé d'Étrépigny et de Balaives, sur une partie des erreurs et des abus de la conduite et du gouvernement des hommes où l'on voit des démonstrations claires et évidentes de la vanité et de la fausseté de toutes les divinités et de toutes les religions du monde pour être adressé à ses paroissiens après sa mort, et pour leur servir de témoignage de vérité à eux, et à tous leurs semblables* [Dissertação sobre os pensamentos e os sentimentos de Jean Meslier, sacerdote e padre de Étrépigny e de Balaives, sobre uma parte dos erros e dos abusos da conduta e do governo dos homens, nas quais se veem demonstrações claras e evidentes da presunção e da falsidade de todas as divindades e de todas as religiões do mundo, a ser endereçadas a seus paroquianos após sua morte, e para lhes servir como testemunho de verdade, tanto a eles quanto a todos os seus semelhantes].

Afirmações muito claras... e muito incômodas. Nesse período em que a incredulidade e a contestação aumentam no interior da Igreja, nem se cogita revelar o escândalo. É o que pensa o vigário-geral Le Bêgue, que é imediatamente enviado ao local. O caso deve ser abafado. Meslier é discretamente enterrado nos jardins do castelo de Étrépigny; os paroquianos recebem uma explicação vaga, baseada na loucura e na possessão, e no dia 9 de julho um novo padre é nomeado, o abade Guillotin.

O que contém o *Mémoire*? Muito prolixo e de estilo rebarbativo, com trechos longos e muitas repetições, ele representa nada menos que 1.200 páginas impressas na edição dirigida por Roland Desné. A obra é dividida em oito partes, e cada uma constitui uma "prova da presunção e da falsidade das religiões":

1. Elas não passam de invenções humanas.
2. A fé, "crença cega", é um princípio de erros, ilusões e imposturas.
3. Falsidade das "pretensas visões e revelações divinas".
4. "Presunção e falsidade das pretensas profecias do Antigo Testamento."
5. Erros da doutrina e da moral da religião cristã.
6. A religião cristã autoriza os abusos e a tirania dos grandes.
7. Falsidade da "pretensa existência dos deuses".
8. Falsidade da ideia de espiritualidade e da imortalidade da alma.

DEUS NÃO EXISTE

Contentamo-nos em apresentar aqui os principais temas dessa obra copiosa, começando pelo que está na raiz de tudo: Deus não existe. Se ele existisse, isso seria evidente e notório:

> Se existisse verdadeiramente uma divindade ou um ser infinitamente perfeito, que quisesse ser amado e adorado pelos homens, seria da própria razão, da justiça e até mesmo do dever desse pretenso ser infinitamente perfeito fazer-se conhecer, manifestamente, ou ao menos suficientemente, por todos aqueles e aquelas pelos quais quer ser amado, adorado e servido.[8]

Do mesmo modo, ele faria sua vontade ser claramente conhecida, em vez de deixar que os homens briguem por causa dele, enquanto há tantos outros cujo único desejo é que se acredite neles. Diante do silêncio persistente dessa "pretensa divindade", é forçoso concluir que ou Deus zomba de nós, deixando-nos na ignorância, ou não existe. Os "cristícolas", prossegue Meslier, afirmam que Deus se dá a conhecer por um mundo de sinais: a beleza da natureza, as obras de seus servos, a vida de Cristo. Mas se esses sinais fossem tão evidentes, todos creriam.

> Nossos piedosos e devotos cristícolas não perderão a ocasião de dizer simplesmente que o Deus deles quer sobretudo ser conhecido, amado, adorado e servido pelas luzes tenebrosas da fé, e por um puro motivo de amor e caridade concebidos pela fé, e não pelas claras luzes da razão humana, a fim de humilhar, como dizem eles, o espírito do homem e confundir seu orgulho.[9]

Nessas condições, qualquer um poderia fazer acreditar em qualquer coisa. Se o homem deve renunciar à razão para acreditar em Deus, não há mais limite para a impostura. Para um Deus infinitamente bom e sábio, essa seria uma maneira estranha de se dar a conhecer.

> O primeiro pensamento que se apresenta a meu espírito, a respeito de um ser como esse, do qual se diz que é tão bom, tão belo, tão sábio, tão grande, tão excelente, tão admirável, tão perfeito e tão amável etc., é que, se existisse verdadeiramente um ser assim, ninguém poderia duvidar da verdade de sua

---

8 Ibid., t.II, p.334.
9 Ibid., t.II, p.348.

existência. [...] ao contrário, há todas as razões para que se creia e se diga que tal ser não existe.[10]

Aliás, como é que um ser tão perfeito teria criado um universo tão miserável, tão cheio de males, vícios e maldades, em que os homens sofrem e morrem? Como é possível falar das "maravilhas" da natureza, se esta não passa de um campo fechado em que as espécies vivas sobrevivem matando umas às outras? E que não digam que isso é consequência de um pretenso pecado original: o mal é estrutural na natureza, ele é indispensável, do contrário haveria uma proliferação de homens e animais e a terra não poderia contê-los.

Meslier também faz questão de mostrar a inanidade das "provas" da existência de Deus, especialmente a prova ontológica, que parte de uma "definição" de Deus, quando na verdade Deus é uma noção obscura e contraditória. A fé é portanto uma crença cega, que renuncia a utilizar a razão.

> [As religiões] querem que se creia absoluta e simplesmente em tudo o que elas dizem, não somente sem ter nenhuma dúvida, mas também sem investigar, e até sem desejar conhecer suas razões, pois, segundo elas, seria uma impudente temeridade, e um crime de lesa-majestade divina, querer curiosamente buscar razões.[11]

A fé é um dom, declara a Igreja. Então por que nem todos os homens receberam esse dom? "Se é porque lhes falta fé, por que eles não possuem essa fé? E por que não creem? Se é tão glorioso e vantajoso crer e fazer coisas tão grandes e admiráveis?"[12]

Para demonstrar a inexistência de Deus, Meslier se baseia em grande parte no livro de Fénelon, *Démonstration de l'existence de Dieu* [Demonstração da existência de Deus], que ele estudou e anotou cuidadosamente e cujas provas ele destrói uma a uma. Essa obra, redigida em 1713, foi publicada com um tratado do jesuíta Tournemine contra o ateísmo, especialmente contra os cartesianos e os spinozistas. Fénelon utilizava tanto provas cosmológicas – sobre as belezas da natureza – quanto provas lógicas. Meslier leu esse livro com paixão e havia em sua casa um exemplar cheio de anotações manuscritas, com as quais ele tinha a intenção, sem dúvida, de elaborar um

---

10 Ibid., t.II, p.280-1.
11 Ibid., t.I, p.81.
12 Ibid., t.I, p.311.

Anti-Fénelon. É provável que tenha escrito paralelamente seu *Mémoire* e suas notas sobre Fénelon.[13]

Com efeito, encontram-se nessas notas as mesmas objeções à existência de Deus. Em todos os pontos em que Fénelon clama sua admiração pela natureza, que lhe revela Deus por suas maravilhas, Meslier comenta friamente: "discursos vãos". Ele sente prazer em sublinhar as contradições do bispo de Cambrai, que em dado momento escreve que é impossível pensar o nada e, em outro, evoca "o conhecimento que tenho do nada". Quando Fénelon fala de Deus como do Ser que é por si mesmo, e portanto sobrepuja todos os graus do ser, Meslier comenta: "Falso raciocínio: o ser é por si mesmo o que ele é, e não poderia ser mais ser do que é, mas disso não decorre que ele seja infinitamente perfeito em sua essência".[14] Para o padre de Étrépigny, existe um ser necessário, mas isso não quer dizer que ele seja infinitamente perfeito: "Vão raciocínio; o autor confunde, aqui, o ser necessário com o ser infinitamente perfeito".

O ÚNICO SER É A MATÉRIA

E o único ser necessário é a matéria. O materialismo de Meslier é integral. Repousa em parte no cartesianismo, que o padre admira globalmente, embora rejeite alguns de seus aspectos. Para ele, os cartesianos "são os mais sensatos e os mais judiciosos entre todos os filósofos deícolas, pois demonstraram que a ordem do mundo depende apenas das forças da natureza". Consequentemente, como é que Malebranche, que ele respeita, pôde dizer que:

> se Deus não tivesse arranjado todas as coisas de modo a permitir que elas se arranjassem sozinhas com o tempo, toda a ordem das coisas se subverteria, e se ele as tivesse colocado numa ordem diferente daquela em que se teriam colocado de acordo com as leis do movimento, elas se subverteriam todas e se colocariam, por força de tais leis, na ordem que as vemos atualmente? Pois esse autor se contradiz aqui, e confunde-se manifestamente, pois já que afirma que a matéria não pode ter movimento algum por ela mesma, e que tudo o que ela tem vem necessariamente de Deus, primeiro autor do

---

13 Desné. In: Deprun; Desné; Soboul (eds.), op. cit., t.III, p.216.
14 Deprun; Desné; Soboul (eds.), op. cit., t.III, p.296.

movimento, ele não poderia dizer que nenhuma coisa se teria arranjado por si mesma com o tempo.[15]

Meslier é cartesiano pelo método, pelo espírito de suas demonstrações, buscando o rigor e questionando as falsas evidências. Mas ele utiliza esse método para provar o materialismo, e seus comentadores puderam qualificá-lo de "cartesiano de extrema esquerda"[16] em razão da transposição que faz da prova ontológica para o plano materialista. A matéria é que é o ser necessário e único. Inspirando-se no cartesiano Malebranche, Meslier afirma a existência de verdades eternas, tais como as verdades matemáticas, e tira conclusões sobre a eternidade do mundo, da matéria, rejeitando toda e qualquer ideia de criação. As verdades eternas são independentes de uma vontade qualquer; elas são necessárias por si mesmas.

Do mesmo modo, Meslier desvia o famoso *cogito* cartesiano: é evidente que pensamos, logo há um ser, e esse ser é puramente material.

> Não vemos, não sentimos e não conhecemos certamente nada em nós mesmos que não seja matéria. Arrancai nossos olhos! O que veremos? Nada. Furai nossos ouvidos: o que ouviremos? Nada. Cortai nossas mãos! O que poderemos tocar? Nada, a menos que possamos fazê-lo, muito mal, com outras partes do corpo. Destruí nossa cabeça e nosso cérebro. O que pensaremos, o que conheceremos? Nada.[17]

Em nome de que suporíamos, para além dessa matéria sem a qual nada somos, uma outra realidade invisível? O ser é a matéria: "É coisa manifesta que o ser material é e está em todas as coisas, que todas as coisas são feitas do ser material, e que todas as coisas se reduzem enfim ao ser material, isto é, à própria matéria".[18]

Essa matéria é eterna. A própria ideia de criação a partir do nada é absurda. Absurda também é a ideia de criação do tempo, que deve se situar no tempo. Dizer que Deus precede o mundo por sua natureza e não no tempo, e que de certo modo ele envolve o mundo, não serve para nada, pois nesse caso é preciso supor que Deus e o mundo são coeternos. Além do mais, de quanto tempo Deus precisou para criar o tempo? Absurda ainda

---

15 Ibid., t.II, p.473.
16 Ibid., t.II, p.431, nota 1.
17 Ibid., t.III, p.43-4.
18 Ibid., t.II, p.190.

é a ideia de criação do espaço: antes dessa criação, onde estava Deus? Em parte alguma, "ora o que não está em parte alguma não existe, e o que não existe não pode ter criado coisa alguma".[19] Absurda também é a ideia de criação do movimento: criar o movimento supõe uma mudança em Deus, que supostamente é imutável. E absurda, enfim, é a ideia de criação da matéria: como um ser sem corpo pode criar alguma coisa?

Se a matéria não possui em si mesma a propriedade do movimento, é porque tudo o que acontece no mundo é devido a Deus, inclusive o bem e o mal. O padre Meslier é um metafísico, não um cientista. Alguns críticos ironizaram com muita presteza as lacunas de Meslier nesse domínio:[20] ele não conhece Newton, nem diz nada de Galileu, sua biblioteca não parece ter incluído obras científicas, e ele tira seus conhecimentos nesse campo da obra de Malebranche. Mas isso não o impede de levar em conta as hipóteses que circulam em sua época. Na sétima prova, em que demonstra a infinitude do universo, ele examina as duas teses opostas: ou a matéria se compõe de átomos indivisíveis, ou é divisível ao infinito. No primeiro caso, cada linha infinita se compõe de uma quantidade infinita de átomos; no segundo, cada porção de matéria se compõe de uma infinidade de partes. Nos dois casos, portanto, a matéria é infinita.

Materialista, Meslier nega evidentemente a existência de uma alma espiritual. Nesse ponto, ele se separa novamente dos cartesianos. De fato, existe no homem uma alma, princípio vital, mas ela é material. A própria noção de espírito é inconcebível. "Pensai e repensai quanto quiserdes naquilo que poderia ser um pretenso ser, que não teria nem corpo, nem matéria, nem semblante, nem cor, nem extensão de espécie alguma, jamais formareis uma ideia clara e distinta daquilo que ele poderia ser."[21] Segundo Meslier, os cartesianos, ao defender a existência de uma alma espiritual, que seria uma substância imutável, incorruptível e eterna, contradizem a si mesmos:

[eles] convêm em que todos os nossos pensamentos, todos os nossos conhecimentos, todas as nossas percepções, todos os nossos desejos e todas as nossas vontades são modificações de nossa alma. [...] É preciso que eles reconheçam que ela está sujeita a diversas alterações que são princípios de destruição e, por conseguinte, que ela não é em absoluto incorruptível nem imortal.[22]

---

19 Ibid., t.II, p.221.
20 Por exemplo, Bredel, *Jean Meslier l'enragé, prêtre athée et révolutionnaire sous Louis XIV*, p.200.
21 Deprun; Desné; Soboul (eds.), op. cit., t.III, p.14.
22 Ibid., t.III, p.38.

De onde vêm então os sentimentos e o pensamento? Não se pode dizer que a matéria pensa ou experimenta sentimentos, "pois não é precisamente a matéria que é a dor, o prazer etc., mas é o que faz no corpo vivo o sentimento da dor, do prazer, da alegria ou da tristeza, por suas diversas modificações".[23]
O que é a alma então?

> [É] o que há em nós de matéria mais sutilizada e mais agitada do que a outra matéria mais grosseira que compõe os membros e as partes visíveis de nosso corpo. [...] E se perguntássemos o que é feito dessa matéria sutil e agitada no momento da morte, poderíamos dizer sem hesitar que ela se dissolve e se dissipa incontinente no ar, como um leve vapor ou uma leve exalação.[24]

Meslier retoma por sua própria conta a ideia de matéria sutil, tal como esta se encontra em Lucrécio.

O padre não se esquece de apontar as inconsequências dos cartesianos nesse domínio. Por exemplo, Malebranche dizia que o pensamento era "a vida da alma". Logo, quando a alma não pensa, ela não existe? O que acontece com ela durante o sono? Ela continua a pensar, afirmava Descartes, mas ninguém se lembra desses pensamentos após despertar. Afirmação gratuita. E a alma do feto, em que ela pensa?

> Nada passou ainda pelos sentidos dessa criança, que ainda está no ventre de sua mãe. Ela jamais viu nem ouviu, jamais experimentou nada, tocou nada, sentiu nada; portanto, ainda não percebeu nada, isto é, ainda não teve nenhum pensamento, nem nenhum conhecimento no entendimento, e, por conseguinte, ainda não pensa em nada, e se ainda não pensa em nada e tem verdadeiramente uma alma espiritual e imortal, como querem nossos cartesianos, é claro e evidente que a essência dessa alma não consiste no pensamento.[25]

Não, decididamente, não há alma distinta da matéria. Se fosse o caso, "ela conheceria melhor a si mesma do que à matéria, e nem sequer é concebível como poderia conhecê-la. E, supondo-se que pudesse conhecê-la, ela saberia tão seguramente se distinguir dela quanto os prisioneiros sabem se distinguir das muralhas da prisão".[26]

---

23 Ibid., t.III, p.40.
24 Ibid., t.III, p.44 e 45.
25 Ibid., t.III, p.60.
26 Ibid., t.III, p.65.

Meslier aproveita para rejeitar categoricamente o tema da metempsicose, ideia "por demais ridícula", então na moda.

Seu *Anti-Fénelon* abordava todos esses aspectos materialistas, de modo mais brutal talvez, transferindo para a natureza todas as qualidades que o bispo atribuía a Deus, "mão imaginária":

> Vemos manifestamente que a natureza está por toda a parte, age por toda a parte e é sempre ela que tudo faz; é muito mais natural e mais provável dizer que ela é por si mesma o que ela é do que dizer que um outro ser que não [se vê] e não se encontra em lugar algum seria por si mesmo o que somente se pode imaginar que ele seria.[27]

Isso não significa que Meslier diviniza a natureza. Ele não tem absolutamente nada a ver com o panteísmo. Em seu caso, não se trata de atribuir qualidades metafísicas ao Grande Todo, à maneira de Spinoza. Meslier é um puro materialista ateu. Repugna-lhe a ideia cartesiana dos animais-máquinas:

> É natural crer que uma matéria que não é animada não possa pensar, mas é extremamente natural crer que uma matéria que é animada possa pensar; e se os homens não podem se impedir de rir quando defendem diante deles a ideia de que os animais são puras máquinas, é porque eles não podem crer que os animais não são animados.[28]

Em sua argumentação, Meslier recorre frequentemente ao ataque do mais improvável: cabe àquele que defende a crença mais inverossímil provar aquilo que afirma.

> De onde se tira que um Deus que seria essencialmente imutável e imóvel por natureza poderia ainda assim mover um corpo? De onde se tira que um ser que não teria nenhuma extensão nem nenhuma parte seria ainda assim imenso e, por assim dizer, infinitamente extenso por toda a parte? De onde se tira que um ser que não teria nem cabeça nem miolos seria ainda assim infinitamente sábio e esclarecido? De onde se tira que um ser que não teria nenhuma qualidade nem nenhuma perfeição sensível seria ainda assim infinitamente bom, infinitamente amável e infinitamente perfeito? De onde se tira que um ser que

---

27 Ibid., t.III, p.236.
28 Ibid., t.III, p.245.

350   O DESCRENTE SÉCULO XVIII

não teria nem braços nem pernas e que não poderia se mover por conta própria seria ainda assim todo-poderoso e faria verdadeiramente todas as coisas? Quem foi que verificou tudo isso por experiência?[29]

A CRÍTICA DA REVELAÇÃO

Na ausência de experiência sensível, que para Meslier é o único critério de formação das ideias justas, o crente só pode responder a essas perguntas baseando-se na revelação. Essa é a oportunidade, para o padre de Étrépigny, de se entregar a uma crítica implacável da Bíblia. Visivelmente, ele não conhece nem as obras de Spinoza nem as de Richard Simon sobre o assunto, mas tem seus próprios argumentos.

Em primeiro lugar, quem nos garante a veracidade dos relatos bíblicos e evangélicos? Nem ao menos sabemos como esses textos foram compostos, nem quem eram os evangelistas. O que está por trás destes quatro nomes: Mateus, Marcos, Lucas e João? Quem nos garante que são homens dignos de fé? Que o texto deles não foi modificado e distorcido no decorrer dos séculos? Por que devemos aceitar o testemunho do primeiro que se propôs a falar desse problema, se somos tão exigentes no que diz respeito aos textos da história profana? Por que esses quatro relatos foram selecionados e não aqueles outros qualificados de apócrifos? Como explicar as divergências entre os testemunhos? "Que certeza poderia haver no relato de coisas tão antigas, e que aconteceram há tantos séculos? E há milhares de anos? E que nos são relatadas apenas por estrangeiros, por gente desconhecida, gente sem caráter e sem autoridade, e que nos dizem coisas tão extraordinárias e tão pouco críveis?"[30] Foi a Igreja que escolheu esses textos, mas em função de quê?

No que diz respeito ao Antigo Testamento, sua análise é edificante. O que significam essas histórias de loucos? Essas carnificinas e esses sacrifícios comandados por um Deus que supostamente é a suprema sabedoria e a suprema bondade? E esses milagres espantosos, que desafiam as leis da natureza? Meslier lembra as regras elementares da crítica histórica:

> Para que haja alguma certeza nos relatos seria preciso saber:
> 1. Se aqueles considerados os primeiros autores dessas espécies de relatos são seus verdadeiros autores.

---

29 Ibid., t.III, p.276.
30 Ibid., t.I, p.113-4.

O MANIFESTO DO ABADE MESLIER (1729)

2. Se esses autores eram pessoas de probidade e dignas de fé.

3. Se aqueles que contam esses pretensos milagres examinaram bem todas as circunstâncias dos fatos que relatam.

4. Se os livros ou as histórias antigas que relatam tais fatos não foram falsificados ou corrompidos ao longo do tempo, como ocorreu com grande quantidade de outros.[31]

Meslier tem exemplos à vontade para mostrar as incoerências da Bíblia, como a fábula grosseira a respeito do dilúvio, da arca que conseguiu abrigar um casal de cada animal existente na terra, e assim por diante. E o que pensar de um Deus que intervém para impedir que o rei do Egito se deite com a mulher de Abraão e mata 70 mil pessoas para punir Davi por ter recenseado seu povo? E que não tentem se desvencilhar alegando interpretações espirituais, simbólicas ou alegóricas! Nesse caso, poderíamos fazer os textos significarem qualquer coisa; aliás, é exatamente o que fazem os "cristícolas":

que inventam como querem, ou inventaram como quiseram, todos esses belos pretensos sentidos espirituais, alegóricos e místicos com os quais mantêm e alimentam em vão a ignorância dos pobres povos. [...] Não é mais a palavra de Deus que eles nos propõem e nos servem com tais sentidos, mas somente seus próprios pensamentos, suas próprias fantasias, e as ideias vazias de seus falsos devaneios; e assim não merecem que se lhes dê a mínima consideração nem que se lhes preste alguma atenção.[32]

E quem inventou essas interpretações alegóricas? "Esse grande trampolineiro" chamado Paulo. Vendo que as promessas não se realizavam, ele propôs um sentido simbólico para elas. E desde então:

nossos cristícolas veem como uma ignorância, ou como uma grosseria do espírito, querer tomar ao pé da letra as referidas promessas e profecias como são expressas, e creem parecer sutis e engenhosos intérpretes dos desígnios e das vontades de seu deus deixando de lado o sentido literal e natural das palavras e atribuindo-lhes um sentido que eles chamam de místico e espiritual e que eles denominam alegórico, anagógico e tropológico.[33]

---

31 Ibid., t.I, p.108.
32 Ibid., t.I, p.336.
33 Ibid., t.I, p.330.

Com esse sistema, "se quiséssemos interpretar do mesmo modo, alegórica e figurativamente, todos os discursos, todas as ações e todas as aventuras do famoso Dom Quixote de La Mancha, poderíamos encontrar nelas, se quiséssemos, uma sabedoria completamente sobrenatural e divina".[34]

Meslier oferece então quarenta páginas de antologia das interpretações mais absurdas dadas pelos Pais da Igreja a certos episódios bíblicos. Os Pais mais prestigiosos não saem engrandecidos do exercício, como santo Agostinho, que contribui com esta brilhante interpretação de um trecho do Êxodo:

> Deus diz a Moisés que de modo algum ele veria sua face, mas veria suas costas. A figura é que a face de Deus significa a divindade que não se pode ver pelos olhos do corpo, e suas costas representam a natureza humana em Jesus Cristo, a qual se pode ver; ele diz portanto que ele veria suas costas, porque os judeus, que eram representados ali por Moisés, viram o Filho de Deus em sua humanidade.[35]

Quanto às profecias bíblicas, todos podem constatar que elas não são realizadas, a começar pela famosa promessa de aliança com o povo judeu:

> posto que não se vê agora, e jamais se viu, nenhuma marca dessa pretensa aliança, e posto que, ao contrário, pode-se vê-los manifestamente, há muitos séculos, excluídos da posse das terras e regiões que eles [os judeus] afirmam lhes ter sido prometidas e dadas por Deus para que delas gozassem para todo o sempre.[36]

JESUS, O "ARQUIFANÁTICO"

Vamos agora ao personagem principal, o fundador do cristianismo. Jesus existiu realmente, admite Meslier, mas foi um "homem do nada, que não tinha nem talento, nem espírito, nem ciência, nem habilidade, e era completamente desprezado no mundo; um louco, um insano, um pobre fanático e um infeliz velhaco".[37] Esse desequilibrado era um "arquifanático":

---

34 Ibid., t.I, p.344.
35 Ibid., t.I, p.361.
36 Ibid., t.I, p.240.
37 Ibid., t.I, p.391.

por ter tido pensamentos e devaneios tão vãos, tão falsos, tão ridículos, tão absurdos e tão extravagantes quanto os que teve; e se retornasse em pessoa agora, ele ou qualquer outro personagem semelhante, para nos dizer e fazer ver que tinha tais pensamentos e tais devaneios em seu espírito, ainda agora nós o olharíamos certamente como um visionário, como um louco e fanático, tal e qual foi visto em seu tempo.[38]

Esse louco de palavras extravagantes também tem um lado perverso: ele glorifica o sofrimento, declara, por um lado, que vem salvar todos os homens e, por outro, que vem cegá-los, e que a maioria será condenada. Ele proclama orgulhoso que vem semear a discórdia no mundo e promete um reino ilusório.

Sua doutrina é incoerente. Não se preocupem com o alimento e o vestuário, afirmava ele, confiem na providência como os passarinhos do céu:

> Certamente seria bonito de ver os homens se fiarem numa promessa como essa! O que seria deles? Se fossem somente um ou dois sem trabalhar? Sem lavrar? Sem semear? Sem ceifar e sem poupar os grãos? E isso para imitar os passarinhos do céu? Por mais que se fizessem devotos e procurassem muito piamente esse pretenso reino dos céus e sua justiça! O Pai celestial por isso proveria mais particularmente às necessidades desses homens?[39]

O reino de Deus está próximo, também dizia Jesus, mas: "Ele está prometido há mais de 2 mil anos, e está predito que chegará em breve, se a promessa e a predição fossem verdadeiras, há muito tempo teríamos visto o cumprimento".[40] Quanto às consequências de sua passagem, elas são edificantes. Não só o mal, o pecado e o sofrimento continuam existindo, como ainda pioraram, e os cristãos não são melhores do que os outros. O profundo pessimismo de Meslier irrompe neste trecho:

> Os homens se tornam dia a dia cada vez mais viciosos e maus, e há como um dilúvio de vícios e iniquidades neste mundo. Só mesmo os nossos cristícolas é que se vangloriaram de ser os mais santos, os mais sábios e os mais virtuosos, ou os mais regrados em sua vigilância e em seus costumes do que os outros povos da terra.[41]

---

38 Ibid., t.I, p.397.
39 Ibid., t.I, p.307.
40 Ibid., t.I, p.306.
41 Ibid., t.I, p.191-2.

Por outro lado, afirmam que ainda há almas que devem ir para o inferno. Então que história é essa de redenção? Das duas uma: ou é um fracasso lamentável ou uma trapaça. Meslier escolhe a segunda opção. Se Cristo fosse realmente um Deus,

> o primeiro, o mais belo e o mais admirável de seus milagres seria tornar todos os homens virtuosos, sábios e perfeitos, tanto de corpo quanto de espírito. O primeiro e o principal de seus milagres seria expulsar e banir completamente do mundo todos os vícios, todos os pecados, todas as injustiças, todas as iniquidades e todas as maldades.[42]

Além do mais, se Cristo veio realmente para salvar todos os homens, se seu sacrifício tem de fato o poder de pagar todos os pecados do mundo, por que ainda se exige penitência? Por que ainda há condenados à danação? Os cristícolas respondem que Deus não quer agir contra nossa liberdade e nos salvar contra nossa própria vontade. Argumento escandaloso! O que diríamos de um pai de família que não tentasse impedir pela força que seus filhos se lançassem numa catástrofe? Ele seria criticado por não respeitar a liberdade dos filhos? E quanto a Deus? Ele, que é infinitamente bom e infinitamente poderoso, assiste impassível a milhares e milhares de seus filhos e filhas rumarem para o inferno? Ele contempla o naufrágio de sua própria criação! Onde já se viu tamanho absurdo?

> Também podemos lhes dizer [aos cristícolas] que Deus, sendo todo-poderoso e infinitamente sábio como eles o supõem, ainda poderia, sem privar de liberdade os homens, conduzir e dirigir seus corações e seus espíritos, seus pensamentos e seus desejos, suas inclinações e suas vontades, de modo que jamais haveriam de querer fazer mal algum, nem pecado algum, e assim poderia impedir facilmente todas as espécies de vícios e pecados, sem privar e sem ferir a liberdade.[43]

Mas isso não é tudo. Essa trapalhada atroz que é a condenação da humanidade foi provocada pelo pecado de um só, o pecado original. Aí está o pai infinitamente bom, que condena ao sofrimento eterno milhares de suas criaturas porque apenas uma, uma vez, cometeu um pecado cuja natureza nem sequer é conhecida! Aliás, como é que um Deus infinitamente

---

42 Ibid., t.I, p.197.
43 Ibid., t.I, p.477.

sábio e poderoso pode se sentir ofendido pelo ato de uma criatura sua, ele, o imutável, o sereno, o inalterável?

E o cúmulo: Deus não encontra nada melhor para resgatar um erro humano do que enviar seu filho ao mundo para que seja morto pelos homens, obrigando-os a cometer um pecado ainda mais grave do que o primeiro para serem salvos! Pois sem crucificação não há redenção, e a crucificação tem de ser feita pelos homens! A salvação da humanidade se consuma graças a Judas, Pilatos e alguns outros, essencialmente graças aos judeus, que continuam a expiar esse pecado! Suponhamos que todos tivessem amado Cristo, que ninguém tivesse desejado sua morte: o que teria acontecido com o projeto divino de redenção? Podemos dizer que Deus cura o mal pelo mal! Entre a história da maçã e a do deicídio, não é a segunda que mereceria a danação da humanidade?

> Não é como se disséssemos que um Deus infinitamente sábio e infinitamente bom se tivesse gravemente ofendido contra os homens e se tivesse profundamente irritado contra eles por um nada, por uma bagatela, e que se tivesse misericordiosamente pacificado e reconciliado com eles pelo maior de todos os crimes? Por um horrível deicídio que teriam cometido, crucificando e matando cruel e vergonhosamente seu querido e divino filho?[44]

UMA HISTÓRIA DE LOUCOS

"Como se conseguiu persuadir homens razoáveis e judiciosos de coisas tão estranhas e tão absurdas?" O padre não explica tal mistério. E o que dizer da moral cristã, que fundamenta seu ideal "no amor e na busca das dores e dos sofrimentos", que declara bem-aventurados aqueles que choram e aqueles que sofrem, que põe a perfeição naquilo que é contrário às necessidades naturais, que pede que não se resista aos malvados e se permita, ao contrário, que eles ajam? Se os cristãos aplicassem esse princípio, seria o caos. E o problema do mal? O que significam os sofrimentos de todos esses infelizes?

> Dizer que um Deus todo-poderoso, infinitamente bom e infinitamente sábio deseja lhes enviar esses males e essas aflições com o pretexto de um bem muito

---

44 Ibid., t.I, p.497.

maior? Com o pretexto de lhes fazer praticar a paciência? E desejar purificá-
-los? E torná-los perfeitos na virtude? Para em seguida torná-los ainda mais
gloriosos e ainda mais felizes no céu?[45]

Os cristícolas falam do bem do outro mundo:

> Foram lá vê-los? Para saber notícias? Quem lhes disse que era assim? Que
> experiência têm? Que prova? Decerto nenhuma, a não ser a que pretendem tirar
> de sua fé, e que não passa de uma crença cega em coisas que eles não veem,
> que ninguém jamais viu e que ninguém jamais verá.[46]

E por que Deus concede sua graça a alguns e não a todos? Ele não
é justo? Não é todo-poderoso? E que história é essa de Trindade? E essa
idolatria com pedaços de pão?

> Sois vós esse povo que crê tão tolamente fazer, adorar e comungar seu
> Deus, fazendo, adorando e comungando piedosa e devotamente como fazeis
> pequeninas imagens de massa, que vossos sacerdotes vos fazem acreditar ser
> o corpo e o sangue, a alma e a divindade de Jesus Cristo, vosso Deus e vosso
> divino Salvador.[47]

Cristo disse que bastava pedir para receber. Então por que ainda há
tantas misérias, tantas guerras, tantas heresias? Ele nos disse também que
sua Igreja duraria para sempre. Veremos. "Os homens não serão para sempre
tão tolos e tão cegos em relação à religião",[48] escreve Meslier num de seus
raros lampejos de otimismo.

Aliás, hoje, pergunta o padre, os homens creem realmente em todas
essas tolices? Será que não estão representando uma comédia? A observação
é interessante, porque podemos imaginar que é motivada por quarenta anos
de experiência como confessor. Quem conhece melhor a fé dos cristãos do
que um confessor do Antigo Regime? Ora, Meslier não parece convencido
da força das convicções cristãs. O trecho a seguir é essencial, porque suscita
inúmeras perguntas sobre a cristianização da sociedade do Antigo Regime:

---

45 Ibid., t.II, p.483.
46 Ibid., t.II, p.486.
47 Ibid., t.I, p.424.
48 Ibid., t.I, p.315.

O MANIFESTO DO ABADE MESLIER (1729)

Quanto ao comum dos homens, vê-se bem também por seus costumes e por sua conduta que a maioria não está mais convencida de sua religião ou daquilo que ela lhe ensina do que aqueles de que acabo de falar, embora pratique com mais regularidade os exercícios da fé. E aqueles do povo que possuem um mínimo de espírito e bom senso, por mais ignorantes que sejam das ciências humanas, não deixam de ver, e até mesmo sentir de certa maneira, a presunção e a falsidade daquilo que querem lhes fazer crer a respeito dessas questões, de modo que é como que à força, como que a contragosto, como que contra seu próprio entendimento, como que contra sua própria razão, e como que contra seus próprios sentimentos que eles creem, ou melhor, que eles se esforçam por crer naquilo que lhes é dito.[49]

Meslier tem outra queixa contra a Igreja, que nos reterá menos, mas que para ele é muito importante: ele a acusa de apoiar a tirania e a injustiça social. Os homens são naturalmente iguais; ora, os nobres destruíram essa igualdade à força e, desde então, mantêm a maioria do povo na miséria. Toda uma série de parasitas vive do trabalho dos pobres: os eclesiásticos, os funcionários da justiça, os intendentes de polícia, os soldados. E a Igreja, ao invés de lutar contra a injustiça, abençoa essa exploração do homem pelo homem. Acima de tudo isso, encontra-se o tirano, o rei, que deveria ser assassinado.[50] Meslier preconiza uma reorganização social de tipo comunista, baseada em pequenas unidades de produção.

Ele não prega, contudo, a revolução. Pedindo a seus confrades que disseminem suas ideias subversivas, ele parece, em alguns momentos, confiar nos progressos da razão para melhorar a situação do mundo. Mas seu tratado se encerra com uma proclamação de niilismo enraivecido. Em sua conclusão, ele se desespera com a loucura dos homens: "Gostaria de fazer que minha voz fosse ouvida de uma ponta à outra do reino; gritaria então com todas as minhas forças: sois loucos, ó homens, sois loucos por vos deixar conduzir assim, e por crer tão cegamente em tantas tolices".[51] Os homens não devem mais escutar os padres, que, aliás, nem creem naquilo que dizem:

Recusai inteiramente portanto essas vãs e supersticiosas práticas de religião; bani de vossos espíritos essa louca e cega crença de falsos mistérios; não dai a ela vossa fé, zombai de tudo o que vossos sacerdotes interesseiros vos

---

49 Ibid., t.II, p.157.
50 Ver nosso estudo, *Le Couteau et Le Poison. L'Assassinat politique en Europe (1400-1800)*.
51 Deprun; Desné; Soboul (eds.), op. cit., t.III, p.129.

dizem. A maioria nem sequer crê em nada disso. Quererreis crer mais do que eles mesmos?[52]

Mas caso se suprima a religião, dirão alguns, os maus não terão mais medo do inferno e multiplicarão seus crimes. Mesmo sendo uma mentira, a religião é uma mentira útil. Meslier responde que há muito tempo os maus deixaram de ter medo do inferno, e que o bem nada tem a temer da verdade.

Ele responde, sobretudo, que está saturado, que os homens creem no que querem, conduzem-se como bem entendem e que ele está farto desse asilo de loucos, dessa comédia humana, em que tudo caminha para o nada. As últimas linhas de seu *Mémoire* demonstram desgosto, pessimismo, niilismo trágico:

> Depois disso, que se pense, que se julgue, que se diga e que se faça aquilo que bem se entender neste mundo, pouco me importa; que os homens se aco-modem e governem como queiram, que sejam sábios ou que sejam loucos, que sejam bons ou que sejam maus, que digam ou que façam até mesmo de mim o que bem entenderem após minha morte, preocupa-me muito pouco; quase não participo mais daquilo que se faz no mundo; os mortos, com os quais me preparo para partir, não se incomodam mais com nada, não opinam mais sobre nada e não se preocupam mais com nada. Terminarei portanto pelo nada, pois já sou quase nada e logo *nada* serei.[53]

Como não pensar em Shakespeare: "A vida não é nada além de uma sombra que passa, um pobre histrião que se pavoneia e se aquece uma hora sobre o palco e, depois, não se ouve mais; uma história contada por um parvo, cheia de som e fúria, e que não quer dizer nada"? O *nada* de Meslier é como um eco do *nada* de Macbeth.

No que diz respeito a seu cadáver, Jean Meslier não tem ilusões e escar-nece de antemão de seus juízes:

> Que os sacerdotes, que os pregadores façam de meu corpo o que quiserem; que o dilacerem, que o moam em pedaços, que o assem ou cozinhem, e até mesmo que o comam, se quiserem, ao molho de sua escolha, nada disso suscita em mim o menor pesar; estarei completamente fora de seu alcance, e nada mais será capaz de provocar medo em mim.[54]

---

52 Ibid., t.III, p.139.
53 Ibid., t.III, p.177.
54 Ibid., t.I, p.37-8.

A VIDA E O SEGREDO DE JEAN MESLIER

Esse padre ateu, autor do ataque mais radical escrito até então contra a religião e a fé, será objeto de julgamentos contraditórios e apaixonados. Com exceção de sua obra, pouco sabemos sobre o homem, mas sabemos o bastante para adivinhar que era uma personalidade animada por uma vontade excepcional.

Teve uma carreira banal, aparentemente.[55] Era filho de um comerciante de tecidos, frequentou a escola paroquial, onde se destacou por sua inteligência e por seu gosto pelos estudos e, provavelmente a conselho do pároco, foi orientado pelos pais para o sacerdócio. Não tinha nenhuma vocação especial, mas aceitou a escolha sem resistir. Se acreditarmos no que diz, teria muito cedo concebido dúvidas em relação à fé, como confessa em seu *Mémoire*:

> Desde minha mais tenra juventude, entrevi os erros e os abusos que causam os tantos e tão grandes males deste mundo. [...] Ainda que me tenha deixado conduzir facilmente às funções eclesiásticas para comprazer a meus pais, que acreditavam que eu podia exercê-las e que elas me proporcionariam uma vida mais agradável, mais tranquila e mais honrosa no mundo, em comparação com a dos homens comuns. No entanto, posso dizer sinceramente que jamais a visão de vantagem temporal, tampouco a visão das polpudas retribuições do ministério, levou-me a amar o exercício de uma profissão tão repleta de erros e imposturas.

Durante cinco anos, ele seguiu seus estudos eclesiásticos no seminário de Reims, dirigido pelo cônego Jacques Callou, que deixou excelente reputação. Ordenado em 1689, foi imediatamente nomeado pároco de Étrépigny, aos 25 anos. Essa paróquia de camponeses, lenhadores e viticultores, juntamente com a de Balaives, onde também era vigário, lhe valeram uma renda confortável.

O clero dessa região tem uma forte tradição de indocilidade às autoridades, e não é raro que um pároco se permita observações impertinentes contra as desigualdades e as injustiças sociais, ou em favor do jansenismo. Essa atitude de insubmissão latente, que certamente anima Meslier desde o início, acaba provocando a um incidente em 1716. Naquele ano, o arcebispo de Reims, François de Mailly, nomeado em 1710, exprime sua insatisfação

---

55 A biografia mais completa de Meslier é ainda Dommanget, *Le Curé Meslier, athée, communiste et révolutionnaire sous Louis XIV*.

com esse clero rebelde. O prelado, altivo, autoritário, imbuído dos pre-conceitos da alta nobreza, tem todos os defeitos necessários para provocar rancor num cura. Até seu biógrafo escreve em 1722 que "ele sempre esteve determinado a reduzir ou a perseguir tudo o que não fosse completa-mente submisso".[56] Saint-Simon, que muito frequentemente o critica em suas memórias por "seu furor alucinado pela Constituição [Unigenitus]", descreve-o como um "bispo cheio de ambição, e perseguidor descomedido por ódio e ambição".[57] O abade Gillet acrescenta: "Seus procedimentos são bruscos, suas expressões militantes, suas medidas rápidas, seus auxilia-res são homens mais de combate do que de conciliação";[58] Roland Desné completa o quadro: "Não se pode duvidar que Monsenhor de Mailly foi um déspota, e da espécie colérica".[59]

Ora, em 1716, o bispo recebe uma queixa da parte do senhor de Touly, fidalgo de Étrépigny: o padre Meslier se recusara a citá-lo na homilia porque ele havia maltratado os camponeses. O bispo condena a iniciativa de Meslier, e no domingo seguinte, o padre declara no púlpito:

> Eis a sorte ordinária dos pobres curas ; os arcebispos, que são grandes senho-res, desprezam-nos e não os escutam, só têm ouvidos para a nobreza. Oremos pois pelo senhor deste local. Roguemos a Deus por Antoine de Touly; que Ele o converta e lhe conceda a graça de não maltratar o pobre e despojar o órfão.

Nova queixa do fidalgo. O bispo convoca Meslier, repreende-o severa-mente, condena-o a um mês de reclusão no seminário e faz um relatório extremamente duro contra ele depois de visitar a paróquia. O padre é quali-ficado no documento de "ignorante, presunçoso, muito obtuso e obstinado, homem de bens, negligente com a Igreja, porque recebe muitos dízimos; mete-se a decidir casos que não compreende e não se arrepende de seus sentimentos. Também é muito apegado a seus interesses, e de infinita negligência, embora com aparência muito devota e jansenista". É acusado ainda de manter a igreja em mau estado, ter em casa uma criada de 18 anos, que ele diz ser sua prima, não ter suas contas em dia e ter colocado em sua igreja bancos para os burgueses.

---

56 Chalippe, *Oraison funèbre de Mgr F. de Mailly*, p.24.
57 Saint-Simon, *Mémoires*, t.VII, p.819.
58 Gillet, *Camille Le Tellier de Louvois*, p.197.
59 Deprun; Desné; Soboul (eds.), op. cit., t.I, p.xxvi.

Esse incidente é o único na vida de Meslier, que havia sido bem avaliado pelos bispos em 1689, 1696 ("O senhor cura possui a Santa Bíblia e outros bons livros"), 1698 ("estou muito satisfeito"), 1703 ("trabalha bem"), 1704, 1705 e 1706. A partir de 1718, as apreciações voltam a ser favoráveis. O cura engole o rancor, mas rumina uma revanche. Esse incidente talvez tenha levado à decisão de redigir o *Mémoire*.

Certos indícios provam que o trabalho não pode ter começado nem antes de 1718, visto que Meslier utiliza o *Traité* [Tratado] de Fénelon, que data desse mesmo ano, nem antes de 1724, posto que ele fala de "nosso famoso duque de Orléans, antigo regente de nossa França"; ora, o duque faleceu em 6 de dezembro de 1723. O trabalho data, portanto, dos últimos anos de vida de Meslier. Por que essa decisão de redigir um tratado póstumo? Ele explica logo nas primeiras linhas:

> Meus caros amigos, posto que não me teria sido permitido, e teria até mesmo havido consequências muito perigosas e muito desagradáveis para mim, caso vos dissesse abertamente, durante minha vida, o que pensava da conduta e do governo dos homens, de suas religiões e de seus costumes, resolvi falar-lhes ao menos após a minha morte, [...] a fim de cuidar de vos desiludir, ainda que tarde, e tanto quanto pudesse, dos erros vãos nos quais todos nós tivemos a infelicidade de nascer e viver; e dos quais tive eu mesmo o desprazer de me ver obrigado a vos convencer; digo desprazer porque era realmente um desprazer para mim ver-me em tal obrigação. Também por isso cumpri tal obrigação com muita repugnância e negligência, como pudestes notar.

Aparentemente, Meslier jamais deu prova de zelo, o que, com exceção do incidente de 1716, nunca chamou a atenção de seus superiores. Consciente de que sua atitude poderia dar margem à acusação de hipocrisia, ele lembra a seus paroquianos que sua falta de ardor não poderia lhes escapar: "Não creio, meus caros amigos, que jamais lhes tenha dado ocasião de imaginar que eu compartilhasse os sentimentos que agora fustigo; ao contrário, tereis notado diversas vezes que meus sentimentos eram muito contrários àquilo, e que eu era muito sensível a vossas penas".

"Jamais fui tão tolo a ponto de expor as misteriosas loucuras da religião", acrescenta ele, confessando ainda que muitas vezes se sentiu culpado por instruir seus paroquianos durante quarenta anos numa doutrina que ele sabia falsa. Se Meslier é sincero, sua vida não deve ter sido espiritualmente muito confortável, como ele próprio confessa:

362   O DESCRENTE SÉCULO XVIII

> Ainda assim era obrigado a vos instruir em vossa religião, e a vos falar dela pelo menos algumas vezes, para cumprir bem ou mal esse falso dever com que me tinha comprometido na qualidade de cura de vossa paróquia, e para isso tinha o desprazer de me ver nessa incômoda necessidade de agir e falar completamente contra meus próprios sentimentos, tinha o desprazer de discorrer sobre os tolos erros e as vãs superstições e idolatrias que odiava. [...] Odiava profundamente todas essas vãs funções de meu ministério e especialmente todas essas idolátricas e supersticiosas celebrações de missas e essas vãs e ridículas administrações de sacramentos que era obrigado a fazer. [...] Estive mais de uma centena de vezes a ponto de fazer indiscretamente explodir minha indignação, quase não podendo mais, em tais ocasiões, esconder meu ressentimento nem conter em mim mesmo a indignação que tinha por tudo aquilo. No entanto, agi de modo a contê-la, e tratarei de contê-la até o fim de meus dias, pois não quero expor-me em vida à indignação dos padres nem à crueldade dos tiranos, que não encontrariam, assim lhes pareceria, tormentos suficientemente rigorosos para punir tamanha temeridade.[60]

Meslier não exagera a ameaça. Ele viu padres pagarem com a vida suas posições antirreligiosas. Lefèvre foi condenado à fogueira em Reims por volta de 1700; foi apelidado de "Vanini ressuscitado". Em 1728, em Fresnes, o padre Guillaume foi preso por ateísmo; ele consegue se safar exilando-se num convento. Em compensação, o napolitano Pietro Gianonne, autor de um tratado contra a Igreja, morreu na prisão.

Meslier decidiu portanto trabalhar em segredo. A partir de quando? Suas indicações são vagas. Apesar de suas afirmações sobre a precocidade de sua incredulidade, pode-se supor que precisou de um longo amadurecimento para chegar a um ateísmo tão sistemático e integral. Em todo o caso, sente a necessidade de dizer que não escreve por desejo de vingança, mas por amor à verdade, por desgosto diante das injustiças e da maldade dos poderosos, por vontade de desmascarar a impostura de todas as religiões.

Coloca-se também a questão das fontes de Meslier. Muitos zombaram de seu estilo pesado, de suas expressões grosseiras, de suas frases intermináveis. Mesmo assim, seu pensamento é vigoroso, às vezes sutil. Seu sistema é perfeitamente coerente. "No sentido mais técnico da palavra, Jean Meslier foi um filósofo", afirma com razão Jean Deprun.[61] Era um filósofo materialista

---

60 Ibid., t.I, p.31-3. O mesmo para as quatro passagens anteriores: t.I, p.xxvii-xxviii; t.III, p.417; t.I, p.5-6; t.I, p.29.
61 Ibid., t.I, p.lxxxii.

ateu, com uma visão pessoal do mundo. Inspirou-se em muitos autores, especialmente no "judicioso senhor de Montaigne", como ele o chama, no qual encontrou inúmeras referências a Epicuro e Lucrécio. Mas ele não é gassendista nem spinozista. Seu método é acima de tudo cartesiano, e aceita apenas ideias claras e evidentes. É através de Malebranche que aprende Descartes. Ele cita frequentemente a *Recherche de la vérité* [Busca da verdade].

O que pouco se diz é que Meslier trabalha também com a Bíblia, os Evangelhos e os Pais da Igreja. Ele fez cinco anos de filosofia e de teologia no seminário; releu o Novo Testamento durante quarenta anos, conhece muito bem os textos fundadores do cristianismo e foi meditando sobre esses textos que se tornou ateu.

Como vimos, sua principal lacuna é científica. Aparentemente, sua biblioteca era limitada. Tentamos recriá-la a partir das citações do *Mémoire*. Das obras antigas, é difícil saber quais foram tiradas de Montaigne. Das modernas, ele tinha Rabelais, Malebranche, Fénelon, Naudé, Charron e *L'Espion turc*, de Marana. Um pequeno número de obras que Meslier leu e releu. Por outro lado, não temos nenhuma prova de contato com o exterior ou outros ateus, por exemplo. Meslier trabalhou provavelmente sozinho. No entanto, estava persuadido de que existiam inúmeros ateus: "Talvez haja até mais do que se imagina", escreve ele em seu *Anti-Fénelon*. Ele cita os da Antiguidade: Diágoras, Teodoro, Plínio, Triboniano; da época moderna, toma como exemplo Spinoza, Júlio III, Leão X. Há gente muito inteligente entre eles: "O ateísmo não é uma opinião tão estranha, nem tão monstruosa e tão desnaturada quanto dão a entender nossos supersticiosos deícolas".[62]

Resta o problema material da redação e da cópia dessa obra enorme. A obstinação e a força de vontade de Jean Meslier devem ser avaliadas pelo fato de que, trabalhando durante anos em seu presbitério, sem jamais confidenciar a ninguém seu projeto, ele copiou mais de mil páginas a pluma de ganso, numa letrinha miúda, ou mais de 3.500 páginas impressas. Ele copiou duas vezes a própria obra, durante as noites de inverno, à luz de velas e com a vista enfraquecida. Sem dúvida mais de mil horas de trabalho. Foi necessária uma sólida dose de ódio frio contra a religião para realizar essa obra sem desanimar.

Meslier não se ilude. Sabe que será caluniado depois de morto. Pouco importa! Ele semeia um grão e pede que espíritos mais bem dotados continuem o trabalho: "Caberia a pessoas de espírito e autoridade, caberia a

---

62 Ibid., t.II, p.160.

364   O DESCRENTE SÉCULO XVIII

plumas sábias e a pessoas eloquentes tratar dignamente desse assunto, e defender como se deve o partido da justiça e da verdade; elas o fariam incomparavelmente melhor do que eu".[63]

A PROPAGAÇÃO DAS IDEIAS DE MESLIER NO SÉCULO XVIII

A história dos três preciosos manuscritos depois da morte de Meslier é misteriosa. Durante 23 anos, perde-se qualquer pista deles, mas obviamente não estavam perdidos para todo mundo: em 1734, cinco anos após o falecimento de Meslier, cópias e excertos circulam em Paris, onde são disputados por mais de dez luíses de ouro. Fala-se de uma centena de cópias nos anos 1740. Cópias feitas provavelmente durante a estadia dos originais nos escritórios dos oficiais de justiça e dos notários de Mézières, Rethel e Sainte-Menehould, antes de chegar às mãos do ministro da Justiça, Chauvelin, que os registra em 1752.

A partir daí, nada detém a difusão do texto: em 1748, em Berlim, La Mettrie fala "desse cura da região da Champagne, cuja história muitos conhecem, homem da maior virtude, em cuja casa foram encontradas três cópias de seu ateísmo". Frederico III possui um exemplar em sua biblioteca. Toda a Europa o conhece. Milorde Keith oferece a Rousseau o "escrito de um cura da Champagne do qual tanto se falou". Grimm constata, em 1762, que todos os "curiosos" têm uma cópia; isso vale para o juiz De Lamoignon, o juiz Bouhier, de Dijon, o conde de Caylus, o marechal de Noailles, os herdeiros do cardeal de Fleury. Em 1764, Van Swicken, adido da Embaixada da Áustria em Paris, escreve que um de seus amigos deseja vender uma cópia por cinquenta ducados.

Voltaire faz propaganda de Meslier, ou melhor, do *Extrait des sentiments de Jean Meslier* [Excerto dos sentimentos de Jean Meslier], que ele divulga pela Europa. Esse opúsculo é na realidade uma traição ao texto original, amputado das três últimas provas e apresentado como um escrito deísta, que termina com as seguintes palavras:

> Acabarei suplicando a Deus, tão ultrajado por essa seita, que se digne nos chamar de volta à religião natural, da qual o cristianismo é inimigo declarado; a essa religião santa que Deus pôs no coração de todos os homens, e que nos

---

63   Ibid., t.III, p.175.

O MANIFESTO DO ABADE MESLIER (1729)

ensina a nada fazer ao outro além daquilo que desejamos que se seja feito a nós mesmos.[64]

O desvio é consciente: Voltaire usa o nome de Meslier para divulgar suas próprias ideias, suprimindo do texto os trechos socialmente subversivos e ateus. O filósofo de Ferney não tem nenhuma simpatia pelo filósofo de Étrépigny, a quem faltam elegância de espírito e bom gosto. Voltaire escreve em 1762: "Seu escrito é demasiado longo, entediante e até mesmo revoltante; mas o excerto é curto e contém tudo que merece ser lido no original".[65] Voltaire menciona o padre Meslier em 58 cartas. Para ele, trata-se de uma excelente arma em sua luta contra a Igreja: "Creio que nada pode fazer mais efeito do que o testamento de um padre que pede perdão a Deus por ter enganado os homens", escreve ele a Damilaville em 1762. E, no entanto, refletiu mais de vinte anos antes de colocar seu *Extrait* em circulação, e jamais reconheceu sua paternidade, embora louvasse seus méritos a todos com quem se correspondia. O problema é que o verdadeiro Meslier é perigoso demais, com seu ateísmo materialista. O Meslier deísta de Voltaire vende melhor: uma segunda tiragem é necessária ao fim de seis meses.

Os outros filósofos não se deixam enganar. Diderot leu o *Mémoire* original, como mostra seu *Eleutheromanes*. Helvétius, La Mettrie, Naigeon e D'Holbach também. Este último, que compartilha o ateísmo materialista do padre, apresenta em *Le Bon sens* [O bom senso], de 1775, os trechos suprimidos por Voltaire. Ele já havia publicado com Diderot os escritos materialistas de Nicolas-Antoine Boulanger em 1761 e 1765. A dissertação de Meslier inspira a Meunier de Querlou um artigo a favor do ateísmo para o jornal *Les Petites Affiches*, em 1773, artigo que teve de ser retirado por pressão da censura.

Há até testemunhos de conversões ao ateísmo motivadas pela leitura de Meslier. Um dos casos mais impressionantes é o do abade de La Chapelle, censor do rei, autor de *Institutions de géométrie* [Instituições de geometria], de 1746, que foi um bom cristão até os quarenta anos e, segundo Jean-Baptiste Suard, teria dito a D'Alembert: "Eu jamais tinha refletido sobre a religião; mas li a *Lettre de Thrasybule* [Carta de Trasíbulo] e o *Testament de Jean Meslier* [Testamento de Jean Meslier]; isso me fez pensar e então me tornei um espírito forte".[66]

---

64 Voltaire, Extraits des sentiments de Jean Meslier. In: _____, *Mélanges*, p.501.
65 Id., *Correspondance*, t.50, p.80.
66 Apud Desné, Preface. In: Deprun; Desné; Soboul (eds.), op. cit., t.I, p.lxii.

366   O DESCRENTE SÉCULO XVIII

O *Mémoire* e o *Extrait* continuam a circular. Um boletim de polícia de 1743 fala de um certo La Barrière, difusor da "obra do cura de Trépigny".[67] Um livro polonês de 1786 o menciona.[68] Um documento recém-descoberto por Geneviève Artigas-Menant confirma a precocidade e a extensão dessa difusão.[69] Entre os documentos de um simples burguês, Thomas Pichon (1700-1781), estabelecido em Londres e depois em Jersey, há uma carta de 1737 a um correspondente que pedira sua opinião sobre a obra de Meslier. A resposta mostra que ele lera a dissertação na íntegra, já que fala das oito provas; aliás, um exemplar é encontrado entre os 2.200 livros de sua biblioteca. Sua reação é muito negativa: "É um espírito monstruoso, horrível, abominável, e digno somente do inferno que o produziu. Quisera Deus não houvesse mais do que um exemplar. O dever daquele que o tivesse era queimá-lo imediatamente a fim de sepultá-lo num eterno esquecimento [...]. Mas infelizmente existem diversos exemplares dessa perniciosa obra"... como o dele, que ele se abstém de queimar! Aliás, esse Thomas Pichon, que chama Meslier de "hipocondríaco", parece fascinado por esse tipo de literatura. Ele possui outros escritos clandestinos e chegou a compor um manuscrito intitulado *Notice des écrits les plus célèbres qui favorisent l'incrédulité* [Nota sobre os escritos mais célebres que favorecem a descrença]. Em suas cartas, encontra-se também uma missiva do romancista inglês John Cleland, datada de 10 de setembro de 1757, que andava à procura da obra de Meslier.

Tal como esperava, o padre de Étrépigny conseguiu perturbar as consciências. Ele não atingiu, sem dúvida, a massa dos fiéis rurais. Apesar de seu estilo de pregador popular, de sua mentalidade camponesa, de alguns aspectos arcaicos de seu pensamento, da importância que dá à reação brutal e sentimental, elementos observados por muitos de críticos,[70] Meslier tem um discurso intelectual, que é explorado pelos filósofos; ainda que estes desprezem seu estilo, ele alimentou sua reflexão. Acima de tudo, Meslier é um sistema, uma argumentação, mas é também, e talvez sobretudo, um homem, um padre, cujo testemunho patético só pode interpelar as consciências.

---

67 Ravaisson, *Archives de la Bastille*, t.XII, p.231.
68 Kossakowski, *Ksiadz pleban*.
69 Artigas-Menant, Quatre témoignages inédits sur le "Testament" de Meslier, *Dix-huitième siècle*, n.24.
70 Cf. Colloque International de Reims, *Le Curé Meslier et la vie intellectuelle, religieuse et sociale (fin XVIIe – début XVIIIe siècle)*, em especial Dossuot, "L'archaïsme de Meslier", que nota resquícios hussitas; Mondjian, "Meslier et l'orientation démocratique populaire dans le matérialisme français au XVIIIe siècle"; Chaurand, "Tromper et se tromper: Meslier et le sens de l'Écriture"; Desné, "Meslier et son lecteur"; e Relat, "Meslier et Bayle: un dialogue cartésien et occasionaliste autour de l'athéisme".

Desde o século XVIII, tenta-se obter mais informações sobre esse homem que intriga e fascina. Por volta de 1760, uma primeira biografia é composta na forma de um compêndio anônimo, obra de um eclesiástico que utilizou os documentos depositados no arcebispado de Reims. Em 1769, Meslier entra para o *Dictionnaire antiphilosophique* [Dicionário antifilosófico] de dom Louis-Mayeul Chaudon, beneditino de Cluny. O tom, evidentemente, não é adulador, e o verbete de duas páginas termina com estas palavras: "A revolta desse infiel contra o cristianismo não passava de fruto de um cérebro ardente, perturbado pela vida solitária e pelo estudo, e animado pela vã esperança de tornar ilustre, após sua morte, a memória de seu pai".

Em 1783, Aubry, padre de Mazerny, uma paróquia vizinha de Étrépigny, redige uma nota a pedido do arcebispado. Ele conta que, segundo se recordam seus contemporâneos, Meslier era um "homem singular", fechado, que, em seus sermões, fazia questão de não levar em conta as crenças cristãs, utilizando fórmulas como "os cristãos dizem, os cristãos afirmam, os cristãos creem", o que confirmaria as palavras de Meslier em seu *Mémoire*: "Tereis notado...". Aubry acrescenta um toque diabólico: "um sorriso do qual não se conhecia ainda toda a maldade".

Em 1822, um outro padre da região das Ardennes, Labrosse, escreve uma nota endereçada ao curador das antiguidades do Departamento das Ardennes. Ele sugere, pela primeira vez, que Meslier teria se abandonado à morte, recusando qualquer alimento. O suposto suicídio do ateu visa tornar ainda mais negativo o retrato do homem chamado de "cérebro enfermo e coração corrompido".

MESLIER, DA REVOLUÇÃO FRANCESA À UNIÃO SOVIÉTICA

A Revolução Francesa poderia ter homenageado esse padre que desejou a morte dos tiranos. No dia 17 de novembro de 1793, Anacharsis Cloots, deputado do Oise, num discurso à Convenção, louva os méritos de sua própria obra, *Certitude des preuves du mahométisme* [Certeza das provas do maometismo]: "Jogo um muçulmano entre as pernas de outros sectários, que caem uns sobre os outros". Termina sua alocução com um apelo para que se erga uma estátua de Jean Meslier no templo da Razão:

> É reconhecido que os adversários da religião bem mereceram o gênero humano; é a esse título que peço, para o primeiro eclesiástico abjurante, uma estátua no templo da Razão. Será suficiente pronunciar seu nome para obter

um decreto favorável da Convenção Nacional: o intrépido, o generoso, o exemplar Jean Meslier, padre de Étrépigny, em Champagne, cujo *Testament* filosófico levou desolação à Sorbonne, e entre todas as facções cristícolas. A memória desse cavalheiro, enxovalhada sob o Antigo Regime, deve ser reabilitada sob o regime da natureza.[71]

A solicitação não obtém resposta, e Meslier tem de se contentar com um enfático elogio no *Dictionnaire des athées anciens et modernes* [Dicionário dos ateus antigos e modernos], publicado por Sylvain Maréchal em 1880. O problema é que o padre causa temor, mesmo entre os revolucionários, cujos líderes são fiéis ao deísmo voltairiano.

Jacques-André Naigeon, amigo de D'Holbach que edita os volumes de filosofia da *Encyclopédie méthodique* [Enciclopédia metódica] de Panckouke entre 1791 e 1794, devolve o alcance do ateísmo de Meslier, mostrando que Voltaire o deformou intencionalmente, porque precisava de uma religião para defender a ordem social. Segundo Naigeon, Voltaire também é ateu. O homem que escreveu "Se Deus não existisse, seria preciso inventá-lo" não pode ser um crente. Suas afirmações sobre "a materialidade da alma, a necessidade das ações humanas, a eternidade da matéria" são inconciliáveis com a existência de Deus.

O nome de Meslier é considerado suficientemente conhecido sob a revolução para que em 1791 um editor lhe atribua a paternidade de *Le Bon sens*, do barão d'Holbach, até então publicado anonimamente. O embuste tem sucesso garantido, com diversas reedições nos séculos XIX e XX.

No entanto, Meslier ainda preocupa, até aos mais ousados. No século XIX, os editores não ousam publicá-lo, e Ernest Renan, consultado a esse propósito, nem se dá ao trabalho de responder. Não são somente as audácias ímpias do padre que levam os intelectuais a se distanciar: o caráter pesado e rústico de seu estilo também desagrada. Esse profundo desprezo, tanto pelo "materialismo grosseiro" quanto pela falta de elegância formal, é expresso em 1829 por Charles Nodier:

> É em toda sua ignóbil secura o materialismo pesado, difuso, ininteligível dessa camarilha de D'Holbach, umas das mais estéreis em talento e das mais perniciosas em doutrina que influenciaram a sorte do mundo. Certamente, o padre Meslier não se revoltava sem razão contra a imortalidade; ele não podia

---

71 Apud Deprun; Desné; Soboul (eds.), op. cit., t.III, p.503.

O MANIFESTO DO ABADE MESLIER (1729)

ambicionar sequer a de Eróstrato. Propus-me citar alguns exemplos, mas a pluma me caiu das mãos, menos de desgosto e indignação do que de tédio.[72]

Essa opinião não é compartilhada pelos livres-pensadores e pelos materialistas. Deixemos de lado a fraude de Léo Taxil que, em 1881, publica em três volumes as obras de D'Holbach com o nome de Meslier. Roland Desné relatou as dificuldades enfrentadas pelo holandês Van Giessenburg, que em 1864 teve a coragem de imprimir quinhentos exemplares do *Mémoire*, em três volumes, em Amsterdã.[73] Franco-maçom, racionalista convicto, Van Giessenburg é um dos cofundadores da associação ateia *Dageraad*. Em 1859, tentou em vão entrar em contato com os editores de Bruxelas, que não acreditavam no retorno da publicação. De fato, em catorze anos somente trezentos exemplares foram vendidos.

No entanto, essa edição foi a origem da redescoberta de Meslier no século XX, com diversas traduções. Foi na URSS que fez mais sucesso. Inúmeros pensadores marxistas frisaram o parentesco entre o ateísmo "ingênuo" do padre e o de Karl Marx.[74] As pesquisas científicas sobre Meslier começaram desde 1876 na Rússia, com Alexandre Chakhov, e em 1918 apareceu a primeira interpretação marxista, feita por V. P. Volguine. Em 1925, uma versão resumida do *Mémoire* foi publicada em russo por A. Deborine, que via Meslier como o "pai do materialismo e do ateísmo do século XVIII". O texto completo foi publicado em 1937.[75]

O padre Meslier mexeu profundamente com as fantasias e marcou a história da incredulidade. A obstinação solitária desse homem, sua coragem – satânica para uns, magnificamente humana para outros – contribuíram para fazer dele um verdadeiro mito. O caráter radical de seu pensamento, que não faz a mínima concessão ao espiritualismo e ao deísmo, contrasta com a timidez dos filósofos e libertinos da época. Levando a lógica materialista ao extremo, chega aos derradeiros limites do ateísmo, diante dos quais recuam até os mais audaciosos. Escrevendo em segredo, para que seu pensamento

---

72 Nodier, *Mélanges tirés d'une petite bibliothèque*, p.182.
73 Desné, op. cit., t.I, p.lxxiii-lxxix.
74 Skrzypek, L'athéisme de Meslier et l'athéisme marxiste. In: Colloque International de Reims, op. cit.; Solokov, *Histoire de la libre pensée et de l'athéisme en Europe*; Porchnev, *Jean Meslier et les sources populaires de ses idées*; Voronitsine, *Istoria ateizma*. A grande enciclopédia soviética de 1938 consagra a ele um longo artigo.
75 Skrzypek, La fortune de Jean Meslier en Russie et en URSS, *Dix-huitième siècle*, n.3, p.117-43.

se revele somente depois que estiver fora do alcance da justiça, ele pode prescindir das precauções oratórias com que se rodeiam os autores que publicam em vida. Ao mesmo tempo, porém, foi preciso a esse homem uma força de caráter fora do comum para levar a cabo uma tal empreitada.

Reflitam no que lhes pedem para crer: essa é a essência de sua mensagem. E sem dúvida, afora aqueles que, por reflexo condicionado, tapam os ouvidos e gritam que é blasfêmia para não ter de ouvir, ele contribuiu para desencadear em alguns uma investigação pessoal sobre a fé.

OS ÊMULOS DE MESLIER

Para um Meslier conhecido, há quantos Meslier escondidos? Quantos padres do século XVIII compartilharam secretamente esse ateísmo, sem jamais ousar confessá-lo, sequer postumamente? É lícito fazer essa pergunta, tendo em vista o número considerável de clérigos incrédulos, escandalosos, suspeitos, de abades libertinos ou autores de livros deístas ou pouco ortodoxos que desfilam nos documentos da época. Todos tiveram a mesma formação de Meslier; será que ele foi o único que chegou a essas conclusões por meio de uma reflexão pessoal, interior, sobre os textos sagrados? É pouco provável. Alguns dos pensamentos mais audaciosos e mais contestadores do século saíram da pluma de eclesiásticos, como Mably, Maury, Sieyès, Prades, Roux, Condillac, Morelly, Galiani, Saint-Pierre, Raynal, Morellet, Prévost, Saury, Baudeau, Roubaud, Coyer, Deschamps, Laurens e uma coorte de ateus, materialistas, libertinos, comunistas e livres-pensadores.

A formação do clero é responsável em parte por esses desvios. Desde a criação dos seminários, os padres são educados num ambiente fechado e asséptico, sem contato com a cultura profana. Devoção acima de tudo, pureza de costumes, moral, pastoral, celebração dos ofícios, teologia escolástica, Escrituras, e só. Alguns rudimentos de filosofia, nada de história e ainda menos de ciência. Uma vez na paróquia, o padre, isolado no presbitério, é vigiado permanentemente. Jean Quéniart, que estudou as bibliotecas dos padres no Oeste da França, escreveu muito a propósito:

> A tendência dos bispos é, em última instância [...], limitar nos padres a parcela de liberdade individual e de reflexão sobre os grandes textos tradicionais. Sem que nenhuma proibição seja pronunciada, a formação privilegia pouco a pouco as aulas de teologia vistas no seminário sobre santo Agostinho e santo

Tomás; pois é conveniente que os padres sejam todos moldados na mesma forma intelectual.[76]

Encontram-se nas bibliotecas dos padres livros de pastoral, coleções de sermões, às vezes alguns dos Pais da Igreja e as obras de santo Tomás, catecismos e livros de apologética. A ausência quase completa de livros profanos ilustra a defasagem crescente que se instala entre o pensamento clerical e o pensamento profano.

Os padres não têm armas para enfrentar os argumentos cada vez mais contundentes dos incrédulos. E caso comecem a refletir, é sua fé que corre perigo. Ora, padres que refletem são cada vez mais numerosos no século XVIII, mesmo nos meios rurais. O fermento jansenista tem muita responsabilidade nisso, porque estimulou a busca contestadora num grande número de padres, a começar pelos vizinhos de Meslier. Em 1635, David Gondel, padre de Hannogne-Saint-Martin, chama a atenção por suas críticas virulentas à nobreza. Em 1716, as atas das visitas episcopais registram numerosos casos de padres turbulentos e dados à reflexão na região de Sedan.[77] Especialmente preocupante é a propensão desses padres a visitar a Holanda, como Laurent Bruneau, padre de Warcq e talvez amigo de Meslier: "Monsenhor proibiu-lhe terminantemente de ir à Holanda, como a viagem de um mês que fez há cerca de três anos": é o que se lê na ata. Joseph Jadin, padre de Nouvion-sur-Meuse, localidade situada a três quilômetros de Étrépigny, "ausenta-se amiúde por quinze dias, e passa oito ou dez dias por ano em Liège [...], ele é altivo, resistente, dissimulado, gosta de pessoas que resistem aos superiores, [...] suspeita-se que traz livros proibidos da Holanda [...] é o padre mais rebelde e mais teimoso da diocese". Outros são chamados de "resistentes" e "raciocinadores". Meslier, que os conhece, não se ilude com a fé de seus confrades: "Eles mesmos não creem nisso, em sua maioria", e existia a hipótese de que alguns padres substituíam a pregação moral pelo ensino dos dogmas para disfarçar sua incredulidade.[78]

Sem chegar à descrença total, alguns abades fazem afirmações muito relativistas, como François Ignace d'Espiard de La Borde (1717-1777), que se inspirou na literatura de viagens para demonstrar em seu *L'Esprit des nations* [O espírito das nações], de 1752, que a religião varia conforme a

---

76 Quéniart, *Culture et société urbaines dans la France de l'Ouest au XVIIIe siècle*, p.243.
77 Desné, op. cit., t.I, p.xxvii.
78 Bernard, *Le Sermon au XVIIIe siècle*; Candel, *Les Prédicateurs français de la première moitié du XVIIIe siècle*.

civilização. Em 1764, um abade anônimo defende estranhas ideias sociais em *La Plusitochie, ou riche pauvreté* [A plusitoquia, ou rica pobreza]. Outros, mais conhecidos por seus projetos, deixaram uma reputação de ateísmo, como os abades Dubois e Saint-Pierre. Muitos, como Terrasson ou Coyer, que têm apenas as ordens menores, formam uma plebe literária. O jansenismo encoraja neles o gosto pelas leituras proibidas e pela revolta.[79]

Outros ainda difundem escritos agressivamente anticristãos, como Guillaume, preso em 1728 por ter redigido uma obra muito semelhante aos *Trois imposteurs*. Seu confrade Leblanche é trancafiado na Bastilha em 1749 pelo mesmo motivo. Em 1665, Fléchier cita um da Auvergne que "também quis falar mal de Deus e, depois de começar com tolices, achou que era preciso terminar com impiedades e blasfêmias, atacando o céu e a terra. Ele foi preso e condenado a um ano de degredo e ao pagamento de indenizações".[80]

Rétif de la Bretonne, em *La Vie de mon père* [A vida de meu pai], fala de diversos padres do meio rural que eram mais filantropos do que verdadeiramente cristãos. É o caso do padre Pinard, de Nitry, que, por volta de 1710, não "era tão devoto quanto o padre de Courgis, que é praticamente o único homem apostólico que ainda existe nas redondezas". De Antoine Foudriat, padre de Sacy, Emmanuel Le Roy Ladurie pintou o seguinte retrato:

> Ateu, materialista, discípulo de Bayle, Foudriat era outro Meslier, mas descontraído, amante dos prazeres e não comunista. Também tolerava as brincadeiras e os risos dos paroquianos. Considerava aqueles seus confrades que haviam permanecido presos à ortodoxia uns jactanciosos que enganavam o povo com seus pedantismos. Não fazia mistério de suas opiniões anticlericais e até mesmo anticristãs, que professava livremente, durante os jantares, diante de Edme e de seus outros amigos de Nitry. O sacerdócio, que continuava a praticar, era para ele um meio de educar e formar os camponeses numa ética, mais do que acorrentá-los a uma devoção.[81]

Os casos se multiplicam no fim do Antigo Regime. Os abades ateus e depravados abundam em *Mémoires secrets* [Memórias secretas] de Bachaumont, que nos apresenta uma sociedade descristianizada, que perdeu todo e qualquer referencial moral, e na qual algumas personagens passam

---

79 Mortier, Meslier et le statut de l'ecclésiastique. In: Colloque International de Reims, op. cit.

80 Fléchier, *Mémoires de Fléchier sur les Grands Jours d'Auvergne en 1665*, Paris, 1856, p.195.

81 Ladurie, *Le Territoire de l'historien*, t.II, p.378.

O MANIFESTO DO ABADE MESLIER (1729)

diretamente da depravação e da incredulidade para o jansenismo fanático. Muitos cônegos desocupados compõem escritos antirreligiosos ou muito suspeitos, como Sieyès, cônego de Tréguier e autor de um opúsculo intitulado *Sur Dieu ultramètre et sur la fibre religieuse de l'homme* [Sobre Deus ultrametro e sobre a fibra religiosa do homem].

O clero regular é igualmente atingido. Inúmeros abades, priores e simples monges perdem a fé nesse século que lhes é hostil e no qual eles não se sentem à vontade. O abandono em massa da vida religiosa no início da revolução será, aliás, a revelação dessa crise. Um exemplo: dom Mauffret, prior da grande abadia cisterciense de Bégard, na Bretanha, substituiu a Bíblia pela *Encyclopédie* como "livro de cabeceira". E recusa-se a separar-se dela durante a secularização. Ateu, ele escreve: "Jamais me diverti aprofundando ou mesmo estudando um dogma que ultrapassa a capacidade do homem". De volta à vida civil, desposa uma ex-religiosa da qual é o terceiro marido. Outro monge da mesma abadia, dom Bourguillot, assina uma carta de abdicação bastante significativa:

> Eu, abaixo-assinado, J. R. Bourguillot, 35 anos, ex-religioso da ordem de Cîteaux, ex-padre de Plémy, praticando até este dia o ofício de padre há dez anos, convencido dos erros há muito tempo por mim professados, declaro renunciar a eles e abdicar de todas as funções do sacerdócio publicamente e intimamente, confessando na verdade do coração a falsidade, a ilusão e a impostura das máximas religiosas que professei até este momento.[82]

DOM DESCHAMPS E SUA "TEOLOGIA ATEIA"

Outros ex-religiosos começam a escrever, como Henri-Joseph Laurens (1719-1793), autor de *Compère Mathieu* [Compadre Mathieu], romance no qual ataca a Igreja e a religião, que sufocam o livre-pensamento. Mais célebre é dom Léger-Marie Deschamps, beneditino de Saint-Maur, monge da abadia de Saint-Julien de Tours de 1745 a 1762, depois procurador do priorado de Montreuil-Bellay, até sua morte, em 1774. Esse curioso homem de religião, que jamais tentou abandonar a ordem, na qual gozava de grande liberdade, concebe um sistema metafísico quase ateu explicitado num manuscrito que permaneceu inédito, *Le Vrai système* [O verdadeiro sistema]. Numa espécie de

---

82 Apud Le Goff, *Bégard, le petit Cîteaux de l'Armorique*, p.355.

prefiguração do positivismo, ele distingue três etapas na evolução da humanidade: o estado selvagem, agrupamento mecânico baseado no instinto; o estado de leis, no qual as sociedades repousam sobre a desigualdade e a opressão sob a proteção de leis humanas e divinas (nessa fase, os homens se servem da ideia de Deus para fundar a moral da desigualdade, opressiva e alienante); o estado de costumes, que sucederá ao precedente pela destruição da religião e pela mutação da teologia em metafísica – a ideia de Deus se tornará, nesse ateísmo esclarecido, "Tudo", isto é, a Verdade, e "Tudo", no sentido de um comunismo vivido.

Protegido pelo marquês de Voyer d'Argenson, que o acolhe com frequência no castelo de Ormes, dom Deschamps é muito mais audacioso que os filósofos iluministas e é por eles desprezado. Voltaire zomba de sua metafísica, e Diderot pede que seja censurado seu opúsculo anônimo, *Lettres sur l'esprit du siècle* [Cartas sobre o espírito do século], de 1769. Eles erguem um "muro de silêncio" contra o abade, pois "cuidavam para não se deixar invadir pelo flanco esquerdo", escreve André Robinet;[83] Deschamps os trata, aliás, de fanáticos obscurantistas.

Esse religioso é de fato inclassificável. Ele renega a cultura do Iluminismo – que chama de "semi-iluminada" –, a teologia, o culto à razão, e considera que os intelectuais de sua época não aprofundaram o bastante o conceito de ateísmo. Ao "ateísmo ignorante", ao "ateísmo absurdo", ao "ateísmo dos filósofos", ao "ateísmo dos semi-iluminados", ele opõe o "ateísmo esclarecido", que rejeita ao mesmo tempo as religiões e o materialismo para atingir a revelação do "nada" diante do ser, da existência, da qual cada um é uma parte.

Sua obra, que ele apresenta como um "compêndio de ateísmo", tem parentesco com a teologia negativa do cardeal de Cues, que trazia em si a potencialidade da descrença: estando além de toda afirmação, Deus situa-se no ponto em que os extremos se unem. Nada se pode afirmar dele, só se pode negar todos os seus atributos: "É nisso", escreve Deschamps, "que consiste a teologia absolutamente secreta à qual nenhum filósofo chegou nem é capaz de chegar, caso ele se prenda ao princípio comum de toda filosofia, a saber, que os contraditórios se excluem". "Se o pensamento cessa de ouvir, situa-se na treva da ignorância, e quando toma consciência dessa treva, esse é então o sinal da presença de Deus que ele busca."[84] Isso é o que dom Deschamps chama de "ateísmo verdadeiro".

---

83 Robinet, *Dom Deschamps. Le Maître du soupçon*.
84 Carta de dom Deschamps a Amdorffer, apud Robinet, op. cit.

Nesse ponto, a busca extrema de Deus coincide com sua negação, que é a única que lhe permite escapar da apropriação pelo homem. André Robinet mostrou que a espiritualidade dessa época dava amplo espaço àquilo que ele denomina "ateus espirituais", como Benoît de Canfeld e sua doutrina do aniquilamento passivo e ativo. É possível estabelecer igualmente um elo com a "noite escura" dos místicos. Fim surpreendente para a "teologia ateia", como a qualifica Deschamps, que é muito mais filósofo do que teólogo. Embora lembre algumas correntes do passado, ele prefigura também um grande pensamento que está por vir: seu "Tudo", sua "Existência", que se realizam pouco a pouco, não evocam o Espírito hegeliano?

Dom Deschamps rejeita de todo modo a religião positiva, por razões sociopolíticas, anunciadoras do comunismo: "A religião apoia a desigualdade moral e a propriedade, ao mesmo tempo que prega a igualdade e a desapropriação; é que é da natureza das leis que isso assim seja".

À margem do deísmo então em voga, mas à maneira dos precursores, ele se assemelha um pouco a um Meslier mais leve e apurado. Este último, no entanto, com certeza não se reconheceria num pensamento tão sinuoso, delicado, sutil. Os dois padres, porém, partilham a mesma postura intelectual: a reivindicação de um ateísmo consciente como base da reorganização da sociedade.

– 11 –

IRRELIGIÃO E SOCIEDADE NO SÉCULO XVIII

O padre Meslier afirmava que muitos são os homens que "não estão mais persuadidos da verdade de sua religião" do que seus pastores. E acrescentava:

> Isso é tão verdadeiro que mesmo a maioria dos que são mais submissos sente essa repugnância e essa dificuldade que há em crer naquilo que a religião ensina, e obriga a crer. A natureza tem contra isso uma secreta repugnância, e uma secreta oposição. A razão natural protesta, por assim dizer, contra aquilo em que querem obrigá-la a crer.[1]

Com efeito, crer deixou de ser evidente. Em todos os níveis e em todos os meios, o clero se dá conta de que precisa persuadir as pessoas, porque a fé não é mais natural. Os testemunhos são superabundantes. E, pela primeira

---

1 Deprun; Desné; Soboul (eds.), *Œuvres de Jean Meslier*, t.II, p.157.

378 O DESCRENTE SÉCULO XVIII

vez, não se trata apenas de opiniões pessoais de censores e apologistas, mas do resultado das primeiras investigações de sociologia religiosa.

BALANÇO DAS VISITAS PASTORAIS: O INÍCIO DO DESINTERESSE

Podemos qualificar desse modo as visitas episcopais, ou visitas pastorais, que não eram uma novidade, mas tornam-se mais sistemáticas e cujas atas são conservadas em número cada vez maior desde meados do século XVII. O princípio da visita é conhecido: o bispo ou seu representante visitam a cada dois ou três anos todas as paróquias da diocese, com o objetivo de examinar o estado material das igrejas, mas também a situação espiritual dos fiéis e o modo como o padre dá conta de suas funções. Redige-se então uma ata, com observações e recomendações

A exploração científica desses preciosos documentos deve muito a *Études de sociologie religieuse* [Estudos de sociologia religiosa], de Gabriel Le Bras.[2] Ele teve o cuidado inicial de mostrar os limites de suas fontes: por pressão social, a prática dominical é quase unânime, portanto é difícil avaliar a quantidade de indiferentes, refratários e ateus; quantos vão à igreja por obrigação ou conformismo? Os questionários das visitas pastorais preveem indicar, como em Auxerre em 1664, "se há pessoas suspeitas de heresia, blasfemadores, usurários e concubinatos públicos, se alguns deixam de se confessar e comungar todos os anos na Páscoa", mas a verificação é delicada.

Um dos critérios quantificáveis mais nítidos de desapego à religião é o não respeito da confissão e da comunhão pascal. Nas regiões rurais da diocese de Auxerre, em 1682, o número de casos é muito variável: 1 em 230 em Septfonds, 2 em 460 em Saint-Privé, 3 em 320 em Chastenay, porém 60 em 550 em Merry-le-Sec e 40 apenas no povoado de Chapelle-Saint-André em 1709. Os índices são muito mais altos nas cidades, entre os notários, guardas, funcionários públicos, fidalgos, taberneiros, e muitas vezes são famílias inteiras que se abstêm de se confessar e comungar. A situação piora no século XVIII: em Saint-Pierre-de-la-Vallée, em Auxerre, 500 pessoas, num total de 1.500, não cumprem suas obrigações religiosas na Páscoa de 1780, e 4 ou 5 pessoas de 40 a 60 anos jamais comungaram. A mesma constatação é feita nas dioceses vizinhas de Sens, Autun, Mâcon, Dijon e Besançon. Na diocese de Châlons, há de 8% a 10% de refratários

---

2 Le Bras, *Études de sociologie religieuse*.

em 1698 em algumas paróquias, e muito mais em meados do século XVIII; em Mesnil-sur-Oger, 100 de 558 pessoas; em Moëlain, 19 de 100; em Givry, 108 de 400; em Villers-le-Sec, 90 de 300; em Gigny, 200 de 600. Na diocese de Rouen, por outro lado, existem apenas 64 recalcitrantes em 1691.

Evidentemente, não é possível distinguir entre os ausentes os simples negligentes, os concubinatos, os recém-convertidos, os pecadores notórios e os espíritos fortes ou ateus, mas "já se percebe o resvalamento para a indiferença das classes que em certa medida participam da vida pública", como escreve Gabriel Le Bras.[3] A partir dos anos 1730, os padres da diocese de Châlons notam o aumento de um espírito dado ao raciocínio e à contestação. O padre de La Grange-au-Bois constata em 1731:

> Muitas pessoas têm um linguajar que leva a crer que têm pouco religião, dizem que os carvalhos não vão à missa nem à confissão e nem por isso deixam de crescer [...]. Muitos, ao falar dos infernos, dizem para se autorizar o vício que os infernos já estão cheios e portanto não há mais nada a temer.[4]

Eis camponeses já bem emancipados. Em Cernon, em 1729, um certo Louis Racle zombava dos sacramentos havia mais de dez anos e declarava que "não se preocupa nem que façam soar os sinos por ele nem que orem por ele após sua morte, mas que podem enterrá-lo sob suas sarças com uma garrafa de vinho na cabeça e ao som de violinos".[5] O padre de Vaubécourt diz que libertinos só vão à igreja para fazer indecências com as mulheres; um "ceticismo argumentador" se difunde, as impertinências se multiplicam. Em 1747, os padres de Perthes, Possesse e Coole deploram a diminuição da fé, o "pouco de religião" e até mesmo a "extinção da religião". Em Sompuis, no mesmo ano, "uma tropa considerável de libertinos se reúne regularmente antes do ofício divino, no cemitério e nas portas da igreja e insultam com suas atitudes, seus gestos e suas palavras as pessoas do outro sexo [que] ousam se aproximar da igreja para entrar".[6]

A diocese parece amplamente descristianizada às vésperas da revolução. Em 1772, monsenhor de Juigné anota após sua visita: "Nas cidades, os ofícios divinos quase não são mais frequentados. Tanto no campo quanto nas cidades, aproveita-se o mais leve pretexto para não interromper o trabalho

---

3 Ibid., t.I, p.60.
4 Ibid., t.I, p.64.
5 Ibid.
6 Ibid., p.65.

ordinário nesses dias santos, ou quem por acaso se abstém dele por obrigação ou respeito humano é para se entregar à diversão". No Sudoeste, o mesmo fenômeno é observado, com uma forte dissidência entre os taberneiros, os criados, os barqueiros e os ex-soldados.

Quantos ateus, quantos incrédulos existem entre os abstencionistas? É raro que eles exponham sua incredulidade, como faz este homem em 1762: "Varin, criado do senhor de Cabrières, morreu obstinando-se em dizer que não era nem luterano, nem calvinista, nem anabatista, nem apostólico romano, e que não queria se confessar, e morreu no dia 28 de março e sem sepultura nesta paróquia". O que é certo é que já existe, na segunda metade do século XVIII, uma tradição de indiferença bem estabelecida. "A 'fé universal e ardente das antigas eras' sempre me pareceu um mito",[7] escreve Gabriel Le Bras. Ele observa ainda: "os acontecimentos da época revolucionária, em que perece a unanimidade religiosa, dependem de toda a vida intelectual e ativa do século, dos séculos anteriores".[8] O ateísmo moderno não é uma criação brutal, nascida da Revolução Industrial e do cérebro de alguns pensadores de extrema esquerda, mas sim o resultado de um longo amadurecimento cultural em todas as classes sociais. Até aqui, falamos sobretudo de um comportamento intelectual, muito variado; os arquivos a respeito da vida das pessoas humildes permitem constatar que jamais houve uma verdadeira unanimidade, e que as práticas desviantes ou conformistas podem ocultar uma descrença real numa parte do povo.

Tomemos alguns exemplos. No arcediago de Autun, estudado por Thérèse-Jean Schmitt,[9] o absenteísmo na missa dominical já é significativo entre 1670 e 1697. Em 1665, o intendente de Pommereu considera Moulins uma "cidade assaz libertina". Anticlericalismo e blasfêmia são coisas corriqueiras, e em 1686 um processo é iniciado "por crime e delito de irreverência e irreligião durante o ofício divino, ultrajes, violências e blasfêmias contra o santo nome de Deus". Ninguém tem pressa de batizar as crianças, sobretudo entre os nobres: há registros de batizados de meninas de 3, 5 e até 11 anos. Em 1693, as autoridades relatam que "diversos padres se queixam em seus relatórios que um grande número de paroquianos não cumpre seus deveres pascais". Trata-se aqui de rejeições nítidas. Entre 1691 e 1729, contam-se

---

7 Ibid., p.249.
8 Ibid., p.252.
9 Schmitt, *L'Organisation ecclésiastique et la pratique religieuse dans l'archidiaconé d'Autun de 1650 à 1750.*

refratários em onze paróquias: notários, procuradores, oficiais, coletores de impostos. Alguns "não seguem nenhuma prática de religião", dizendo--se "rebeldes", como em Monsol em 1690, ou como um homem e seu filho em Bragny em 1706; outros se dizem loucos. Em 1691, em Bourbon-Lancy, mãe e filha deixaram de comungar havia trinta anos.

Na diocese de La Rochelle, na mesma época, Louis Pérouas[10] encontrou apenas alguns libertinos, como um homem de Xaintrais que em 1674 estava sem confessar havia sete anos; em 1695, o promotor episcopal nota "a licenciosidade desenfreada dos libertinos que desdenham a religião", como em La Châtaigneraie, onde alguns, "por uma impiedade impressionante fazem troça dos mistérios da religião". Nas Ardennes, as autoridades religiosas assinalam em 1678, em Rocquigny, "um ímpio chamado B. Le Jeune, [que] não respeita as festas pascais há dez anos, corrompe a juventude e faz profissão de ateísmo".[11] O padre de Vrigne-aux-Bois, por sua vez, "zomba das cerimônias da Igreja". Em 1680, em Villers-devant-Dun, um jornaleiro deixara de praticar a religião havia dezoito anos. Em 1705, em Nanteuil, o padre indica que um oficial transferido havia mais de três meses jamais fora à missa e desprezava as procissões e as orações em intenção dos exércitos, o que gera "boato e escândalo entre os paroquianos". Poderíamos dar ainda muitos outros exemplos.

A INCOMPREENSÃO DAS AUTORIDADES MORAIS: MASSILLON

As autoridades espirituais percebem o aumento da incredulidade a partir dos anos 1720. Até então, a situação era muito desigual. Nas 162 missões efetuadas pelos lazaristas na Alta Bretanha entre 1645 e 1700, François Lebrun encontrou raríssimos casos de libertinagem e espíritos fortes, bem como de oposição às exigências de austeridade dos missionários. Depois disso, as reclamações das autoridades se tornam rituais e refletem a impotência delas para sufocar o movimento. Jean-Baptiste Massillon, bispo de Clermont de 1717 a 1742, constata num pequeno tratado intitulado *De l'incrédulité* que "o mundo está repleto desses homens insensatos para os

---

10 Pérouas, *Le Diocèse de La Rochelle de 1648 à 1724*.
11 Perin, Quelques aspects de la vie religieuse dans les campagnes ardennaises au temps de Meslier. In: Colloque International de Reims, *Le Curé Meslier et la vie intellectuelle, religieuse et sociale (fin XVIIe-début XVIIIe siècle)*.

382   O DESCRENTE SÉCULO XVIII

quais tudo o que eles não podem compreender é suspeito".[12] Ele mesmo se
esforça pouco para compreender a incredulidade, reduzindo-a à depravação:

> O incrédulo é um homem sem modos, sem probidade, sem caráter, que
> não tem outra regra além de suas paixões, outra lei além de suas injustas
> tendências, outro mestre além de seus desejos, outro freio além do temor da
> autoridade, outro deus além dele mesmo; infante desnaturado, pois crê que o
> acaso, sozinho, foi quem lhe deu seus pais.[13]

A análise de Massillon é das mais simplistas. O homem se torna
incrédulo embrutecendo-se pelos prazeres: "À medida que seus hábitos se
desregram, as regras lhe parecem suspeitas; à medida que se embrutece, ele
trata de se persuadir de que o homem é semelhante ao animal".[14] Todos os
ateus são ateus práticos. O ateísmo teórico não passa de uma fachada para
desculpar a depravação, composta de sofismas e raciocínios falsos:

> Se a religião propusesse apenas mistérios que a razão não pode alcançar,
> sem acrescentar a eles máximas e verdades capazes de conter as paixões, pode-
> ríamos assegurar intrepidamente que os incrédulos seriam raros. As verdades
> ou os erros abstratos em que pouco importa crer ou negar não interessam a
> ninguém. Há poucos homens que prezam unicamente a verdade, que se tornam
> partidários e defensores zelosos de certos pontos de pura especulação, e que
> não têm relação com nada, somente porque acreditam que sejam verdadeiros.[15]

Num outro tratado, *Des Esprits forts* [Dos espíritos fortes], Massillon
retoma esse ponto: "Em vão os ímpios querem nos persuadir de que apenas
a força e a superioridade da razão elevou-os acima dos preconceitos vulgares
e fê-los tomar o partido horrendo da incredulidade: foram antes a fraqueza e
a depravação de seu coração".[16] Os argumentos dos ateus são fracos:

> Quando profundamos a maioria desses homens que se dizem incrédulos,
> que se insurgem incessantemente contra os preconceitos populares, vemos que
> tudo o que possuem como ciência não passa de dúvidas velhas e vulgares

---

12 Massillon, *Œuvres complètes de Massillon*, t.XV, p.218.
13 Ibid., p.217.
14 Ibid., p.221.
15 Ibid., p.234.
16 Ibid., p.263.

enunciadas em todos os tempos, e enunciadas ainda todos os dias mundo afora; que tudo o que sabem é um jargão que se passa de mão em mão, que se recebe sem exame, e que se repete sem que seja ouvido.[17]

É justamente o que os incrédulos reprovam nos crentes: aceitar sem compreender dogmas de formulação vazia. É surpreendente encontrar a acusação no sentido contrário. É que para Massillon, os incrédulos franceses são superficiais demais para pensar por si próprios. Então tomam emprestados dos estrangeiros sistemas dos quais não compreendem nada, mas têm o mérito de justificar o ateísmo, especialmente o sistema de "um Spinoza, esse monstro que, depois de ter abraçado diversas religiões, acabou por não ter nenhuma, [...] ele concebeu para si mesmo esse caos impenetrável de impiedade, essa obra de confusão e trevas, em que apenas o desejo de não acreditar em Deus pode servir de sustentáculo ao tédio e ao desgosto daqueles que a leem".[18] Até mesmo as mulheres, "um sexo em que a ignorância de certos aspectos deveria ser um mérito", permitem-se duvidar. Sem dúvida é para demonstrar originalidade e brilhar em sociedade, parecer desenvolto, na moda, à altura dos companheiros de devassidão.

> [Na verdade,] os incrédulos são falsos valentes que se apresentam como aquilo que não são; gabam-se o tempo todo de não crer em nada; e, de tanto gabar-se, persuadem-se a si mesmos. [...] Nosso século, sobretudo, está repleto desses semifiéis que, a pretexto de livrar a religião de tudo o que a credulidade ou os preconceitos lhe puderam acrescentar, retiram ao mesmo tempo todo o mérito da submissão.
>
> Amiúde, é uma sociedade de libertinagem que os faz falar a linguagem da impiedade. Querem se parecer com aqueles a quem estão ligados pelos prazeres e pela depravação. Acreditam que seria desonroso ser dissoluto, e parecer ainda crer diante das testemunhas e dos cúmplices de suas desordens. O partido de um depravado que ainda crê é um partido fraco e vulgar: para que a depravação seja perfeita, é preciso acrescentar-lhe a impiedade e a libertinagem, do contrário seria ser depravado novato, um resto de religião da infância e do colégio pareceria se notar ainda um pouco demais.[19]

---

17 Ibid., p.235.
18 Ibid., p.226.
19 Ibid., p.230-2.

Massillon não quer acreditar na virtude dos ateus: "Louvam-nos com frequência sua probidade e as severas máximas de que tanto se orgulham; mas que virtudes, mesmo humanas, podem restar nesses homens que creem que tudo o que desejam lhes é permitido?".[20] Eles são uns hipócritas, que riem da Bíblia, e uns desesperados, que perderam todo e qualquer princípio.

Massillon se recusa a aceitar que alguns possam ter, com toda a honestidade intelectual, uma visão do mundo não religiosa. Sua atitude extremamente limitada não é propícia a recuperar a confiança na religião. No entanto, é compartilhada por quase todos os responsáveis pela Igreja no século XVIII, pelo menos por aqueles que não são ateus.

FRAQUEZA DA APOLOGÉTICA: AFONSO DE LIGÓRIO

No fim do século, temos o testemunho de um dos luminares do catolicismo tridentino italiano, Afonso Maria de Ligório (1696-1787). A incredulidade conquistou terreno desde a época de Massillon: antigamente, lamenta ele, "os ateus se escondiam para não ser acusados de impiedade e de loucura". Hoje, "no próprio seio de nossa Itália [...] não encontram dificuldade para gozar da reputação de espíritos fortes e sem preconceitos, para manifestar seus sentimentos sobre a divindade e a religião".[21] Ainda a ideia de que o ateísmo não passa de uma fachada e não pode ser levado a sério.

É realmente possível ser ateu? "Trata-se ainda de saber se existem verdadeiros ateus, mas o que não pode ser objeto de dúvida é que existem muitos que são ateus por vontade própria."[22] Assim como Massillon, Ligório não consegue se colocar no lugar do ateu: "Não posso, jamais poderei crer que eles conseguem se convencer inteiramente de que não existe um Deus criador e governador do universo".[23] É claro, há o "monstruoso" Spinoza, "que seria mais bem denominado 'maldito', posto que foi um ateu perfeito", mas seu sistema ultrapassa o entendimento do intrépido missionário, que o considera, portanto, um demente.

Não seria mais simples observar a natureza? Será que todas essas belas coisas poderiam existir por si mesmas? Quanto à alma, se ela fosse material,

---

20 Ibid., p.265.
21 Ligório, Courte dissertation contre les erreurs des incrédules modernes, connus sous le nom de matérialistes et de déistes. In: _____, Œuvres complètes, t.XVIII, p.132.
22 Ibid., p.134.
23 Ibid.

será que poderíamos experimentar satisfação com a verdade e as especulações não materiais? "A primeira prova da imortalidade da alma reside no consentimento geral dos homens."

Ligório utiliza também os temores e as angústias existenciais: "Os descrentes, mesmo com seus esforços para se persuadir do contrário, não conseguem se libertar do temor que os atormenta em meio à cegueira de sua vida, especialmente quando seus espíritos são menos obscurecidos pelas paixões e pelo aguilhão brutal dos sentidos".[24] Ele retoma o argumento da aposta: "Dizei-me por obséquio, pediria eu, se empenharíeis vossas vidas pela verdade de vossas opiniões? Não, sem dúvida alguma. E arriscais por elas a vida eterna?".[25]

A fé é a felicidade: "O incrédulo não pode viver feliz em sua incredulidade; apenas aquele que se apoia na luz da revelação e observa a lei divina, apenas ele pode gozar neste mundo da felicidade individual".[26] Ligório introduz aqui um dos argumentos que viria a ser desenvolvido na apologética romântica: a religião é consoladora. "Infelizes incrédulos! Eles não encontram ninguém que possa lhes dar consolo em sua adversidade, em sua desgraça."[27]

Ao contrário de Massillon, Ligório argumenta. Sinal dos tempos: ele se defende diante de uma incredulidade que não se pode mais tratar com desprezo. Mas a fraqueza de sua apologética é flagrante diante dos deístas e dos materialistas que ele pretende combater. Como sabemos que o cristianismo é a verdadeira religião revelada? É a revelação que nos diz isso! Como sabemos que a revelação é autêntica? É a Igreja que nos diz isso – a Igreja, que se fundamenta na revelação! Não seria a revelação uma criação dos reis para manter seus súditos na obediência? "Ainda que fosse apenas um logro, deveríamos prezá-la."[28] É o raciocínio de Voltaire: "Se Deus não existisse, seria preciso inventá-lo!". De qualquer modo, isso talvez fosse verdade no caso do politeísmo, mas não no do cristianismo.

A religião revelada não seria um fator de guerra e fanatismo? De quem é a culpa? Dos infiéis, que se recusam a aceitar a verdade! A prova disso é que, nos reinos exclusivamente católicos, dos quais os infiéis foram eliminados,

---

24 Ibid., p.206.
25 Ibid., p.207.
26 Ibid., p.233.
27 Ibid., p.238.
28 Ibid., p.150.

reinam a ordem e a paz. São, portanto, os não católicos que são fator de guerra! O argumento é desconcertante, porém, irrefutável!

Santo Afonso de Ligório desenvolve outros raciocínios do mesmo quilate. Por exemplo, a objeção dos ateus: se Deus existisse, isso seria sabido de modo evidente. Resposta: Deus não deve ser evidente, pois nesse caso não teríamos esse bem inestimável, que pode nos valer o inferno eterno: a liberdade de não crer. Mas, se não cremos, não temos nenhuma desculpa, pois os sinais enviados por Deus são evidentes. Deus é ao mesmo tempo evidente e não evidente:

> Convinha assim a nossa felicidade que as coisas da fé fossem para nós obscuras: pois se fossem evidentes, não haveria mais em nós a liberdade de crer nelas, mas a necessidade, de modo que, dando nosso consentimento a ela, não teríamos mérito algum nisso [...].
>
> Por outro lado, nossa fé é evidente porque os motivos de sua credibilidade são tão evidentes que o grande pensador Pico della Mirandola dizia que não somente é uma imprudência, mas uma loucura não querer abraçá-la [...].
>
> E aqui admiramos a divina providência que, por um lado, quis que as verdades da fé nos permanecessem ocultas, a fim de que tivéssemos mérito em crer nelas e, por outro, que os motivos para crer fossem evidentes, a fim de que os incrédulos não tivessem mais nenhum pretexto para se recusar a se submeter à fé.[29]

Esse tipo de argumento tem poucas chances de ser eficaz, coisa de que Ligório não parece sequer suspeitar. Ele escreve candidamente que "as provas que serão apresentadas aqui contra o materialismo e o deísmo são mais do que suficientes para convencer qualquer sectário de seu erro".[30] Ilusão reveladora da defasagem crescente entre uma apologética ultrapassada e uma incredulidade triunfante. Reveladora também da posição de retirada da fé: não escrevo, diz Ligório, para aqueles que buscam provas a fim de se converter, mas para "aqueles que já creem, a fim de que se consolem em sua crença". Afinal, ter fé não é nada estimulante. Naqueles idos de 1780, fora-se o tempo da religião gloriosa e conquistadora dos séculos anteriores. Aliás, Ligório faz um balanço sombrio de sua época:

---

29 Id., Contre les matérialistes qui nient l'existence de Dieu. In: _____, Œuvres complètes, t.XVIII, p.216.

30 Ibid., t.XVIII, p.17.

Nos últimos tempos, publicou-se uma grande quantidade de livros pestilentos, repletos de impiedades, uns em contradição com os outros. Tais livros foram escritos em francês [...]. Em todas essas obras, diz-se que a religião nasceu da razão de Estado ou do temor dos sofrimentos; nega-se a existência de Deus e diz-se que tudo é matéria; ou admite-se Deus, mas nega-se a religião revelada; nega-se a divina providência, dizendo-se que Deus não tem a mínima compaixão por suas criaturas; diz-se que a alma do homem é semelhante à dos brutos, e que ela age necessariamente e sem liberdade, que a alma morre com o corpo...[31]

A situação não é diferente entre nossos velhos inimigos protestantes, prossegue Ligório, citando uma carta do bispo de Londres, Edmund Gibson: "Parece que essa grande cidade se tornou o mercado da irreligião, onde se compra a preço de ouro a arte de corromper os costumes. Entre a impiedade e a imoralidade, a ligação é íntima". Quem são os responsáveis por isso? Esses autores ímpios que são Hobbes, Spinoza, Collins, Tindal, D'Argens, Voltaire, Toland, Montaigne, Woolston, Saint-Évremond, Shaftesbury, Locke e esse "ímpio Pierre Bayle", que semeia a dúvida, "que reúne todas as impiedades deles e se dedica ora a defendê-los, ora a combatê-los, de modo que seu sistema consiste unicamente em duvidar de tudo, tanto dos erros dos incrédulos quanto das verdades da fé".

Para Ligório, a espécie mais temível de incrédulos é a dos deístas, que nega a religião revelada. Ele os divide em diversas categorias: os céticos ou pirrônicos, que duvidam de tudo; os hipócritas, que "observam a religião apenas externamente e por dissimulação"; os políticos ou hobbesianos, para os quais a boa religião é a do príncipe; os naturalistas ou indiferentistas, adeptos da religião natural.

Os jovens em especial deixam-se seduzir pelo deísmo, constata Ligório, que lança seus argumentos habituais. Todas as religiões têm o mesmo valor? Não, a nossa é a melhor, é a única verdadeira, a única revelada, e não devemos tolerar as outras; por exemplo, "muçulmano significa um homem que pertence a essa religião que é feita mais para os brutos do que para os homens". A religião natural não é suficiente:

> Afirmamos que a religião natural não é suficiente ao homem para fazê-lo chegar a seu derradeiro fim; que ele deve conhecer, com certeza e sem temor de se enganar, a natureza de Deus e seus atributos, a natureza da alma, sua espiritualidade e sua imortalidade, e todos os seus deveres para com Deus, e

---

31 Ibid., t.XVIII, p.2-3.

388   O DESCRENTE SÉCULO XVIII

o culto especial que ele é obrigado a lhe consagrar. Caso faltem tais conhecimentos, não há nem santidade, nem salvação, nem religião.[32]

A CONFUSÃO DO CLERO FRANCÊS (1750-1775)

As respostas derrisórias de Afonso de Ligório dão a medida da confusão
das autoridades religiosas. Na França, a partir de meados do século, elas
fazem ouvir um concerto de reclamações impotentes, orquestrado pela
Assembleia Geral do Clero. A repetição de tais queixas, que se ampliam no
decorrer dos anos, é um eco do aumento da descrença no reino.[33]

O primeiro grito de alarme é ouvido em 1750: estamos "inundados" de
"livros os mais ímpios e de libelos infames, nos quais a religião é ultrajada da
maneira mais sangrenta", declaram os bispos, e tais obras "são procuradas
e lidas avidamente". Em 1758, o clero se preocupa com os livros deístas e,
num *Mémoire au roi* [Memorando ao rei], o autor se queixa de que "esses
males [...] são tão mais aflitivos porque parecem tolerados". Outro *Mémoire*,
em 1756, afirma que é preciso punir com mais rigor, prevenir os fiéis dos
"perigosos efeitos da liberdade de pensar". A assembleia visa sempre "os
mesmos livros que atacam a religião até em seus fundamentos, abalando
os do trono e das autoridades".

Em 1770, a tensão aumenta: "Cada dia é marcado por uma nova
produção da impiedade". Não é nem mais possível extrair as proposições
condenáveis: os livros inteiros estão contaminados. O mais recente, *Système
de la nature* [Sistema da natureza], leva os prelados a dizer: "Não há limites
que a impiedade não tenha ultrapassado; e em uma de suas últimas produções, o puro ateísmo é ensinado com uma audácia que Hobbes, Vanini e
Spinoza jamais ousaram se permitir". Esse livro é a "produção mais crimi-
nosa talvez que o espírito humano jamais ousou engendrar".

É preciso contra-atacar. A assembleia lança um apelo aos teólogos para
que tomem de suas plumas e escrevam a favor da religião. Mas ainda precisa
encontrar homens de talento, para que não contribuam para ridiculariza-
-la. Por segurança, decide reeditar os apologistas dos primeiros séculos:
confissão de fraqueza numa Igreja reduzida a apelar para a velha guarda,

---

32 Id., Réflexions sur la vérité de la révélation divine contre les principales objections des
    déistes. In: _____, *Œuvres complètes*, t.XVIII, p.216.
33 *Collection des procès-verbaux des assemblées générales du clergé de France depuis 1500 jusqu'à présent.*

IRRELIGIÃO E SOCIEDADE NO SÉCULO XVIII

invocando argumentos com mais de 1500 anos contra os ataques dos filósofos modernos.

Outro método: os prelados decidem redigir um *Avertissement aux fidèles sur les dangers de l'incrédulité* [Advertência aos fiéis sobre os perigos da incredulidade], texto de 33 colunas in-fólio que será divulgado em todas as dioceses. Embora o tom erudito e fastidioso tenha poucas chances de comover o público popular, alguns argumentos são perspicazes. Depois de lamentar o fato de ter de explicar os fundamentos da religião ao povo cristão 1.700 anos após o nascimento de Cristo, os autores abordam o argumento da utilidade social: o povo precisa de uma religião, até os filósofos admitem isso. Tirar do povo o cristianismo, que é a melhor de todas as religiões, só levaria à criação de superstições, que teriam consequências bem piores. Esse argumento "esclarecido" reflete a convicção de que o catolicismo é o inimigo das superstições:

> A multidão não pode ser abandonada a si mesma sem instrução. Quando ignora a verdade, ela inventa, ou adota fábulas e mentiras; se não conhece o caminho que deve seguir, forçosamente se extraviará. [...] Se a multidão não pode ficar sem religião, é preservá-la da superstição enfraquecer nela a crença no Evangelho? Quanto mais irresoluto é um povo, mais ele é supersticioso.

Outro argumento revela uma análise lúcida: os filósofos sabem que o povo é incapaz de atingir o nível de razão e cultura necessário para viver como homens "esclarecidos"; eles visam na verdade reservar o poder a uma elite do saber, ao passo que o povo, privado de religião, afundará nas superstições. Prefiguração da tecnocracia, da cientocracia, de certo modo:

> Eles enfatizam com muita força os preconceitos dos homens, sua ignorância e fraqueza, para supor que o povo incapaz de aplicação e estudo, ou que o homem mundano sempre distraído por suas ocupações e seus prazeres, pode consagrar o tempo necessário à busca da verdade e chegar a conhecê-la. Tal busca será reservada portanto à classe dos eruditos e dos instruídos. Será preciso receber talentos superiores do Céu, abandonar as funções da vida civil, entregar-se inteiramente ao estudo e à discussão para saber em que se deve crer e o que se deve fazer.

Terceiro ataque: os filósofos falam de igualdade, mas "aos olhos da natureza, a força, o espírito, o poder, a fortuna, tudo é desigual, e nada compensa dessa divisão desigual aquele a quem ela não é favorável". A

390 O DESCRENTE SÉCULO XVIII

Igreja, ao contrário, fala da verdadeira igualdade: a de cada homem aos olhos de Deus. E oferece consolo aos fracos e aos vencidos da existência: "Eis o contrapeso poderoso que a religião opõe ao ímpeto das paixões e à inconstância dos acontecimentos"; numa sociedade filosófica, os vencidos são simplesmente rejeitados, com todos os riscos de desordem social que isso representa. Os filósofos propõem substituir a verdade pela dúvida: ora, "se a dúvida metódica leva ao conhecimento da verdade, a dúvida real e permanente distancia dela; e quando é preciso escolher, ela é o pior de todos os estados".

A assembleia de 1770 renova os apelos ao poder real com um *Mémoire au roi sur l'impression des mauvais livres* [Memorando ao rei sobre a impressão de livros perniciosos]. Ela se revolta contra a falta de energia do governo: "Como é possível que a mesma desordem ainda subsista, que a impiedade continue a desafiar a religião e as leis, [...] como o gabinete do incrédulo, a imprensa que divulga suas funestas produções e a avidez do ambulante que as apregoa podem tornar suas preocupações inúteis?". A impiedade começa a invadir até mesmo os colégios.[34]

DA CONFUSÃO AO PÂNICO (1775-1782)

Tais queixas serão reiteradas em 1772 no *Mémoire au roi sur l'éducation dans les collèges* [Memorando ao rei sobre a educação nos colégios], que constata que "a impiedade se estende pelo abuso das ciências e das letras". Na assembleia de 1775, há certo pânico diante da:

> incredulidade que atinge todas as idades, todos os estados, todas as condições; a impunidade com que difunde suas sacrílegas produções; sua habilidade para contaminar com seu veneno as obras mais estranhas à religião; o monstruoso ateísmo transformado em confissão pública e opinião dominante de seus par-tidários, o espírito de independência que ela inspira; sua fatal influência sobre os costumes.[35]

Os antigos apologistas dos primeiros séculos são traduzidos e publica-dos para auxiliar os escritores católicos da época. "O flagelo da impiedade

---

34 Minois, *Censure et culture sous l'Ancien Régime*, p.231-4.
35 *Collection des procès-verbaux des assemblées générales du clergé de France depuis 1500 jusqu'à présent*, t.VII, col. 1227.

parece aumentar, [...] o ateísmo, esse sistema destruidor de toda lei, de toda sociedade, anuncia-se com audácia e sem disfarces". Redige-se uma lista dos piores livros que compreende, entre outros, *Lettre de Thrasibule à Leucippe, Système de la nature, Histoire critique de la vie de Jésus-Christ* [História crítica da vida de Jesus Cristo], *Histoire philosophique et politique du commerce et des établissements des européens dans les deux Indes* [História filosófica e política do comércio e dos estabelecimentos dos europeus das duas Índias], *Sermon des cinquante* [Sermão dos cinquenta], *Contagion sacrée* [Contágio sagrado] e *Christianisme dévoilé* [Cristianismo desvendado]:

> livros que favorecem ou ensinam o ateísmo, repletos do veneno do mate-rialismo, aniquilam a regra dos costumes, introduzem a confusão dos vícios e das virtudes, capazes de alterar a paz das famílias, de apagar o sentimento que as une, autorizam todas as paixões e desordens de toda sorte, tendem a inspirar desprezo pelos livros santos, a derrocar a autoridade, a pilhar a Igreja do poder que recebeu de Jesus Cristo, e a depreciar seus ministros, feitos para revoltar os súditos contra os soberanos, a fomentar as rebeliões e os tumultos.[36]

Em uma *Remontrance sur l'affaiblissement de la religion et des mœurs* [Admoestação sobre o enfraquecimento da religião e dos costumes], os bispos lembram que, no início, a incredulidade se dissimulava por "detrás das fábulas muçulmanas e pagãs para que servissem de véu ao seu sem-blante", e agora se exibe em plena luz do dia. Até as mulheres, "cuja piedade era outrora o consolo da Igreja", começam a perder a fé. É um verdadeiro maremoto:

> E com que rapidez a incredulidade estende seu império! Fez da capital o centro de suas seduções, mas seus estragos já penetram nossas províncias; invade as cidades e os campos; o gabinete do homem de letras e as conversas corriqueiras da sociedade; as condições superiores e as condições obscuras; todas as idades, todos os estados, todas as classes de cidadãos.[37]

Mais uma vez, o laxismo do governo é apontado: "Se os livros irreligio-sos não conseguem obter a aprovação do governo, parece que tal aprovação não lhes é necessária: são anunciados nos catálogos, expostos nas vendas

---

36 Ibid., col. 2233.
37 Ibid., col. 707.

públicas, entregues nas casas dos particulares, exibidos nos vestíbulos das casas dos poderosos". Isso vai acabar mal: "Tirai a religião do povo e vereis a perversidade, auxiliada pela miséria, entregar-se a todos os excessos".[38]

A assembleia decide escrever um *Avertissement aux fidèles sur les avantages de la religion chrétienne et les effets pernicieux de l'incrédulité* [Advertência aos fiéis sobre as vantagens da religião cristã e os efeitos perniciosos da incredulidade], declarando que o catolicismo, que teve até então como inimigos o judaísmo, o paganismo, o islamismo e o protestantismo, vê erguer-se contra ele uma ameaça muito pior: "O ateísmo quer aniquilá-lo". "Hoje os incrédulos formam uma seita, dividida, como deve ser, quanto aos objetos de suas crenças, unida na revolta contra a autoridade de uma revelação."[39]

Os prelados tentam, convencer os fiéis mais uma vez, de modo mais patético. O texto enumera sete vantagens da religião cristã, que traz a todos o conforto da certeza, garantida pela revelação:

> via propiciada aos espíritos vulgares, baseada, no que lhes diz respeito, no sentimento de sua fraqueza e na convicção que devem ter de que Deus não lhes recusou socorro; via necessária a tantos homens cujos dias são cheios de ocupações indispensáveis a esta vida; via igualmente desejável para os gênios mais fortes e para os sábios: ela elimina suas dúvidas, fortalece-os contra suas próprias ilusões, ou contra as ilusões alheias.

Assim, a religião é muito mais igualitária do que a filosofia, pois enquanto a primeira distribui certezas a todos, a segunda espalha a dúvida e reserva o conhecimento da verdade a uma elite do saber. As outras vantagens da religião são: ela recompensa a virtude, refreia o vício graças ao remorso da consciência, assegura o perdão dos pecados pela confissão, consola os infelizes, dá a esperança da imortalidade e garante a ordem pública. O texto termina com um apelo aos que duvidam, aos que deixaram de crer e aos que ainda creem.

Ao ler esse texto, podemos nos perguntar se ainda existiam católicos nessa França católica, "filha mais velha da Igreja", terra da "prática unânime", no fim do Antigo Regime. O tom dramático utilizado pelos bispos deixa entrever certo pânico, que não se deve apenas a uma preocupação pastoral. Para eles, descrença e insubordinação estão vinculadas. Sendo todos membros da aristocracia, temem uma subversão da ordem social,

---

38 Ibid., col. 708.
39 Ibid., col. 716.

daí os apelos prementes à autoridade real: é preciso agir, punir, prevenir. O vínculo entre fé e ordem social, entre ateísmo e espírito revolucionário, que se tornará o argumento central das classes conservadoras no século XIX, começa a se definir.

Ele é claramente expresso pela assembleia de 1780, que escreve ao rei:

> Sim, Vossa Majestade, um temível flagelo ameaça com as mais horríveis calamidades a vasta extensão de vossos Estados. Produções anticristãs e sediciosas, difundidas impunemente do centro da capital aos pontos mais extremos do reino, fazem circular, em todas as partes da monarquia, o veneno destruidor da irreligião e da licenciosidade.[40]

Os bispos são sem dúvida sensíveis às acusações de obscurantismo lançadas contra eles. Negam que queiram acorrentar o pensamento. Não queremos, dizem eles, "apagar a chama do gênio" nem "condenar vossos povos à ignorância e à superstição". Nosso objetivo é impedir a manifestação pública das ideias que põem em risco "a feliz harmonia da ordem social". "Tudo o que a Igreja impõe a seus filhos é o tributo de uma submissão esclarecida."

Num *Mémoire au roi concernant les mauvais livres* [Memorando ao rei relativo aos livros perniciosos], os bispos tentam convencer mais uma vez a administração real da necessidade de uma estreita colaboração entre as autoridades civis e religiosas: é preciso que "os depositários dos dois poderes se esclareçam e se apoiem reciprocamente". Não se deve mais outorgar permissões tácitas; é preciso escolher com cuidado os censores, que deverão alertar os teólogos assim que um ponto qualquer da religião for questionado. É preciso punir esse "antigo religioso", que "é eminentemente proclamado autor de um escrito semeado das mais revoltantes blasfêmias", o abade Raynal.

No dia 21 de junho, o arcebispo de Arles pronuncia uma longa acusação contra a legislação sobre a Librairie* – muito dispersa e muito disparatada, mal conhecida e pouco aplicada –, contra o ofício dos vendedores andarilhos** – "profissão amiúde fatal aos costumes dos cidadãos" –, contra a

---

40 *Procès-verbal de l'assemblée générale du clergé de France de 1780, au couvent des Grands Augustins*, p.335.

* Órgão do Antigo Regime que tinha a incumbência de outorgar ou não a permissão de publicação na França; sem ela, nenhum livro podia ser impresso (censura real). (N. T.)

** No original, *colporteurs*, ambulantes que, durante o Antigo Regime, viajavam pela França vendendo, entre outras coisas, livros e almanaques e, por esse motivo, desempenharam um papel significativo na difusão de certas ideias iluministas. (N. T.)

liberdade das gravuras, contra as permissões tácitas, contra a publicação de obras apologéticas fracas, que prejudicam a religião: é preciso "impedir que a liça seja aberta indistintamente a todos os atletas que se apresentem para defender a causa da fé. De fato, o que podem as armas mais vitoriosas em mãos impotentes? Apologias fracas perfazem e consumam a apostasia iniciada pelas sedutoras lições dos chefes da incredulidade". Confissão de fraqueza da parte de uma Igreja que vê suas muralhas se fenderem sob os golpes dos incrédulos.

Na assembleia de 1782, o arcebispo de Arles prossegue a litania das catástrofes: as escolas e até mesmo os conventos são atingidos pela propaganda ateia. Os bispos redigem um projeto de decreto, proibindo "compor, imprimir, vender ou distribuir qualquer livro que tenda a atacar a religião e os princípios dos costumes". Esse projeto, cujos detalhes fornecemos em outro escrito,[41] colocaria toda a edição francesa sob controle do clero católico. Ao mesmo tempo, os bispos recebem uma carta pedindo que forneçam o nome e as obras de autores de suas dioceses que escrevem livros úteis à religião, a fim de recompensá-los. Até mesmo a criação de uma espécie de concurso é proposta, com um prêmio na forma de uma pensão, para a melhor obra de apologética.

É igualmente imperativa a reforma do ensino, para reforçar o controle da Igreja, porque as escolas foram tomadas pelo espírito filosófico.[42] Sete anos antes de a tempestade rebentar, os bispos se afligem com a apatia do poder real. Não é num clima de calmaria que explode a crise antirreligiosa revolucionária. Esses textos mostram que o ateísmo, em todas as suas formas, já era percebido como uma força irresistível na segunda metade do século XVIII.

PARIS, CAPITAL DA DESCRENÇA: O TESTEMUNHO DE MERCIER

Os bispos exageraram a ameaça? Para responder a essa pergunta, examinaremos o testemunho independente de Sébastien Mercier, que sonda a opinião pública parisiense de 1770 a 1780.[43] O *Tableau de Paris* é edificante! A impressão predominante é de indiferença. Muitos parisienses parecem não ter a menor preocupação religiosa: "Há mais de 100 mil homens que olham o

---

41 Minois, op. cit., p.240-2.
42 Ibid., p.244-52.
43 Mercier, *Tableau de Paris*.

IRRELIGIÃO E SOCIEDADE NO SÉCULO XVIII

culto com menosprezo. Vão às igrejas apenas as pessoas que realmente querem frequentá-las. Elas se enchem em certos dias do ano: as cerimônias atraem a multidão; as mulheres compõem ainda ao menos três quartos da assembleia".[44]

A religião parece uma coisa de outros tempos. De certo modo, a impiedade, o ateísmo e a blasfêmia parecem até ultrapassados, e a indiferença atinge seu último degrau, o que levou um bispo a dizer: "Quisera Deus que de tempos em tempos surgissem uns sacrilégios! Ao menos pensariam em nós; mas as pessoas se esquecem até mesmo de nos faltar com o respeito".[45] Tudo isso é muito claro! As pessoas nem sequer zombam dos padres, "os únicos que ainda fazem brincadeiras durante a missa são os aprendizes de peruqueiro"; apenas as mulheres idosas ainda conversam sobre o jansenismo; ninguém mais se abstém de carne durante a Quaresma e, depois da Páscoa, "as igrejas voltam a ficar desertas"; as vésperas atraem apenas alguns mendigos e, por isso, são com frequência chamadas de "ópera dos esfarrapados". Cada um crê no que quer: "A liberdade religiosa chegou ao mais alto grau possível em Paris; ninguém jamais vos pedirá contas de vossa crença; podeis viver trinta anos numa paróquia sem pôr os pés na igreja e sem conhecer o rosto de vosso padre".[46] Os franco-maçons, "os judeus, os protestantes, os deístas, os ateus, os jansenistas, os nadistas vivem segundo seus caprichos; não há mais em parte alguma disputas de religião. É um velho processo definitivamente julgado; e já era tempo, após uma instrução de tantos séculos".[47]

Os parisienses são "nadistas". Esse neologismo criado por Mercier lembra desagradavelmente o fim do *Mémoire* de Meslier, com sua lancinante insistência no *nada*. O padre de Étrépigny teria saído vitorioso de seu processo? Pode-se legitimamente fazer essa pergunta quando se lê Mercier. Os parisienses não são mais praticantes. Eles negligenciam os sacramentos, a começar pela extrema-unção:

> O padre só entra agora na casa dos pobres, porque essa classe não tem porteiros. Na morada de qualquer outro enfermo, esperam enquanto ele agoniza: então enviam alguém às pressas à paróquia; o padre, resfolegante, acode com os santos unguentos. Não há mais ninguém; vale a boa intenção. [...] O sábio

---

44 Ibid., t.III, p.92.
45 Ibid.
46 Ibid., t.III, p.90.
47 Ibid., t.III, p.93.

decampa para o outro mundo sem fazer muito barulho; chega com muitos rodeios, sem chocar os usos em prática, e sem causar escândalo.[48]

O casamento também está em declínio. Quanto ao batismo, ele está a um passo de se transformar em ato civil. Para muitos, é apenas uma formalidade incômoda, uma obrigação dispendiosa da qual muitos se livram sem muito custo. O pai procura constrangido um padrinho e uma madrinha:

> Ele faz a solicitação com um ar um tanto envergonhado, pois se trata de uma obrigação que qualquer um dispensaria. Ele [o batismo] é imposto aos parentes mais próximos, quando não há nenhuma contenda com eles [...]. O padrinho oferece os confeitos à madrinha, e os batismos correm em proveito dos confeiteiros da rua dos Lombardos, que devem ter um respeito especial por esse primeiro sacramento da Igreja [...]. Muitos ricos, para encurtar, fazem hoje como os mais pobres: pegam o sacristão da paróquia para padrinho e a mendiga mais próxima para madrinha. Um esfarrapado a quem se paga um tostão confirma diante do senhor padre a fé do senhor marquês [...].
> Todo padrinho deve recitar o Credo. De cem, noventa e oito não o conhecem mais. O padre, para não oferecer junto da pia batismal o espetáculo diário de católicos que não conhecem mais o símbolo de sua fé, permite que lhes seja recitado em voz baixa.
> A um batizante mais difícil que exigiu de um padrinho que o Credo fosse recitado em voz alta e inteligível, o padrinho respondeu: "Ainda me recordo da melodia, mas esqueci a letra".[49]

Estamos em pleno século XVIII, na capital da França unanimemente católica!

O sacramento da penitência é cada vez menos respeitado: "O hábito de se confessar perde-se insensivelmente; extinguiu-se completamente nas classes superiores". Quem ainda se confessa? A maioria dos penitentes "é composta de ordinário de uns poucos burgueses hipócritas ou sinceros, de muitos velhos que pensam no fim da vida e de muitas criadas que passariam por ladras aos olhos de suas amas caso não se confessassem. Os estudantes são levados à força".[50] Mas quem quer se casar deve passar pela confissão. Não é raro que o noivo fique dez ou quinze anos sem se confessar e cumpra

---

48 Ibid., t.III, p.91.
49 Ibid., t.VII, p.33.
50 Ibid., t.VI, p.114.

tal formalidade às pressas: "E é assim que, passando por uma igreja, ele vê pelo rabo do olho um confessionário guarnecido de um sacerdote. Deita--lhe os olhos e entra furtivamente com uma espécie de constrangimento". Ele não sabe mais as orações, é óbvio. No entanto, os padres recebem bem esses clientes: dada a escassez, não podem se fazer de difíceis, e "tratam-nos honestamente, satisfeitos com essa submissão passageira à Igreja".

Sébastien Mercier não gosta dos ateus, mas reconhece que eles proliferam, sobretudo nas classes abastadas, ainda que sua atitude não seja nada razoável:

> Não dissimularemos: ele [o ateísmo] encontra-se bastante difundido na capital; não entre os desafortunados, os pobres, os seres sofredores, entre aqueles, enfim, que talvez mais tivessem direito de se queixar do fardo penoso da existência; mas entre os ricos, os homens abastados, que gozam das comodidades da vida.
>
> É preciso considerar ao mesmo tempo que esse erro deplorável não é razoável na maioria deles, e que é antes esquecimento, despreocupação, distração, amor desenfreado pelo prazer. Em outros, o ateísmo é a gota-serena [cegueira] da alma. Falta à alma desses homens toda espécie de sensibilidade. Os que exibem seu ateísmo nas sociedades honestas não passam de miseráveis papagaios, que repetem frases velhas e desacreditadas.[51]

O termo "ateu" é empregado a torto e a direito, o que mostra mais uma vez que se trata de um traço cultural obsessivo: "Basta que um homem sirva seu cozido numa sexta-feira em sua casa para que a devota, comendo seu linguado, diga que ele é ateu". Para Mercier, os verdadeiros ateus são raros. A maioria é simplesmente cética. A grande massa mistura todas essas ideias e confunde os títulos das obras, como *Système de la nature* e *Philosophie de la nature*, de Deslile de Sales. "Prefiro o fanático ao ateu implacável em seu infeliz sistema", escreve Mercier.

Por outro lado, ele não poupa críticas ao clero e ridiculariza os pregadores:

> Aqui é um monge gordo, todo estufado e pingando de suor, que se agita em sua batina emporcalhada; ali vereis um padre de paróquia que, vestido com uma sobrepeliz branca, em trajes elegantes e com os cabelos frisados *à deísta*, recita com pretensão, e num tom meloso, flores de retórica; faz brilhar sua eloquência parasita diante do padre, dos sacristãos balofos [...], mais adiante é um fanático grosseiro que se enfurece, espuma e se ergue contra aquilo que

---

51 Ibid., t.VII, p.166-8.

chama de filosofia e filósofos. Ele quer penetrar seu auditório com sua ira piedosa: vocifera diante dos jansenistas que acorrem em grande número, e diante de alguns homens de letras que também vieram ouvi-lo, mas para rir baixinho das contorções e do estilo do energúmeno.[52]

Mercier critica violentamente os seminários e seus pensionistas:

> O rebanho [dos seminaristas] é em geral estúpido, pois é composto de um tipo de camponês que recebeu apenas uma educação colegial e vem do campo trancar-se nessas moradas para tornar-se subdiácono e de lá passar a algum emprego de carregador eclesiástico.

Quanto aos conventos, "as curiosidades excessivas, a carolice e a santimônia, a inépcia monástica, a falsa pudicícia claustral reinam ali. Esses deploráveis monumentos de uma antiga superstição encontram-se no centro de uma cidade em que a filosofia difundiu suas luzes".[53] São resquícios da barbárie e antros de imoralidade, dirigidos por abadessas perversas.

Os padres de Paris não estão à altura da situação. Tornaram-se discretos e devem se adaptar à presença maciça de descrentes: "É preciso saber passar ao lado do incrédulo sem incomodá-lo". Eles não são mais os mestres e devem se resignar às afrontas. Quando Voltaire vai a Paris, o povo o recebe em triunfo, "ainda que muitos poderosos e todos os padres resmungassem por ver um plebeu e um incrédulo ser o objeto das atenções e das aclamações públicas". As pessoas ainda assistem às procissões, mas acreditam realmente nelas? Qual é o grau de sua fé? A ignorância é profunda, mesmo na capital, onde muitos fiéis que visitam o Mont Valérien acreditam que estão no local em que Cristo foi crucificado.

PROGRESSOS DA INCREDULIDADE NA EUROPA CENTRAL

A situação não é mais alentadora no restante da Europa. No início do século, já se podia ler em *L'Espion turc*:

> Essas espécies de libertinos não se encontram apenas na corte da França, mas em geral, por toda a Europa. A enfermidade é epidêmica; a infecção se

---

52 Ibid., t.VII, p.128.
53 Ibid., t.VII, p.55.

IRRELIGIÃO E SOCIEDADE NO SÉCULO XVIII

propagou tanto entre os eclesiásticos quanto entre os particulares, tanto entre os nobres quanto entre os plebeus; de modo que um homem que não tenha um grão de ateísmo não passa jamais por um homem de espírito.[54]

A crise da consciência europeia também é sentida na Roma protestante: Genebra. Em 1676, "um denominado Joubard, de Noremberg, luterano, estudante de filosofia [...] faz parecer que tem espírito e, no entanto, é suspeito de ateísmo por causa dos discursos que faz comumente, dizendo que nada se pode considerar senão aquilo que se pode conceber".[55] Em 1687, as "sementes de ateísmo em muitos descobertas" são motivo de preocupação. Deístas, leitores de Spinoza e Bayle são cada vez mais numerosos, o que leva o Consistório, em 2 de agosto de 1715, a adotar a seguinte resolução:

> Examinou-se uma proposta feita em 14 de dezembro de 1714, que já fora examinada no último dia 7 de junho [...] tal proposta diz respeito ao ateísmo e ao deísmo. Sobre isso, aconselham-se os remédios propostos no último dia 7 de junho. Ei-los. 1. Pregar fortemente as verdades da fé cristã e as verdades fundamentais do cristianismo, pregar com frequência as verdades particulares da religião e não se apegar unicamente à moral, que, embora necessária, não é suficiente. 2. Falar da verdade da religião nas conversações, de acordo com as ocasiões. Cada pastor deve também insinuar aos leigos que, quando estiverem diante de pessoas que atacarem a religião, é seu dever defender os interesses dela. 3. Como será necessário escrever alguns livros sobre tais questões, solicitou-se aos senhores Pictet, Leger e Turrentin, professores de teologia, que trabalhem nisso. Enfim, resolveu-se convocar diante do venerável Consistório aqueles que se souber que falaram contra a religião.[56]

Na vizinha Alemanha,[57] na mesma época, os *Freigeister*, ou livres--pensadores, formam um grupo considerável, ainda que desprezado pelas autoridades religiosas, que o consideram um aglomerado de libertinos, ateus, deístas e materialistas. Os pensadores do grupo, Stosch e Lau, inspiram-se em Spinoza. Uma obra anônima de 1749, *Freigeister, Naturalisten, Atheisten*, tenta justificar a existência do grupo, distinguindo nele diferentes categorias. A obra *Freydenken-Lexicon*, de Trinius, menciona em 1759

---

54 Apud Deprun; Desné; Soboul (eds.), op. cit., t.I, p.420, nota 1.
55 Apud Stauffenegger, *Église et société à Genève au XVIIe siècle*, t.I, p.384.
56 Ibid., t.I, p.443.
57 Fontius, Littérature clandestine et pensée allemande. In: Bloch (org.), *Le Matérialisme du XVIIIe siècle et la littérature clandestine*, p.251-62.

400   O DESCRENTE SÉCULO XVIII

inúmeros escritos clandestinos ateus que circulavam na Alemanha, muitos dos quais em latim ou francês. Entre 1774 e 1777, um escritor alemão de categoria, Lessing, defende pela primeira vez a livre análise em *Fragmente eines Unbekannten* [Fragmentos de um desconhecido] e, em 1783, Mendelssohn deplora o positivismo sensualista que vem se desenvolvendo entre os intelectuais, "a tendência ao materialismo, que ameaça tornar-se tão comum em nossos dias e, por outro lado, a avidez em olhar e tocar o que, por sua própria natureza, não pode vir aos sentidos, a inclinação à exaltação".[58]

Mais a leste, na Polônia, Marian Skrzypek mostrou que os historiadores, até uma época recente, haviam ignorado a existência de um verdadeiro ateísmo local, vinculado ao Iluminismo francês.[59] Assim, em 1958, W. Wasik afirmava que no século XVIII:

> o ateísmo é ignorado entre nós, pois não conhecemos na literatura polonesa da época do Iluminismo nenhum texto que represente distintamente tal atitude, ainda que alguns autores talvez tenham se aproximado dela. Nesse sentido, nós nos distinguimos dos franceses, que foram mais consequentes.[60]

B. Suchodolski confirma: "Nossos elos com a filosofia do Iluminismo francês foram os mais fracos no campo em que essa filosofia formava os princípios mais decididos do materialismo e do ateísmo. Nem Helvétius nem D'Holbach eram apreciados entre nós".[61]

Na verdade, nos anos 1770, o pensamento de Helvétius e, sobretudo, de D'Holbach – cuja *Moral universelle* [Moral universal], traduzida na forma manuscrita, serve para o ensino da moral, sob a égide da Comissão de Educação Nacional – é conhecido na Polônia. Um opúsculo intitulado *La Voix de la nature aux hommes* [A voz da natureza aos homens], que não passa de uma cópia do último capítulo do *Système de la nature*, circula no país. Outros escritos, como *La prière d'un athée* [A oração de um ateu], aparecem nos anos 1790, e escritores como o jacobino polonês Dmochowski e Batowski inspiram-se amplamente nos materialistas franceses. O contrabando de livros ateus parece ter sido bastante significativo (as obras eram escondidas entre livros comuns), e tratados mais volumosos, como os de D'Holbach,

---

58 Mendelssohn, *Morgenstunden oder Vorlesungen über das Dasein Gottes*. In: _____, *Schriften zur Metaphysik und Ethik*, t.I, p.300.
59 Skrzypek, La diffusion clandestine du matérialisme français dans les Lumières polonaises. In: Bloch (org.), op. cit., p.263-71.
60 Apud Skrzypek, op. cit., p.263.
61 Ibid., p.264.

IRRELIGIÃO E SOCIEDADE NO SÉCULO XVIII

Boulanger e Raynal, foram traduzidos no início do século XIX. Um dos principais tradutores foi J. Sygiert. Os tratados políticos e morais eram os preferidos, em virtude dos problemas específicos da história polonesa, mas as obras antirreligiosas estavam bem representadas com *Analyse de la religion chrétienne* [Análise da religião cristã], *Traité des trois imposteurs*, *Questions de Zapata* [Questões de Zapata] e *Difficultés sur la religion* [Dificuldades sobre a religião]. Indiscutivelmente, a literatura ateia tinha leitores na Polônia.

Na Hungria também, onde se encontra uma tradução de *La Prière d'un athée*, datada de 1775, e de *Abrégé du code de la nature* [Compêndio do código da natureza], de 1794. O mercado russo é ainda maior, e também lá o mestre é D'Holbach, traduzido por Lopoukhine ou Pnine para uma *intelligentsia* que se limita à nobreza.

O EXEMPLO VEM DE CIMA: ALTA NOBREZA, ALTO CLERO, ALTA BURGUESIA

Por toda a Europa, aliás, é a nobreza que dá o exemplo. Na França, desde o fim do reinado de Luís XIV, alguns grandes aristocratas se permitem exibir sua incredulidade em público, como é o caso do conde de Gramont (1646-1707), amigo de Saint-Évremond. Em 1696, ele se encontra moribundo pela primeira vez; Dangeau é enviado pelo rei para ver se ele havia se reconciliado com Deus, e o conde diz à sua mulher: "Condessa, se não cuidais, Dangeau vos escamoteará minha conversão". Outra cena edificante se passa em 1678, no falecimento de seu irmão, o duque de Gramont: "Isso é verdade, senhora?", pergunta ele à sua mulher enquanto o confessor recita os dogmas, que ele desconhece completamente. Diante da resposta afirmativa, ele declara: "Pois que seja! Apressemo-nos em crer!". Saint-Simon dá outra versão, aplicando-a ao conde de Gramont:

> Encontrando-se muito doente aos 85 anos, um ano antes de sua morte, sua mulher lhe falava de Deus. [...] Ao cabo, virando-se para ela, disse-lhe o conde: "Mas, condessa, isso que me dizeis é mesmo verdade?". Depois, ouvindo-a recitar o *Pater*: "Condessa", disse-lhe ele, "essa oração é bela; quem foi que a fez?". Ele não tinha a mínima noção de religião.[62]

---

62 Saint-Simon, *Mémoires*, t.II, p.857-8.

402   O DESCRENTE SÉCULO XVIII

Sem dúvida, não se deve atribuir uma importância exagerada a tais anedotas, mas ainda assim são sinais amplamente confirmados por memorialistas e epistológrafos. Em 1699, a princesa Palatina constata: "A fé está extinta neste país, a tal ponto que não se encontra mais um único rapaz que não queira ser ateu; porém o que há de mais curioso nisso é que o mesmo homem que se exibe como ateu em Paris assume ares de devoto na corte".[63] A própria princesa sente dificuldade para crer, e demonstra um ceticismo surpreendente numa carta de 2 de agosto de 1696:

> Raciocinando de acordo com meu perverso juízo, tenderia antes a crer que tudo perece quando morremos, e que cada um dos elementos de que somos compostos retoma sua parte para refazer alguma outra coisa, uma árvore, uma relva, ou qualquer coisa que sirva novamente para alimentar as criaturas vivas. A graça de Deus, ao que me parece, é a única que pode nos fazer crer que a alma é imortal; pois isso não nos vem naturalmente ao espírito, sobretudo quando se vê em que se transformam as pessoas após a morte. [...] O que prova também que não somos capazes de compreender o que é a bondade de Deus é que nossa fé nos ensina que ele criou primeiro duas pessoas às quais ele próprio deu ocasião de falhar. Por que tinha ele de lhes proibir tocar numa árvore e, em seguida, estender sua maldição a todos que não haviam pecado, posto que nem eram nascidos? A nosso entender, isso é precisamente o contrário da bondade e da justiça, visto que ele pune pessoas que não podem e que não pecaram.[64]

A princesa Palatina conhece inúmeros libertinos e ateus, como o duque de Brissac, ou o duque de Richelieu, "um arquidepravado, um imprestável, um medroso que, não obstante, não crê nem em Deus nem em suas palavras".[65] Saint-Simon cita inúmeros outros casos, como o barão de Breteuil, que ignora até quem compôs o *Pater*,[66] ou o marquês de Lévis, do qual se descobre que jamais foi batizado e jamais comungou no momento em que seu contrato de casamento é redigido. "Portanto, no mesmo dia, foi preciso realizar a cerimônia de batismo do marquês de Lévis, sua primeira confissão e sua primeira comunhão, e, à meia-noite, casá-lo em Paris no palácio de Luynes."[67]

---

63   Amiel (ed.), *Lettres de la princesse Palatine*, p.175.
64   Ibid., p.133.
65   Ibid., p.386.
66   Saint-Simon, op. cit., t.I, p.570.
67   Ibid., t.I, p.455.

IRRELIGIÃO E SOCIEDADE NO SÉCULO XVIII

Entre os eclesiásticos, a situação não é melhor. Até o abade de Polignac, depois cardeal, que escreveu um anti-Lucrécio, levava uma vida mais do que duvidosa.[68] E Jacques-Antoine Phélypeaux, bispo de Lodève a partir de 1690, não crê nem em Deus nem no diabo: ele "sustentava amantes publicamente em sua casa, onde as manteve até sua morte, e com a mesma liberdade não perdia ocasião de mostrar e algumas vezes dar a entender que não acreditava em Deus".[69] Ele não era o único: por exemplo, o abade Chaulieu era um "agradável depravado de afabilíssima companhia, que fazia sem dificuldade belos versos, muitos da aristocracia, e não se gabava de ter religião".[70] Segundo o cardeal de Bernis, o clima na corte durante a Regência era fortemente impregnado de ateísmo:

> Todos os que pensavam com insolência sobre a religião tinham o direito de agradar ao regente. Ele permitiu que lhe dedicassem uma nova edição do dicionário de Bayle; esse livro perigoso passou de mão em mão; todos se faziam por essa leitura eruditos baratos. Aprenderam anedotas escandalosas; viram as objeções apresentadas em toda a sua clareza. Até mesmo as mulheres começaram a se libertar dos preconceitos. O espírito de incredulidade e a libertinagem circularam juntos no mundo. A irreligião do regente e sua depravação encontraram facilmente imitadores numa nação cujo caráter próprio é imitar servilmente as virtudes e os vícios de seus senhores; a corrupção se tornou quase geral, o materialismo, o deísmo e o pirronismo se exibiam; a fé foi relegada ao povo, à burguesia e às comunidades; não era mais de bom-tom crer no Evangelho.[71]

Mas em que acreditava o cardeal de Bernis, apelidado de "bela Babet" por Voltaire, depravado notório, de causar inveja a Casanova, com quem trocava amantes em noites muito especiais, durante sua estada em Roma? Em 1737, a conselho de Polignac, ele compôs um longo poema contra o ateísmo: "O cardeal me disse que eu poderia fazer melhor, que ele havia atacado apenas os materialistas, mas que eu, numa mesma obra, poderia atacar todos os incrédulos. Tal conselho encorajou meu gênio; e comecei meu poema 'Religion'".[72] Em qual dos dois Bernis se deve acreditar? Uma coisa é certa: os contemporâneos foram mais influenciados pelo comportamento

---

68 Ibid., t.II, p.663.
69 Ibid., t.II, p.463.
70 Ibid., t.VII, p.666.
71 Bernis, *Mémoires*, p.52.
72 Ibid., p.65.

de seus senhores – civis e religiosos – do que por aquilo que eles escreveram. No que diz respeito ao regente, seu caso é suficientemente notório para não nos demorarmos no assunto. Fossem quais fossem suas convicções íntimas, o povo guardou que ele era ateu, como revelam incontáveis panfletos, a exemplo desses versos:

On dit qu'il ne crut pas à la divinité,
Mais c'est une imposture insigne.
Plutus, Cypris et le dieu de la vigne
Lui tenaient lieu de Trinité.*

Como o exemplo vem de cima, ninguém se admira de encontrar imitadores nas camadas mais baixas da sociedade. Isso nos leva de volta ao problema da propagação da incredulidade. O fenômeno se difundiu a partir de uma categoria social cujo comportamento servia de referência? O estudo exemplar de Michel Vovelle sobre a descristianização da Provença durante o século XVIII pode nos servir de modelo metodológico. A questão é clara: "O desapego das práticas se faz por imitação das elites? E há primeiro um comportamento homogêneo das elites? Responder a tais perguntas vai além de um simples comentário descritivo: é abordar o 'porquê' pelo 'como'. De onde vem o exemplo?".[73]

Na Provença, o exemplo vem das grandes cidades a oeste, especialmente de Marselha, e sobretudo da grande burguesia comerciante, como revela a impressionante diminuição de disposições religiosas nos testamentos desde a primeira metade do século: "É o exemplo burguês, seguido com algum atraso, que, ao que parece, comanda o comportamento do mundinho dos lojistas ou dos artesãos, molhe de fidelidade até os anos 1750, setor de prática declinante em seguida".[74] Esse modelo, todavia, não é válido no caso das cidades pequenas, em que se constata que os notáveis continuam mais fervorosos do que os artesãos e os camponeses: "Consequentemente, temos a tentação de opor a mobilidade da burguesia da cidade grande à inércia relativa dos notáveis do burgo ou da aldeia; e supor, num microcosmo fechado, uma reação defensiva".[75]

---

* Trad.: "Dizem que ele não acreditou na divindade,/ Mas isso é uma insigne impostura./ Plutão, Cipro e o deus do vinho/ Faziam-lhe as vezes de Trindade". (N. T.)
73 Vovelle, *Piété baroque et déchristianisation en Provence au XVIIIe siècle*, p.601.
74 Ibid.
75 Ibid., p.602.

Na grande burguesia, duas categorias sofrem um declínio religioso precoce, que começa a partir de 1700 e acelera após 1750: negociantes, por um lado, magistrados e profissionais liberais, por outro. A burguesia lojista segue a tendência apenas de longe, mas o impulso é brutal a partir de 1760. Quanto às origens do movimento, Michel Vovelle as situa essencialmente no estilo de vida: a burguesia do comércio, da justiça e dos ofícios liberais se abre para o mundo exterior e tem acesso a informações variadas, que levam a uma relativização dos valores. Todos os ofícios itinerantes – militares, marinheiros, barqueiros, ambulantes, saltimbancos – também apresentam um recuo precoce de religiosidade. Gabriel Le Bras já havia observado que os insubmissos são "todos os errantes: barqueiros, carreteiros, soldados; os sedentários, cujo estado leva à independência: comerciantes, artesãos, vinhateiros; alguns notáveis: fidalgos, funcionários públicos, cirurgiões".[76]

Quanto às mulheres, elas permanecem crentes e praticantes por mais tempo. No Antigo Regime, a explicação mais plausível é de ordem sociocultural: a mulher, nas classes populares, é submissa, dependente e analfabeta, em proporção muito superior aos homens. A inferioridade cultural e o hábito da dependência alimentam uma necessidade de proteção e de recursos que elas encontram na igreja. Na burguesia, a educação exclusivamente religiosa impede que a mulher tenha acesso ao pensamento secularizado.

PEQUENOS BURGUESES, ARTESÃOS, BARQUEIROS, MARINHEIROS

Para todas as camadas sociais médias e inferiores, que deixaram poucos testemunhos explícitos de suas crenças íntimas, também se coloca o problema dos critérios da incredulidade. A sociologia religiosa limitou-se a deduzir a incredulidade de comportamentos externos, de gestos considerados significativos: diminuição da prática dominical e pascal, encomenda de missas, oferendas, escolha de sepulturas, disposições testamentárias. Apenas uma convergência dessas atitudes permite um grau elevado de verossimilhança para que se possa falar de descristianização. Ora, o fenômeno é inegável no século XVIII, como mostram as pesquisas. Como Michel Vovelle, devemos insistir mais uma vez nesta constatação: "O historiador vê nascer no decorrer do século XVIII todo um conjunto de atitudes novas que destroem de vez a aparência de descontinuidade que a crise revolucionária

---

76 Le Bras, *Études de sociologie religieuse*, t.I, p.241.

situava entre um Antigo Regime cristão e um século XIX em vias de descristianização".[77]

Como sempre, o que torna difícil a avaliação do fenômeno da descrença é que, no nível popular, ele é silencioso. Quem não crê em alguma coisa não fala disso. O descrente não segue ritos especiais em que se possam contar os presentes. "Os descrentes são difíceis de localizar: o senso da pressão social age muito firmemente aqui, de modo que o desabafo é raríssimo", escreve Michel Vovelle.[78] Seguindo sua fórmula, tudo o que podemos fazer, muitas vezes, é medir a "convergência dos silêncios".

No entanto, há pouca dúvida no século XVIII, quando o silêncio se torna ensurdecedor. Em toda a parte, as pesquisas confirmam o desapego religioso das elites burguesas: queda brutal de doações, das fundações, da filiação às confrarias, da prática dominical, das encomendas de missa, das vocações sacerdotais e religiosas. Por toda a parte, constata-se uma diminuição de filhos de burgueses nos seminários em proveito dos filhos de artesãos. Em Rennes, estes últimos passam de 18% para 36% dos internos entre 1720 e 1760-1780. As vocações são desencorajadas, até mesmo na Bretanha: o cônego Julien Le Sage, natural de Uzel, conta que, quando comunicou sua vontade de se tornar religioso, em 1777, sua família tentou dissuadi-lo: "Alguns me chamaram de louco, e muito a sério; outros de misantropo atrabiliário, o que dá praticamente no mesmo; e os mais caridosos me julgaram vítima de um fervor passageiro, do qual tratariam de me curar alguns meses de provação".

Globalmente, o recrutamento de seculares cai 25% entre 1740 e 1789, com diferenças regionais significativas: a diminuição é clara a partir de 1720 na diocese de Auxerre, a partir de 1730 nas dioceses de Langres e Coutances, a partir de 1740 nas de Saint-Malo, Toulouse e Aix, e somente a partir de 1750 nas de Rennes e Bordeaux e de 1760 em Reims, Rouen e Gap. Os padres sem vocação, ou mesmo ateus, são cada vez mais numerosos, até nos mais altos graus, como o monsenhor de Vintimille, arcebispo de Paris, que, em seu leito de morte, interrompe seu confessor: "Senhor, já basta. O que é certo é que morrerei como vosso servo e vosso amigo". Entre os monges, há uma debandada: em 1765, a comissão dos monges suprime 8 ordens religiosas e 458 mosteiros de um total de 2.966.

Nesse desapego maciço da burguesia, todas as nuances estão presentes, desde a simples rejeição do catolicismo pós-tridentino em favor do deísmo

---

77 Vovelle, op. cit., p.614.
78 Ibid., p.291.

até o completo ateísmo. Alguns não hesitam mais em exibir sua descrença, às vezes com uma pitada de cinismo, como Nicolas Boindin (1676-1751), que aproveita as querelas em torno do jansenismo. Chaudon escreve a seu propósito:

> Ele escapou da perseguição e do castigo, apesar de seu ateísmo, porque, nas disputas entre os jesuítas e seus adversários, ele discursou com frequência nos cafés contra estes últimos. De La Place conta que ele dizia de um homem que pensava como ele e que desejavam interrogar: "Atormentam-vos porque sois um ateu jansenista, mas deixam-me em paz porque sou um ateu molinista".*[79]

No entanto, Boindin foi fichado pela polícia como ateu notório, e o inspetor D'Hémery coletou inúmeros epigramas inequívocos a seu respeito.[80] Talvez ele fosse simplesmente um cético, sempre pronto a fazer objeções. "Vejo razões contra tudo", escreveu ele a Fontenelle. Duclos conta que:

> ele procurava sobretudo combater as ideias preconcebidas nas matérias mais sérias, o que lhe valeu uma reputação de impiedade da qual ele me confessou certa vez que se arrependia muito; que ela havia prejudicado muito a tranquilidade de sua vida; que não devemos jamais manifestar tais sentimentos; e que seríamos mais felizes se não os tivéssemos. É sabido que ele é tratado de ateu nas canções atribuídas ao poeta Rousseau.[81]

Os artesãos são atingidos pela descristianização sobretudo a partir dos anos 1760-1770. O fenômeno é acentuado pelo nomadismo dos companheiros, que percorriam a França, entravam em contato com meios diversos, em geral marginais, que escapavam de qualquer controle, e difundiam sua contestação e seu anticlericalismo. Um desses companheiros, o parisiense Jean-Louis Menetra, define os padres como "homens imorais que inventam uma segunda autoridade com todas essas quimeras criadas pela mentira e alimentadas pela ignorância, ajudadas pelo fanatismo e pela superstição".[82]

Os taberneiros formam uma categoria que foi descristianizada muito mais precocemente. Havia muito tempo já apareciam como rivais dos padres,

---

* Partidário das opiniões de Molina sobre a graça divina. (N. T.)
79 Chaudon, *Nouveau Dictionnaire historico-portatif*.
80 D'Hémery, *Journal de la Librairie*, Ms. Fr. 22158, f. 186.
81 Duclos, *Mémoires secrets*, t.I, p.34.
82 Apud Vovelle, *Mourir autrefois. Attitudes collectives devant la mort aux XVIIe et XVIIIe siècles*, p.56.

disputando a clientela masculina nas manhãs de domingo. A taberna é uma verdadeira "contraigreja", sistematicamente anatematizada nas visitas pastorais:

> Na taberna, forma-se uma sociedade em que se misturam os do burgo e os do campo, nativos e forasteiros de passagem, que trazem rumores e impressos das cidades; a conversa é livre, as ideias são compartilhadas; é o salão da aldeia, e a censura do patrão se pratica muito mais contra a religião do que a seu serviço.[83]

Outra profissão visada pelos censores religiosos é a dos barqueiros, que escapa do controle paroquial, é independente e conhecida pela impiedade. Na diocese de Auxerre, um relatório do padre de Coulanges-sur-Yonne, de 1682, define-os assim:

> A profissão de quase todos os habitantes deste lugar é o trabalho nas águas, e os ajustes dos trens ou das frotas que devem ser conduzidos a Paris. É sabido de todos que os homens dessa profissão são como as prostitutas nas blasfêmias e nos xingamentos: eles mostram nos lugares da rota de suas viagens como são inclinados a essa espécie de execração.[84]

Como assinala Nicolas Colbert em 1684-1687, no entanto, é verdade que muitos barqueiros que não podem festejar a Páscoa na época adequada fazem-no mais tarde, por isso as apreciações negativas sobre a profissão devem ser relativizadas.[85]

Há o mesmo debate em torno dos marinheiros. O ofício de marinheiro, sobretudo naquela época, comporta aspectos contraditórios em relação à fé: por um lado, o perigo, a fragilidade diante da natureza ao mesmo tempo poderosa, temível e magnífica, podem inspirar sentimentos religiosos; por outro, a liberdade, a independência, o isolamento, o hábito de mundos diferentes, a vida dissoluta das tabernas portuárias são fatores de ateísmo prático. Roland Baetens questiona a religiosidade dos marinheiros do século XVI ao XVIII:

---

83 Le Bras, op. cit., t.I, p.241.
84 Apud Le Bras, op. cit., t.I, p.44.
85 Billacois, À vau-l'eau? La religiosité des mariniers de Loire. In: Delumeau et al., *Homo religiosus*, p.597-603.

IRRELIGIÃO E SOCIEDADE NO SÉCULO XVIII

> Em que medida o marinheiro, preocupado com a vida cotidiana, [...] pode dispor da atitude e do esforço requeridos pela crença em Deus e no além? Em que medida o trabalho árduo e a indigência não neutralizam a inclinação para a crença em Deus, crença que, além do mais, seria inspirada de modo negativo, isto é, pelo medo?[86]

O estudo de Baetens, que trata dos marinheiros flamengos, mostra quanto as tripulações eram abandonadas a si mesmas; a nomeação de capelães para os navios da Companhia das Índias Orientais era extremamente irregular, e os padres se revelam em geral indivíduos duvidosos, dos quais é uma alegria para os bispos se livrar, como o vigário que participa do assassinato do imediato do navio negreiro *Le Comte de Toulouse*, de Dunquerque, em 1721.

> Os marinheiros foram as primeiras vítimas do processo de descristianização que se manifestou com tanto vigor nas sociedades de Dunquerque e Ostende. Deve-se aceitar portanto que, por falta de prática religiosa, essa religiosidade substituiu em muitos casos a fé personalizada do marinheiro.[87]

Outro estudo ressalta os hábitos blasfematórios dos marinheiros, prática perseguida em vão pelo clero pós-tridentino, bem como pelos pastores protestantes em todas as frotas europeias.[88] A blasfêmia não é em si um indício de ateísmo. Sua persistência, apesar das proibições abundantes e horrorizadas do clero, ilustra ao menos uma indiferença em relação a estas últimas. Ainda assim, é inegável que a atracação de grandes frotas nos portos de guerra, cujas tripulações chegavam muitas vezes a mais de 10 mil homens, foi um fator de desordem moral e de descristianização precoce. Brest, reduto anticlerical num Léon profundamente crente, é uma ilustração disso.

Outro meio marginal se destaca pelo desapego às crenças oficiais: as ilhas e ilhotas próximas à costa europeia. As populações vivem abandonadas a si mesmas na maioria das vezes, já que nenhum padre quer se exilar nesses fins de mundo. A ilha de Sein ficou sem padre durante toda a primeira

---

86 Baetens, La population maritime de la Flandre: une religiosité en question (XVIe-XVIIIe siècle). In: Colloque du Collège de France, *Foi chrétienne et milieux maritimes, XVe-XXe siècle*, p.86.
87 Ibid., p.102.
88 Cabantous, Morale de la mer, morale de l'Église (1650-1850). In: Colloque du Collège de France, op. cit., p.274-92.

410   O DESCRENTE SÉCULO XVIII

metade do século XVII. Os que vão são de péssima qualidade, como constata
dom Lobineau em 1725:

> Encontravam-se padres igualmente ignorantes e dados aos vícios, que se
> deixavam levar pelas superstições do povo ou as toleravam para tirar proveito
> delas. Também persuadiam o povo de que tinham o poder de curar os males
> dos homens e dos animais e empregavam para isso exercícios apócrifos.[89]

Assim, quando os missionários jesuítas desembarcam em 1640 na ilha
de Ouessant, encontram populações que dificilmente poderiam ser qualificadas de cristãs. Elas ignoram tudo das crenças básicas e das orações, hesitam
entre quatro ou cinco deuses e rebelam-se contra as perguntas indiscretas
dos recém-chegados: "Sois bem curioso, hein? Quereis saber demais",
declaram ao jesuíta Julien Maunoir.[90] Conservatório de superstições multisseculares, as ilhas nunca foram propriamente cristianizadas. Embora
não se trate realmente de incredulidade, já que essas populações possuem
sistemas próprios de crenças, a ausência de distinção entre o sagrado e o
profano que as caracterizava pode justificar, de certo ponto de vista, o termo
de ateísmo prático. Encontramos praticamente um estágio pré-religioso: o
da magia e do mito vivido. O profano está tão integrado ao sagrado que se
dissolve nele, o que é uma forma pré-religiosa de ateísmo.

O ATEÍSMO: UM PRODUTO DO CRISTIANISMO? A SEPARAÇÃO ENTRE PROFANO E SAGRADO

Os missionários do século XVII tiveram a surpresa de encontrar nas
regiões rurais do continente muitos casos similares. "Em diversos lugares,
chegaram a abolir o culto do verdadeiro Deus para se abandonar à impiedade e à superstição", escreve o padre Boschet, que dá numerosos exemplos
de ignorância religiosa nas regiões da Baixa Bretanha visitadas pelo padre
Maunoir. A chegada dos missionários provoca uma profunda hostilidade,
e eles são muitas vezes ameaçados de morte. Boschet fala "de zombarias,
injúrias, ameaças e, às vezes, até mesmo murros e maus-tratos"; formam-se

---

89 Lobineau, *Les Vies des saints de Bretagne et des personnages d'une éminente dignité qui ont vécu dans la même province*, p.176.
90 Minois, Les missions des jésuites dans les îles bretonnes dans la première moitié du XVIIe siècle. In: Colloque du Collège de France, op. cit., p.19-36.

ajuntamentos, como em Bourbriac em 1657 e em Saint-Thurien em 1646, e o fracasso dos missionários é completo. A oposição não vem apenas dos camponeses: membros da pequena nobreza atiram nos religiosos; em Quimper, Concarneau, Landerneau e Douarnenez, burgueses e militares recusam-se a ouvi-los.[91]

Os missionários acabam com a oposição em particular graças a seus métodos pedagógicos ativos: o dom para a encenação e para o espetáculo atrai multidões curiosas.[92] A utilização de grandes mapas ilustrados impressiona, e os temas desenvolvidos mostram quais são os obstáculos que os jesuítas pretendem atacar: impiedade, descrença, idolatria, heresia, bruxaria, necromancia, apostasia. Num mapa utilizado pelo padre Nobletz no Finistère, uma estrada larga leva ao inferno: é a que consiste em "acreditar demais em sua própria sabedoria; [...] acreditar mais na Antiguidade do que naquilo que nos ensina a Igreja; [...] acreditar em alguns artigos de fé e não em outros; [...] preferir a opinião humana à fé sobrenatural".

Os esforços dos missionários concentram-se essencialmente na separação estrita do sagrado e do profano, que é sem dúvida a marca principal do espírito tridentino. Trata-se de separar o sagrado de seu envoltório profano, recuperar sua transcendência, deixá-la fora do alcance das manipulações e das contestações humanas. A tarefa é imensa, e suas consequências são de extrema importância.

Os meios utilizados fazem jus às necessidades: pregação, catecismo, confissão, missões e confrarias, apoiados pelas autoridades civis, locais e reais, iniciam uma ampla campanha de revolução cultural, realizada paralelamente nos países católicos e protestantes. Uma triagem é feita entre as crenças e as práticas para separar o "supersticioso", ilegítimo e condenável, e o sagrado autêntico, definido pelo novo ideal de piedade livresca, intelectualizada e interiorizada. A cultura da elite se esmera em se distinguir da cultura popular e apagar segmentos inteiros desta última. Robert Muchembled descreveu essa grande obra de aculturação.[93]

O sagrado é codificado, isolado, protegido, glorificado até nos mínimos detalhes da vida cultual: exclusão dos leigos do coro das igrejas, agora fechado por um balaústre; separação estrita entre clérigos e leigos nas procissões, que são também rigorosamente reguladas; relegação dos laicos ao papel de simples espectadores do culto (a partir de agora, eles "assistem"

---

91 Croix, *Cultures et religion en Bretagne aux XVIe et XVIIe siècles*.
92 Séjourné, *Histoire du vénérable serviteur de Dieu Julien Maunoir*.
93 Muchembled, *Culture populaire et culture des élites dans la France moderne (XVe-XVIIIe siècle)*.

à missa); proibição de festas populares, acusadas de favorecer a impiedade; eliminação de qualquer traço de superstição na prática religiosa.

Serão necessários dois séculos para levar a cabo essa transformação de mentalidades. Mas, a partir do século XVIII, alguns resultados já podem ser sentidos. Em primeiro lugar, isolar o sagrado é cortá-lo da vivência cotidiana que lhe dava vida; é correr o risco de vê-lo enfraquecer, reduzir-se a alguns minutos de prática semanal e em breve desaparecer. A ruptura entre profano e sagrado vai muito mais longe do que haviam previsto os reformadores da religião. Na segunda metade do século XVIII, certas vozes se erguem para reivindicar a separação entre a Igreja e o Estado, o que se encaixa na lógica da reforma tridentina.

Por outro lado, a luta contra as superstições empreendida pelas autoridades religiosas mantém o caráter ambíguo que já assinalamos: proibir os fiéis de ver milagres em tudo e ordenar ao mesmo tempo que acreditem no milagre permanente da eucaristia é um exercício difícil – e será complicado pela propagação do espírito crítico. Na lista interminável das superstições perseguidas, por exemplo, por Jean-Baptiste Thiers em 1679, em nome da piedade esclarecida,[94] algumas não poderiam ser comparadas a certos ritos religiosos ortodoxos, como as virtudes da água benta, do sal, do crisma, de uma simples cruz, ou o poder milagroso atribuído às fórmulas latinas que acompanham os sacramentos e o exorcismo? E não mencionamos os milagres bíblicos, que devem ser aceitos como tais. De tanto vociferar contra as superstições, não é todo o sobrenatural que corre o risco de se dissipar? O clero terá de fazer concessões, ainda mais que, em sua luta contra as superstições, depara com um aliado incômodo: os filósofos, que rejeitam absolutamente tudo. De certa maneira, o clero pós-tridentino trabalha a favor do racionalismo.

Terceiro ponto: a religião esclarecida dos séculos XVII e XVIII é acompanhada de um controle moral meticuloso. Os fiéis são colocados sob vigilância. Desde 1581 e 1586, os concílios de Rouen e Bordeaux haviam ordenado o registro dos indivíduos que não respeitavam a Páscoa. Na maioria das dioceses, os padres tinham de comunicar os nomes aos bispos. Os questionários que serviam de base para as visitas pastorais perguntavam se havia na paróquia espíritos fortes ou pessoas que não frequentavam a igreja. Em suas missões, o padre Maunoir aconselha os curas a fazer fichas individuais, dando notas de 1 a 5 à devoção dos paroquianos. M.-H.

---

94 Thiers, *Traité des superstitions*.

Froeschlé-Chopard observou um aumento das suspeitas nas visitas pastorais na Provença do século XVI ao XVIII. Em 1551, a visita à cidade de Grasse exigia a denúncia de "algumas pessoas, tanto eclesiásticos quanto leigos, que em público ou em particular tenham dito ou publicado palavras heréticas ou escandalosas contra nossa santa fé". A partir de 1680, tudo deve ser anotado, desde as distrações até o comportamento na missa.[95] No fim do século, o fichamento é feito em muitas paróquias na forma de "registros do estado das almas", nos quais todas as informações mais íntimas sobre a vida de cada fiel são consignadas.[96]

A confissão se torna cada vez mais inquisitorial, e os manuais dos confessores recomendam que se façam perguntas sobre as dúvidas e as eventuais tentações de incredulidade. A *Pratique du sacrement de pénitence* [Prática do sacramento de penitência], escrita pelo bispo de Verdun em 1711, sugere que se pergunte ao penitente:

> Não tivestes pensamentos contrários à fé, crendo que aquilo que a Igreja nos ensina não é verdadeiro, que é unicamente para nos meter medo, por exemplo, que ela nos ameaça com o inferno? Quantas vezes? Nunca duvidastes, por vossa própria vontade, das verdades da fé? Quantas vezes? Manifestastes publicamente vossa incredulidade, e destes algum sinal, seja por palavras, seja por outro modo qualquer, de que não credes? Se assim for, o caso é separado e acompanhado de excomunhão maior; ainda que ninguém tenha notado tais sinais, basta que eles tenham sido sensíveis.
>
> Comunicastes esses maus sentimentos a outrem? Quantas vezes, e a quantas pessoas? Tínheis o plano de inspirar-lhes vosso erro? Somos obrigados a agir para demovê-los, caso tenham entrado por essa via.
>
> Não louvastes e aprovastes uma falsa religião, dizendo, por exemplo, que os heréticos se podem salvar? Quantas vezes, e diante de quantas pessoas?[97]

A permanência das suspeitas revela o temor obsessivo do clero diante do aumento da incredulidade. O manual diz também que é necessário apontar:

---

95 Froeschlé-Chopard, Les visites pastorales de Provence orientale du XVIe au XVIIIe siècle, *Revue d'Histoire de l'Église de France*, n.171, p.273-92.

96 Michard; Couton, Les livres d'états des âmes. Une source à collecter et à exploiter, *Revue d'Histoire de l'Église de France*, n.179, p.261-76.

97 Bispo de Verdun, *Pratique du sentiment de pénitence ou méthode pour l'administrer utilement*, p.200-1.

Se a pessoa não quis acreditar em tudo o que ensina a Igreja católica, ou se voluntariamente duvidou de algum artigo da fé, e se declarou sua dúvida a outras pessoas; é preciso dizer a quantas, e quantas vezes.

Se, por palavras ou outros sinais externos, demonstrou aprovar alguma falsa religião, dizendo, por exemplo, que ela pode salvar.

Se praticou superstições, por exemplo, dando fé aos sonhos, crendo que há dias felizes e infelizes, consultando adivinhos, curando ou se fazendo curar por sinais, bilhetes, orações não aprovadas pela Igreja e outras coisas que não têm nenhuma relação com o efeito procurado.[98]

Um nível tão elevado de inquisição, que se aplica ao domínio moral e em particular à sexualidade, ocasiona um fenômeno de rejeição. A tutela sufocante do clero pós-tridentino fornece armas às futuras gerações de incrédulos, que estarão com todos os trunfos na mão para denunciá-la. Vendo dúvida por toda a parte, o clero acaba por suscitá-la. Querendo proteger seu rebanho, os prelados acabam por mostrar aos fiéis o caminho da incredulidade, sobretudo no mundo rural. Nos confins da Bretanha, o bispo de Tréguier lamenta em 1768 o avanço da incredulidade e observa que a fé é ridicularizada até mesmo pelos camponeses. Para restabelecer a crença, ele cria a confraria do Sagrado Coração, cujos "associados se julgarão mais estritamente obrigados a jamais envergonhar-se do Evangelho, a não temer demonstrar uma piedade sólida e verdadeira. Ah, como mantém afastadas as pobres almas o temor de passar por devotas!".[99]

RESPONSABILIDADE DOS EXCESSOS DOGMÁTICOS E DO JANSENISMO

Os esforços contra o aumento do ateísmo são derrisórios, sobretudo porque, em parte, ele é resultado da atitude das Igrejas protestante e católica, que com seu rigor intransigente leva os fiéis a se afastarem da fé. Revelador desse processo é o testemunho de Madame Roland. Ela recebeu uma educação religiosa na juventude. Leitora voraz, de inteligência viva e precoce, começa a se distanciar da fé por volta dos 14 anos, entre 1772 e 1775. Sua

---

98 Ibid., p.508.
99 Apud Minois, *Un Échec de la réforme catholique en Basse Bretagne: le Trégor du XVIe au XVIIIe siècle*, t.IV, p.998.

IRRELIGIÃO E SOCIEDADE NO SÉCULO XVIII

atitude intelectual é típica de muitos jovens de sua geração. A reflexão sobre os excessos doutrinais da fé pós-tridentina leva de início à dúvida:

> A primeira coisa que me repugnou na religião que eu professava com a seriedade de um espírito sólido e consequente foi a condenação universal de todos os que a desconhecem ou ignoraram. Achava mesquinha, ridícula, atroz a ideia de um criador que entrega a tormentos eternos esses incontáveis indivíduos, frágeis criaturas saídas de suas mãos, jogados na terra entre tantos perigos e na noite de uma ignorância que já os fizera sofrer tanto. – Enganei-me sobre esse artigo, é evidente; não me engano também sobre outro? Examinemos. – A partir do momento que o católico faz esse raciocínio, a Igreja pode vê-lo como perdido para ela. Concebo perfeitamente por que os padres querem uma submissão cega e pregam com tanto ardor essa fé religiosa que adota a crença sem exame e adora sem murmúrios; essa é a base de seu império, ele é destruído quando se começa a raciocinar.
>
> Depois da crueldade da condenação universal, o absurdo da infalibilidade foi o que mais me impressionou, e não tardei a rejeitar tanto uma como a outra. Que resta de verdadeiro? – Eis o que se tornou durante anos objeto de uma busca contínua, com uma atividade, às vezes com uma ansiedade de espírito difícil de descrever.[100]

Para fortalecer sua fé, o confessor de Madame Roland lhe empresta obras apologéticas, que produzem o efeito contrário:

> O mais divertido é que foi justamente nessas obras que tomei conhecimento daqueles que elas pretendiam refutar e recolhi os títulos para depois procurá-los. Assim, o tratado da *Tolerância*, o *Dicionário filosófico*, as *Questions encyclopédiques*, *Le Bon sens*, do marquês D'Argens, *Lettres juives*, *L'Espion turc*, *Les Mœurs*, *L'Esprit*, Diderot, D'Alembert, Raynal, o *Système de la nature* passaram sucessivamente por minhas mãos.[101]

É assim que a Igreja pós-tridentina produz ateus, ou nesse caso deístas, já que Madame Roland não chega ao materialismo, cuja frieza lhe causa repugnância:

---

100 Perroud (ed.), *Mémoires de Madame Roland*, t.II, p.91-2.
101 Ibid., p.93.

O ateu não é a meus olhos um falso espírito; posso viver em sua companhia tão bem e melhor do que em companhia do devoto, pois raciocina mais; falta-lhe, porém, um sentido, e minha alma não se funde inteiramente com a sua: ele é frio diante do espetáculo mais admirável, e procura um silogismo enquanto presto uma ação de graças.[102]

Muitas coisas na atitude de Madame Roland prenunciam a de Ernest Renan: no elaborado edifício dogmático erguido pela Igreja pós-tridentina, tudo se sustenta, e a dúvida sobre um ponto preciso ameaça toda a construção, daí o cuidado permanente do clero de impedir qualquer reflexão pessoal sobre o conteúdo da fé. O que é certo é que a forma rígida do cristianismo, que deve ser aceita tal como foi estabelecida nos séculos XVII e XVIII, é parcialmente responsável pelo ateísmo. Proibir a livre análise, enquanto a revolução cultural favorece o florescimento do espírito crítico, é provocar deliberadamente a perda de confiança. Afirmações tão exageradas como a da condenação eterna da maior parte da humanidade são erros capitais, que levaram muitos fiéis à descrença. A linguagem da Igreja a respeito desse tema mudará mais tarde, assim como de muitas outras questões.

O jansenismo também tem um papel considerável no sentido da descristianização no século XVIII. Esse elo foi bem estabelecido na diocese de Auxerre, importante reduto jansenista onde 31 padres se recusam a assinar o Formulário desde 1644, além do cabido, abades e religiosos. De 1717 a 1754, o bispo de Caylus transforma essa região no principal bastião da "seita", e os historiadores do século XX são quase unânimes em reconhecer, como já fazia o abade Charrier em 1920, que "o jansenismo é indubitavelmente, em grande parte, responsável pelo desaparecimento quase total da fé na região de Auxerre, outrora tão cristã".[103]

Recentemente, Dominique Dinet retomou o caso e confirmou o fato: o jansenismo reduziu as vocações sacerdotais e religiosas, contribuiu para a queda do número de párocos, desvalorizou o clero, desacreditou certas expressões da fé, contribuiu para a diminuição da prática, perturbou as obras educativas e a devoção ao Sagrado Coração – considerada entediante e ridícula –, provocou um excesso de rigor que levou alguns a abandonar os sacramentos e a prática. Os habitantes de Montmorin se queixam ao

---

102 Ibid., p.109.
103 Charrier, *Histoire du jansénisme dans le diocèse de Nevers*, p.146. Opinião confirmada por Préclin, *Les jansénistes du XVIIIe siècle et la Constitution Civile du clergé*, e Ordioni, *La Résistance gallicane et janséniste dans le diocèse d'Auxerre (1704-1760)*.

bispo em 1741: "Monsenhor, não temos nada a dizer contra o senhor cura. Queixamo-nos apenas do fato de ele ser severo demais na confissão; ele admoesta as pessoas diversas vezes, e isso desagrada. Bem poucas respeitaram a Páscoa".[104]

Além do mais, a propensão jansenista a favorecer as manifestações do sobrenatural, como milagres, curas, convulsões, em pleno século do Iluminismo, contribui para desacreditar a religião. Um clero que luta contra as superstições e ao mesmo tempo se mostra crédulo perde a credibilidade. Ora, a partir de 1727, data da morte do diácono Pâris, as convulsões e as curas se multiplicam em Saint-Médard, mas também na diocese de Auxerre. Em 1732-1733, uma criada de Seigneulay, semiparalisada, tem convulsões em Saint-Médard e fica curada. O bispo de Caylus dá solenemente graças a Deus em 1734 e inspira panfletos sobre a "comédia de Seigneulay", tais como: "Que pretende nosso bispo com seu milagre e seu santo Pâris? Eis mais um santo bem traquinas, que leva as pessoas a cometer loucuras! Não queremos saber de santos dessa espécie! Belo milagre uma santa rapariga que enlouquece!".[105]

O número de paroquianos que demonstram desapego à fé aumenta na diocese de Auxerre a partir de 1730, e acentua-se depois de 1760. Na paróquia de Saint-Pellerin de Auxerre, em 1767, ninguém frequenta as vésperas; mais da metade dos habitantes não respeita a Páscoa ou manda seus filhos ao catecismo; um quarto nunca vai à Igreja o que, somado a diversos outros exemplos, leva Dominique Dinet a concluir: "O jansenismo do século XVIII se revela portanto como um agente da descristianização na região de Yonne muito mais ativo do que se imaginava".[106]

Emmanuel Le Roy Ladurie ressaltou por sua vez o fato de que o jansenismo, a longo prazo, preparou o desapego religioso incitando as famílias a se fechar em si mesmas, "no ninho sufocante da intimidade familiar e caseira".[107] Deixando de ir à igreja, criticando o clero, vivendo de modo austero com base na meditação dos textos, o jansenismo se isola das fontes vivas e coletivas da fé, expondo-se assim a perdê-las. Massillon observava, já em 1724, que os hábitos de contestação desenvolvidos pelo jansenismo

---

104 Apud Dinet, Le jansénisme et les origines de la déchristianisation au XVIIIe siècle. L'exemple des pays de l'Yonne. In: Hamon (org.), *Du Jansénisme à la laïcité. Le jansénisme et les origines de la déchristianisation*, p.20.

105 Ibid., p.23.

106 Ibid., p.26.

107 Le Roy Ladurie, L'ethnographie à la Rétif. In: _____, *Le Territoire de l'historien*, t.II, p.379.

eram um fator de descrença: "Foi o que difundiu a irreligião, e não está longe os leigos passarem da discórdia à dúvida e da dúvida à incredulidade".

O caso jansenista tem consequências inesperadas até no Parlamento de Paris. Esse augusto tribunal compreende diversos conselheiros franco-maçons, deístas como Boulainvilliers ou materialistas ateus como Pierre-Achille Dionis du Séjour, classificado por seu pio colega Robert de Saint-Vincent de "homem ateu e irreligioso por caráter ou por princípio", que jurou "destruir o reino de Jesus Cristo e derrubar todos os templos consagrados ao cristianismo".[108] Ora, esses dois homens são objetivamente aliados contra os jesuítas. A passagem do jansenismo ao ateísmo, e vice-versa, foi diversas vezes constatada. Carré de Montgeron, o conselheiro do parlamento, que perdeu a fé na adolescência, reencontra-a no episódio das curas do cemitério de Saint-Médard.

DIFUSÃO DA INCREDULIDADE: CAFÉS, CLUBES, JORNAIS

A difusão da descrença se acelera no século XVIII com o surgimento de novos meios de comunicação social: discussão em cafés, clubes e salões, jornais, tráfico de livros proibidos. O papel dos cafés foi inúmeras vezes sublinhado como sucedâneo das discussões de salões, onde ideias novas se difundem e podem atingir o grande público, mesmo analfabeto: "A evidência permite supor que a irreligião pôde se difundir para além dos meios que procuravam a elegância livre do salão de uma Ninon de Lenclos, pois os honestos burgueses e os operários gostavam de ir ver os oradores dos cafés, os novelistas dos jardins públicos", escreveu E. R. Briggs num estudo sobre a difusão das ideias inglesas na França.[109]

Desde o início do século XVIII, a polícia se interessa pelos cafés, suspeitos de serem focos de ateísmo. Lê-se no relatório de um espião:

> Há em Paris espíritos pretensamente refinados que falam de religião nos cafés e em outros lugares como de uma quimera. Entre outros, o senhor Boindin se destacou mais de uma vez no café Conti, na esquina da rua Dauphine e, caso

---

108 Bluche, *Les Magistrats du parlement de Paris (1715-1771)*, p.248.
109 Briggs, L'incrédulité et la pensée anglaise en France au début du XVIIIe siècle, *Revue d'Histoire Littéraire de la France*, p.534.

não se ponha ordem, o número de ateus ou deístas aumentará, e muita gente criará religiões à sua moda, como ocorre na Inglaterra.[110]

O famoso Boindin se entusiasma quando encontra um auditório, como confirma Duclos: "Assim que se via no meio de um auditório, como num café, ambicionava os aplausos que sua eloquência lhe proporcionava. Aos 60 anos passados, tinha ainda essa ambição pueril".[111]

Outro frequentador assíduo de cafés que aparece com regularidade nos relatórios policiais como propagador de incredulidade é o abade Bouchard, que também tem o hábito de discursar nos jardins do Luxemburgo. No dia 12 de setembro de 1728, um espião relata:

> O senhor abade Bouchard não põe fim a suas conversas sobre a religião; ele diz insolentemente que todas as religiões são boas; que é permitido a cada uma criar uma divindade, na medida em que lhe permite o conhecimento; que como o culto que se presta a Deus é uma invenção do homem, ele pode criar uma divindade segundo suas fantasias; ele fez discurso semelhante nos jardins do Luxemburgo, para escândalo daqueles que o ouviram.[112]

Em 10 de novembro, outro espião observa: "a conversação do senhor abade Bouchard, que continua a ser um ateísta [sic] e a falar com pouco respeito dos mistérios mais sagrados". Outro relatório, datado de 14 de abril de 1729, diz:

> O senhor abade Bouchard não é melhor do que era antes [...] diz naturalmente que os mistérios que a Igreja celebra solenemente nesta época santa [a Páscoa] são absurdos e que a fábula é bem forjada. Ele admite, no entanto, que há um deus, mas que esse deus sempre foi impassível.

Outros abades atraem a atenção com declarações similares:

> Acreditamos dever relatar também que há certas pessoas que se metem a filosofar e a duvidar de tudo; dizem entre outras coisas que não existe nenhuma história sagrada nem profana à qual somos obrigados a dar fé; um abade que

---

110 Ravaisson (ed.), *Archives de la Bastille*, t.XIV, p.221.
111 Duclos, op. cit., p.38.
112 Apud Briggs, op. cit., p.526.

se chama Bertier diz que a Assunção da Virgem é uma piedosa invenção. (4 de outubro de 1736)[113]

Essa breve exposição da oralidade num mundo que vemos habitualmente apenas através da palavra escrita mostra que era possível, naquela época, manifestar em público ideias muito audaciosas sobre a religião. As críticas e a discussão livre sobre a fé avançam e certamente são mais generalizadas do que levam a supor os livros. Opiniões que poderíamos imaginar limitadas apenas aos in-fólios são discutidas por todo mundo:

> Dizem comumente, e em especial entre os eclesiásticos, que a religião católica está periclitante na França [...]. Outros dizem que a religião não é mais do que um traço da política para conter o vulgo ignorante, que, no entanto, não se consegue impor a esse mesmo vulgo porque ele vê perfeitamente que a causa de todas as desordens que reinam no presente século é a depravação dos costumes dos eclesiásticos. (27 de maio de 1737)

Essas afirmações circulam no café Conti, no café Gradot e, sobretudo, no café Procope, ponto de encontro dos descrentes:

> Falaram ali da nova ópera, na qual encontraram, com relação ao poema, vários versos que insinuam o mais puro ateísmo, tal como este: "A natureza produz seus efeitos por si mesma". (22 de outubro de 1728)[114]
>
> Acreditamos dever relatar que um certo senhor Dumont, que é *porte-manteau** da casa real e frequenta diariamente o café Procope, em frente à Comédie Française, tem conversas que cheiram muitíssimo a ateísmo. (9 de janeiro de 1738)

No jardim do Luxemburgo, um certo Gautier, morador da rua dos Ourives, faz afirmações em 1729 dignas dos *Trois imposteurs* e de Meslier:

> Tivemos diversas vezes a conversa de um particular, tanto no Palácio de manhã quanto no Luxemburgo à tarde. Acreditamos ser obrigado a relatá-la sem temor, porque é das mais ateístas [sic]. Ele diz em primeiro lugar que a religião não passa de obra humana, que Moisés era um tirano que soube sujeitar

---

113 Ibid., p.530.
114 Ibid., p.526.
* Oficial que tinha a incumbência de carregar o manto real. (N. T.)

IRRELIGIÃO E SOCIEDADE NO SÉCULO XVIII

os povos de seu tempo pela tirania, que ele inventou um culto para enganar esse mesmo povo, que os potentados do país seguem seu exemplo.[115]

Que se possa ouvir afirmações semelhantes em plena Paris, no início do reinado de Luís XV, diz muito sobre a opinião pública e a familiaridade com o ateísmo. Alguns frequentadores do café Procope também se encontram no aconchego dos salões: Conti, Fréret, Boulainvilliers e Duclos se encontram no salão de Bolingbroke e da senhora de Caylus. Ali encontram também um erudito, Dortous de Mairan, e o conde de Plélo, que forma, por volta de 1725, "uma espécie de concílio spinozista para estudar uma obra ímpia do padre Guillaume".

No famoso Clube da Sobreloja, em discussões secretas, fala-se muito de Spinoza, mas também do pensamento inglês, que foi introduzido na França, entre outros, pelo abade italiano Antonio Conti. O clube conta com a participação de um magistrado racionalista e cético, membro do Grande Conselho, apaixonado por ciência e filosofia, homem de formação cartesiana, falecido em 1735: Antoine-Robert Pérelle. Admirador do pensamento inglês, ele copia longos trechos da obra *Treatise of Human Reason* [Tratado da razão humana], escrita em 1674 por Martin Clifford e condenada por todas as Igrejas. Ele também se sente atraído pelo pensamento de Spinoza. Em seu livro *Remarques* [Observações], escreveu: "Há com efeito coisa mais ridícula do que concluir insolentemente a distinção da alma e do corpo e a existência de um Deus das ideias que temos dessas substâncias [...]? Esse sistema, na verdade, é um pouco spinozista, mas que importa?".

Sua correspondência revela um espírito cético, que refuta todas as provas clássicas da existência de Deus. Sobre "a prova vulgar da existência de Deus extraída da bela ordem e do arranjo da natureza, [...] esse argumento banal dos pregadores", ele afirma:

> Esse arranjo que se observa no universo [...] não é uma maravilha tão grande. Não passa de um grão de poeira dividido ao infinito que, sendo agitado circularmente, dá uma infinidade de voltas em torno do centro de seu movimento. [...] Que necessidade há de inteligência? [...] Quanto à criação, além de pouco se conseguir concebê-la, é fácil provar a um cartesiano que a matéria deve ter sempre existido e sempre existirá.

---

115 Briggs, op. cit., p.528.

Se o movimento é uma propriedade da matéria, então não há mais necessidade de criador, e "creio que todos os filósofos que veem a bela ordem como uma prova incontestável da existência de Deus se dariam por vencidos". Essa prova é sem valor, portanto, e deveria ser abandonada, o que os devotos se recusam a fazer:

> Tão logo alguém ataca um autor cuja conclusão é: portanto, existe um Deus, ainda que mal tirada, ele reclama de ateísmo! Consinto todavia que não se deve desacreditar tal prova, pois é propícia aos pregadores para que façam amplas enumerações e magníficas descrições. Ela causa uma forte impressão no auditório, mais tocado de ordinário por um discurso patético e bem-feito que na maioria das vezes nada prova do que por uma prova geométrica seca, porém demonstrativa.

A prova ontológica de Descartes é muito mais sedutora para Pérelle, mas, caso seja possível destruí-la, destroem-se também *todas* as provas: "Se a existência necessária é possível, há um ser necessário, e qualquer um que possa demonstrar que ela é impossível pode demonstrar que não há Deus algum". Raciocinando como Meslier, ele declara que provar que um ser é necessário não equivale a provar que ele é necessariamente perfeito e que, além disso, este ser pode ser a matéria. São essas as questões sobre as quais se discute acaloradamente no Clube da Sobreloja.

Os jornais, que fazem eco a tais problemas, contribuem amplamente para difundir as ideias do deísmo e do ateísmo, em especial com a listagem das obras publicadas na França e em outros países. Mesmo quando os comentários são hostis – o que é frequente no caso das obras ateias –, o fato de divulgar os títulos pode incitar os apreciadores a tentar conseguir os livros no mercado negro, o que não parece ser difícil para quem está disposto a pagar.

A difusão dos jornais concorre significativamente para a formação de uma opinião pública esclarecida. Entre 1614 e 1789, quase 1.200 periódicos foram recenseados na França e, na segunda metade do século XVIII, a prática da leitura pública aumenta sua influência. Sociedades de apreciadores de jornais são criadas por volta do fim dos anos 1750; em 1761 é inaugurado o primeiro escritório literário de Paris; por toda a parte surgem salas de leitura. A de Rennes, por exemplo, destina-se em 1775 a uma clientela abastada, com direito de entrada por 27 libras e uma assinatura anual de 24 libras.

Pelos recenseamentos efetuados nesses jornais, constata-se, desde o fim do reinado de Luís XIV, a importância das publicações deístas e ateias.

IRRELIGIÃO E SOCIEDADE NO SÉCULO XVIII

Pierre Claire contou 50 ocorrências da palavra "deísmo" e 140 ocorrências de "ateu" e "ateísmo" na imprensa do fim do século XVII e do início do século XVIII.[116]

Os jornais abordam a questão da tolerância e da análise livre, porém tratam muito mais do papel da razão na religião, da religião natural, da superstição, da credulidade, do fanatismo, das obras de crítica da Igreja, do culto e do clero. O problema do ateísmo é visto através dos livros sobre Spinoza e Bayle. A bibliografia, abundante e crítica, ilustra a importância dos debates sobre a incredulidade na república das letras desde os anos 1680.

OS MANUSCRITOS CLANDESTINOS ATEUS E DEÍSTAS

Há algo de que os jornais não falam: a circulação subterrânea e paralela de obras clandestinas antirreligiosas. Estudos recentes revelaram a amplidão desse comércio ilegal, que abre novas perspectivas para a difusão do ateísmo desde o início do século XVIII.[117] Entre 1770 e 1750, milhares de obras, que vão de um panfletinho de poucas folhas a um volumoso tratado materialista, circulam por toda a Europa. Miguel Benitez encontrou 130 títulos, atualmente dispersos nas grandes bibliotecas.[118]

Tais obras são procuradas com avidez na época e podem alcançar preços astronômicos. Algumas são até obras manuscritas, que se preferiu copiar à mão em razão do custo exorbitante. É o caso de *Examen de la religion* [Exame da religião], texto de 130 páginas do qual se lê no jornal *La Spectatrice Danoise*:

> A permissividade da imprensa na Holanda e na Inglaterra engendrou diversas obras contra o cristianismo. Esses livros são lidos com avidez. Circula por esta cidade um que foi vendido tão caro que algumas pessoas preferiram copiá-lo com as próprias mãos a desembolsar uma vintena de escudos.[119]

A reprodução dessas obras é feita de modo artesanal, em verdadeiros ateliês de copistas, como o de Le Couteux, em Paris, fechado em 1725, onde

---

116 Clair, Déisme et athéisme de 1665 à 1715 à travers les journaux. In: Robinet (ed.), *Recherches sur le XVIIe siècle*, t.II, p.109-22.
117 Bloch (org.), op. cit.; Bourdin (org.), *Les Matérialistes du XVIIIe siècle*. A obra antiga de Wade, *The Clandestine Organisation of Philosophic Ideas in France from 1700 to 1750*, ainda é válida, mas apresenta lacunas.
118 Benitez, Qu'est-ce qu'un manuscrit clandestin? In: Bloch (org.), op. cit., p.13-29.
119 *La Spectatrice Danoise*, II, p.467.

424   O DESCRENTE SÉCULO XVIII

trabalhavam nove amanuenses. Isso permitia fazer até cem cópias de certos textos, como é o caso de *Les Trois imposteurs* em 1721, em Frankfurt. Alguns tratados circulam ao mesmo tempo na forma impressa e manuscrita, como *Nouvelles libertés de penser* [Novas liberdades de pensar], de 1743, ou *L'Histoire naturelle de l'âme* [A história natural da alma], de 1745. A partir de 1750, os impressos suplantam de longe os manuscritos.

Não é raro que estes últimos sofram alterações durante o trabalho de cópia que chegam a desnaturar o sentido original. Frédéric Deloffre mostrou que foi o caso de *Difficultés sur la religion* [Dificuldades sobre a religião], livro composto por Challe por volta de 1710.[120] Uma primeira modificação, entre 1732 e 1750, acentua os ataques contra o clero, esmiúça as orientações deístas e suprime os trechos contra os ateus. A obra passa em seguida pelas mãos de Naigeon e D'Holbach e sai em 1767, com o título de *Militaire philosophe* [Militar filósofo], como um tratado materialista puro.

D'Holbach está acostumado a esse tipo de prática. Em 1770, alterou um manuscrito intitulado *Histoire critique de Jésus, fils de Marie, tirée d'ouvrages authentiques, par Salvador, juif* [História crítica de Jesus, filho de Maria, extraída de obras autênticas, por Salvador, judeu] para lançar uma *Histoire critique de Jésus-Christ* [História crítica de Jesus Cristo]. Roland Desné, que encontrou o manuscrito original em Berlim, mostrou como mais uma vez o barão transformou uma obra de tendência deísta num livro materialista.[121] Pelo manuscrito concluía-se que Jesus foi um aventureiro ambicioso e exaltado que explorou habilmente a credulidade popular. Todos os milagres são negados ou explicados por subterfúgios, como a multiplicação dos pães e dos peixes, escondidos antes da distribuição "milagrosa". Nota-se que o autor do manuscrito, que escreve por volta de 1755, diz estar certo de encontrar muitos leitores, "essa espécie de leitor cujo número aumentou prodigiosamente em nossos dias em virtude da civilidade e dos ares de verdade que o espírito de irreligião difunde em todas as obras".[122]

Há, portanto, uma vasta clientela para as obras dos descrentes. E os eclesiásticos são os primeiros a procurá-las. A coleção do abade Sépher (1710-1781), que compreende 6.993 títulos, é uma das mais ricas em manuscritos clandestinos.

---

120 Deloffre, Un "système de religion naturelle": du déisme des *Difficultés de la religion* au matérialisme du *Militaire philosophe*. In: Bloch (org.), op. cit., p.67-80.
121 Desné, Sur un manuscrit utilisé par d'Holbach: *L'Histoire critique de Jésus, fils de Marie*. In: Bloch (org.), op. cit., p.169-76.
122 Ibid., p.174.

Os difusores são o elo frágil da corrente. Vigiados pela polícia ou denunciados, às vezes são detidos. No dia 9 de agosto de 1729, a polícia parisiense recebe um bilhete denunciando o senhor Mathieu ou Morléon:

> mora num café na esquina da rua Saint-Dominique, para os lados da Charité, produz e vende cópias de diversas obras repletas de impiedades e máximas contrárias à existência de Deus, à divindade e à moral de Jesus Cristo. Muitas pessoas, abades e outros, compram a peso de ouro desse senhor cópias dessas obras.[123]

O inspetor Haymier vai ao local, descobre inúmeras obras ímpias, e o vendedor lhe afirma "que não havia um oficial do Parlamento que não possuísse tais manuscritos em casa". Diversos revendedores vão para a Bastilha: La Barrière em 1741, um professor do Collège de la Marche em 1747, um monge franciscano de Versalhes, que tentou vender *Le Tombeau des préjugés sur lesquels se fondent les principales maximes de la religion* [Epicédio dos preconceitos sobre os quais se baseiam as principais máximas da religião].[124] Carregamentos de manuscritos são apreendidos, como os 44 pacotes de livros "contra a religião e a moral", em Avignon, em 1766. Mas a imensa maioria é vendida sem dificuldade.

Esses tratados manuscritos são anônimos, mas o público sugere nomes de autores: Nicolas Fréret (1688-1749), Jean-Baptiste de Mirabaud (1675-1760), César Chesneau-Dumarsais (1676-1756). A erudição contemporânea permitiu algumas vezes corrigir falsas atribuições, como no caso da obra *Examen critique des apologistes de la religion chrétienne* [Exame crítico dos apologistas da religião cristã], obra erudita composta após 1733 que acumula referências para arruinar a credibilidade dos apologistas cristãos dos primeiros séculos e, ao mesmo tempo, mostrar que o cristianismo se baseia apenas em suposições, incertezas e até mesmo em mentiras. A conclusão é que "será sempre mais seguro admitir um sistema religioso apenas depois de se convencer de que ele é fundamentado em provas evidentes".[125]

Tal obra era atribuída a Fréret. Ora, a crítica moderna mostrou que a atribuição se devia a uma operação deliberada do círculo ateu de D'Holbach,

---

123 Apud Lanson, Questions diverses sur l'histoire de l'esprit philosophique en France avant 1750, *Revue d'Histoire Littéraire de la France*, t.XIX.

124 Spink, *La Libre Pensée française de Gassendi à Voltaire*, p.325.

125 Apud Niderst, L'examen critique des apologistes de la religion chrétienne. Les frères Lévesque et leur groupe. In: Bloch (org.), op. cit., p.46.

426   O DESCRENTE SÉCULO XVIII

que recuperava sistematicamente nomes célebres de personagens falecidos, secretários vitalícios da Academia Francesa, como Mirabaud, ou da Academia de Inscrições e Belas-Letras, como Fréret, para transformá-los em autores partidários de suas ideias, encobrindo assim os verdadeiros autores vivos. Na verdade, a obra seria dos irmãos Lévesque, deístas convictos, cuja correspondência revela como essa tendência era comum na época.[126]

Hoje, tem-se redescoberto o papel de autores menos conhecidos, que serviram sobretudo de intermediários entre os círculos inovadores – que elaboram as ideias audaciosas – e o grande público, exprimindo de modo menos chocante para este as obras anticristãs daqueles. É o caso de Boureau-Deslandes, autor de uma *Histoire critique de la philosophie* [História crítica da filosofia], publicada em 1717, e de uma obra materialista, *Pygmalion ou la statue animée* [Pigmaleão ou a estátua animada], de 1741.

As obras clandestinas se dividem em duas categorias. Há aquelas que atacam a religião de um ponto de vista cultural e histórico, considerando-a uma invenção humana fundamentada em preconceitos, que impede os progressos do pensamento e da ciência e favorece o fanatismo; em geral de inspiração deísta, esses tratados são amplamente predominantes a princípio. Multiplicam-se, em seguida, os manuscritos materialistas, mais filosóficos e científicos, que atacam diretamente os alicerces da fé: a crença no espírito.

Um exemplo precoce do primeiro tipo é fornecido pelo *Examen de la religion dont on cherche l'éclaircissement de bonne foi* [Exame da religião da qual se busca de boa-fé o esclarecimento], aparentemente composta pelo círculo de Boulainvilliers, Mirabaud e Dumarsais.[127] Podem também ser incluídas nessa categoria as obras que atacam a divindade de Cristo, como as que circulam com o nome do judeu espanhol Orobio de Castro, por exemplo: *Israël vengé* [Israel vingado], *La Divinité de Jésus détruite* [A divindade de Jesus destruída] e *Dissertation sur le Messie* [Dissertação sobre o Messias].[128]

As obras ateias discutem a materialidade da alma. Algumas, seguindo a tradição epicuriana, acreditam que a alma é composta de partículas ultrafinas que circulam pelo corpo e o animam; outras atribuem à vida animal e humana um alto grau de complexidade no agenciamento da matéria. É o que explica o autor de *L'Âme matérielle*, que não toma partido entre as duas

---

126 Ibid., p.59-61.
127 Thomson; Weil, Manuscrits et éditions de l'*Éxamen de la religion*. In: Bloch (org.), op. cit., p.219-26.
128 Benitez, Orobio de Castro et la littérature clandestine. In: Bloch (org.), op. cit., p.149-65.

IRRELIGIÃO E SOCIEDADE NO SÉCULO XVIII

teses e reivindica a autoridade de Malebranche em favor do espírito animal
e da concepção mecanicista e determinista das funções da alma. Mais uma
vez, a herança cartesiana pesa fortemente na formação do materialismo.

A concepção do homem como pura mecânica resulta, como se sabe,
no livro *L'Homme machine* [O homem máquina], de La Mettrie, que leva o
raciocínio às últimas consequências declarando que "todas as faculdades da
alma são de tal modo dependentes da própria organização do cérebro e de
todo o corpo que visivelmente não passam dessa própria organização. [...]
A alma é um termo vão, do qual um espírito perspicaz deve se servir apenas
para nomear a parte que pensa em nós". Para chegar a essa conclusão, é
evidente que La Mettrie utilizou seus conhecimentos médicos, situando-
-se assim na tradição cética da profissão, que acredita que a compreensão
do que é o homem deve vir mais da fisiologia do que da metafísica. Mas
sua dívida com a literatura clandestina é inegável, como bem mostrou Ann
Thomson:[129] referências ao *Mémoire* de Meslier, ao *Telliamed*, ao *Examen de la
religion*. Esta última obra influenciou em especial sua concepção da moral,
do bem e do mal, que nos é passada pela educação e que só se justifica em
relação à sociedade. La Mettrie reconhece claramente essa fonte de inspiração em *L'Anti-Sénèque* [O anti-Sêneca], de 1748.[130]

As obras clandestinas materialistas divulgam também teorias relativas
à origem do mundo, negando qualquer possibilidade de criação. É o caso,
por exemplo, de dois escritos atribuídos a Thomas Brown: *Dissertation sur la
résurrection de la chair* [Dissertação sobre a ressurreição da carne], de 1743,
e *Dissertation sur la formation du monde* [Dissertação sobre a formação do
mundo], de 1738, que afirma a primazia da experiência sobre o raciocínio
e conclui: "Dos princípios que estabelecemos e das consequências que
podemos razoavelmente deduzir, é fácil conceber a causa do mundo no
próprio mundo".[131] O autor apresenta uma demonstração matemática da
impossibilidade da criação e faz referência a *Letters to Serena*, de Toland, para
explicar que apenas a matéria está na origem do movimento, o que significa
"tirar de Deus a criação e a manutenção do mundo".

Outros tratados discutem a hipótese da pluralidade dos mundos numa
óptica panteísta, como *Méditations philosophiques sur Dieu, le monde et l'homme*
[Meditações filosóficas sobre Deus, o mundo e o homem] e o *Traité de l'infini*

---

129 Thomson, La mettrie et la littérature clandestine. In: Bloch (org.), op. cit., p.235-44.
130 Ibid., p.240.
131 Apud Stancati, La dissertation sur la formation du monde et les origines du matérialisme:
   matière et mouvement. In: Bloch (org.), op. cit., p.109.

créé [Tratado do infinito criado].[132] Partindo da cosmologia copernicana, os autores, como o da obra *Jordanus Brunis redivivus* [Giordano Bruno redivivo], pensam que "essa hipótese, bem demonstrada como é, prova irrefutavelmente a falsidade da religião. A opinião do movimento da terra conduz diretamente à da pluralidade dos mundos" e destrói o cristianismo, mas não necessariamente o deísmo.[133]

Os autores continuam buscando argumentos na Antiguidade pagã, que tem a vantagem de rejeitar a ideia de criação, postula a eternidade da matéria e atribui a esta o princípio da vida. Mirabaud em especial utiliza essa fonte nos manuscritos que lhe são atribuídos, como *Opinions des anciens sur le monde* [Opiniões dos antigos sobre o mundo] e *Opinions des anciens sur la nature de l'âme* [Opiniões dos antigos sobre a natureza da alma]. Essa via começa certamente a sentir seus limites, pois, ao olhar para o passado, Mirabaud se fecha numa concepção do materialismo que é ultrapassada para a época.[134]

Devemos assinalar também, nessa literatura clandestina, a obra audaciosa de um autor alemão pouco conhecido na França: Lau, cujas *Meditationes philosophicae de Deo, mundo et homine* [Meditações filosóficas sobre Deus, o mundo e o homem], de 1717, defende um materialismo ateu que a rigor poderia ser qualificado de panteísta, pois não faz diferença alguma entre Deus e a natureza. Se Lau ainda fala de criação, é dentro de uma ordem lógica e não cronológica: é a passagem da existência potencial para a existência atual. A morte é uma união natural com o mundo-Deus. A orientação geral é epicurista; trata-se de dissipar o temor da morte, os preconceitos da religião, os medos engendrados pelo antropocentrismo. Em muitos aspectos, Lau, a exemplo de Meslier, vai mais longe que seus sucessores mais célebres.[135]

Enfim, algumas utopias se misturam a essa literatura clandestina, como *Histoire de Calejava* [História de Calejava], obra de um advogado de Dijon, Claude Gilbert (1652-1720), que se inspira ao mesmo tempo no epicurismo, em Descartes e em Hobbes para desenvolver um deísmo anticristão. A narrativa, escrita em 1700, alinha-se ao espírito da moda deísta suscitada pelos relatos de viagem.[136] Um único exemplar foi preservado: parece que a obra foi destruída pelo próprio autor.

---

132 Benitez, La tentation du gouffre. La pluralité des mondes dans la littérature clandestine. In: Bloch (org.), op. cit., p.115-28.
133 Ibid., p.122.
134 Retat, Érudition et philosophie. Mirabaud et l'Antiquité. In: Bloch (org.), op. cit., p.91-9.
135 Coulet, Réflexions sur les *Meditationes* de Lau. In: Bloch (org.), op. cit., p.31-43.
136 Tocanne, Aspects de la pensée libertine à la fin du XVIIe siècle: le cas de Claude Gilbert, *Dix-septième siècle*, n.127, p.213-24.

IRRELIGIÃO E SOCIEDADE NO SÉCULO XVIII

Assim, desde a primeira metade do século XVIII, todas as categorias sociais estão impregnadas de descrença. Desde os camponeses refratários ao ofício dominical até o magistrado deísta e o nobre ateu, o fermento da descristianização age no período crucial de 1680 a 1720. As pessoas discutem, refletem, contestam, leem obras clandestinas, ouvem os oradores dos cafés e dos clubes. Os devotos se preocupam, contra-atacam, multiplicam as apologias, deploram a queda da moralidade e a degradação dos costumes, que eles atribuem à falta de fé. E toda essa agitação só faz aumentar o rumor crescente do ateísmo.

Este é considerado responsável, por exemplo, pelo suposto aumento do número de suicídios: "Em nossos dias, o abuso da filosofia chegou ao ponto de querer fazer a apologia desse crime", escreve o abade Bergier no verbete "suicídio" da *Encyclopédie*. Bachaumont, em *Mémoires secrets*, não perde a ocasião de voltar à carga: "Nos últimos dois meses, mais de dez pessoas conhecidas foram vítimas de tal frenesi. Esse *taedium vitae* [O tédio da vida] é a consequência da pretensa filosofia moderna, que estragou tantos espíritos fracos demais para serem realmente filósofos" (21 de maio de 1762). Na Inglaterra, onde o suicídio se tornou moda entre os aristocratas, os censores acusam diretamente o ateísmo.

É verdade que alguns tratados materialistas e certos casos de morte voluntária poderiam justificar tais críticas. Por exemplo, em 1732, um nobre piemontês exilado em Londres, Radicati, publica uma *Philosophical Dissertation upon Death* [Dissertação filosófica sobre a morte], de inspiração epicurista. O mundo, afirma ele, é governado unicamente pelas leis da matéria e do movimento, e a morte é simplesmente a transformação de uma forma de ser em outra. A natureza arranjou o mundo para garantir nossa felicidade; se não conseguimos mais alcançá-la, temos "inteira liberdade de abandonar a vida quando esta se torna um fardo".

Algumas semanas mais tarde, em abril, um encadernador londrino, Richard Smith, e sua mulher, Bridget, matam a filha de 2 anos e enforcam-se em seu quarto. Eles deixam três cartas; uma, dirigida a um primo chamado Brindley, explica esse gesto numa óptica deísta:

> Concluímos que o mundo não poderia existir sem um primeiro motor, isto é, sem a existência de um ser todo-poderoso; porém, reconhecendo o poder de Deus, não poderíamos deixar de nos convencer de que ele não é implacável, não se assemelha à raça perversa dos homens e não sente prazer algum com a infelicidade de suas criaturas. Com essa confiança, entregamos nossas

almas em suas mãos, sem que sejamos tomados por terríveis apreensões; e submetemo-nos de coração a tudo aquilo que será de seu agrado.[137]

A incredulidade é acusada, portanto, de todos os males, o que revela o medo das autoridades religiosas, políticas e morais diante do desmoronamento de um valor considerado fundamental para o equilíbrio social: a crença em Deus, num Deus juiz, que assegura a separação do bem e do mal. Embora a fachada religiosa permaneça imponente, o edifício está corroído pela dúvida. O aumento do número de obras apologéticas seria suficiente para provar isso. Mas sua ineficácia é patente. Jean Ehrard mostrou que a apologética pelas causas finais, utilizada, por exemplo, por Fénelon e pelo abade Pluche, conseguiu "mais tranquilizar as almas sensíveis do que despertar alguma preocupação religiosa nos libertinos".[138] E logo os filósofos descobrem que a natureza não é tão perfeita quanto se quer acreditar, desde os dois dedos inúteis da pata do porco apontados por Buffon até a querela dos monstros. Em *L'Homme machine*, La Mettrie afirma que o olho não foi feito para ver, mas que sua organização é tal que a visão resulta dela. Além disso, ainda que nos recusemos a entregar ao acaso o papel diretor, Deus não será necessariamente o beneficiado. Segundo La Mettrie:

> Destruir o acaso não é provar a existência de um Ser supremo, posto que pode haver outra coisa que não seja nem o acaso nem Deus, quero dizer a Natureza, cujo estudo, por conseguinte, só pode fazer incrédulos, como prova a maneira de pensar de todos os seus mais felizes investigadores.[139]

Em 1675, o médico Guillaume Lamy já havia mostrado que o homem, longe de ser "o queridinho da natureza", era apenas o resultado de um arranjo fortuito de átomos e da seleção natural.

Do mesmo modo, a apologética baseada na interpretação simbólica das crenças das outras religiões, que visa assimilá-las aos dogmas cristãos, volta-se contra o cristianismo, já que a própria Bíblia é suscetível de interpretação simbólica e o todo pode muito bem ser incluído numa síntese deísta, como faz o cavaleiro Ramsay em suas últimas obras.[140]

---

137 Sobre a questão do suicídio, ver Minois, *Histoire du suicide. La société occidentale face à la mort volontaire.*
138 Ehrard, *L'Idée de nature en France dans la première moitiè du XVIIIe siècle*, p.94.
139 La Mettrie, *L'Homme machine*, p.108.
140 Chérel, *Un Aventurier religieux au XVIIIe siècle: André-Michel Ramsay.*

IRRELIGIÃO E SOCIEDADE NO SÉCULO XVIII

A novidade essencial do século XVIII no campo das crenças religiosas é talvez a descoberta da relatividade: não existe mais o absoluto nos dogmas, tudo pode ser interpretado no sentido da descrença, a fé não se impõe mais por si só, outras atitudes são possíveis, sustentáveis, respeitáveis. Como em breve constatará amargamente o cônego Louis-Augustin Robinot:

> A desconfiança substituiu a simplicidade cristã; sem ser mais sábios, eles são mais dados ao raciocínio, são mais presunçosos, menos confiantes em seus pastores, menos dispostos a acreditar em sua palavra. Não basta mais expor--lhes as verdades da fé; é preciso prová-las.[141]

Mas as provas são contestadas. A incredulidade está por toda a parte, latente ou explícita. Ela é multiforme, porque ainda procura sua expressão. Duas grandes tendências se enfrentam entre os adversários da fé tradicional: o deísmo e o materialismo ateu, mas ainda não se sabe nesse fim de século qual prevalecerá sobre um cristianismo que se tornou estéril.

---

141 Migne (ed.), *Collection intégrale et universelle des orateurs sacrés*, t.LXXVI, col. 2.

– 12 –

NOVOS QUESTIONAMENTOS SOBRE OS FUNDAMENTOS DO CRISTIANISMO: HESITAÇÕES DO DEÍSMO

Em 1796, no fim do século do Iluminismo, é publicado na Alemanha um estranho romance, *Siebenkäs*, obra de Johann Friedrich Richter (1763-1825), conhecido pela alcunha de Jean-Paul. Numa grande cena lírica, vê-se Cristo, num cemitério, sendo pressionado pelos mortos que esperam a salvação, e aos quais ele deve revelar a terrível nova: "Cristo, não há Deus algum?". "Não, não há Deus algum." Depois de procurar em todo o universo, Jesus deve se render à evidência e reconhecer aos prantos: "Somos todos órfãos, vós e eu mesmo, e não temos Pai".[1]

O DEÍSMO OU O MEDO DO VAZIO

De um só lance, descortina-se a angustiante perspectiva: uma eternidade sem Deus, uma eternidade de vazio, que Richter evoca numa visão de estilo apocalíptico:

---

1 Richter, *Siebenkäs*, p.452.

434   O DESCRENTE SÉCULO XVIII

Vi os anéis eretos da serpente gigantesca da eternidade, que se enrolou em torno do universo; e os anéis caíram, e ela estreitou o universo num duplo enlace; depois ela se enrolou de mil maneiras em torno da natureza; e ela esmagou os mundos uns contra os outros; e espremeu e moeu o templo infinito, que reduziu à dimensão de uma capela de cemitério; e tudo se fez opressivo, sinistro, angustiante.[2]

Essa revelação é ao mesmo tempo a do absurdo da existência, que provoca um desespero sem fim. Richter exprime a angústia existencial que se apodera do homem que descobre o ateísmo. E, como um bom romântico, faz disso uma prova da existência de Deus.

Seu romance é revelador da grande hesitação dos intelectuais do século XVIII diante da perspectiva agora crível de um mundo sem Deus. Diante do abismo, muitos recuam. Uma coisa é demonstrar pela razão que um ser como Deus não pode existir, outra é assumir as consequências existenciais dessa descoberta. Esse é exatamente um dos problemas centrais do século do Iluminismo, que fez de tudo para destruir a ideia de Deus, mas hesita em entrar na nova era do ateísmo. Muitos não aceitam e param no meio do caminho, no estágio do deísmo. Resta saber se esse estágio é duradouro ou se não passa de uma fase transitória na ladeira que leva inelutavelmente ao ateísmo, como acreditam muitos. Alguns filósofos, e dos mais importantes, tais como Diderot, seguem essa evolução até o fim.

A trajetória pessoal de Diderot não é clara. Além disso, ele estabelece uma distinção entre "deísta" e "teísta": "O deísta é aquele que crê em Deus, mas nega toda e qualquer revelação; o teísta, ao contrário, é aquele que está pronto a admitir a revelação e já reconhece a existência de um Deus".[3] Segundo ele, a fase teísta precede a fase cristã, e a fase deísta vem depois, quando se compreende que a revelação não é necessária. Voltaire, que também faz distinção entre os dois termos, prefere claramente "teísta", e reivindica-o para si mesmo:

O teísta é um homem francamente persuadido da existência de um Ser supremo, tão bom quanto poderoso, que formou todos os seres extensos, vegetativos, sensitivos e reflexivos; que perpetua as espécies, pune sem crueldade os crimes e recompensa com bondade as ações virtuosas. O teísta não sabe como Deus pune, como favorece, como perdoa, pois não é

---

2 Ibid., p.456.
3 Diderot, *Essai sur le mérite et la vertu*, p.13.

temerário o bastante para se gabar de conhecer como Deus age, mas sabe que Deus age e é justo.[4]

Lefranc de Pompignan concorda: o teísta tem crenças mais precisas que o deísta, e seu Deus é mais bem definido:

Deu-se o nome de teístas àqueles que não somente creem na existência de Deus, como também na obrigação de lhe consagrar um culto, na lei natural de que ele é fonte, no livre-arbítrio do homem, na imortalidade da alma, nas penas e recompensas de uma outra vida. Conservou-se o nome de deístas para aqueles que, limitando-se à existência de Deus, relegam todo o resto à categoria dos erros ou problemas.[5]

Essa terminologia deixa entrever uma enorme quantidade de posições intermediárias. Essa é uma das fraquezas do deísmo, cujo eixo central – a afirmação de uma lei natural estabelecida por Deus no mundo e no coração dos homens – é seriamente abalado a partir de 1750 pelo fracasso do finalismo e pelo sentimento do caráter irredutível do mal no mundo. Os deístas se veem numa posição difícil: recusando a "explicação" cristã pelo pecado original, são obrigados a utilizar o argumento cristão da impenetrabilidade dos desígnios da providência e juntar-se à Igreja, ou então aceitar o ateísmo. É por essa razão que o deísmo não sobreviverá ao século XVIII.

O deísmo é na verdade uma posição de espera, para homens que não podem mais aceitar um cristianismo cujos fundamentos foram questionados, mas que, por motivos diversos, ainda têm necessidade de um Deus. Um Deus cuja existência, aliás, eles desistem de provar racionalmente. Desde a primeira metade do século, a própria ideia da prova cosmológica é refutada em escritos anônimos, como no *Essai sur la recherche de la vérité* [Ensaio sobre a busca da verdade], que mostra o caráter muito relativo das noções de beleza e ordem do universo. Em 1738, o texto *Dissertation sur la formation du monde* preconiza a dúvida sobre tudo o que não seja "matematicamente verdadeiro" e esboça uma teoria transformista que destrói a ideia de providência: "Os primeiros homens não pensavam mais do que uma ostra. O alcance de seu gênio não ia além de suas necessidades, e ele não tinham muitas". Em 1743, a obra *Réflexions sur l'existence de l'âme et sur l'existence de Dieu* [Reflexões sobre a existência da alma e a existência de

---

4 Voltaire, Teísta. In: _____, *Dictionnaire philosophique*.
5 Pompignan, *Questions diverses sur l'incrédulité*, p.3.

Deus] rejeita categoricamente a substância imaterial de Descartes; cada povo crê num Deus a sua imagem e para sua vantagem, mas a noção de Deus leva a inúmeras perguntas: por que ele não fez um mundo mais perfeito? Por que ele criou? O que significa ter criado "para sua glória"? Mas o tratado reconhece que o povo necessita de uma religião, da qual apenas as "pessoas honestas" podem prescindir.

Outros, mais radicais, veem em Deus uma invenção inútil e incompreensível: por que fazer remontar até ele a série das causas? Por que supor uma ordem espiritual fora do mundo natural? A ideia de um Deus bom e todo-poderoso é contrariada pela queda e pelo pecado, e a crença numa ordem divina, privilegiando a imaginação em detrimento da experiência, retarda o desenvolvimento das ciências. De onde vem essa necessidade de Deus? A explicação pelo cálculo político é cada vez mais associada à motivação psicológica. Para Diderot, "todo fetichismo, todo politeísmo explica-se pelo homem ignorante, pelo homem infeliz, pelo homem covarde". Para Helvétius, o homem descontente inventa para si mesmo um além maravilhoso a fim de satisfazer sua necessidade de felicidade. Sade e D'Holbach veem isso sobretudo como fruto da perfídia.

UM DEUS INDEMONSTRÁVEL, PORÉM PRESENTE: HUME, KANT E A FILOSOFIA ALEMÃ

De qualquer modo, não se trata mais de provar Deus: os "sinais" de sua existência têm valor apenas para aqueles que já creem nele; a prova cosmológica foi destruída pelos erros da natureza; o argumento da concordância universal foi discutido e não tem valor de prova. Quanto à prova lógica, metafísica, ela capitula sob os golpes do empirismo de Hume e do criticismo de Kant.

Para David Hume, todas as nossas ideias vêm da experiência concreta do mundo, não podemos formar um conceito do infinito, portanto de Deus. Além do mais, a existência não é provada, mas experimentada, constatada. A expressão "existência necessária" não tem sentido:

> Há um absurdo evidente em pretender demonstrar uma coisa de fato, ou prová-la por argumentos *a priori*. Nada é demonstrável, a menos que o contrário implique contradição. Nada do que é distintamente concebível implica contradição. Tudo o que concebemos como existente podemos conceber também

como não existente. Não existe, portanto, ser cuja não existência implique contradição. Por conseguinte, não há ser cuja existência seja demonstrável.[6]

Só podemos definir Deus por analogia, limitando-o, sem respeitar sua infinitude; caso rejeitemos a analogia, como os místicos que praticam a teologia negativa e definem Deus por tudo o que não é, em que nos diferenciamos dos ateus? "Em que vós, místicos, que afirmais a incompreensibilidade absoluta da divindade sois diferentes dos céticos e dos ateus, que afirmam que a causa primeira de todas as coisas é desconhecida e ininteligível?"[7]

Somos levados assim ao ceticismo, que Hume expõe em duas obras simultâneas de 1750 e 1751: *História natural da religião* e *Diálogos sobre a religião natural*. Para ele, a religião não é um dado imediato e primitivo. A primeira forma de religião, popular, politeísta e teísta, carregada de superstições, jamais poderia resultar numa religião racional, erudita e natural. Entre a forma "supersticiosa" e a forma "filosófica" da religião, Hume não toma partido. Ambas são vítimas de uma ilusão, crendo reconhecer no universo a aplicação de um desígnio, de uma vontade. O mal destrói igualmente as duas formas da religião: "A verdadeira conclusão é que a fonte original de todas as coisas é inteiramente indiferente a todos esses princípios, e não prefere mais o bem ao mal do que o calor ao frio, a secura à umidade ou o leve ao pesado".

Das três personagens que discutem em seus *Diálogos*, Cleante defende um vago deísmo moral, Demea a religião tradicional e Filo a atitude cética, que é a do próprio Hume. Ao mostrar que a matéria poderia muito bem se organizar sozinha, o autor conclui:

> Todos os sistemas religiosos estão sujeitos a grandes e insuperáveis dificuldades. Cada controversista terá sua vez de triunfar, enquanto travar uma guerra ofensiva e expuser os absurdos, os barbarismos e as perniciosas doutrinas de seu adversário. Mas todos preparam, em suma, um completo triunfo para o cético, que lhes diz que nenhum sistema deve ser jamais adotado no tocante a tais assuntos, pela nítida razão de que nenhum absurdo deve jamais receber nosso consentimento no tocante a qualquer assunto. Uma total suspensão de julgamento é nosso único recurso razoável.

---

6 Hume, *Dialogues sur la religion naturelle*, IX.
7 Ibid., IV.

Se dermos crédito ao que diz Hume, o ceticismo é apenas uma etapa necessária rumo à verdadeira crença: "Ser um cético filósofo é, num homem de letras, o primeiro passo e o mais essencial rumo ao estado de verdadeiro crente e verdadeiro cristão".[8] Tal postura é típica da hesitação dos deístas: eles destroem a certeza de Deus, mas apegam-se a sua possibilidade, porque não conseguem aceitar seu desaparecimento total.

Encontramos a mesma postura em Kant. Ele faz uma crítica impiedosa das provas da existência de Deus. O espírito humano não é capaz de conceber a ideia de criação, nem de necessidade incondicional, o que anula as provas físico-teológicas e cosmológicas. Quanto à prova ontológica, Kant mostra que se o fato de postular a noção de Deus implica a afirmação da existência, é igualmente possível não postular essa noção: "Caso se diga: 'Deus não é', nem a onipotência nem nenhum outro de seus predicados é dado, porque foram suprimidos juntamente com o sujeito, e não há mais a menor contradição nesse pensamento". A existência só pode ser estabelecida pela percepção.

É portanto impossível provar que Deus existe. Todavia, Kant está persuadido de que ele existe, e aquilo que sua "razão pura" não pode alcançar, sua "razão prática" pode reconstituir. A exigência moral é a única abordagem crível de Deus. O homem, irremediavelmente fadado ao mal, numa perspectiva luterana muito pessimista, aspira a um bem soberano, e só pode se aproximar dele pela moral. Kant tem uma visão muito sombria da humanidade; por razões misteriosas, o homem é essencialmente mau: o espetáculo do mundo prova esse fato melhor do que qualquer argumento. No entanto, ele reconhece o valor da exigência moral, e esta requer que a existência de Deus não seja evidente. Se pudéssemos prová-la, nosso comportamento não seria moral, mas mecânico. Karl Jaspers, ao comentar Kant, explicou isso do seguinte modo: "Se pudéssemos possuir um saber, nossa liberdade se veria paralisada. É como se a divindade tivesse desejado criar para nós aquilo que há de mais elevado, o ser por si da liberdade, mas, para tornar isso possível, tivesse sido forçada a ocultar a si mesma".[9]

Destruir as provas da existência de Deus para melhor mostrar que sua existência é necessária à moral: a dialética kantiana ilustra a seu modo os subterfúgios de um século que não consegue renunciar à ideia de Deus. "Kant reinventa Deus para que a vida tenha um sentido", escreve Jean-Marie

---

8 Ibid., p.158.
9 Jaspers, *Deucalion 4*, n.36, p.247.

Paul.[10] Para ele, o ateu virtuoso, se existe, é um idiota: ele não tem nenhuma justificativa para se abster de fazer o mal.

A maioria dos filósofos alemães adota uma atitude mediana, relativizando Deus, mas recusando-se a afastar-se completamente dele. Christian Wolff (1679-1754) é acusado de spinozismo, e até mesmo de ateísmo, por seus adversários. Na realidade, ele não põe em dúvida a existência de um Deus transcendente e de uma alma espiritual, mas seu Deus é diferente e solitário. Os homens se viram sozinhos. A moral é uma questão de lei natural, que depende da razão e, nessa perspectiva, o mal não passa de um erro de julgamento. Wolff encontra em Confúcio princípios morais próximos daqueles professados pelo cristianismo, que é apenas mais uma religião entre outras.

Reimarus (1694-1765) pensa que se deve simplesmente abandonar tudo o que não é racional no interior do cristianismo. Essa é também a opinião de Lessing (1729-1781), cujas verdadeiras crenças são incertas. Esse teólogo de formação considera que a revelação está ultrapassada, porque a razão atingiu um estágio de desenvolvimento que lhe permite obter os mesmos resultados. Chegamos a uma situação em que as verdades reveladas devem se transformar em verdades da razão. Quanto a Deus, trata-se de outro nome para o ideal, uma ideia simbólica. O homem não tem mais necessidade das religiões positivas, que, aliás, são todas iguais, e pode agir de modo racional, fazendo o bem pelo bem, e não visando uma recompensa. Como Richter, porém, Lessing é tomado de pânico diante do vazio infinito que se abre com a morte do ateu. Ele o preenche recorrendo à metempsicose, que permite a cada um atingir a perfeição no decorrer de sucessivas reencarnações. A perpetuação também é coletiva, graças a uma organização social do tipo da democracia autoritária, segundo o modelo do formigueiro: a salvação do indivíduo é condicionada pela salvação do grupo. Essa é a ideia desenvolvida em *Gespräche für Freimaurer* [Diálogos maçônicos], de 1780.

Assim, a morte de Deus aparece em sua dimensão existencial. Jean-Marie Paul escreve:

> Ela cava um vazio que o pensador se esforça imediatamente para preencher, como se fosse tomado pela angústia de perder-se nele. A vida não tem sentido, caso se acabe para sempre com a morte. [...] A metempsicose é a fuga angustiada da morte ou a tentativa desesperada de devolver um objetivo à vida. [...] Para

---

10 Paul, *Dieu est mort en Allemagne. Des Lumières à Nietzsche*, p.71.

quem se recusa a admitir que a grandeza consiste em assumir conscientemente o vazio da existência, resta apenas a escolha entre a utopia antropológica individual e a utopia coletiva de uma zoologia emblemática. Lessing propôs ambas. [...] De imediato, a morte de Deus muda a vida.[11]

Hamann (1730-1788) ilustra a mesma angústia do deísta diante do risco do vazio num itinerário ao arrepio daquele de seus contemporâneos: cético e racionalista, ele se converte em 1757 e adota uma postura fideísta, a única capaz de acalmar seu profundo pessimismo. Para ele, que acredita que mais vale não nascer, o ateísmo conduz ao desespero. Seu amigo Herder (1744-1803) compartilha seus medos e se contrapõe à *Aufklärung* destruidora da religião. O lugar de Deus será tomado pela humanidade, ideia que terá um futuro promissor no século XIX e que Herder explica num opúsculo de 1774: *Auch eine Philosophie der Geschichte zur Bildung der Menschheit* [Uma outra filosofia da história para ajudar a formar a humanidade].

Essa ideia é também compartilhada por um filósofo muito mais célebre, Fichte (1762-1814), que insiste em demonstrar que Deus não existe e, contudo, rejeita o título de ateu. A realidade essencial, para ele, é o eu, o sujeito, inteiramente livre: "Todo homem é livre por natureza, e ninguém tem o direito de lhe impor uma lei, a não ser ele mesmo". Todas as nossas ações devem tender a que o homem se "torne absoluta e totalmente livre, autônomo e independente em relação a tudo o que não é a razão", e o destino de cada um está vinculado ao destino coletivo da humanidade, que não tem necessidade de um Deus. Esse conceito, "enquanto substância particular, é impossível e contraditório". Deus é a ordem moral do mundo, é o ideal, é o que assegura a perfeição de cada um e do conjunto: "Essa ordem moral viva e ativa é o próprio Deus: não precisamos de nenhum outro Deus e não podemos conceber nenhum outro".[12]

Consequentemente, os verdadeiros ateus são os cristãos. Eles se colocam no lugar de Deus, fazendo dele o servidor de seu desejo de felicidade eterna; seu Deus é um "funesto ídolo" a serviço de seu egoísmo. O que se deve realizar é a humanidade ideal, que nada tem a ver com a humanidade presente, a massa, a multidão, o rebanho. Essa humanidade transcendida por uma moral superior é a elite, como dirá Renan um século depois. O eu se encontra agora no ser divino, uma espécie de humanidade divinizada que permitirá sua realização. É indubitável que temos aqui uma forma de ateísmo. Contudo, não

---

11 Ibid., p.46.
12 Fichte, *Werke*, I, 5, p.354.

é o ateísmo integral à maneira de Meslier, porque o divino é transferido para a vida interior do indivíduo.

Já temos aqui as raízes do super-homem, do homem divinizado, convocado para substituir o Deus cristão. Lessing teria confessado certa vez a Jacobi que "ele próprio talvez fosse o Ser supremo e no presente em estado de extrema contração".[13] Não é certo que tenha feito uma piada. O culto do gênio, a exaltação do homem superior e do sopro criador da natureza preparam o nascimento do sucessor de Deus, o homem mestre de seu destino, o super-homem. Para muitos pensadores do século XVIII, em particular os alemães, o lugar de Deus não poderia permanecer vago. Se Deus está morto, viva o Homem!

A RECUSA DO ANIQUILAMENTO

Na verdade, trata-se de encontrar uma solução para o problema do aniquilamento do indivíduo, que todos se recusam a encarar. Alguns ainda acreditam que o verdadeiro ateísmo é impossível do ponto de vista psicológico. Montesquieu, por exemplo, declara-se mentalmente incapaz de se imaginar privado de imortalidade:

> Em se admitindo que a imortalidade da alma seja um erro, eu ficaria desgostoso de não acreditar nela. Confesso que não sou tão humilde quanto os ateus. Não sei como eles pensam; todavia, no que me diz respeito, não quero trocar a ideia de minha imortalidade pela da beatitude de um dia. Sinto-me encantado de acreditar que sou imortal como o próprio Deus. Independentemente das ideias reveladas, as ideias metafísicas me dão uma fortíssima esperança em minha felicidade eterna, à qual eu não gostaria de renunciar.[14]

O importante estudo de Robert Favre sobre *La Mort dans le siècle des Lumières* [A morte no século das Luzes] mostrou de maneira admirável essa necessidade obsessiva da literatura, e portanto da sociedade, de rejeitar o aniquilamento, cuja probabilidade é sentida pela primeira vez, ainda que confusamente. Fala-se de "repouso", "paz", "sono", "asilo", "esquecimento", "insensibilidade", subterfúgios linguísticos para camuflar a assustadora realidade. Por mais que Diderot, D'Holbach e os ateus falem do "abismo", do

---

13 Apud Leisegang, *H. Lessings Weltanschauung*, p.175.
14 Montesquieu, *Œuvres posthumes*, p.215.

"nada eterno", a imaginação estremece, a razão se revolta. "Ninguém quer morrer", escreve Montesquieu. "Todo homem é uma sequência de ideias que não se quer interromper."

Até os ateus têm dificuldade para aceitar essa ideia: "Ó, homem, não conceberás jamais que não passas de um efêmero?", pergunta D'Holbach, e o sensível Diderot, evocando "o horror que temos todos ao aniquilamento", julga que mais vale ir para o inferno: "Não é doce estar e reencontrar o pai, a mãe, a amiga, o amigo, os filhos e tudo o que mais nos foi caro, até mesmo no inferno?".

E, no entanto, o nada é o quinhão de cada um. Não haveria outras maneiras de se perpetuar? A metempsicose é uma solução tentadora, muito na moda no início do século. O bom senso da princesa Palatina encontra dificuldades para compreender, é verdade:

> Tudo o que nos dizem do outro mundo é incompreensível. Eu preferiria a metamlicose [sic], se pudéssemos nos lembrar do que fomos; pois, ao morrer, seria um grande consolo ver que não morremos inteiramente. Mas a maneira como as coisas estão arranjadas não é muito agradável. (julho de 1696)
> É impossível para mim compreender o que é a alma, e como pode passar para outro corpo. (2 de agosto de 1696)

Mas os filósofos são menos razoáveis do que a princesa: por que não? Afinal, Pitágoras, Platão, Ovídio, Virgílio acreditaram nela, e os índios continuam a acreditar. O marquês D'Argens, Mirabaud, Voltaire, Delisle de Sale, Mercier, Dupont de Nemours flertam com a ideia, e Sylvain Maréchal não hesita em incluir os "metempsicosistas" em seu *Dictionnaire des athées*, declarando que "a metempsicose é o verdadeiro sistema da natureza". Senancour, no entanto, apesar de reconhecer que tal crença pode facilitar a vida, chama-a de "opinião ridícula". Para Diderot, é "um dogma monstruoso no fundo", e D'Holbach concorda.

Uma imortalidade dada pela sobrevivência da espécie poderia ser um consolo? Helvétius dá a entender que sim, e Diderot escreve no verbete "Enciclopédia" da obra homônima: "O indivíduo passa, mas a espécie não tem fim". No entanto, ele admite, como D'Holbach, que as espécies se transformam. Afirma também que o homem "se torna eterno" pela participação na razão universal, que lhe permite abarcar o passado e o futuro.

Outra forma de se perpetuar: a filiação. "Um pai de família é eterno", escreve o ateu Sylvain Maréchal, que assegura que o exemplo, o modelo e as exortações permitem transmitir, pela educação, a lembrança do indivíduo. O heterodoxo abade Rémi raciocina do mesmo modo:

> Pais de família, distanciai-vos desses pensamentos fúnebres; a morte não tem direito algum sobre vós. Os dias que fogem por entre vossas mãos recaem sobre seus filhos; vossa alma passará para eles como passam vossos ofícios e propriedades; vosso nome será transmitido aos filhos deles, que o confiarão a outros, pelos quais viajareis triunfantes através dos séculos, sob os auspícios da natureza.[15]

As obras, literárias ou outras, a redação de memórias ou lembranças, tudo o que nos torna úteis serve para perpetuar nossa memória, ao passo que "o homem inútil morre inteiramente", como escreve D'Holbach. A sepultura também pode cumprir em parte essa função.

Mas o aspecto irrisório desses substitutos da imortalidade não engana ninguém. Para Robert Favre, o gênio do século XVIII se empenhou numa "busca em todos os sentidos de uma nova imortalidade que fosse deste mundo, e que não tivesse nada de uma religião revelada".[16] E, enfim, esses escritores descrentes depositam suas esperanças nas obras literárias que deixarão, o que de certo modo equivale à elaboração do conceito de super--homem pela filosofia alemã. O "gênio", escreve Chamfort em 1767, é "como Deus": "Como sua ação não tem limites no tempo, ela não tem limites na esfera de sua extensão". Resultado: a vida eterna é reservada à pequena elite dos grandes intelectuais; todos os outros estão fadados à morte: "Entrai, espíritos comuns, na noite eterna", diz Voltaire, num estilo de juízo final em que ele toma o lugar de Deus Pai.[17] Diderot é ainda mais explícito: "O homem medíocre vive e morre como o bruto. Ele nada fez que o distinguisse enquanto viveu; nada resta de que falar quando deixa de existir; seu nome não é mais pronunciado, o lugar de sua sepultura é ignorado, perdido no meio da relva". Por sua obra, o gênio literário, o filósofo é imortal: "Essa espécie de imortalidade é a única ao alcance de uns poucos homens, os outros perecem como o bruto".[18]

Patéticos e odiosos, os filósofos monopolizam as embarcações no salve--se quem puder do grande naufrágio da imortalidade. Alguns, no entanto,

---

15 Apud Favre, *La Mort au siècle des Lumières*, p.511.
16 Ibid., p.532.
17 Voltaire, *Correspondance*, Besterman 4014.
18 Apud Favre, op. cit., p.533-4.

444   O DESCRENTE SÉCULO XVIII

ponderam a vaidade e a ilusão desses sonhos de perpetuação. Senancour, ateu sensível, acredita que a única solução é curar o homem dessa doença que é o desejo de imortalidade: "Como é sinistra essa ideia de destruição total, de nada eterno; ela cansa, atormenta todo o nosso ser, penetra-o com um estremecimento de morte. Como todo gênio, toda virtude seca e se apaga diante de seu frio horror!".[19] Essa angústia só se acalma quando investimos toda a nossa energia nesta vida.

É mais ou menos o que pensa o marquês de Sade, com sua "vontade de imitar a imortalidade no lapso de uma vida de homem",[20] pela repetição insaciável do paroxismo dos sentidos, pelo gozo repetido do sofrimento e até mesmo pela morte, que nos permite triunfar sobre esse instante fatal. E isso sem nenhuma concessão à "loucura da imortalidade", aspiração derrisória de uma raça humana desprezível.

Sade é uma exceção. A Igreja não deixa de explorar esse ponto sensível na posição dos filósofos. Por um lado, estigmatizando o elitismo extremo desses escritores que gostariam de reservar para eles a imortalidade. Em sua advertência, a Assembleia do Clero de 1775 observa que nessa perspectiva:

> a reputação que deve perdurar nos esplendores da História é proibida à maioria dos homens; eles não aspiram a ela; e, no entanto, todos têm importantes obrigações a cumprir: prova certeira de que a esperança dessa reputação, motivo subsidiário e subordinado para um pequeno número de homens, não pode ser, para a grande maioria, um motivo verdadeiro, nem, para quem quer seja, um motivo principal de virtude.[21]

Por outro lado, constatando a que ponto o desejo de imortalidade está arraigado no espírito humano, o clero faz dele uma prova do caráter original e sobrenatural da ideia de eternidade. Deus colocou em cada um de nós o vestígio da imortalidade.

MORTE DO ATEU E MORTE DO CRENTE

É no momento da morte que nos confrontamos com a perspectiva dada por nossa crença ou descrença. Qual é mais apaziguadora ou mais

---

19 Senancour, *Rêveries sur la nature primitive de l'homme*, t.I, p.19.
20 Favre, op. cit., p.508.
21 *Procès-verbaux des assemblées générales du clergé de France*, p.715.

aterrorizante? Essa questão se torna um ponto essencial na disputa entre crentes e descrentes, tanto que as duas tendências travam uma guerra de estatísticas para provar o caráter terrorista da posição adversária. Os casos são enumerados, descritos; a apologética católica recorre amplamente ao tema da morte pavorosa do ateu. O abade Gros de Besplats publica em 1759 uma obra intitulada *Le Rituel des esprits forts ou le tableau des incrédules modernes au lit de la mort* [O ritual dos espíritos fortes ou o quadro dos incrédulos modernos no leito da morte]; e o abade Touron já havia publicado em 1756 os três volumes de *La Main de Dieu sur les incrédules* [A mão de Deus sobre os incrédulos] e, em 1758, *Parallèle de l'incrédule et du vrai fidèle ou l'impie en contraste avec le juste pendant la vie et à la mort* [Paralelo entre o incrédulo e o verdadeiro fiel ou o ímpio em contraste com o justo durante a vida e na morte]. Ainda mais ambiciosa é a coletânea anônima *Recueil de la mort funeste des impies les plus célèbres depuis le commencement du monde jusqu'à nos jours* [Coletânea da morte funesta dos ímpios mais célebres desde o princípio do mundo até os nossos dias].

A morte do ateu propicia inúmeras peças de bravura. Um espécime típico é obra do padre Pierre Lallemant:

> Esses ateus, que desafiavam a morte enquanto a julgavam distante, são mil vezes mais fracos que os outros quando ela se aproxima. Os remorsos por seus crimes começam a dilacerar-lhes o coração; mas seus ouvidos se fecham às mais santas instruções; eles escutam apenas o que lhes dizem de sua enfermidade; queixam-se da impotência dos remédios e ralham com todos que se aproximam; seus olhos se extraviam e faíscam de raiva; e sua boca ainda vomita blasfêmias. Nesse horrendo estado, todos os abandonam; suas casas são pilhadas por seus herdeiros e domésticos; pensam apenas em assegurar a posse de seus bens, enquanto abandonam sua alma à crueldade dos demônios; e, muito amiúde, de todas as riquezas que eles possuíram na terra, resta apenas com que sepultá--los após a morte.[22]

Os testemunhos se acumulam. Em 1734, Le Maître de Claville afirma que sabe por experiência que "não há ninguém que não mude de ideia durante a agonia e não lamente infinitamente essa pretensa força de espírito". Segundo o padre Touron, do mesmo modo "como não se conhece nenhum fiel que queira se colocar entre os ímpios por ocasião de sua morte,

---

22 Lallement, *Les Saints Désirs de la mort*, p.51.

não há nenhum libertino, senão em delírio, que não queira ter vivido como cristão e poder morrer como um verdadeiro fiel". Em 1774, o padre Alletz confirma que na hora da morte o ímpio "faz justiça confessando-se culpado, e abjura em lágrimas sua incredulidade". Em 1776, Montazet, arcebispo de Lyon, admite que há algumas exceções, motivadas por orgulho, mas em geral o incrédulo tem uma morte horrível. O próprio Bayle descreve em seu dicionário casos de incrédulos arrependidos na hora da morte, e cita as palavras desiludidas do ateu Sainthibal, que se considerava traído por seus congêneres: "'Eles não nos honram', dizia, 'quando se veem no leito da morte: aviltam-se, desmentem-se, morrem como os outros, bem confessa-dos e comungados'. Ele poderia acrescentar que admitem até as minúcias da superstição".[23] Na verdade, Bayle distingue os falsos ateus, que apenas duvidam, não têm convicções pessoais e perdem a compostura diante da morte, e os verdadeiros ateus, que permanecem firmes.

Isso leva ao problema do valor da conversão de última hora. Para Bayle, ela não tem valor. Para o marquês D'Argens, que é deísta, os mais frágeis diante da morte são os ateus, que voltam com muito mais facilidade à fé tradicional, ao passo que os deístas são mais racionais, mais lógicos consigo mesmos:

> Esse é o costume dos ateus. Enquanto gozam de saúde perfeita, recusam--se a crer na existência de uma divindade, ao menos fazem o que podem para sobrepujá-la, porque imaginam poder mergulhar mais tranquilamente em todos os seus vícios. Mas quando estão prestes a deixar esta vida, sua falsa filosofia desaparece.[24]

E a Igreja aceita esse arrependimento, o que D'Holbach acha escanda-loso, pois é o que "basta para anular os crimes os mais negros e acumulados".

A Igreja pode mostrar que tem a última palavra exibindo como vitória sobre o ateísmo as mortes edificantes de ateus e deístas célebres. Em seu *Catéchisme philosophique* [Catecismo filosófico], de 1773, Feller apresenta as conversões de última hora de La Mettrie, Boulainvilliers, Chesneau-Dumar-sais, Boulanger e D'Argens. A de Maupertuis, do qual Voltaire zombou por ele ter morrido entre dois capuchinhos, também é citada.

Quanto a Voltaire, o deísta, o incrédulo mais célebre do século, cujos úl-timos momentos são esperados com uma impaciência indecente, o alvoroço

---

23 Bayle, Bion Borysthémite. In: _____, *Dictionnaire historique et critique*.
24 D'Argens, *Lettres juives*, V, p.205.

em torno de sua morte emblemática dá a medida do que está em jogo. O Partido Devoto comanda uma odiosa campanha para impressionar a opinião, mostrando como o ímpio obstinado havia morrido de raiva impotente. O ponderado e erudito Robert Favre ainda demonstra indignação. Falando da "desinformação" a que se dedicam alguns espíritos "limitados, mas provavelmente honestos", ele lamenta "que um século de literatura edificante sobre os terrores da morte e da danação acabe na ignomínia, com mexericos infames de alguns devotos imbecis".[25]

Particularmente visados por esse comentário são o abade Harel, autor do infame *Voltaire: Recueil des particularités curieuses de sa vie et de sa mort* [Voltaire: coletânea das particularidades curiosas de sua vida e de sua morte], de 1781, e o abade Blanchard, que pinta um quadro edificante:

> Que exemplo mais admirável nosso século acaba de ter na pessoa do chefe de nossos ímpios! Que terrível acesso de tumulto, raiva e furor não teve ele poucos momentos antes de morrer! Gostaria, escreveu no mesmo dia de sua morte o primeiro médico do rei, o senhor Tronchin, que os que foram seduzidos por suas obras tivessem sido testemunhas: nada mais seria necessário para fazê-los mudar de ideia. Por mais de uma vez já se ouviu o moribundo exclamar: Deus me abandona, do mesmo modo que os homens. Como é triste confessar nosso erro apenas quando sentimos o braço do Todo-Poderoso pesando sobre nós! Como é triste reconhecer Deus apenas por seus castigos![26]

O mais odioso, porém, é Mozart, que se encontrava em Paris e escreveu: "O ímpio, o pérfido mestre Voltaire estuporou-se, por assim dizer, como um cão, como um bruto [...] eis a recompensa" (carta de 3 de julho de 1778).

A retenção de urina, o café e o ópio explicam o sofrimento e a agitação do moribundo, como mostrou René Pomeau; e se não morreu exatamente como Horácio, como pretendia, "o que se pode assegurar é que Voltaire morreu serenamente, com a resignação e a calma de um filósofo que vai ao encontro do Grande Ser", escreve o abade Duvernet.

Para os devotos, um incrédulo deve morrer no arrependimento ou no horror. Sem perspectiva de sobrevivência ou salvação, ele tem o dever de se sentir abatido e desesperado. Todos os apologistas concordam. Curiosamente, o protestante Necker acrescenta até outra razão de pavor: o ateu que

---

25 Favre, op. cit., p.95.
26 Apud Favre, op. cit., p.96.

morre com uma natureza cega pode imaginar que todos os tipos de suplício torturarão seu corpo por toda a eternidade, numa espécie de inferno natural.

> Nada pode nos garantir que as chamas devoradoras dos astros de fogo suspensos no firmamento não sejam povoadas por seres suscetíveis à sensação de infelicidade; nada pode nos garantir que a parte sensível de nós mesmos, cedendo a uma força desconhecida, não seja arrastada para esses lugares de dor e lamento; enfim – e não podemos pronunciar tais palavras sem estremecer! – nada, não, nada pode nos garantir que, por uma das leis ou revoluções de uma natureza cega, tormentos eternos não se tornem nosso cruel, nosso pavoroso quinhão.[27]

De sua parte, os ateus acusam o cristianismo de fazer as pessoas morrerem aterrorizadas com a ideia de comparecer diante do tribunal supremo, que pode condená-las ao inferno eterno. Em seu *Dictionnaire des athées*, Sylvain Maréchal apresenta assim o cristão agonizante:

> Em seu leito de morte, semelhante a um criminoso, ele treme diante da aproximação do juiz supremo. A ideia de um Deus recompensador ou vingador impede-o de entregar-se às últimas efusões da natureza. Afasta friamente a família, os amigos, para dispor-se a comparecer diante do tribunal supremo.

O ateu, ao contrário, "não tendo contas a prestar a ninguém, além de sua consciência", enfrenta a morte com firmeza ou indiferença, como Sócrates, Cícero, Catão e Sêneca. Em sua *Réflexions sur les grands hommes qui sont morts en plaisantant* [Reflexões sobre os grandes homens que morreram rindo], de 1712, Boureau-Deslandes cita como exemplo a morte de Petrônio, fim voluptuoso de um epicurista refinado. Aos casos dos incrédulos arrependidos *in extremis* citados pelos devotos, ele contrapõe uma lista de mortes serenas ou "intrépidas", como as de Bayle, Saint-Évremond, Hobbes e Ninon de Lenclos, às quais Voltaire acrescenta as de Bernier, Chaulieu, Saurin e muitos outros. No entanto, o filósofo de Ferney é bastante severo com Maupertuis, com o próprio Boureau-Deslandes (acusado de ter mudado de ideia na última hora), com Chesneau-Dumarsais (que se submeteu a "momices") e com La Fontaine (que morreu "como um tolo"). Diderot, que descreve o modelo de morte do descrente a partir da morte do cego

---

27 Necker, De l'importance des opinions religieuses. In: _____, *Œuvres complètes*, t.XII, p.355.

Saunderson em sua *Lettre aux aveugles* [Carta aos cegos], será sepultado "cristãmente", como D'Alembert, a pedido das autoridades civis, sem ter feito a menor concessão.

A exploração que o clero faz do medo de morrer é energicamente denunciada pelos filósofos. Para Fleuriot de Langle, os padres, com suas momices, fazem "morrer de medo de morrer":

> É necessário afastar de nossos leitos esses homens negros, essas batinas, essas sobrepelizes, essas imagens, essas tochas, esses preparativos fúnebres que conjuram, evocam, chamam a morte, duplicam, triplicam, centuplicam o horror que ela causa, o mal que ela faz, e muitas vezes fazem morrer de medo de morrer.[28]

Para D'Holbach, trata-se de uma política deliberada, que se aproveita da debilidade do espírito nesse instante difícil:

> Eles vos fazem estremecer ao som das terríveis palavras de morte, juízo, inferno, suplícios, eternidade; eles vos fazem empalidecer diante do nome de um juiz inflexível, cujas sentenças nada pode mudar; credes ver em torno de vós esses demônios que foram transformados em ministros de suas vinganças contra suas frágeis criaturas.[29]

No entanto, a morte em si nada tem de temível, dizem os ateus, e em particular D'Holbach, que se esforça para eliminar o medo em *Réflexions sur les craintes de la mort* [Reflexão sobre os temores da morte]. "A morte não é nada", afirma Glénat em seu livro *Contre les craintes de la mort* [Contra os temores da morte], de 1757, em que denuncia a exploração que os cristãos fazem dela. Também é o que pensa Radicati, como se vê em *Philosophical Dissertation upon Death*, de 1733.

CRENTES E DESCRENTES UNIDOS PELO PESSIMISMO

Os "consolos" dados pelos filósofos não são desprovidos de pessimismo. A morte nos liberta dos males da vida, e é por isso, escreve D'Holbach, que "é bom estabelecer alguns princípios capazes de diminuir nosso apego

---

28 Apud Favre, op. cit., p.172.
29 D'Holbach, *Système de la nature*, I, p.228.

pela vida e, por conseguinte, de nos fazer olhar a morte com indiferença". Desprezar a vida auxilia a suportar a morte. Diderot, Voltaire, Rousseau, Boureau-Deslandes colecionam passagens amargas sobre a infelicidade de viver, constatação que permite a Diderot afirmar que "existe uma única virtude, a justiça; um único dever, ser feliz; um único corolário, não superestimar a vida e não temer a morte". Encontramos aqui traços já assinalados nos libertinos do século XVII, que defendiam um pessimismo tranquilo.

Com Chamfort, é dado mais um passo. Para ele, não se deve apenas denegrir os inconvenientes da vida para tornar a morte menos penosa. A própria vida é má: "Viver é uma enfermidade, a morte é o remédio". Sua visão da vida humana é radicalmente negativa:

> Os flagelos físicos e as calamidades da natureza humana tornaram a sociedade necessária. A sociedade aumentou as desgraças da natureza. Os inconvenientes da sociedade levaram à necessidade de governo, e o governo aumenta as desgraças da sociedade. Eis a história da natureza humana.[30]

Nesse estágio, o desespero é irremediável, e levará Chamford ao suicídio.

A imensa maioria dos filósofos não chega a tanto, mas o pessimismo está frequentemente presente em suas obras, ao contrário do que diz a ideia comumente difundida sobre a suposta confiança que eles tinham nos progressos da sociedade. Todos tinham sérias dúvidas sobre a bondade da natureza humana: "Que animal na natureza é mais feroz do que o homem?", pergunta Diderot em uníssono com o *homo homini lupus* de Hobbes. Examinando a história da humanidade, assim como Voltaire, ele constata que:

> em todos os tempos, o número de maus foi maior e mais forte, [...] que é raro que um ser movido pela paixão, por mais que ele tenha tido um nascimento feliz, não faça muitas maldades quando tudo lhe é permitido; que a natureza humana é perversa; e que, posto que viver não é uma grande felicidade, morrer não é uma grande infelicidade.[31]

A lição que se aprende com o panorama da história humana é que "por mais que o mundo envelheça, ele não muda; pode ser que o indivíduo se aperfeiçoe, mas o grosso da espécie não se torna nem melhor nem pior; a soma das paixões malfazejas permanece a mesma".

---

30 Chamfort, *Maximes et pensées*. In: _____, *Œuvres complètes*, t.I, p.362.
31 Diderot, *Correspondance*, t.III, p.275.

Também encontramos constatações desiludidas em Duclos e Helvétius, que acredita que "o homem da natureza é seu açougueiro, seu cozinheiro. Suas mãos estão sempre sujas de sangue". A educação o civiliza um pouco, mas o homem do povo permanece próximo do animal selvagem, com seus instintos sanguinários, deleitando-se com execuções capitais: "O homem feliz é humano: é o leão saciado". Em tais condições, o único governo eficaz é aquele que sabe espantar o animal, como preconiza o marquês D'Argens, pois "não se pode negar que os homens são mais inclinados ao mal que ao bem".

Há nisso um surpreendente ponto de convergência entre crentes e descrentes nesse século XVIII que, afinal de contas, é tão enganador: o desgosto pela vida terrestre. "Vale de lágrimas" para alguns, sonho absurdo para outros, a vida não vale a pena, e o maior bem que podemos desejar é a morte. Esse é o famoso refrão de certa espiritualidade cristã que faz da "passagem" o principal acontecimento da vida; mas é também o *leitmotiv* de alguns filósofos. Robert Favre fez uma demonstração eloquente.[32] Do volumoso estudo que ele apresenta, sublinhemos estas linhas significativas de Diderot, que resume assim, numa carta a Sophie Volland, sua concepção da vida:

> Nascer na imbecilidade, em meio à dor e aos gritos; ser um joguete da igno-
> rância, do erro, da necessidade, das enfermidades, da malvadeza e das paixões;
> retornar passo a passo à imbecilidade; desde o momento em que começamos a
> balbuciar até o momento em que começamos a dizer tolices, viver entre canalhas
> e charlatães de todo tipo; extinguir-se entre um homem que vos tateia o pulso e
> outro que vos perturba o raciocínio; não saber de onde viemos, por que viemos
> e para onde vamos: eis o que denominamos o presente mais importante que
> recebemos de nossos pais e da natureza: a vida.[33]

A morte é a calma tão desejada. D'Holbach não cansa de repetir isso. E, no entanto, o nada apavora. Voltaire não se resigna facilmente a essa ideia. Rousseau a rejeita com a energia do desespero; ele quer acreditar na imortalidade e tenta se persuadir num estilo encantatório: "Não, sofri demais nesta vida para não esperar outra. Todas as sutilezas da metafísica não me farão duvidar por um só momento da imortalidade da alma e de uma providência benfazeja. Sinto-a, creio nela, quero-a, espero-a, e defendê-la-ei até

---

32 Favre, Le goût de la mort. In _____, *La Mort au siècle des Lumières*, p.415-66.
33 Apud Favre, op. cit., p.463.

meu último suspiro".[34] Mas palavras são suficientes? Para La Mettrie, não há a menor dúvida: o destino final do homem-máquina é o nada: "A morte é o fim de tudo; depois dela, repito, um abismo, um nada eterno; tudo foi dito, tudo foi feito; a soma dos bens e a soma dos males é igual: não há mais cuidados, não há mais personagem para representar: a farsa foi encenada".[35] Devemos nos afligir? A morte não deve ser temida nem desejada, mas acolhida como um grande sono. Médico do regimento das guardas francesas em 1742, La Mettrie viu morrer muita gente e, segundo ele, a morte é serena na maioria das vezes: "vem passo a passo, [...] não surpreende nem fere". É a imaginação que falseia tudo, uma imaginação transtornada pelos pregadores, que apresentam uma imagem pavorosa dos momentos seguintes: julgamento e inferno. A pastoral do medo é diretamente acusada, todos deveriam trabalhar para tornar a morte pacífica, como faz Cabanis. Segundo ele, a "eutanásia", ou arte de suavizar a morte, poderia ser desenvolvida por um estudo sobre "o estado moral dos moribundos", a fim de acompanhá-los em seus instantes derradeiros.[36]

Em suma, os incrédulos do século XVIII ainda vacilam à beira da morte. O nada é realmente preferível ao inferno? A pergunta foi feita, e as respostas variam de acordo com os temperamentos. Voltaire manifestou sua hesitação, e a resignação necessária que se segue, em *Le Songe-creux* [O criador de quimeras]: em sonho, ele visita o inferno e foge desse lugar pavoroso; depois vai ao paraíso e afasta-se de sua "fria beleza"; então vê chegar o Nada, "cheio de fumaça e vento", e joga-se em seus braços, "posto que em [seu] seio todo o universo mergulha". Não há entusiasmo, mas esse é o destino mais verossímil. O melhor é se resignar. Na realidade, a lição é que "devemos saber morrer, mas devemos saber conservar a vida".

A FRENTE DESUNIDA DOS DEFENSORES DA FÉ

Ninguém duvida de que o pensamento incrédulo se sinta mais à vontade nos debates clássicos, de ordem exegética e ético-social. A crítica bíblica multiplica os ataques, desconsidera os textos sagrados em nome do

---

34 Rousseau, *Œuvres complètes*, t.IV, p.1075.
35 La Mettrie, *Système d'Épicure*. In: _____, *Œuvres philosophiques*, I, p.257.
36 Favre, op. cit., p.212.

racionalismo.[37] Voltaire acusa a Bíblia de fazer mais ateus do que a propaganda filosófica, contando histórias que desacreditam Deus:

> Se existem ateus, quem deve ser recriminado? [...] Homens alimentados à custa de nosso vigor exclamam: "Estai certos de que uma mula falou; acreditai que um peixe engoliu um homem e regurgitou-o ao cabo de três dias, são e faceiro, na praia; não duvidai de que o Deus do universo ordenou a um profeta judeu que comesse merda (Ezequiel) e a outro que comprasse duas prostitutas e lhes fizesse filhos de putas (Oseias)". [...] Essas tolices inconcebíveis revoltam espíritos fracos e temerários, assim como espíritos firmes e sábios. Eles dizem: "Se nossos mestres nos pintam Deus como o mais insensato e como o mais bárbaro de todos os seres, então não há Deus algum".[38]

Do outro lado, a defesa é enérgica, porém estouvada: cerca de vinte obras apologéticas são publicadas por ano entre 1760 e 1770; discursos, refutações, dissertações, tratados como *La Foi vengée* [A fé vingada], *La Foi justifiée* [A fé justificada], sucedem-se uns aos outros. Os dezoito volumes da obra *Demonstrations évangéliques* [Demonstrações evangélicas], reunidos pelo abade Migne, reúnem mais de 175 obras do século XVIII.[39] Dos mais modestos aos mais importantes, todos põem mãos à obra, inclusive personagens inesperados, como Choiseul, autor de um *Mémoire en faveur de la religion, contre les athées, les déistes et les libertins* [Dissertação a favor da religião, contra os ateus, os deístas e os libertinos]; Lefranc de Pompignan, que escreve *La Religion vengée de l'incrédulité par l'incrédulité elle-même* [A religião vingada da incredulidade pela própria incredulidade]; Bernis, que redige *La Religion vengée* [A religião vingada]; e Melchior de Polignac, que publica em 1745 o *Anti-Lucrèce* [Anti-Lucrécio]. Mas que eficácia teriam esses 12 mil versos latinos reunidos com tanto custo?

Um dos mais ardentes apologistas é o abade Bergier, cujo *Traité historique et dogmatique de la vraie religion* [Tratado histórico e dogmático da verdadeira religião], publicado em doze volumes em 1780, em Paris, será reeditado oito vezes em apenas um século. Sua ideia é que houve uma revelação primitiva, da qual decorre a religião natural, mas esta se afastou do dado revelado e produziu religiões pagãs e exóticas, como a dos chineses, em que

---

37 Ver, por exemplo, Hunwick, Nouvelles remarques critiques sur le Nouveau Testament. Un manuscrit clandestin inédit, *Dix-huitième siècle*, n.24.

38 Voltaire, Ateu. In: _____, *Dictionnaire philosophique*.

39 Migne (ed.), *Démonstrations évangeliques*.

encontramos apenas fragmentos da verdade. No que diz respeito à Bíblia, ele mantém integralmente a posição de Bossuet, um século antes: todos os livros bíblicos são autênticos, todo o Pentateuco é de Moisés, todo o conteúdo literal é verdadeiro. O adversário é mais desprezado do que refutado:

> O que provam contra um corpo de história, seguida de observações gramaticais a respeito de certas palavras, pretensas contradições entre um versículo e outro, umas poucas dificuldades para conciliar a cronologia, uns poucos versículos acrescentados a um livro pelo autor do livro seguinte?[40]

Esse imobilismo na defesa da Bíblia é favorável aos filósofos: Bergier reafirma precisamente a verdade histórica das histórias das quais eles zombam.[41] Outro ponto fraco: as dissensões entre os defensores da fé. Um exemplo flagrante é a condenação de *Emílio*, em 1762, por suas posições deístas. Surge uma querela a respeito do pecado original entre os jansenistas e o abade Bergier, encarregado pelo arcebispo de Paris, Christophe de Beaumont, de refutar Rousseau. O abade é violentamente atacado pelos jansenistas, que o acusam de apresentar um "Deus bom demais". E enquanto dura a polêmica, os leitores leem *Emílio*.[42]

As obras antirreligiosas aproveitam também as hesitações da censura. Constatamos com surpresa o pequeno número de obras filosóficas condenadas durante o reinado de Luís XV: 8% do total, ao passo que há uma obstinação contra os livros jansenistas: 64% dos títulos proibidos.[43] Uma primeira explicação vem do fato de que muitas vezes as condenações e as refutações contribuem muito mais para tornar as obras conhecidas do que para destruí-las.[44] As obras condenadas por impiedade antes de 1740 foram apenas *Cartas filosóficas*, de Voltaire, e *Les Princesses malabares* [As princesas malabares], de Longue (1734).

Em 1746, no requisitório apresentado ao Parlamento contra *Pensées philosophiques* [Pensamentos filosóficos], de Diderot, e *Histoire naturelle de l'âme*, de La Mettrie, acusadas de serem "contrárias à religião e aos bons costumes", o advogado-geral explica que mais vale silenciar sobre a maioria

---

40 Bergier, *Traité historique et dogmatique de la vraie religion*, t.V, p.283.
41 Laplanche, *La Bible en France entre mythe et critique (XVIe-XIXe siècle)*, p.87-106.
42 Cottret, Le catholicisme face au déisme. Autour de l'*Émile*, *Revue d'Histoire de l'Église de France*, n.203.
43 Negroni, *Lectures interdites. Le travail des censeurs au XVIIIe siècle (1723-1774)*, p.195.
44 Minois, *Censure et culture sous l'Ancien Régime*, p.181-230.

das produções ateias e concentrar-se nas grandes obras, como é o caso ainda em 1748 de *Les Mœurs*, de Toussaint, que faz uma apologia da religião natural.

As condenações por irreligião aumentam bruscamente a partir de 1750, mas sua eficácia é prejudicada pela concorrência entre os diferentes órgãos de censura. Até um livro como *De l'Esprit* [Do espírito], de Helvétius, publicado em 1758, profundamente materialista e condenado unanimemente pelos devotos, é lançado com a aprovação do sensor real, que devia estar distraído durante a leitura. Apesar das alterações feitas por Malesherbes, diretor da Librairie, os teólogos da Sorbonne acusam as autoridades civis de um laxismo condenável. Helvétius tem de assinar uma retratação implacável:

> Reconheço, enfim, que toda a doutrina contida em meu livro não passa de um tecido de máximas errôneas, proposições falsas, das quais muitas trazem a marca da heresia, impiedades e blasfêmias, que ela conduz ao materialismo e à corrupção dos costumes. Que essa doutrina ataca a liberdade do homem e sua imortalidade, as noções de justo e injusto gravadas em todos os corações. [...] Em uma palavra, vejo meu livro *De l'Esprit* como uma produção de trevas que eu gostaria de poder destruir, e suplico a todos os homens que o condenem ao desprezo eterno.[45]

Em 1770, um novo exemplo de conflito entre as autoridades morais: a Assembleia do Clero faz uma lista de sete obras especialmente agressivas contra a religião, das quais seis são de D'Holbach e uma de Voltaire. No Parlamento, o advogado-geral Séguier pronuncia contra eles um violento requisitório... que os magistrados decidem não publicar a fim de não parecer que estão atrelados ao clero. E durante três anos o Parlamento permanece em silêncio, pretextando que a incredulidade está diminuindo, e retoma as condenações apenas em 1774, contra *Le Bon sens* e *De l'Homme* [Do homem]. O consumo de livros irreligiosos, contudo, não para de crescer. Entre as encomendas de livros proibidos que os livreiros enviam a seus fornecedores, e que foram estudadas por Robert Darnton, as obras de crítica religiosa são maioria: 29,4% do total, e os autores mais procurados são, nesta ordem, Voltaire, D'Holbach, Pidansat de Mairobert e, muito atrás deles, Raynal, Rousseau e Helvétius.[46]

Para a Igreja, a incredulidade, em sua forma deísta, é um perigo terrível, sobretudo porque começa a se insinuar na fortaleza teológica. Entre

---

45 Apud Negroni, op. cit., p.205.
46 R. Darnton, *Édition et sédition. L'univers de la littérature clandestine au XVIIIe siècle*, p.172.

1748 e 1751, um padre de cerca de 30 anos, Jean-Marie de Prades, defende em Paris as quatro partes de sua tese em Teologia.[47] Em janeiro de 1752, a Sorbonne censura dez proposições retiradas dessa tese, que afirmavam que os conhecimentos vêm das sensações, o teísmo se sobrepõe a todas as religiões reveladas, exceto a cristã, os milagres de Cristo não são superiores aos de Esculápio, a autoridade dos Pais da Igreja e dos teólogos medievais não é superior à razão, Moisés não é o autor de todos os textos atribuídos a ele e as religiões são comparáveis: "Que religião é essa à qual Deus teria confiado a exclusividade de sua revelação? Aqui se apresentam o paganismo, o maometismo, o judaísmo, em suma, o cristianismo. Toda religião se gaba ostensivamente de ter seus milagres, seus oráculos, seus mártires".

Christophe de Beaumont, arcebispo de Paris, em uma pastoral de 1752, demonstra preocupação: "Se uma razão orgulhosa e altiva introduzisse uma vez nessas célebres escolas a repulsa e o desprezo pela autoridade [...] logo a novidade profana prevaleceria sobre a santa e respeitável antiguidade". Ele denuncia na tese "um plano de incredulidade refletido, combinado, persistente, uma infinidade de traços que manifestam e anunciam a irreligião".

O caso é grave: o deísmo tenta se introduzir na Faculdade de Teologia por intermédio da exegese. Condenado à prisão, o abade de Prades foge para as terras do marquês D'Argenson e de lá para a Holanda e a Prússia. O tenente de polícia comanda uma investigação no famoso Café Procope, de infame reputação, onde o libertino Boindin costuma discursar sobre "o senhor do Ser e Jacotte", isto é, Deus e a religião: não haveria um complô contra a fé? A ideia está no ar. Séguier a retoma em 1770.

Em junho de 1752, o bispo de Montauban, Michel de Verthamon de Chavagnac, aborda o caso numa pastoral que não se preocupa com sutilezas:

> Até aqui o inferno destilou seu veneno, por assim dizer, gota a gota: hoje, são torrentes de erros e impiedades, que tendem a nada menos do que submergir a fé, a religião, a virtude, a Igreja, a subordinação, as leis, a razão. Os séculos passados assistiram ao nascimento de seitas que atacavam certos dogmas, mas respeitavam um grande número deles; ao nosso ver estava reservado à impiedade formar um sistema que derruba todos de uma só vez, sistema horrendo que traz um espírito de blasfêmia capaz de comparar a cegueira dos pagãos a respeito da pluralidade de deuses e o fanatismo de Maomé ao cristianismo...

---

47 As quatro partes são a "tentativa", a *sorbonnique*, a "menor" e a "maior ordinária".

Os responsáveis, prossegue o bispo, são os epicuristas, que "abriram o caminho para os outros deístas".[48] Visivelmente, o prelado não distingue deísmo de ateísmo, e não é o único. Entre as autoridades eclesiásticas, essa confusão é regra, e engloba num mesmo opróbrio tudo o que se desvia da doutrina estrita. Essa atitude não mudou desde o século XVI. Encontra-se em todos os grandes debates da época.

A ALMA, A MORAL, A NATUREZA: HESITAÇÕES E PROBLEMA POLÍTICO

Um dos temas centrais desses debates é ainda a natureza da alma, da qual depende sua sorte após a morte. Do lado dos incrédulos, essa questão provoca uma grande divisão. D'Argens e o marquês de Lassay acreditam que ela é insolúvel. Voltaire hesita. Em 1734, ele pende para uma solução materialista, mas ressalta que materialismo não quer dizer necessariamente ateísmo: Deus pode muito bem ter feito uma matéria pensante. Diderot também hesita um bom tempo. Muitos não perdem a ocasião de frisar que o Antigo Testamento é mais do que discreto sobre o assunto, e que os escritos atribuídos a Moisés não mencionam a imortalidade. Outros, como Maubert de Gouvest em *Lettres iroquoises* [Cartas iroquesas], denunciam o absurdo das demonstrações dessa imortalidade.

Os médicos têm um papel cada vez mais importante nesse debate. Suas relações com o pensamento filosófico nem sempre são cordiais: Astruc, Tissot, Tronchin, Hecquet e Haller são globalmente hostis; entre os filósofos, perdura um resto de desconfiança em relação à medicina, intervenção artificial sobre a pessoa humana. No conjunto, porém, os médicos mais inovadores, a começar por La Mettrie, pendem para a alma material, propriedade da matéria organizada. No fim do século, Vicq d'Azyr (1748-1794), fundador da Sociedade Real de Medicina em 1776, junta-se aos combates da opinião esclarecida, falando "do abuso que se faz da religião, da medicina e da astronomia, [do qual] resultaram três grandes fontes de males: o fanatismo, o charlatanismo e a superstição".[49]

Dessa multiplicação de tratados sobre a natureza da alma, tomamos um único exemplo, característico das implicações e das hesitações: *Dialogues sur l'âme* [Diálogos sobre a alma], texto clandestino redigido por volta

---

48 Spink, Un abbé philosophe: l'affaire de J.-M. de Prades, *Dix-huitième siècle*, n.3, p.145-80.
49 Vicq d'Azyr, *Mémoires*, t.VII, p.75.

de 1755.[50] A obra compreende duas partes: primeiro, sete diálogos fictícios entre um fariseu e um saduceu, de tendência materialista; em seguida, um tratado sistemático, sem título, de tendência deísta.

Nos dois primeiros diálogos, o autor destaca a ausência de alusão à imortalidade nos escritos mosaicos e ao inferno no Antigo Testamento. Casualmente, os interlocutores observam como se é livre para discutir tais questões na França, ao contrário do que acontece na Itália, onde a Inquisição é vigilante: "Disseram-lhes que há meio século as pessoas pensavam assaz livremente; que não eram condenados à fogueira nem os que admitiam nem os que negavam a imortalidade da alma, tampouco os que haviam enforcado Jesus, desde que não se aplaudissem por tal ação". A afirmação deve ser relativizada: em 1698, Bonaventure de Fourcroy foi preso depois de três ensaios terem sido descobertos em sua casa, um deles sobre a materialidade da alma. Mas isso é passado, acredita o autor do tratado. O caráter material e mortal da alma é estabelecido por inúmeras obras, tais como *L'Âme matérielle*, *L'Âme mortelle* [A alma mortal], *De l'Âme et de son immortalité* [Da alma e de sua imortalidade], *Opinions des anciens sur la nature de l'âme* e *Sentiments des philosophes sur la nature de l'âme* [Impressões dos filósofos sobre a natureza da alma]. E não adianta invocar o peso da tradição: "Pode-se quando muito, da antiguidade de uma tradição, concluir que o erro que ela transmite é muito antigo".

Os diálogos enveredam em seguida para outros assuntos. O quarto diálogo demonstra que a religião cristã não é de origem divina e foi instituída pela força; esse diálogo julga três dogmas particularmente chocantes: a eucaristia, o inferno e o paraíso. O quinto diálogo trata da grande questão das relações entre religião e moral. Um cristão defende a ideia clássica da necessidade de uma religião para preservar a coesão social, pois o homem sem religião "em breve chega ao ponto de permitir-se tudo". Apesar dos argumentos de Bayle, a ideia de ateu virtuoso não convence nem o cristão nem o deísta. O elo entre crença em Deus e ordem social é claramente estabelecido por Le Clerc:

> Aliás, reconhece-se de modo geral que é impossível que a sociedade perdure, caso não se admita uma potência invisível que governe os negócios do gênero humano. O temor e o respeito que se tem por esse ser produz mais efeito nos homens para fazê-los cumprirem os deveres nos quais consiste sua

---

50 Ms. 1191 da Bibliothèque Mazarine. Estudado por Mortier, *Les Dialogues sur l'âme* et la diffusion du matérialisme au XVIIIe siècle, *Revue d'Histoire Littéraire de la France*, p.342-58.

felicidade na terra do que todos os suplícios com que lhes possam ameaçar os magistrados. Nem mesmo os ateus ousam negá-lo, e é por isso que supõem que a religião é apenas uma invenção dos políticos para manter mais facilmente a sociedade em regra.[51]

Da mesma maneira, Du Voisin afirma:

> Os ateus denunciam-se, portanto, a si mesmos e mostram-se inimigos e perturbadores da ordem social. Pois, mesmo em se supondo que a doutrina deles se apoie em provas incontestáveis, seria de interesse público furtar aos homens o conhecimento de uma verdade que tenderia a romper os elos da subordinação e subverter a autoridade das leis.[52]

Há portanto um sério ponto de divergência entre deístas e ateus. Os primeiros, conduzidos por Voltaire, consideraram que a religião é necessária para manter o povo na obediência, e que de todo modo é inútil causar incômodo aos hábitos de pensamento que fazem a felicidade dos ingênuos. Essa opinião é compartilhada pelos *Dialogues sur l'âme*, que exclui todo e qualquer proselitismo ateu: segundo o texto, não se deve "jamais libertar do erro aqueles que nele encontram sua felicidade".

Mas é possível viver feliz no erro? Não, responde a maioria dos ateus: "Confesso que meu sistema seria esconder dos homens as verdades que eu considerasse perigosas para eles; desejaria a meus semelhantes mais felicidade do que saber, caso ambos não andassem juntos comumente", escreve Boulanger.[53] E, para Diderot, é preciso libertar os homens da moral cristã, antissocial, que causa a infelicidade deles; é preciso difundir o saber e em especial o materialismo, que os tornará mais felizes. É preciso portanto lutar contra os padres, que representam a impostura.

Além do mais, a moral cristã é acusada de ser contra a natureza, argumento capital no século XVIII, no qual a ideia de natureza é glorificada, ou mesmo endeusada.[54] De certa maneira, os ateus concordam nesse ponto com os cristãos extremistas, isto é, os jansenistas, afirmando a oposição entre moral cristã e natureza; mas enquanto os segundos se vangloriam disso, porque a natureza humana é má, os primeiros ficam indignados, porque ela

---

51 Le Clerc, *Bibliothèque choisie*, t.X. p.322.
52 Du Voisin, *Essai sur la religion naturelle*, art. 6, p.109.
53 Boulanger, *L'Antiquité dévoilée par ses usages*, livro VI, cap. 1.
54 Ver, a esse respeito, a obra capital de Ehrard, *L'Idée de nature en France dans la première moitié du XVIIIe siècle*.

é boa. Essa é uma das razões por que a apologética cristã começa a assimilar o naturalismo ao ateísmo, e a lhes atribuir o adjetivo "grosseiro". Numa obra em latim de 1717, traduzida para o francês em 1740, o *Traité de l'athéisme et de la superstition* [Tratado do ateísmo e da superstição], J. Buddeus escreve:

> o naturalismo mais grosseiro é aquele que não reconhece nenhum outro Deus além da Natureza, ou melhor, o Universo. Assim é o panteísmo, ou o spinozismo, porque Spinoza foi seu principal restaurador e tratou de pintá-lo com belas cores. Não há nenhuma dúvida de que o naturalismo, tomado nessa acepção, seja um verdadeiro ateísmo.[55]

Deístas e ateus sublinham a unidade da natureza, o que não exclui uma grande diversidade de opiniões sobre ela. Com exceção de Sade, que vê as forças da destruição e do mal em ação na natureza, as opiniões são positivas: André Chénier celebra a natureza "benfazeja e pura" até diante do Etna. Todo o problema está em poder explicar, nessa concepção unitária, a passagem da matéria inerte para o pensamento. É possível, como fez Deschamps, atribuir um pensamento e um sentimento embrionários às pedras e aos vegetais, ou, como Diderot, supor uma sensibilidade surda consubstancial em toda molécula, ou ainda, como Robinet, considerar a matéria o resultado de germes vivos, que fazem do universo um conjunto orgânico. Cabanis, em *Mémoires sur les rapports du physique et du moral* [Memórias sobre as relações entre o físico e o moral], situando-se na linha do homem-máquina, procura saber a partir de que nível de complexidade a matéria se torna viva e pensante, e chega a uma concepção determinista do pensamento como "secreção" do cérebro. Todos excluem as ideais inatas e retomam por conta própria a afirmação de Locke: "Todas as nossas ideias vêm pelos sentidos", seguindo um processo determinista de tipo cultural, como o de Helvétius – que em *L'Esprit* atribui um papel primordial à educação, formadora de nossa experiência sensível –, ou seguindo um processo determinista de tipo físico, como o de Diderot. Seja qual for o processo, o homem é um ser natural, situado numa cadeia de causas e efeitos, o que exclui a noção de moral cristã fundamentada no pecado original.

Para o homem, animal social, a única ação virtuosa é a que serve à coletividade. De acordo com D'Holbach, "a educação, a lei, a opinião pública, o

---

55 Buddeus, *Traité de l'athéisme et de la superstition*, p.100.

exemplo, o hábito, o temor" devem formar a sociabilidade do indivíduo e persuadi-lo de que seu interesse coincide com o da comunidade.

Desse modo, coloca-se também o problema político e social, outro fator de desacordo entre diferentes correntes ateias e deístas. Uma minoria pouco influente prega o coletivismo, como o abade Deschamps, talvez por influência de sua formação religiosa, ou como Sylvain Maréchal, que faz a natureza dizer: "Não gosto dos reis, gosto ainda menos dos ricos". Para Sade, a propriedade privada só faz aumentar as desigualdades e o mal natural. De maneira geral, os deístas do tipo de Mably, Rousseau e Morelly são mais avançados socialmente do que os materialistas ateus, defensores da propriedade privada, e nos quais se inspiram os burgueses girondinos e os ideólogos do Diretório. Para Destutt de Tracy, a moral popular deve se fundar na proibição da superstição e dos preconceitos, assim como na propriedade privada.

Como desarraigar o espírito religioso no populacho imbecil, submisso aos padres? Alguns, como vimos, consideram que isso não é necessário, e que se pode deixar coexistir uma moral popular, fundamentada nos preconceitos religiosos, com uma moral de elite, fundamentada na razão. Aliás, em razão das desigualdades naturais, nem todos são capazes de assimilar os princípios morais esclarecidos. Como explica D'Holbach:

> A diversidade que se encontra entre os indivíduos da espécie humana semeia a desigualdade entre eles, e essa desigualdade constitui o alicerce da sociedade [...] Em consequência da diversidade dos homens e da desigualdade entre eles, o fraco é obrigado a se colocar sob a proteção do forte; é ela que força este último a recorrer ao saber, aos talentos, à destreza dos mais fracos quando os julga úteis para si mesmo; essa desigualdade natural faz que as nações distingam os cidadãos que lhes prestam serviços.[56]

Tal desigualdade é realmente natural. Os homens "diferem essencialmente tanto pelo tecido e pelo arranjo das fibras e dos nervos quanto pela natureza, pela qualidade, pela quantidade das matérias que põem tais fibras em jogo, imprimindo-lhes movimento".[57]

É possível corrigir as desigualdades naturais por meio da educação? Alguns pensam que sim, e elaboram manuais materialistas simples, destinados ao povo, como *Le Bon sens* ou *La Théologie portative* [Teologia portátil].

---

56 D'Holbach, op. cit., I, cap. IX.
57 Ibid.

462   O DESCRENTE SÉCULO XVIII

Helvétius, o mais otimista nesse campo, sugere a redação de um catecismo materialista do qual dá exemplo num capítulo do tratado *De l'Homme*.[58] Mas seria ainda necessário que as autoridades políticas aceitassem tomar as rédeas dessa reeducação. As primeiras experiências serão feitas durante a revolução, mas assumirão em geral um aspecto ditatorial intolerante.

Desvio quase inevitável, a partir do momento em que toda fé religiosa é considerada um mal em si, um fator de fanatismo que deve ser eliminado: "O universo jamais será feliz, a não ser que se torne ateu", escreveu La Mettrie em *L'Homme machine*. Uma afirmação assim justifica de antemão, implicitamente, todas as perseguições antirreligiosas cometidas pelos reformadores que quiseram impor a felicidade aos homens. Eles encontram a mesma justificativa em Diderot, para quem "a crença num Deus faz e deve fazer quase tantos fanáticos quanto crentes". Como se surpreender então com a acusação de Saint-Just contra os hebertistas, culpados de querer "erigir o ateísmo num culto mais intolerante do que a religião"?

Robespierre situa-se na mesma lógica, e no ano II da revolução reclamaria a instituição do culto do Ser supremo como religião obrigatória do povo francês, com a eliminação física dos "celerados" ateus. A ausência de análise aprofundada da natureza do fenômeno religioso leva os filósofos do século XVIII a buscar sua eliminação pura e simples, mas também cava um fosso entre os dois ramos da incredulidade do Iluminismo, o deísmo e o ateísmo.

DEÍSMO, ATEÍSMO E ANTICLERICALISMO: MORELLY

As relações entre o deísmo e o ateísmo estão no centro da obra *Dialogues sur l'âme*. O autor é favorável aos "materialistas dogmáticos, isto é, àqueles que foram levados a essa opinião por um encadeamento de consequências justas, tiradas de um princípio certeiro".[59] Segundo ele, a lógica deveria levar os deístas ao materialismo, pois a divindade que eles cultuam não serve para nada, a não ser "remexer a matéria; ela está eternamente ocupada em fazer a chuva molhar o campo do devoto, e em lhe dar uma vaca em troca de um bezerro".

De resto, acredita que "o saduceu não estava errado quando imaginou que um cristão podia passar mais facilmente ao ateísmo do que um deísta [...]. É fácil atingir os extremos e, à força de muito crer, acaba-se por não crer em

---

58 Helvétius, *De l'Homme*, seção X, cap. VII.
59 *Dialogues sur l'âme*, p.145.

nada".[60] Ele apresenta como prova o fato de que "os países em que ocorreu a Reforma adotaram uma espécie de deísmo: em tais províncias, há poucos ateus. A Itália, quem diria? Ela contém mais, cem vezes mais ateus do que a Inglaterra e a Holanda".[61]

Que nos deem provas irrefutáveis da existência de Deus e não queremos outra coisa senão acreditar, conclui ele:

> Crede, de resto, que, se houvesse provas claras da existência da divindade, aqueles que são chamados de ateus seriam os mais zelosos partidários dessa opinião, que só pode confortar o amor-próprio e a preguiça. Tudo o que esperam é a demonstração; e por que fatalidade ela lhes é recusada, se é possível, e eles são perseguidos, se o fato não é verdadeiro?[62]

As relações entre deísmo e ateísmo são muito confusas durante o século XVIII, e a confusão aumenta com os julgamentos diversos a respeito das obras de seus partidários. Um caso típico é o do abade Morelly, personagem bastante misteriosa, ligada à cidade de Vitry-le-François, provavelmente um escriba em busca da proteção dos poderosos para ganhar a vida. Ele é tão pouco conhecido que seu último biógrafo se pergunta se não se trataria de duas personagens.[63]

Em 1743, Morelly publica um *Essai sur l'esprit humain* [Ensaio sobre o espírito humano], de conteúdo muito eclético, e, em 1745, um *Essai sur le cœur humain* [Ensaio sobre o coração humano], em que desenvolve os temas da igualdade natural, da primazia dos sentimentos e da necessidade de felicidade. Ele se revolta contra o domínio do clero sobre a sociedade, mas não é ateu. Em 1753, trata novamente da religião em *La Basiliade* [A Basiliada], uma de suas obras principais, em que expõe um deísmo fundamentado na experiência sensível, que aceita a imortalidade da alma, mas exclui o castigo eterno. Os ataques ao clero se tornam mais precisos. O ódio contra os padres, que o aproxima muito mais de Voltaire do que de Rousseau, chegou a ser apresentado como a característica essencial de seu deísmo.[64] Para ele, o materialismo, ao qual se opõe, resulta de um excesso de dor e desespero. Os materialistas são pessoas "tristes", "lúgubres", porém íntegras e honestas.

---

60 Ibid., p.142.
61 Ibid., p.144.
62 Ibid., p.172.
63 Wagner, *Morelly, le méconu des Lumières*, p.57-8.
64 Ibid., p.341.

464   O DESCRENTE SÉCULO XVIII

Sua obra *Código da natureza*, de 1755, leva o anticlericalismo ao cúmulo: os "vis eunucos" formam uma "odiosa cabala" que mantém a família real sob sua dependência com "mil macaquices". Morelly critica também a caridade e os aspectos sociais da religião; indigna-se com a impostura religiosa e rejeita os limites da condição dos mortais, sugerindo o nascimento futuro de um verdadeiro super-homem ou homem-deus. Por causa da semelhança dos títulos e das ideias, essa obra foi por muito tempo atribuída a Diderot. Aliás, em seu *Tableau de Paris*, Mercier observa quanto a profusão de livros sobre a natureza colaborou para confundir o espírito do público:

> Títulos como *Système de la nature, Code de la nature, Livre de la nature*, de Robinet, ou *Philosophie de la nature, L'Interprétation de la nature*, e nomes como senhor de Lisle e senhor abade de Lille, criaram um caos no espírito de muitos provincianos, que confundem tanto os nomes quanto as obras. É preciso desfazer esse caos; o *Código da natureza* é anônimo.[65]

Em todo o caso, o *Código da natureza* suscita reações inequívocas que, contra toda lógica, fazem dele um livro ateu. Em 1760, em *La Religion vengée*, J.-N. Hayer tenta sobretudo defender a propriedade, a desigualdade das fortunas e seu remédio, a caridade, que era objeto de ataques virulentos por parte de Morelly. Tudo isso é devido ao pecado original; um autor que nega este último só pode ser ateu.

As reações dos defensores da Igreja são sempre mais violentas quando o ímpio não se contenta em atacar os dogmas e as crenças espirituais, mas critica também a organização social, que nesse caso atinge pessoalmente os autores. Em 1762, o abade Gauchat, em suas *Lettres critiques* [Cartas críticas], vocifera contra esse "código infernal", "código monstruoso", "código de porcos", "código materialista": "Nunca os materialistas mais decididos levaram tão longe seus monstruosos paradoxos quanto esse *Código*. É trevas, volúpia, orgulho, sedução; é ultrapassar todos os limites; é escrever apenas para deixar aos homens monumentos de devastação e morte".[66] Para Gauchat, Morelly é um puro ateu; aliás, o deísmo é apenas uma palavra: quem se afasta do seio da Igreja é ateu. Essa reação fortemente emocional talvez tenha outra causa: Morelly ataca *seu* Deus, seu Deus terrível, que dispôs todos os poderes celestes e terrestres. Segundo Nicolas Wagner: "Ainda por

---

65 Mercier, *Tableau de Paris*, t.VI, p.146.
66 Abade Gauchat, *Lettres critique ou Analyse et réfutation des divers écrits modernes contre la religion*, p.96.

muito tempo, o *Código* aterrorizará todos os que possuem, todos os que se apropriaram de um deus. Nesse sentido, o texto de Gauchat é um documento apaixonante para a história do sentimento religioso".[67]

Após a morte de Morelly, os julgamentos continuam contrastantes: para Barbier, ele é um espírito deísta, porém muito religioso; para os historiadores marxistas, ao contrário, ele se compara a Meslier;[68] para Bernard Plongeron, sua obra é típica da vontade subversiva da média burguesia do século XVIII. Essas divergências mostram como é difícil definir o deísmo do Iluminismo, uma realidade flutuante, vinculada à necessidade de renovação espiritual, fora do quadro desconsiderado das Igrejas estabelecidas, enfraquecidas pela propaganda filosófica. Os deístas se recusam a dar o passo decisivo que seria a negação de Deus, e isso por razões variadas: medo do nada, temor do caos social, recusa da morte, sentimento autêntico do divino através da natureza. Os deístas não podem mais acreditar no Deus cristão, mas têm necessidade de acreditar num Deus. Há entre eles tanto racionalistas quanto sentimentais fanáticos. A busca desses homens por uma nova fé, consoladora e ao mesmo tempo racionalista, num mundo em que os fundamentos do cristianismo estão desabando, é de certo modo um prelúdio das buscas religiosas das multidões no fim do século XX. Essa necessidade de um Deus fora das Igrejas e dos ritos coercitivos, que animava certa elite intelectual no século XVIII, tornou-se um movimento de massa dois séculos mais tarde.

Os beneficiários, tanto naquela época quanto hoje, são os movimentos irracionais, baseados no esoterismo, no ocultismo, no espiritismo – Mesmer e Swedenborg são produtos típicos dessa época – ou então os movimentos racionalistas mais secularizados, baseados no humanismo e no progresso social, como a franco-maçonaria.

O DESVIO ANTIRRACIONALISTA E CÉTICO

A franco-maçonaria especulativa moderna nasceu do protestantismo anglo-saxão no início do século XVIII e, embora rejeitasse os dogmas religiosos tradicionais, é completamente oposta ao ateísmo. As primeiras constituições, ou Constituições de Anderson, revisadas em 1723 e 1738, foram redigidas por um grupo de protestantes, e o próprio James Anderson era pastor presbiteriano. O artigo primeiro é explícito:

---

67 Wagner, op. cit., p.247.
68 Ibid., p.334.

466 O DESCRENTE SÉCULO XVIII

O franco-maçom é obrigado, por seu engajamento, a obedecer à lei moral e, se compreender corretamente a Arte, não será jamais um ateu estúpido nem um libertino irreligioso. Mas, ainda que antigamente os franco-maçons fossem obrigados, em cada país, a seguir a religião desse país ou nação, fosse ela qual fosse, considerou-se mais cômodo obrigá-los apenas a essa religião, com a qual todos os homens concordam, deixando a cada um suas próprias opiniões, isto é, ser homens de bem e leais ou homens honrados e probos, sejam quais forem as denominações ou crenças religiosas que ajudam a distingui-los; em consequência, a franco-maçonaria torna-se o centro da união e o meio de firmar uma amizade fiel entre pessoas que poderiam permanecer separadas por uma perpétua distância.[69]

A orientação é claramente deísta, mas deixa a cada qual uma total liberdade de crença religiosa. É justamente o que torna a franco-maçonaria suspeita aos olhos da Igreja. Há, no entanto, cerca de 2 mil eclesiásticos entre os franco-maçons no século XVIII.[70] O papa Clemente XII, que teme que o contato com os deístas e os ateus favoreça o sincretismo, a indiferença ou a moral natural, condena a franco-maçonaria em 1738. Os bispos belgas o imitam no mesmo ano. As reações também são hostis no mundo protestante: condenação na Holanda em 1735, em Genebra em 1736, na Suécia e em Hamburgo em 1738.

No interior da franco-maçonaria aparecem rapidamente lojas dissidentes ou marginais, que procuram aprofundar os mistérios e caem no iluminismo, ilustrando mais uma vez a necessidade de renovação espiritual tão importante no fim do século, que leva até mesmo alguns soberanos ao ocultismo: Alexandre I é um místico, Frederico-Guilherme II da Prússia é um rosa-cruz visionário. "As ciências ocultas exercem seu fascínio sobre espíritos enojados pelo ceticismo e pelo intelectualismo da filosofia iluminista", escreve Georges Gusdorf.[71]

A Alemanha é especialmente atingida por esse movimento. Na Baviera, Adam Weishaupt, discípulo dos enciclopedistas, é inicialmente atraído pela franco-maçonaria e adere a uma loja de Munique; depois, inspirando-se tanto na franco-maçonaria quanto nos jesuítas, cria sua própria organização, a ordem dos perfectibilistas, em 1776. Baseada no anticlericalismo e no

---

69 Apud Franchi, La franc-maçonnerie en Europe. In: Bauberot (org.), *Religion et laïcité dans l'Europe des douze*, p.207.
70 Benimeli, Franc-maçonnerie et Église catholique. Motivations politiques des premières condamnations papales, *Dix-huitième siècle*, n.19, p.7-20.
71 Gusdorf, *Du Néant à Dieu dans le savoir romantique*, p.395.

materialismo, torna-se a ordem dos iluminados e afirma ter 2.500 membros em 1784, entre os quais diversos príncipes e grandes senhores, como os duques de Saxe-Weimar e Saxe-Gotha, os condes Poelffy e Metternich, o barão Van Swieten, e ainda Goethe e Herder. O sucesso causa preocupação entre os rosa-cruzes e os meio espiritualistas, que acusam os iluminados de propagar ideias materialistas francesas. Em março de 1785, Carlos Teodoro, eleitor da Baviera, proíbe a seita. Alguns anos mais tarde, o dramaturgo Zacharias Werner, adepto do esoterismo, apresenta os iluminados como representantes das potências malignas do materialismo e do ateísmo em *Die Söhne des Thals* [Os filhos do vale]. Um episódio característico, entre muitos outros, da decomposição da paisagem religiosa no fim do século XVIII, decomposição da qual o ateísmo não é o único a sair vencedor. As seitas ocultistas e esotéricas que proliferam na época não devem nada às Igrejas em termos de obscurantismo, fanatismo e intolerância. O confronto bipolar entre Igreja e ateísmo, em que os adversários respeitavam certo pensamento racional, é seguido de uma confusão, uma cacofonia, uma torre de Babel, em que todas as divagações são permitidas e ninguém espera convencer ninguém. Do combate da crença contra a descrença não saem vencedores, mas apenas um vencido: a razão.

Esta se esgota de tanto servir em vão a causas opostas. Às vezes, volta-se contra aqueles que a utilizam, e estes caem no ceticismo. Assim, a razão é a principal arma dos ateus do século XVIII para destruir a ciência e o sistema do mundo aristotélico-tomista; porém eles logo se dão conta de que ela não pode mais aceitar a concepção estática do mundo epicurista, cuja estabilidade entra em contradição com as marcas da evolução, e poderia justificar certo finalismo. Antes que a síntese transformista se elabore, é a hora do ceticismo – que contrasta com as belas certezas do mecanicismo cartesiano. Por isso, no campo das ciências biológicas, Jacques Roger propõe que o século XVIII seja chamado de "século cético", um ceticismo que toma todos os protagonistas:

> O ceticismo pode ser cristão à maneira de Réaumur ou Haller, deísta à maneira de Fontenelle, deísta ainda, embora um deísmo diferente, à maneira de Voltaire, ou ateu à maneira de Diderot, mas é sempre ceticismo. E essa ambiguidade da atitude cética, capaz de ser religiosa ou naturalista, merece nossa atenção.[72]

---

72 Roger, *Les Sciences de la vie dans la pensée française au XVIIIe siècle*, p.771-2.

468 O DESCRENTE SÉCULO XVIII

VOLTAIRE E A "GUERRA CIVIL DOS INCRÉDULOS"

O grande testemunho e ator desse ceticismo resultante do confronto entre crença e descrença é Voltaire. Suas relações com o cristianismo e com os filósofos ateus, no que diz respeito à fé, são complexas e ilustram a extrema resistência dos deístas – que formam uma espécie de terceiro partido – a dar o passo decisivo na direção do materialismo, a ponto de se poder falar de "guerra civil filosófica".[73] O próprio Voltaire empregou o termo: "Eis uma guerra civil entre os incrédulos", escreveu ele a D'Alembert em 1770, por ocasião da publicação de *Système de la nature*, de D'Holbach.

Nesse caso, que provocou exclamações horrorizadas no clero, o filósofo de Ferney toma o partido dos devotos, o que mereceu um comentário irônico do abade Galiani: "É engraçado que tenhamos chegado a um ponto em que Voltaire parece moderado em suas opiniões, e que ele se vanglorie de figurar entre os protetores da religião, e que, em vez de persegui-lo, tenhamos de protegê-lo e encorajá-lo".[74] Voltaire não acha graça nenhuma: "Não considero que esses senhores sejam hábeis: atacam ao mesmo tempo Deus e o diabo, os poderosos e os sacerdotes", escreve ele a propósito dos ateus. Sua revolta contra eles explode em 1765, quando Damilaville, provavelmente instigado por Diderot, mostra como as novas teorias científicas sobre a geração espontânea e os fósseis conduzem diretamente ao ateísmo. Ele coleciona escritos de todos os tipos contra tais teorias, "vergonha eterna do espírito humano", e atenua seus ataques contra o cristianismo, tentando recuperar Cristo para transformá-lo num deísta e falando até com certa afeição do bom padre, que afinal é "um homem que se deve estimar e respeitar".

Na verdade, Voltaire sempre se opôs ao ateísmo, ainda que de início de forma mais moderada. Em 1749, protestou contra o materialismo de Saunderson em *Lettre aux aveugles*, de Diderot, e este tratou de tranquilizá-lo: "Creio em Deus, ainda que viva muito bem entre os ateus". No ano seguinte, novo alerta com o *Anti-Sénèque*, de La Mettrie. Voltaire se insurge: "Um rei ateu é mais perigoso que um Ravaillac fanático", e "a crença em punições e recompensas após a morte é um freio de que o povo necessita". Como se vê, ele se preocupa mais com as consequências práticas do ateísmo do que com os princípios metafísicos. Seu Deus é aquele que garante a ordem

---

73 Pappas, Voltaire et la guerre civile philosophique, *Revue d'Histoire Littéraire de la France*, p.525-49.

74 Galiani, *Correspondance avec Madame d'Espinay*, I, p.103.

estabelecida, o Deus dos burgueses do século XIX, que o faz enunciar seu célebre adágio: "Se Deus não existisse, seria preciso inventá-lo".

Voltaire deu sem dúvida sua contribuição para a destruição da ideia de Deus no campo da filosofia da história. Seu *Essai sur les mœurs* [Ensaio sobre os costumes] é a exata antítese do *Discours sur l'histoire universelle*: começa com a China e aborda Índia, Pérsia, Arábia e Roma, antes de chegar ao cristianismo, verdadeira revolução copernicana da história, e relativiza o papel da religião revelada, do mesmo modo que Micrômegas ridiculariza a pretensão do homem de ser o centro do universo.

No entanto, tanto aqui como nas ciências, Voltaire recusa-se a levar suas ideias às últimas consequências. Quando ataca a Igreja, prefere fazê-lo de modo indireto, e confia no poder para decidir as reformas necessárias. Na verdade, a partir de um certo nível de investigação, ele confessa seu incômodo. Decidido a aprofundar o problema da existência de Deus, escreve à senhora Deffand: "Pus-me em busca daquilo que é". O resultado é *O filósofo ignorante*, que rejeita todos os sistemas provando os prós e os contras, e vincula-se à ideia de um Deus e de uma moral universal.

Esse ceticismo também se encontra no *Dicionário filosófico*, de 1764, especialmente no verbete "Alma". A Bíblia não fala dela; os filósofos falam muito, mas são pouco convincentes: "Não fizeram menos sistemas sobre a maneira como essa alma sentirá quando tiver deixado o corpo com o qual ela sentia; como escutará sem ouvidos, cheirará sem nariz e tocará sem mão; que corpo tomará em seguida, se aquele que tinha aos 2 anos ou aos 80". A alma é provavelmente imaterial, mas na verdade ninguém sabe coisa alguma: "Chamamos de alma aquilo que nos anima. Não sabemos muito mais que isso, graças aos limites de nossa inteligência. Três quartos do gênero humano não vão mais longe e não se preocupam com o ser pensante; o outro quarto busca; ninguém encontrou nem encontrará". Do mesmo modo que ninguém descobriu se a matéria é criada ou eterna, se o movimento lhe é essencial ou não, o que produz o pensamento etc. No que diz respeito à fé, a definição é lapidar: "A fé consiste em crer nas coisas porque elas são impossíveis".

Chegamos ao verbete "Ateu, ateísmo". Voltaire admite que existiram ateus perfeitamente morais na Antiguidade: os céticos, os epicuristas, "os senadores e cavaleiros romanos eram verdadeiros ateus". Uma sociedade formada por ateus é possível; os que negam isso e referem-se aos chineses como ateus contradizem a si mesmos. Os chineses, aliás, não são ateus, do mesmo modo que "os cafres, os hotentotes, os tupinambás". Estes últimos podem não ter deuses, porém não negam a existência deles: "São verdadeiras crianças; uma criança não é nem ateia nem deísta, ela não é nada". Na

Antiguidade, o termo já estava desgastado: "Todo filósofo que se distanciava do jargão de escola era acusado de ateísmo pelos fanáticos e pelos patifes, e condenado pelos tolos". Foi o caso de Anaxágoras, Aristides, Sócrates. Mais recentemente, o odioso Garasse via ateus por toda a parte, e seu confrade Hardouin tratou da mesma maneira Descartes, Arnauld, Pascal, Nicole, Malebranche. Quanto a Vanini, era "um pedante estrangeiro, sem mérito algum", mas certamente não era um ateu.

O ateísmo é uma "abominável e revoltante doutrina", um "monstro mais pernicioso entre aqueles que governam; também o é entre os homens da corte, pois, ainda que levem uma vida inocente, podem chegar a influenciar aqueles que detêm o posto". O ateísmo é sem dúvida bem melhor que o fanatismo, mas é mais nocivo que a superstição: "É indubitável que, numa cidade civilizada, é infinitamente mais útil ter uma religião, mesmo que ruim, do que não se ter nenhuma".

Os verdadeiros ateus não são os voluptuosos, que nem ao menos pensam em religião; são "em sua maioria sábios ousados e extraviados que raciocinam mal e que, não podendo compreender a criação, a origem do mal e outras dificuldades, recorrem à hipótese da eternidade das coisas e da necessidade".

A crença em Deus é necessária na política: eu não aceitaria um rei ateu, diz Voltaire, ele me mandaria matar; e se eu fosse rei, não aceitaria cortesãos ateus, eles me envenenariam. "É pois absolutamente necessário para os príncipes e os povos que a ideia de um Ser supremo, criador, governador, remunerador e vingador esteja profundamente gravada nos espíritos."

Mas, graças a Deus, o ateísmo, que é resultado das imposturas dos padres que nos apresentaram uma divindade absurda a partir das fábulas do Antigo Testamento, está perdendo terreno:

> Há hoje menos ateus do que nunca dantes, desde que os filósofos reconheceram que não existe nenhum ser vegetando sem germe, nenhum germe sem desígnio etc., e que o trigo não vem da podridão. Geômetras não filósofos rejeitaram as causas finais, mas os verdadeiros filósofos as admitem; e, como disse um autor conhecido, um catequista anuncia Deus às crianças e Newton o demonstra aos sábios.

Otimismo de curta duração. Dois anos mais tarde, em *Le Christianisme dévoilé*, D'Holbach mostrava a Voltaire que o ateísmo estava muito vivo. Ele reage violentamente em diversas obras curtas, o que lhe vale a alcunha de "capuchinho" por parte da "seita de D'Holbach". Injúria suprema, à qual ele responde em *Colimaçons du R. P. Escarbotier* [Caracóis do Reverendo Padre Escarbotier], *Singularités de la nature* e *A.B.C.*, no qual reafirma com uma obstinação bem pouco filosófica: "Sim, com os diachos, creio em Deus!". Seu amigo D'Alembert sente que ele titubeia e lhe escreve a propósito de *A.B.C.*:

> O autor suspeita de que poderia muito bem existir um Deus, e que ao mesmo tempo o mundo é eterno; ele fala de tudo isso como um homem que não sabe muito bem se as coisas são assim. Creio que ele diria de bom grado, como aquele capitão suíço a um desertor que ia ser enforcado e que lhe perguntou se existia um outro mundo: "Pela morte de Deus,* eu daria cem escudos para saber!".[75]

D'Alembert tem razão. Ele tenta ir mais longe, e escreve a Voltaire que, afinal, o judeu Spinoza talvez esteja certo: a matéria parece realmente ser a única coisa existente, e o patriarca está prestes a ceder aos ateus: "Concordo com eles, desde que reconheçam que esse poder secreto é o de um ser necessário, eterno, poderoso, inteligente".

No entanto, Voltaire jamais transporá a fronteira do ateísmo, pelo menos não em público. Mas é possível que o tenha admitido em particular, como dá a entender uma anedota contada nas memórias de Du Pan. Voltaire recebe seus amigos em Ferney em setembro de 1770:

> Vi-o uma noite no jantar dar uma enérgica lição a D'Alembert e Condorcet, mandando que todos os criados saíssem do aposento, no meio da refeição, e dizendo em seguida aos dois acadêmicos: "Agora, senhores, continuai vossa conversa contra Deus; mas como não quero ser degolado e roubado por meus criados, é melhor que não vos escutem.[76]

Verdadeira ou falsa, a anedota ilustra muito bem a preocupação primordial de Voltaire: uma preocupação prática, antes de mais nada, a de manter a ordem social, utilizando todos os meios exigidos pela situação concreta, sem se preocupar com as consequências lógicas. D'Holbach, espírito mais sistemático do que prático, considera essa atitude comparável à superstição: "Sempre haverá apenas um passo entre o teísmo e a superstição", escreve ele. Já os ateus enxovalham o velho Voltaire com seus sarcasmos: "É um carola,

---

* No original, *par la mort-Dieu*. Interjeição blasfematória usada à época na França. (N. T.)

75 Apud Pappas, op. cit., p.541.

76 Ibid., p.543.

um deísta", dizem nos salões, segundo Walpole.[77] John Priestley o ouviu ser chamado de fraco de espírito, e Diderot o qualificou de "falso beato".

"Carola", "falso devoto", "capuchinho": Voltaire devia estar muito convicto da necessidade de uma religião natural para suportar tais insultos. Mas o fato de ele ser visto como um fóssil por uma margem progressista da opinião esclarecida mostra o declínio do deísmo, já nessa época, diante de um ateísmo conquistador. Preservar a existência de um Deus eliminando todas as proteções dogmáticas elaboradas durante séculos pelas Igrejas e enfraquecê-lo e expô-lo aos golpes diretos do materialismo ateu, que pode imaginar então que o futuro é dele.

---

77 Horace Walpole, *The Letters of Horace Walpole*, t.VI, p.352.

– 13 –

A AFIRMAÇÃO DO MATERIALISMO ATEU

O MITO DO COMPLÔ ATEU

Em 1759, o advogado Joly de Fleury, atacando o livro de Helvétius, *De l'Esprit*, pergunta: "É possível dissimular que existe um plano, uma sociedade criada para defender o materialismo, para inspirar a independência e a corrupção dos costumes?". A ideia do complô ateu está lançada. Retomada por diversos autores antifilosóficos, ela ganha uma nova dimensão em 1770, com a publicação do livro de D'Holbach, *Système de la nature*. Nessa ocasião, o chanceler Séguier declara diante do Parlamento:

> Ergue-se entre nós uma seita ímpia e audaciosa; ela decorou sua falsa sabedoria com o nome de Filosofia; com esse título imponente, pretendeu possuir todos os saberes. Seus partidários erigiram-se em preceptores do gênero humano. *Liberdade de pensamento*, eis o que clamam, e esse clamor se faz ouvir de um extremo a outro do mundo. Com uma mão, tentaram abalar o Trono; com a outra, quiseram derrubar os Altares. O objetivo era destruir a crença, fazer que os espíritos vissem de outro modo as instituições religiosas e civis; e a revolução,

por assim dizer, operou-se. Os prosélitos multiplicaram-se, difundiram-se suas máximas: os reinos sentiram estremecer seus antigos alicerces.[1]

Assim, havia um projeto orquestrado e clandestino de subversão cultural, visando eliminar a religião, impor o materialismo ateu. O centro do complô era a "seita holbachiana" ou, como diz Rousseau, o "círculo holbachiano", que se reúne nos salões do barão D'Holbach, na rua Saint-Honoré, e em seu castelo de Grandval. Sabe-se que de lá parte um grande número de escritos ateus, compostos pelo próprio barão, que promove igualmente uma vasta empreitada de tradução de obras materialistas antigas e modernas.

Como de costume, essa ideia do complô não resiste à crítica. Assim como não houve complô maçônico ou complô judeu, não houve um complô materialista. E o livro de Alan Charles Kors o demonstra de modo convincente.[2] Um complô do qual o chefe, o local de reunião e os membros são conhecidos não parece muito sério. Aliás, o salão de D'Holbach é muito eclético. Encontram-se ali espíritos muito avançados, entre os quais muitos abades, como Raynal, Galiani e Morellet, mas também, de tempos em tempos, o abade Bergier, espíritos moderados, acadêmicos, coletores de impostos [*fermiers généraux*], bem como espiões da polícia. O que distingue esse salão dos outros é que nele se pratica, mais do que nos outros, essa liberdade de pensamento que tanto escandaliza Séguier e os bispos. Ouvem-se declarações audaciosas sobre todos os assuntos. E, no entanto, todos esses imponentes espíritos têm um comportamento social conformista.

Situação preocupante, que o honesto Robespierre não demora a criticar:

> Essa seita, em matéria de política, permaneceu sempre aquém dos direitos do povo; em matéria de moral, foi muito além da destruição dos preconceitos religiosos. Esses corifeus declamavam contra o despotismo e eram pensionistas do déspota; ora faziam livros contra a corte, ora dedicatórias aos cortesãos; orgulhavam-se de seus escritos e rastejavam nas antessalas.[3]

Como interpretar essa "consciência dupla que faz viver no conformismo e pensar com audácia", segundo as palavras de Daniel Roche?[4] Essa aparente duplicidade só pode ser compreendida quando vinculada à linguagem dupla

---

1 Em D'Holbach, *Système de la nature*, 1991, t.II.
2 Kors, *D'Holbach's Coterie. An Enlightment in Paris*.
3 Apud Dumas, *Histoire de la pensée. Philosophies et philosophes*, p.295.
4 Roche, *Les Républicains des lettres. Gens de culture et lumières au XVIIIe siècle*, p.243.

do poder, que proíbe e censura oficialmente, ao mesmo tempo que tolera certa contestação de salão, que prende os editores e os livreiros e não molesta os autores. O salão de D'Holbach é uma espécie de vitrine do materialismo, tolerada, vigiada, circunscrita, uma espécie de válvula de escape que permite certa expressão crítica, cuja virulência é atenuada pelo espírito mundano.

Pouco importa: a difusão crescente de obras materialistas ateias começa a suscitar comentários e reações na opinião pública, pois nunca antes tais opiniões foram tão maciças e tão francamente emitidas. Acabaram as precauções com a linguagem, os disfarces, os duplos sentidos que, desde o século XVI, acompanhavam esse tipo de literatura. Agora, o título de materialista e ateu é reivindicado. A palavra "materialismo" data de 1702 e entra pouco a pouco nos dicionários. Em 1752, o dicionário de Trévoux dá uma definição bastante hostil: "Dogma muito perigoso segundo o qual certos filósofos, indignos desse nome, afirmam que tudo é matéria e negam a imortalidade da alma". Em 1762, o dicionário da Academia é neutro: "Opinião daqueles que não admitem outra substância além da matéria".

No entanto, os próprios defensores do materialismo utilizam pouco o termo, considerado muito polêmico e já impregnado de uma forte conotação pejorativa. É mais empregado por seus adversários, como acusação, ou mesmo como insulto; durante muito tempo, é associado ao desdenhoso adjetivo "grosseiro". D'Holbach observou isso em diversas ocasiões: "Retorquem que o materialismo faz do homem uma pura máquina: o que julgam desonroso para toda a espécie humana"; "O materialismo é, segundo dizem, um sistema aflitivo, que foi feito para degradar o homem e o coloca em companhia dos brutos". Assim, D'Holbach prefere palavras como fatalismo, naturalismo, sistema da necessidade e, sobretudo, ateísmo.

ORIGENS E TRAÇOS GERAIS DO MATERIALISMO

O materialismo iluminista foi recentemente objeto de excelentes estudos que deram destaque a suas características gerais.[5] Os elos com as formas anteriores de ateísmo são inegáveis, porém indiretos. Da obra de Gassendi, que quase não é mais lida, conservaram-se alguns temas ligados ao atomismo. Hobbes é utilizado apenas esporadicamente, em razão de

---

5 Bloch, *Le Matérialisme*; Bloch (org.), *Le Matérialisme du XVIIIe siècle et la littérature clandestine*; Desné (ed.), *Les Matérialistes français de 1750 à 1800*; Bourdin (ed.), *Les Matérialistes au XVIIIe siècle*; *Dix-huitième siècle: Le Matérialisme des Lumières*, n.24.

476   O DESCRENTE SÉCULO XVIII

seu absolutismo político. Spinoza recebe mais atenção, mas é conhecido sobretudo pela polêmica suscitada por sua obra. Descartes é um tanto desconsiderado em virtude de seu dogmatismo metafísico, mas seus discípulos Fontenelle e Malebranche ainda fornecem ideias. O sensualismo de Locke dá o quadro geral para a teoria do conhecimento: todas as nossas ideias vêm dos sentidos, o que motiva certo ceticismo quanto aos conceitos: os conhecimentos do espírito humano se limitam aos fenômenos. Quanto ao resto, os conceitos abstratos, estes dependem de uma lógica formal que visa explicar as aparências – é o retorno do nominalismo, cuja primeira vítima é evidentemente o conhecimento religioso: se todas as nossas ideias vêm das sensações, todo conhecimento do sobrenatural é excluído.

A herança libertina no materialismo iluminista está longe de ser negligenciável.[6] Como mostrou Olivier Bloch, a polêmica em torno dos libertinos do século XVII forneceu uma verdadeira mina bibliográfica. Mersenne, que havia pressentido o perigo, suprimiu a lista de obras ímpias inicialmente incluída em suas *Quaestiones celeberrimae in Genesim*, de 1623. Em 1662, Guy Patin enumerou os livros lidos por Naudé; os materialistas recorrerão amplamente às mesmas fontes. Em 1754, em *L'Art de désopiler la rate* [A arte de desopilar o fígado], do qual encontramos exemplares em bibliotecas de cônegos, aparece uma "Notice des écrits les plus célèbres, tant imprimés que manuscrits, qui favorisent l'incrédulité, ou dont la lecture est dangereuse pour les esprits faibles" [Nota sobre os escritos mais célebres, tanto impressos quanto manuscritos, que favorecem a incredulidade, ou cuja leitura é perigosa para os espíritos fracos]: eles vão de Demócrito a Meslier, passando por Hobbes e Spinoza.

Dentre os libertinos, alguns conservaram a velha mania da dissimulação: escritos anônimos, pseudônimos, datas falsas e lugares de edição falsos, subterfúgios: defesa da religião com argumentos voluntariamente mais fracos que as objeções, como é o caso de *La Religion prouvée par les faits* [A religião provada pelos fatos], do abade de Houteville, e *De l'Incrédulité, où l'on examine les raisons qui portent les incrédules à rejeter la religion chrétienne* [Da incredulidade, em que se examinam as razões que levam os incrédulos a rejeitar a religião cristã]; condenação do ateísmo no início e no fim de obras cujo conteúdo é inteiramente ateu, como em *Parité de la vie et de la mort* [Paridade entre a vida e a morte]. Essas precauções são utilizadas até o fim do século, visto que, ainda em 1795, Dupuis apresenta um prefácio

---

6   Bloch, L'héritage libertin dans le matérialisme des Lumières, *Dix-huitième siècle*, n.24.

equívoco em seu *Origine de tous les cultes* [Origem de todos os cultos], cujo ateísmo é evidente: "Existe um Deus, ou uma causa suprema, viva, inteligente, soberanamente poderosa, eterna e incompreensível para o homem? É o que não examino e creio inútil examinar". Essas obras se tornam mais raras a partir dos anos 1750, pois os autores, procurando difundir amplamente suas ideias e vulgarizá-las, exprimem-se diretamente, às vezes até em tom de propaganda.

O elitismo que tanto caracterizava os libertinos não desapareceu com seus corolários: individualismo e às vezes cinismo. Os autores, intelectuais, membros de academias, eruditos, homens de biblioteca, desprezam o povo, salvo raras exceções. O círculo de leitores, todavia, aumentou. Para D'Holbach, é à burguesia que os autores devem se dirigir, "às pessoas que leem e pensam", entre os poderosos, os parasitas inúteis e o povinho, incapaz de aprender os ensinamentos da filosofia:

> Assim, todo escritor deve ter em vista a porção mediana de uma nação, que lê, que está interessada na boa ordem e que é, por assim dizer, uma média proporcional entre os grandes e os pequenos. As pessoas que leem e pensam, numa nação, não são de modo algum as mais temíveis. As revoluções são feitas por fanáticos, grandes ambiciosos, por sacerdotes, por soldados e por um populacho imbecil, que não lê nem raciocina.[7]

A difusão eficaz das ideias ateias necessitaria da ação do governo, o que coloca um problema político e justifica a luta contra o absolutismo, ligado à Igreja. Mas nem por isso o despotismo esclarecido é uma solução, escreve o barão: "O despotismo não pode ser visto como uma forma de governo; ele é, obviamente, a ausência de todas as formas, o aniquilamento de todas as regras".

A tese central do materialismo iluminista é evidentemente a afirmação de um estrito monismo: há uma única realidade, a matéria, dotada de movimento e cujas diferentes combinações dão conta de todos os aspectos do universo, inerte, vivo, pensante. A grande questão é explicar como a matéria pode produzir essas diferentes formas. Diversos modelos encontram-se presentes: biológico, químico, fisiológico, e a tendência geral está mais para o vitalismo do que para o puro mecanicismo. O homem está no centro do debate, não mais como substância pensante, mas como matéria organizada,

---

7 D'Holbach, *Essai sur les préjugés*, cap. III.

numa natureza da qual resta determinar se é boa ou má, o que leva ao problema moral: os materialistas recusam toda ideia de transcendência dos valores, toda ideia de divindade, e querem desmistificar o fenômeno religioso, atribuído à "impostura sacerdotal". Os valores morais só podem ter um fundamento utilitário, reconhecendo o desejo individual de felicidade e a satisfação do interesse geral – uns, como La Mettrie, ressaltando sobretudo o aspecto individualista e outros, como Helvétius e D'Holbach, o aspecto coletivo.

Tanto uns como outros devem muito a Condillac e a sua teoria das "sensações transformadas", segundo a qual todas as operações cognitivas vêm das sensações e são escalonadas em sistemas cada vez mais complexos, até as matemáticas mais abstratas. Elaborando uma teoria genética do espírito, Condillac enraíza a espiritualidade no corpo, mesmo a mais alta, e, embora conserve o princípio de um Deus distinto da matéria, esse Deus é reduzido quase a um fantasma.[8]

A partir dessas ideias gerais, cada autor contribui com sua originalidade. Às vezes as divergências são profundas no interior de um movimento que tem os defeitos da juventude: um entusiasmo que pode tomar o lugar do raciocínio e mascara a insuficiência das bases científicas e psicológicas. Suas afirmações peremptórias simplificam excessivamente os problemas, o que agrava o clima de polêmica em que o materialismo se elabora. Isso pode explicar o desprezo com que os pensadores do século XIX, mesmo os ateus, tratam seus predecessores: Victor Cousin minimiza sua importância;[9] Hegel, que retoma tudo em sua grande síntese, de certo modo dissolve o materialismo iluminista no empirismo e no spinozismo;[10] Marx e Engels lhe atribuem pouca importância, reduzindo-o ao mecanicismo;[11] Lange o transforma em acidente de percurso motivado pelo sensualismo de Condillac.[12] Em suma, o materialismo iluminista tinha um interesse puramente histórico e teria contribuído pouco para o conhecimento filosófico. Impressão injusta, sem dúvida, que se deve talvez ao descrédito das teses demasiado radicais de alguns pensadores. Uma retrospectiva sucinta das personalidades mais marcantes permitirá recuperarmos toda a riqueza do movimento.

---

8 Auroux, Condillac, inventeur d'un nouveau matérialisme, *Dix-huitième siècle*, n.24.

9 Bloch, Sur l'image du matérialisme français du XVIIIe siècle dans l'historiographie philosophique de la première moitié du XIXe siècle: autour de Victor Cousin. In: _____ (org.), *Images au XIXe siècle du matérialisme du XVIIIe siècle*.

10 Bourdin, *Hegel et les matérialistes français du XVIIIe siècle*.

11 Bloch, Marx, Renouvier et l'histoire du matérialisme, *La Pensée*, n.191, p.3-42.

12 Lange, *Histoire du matérialisme*.

ATEÍSMO CÉTICO (D'ALEMBERT) E ATEÍSMO PRÁTICO (HELVÉTIUS)

Alguns, como o polígrafo Jean-Louis Carra (1742-1793), o poeta André Chénier (1762-1794), o médico Pierre-Jean Cabanis (1757-1808), o futuro senador Destutt de Tracy (1754-1836), o capuchinho e depois militar Jean--Henri Maubert de Gouvest (1721-1767), Jean-André Naigeon (1738-1810), amigo de Diderot e D'Holbach, o marquês Marc-René de Voyer d'Argenson (1722-1782), que caiu em desgraça em 1757 e refugiou-se em seu castelo de Ormes – que se torna um foco de ideias subversivas – e Volney (1757-1820), futuro senador que tem sólidos conhecimentos de medicina, interessam apenas por um aspecto particular de sua obra ou serão conhecidos apenas mais tarde. Essa simples lista mostra a variedade das profissões atingidas, bem como a preponderância de burgueses e nobres. Outros nomes mais ilustres não receberão maior atenção de nossa parte, em razão do caráter incerto de seu ateísmo. É o caso de Buffon, que, segundo Diderot:

> [é daqueles] cuja intolerância contrariou a veracidade e vestiu a filosofia com trajes de arlequim, de modo que a posteridade, golpeada por suas contradições, cuja causa ela ignorará, não saberá o que pronunciar sobre seus verdadeiros sentimentos. [...] Aqui Buffon estabelece todos os princípios dos materialistas, alhures avança proposições totalmente contrárias.

Menos conhecido, porém tão duvidoso quanto Buffon, é Jean-Baptiste René Robinet (1735-1820), polígrafo originário de Rennes cujo tratado *De la Nature* [Da natureza], de 1761, deixa os comentadores perplexos, como este do *Journal Encyclopédique*, que escreve em 1º de julho 1762:

> Dessa obra que parece feita para minar os mistérios da religião, a pretexto de desenvolver os segredos da natureza, dizemos que parece conseguir; outros, sem hesitar, tratarão o autor de ateu e materialista; mas é preciso evitar atribuir tais qualificativos à ligeira; há em seu livro diversas passagens que parecem provar que ele é cristão. [...] Leitores razoáveis duvidarão de sua religião, ainda mais que as passagens que parecem dar provas dela são curtas e raras, e os trechos que podem levar a conclusões deploráveis são extensos e numerosos.

De fato, o livro é típico da ambiguidade com que ainda se protegem alguns materialistas em virtude das ameaças da censura. Mas o procedimento não engana. Quando se trata de refutar um argumento ateu, ou o autor declara que o erro é tão evidente que não precisa ser mostrado ao leitor, ou que já foi refutado em outro trecho – que se procurará em vão – ou então que é necessário aprofundar a objeção, o que só faz torná-la mais sólida. E o editor acrescenta num posfácio que os erros da obra destroem-se por si mesmos, e que portanto seria proveitoso que fosse lida para confirmar a verdade. Robinet conserva um Deus, mas à moda de Epicuro, um Deus ausente, que não passa de um nome. No entanto, por volta de 1778, ele reassumirá uma postura religiosa e chegará a censor.[13]

Nem os mais importantes ficam imunes a essas hesitações. D'Alembert, modelo de prudência, escreve em 1764 à czarina: "Eu zombaria, como me exorta a fazê-lo Vossa Majestade Imperial, dos clamores dos tolos, se os tolos apenas gritassem e se, para nossa infelicidade, a maioria não tivesse o poder em mãos". Em 1770, quando é publicado o livro de D'Holbach, *Système de la nature*, ele critica o ataque frontal contra a fé. Para ele, trata-se de um erro tático. É preciso, ao contrário, "usar de sutileza e paciência, atacar o erro indiretamente e sem parecer que se pensa nele"; é preciso evitar "apontar o canhão contra a casa, porque aqueles que a defendem atirariam pelas janelas uma saraivada de tiros". Aliás, D'Alembert deixa de frequentar a casa de D'Holbach.

Qual é seu pensamento íntimo? Em certos momentos, ele adota um tom deísta, escrevendo que, no fim das contas, Jesus Cristo era "uma espécie de filósofo" que detestava os sacerdotes e a perseguição, e que "o cristianismo não passava de puro deísmo em suas origens". São Paulo é que teria mudado isso.

> Penso, pois, que se prestaria um grande favor ao gênero humano se o cristianismo fosse reduzido a seu estado primitivo e se limitasse a pregar ao povo um Deus remunerador e vingador, que reprova a superstição, detesta a intolerância e não exige outro culto por parte dos homens a não ser amar e apoiar uns aos outros.[14]

Em outras ocasiões, D'Alembert se declara spinozista. Definitivamente, ele parece bastante cético, como declarou a Voltaire: "Juro não encontrar partido mais razoável em todas essas trevas metafísicas do que o ceticismo; não tenho uma ideia distinta, e menos ainda uma ideia completa, nem da matéria nem de outra coisa". Afinal, Montaigne tinha razão:

---

13 Rey, Les paradoxes du matérialisme de Robinet, *Dix-huitième siècle*, n.24.
14 D'Alembert, *Œuvres*, t.V, p.304.

A AFIRMAÇÃO DO MATERIALISMO ATEU

Estamos reduzidos, com a maior boa vontade do mundo, a reconhecer e admitir no universo, quando muito, um Deus material, limitado e dependente; ignoro se isso lhe convém, mas certamente não convém aos partidários zelosos da existência de Deus; eles nos apreciaram do mesmo modo ateus ou spinozistas, como o somos. Para adoçá-los, sejamos menos céticos e repitamos com Montaigne: "Que sei eu?".[15]

Claude-Adrien Helvétius (1715-1771) não tem tais hesitações, mas sua abordagem do materialismo ateu não é nada especulativa. É pelo viés prático, o da moral, que ele aborda a questão num dos livros mais estrondosos do século, *De l'Esprit* (1758). A estrutura dessa obra é desconcertante, com uma grande dispersão de ideias por trás de uma indigesta vontade demonstrativa. O uso hábil das notas permite enganar a censura – sem dúvida um pouco esmorecida –, mas não impede um escândalo enorme e uma avalanche de condenações, levando a uma humilhante retratação. A resposta de Helvétius viria num tratado póstumo de 1772, *De l'Homme, de ses facultés intellectuelles et de son éducation* [Do homem, de suas faculdades intelectuais e de sua educação].

Para o advogado Joly de Fleury, *De l'Esprit* "é o código das paixões mais vergonhosas e mais infames, a apologia do materialismo e de tudo o que a irreligião pode dizer para inspirar o ódio do cristianismo e da catolicidade". De fato, Helvétius quase não trata da questão da existência de Deus, mas concentra os ataques no papel institucional e moral da religião, acusada de ser antinatural, de encorajar o desprezo pelas questões do mundo e de se opor à felicidade. A moral religiosa é desumanizante, e a existência dos povos ateus, como os nativos do Caribe e das Ilhas Marianas, os chiriguanes e os giagues, prova que ela não é necessária para a sociedade nem para a virtude individual. O conteúdo do livro foi resumido por Diderot em quatro paradoxos:

> A sensibilidade é uma propriedade geral da matéria; perceber, raciocinar, julgar é sentir: primeiro paradoxo [...]. Não há justiça nem injustiça absoluta, o interesse geral é que dá a medida dos talentos e a essência da virtude: segundo paradoxo [...]. É a educação, e não a organização, que faz a diferença dos homens; e os homens saem das mãos da natureza, todos quase igualmente capazes de tudo: terceiro paradoxo [...]. Os objetivos últimos das paixões são os bens físicos: quarto paradoxo.[16]

---

15 Ibid., p.303.
16 Diderot, *Réflexions sur le livre* De l'Esprit *par M. Helvétius*. In: _____, *Œuvres complètes*, t.IX, p.245.

482   O DESCRENTE SÉCULO XVIII

Portanto, é sobretudo por suas consequências existenciais que a religião é condenada.

DO HOMEM-MÁQUINA AO ATEU COMUM

A abordagem do médico Julien Offroy de La Mettrie (1709-1751) é bem diferente. Esse discípulo de Boerhaave, mestre do método experimental e do iatromecanicismo, também é propenso aos escândalos desde a época da publicação de sua *Histoire naturelle de l'âme* (1745). Aliás, ele se exila em Leyde, de onde publica em 1747 *L'Homme machine*, título que não poderia ser mais provocador. A violência dos ataques o faz ir para mais longe, para Berlim, onde convive com Maupertuis e Voltaire, próximos de Frederico II. Ele persiste na mesma linha e até a endurece nos livros seguintes: *L'Homme--plante* [O homem-planta] (1748), o *Anti-Sénèque* (1748), *Les Animaux plus que machines* [Os animais mais do que máquinas] (1750), *Système d'Épicure* [Sistema de Epicuro] (1750) e *L'Art de jouir* [A arte de gozar] (1751).

Ao contrário do prudente D'Alembert, La Mettrie é um provocador que, longe de dissimular, reivindica seu materialismo e seu ateísmo: "Escrever na qualidade de filósofo é ensinar o materialismo! Pois muito bem! Grande mal! Se esse materialismo tem fundamento, se é o resultado evidente de todas as observações e experiências dos maiores filósofos e médicos!".[17]

Seu sistema materialista, coerente e integral, fundamenta-se numa asserção tirada do estudo experimental e médico do homem: "O corpo humano é uma máquina que fornece sua própria energia", porém é uma máquina de uma complexidade extraordinária, capaz de produzir vida, sentimento e pensamento. O que chamamos de alma é o resultado de uma combinação complexa da matéria, e os cartesianos se enganaram redondamente: "Eles admitiram duas substâncias distintas no homem, como se as tivessem visto e contado". A longa demonstração de La Mettrie o conduz, ao contrário, a esta afirmação definitiva: "Concluamos pois, com ousadia, que o homem é uma máquina, e que há, em todo o universo, uma única substância diversamente modificada".

As consequências morais desse fato são capitais. Longe de destruir a virtude e o amor pelos outros, a concepção do homem-máquina nos aproxima de nossos semelhantes, que não podem ser acusados de maldade.

---

17 La Mettrie, *L'Homme machine*, discurso preliminar.

A AFIRMAÇÃO DO MATERIALISMO ATEU

Saber que somos uma máquina diminui nossa vaidade, ajuda-nos a compreender melhor os outros: "Sabeis por que ainda faço algum caso dos homens? É porque acredito piamente que são máquinas. Na hipótese contrária, conheço poucos cuja companhia seja estimável. O materialismo é o antídoto da misantropia". A moral do homem-máquina se fundamenta na natureza e tem apenas um objetivo: assegurar a felicidade do indivíduo, ao passo que a moral social resultante da religião só exprime o interesse dos governantes e visa apenas manter a ordem. Ela nos é imposta por um clero que decreta verdades sem nenhum fundamento, exceto alguns velhos textos de 2 mil anos ou mais, dos quais se afirma gratuitamente que procedem de Deus:

> Os sacerdotes declamam, excitam os espíritos com promessas magníficas, dignas de enfunar um sermão eloquente; provam tudo o que afirmam sem se dar ao trabalho de raciocinar, querem que se recorra a sabe-se Deus que autoridades apócrifas, e suas excomunhões estão prontas a esmagar e reduzir a pó qualquer um que seja assaz razoável para não crer cegamente em tudo aquilo que mais revolta a razão.[18]

A verdadeira moral é a da natureza, e a natureza nos leva a procurar a felicidade na satisfação de nossas necessidades. Amar a vida, gozar a vida: eis o ideal hedonista que propõe La Mettrie. Isso não é do agrado da maioria dos materialistas, que temem que La Mettrie dê armas àqueles que afirmam que ateísmo é sinônimo de imoralismo. D'Holbach o chama de "verdadeiro frenético" e cita-o entre aqueles "que pregaram a depravação e licenciosidade dos costumes". Diderot é tão injusto quanto ele e qualifica La Mettrie como um "autor sem juízo, [...] que parece preocupado em serenar o facínora no crime, o corrompido nos vícios, [e] cujos sofismas grosseiros mais perigosos [...] revelam um escritor que não possui as ideias essenciais dos fundamentos da moral".[19]

Isso ilustra mais uma vez a falta de unidade do movimento materialista ateu no século XVIII, no qual La Mettrie é um caso especial. Comparado a Maupertuis, por exemplo, outro materialista intransigente, La Mettrie dá muito menos importância às especulações sobre problemas que estão fora do alcance do espírito humano:

---

18 Ibid.
19 Diderot, *Œuvres*, t.I, p.1118.

É-nos absolutamente impossível chegar à origem das coisas. Aliás, é indiferente para o nosso repouso que a matéria seja eterna ou tenha sido criada, que haja um Deus ou não. Que loucura atormentar-se tanto por aquilo que é impossível saber, e não nos tornaria mais felizes, se o dominássemos!"

Pouca especulação também no caso do advogado Charles-François Dupuis (1742-1809), membro da Academia das Inscrições em 1788, futuro deputado da Convenção. Em *Origine de tous les cultes ou religion universelle*, do qual se fará um compêndio bastante difundido, ele fundamenta seu materialismo no espetáculo da natureza. No frontispício, ele escreve: "Sou tudo o que é, tudo o que foi, tudo o que será, e nenhum mortal jamais ergueu o véu que me cobre". Ninguém viu nascer o universo: por que recorrer a uma série indefinida de causas e se prender a uma hipotética causa espiritual da matéria?

É também do espetáculo da natureza que Nicolas-Antoine Boulanger (1722-1759), engenheiro do Departamento de Pontes e Estradas, colaborador da *Encyclopédie*, autor de *L'Antiquité dévoilée* [A antiguidade desvendada], tira seu ateísmo, explicando a origem das religiões pela impressão que os cataclismos naturais causam ao espírito humano.

Com Sylvain Maréchal (1750-1803), advogado do Parlamento, sub-bibliotecário na Bibliothèque Mazarine, demitido em 1784 e preso em 1788 por ter publicado o *Almanach des honnêtes gens* [Almanaque das pessoas honestas], no qual substitui os nomes dos santos pelos dos grandes homens, temos também um ateísmo prático e seguro de si. Ele descarta a questão metafísica em seu "Poème moral sur Dieu" [Poema moral sobre Deus]:

> L'univers est la cause; il n'est rien hors de lui;
> C'est vouloir l'obscurcir que le mettre en autrui.
> La matière est partout; où Dieu pourrait-il être?
> Hélas! nous chercherions en vain à le connaître;
> [...]
> Ou Dieu n'existe pas; ou bien son existence
> Est un fruit défendu pour notre intelligence.*

---

* Trad.: "O universo é a causa; nada há fora dele;/ Vê-lo em outrem é querer obscurecê-lo./ A matéria está por toda a parte; onde poderia estar Deus?/ Ah! Em vão buscaríamos conhecê-lo;/ [...]/ Ou Deus não existe, ou então sua existência/ É um fruto proibido a nossa inteligência". (N. T.)

Em 1781, em sua tradução de Lucrécio, que é referência para todos os ateus práticos, ele dá destaque a esta paródia do Gênesis: "O homem disse: façamos Deus; que ele seja à nossa imagem;/ Deus se fez; e o operário adorou sua obra".

O tempo de Deus terminou. Ele não é mais do que uma imagem que se transmite de geração em geração. Sylvain Maréchal se insurge contra aqueles que ainda acreditam que Deus é necessário para assegurar a submissão do povo: "um bom tribunal correcional seria suficiente", e "a contrapolícia dos sacerdotes jamais se igualará à vigilância ativa dos espiões":

> Reclama-se um Deus para o povo. O povo precisa dele para aprender a ser dócil a seus chefes; e seus chefes não poderiam prescindir de Deus para aliviar sua administração.
>
> Respondamos.
>
> Deus não é útil nem aos governados nem aos governantes. Há muitos anos, quase não causa mais nenhuma impressão sobre o espírito dos primeiros. O povo não é estúpido a ponto de não ver que Deus não passa de um freio para aqueles que o tiranizam. A experiência cotidiana já foi o bastante para instruí-lo a esse respeito.
>
> Aliás, de uma população de 100 mil cabeças, talvez nem 50 se deram ao trabalho de raciocinar sobre sua crença. O povo recebe a crença em confiança. Ele é católico, como seria ateu se seus antepassados tivessem sido. Deus assemelha-se a esses velhos móveis que, longe de servir, só fazem estorvar, mas são transmitidos nas famílias de mão em mão, e são conservados religiosamente, porque o filho recebeu do pai, e o pai do avô.[20]

O sacerdote, "ignóbil e culpado", que continua a divulgar as fábulas da religião apesar de saber muito bem que tudo isso é mentira, é especialmente odioso: "*Il aveugle la mère, endoctrine les filles/ Des fils plus clairvoyants fait avorter l'esprit./ Puis derrière l'autel va se cacher et rit*".[21]

Em 1800, Sylvain Maréchal publica em Paris seu *Dictionnaire des athées anciens et modernes*, ao qual acrescenta um discurso preliminar intitulado: "O que é um ateu?". De certo modo, esse texto marca a história do ateísmo, pois pela primeira vez ele é exposto como um fato banal. Não se trata mais

---

20 Apud Desné, op. cit., p.113.
21 Maréchal, *Le Lucrèce français*, fragmento XCIX. [Trad.: "Ele cega a mãe, doutrina as filhas,/ Dos filhos mais clarividentes embota o espírito,/ Depois vai se esconder atrás do altar e ri". – N. T.]

do libertino provocante, do erudito prudente, do intelectual ambíguo, do revoltado perseguido, do grande fidalgo desdenhoso, do padre de duas caras, do filósofo cético ou dogmático. Não, o ateu de Maréchal, nascido exatamente dois séculos antes, é um homem comum, simples, virtuoso e natural, humilde e sensato, livre e íntegro, que não tem lições a dar a ninguém e não pretende recebê-las. Bom cidadão, porém indiferente aos negócios políticos, respeitoso dos direitos e dos deveres. O ateu não é um homem que põe suas convicções acima de tudo: ele vive dignamente em sociedade, ao lado de outros homens de opiniões diferentes das suas. Ele lamenta os males sociais e as más instituições, mas submete-se a eles. O ateu de Maréchal é um homem resignado, que não tenta mudar o mundo. A decepção do ex-discípulo de Babeuf é manifesta nesse retrato um tanto triste. O ateu vive sua vida, sabendo que não deve esperar nada além da morte. É um homem sensato, é claro, mas a condição dessa sensatez é que ele não se faz perguntas. Ele é um ateu prático, como há tantos no mundo contemporâneo. Também nisso o retrato de Maréchal marca época: ele descreve esses milhões de cidadãos comuns que vivem a incredulidade sem pensar nela; o ateu não é mais uma curiosa exceção.

Outro traço interessante desse retrato: Maréchal apresenta esse ateísmo cotidiano como um retorno aos "tempos afortunados em que nem se desconfiava da existência divina", ou seja, de acordo com nosso esquema inicial, um retorno à consciência mítica, pré-intelectual, de plena harmonia com a natureza, uma volta à fase pré-religiosa e, portanto, pré-ateia. Evidentemente, esse retorno é ilusório: no âmbito psicológico, no das mentalidades e crenças, não há retrocesso, o passado não se apaga. Ele pode ser negado, mas continua lá, e pesa sobre o presente com todo o seu peso. De certa maneira, o ateu de Maréchal é uma ilusão, que acredita que pode se livrar dos combates do mundo moderno.

Como é, porém, ele cria um modelo que os livres-pensadores, por exemplo, tentarão imitar; nesse sentido, ele reflete bem um dos aspectos do ateísmo dos dois últimos séculos. E é por isso que, mesmo sendo longo, o "retrato do verdadeiro ateu" merece ser citado aqui.

"O QUE É UM ATEU?" (SYLVAIN MARÉCHAL, 1800)

> Pois bem! O verdadeiro ateu é o homem do século de ouro. O ateu é aquele que, voltando-se para si mesmo e livrando-se dos vínculos que foi obrigado a contrair a contragosto ou por ignorância, retorna através da civilização àquele

antigo estado da espécie humana e, no íntimo de sua consciência, passando a mão nos preconceitos de toda a espécie, aproxima-se muito daqueles tempos afortunados em que nem se desconfiava da existência divina, em que se vivia bem, em que bastavam apenas os deveres da família. O ateu é o homem da natureza.

No entanto, situado hoje numa esfera mais complicada e mais estreita, ele cumpre suas obrigações de cidadão e resigna-se aos decretos da necessidade. Ainda que gemendo sobre as bases viciosas das instituições políticas, ainda que ferindo com seu desprezo aqueles que as organizam tão mal, ele se submete à ordem pública em que se encontra. Mas não vemos o ateu chefiando um partido ou uma opinião. Jamais o encontramos na via banal que conduz aos empregos úteis e brilhantes. Coerente com seus princípios, vive entre seus contemporâneos corrompidos ou corruptores, como aquele viajante que, tendo de atravessar praias lodosas, protege-se do veneno dos répteis. Sofre apenas por ser ensurdecido por seus assobios. Caminha por entre os seres maléficos sem abraçar seu estilo tortuoso e sorrateiro.

O verdadeiro ateu não é portanto esse sibarita que, fazendo-se passar por epicurista, mas é apenas um depravado, não teme dizer em seu coração estragado: "Deus não existe, portanto não existe moral, portanto tudo me é permitido".

O verdadeiro ateu não é esse homem de Estado que, sabendo que a quimera divina foi criada para impressionar os homens-povo, comanda-os em nome desse Deus do qual ele troça.

O verdadeiro ateu não é um desses heróis hipócritas e sanguinários que, para abrir caminho para a conquista, anunciam-se às nações que eles se propõem a domar a serviço dos protetores do culto que elas professam e, no aconchego de suas famílias, riem da credulidade humana.

O verdadeiro ateu não é de modo algum esse homem abjeto que, envilecido há anos pelo caráter indelével de impostor sacerdotal, muda de trajes e de opinião quando o infame ofício deixa de ser lucrativo, e vem impudentemente se enfileirar junto dos sábios que ele perseguia.

O verdadeiro ateu não é de modo algum esse energúmeno que quebra todos os símbolos religiosos que encontra pelas encruzilhadas afora e prega o culto da razão à plebe, que tem apenas instinto.

O verdadeiro ateu não é de modo algum esses homens mundanos ou essa gente de bem que, por conveniência, desdenham o uso do pensamento e vivem quase como o cavalo que lhes serve de montaria ou a mulher que eles sustentam.

O verdadeiro ateu também não se encontra nos assentos dessas sociedades eruditas em que os indivíduos mentem continuadamente a sua própria consciência e consentem em dissimular seu pensamento, retardar a marcha solene da filosofia, por consideração aos miseráveis interesses pessoais ou às lamentáveis considerações políticas.

O verdadeiro ateu não é esse semissábio orgulhoso que preferia que não houvesse outro ateu no mundo além dele; e que deixaria de ser ateu, se a maioria o fosse. A mania de se singularizar faz-lhe as vezes de filosofia. O amor-próprio é seu deus. Se pudesse, guardaria a luz para ele; se lhe déssemos ouvido, o resto dos homens jamais será digno dele.

O verdadeiro ateu tampouco é esse filosofista medroso e sem energia, que enrubesce com sua própria opinião, como se fosse um mau pensamento; covarde amigo da verdade, preferiria comprometê-la a comprometer-se. É visto assombrando os templos, a fim de afastar de sua pessoa qualquer suspeita de impiedade; egoísta circunspecto às raias da pusilanimidade, a extirpação dos mais antigos preconceitos sempre lhe parece precoce: ele não teme Deus, mas receia os homens. Que se destruam em guerras religiosas e civis, contanto que ele viva, protegido e descansado!

O verdadeiro ateu também não é esse físico sistemático que só rejeita Deus para ter a glória de fabricar o mundo com bem entende, sem outro auxílio além de sua imaginação.

O verdadeiro ateu não é tanto aquele que diz: "Não! Eu não quero um Deus!", mas o que diz: "Posso ser íntegro sem um Deus".

O verdadeiro ateu não raciocina com mais argúcia contra a existência de Deus.
[...]

O verdadeiro ateu é um filósofo modesto e tranquilo que não gosta de barulho e não exibe seus princípios com uma ostentação pueril, pois o ateísmo para ele é a coisa mais natural do mundo, a mais simples.

Sem disputas a favor ou contra a existência divina, o ateu segue seu caminho e faz por si mesmo o que os outros fazem por seu Deus; não é para agradar à divindade, mas para estar bem consigo mesmo que ele pratica a virtude.

Orgulhoso demais para obedecer a alguém, até mesmo a um Deus, o ateu só recebe ordens de sua consciência.

O ateu tem um tesouro a preservar: sua honra. Ora, um homem que se respeita sabe o que deve se permitir ou proibir, e enrubesceria, caso tivesse de seguir o conselho de outrem ou imitar um modelo.

O ateu é um homem de honra. Teria vergonha de dever a um Deus uma boa obra que pode realizar por si mesmo e em seu próprio nome. Não gosta de ser empurrado para o bem ou desviado do mal: ele procura o primeiro e evita o segundo, por sua própria vontade; e pode-se confiar nele.

Quantas belas ações não foram atribuídas a Deus e tinham por princípio apenas o coração do grande homem que as realizou!

A AFIRMAÇÃO DO MATERIALISMO ATEU

O mais completo desinteresse é a base de todas as determinações do ateu. Ele sabe que tem direitos e deveres; pratica os primeiros sem soberba e cumpre os segundos sem constrangimento. A ordem e a justiça são suas divindades; e os sacrifícios que faz por elas são livres: o homem íntegro é o único que têm o direito de ser ateu.[22]

DESVIOS: O ATEÍSMO NIILISTA ALEMÃO E O ATEÍSMO SÁDICO

Do ateu comum de Sylvain Maréchal para o ateu exacerbado do marquês de Sade, há o abismo que separa duas concepções antagonistas da natureza. O ateísmo virtuoso baseia-se num pressuposto metafísico: a afirmação gratuita da bondade da natureza, à qual é preciso se submeter. E se, por acaso, a natureza for essencialmente má? Imaginar isso seria tão extravagante diante do espetáculo do mundo?

Como constatamos, o pessimismo é muito comum entre os crentes da época iluminista, assim como entre os descrentes. Mas, tanto de um lado quanto de outro, ele é superado com promessas de salvação, no caso de uns, ou de progresso, no caso de outros. Mas também há quem não acredite nas promessas, e nesse caso a visão é desesperadora. Diversos escritores do século XVIII seguiram por esse caminho, mas seu pensamento é geralmente dissimulado, afastado, porque é incômodo tanto para os crentes quanto para os descrentes. A conclusão lógica extrema desse pensamento deveria ser o niilismo, o suicídio coletivo da humanidade, e isso é repugnante para o instinto de conservação, que se protege detrás do axioma – impossível de demonstrar, como todos os axiomas – que é melhor ser do que não ser, e que a vida, seja a que preço for, vale mais do que o nada.

Assim, toda uma corrente da *Aufklärung* alemã voltou-se para um materialismo radical e desesperado, no qual a morte de Deus não é seguida de nada: nem messianismo terreno nem esperança, não se deve esperar nada de um mundo que é o mal absoluto. Um de seus principais representantes é o romancista e ensaísta Johann Carl Wezel, autor de *Belphegor*, de 1776.[23] Nessa versão *noire* de *Cândido*, o homem, pura máquina físico-química, é arrastado para um determinismo absoluto, que torna ilusórios todos os ideais: "Quem pode se opor à necessidade que faz brotar os acontecimentos

---

22 Id., *Dictionnaire des athées*, discurso preliminar.
23 Miquet, Les damnés de l'*Aufklärung*: Johann Carl Wezel, Belphegor (1776), *Dix-huitième siècle*, n.3, p.331-6.

490   O DESCRENTE SÉCULO XVIII

humanos uns dos outros?". A história humana é um perpétuo confronto, uma guerra de todos contra todos, na qual "o vencedor tem sempre razão, do Ganges ao Spree e até nos mares do Sul". Os ideais são todos máscaras. Lutar pelos oprimidos? É colher fracasso ou ingratidão. Rebelar-se em nome da liberdade? É cobrir com um véu ideológico uma luta que visa apenas substituir uma relação de força por outra. E, depois, para quem? Por quê? A morte chega para todos; tornar o mundo melhor para que as gerações futuras passem alguns anos nele antes de desaparecer também? Bela satisfação! De qualquer modo, dê uma olhada no mundo desde sua origem: "Uma parte da humanidade é maltratada até morrer para que a outra coma até morrer". Então que nos deixem vagar ao sabor do acaso e da necessidade até o abismo final: "Pouco importa! Como lascas de madeira, flutuamos no rio da Necessidade e do Acaso: soçobramos? Boa noite! Paramos de nadar".

Os líderes da *Aufklärung*, em busca de respeitabilidade, não se perguntam se Wezel tem razão. O materialismo ateu precisa de pensadores positivos, não de niilistas. Wezel e seus congêneres são relegados à categoria das monstruosidades.

É a essa categoria também que se relega outro notório materialista ateu, o marquês de Sade. Personagem bastante incômodo, cuja paternidade ou filiação ninguém aceita, mas que sempre se afirmou herdeiro da filosofia de D'Holbach. Jean Deprun definiu precisamente o problema ao dizer que o marquês de Sade é um produto da contradição do racionalismo do Iluminismo, que "mencionava de saída, e mais adiante atenuava, uma dimensão trágica da existência humana que Sade, ao contrário, reforçou, ampliando e deformando fatos muito reais. Ao que parece, um racionalismo completo deveria simplesmente encará-la, sem suavizá-la ou exaltá-la romanticamente".[24]

No plano metafísico, Sade reafirma as ideias materialistas correntes na época. O ateísmo integral é enunciado por Durand, em *Histoire de Juliette* [História de Julieta]:

> Quanto mais estudamos a natureza, mais arrancamos seus segredos, mais conhecemos sua energia, e mais nos convencemos da inutilidade de Deus. A instituição desse ídolo é, de todas as quimeras, a mais odiosa, a mais ridícula, a mais perigosa e a mais desprezível; essa fábula indigna, em todos os homens nascida do temor e da esperança, é o último efeito da loucura humana.

---

24   Deprun, Sade et le rationalisme des Lumières, *Raison Présente*, n.55, p.29.

A AFIRMAÇÃO DO MATERIALISMO ATEU

Sobre a alma, Sade adota a concepção mais arcaica da matéria sutil: "A alma do homem nada mais é do que uma porção desse fluido etéreo, dessa matéria infinitamente sutil cuja fonte se encontra no Sol. Essa alma, que vejo como a alma geral do mundo, é o fogo mais puro que existe no universo". Até aí, nada de extraordinário. As coisas se complicam quando chegamos à concepção da natureza, que Sade vê numa perspectiva pessimista, como muitos intelectuais da época, mas da qual ele tira consequências morais extremamente audaciosas. Recordando a lição do fracasso dos homens em eliminar os males naturais e sociais desde suas origens, ele conclui – e como reprovar tal conclusão? – que a natureza e o homem são maus. Os teólogos, em todo o caso, não seriam competentes para contestar esse ponto, já que faziam essa constatação havia séculos. Mas Sade vai ainda mais longe em seu raciocínio: a natureza, má, ensina a fazer o mal. Ela é, acima de tudo, uma força de destruição:

> Quanto mais procurei surpreender seus segredos, mais a vi ocupada unicamente em prejudicar os homens. Segui-a em todas as suas operações: sempre a vereis voraz, destruidora e má, sempre inconsequente, contrariante e devastadora. Olhai por um instante para a imensidão dos males que sua mão infernal espalha sobre nós neste mundo. De que serve nos criar para nos tornar tão infelizes? Por que nosso triste indivíduo, bem como todos aqueles que ela produz, saem de seu laboratório tão cheios de imperfeições? Não deveríamos dizer que sua arte assassina quis formar apenas vítimas [...], que o mal é seu único elemento, e que é somente para cobrir a terra de sangue, de lágrimas e de luto que ela é dotada da faculdade criadora? Que é apenas para espalhar seus flagelos que ela usa sua energia?[25]

Essa natureza madrasta nos ensina, nos incute a crueldade:

> A crueldade, longe de ser um vício, é o primeiro sentimento que a natureza imprime em nós. A criança quebra seu brinquedo, morde a teta da ama, estrangula o pássaro, bem antes de chegar à idade da razão. [...] Seria absurdo, portanto, estabelecer que ela é uma consequência da depravação. Esse sistema é falso, repito. A crueldade está na natureza; nascemos todos com uma dose de crueldade que apenas a educação modifica; mas a educação não faz parte da natureza. [...] A crueldade não é apenas a energia do homem que a civilização

---

25 Sade, *La Nouvelle Justine*, cap. IX.

ainda não corrompeu; é, pois, uma virtude e não um vício. Eliminai vossas leis, vossas punições, vossos usos, e a crueldade não terá mais efeitos perigosos, pois que jamais agirá sem que possa ser imediatamente repelida pelas mesmas vias; é no estado de civilização que ela é perigosa, porque ao ser lesado quase sempre falta força ou meios para repelir a injúria; mas no estado de incivilização, se ela age sobre o fraco, lesando apenas um ser que cede ao forte pelas leis da natureza, ela não tem o menor inconveniente.

O desvio na direção da moral do super-homem é manifesto, mas com uma ênfase propriamente "sádica" que faz a felicidade individual consistir na infelicidade dos outros. O homem em conformidade com a natureza é o homem mau. Aliás, é a natureza que engendra os criminosos:

> Os assassinos, em uma palavra, estão na natureza, como a guerra, a peste e a fome: eles são um dos meios da natureza, como todos os flagelos com os quais ela nos fustiga. Assim, quando se ousa dizer que um assassino ofende a natureza, diz-se um absurdo tão grande quanto dizer que a peste, a guerra e a fome irritam a natureza ou cometem crimes.

DIDEROT, ATEU INQUIETO, E D'HOLBACH, ATEU SERENO

Na obra de Denis Diderot (1713-1784), encontramos todas as formas possíveis de materialismo deísta e ateu, sucessivamente e às vezes até simultaneamente, pois o homem não é dogmático e não se satisfaz com uma posição única. Sensível à complexidade das coisas, Diderot vê as fraquezas das diferentes opiniões e evolui incessantemente. A própria forma de suas obras, em geral dialogadas, torna ainda mais difícil a compreensão de um pensamento cheio de nuances e circunvoluções, que jamais foi sistematizado numa obra capital. Ele apresenta os diferentes aspectos do materialismo, segundo observa J.-C. Bourdin, como um espírito "especulativo e poeta, e não como um pré-positivista".[26] Diderot é refinado demais para aderir totalmente a essa ou àquela posição; tem consciência demais das deficiências do espírito humano para fazer isso. É claro que tem opiniões próprias, mas não as transforma em verdades intocáveis. "Passeamos em meio a sombras", escreve ele, "sombras que somos nós mesmos para os outros e para nós."

---

26 Bourdin, *Les Matérialistes au XVIIIe siècle*, p.201.

A AFIRMAÇÃO DO MATERIALISMO ATEU 493

Diderot foi inicialmente deísta. Que outro significado podemos dar a *Pensées philosophiques* [Pensamentos filosóficos], de 1746, em que ele se deixa levar pelo entusiasmo por uma natureza que resplandece os méritos de seu divino organizador?

> É à vossa ciência, à vossa consciência que apelo: por acaso já observastes nos raciocínios, nas ações e no comportamento de um homem qualquer, seja ele qual for, mais inteligência, ordem, sagacidade ou coerência do que no mecanismo de um inseto? A divindade não está tão claramente impressa no olho de um ácaro quanto na faculdade de pensar que se encontra nas obras de Newton?[27]

Diderot admira Newton e utiliza diversas vezes a ideia da atração como "força interior" da matéria.[28] Mas é um outro cientista, Buffon, que parece fazê-lo evoluir na direção do ateísmo, a partir de *Lettre sur les aveugles*. "Para Diderot", escreve Jacques Roger, "passar do deísmo ao ateísmo significa sobretudo passar de Nieuwentyt a Buffon, da natureza engenhosamente criada e artisticamente ordenada ao universo caótico, no qual a ordem não passa de um equilíbrio precário entre forças anárquicas."[29] Opinião compartilhada por Aram Vartanian.[30]

Assim, não existe Deus, a começar pelo "Deus dos cristãos, [que] é um pai que tem muito apreço por suas maçãs, e quase nenhum por seus filhos". A divindade é uma invenção humana que já fez estragos demais: "Se um misantropo se propusesse a causar a desgraça do gênero humano, o que ele poderia inventar de melhor do que a crença num ser incompreensível, sobre o qual os homens jamais conseguissem se entender, e ao qual atribuíssem mais importância do que a suas próprias vidas?".

Portanto, a moral não deve se basear na crença numa divindade: "Um povo que crê que é a crença em Deus e não as leis que fazem pessoas honestas não me parece avançado [...]. A crença num Deus faz e deve fazer quase tantos fanáticos quanto crentes". Aliás, o homem não é livre, seu comportamento faz parte de um processo determinista rigoroso:

> – Quê? Não sou livre para poder me jogar por esta janela?

---

27 Diderot, *Pensées philosophiques*, p.15.
28 Casini, Newton, Diderot et la vulgate de l'atomisme, *Dix-huitième siècle*, n.24, 1992.
29 Roger, *Les Sciences de la vie dans la pensée française au XVIIIe siècle*, p.599.
30 *Diderot Studies*, I, 47-63. Max Wartofsky, ao contrário, acha que o deísmo de Diderot era um ateísmo disfarçado por prudência. Cf. Wartofsky, Diderot and the Development of Materialist Monism, *Diderot Studies*, II.

494   O DESCRENTE SÉCULO XVIII

– Não.

– E se eu me jogar?

– Dar-me-eis a prova de que sois um louco, e não um homem livre.

A moral cristã é contra a natureza. Ela enfraquece os elos familiares em proveito de um quimérico amor por Deus. É "a moral mais antissocial que conheço", uma moral que, além do mais, cria deveres quiméricos em detrimento dos deveres essenciais:

> Perguntai a um sacerdote se ele tem mais dificuldade para urinar num cálice do que em caluniar uma mulher honesta. "Urinar num cálice! Sacrilégio!", ele responderá! E nenhum castigo público contra a calúnia. Contra o sacrilégio, o fogo. Eis o que acaba de derrubar toda verdadeira distinção dos crimes numa sociedade.

A incredulidade é a primeira etapa necessária rumo à verdadeira filosofia, que requer a afirmação da unidade da natureza, exclusivamente material, e a convicção de que "nascer, viver e expirar é mudar de forma".

Para terminar, evocaremos aquele que aparece como o mais constante, o mais firme e o mais intransigente defensor do materialismo ateu, o barão D'Holbach (1723-1789). Sua formação é cosmopolita. Nasceu numa família católica alemã, cresceu em Paris, recebeu seu título de nobreza em Viena e morou na Holanda de 1744 a 1749, de onde foi definitivamente para a França. Naturalizando-se francês, tinha em Paris um salão famoso, centro de reuniões extremamente ecléticas.

Todos os que o conheceram dizem que se tratava de um homem amável, discreto, virtuoso, generoso, bom pai e bom marido. Tinha um cargo de conselheiro-secretário do rei, levava uma vida regrada e foi enterrado em 1789 na igreja Saint-Roch. Sabe-se que esse erudito, curioso de tudo, compôs dezenas de livros e quase quatrocentos verbetes da *Encyclopédie*. No entanto, não assinou nenhuma de suas obras. Oficialmente, não escreveu nada.

Suas obras são a imagem de suas maneiras: exibem uma tranquila segurança, até nas proclamações de um materialismo extremo, que jamais duvida de si mesmo. Os críticos distinguem nele uma fase antirreligiosa e anticlerical, uma fase de afirmação do materialismo ateu e uma fase político-moral, mas isso é uma simples questão de ênfase, porque a base da doutrina não varia: um estrito materialismo mecanicista, cuja consequência é um ateísmo integral e uma moral naturalista. Um fatalismo e um estoicismo serenos – dos quais ele é o exemplo vivo – impregnam essa personagem enigmática, persuadida de que o livre-arbítrio é um mito e somos todos conduzidos pela necessidade – necessidade que *Le Bon sens* aconselha a aceitar com afabilidade. Isso nem sempre é fácil, porque estamos rodeados de crenças e religiões. Precisamos ter a coragem de examiná-las de frente, rejeitá-las, combater as respostas prontas do clero, desprezar os preconceitos e a pressão da sociedade. Precisamos ter a coragem de não acreditar e seguir a razão.

> [Ora,] os homens preferem sempre o maravilhoso ao simples, e aquilo que não compreendem àquilo que podem compreender; desprezam os objetos que lhes são familiares e apreciam apenas os que não está a seu alcance apreciar; daquilo de que eles têm apenas uma vaga ideia, concluem que encerram algo importante, sobrenatural, divino. Em resumo, precisam de mistério para estimular sua imaginação, para exercitar seu espírito, para saciar sua curiosidade, que nunca trabalha tanto como quando se ocupa de enigmas impossíveis de adivinhar, e que por isso mesmo ela julga muito dignos de suas investigações.[31]

É verdade que a razão é menos excitante, menos entusiasmante e mais sóbria que a imaginação. Mas o temperamento de D'Holbach convém perfeitamente a esse racionalismo.

Desse gosto pelo maravilhoso e dessa primazia da imaginação no homem é que nasceu a religião, que alguns "criadores de quimeras", como Platão, tornaram respeitável, fazendo as pessoas acreditarem que aquilo que elas veem não existe, e que a única realidade é o que ninguém pode ver:

> Tudo nos prova que a natureza e suas partes diversas foram no mundo inteiro as primeiras divindades dos homens [...]. [O homem] imagina o maravilhoso em tudo aquilo que ele não concebe; seu espírito trabalha sobretudo para captar o que parece escapar à sua atenção e, carente de experiência, não consulta mais do que sua imaginação, que o sacia com quimeras.
>
> Por conseguinte, os especuladores, que sutilmente perceberam a natureza de sua força, trabalharam sucessivamente para revestir essa força de mil qualidades incompreensíveis; como não viram esse ser, fizeram dele um espírito, uma inteligência, um ser incorpóreo, isto é, uma substância totalmente diferente de tudo o que conhecemos. [...]
>
> Platão, esse grande criador de quimeras, diz que aqueles que admitem apenas o que podem ver e manejar são estúpidos e ignorantes que se recusam

---

31 D'Holbach, *Système de la nature*, 1990, p.178.

a admitir a realidade e a existência das coisas invisíveis. Nossos teólogos falam com o mesmo linguajar: nossas religiões europeias foram visivelmente infectadas pelos devaneios platônicos, que, evidentemente, nada mais são do que o resultado das noções obscuras e da metafísica ininteligível dos sacerdotes egípcios, caldeus e assírios.[32]

O poder dos preconceitos e do costume é tão grande que os erros são perpetuados, apesar dos homens lúcidos que chamam as multidões à razão. Eles foram sempre afastados pelas autoridades políticas e religiosas, enquanto os teólogos se esforçavam para provar a existência de um Deus. Provas ilusórias:

> Fala-se incessantemente de Deus e jamais se conseguiu demonstrar sua existência; os gênios mais sublimes foram forçados a fracassar contra esse obstáculo; os homens mais esclarecidos apenas balbuciaram a matéria que todos concordavam em ver como a mais importante: como se fosse necessário cuidar de objetos inacessíveis a nossos sentidos, e sobre os quais nosso espírito não pode ter nenhum poder![33]

Entre os que pretenderam provar a existência de Deus, Descartes é um dos mais inúteis. Sua demonstração chega ao inverso do que procurava: não é porque temos a ideia de uma coisa que essa coisa existe e, de todo modo, não podemos ter a menor ideia nem de um espírito, nem da perfeição, nem do infinito: "É com razão, portanto, que acusaram Descartes de ateísmo, visto que ele destrói com muita força as provas fracas que ele dá da existência de um Deus".

"O QUE É UM ATEU?" (D'HOLBACH, 1770)

Os ateus existem; eles são numerosos e seriam ainda mais se os homens se utilizassem da razão. Mas o que é exatamente um ateu? Trinta anos antes de Sylvain Maréchal, D'Holbach fez o retrato do ateu típico. Avaliar a diferença entre esses dois retratos é avaliar a diferença entre o ateísmo prático e o ateísmo teórico. O ateu de Maréchal vive como ateu; o de D'Holbach pensa como ateu. Ambos são confiantes, serenos e resignados, sem ilusões

---

32 Ibid., livro II, cap. IV.
33 Ibid., livro II, cap. V.

nem entusiasmos. Ambos parecem dizer: o mundo existe, estamos nele por alguns anos e ponto final. Ambos reprimem inconscientemente o irreprimível, e isso é patente. Por quê?

O que é, de fato, um ateu? É um homem que destrói quimeras nocivas ao gênero humano para levar os homens de volta à natureza, à experiência, à razão. É um pensador que, tendo meditado sobre a matéria, sua energia, suas propriedades e suas maneiras de agir, não precisa imaginar, para explicar os fenômenos do universo e as operações da natureza, poderes ideais, inteligências imaginárias, seres de razão que, longe de levar a um maior conhecimento dessa natureza, só a tornam caprichosa, inexplicável, desconhecida, inútil à felicidade dos seres humanos. [...]

Se, por ateu, entende-se um homem sem entusiasmo, guiado pela experiência e pelo testemunho de seus sentidos, que vê na natureza apenas aquilo que realmente se encontra nela ou aquilo que ele tem condição de conhecer, que percebe e só pode perceber a matéria, essencialmente ativa e móvel, diversamente combinada, desfrutando por si mesma de diversas propriedades e capaz de produzir todos os seres que vemos; se, por ateu, entende-se um físico convencido de que, sem recorrer a uma causa quimérica, é possível explicar tudo apenas pelas leis do movimento, pelas relações que subsistem entre os seres, por suas afinidades, analogias, atrações e repulsões, proporções, composições e decomposições; se, por ateu, entende-se uma pessoa que não sabe o que é um espírito e não vê nenhuma necessidade de espiritualizar ou tornar incompreensíveis causas corpóreas, sensíveis e naturais, que ela vê apenas agir, que não acha que o meio de conhecer melhor a força motriz do universo seja isolá-la e atribuí-la a um ser situado fora do grande todo, a um ser de essência totalmente inconcebível, e cuja morada não pode ser identificada; se, por ateu, entende-se um homem que aceita de boa-fé que seu espírito não pode nem conceber nem conciliar os atributos negativos e as abstrações teológicas com as qualidades humanas e morais que são atribuídas à divindade, ou um homem que afirma que dessa aliança incompatível só pode resultar um ser de razão, visto que um puro espírito não possui os órgãos necessários para exercer as qualidades e as faculdades humanas; se, por ateu, designa-se o homem que rejeita fantasmas, cujas qualidades odiosas e disparatadas são propícias apenas para perturbar e mergulhar o gênero humano numa demência muito nociva; se, digo eu, pensadores dessa espécie são aqueles a quem chamamos de ateus, então não podemos duvidar da existência deles, e eles existiriam em grande número, se a sabedoria da salutar física e da íntegra razão fosse mais difundida; se assim fosse, eles não seriam olhados nem como insensatos nem como furiosos, mas como homens sem preconceitos, cuja opinião, ou, se preferirmos, cuja ignorância, seria bem mais útil ao gênero humano do que as ciências e as vãs hipóteses que há muito têm sido as verdadeiras causas de seus males. [...]

Um ateu é um homem que não crê na existência de um deus; ora, ninguém pode estar seguro da existência de um ser que não pode ser concebido, e do qual se diz que reúne qualidades incompatíveis.[34]

A tal ponto, acrescenta D'Holbach, que poderíamos chamar de ateus todos os crentes que adoram um fantasma, um ser tão incompreensível que é um puro nada. Mais uma vez, ateísmo e teologia negativa parecem se fundir num nada do ser espiritual. Ateus são aqueles que são "obrigados a confessar que não têm nenhuma ideia da quimera que adoram"; ateus são aqueles "que jamais conseguem concordar sobre as provas da existência, as qualidades, o modo de agir de seu deus; que, de tantas negações, fazem dele um puro nada"; ateus são esses "teólogos que raciocinam incessantemente sobre aquilo que não compreendem, [...] que destroem seu deus perfeito com o auxílio das imperfeições incontáveis que lhe dão"; ateus são "esses povos crédulos que, sob palavra e por tradição, ajoelham-se diante de um ser do qual não têm outra ideia além daquela que lhes é dada por seus guias espirituais".

Mas esse não é o verdadeiro ateísmo, o ateísmo consciente, refletido. Esse ateísmo é inacessível à massa. "Quanto ao vulgo que jamais raciocina, os argumentos de um ateu não são mais adequados a ele do que os sistemas de um físico". Mas que não se diga que a religião é necessária para a moral do povo:

> Por acaso essa religião o impede de se entregar à intemperança, à bebedeira, à brutalidade, à violência, à fraude, a toda espécie de excessos? Um povo que não tivesse nenhuma ideia da divindade poderia se comportar de maneira mais detestável do que aquela de tantos povos crentes, nos quais reinam a dissolução e os vícios mais indignos dos seres de razão?

Com D'Holbach, o ateísmo se torna adulto. Seguro de si, confiante, dota-se de uma filosofia, o materialismo, de uma ciência, o mecanicismo, e de uma moral, a lei da natureza. Agora, as Igrejas têm um adversário armado, pronto para o grande combate decisivo, a luta final contra Deus, cujo resultado será anunciado um século depois por Nietzsche: "Deus está morto. Nós o matamos".

---

34 Ibid., livro II, cap. XI.

O século XVIII foi o século dos incrédulos, e sobretudo dos céticos. Ele viu as primeiras afirmações do ateísmo integral, de Meslier a D'Holbach, mas de modo ainda semiclandestino. Ele viu sobretudo a última tentativa de salvar Deus: o deísmo. O século XIX verá o confronto direto com a instauração dos sistemas ideológicos ateus. Ele será o século da morte de Deus.

QUINTA PARTE

O SÉCULO DA MORTE DE DEUS
(SÉCULO XIX)

– 14 –

A DESCRISTIANIZAÇÃO REVOLUCIONÁRIA: IRRUPÇÃO DO ATEÍSMO POPULAR

Em dez anos, de 1790 a 1800, a relação de forças entre crença e descrença muda brutalmente na França, e repercussões de todas as naturezas não tardam a surgir na Europa. O fenômeno da incredulidade, em suas duas vertentes principais, deísmo e ateísmo, sai dos livros semiclandestinos e das discussões em cafés e salões e entra bruscamente nos fatos. Essa irrupção de uma descrença agressiva e triunfante na vida pública, com o apoio esporádico do Estado, é um fenômeno de grande importância na história moderna.

O ANTICLERICALISMO

O movimento é designado pelo termo genérico de descristianização revolucionária, pois o catalisador de todas as energias antirreligiosas do período é o desejo de eliminar o cristianismo. Mas, para além disso, percebe-se numa fração da opinião pública a vontade de acabar de vez com todas as formas de fé religiosa. A violência do movimento leva muitos a se interrogar sobre as origens, as modalidades e os resultados da fé, três pontos que vinham sendo objeto de debates apaixonados havia dois séculos.

Antes de mais nada, uma evidência: uma explosão de fúria anticristã no primeiro reino católico da Europa, sem transição, revela um nível de desapego religioso já antigo e profundo em numerosos setores da população. Por trás do conformismo imposto pela obrigação de praticar a religião sob o Antigo Regime, a indiferença era muito mais difundida do que levavam a supor as visitas pastorais. Bastou que a liberdade religiosa fosse proclamada para que o batalhão de praticantes debandasse. Em La Garde-Freinet, no Var, por exemplo, "ao observar a facilidade e, por assim dizer, a serenidade com que se rompe com o catolicismo, somos forçados a nos perguntar se a população dessa grande aldeia do Sudeste já não era laica de espírito e costumes no fim do Antigo Regime",[1] escreve H. Labroue.

Mas as pessoas não se contentam em não crer mais e atacam os ministros do culto. O anticlericalismo é o lado mais visível da descristianização revolucionária. Se o padre é atacado, é porque representa um sistema de crenças e um sistema político e administrativo. Rejeitar o padre é rejeitar também o censor implacável da religião pós-tridentina, aquele que proíbe as danças e as tabernas, aquele que persegue as fraquezas humanas, aquele que é o agente do poder real por meio da publicação das monitórias, mas também aquele que privou o povo de suas crenças supersticiosas para impor uma religião intelectual a poder de frases aprendidas de cor no catecismo e sem ligação com a vida real. O anticlericalismo revolucionário revela, no nível do povo, o fosso que se criou entre um clero intelectualizado e a massa dos fiéis que permaneceu numa profunda ignorância religiosa. O bispo de Amiens, Desbois de Rochefort, reconhece em 1795: "É espantoso que tantos cristãos tenham abandonado neste momento o caminho de Deus, que pareçam renunciar a uma religião que eles não conhecem, que sejam tão pouco capazes de responder às mais débeis dificuldades, que foram criadas com gosto sobre suas crenças?".[2]

A rejeição do padre nos anos 1790, quando ele deixou de ser um elemento ameaçador, a obstinação com que às vezes ele é perseguido, é a rejeição de uma religião que ninguém deseja mais. Contudo, a agressividade com que ele é perseguido leva a supor outros motivos além da rejeição de certa crença. Antes de mais nada, o ódio provocado pelo sentimento de ter sido enganado por tanto tempo. É o que se depreende, por exemplo,

---

1 Labroue, La société populaire de La Garde-Freinet, *Révolution Française*, t.54, p.145.
2 Apud Plongeron, *Conscience religieuse en révolution*, p.146.

do panfleto que os patriotas de Tréguier endereçam ao bispo em setembro de 1789:

> Vós pregais santamente a vossas ovelhas que se entredegolem para que possais conservar as estupendas vantagens com que sois gratificados por um povo de ignorantes, idiotas e fanáticos. Ordenais a vossos bons padres, que nada entendem do que se passa e são vossos cúmplices sem que se deem conta disso, que esparramem vossa doutrina por toda a diocese.[3]

Também devemos levar em conta os ódios acumulados contra uma personagem que se tornou odiosa por sua onipresença, por suas contínuas intervenções na vida privada, graças à confissão em especial, e cuja influência sobre as mulheres é sentida pelos homens da paróquia como uma intolerável violação, uma espécie de adultério. Richard Cobb falou a esse propósito de um "anticlericalismo de chifrudos".[4] O termo é empregado às vezes em seu sentido próprio, pois os padres que vivem em concubinato não são raros no século XVIII,[5] mas de modo geral o que se denuncia é a influência que eles têm sobre as mulheres por intermédio do confessionário. É o que quer dizer Dartigoëyte, representante em missão no Gers, com seu linguajar um tanto rude: "E todas vós, vacas ordinárias, sois putas [dos padres], principalmente aquelas que frequentam suas malditas missas e assistem às suas macaquices". Um pouco mais educado, o livro *Le Grand Voyage du cousin du père Duchesne* [A grande viagem do primo do padre Duchesne], publicado em Lyon, insulta os padres: "Então, imprestável, não estás cansado de enganar os homens, de engodar as mulheres e de fazer-lhes bastardos? Chega de padres, pelo amor de Deus, sejamos irmãos [...], chega de mentirosos, chega de preguiçosos". E o comissário civil Hugueny, de Toulouse, em visita a Bec--du-Tarn, "vociferou contra o fanatismo e especialmente contra as mulheres, que são mais suscetíveis de sedução nesse sentido; ele disse que os homens tinham feito a revolução, não eram elas que iam fazê-la retroceder".

A feminização da religião, tão marcada a partir do século XIX, já é bastante nítida no fim do Antigo Regime, e a ligação entre o antifeminismo e anticlericalismo é consequência disso. A mulher, dominada pelo homem na família tradicional, encontra refúgio e consolo junto do padre, o que só faz

---

3 Apud Minois, *Un Échec de la réforme catholique en Basse Bretagne: le Trégor du XVIe au XVIIIe siècle*, t.IV, p.1014.

4 Cobb, *Les Armées révolutionnaires, instrument de la terreur dans les départements*, p.645.

5 Minois, *La Bretagne des prêtres en Trégor d'Ancien Régime*.

aumentar a ira masculina contra ele. O patriota Mazuel, em Beauvais, declara à sua tropa: "É o fanatismo e a superstição que vamos combater: padres mentirosos, cujo dogma não passa de impostura, cujo império é alicerçado unicamente na credulidade das mulheres [...] eis nossos adversários".[6]

Num nível mais elevado, o anticlericalismo aparece como uma preliminar necessária para eliminar a religião. Fouché escreve em sua *Instruction aux départements du Rhône et de Loire* [Instrução aos departamentos do Ródano e do Loire], em setembro de 1793:

> Os padres são a única causa da infelicidade da França [...]. O republicano não tem outra divindade além de sua pátria, outro ídolo além da liberdade; o republicano é essencialmente religioso, porque é bom, justo, corajoso, o patriota honra a virtude, respeita a velhice, consola o infeliz, alivia a indigência, pune a traição. Que bela homenagem à divindade!

Num discurso à Assembleia Nacional, em 1790, Naigeon declara que o estado sacerdotal é como uma segunda natureza, que marca o padre de modo indelével, mesmo que ele não seja realmente crente. Apegado a seus interesses e a sua casta, adquire uma mentalidade clerical que sempre o leva a impor a visão da Igreja:

> Sua batina provoca em suas ideias e em seu caráter, sem que ele saiba, uma revolução muito pronunciada, que, mesmo tendo um bom espírito, ele sentirá para o resto da vida. Conheci um grande número de padres; observei-os com cuidado e em circunstâncias em que os homens se mostram razoavelmente como são, e jamais encontrei um único, por mais incrédulo que fosse, que em seus discursos, em suas opiniões ou em seu comportamento não conservasse ainda algo do padre. Não devemos nos iludir: o verdadeiro Deus do padre é seu próprio interesse. Ele preza sua situação por esse único elo.[7]

Naigeon vai mais longe. Esses padres, movidos pelo mesmo reflexo apologético, são céticos, e até mesmo ateus, que agem por espírito corporativista e constituem uma espécie de Estado dentro do Estado:

> A maioria não acredita numa palavra do que ensina; eles procuram engendrar tolos, mas eles mesmos não o são. Aquele que disse que "não há gente

---

6 Apud Cobb, op. cit., p.645-6.
7 Apud Desné, *Les Matérialistes français de 1750 à 1800*, p.107.

menos persuadida do que aqueles que passam mais seu tempo a discutir e ensinar nas escolas" falou por experiência, e a observação é confirmada por aquela de um filósofo moderno que se diplomou em Paris e via a Faculdade de Teologia como uma excelente escola de incredulidade. "Existem poucos sorbonnistas",* disse ele, "que não ocultem sob suas peliças ou o deísmo ou o ateísmo; eles são apenas mais intolerantes e confusos; são assim ou por caráter, ou por interesse, ou por hipocrisia. São os sujeitos mais inúteis do Estado, os mais intratáveis e os mais perigosos".[8]

PADRES VERMELHOS E PADRES ATEUS: OS ÊMULOS DE MESLIER

Naigeon toca num aspecto que ainda não foi suficientemente frisado: o número impressionante de eclesiásticos descrentes. A revolução revela a presença de milhares de padres Meslier na França, tanto nas cidades como no campo. Ocultada muito tempo pelos historiadores bem-pensantes, essa realidade explode nos números fornecidos pelas pesquisas de Michel Vovelle e alguns outros.[9] No total, 20 mil padres renunciam ao sacerdócio em 1793, ou seja, 66% dos padres ativos naquele ano. Trata-se realmente de um movimento de massa. Nos 21 departamentos do Sudeste estudados por Michel Vovelle, houve 4.500 abdicações, ou mais de 200 por departamento – das quais 60% de párocos e 16,5% de vigários. Não se trata de jovens de vocação hesitante – a idade média é 49,5 anos –, mas de produtos típicos dos seminários do Antigo Regime, com 25 anos de sacerdócio atrás deles. Cidades e aldeias são igualmente atingidas: no Vaucluse, 121 abdicações em 171 na região rural; em compensação, Marselha abocanha 145 das 250 abdicações de Bouches-du-Rhône, divididas do seguinte modo: 70 vigários, 24 monges, 14 párocos, 7 capelães, 5 beneficiados, 2 cônegos. Em Paris, houve 410 abdicatários para 1.500 padres, ou seja, 27% do total; a proporção é 70% no distrito de Provins (81 de 116) e no departamento de Allier, 55% na Haute-Garonne, 42% no distrito de Alès e 35% no de Corbeil.

Que valor têm esses números? O que está por trás dessas abdicações? É evidente que as condições em que foram feitas – por pressão, ameaça, impulso, medo – excluem a sinceridade no caso de um grande número delas,

---

* A Sorbonne era tradicionalmente a mais importante escola de teologia da França. (N. T.)

8 Desné, op. cit., p.108.

9 Vovelle, *Religion et Révolution. La Déchristianisation de l'an II*; Cousin; Cubells; Moulinas, *La Pique et la Croix. Histoire religieuse de la Révolution française*.

especialmente naquelas em que os religiosos apenas devolveram suas cartas sacerdotais, sem comentários, ou em grupo os 48 padres de Marselha que abdicaram no mesmo dia. Mas entre 10% e 15% dos casos, ou seja, cerca de 2.500 indivíduos, a abdicação foi precedida de medidas de descristianização e seguida de gestos voluntários ostensivos, como a leitura em público de um ato de apostasia mais ou menos entusiasmado. Alguns afirmam a precocidade de seu gesto e participam ativa e livremente da descristianização.

Às vezes, um texto anteriormente preparado é apresentado aos abdicatários para que assinem, como aquele que redigido no Ain pelo representante Albitte:

> Eu, abaixo assinado, ..., cumprindo o ofício de padre desde ....., com o título de ......, convencido dos erros por mim professados durante muito tempo, declaro, em presença da municipalidade de .... que renuncio a ele para sempre; declaro igualmente renunciar, abdicar e repudiar como falsidade, ilusão e impostura todo pretenso caráter e função sacerdotal.

Muitas vezes, porém, o abdicatário redige um texto próprio, explicando as razões de seu gesto e acrescentando fórmulas entusiasmadas de apostasia. Das 162 declarações pessoais encontradas, muitas evocam os "preconceitos", as "superstições", os "erros", as "tolices" e as "momices", baseados na credulidade do povo. Pancrace Robert, padre de Manosque, escreve que "o povo francês, muito tempo iludido pelas momices dos religiosos, agora abre os olhos"; Bouchet, padre do Gare, profere invectivas: "Morte aos promotores de todos os preconceitos e todos os erros pretensamente religiosos"; Riquelmi, de Nice, fala dos dogmas como de "uma mixórdia que pode ser contrária à liberdade do espírito"; Jean-Baptiste Fretault, na Nièvre, desbatiza-se solenemente; Dauthier de Saint-Sauveur, cônego de Puy, "olhando com horror, como indigna e destruidora da existência de um criador, toda e qualquer opinião que dele faria um ser estranho, inconsequente, injusto e mau", apela para um Ser Supremo; Bérenger, padre de Laverune, no Hérault, demonstra seu entusiasmo: "O fanatismo está prestes a entregar a alma. Sua agonia é rodeada de remorsos, e ele restitui à razão o que havia arrancado da credulidade. Nós vos trazemos seus despojos". Outros falam de seus "trapos de sacerdócio".

Alguns fazem uma verdadeira confissão, confessam sua duplicidade no passado, admitem que enganaram o povo, que jamais haviam acreditado naquilo que ensinavam, e pedem perdão. É o caso de Béchonnet, padre de Gannat, no Allier:

Cidadãos, sou padre há seis anos; por uma fatalidade inconcebível, tornei-me ministro da mentira, eu que nasci com uma alma sensível, feita para a verdade [...]. Hoje, para selar minha regeneração, declaro-vos que creio, com toda a força de minh'alma, que o culto íntimo é o único que agrada ao Ser Supremo, e que bastam paciência, honestidade nos costumes e caridade para ser agradável a seus olhos. Declaro, além disso, que renuncio ao sacerdócio e deserto do exército fanático do piedoso tirano de Roma, para doravante servir unicamente à verdade, da qual quero ser soldado e apóstolo.[10]

Marfaing, padre no Allier, "pede que lhe desculpem o erro que cometeu de entrar para o sacerdócio"; Guillard, pároco de Montagny, no Loire, confessa: "Cidadãos, enganei-vos muito tempo, anunciando-vos aquilo em que nem eu mesmo acreditava, mas não ousava dizer-vos a verdade porque estava só [...]. Abjuro, peço perdão de joelhos, rasgo minha batina e prostro-me diante do povo".

Outros ainda procuram desculpas. Estournel, no Gard, explica que permaneceu padre "apenas para ter melhores condições de combater o fanatismo", prestando serviço ao povo; Béchonnet, no Allier, declara: "Eu me aproximava do altar muito raramente, com uma repugnância que aumentava dia a dia". Muitos afirmam ter se ordenado por pressão familiar: Blanc, em Salon, diz que seu "sacerdócio era apenas efeito da pressão que seu falecido pai havia feito sobre ele"; Guillard, no Loire, diz que foi "joguete de uma educação supersticiosa"; Meilheurat, do distrito de Moulins, exerceu o sacerdócio durante 38 anos, "primeiro por pressão e depois por hábito". As autoridades não se iludem, e as observações acrescentadas aos documentos dos abdicatários nem sempre são elogiosas: "depravado em todos os sentidos", "amante das mulheres", "libertino", "sempre seguiu a lei com astúcia".

Em Paris, membros do clero abjuram diante da Convenção, atrás do bispo Gobet. Devolvendo as cartas sacerdotais, acompanham o gesto com breves discursos, nos quais invocam a razão e o Ser Supremo. O convencional Coupé, do Oise, lembra que ele mesmo havia sido cura e sempre havia trabalhado pela justiça. No alto escalão, dos 85 bispos constitucionais, 24 abdicam e 23 apostatam.

O movimento atinge também os cultos não católicos: rabinos abdicam no Sudeste, na Lorena, na Alsácia, assim como 51 pastores protestantes no Gard. O pastor Julien, de Toulouse, declara diante da Convenção que se dedicou a "fazer justiça ao Ser Supremo, pregando que o mesmo destino

---

10 Apud Christophe, *1789, Les Prêtres dans la Révolution*, p.146.

esperava o homem virtuoso que adorava o Deus de Genebra, o de Roma, o de Maomé ou o de Confúcio".[11] Depois, Julien e o ex-padre Coupé se abraçam diante da Assembleia, "rindo como dois áugures e concordando um com o outro, com toda a franqueza da boa-fé, que o culto de cada um amparava-se apenas no charlatanismo presbiteral".[12]

Não se trata portanto de alguns indivíduos isolados, mas de um movimento coletivo, sobre o qual os estudiosos jogaram durante muito tempo um véu pudico, concentrando-se sobretudo nas perseguições de que foi vítima o clero refratário, a glória da Igreja, que assim fornecia novos mártires. O padre abdicatário, ovelha desgarrada, era a exceção sem importância. As fontes desmentem essa interpretação. Ainda que não tenha havido uma deserção em massa, o movimento não pode ser negligenciado, e esses padres não voltaram ao sacerdócio. Muitos se casaram – entre 4,5 mil e 6 mil, estima-se –, em uniões autênticas, que produzirão crianças. No Sudeste, dos 129 padres casados, 41 tornaram-se professores, 47 entraram para a administração pública e outros viraram negociantes, militares, artesãos e agricultores.

Ou então esses padres abdicatários são ateus, como o ex-padre da região de Gap, que "quer seguir unicamente o culto da razão", ou como Baret, de Vitrolles, que "abdica de todo e qualquer culto e só quer pregar o culto da liberdade e da igualdade"; ou ainda declaram acreditar no Ser Supremo e ser fiéis a uma "religião natural", a um "culto íntimo".

Prova da sinceridade dessas renúncias é que algumas começaram a partir de 1790, quando ainda não havia pressão sobre os padres. O novo clima político, a liberdade proclamada bastavam para que eles dessem o passo decisivo: o primeiro matrimônio, o do padre de Herbisse, Remi Vinchon, data de 11 de maio de 1790; em setembro, é realizado o do padre de Saint-Étienne-du-Mont. "A prática do matrimônio", explica S. Bianchi, "atinge centenas de padres bem antes da descristianização. Ela não está ligada à repressão."[13] Outro caso é o de François Parent, padre de Boissise-le-Bertrand desde 1787: homem instruído, participa com entusiasmo do início da revolução e escreve num jornal "antifanático" e anticlerical, *La Feuille Villageoise*. Ateu, ataca violentamente as superstições e as tolices dos

---

11 *Choix de rapports, opinions et discours prononcés à la tribune nationale depuis 1789 jusqu'à ce jour*, t.XIII, p.236.
12 Apud Cousin; Cubells; Moulinas, op. cit., p.178.
13 Bianchi, Les curés rouges dans la Révolution française, *Annales Historiques de la Révolution Française*, p.377.

A DESCRISTIANIZAÇÃO REVOLUCIONÁRIA 511

paroquianos: "Eles querem que eu fale de novenas, de sacramentos e de 10 mil deuses, o que me agrada tão pouco quanto a vós, que me ledes". "Razão, filosofia, verdade, moral": eis as formas da virtude.

Muitos padres, abdicatários ou não, participam ativamente da descristianização, às vezes dirigindo comitês ultrarrevolucionários, como em Arles, onde, segundo se lê num relatório, "os homens que encabeçaram essa facção foram Farmin, Lardenol [Firmin Lardeyrol], ex-padre; Ripert, ex-padre; Paris, ex-vigário-geral do ex-bispo de Angoulême; Couston e Jacquet, ex-abades".[14] As autoridades revolucionárias parecem até mesmo desconcertadas com o afinco antirreligioso desses antigos padres. O redator do *Journal Révolutionnaire de Toulouse*, por exemplo, escreve: "A maioria dos padres dessa comuna abandonou totalmente as funções sacerdotais que desempenhavam com muito zelo e fervor. Esse abandono precipitou sua marcha na carreira política. Hoje, empregos civis e militares são o único objeto de sua ambiciosa cupidez".[15]

Outros padres, mesmo não sendo ateus, exercem suas funções lutando de dentro contra o "fanatismo", como Adrien-Louis Ducastelier, cura de Fourquex, que escreve ao comitê de vigilância de Saint-Germain: "Temo mais o fanatismo do que o ateísmo mais desbragado [...]. Ao fazer meu culto, destruo o fanatismo futuro, assim como meus olhos abertos para o universo pulverizaram o fanatismo de dezessete séculos".[16]

Particularmente ativos são aqueles apelidados de "padres vermelhos", expressão que surgiu nos trabalhos de Lichtenberger, no fim do século XIX e foi utilizada em diferentes sentidos. Segundo Albert Soboul, o termo designa estritamente os padres que continuaram crentes e combateram como patriotas e cristãos. Tinham entre 35 e 50 anos, eram padres de paróquias rurais e revoltavam-se com a injustiça social. De certo modo, prefiguraram a Teologia da Libertação. O mais célebre, Jacques Roux, pároco de Cozes e depois de Saint-Thomas-de-Conac, na diocese de Saintes, vigário de Saint--Nicolas-du-Chardonnet, membro do Clube dos Cordeliers e da seção de Gravilliers, é um dos principais furiosos [*enragés*]. Ele não devolveu suas cartas sacerdotais e criticava os "ateus sanguinários". Preso em setembro de 1793, suicidou-se na prisão em fevereiro do ano seguinte. Dolivier, pároco de Mauchamps, também continuou crente. Em compensação, Germain Métier, secretário dos jacobinos de Melun e presidente de um comitê

---

14 A. N., DIII 30, 2.
15 Apud Cobb, op. cit., p.657.
16 Ibid., p.669.

extraordinário que participou de diversas detenções, abdicou do sacerdócio em novembro de 1793.

Como explicar essa proporção elevada de padres entre os descristianizadores, empenhados em destruir sua própria Igreja? Sem dúvida é preciso levar em conta um certo número de vocações forçadas, porém, de modo geral, trata-se de homens que levaram adiante os princípios evangélicos até sua conclusão lógica. Cultos, educados na filosofia iluminista, também tinham contato com a miséria cotidiana dos paroquianos e com a arrogância dos nobres. A contradição entre as bases igualitárias teóricas da moral cristã e a prática desigualitária da Igreja, sustentáculo do poder e dos privilegiados, leva-os a rejeitar uma religião considerada hipócrita. Além do mais, esses homens, que dedicaram vinte ou trinta anos – uma vida inteira, na verdade – ao sacerdócio, acumularam ódios, rancores e frustrações de todos os tipos; eles sentem que desperdiçaram sua vida por uma crença falsa. Eles querem uma revanche contra a Igreja, daí a extrema virulência de alguns.

Já durante o Antigo Regime, pudemos observar um grande número de clérigos intelectuais que abraçaram o racionalismo iluminista e, por isso, tornaram-se deístas ou ateus. A revolução revela que eles possuíam muitos rivais no baixo clero. E, entre os líderes mais empenhados em fazer desaparecer qualquer vestígio de religião, encontram-se ex-religiosos, como Fouché, ex-oratoriano. Representante em missão na Nièvre em 1793, ele ordenou a destruição de todos os "símbolos religiosos; proibição aos padres de aparecer em trajes sacerdotais fora das igrejas. Os locais de inumação serão isolados, arborizados, e terão uma estátua representando o sono e uma inscrição: 'A morte é um sono eterno'". Ele decretou que todo padre pensionista deveria se casar, adotar uma criança ou sustentar um ancião indigente; anunciou sua vontade de criar o culto da República e da moral natural; batizou sua filha no altar da pátria e deu-lhe o nome de Nièvre.

OS MISSIONÁRIOS DO ATEÍSMO

Outros representantes em missão entre os ateus mais convictos são também antigos religiosos, como o ex-beneditino Laplanche, no Cher, que iniciou a descristianização e deu liberdade de ação aos ateus da localidade; ou ainda o ex-oratoriano Joseph Lebon, do Pas-de-Calais, ou os ex-seculares Albitte, Ysabeau ou Châles, ex-cônego de Chartres que, no Norte, aproveitando o entusiasmo dos ateus de Lille – como Nivet, Target,

A DESCRISTIANIZAÇÃO REVOLUCIONÁRIA

Dufresse, Calmet-Beauvoisins –, combate a religião em seu jornal-cartaz, *Le Révolutionnaire*. Localmente, os descristianizadores mais obstinados são frequentemente ex-padres: Lanneau, Mérandon e Parent no Saône-et-Loire, Menu no Ródano, o padre de Espalion, no Aveyron, Tollet no Ain, Chedin na Nièvre. Em Arles, o ex-cônego Athanase Paris e o ex-pároco Firmin Lardeyrol estão entre os líderes do movimento. O mesmo acontece em Bourg-Saint-Andéol. O conhecimento do povo, o dom de oradores populares, a impetuosidade, a experiência íntima da Igreja, a fé invertida, agora investida na ideia humanitária, igualitária e patriótica, fazem desses homens os agentes mais temidos da antirreligião, que, tanto no plano dos princípios quanto no da aplicação, deve muito ao clero.

Com os clérigos, encontramos nos principais papéis advogados, magistrados, homens das letras, médicos e homens cultos da burguesia média, que foram uns dos primeiros a desertar da Igreja e da fé. Eles formam os grandes batalhões dos representantes em missão. Homens maduros, de cerca de 40 anos em média, eles agem de acordo com princípios ponderados e sistemáticos, mesmo quando seus atos assumem ares de provocação, como Latour, representante nos Baixos Alpes, que manda engraxar seus sapatos com os santos óleos, ou Vauquoy, na região de Crémieu, que bebe nos santos cálices e desafia Deus a castigá-lo, caso exista.

Os representantes em missão lembram muito frequentemente missionários do ateísmo, como André Dumond, na Somme, que talvez tenha sido o primeiro dos descristianizadores. Devemos acrescentar a eles os comissários civis nos exércitos, como Chain, na Nièvre, que declara que "Deus estava velho demais e tinha de ser trocado por outro". Em Bazoches, no decadi, ele sobe ao púlpito e prega o ateísmo:

> Ouvireis a verdade pela primeira vez nesta tribuna [...]. Daqui, fostes persuadidos da existência de um Deus, de um inferno e um paraíso. Não acreditais em nada disso. Foi a padralhada que inventou essas coisas; vós não as vistes, tampouco eu; não acredito em nada disso; se tiverdes um padre em casa, expulsai-o, não precisais dele.[17]

Perto dali, em Clamecy, o agente nacional Parent faz a mesma pregação, e escreve a Fouché:

---

17 Cobb, op. cit., p.676.

514   O SÉCULO DA MORTE DE DEUS (SÉCULO XIX)

Hoje, como a sociedade popular paralisou o rezador de missas menos incômodo que eu havia associado a minha tarefa, pus-me de acordo com os nossos
valentes *sans-culottes* do exército revolucionário e com os três deputados das três
sociedades de Vézelay, Varzy e Clamecy e celebramos, sem padre, o matrimônio
de um casal de *sans-culottes*, com toda a alegria e solenidade republicanas.[18]

Em Andressin, no Ariège, o comissário civil Allard e o chefe de destacamento Picot-Belloc pregavam:

antes de mais nada, diante do povo simples e ignorante, que não havia nem
Deus, nem diabo, nem paraíso, nem inferno; que Jesus Cristo era um imprestável, um bexiguento, e sua mãe uma puta, que era preciso exterminar os
padres, queimar seus santos, desinfetar suas igrejas e derrubar seus sinos com
tiros de canhão.[19]

O mesmo badalar, se é que se pode dizer assim, em Seix, onde Picot
louva o ateísmo:

dizendo que Jesus Cristo era um bastardo, um imprestável, um homem sem
poder e que, enfim, frequentando Madalena, tinha tirado a sorte grande, que
a virgem era uma puta e Cristo seu bastardo, e que são José era um chifrudo,
acrescentando que, se o imprestável de Deus existia, então que mostrasse seu
poder vindo aniquilá-lo.[20]

O ex-prefeito de La Réole, Sabatier, agente de salvação pública, é apresentado como "ateando por toda a parte o fogo do fanatismo e da discórdia,
pregando veementemente que não existe nem Deus nem Virgem, tendo
trabalhado ativamente para a ruína da igreja da paróquia, destruindo os
altares, pisando as imagens expostas havia séculos à veneração".[21]

Outros se colocam num nível mais elevado, inspirando-se nos filósofos
e tentando transmitir princípios. Depois do Termidor, em germinal do ano III,
Socrate Damour, originário da Nièvre, declara: "Quanto ao materialismo que
me acusam de ter ensinado, respondo que minhas aulas sobre os erros dos
conhecimentos humanos baseavam-se em Locke, Condillac e Helvétius, o

---

18   Ibid., p.677.
19   Ibid., p.679.
20   Ibid.
21   Ibid., p.678.

A DESCRISTIANIZAÇÃO REVOLUCIONÁRIA   515

que foi acertado com o representante Fouché, e os da moral, em Helvétius e Jean-Jacques".[22]

É nessa tradição filosófica que trabalham alguns intelectuais, como Dupuis, que sob o Terror redige a obra *Origine de tous les cultes*, em que reduz Jesus a um mito astral:

> Do mesmo modo que o Sol, ao passar sob o signo de Áries no fim do inverno, repara o mal introduzido no mundo pela fria estação, assim o Cristo-luz é representado pelo emblema do carneiro reparador do pecado, que ressuscita ganhando nova vida na primavera. Os doze apóstolos são os doze signos do zodíaco.

OS ATEUS DAS ALDEIAS

Representantes em missão e comissários civis jamais poderiam ter se dedicado a suas violentas diatribes antirreligiosas se não tivessem encontrado um pequeno núcleo de ateus convictos no meio do povo, em geral reunidos em sociedades populares. Também nesse caso, não houve geração espontânea: é preciso reconhecer que esses milhares de ateus de aldeia já existiam antes da revolução, demonstrando de um modo ou de outro sua hostilidade em relação à fé e ao mesmo tempo o início da decomposição da Igreja unanimista. Multidão anônima de ateus práticos, materialistas analfabetos, que sentem instintivamente o absurdo da fé num além; esses refratários ao "ópio do povo" revelam ruidosamente sua presença juntando--se às iniciativas dos representantes em missão. Como disse Richard Cobb:

> Há na França do ano II milhares de pessoas, de todas as condições, minoria agitada e ruidosa, que aproveitam a ocasião para fazer o que provavelmente queriam fazer havia muito tempo: descristianizar a torto e a direito. Essas pessoas tiraram disso uma grande satisfação pessoal.[23]

Nas regiões rurais, "cada aldeia tem seu furioso, e o ateu rural é aliado do *sans-culotte* urbano; nos departamentos, assim como em torno de Paris, os revolucionários urbanos são frequentemente chamados por esses aldeões minoritários, que, no ano III, pagaram tal temeridade com a vida ou com

---

22 Ibid.
23 Ibid., p.658.

516   O SÉCULO DA MORTE DE DEUS (SÉCULO XIX)

sua tranquilidade".[24] Foram esses "ateus de aldeia, tamanqueiros, sapateiros, ferreiros, que pregaram a razão, por sua conta e risco, nas pequenas comunas do Norte da França".[25]

Nas cidades, eles se reúnem em sociedades populares, cuja composição social, revelada pelo estudo de 84 sociedades, abrangendo 15 mil jacobinos, é predominantemente de classe média: 57% de homens da lei, eclesiásticos e profissionais liberais, mas também 32% de artesãos e militares, e 11% de camponeses. Em Marselha, por exemplo, os jacobinos são 69% dos "trabalhadores", 28% dos burgueses, 12% dos proprietários de pequenas lojas, 2% dos profissionais liberais e 2% dos camponeses; em Compiègne, 17 representantes das profissões liberais e intelectuais convivem com 16 artesãos e comerciantes, 5 agricultores, 18 militares e 4 eclesiásticos.

Na maioria das vezes, são esses agrupamentos de base que tomam a iniciativa da descristianização: de 760 solicitações apresentadas à Convenção, vindas de 21 departamentos do Sudeste e pedindo medidas antirreligiosas, 50% provêm de sociedades populares, 25% de municipalidades, 15% de departamentos e distritos e apenas 2,5% de representantes em missão. Essas solicitações têm um caráter mais radical do que os textos produzidos pelas autoridades: somente 161 se referem ao Ser Supremo, que as camadas mais baixas do povo ignoram. Para Albert Soboul, "o ateísmo consciente era algo estranho para os *sans-culottes*, pelo menos para a grande maioria, mas o deísmo não era menos desconhecido para eles".[26] Os *sans-culottes*, bem como os membros das sociedades populares do mundo rural, não teorizam; seu ateísmo é prático e está ligado ao anticlericalismo. Muitos, como o comissário Groslaire, não gostam de Robespierre por causa de "seu maldito decreto sobre o Ser Supremo"; e, pergunta-se Albert Soboul, "o que podia significar, para muitos *sans-culottes*, a estátua do ateísmo a que Robespierre, armado da 'chama da verdade', ateou fogo"?[27] Isso não impediu que muitos chorassem durante o discurso do Incorruptível contra o ateísmo e a favor do Ser Supremo; para eles, culto da razão e culto do Ser Supremo se misturam na exaltação das virtudes cívicas.

Nas seções parisienses, são precisamente os dirigentes das sociedades populares que tomam a iniciativa de descristianizar: o músico Sarrette na

---

24   Ibid., p.687.
25   Ibid., p.680.
26   Soboul, *Les Sans-Culottes parisiens de l'an II*, p.294.
27   Ibid., p.978.

seção de Brutus, Léonard Bourdon na de Gravilliers, Desfieux na de Lepeletier, e o comitê inteiro na de Marat.

Nos departamentos, é também a base que lança o movimento, como o comitê de vigilância de Billom, no de Puy-de-Dôme, ao qual se juntam os representantes Couthon e Moignet. As sociedades populares de Brie--Comte-Robert e Provins são núcleos de um ateísmo feroz. As bufonarias antirreligiosas têm um caráter ateu muito pronunciado; a procissão do burro mitrado, acompanhada algumas vezes de autos de fé dos ornamentos do culto, é um gesto paródico de forte conotação materialista. Em Ugine, a procissão é seguida de uma proclamação dos *sans-culottes*: "Nosso padre capuchinho renunciou ao charlatanismo e abjurou seus erros. Repudiamos os ornamentos, os trajes e os utensílios do fanatismo. Doravante não queremos outro a não ser o da razão". Nesses atos de bufonaria, reaparecem muitos traços da antiga festa dos loucos: paródias de bênçãos, missas fictícias, cruzes invertidas, o que nos leva a nos interrogar retrospectivamente sobre o verdadeiro sentido da festa medieval: se o povo recupera espontaneamente essas formas de derrisão num contexto ateu, não seria lícito imaginar que outrora elas exprimiam inconscientemente uma rejeição espontânea, rústica, da fé? A festa dos loucos não seria uma festa do bom senso materialista, uma expressão mascarada, simbólica, de um ateísmo prático ainda latente?

Aliás, é surpreendente constatar que a Convenção e o Comitê de Salvação Pública reagem do mesmo modo que reagiam os bispos. As bufonarias antirreligiosas provocam as mesmas preocupações surdas por parte das autoridades, cristãs ou anticristãs. Danton pede que se ponha fim a elas; Robespierre, num discurso em 21 de novembro de 1793 aos jacobinos, declara que "o ateísmo é aristocrático; a ideia de um grande Ser que vela pela inocência oprimida e pune o crime triunfante é popular"; no dia 6 de dezembro, a Convenção proíbe as manifestações contrárias à liberdade de culto.

A origem popular do ateísmo revolucionário é confirmada pelas declarações racionalistas de certas municipalidades e sociedades populares no Gard, por exemplo:

> A razão amarrada pelos mais vergonhosos preconceitos sacode por todos os lados os entraves com que os sacerdotes e os reis a haviam oprimido. Sua chama brilhante, dissipando as nuvens espessas que o erro e a mentira haviam amontoado por sobre os crédulos humanos, traça-nos a rota a seguir.

518 O SÉCULO DA MORTE DE DEUS (SÉCULO XIX)

Não se trata de sentimento, coração ou Ser Supremo: a pura razão deve ser o guia. É o que pensa o pequeno grupo de cerca de trinta patriotas, metade dos quais artesãos e comerciantes com 38 anos de idade em média, que comanda a descristianização em Arles.

O exército revolucionário, órgão popular dos mais significativos, contribui igualmente para a descristianização. Richard Cobb, no fim de seu longo estudo, pode escrever que "os poucos excessos individuais que observamos não justificam a reputação que ganhou de grande motor do ateísmo".[28] Mesmo assim, ele mostrou em seu livro como a passagem dos regimentos, apoiados pelas sociedades locais, consolidou ou suscitou movimentos de descristianização. A questão foi objeto de debates desde o período revolucionário, a tal ponto que o Comitê de Salvação Pública se preocupou com o zelo intempestivo de alguns oficiais e homens das tropas, como certos soldados de Vernon que, de passagem por Saint-Pierre-lès-Bitry, na região do Oise, "brutalizaram terrivelmente o cidadão padre por seu ministério relativo à religião católica, apostólica e romana, dizendo com palavras grosseiras e injuriosas que ele não passava de um aristocrata usufruindo de seu extinto ministério".[29]

Como mostra o relatório, é difícil distinguir ódio político de antirreligião. Bebedeira, vontade iconoclasta, provocação, desejo de vingança e reações de medo também têm seu papel nesse comportamento das tropas. Ainda assim, uma autêntica vontade de descristianização anima muitos militares. A passagem deles no Norte, no Morbihan, na Nièvre, no Isère, na Drôme, no Ariège e nas cercanias de Toulouse, deixa vestígios inequívocos. Na região de Auxerre, um destacamento de Paris e de Lyon, responsável pela "fúria de Auxerre", deixa para trás um rastro de vandalismo e destruição. O recrutamento de homens, no limite entre a indigência e os diaristas, operários e pequeno-burgueses comerciantes e artesãos, corresponde aos setores mais descristianizados.

Os soldados não são motivados por um ateísmo abstrato; sua descrença se traduz na ação iconoclasta, exprimindo uma vontade de chocar, uma explosão provocada por ódios reprimidos havia muito tempo, como se vê nos atos sacrílegos que acompanham o saque das igrejas e catedrais: "A descristianização é uma manifestação sintomática da violência coletiva das multidões", escreve Richard Cobb.[30] A provocação e o desafio fazem parte

---

28 Cobb, op. cit., p.672.
29 Apud Cobb, op. cit., p.643.
30 Ibid., p.651.

dessa atitude: "Se existe um Deus, que ele me aniquile imediatamente, aqui, diante de todos", exclama Vauquoy no Isère, ao mesmo tempo que bebe num santo cálice. Os soldados interrompem oradores acusados "de tratar de questões abstratas e teológicas", como diz um deles. Mas, assim como a ação dos representantes em missão, a ação das tropas não teria efeito algum se não prosseguisse na dos ateus locais.

O ETERNO DILEMA ATEÍSMO-DEÍSMO ENTRE OS DIRIGENTES

A descristianização, sobretudo em sua forma ateia, encontra portanto uma ampla repercussão nas camadas populares. As autoridades e a elite burguesa, ao contrário, dividem-se profundamente. O fato pode surpreender: os líderes revolucionários, filhos do Iluminismo, foram formados numa filosofia amplamente anticristã. Se hesitam, é porque brutalmente tomam consciência do perigo de subversão social que o ateísmo representa a seus olhos.

Os burgueses da Assembleia Constituinte ainda se recordam das advertências de Voltaire, e as discussões sobre a liberdade religiosa acabam resultando muitas vezes em decisões muito restritivas. Em seu discurso do dia 23 de agosto de 1789, o deputado do Terceiro Estado de Nîmes, Rabaut de Saint-Étienne, exige nestes termos a liberdade religiosa:

> Que todos aqueles que adoram um Deus, seja de que maneira for que o adorem, gozem de todos os direitos de cidadão [...]. Todo homem é livre em suas opiniões; todo cidadão tem o direito de professar livremente seu culto, e ninguém pode ser molestado por causa de sua religião.[31]

E aqueles que não têm religião? Tal possibilidade nem sequer é cogitada, e a Declaração dos Direitos do Homem se contenta em afirmar que "ninguém deve ser molestado por suas opiniões, mesmo religiosas".

Um silêncio normal para uma assembleia de grandes burgueses, pode-se dizer. Mas a própria Convenção também é reticente quanto aos projetos de descristianização. Entre os jacobinos, há debates épicos sobre esse assunto, e muitos temem que a luta antirreligiosa desencadeie movimentos hostis à revolução. É o que escreve Laveaux no *Journal de la Montagne* do 17 de

---

31 Apud Cousin; Cubells; Moulinas, op. cit., p.192.

brumário do ano II: "Não quero que se diga a uma criança o que é Deus, mas quero que se desenvolva em sua alma a ideia da existência dele; quero que a façam sentir que existe uma inteligência eterna que move esse universo imenso". No dia seguinte, Hébert o repreende "por ter iniciado sobre Deus, um ser desconhecido, abstrato, disputas que conviriam apenas a um capuchinho em Teologia". A que Laveaux responde que não foi ele que começou a "disputa sobre o ateísmo", e acusa o jornal *Le Père Duchesne* de ter dito que o ateísmo convinha às repúblicas.

Na verdade, a opinião de Hébert não é muito clara. Pode-se ler no jornal *Le Père Duchesne* que o *"sans-culotte* Jesus" foi "o jacobino mais furioso de toda a Judeia", "fundador de todas as sociedades populares" – o que, aliás, é um cumprimento nesse contexto –, além desta afirmação: "Acredito tanto no inferno e no paraíso quanto no bicho-papão. Se existe um Deus, coisa que não é tão certa, ele não nos criou para nos atormentar, mas para sermos felizes". Hébert, porém, recusa-se a apresentar-se como ateu, explicando aos jacobinos no 21 frimário:

> Quanto às opiniões religiosas que me acusam de ter emitido em meu jornal, nego formalmente o fato [do ateísmo] e declaro que exorto os habitantes de nossos campos a ler o Evangelho. Esse livro de moral me parece excelente, e é preciso seguir todas as suas máximas para ser um excelente jacobino.[32]

A mesma ambiguidade é observada no caso de Chaumette, o violento procurador da Comuna, cujos sentimentos religiosos são incertos. Ele foi franco-maçom, e confusamente deísta, invocava o Ser Supremo, era sentimental ao estilo de Rousseau, e depois evoluiu para uma espécie de ateísmo que tinha como divindades a natureza e a razão. Sylvain Maréchal lhe dedicou um poema contra Deus e os padres; mas, para Albert Soboul, "o ateísmo de Chaumette parece se reduzir, assim como o dos *sans-culottes*, a um anticlericalismo".[33]

Na hesitação dos líderes revolucionários diante do ateísmo, as considerações políticas e sociais são, evidentemente, muito importantes. Mas as motivações psicológicas não estão ausentes, especialmente o velho reflexo de recuo diante do nada. Mesmo para o mais feroz montanhês, grande patriota e inimigo do clero, a morte é uma grande dama cujo olhar não é fácil sustentar. O frio rigor materialista de Fouché não está ao alcance de todos.

---

32 Apud Soboul, op. cit., p.294.
33 Ibid., p.828.

A DESCRISTIANIZAÇÃO REVOLUCIONÁRIA

"A morte é um longo sono", é o que ele quer que se grave na entrada dos cemitérios. Mas, como Hamlet, muitos pensarão: "Morrer, dormir... sonhar talvez! Aí está o problema! Pois, uma vez que se escape dos elos da carne, se no sono do trespasse nos venham sonhos... Alto lá! Tal consideração prolonga a calamidade da vida".

É esse temor que o representante Lequinio se esforça para acalmar num discurso no Templo da Verdade, em Rochefort, no ano II:

> Não, cidadãos, não há vida futura, não. A música celeste dos cristãos e as belas huris dos maometanos, a majestosa face do eterno e o poder de Júpiter, o tártaro dos antigos e o inferno dos novos, nosso paraíso e os campos elísios dos gregos, Satã, Lúcifer, Minos e Proserpina, tudo não passa de quimeras igualmente dignas do desprezo do homem que raciocina [...]. Nunca restará mais de nós do que as moléculas divididas que nos formavam e a lembrança de nossa existência passada.[34]

Isso é realmente um consolo? Por mais que François de Neufchâteau diga que "o céu está na paz da alma e o inferno no remorso", e Chantreau declare que dos que morreram nada resta, certos líderes revolucionários, ateus graças à razão, acreditam que seja necessário, apesar de tudo, reorganizar o cerimonial da morte para adequá-lo à descrença. Projetos nesse sentido são elaborados no ano X, com a reestruturação paisagística dos cemitérios e cerimônias destinadas a honrar periodicamente os defuntos. Girard, em *Des Tombeaux et des pratiques funéraires* [Túmulos e práticas fúnebres], propõe meios para atenuar o horror do nada:

> A superstição nasceu entre os túmulos: fantasmas saíram deles para aterrorizar o vulgo e fazer estremecer os reis [...]. Um perigo maior ainda, porém, é o de um materialismo humilhante e gélido, que destruiria a influência da moral sobre a ação do governo, e paralisaria um de seus principais meios de poder. Os jogos do acaso substituem as leis da sabedoria; e o homem, longe de adormecer feliz, sonhando com a imortalidade, ameaça perder-se, desesperado, no horror do nada.

E isso Robespierre não pode aceitar: "Não, Chaumette, não, Fouché, a morte não é o sono eterno, [...] a morte é o começo da imortalidade".

---

34 Apud Vovelle, *Mourir autrefois. Attitudes collectives devant la mort aux XVIIe et XVIIIe siècles*, p.222.

Robespierre, fiel ao deísmo, tenta persuadir os outros (ou se persuadir?) da existência de um Deus e da imortalidade da alma:

> Que vantagem encontras em persuadir o homem de que uma força cega preside seu destino, atingindo, ao acaso, o crime e a virtude? Que sua alma não passa de um leve sopro que se apaga diante das portas do túmulo? A ideia de seu nada seria capaz de lhe inspirar sentimentos mais puros e mais elevados do que a de sua imortalidade? [...] Ah! Como tais ideias não seriam verdadeiras? Não concebo nem ao menos como a natureza poderia ter sugerido ao homem ficções mais úteis que todas as realidades; e se a existência de Deus, se a imortalidade da alma não passassem de devaneios, ainda assim seriam a mais bela de todas as concepções do espírito humano.[35]

O Ser Supremo é necessário tanto ao sossego da alma quanto à ordem social. Uma política de descristianização ateia e brutal implicaria o risco de alienar o povo. É preciso, portanto, contentar-se em lutar contra as superstições: Robespierre incorre na mesma ambiguidade que a Igreja Católica. Entre a crença em Deus e as superstições, onde está o limite? O que supõe exatamente a crença num Ser Supremo? Se lhe é consagrado um culto, como evitar que ele seja manchado pela superstição? Robespierre não terá tempo de examinar o problema, mas inspira ao Comitê de Salvação Pública uma circular que solicita às sociedades populares que procedam com moderação na empreitada de descristianização:

> Impregnai-vos bem desta verdade: não se comandam as consciências.
> [O povo] é supersticioso de boa-fé, porque existem espíritos fracos [...]
> Sociedades populares, se quereis aniquilar o fanatismo, deveis opor aos milagres da lenda os prodígios da liberdade; às vítimas da cegueira os mártires da razão [...].
> Até hoje, todo culto foi um erro engendrado pela ambição de alguns impostores e consagrado pela tendência inata [dos homens] de se aproximar, de se reunir, para implorar ao céu, com votos unânimes, por nossas necessidades e pelo socorro sobrenatural nas grandes calamidades públicas [...].
> Os grilhões que nos prendiam foram rompidos. Terminai essa grande obra, aproveitando a boa disposição dos espíritos [...].

---

35 Ibid., p.223.

Que de vossas assembleias jorre a luz, indicai à opinião pública seu verdadeiro rumo.[36]

UMA SUBSTITUIÇÃO DE RELIGIÕES?

O culto do Ser Supremo proposto por Robespierre insere-se na linha do deísmo dos filósofos. Ele está longe de ser unanimidade entre os jacobinos, como se sabe, e os sarcasmos correm soltos contra essa nova religião, que tinha poucas chances de sobreviver a seu fundador. Embora não levem ao surgimento de uma religião, algumas formas de culto – espontâneas ou organizadas – revelam que muitos revolucionários sentem a necessidade de substituir o cristianismo, em nome de um princípio que diz que só é bem eliminado o que é substituído. Por trás dessas tentativas, coloca-se um problema de fundo: o homem, indivíduo e ser social, precisa de uma religião? A dimensão religiosa é congênita e indispensável?

Sem aprofundar aqui esse problema, constatamos apenas que a revolução se confrontou com ele, pela primeira vez na história, de modo prático. Para Richard Cobb, há duas atitudes coexistentes:

> Os descristianizadores sentem essa necessidade de substituir o catolicismo por um culto novo, mas não estão mais de acordo em relação à escolha. Os mais otimistas são simples ateus; outros, dominados ainda pela mentalidade católica [...], gostariam de impor ao povo da França uma nova religião, exclusiva e universal como a precedente. Os ateus são individualistas e anarquistas, homens simpáticos que se encontram à frente do movimento revolucionário espontâneo; mas os defensores da religião cívica não passam de católicos disfarçados ou então discípulos de Jean-Jacques, homens que têm uma mentalidade religiosa e desconfiam do indivíduo. Os verdadeiros descristianizadores ateus representam, sem dúvida, os revolucionários mais autênticos, os mais puros e os mais corajosos de todo esse período otimista e ingênuo de terror anárquico.[37]

Entre os líderes revolucionários, Robespierre não é o único a pensar que uma religião substituta é necessária para o povo. Lindet, ex-bispo do Eure, pede a substituição das festas religiosas por festas nacionais, pois, segundo

---

36 Apud Plongeron, op. cit., p.111-2.
37 Cobb, op. cit., p.688.

ele, os camponeses precisam de tais celebrações. Essa também é a opinião de Fréron, que declara em novembro de 1793, em Marselha:

> Considerando-se a necessidade de substituir por festas nacionais dignas da majestade do povo francês e de seu grandioso destino as cerimônias pueris de um culto que, rebaixando as almas e moldando-as à escravidão, servia de pedra angular para o trono dos déspotas derrubado sob nossas mãos virtuosamente regicidas...

As festas se multiplicam no ano II: festas do Ser Supremo, de um lado, festas da razão, de outro. Estas últimas, organizadas com pompa em Paris, Nancy, Rochefort e Le Mans no dia 10 de novembro de 1793, são sobretudo urbanas, mas também se estendem ao interior do país: no Gard, por exemplo, há 233 Templos da Razão – a cada três comunas, duas possuem um templo. "O culto da Razão é ambíguo. Era ateu? Em seu conjunto, não parece", escrevem os autores de *La Pique et la croix* [A lança e a cruz].[38] Na verdade, parece reinar uma grande confusão entre Deus, a deusa Razão e o Ser Supremo.[39] O mesmo aconteceu com o culto aos mártires da liberdade, cuja forma é emprestada do cristianismo e recupera a figura do "*sans-culotte Jesus*". "Não somos de modo algum ateus", escreve Jean-Baptiste Louvet no jornal *La Sentinelle* em 2 de germinal do ano IV, "a existência de um Deus recompensador da virtude e vingador do crime é, a nossos olhos, uma crença racional, útil à manutenção de nossas sociedades".

Esses novos cultos também adotam uma moral, difundida por catecismos, procedimento inspirado no catolicismo. No ano II, Volney apresenta à Convenção sua "Lei natural ou catecismo do cidadão francês", afirmando que a "ordem natural" tende à "conservação e à perfeição do homem na sociedade". A forma é calcada na do catecismo romano:

> Pergunta: O que é pecado na lei natural?
> Resposta: É tudo o que tende a perturbar a ordem estabelecida pela natureza para a conservação e a perfeição do homem e da sociedade [...].
> P: O que é a virtude, segundo a lei natural?
> R: É a prática de ações úteis ao indivíduo e à sociedade [...].
> P: O que é o bem, segundo a lei natural?
> R: É tudo o que tende a conservar e aperfeiçoar o homem.

---

38 Cousin; Cubells; Moulinas, op. cit., p.192.
39 Aulard, *Le Culte de la raison et le culte de l'Être suprême.*

P: O que é o mal?
R: É tudo o que tende a destruir ou degenerar o homem.

Com a teofilantropia, assiste-se até mesmo a uma tentativa de criação de uma religião estruturada nas ruínas da religião precedente e nos princípios republicanos. A origem dessa tentativa é um livreiro, Chemin, ex-franco--maçom, republicano moderado que em seu *Manuel des théoanthropophiles* [Manual do teoantropófilos], de setembro de 1796, prega uma religião simples e natural, afirmando a existência de Deus e da imortalidade da alma, pedindo respeito às virtudes morais e cívicas e práticas religiosas simples. O novo culto inicia-se em janeiro de 1797 e reúne uma burguesia intelectual de republicanos moderados, como Sébastien Mercier. O Estado vê a iniciativa com bons olhos, e dezenove templos são abertos em Paris. Mas Bonaparte, restaurador do catolicismo, excluirá os teofilantropos do edifício nacional, e a nova religião entrará rapidamente em declínio depois de 1801.

Fracasso do Ser Supremo, fracasso da deusa Razão, fracasso da teofilantropia: isso tenderia a mostrar a impossibilidade de uma solução mediana, em grande escala, entre o cristianismo e a descrença materialista. É cada vez mais claro que a escolha é entre as grandes religiões tradicionais e o ateísmo. Pode-se criar uma seita, um movimento herético, uma dissidência, uma organização secular, mas não uma religião. Moisés, Buda, Zoroastro, Jesus e Maomé não criaram propriamente uma religião. Eles foram catalisadores de aspirações preexistentes, sem as quais sua pregação não teria tido efeito algum. Nenhum deles teve a intenção explícita de fundar uma religião; as religiões se formaram pouco a pouco, após a morte deles, recuperando ou às vezes até deformando suas palavras. Não se decreta uma religião – coisa que Robespierre e o livreiro Chemin não compreenderam. É por isso que a revolução, escolhendo destruir o cristianismo, só podia favorecer o ateísmo. Ela abriu a brecha que engoliu os profetas da morte de Deus.

Há outra maneira de ver as coisas: a de Michelet, que escreverá: "Nada foi mais funesto para a revolução do que ignorar a si mesma do ponto de vista religioso, do que não saber que em si mesma ela trazia uma religião". Para o historiador romântico, a revolução foi um fenômeno religioso, o que é comprovado por seus símbolos, juramentos, discursos; religião da pátria, da nação, no lugar da religião cristã. Essa ideia foi retomada recentemente por Jean-Louis Vieillard-Baron.[40] Os grandes líderes revolucionários eram

---

40 Vieillard-Baron, Phénoménologie de la conscience religieuse, *Dix-huitième siècle*, n.14, p.167-90.

espíritos religiosos: Robespierre, evidentemente, mas também Saint-Just, cujo elogio ao homem revolucionário é muito semelhante ao elogio à caridade de são Paulo: "Um homem revolucionário é inflexível, mas é sensato, frugal; ele é simples sem exibir o luxo da falsa modéstia; ele é inimigo irreconciliável de qualquer mentira, de qualquer indulgência, de qualquer afetação". Pode-se dizer o mesmo do retrato do ateu de Sylvain Maréchal, que já citamos.

Mais surpreendente é saber que o ateu Danton era um ser religioso: ele tem a religião da revolução e da lei. Ele mesmo declarou: "Sou um sacerdote da verdade". Isso é suficiente para justificar uma frase como "a consciência religiosa ateia de Danton" e afirmar que "a consciência revolucionária é uma consciência religiosa"? Parece haver um abuso de linguagem. Obviamente, é possível ver o religioso e o sagrado por toda a parte, caso se dê a esses termos um sentido suficientemente vago, que tire deles qualquer significação. Não é porque alguém dá grande valor a uma noção ou a um ser, ou porque emprega expressões que lembram a liturgia ou as Escrituras, que ele é um espírito religioso. O famoso texto anônimo *Qu'est qu'un sans-culotte?* [O que é um *sans-culotte?*] também poderia lembrar os textos paulinos sobre a caridade.

Roger Caillois, é verdade, propôs uma definição do sagrado que parece cobrir o caso dos revolucionários:

> Tal é, de fato, a pedra de toque decisiva que, no caso do descrente, permite estabelecer a demarcação entre sagrado e profano. É sagrado o ser, a coisa ou a ideia à qual o homem condiciona sua conduta, aquilo que ele não aceita discutir nem ver desrespeitado ou zombado, aquilo que ele não renegaria nem trairia por preço algum. Para o apaixonado, é a mulher amada; para o artista ou o sábio, a obra que eles perseguem; para o avarento, o ouro que ele acumula; para o patriota, o bem do Estado, a salvação da nação, a defesa do território; para o revolucionário, a revolução.
>
> É absolutamente impossível distinguir de outro modo que não seja por seu ponto de aplicação tais atitudes daquela do crente em relação a sua fé: elas exigem a mesma abnegação, pressupõem o mesmo comprometimento incondicional da pessoa, um mesmo ascetismo, um igual espírito de sacrifício.[41]

---

41 Caillois, *L'Homme et Le Sacré*, p.167-77.

Mas, nessas condições, é possível ser descrente? Cada um crê em alguma coisa, cada um tem a religião de alguma coisa, nem que seja ele próprio, tanto é que se fala de egoísmo sagrado. No entanto, se os termos "sagrado" e "religião" forem reservados a realidades ou noções de ordem sobrenatural, não há nenhuma manifestação de ordem religiosa na revolução. Em compensação, o que permanece verdadeiro é o fato de que a revolução permitiu que o espírito religioso se manifestasse de múltiplas formas. Ela permitiu a expressão pública do deísmo e do ateísmo, mas também de um mundo de cultos diferentes.[42]

BALANÇO DA DESCRISTIANIZAÇÃO

Resta examinar o alcance, o significado da descristianização revolucionária na história das relações entre crença e descrença. Como mostrou Bernard Plongeron, durante muito tempo a tradição contrarrevolucionária, instaurada a partir da emigração e acentuada sob a Restauração, minimizou o episódio, apresentando a revolução como um parêntese superficial que não teria feito nenhuma mudança profunda. Ora, a descristianização foi, em primeiro lugar, a revelação de uma profunda crise interna da fé popular. Muitos católicos conhecidos se tornaram indiferentes ou descrentes de fato antes da revolução, embora continuassem a ser praticantes por pressão social. A liberdade religiosa levou a um abandono mais ou menos maciço das igrejas, traduzindo um desinteresse já antigo. Esse abandono é muito significativo e precoce no Allier, no Saône-et-Loire, no Cher, na Nièvre, no Ain, nas regiões de Aix, Rodez, Mende e Tanargue; mais tardio, porém mais pronunciado, no Hérault, no Gard, no Vaucluse, na Drôme e no Bouches-du-Rhône. Em todos esses departamentos, "existe uma particularidade revolucionária que agiu como detonador ou como revelador de aspirações ou rejeições latentes na psicologia coletiva".[43]

---

42 Friedrich Schleiermacher, em *Discours sur la religion aux gens cultivés qui, parmi d'autres, la méprisent* [Discurso sobre a religião às pessoas cultas que, entre outras, a desprezam], de 1799, estudou a dimensão religiosa da revolução, e o holandês Hemsterhuis, filósofo e matemático que rejeitava a religião revelada, proclamava o reinado da religião íntima: "Como os homens são tolos! Que aprendam o que é Deus. Que cessem de ensinar seus filhos desde o berço a soletrar a palavra divindade e as sequelas dessa palavra, tão horrivelmente humanas. Que lhes ensinem a sentir, e eles serão justos e piedosos por natureza".

43 Plongeron, *À propos des mutations du "populaire" pendant la Révolution et l'Empire*. In: _____ (org.), *La Religion populaire. Approches historiques*, p.131.

O SÉCULO DA MORTE DE DEUS (SÉCULO XIX)

Inúmeros testemunhos da época constataram essa hemorragia e viram que não se tratava apenas de um declínio do culto, mas da própria religião. Um padre refratário escreve no *Courrier de Londres* em 30 de setembro de 1801:

> Pergunto se as comunas que há dez anos não ouvem nem falar do Evangelho, se as comunas onde há dez anos não se faz primeira comunhão, ou, em poucas palavras, se as comunas sem evangelhos e sem sacramentos devem se chamar comunas *sem religião* ou comunas *sem culto* [...]. É o culto, dizem, que deve ser restabelecido, e não a religião. Distinção sutil, falaciosa talvez por alguns instantes, mas que um exame sério fará logo desaparecer [...]. Que me respondam. O ensino da verdade, dos dogmas, da moral, dos deveres da religião, o catecismo que os ensina, a pregação que os conserva, seriam apanágio do culto? Eis que no outro extremo da França encontro aldeias que, em vez da religião sem culto, têm o culto sem a religião. Lá, os camponeses vão à igreja todos os domingos, cantam no coro de manhã e à noite, mas nenhum se aproxima do confessionário [...]. Sem confissão, não há comunhão; sem sacramentos, não há religião.[44]

O texto põe o dedo no segundo aspecto da descristianização: durante quase dez anos, a vida paroquial fica completamente desorganizada, os ofícios, os sacramentos e o catecismo são suspensos. Gratien, bispo do Sena-Inferior, escreve em 1797: "As crianças crescem sem instrução, sem confissão, sem primeira comunhão; por conseguinte, casam-se sem a bênção nupcial". As proibições religiosas desmoronam: queda da natalidade e das vocações, aumento dos casamentos e enterros civis, bem como dos divórcios. No hospital de Moscou, todos os soldados moribundos do Grande Exército recusam os últimos sacramentos. Uma geração inteira cresce sem religião. Em 1925, François-Alphonse Aulard, impressionado com a indiferença das massas diante da descristianização, concluía que a cristianização era muito mais superficial do que se imaginava e que, se a descristianização tivesse continuado ainda alguns anos, "não é certo que não tivesse arrancado da consciência camponesa uma religião que tinha talvez raízes bem curtas".[45]

Para Aulard, no entanto, a descristianização não passou de um expediente de defesa nacional. Para Albert Mathiez, foi um meio utilizado pelos hebertistas e pelos dantonistas para lutar contra o Comitê de Salvação Pública robespierrista, ao passo que, para Daniel Guérin, foi uma manobra hebertista

---

44 Apud Plongeron, op. cit., p.132-3.
45 Aulard, *Le Christianisme et la Révolution Française*.

contra os ricos. Hoje, essas interpretações são rejeitadas: a descristianização, segundo a obra recente de Bernard Cousin, Monique Cubells e René Moulinas, foi realmente um movimento de fundo: "Não foi um fenômeno artificial, que brotou não se sabe de onde, talvez da loucura de uns poucos. Foi a expressão da vontade antirreligiosa de um pequeno grupo, herdada das evoluções de fundo do século XVIII".[46]

Movimento duradouro, aliás, e esse é o terceiro ponto. Para nos limitarmos ao clero: 45% dos eclesiásticos do Antigo Regime não retomarão os encargos sacerdotais. Segundo uma pesquisa de 1808, 25% desse clero não vive mais no sacerdócio. No que diz respeito aos ex-fiéis, os que deixaram de frequentar as igrejas jamais voltarão. Uma nova mentalidade aparece sob a Restauração, na qual culto e crença são dissociados. Sob a pressão social e política, alguns são praticantes por razões ligadas à carreira profissional, porque "os padres têm o braço longo", como diz uma personagem de *Conscrit de 1813* [Recruta de 1813], de Erckmann-Chatrian. O reinado da hipocrisia começa, sobretudo na burguesia.

Enfim, a descristianização revolucionária inaugura novas relações entre crença e descrença. Desde a revolução, todos podem constatar que a descrença não precisa ser escondida como uma doença vergonhosa, que pode até ser reivindicada, e que um homem ou uma mulher comum podem viver publicamente como ateus. Cada qual pode pautar sua conduta de acordo com sua descrença, sem se sentir culpado. Além do mais, os descrentes podem unir-se, apoiar-se, auxiliar-se. As pessoas hesitarão menos antes de se confessarem ateias.

Passou o tempo da perseguição de um campo pelo outro, chegou a hora da confrontação que marcará todo o século XIX. O mito da unanimidade foi destruído e, embora os dois campos sejam numericamente muito desiguais, a terceira via parece excluída: crente ou ateu, a alternativa é essa, como escreveu Saint-Martin a Garat em 1795:

> O mundo inteiro é composto apenas de duas classes de homens: uma, daqueles que são religiosos [...], outra, daqueles que são o oposto, ou que são ímpios e ateus; porque os indiferentes e os neutros somente são o que são porque seu senso moral está embotado; e por menos que desperte de sua sonolência, tomará imediatamente partido de um ou de outro.[47]

---

46 Cousin; Cubells; Moulinas, op. cit., p.207.
47 *Scéances de l'École normale recueillies par des sténographes*, p.118.

530 O SÉCULO DA MORTE DE DEUS (SÉCULO XIX)

Durante 1.400 anos, de Teodósio à Revolução Francesa, as Igrejas na Europa recusaram qualquer manifestação de descrença. Esta, que sempre existiu, levou durante todo esse tempo uma vida subterrânea. Pensamento e prática clandestina, a descrença ganhou inevitavelmente uma conotação subversiva. Com a revolução, ela surge na vida legal de maneira brusca e violenta, não em sua forma refletida, mas prática, rude, no povo e na pequena burguesia. Ela não é vinculada a uma classe social, já que há ateus em todas as camadas da sociedade, mas as circunstâncias políticas de seu advento só podem provocar ódios recíprocos.

Não é indiferente a constatação de que o ateísmo só pôde ocupar um lugar ao sol por meio do combate, e que foi inicialmente reconhecido em sua forma prática, e não na forma do ateísmo cerebral, intelectual, do Iluminismo. É um ateísmo de combate que se instaura, um ateísmo de homens de ação. Em *Les Diaboliques* [As diabólicas], Barbey d'Aurevilly pinta o retrato desses ateus da Restauração, "absolutos e furiosos", que se reúnem nos jantares de sexta-feira no conto "À un dîner d'athées" [Num jantar de ateus]:

> Eram ímpios, ímpios de espessa banha e crista escarlate, inimigos mortais do padre, no qual viam toda a Igreja, eram ateus – absolutos e furiosos – como se era naquela época, pois o ateísmo de então era de natureza muito especial. Era, com efeito, o de um período de homens de ação da mais intensa energia, que passaram pela revolução e pelas guerras do Império e chafurdaram em todos os excessos daqueles tempos terríveis. Não era de modo algum o ateísmo do século XVIII, do qual afinal ele saíra. O ateísmo do século XVIII tinha pretensões à verdade e ao pensamento. Ele era raciocinador, sofista, declamatório e, sobretudo, impertinente. Mas não tinha as insolências dos mercenários do Império e dos regicidas apóstatas de 93. Nós que viemos depois dessa gente também temos nosso ateísmo, absoluto, concentrado, sábio, gélido, raivoso, de uma raiva implacável!, tendo por tudo o que é religioso a raiva do inseto pela trave que ele fura. Mas esse ateísmo, não mais do que outro, não pode dar a ideia do ateísmo colérico dos homens do começo do século, que, educados como cães pelos voltairianos, seus pais, tinham, desde que se fizeram homens, enfiado o braço até o ombro em todos os horrores da política e da guerra e de suas dúbias corrupções.[48]

Durante todo o século XIX, o ateísmo prático vai usar o uniforme de combate.

---

48 Barbey d'Aurevilly, À un dîner d'athées. In: _____, *Les Diaboliques*, p.236-7.

– 15 –

A ASCENSÃO DO ATEÍSMO PRÁTICO E SEUS COMBATES

"Não ouviram tocar as sinetas? De joelhos! Estão trazendo os sacramentos a um Deus moribundo."[1] Foi em 1834 que Heinrich Heine (1797-1856) lançou esse grito. Esse judeu alemão, convertido ao protestantismo por necessidades administrativas, tem a impressão, ao entrar formalmente no cristianismo, de penetrar num edifício em ruínas, numa sociedade cujo chefe, "o velho barão do monte Sinai e o monarca da Judeia", é "um velho senhor" que parece ter "perdido a cabeça". Para ele, o Deus da fé, desaparecido no século XVIII, foi substituído pelo Deus da razão, ao qual Kant desferiu por sua vez um golpe mortal: a *Crítica da razão pura* "é o gládio que matou na Alemanha o Deus dos deístas". Heine tem consciência de assistir à agonia de Deus. Constata que a maioria dos europeus já é praticamente ateia, mesmo que muitos ainda não tenham consciência disso. Sem dúvida serão necessários muitos séculos para que a morte de Deus seja conhecida e aceita: "Essa notícia fúnebre talvez ainda tenha de esperar

---

1 Heine, De l'Allemagne depuis Luther, *Revue des Deux-Mondes*, 15 nov. 1834, p.408.

alguns séculos para ser universalmente difundida [...]. Contudo, no que nos diz respeito, já estamos de luto há muito tempo".

UM GIRO PELA FRANÇA DA IRRELIGIÃO

Vamos verificar em campo as afirmações de Heine. Com o surgimento da história quantitativa, a multiplicação das fontes e das enquetes sociológicas, os elementos de resposta é que não faltam. Um rápido giro pela França da primeira metade do século XIX basta para nos convencer da queda considerável da fé e do avanço da indiferença religiosa.

Comecemos pela região parisiense. Em 1826, o bispo de Versalhes conta em sua diocese 45 paróquias boas, 87 regulares e 103 completamente indiferentes. Em 1834, no decanato de Corbeil, de 10.600 habitantes, 300 respeitam a Páscoa; no de Dourdan, são 600 num total de 12.210, e toda a burguesia é fiel a Voltaire.

Passemos à diocese de Rouen e às visitas pastorais do bispo, o monsenhor de Croy, entre 1823 e 1844.[2] Consta nas atas que em Bois-Guillaume, perto de Rouen, "com exceção das crianças de ambos os sexos, de algumas mulheres e dos dois conselhos, não havia ninguém na igreja". Em Saint--Laurent-en-Caux, "os cafés são abundantes e frequentados especialmente aos domingos, por causa da feira da manhã". Em Darnétal, o bispo escreve: "Paróquia depravada e podre, a fábrica destruindo a religião [...].Tive de destacar a falta de fé, a ausência total de igreja de um grande número e os maus exemplos". O sistema das manufaturas têxteis está diretamente em questão: os patrões, burgueses voltairianos anticlericais, obrigam os operários a trabalhar no domingo de manhã, e a classe operária é uma das mais precocemente descristianizadas na região. E, também nesse caso, o fenômeno é bem mais antigo do que a Revolução Industrial. Como observa P. Join-Lambert, "desde o fim do século XII, os pobres moradores de Caux [...] que procuram trabalho na manufatura então em pleno crescimento escapam da ação do clero [...]. [Ocorre] a constituição de um grupo à margem da vida da Igreja, e mais cedo do que comumente se imagina".[3] As autoridades eclesiásticas acusam em tropel as tabernas, as feiras, a venda de livros nocivos,

---

2 Chaline, Une image du diocèse de Rouen sous l'épiscopat de Mgr de Croy (1823-1844), *Revue d'Histoire de l'Église de France*, n.160, p.53-72.

3 Join-Lambert, La pratique religieuse dans le diocèse de Rouen de 1660 à 1789, *Annales de Normandie*, 1953, p.247-74.

A ASCENSÃO DO ATEÍSMO PRÁTICO E SEUS COMBATES   533

os jornais liberais, a difusão da irreligião pelos comerciantes, como aqueles três retroseiros de Longuerue que "frequentam as feiras e negligenciam os mandamentos da Igreja".

Uma incursão pela diocese de Orléans revela uma situação similar. O bispo, monsenhor Dupanloup, escreve o seguinte: "Quando cheguei, de 20 mil a 25 mil dos 360 mil habitantes respeitavam a Páscoa. Havia paróquias em que não havia mais Páscoa". Em 1865, ele envia uma circular aos padres, pedindo informações:

> [sobre] as principais causas da desmoralização crescente e da irreligião das regiões interioranas, seja entre os operários, seja entre os agricultores: os cafés e os botequins, os maus jornais, os maus livros, a disciplina dos cafés e das salas de dança, as relações e as consequências infelizes das relações entre os jovens, as bibliotecas municipais, os inconvenientes e os perigos, caso existam, dos livros e das bibliotecas escolares.[4]

As respostas são eloquentes: em Lorry, dos 740 habitantes, 30 mulheres vão à missa e nem um homem sequer; 40 pessoas comungam na Páscoa. Em Courtenay, "há mais de um século que os habitantes de nossa terra não têm quase nenhum princípio religioso". Em Baccon, no Oeste da região de Beauce, os homens, alimentados pelos ambulantes com as ideias de Voltaire, são "céticos, zombeteiros", criticam o Evangelho, creem no Ser supremo ou no "Grande Éter".

O testemunho dos padres é confirmado pelos viajantes, como o bávaro Ringseis, católico e pietista, que passa pela região de Montargis em 1815:

> Devo confessar que a situação parece péssima. Na Alemanha, os cristãos católicos ainda são apegados às obras e às cerimônias do ofício divino; aqui, há pouca preocupação com isso. As igrejas estão vazias, e são visitadas somente por algumas mulheres. Quanto aos padres com os quais conversei, a maioria venera mais Bossuet do que Fénelon.[5]

Vejamos agora as regiões interioranas do Oeste, estudadas por André Siegfried e Paul Bois.[6] O Sudeste do departamento de Sarthe foi amplamente descristianizado. O inspetor de ensino Tarot se exprime em 1856:

---

4 Apud Le Bras, *Études de sociologie religieuse*, t.I, p.69.
5 Apud Gusdorf, *Du Néant à Dieu dans le savoir romantique*, p.270.
6 Siegfried, *Tableau politique de la France de l'Ouest sous la IIIe République*; Bois, *Paysans de l'Ouest. Des Structures économiques et sociales aux options politiques depuis l'époque révolutionnaire*.

O sentimento religioso, bastante tímido em grande parte de Sarthe, está quase extinto no Sudeste, no distrito de Saint-Calais e numa parte dos cantões de Mamers. As crises políticas, a propaganda revolucionária e antirreligiosa que encontrou em Le Mans um de seus órgãos mais detestáveis, o jornal *Le Bonhomme Sarthois*, elevaram a proporções alarmantes um mal já antigo.[7]

O inspetor de ensino primário de Saint-Calais confirma: "Observa-se, na maioria das comunas, uma indiferença quase completa". É a outro inspetor de ensino primário em visita pela região que devemos esta descrição das populações miseráveis de carvoeiros e lenhadores dos landes e das florestas da Sarthe, em 1873:

> O lande de Vaugautier, que começa a 2 quilômetros da comuna propriamente dita, e que se estende por 3 ou 4 quilômetros, tem cerca de 60 casas espalhadas, cuja maioria são verdadeiras cabanas habitadas por selvagens: estamos ali na presença de machos e fêmeas de La Bruyère. Um desses trogloditas me disse, com um sorriso abobado, ter sete filhos (é claro que ele não se casou), cujo destino ele ignora completamente. Sabe, no entanto, que uma de suas filhas, de 25 anos, perambula pelas calçadas de Le Mans com os soldados, o que não lhe causa nenhum tipo de preocupação. Uma criança de 10 anos, vestida com trapos, me levou até a avó. Numa pocilga iluminada pela luz que passava pela porta, encontrei uma pobre velha agachada diante de dois tições, que me disse ter tido doze filhos de muitos homens. Dois netos abandonados pela mãe tinham vindo se refugiar ali; eles dormem perto da lareira, ou melhor, do fogão, sobre um monte de palha seca, como gatos sobre aparas de madeira. Veem-se ainda, lá e acolá, nos pinhais, crianças e mulheres em busca de aventura. O *rei* da região é um velho de 92 anos, ex-taberneiro que, por muitos e muitos anos fez as vezes de prefeito e de sacerdote. Quando um homem e uma mulher queriam viver juntos, apresentavam-se a ele, ele mandava o casal beber algo, brindava e, depois, quebrando a garrafa, declarava-os unidos provisoriamente.[8]

Visivelmente, tais populações jamais tinham sido cristianizadas e viviam num ateísmo quase integral.

André Siegfried, assim como Paul Bois, sublinharam o contraste entre o Noroeste do departamento, muito crente, e o Sudeste, indiferente, contraste que já fora observado durante a revolução e é ainda mais impressionante

---

7 Apud Bois, op. cit., 1971, p.70.
8 Ibid., p.69.

em 1929: 2,5% da população do cantão de Pontvallain, 2,6% do de Bouloire, 4% do de Grand-Lucé vão à missa dominical. Há uma continuidade que pede explicação.

Antes, porém, prosseguiremos o giro pela incredulidade. Em regiões vinícolas, alguns setores são completamente descristianizadas: o cantão de Chablis, as Charentes, as cercanias de Bordeaux, o Aude, o Hérault.[9] Na Yonne, a parte oeste é ferozmente anticlerical, o que provoca a sérios conflitos durante as missões da Restauração, como ocorre em Avallon e em Villeneuve-sur-Yonne em 1819 e em Auxerre em 1824. Acidentes idênticos ocorrem no meio rural, onde "as manifestações ímpias provam que se trata nitidamente de hostilidade contra a religião".[10] Mais longe de Paris, em Cahors, não existe nem um único burguês que respeite a Páscoa, e as profissões liberais são indiferentes.

UM EXEMPLO: A BRETANHA

Entremos na devota Bretanha. Regiões inteiras já haviam aderido à incredulidade. Desde 1802-1803, o bispo de Saint-Brieuc, monsenhor Caffarelli, iniciou uma pesquisa sobre o estado espiritual da diocese, e obteve o seguinte tipo de respostas: "pouca religião e devoção, região perdida" (cantão de Lézardrieux); "parece indiferente à religião" (Penvenan); frio em relação à religião e aparentemente pouco preocupado em praticá-la" (Coatreven); "povo ignorante e grosseiro, e praticamente só tem ideias falsas sobre a religião e seus ministros" (Trézeny); "doze avos dos homens nem se aproximam dos sacramentos. Os jovens do povo são libertinos e desrespeitosos".[11] É verdade que a descristianização foi muito ativa na região. O diretório do departamento estabeleceu a seguinte diretriz em 1794:

> Aproveitai, pois, todas as ocasiões que as circunstâncias oferecerem para demonstrar a seus concidadãos o absurdo de uma crença que foi difundida por impostores na terra para a infelicidade do gênero humano. Fazei-os sentir que foram enganados por muito tempo pelos mais ridículos e mais vergonhosos preconceitos e que já é tempo de a razão voltar a prevalecer.

---

9 Lévêque, Vigne, religion et politique. In: Hamon (org.), *Du Jansénisme à la laïcité*, p.139-66.
10 Rocher, Évolution politique et religieuse du département de l'Yonne dans la première partie du XIXe siècle. In: Hamon (org.), op. cit., p.124.
11 Arquivos do bispado de Saint-Brieuc, Enquête sur l'état spirituel du diocèse.

Na região de Trégor, a indiferença religiosa já era antiga. Já mostramos isso, aliás.[12] Uma região definitivamente perdida para a fé. As constatações de indiferença se sucediam havia dois séculos: "O que será da Baixa Bretanha?", lamenta o bispo de Saint-Brieuc em 1881. "Quanto mais atenção dou à Bretanha, mais aflito me sinto, o estado dessa parte da diocese me oprime de tanta dor." Em 1814, ele volta a afirmar:

> Ali, os povos vivem na ignorância, na grosseria, são bêbados, dados a uma infinidade de desordens, e os crimes mais pavorosos que os juízes devem punir são sempre cometidos pelos baixo-bretões. Apenas a religião pode trazer esses homens de volta aos princípios da moral. Mas não há religião sem ministros [...]. O campo está caindo na barbárie. Se deixarmos a religião se extinguir, ele se tornará em breve um antro de bandidos e, em vez de um único padre cuja autoridade previna as desordens, serão necessários dez gendarmes para reprimi-las.[13]

Em 1903, na praça da catedral de Tréguier, ocorreu um evento simbólico que resume melhor do que os discursos e as estatísticas o estado de espírito da população: Émile Combes em pessoa, encarnação do anticlericalismo militante, inaugurou em frente à igreja onde santo Ivo foi vigário judicial uma estátua de Ernest Renan iluminado pela deusa Razão, diante de uma multidão entusiasmada que gritava: "À bas la calotte" ["Abaixo a padralhada"], e cantava um versinho local: "Viens, père Combes, viens,/ Ah! viens à Tréguier,/ Pour chasser les curés!".*

As eleições legislativas mostraram que aquilo não era uma manifestação acidental de uns poucos rebeldes: todos estavam conscientes do valor de teste antirreligioso do escrutínio, e foi justamente o candidato de Combes o eleito de todo o litoral.

Em 1954, uma enquete ainda constatava que:

> Saindo do Léon na direção leste, caso se vá à zona agrícola e litorânea do Trégor, de aspecto bastante uniforme, passa-se imediatamente para uma terra de clara indiferença religiosa, que se aproxima, quanto a isso, das dioceses da

---

12 Minois, *Un Échec de la réforme catholique en Basse Bretagne: le Trégor du XVIe au XVIIIe siècle.*
13 Arquivos do bispado de Saint-Brieuc, cartas do monsenhor Caffarelli de 3 de agosto de 1811 e 17 de outubro de 1814.
 * Trad.: "Vem, pai Combes, vem,/ Ah, vem a Tréguier,/ Expulsar os padres". (N. T.)

A ASCENSÃO DO ATEÍSMO PRÁTICO E SEUS COMBATES   537

Beauce e da Yonne. Em grande parte das paróquias, encontra-se apenas uma dezena de famílias cujos membros respeitam o domingo.[14]

Sob a Restauração, há nessa região distante até mesmo alguns nostálgicos da filosofia iluminista, como o "simplório Sistema" evocado por Ernest Renan em seus *Souvenirs* [Lembranças]. Misterioso, recusando-se a falar com as pessoas:

> ele nunca ia à igreja e evitava todas as ocasiões em que teria sido necessário manifestar uma fé religiosa material. O clero o via com maus olhos; não falavam contra ele na homilia, pois não havia escândalo; em segredo, porém, seu nome era pronunciado sempre com pavor. Uma circunstância especial aumentava essa animosidade e criava em torno do velho solitário uma espécie de atmosfera de diabólicos terrores.
>
> Ele possuía uma biblioteca bastante considerável, composta de escritos do século XVIII. Toda essa grande filosofia que, em suma, fez mais do que Lutero e Calvino, encontrava-se ali reunida. O estudioso ancião conhecia-a de cor e vivia da pequena renda que obtinha com o empréstimo de seus livros a algumas pessoas que liam. Para o clero, aquilo era uma espécie de poço do abismo, do qual falavam com horror. A proibição de emprestar livros dele era absoluta. O sótão de Sistema era considerado o receptáculo de todas as impiedades.[15]

Na verdade, o homem é deísta. Após sua morte, em 1830, o clero compra sua biblioteca e a queima.

O Trégor não é a única região de indiferença religiosa na Bretanha. Em 1815, Jean-Marie de Lamennais assustou-se com o estado espiritual da região de Dinan. O Leste da Cornouaille, o Alto-Léon, o Norte do Morbihan encontram-se no mesmo estado. Contudo, mesmo nos setores globalmente crentes, existem contrastes entre as categorias socioprofissionais. Gabriel Le Bras mostrou muito bem o contraste entre os piedosíssimos agricultores do Léon, cuja prática religiosa é quase unânime no século XIX, e seus vizinhos sargaceiros, navegadores a aposentados da Marinha, todos extremamente descristianizados.[16]

---

14 Hoyois, En quête d'une chrétienté: la Bretagne, *Revue Nouvelle*, 1956, p.605.
15 Renan, *Souvenirs d'enfance et de jeunesse*, p.94-5.
16 A propósito da região de Trégor, ele fala de um "misticismo anticlerical que testemunhei em minha infância e que radicais muito influentes exacerbavam durante os períodos eleitorais" (Le Bras, op. cit., t.II, p.605). "O espírito dos habitantes de Trégor, cáustico e rebelde, favorecia as críticas do clero, que por vezes levavam as exigências às raias do

O SÉCULO DA MORTE DE DEUS (SÉCULO XIX)

No Centro e no Leste da diocese de Saint-Brieuc, a enquete episcopal de 1846-1849 indica a presença minoritária, porém ativa, de alguns espíritos fortes. Em Pordic, cerca de cinquenta rapazes não vão à missa, e há um "ímpio notável" que trabalha duas vezes mais no domingo do que no restante da semana, lê Meslier e "só reconhece como deus o Sol". Como o "simplório Sistema" de Renan, "ele quis fazer propaganda, mas só conseguiu que lhe rissem na cara e o chamassem de louco". Em Binic, o vigário repertoria 8 "malvados", todos eles funcionários públicos, e 35 blasfemadores que não vão mais à missa, e aponta os responsáveis: a escola, que "se preocupa mais em cultivar o espírito dos jovens do que em fazer germinar em seu coração as virtudes cristãs", e a pesca na Terra Nova, "túmulo da inocência", para onde os jovens partem muito cedo e escapam de qualquer formação religiosa. Em Plévenon, a impiedade avança entre os homens: "Dizem que, se um homem precisa de um padre para dirigi-lo, ele não é digno de ser chamado de homem: os padres não passam de serviçais e não deveriam tomar a liberdade de nos dar lições". Em Lanfains, uma paróquia do interior, as crianças são criadas na cidade e voltam sem religião. Os mercadores difundem ideias ímpias.[17]

Nesse setor, no entanto, os esforços de reconquista religiosa são intensos, e conduzidos com zelo de cruzado pelo vigário-geral Jean-Marie de Lamennais (1780-1860), que não recua nem diante dos métodos mais odiosos. Na missão de Pordic, quando três homens se recusaram a se confessar, ele os acusou publicamente e os expulsou da paróquia, o que levou um deles ao suicídio. A autorização para o enterro foi recusada. Em 1818, movido por um verdadeiro ódio – que alguns qualificam de zelo apostólico – contra os ex-padres constitucionais, ele promoveu as censuras eclesiásticas contra Le Cornec, pároco de Paimpol, um ancião cego.[18]

Os excessos desse fanático não são os únicos. E provocam resistência. Missionários recebem cartas de ameaças. É um momento de confronto, sobretudo nas cidades, onde as iniciativas clericais são vistas como verdadeiras provocações. No entanto, seria um erro ver a oposição às missões como um simples sinal de anticlericalismo. Ela vai muito mais longe. Por exemplo, quando dois negociantes – um notário e um advogado – insultam violentamente em 1816 o vigário de Ploemeur no momento em que ele

---

jansenismo, sem ter uma ascendência igual à de seus detratores" (Le Bras, op. cit., t.II, p.606).

17 Arquivos do bispado de Saint-Brieuc, État moral des paroisses, 1846-1849.

18 Monsenhor Laveille, *Jean-Marie de Lamennais, 1780-1860*.

A ASCENSÃO DO ATEÍSMO PRÁTICO E SEUS COMBATES

apresenta o santo sacramento – "patife, padreco infame, segue teu caminho e vá ao diabo com teu santo Deus" –, trata-se realmente de uma manifestação antirreligiosa por parte de ateus.[19]

Em Brest, não se trata de alguns indivíduos isolados, mas de grupos sociais inteiros. A presença de tropas, de marinheiros e de uma burguesia liberal de origem recente cria condições pouco favoráveis para a reconquista religiosa. Sob a Restauração, os incidentes se multiplicam, sobretudo em razão das inúmeras recusas de sepultura proferidas por um clero ofensivo. Assim, em 1819, quando o bispo decide organizar uma missão dirigida pelos jesuítas com cerca de cinquenta confessores, há um enfrentamento. Diante das manifestações hostis, a missão tem de ser anulada. Até mesmo as procissões de Corpus Christi se tornam impossíveis, e o bispo fala de "uma verdadeira federação antirreligiosa".[20]

A missão de 1826 é uma prova de força. Durante o sermão do retiro, ocorre um tumulto que o secretário do bispo tenta minimizar: "Devo dizer que, ontem, uma ninharia causou susto e alarme no numeroso auditório que veio ouvir o célebre abade Guyon, isto é, entre as senhoras e senhoritas, pois os homens conservaram uma calma e um silêncio que deveriam ter tranquilizado a mulherada".[21] A "mulherada" é desprezada por ambos os lados. Nos dias seguintes, a missão prossegue, permeada de conflitos e incidentes de todos os tipos: bombas, enforcamento de um boneco representando um padre, vociferações, intervenção de tropas estrangeiras para proteger os missionários.

O bispo de Quimper, monsenhor de Crouseilhes, está decidido a enfrentar os rebeldes e conta com o apoio dos reacionários: "Essa fúria dos ateus o honra aos olhos das pessoas honestas", declara o conde de Plessis-Parscau. Entre as causas do confronto está a questão do sepultamento dos descrentes. A posição do prelado é fazer que a recusa do moribundo de receber os sacramentos seja constatada por testemunhas, a fim de dar motivo para a proibição de enterrá-lo em terras consagradas. Um exemplo: em 1821, o cura da paróquia de Recouvrance, Inizan, está às voltas com um descrente que, "assemelhando-se aos brutos, queria morrer como eles". Ele envia o vigário, Habasque, que tem de ouvir que os sacramentos não são nada e a existência

---

19 Langlois, *Le Diocèse de Vannes au XIXe siècle, 1800-1830*.
20 Le Gallo, *Clergé, religion et société en Basse Bretagne*, t.II, p.729.
21 Apud Le Gallo, op. cit., t.II, p.795.

540   O SÉCULO DA MORTE DE DEUS (SÉCULO XIX)

de Deus é duvidosa. Ele ameaça negar sepultura; o moribundo responde que lhe importa e, por fim, a família não permite a entrada do padre.[22]

Brest é, desde o início do século XIX, um sólido bastião do ateísmo. Nas escolas da Marinha, a irreligião é ensinada muitas vezes junto com as ciências matemáticas: é o caso de Duval Le Roy (1731-1810), que, desde 1762, propaga impunemente o ceticismo e o ateísmo entre os oficiais. Estes não gostam de ter um capelão a bordo, sempre disposto a fazer o papel de censor, e dispensam-no sempre que podem.

Brest, cidade de guarnição, de marinheiros, também é a cidade das tabernas, das prostitutas e dos trabalhos forçados. Em 1830, o capelão do hospital civil queixa-se do diretor:

> É um homem completamente sem religião e sem modos, cujo único interesse é conservar a libertinagem e aumentar dia a dia o número de prostitutas pela proteção e pelos conselhos que não se envergonha de lhes dar no exercício mesmo de suas funções. Quando uma mulher pública entra no dispensário, ele começa a preveni-la contra os conselhos e as sábias advertências que poderia receber da parte das religiosas encarregadas disso.[23]

AS AUTORIDADES RELIGIOSAS EM ESTADO DE ALERTA

Brest é certamente um caso extremo. No entanto, a partir da primeira metade do século XIX, todas as fontes indicam, tanto na Bretanha como em outras paragens, e em grau diverso conforme a região, a presença combativa de ateus conscientes, bem como de um grupo considerável de indiferentes. As cartas pastorais dos bispos, por trás do paternalismo arrogante, revelam uma surda preocupação. Ainda que o monsenhor David, bispo de Saint-Brieuc, afirme em 1863: "Dizemos, com santo orgulho, que em nossa diocese a fé é universal. O número daqueles que não creem mal pode ser assinalado", as pesquisas desmentem essa certeza. Ele mesmo, em 1867, nota que aqui e ali há espíritos superiores que zombam dos sermões. Em 1868, ele se preocupa com a ascensão do materialismo e, num trecho de uma carta pastoral de 5 de fevereiro, que não se destinava ao púlpito, ele se opõe à criação de cursos públicos para as meninas, temendo "que, com a

---

22 Ibid., p.736.
23 Ibid., p.1037.

A ASCENSÃO DO ATEÍSMO PRÁTICO E SEUS COMBATES   541

desculpa da ciência, venham semear a dúvida e o materialismo no próprio santuário da família".

Essas mulheres, essa "mulherada", tradicionalmente desprezadas, vistas com temor e suspeita como agentes de Satanás por um clero treinado para fugir de sua frequentação, são o futuro da Igreja. A feminização da Igreja se acentua depois da revolução e vai se acelerar com a urbanização: mais sensíveis à estética das cerimônias, que satisfazem uma necessidade de efusão, as mulheres encontram na igreja uma companhia, um contato social que lhes permite escapar do isolamento no qual vivem confinadas no lar. E, para o marido, isso é uma segurança a mais: com uma esposa beata, ele tem menos chances de ser traído.

O clero está ciente disso: as coisas nunca mais serão como antes da revolução. Agora, os padres têm de convencer continuamente um rebanho que corre o risco de se deixar seduzir pelo ateísmo. Em 1846, outro bispo de Saint-Brieuc, monsenhor Le Mée, proíbe seus diocesanos de conversar com incrédulos: sem dúvida sente a fragilidade de suas ovelhas diante dos argumentos atraentes dos ateus, mas a advertência é irrisória.

Aliás, é um padre bretão, Félicité de Lamennais, irmão de Jean-Marie, que lança em 1817 o grito de alarme diante da ascensão da incredulidade. Seu *Essai sur l'indifférence en matière de religion* [Ensaio sobre a indiferença em matéria de religião], cujos quatro volumes são publicados até 1823, tinha o objetivo despertar a consciência cristã. A constatação é amarga: a Europa naufraga na indiferença religiosa.

> Dessa indiferença letárgica em que a vemos cair, dessa profunda sonolência, quem a tirará? [...] Religião, moral, honra, deveres, os princípios mais sagrados, bem como os mais nobres sentimentos, nada mais são que uma espécie de sonho, brilhantes e ligeiros fantasmas que por um instante troçam ao longe do pensamento, para desaparecer em seguida sem esperança de volta.[24]

O impetuoso defensor do catolicismo não suporta o relativismo religioso de seus contemporâneos, que consideram todas as religiões iguais, que é inútil examiná-las e que todas devem ser toleradas. Tolera-se tudo, até mesmo Deus! Isso é que é intolerável. Essa "indiferença sistemática" é sinal da decrepitude das nações e anuncia seu fim. É encorajada pelos inimigos da Igreja: "Luteranos, socinianos, deístas, ateus, sob esses nomes diversos

---

24 Lamennais, *Essai sur l'indifférence en matière de religion*, t.I, p.4.

que indicam as sucessivas fases de uma mesma doutrina, prosseguem, com uma infatigável perseverança, seu plano de ataque contra a autoridade".[25]

A indiferença não passa de uma fase transitória, que conduz inevitavelmente ao abismo, ao ateísmo, que é a morte da sociedade, como mostrou a experiência revolucionária: "Está provado, pelos fatos, que um povo ateu não poderia sobreviver, visto que a mera tentativa de substituir a religião pelo ateísmo subverteu completamente a sociedade na França".[26] O ateísmo é o mal por excelência, "o desespero de uma razão alienada e o suicídio da inteligência". O ateu é um verdadeiro monstro que nenhuma barreira moral consegue deter. Eventualmente, torna-se um canibal: "Se tem fome de seu semelhante, ele pode, se tiver força física para isso, comer sua carne e beber seu sangue, com tão pouco escrúpulo como come um pedaço de pão ou mata a sede com a água da fonte".[27] É possível chegar a tal estado de monstruosidade? "Existem ateus verdadeiros? Talvez, pois, ai de nós!, quem conhece os limites da perversidade humana?"[28]

E após tantos outros, Lamennais retoma a demonstração das provas da existência de Deus, reafirmando a universalidade da crença original. Foram os sistemas filosóficos que perverteram recentemente o espírito humano. Até mesmo na China, a incredulidade é recente. A escolha é simples: o catolicismo ou "esse amontoado de opiniões incoerentes que foi chamado de filosofia e que, por um caminho mais ou menos rápido, vem se perder no ateísmo".

Nessa época, Lamennais é um jovem legitimista ultracatólico, dotado de um temperamento rígido, que o leva a julgamentos excessivos. A atmosfera romântica em que ele está inserido leva-o a dramatizar a situação de modo maniqueísta, logo após o trauma revolucionário. Como muitos de seus contemporâneos, tem a impressão de que houve uma ruptura histórica. Uma época nova começa; resta saber se se trata de uma alvorada ou de um crepúsculo.

No que diz respeito à juventude burguesa dos liceus e colégios, o futuro parece sorrir ao ateísmo. "Quantos jovens cristãos éramos nos colégios de mais bem afamados?", pergunta-se Montalembert. "Mal chegávamos a um em vinte. Quando entrávamos numa igreja, a presença de um desses jovens das escolas não produzia tanta surpresa quanto a visita de um viajante

---

25 Ibid., t.I, p.18.
26 Ibid., t.I, p.47.
27 Ibid., t.I, p.297.
28 Ibid., t.II, p.124.

A ASCENSÃO DO ATEÍSMO PRÁTICO E SEUS COMBATES   543

cristão a uma mesquita do Oriente?"[29] O próprio Lamennais conta em 1823, em *Le Drapeau blanc* [A bandeira branca], que, num colégio, trinta alunos fingiam comungar e pegavam as hóstias consagradas para lacrar suas cartas. Gratry (1805-1872), futuro restaurador da Ordem do Oratório na França, escreve em *Souvenirs de ma jeunesse* [Lembranças de minha juventude] que sua turma inteira de primeiro ano no Liceu Henrique IV perdeu a fé lendo *Origine de tous les cultes*, de Dupuis. No colégio Sainte-Barbe, puseram a existência de Deus em votação durante uma aula, e o Criador salvou sua cabeça por apenas um voto de diferença. No dia 15 de junho de 1830, nove capelães dos colégios de Paris confessam num relatório:

> [estar] num abatimento profundo e num desgosto que nenhum termo poderia exprimir [...]. Há catorze ou quinze anos, nossos esforços são inúteis. As classes de matemática, filosofia, retórica e de primeiro ano contam juntas, entre noventa ou cem alunos, uns sete ou oito que cumprem seus deveres pascais. Entre os que se formam em retórica ou filosofia, é preciso dizer quantos ainda conservam a fé e a põem em prática? Apenas um por colégio todos os anos.[30]

AS VARIAÇÕES SOCIAIS DA INCREDULIDADE

Esses jovens descristianizados são filhos da burguesia. O ateísmo do século XIX é, antes de tudo, um fenômeno burguês, ainda que seja difícil distinguir entre agnosticismo, deísmo, materialismo e anticlericalismo nessa categoria social que dissimula seus verdadeiros sentimentos por trás de uma fachada de indiferença e conformismo sazonal. O burguês é batizado, casado na igreja e sepultado religiosamente. Ele manda esposa e filhas à missa; ele assiste aos sermões da Quaresma, evento mundano e intelectual parisiense a partir de 1835. Oficialmente, portanto, ele é "crente".

No entanto, seu ambiente é totalmente descristianizado. Adeline Daumard, que estudou a burguesia parisiense do século XIX, mostrou isso muito bem: os inventários revelam uma ausência total de sinais religiosos – não há crucifixos, missais ou referências religiosas nos testamentos na maioria dos casos, mas, em compensação, bibliotecas repletas de obras de filósofos do século XVIII. O burguês parisiense cultua Voltaire e, como seu ídolo, vê a religião como um fator de equilíbrio social, uma proteção contra a subversão,

---

29 Montalembert, *Des Intérêts catholiques au XIXe siècle*, p.67.
30 Apud Goyau, *Un Tournant d'histoire religieuse: 1830, catholicisme et libéralisme*, p.13.

uma garantia de ordem, uma organização honrosa e decente, que garante a paz de consciência com alguns atos de caridade. Mas e Deus em tudo isso? É claro que, como escreve Adeline Daumard:

> Deus não estava morto. Ele se afastara. Não estava no pensamento, no comportamento habitual dos burgueses parisienses. [...] Não se pode falar de ateísmo; quando questionados, muitos homens, fora dos meios populares, teriam respondido, sem dúvida, que acreditavam na existência de uma divindade de atributos mal definidos.[31]

O burguês da província assemelha-se a seu confrade parisiense, mas talvez com um anticlericalismo mais virulento e um espírito corporativista mais acentuado. Numa pequena cidade como Vannes, há dois círculos literários, dos quais um é maçônico. Em 1817, o inventário realizado após a falência de uma figura importante revela uma biblioteca em que Voltaire e Rousseau predominam, com 72 e 37 títulos, respectivamente, num total de 190.[32]

A expressão da fé, ou da descrença, do pequeno-burguês em meados do século XIX foi imortalizada por Gustave Flaubert, cujo personagem do farmacêutico Homais se tornou o símbolo de um espírito voltairiano medíocre:

> Tenho uma religião, a minha religião, e tenho até mais do que eles todos, com suas macaquices e seus trejeitos! Eu, ao contrário, adoro Deus! Creio no Ser supremo, num criador – seja ele qual for, pouco importa – que nos colocou neste mundo para cumprirmos nossos deveres de cidadão e de pai de família; mas não tenho necessidade de ir a uma igreja beijar vasos de prata e engordar com meu bolso um bando de farsantes que se alimenta melhor do que nós! Pois podemos honrá-lo do mesmo modo num bosque, num campo ou mesmo contemplando a abóbada celeste, como os antigos. O meu Deus é o Deus de Sócrates, de Franklin, de Voltaire e de Béranger! Sou a favor da *Profession du vicaire savoyard* e dos imortais princípios de 89! Assim, não admito um bom Deus bonacheirão que passeia por seu jardim de bengala na mão, hospeda os amigos no ventre de baleias, morre com um grito e ressuscita ao cabo de três dias: coisas absurdas e completamente opostas, aliás, a todas as leis da física;

---

31 Daumard, *Les Bourgeois de Paris au XIXe siècle*, p.326-7.
32 Langlois, op. cit.

o que nos demonstra, de resto, que os padres estagnaram numa ignorância tórpida, na qual eles se esforçam para tragar com eles o povo.[33]

O senhor Homais é tradicionalmente apresentado como a ilustração pejorativa de um anticlericalismo limitado de vendedor de província, e o retrato prestou bons serviços à apologética católica, para que vê aí uma variante do ateísmo vulgar e um materialismo grosseiro. Esse desprezo traduz na verdade um profundo despeito, um sentimento de impotência diante de um dogmatismo rival, o da descrença voltairiana, que atrai grande parte da burguesia do século XIX: pequenos comerciantes, homens da lei, profissionais liberais, negociantes e parte das classes médias ascendentes.

Comparativamente, a classe operária, à luz de pesquisas recentes, parece menos descristianizada do que se imaginava. No caso da França, como lembra Gérard Cholvy, é preciso evitar generalizar os casos de Paris e Lyon – onde os *canuts** são "freneticamente antirreligiosos", segundo G. Duveau. Até o fim do século, os mineiros do Pas-de-Calais são extremamente ligados aos sacramentos, assim como a maioria dos operários do Norte: "Falar de descristianização brutal em razão da industrialização seria um erro no caso de Aubin e da região mineira. O comportamento, a prática, as mentalidades mostram que a população permanece ligada à Igreja".[34]

Na Inglaterra, o censo nacional de 1851 sobre a prática religiosa revela que, naquela data, 5.288.294 indivíduos não vão aos ofícios dominicais, com uma proporção especialmente elevada nas regiões industriais. Na verdade, como observou E. P. Thompson, os operários permanecem ligados à religião. No início do século, eles são marcados pelo metodismo, e isso talvez tenha poupado a Inglaterra de uma revolução.

A teoria até hoje dominante na historiografia inglesa era a de uma secularização progressiva, contínua, da classe operária a partir do século XVIII, um fenômeno irreversível marcado por "despertares" religiosos de sentido limitado e provisório:

---

33 Flaubert, *Madame Bovary*, II, 1, p.361-2.
* Operários e operárias que trabalhavam na tecelagem da seda em Lyon. (N. T.)
34 Cholvy, Réalités de la religion populaire dans la France contemporaine (XIXe – début XXe siècle). In: Plongeron (org.), *La Religion populaire. Approches historiques*, p.149-70. Ver também *Cahiers du mouvement social: Christianisme et monde ouvrier*, n.1, e, para a Itália, Veruca, Anticléricalisme, libre pensée et athéisme dans le mouvement ouvrier et socialiste. In: Convegno di Storia della Chiesa, *Chiesa e religiosità in Italia dopo l'Unità (1861-1878)*.

546 O SÉCULO DA MORTE DE DEUS (SÉCULO XIX)

algo que vai contra o inevitável: a descristianização. Por essa razão, "despertar" tem uma conotação negativa, referindo-se em geral a pessoas pobres, sem instrução, que, enfrentando de repente uma crise econômica, voltam-se para ofícios religiosos impregnados de um evangelismo revoltado (geralmente) em busca de consolo diante de uma tragédia, de um infortúnio pessoal.[35]

Esses "despertares" seriam, para os historiadores marxistas, um "sucedâneo de luta de classes", num clima de histeria religiosa, ou "o quiliasmo dos vencidos e dos desesperados".[36]

Partindo do pressuposto do unanimismo religioso no século XVIII, seguido de um declínio constante sob o efeito dos progressos científicos e da crítica, essa visão das coisas é questionada hoje em dia. Os historiadores teriam se deixado impressionar pelas reclamações do clero do século XIX: o ateísmo estava relativamente pouco enraizado na classe operária. "A análise da composição social, a técnica de pesquisa mais fundamental e mais precisa sobre essa questão não detectaram a grande hemorragia operária que as Igrejas teriam sofrido no século XIX."[37]

Uma vez admitidas essas retificações, devemos acrescentar que, situando-se no longo prazo e em escala global, as Igrejas tradicionais, sobretudo a católica, perderam a chance de entrar na era industrial. As conclusões de Pierre Pierrard sobre o proletariado de Lille em meados do século podem ser generalizadas: "Duas correntes tentaram canalizar a massa crescente do proletariado de Lille: o paternalismo católico e o socialismo anticlerical. O paternalismo fracassou, apesar dos esforços sinceros dos católicos fervorosos".[38] Esta observação de um padre de Lille em 1848 diz muito sobre o desapego religioso das massas operárias: "Parecem pertencer a uma seita dissidente, de tão alheios que são aos nossos sacramentos". Para essas massas descristianizadas, os pensadores utopistas criam mundos em que a única religião será a da humanidade, o que Henri Desroche chamou de "religião da irreligião".[39]

Nas classes populares, alguns outros círculos são particularmente atingidos pela descrença, como a população que forma o artesanato rural de

---

35 McLeod (org.), *Histoire religieuse de la Grande-Bretagne*, p.317.
36 Thompson, *The Making of the English Working Class*, p.386.
37 McLeod (org.), op. cit., p.327. Os autores ressaltam a "importância enorme da religião na vida comunitária e familiar dos operários entre os anos de 1890 e 1930" (McLeod [org.], op. cit., p. 328).
38 Pierrard, *La Vie ouvrière à Lille sous le Second Empire*, cap. IX.
39 Desroches, *Les Dieux rêvés. Théisme et athéisme en utopie*.

têxteis, muito disseminada no século XIX. A dependência com os comerciantes da cidade vizinha, que distribuem a matéria-prima e compram o produto final, contribui para o enfraquecimento dos vínculos da solidariedade paroquial, a introdução do individualismo, da concorrência e de ideias novas. A mentalidade desse grupo aparece no folclore e nos contos que circulam nos serões em que se tecem o linho e o cânhamo. Na Bretanha, os contos dos tasquinhadores de linho revelam um mundo profundamente anticlerical ou mesmo antirreligioso. Nessas histórias, tanto os santos quanto o diabo são ridicularizados; o além, o céu e o inferno são alvos de zombaria; quando oferecem o paraíso a Jean-Yves, ele recusa e faz troça dele com um trocadilho em bretão entre *bara dous* (pão sem manteiga) e *baradoz* (paraíso). Visão de mundo cínica, inquieta, desiludida e angustiada. O sucesso sorri aos astuciosos, espertos, malandros, que não se preocupam com a moral. As forças mágicas e os elementos naturais ressurgem; o vento, o sol, a água controlam de novo o universo: o rei de "Lannion" só pode ser curado pela água da fonte do sol. Elementos pagãos e cristãos se misturam, sem diferenciação: a besta, a serpente de sete cabeças, as bruxas e o diabo são personagens frequentes; os santos são apenas adivinhos a quem se oferecem crepes em troca do conhecimento do futuro. Trata-se de um mundo desconcertante, inesperado, de uma agressividade anticlerical e antirreligiosa surpreendente. Evidentemente, é preciso distinguir o conto da verdadeira mentalidade do contador. Mas a insistência e a repetição dos temas são notáveis, bem como a moral que aparece nas histórias. A Igreja está do lado do mal, é desprezível e sem poder; as forças misteriosas da natureza são as mais poderosas, e o herói é aquele que sabe utilizá-las em proveito de seus interesses egoístas: "Bils, o astuto ladrão", é mais digno de admiração do que santo Ivo.[40]

No interior, ambulantes, taberneiros, carroceiros, barqueiros continuam malvistos, bem como lenhadores e mineiros, populações mal enquadradas, independentes, em geral ateias. O caso dos marujos, já mencionado sob o Antigo Regime, torna-se mais claro. Em Paimpol, na época áurea da pesca na Terra Nova, o mundo dos marinheiros se divide em dois. O *Journal de Paimpol*, órgão dos incrédulos e dos anticlericais, zomba do perdão dos barcos,* realizado na véspera de cada campanha na Terra Nova:

---

40 Massignon, *Contes traditionnels des teilleurs de lin du Trégor*.
* No original, *le pardon des navires*. Trata-se de uma referência a uma cerimônia religiosa, popular na Bretanha, caracterizada pela peregrinação em busca da indulgência. (N. E.)

O SÉCULO DA MORTE DE DEUS (SÉCULO XIX)

Muitos, livres de qualquer religiosidade, disseram-se, com razão, que uma aspergida a mais ou a menos de água benta não poderia ter nenhuma influência na campanha [...]. Se a pesca for boa, [os marujos] associarão em seu íntimo religião e trapaça, e vão engrossar a onda cada vez maior dos incrédulos.[41]

Em 1908, o jornal critica novamente "essa arcaica e teatral cerimônia da bênção dos barcos, e pede aos marinheiros que se fiem apenas neles mesmos: "Pobre João, abre o olho e cuida da plantação, mais vale isso do que rogar à Providência".[42] Uma festa laica é realizada com sucesso, e o jornal *Le Réveil des Côtes-du-Nord* constata: "Paimpol mudou. A lenda respeitosa está se dissipando [...]. Como Tréguier para Renan, Paimpol, laicizando a festa, dá o sinal da libertação do espírito bretão".[43] Os jornais também fazem eco ao ceticismo dos marinheiros que, tendo percorrido o mundo, aprenderam a lição do relativismo. Assim, o capitão Le Dru diz que "viu na superfície do globo a poeira das religiões, que têm apenas uma coisa em comum: o orgulho e a cupidez do clero".[44]

No Sul do Finistère, a descristianização dos pescadores também é rápida no fim do século XIX. Na comuna de Guilvinec, por exemplo, em 1909 apenas 1,7 mil pessoas respeitavam a Páscoa, das quais 1,2 mil mulheres para 1 mil abstenções, quase todas masculinas.[45]

O PAPEL DO ANTICLERICALISMO

A constatação é límpida. Globalmente, a descrença avança maciçamente no decorrer do século XIX. Isso é uma evidência reconhecida. Por outro lado, ela avança com mais rapidez em certas regiões e classes sociais. Os historiadores e os sociólogos das mentalidades religiosas se questionam há muito tempo sobre as causas desse fenômeno. Algumas razões de ordem geral são conhecidas: progresso da explicação científica do mundo; rejeição de uma moral excessivamente rigorosa e dogmas desesperadores, como o

---

41 *Le Journal de Paimpol*, 21 fev. 1904.
42 Ibid., 16 fev. 1908.
43 *Le Rêveil des Côtes-du-Nord*, 18 fev. 1904.
44 *Journal de Paimpol*, 12 jun. 1887. Cf. Chappé, La IIIe République et la mer à Paimpol; combats et défaites de l'anticléricalisme maritime. In: Colloque du Collège de France, *Foi chrétienne et milieux maritimes*, p.293-305.
45 Lagrée, L'évolution religieuse des pêcheurs bretons (milieu XIXe – milieu XXe siècle). In: Colloque du Collège de France, op. cit., p.141.

inferno; anticlericalismo devido aos elos muito estreitos entre o clero e uma ordem sociopolítica contestada desde a revolução. E do anticlericalismo para a descrença, a distância é curta, como indicava André Siegfried, ao falar dessas pessoas que:

> mal ou bem conseguem fazer essa difícil separação que consiste em escutar o padre na igreja e ignorá-lo quando saem: operação bastante delicada e que não deixa de representar um risco para a integridade da fé; um chefe parcialmente contestado deixa de ser intocável e sua ascendência enfraquece quando nos opomos impunemente a ele [...]. Chego, pois, a esta ideia muito simples: o clericalismo vai par a par com um catolicismo fortemente enraizado, ao passo que o anticlericalismo, mesmo quando coincidente com certos sentimentos religiosos, marca o estado de uma sociedade em que a Igreja, tendo perdido sua ação política, goza apenas de uma autoridade moral limitada.[46]

O anticlericalismo, quando não desde o início, torna-se antirreligioso muito rapidamente, seguindo uma inclinação quase natural. "Pouco a pouco", escreve René Rémond, "pelo aprofundamento espontâneo dos pressupostos ou pela ampliação inevitável dos objetivos, o anticlericalismo é levado a ultrapassar a fronteira que ele estabelece de início entre a denúncia do anticlericalismo e o respeito à religião autêntica".[47] Se, na primeira metade do século XIX, o anticlericalismo é deísta e filosófico, ele vai muito depressa se juntar a correntes mais radicais e tornar-se ateu. A radicalização do confronto entre a Igreja e a descrença não deixa outra escolha. A partir de 1836, Lamennais responsabiliza a Igreja pelo aumento do anticlericalismo, em razão de sua conivência com o poder, seu descuido com as virtudes evangélicas e sua incompreensão do movimento das ideias.

O anticlericalismo cresce nos países latinos cujas populações haviam permanecido maciçamente católicas, onde o Estado ligou seu destino ao da Igreja e a liberdade de pensar só foi conseguida pela luta contra essa mesma Igreja: França, Itália, Espanha, Portugal e América Latina. O mapa do anticlericalismo não é de modo algum o negativo do mapa da prática religiosa, muito pelo contrário. Com frequência, é nas regiões onde o clero

---

46 Siegfried, *Tableau politique de la France de l'Ouest sous la IIIe République*, p.394.
47 Rémond, *L'Anticléricalisme en France de 1815 à nos jours*, p.33. Por mais que Édouard Herriot tenha feito distinção num discurso de 20 de março de 1925 – "Senhores, é preciso escolher entre a religião de Estado e a religião do apostolado. Quando a religião se restringir a seus meios espirituais, quando não for mais clerical, entre vós e nós, ela não terá defensores mais respeitosos do que nós" –, o limite nunca será realmente respeitado.

é mais poderoso que aparecem, logicamente, as reações de rejeição, como na Bretanha. Ou ainda nas regiões jansenistas e naquelas que, até a revolução, foram dominadas por poderosas abadias – a tutela dos monges deixou péssimas lembranças.

Socialmente, o anticlericalismo está solidamente implantado nas profissões rivais do clero: juristas e professores; a burguesia se divide e a nobreza – anticlerical sob o Antigo Regime – dá uma guinada espetacular por razões políticas. No fim do século XIX, as paixões atingem o ápice, originando excessos verbais de extrema violência, como nas obras de Gabriel-Antoine Jogand-Pagès, mais conhecido como Léo Taxil: *La Chasse aux corbeaux* [Caça aos corvos] (1879), *Les Bêtises sacrées* [As besteiras sagradas] (1880), *Calotte et calotins* [Solidéus e padrecos] (1880), *Les Amours secrètes de Pie IX* [Os amores secretos de Pio IX] (1881). Em "La marseillaise anticléricale" ["A marselhesa anticlerical"], que ele compõe em 1881, a antirreligião se confunde com o anticlericalismo:

> Aux urnes, citoyens, contre les cléricaux!
> Votons, votons, et que nos voix dispersent les corbeaux!
>
> Citoyens, punissons les crimes,
> De ces immondes calotins;
> N'ayons pitié que des victimes
> Que la foi transforme en crétins (*bis*).
> Mais les voleurs, les hypocrites,
> Mais les gros moines fainéants,
> Mais les escrocs, les charlatans...
> Pas de pitié pour les jésuites.*

Outra paródia, a da *Internacional*, que na pluma de Montéhus torna-se, em 1904, a "Marche anticléricale" ["Marcha anticlerical"]:

> C'est la chute finale
> De tous les calotins;

---

* Trad.: "Às urnas, cidadãos, contra os clérigos!/ Votemos, votemos, e que nossos votos dispersem os corvos!// Cidadãos, punamos os crimes/ Dessa imunda padralhada/ Tenhamos piedade apenas das vítimas/ Que a fé transforma em cretinos (*bis*)./ Mas os ladrões, os hipócritas,/ Mas os balofos monges preguiçosos,/ Mas os larápios, os charlatães.../ Não tenhamos piedade com os jesuítas". (N. T.)

A ASCENSÃO DO ATEÍSMO PRÁTICO E SEUS COMBATES   551

L'anticléricale,
Voilà notre refrain.
C'est la chute finale
De tous les foutus chrétiens,
L'anticléricale,
Fera le mond'païen (*bis*).

Contre les vendeurs de bêtises,
Contre ceux qui faussent le cerveau/
Contre les tenanciers de l'Église,
De la raison levons le drapeau.*

No mesmo ano, J. Lermina, em *Les Crimes du cléricalisme* [Os crimes do clericalismo], recapitula os crimes da Igreja contra os homens e a ciência, e em 1906 aparece o primeiro número de *La Calotte*, jornal especializado em anticlericalismo. O anarquismo explode. Em seu "Chant de la guillotine" ["Canto da guilhotina"], Ravachol proclama:

Si tu veux être heureux,
    nom de Dieu,
Pends ton propriétaire,
    nom de Dieu,
Fous les églises par terre,
    nom de Dieu,
Et l'bon Dieu dans la merde,
    nom de Dieu**

Entretanto, desde o fim do século XIX, alguns pensadores socialistas consideram que as campanhas anticlericais desviam as massas da luta principal, a luta contra o capitalismo e a propriedade privada. É o caso de Jules Guesde, então à frente do Partido Operário Francês. Quanto a Ferdinand Buisson, uma das personalidades marcantes da laicidade francesa, ele se

---

* Trad.: "É a queda final/ Da padralhada toda;/ A anticlerical,/ Eis nosso refrão./ É a queda final/ De todos os malditos cristãos,/ A anticlerical,/ fará o mundo pagão (*bis*).// Contra os vendedores de besteiras,/ Contra os que enganam as mentes,/ Contra os que controlam a Igreja,/ Da razão ergamos a bandeira". (N. T.)

** Trad.: "Se queres ser feliz,/ Em nome de Deus,/ Enforca o proprietário,/ Em nome de Deus,/ Põe abaixo as igrejas,/ Em nome de Deus,/ Manda o bom Deus à merda,/ Em nome de Deus". (N. T.)

pergunta, em 1903, se seria legítimo prosseguir o combate contra um inimigo vencido de antemão. O clero não tem mais poderes: por que continuar a combatê-lo? A Igreja ainda existe, é claro, mas só tem influência sobre seus fiéis. A moral, a política, a economia e as relações sociais escapam completamente da sua alçada.

> O que resta à Igreja? Uma única atribuição, a única que dela não se pode razoavelmente extirpar: a religião. Tão somente a religião, porque até a moral, tanto tempo ligada à religião, separou-se dela; nossas leis, nossos regulamentos e até nossas escolas conhecem agora apenas uma moral: a laica.
> Daí a força aparente do raciocínio em que nos encerram:
> Já que agora a Igreja exerce sua ação apenas na ordem das coisas da alma, deixem-na tranquila, se é verdade que querem guerrear unicamente contra a onipotência clerical, desde já vencida. Mas os senhores continuam a atacar. Confessem, então, que não era o clericalismo o inimigo, mas sim a religião. [...]
> O que é a Igreja hoje em comparação com o que era antes de 89? Ao que parece, tiraram-lhe tudo daquilo que constituía sua força: títulos, privilégios, riquezas, honras, monopólios. Ora, ela ocupa incontestavelmente na França de hoje um lugar que não tinha outrora: ela desenvolveu sua ação benfeitora, caridosa, filantrópica; ela tem hoje, por "obras" de toda a espécie, mais popularidade do que nunca e de melhor qualidade. Por isso, e também por seu modo de recrutar, pelo fim dos prelados aristocratas, pela modéstia da situação material em que vive o clero há um século, pelos prodígios de zelo, generosidade e devoção que suscitou entre os laicos outrora tão indiferentes, ela se aproximou da democracia.[48]

Texto interessante pelo menos por dois aspectos. Por um lado, Ferdinand Buisson constata o fracasso clerical. Ao ler essas palavras, tomamos consciência do caminho percorrido em um século: o descrente toma o campo, fala como vencedor, avalia a extensão da vitória. Por outro lado, ele se mostra magnânimo: se a descrença quer ser digna de sua vitória, deve respeitar a crença, separando estritamente anticlericalismo e antirreligião, e não caindo nos abusos da Igreja de outrora.

No recuo da fé no século XIX, o anticlericalismo fez o papel de motor, cristalizando a hostilidade difusa contra a Igreja, materializando o obstáculo, fixando em pessoas concretas um mal-estar metafísico. O clima de

---

48 Buisson, La crise de l'anticléricalisme, *Revue Politique et Parlementaire*, 1903, p.5-32.

combate – até de guerra, podemos dizer – contra os representantes qualificados da fé endurece as posições e transforma as dúvidas em certezas. O anticlerical é conduzido pela própria lógica da guerra a rejeitar qualquer forma de fé para si mesmo, do mesmo modo que o antimilitarista rejeita qualquer forma de violência organizada. O anticlerical pode ser tolerante, na medida em que aceita que o crente continue a crer; mas no que lhe diz respeito, é improvável que consiga aderir por muito tempo a uma fé cujos representantes qualificados ele combate. A inclinação natural do anticlericalismo o leva ao ateísmo. As lutas anticlericais do século XIX aceleraram o processo da descrença.

FATORES DE INCREDULIDADE. A FÉ PÓS-TRIDENTINA

Os historiadores procuraram outras explicações para a diminuição da fé, mais contestadas. É o caso das "personalidades étnicas", de André Siegfried. Trata-se da velha ideia dos povos naturalmente religiosos e dos povos alérgicos à religião. Essa explicação impregnada de romantismo não se sustenta diante da constatação dos contrastes entre certas microrregiões, como a oposição entre Léon e Trégor, habitados por grupos celtas absolutamente idênticos. Gabriel Le Bras já rejeitava as generalizações baseadas numa suposta "alma bretã": "Misticismo bretão, positivismo normando, o que significam tais generalidades? Como se os bretões de Machecoul e Tréguier, os do litoral e os dos bosques pudessem ter o mesmo tipo de alma! Deixemos de lado tais fantasias, das quais as biografias estão contaminadas".[49] Algumas páginas adiante, o grande sociólogo incorreria na mesma "fantasia":

> A psicologia coletiva fornece uma primeira sugestão. Nativos da Champagne, Borgonha, Tourraine, Gasconha, Provença e Languedoc lembram mais ceticismo, ironia, beatitude terrena do que fé grave e voltada para o céu. As terras em que moram têm em geral um solo generoso que abriga vinhedos e que, na direção do Midi, é aquecido pelo sol. Uma vida fácil torna o além menos útil. Cada população deve ser analisada sem diagnóstico prévio, sem preconceito literário. *O que é certo é que há povos quase insensíveis ao sobrenatural*: pode-se buscar a origem dessa indiferença.[50]

---

49 Le Bras, op. cit., t.II, p.369.
50 Ibid., p.304.

Voltamos ao determinismo étnico, temperado agora por um fator bioclimático, que faz Gabriel Le Bras falar de "regiões predestinadas pela geografia e pela etnografia". As regiões rudes, selvagens, seriam mais propícias à fé. "Numa região de brumas ou neves, a igreja é um refúgio; uma terra ingrata e dura pode suscitar no homem o desejo de alcançar o céu. Ao contrário, uma bela luminosidade, pomares férteis, contribuem para desviá-lo do retiro espiritual e das súplicas."[51] Ou ainda: "O nativo da Bretanha, do País Basco e do Rouergue têm da morte e do além um sentimento que os diferencia de seus vizinhos das planícies férteis".[52]

Há uma parte de verdade nisso, mas uma parte muito relativa. O mesmo vale para as explicações de tipo socioeconômico. As regiões rurais de médias e grandes propriedades, que garantem a independência e o desenvolvimento do individualismo, desapegam-se mais cedo da religião do que as regiões de precariedade rural. Do mesmo modo, o espírito de independência dos pequenos viticultores proprietários, com uma sociabilidade de tipo semiurbano e uma capacidade de organização de tipo cooperativo, contribuiria para explicar um desapego precoce em relação à fé. Essas generalizações, contudo, também devem ser relativizadas, porque existe um pouco de tudo no universo vitícola.[53]

No fim das contas, devemos admitir que não há uma explicação realmente convincente, que possa ser verificada por toda a parte, no nível da geografia humana e física, e que dê conta de uma incredulidade mais difundida nesta ou naquela região. Não existe um tipo de homem ou um tipo de região mais propícios à incredulidade. As explicações dadas pela história são mais convincentes? Elas fornecem indícios: as regiões das grandes abadias, as regiões atingidas pelas heresias, pelo jansenismo, as regiões de contato e circulação intensos foram, em conjunto, descristianizadas mais cedo do que outras. Por outro lado, fatores como a implantação da franco-maçonaria ou a frequentação de escolas laicas dão resultados decepcionantes. Paul Bois escreve

> É forçoso concluir que a ação de professores laicos ou religiosos não lança nenhuma luz sobre a divisão regional das práticas religiosas (e das tendências

---

51 Ibid., p.370.
52 Ibid., p.306.
53 Lévêque, Vigne, religion et politique en France aux XIXe et XXe siècles. In: Hamon (org.), op. cit., p.136-66.

A ASCENSÃO DO ATEÍSMO PRÁTICO E SEUS COMBATES   555

políticas que estariam ligadas a elas), tanto no que diz respeito ao fim do século XIX como no que toca à primeira metade do século XX.[54]

Portanto, é extremamente difícil explicar as diferenças do sentimento religioso de uma região para outra, em razão da interação de múltiplos fatores históricos e geográficos. E também porque o sentimento religioso, mais do qualquer outro, situa-se no cruzamento do individual com o social. É impossível conhecer a intensidade da crença ou da descrença, do mesmo modo que não se pode conhecer a ideia que cada um tem de Deus ou do nada. Qual é a porção exata de coletivo e de pessoal nessas questões? Segundo P. de Grandmaison,

> se quisermos tomar as palavras com todo o rigor, devemos contestar a existência de uma religião pessoal [...]. Nossa vida pessoal, no sentido mais forte da palavra, é na verdade muito limitada [...]. O homem adora, implora, sacrifica comumente com, no e por seu grupo.[55]

A influência do grupo é primordial. Ao mesmo tempo, no entanto, cada consciência humana é uma célula hermética, que nenhum psicólogo, sociólogo ou historiador pode arrombar, e que guarda seu segredo. A descrença, como fenômeno de consciência, está fora do alcance do historiador.

Todavia, existe um fator de queda da fé que pode ser coletivamente aceito e é consequência direta das reformas protestante e católica. Estas se fundamentaram na separação estrita entre o profano e o sagrado, ao contrário das concepções sincréticas populares da Idade Média. Esse corte só podia levar, com os progressos científicos, a uma secularização total do mundo e a um refluxo do sagrado para a intimidade de cada indivíduo e para as mãos do clero. Deus foi progressivamente rechaçado do universo material; a fé, interiorizada, tornou-se uma questão de culto e de relação pessoal com Deus. Ela rompeu com a realidade cotidiana. Foi no século XIX que esse espírito pós-tridentino atingiu seu apogeu. O domínio do sagrado minguou coletivamente na frequentação das missas e individualmente nas orações. Para evitar qualquer contaminação com o profano, todas as crenças ou práticas "supersticiosas" ou "sacrílegas" que misturem Deus à vida cotidiana são perseguidas. Tentava-se não dar motivos para sarcasmos voltairianos e acusações de credulidade. Deus é confinado ao céu, isto é, ao foro íntimo

---

54 Ibid., p.67.
55 Grandmaison, *La Religion personnelle*, p.7.

de cada crente. Cada um tem *seu* Deus, *seu* Jesus, isolados das realidades e combates do mundo. Essa presença interior pode ser suficiente para alguns espíritos místicos e contemplativos, que vivem ensimesmados, mas não satisfaz o homem comum, que se realiza na ação. A Igreja pós-tridentina gostaria de transformar o mundo num vasto mosteiro contemplativo; tentando impor uma devoção de carmelita, engendrou uma santa Teresa do Menino Jesus e milhões de incrédulos que foram buscar sua realização em outras plagas – porque acreditavam que tinham mais que fazer na terra do que preparar o céu. O ateísmo do século XIX é em grande parte um produto do cristianismo pós-tridentino.

Um único exemplo basta por enquanto: o de Proudhon, jovem cristão que perde a fé em 1832, aos 23 anos, depois de ler os teólogos da Igreja pós-tridentina: Bossuet, o abade Bergier e seus êmulos, de Maistre e Bonald. Em 1840, ele escreve:

> Acreditei muito tempo que o catolicismo poderia ser reformado, alçando-se ao nível da ciência, dos costumes e das necessidades do século: revi inteiramente essa opinião. Travarei minha primeira escaramuça contra a Igreja em meu tratado da propriedade. Depois disso, todos os meus esforços tenderão para a extirpação radical do cristianismo romano. É ele a lepra do mundo, é ele que provoca ainda todo o nosso mal. Ele deve perecer.[56]

Proudhon constata que a Igreja de seu século renuncia à ação humana em benefício da justiça social e compraz-se no sentimento e na oração. Como escreveu G. Hourdin, "o trajeto de seu pensamento, o que o leva do positivismo ao materialismo, é sempre a mesma oposição ao elo que os cristãos estabelecem entre dois planos que devem ser mantidos separados".[57] Proudhon deve à Igreja sua conversão ao ateísmo, e ele não é o único.

O LIVRE-PENSAMENTO, TROPA DE CHOQUE DA DESCRENÇA

Sinal dos tempos, os incrédulos passam à ofensiva no século XIX. Os mais convictos se reúnem em associações cujo objetivo é propagar suas ideias e lutar contra as religiões, o que vai muito mais longe do que o simples

---

56 Apud Haubtmann, *P.-J. Proudhon, genèse d'un antithéiste*, p.120.
57 Hourdin, Conversions du christianisme à l'athéisme. In: Girardi; Six (orgs.), *L'Athéisme dans la vie et la culture contemporaines*, t.I, p.418.

anticlericalismo de que falamos anteriormente. O livre-pensamento é a tropa de choque dessa incredulidade agressiva, desse racionalismo de combate, e sua história na França foi brilhantemente retratada por Jacqueline Lalouette.[58]

Embora o termo "livre-pensador" apareça desde o século XVIII, ele ainda é pouco utilizado na primeira metade do século XIX e somente em 1848 surge a primeira sociedade de livres-pensadores, presidida por Jules Simon, espiritualista e deísta, cercado de filósofos que compartilhavam essa mesma orientação. Duas outras sociedades foram criadas em Paris sob a Segunda República: uma delas era composta sobretudo de médicos, reunidos em torno de Paul Broca. Em Lyon, onde o anticlericalismo é muito virulento, os carbonários assumem o comando do movimento hostil à Igreja, reunindo ostensivamente milhares de pessoas nos enterros civis. Na Inglaterra, o livre-pensamento já contava com clubes numerosos, reunidos em volta de personalidades como George Holyoake e, mais tarde, Charles Bradlaugh. Na Bélgica, o movimento se desenvolve rapidamente com a chegada de refugiados franceses após o golpe de Estado de Luís Napoleão Bonaparte.

Nessa altura, dentro do livre-pensamento, aparece a divisão entre deístas e ateus; estes últimos reforçam suas posições nas primeiras tentativas de criar federações internacionais, como a Associação Internacional de Livres-Pensadores (1862). Com Varlin, que considerava que "o tempo de Deus já passou", a ligação com a Internacional Socialista aprofunda essa orientação. O ateísmo agressivo é nitidamente afirmado nos estatutos da Associação Francesa dos Livres-Pensadores, proposta por Henri Verlet durante a Comuna:

> Considerando que a ideia de Deus é a fonte e o sustentáculo de todo despotismo e de toda iniquidade; considerando que a religião católica é a personificação mais completa e mais terrível dessa ideia; que o conjunto de seus dogmas é a negação mesma da sociedade, a Associação dos Livres-Pensadores de Paris assume o compromisso de trabalhar pela pronta e radical abolição do catolicismo e prosseguir seu aniquilamento por todos os meios compatíveis com a justiça, incluindo entre esses meios a força revolucionária, que é apenas a aplicação na sociedade do direito de legítima defesa.[59]

---

58 Lalouette, *La Libre pensée en France, 1848-1940.*
59 Apud Lalouette, op. cit., p.39.

Trata-se de uma declaração de guerra contra a religião, que a repressão que sucedeu ao fracasso da Comuna não permitiu que fosse aplicada.

O livre-pensamento só é realmente reformado no início dos anos 1880. Teve um crescimento rápido até a guerra de 1914, aproveitando a ascensão do anticlericalismo e dos combates em prol da laicidade e da separação entre Igreja e Estado: 207 sociedades de livre-pensamento são representadas no Congresso Anticlerical de Lyon, em 1884; dez anos mais tarde, 540 são recenseadas pela Federação Francesa do Livre-Pensamento; devemos acrescentar ainda 307 entidades criadas entre 1901 e 1914.

Entretanto, é difícil determinar o número exato de membros, em razão do caráter efêmero de muitas dessas sociedades e das rápidas flutuações na organização. Em 1890, nasce a Federação Francesa do Livre-Pensamento, representando 6 mil ou 7 mil associados, mas rapidamente se esvazia em proveito da Associação Nacional dos Livres-Pensadores da França, que é criada em 1902 e corresponde ao apogeu do movimento, com 25 mil membros em 1905 e uma direção que incluía as principais personalidades anticlericais e antirreligiosas da época: Marcelin Berthelot é seu primeiro presidente de honra, seguido de Anatole France e Ferdinand Buisson. Na secretaria, encontramos Édouard Hériot, Jean Allemane, Aristide Briand, Marcel Sembat, Paul Reclus, Paul e Victor Margueritte, além de outros representantes do mundo das artes, das ciências, da filosofia, da política. O objetivo da associação é "proteger a liberdade de pensar contra todas as religiões e todos os dogmatismos, sejam quais forem, e assegurar a livre busca da verdade exclusivamente pelos métodos da razão". Em 1913, a Federação Francesa do Livre-Pensamento e a Associação Nacional dos Livres-Pensadores da França decidem juntar-se, formando a União Federativa do Livre-Pensamento na França, que afirma ter 12 mil membros. Existem outras organizações, como a União dos Livres-Pensadores e dos Livres-Crentes, ou grupos efêmeros, corroídos pela oposição intestina entre ateus e espiritualistas.

O livre-pensamento é um fenômeno maciçamente masculino (92% dos membros) e, na maioria das vezes, francamente hostil às mulheres, consideradas – seguindo o espírito do Código Civil – menores, seres inferiores, responsáveis pela propagação das ideias religiosas. Ao final do Segundo Império, André Lefèbvre escreve em *La Démocratie*, que "se a mulher foi mantida à margem, foi porque sua natureza assim exigia. A história das mulheres é obra de seu sexo [...], responsável pelas expansões religiosas".[60]

---

60 *La Démocratie*, 20 jun. 1869 e 1º ago. 1869.

O livre-pensador belga Napoléon Navez baseia-se "no volume inferior do cérebro feminino, no menor desenvolvimento das circunvoluções cerebrais, enfim, no sentimentalismo da mulher", para afirmar sua inferioridade natural. Espíritos fracos, não racionais, religiosos – a desconfiança em relação às mulheres é forte tanto entre os ateus militantes quanto na Igreja, porém por razões inversas: símbolo do sentimentalismo crédulo e religioso para uns, da prevalência da paixão da carne em detrimento do espírito para outros, para a mulher só há lugar na cama, na cozinha ou na igreja.

A grande maioria dos livres-pensadores, homens de 30 a 50 anos, é recrutada nas classes médias: pequenos comerciantes, entre os quais, obviamente, donos de albergues e tabernas, trabalhadores da construção civil, viticultores e professores, rivais diretos dos padres na educação dos jovens. Alguns médicos, deputados, senadores, escritores e cientistas fazem subir um pouco o nível intelectual bastante medíocre do conjunto. Jacqueline Lalouette mostrou a defasagem no livre-pensamento entre "de um lado, a multidão, as agitações ruidosas das praças públicas e as simplificações excessivas do militantismo; de outro, o pensamento, a interioridade, os percursos secretos e sutis".[61] Todo o raciocínio da multidão parece se resumir ao *slogan*: "Abaixo os padres!", o que provocou a observação irritada de Anatole France: "Eles pensam como nós, [...] têm nossas ideias avançadas. Mas é preferível não conhecê-los".[62] Esse hiato entre a massa e a elite pensante é outra característica comum em relação à Igreja da época.

O LIVRE-PENSAMENTO: UMA CONTRA-IGREJA?

As similitudes não param por aí. Em seu desejo de suplantar a religião, e obcecados por seu ódio contra a Igreja, os livres-pensadores são guiados, sem saber, por um verdadeiro mimetismo: cerimônias de batismo, casamentos e enterros civis, organização de festas e antissermões. Todas essas cerimônias sugerem um fenômeno de inversão, uma vontade de criar uma anti-Igreja que revela mais uma dependência desta última do que propriamente uma liberdade.

Assim, o rito do batismo civil é calcado no do batismo cristão, com padrinho e madrinha comprometendo-se a educar o afilhado ou a afilhada no culto da razão. Em 1881, a Sociedade do Casamento Civil é criada e,

---

61 Lalouette, op. cit., p.102.
62 Apud Lalouette, op. cit., p.102.

560 O SÉCULO DA MORTE DE DEUS (SÉCULO XIX)

em alguns casos, a cerimônia nupcial na prefeitura lembra o compromisso religioso. Quanto ao enterro civil, ele é um dos cavalos de batalha do livre-pensamento e um dos objetivos essenciais das sociedades: cada qual possui sua mortalha e seu estandarte e realizam o funeral dos membros falecidos. A importância excessiva que o culto dos mortos assume preocupa certos dirigentes, como Charles Cazalat, que em 1880, em *La Pensée Libre*, protesta contra a importância quase supersticiosa atribuída aos despojos mortais. Também nesse caso, o livre-pensamento reproduz, por razões inversas, as preocupações da Igreja, que pede aos fiéis que se desapeguem do culto aos despojos mortais. Para pôr fim a esse culto, alguns livres-pensadores promovem uma luta a favor da cremação, com a criação, em 1880, da Sociedade pela Propagação da Cremação, prática imediatamente condenada pela Igreja, em 19 de maio de 1886, sob peba de excomunhão, porque é vista como "uma profissão pública de irreligião e materialismo".

Nos cemitérios, laicizados depois da lei de 1880, os livres-pensadores elaboram uma simbologia destinada a ornar os túmulos de seus membros defuntos: as letras L e P gravadas num livro aberto, às vezes com uma divisa em quatro palavras: "Verdade, justiça, ciência, progresso", além de uma representação do triângulo e do nível.

Algumas práticas de caráter provocador também ilustram a dependência em relação à religião, como o banquete da Sexta-Feira Santa, a exemplo do que foi dado por Sainte-Beuve em 10 de abril de 1868 e reuniu Ernest Renan, Gustave Flaubert, Edmond About, o príncipe Napoleão e Hippolyte Taine, causando um terrível escândalo. A partir de 1869, diversos banquetes do mesmo tipo são realizados em Paris e nas principais cidades francesas. A Sexta-Feira Santa se torna a principal data do calendário livre-pensador. Nessa ocasião, os convivas cantam "La carmagnole des curés" ["A carmanhola dos padres"] e "Notre-Dame de Lourdes" ["Nossa Senhora de Lurdes"] e celebram a morte de Deus: "Cidadãos, associo-me a sua festa. Os deuses morreram", telegrafa o poeta Clovis Hugues aos livres-pensadores de Dijon em 15 de abril de 1881. Léo Taxil brinda "ao pecado mortal", e em muitas celebrações realizam-se paródias grosseiras, como a crucificação de um leitão em Paris, em 1895.

Há nisso uma grande semelhança com a antiga festa dos loucos, o que nos convida a nos interrogar sobre a verdadeira natureza dessa festa. Sob a Comuna, havia paródias de procissões religiosas, do mesmo tipo que as mascaradas revolucionárias, muito semelhantes às cerimônias invertidas das festas medievais. Estas não teriam sido manifestações de um ateísmo profundo e inconsciente, que simbolicamente se vingava de uma religião opressiva? Ou as paródias dos livres-pensadores seriam a expressão de uma necessidade religiosa inconsciente? Sociólogos e psicanalistas discutem isso. A sobrevivência desse rito de inversão revela, no mínimo, uma obsessão religiosa que se apresenta na forma de uma violenta rejeição e pode traduzir, tanto na Idade Média como no século XIX, uma vontade humana de se tornar mestre dos deuses e, portanto, do destino, numa explosão paroxísmica dos contrários, amor e ódio. A Igreja, ao mesmo tempo traumática, opressora e maternal na figura do clero, gera tanto em seus fiéis quanto em seus inimigos uma espécie de complexo de Édipo, uma vontade de possuir essa mãe e eliminar esse pai abusivo, temido e detestado que é Deus. Os livres-pensadores são filhos dessa Igreja, filhos revoltados, como seus antepassados da Idade Média: uma tal obsessão pela "padralhada" mostra isso claramente.

As relações ambíguas dos livres-pensadores com Satã são outro sinal. O diabo se torna em certos discursos uma espécie de Prometeu libertador do gênero humano: "Sua causa se confunde com a da humanidade humilhada, com a do povo sobretudo, mantido sob sujeição pelos representantes na terra do Deus tirano", escreve Max Milner.[63] Em 1877, Calvinhac declara num discurso: "Deus é o mal, Satã é o progresso, a ciência, e se a humanidade fosse intimada a reconhecer e a adorar um desses dois obstinados, ela não deveria hesitar nem mais um segundo para escolher Satã".[64] Estamos na linhagem direta de Milton e *O paraíso perdido*. Lúcifer-Satã é o revoltado que fascina por sua grandeza e beleza e rejeita um Deus tirano. Contudo, na boca de um ateu materialista, essa herança pode surpreender. De tanto se dizer inimigo de Deus, o livre-pensador poderia acabar acreditando em sua existência. Tal perigo não escapa ao jornal *L'Athée*, que lembra em maio de 1870:

> Inimigos de Deus? Não, não somos de modo algum [...]. Se ele existisse mesmo, seríamos seus maiores amigos, seus mais intrépidos defensores [...]. Mas Deus não existe [...]. Não somos os inimigos de Deus, mas sim – o que é melhor – os mais implacáveis adversários da ideia de um Deus em qualquer forma em que ela se apresente.

O livre-pensamento também assume ares de contra-Igreja graças a certas festas, como a da adolescência, candidamente concebida como "uma festa laica, que tem como objetivo substituir a primeira comunhão

---

63 Milner, *Le Diable dans la littérature française de Cazotte à Baudelaire, 1772-1861*, t.II, p.494.
64 Apud Lalouette, op. cit., p.158.

católica", segundo anuncia, em 1892, o boletim da Federação Francesa de Livre-Pensamento. Devemos citar ainda a celebração do Natal, "o Natal humano do livre-pensamento", realizado a partir de 1902. Mais tarde, nos anos 1930, houve também uma tentativa de recriação do calendário, no qual se celebravam os heróis do livre-pensamento (7 mulheres para mais de 350 homens, entre os quais Pierre Curie, porém não sua esposa!).

Entre os heróis e mártires propostos ao culto dos livres-pensadores, Étienne Dolet ocupa um lugar de destaque: sua estátua é erguida na Praça Maubert em 1889 e uma cerimônia comemorativa é realizada no primeiro domingo de agosto. A ideia de comemorar o suplício de Michel Servet e erigir monumentos a Voltaire e Renan se insere nessa mesma vontade de criar mitos próprios e reler a história à luz da razão.

O risco de derivar para uma nova religião não escapa aos dirigentes. Em 1896, a ordem do dia do Congresso Nacional do Livre-Pensamento inclui o seguinte tópico: "Harmonia no grupo para evitar a criação de uma nova religião". Essa é uma dificuldade constante para os descrentes, que só podem se definir em oposição aos crentes. Todos os termos que servem para designá-los são baseados nessa oposição. Os descrentes que tentam se unir em torno da ideia de descrença sujeitam-se à acusação de querer formar uma contra-Igreja, porque não há em si nenhuma razão para se organizar em torno de uma ausência, de uma não existência. A rigor, o único ateísmo lógico e coerente é o ateísmo silencioso: não há nada que se possa dizer sobre o nada.

"GUERRA A DEUS" (PAUL LAFARGUE)

Ora, os livres-pensadores são ateus em sua maioria. O que não é necessariamente evidente, se nos ativermos ao sentido estrito do termo. Os deístas constituem uma minoria forte, pelo menos até os anos 1860. Inspirando-se em Kant e Rousseau, queriam estabelecer uma "nova fé", que conciliasse sentimento e razão. É o que desejam François Huet e Léon Richer. Félix Pécaut chega a propor o termo "teísmo cristão", opondo o Deus de Jesus ao Deus da Igreja. No espírito da teofilantropia, sugere a criação de cerimônias, num local decorado com flores, e denuncia o caráter mutilador do ateísmo.

Contudo, o ateísmo é predominante e leva a melhor a partir dos anos 1870, num clima de "guerra a Deus", segundo o grito de guerra de Paul Lafargue em 1865. Num artigo publicado em *La Libre Pensée*, em 12 de maio

A ASCENSÃO DO ATEÍSMO PRÁTICO E SEUS COMBATES   563

de 1870, intitulado "Athéisme pratique" ["Ateísmo prático"], Gustave Flourens escreveu: "O inimigo é Deus. O começo da sabedoria é o ódio a Deus, essa pavorosa mentira que, há seis mil anos, enerva, embrutece, subjuga a pobre humanidade". O título do novo jornal livre-pensador, *L'Athée*, não deixa dúvidas. No dia 8 de maio de 1870, ele apresenta claramente a alternativa: "Deus ou a matéria! É preciso escolher", fazendo eco ao jornal *L'Horizon* de 1º de outubro de 1867: "Deus ou a matéria! Esta ou aquele! Sem hipocrisias. Mais cedo ou mais tarde, um ou outro". Rejeição do compromisso com os deístas por pensadores seguros de si, que se apoiam em fundamentos científicos fortalecidos pelo contato com o pensamento alemão de Ernst Haeckel (1834-1919) – que no entanto é panteísta –, Büchner, Vogt, Virchow, Moleschott. A tese de Medicina de Jules Grenier, *L'Étude médico--psychologique du libre arbitre* [O estudo médico-psicológico do livre-arbítrio], negando este último, corrobora o determinismo materialista.

A luta entre deístas e ateus se acirra no interior do livre-pensamento entre 1850 e 1880. Para os deístas, o materialismo é uma concepção vulgar do mundo; esses "senhores da tábula rasa", obcecados pela química do cérebro, reduzem tudo a uma grosseira satisfação de suas necessidades naturais. A palavra "ateu" provoca medo em muitos. Ainda em 1903, Ferdinand Buisson fala "daqueles que, no fundo, ainda têm medo das palavras e, sem saber por quê, não pronunciam a palavra 'ateísmo' como outra palavra qualquer".[65] Monsenhor Dupanloup, em 1863, acreditava que "ninguém ousaria aceitar nomes envilecidos como materialistas e ateus".[66] Por isso o título do jornal *L'Athée* soa como uma provocação, violando uma espécie de tabu, e isso é motivo de regozijo para seu confrade *L'Horizon* em 15 de novembro de 1867: "Tal palavra, sinceramente lançada na polêmica, terá, como devemos reconhecer, um grande peso, na medida em que abrirá os olhos de muitas pessoas para a possibilidade de pronunciá-la sem temor". Ainda hoje, "ateu" é um título que não se reivindica levianamente, e diante do qual muitos crentes, agnósticos ou céticos recuam. Esse temor, talvez um pouco supersticioso, contribuiu para que a palavra "ateu" se desgastasse menos do que as outras e mantivesse sua força. Em todo caso, quando a Liga Nacional contra o Ateísmo foi fundada em 1886, havia livres-pensadores espiritualistas em suas fileiras, como Camille Flammarion e Jules Simon.

Os ateus, por sua vez, acusavam os deístas de inconsequência. O problema do mal continuava sendo um obstáculo intransponível para a

---

65 Buisson; Wagner, *Libre pensée et protestantisme libéral*, p.84.
66 Monsenhor Dupanloup, *Avertissement à la jeunesse*, p.7.

afirmação da existência de Deus. Pode-se ler em 1903 em *Le Flambeau*: "Não, cidadãs e cidadãos, Deus não existe e não pode existir, pois, segundo as palavras do grande filósofo Schopenhauer: se um Deus criou o mundo, eu não gostaria de ser esse Deus, porque a miséria do mundo me dilaceraria o coração". A velha questão da universalidade da crença é o outro polo dos debates. Etnologia, medicina, psicologia são perscrutadas. Para o doutor Coudereau, não somente a religiosidade nada tem de universal, como "a observação demonstra que ela não é nem uma característica humana, nem uma característica de raça, nem mesmo uma fase da evolução intelectual".[67]

Os ateus respondem ao desprezo que os deístas – como Victor Hugo – demonstram por seu caráter grosseiramente materialista com o desprezo pela "barafunda" espiritualista dos deístas, pelo apego à "corda mofada da metafísica", segundo Vermorel. Para os ateus, os deístas não valem mais do que os católicos, pois não pode haver solução intermediária. É o que se pode ler em *La Pensée Nouvelle* do dia 2 de junho de 1867:

> Existem hoje dois campos, os dois campos definitivos da luta engajada no coração da humanidade, o campo dos obstinados e o campo da experiência. [...] O primeiro desses campos encerra ou agrupa nas redondezas de suas velhas fortificações escolásticas seitas incontáveis, inimigas aparentes, porém reunidas sob o estandarte comum do espiritualismo e do sentimento religioso. [...] No centro do campo religioso, a cidadela clerical ergueu seus campanários e suas cruzes. [...] Aos pés e um pouco à frente da tribo de Levi, mas sempre sob a mesma bandeira, seja qual for, escalonam-se os diversos grupos espiritualistas, mais ou menos amigos da liberdade de espírito. [...] Temos contra eles uma queixa mais grave do que simples recriminações: sua cumplicidade, sem dúvida involuntária, com a gente da cidadela, com os místicos, com os adversários declarados das ideias novas.

Ainda mais claramente, Ferdinand Buisson escreve em 1903:

> Agora há apenas dois grupos, bloco contra bloco. De um lado, todos os crentes, desde o católico, que deplora a queda do poder temporal do papa, a instituição do matrimônio civil e a dispersão das congregações, até o deísta, que já vê o mundo perdido caso a fé no Deus pessoal ou na imortalidade pessoal venha a se extinguir. Do outro, todos os espíritos emancipados da fé e do

---

67 Coudereau, De l'influence de la religion sur la civilisation, *Bulletin de la Société d'Anthropologie*, t.II, p.582.

medo, bastante decididos a conhecer toda a verdade [...]. Devemos escolher um campo ou outro. Não há lugar entre os dois, a não ser para os lentos, indecisos e suspeitos.[68]

As relações entre deístas e ateus se degradam tanto no interior do livre-pensamento que certos ateus se recusam a ser chamados de livres--pensadores como seus adversários, que, além do mais, eles acusam de, no plano político, terem sido aliados objetivos dos governos absolutistas, ao passo que a liberdade exige o ateísmo.

Os batalhões do livre-pensamento aderem amplamente a esse ponto de vista no fim do século. Em algumas sociedades, o ateísmo é obrigatório. A palavra de ordem da sociedade de Poligny, localizada no Jura, é: "Propaga o ateísmo"; a de Deux-Sèvres tem como missão "propagar pela ação em todas as suas formas [...] o ateísmo e o materialismo". Em Paris, nos anos 1880, a Sociedade dos Antideístas tem como objetivo "suprimir a palavra Deus em todas as línguas do mundo", já que ela não significa nada.

Brochuras e livros baratos difundem a essência das ideias ateias entre os membros de base. E, mais uma vez, não encontram nada mais apropriado do que retomar a fórmula comprovada do catecismo: *Petit catéchisme de l'athée* [Pequeno catecismo do ateu] (1903), *Petit catéchisme populaire du libre penseur* [Pequeno catecismo popular do livre-pensador] (1902), *Catéchisme du libre penseur* [Catecismo do livre-pensador] (1877), *Contre-catéchisme élémentaire* [Contracatecismo elementar] (1913), de Antoine Serchl, no qual se lê:

P. Você é cristão?

R. Não, sou livre-pensador.

P. O que é um livre-pensador?

R. O livre-pensador é aquele que crê e admite unicamente a autoridade da ciência.

[...]

P. Deus não é o único que tem o poder de criar e destruir?

R. Não creio em Deus.

P. Por quê?

R. Porque, para crer em Deus, é preciso situá-lo no tempo e no espaço, então ele é material, o que quer dizer que ele não é mais Deus.

P. Os cristãos não fazem Deus imaterial?

---

68 Buisson; Wagner, op. cit., p.49.

R. Impossível, e prova disso é que eles dizem que os maus serão privados da vista de Deus, ao passo que os bons ficarão sentados à direita dele [...].
P. Você crê na imortalidade da alma?
R. Não, não creio na imortalidade da alma.
P. Por quê?
R. Porque para crer na alma, é preciso situá-la no tempo e no espaço, então ela não é mais imaterial.

Os dogmas cristãos são ridicularizados, especialmente a encarnação, a Trindade, a transubstanciação e a imaculada concepção. A Bíblia é uma fonte inesgotável de piadas e dá ocasião à redação de inúmeros livrinhos inspirados na *Bible folichonne* [Bíblia galhofeira] e na *Bible amusante pour les grands et les petits enfants* [Bíblia divertida para crianças grandes e pequenas]. O culto e as práticas são objeto de derrisão; a vida dos santos, e sobretudo das santas, é pretexto para brincadeiras pornográficas. Quando Benoît Labre (1748-1783), um asceta do século XVIII que viveu na mais completa pobreza e na mais total imundice, é canonizado em 1881, toda a imprensa do livre-pensamento se alvoroça, solta uma grande gargalhada a propósito do "piolho canonizado", do "ilustre cascão", do "venerável imundo", do "honrado porcalhão", do "pé-rapado", do "ignóbil vagabundo", do "imundo lazarone", do "novo Daniel caído no fosso das pulgas", do "mendigo verminoso", da "badalhoca, comida de pulga, guarda-comida de percevejo, miasma voluntário, esterco odorífero"; inventa orações invocativas do tipo: "Pai Nosso que concedestes a Vosso servo Benoît Joseph Labre a insigne graça de viver como um porco fazei que possamos manter sempre em nossos corpos uma prolífera sociedade de bichinhos nojentos que nos levem à vida eterna".[69] Jacqueline Lalouette, a quem tomamos emprestadas essas citações, fornece diversos outros exemplos saborosos.[70] A ocasião era de fato estupenda para fustigar o obscurantismo clerical que erigia em modelo de cristão esse desafio às regras básicas da higiene. Podemos imaginar quanto os místicos, e sobretudo as religiosas, virgens e amantes de Jesus, estimularam a verve dos humoristas do livre-pensamento.

---

69 *L'Anticlérical*, 17 dez. 1881.
70 Lalouette, op. cit., p.189-202.

OS DIFERENTES ASPECTOS DO COMBATE

"Vamos matá-los pelo riso", dizia Léo Taxil, recuperando a tática de Voltaire. Peças de teatro cômicas, como *Un Calotin dans l'embarras* [Um padreco em apuros] ou *La Soutane* [A batina], ridicularizam o clero. Conferências oferecidas a um público popular substituem a argumentação séria pela trivialidade, a fim de fazer a plateia rir dos mistérios da religião. Às vezes, as conferências são contraditórias: colocam um defensor da religião diante de um defensor do ateísmo. Essa fórmula tem certo sucesso, e oradores se especializam nesses torneios. Eles lançam o desafio e padres de personalidade forte se distinguem, como o abade Garnier, temido pelos ateus, que muitas vezes preferem não convidá-lo. O abade Naudet é outro gladiador temido, que não recua diante de "expressões popularescas", como acusa o jornal *Le Flambeau* em 1903, que sem dúvida gostaria de reservar o uso da trivialidade aos ateus. Algumas reuniões são épicas e acabam num pugilato geral, com intervenção da polícia para evacuar a sala. O abade Desgranges, outro valoroso combatente, não tem medo de enfrentar plateias hostis; em 1905, realiza em Bègles um encontro contraditório em que os dois adversários se lançam "mutuamente o desafio de provar ou a existência ou a inexistência de Deus". Cartazes anunciam as disputas com dias de antecedência. Os mesmos oradores acabam se encontrando várias vezes, porque as sociedades convidam os melhores, e cria-se certa conivência, ou mesmo certa estima, entre eles, entre o que crê e o que não crê, cada qual defendendo seu ponto de vista de maneira leal e saudável.

As violências anticlericais nem sempre têm esse aspecto simpático. As acusações de depravação sexual contra os padres e as religiosas, acusados de ter um temperamento sádico, exercem influência sobre a opinião pública. Um clima de verdadeiro ódio se instala em muitas regiões, alimentado por inúmeros objetos de disputa, dos mais mesquinhos aos mais sérios. Na primeira categoria aparecem as querelas a propósito do toque de sinos ou da manutenção das igrejas, com atos de provocação como, por exemplo, transformar um antigo campanário na comuna de Vendôme em banheiro público. Ou ainda os debates a respeito da batina: alguns livres-pensadores queriam que fosse proibida, ao passo que outros a consideravam indispensável para identificar o inimigo. A questão dos símbolos religiosos tem um alcance maior. Algumas comunas votam a favor da retirada de crucifixos, calvários e estátuas de caráter religioso, como em Carcassonne (1881), Arles (1901) e Lunel (1904). Ocorrem destruições violentas. Os livres-pensadores fazem campanha pela supressão de cruzes e quadros de caráter religioso nos tribunais, o que é concedido por circular ministerial em 1904. Eles também exigem o fim da observância da Sexta-Feira Santa na Marinha e a proibição de atividades religiosas nas casernas. Nos hospitais, protestam contra a presença de religiosas, acusadas de serem incompetentes, de não terem higiene e de pressionarem os pacientes. A laicização dos hospitais públicos é completa a partir de 1908. Na esfera da justiça, há o problema do juramento que testemunhas e jurados devem fazer diante do crucifixo. O presidente do júri declarava: "Juram e declaram diante de Deus e dos homens..."; os protestos se multiplicam, mas a lei somente será mudada em 1972, com a supressão da referência a Deus.

Naturalmente, a escola é um desafio de suma importância, ao qual as leis de 1881 dão uma solução global. Contudo, os livres-pensadores querem ir mais longe e criar um ensino que não seja somente neutro, mas deliberadamente ateu. É o que Sébastien Faure tenta pôr em prática com a fundação da escola "A colmeia", em Rambouillet, para "acabar com o rebanho mugidor e resignado que, ao sabor de sua ambição ou cupidez, é guiado para o abismo pelos maus pastores". Mal gerenciada, a Colmeia é fechada em 1917.

Em 1882 é fundada a Liga pela Separação da Igreja e do Estado, na qual os livres-pensadores têm um papel importante: eles protestam contra o fato de os ateus contribuírem para a remuneração dos padres por meio dos impostos. Mas é por causa dos moribundos que os combates mais duros são travados, como aconteceu no século XVIII, visto o peso simbólico do sepultamento para a sorte definitiva do defunto: um enterro religioso é uma vitória para Deus; um enterro civil é uma vitória do materialismo. As batalhas são às vezes de uma violência assombrosa. Não é raro ver homens insultando cortejos fúnebres em enterros civis, chamados de "enterros de cães", ou famílias proibindo que um padre se aproxime do moribundo. O caso mais famoso é sem dúvida o de Victor Hugo, rigorosamente protegido por Édouard Lockroy, que impede que os monsenhores Freppel e Guibert entrem no quarto do poeta. Já Félicité de Lamennais resiste até o último sopro de vida às pressões da família, que queria a presença de um padre.

O caso de Littré, em 1881, motivou uma polêmica de rara violência. O intelectual ateu acaba cedendo aos rogos da mulher e da filha, que fazem o abade Huvelin batizá-lo e administrar-lhe a extrema-unção, um acontecimento celebrado como uma grande vitória pelos católicos. O jornal *L'Anticlérical* de 11 de junho de 1881 publica um artigo intitulado: "Mais um cadáver roubado. Mais uma infâmia cometida pelos padres". Diz o artigo: "O ateu Littré morreu ungido com os sacramentos da Igreja. Que ignomínia! E ao mesmo tempo que perversidade! Os padres tiveram a ousadia de dizer que o cadáver lhes pertencia. Eles o carregaram para o seu covil e lá o aspergiram com sua suja água benta".

Esse "roubo de cadáver" pela "padraria" levanta o problema da psicologia do moribundo. Para muitos livres-pensadores, os padres se aproveitam da fraqueza das faculdades mentais nos últimos momentos de vida, em especial por efeito do sofrimento, para trazer de volta as dúvidas e os medos enraizados por séculos de civilização cristã: e se, afinal de contas, existir realmente alguma coisa? Para se prevenir contra uma eventual derrocada *in extremis*, alguns livres-pensadores tomam suas precauções, como François Rousseaux, que estipula em seu testamento em 1889:

> No dia de hoje, são de corpo e de espírito, temendo acima de tudo que meu corpo seja vítima de ladrões de cadáveres, declaro que minha vontade expressa e refletida é ser enterrado sem a assistência de nenhum culto religioso [...] mesmo que eu fraqueje durante minha agonia, fato pelo qual não serei mais responsável.[71]

É de fato uma luta mortal que o ateísmo trava contra a religião na segunda metade do século XIX, no âmbito do livre-pensamento. O objetivo último é, se não matar Deus, que não existe, ao menos matar a fé. Missão utópica, teríamos tendência a pensar hoje, mas que há um século podia parecer factível diante da evolução iniciada pela Revolução. A situação é muito variável de acordo com as regiões, com uma forte implantação do livre-pensamento no Norte, no Midi mediterrânico e em algumas regiões do Centro-Leste, como a Yonne. Há uma coincidência impressionante com o mapa do desapego religioso sob o Antigo Regime e da descristianização revolucionária. Na Sarthe, as sociedades de livre-pensamento se situam exatamente nos setores Sul e Sudeste dos quais André Siegfried e Paul Bois descreveram sucessivamente o avançado estado de descristianização; no departamento de Yonne, encontramos mais uma vez o contraste entre o distrito de Sens, com 75% de matrimônios religiosos, e o cantão de Auxerre-Ouest, onde a proporção cai para 30%. Tradições multisseculares de um anticlericalismo, transformado em hostilidade à religião, impregnam o tecido social dessas regiões até o século XX.

---

71 Apud Lalouette, op. cit., p.339.

O SÉCULO DA MORTE DE DEUS (SÉCULO XIX)

Esses bastiões do ateísmo militante são, por volta de 1900, apenas manchas isoladas no mapa da França. Para o futuro, porém, a descrença prática não pode mais ser mantida em silêncio. Ela se afirma em alto e bom som; reivindica seu lugar ao sol e, por trás do combate pela liberdade de consciência, revela um dinamismo proselitista que preocupa as autoridades católicas, confrontadas com a oposição interna da corrente liberal, com inúmeras deserções no mundo intelectual e com a atração pelo ocultismo e pelo esoterismo, bem como pelo deísmo. Apesar dos balanços triunfalistas de Roma em 1900, a Igreja tem consciência do perigo que representa para ela a ascensão dessas crenças que, a seus olhos, abrem caminho para o ateísmo. É por isso o velho reflexo de apelar para o braço secular, nem que seja o de uma república laica, continua vivo. Em 1887, o senador Chesnelong, em consonância nesse aspecto com os materialistas puros, declara que só existem dois campos, o da fé e o do ateísmo, e o Estado não pode permanecer indiferente diante desse conflito: é o futuro da civilização que está em jogo. O fato de que ele seja obrigado a pedir a intervenção secular mostra a que ponto o ateísmo é sentido como uma força em ascensão, e a que ponto a fé perdeu seus atrativos. Diz Chesnelong:

> Seguramente estou longe de querer chamar a coerção legal em socorro da fé; não reivindico nenhuma medida contra a liberdade de nenhuma consciência. Digo, porém, que um Estado que permanece indiferente entre a crença em Deus e o ateísmo materialista, que sobretudo um Estado que tem preferências especiais pelo ateísmo trai seu mandato e abdica de sua missão. A lei não pode permanecer indiferente entre a crença em Deus e o ateísmo. Ela deve proteger e honrar a religião.[72]

---

72 *Collection complète des lois, écrits, ordonnances, règlements et avis du Conseil d'État, 1887*. Discurso de M. Chesnelong no Senado, p.454.

– 16 –

DA CRENÇA À DESCRENÇA:
OS CREDOS SUBSTITUTOS

O século XIX é a época das grandes investidas contra as religiões, tanto no nível prático, como acabamos de ver, quanto no nível teórico e intelectual. Num ensaio que se pretendia profético, Chateaubriand se perguntava, já em 1797, quanto tempo duraria ainda o cristianismo. "Alguns anos", respondia. "Ele expirará na Inglaterra em meio a uma grande indiferença" e se arrastará ainda alguns anos na Alemanha. No entanto, ele também se perguntava: "Qual será a religião que substituirá o cristianismo?".[1]

Chateaubriand não cogita nem por um instante sequer a possibilidade de uma vitória do ateísmo. Os historiadores observaram de fato que o século XIX combina as investidas contra as grandes religiões estabelecidas e a difusão de uma religiosidade vaga e sentimental, duas tendências que confundem consideravelmente as relações entre fé e descrença. Certamente podemos considerar, como Bonald, que "um deísta é um homem que ainda não teve tempo de se tornar ateu", mas esse estágio provisório pode se

---

1 Chateubriand, *Essai historique, politique et moral sur les révolutions anciennes et modernes considérées dans leur rapport avec la Révolution Française.*

574   O SÉCULO DA MORTE DE DEUS (SÉCULO XIX)

prolongar. Portanto, merece um exame mais acurado nesta história da descrença.

A IGREJA EM RUPTURA COM O MUNDO MODERNO

A transição da crença para a descrença não é somente cronológica, ela é também lógica: mais uma razão para nos interessar por esses credos substitutos que começam a proliferar na época. O fato primordial é o seguinte: no século XIX, as grandes religiões tradicionais, e em primeiro lugar o catolicismo, perderam seu dinamismo na Europa. O desenvolvimento das ciências exatas e depois das ciências humanas coloca-as numa posição defensiva, em que predomina o imobilismo. Covardemente refugiadas em seus dogmas, elas se recusam a fazer a menor concessão às novidades culturais, que elas execram. A ruptura com a cultura moderna é flagrante, e essa situação de bloqueio acarreta o desligamento de inúmeros intelectuais, que perdem a fé ao constatar o caráter reacionário da Igreja – quer no domínio político, como Lenin, quer no social, como Proudhon, quer no exegético, como Renan, Turmel ou Alfaric. O século XIX é largamente o século das conversões à descrença. Mas tal descrença tem múltiplas formas, indo de um vago deísmo romântico, como no caso de Lamennais, até um materialismo ateu intransigente, como no caso de Marx.

A Igreja Católica do século XIX, traumatizada pela revolução, transforma-se numa fortaleza que desafia a cultura ambiente. A fobia da novidade se torna uma obsessão em todos os campos, e sua expressão culmina com a paranoia da encíclica *Quanta cura* e a do *Syllabus* de 1864, condenação formal dos fundamentos da cultura moderna cujos artigos foram renegados desde então pela própria Igreja. Como numa guerra de trincheiras, as autoridades católicas multiplicam as linhas de defesa, especificando ao extremo cada ponto do dogma, do culto, da moral, que não se pode transgredir sem que se incorra em excomunhão.

O Concílio do Vaticano, em 1870, consagra solenemente essa atitude e excomunga sem acanhamento mais da metade da humanidade na pessoa dos ateus, dos deístas, dos panteístas e dos positivistas, por intermédio da constituição *Dei Filius*:

> Anátema àquele que negar o único Deus verdadeiro, criador e senhor das coisas visíveis e invisíveis.
>
> Anátema àquele que não enrubescer ao afirmar que nada existe fora da matéria.

DA CRENÇA À DESCRENÇA: OS CREDOS SUBSTITUTOS

Anátema àquele que disser que a substância ou a essência de Deus e de todas as coisas é una e mesma.

Anátema àquele que disser que as coisas finitas, sejam corpóreas, sejam espirituais, ou que ao menos as espirituais emanaram da substância divina; que a essência divina, pela manifestação ou evolução de si mesma, torna-se coisa; ou, enfim, que Deus é o ser universal e indefinido que, determinando a si mesmo, constitui a universalidade das coisas na qual se distinguem os gêneros, as espécies e os indivíduos.

Anátema àquele que disser que o Deus único e verdadeiro, nosso criador e senhor, não pode ser conhecido com certeza pela luz natural da razão humana, por meio dos seres criados.

Cegueira e inconsciência de uma Igreja que se envaidece de seu isolamento soberbo e conserva de sua época áurea apenas uma arrogância irrisória. O mundo continua a dar voltas. Quem se preocupa com os anátemas de meia dúzia de anciãos mitrados? Em parte alguma da Europa de 1870 a Igreja pode contar com o apoio do braço secular. As últimas intervenções deste último – a lei do sacrilégio sob Carlos X, a expulsão de Michelet e de Quinet do Collège de France, a prisão de Lamennais, a destituição de Ernest Renan da cátedra de Filologia Semítica – foram aniquiladas pelas revoluções. Até a Inquisição ficou para trás, depois de brilhar com esplendor contra a franco-maçonaria na Espanha no século XVIII, em Portugal e no México no início do século XIX. Em 1809, os protocolos adotados em Lisboa colocaram pela primeira vez a descrença e a impiedade no topo dos delitos que deveriam ser reprimidos; no México, em 1815, os ataques se concentravam nos discípulos dos filósofos.[2]

Tudo isso faz parte do passado. Se a Igreja não aceita o mundo moderno, o mundo moderno pode muito bem passar sem a Igreja. Os únicos estragos que ela ainda pode causar envolvem seus próprios fiéis, e alguns dos mais brilhantes desertam e passam para o lado da descrença em virtude do fosso cada vez maior que se abre entre a inteligência e a fé. Entre a Igreja e a ciência, não se trata mais de um fosso, mas de um abismo sem fundo. Estudamos em outra ocasião esse divórcio de sérias consequências.[3] Embora alguns eclesiásticos e cristãos tentem manter o contato com a ciência moderna, sua atitude se choca dentro da Igreja, contra uma suspeita dolorosa, que desencoraja os propósitos mais firmes. É assim que a experiência dos congressos

---

2 Bethencourt, *L'Inquisition à l'époque moderne. Espagne, Portugal, Italie, XVe-XIXe siècle*, p.189-90.
3 Minois, *L'Église et la science. Histoire d'un malentendu*.

574 O SÉCULO DA MORTE DE DEUS (SÉCULO XIX)

científicos católicos, criados por iniciativa do monsenhor D'Hulst a partir de 1888, acaba em 1900 por pressão contra os organizadores. Para a maioria do clero, a fonte da ciência está na Bíblia. A astronomia, a geologia, a biologia encontram todas as respostas no Pentateuco, proclama o padre Félix em 1863, do alto do púlpito da Notre-Dame de Paris: "Podemos desafiar o gênio do homem a desmentir cientificamente as criações de Deus relatadas por Moisés. A cosmogonia de Moisés, ao invés de contradizer essas três ciências, traçou suas grandes linhas e iluminou suas grandes faces".[4]

O assunto é inesgotável. Contentamo-nos com um exemplo representativo. Em 1845, o abade J.-B. Glaire, que era nada menos que decano da Faculdade de Teologia de Paris, publica a obra *Les Livres saints vengés, ou la Vérité historique et divine de l'Ancien et du Nouveau Testament défendue contre les principales attaques des incrédules modernes et surtout des mythologues et des critiques rationalistes* [Os livros santos vingados, ou a verdade histórica e divina do Antigo e do Novo Testamento defendida contra os principais ataques dos incrédulos modernos e, sobretudo, dos mitólogos e dos críticos racionalistas]. Sua intenção é clara: mostrar a exatidão científica dos episódios bíblicos que são motivo de zombaria para os ateus. O abade não vai nos mais fáceis: como Jonas, que passou três dias no ventre de um peixe e saiu vivo, "coisas impossíveis, dizem os incrédulos". Ao contrário, nada mais verossímil. Demonstração:

> Supondo-se que esse peixe seja um tubarão, todas as dificuldades desaparecem. É indubitável que Deus, graças a seu poder, pode suspender por algum tempo a penetração e a voracidade dos ácidos que estão no estômago mais carniceiro e mais quente. [...] Jonas era cheio de vida e não ficaria paralisado no ventre do peixe. Ele não daria chance ao ácido digestivo. Quanto à impossibilidade de Jonas respirar, Deus todo-poderoso poderia manter o sangue de Jonas em tão profundo repouso que ele não teria necessidade de respirar com tanta frequência, do mesmo modo que os animais que permanecem vários meses sob a terra ou no fundo das águas sem respirar, ou como acontece às crianças no ventre materno, onde ficam sem respiração. A rigor, não há nada nisso de impossível ou incompatível com as leis da natureza, ainda que, propriamente dizendo, nas circunstâncias de que se trata aqui, tudo isso esteja acima das leis ordinárias e conhecidas e seja, por conseguinte, milagroso.[5]

---

4 Félin, *Le Progrès par le christianisme*, p.50.
5 Apud Comby, *Pour lire l'histoire de l'Église*, t.II, p.176.

DA CRENÇA À DESCRENÇA: OS CREDOS SUBSTITUTOS

Podemos imaginar o efeito dessas inépcias espalhadas a plenos pulmões entre os descrentes. A Igreja, que fornece argumentos às braçadas a adversários encantados, é a primeira responsável pela deserção de tantos intelectuais. Ela não perde ocasião de se colocar em erro. O darwinismo lhe dá uma, e ela se lança. O cientista inglês tinha consciência da gravidade de suas descobertas para a fé de seus contemporâneos: "É como se eu confessasse um homicídio", escreve em 1844. Desde essa época, provavelmente ele mesmo era descrente, como revelam algumas frases de seus cadernos de 1837-1839: "evitar mostrar quanto creio no materialismo"; "o espírito é uma função do corpo". Neto de um deísta, filho de um livre-pensador, Charles Darwin dá continuidade à evolução da família declarando-se agnóstico:

> O todo é uma adivinha, um enigma, um mistério inexplicável. A dúvida, a incerteza, a suspensão de julgamento parecem os únicos resultados de nossa mais atenta análise de tal assunto. Mas tamanha é a fragilidade da razão humana que teríamos dificuldade para manter até essa dúvida deliberada.[6]

Sua teoria, publicada em 1858, produz o efeito previsto: uma rejeição horrorizada de tais "ficções repugnantes", segundo o padre Scoraille, por parte da imensa maioria da opinião católica – embora alguns, como Kirwan, pensem que "é uma péssima defesa contrapor como objeção definitiva o fato de que uma teoria científica foi aceita com entusiasmo pelos materialistas e pelos livres-pensadores 'como um sistema capaz de destruir a revelação e o dogma católico'".[7]

Para muitos católicos, não se trata apenas de algumas teorias contrárias à fé, mas é toda a iniciativa científica que é suspeita de levar ao ateísmo. É o que dizia Chateaubriand: "Não devemos temer que esse furor em reduzir nossos conhecimentos a sinais físicos, em ver nas diversas raças da criação apenas dedos, dentes, bicos, não conduzam insensivelmente a juventude ao materialismo?".[8] É exatamente o que diz Joseph de Maistre:

> Hoje, tudo o que se vê são cientistas [...]. Por toda a parte, eles usurparam uma influência sem limites; e, no entanto, se existe uma coisa certa neste mundo, é, em minha opinião, que não cabe de modo algum à ciência conduzir

---

6 Apud Congrès International pour le Centenaire de la Mort de Darwin, *De Darwin au darwinisme: science et idéologie*.
7 *Revue des Questions Scientifiques*, t.I, p.379.
8 Apud Hampson, *Le Siècle des Lumières*, p.233.

576 O SÉCULO DA MORTE DE DEUS (SÉCULO XIX)

os homens [...]. Cabe aos prelados, aos nobres, aos altos oficiais do Estado serem os depositários e os guardiães das verdades conservadoras.[9]

O resultado é a ruptura consumada entre a Igreja e a ciência. Naturalmente, ainda existem cientistas católicos, como Cauchy, Gauss, Fresnel, Le Verrier, Thenard, Ampère ou Pasteur, porém todos eles são laicos. A separação entre sociedade eclesiástica e sociedade científica é um fato. A ciência é assunto para especialistas; a pesquisa, muito complexa, escapa ao controle das autoridades externas. A Igreja não tem mais condições de contestar diretamente as conclusões da ciência: fica reduzida a contrapor um cientista a outro cientista, os "verdadeiros" aos "falsos". Desenvolve-se então a ideia de uma ciência católica. Lamennais recorre a ela no jornal *L'Avenir* de 30 de junho de 1831: "A ciência católica deve, pois, ser criada, e é por ela que espera o espírito humano, cansado da insuficiência e da desordem da ciência atual". No dia 10 de janeiro de 1834, o abade Maret, no jornal *L'Univers*, volta ao tema: a Igreja deve levar em conta os resultados científicos a fim de elaborar uma nova visão católica do mundo: "Então poderemos mostrar a concordância perfeita da ciência e da fé, a harmonia do mundo físico e o moral e, assim, constituir a ciência católica".

Um dos objetivos dessa ciência católica será recuperar o problema das provas da existência de Deus. O cardeal Gerdil (1718-1802) já havia escrito uma *Démonstration mathématique contre l'éternité de la matière* [Demonstração matemática contra a eternidade da matéria], aprofundada depois por Cauchy (1789-1857), que alinhava equações a serviço de Deus. O abade Moigno se revela um verdadeiro especialista dessa matemática apologética em *Les Splendeurs de la foi. Accord parfait de la révélation et de la science, de la foi et de la raison* [Os esplendores da fé. Concordância perfeita entre a revelação e a ciência, entre a fé e a razão], afirmando que "o ateísmo é a negação da evidência matemática". Ele oferece a prova em 1863, em *L'Impossibilité du nombre infini et ses conséquences. Démonstration mathématique du dogme de la récente apparition du monde* [A impossibilidade do número infinito e suas consequências. Demonstração matemática do dogma da recente aparição do mundo]: ele prova de modo infalível que o homem foi criado 6.000 anos antes e que o dilúvio ocorreu 4.205 anos atrás. Ainda em 1902, René de Cléré publica *La Nécessité mathématique de l'existence de Dieu* [A necessidade matemática da existência de Deus], com cálculos igualmente confiáveis.

---

9 Ibid., p.229.

DA CRENÇA À DESCRENÇA: OS CREDOS SUBSTITUTOS

Do outro lado, a ciência ateia se desenvolve no mesmo clima de luta. Em 1848, Renan, no livro *L'Avenir de la science* [O futuro da ciência], estabelece como objetivo da ciência substituir a religião: "Organizar cientificamente a humanidade é, pois, a última palavra da ciência moderna, é sua audaciosa, porém legítima pretensão. Enxergo ainda mais longe [...]. A razão, após organizar a humanidade, organizará Deus". Numa carta a Berthelot, especifica que esse Deus que está "em via de se fazer" será sinônimo da inteira existência". Na década de 1870, J. W. Draper, professor da Universidade de Nova York, conclui seu estudo sobre os conflitos da ciência e da religião declarando que "a ciência e o cristianismo romano se reconhecem mutuamente incompatíveis; que não podem coexistir; que um deve ceder o lugar ao outro e a humanidade deve fazer sua escolha".[10]

Em 1895, os adeptos do cientificismo declaram ruidosamente sua ambição de suplantar a religião pela ciência: Ferdinand Buisson, Louis Liard, Jean Jaurès, Émile Zola e toda a nata da laicidade militante organizam um banquete em honra de Marcelin Berthelot, encarnação da ciência anticlerical. A epígrafe do cardápio era a seguinte: "Homenagem à ciência, fonte de libertação do pensamento". O herói do dia faz um violento ataque contra o obscurantismo religioso. Durante séculos, diz ele em resumo, a ciência foi oprimida pela Igreja; a revolução a libertou; apenas a ciência pode chegar ao conhecimento e fundamentar a moral.

CARÊNCIAS DA TEOLOGIA E DA EXEGESE

Abalada pela ciência, a religião tem ainda de enfrentar desafios internos que ocasionarão a partida de alguns crentes. Isso vale sobretudo para a França, onde a teologia estaciona numa atitude de combate. O contraste com a Alemanha, onde os estudos teológicos se integram à cultura geral, é impressionante. Herder escreve:

> Não compreendo por que não se poderia abordar a teologia com uma inteligência tão livre e com um espírito tão desperto como se faz com qualquer outra disciplina. A teologia é, em certa medida, a mais liberal de todas; ela é o livre dom de Deus à espécie humana, à qual ajudou a conquistar o benefício liberal da razão.[11]

---

10 Draper, *Le Conflit de la science et de la religion*, p.278.
11 Herder, *Lettres concernant l'étude de la théologie*. In: _____, *Werke*, X, p.278.

Do outro lado do Reno, todos os intelectuais recebem uma formação teológica, e as autoridades eclesiásticas têm pouco controle sobre ela: "Na Alemanha, já se nasce teólogo", observa Gutzkow.[12]

Tal fato explica em parte a diferença da difusão do ateísmo nos dois países. Charles de Villers (1765-1815), que estudou em Göttingen, constata:

> a teologia católica repousa sobre a autoridade inflexível das decisões da Igreja e, por conseguinte, proíbe ao estudioso o uso livre da razão. Ela conservou o jargão e o aparato bárbaro da escolástica. A teologia protestante, ao contrário, repousa sobre um sistema de análise, sobre o uso ilimitado da razão.[13]

Pois é isso precisamente que assusta o clero francês. Isso só pode conduzir ao ateísmo, declara Lamennais em 1817, em seu *Essai sur l'indifférence*:

> Parece que, na Alemanha protestante, tomou-se especialmente a peito a tarefa de destruir completamente as Escrituras, sem no entanto deixar de reconhecê-las exteriormente como a única regra da fé [...]. Com o auxílio da chamada exegese bíblica, isto é, de uma crítica desenfreada, negam-se as profecias, negam-se os milagres [...]. Assim, chega-se ao "cristianismo racional" tão louvado na Alemanha e na Inglaterra. Subtraem-se da religião [...] todos os mistérios, todos os dogmas. O que resta desse deísmo? Mas nem diante do deísmo eles se detêm; o princípio arrasta para além dele.[14]

Lacordaire compartilha desse ponto de vista. Em 1834, ele escreve a Falloux: "São as universidades que levam à perdição a Igreja da Alemanha; são nossos seminários que salvam a Igreja da França".

Estranha cegueira dessa geração de clérigos que parece não enxergar que, ao separar a teologia da cultura que a rodeia, ela acaba formando padres completamente defasados do meio laico, incapazes de responder aos desafios da modernidade, de satisfazer às aspirações de seus contemporâneos, que não falam mais a mesma língua que eles. Essa separação não só é responsável pela recrudescência da descrença entre os fiéis, mas também provoca o abandono dos melhores quando se dão conta do erro e da impossibilidade de mudar a estrutura. O próprio Lamennais passará por essa amarga experiência quando evoluiu para uma posição liberal.

---

12 Gutzkow, *Werke*, IX, p.176.
13 Villers, *Essai sur l'esprit et l'influence de la réformation de Luther*, p.217.
14 Lamennais, *Essai sur l'indifférence en matière de religion*, p.226.

DA CRENÇA À DESCRENÇA: OS CREDOS SUBSTITUTOS

Analisando a situação, Georges Gusdorf conclui:

> A Igreja Católica, apesar da vitalidade incontestável, encontra-se em estado de atraso intelectual por desejo de uma hierarquia que, a despeito de certas remanescências galicanas, submete-se aos impulsos vindos de Roma. Confrontados com uma cristandade diferente, de inegável superioridade intelectual, os católicos alemães foram obrigados a enfrentar tal situação. Para dialogar com o outro, e poder almejar a uma competência de mesmo nível, tiveram de conhecer sua escola. A desgraça dos católicos franceses foi encontrar-se em situação de monopólio, o que excluía qualquer concorrência; com incrédulos de todo jaez, a única atitude possível inspirava-se no espírito de cruzada: não entramos em acordo com o mal, empenhamo-nos em aniquilá-lo.[15]

Evocando "a insignificância dos estudos teológicos e das ciências religiosas na França no século XIX", o historiador ilustra suas afirmações com um exame da Faculdade de Teologia de Paris, na qual o abade Maret, professor de Dogmática, publica em 1840 um *Essai sur le panthéisme* [Ensaio sobre o panteísmo]. Ele conclui de tal estudo que, "do ponto de vista da pesquisa teológica, a França do século XIX é até 1886 um deserto de ignorância e ausência de curiosidade".[16] Por que 1886? Porque é nesse momento que a teologia passa às mãos da École Pratique des Hautes Études, na qual é criado um departamento de Ciências Religiosas.

Essa situação deplorável também se verifica na exegese. Pudemos ter uma ideia com o episódio de Jonas. Poucos intelectuais católicos se preocupam com a mediocridade dos estudos bíblicos na França, como Duilhé de Saint-Projet, Alfred Baudrillard ou o abade Mangenot. Como em teologia, é notável o contraste entre a exegese francesa, obcecada em manter o sentido literal, e a crítica protestante alemã, centrada na ideia de mito, o que permite superar as aparentes incongruências da narrativa bíblica. A ideia de mito tem o mérito de vincular intimamente história humana e história religiosa dentro de uma cultura coletiva. Mas para isso é preciso reconhecer, como lembra Littré em 1856, que, "se não houve história sem religião, também não houve religião que não estivesse sujeita a todas as leis gerais da história".[17] Não há anterioridade da religião em relação à sociedade: ambas são interdependentes e submetidas às leis do desenvolvimento histórico.

---

15 Gusdorf, *Du Néant à Dieu dans le savoir romantique*, p.262.
16 Ibid., p.258.
17 Apud Laplanche, *La Bible en France entre mythe et critique, XVIe-XIXe siècle*, p.138.

580   O SÉCULO DA MORTE DE DEUS (SÉCULO XIX)

Isso leva David Strauss a mostrar em 1835, em seu livro *Vida de Jesus*, como as narrativas evangélicas haviam projetado no personagem histórico os traços do Messias esperado, construindo verdadeiramente um mito.

Evidentemente, o resultado não assegura a credibilidade da religião e contribui para endurecer a não abertura da exegese francesa. O dilema é cruel: ou aceitar a crítica bíblica à moda alemã e transformar a Bíblia num objeto de estudo comum, que se enquadre na história das religiões, sob pena de matar o elemento sobrenatural dissolvendo-o no humano, o que levaria à descrença; ou manter o caráter sagrado e inspirado do texto bíblico em todo o seu rigor, recusando-se a ver nele o menor erro humano, inclusive em cada episódio concreto, e assumir todas as incongruências, em detrimento da razão e da inteligência, sob pena de desencorajar os espíritos abertos e brilhantes, que não consentirão em sacrificar a própria, e assim conduzi-los à descrença.

É a segunda opção que se adota nos seminários franceses, com as consequências catastróficas que conhecemos. A tarefa dos professores não é fácil. Antoine Garnier, erudito notável que ensina hebraico e as Santas Escrituras no seminário de Saint-Sulpice, do qual se torna superior em 1836, tenta introduzir uma exegese "racional", mas ao mesmo tempo rejeita firmemente a crítica racionalista alemã. Seu mérito será reconhecido por Renan. Ele rejeita a atitude limitada de Victor de Bonald, que despreza a ciência, e considera que as narrativas históricas da Bíblia devem ser interpretadas, mas manter ao mesmo tempo sua verdade literal. Depara-se então com dificuldades intransponíveis e é obrigado a recorrer a explicações inverossímeis. Para ele, recorrer ao mito é simplesmente retomar o "naturalismo" ou o "racionalismo" do Iluminismo, um método ímpio que transforma Deus num mentiroso, porque a fábula é uma mentira.

Tal atitude ilustra os limites do método francês, que encontramos novamente em Le Hir, sucessor de Garnier à frente do Saint-Sulpice, "um homem de imensa erudição, condenado a uma apologética desastrada, quase infantil, pela rigidez de sua ortodoxia católica", escreve François Laplanche.[18] Ora, Le Hir foi professor de Renan, o que diz muito sobre os resultados de um método que é levado a desrespeitar constantemente a inteligência parar manter a todo custo a verdade literal da Bíblia, de uma cronologia que condensa toda a história humana em 6 mil anos, até o dilúvio universal e a arca de Noé. E se porventura se apresentar uma dificuldade muito grande,

---

18   Ibid., p.168.

existe o recurso do milagre: Deus pode muito bem ter enviado anjos para ajudar Noé a reunir os animais na arca.

DA FÉ À DESCRENÇA PELO SEMINÁRIO E PELA BÍBLIA: RENAN, TURMEL, LOISY, ALFARIC

O desafio permanente da razão levou mais de um cristão à descrença. A trajetória de Ernest Renan é exemplar. Ele mesmo se explicou em seus *Souvenirs d'enfance et de jeunesse* [Lembranças de infância e juventude]. No seminário de Saint-Sulpice, ele cai nas mãos de um estranho corpo acadêmico: "Uma palavra os caracteriza: mediocridade, mas uma mediocridade voluntária, sistemática. Eles fazem questão de ser medíocres",[19] como o professor de Filosofia, Gottofrey, que "se esforçava para destruir a si mesmo", demolindo sua disciplina e censurando o aluno por ser estudioso demais:

> Ele me falou com eloquência daquilo que tem de anticristão a confiança na razão, da injúria do racionalismo contra a fé. Animou-se singularmente, repreendendo-me por meu gosto pelo estudo. Pesquisa!... Para quê? Todo o essencial já foi encontrado. Não é em absoluto a ciência que salva as almas.[20]

Mesma atitude tinha o professor de Matemática, Pinault, que "não escondia seu desprezo pelas ciências que ensinava e pelo espírito humano em geral. Por vezes, quase dormia enquanto dava aula. Desviava completamente os discípulos do estudo".[21] O professor de Escrituras Santas era Le Hir, homem de fé inabalável, impermeável à dúvida, para quem "o sobrenatural não suscitava nenhuma repugnância intelectual". Nele, todas as objeções se chocavam contra a "parede sem fissuras" que rodeava suas certezas. Mas, segundo Renan, "como eu não tivesse em meu espírito paredes sem fissuras, a aproximação de elementos contrários que produzia no senhor Le Hir uma profunda paz interior provocou em mim estranhas explosões".[22]

Os professores não compreendem tais "explosões". Quando ele lhes expõe suas primeiras dúvidas, eles respondem: "Tentações contra a fé! Não lhes dê atenção, siga em frente!". Como é possível que o relato da morte de

---

19 Renan, *Souvenirs d'enfance et de jeunesse*, p.144.
20 Ibid., p.162.
21 Ibid., p.154.
22 Ibid., p.170.

Moisés esteja num livro atribuído a Moisés? Resposta: certas perguntas não devem ser feitas. Como explicar que Sara tenha inspirado desejo no faraó sendo septuagenária? Resposta: Ninon de Lenclos tinha a mesma idade e os homens ainda brigavam por ela. E assim por diante.

Nos exercícios orais de Apologética, os seminaristas deviam apresentar os argumentos dos filósofos e as refutações a favor da religião. Renan perdeu a fé nesse jogo perigoso. Seu espírito brilhante provocava suores frios nos professores quando desenvolvia as críticas filosóficas com tamanha habilidade que os argumentos contrários pareciam ser de uma debilidade ridícula. Certa vez, o professor teve de interromper o exercício porque já se torna uma vergonha para a religião: a classe inteira sorria diante da pobreza dos argumentos que Renan apresentava a favor da Igreja.

O resultado é conhecido: aqueles "quatro anos de tortura intelectual e moral" fizeram Renan perder a fé. Ele foi responsável por isso? Alguns ainda acreditam que sim. Para Claude Tresmontant, por exemplo, Renan deveria ter sido capaz de distinguir a verdadeira ortodoxia, o verdadeiro espírito cristão, que é compatível com a razão, daquilo que lhe era ensinado no seminário:

> O erro de Renan, e de outros depois dele, foi ter acreditado naqueles que opunham à ciência a ideia que tinham da ortodoxia. Renan era suficientemente culto para compreender por si só que tal oposição era factícia e se baseava em análises filosóficas e teológicas malfeitas.[23]

De certo modo, Renan foi um excelente aluno: ele não deveria ter acreditado em seus professores. Esse é o reconhecimento claro da responsabilidade dos seminários do século XIX na propagação da descrença.

Renan tem outra interpretação: para ele, a própria estrutura do cristianismo está em questão, os dogmas formam um todo tão coerente que o edifício desmorona quando se toca num único elemento. É tudo ou nada:

> Excelentes espíritos fizeram-me ver algumas vezes que eu não teria me desapegado do catolicismo sem a ideia estreitíssima que formei dele, ou melhor dizendo, que meus mestres me deram dele. Algumas pessoas fazem o Saint-Sulpice um pouco responsável por minha incredulidade e censuram-no, de um lado, por ter me inspirado plena confiança numa escolástica que implicava

---

23 Tresmontant, *Le Problème de l'athéisme*, p.414.

DA CRENÇA À DESCRENÇA: OS CREDOS SUBSTITUTOS   583

um racionalismo exagerado; de outro, por ter me apresentado como necessário admitir o *summum* da ortodoxia; de modo que, a um só tempo, eles engrossaram além da medida o bolo alimentar e diminuíram singularmente o orifício de deglutição. Isso é absolutamente injusto. Em sua maneira de apresentar o cristianismo, esses senhores do Saint-Sulpice, nada dissimulando do mapa daquilo em que se deve crer, eram simplesmente honestos. Não foram eles que acrescentaram a qualificação *Est de fide* a tantas afirmações insustentáveis. Uma das piores desonestidades intelectuais é jogar com as palavras, é apresentar o cristianismo como se não impusesse nenhum sacrifício à razão e, com o auxílio desse artifício, atrair pessoas que não sabem que, no fundo, se engajam. Essa é a ilusão dos católicos laicos que se dizem liberais. Nem sabendo nem teologia nem exegese, fazem da acessão ao cristianismo uma simples adesão a uma sociedade de amigos. Entram e saem. Admitem certo dogma, recusam outro e indignam-se que lhes digam que não são verdadeiros católicos. Alguém que tenha estudado teologia não é mais capaz de tal inconsequência. Como tudo repousa, para ele, sobre a autoridade infalível das Escrituras e da Igreja, não há o que escolher. Um único dogma abandonado, um único ensinamento da Igreja rejeitado é a negação da Igreja e da revelação. Numa Igreja fundada sobre a autoridade divina, é-se tão herético por negar um único ponto quanto por negar todos. Uma única pedra arrancada desse edifício e o conjunto desmorona fatalmente.

Também pouco serve alegar que a Igreja fará talvez, algum dia, concessões que tornarão inúteis rupturas como aquela a que tive de me resignar e então se dirá que renunciei ao reino de Deus por bagatelas. Conheço bem a medida das concessões que a Igreja pode fazer e as que não se deve pedir que faça. A Igreja Católica jamais abandonará nada de seu sistema escolástico e ortodoxo; ela não pode fazer isso; [...] o verdadeiro católico dirá inflexivelmente: "Se devo abandonar alguma coisa, abandonarei tudo; porque acredito em tudo por princípio de infalibilidade, e o princípio de infalibilidade é ferido tanto por uma pequena concessão quanto por dez mil grandes". Da parte da Igreja Católica, confessar que Daniel é um apócrifo do tempo dos macabeus seria confessar que ela se enganou; se ela se enganou nisso, pode ter se enganado em outra coisa; ela não é mais divinamente inspirada.[24]

Para Claude Tresmontant, existe aí um "pressuposto monofisista", que afirma falsamente que num livro divino tudo é verdadeiro. Ora, a exegese cristã admite hoje uma série de coisas da qual nem queria ouvir

---

24 Renan, op. cit., p.179-81.

falar no século passado; poderíamos acrescentar que há muitos domínios em que, sem dizer, ela renegou posições passadas. Logo o que ela ensinava no século XIX não era "ortodoxia", e Renan deveria ter visto isso. Ora, isso é fazer pouco caso da estrutura unitária e hierárquica da Igreja. Afirmar seu desacordo teria levado Renan à excomunhão, como aconteceu com Lamennais. Em que Igreja se deve acreditar: na do século XIX ou na do fim do século XX? Na de Gregório XVI, que chama os direitos humanos de "opiniões perversas", ou na do Vaticano II, que conclama à libertação? Na de Pio IX e do *Syllabus*, ou na de dom Hélder Câmara? E qual será a ortodoxia daqui a um século? Só Deus sabe. Criticar Renan por ter perdido a fé no seminário de Saint-Sulpice é acusá-lo de não ter se colocado à frente de seu tempo.

A trajetória do abade Joseph Turmel lembra a de Renan. Bretão como ele, nasceu em Rennes em 1859, ordenou-se padre em 1882, foi professor no seminário de Rennes e perdeu a fé por causa das Escrituras. Ele contou sua trajetória em *Comment j'ai donné congé aux dogmes* [Como dispensei os dogmas]. As dúvidas surgiram desde a sua passagem pela Faculdade Católica de Angers. Em 1884, conta ele, "a Igreja parecia-me um inimigo da luz, e os exegetas católicos pareciam-me condenados ao charlatanismo. Minha fé ainda estava viva [...], mas um verme dentro de mim começava a roê-la". Era tarde demais. Ele escolheu a solução de Meslier: manteve sua descrença em segredo para não causar sofrimento à família, mas anonimamente publicou obras antirreligiosas. Como era suspeitíssimo, foi relegado ao cargo de simples padre auxiliar e, depois, em 1930, foi suspenso, excomungado e punido com degradação canônica. Até sua morte, colaborou com uma sociedade de livre-pensamento de Rennes.

Outra vítima célebre das variações da exegese católica, o abade Loisy, tentou mostrar que os enunciados da Bíblia eram válidos apenas para a época em que haviam sido escritos, porque Deus falava aos homens com a linguagem de seu tempo: "A teoria da inerrância absoluta não satisfaz o espírito. Um livro absolutamente verdadeiro, para todos os tempos, em todas as ordens da verdade, é tão possível quanto um triângulo quadrado". Titular da cátedra de Hebraico e Santas Escrituras no Institut Catholique de Paris, ele faz exatamente aquilo que Claude Tresmontant acusa Renan de não ter feito: ele se dedica a provar que a Bíblia pode manter o caráter sagrado mesmo que se admita que suas declarações científicas e históricas são relativas. Resultado: ele é destituído em 1892 em virtude de posições que hoje são unanimemente aceitas pela Igreja. Ele se afasta cada vez mais da fé. O Ministério do Ensino Público lhe concede uma cátedra na École Pratique

DA CRENÇA À DESCRENÇA: OS CREDOS SUBSTITUTOS 585

des Hautes Études, e ele escreve mais e mais artigos e obras de exegese. Excomungado em 1908, torna-se professor no Collège de France a partir de 1909. Seu diário revela negações progressivas: imortalidade da alma, divindade de Jesus, Trindade, Deus transcendente e pessoal. O jovem e brilhante exegeta tornou-se descrente. A Igreja Católica, dirigida de 1903 a 1914 por Pio X, um dos papas mais retrógrados da época moderna, e sacudida pela crise modernista, é responsável em grande parte por essa deserção, assim como por muitas outras.

Também é nessa época que outro padre e professor de seminário, Prosper Alfaric (1876-1955), troca a Igreja pela descrença por influência de suas leituras filosóficas, como Herbert Spencer, e da intransigência das autoridades eclesiásticas no que diz respeito às relações entre ciência e fé. Como escreve Georges Hourdin, desde a crise do modernismo um certo número de crentes perdeu a fé "porque lhes parece que os livros que contêm a revelação da Palavra de Deus não são historicamente exatos, ou porque narram fatos que não são historicamente verdadeiros",[25] como o personagem do romance *Jean Barois*, de Roger Martin du Gard, que se torna ateu quando descobre que os Evangelhos são, na realidade, a expressão da fé das primeiras comunidades cristãs.

HISTÓRIA DAS RELIGIÕES, ESCOLA DE DESCRENÇA

Isso dá a medida da importância da história das religiões na gênese do ateísmo moderno. Um dos primeiros a perceber seu uso foi Charles Dupuis, em *Origine de tous les cultes ou religion universelle*, publicado em 1795. Sistematizando os estudos dos filósofos, ele iniciou uma pesquisa antropológica sobre a origem das religiões que resultou na demonstração de seu caráter puramente humano. Mitos e religiões são uma protociência que proporciona ao homem uma primeira interpretação do mundo, da qual é excluída qualquer ideia de revelação:

> Não examinaremos se a religião cristã é uma religião revelada: apenas os tolos acreditam nas ideias reveladas e nas almas do outro mundo. A filosofia dos dias de hoje progrediu o suficiente para que não estejamos ainda a querelar

---

25 Hourdin, Conversions du christianisme à l'athéisme. In: Girardi; Six (orgs.), *L'Athéisme dans la vie et la culture contemporaines*, t.I, p.409.

sobre as comunicações da divindade com o homem, além daquelas que se fazem pelas luzes da razão e pelas luzes da natureza.[26]

Não se trata de destruir a religião, mas de absorvê-la no saber humano pela mediação da razão, de dissolver a religião negando o sobrenatural. Traduzida em inglês, alemão e espanhol, a obra de Dupuis foi vulgarizada sob a Restauração por Desttut de Tracy e pelos ideólogos. A ciência das religiões teve um sucesso estrondoso no século XIX, marcado pelas obras de Strauss, Feuerbach e Renan. A época descobriu que a fé pode se dissolver na história. Fazer da religião um objeto de estudo histórico é fazê-la descer do pedestal e abri-la com o escalpelo do historiador, e é raro que ela saia ilesa da operação; também é constatar que todas as religiões são extremamente humanas em sua origem e evolução. Passando pelas mãos do historiador, a história "santa" se torna uma história humana comum; do mesmo modo que as ciências exatas dessacralizam o cosmo, as ciências humanas dessacralizam a religião.

Isso pode levar a excessos, como ocorre com Bauer, por volta de 1850, e Kalthoff, em 1903, que transformam Cristo em pura invenção da Igreja, ou com Drews, que faz dele um mito astral. No conjunto, porém, os trabalhos são sérios. Obra de acadêmicos, a ciência das religiões se desenvolve na França com os trabalhos de Burnouf e Victor Cousin. Este último, um dos líderes do espiritualismo, admira o pensamento alemão e lamenta o caráter limitado da teologia francesa. Ele gostaria de espiritualizar a filosofia francesa e, ao mesmo tempo, evitar devolver ao catolicismo a importância que ele tivera no passado. Num artigo de 1868, o filósofo Vacherot se regozija com o sucesso da ciência das religiões, que as coloca em pé de igualdade e as submete às leis do espírito humano. Num livro publicado em 1858,[27] ele tenta recriar uma teodiceia, reconstruir um Deus sobre as ruínas do Deus das religiões. Perfeição e realidade são incompatíveis, escreve ele; o Deus perfeito não passa de um ideal, um ser de razão, a ideia do mundo, e o mundo é a realidade de Deus. Nesse sentido, a ciência das religiões, segundo ele, podia evitar a queda no ateísmo.

Para o clero francês, a ciência das religiões leva à incredulidade, sejam quais forem suas modalidades. O resultado é que ela se desenvolve na esfera das instituições seculares, laicas, com a criação da cátedra de História das Religiões no Collège de France, em 1880, atribuída a um protestante

---

26 Dupois, *Origine de tous les cultes ou religion universelle*, p.249.
27 Vacherot, *La Métaphysique et la science, ou principes de métaphysique*.

liberal, Albert Réville, e do quinto departamento da École Pratique des Hautes Études (Ciências Religiosas), em 1886. Quando se sabe que essas duas iniciativas se devem a Paul Bert, pode-se adivinhar qual era seu espírito. Bert confessou sua intenção de criar uma "paleontologia moral" para "encontrar nos dogmas mortos e fósseis os ancestrais dos dogmas vivos".[28] Depois de conseguir a extinção da Faculdade de Teologia, graças à lei de finanças de 1885, ele a substitui pelo Departamento de "Ciências Religiosas" do Institut de Hautes Études, no mesmo local. Devemos acrescentar ainda que, 25 anos depois, uma cátedra de História das Religiões é criada na Universidade de Lyon, cujo prefeito era Édouard Herriot, membro da Associação dos Livres-Pensadores. O objetivo declarado é colocar todas as religiões num mesmo plano, numa perspectiva puramente humana.

A ameaça surge ao mesmo tempo de outro setor: a Sociologia, nova ciência ambiciosa, que também toma a religião como objeto de estudo. Em *As formas elementares da vida religiosa*, Émile Durkheim não ignora a perplexidade que isso provoca, mas, segundo ele, "essa última barreira acabará cedendo e a ciência se estabelecerá como mestra nessa região reservada". A religião deve resignar-se a ser objeto de ciência; esta não visa substituí-la, mas explicá-la:

> Das duas funções que a religião cumpria primitivamente, existe uma, mas apenas uma, que tende a lhe escapar cada vez mais: a função especulativa. O que a ciência contesta à religião não é o direito de existir, mas sim o direito de dogmatizar sobre a natureza das coisas, é a espécie de competência especial que ela se outorgava para conhecer o homem e o mundo. Na verdade, ela não conhece a si mesma. Não sabe do que é feita nem a que necessidades responde. *Ela mesma é objeto de ciência!* E como, por outro lado, fora do real ao qual se aplica a reflexão científica não existe objeto próprio sobre o qual se apoie a especulação religiosa, é evidente que esta não poderia desempenhar no futuro o mesmo papel que teve no passado.
>
> No entanto, ela parece mais convidada a se transformar do que a desaparecer.[29]

Transformar-se de que modo? Durkheim não sabe, mas tem consciência de que vive numa época de transição:

---

28 Bert, La suppression des facultés de théologie. In: _____, *À L'Ordre du jour*, p.242.
29 Durkheim, *Les Formes élémentaires de la vie religieuse*, p.614-5.

O SÉCULO DA MORTE DE DEUS (SÉCULO XIX)

Se temos hoje, talvez, alguma dificuldade em imaginar em que poderiam consistir essas festas e essas cerimônias do futuro, é porque atravessamos uma fase de transição e de mediocridade moral. As grandes coisas do passado, as que entusiasmavam nossos pais, não nos excitam mais com o mesmo ardor, seja porque entraram no uso comum a ponto de se nos tornarem inconscientes, seja porque não correspondem mais a nossas aspirações atuais; e, no entanto, ainda não existe nada que as substitua [...] Em uma palavra, os antigos deuses envelhecem ou morrem e outros não nasceram. Foi isso que tornou vã a tentativa de Comte com vista a criar uma religião com velhas lembranças históricas, artificialmente despertadas: é da própria vida, e não de um passado morto, que pode sair um culto vivo. Mas um estado de incerteza e agitação confusa não poderá durar eternamente. Virá o dia em que nossas sociedades terão novamente horas de efervescência criadora, no decorrer das quais novos ideais surgirão, novas fórmulas se manifestarão e servirão, durante algum tempo, como guia à humanidade.[30]

Por um lado, "não há evangelhos que sejam imortais"; por outro, "há na religião algo de eterno". O espírito religioso é conclamado a se perpetuar através de formas variadas. Mas o sociólogo que reconhece que os deuses se sucedem pode não ser ateu? Como acreditar em deuses que envelhecem e morrem?

AS VIAS DO ATEÍSMO, OU COMO SE PERDE A FÉ NO SÉCULO XIX

Assim, a conjunção das ciências exatas e das ciências humanas, acrescentada à recusa de uma Igreja Católica paralisada em suas posições escolásticas a dialogar, provoca uma defasagem crescente entre a fé religiosa tradicional e a cultura moderna, uma defasagem responsável por inúmeras deserções. O século é repleto de exemplos de personagens que perderam a fé graças à atitude intransigente da Igreja e seu imobilismo intelectual. Sobretudo padres, e o caso é cuidadosamente abafado para evitar escândalos e não manchar a imagem triunfalista alimentada pela hierarquia. Por exemplo, na França, em 1907, haveria 1 milhão de padres que haviam abandonado a batina. Alguns casos são ruidosos, como o dos padres que migraram diretamente para o livre-pensamento. É o caso do abade Jules Claraz, nascido em 1868, que se ordenou em 1892 e abandonou a Igreja

---

30 Ibid., p.610-1.

em 1912, graças a suas reflexões pessoais; ele percorreu a França a serviço das sociedades de livre-pensamento. O abade Victor Charbonnel, nascido em 1860, é repreendido por seus superiores por ser partidário do ecumenismo; ele renuncia ao sacerdócio em 1897, adere à franco-maçonaria, lança o jornal *La Raison* em 1902 e torna-se secretário-geral da Associação dos Livres-Pensadores da França. O abade René Lorimier, nascido em 1879, padre em Dijon, abandona a batina e converte-se ao livre-pensamento, assim como os abades Duhamel, Harrent, Junqua, Russacq, o seminarista Barodet e o noviço Sébastien Faure.

Entre os laicos, alguns perdem a fé após uma dolorosa evolução intelectual. Por exemplo, Marcelin Berthelot, educado numa família muito cristã, praticante, atravessa uma crise espiritual a partir de 1845, quando começa a confrontar seus conhecimentos científicos com suas crenças religiosas. Sua amizade com Renan o conduz definitivamente ao ateísmo. O protestante Broca passa pela mesma evolução, na mesma época e pelas mesmas razões. Nos dois casos, a crise espiritual se complica com a tristeza de ter de decepcionar uma família profundamente crente. O itinerário de Taine parece menos doloroso e mais voluntário: ele rejeita a fé quando toma consciência de que ela lhe reprime a razão. Nele, o ateísmo surgiu de uma reivindicação orgulhosa da liberdade de inteligência:

> A razão apareceu em mim como uma luz. [...] A primeira coisa que cedeu diante desse espírito de exame foi minha fé religiosa. [...] Tinha consideração demais por minha razão para acreditar em outra autoridade que não fosse a dela; quis que dependesse apenas de mim a regra de meu comportamento e a condução de meu pensamento. O orgulho e o amor de minha liberdade tinham-me libertado.[31]

Outros aderem ao ateísmo por revolta contra uma Igreja social e politicamente reacionária. Vimos a trajetória de Proudhon. A de Lenin é típica. Educado na fé, ele a abandona aos 16 anos: a execução de seu irmão, o espetáculo das desgraças da sociedade russa sob o regime czarista com a bênção da Igreja Ortodoxa, teve um papel determinante.

No caso de Engels, a transição é dolorosa. Luterano sincero, ele começa a duvidar depois de aderir ao hegelianismo e sente uma grande tristeza. Mas não pode voltar atrás. Ele escreve a um amigo: "Oro todos os dias.

---

31 Apud Vergote, Analyse psychologique du phénomène de l'athéisme. In: Girardi; Six (orgs.), op. cit., p.237.

Oro até durante quase todo o dia para conhecer a verdade. Faço isso desde que comecei a duvidar e, no entanto, não consigo recuperar vossa fé. [...] Meus olhos se enchem de lágrimas enquanto escrevo isto". As coisas são mais fáceis para Marx, que nunca aderiu verdadeiramente ao cristianismo.

Alguns são revoltados também contra a educação que receberam; outros, contra os fatos da sociedade que, para eles, são prova da inexistência de Deus, a começar pela guerra de 1914-1918. Foi o que escreveu um livre-pensador ao responder a um questionário do jornal *La Calotte*:* "O maior exemplo da inexistência de Deus e da ineficácia das orações é o que nos foi dado de 1914 a 1918! A grande carnificina é a prova irrefutável de que o cristianismo, em suma, o mercantilismo celeste, não passa de um mito, de uma grosseira e nefasta piada".[32]

A revolta, como no caso de H. G. Wells, também pode ser a descoberta da oposição entre o comportamento dos pais e os valores religiosos que eles tentam impor: Wells rejeita a religião no momento de sua crisma. Para muitos – naturalistas, historiadores e sobretudo médicos –, a fé é perdida no dia em que os resultados da disciplina entram em conflito com certos aspectos do dogma religioso: Clemenceau, Jules Grenier, Paul Bert, Paul Lafargue. Não é fácil acreditar na imortalidade da alma numa classe de medicina, como escreve Pierre Boyer em 1868:

> Todos os preconceitos caem por terra diante da terrível evidência, e as inteligências sãs e corajosas logo se habituam – nesse ambiente em que os sonhos místicos não são mais possíveis – a privar-se de esperanças numa vida futura. Sobre a pia, quatro ou cinco cérebros, mostrando a nu suas circunvoluções, maceravam em grandes potes de louça; víamos suas artérias negras, inchadas como se estivessem congestionadas por injeções de sebo; o pensamento é uma função da qual o cérebro é o órgão; víamos o órgão decompondo-se, era muito difícil provar que a função sobrevivia alhures.[33]

Ludwig Büchner (1824-1899), fundador da União Mundial dos Livres-Pensadores em 1880 e da Associação Alemã dos Livres-Pensadores em 1881, é médico em Darmstadt.

---

* Famoso semanário anticlerical, publicado inicialmente de 1906 a 1911. A expressão *la calotte*, em francês, é pejorativa e designa o conjuntos dos padres (os padrecos, os sotainas, a padralhada). (N. T.)

32 Apud Lalouette, *La Libre pensée en France, 1848-1940*, p.87.

33 Boyer, *Une Brune. Scènes de la vie d'um carabin*, p.106.

À parte esses percursos atormentados, alguns espíritos parecem naturalmente ateus. Félix Le Dantec, filho de um médico voltairiano e biólogo, sempre foi ateu. Em 1906, em *L'Athéisme* [O ateísmo], ele escreveu:

> Não vejo nenhuma necessidade de que alguém tenha criado o mundo. Ao contrário, se me perguntarem qual é a origem do mundo, responderei humildemente: não sei; também não vejo razão para que o mundo tenha uma origem, um começo. [...] Quando me declaro ateu, somente quero dizer que não estou satisfeito com a hipótese segundo a qual essas leis da natureza teriam se originado de um Deus do qual se poderia falar como se fala de um homem.[34]

Espírito tão pouco metafísico quanto possível, ele declara tranquilamente: "Se não acredito em Deus, é porque sou ateu; essa é a única boa razão que posso apresentar para minha incredulidade".[35]

Espírito diferente, mas igualmente ateu, Mikhail Bakunin mostra em *Deus e o Estado*, de 1871, como os crentes simplesmente atribuíram a um ser que eles chamam de Deus as características da matéria, que qualificam de vis: "Eles atribuíram todas essas forças, propriedades e manifestações naturais ao ser imaginário criado por sua fantasia abstrativa". Eis, porém, o que o revolta:

> A ideia de Deus implica a abdicação da razão e da justiça humanas; é a negação mais decisiva da liberdade humana e leva necessariamente à escravidão dos homens, tanto na teoria quanto na prática [...].
>
> Se Deus existe, o homem é escravo; ora, o homem pode, deve ser livre; logo Deus não existe.
>
> Desafio quem quer que seja a sair desse círculo, e que se faça a escolha [...].
>
> É necessário lembrar quanto e como as religiões embrutecem e corrompem os povos? Elas matam neles a razão, o principal instrumento da emancipação humana, e reduzem-nos à imbecilidade, condição essencial para a escravidão.[36]

E, no contrapé de Voltaire, Bakunin declara: "Se Deus realmente existisse, seria preciso fazê-lo desaparecer".

---

34 Le Dantec, *L'Athèisme*, p.39 e 55.
35 Ibid., p.38.
36 Bakunin, *Dieu et l'État*, p.19.

OS NOSTÁLGICOS DE DEUS

Esse ateísmo visceral não é o mais difundido entre os intelectuais no século XIX. Muitos, mesmo sendo totalmente descrentes, mantêm certa ambiguidade em sua rejeição da fé, a ponto de recusar para si mesmos o termo "ateu". Em muitos, existe uma nostalgia de Deus, como no caso de Ferdinand Buisson, que escreve que "acreditar em Deus não é acreditar que Deus existe, é querer que ele exista"; homem de "fé laica", segundo Jean-Marie Mayeur, ele aspira a um mundo em que reine um amor caridoso, do tipo cristão. O ateu Georges Séailles, por sua vez, evita qualquer declaração sobre o assunto, desejando somente "que seja possível ser ateu sem ser tratado de facínora, e acreditar em Deus sem ser tratado de imbecil". Mesma discrição é encontrada em Marcelin Berthelot.

Os que perderam a fé mantêm muitas vezes vestígios e lembranças, como se não conseguissem se conformar com a morte de Deus. Típico nesse sentido é o filósofo de língua inglesa George Santayana. Nascido em 1863, ele abandona deliberadamente a fé ao terminar seus estudos em Harvard, declarando num poema: "Abandono-te, fardo meu. Não carregarei mais o peso desesperador de minha fé tão amada. Prosseguirei meu caminho com passos livres e leves".[37] Santayana é ateu, sem dúvida, mas é um ateu que jamais se livrou da noção de Deus, e que tenta reutilizá-lo constantemente, a tal ponto que o padre McNicholl o qualifica de "ateu religioso".[38] Embora para ele os deuses sejam "imaginários e literalmente absurdos", ele afirma que "a palavra Deus, caso ainda a utilizássemos, deveria significar para nós não o universo, mas o bem do universo",[39] e não nega à religião um lugar na busca da racionalidade.

O caso mais ambíguo talvez seja o de Ernest Renan, que não conseguirá jamais romper os laços com uma religião em que ele não acredita mais. Esse temperamento místico não consegue renunciar à ideia de Deus, que ele qualifica como "resumo transcendente de suas necessidades suprassensíveis [da humanidade], a categoria do ideal, isto é, a forma em que concebemos o ideal". Não existe mais um Deus pessoal, é claro, mas há em seu lugar um sentimento profundo do divino: "Renan", escreve Laudyce Retat, "ao transfigurar a ciência em abordagem do divino, jamais renunciou totalmente

---

37 Apud Santos, Athéisme et naturalisme: G. Santayana. In: Girardi; Six (orgs.), *L'Athéisme dans la philosophie contemporaine*, p.538.

38 McNicholl, Santayana y su concepto de la religión, *Estudios Filosóficos*, n.2, p.168.

39 Santayana, Ultimate religion. In: _____, *Obiter Scripta*, p.221.

à ideia de um Deus, que se faz através de uma humanidade de natureza e vocação transcendentes".[40]

Ao contrário de Auguste Comte, Renan não tem a religião da humanidade; ele conserva a especificidade do divino e, para ele, o divino é secretado pela humanidade. Apesar de rejeitar o sobrenatural, o milagre, ele admite o culto ao suprassensível. Ele tem aversão ao ateísmo, que para ele não passa de outra forma de antropomorfismo e nega Deus porque não consegue apreendê-lo como um ser definido: "O ateísmo é, em certo sentido, o mais grosseiro antropomorfismo. O ateu vê com acerto que Deus não age neste mundo à maneira de um homem. Conclui daí que ele não existe".

No início, a prática da ciência das religiões conduz Renan a uma tentativa de religião da ciência, uma mística e um ascetismo científicos. A ciência parece capaz de reproduzir o movimento da fé e dar um sentido ao mundo, inclusive fundamentando uma moral. É o que ele afirma em 1848, em *L'Avenir de la science*, e repete em 1890: "Minha religião continua sendo o progresso da razão, isto é, da ciência". Entretanto, ele se dá conta nessa época de que a ausência de dogmatismo científico torna a ciência incapaz de produzir uma religião. "A ligação de Renan com a religião pode parecer complexa a ponto de ser ambígua", conclui com toda a razão Laudyce Retat.[41] Há nele tanto ruptura como nostalgia. Ele se reserva o direito e a "possibilidade de sonhar" com "Deus Pai", ao menos como hipótese: "Renan não será jamais um teórico da morte de Deus", constata Laudyce Retat, e acrescenta: "Afirmar Deus ou negá-lo talvez não sejam duas atitudes contrárias, afinal de contas; elas se opõem em seu conteúdo positivo, na frieza de suas fórmulas, mas podem ter ambas a mesma origem: o sofrimento íntimo, o trágico".[42]

Renan tem um carinho especial por Jesus, que ele dessacraliza e humaniza magnificamente, romanticamente e misticamente. Embora não veja dimensão transcendente em Jesus, vê de modo comovente o amigo, a alma gêmea, e, de certa maneira, antecipa o catolicismo liberal do século XX. Muitos leitores racionalistas e ateus, favoráveis a sua *Vie de Jésus* [Vida de Jesus], de 1863, dão-se conta de que ele fez o trabalho pela metade, com pesar, com timidez, como se tivesse a impressão de estar matando seu pai. Para Sainte-Beuve, esse livro se dirige à "massa hesitante, considerável,

---

40 Retat, *Religion et imagination religieuse: leurs formes et leurs rapports dans l'œuvre d'Ernest Renan*, p.279.
41 Ibid., p.11.
42 Ibid., p.484-5.

indecisa".[43] Théophile Gautier critica "o enredamento desse Deus que não é Deus e que é mais que Deus".[44] Guizot nota com perspicácia: "Considerada toda a obra, nada me impressionou mais do que o ar de timidez e meiguice no trabalho de demolição. Ele preferiria que não o tomassem por autor das ruínas que ele produz".[45] Mérimée tem a mesma opinião: "Você leu *Vie de Jésus*, de Renan? É pouco e muito. É como uma machadada no edifício do catolicismo. O autor parece tão apavorado com sua audácia de negar a divindade que se perde em hinos de admiração e adoração".[46] E Michelet escreve: "Por mais que discuta, esse livro crê, faz crer. Por mais que diga que duvida, ele nos enternece".[47]

Nada ilustra melhor a ambiguidade de Renan, dividido entre crença e descrença, do que os virulentos ataques dos dois campos inimigos. Os racionalistas criticam duramente sua timidez, como P. Larroque em 1863.[48] O jornal *La Libre Pensée* o coloca entre os filósofos indecisos, que tentam ganhar "a simpatia de todos os que sentem um vazio na alma e que, ora audaciosos, ora tímidos, acalentam-se na dúvida como num berço".[49] Do lado católico, a fúria cresce com o enorme sucesso do livro, para o qual os anátemas só contribuem: cinco tiragens em dois meses e traduções imediatas. Na diocese de origem de Renan, em Saint-Brieuc, o bispo oscila entre as invectivas contra essa "blasfêmia audaciosa", esse "sonho ímpio", e o desprezo, falando de "concepção digna de dó, cuja pobreza é mais notória do que a impiedade", de "mentira tão grosseira que a primeira criança que a visse perceberia sua impossibilidade", e conclui: "Há mais um ateu na França, isso é tudo".[50] Para o monsenhor Dupanloup, Renan é efetivamente ateu. A imprensa clerical e religiosa dirige contra o livro uma onda de ataques. Renan é odioso para os cristãos mais extremistas e sectários, como Léon Bloy, que o trata de "velha vaca podre", e Paul Claudel, que o chama de "Satanás", "porco", "líder dos desertores da fé", e o compara a Judas, "arrebentando pelo meio".

Há outro aspecto do pensamento de Renan que provoca polêmica: a ligação que ele estabelece entre concepções religiosas e raça. Para ele, os

---

43 Sainte-Beuve, *Nouveaux lundis*, t.VI, p.1-23.
44 Apud Pommier, *Renan*, p.164.
45 Guizot, *Lettre à Madame Lenormant*, 6 de julho de 1863.
46 Mérimée, *Lettre à une inconnue*, t.II, p.230.
47 Michelet, *Bible de l'humanité*, p.434.
48 Larroque, *Opinion des déistes rationalistes sur la Vie de Jésus selon Renan*.
49 *La Libre Pensée*, 28 out. 1866.
50 Arquivos do bispado de Saint-Brieuc. Carta pastoral do monsenhor David, 1864.

semitas tiveram a intuição do monoteísmo e prepararam a civilização moral, ao passo que os gregos anunciaram a civilização superior pela ciência. Entre as religiões semitas, porém, ele sente um desprezo instintivo pelo Islã:

> Seria injustiça esquecer o serviço de primeira ordem que o povo judeu e o povo árabe prestaram à humanidade ao cortar, com uma única e certeira tesourada, a meada inextricável das mitologias antigas; mas esse foi um serviço negativo, que só alcançou seu pleno valor graças à excelência das raças europeias. O islamismo, que não caiu em terra tão boa, foi em suma mais nocivo do que útil à espécie humana; tudo sufocou com sua secura e sua desoladora simplicidade.[51]

A intuição de Renan sobre o futuro religioso revela-se particularmente judiciosa. Para ele, a esfera religiosa evoluirá no sentido de uma individualização crescente, "criando para os diversos estágios da cultura humana formas de culto apropriadas à capacidade de cada um". Ele próprio não antecipou a situação atual, criando para si mesmo uma religião pessoal, que "não é mais do que um monólogo subjetivo sobre si mesmo"?[52] Por trás do misticismo de Renan, Laudyce Retat entrevê esse desejo de imortalidade pessoal que habita todo espírito religioso:

> Por isso ele se apegou a todos os sucedâneos da religião – idealismo científico, moral – como a uma grande empreitada de salvaguarda dele mesmo, esforço para perseverar no ser, espécie de Eros espiritual. [...] Renan jamais proclamou a morte de Deus, que teria sido seu próprio suicídio, mas manteve um ato de fé (fé em si mesmo) necessário à sua sobrevivência.[53]

Seu amigo Taine exprimia isso de outro modo, dizendo que Renan era um "cético que, lá onde seu ceticismo abria um buraco, ele o tapava com seu misticismo".[54]

---

51 Renan, *Questions contemporaines*, I, p.240.
52 Retat, op. cit., p.369.
53 Ibid., p.369-70.
54 Apud Lalouette, op. cit., p.170.

A GRANDE CONFUSÃO DE CREDOS

Renan é produto de seu século. Um século dividido entre fé cristã e ateísmo materialista, e, entre esses dois extremos, uma multidão procura um meio-termo, rejeitando tanto o dogmatismo estreito da Igreja Católica quanto as filosofias da morte de Deus. Até mesmo na franco-maçonaria, há um debate entre os que gostariam de impor a crença no G.A.D.U. (Grande Arquiteto do Universo) e dos que pregam uma total liberdade de consciência. A crença no G.A.D.U., difundida na Bélgica em 1871 e na França em 1877, cede o terreno para o agnosticismo e o ceticismo, e o Grande Arquiteto perde pouco a pouco sua dimensão pessoal, tornando-se um puro símbolo de harmonia universal. A franco-maçonaria do século XIX oscila entre a "religião humanista" e a "ordem não religiosa", segundo as palavras de Pierre Chevallier. O que não impede que a Igreja a veja como uma adversária: o Manual de Direito Canônico de 1917 prevê a excomunhão por delito de:

> adesão à franco-maçonaria ou outras associações do mesmo gênero que conspirem contra a Igreja ou os poderes civis legítimos. [...] Quando um franco-maçom quer se reconciliar com a Igreja, ele deve: separar-se da seita; prometer que deixará de pagar a cotização; afastar o escândalo o mais que puder; estar disposto a apagar seu nome assim que puder, sem grave inconveniente.[55]

A condenação foi renovada em 1985. Destacamos, contudo, que a franco-maçonaria foi proibida tanto pela Rússia comunista (1917) quanto pela Alemanha hitlerista (1935).

A hesitação do século XIX diante do problema religioso age essencialmente contra a Igreja Católica e a favor de uma espiritualidade multiforme, desenvolvida pelo espírito romântico. Até mesmo dentro da instituição surgem correntes liberais implacavelmente rejeitadas, como o movimento mennaisiano. Em 1825, Théodore Jouffroy mostra num artigo de *Globe*, intitulado "Como acabam os dogmas", que o espírito de análise leva inevitavelmente à crítica das crenças. Alguns tentam alargar o espírito do cristianismo, partindo da ideia de uma revelação primitiva que explicaria o fundo comum de todas as religiões: é o caso do abade Maret e de Frederico Ozanam, que escreve em 1831: "Creio poder garantir que existe uma providência, e que essa providência de modo algum pode ter abandonado as

---

55 *Manuel de droit canon conforme au code de 1917*, art. 1032, p.545.

criaturas pensantes durante seis mil anos. [...] Há uma religião primitiva, de origem antiga, essencialmente divina e, por isso mesmo, essencialmente verdadeira".[56]

Outros vão mais longe. Em 1799, Schleiermacher reduz a religião a um puro sentimento: "Ela não é nem pensamento nem ação, mas contemplação intuitiva e sentimento". A religião é uma representação interior do universo como ação de Deus, um estado de alma, uma consciência de nossa unidade com o infinito.[57] É com esse espírito que os mais eminentes românticos, sufocados no quadro cada vez mais estreito do catolicismo, saem em busca de uma fé aberta – desde Balzac, autor de um livro místico na linha de Swedenborg, até Victor Hugo, que afirma a primazia da religião universal sobre as religiões particulares e escreve no "Prefácio filosófico" de *Os miseráveis*, em 1862:

> O autor deste livro, ele o declara com o direito da liberdade de consciência, é alheio a todas as religiões atualmente vigentes; e ao mesmo tempo, conquanto combata seus abusos, conquanto tema seu lado humano, que é como o avesso de seu lado divino, admite e respeita todas elas.

Na sequência desse texto fundamental, o gênio de Victor Hugo, redescobrindo a unidade dos contraditórios, anula a distância entre fé e ateísmo numa espiritualidade cósmica:

> Abismos, abismos, abismos. Isso é o mundo. E o que querem que eu faça? Essa enormidade aí está. Esse precipício de prodígios aí está. E, ignorante, caio nele e, sábio, afundo nele. Sim, sábio, entrevejo o incompreensível; ignorante, sinto-o, o que é ainda mais formidável. Não se deve imaginar que o infinito possa pesar sobre o cérebro do homem sem lhe deixar marcas. Entre o crente e o ateu, não há outra diferença a não ser a da impressão em alto-relevo e a impressão em baixo-relevo. O ateu crê mais do que pensa. Negar é, no fundo, uma forma irritada de afirmação. A brecha comprova o muro. Em todo o caso, negar não é destruir. As brechas que o ateísmo faz no infinito assemelham-se às feridas que uma bomba faria ao mar. Tudo se fecha novamente e continua. O imanente persiste.

---

56 Apud Gusdorf, op. cit., p.343.
57 Schleiermacher, *Discour sur la religion*.

598   O SÉCULO DA MORTE DE DEUS (SÉCULO XIX)

Essa teosofia romântica deve-se ao mesmo tempo à espiritualidade negativa e ao antirracionalismo boêmio. Reagindo ao intelectualismo do século XVIII, lembra que o espírito humano é incapaz de se tornar mestre da totalidade das significações do mundo. Ela está em busca de um Deus em estado bruto, que se avizinhe do nada.

É um pensamento confuso, em que se mesclam todos os temas do passado e até Spinoza retorna ao campo teísta. Desde o fim do século XVIII, Goethe é seduzido e o anexa ao cristianismo: "Ele não demonstra a existência de Deus", escreve a Jacobi, "a existência *é* Deus. E se, por esse motivo, outros o tratam de *atheus*, eu o chamaria *theissimus* e *christianissimus*".[58] Lessing, Herder, Steffens, Schelling contribuem para a incorporação de Spinoza à espiritualidade romântica, num espírito muito eclético; graças a isso, são taxados de panteístas, materialistas e ateístas, especialmente pelo abade Maret, que escreve em 1840, em seu *Essai sur le panthéisme dans les sociétés modernes* [Ensaio sobre o panteísmo nas sociedades modernas]: "A confusão entre Deus e o mundo, a divinização do universo, a identificação do finito e do infinito, a unidade de substância. Tal é a grande aberração de que acusamos o século".[59] Esse livro lhe vale um cargo na Faculdade de Teologia e uma réplica de Victor Cousin, que, apesar de aceitar a assimilação entre panteísmo e ateísmo, evita sustentar tal posição: "Mas quem, peço que me digam, acreditará que meus amigos e eu confundimos o mundo com Deus? O que é o panteísmo? Não é um ateísmo disfarçado, como se diz; não, é um ateísmo declarado. [...] e é a nós que ousam atribuir tal doutrina!".[60]

Assim, o romantismo apaga as pistas à vontade. Quem é crente? Quem é descrente? Para Victor Hugo, isso não tem a menor importância, mas para o clero católico o amálgama está feito: "Tratamos de ateu aquele que professa, a respeito de Deus, concepções diferentes daquelas que pressupõe seu acusador".[61] Ora, o romantismo ampliou muito a noção de cristianismo. Como escreveu Georges Gusdorf,

> a liberdade de religião, conquista dos novos tempos, não pode mais ser questionada; as acusações de ateísmo fazem parte de um combate retardador sem esperança. Sinais e sintomas de uma situação nova, trazem à luz a mutação espiritual. O interesse se dirige não à validade dessas acusações, mas ao seu

---

58 Apud Gusdorf, op. cit., p.150.
59 Abade Maret, *Essai sur le panthéisme dans les sociétés modernes*, p.xiv.
60 Cousin, *Rapport à l'Académie sur la nécessité d'une nouvelle édition des* Pensées *de Pascal*, p.xlii.
61 Gusdorf, op. cit., p.178.

significado, que revela a relação do homem com a divindade na consciência romântica.[62]

As coisas se tornam tão confusas que é necessário inventar novos termos. O panteísmo é suscetível de várias interpretações. Esse neologismo criado em 1705 designa, segundo Lalande, "a doutrina segundo a qual tudo é Deus, Deus e o mundo são uma só coisa", o que pode ser compreendido em sentido materialista ou em sentido teísta. No primeiro caso, o mundo é real e Deus é a soma de tudo o que existe, uma abstração vizinha do monismo materialista e do ateísmo. No segundo caso, Deus é real e o mundo é apenas um conjunto de manifestações sem realidade permanente – esse é o sentido spinozista. Para evitar ambiguidades, Kraus fala de "panenteísmo" em seu *System der Philosophie* [Sistema de filosofia], de 1828: "O mundo é uma formação finita no interior do ser infinito de Deus; [...] o mundo existe em Deus, mas Deus é mais do que o mundo". Em 1849, em *Psyche*, Carl Gustav Carus fala de "enteísmo": sentimos que existimos em Deus, mas não podemos nos identificar com ele.

Os românticos, que têm senso religioso, recusam-se a aderir a Igrejas de dogmas esclerosados. "Essa transferência da experiência espiritual para fora do território das denominações tradicionais é um fato capital no devir do Ocidente", escreve Georges Gusdorf.[63] A teologia, que decaiu muito no decorrer do século XVIII – o mesmo autor fala de "eutanásia da teologia" –, estagna completamente no século XIX. A vitalidade religiosa se manifesta fora das estruturas estabelecidas, às vezes com uma vontade de ressacralizar os cultos, como se nota em Friedrich Creuzer, professor em Heidelberg, para quem todas as religiões participam de uma mesma verdade, dada por Deus ao homem desde a origem. Pierre-Simon Ballanche (1776-1847) também acredita nisso.

Jacobi, que recebeu uma educação luterana, acredita que a religião é tão velha quanto o homem. Para ele, a religião é um impulso natural, e o ateísmo veio apenas mais tarde, pela reflexão. Deus se comunica conosco pela revelação e pela fé: "A fé é a sombra da ciência e da vontade divinas no espírito finito do homem. Se pudéssemos transformar essa fé em uma ciência, a promessa da serpente à concupiscência de Eva se cumpriria: seríamos como Deus".[64] Discordando dos românticos, Jacobi considera que o spinozismo é um ateísmo, porque seu Deus é privado de consciência e de personalidade.

---

62 Ibid., p.179.
63 Ibid., p.105.
64 Jacobi, *Werke*, II, p.55.

AS NOVAS IGREJAS

Diante da falência de um cristianismo paralisado pelo trauma revolucionário, diversas correntes contam assumir o bastão, e algumas se apresentam como verdadeiras Igrejas. A religião dessas correntes é, na verdade, uma religião da humanidade, um ateísmo muito ambíguo, visivelmente nostálgico do cristianismo. Os são-simonianos, por exemplo, mantêm a ideia de providência e destinação e têm um Deus integrado ao homem:

> O Deus que anunciamos é aquele que sentes em ti quando teu coração se emociona com o relato de uma ação generosa, com o espetáculo da uma bela devoção, ou à vista de um ser que sofre e reclama teu apoio. Enfim, esse Deus é aquele que sempre recompensou, pelas bênçãos de toda a humanidade, os que o amaram, os que o amaram em sua mais bela manifestação, a humanidade.[65]

Para Saint-Simon, a verdadeira ciência está enraizada na religião. "Tornada completamente ateia, [...] o adjetivo 'negativa' lhe convém melhor do que 'positiva'".

Edgar Quinet também se move numa fronteira instável entre crença e descrença. Ele lamenta que a revolução não tenha dado fim à alternativa entre catolicismo e incredulidade, regenerando a Igreja com os valores revolucionários. Ele trata exaustivamente desse problema em *Le Christianisme et la Révolution Française* [O cristianismo e a Revolução Francesa] e *La Révolution Religieuse au XIXe siècle* [A revolução religiosa no século XIX]. No fundo do coração, o homem tem um desejo de imortalidade, e o que deu força à Igreja foi ter sabido satisfazê-lo:

> Nem a artimanha nem o hábito podem fazer sozinhos a força da Igreja romana. Seu poder é a isca invencível da imortalidade, fonte sempre renascente da eterna religião. A Igreja, e mais ninguém, parece ter consagrado no mundo civil a antiga fórmula da evocação da alma fora do sepulcro.[66]

Recusando-se a desarraigar esse desejo de imortalidade, ele parece abraçar uma solução análoga à do vigário saboiano e propõe um "espiritualismo

---

65 Apud Bénichou, *Le Temps des prophètes. Doctrines de l'âge romantique; Religion saint-simonienne. Recueil de prédications*, t.I, p.515.
66 Quinet, L'ultramontanisme. In: _____, *Œuvres complètes*, t.II, p.389.

DA CRENÇA À DESCRENÇA: OS CREDOS SUBSTITUTOS

democrático-profético",[67] apresentado por ele como a conclusão autêntica do cristianismo. De fato, seu ideal perdeu completamente a transcendência, é puramente moral e social: "De minha parte, considero que a França inteira comungou no dia do juramento do Jogo da Pela".[68] Decididamente, o ateísmo é bastante flexível nos meios românticos!

Michelet, que também deifica a revolução, é outro exemplo: "Deus era visível em 1790". Para ele, é uma "blasfêmia enorme dizer que a França não tinha Deus", porque ele se manifestou durante as grandes jornadas revolucionárias. Consequentemente, a revolução não podia adotar nenhuma Igreja, porque "ela mesma era uma Igreja. Como ágape e comunhão, nada neste mundo foi comparável a 1790".

O paradoxo de fundar uma religião ateia atinge o ápice com Auguste Comte, pai da religião da humanidade, concebida distinta de seus membros: a humanidade é o "Grande Ser", o "novo Ser supremo", ao qual são incorporados apenas os indivíduos dignos dele. Segundo Paul Bénichou:

> Essa religião, que recusa um Deus, mantém um aparato de orações, ritos, catecismo e sacramentos; institui uma nova Trindade: Humanidade, Céu, Terra (ou Grande Ser, Grande Fetiche, Grande Meio); desenvolve um culto feminino que culmina com um tipo de Virgem Mãe.[69]

Devemos citar também as especulações esotéricas do abade Alphonse--Louis Constant, que, com o pseudônimo de Éliphas Lévi, atribui à mulher um papel essencial na salvação. Ou ainda Charles Fourier, Pierre Leroux ou Flora Tristan. Esta escreveu: "Se não acreditássemos num Deuses [sic] providencial, guiando e prevendo todas as coisas, ficaríamos aterrorizados". Temos aqui talvez a explicação essencial para o extraordinário florescimento de correntes ateísta-religiosas durante o século XIX: o declínio do cristianismo depois da revolução criou um vazio que deixou muitos descrentes desamparados, angustiados, em face do nada que se descortinou diante deles. O ateísmo puro ainda assusta muitos deles – eles preferem inventar credos substitutos com os farrapos do cristianismo. Essa tendência é observada em toda a Europa, até na Rússia, onde aparecem formas

---

67 Bénichou, op. cit., p.494.
68 Quinet, Le christianisme et la Révolution Française. In: _____, Œuvres complètes, t.III, p.346.
69 Bénichou, op. cit., p.312.

variadas de iluminismo e ateísmo, por exemplo, com Grigorevitch Belinsky (1810-1848).[70]

Tendo perdido a fé, os que se decepcionaram com a antiga Igreja procuram um quadro seguro, como Hyppolyte Carnot, que adere ao são--simonismo como se fosse um substituto de religião: "Tinha acabado de atravessar uma fase de dúvida, ou melhor, de negação absoluta em matéria de fé", confessa ele. Philippe de Ségur (1753-1833) sublinhou o paradoxo de todos esses jovens que abandonaram a Igreja Católica com a impressão de se libertar dos preconceitos da superstição e se lançaram em crenças extravagantes, no iluminismo e em superstições ainda piores:

> Tamanha era a singularidade desse século que, no momento em que a incredulidade estava em voga, em que quase todos os vínculos eram vistos como grilhões, em que a filosofia tratava como preconceitos todas as antigas crenças e todos os antigos costumes, grande parte desses jovens e novos sábios apaixonava-se pela mania dos iluminados, pelas doutrinas de Swedenberg e Saint-Martin, pela possível comunicação entre os homens e os espíritos celestes, enquanto muitos outros, desvelando-se em torno do banquete de Mesmer, acreditavam na eficácia do magnetismo, estavam persuadidos da infalibilidade dos oráculos do sonambulismo e não duvidavam das relações que existiam entre o banquete mágico, do qual eram entusiastas, e o túmulo milagroso de Pâris, do qual tanto zombaram.[71]

Nos meios rurais mais modestos, a revolução fez ressurgir a religiosidade espontânea que bem ou mal fora reprimida pelo clero do Antigo Regime. A desorganização da rede paroquial, a pobreza dos padres, o enfraquecimento do domínio clerical resultaram no ressurgimento das superstições pagão-cristãs através das fissuras do culto tridentino polido e racionalizado, brotando como erva daninha entre as pedras da calçada. Ernest Renan descreveu esse fenômeno a propósito de seu Trégor natal, mostrando que o clero devia tolerar o culto aos velhos santos não reconhecidos.

Sob pressão, a Igreja teve primeiro de recuar e mais uma vez aceitar certas formas de religiosidade popular, assimilando, recuperando e tolerando práticas consideradas duvidosas, sob pena de perder maciçamente seus fiéis. A adaptação foi fácil, porque os novos padres vinham majoritariamente das camadas mais humildes da população e conheciam bem

---

70 Weiant, *Sources of Modern Mass Atheism in Russia*.
71 Ségur, *Mémoires*, t.I, p.96.

DA CRENÇA À DESCRENÇA: OS CREDOS SUBSTITUTOS

a sensibilidade popular. Assim, a religião dos anos 1800-1860 assiste à multiplicação das procissões, peregrinações, celebrações festivas, bênçãos do Santíssimo, confrarias, aparições e milagres, no espírito mais caloroso da piedade ultramontana.

Essa união mais íntima com o elemento popular teve contudo dois inconvenientes: contribuiu para afastar ainda mais a elite intelectual e social, que despreza tais puerilidades, e apenas retardou o desapego do povo. De fato, como mostrou Gérard Cholvy,[72] houve um desapego a partir dos anos 1860-1880. O excesso de cerimônias, a pompa e a duração exagerada dos ofícios, a pieguice cada vez maior das imagens, das orações e dos hinos acentuam a feminilização do culto e distanciam cada vez mais os homens da igreja. A desconfiança em relação às novidades culturais (esporte, dança, bicicleta, rádio), os progressos do individualismo, o desenraizamento crescente provocado pelo êxodo rural, o crescimento das festas laicas, o agravamento das diferenças de classe no que diz respeito aos sacramentos – com serviços diferentes, de acordo com o preço –, o rigor excessivo no plano moral são elementos que alimentam uma crítica feroz contra a Igreja.

Mas o grande desapego popular ocorrerá no século seguinte. Nesse momento, a Igreja se preocupa sobretudo com o desenvolvimento das sínteses filosóficas ateias, que anunciam abertamente a morte de Deus.

---

72 Cholvy, Réalités de la religion populaire dans la France contemporaine, XIXe – début XXe siècle. In: Plongeron (ed.), *La Religion populaire. Approches historiques*, p.149-70.

– 17 –

ATEÍSMOS SISTÊMICOS OU AS IDEOLOGIAS DA MORTE DE DEUS

Enquanto a descrença avança aos poucos na sociedade europeia, inúmeros intelectuais, retomando a questão do ponto em que foi deixada pela filosofia iluminista, elaboram sistemas de pensamento para os novos tempos. Levando em conta o crepúsculo dos deuses, eles estabelecem uma teoria. Consideram que seus sistemas devem substituir a teologia defunta, relegada à curiosidade arqueológica, posto que construída em torno de um Deus cuja morte foi constatada por todos.

Essa segurança do pensamento ateu é uma das marcas essenciais do século XIX. As hesitações ainda são abundantes, mas o ateísmo teórico toma a dianteira e elabora, prematuramente para alguns, a nova visão de um mundo que deve se acostumar a viver sem Deus.

Essa visão do mundo é diversa. Eles percebem isso desde o início: os homens, que estavam divididos a respeito de Deus, também se dividem no que diz respeito à ausência de Deus. Antes de mais nada, há uma variedade de abordagens, conforme o temperamento e a formação: o ateísmo é encarado do ângulo filosófico, histórico, antropológico, biológico, social, psicológico e, em breve, psicanalítico. Há também uma variedade de atitudes: do ateísmo confiante e conquistador de Hegel e Marx ao ateísmo pessimista e desesperado de Schopenhauer, passando pelo ateísmo voluntarista de Nietzsche.

Esses sistemas têm em comum uma visão global do mundo, que deve ser explicada e reorganizada em função da inexistência de Deus. Esta subverte não somente o conhecimento, mas também o comportamento. É possível viver da mesma maneira, com ou sem Deus? Os sistemas elaboram uma nova moral, novas relações sociais. Eles trazem, portanto, ideologias.

O RACIONALISMO HEGELIANO E SUA POSTERIDADE IDEALISTA

O primeiro grande sistema ateu, aquele que inaugura o século e faz a transição do Iluminismo, é o de Hegel, síntese grandiosa que tenta abranger a totalidade dos aspectos da existência. Sua abordagem, como não poderia deixar de ser, é filosófica. De fato, essa disciplina estava à frente das outras na elaboração de um sistema ateu. Também foi sobre ela que os precursores se apoiaram no século XVIII.

No entanto, longe de prolongar o ateísmo do Iluminismo, Hegel se torna seu crítico. Sua posição é totalmente diferente daquela adotada pelo barão D'Holbach, que via na dimensão religiosa um simples sentimento, uma convicção íntima, resultante de uma educação:

> Desde que as provas que a teologia pretende dar da existência de Deus são recusadas, opõem-se aos argumentos que a destroem um *sentido íntimo*, uma persuasão profunda, uma propensão invencível, inerente a todo homem, que evoca nele a ideia de um ser todo-poderoso que ele não pode expulsar totalmente de seu espírito e que é forçado a reconhecer a despeito das razões mais fortes que lhe possam ser alegadas.[1]

A esse trecho de *Le Bon sens*, Hegel contrapõe uma concepção muito mais substancial da religião, que para ele é um dado fundamental da consciência humana:

> Não há na verdade nenhum homem pervertido, perdido, miserável a ponto de não ter nenhuma religião, de não conhecê-la, de não ter nenhuma ideia dela,

---

1 D'Holbach, *Le Bon sens*, apud Bourdin, L'athéisme de d'Holbach à la lumière de Hegel, *Dix-huitième siècle*, n.24.

ATEÍSMOS SISTÊMICOS OU AS IDEOLOGIAS DA MORTE DE DEUS

nem que seja para temê-la, desejá-la ao menos ou odiá-la. Como o homem é um homem e não um animal, a religião não pode ser para ele um sentimento ou uma intuição estrangeira.[2]

Para Hegel, jamais houve filosofia ateia. O ateísmo sempre foi uma acusação contra qualquer ideia nova a respeito do divino, qualquer aprofundamento de seu conceito, e os ataques de D'Holbach não são exceção: eles visavam apenas uma forma degenerada de religião, o catolicismo romano do Antigo Regime. O cristianismo continua sendo "o eixo em torno do qual gira a história universal".[3]

O sistema hegeliano é ateu? Os comentadores discutem essa questão há quase dois séculos. Se acreditarmos no interessado, não existe espírito mais religioso que o dele, e Hegel sempre rechaçou com indignação o epíteto de "ateu", situando a ideia de Deus no centro de sua pesquisa e prestando homenagens insistentes ao cristianismo. Então por que toda a sua posteridade espiritual é ateia? Bruno Bauer responde num escrito anônimo de 1841, cujo título é evocador: *La Trompette du jugement dernier sur Hegel l'athée et l'Antéchrist* [A trombeta do juízo final sobre Hegel, o ateu, e o Anticristo]. A filosofia de Hegel, diz Bauer, engana. Sob sua aparência de "dignidade e cristandade", ela dissolve a religião na filosofia por meio de um sistema que não passa de um vasto panteísmo. Racionalizando o dogma, Hegel o destrói. Aliás, a pergunta: "Deus existe?" não tem importância para ele, porque a resposta é evidente. Deus é o Absoluto, que se realiza na história, mas esse Deus não é transcendente, é imanente ao finito, é a Ideia e o Todo do finito, é um "Deus que, sem o mundo, não é Deus".[4]

A ideia é reconciliar filosofia e religião, conservando todos os aspectos do cristianismo. Mas isso só é possível se tais aspectos forem transpostos para o vocabulário filosófico. Assim, a Encarnação é a encarnação da ideia que toma consciência de si mesma e, com isso:

---

2 Hegel, *Philosophie de la religion*, I, 17.
3 A oposição entre Hegel e D'Holbach levou J.-C. Bourdin a transpor judiciosamente o problema para nossa época: "Podemos nos perguntar se o ateísmo merece outro tipo de atenção que não seja o 'histórico' e, nesse caso, nos interrogar sobre o desaparecimento do tema nos dias de hoje. Por outro lado, ele deve ser reativado, se julgarmos que o livre--pensamento continua ameaçado pelos devotos de todos os tipos ou pelas seduções do irracionalismo mais idiota? Ninguém duvida de que, nessa hipótese, seria útil avaliar nossa tradição ateia e reler as obras de D'Holbach, devolvendo-lhes toda a sua violência libertadora" (Bourdin, op. cit., p.226).
4 Hegel, *Philosophie de la religion*, I, 184.

Esse Deus é percebido imediatamente pelos sentidos como um eu, como um homem real e singular: somente assim ele é consciência de si mesmo. Essa encarnação da essência divina, ou ainda o fato de que esta possua essencial e imediatamente a forma da consciência de si, é simplesmente o conteúdo da religião absoluta.[5]

Esse Deus encarnado morre no processo dialético, durante a "Sexta--Feira Santa especulativa", e ressuscita "para a suprema totalidade". Dando uma explicação racional de todo o conteúdo da religião cristã, inclusive do mistério central, Hegel destrói sua transcendência e faz dele um puro processo lógico. A consciência religiosa é subordinada à consciência filosófica; os dogmas se tornam mitos, realizações imperfeitas da consciência, que só o puro conceito exprime de maneira absoluta. O cristianismo diz a verdade, mas de um modo incorreto; apenas o filósofo pode revelar seu conteúdo exato. O fiel e o filósofo aderem à mesma verdade, mas de maneiras diferentes: o fiel crê, o filósofo sabe.

Por essa vontade de conservar todo o conteúdo da fé cristã, integrando-o numa síntese filosófica, Hegel se situa na fronteira entre o mundo religioso e o mundo ateu. Cronológica e logicamente, ele é o homem da transição: depois de assimilar o conteúdo da fé, ele o devolve como sistema secularizado; por meio dele, a crença religiosa se transforma em ideologia ateia.

Entre seus herdeiros diretos no campo filosófico, Bertrando Spaventa (1817-1883) ilustra perfeitamente essa passagem inelutável para o ateísmo. Com ele, a religião cristã é apenas um obstáculo ao desenvolvimento do pensamento. Forma mítica de representação do Absoluto, deve ser abandonada em proveito da filosofia. O velho Deus transcendente está morto e cede o lugar ao Deus imanente, que é simplesmente o ideal da obra humana. Se a religião positiva ainda convém ao homem rude, a religião racionalizada convém ao homem refinado. Spaventa, que trabalha numa Itália abalada pelos conflitos em torno da unificação e num clima anticlerical, materializa suas ideias abandonando o sacerdócio em 1849.[6]

Seu contemporâneo Augusto Vera (1813-1885) é mais fiel a Hegel e mantém o equilíbrio entre religião e filosofia: ambas exprimem o espírito absoluto de formas diferentes, mas a expressão mais perfeita é a da filosofia. O hegelianismo faz um grande sucesso no século XIX e no início do século XX

---

5 Id., *Philosophie de l'esprit*, apud Paul, *Dieu est mort en Allemagne. Des Lumières à Nietzsche*, p.146.
6 Morra, Athéisme et idéalisme. In: Girardi; Six (orgs.), *L'Athéisme dans la philosophie contemporaine*, p.98-107.

ATEÍSMOS SISTÊMICOS OU AS IDEOLOGIAS DA MORTE DE DEUS   609

na Itália, em sua forma idealista, com Mazzoni, Passerini, Colecchi, Cusani, Ajello, Gatti e Maturi, que acentua seu lado panteísta imanente.

Com Giovanni Gentile (1875-1944), o caráter provisório da religião se torna ainda mais nítido. Ela deve se desfazer na atividade filosófica, que a supera. Homem político, Gentile aplica essa ideia aos fatos, subordinando o ensino religioso ao ensino filosófico graças à reforma de 1923 e privilegiando uma concepção laica do Estado. Para ele, Deus e o pensamento são uma coisa só; totalmente imanente, Deus exprime a identidade do ser e do pensamento.

Benedetto Croce (1866-1952) é mais refratário à ideia religiosa, identificada ao mito puro. Para Gianfranco Morra, o sobrinho de Spaventa é um espírito totalmente "surdo" em relação à religião.[7] Piero Martinetti (1873-1948), apesar de lhe dar mais importância, concebe um Deus impessoal e abstrato, dentro de uma filosofia racionalista. Quanto a Pantaleo Carabellese (1877-1948), ele leva o panteísmo imanentista ao extremo: "O problema de Deus não é a existência de Deus, mas a essência de Deus; pois Deus, como puro Objeto, constitui o Princípio de tudo o que existe, unicamente porque não existe, mas consiste".[8]

O idealismo hegeliano, fonte de um ateísmo panteísta, marca profundamente a geração dos filósofos nascidos nos anos 1860-1870. Isso também é válido para a França, com Léon Brunschvicg (1869-1944), segundo o qual o Deus-fetiche das religiões positivas ficou para trás. Posto que toda realidade se encontra no interior da unidade da consciência, as provas da existência de Deus não têm nenhum valor. A única verdadeira religião é a do homem racional, para quem Deus é um espírito interior. Aos olhos de Dominique Parodi (1870-1955), a concepção tradicional de Deus é um antropomorfismo grosseiro: o Deus transcendente e distinto do mundo é uma ilusão. Jules Lagneau (1851-1894), quando fala de Deus, entende simplesmente o ideal moral da bondade e da verdade, posição retomada por Alain (1868-1951). Do outro lado do Canal da Mancha, François Bradley (1846-1924) prefere falar do Absoluto, realidade impessoal, ao mesmo tempo imanente e transcendente, ao passo que Jean McTaggart (1866-1925) e outros filósofos anglo-saxões seguem a linha hegeliana direta, com um Deus-Absoluto, imanente na natureza e na história, ainda que Guillaume Hocking (1873-1966) volte claramente ao teísmo.[9]

---

7 Ibid., p.107.
8 Ibid., p.115.
9 Ibid., p.137.

FEUERBACH E O ATEÍSMO ANTROPOLÓGICO

Embora se tenha dito da posteridade idealista de Hegel que ela era de "direita" e não se reconhecia no ateísmo, acontece o contrário com a "esquerda", que foi fundada com base não na filosofia, mas na antropologia. Seu mais brilhante representante é Ludwig Feuerbach (1804-1872), que definiu nos seguintes termos sua trajetória intelectual: "Deus foi meu primeiro pensamento, a razão, meu segundo, meu terceiro, e meu último pensamento foi o homem". Educado no protestantismo, ele estuda Teologia em Heidelberg a partir de 1823, com o objetivo de ser pastor. Em 1825, atraído pela Filosofia, vai para Berlim para fazer o curso de Hegel e tem uma revelação. Sua vocação muda bruscamente: "Sabia o que devia fazer e o que queria: não Teologia, mas Filosofia! Não delirar nem vaguear, mas aprender! Não crer, mas pensar!".[10] Sua tese de Filosofia, defendida em 1828, ilustra tal propósito pelo título: *De ratione una, universali, infinita*. Ele leciona algum tempo e, em 1836, afasta-se para redigir a grande obra que o tornou célebre: *A essência do cristianismo* (1841).

A abordagem é antropológica: "A antropologia é o mistério da teologia", afirma Feuerbach no prefácio.[11] A empreitada hegeliana é invertida: não é mais o espírito humano que está englobado no Absoluto, é este último que é reduzido à consciência de si do homem:

> A consciência de Deus é a consciência de si do homem, o conhecimento de Deus é o conhecimento de si do homem. A partir de seu Deus, conheces o homem e, inversamente, a partir do homem, seu Deus: os dois são um só. O que Deus é para o homem é seu espírito, sua alma, seu coração, isso é seu Deus: Deus é a interioridade manifesta, o si expresso do homem; a religião é o solene desvendamento dos tesouros ocultos do homem, o desabafo de seus pensamentos mais íntimos, a confissão pública de seus segredos de amor. [...]
>
> Crês no amor como numa qualidade divina, porque tu mesmo amas, crês que Deus é sábio e bom, porque nada conheces de melhor em ti do que a bondade e o entendimento, e crês que Deus existe, que é, portanto, sujeito ou ser – o que existe é ser, seja ele definido e determinado como substância ou pessoa ou outra coisa –, porque tu mesmo existes, porque tu mesmo és um ser.[12]

---

10 Apud Küng, *Dieu existe-t-il?*, p.229.
11 Feuerbach, *L'Essence du christianisme*, p.93.
12 Ibid., p.129-30 e 135.

ATEÍSMOS SISTÊMICOS OU AS IDEOLOGIAS DA MORTE DE DEUS   611

Para objetivar Deus, o homem se despoja de suas próprias qualidades e as atribui a esse ser superior: é o processo da alienação. O homem se empobrece para que Deus seja rico, ele se despreza para que Deus seja amado:

> Para enriquecer Deus, o homem deve se empobrecer; para que Deus seja tudo, o homem deve ser nada. Mas ele não tem necessidade de ser alguma coisa para si mesmo, já que tudo o que tira de si mesmo não fica perdido em Deus, mas conservado. O homem tem em Deus sua própria essência: como poderia tê-la em si e por si? O que o homem retira de si mesmo, aquilo de que ele se priva, disso ele só pode gozar, numa medida incomparavelmente mais elevada e rica, em Deus.[13]

Deus é uma projeção do homem, é sua própria essência exteriorizada e objetivada por ele. O homem se aparta de si mesmo e elabora um Deus infinito. "A consciência do infinito não passa da consciência da infinidade da consciência." Ao personificar Deus, o homem celebra a própria autonomia de sua pessoa e dá ao mesmo tempo uma dimensão infinita a todas as suas características:

> A religião é a secessão entre o homem e ele mesmo; ele coloca diante dele Deus como ser oposto a ele: Deus não é o que é o homem, o homem não é o que é Deus. Deus é o ser infinito, o homem é o ser finito; Deus é perfeito, o homem é imperfeito; Deus, eterno, o homem, temporal; Deus todo-poderoso, o homem, impotente; Deus, santo, o homem, pecador. Deus e o homem são dois extremos: Deus é o absolutamente positivo, a soma de todas as realidades, o homem é o absolutamente negativo, a soma de todas as nulidades.[14]

Em Deus, o homem adora as próprias virtudes, e a religião "é a relação do homem com ele mesmo ou, mais exatamente, com seu ser, mas uma relação com seu ser que se apresenta como um ser diferente dele", um ser imaginário, em proveito do qual ele se despojou inteiramente:

> Se não penso nem creio em Deus, então não há Deus para mim. Ele só existe enquanto é pensado ou acreditado [...] Portanto, sua existência é um intermediário entre a existência sensível e a existência pensada, um intermediário cheio de contradições [...]. Apenas a imaginação protege do ateísmo.

---

13 Ibid., p.143-4.
14 Ibid., p.153.

A religião cristã, ao pregar a encarnação, restitui a verdade: Deus é homem, o homem é um Deus para o homem. A religião é uma etapa necessária na tomada de consciência do homem por ele mesmo. Ela lhe revela sua essência. Mas essa etapa deve ser superada, e o homem deve recuperar sua essência.

> A religião não tem consciência da natureza humana de seu conteúdo; ela se opõe antes ao humano ou pelo menos não confessa que seu conteúdo é humano. A virada necessária da história é, pois, essa confissão e esse desabafo públicos de que a consciência de Deus não é nada senão a consciência do gênero.[15]

Aqui intervém o conceito de ateísmo. E eis a surpresa: para Feuerbach, a recuperação pelo homem de suas qualidades, o que dará fim à sua alienação e esvaziará o personagem mítico de Deus, é exatamente o contrário do ateísmo, pois o homem vai enfim poder adorar o verdadeiro Deus, isto é, a humanidade, novamente em posse de suas qualidades. Os verdadeiros ateus são os cristãos atuais, escreve Feuerbach, aqueles que dizem acreditar em Deus, mas que vivem exatamente como se ele não existisse; esses cristãos que não creem mais na bondade, na justiça e no amor, isto é, em tudo o que define Deus; esses cristãos que não creem mais no milagre, mas na tecnologia, que confiam mais nos seguros de vida do que nas orações e que, diante da miséria, não recorrem mais às orações, mas ao Estado-providência:

> O Estado é a refutação prática da fé religiosa. Em nossos dias, até mesmo o crente busca o socorro do homem. Ele se contenta com a "bênção de Deus", com a qual se deve acompanhar tudo. Mas a "bênção de Deus" não passa de uma cortina de fumaça por trás da qual a descrença crente dissimula seu ateísmo prático.

O cristianismo não passa de uma palavra:

> O cristianismo desapareceu há muito tempo não só da razão, como também da vida da humanidade, ele não é nada mais que uma ideia fixa, que se encontra na mais gritante contradição com nossas companhias de seguro contra incêndio ou de vida, com nossas ferrovias e locomotivas, com nossas pinacotecas e

---

15 Ibid., p.425.

ATEÍSMOS SISTÊMICOS OU AS IDEOLOGIAS DA MORTE DE DEUS 613

gliptotecas, com nossas escolas militares e industriais, com nossos teatros e gabinetes de história natural.

Acabar com essa religião morta é dar prova de ateísmo? Na verdade, Feuerbach opõe o ateísmo prático, que nega os predicados de Deus vivendo em contradição com eles, ao ateísmo teórico, que nega a existência do Deus externo, mas possui a religião de uma humanidade em posse de suas qualidades. Os cristãos são ateus práticos, e Feuerbach é um ateu teórico, mas, para ele, não é isso o verdadeiro ateísmo. Ele reivindica a religião da humanidade, e seu hino ao amor tem um autêntico sotaque religioso: "O amor é o próprio Deus e fora dele não há Deus. O amor faz do homem um Deus e de Deus um homem".

Tais frases, aliás, perturbam os cristãos, e os teólogos sentem-se em geral pouco à vontade diante de Feuerbach. Eles tentaram recuperá-lo algumas vezes, falando de "um homem que crê em Deus de maneira ateia", de um teólogo político antiteologia", de um "cristão anônimo". Sua sinceridade, sua linguagem quase religiosa emocionam. Contudo, como escreve Hans Küng – teólogo liberal como ele não há –, Feuerbach representa o ateísmo mais integral jamais concebido:

> Pela primeira vez na história da humanidade, estamos diante de um ateísmo plenamente refletido, absolutamente resolvido, reconhecendo-se como tal sem reserva e – eis um ponto importante – um ateísmo sustentado até o fim como um programa que deve ser realizado: em caso algum, a teologia seria capaz de interpretá-lo ou recuperá-lo depois. Esse ateísmo consequente lança um desafio permanente a qualquer fé em Deus.[16]

A firmeza do tom do teólogo de Tübingen, incomumente solene, incita a levar a sério o ateísmo de Feuerbach: ele propiciou um avanço decisivo à descrença, fornecendo-lhe uma base antropológica sólida, que o põe ao abrigo dos críticos da ordem racional. Em 1848, Feuerbach dá cursos sobre a essência da religião em Heidelberg, mas o fracasso da revolução europeia o obriga a retirar-se para Bruckberg. O fim de sua vida é solitário, mas as 20 mil pessoas que acompanham seus despojos mortais em Nuremberg, em 1872, mostram que ele não foi esquecido.

Suas análises continuam a ter uma grande pertinência no processo de elaboração e de degenerescência de uma religião:

---

16 Küng, op. cit., p.250.

A religião é a relação que o homem mantém com sua própria essência – aí se encontra sua verdade e seu poder moral de salvação –, mas com sua essência não como sua, mas como uma essência outra, distinta dele, oposta a ele – aí se encontra sua falsidade, seus limites, sua contradição com a razão e a moralidade; aí, a poderosa fonte de males do fanatismo religioso.[17]

No início, a separação entre o homem e Deus se efetua de modo imediato, natural, "involuntário, pueril, cândido", mas pouco a pouco a reflexão progride e a teologia entra em cena com a tarefa de manter no espírito dos crentes a separação entre o homem e Deus, embora comece a ser contestada:

> Quando a religião se torna teologia, então a separação originalmente inocente e involuntária entre Deus e o homem torna-se uma distinção intencional, erudita, que tem como único objetivo evacuar da consciência essa unidade que já se introduziu nela. [...] Assim, no antigo judaísmo, Jeová era um ser distinto do indivíduo humano somente pela existência; mas qualitativamente, em sua essência íntima, ele era perfeitamente semelhante ao homem, tinha as mesmas paixões, as mesmas propriedades humanas, até mesmo corporais. Apenas no judaísmo tardio é que Jeová foi separado do homem de maneira mais estrita e a alegoria foi utilizada como refúgio a fim de se conferir aos antropopatismos um sentido diverso daquele que eles possuíam originalmente. O mesmo ocorreu no cristianismo.[18]

É com esse mesmo objetivo que se elaboram provas da existência de Deus a fim de "exteriorizar o interior, separá-lo do homem. Pela existência, Deus torna-se uma coisa em si". Assim, a fé constitui um sistema fechado, inatacável do exterior, pois tem sua própria lógica: "Apenas para o descrente os objetos da fé contradizem a razão; mas aquele que crê está convencido de sua verdade e eles têm para ele valor de razão suprema".[19]

O cristianismo, observa Feuerbach, é uma religião do sofrimento, organizado em torno de um Deus que mostra sua sensibilidade sofrendo. Além do mais, o sofrimento tem o mérito de apequenar o homem e engrandecer Deus, ao passo que o prazer tem o efeito contrário: "Na infelicidade,

---

17 Feuerbach, op. cit., p.345.
18 Ibid., p.345-6.
19 Ibid., p.90.

o homem sente Deus como uma necessidade. O prazer, a alegria são causa de expansão para o homem; a infelicidade, a dor, fazem-no contrair-se".[20]

MARX, LENIN E O ATEÍSMO SOCIOECONÔMICO

Aos olhos de Marx, o ateísmo de Feuerbach é demasiado teórico e não leva suficientemente em conta as realidades socioeconômicas na gênese da religião. Por outro lado, ele não explica por que o homem se aliena na projeção religiosa e não cogita meios concretos para fazê-lo sair dela. É sobre esses pontos que Marx se debruça na primeira parte de sua vida, até 1848. Depois, a religião aparece muito pouco em sua obra. É apenas uma superestrutura que desaparecerá por si só com a sociedade que a fez surgir.

Educado no protestantismo e sem convicção, Karl Marx torna-se ateu naturalmente, sem crises. Ao contrário dos pensadores que perderam a fé numa dolorosa transformação, ele não é obcecado pelo problema religioso e o aborda muito superficialmente em sua tese de 1841 sobre Demócrito e Epicuro. Para ele, o ateísmo é algo evidente. Deus é um falso problema, que um dia deixará de existir e, nesse dia, até o próprio ateísmo será superado, como foi superada a negação dos mitos gregos.

Marx, como Feuerbach, situa na origem da religião a noção de alienação. O homem, infeliz, projeta num outro mundo ilusório a felicidade de que é privado e dota tal mundo de todas as qualidades que faltam a este. Mas a gênese dessa crença reside na verdade em certa situação política e social, que forma o homem:

> O homem não é uma essência abstrata, entocado fora do mundo. O homem é o mundo do homem, Estado, sociedade.
>
> Esse Estado, essa sociedade produzem a religião, uma consciência do mundo subvertida, porque eles são um mundo subvertido. A religião [...] é a realização fantástica da essência humana, porque a essência humana não possui uma realidade verdadeira. A luta contra a religião é assim mediatamente a luta contra esse mundo, do qual a religião é o aroma espiritual.
>
> A miséria religiosa é, por um lado, a expressão da miséria real e, por outro, o protesto contra a miséria real. A religião é o suspiro da criatura oprimida, o

---

20 Ibid., p.331.

sentimento de um mundo sem coração, assim como ela é o espírito dos tempos privados de espírito. *Ela é o ópio do povo*.[21]

É possível avaliar a diferença essencial com relação a Feuerbach, que raciocinava a partir do homem, supostamente universal e idêntico, e que, por outro lado, deixava à história a tarefa de liquidar a religião. Para Marx, a religião é fruto não só da natureza humana, mas também de uma situação socioeconômica particular que leva os explorados a projetar sua salvação no além. É, pois, necessário agir. É pela práxis revolucionária que o homem realizará sua autocriação e, ao mesmo tempo, a religião desaparecerá. Feuerbach acreditou ter matado Deus, mas fez isso apenas em teoria. Se os exploradores continuam a usá-lo, ele continua existindo. O que é necessário é fazer desaparecer as condições históricas que produziram Deus.

Uma vez realizada a revolução proletária, o homem poderá tornar-se verdadeiramente ele mesmo, realizar-se, autocriar-se; ele substituirá Deus: "O ateísmo é o humanismo mediatizado consigo mesmo graças à supressão da religião. Apenas graças à supressão dessa mediação – que, no entanto, é um pressuposto necessário – é que ele se torna humanismo positivo, começa positivamente a partir de si mesmo".[22]

Alguns comentadores acreditaram que era possível ver uma analogia entre a redenção marxista do proletariado e a redenção cristã, sem esquecer, contudo, a violenta denúncia dos princípios sociais do cristianismo que Marx publica em 12 de setembro de 1847 no *Deutsche Brüsseler Zeitung*:

> Os princípios sociais do cristianismo justificaram a escravidão antiga e glorificaram a servidão medieval; sabem também, se preciso, defender a opressão do proletariado, ainda que o façam com ares um tanto compungidos.
>
> Os princípios sociais do cristianismo pregam a necessidade de uma classe dominante e de uma classe oprimida, e só têm a oferecer a esta última o piedoso desejo de ver a primeira praticar a beneficência.
>
> Os princípios sociais do cristianismo remetem ao céu a reparação de todas as infâmias cometidas pelos conselheiros consistoriais, justificando assim sua permanência na terra.

---

21 Marx, Introduction à la critique de la philosophie du droit de Hegel. In: _____, *Critique du droit politique hégélien*, p.198.

22 Id., *Manuscrit de 1844*, apud Cottier, Athéisme et marxisme: Marx et Engels. In: Girardi; Six (orgs.), op. cit., p.184.

ATEÍSMOS SISTÊMICOS OU AS IDEOLOGIAS DA MORTE DE DEUS   617

Os princípios sociais do cristianismo explicam todas as vilanias dos opressores contra os oprimidos ou como um justo castigo do pecado original e dos outros pecados, ou como as provações que o Senhor, em sua infinita sabedoria, inflige aos que ele resgatou.

Com Lenin, a luta contra a religião e a favor do ateísmo entra na fase prática e ocupa um lugar muito mais importante na ideologia. Lenin se tornou ateu aos 16 anos, antes de ser marxista, ao ler obras do materialista Tchernychevski. Para ele, a religião nasce da personificação das forças que dominam os homens:

Do mesmo modo que a impotência dos primitivos lutando contra as potências da natureza suscita a crença em Deus, no diabo e nos milagres, a impotência das classes exploradas lutando contra o explorador suscita irremediavelmente sua fé numa vida melhor no além. Para aquele que trabalha e pena durante toda a vida, a religião ensina a humildade e a paciência na vida terrena, propondo-lhe uma recompensa no céu.[23]

A miséria e a ignorância explicam que os condenados da terra aceitem tais crenças. A religião é também uma droga para eles, o ópio de que falava Marx: "A religião é uma espécie de beberagem espiritual que os escravos do capital ingurgitam para perder assim sua figura humana e seus direitos a uma existência minimamente humana". Ao contrário de Feuerbach, Lenin não vê nenhum papel positivo na religião:

Não é verdade que Deus representa um conjunto de ideias que desperta e organiza sentimentos sociais. [...] A ideia de Deus sempre anestesiou e embotou os "sentimentos sociais", porque substitui sempre o ser vivo pela carniça e foi sempre uma ideia de escravidão.[24]

A partir disso, uma tarefa simples se impõe: eliminar a religião, que é nociva no plano social e totalmente anticientífica. Lenin é muito claro a esse respeito: "Temos de combater a religião, eis o abc do marxismo integral"; "O marxismo é o materialismo e, como tal, é inexoravelmente hostil à religião", e a todas as religiões: "Por trás de cada ícone de Cristo, cada imagem de Buda, o que se vê é apenas o gesto brutal do capital".

---

23 Apud Wetter, Le marxisme-léninisme. In: Girardi; Six (orgs.), op. cit., p.224-5.
24 Ibid., p.228.

618 O SÉCULO DA MORTE DE DEUS (SÉCULO XIX)

Como empreender essa luta? Não só por meios políticos ou policiais. Esse é o método dos burgueses, que se perguntam por que a religião continua viva no coração dos simples e respondem: "Por causa da ignorância do povo, [...] então abaixo a religião, viva o ateísmo; a difusão das ideias ateias é nossa tarefa principal. Os marxistas dizem: é mentira". O que se deve fazer é lutar contra o medo, que cria os deuses: medo da miséria, do desemprego, da fome, da exploração. É preciso transformar a ordem social iníqua e a religião morrerá por si mesma. E se os crentes quiserem se juntar ao combate, eles serão bem-vindos. Em suma, realizar o ateísmo pela ação.

No plano filosófico, notemos que Lenin, em sua obra de 1909, *Materialismo e empirocriticismo*, insurge-se contra a teoria de alguns marxistas que, preocupados com as descobertas sobre a complexidade da matéria, desejam fundamentar a representação do mundo em elementos subjetivos. Lenin faz questão de manter a noção do materialismo clássico: "A matéria é a realidade objetiva refletida por nossas sensações".

O ATEÍSMO HISTORICISTA

O ateísmo pode basear-se também em concepções mais históricas, como com Schelling (1775-1854). Em suas *Vorlesungen über die Methode des akademischen Studiums* [Conferências sobre o método dos estudos universitários], de 1803, ele aborda a questão da historicidade do cristianismo. Este, segundo ele, é historicamente necessário e, portanto, passível de análise pela razão, mesmo sendo um "fenômeno divino e absoluto". Na verdade, assim como na visão hegeliana, a religião se dissolve na filosofia. A transcendência desaparece em proveito de um Deus que é o "em-si" da história, e os dogmas se tornam puros símbolos. Em 1804, o tratado *Philosophie und Religion* [Filosofia e religião] especifica esses traços, e Schelling é acusado de materialismo ou panteísmo. Essa impressão não é apagada por *Philosophie der Offenbarung* [A filosofia da revelação], que novamente admite a importância do cristianismo.

A escola alemã está na vanguarda desse historicismo. Schlegel (1772-1829), que se converteu ao catolicismo em 1808, já submetia o religioso ao político. Hegel e Schelling submetem-no à filosofia. Bruno Bauer (1809-1882) vai mais longe. Em nome do historicismo, ele rejeita o cristianismo como um obstáculo à evolução natural do homem. Essa religião, que nasceu numa época de sofrimento e desgraça, durante a decadência do mundo antigo, situou na dor a essência do homem e erigiu um conjunto "inumano".

ATEÍSMOS SISTÊMICOS OU AS IDEOLOGIAS DA MORTE DE DEUS   619

É em 1843, em *O cristianismo desvendado*, que Bauer expõe esse ponto de vista hostil. Antes, em *Kritik der evangelischen Geschichte des Johannes* [Crítica da história evangélica de São João (1840)] e *Crítica da história evangélica dos sinóticos e de João* (1841), ele desenvolve uma visão mais positiva: o cristianismo é uma invenção de João – que deu origem à "divindade" de Cristo – e foi um momento de tomada de consciência de si da humanidade. Ele conferiu ao homem uma dignidade eminente; porém, submetendo-o à arbitrariedade de um Deus e de dogmas criados por ele, tornou-se um obstáculo à realização da consciência de si universal.

Com David Strauss (1808-1874), a crítica historicista da religião atinge um nível mais profundo, e seu efeito se revelará duradouro. Strauss é outro exemplo surpreendente desse tipo tão comum no século XIX: o seminarista que adere à descrença pelo estudo da exegese e da filosofia, mas conserva certa nostalgia do cristianismo, como Renan. Estudante do seminário de Tübingen, ele domina com perfeição as línguas antigas e a exegese, e as passa pelo crivo das ideias hegelianas para produzir os dois volumes de *Vie de Jésus*, em 1835 e 1836, obra logo traduzida para o francês por Littré.

Strauss é o fundador da fecunda teoria do mito, alimentada por ele com sua própria erudição. Ele se apoia na ideia de que a aventura evangélica é construída de boa-fé por homens impregnados das profecias bíblicas. Eles criam um Jesus à imagem do Messias esperado. Animados pelo Espírito (hegeliano), estão tão persuadidos da vinda de Deus entre os homens que a fazem acontecer. Não houve engano consciente, como diziam os filósofos do século XVIII, mas autopersuasão. Os apóstolos e os evangelistas criaram um mito, o do homem-Deus, por um puro processo psíquico.

Paradoxalmente, o próprio Strauss acredita ser fiel ao espírito do cristianismo; para ele, sua obra não visa destruí-lo, mas, ao contrário, fortalecê-lo, realizá-lo. De certa maneira, pode-se dizer que ele próprio é vítima de um mito da época, o da humanidade divinizada. O homem toma o lugar de Deus. Com isso, Strauss trai seu modelo, Hegel, para quem o cristianismo, momento necessário da tomada de consciência do espírito, tinha valor em si mesmo. Para Strauss, é o espírito que conduz o mundo, mas esse espírito é reduzido a um puro processo psíquico humano. Ele não tem mais nada do Absoluto hegeliano. Strauss, que acreditava ter trabalhado em prol da verdadeira religião, revolta-se por ser tratado de ateu. Sua teoria do mito seria uma das mais corrosivas para a fé.

Friedrich Engels (1820-1895) também tem um ponto de vista historicista, porém muito distante do de Strauss. Esse pensador, que durante muito tempo ficou na sombra de Marx, desenvolve ideias muito pessoais, em especial no campo religioso, em que teve uma trajetória muito diferente daquela de seu *alter ego*. Uma juventude pietista e uma conversão dolorosa ao ateísmo em consequência de uma crise marcaram sua filosofia da religião, à qual ele atribui mais importância do que Marx.

Filosoficamente, ele distingue a presença do princípio de contradição, e portanto da própria dialética, no interior da natureza, em que, com o movimento, tudo é e ao mesmo tempo não é mais. A matéria é movimento, o que exclui a ideia de criação: "O movimento não pode ser criado, pode somente ser transmitido". "O movimento é o modo de existência, a maneira de ser da matéria", e não pode ser criado ou destruído; ele é eterno. "Apagou-se com isso a última lembrança de um criador sobrenatural."

A consequência é o eterno retorno, a série eterna de ciclos que Engels ilustra com um verso do *Fausto*: "*Alles was entsteht, ist wert, dass es zugrunde geht*" ("Tudo que nasce merece perecer"):

> É num ciclo eterno que se move a matéria, ciclo que provavelmente só termina seu caminho em espaços de tempo para os quais nosso ano terrestre não é unidade suficiente, ciclo em que o momento do desenvolvimento supremo, o da vida orgânica, e mais ainda da própria vida e de seres com consciência de uma natureza, é de tão estreita medida quanto o espaço em que se produzem vida e consciência de si; ciclo em que todo modo finito de existência da matéria também é passageiro, e em que nada é eterno, a não ser a matéria em eterna transformação, em eterno movimento, e as leis segundo as quais ela se move e se transforma.[25]

No que diz respeito à religião, Engels a explica, assim como Marx, por uma personificação das forças que dominam o homem: forças naturais no início e forças sociais depois. Essas falsas representações adquirem certa autonomia e tornam-se deuses nacionais; depois, com o Império Romano, aparecem as religiões universalistas. Cada classe dominante na história utiliza a religião que lhe convém; a classe ascendente, ao contrário, utiliza uma "religião revolucionária", considerada herética a princípio. Assim, o protestantismo foi a religião da burguesia ascendente. Mas esse processo foi interrompido: com a ascensão do proletariado, a religião está fadada a desaparecer na sociedade sem classes, na qual não há mais necessidade de instrumento ideológico de dominação. O ateísmo é o futuro da humanidade.

---

25 Apud Cottier, op. cit., p.211.

Entre as teorias ateias inspiradas pelo historicismo, poderíamos incluir o positivismo de Auguste Comte, embora ele também não gostasse de ser tratado de ateu. Ele escreveu a Stuart Mill:

> Essa qualificação não nos convém, a menos que nos remontemos estritamente à etimologia [...]. Pois não temos realmente nada em comum com aqueles que são chamados assim, a não ser o fato de não crermos em Deus, sem compartilhar nada, aliás, de seus vãos devaneios metafísicos sobre a origem do mundo e do homem, e ainda menos de suas estreitas e perigosas tentativas de sistematizar a moral.[26]

Simples querela verbal. Na realidade, Auguste Comte pretende se colocar além do ateísmo, que está ultrapassado. Aquele que se diz ateu insere-se na verdade no sistema teológico, por oposição à crença; ao proceder assim, continua dando consistência a ela, quando não deveria nem mais falar dessas questões "vazias de sentido". De tão óbvia que é, ninguém mais cogita declarar sua descrença dos mitos gregos; então por que ainda se definir como ateu em relação a um Deus cristão que morreu há tanto tempo e cuja inexistência é tão evidente? Dizer-se ateu é atribuir existência àquilo que se nega:

> Mesmo no aspecto intelectual, o ateísmo constitui uma emancipação insuficiente, posto que tende a prolongar indefinidamente o estado metafísico, perseguindo incessantemente novas soluções para problemas teóricos, em vez de descartar como radicalmente vãs todas as investigações acessíveis. O verdadeiro espírito positivo consiste sobretudo em sempre substituir o estudo das leis invariáveis dos fenômenos ao de suas causas propriamente ditas, primeiras ou últimas, em suma, a determinação do como e do porquê. O espírito positivo é portanto incompatível com os orgulhosos devaneios de um tenebroso ateísmo sobre a formação do universo, a origem dos animais etc. Enquanto se persistir em resolver as questões que caracterizam nossa infância, estaremos muito mal fundamentados para rejeitar o modo ingênuo que nossa imaginação aplica aí, e que somente convém, de fato, à sua natureza [...]. Os ateus persistentes podem ser olhados, portanto, como os mais inconsequentes dos teólogos, já que perseguem as mesmas questões, rejeitando o único método que a elas se adapta.[27]

---

26 Apud Lubac, *Le Drame de l'humanisme athée*, p.133.
27 Ibid., p.136.

Para alguns, no entanto, Auguste Comte, em vez de ir além do ateísmo, parou aquém dele, no agnosticismo, considerando que o problema da existência de Deus era insolúvel e que, em tais condições, mais valia não falar dele. Seja como for, em sua lei dos três estados, a fase terminal, positivista, é coroada pela criação de uma nova religião, a da humanidade positiva, em que Deus é substituído pelo "Grande Ser", composto pelos indivíduos que cooperaram para a grande obra humana. Religião estritamente definida, com seus dogmas, cerimônias e calendário; religião ateia, suprema contradição que basta para explicar seu fracasso.

O ATEÍSMO PSICOLÓGICO E O INDIVIDUALISMO DESESPERADO DE STIRNER, SCHOPENHAUER E HARTMANN

Nos sistemas ateus do século XIX, uma das correntes mais importantes se alicerça não nas ciências positivas ou especulativas, mas na psicologia individual. Esse século sombrio, perturbado, desorientou inúmeros espíritos que, diante de um mundo já amplamente desencantado, afundam no desespero. Ao contrário dos ateísmos precedentes, abertos para um futuro radiante, cheio de promessas para uma humanidade livre da dominação religiosa, o ateísmo de origem psicológica é pessimista: Deus, o Pai, morreu; os homens, órfãos, estão sozinhos, perdidos. Esse sentimento de um vazio imenso atinge o ápice com Nietzsche. Esse vazio, todos tentam preenchê-lo, mas sem grandes ilusões.

Essa categoria de pensadores ateus se alimenta, é claro, das fontes precedentes: a história, a filosofia e as ciências é que lhes mostram a inanidade das religiões. Mas, ao contrário dos pensadores anteriores, que veem o ateísmo no nível social, no nível global da humanidade, como um elemento positivo na marcha da civilização, os pensadores atuais, introvertidos, inquietos, angustiados, meditam sobre as consequências individuais da morte de Deus para eles mesmos e para cada homem em particular. Herdeiros dos nominalistas, tendem a pensar que a humanidade, que os primeiros erigiram em um novo Deus, é tão ilusória quanto o próprio Deus cristão e, nesse sentido, eles são duplamente ateus. Esse pessimismo decorre em parte disso; enquanto os primeiros encontram um substituto do Pai na figura da humanidade, os segundos não têm mais ninguém, porque a humanidade é apenas uma palavra. Existem apenas os indivíduos, e uma soma de indivíduos jamais fará surgir um ser global. O indivíduo encontra-se só, irremediavelmente só.

Essa tendência se iniciou com Schleiermacher (1768-1834), nos dois volumes de *Der christliche Glaube nach den Grundsätzen der evangelischen Kirche* [A fé cristã segundo os princípios da Igreja evangélica], publicados em 1821 e 1822. Para ele, tudo está no sujeito, no sentimento que ele tem de uma dependência absoluta em relação a Deus. As "provas" da existência de Deus são absolutamente ilusórias. Tudo está na experiência interior do indivíduo e, em última instância, "não é aquele que crê numa santa escritura que tem religião, mas somente aquele que não precisa dela e seria capaz de produzir ele mesmo uma". Nesse contexto, a revelação não tem mais sentido; e Schleiermacher, transformando a religião numa questão puramente psicológica, prepara o ateísmo.

Atitude tão perigosa quanto a dele é a de Kierkegaard (1813-1855), que rejeita todo fundamento racional da fé. Esse apaixonado por Deus prepara o desespero do descrente. Em *Ou-Ou*, de 1841, ele apresenta o dilema: "ou Deus, ou"; portanto, Deus ou nada, a "perdição", o desespero. E como a fé não pode ser adquirida por meio de nenhum elemento racional, aquele que não a recebeu não tem nada a esperar.

O verdadeiro incrédulo individualista surge com Max Stirner (1806-1856), que escreve em 1844, em *O único e sua propriedade*: "*Ich hab'mein Sach'auf Nichts gestellt*" ("Investi minha causa no Nada"). Mataram Deus, diz ele, para substituí-lo por uma nova mistificação, o Homem, que, tanto quanto Deus, não existe. Tudo o que existe, tudo o que conta é o *Eu*. "Para o Eu, nada está acima do Eu." Todos deveriam reconhecer isso, ao invés de se camuflar em miragens de humanidade ou classes. O humanismo ateu, deificando uma essência humana ilusória, apenas substituiu uma tirania por outra, pior do que a primeira: "Transferindo para o homem aquilo que, até agora, pertencia a Deus, a tirania do sagrado só pode se tornar mais pesada, estando o homem acorrentado doravante à sua própria essência".

Não há nem Deus nem Homem, há o Eu, e esse eu deve se libertar, rejeitando todas as transcendências e todos os ídolos, assim como toda ideia de comunicação com o outro, que está irremediavelmente fora de alcance. A consequência é um niilismo desesperado, um impasse. O Eu é indeterminado, deve autocriar-se em seus atos, porém sem ilusão: "Se invisto minha causa no eu, o Único, ela repousa sobre o efêmero, o criador mortal de si que devora a si mesmo, e posso dizer: investi minha causa no Nada".[28] Tudo o que o Eu pode fazer é assistir ao espetáculo de sua própria destruição.

---

28 Max Stirner, *Der Einzige und sein Eigentum*, p.412.

624   O SÉCULO DA MORTE DE DEUS (SÉCULO XIX)

Há uma total incompreensão entre o ateísmo marxista e o ateísmo de Stirner. Para Stirner, Marx é vítima da ilusão da humanidade, vão fantasma que substitui Deus. Para Marx, Stirner é o representante de uma sociedade burguesa individualista, cujos membros se acreditam "únicos" isolados.

A consequência lógica do ateísmo individualista é encontrada em Keller, Schopenhauer e Hartmann: é a vontade de aniquilamento. Em nome de que foi decretado como evidência que o ser vale mais do que o nada? Por que não seria o contrário? É o que Schopenhauer (1788-1860) demonstra com eloquência em 1818, quando publica *O mundo como vontade e representação*.

Seu ateísmo materialista é integral: há o mundo e o eu, ponto final. E nesse face a face aparece o absurdo da situação: estou num mundo que não tem finalidade, um mundo que é um total nonsense. Esse mundo, que é minha representação, não vai a parte alguma, não é orientado para nenhum progresso. É claro que ele não foi criado por Deus: que Deus teria tido a ideia de fazer um mundo tão absurdo, tão mau, tão estúpido? E nós, nesse mundo, somos como toupeiras, seres cegos, sempre ocupados com tarefas que não servem para nada, sem sequer saber o porquê, sem dúvida para passar o tempo, à espera da morte. Para que tudo isso? "O que foi não é mais, é tão pouco quanto o que jamais foi. Mas tudo que é já é passado um instante depois."

Nessa situação, a razão não tem nenhuma serventia para nós, ao contrário: só faz manter uma ilusão, a ilusão de que o insuportável é suportável e, portanto, pode se prolongar. Quanto à consciência, ela é a pior de nossas faculdades: é por ela que sabemos o que somos; graças a ela, o homem é o único animal que sabe que é mortal e que o mundo é absurdo. O ser é uma maldição, e seria melhor se o homem e o mundo jamais tivessem existido.

Então, o que fazer? É inútil bancar o esperto, brincar de herói assumindo contra tudo e contra todos o absurdo do mundo. Não, a única solução é acabar com o desejo de viver, que só faz perpetuar o absurdo. Enquanto isso não acontece, visto que estamos todos nesse navio à deriva, devemos tomar consciência de nossa solidariedade e praticar entre nós uma caridade desesperada.

A obra de Schopenhauer é mal recebida pelo público, que, apesar de seus problemas, não compreende esse completo pessimismo. Do mesmo modo, a acolhida do romance de Gottfried Keller, *Der grüne Heinrich* [Henrique, o verde], de 1855, é muito negativa. Esse romance filosófico trata das consequências existenciais do ateísmo: uma vez rejeitado o Deus do cristianismo, é possível viver sem Deus? Isso exige uma ética ainda mais austera que a do cristianismo, uma ética sem perdão para as faltas que, finalmente, conduz o herói ao suicídio. O público julga o desfecho incongruente. O ateísmo é bem aceito, mas o ateísmo positivo, libertador.

Sem dúvida é preciso reconhecer que houve uma evolução da opinião pública no sentido do pessimismo, já que, catorze anos depois, em 1869, *La Philosophie de l'inconscient* [A filosofia do inconsciente], de Eduard von Hartmann (1842-1906), faz um grande sucesso, com nove edições em treze anos. Esse volumoso tratado do desespero total toca o fundo da questão da angústia dos homens sem Deus e termina com um apelo ao suicídio coletivo da humanidade. O mundo jamais deveria ter existido, a vida é um logro, e a infelicidade é mais cruelmente sentida quanto mais elevado é o nível de consciência. Todos os pensadores que pregam um progresso coletivo são vendedores de ilusão, tanto os socialistas quanto os positivistas. Em 1874, em *L'Autodestruction du christianisme et la religion de l'avenir* [A autodestruição do cristianismo e a religião do futuro], Hartmann profetiza: graças à ciência, os homens poderão em breve se comunicar simultaneamente; enfim conscientes do absurdo e da infelicidade irremediáveis de sua situação, escolherão a destruição coletiva e total dessa humanidade sem sentido.

Poderia nos causar espanto o fato de Hartmann ter tido muitos filhos e ter se entusiasmado pelos ideais nacionalistas alemães. Mas seria esquecer que a vida é uma rede de contradições, o que só faz contribuir para seu caráter absurdo. Contentamo-nos em observar que o ateísmo psicológico é sem dúvida o ateísmo mais completo, na medida em que não tenta substituir Deus por um ídolo, uma classe, uma nação, a ciência, o progresso, a democracia, a raça ou o ídolo mais ilusório de todos, o Homem. Se não existem mais os deuses, restam apenas os indivíduos diante de um mundo incompreensível. A partir disso, cada qual deve reagir com bem entender. As soluções são inúmeras. Nietzsche propõe a dele: enfrentar o desejo de potência criando o super-homem.

NIETZSCHE, DA MORTE DE DEUS À LOUCURA

Friedrich Nietzsche (1844-1900) foi educado num espírito pietista, e ele percebeu rapidamente suas insuficiências. Desde os 18 anos, ele se deu conta de que a crítica bíblica e a filosofia idealista preservavam do cristianismo apenas uma fachada ou uma concha vazia, o que prepara uma crise sem precedentes dos valores ocidentais quanto a humanidade toma consciência disso. Para ele, isso é um drama íntimo de monta, talvez o drama de sua vida. Segundo o testemunho da mulher que o amou, Lou Andreas Salomé,

Nietzsche tinha um temperamento religioso atormentado, sinceramente angustiado pela constatação da morte de Deus.[29] A irmã, ele escreveu: "Se queres a paz da alma e a felicidade, então crê; se queres ser um discípulo da verdade, então busca". A primeira posição é a mais confortável. Mas quando se perde a fé, não se pode mais voltar atrás.

Ora, Nietzsche logo constata o fato: "O maior acontecimento dos últimos tempos – a saber, Deus morreu, que a crença no Deus cristão perdeu o crédito – já começa a projetar suas primeiras sombras sobre a Europa". O anúncio dessa terrível nova pelo "homem louco" é uma das páginas mais célebres do autor, mas também uma das mais pungentes da literatura. Deus morreu, e os homens não compreendem o que isso quer dizer:

> "Onde está Deus – gritava ele – eu vos direi! Nós o matamos – vós e eu! Somos todos os assassinos de Deus! Mas como fizemos isso? [...] Já não escutais o barulho dos coveiros que enterram Deus? Já não sentis o odor da podridão de Deus? – porque os deuses também apodrecem! Deus está morto! Deus permanecerá morto! E nós o matamos! Como nos consolaremos, nós, os assassinos entre todos os assassinos? O que o mundo possuía de mais sagrado, de mais poderoso, sangrou sob os nossos punhais – quem lavará de nós a mancha de sangue? Com que água havemos de nos purificar? Que festas expiatórias, que jogos sagrados teremos de inventar? Não será a grandeza desse ato grande demais para nós? Não teremos nós mesmos de nos transformarmos em deuses, nem que seja para nos tornarmos dignos de o ter cometido? Jamais houve ação tão grandiosa – e todos os que nascerão depois de nós hão de ter uma história ainda mais elevada do que toda a história do passado!" – Então o homem louco se calou e olhou novamente para seus auditores: também eles se calavam e lhe dirigiam olhares inquietos. Enfim ele jogou por terra sua candeia, que se partiu em cacos e se apagou: "Chego demasiado cedo – disse ele – os tempos ainda não são passados. Esse formidável acontecimento ainda está por vir, está em marcha, ainda não chegou aos ouvidos dos homens. É preciso tempo para o relâmpago e o trovão, tempo para a luz das estrelas, é preciso tempo para as ações, mesmo depois que foram realizadas, para que sejam vistas e ouvidas. Essa ação é, para vós, mais longínqua dos que as mais longínquas constelações – e, no entanto, vós a realizastes".[30]

---

29 Salomé, *Friedrich Nietzche in seine Werken.*
30 Nietzsche, Le gai savoir. In: Lichtenberger, *La Philosophie de Nietzsche*, p.20.

Como conseguimos matar Deus? Lutero começou o trabalho, fazendo Deus depender da fé pessoal de cada um. Deus morreu também por sua própria culpa, "morreu de sua piedade pelos homens"; foi sufocado pela teologia. Ele foi morto também pelo desenvolvimento humano, pelos refinamentos da ciência, pela psicologia, que o tornaram "absolutamente supérfluo". Os homens não podem mais tolerar um Deus como este, justiceiro, cruel, ciumento: ele choca o bom gosto, "ele fracassou em demasiadas de suas criações, esse oleiro noviço. [...] Em matéria de piedade também existe um bom gosto, e foi esse bom gosto que acabou dizendo: 'Basta de um Deus como este!'".[31] Deus foi morto também pelo "mais ignóbil dos homens", como mostra um trecho de *Assim falou Zaratustra*.[32] O que, em nossa opinião, não significa que é preciso ser ignóbil para cometer um ato semelhante, como afirmavam os crentes, mas que Deus morreu por causa do problema do mal, por causa da existência não explicada de todos esses ignóbeis seres inocentes.[33] Enfim, esse Deus morreu pela vontade nietzschiana, que não podia mais tolerar esse Deus sofredor, miserável: "Deus crucificado é uma maldição sobre a vida".

Para Nietzsche, Schopenhauer foi o primeiro verdadeiro ateu que anunciou a morte de Deus; Hegel, ao contrário, tentou salvá-lo, retardando o fim do cristianismo com sua síntese ambígua:

> O crepúsculo da fé no Deus do cristianismo e o triunfo do ateísmo científico constituem um acontecimento que diz respeito a toda a Europa, e no qual todas as raças devem ter sua parcela de mérito e honra. Em compensação, devíamos creditar aos alemães – os alemães contemporâneos de Schopenhauer – ter retardado essa vitória do ateísmo da maneira mais extensa e mais perigosa. Hegel, em especial, foi o agente de adiamento por excelência pela tentativa grandiosa que fez para nos convencer do caráter divino da existência, apelando, em última instância, até mesmo para nosso sexto sentido, o "sentido histórico.[34]

Deus está morto, portanto. O fato está consumado. Mas o que revolta Nietzsche é que todos os valores morais e metafísicos ligados ao cristianismo sobreviveram, como se Deus tivesse sido morto à toa. O cristianismo foi

---

31 Id., *Zarathoustra*, IV, 6, p.505.
32 Ibid., p.509.
33 Lenz-Medoc, La mort de Dieu. In: Bazin et al., *Satan*, p.628.
34 Apud Sigmund, Athéisme et vitalisme: Nietzsche l'athée. In: Girardi; Six (orgs.), op. cit., p.379.

O SÉCULO DA MORTE DE DEUS (SÉCULO XIX)

transformado em humanismo; as pessoas simplesmente trocaram de religião, e em nossa época não há nenhuma desculpa para isso, porque sabemos que Deus está morto e nos comportamos como se ele continuasse vivo:

> Atravesso com sombria prudência essa casa de loucos que é o mundo há milhares de anos; pouco importa que a chamem de cristianismo, fé cristã, Igreja cristã – abstenho-me de responsabilizar essa humanidade por suas enfermidades mentais. Contudo, meu sentimento muda, explode assim que entro na época moderna, em *nossa época*. *Nossa época não é ignorante* [...]. O que outrora não passou de uma enfermidade torna-se hoje inconveniente. É inconveniente ser cristão hoje. E aqui começa meu desgosto: – volto-me: não resta nos lábios uma só palavra daquilo que outrora se chamava "verdade". Mesmo reclamando um mínimo de honestidade, é preciso saber, hoje, que um teólogo, um padre, um papa, por cada frase que pronuncia, não somente se engana, como também mente, que não lhe é mais permitido mentir por "inocência", por "ignorância" [...]. Todo mundo sabe disso e, no entanto, nada muda.[35]

É preciso ainda provar a morte, a inexistência de Deus? Não vale a pena. Os ateus de outrora é que procuravam refutar as provas da existência de Deus. Hoje, esse estágio está superado; é preciso explicar agora como a crença em Deus nasceu, o que é a melhor refutação de sua existência:

> Outrora, tentava-se provar que não havia Deus – hoje, mostra-se como a crença num Deus pôde nascer, e a que essa crença deve seu peso e sua importância: por conseguinte, uma contraprova da inexistência de Deus se torna supérflua. – Outrora, quando as "provas da existência de Deus" que se apresentavam eram refutadas, a dúvida ainda persistia: não seria possível encontrar provas melhores do que aquelas que haviam sido refutadas? Naqueles tempos, os ateus não sabiam fazer tábula rasa.[36]

Agora, o que é preciso é habituar-se a viver sem Deus. E aí dois caminhos se apresentam ao ateu. O primeiro, escolhido pela maioria, é o caminho que conduz ao derradeiro homem. Um caminho que é marcado ainda pela moral do escravo, no qual Deus é substituído por novos ídolos, como o progresso, a ciência, a democracia, a verdade; um caminho que sofre ainda a influência da sombra de Deus, como a de Buda, que é mostrada numa

---

35 Nietzsche, *L'Antéchrist*.
36 Id., *Aurore*, aforismo 95.

caverna séculos após sua morte: "Deus morreu; mas a natureza dos homens é tal que, durante milênios talvez, haverá cavernas em que se mostrará sua sombra. E quanto a nós, temos de vencer também a sua sombra!".[37] O próprio ateísmo racionalista não passa muitas vezes de uma outra forma de idolatria. E tudo isso conduz a humanidade ao derradeiro homem, do qual Nietzsche faz uma descrição terrível, ainda mais devastadora porque sentimos que corresponde muito bem à humanidade atual:

> A terra terá se tornado exígua então, nela veremos saltitar o Derradeiro Homem, que apequena toda e qualquer coisa. Sua laia é tão indestrutível quanto a do pulgão; o Derradeiro Homem é aquele que viverá mais tempo. [...]
>
> Eles terão abandonado as paragens em que a vida é dura; pois precisam de calor. Ainda amarão o próximo e dele se aproximarão, pois precisam de calor. [...]
>
> Um pouco de veneno, de tempos em tempos; isso proporciona sonhos agradáveis. E muito veneno para acabar, a fim de ter uma morte agradável.
>
> Ainda trabalharão, pois o trabalho distrai. Mas tomarão cuidado para que essa distração jamais se torne cansativa. [...]
>
> Serão espertos, e saberão tudo o que se passou outrora; assim, terão com que fazer zombarias sem fim. Ainda brigarão, mas logo se reconciliarão, com medo de atrapalhar a digestão.
>
> Terão seu pequeno prazer para o dia e seu pequeno prazer para a noite; mas venerarão a saúde.
>
> "Inventamos a felicidade", dirão os Derradeiros Homens, com uma piscadela.[38]

O outro caminho, o que se apresenta ao verdadeiro ateu, ao que assume a visão de um mundo sem Deus, ao que é desalienado, libertado de qualquer ilusão transcendente, aquele que compreendeu que não há mais "sentido", que "nada é verdadeiro, tudo é permitido", é o caminho do super-homem. Para ele, a moral é a vontade de potência, é a derrocada da moral de escravos que havia sido imposta pelo cristianismo com seu escandaloso princípio de igualdade, segundo o qual "os homens são iguais diante de Deus: o que até hoje foi o *non plus ultra* da idiotice".

O super-homem criará a si mesmo; afirmando-se, e não precisa de ninguém. Ele olha o destino de frente, e o destino é o eterno retorno das coisas,

---

37 Id., *Le Gai savoir*, aforismo 108.
38 Id., *Zarathoustra*, p.61-3.

visão desesperadora, que só pode ser assumida quando se ama o destino, numa atitude heroica, oposta à renúncia de Schopenhauer. Assim, Nietzsche, concluindo seu raciocínio, fecha-se orgulhosamente numa suprema contradição: o super-homem escolhe-se livremente, determina-se pela aceitação do destino inelutável, que é a própria negação de sua liberdade. Ele mesmo diz: é "um nonsense imaginar-se escolhendo livremente sua existência ou sua maneira de ser esta ou aquela".

Nietzsche confessa sua dúvida final, que só pode terminar na loucura: "Dai-me pois a loucura, ó vós, mestres celestes, a loucura a fim de que eu creia finalmente em mim mesmo [...]. A dúvida me devora; matei a lei e a lei me atormenta como um cadáver atormenta os vivos; se não sou mais do que a lei, então sou o mais rejeitado de todos".[39]

O ATEÍSMO PSICOFISIOLÓGICO E PSICANALÍTICO

Outro caminho importante se apresenta para a exploração do ateísmo no século XIX: o da medicina, da fisiologia, em que os alemães têm mais uma vez um papel essencial, com um conjunto de obras publicadas por volta de 1850. Em 1847, Karl Vogt (1817-1895) escreve em suas *Lettres physiologiques* [Cartas fisiológicas]: "Os pensamentos estão para o cérebro do homem como a bílis está para o fígado e a urina para os rins". Em *Les Rapports du physique au moral* [Relações do físico com o moral], ele estabelece uma dependência estrita deste em relação àquele; em *La Foi du charbonnier et la science* [A fé do carvoeiro e a ciência], ridiculariza os "contos da carochinha absolutamente insustentáveis" da religião.

O químico Jakob Moleschott (1822-1893), em *Doctrine des aliments pour le peuple* [Doutrina dos alimentos para o povo] (1850) e *La Circulation de la vie* [A circulação da vida] (1852), diz que o fósforo é o suporte dos processos do pensamento: "Sem fósforo não há pensamento". Descobrir a proporção de matéria orgânica no homem inteligente resolverá o problema das capacidades cerebrais e permitirá melhorar o nível intelectual. Para Ludwig Büchner (1824-1899), autor de *Force et matière* [Força e matéria], de 1852, também é o físico que determina o psíquico. É preciso acabar com o sobrenatural e as entidades abstratas. Só é verdadeiro aquilo que se pode ver, pesar, imaginar. A liberdade não passa de uma ilusão. É também o que pensa Ernst

---

39 Apud Sigmund, op. cit., p.399.

ATEÍSMOS SISTÊMICOS OU AS IDEOLOGIAS DA MORTE DE DEUS   631

Haeckel (1834-1919), que se situa numa perspectiva materialista dinâmica adaptada do pensamento de Darwin. Para ele, o evolucionismo é a chave dos enigmas do universo.

O estudo psicofisiológico do fenômeno religioso fez um grande sucesso no início do século XX e contribuiu para reduzir a religião a um fenômeno psíquico. G. S. Hall ressalta o papel fundamental da crise da adolescência nesse fenômeno,[40] do mesmo modo que E. D. Starbuck:[41] a passagem do egocentrismo da criança para o heterocentrismo do adolescente pode ser atribuída pelo indivíduo a forças divinas, que "são objetivadas, e tornam-se a influência exercida por uma personalidade exterior";[42] ocorre então uma conversão, por projeção de uma evolução interior sobre Deus. Essa também é opinião de J. H. Leuba.[43]

A psicanálise também daria sua contribuição para a explicação do fenômeno religioso. As forças obscuras do inconsciente não poderiam ser estranhas às diferentes atitudes em relação ao divino, e Freud se debruçou nitidamente sobre o problema, mas não conseguiu especificá-lo de modo satisfatório. Em *O futuro de uma ilusão*, de 1927, ele deu uma primeira explicação psicanalítica da religião como um meio de canalizar as pulsões humanas reprimidas pela exigência social, prometendo compensação e reparação no além. Frustrado de mil maneiras por seus limites diante da natureza, da sociedade e da morte, o homem deve sobrepujar seus sofrimentos pela crença na imortalidade bem-aventurada. Disso nascem as "necessidades religiosas". A crença religiosa adquire consistência porque se enraíza na figura do pai:

> Quando a criança vê, ao crescer, que não poderá jamais abrir mão de proteção contra poderes soberanos e desconhecidos, ela atribui a eles os traços da figura paterna, cria para si mesma deuses dos quais tem medo, os quais tenta tornar propícios e aos quais atribui, contudo, a tarefa de protegê-la.[44]

A religião é portanto resposta a uma situação de aflição, uma projeção que corresponde a necessidades, desejos, que se fixam na imagem idealizada do pai e que o adulto veste depois com argumentos racionais de ordem

---

40 Hall, *Adolescence, its Psychology and its Relations to Physiology, Anthropology, Sociology, Sex, Crime, Religion and Education*.
41 Starbuck, *The Psychology of Religion*.
42 Ibid., p.161.
43 Leuba, *The Psychological Origin and the Nature of Religion*.
44 Freud, *L'Avenir d'une illusion*, p.33.

teológica. O que pode explicar, aliás, a evolução para o ateísmo, quando o indivíduo cresce e rejeita um Deus do qual se dá conta que era apenas uma construção de seu espírito.

A religião, assim como o ateísmo, também pode encobrir fenômenos neuróticos como a revolta contra a autoridade do pai. É por isso que, como escreveu Freud a Pfister em 1909, a "psicanálise não é em si nem religiosa nem irreligiosa. É um instrumento imparcial do qual podem se servir tanto o padre quanto o laico, quando buscam apenas curar os que sofrem".[45] De fato, a psicanálise em si não se pronuncia sobre a realidade do mundo divino; aliás, alguns padres a utilizam para corrigir e purificar a fé. Apesar disso, trata-se de uma disciplina metodologicamente ateia, que reforça consideravelmente a descrença propondo explicações puramente psíquicas para o sentimento religioso. Ainda mais que Freud, em suas obras posteriores, *O mal-estar na civilização* (1930) e *Moisés e o monoteísmo* (1939), acentua a crítica à própria religião como uma neurose da civilização, explica sua origem e anuncia seu desaparecimento. Segundo A. Vergote:

> [para ele] a religião judaica, sobretudo, constitui um momento decisivo no progresso da espiritualidade. Pela proibição de qualquer representação de Deus, pela obrigação de adorar um Deus invisível, e pela interdição de fazer mau uso do nome de Deus, a religião completa sua evolução na instauração do reino do Pai. Transformados pelo reconhecimento da função paterna, os homens acabam por se voltar ao reino do espírito: à cultura, à linguagem e à inteligência, por oposição às percepções imediatas e às satisfações pulsionais.[46]

Freud chega a avançar uma hipótese audaciosa de assassinato histórico do pai primitivo, assassinato reiterado várias vezes na pessoa de Moisés, de Jesus, engendrado sentimento de culpa, divinização do pai assassinado e reconciliação com o deus-pai na religião: "O deus pessoal nada mais é, psicologicamente, do que um pai transfigurado". A religião, estágio necessário na evolução da humanidade, é uma neurose coletiva que os progressos da razão e da ciência estão fazendo retroceder.

Freud tem consciência das insuficiências de sua teoria, que ele mesmo qualifica de "mito científico". A escola psicanalítica, contudo, vai ainda

---

45 Apud Jones, *La Vie et l'œuvre de Sigmund Freud*, p.464.
46 Vergote, Interprétations psychologiques du phénomène religieux dans l'athéisme contemporain. In: Girardi; Six (orgs.), *L'Athéisme dans la vie et la culture contemporaines*, t.I, v.1, p.463.

acentuar o aspecto puramente neurótico do fenômeno religioso. Para T. Reik, por exemplo, a religião pode ser reduzida ao complexo de Édipo, e suas práticas são manifestações obsessivas.[47] C. G. Jung atenua a afirmação, atribuindo a Deus uma existência no interior do indivíduo. Deus é uma realidade psíquica, que o homem objetiva projetando sua riqueza interior sobre um ser imaginário. Deus é a própria intimidade do indivíduo, mas ele não tem nenhuma realidade objetiva: "O conceito de Deus é uma função psíquica de natureza irracional e absolutamente necessária, e ele não tem nenhuma relação com a questão da existência de Deus"; "Uma doutrina sobre Deus no sentido de uma existência não psicológica não pode ser sustentada".[48] A religião é uma pura relação de um si consigo mesmo.

Em resumo, a psicanálise é um novo instrumento que fortalece o ateísmo, reduzindo Deus e o sentimento religioso a fenômenos de consciência. Segundo A. Vergote:

> Com mais força ainda que o marxismo, ela desenvolve argumentos que podem sustentar um ateísmo radical, ou mesmo um antiateísmo ético declarado. Uma psicanálise convencida da origem mórbida da religião deve destruí-la com seus próprios meios, para a honra da humanidade que ela pretende melhorar.[49]

Assim, o século XIX se encerra com um enorme salto adiante da descrença em todas as suas formas práticas e teóricas: declínio da prática religiosa em todas as categorias sociais, elaboração de amplas sínteses ateias com ar de triunfo, aparecimento de movimentos agressivamente antirreligiosos e proselitistas, retrocesso da fé para posições pietistas para uns e escolasticamente racionais para outros, mas sempre ultrapassados, defasados dos avanços culturais do século. A filosofia, a ciência, a história, a sociologia, a medicina, a psicologia e a psicanálise proclamam por seus representantes mais autorizados a morte de Deus, ainda que tenham consciência de que o enterro corre o risco de se prolongar ainda por muito tempo. E para mostrar que Deus está morto, escrevem sua biografia, explicam como pôde surgir uma tal ilusão, e como vai desaparecer.

É claro que restavam muitos crentes; eles eram por sinal a maioria dos europeus. Mas pensava-se que o grande refluxo havia começado. A

---

47 Reik, *Das Ritual. Probleme der Religionspsychologie.*
48 Jung, *Psychologie und Religion*, p.1953.
49 Vergote, op. cit., p.473.

brecha aberta pela Revolução Francesa engoliu uma multidão iconoclasta, que alargava cada vez mais a via da descrença sob formas variadas, do ateísmo materialista mais rígido ao deísmo mais flexível. Até espíritos pouco cientificistas como Bergson não ousam mais se declarar crentes. Por volta de 1900, muitos têm a impressão de que o crescimento do ateísmo é inelutável.

No entanto, um século depois, a descrença parece não avançar. A diversidade dos pontos de vista ateus – muitas vezes antagônicos, como acabamos de ver – retardou seu desenvolvimento. Mas a verdadeira razão desse patinhar está no fato de que o século XX, longe de marcar a vitória de uma certeza sobre a outra, terminou com a ascensão da incerteza. Essa é sem dúvida a principal característica de nossa época, que será, depois do século da morte de Deus, o século da morte das certezas, em detrimento tanto da fé quanto do ateísmo.

SEXTA PARTE

O FIM DAS CERTEZAS
(SÉCULO XX)

– 18 –

ATEÍSMO E FÉ: DA GUERRA AO ARMISTÍCIO?

Dificilmente nos enganaremos se afirmarmos que o século XX permanecerá na história como o século do naufrágio de todas as certezas. Começou com o alarido das certezas nacionais, que se esgotaram na lama das trincheiras; foi pautado, em seguida, pelas certezas ideológicas e raciais de direita, que se afogaram nos holocaustos e no cogumelo atômico, pela certeza comunista de uma nova aurora da humanidade, que se perdeu nos *gulags* e nas prateleiras vazias dos armazéns do Estado, pelas certezas liberais capitalistas, esmagadas pelas multidões de desempregados, pelas certezas democráticas, asfixiadas pelo mau cheiro da corrupção, pelas certezas científicas, confrontadas aos problemas éticos, e pelas certezas humanistas, que morreram na miséria de metade da humanidade; esse século interminável acaba enfim com celebrações cuja justificação parece difícil compreender.

Seria surpreendente se os campos religioso e filosófico escapassem da tormenta. Tanto nestes como em outros campos, as certezas desaparecem: certeza do crente e certeza do descrente, fé e ateísmo; a dúvida generalizada se traduz pelo burburinho sinistro e pela cacofonia das crenças heteróclitas do fim do século. Esse ambiente crepuscular marca de certa maneira a falência intelectual de uma humanidade que acabou desprezando a própria razão.

Por isso é que os três capítulos da última parte deste livro terão mais perguntas do que respostas. Examinaremos primeiro os últimos conflitos diretos entre os dogmatismos ateus e crentes; depois estudaremos as doutrinas e os comportamentos para verificar se o problema da existência de Deus ainda é pertinente, tanto no plano teórico quanto no prático; por fim, tentaremos fazer um balanço geral da descrença.

O MOVIMENTO DOS "SEM-DEUS" NA URSS (1925-1935)

Com a chegada ao poder do marxismo-leninismo na Rússia, em 1917, o ateísmo se torna, pela primeira vez, a ideologia oficial de um Estado. É claro que, como disseram Marx e Lenin, o desaparecimento da religião deveria acompanhar naturalmente o fim da ordem social burguesa. Mas para muitos bolcheviques a luta antirreligiosa era uma prioridade em si e necessitava de medidas de coerção: "A religião e o comunismo são incompatíveis tanto na teoria quanto na prática", escreveu Bukharin em seu *ABC do comunismo*.

Em 1918, a Constituição separa a Igreja e o Estado, e "reconhece a todos os cidadãos a liberdade da propaganda religiosa e antirreligiosa". A partir de 1924, as igrejas podem ser utilizadas por todas as religiões, desde que paguem taxas altíssimas. O movimento Novaia-Jizn anuncia como programa a vontade de "combater toda imbecilização religiosa dos operários". O ensino religioso é praticamente proibido.

Em 1923, o Congresso do Partido Comunista decide iniciar uma luta sistemática contra "os preconceitos religiosos". Dois jornais são encarregados de divulgar o ateísmo: *Bezbojnik* (O Sem-Deus) e *Bezbojnik ou Stanka* (O Sem-Deus no Canteiro de Obras). Em 1925, a União dos Sem-Deus é criada sob a direção de Iaroslavski; em 1928, ela afirma contar com 2.421 células e 87.033 membros em 1926 e 3.980 células e 123.007 membros em 1928. Iaroslavski anuncia claramente o objetivo:

> Pôr em prática não só a crítica aos vínculos sociais da religião, como também a crítica científica; mostrar o abismo que separa a ciência da religião, auxiliar as massas a transpor tal abismo, essa é a tarefa que se impõe a nós para os próximos anos. A luta contra a religião é a luta pelo socialismo.[1]

---

1 Iaroslavski-Gubelmann, *Sans Dieu*, ago. 1935.

Em junho de 1929, durante seu segundo congresso em Moscou, a união se transforma em União dos Sem-Deus Militantes (USDM) e, com o impulso stalinista, os novos estatutos se tornam mais agressivos: o objetivo é "unir as massas operárias da URSS com vistas a uma luta ativa sistemática e contínua contra todas as religiões que são um obstáculo à construção socialista e à cultura revolucionária".

Todas as religiões devem ser erradicadas, e não somente o cristianismo, como escreve Stepanoff em 1923:

> Devemos agir de modo que cada golpe desferido contra a estrutura tradicional da Igreja, cada golpe dirigido contra o clero, atinja a religião em geral [...]. Até os mais cegos veem a que ponto se torna indispensável a luta contra o *pope*, quer se chame pastor, abade, rabino, patriarca, mulá ou papa; essa luta deve se desenvolver de modo não menos inelutável "contra Deus", quer se chame Jeová, Jesus, Buda ou Alá.[2]

Dez anos mais tarde, num artigo publicado no *Bezbojnik*, Olechtchouk confirmava:

> É impossível traçar uma espécie de linha de demarcação entre os verdadeiros cristãos e os cristãos entre aspas. No fim das contas, todos os crentes se assemelham. Toda religião, como proclamou Marx, é um ópio para o povo. Toda religião é um instrumento de exploração, um meio de embotar os trabalhadores. Por isso somos contra todas as religiões.[3]

O pensamento de Stalin, que era ex-seminarista, pode ser resumido em poucas palavras: "Sou contra a religião porque sou a favor da ciência". Sob sua influência, as medidas de perseguição se multiplicam. O decreto de 8 de abril de 1929 do Comissariado do Interior visa retirar da religião qualquer papel social, proibindo as associações religiosas de arrecadar fundos de auxílio, realizar reuniões bíblicas, manter dispensários e bibliotecas. Os membros do clero, considerados "não trabalhadores", ou parasitas, veem-se privados de direitos cívicos e de cartões de alimentação; muitos são deportados ou executados; seus filhos são obrigados a renegá-los.

---

2 Stepanoff, *Les Problèmes et méthodes de la propagande antireligieuse*, apud *La Documentation Catholique*, 19 abr. 1930, col. 1010.
3 *Bezbojnik*, 29 jul. 1934.

Realiza-se uma propaganda de massa. Em 1929, o Museu Central Antirreligioso de Moscou, em que são apresentados os malfeitos da religião, é inaugurado. A imprensa redobra os ataques. Uma onda de obras de ateísmo militante inunda o país, amplamente comentada pelos jornais. A maioria são manuais práticos, como *A campanha contra Deus*, *A educação antirreligiosa na escola*, *Cursos antirreligiosos por correspondência*, *Como lutar contra a religião*. O *Manual antirreligioso* de 1933, publicado pelo Conselho Central da USDM, sob a direção de Ivan Kologrivof, estuda minuciosamente cada pergunta colocada pela fé, pedindo a um especialista que responda. Ele deve "ensinar a lutar contra a religião; mostrar que ela tem, hoje, um papel antirrevolucionário e nocivo, e é um vestígio do capitalismo na consciência humana; fornecer armas aos militantes antirreligiosos a fim de ajudá-los em sua luta contra as superstições das massas laboriosas".

O trabalho antirreligioso vai se adaptar às diferentes categorias e não negligenciará as mulheres, "refúgio mais seguro da religião", de acordo com Golovkine em *Organisation et méthode du travail antireligieux* [Organização e método de trabalho antirreligioso]:

> O proselitismo antirreligioso deve levar em conta a diversidade de estados de consciência. Desse ponto de vista, há em suma duas grandes categorias de homens: os crentes e os descrentes. Em relação aos primeiros, o trabalho consistirá em minar os fundamentos da fé; os segundos deverão somente ser encorajados a permanecer firmes em sua incredulidade e tornar-se ateus militantes.
>
> Os sem-Deus não separarão a luta contra a religião da luta de classes; evitarão ferir os crentes em seus sentimentos religiosos quando essa tática for nociva a seu objetivo final; farão uma crítica ampla e completa das origens da religião, de seus desenvolvimentos, de seu ensino, das relações do homem com a sociedade.
>
> O trabalho entre as mulheres não será negligenciado, pois, quando são incultas, é entre elas que se encontra o refúgio mais seguro da religião.[4]

A formação antirreligiosa ocupa um lugar essencial na educação. No início, a falta de professores obriga o Estado a manter professores crentes – qualificados em 1929 pelo comissário da Instrução Pública, Lunatcharski, de "contradição absurda" –, mas eles são permanentemente espionados

---

4 Golovkine, *Organisation et méthodes du travail antireligieux*, apud Kologrivof (org.), *Essai d'une somme catholique contre les sans-Dieu*, p.510.

ATEÍSMO E FÉ: DA GUERRA AO ARMISTÍCIO?

pelos agentes da GPU,* bem como seus alunos. Trata-se de formar não apenas ateus, mas também outros sem-Deus militantes, como explica a USDM em 1935:

> Devemos levar a criança a uma concepção ateia do mundo, dar-lhe uma noção precisa da natureza do homem. Devemos mostrar-lhe o papel da religião na luta de classes (evidentemente, de forma apropriada a seu entendimento), despertar nela a vontade de lutar contra os preconceitos religiosos de sua família e de seus próximos.[5]

A imprensa relata experiências concretas em escolas primárias, como os métodos empregados por esta professora:

> Assumi como objetivo educar os antirreligiosos, de tal modo que possam se tornar combatentes conscientes e bem preparados para lutar contra a religião na escola, em casa e na rua. O "trabalho" começa com as crianças de 9 anos. Contamos a elas histórias selecionadas para esse fim. As conversas consistem em colocá-las diante de um problema prático de luta contra a religião. Depois de uma conversa desse tipo, perguntei às crianças se desejavam lutar contra a religião [...]. Imediatamente, elas se propuseram a contar a outros grupos o que tinham acabado de ouvir, a lutar em casa pela eliminação dos crucifixos, a persuadir outras crianças a agir do mesmo modo, a fazer cartazes antirreligiosos e colá-los em diversos locais da escola e também na rua.[6]

No início de 1930, a USDM se torna um verdadeiro movimento de massa, com 35 mil células e 2 milhões de membros. Nesse momento, a luta antirreligiosa já havia começado em nível internacional e culmina nos anos 1930-1935. A Internacional dos Livres-Pensadores Proletários (ILP), marxista, fundada em Teplice em 1925, tem como objetivo "libertar os proletários da intoxicação religiosa". Até 1930, sua sede é em Viena, mas tem seções na França, na Alemanha, na Checoslováquia, na Bélgica e na Polônia. Até seu quarto congresso (Bodenbach, novembro de 1930), ela se recusa a pregar a perseguição. Isso provoca uma cisão entre os moderados, que se fundem à Internacional dos Livres-Pensadores Radicais Socialistas de Bruxelas

---

* Sigla em russo de Administração Política de Estado. Era responsável pela segurança do Estado Soviético. (N. E.)

5 Apud Kologrivof, loc. cit.

6 *Antireliguioznik*, n.7.

642   O FIM DAS CERTEZAS (SÉCULO XX)

e criam a União Internacional dos Livres-Pensadores, e os linha-dura, que se unem à USDM soviética e afirmam a vontade de lutar contra a liberdade de consciência, "ideologia burguesa": "Repudiamos o termo 'livre-pensador', que está ultrapassado. Reivindicamos a glória de ser ateu", proclama o jornal *La Lutte*, em fevereiro de 1932. A ILP transfere sua sede para Berlim e cria filiais na Suíça e na Espanha. Depois de sua dissolução na Alemanha, em maio de 1932, passa a depender cada vez mais de Moscou. A propaganda se intensifica: no fim de 1932, conta com 24 seções, das quais 16 na Europa, 4 na América, 3 na Ásia e uma na Austrália.

A luta antirreligiosa se desenvolve também na URSS, onde a USDM afirma ter 3,5 milhões de membros em janeiro de 1931, 5 milhões em março, 7 milhões em maio de 1932, e o jornal *Bezbojnik* tem uma tiragem de 400 mil exemplares de oito páginas. É nesse momento que, segundo o jornalista inglês sir Thomas Inskip, um plano quinquenal de erradicação total da religião foi elaborado – um plano que foi sempre negado pelas autoridades soviéticas, mas vários indícios provam sua verossimilhança.[7] Esse plano, ao qual o próprio Iaroslavski faz alusão, comportaria as seguintes etapas:[8]

> No primeiro ano, todas as escolas religiosas deverão ser fechadas e as primeiras medidas serão tomadas para o fechamento das igrejas na capital.
>
> No segundo ano, todas as pessoas que têm uma religião deverão ser expulsas das empresas e dos escritórios estatais. Toda e qualquer literatura religiosa será proibida e serão realizados 150 filmes antirreligiosos para ser apresentados em toda a União Soviética, sobretudo nas escolas.
>
> O terceiro ano será dedicado ao aumento da atividade das células sem-Deus e à expulsão da União Soviética de qualquer sacerdote que se recusar a renegar seu estado, seja de que religião ele for.
>
> No quarto ano, todas as igrejas, capelas e sinagogas deverão ser entregues ao soviete local para que sejam transformadas em cinema, clube ou outro local destinado a se passar o tempo de maneira inteligente.
>
> O último ano deverá ser consagrado à consolidação dos avanços na frente de luta antirreligiosa. No dia 1º de maio de 1937, não deverá restar no território da URSS nenhuma casa destinada ao culto, e a própria noção de Deus deverá estar apagada do espírito popular.[9]

---

7 *Britain without God, an Exposure of Anti-Godism*, pref. sir Thomas Inskip. Tais indícios foram expostos em Kologrivof (org.), op. cit., p.521, nota 3.

8 Iaroslavski, *Religion in URSS*, p.13.

9 Kologrivof (org.), op. cit., p.521-2.

ATEÍSMO E FÉ: DA GUERRA AO ARMISTÍCIO?

ENFRAQUECIMENTO DOS "SEM-DEUS" E REVIRAVOLTA POLÍTICA (1935)

Se o plano não pôde ser executado, foi talvez em razão de certo enfraquecimento do movimento antirreligioso na URSS, a partir de meados de 1932: a tiragem do *Bezbojnik* começa a diminuir, a da revista *Antireliguioznik* cai de 31 mil exemplares de 128 páginas em 1931 para 20.250 exemplares de 64 páginas em 1933. O *Bezbojnik* tenta reanimar o movimento com uma pesquisa entre os leitores em 1º de maio de 1932:

1. Que livros lhe causaram mais impressão no que diz respeito à destruição de suas concepções e de sua mentalidade religiosa? Faça o possível para se lembrar dos títulos e indique-os.
2. Que trecho em especial nesses livros abalou sua fé ou consolidou seu ateísmo?
3. Que livros antirreligiosos não o convenceram quando era crente? Não é obrigatório assinar a resposta, mas não se esqueça de informar com que idade você se tornou antirreligioso e sua situação social na época. Você deve indicar também sexo e grau de instrução. A resposta deve ser enviada às Edições Antirreligiosas do Estado.

No dia 17 de junho de 1934, o *Bezbojnik* julga "necessário verificar se as universidades antirreligiosas correspondem às esperanças que foram depositadas nelas. Elas podem ser chamadas de universidades? Na maioria dos casos, não passam de seminários de má qualidade".

Em 17 de dezembro, esse mesmo jornal constata que, "no decorrer das grandes festas organizadas pelos sem-Deus militantes em Leningrado para preparar seu décimo aniversário, todo mundo pôde ver que o entusiasmo e o interesse pelo trabalho antirreligioso não são mais os mesmos de alguns anos atrás. As células são fracas e sua atividade é nula. A disciplina caiu". A constatação é ainda mais negativa em agosto de 1935:

> Em Leningrado, por exemplo, muitos proselitistas abandonaram a propaganda antirreligiosa, a instrução foi negligenciada, não há mais o mesmo entusiasmo no trabalho das massas, o vínculo com as organizações regionais afrouxou. Na Ucrânia, constata-se a mesma situação. Nas regiões de Saratov e Stalingrado e no Norte, o trabalho é de má qualidade. E o mesmo acontece em quase toda a Sibéria e no Oeste.

Essa diminuição do entusiasmo antirreligioso se deve, segundo o *Bezbojnik*, à ilusão de que o trabalho estava terminado e a religião, morta ou moribunda: dez anos de comunismo teriam apagado mil anos de cristianismo. Pode-se ler em agosto de 1935:

> Muitas organizações se comprazem em ilusões: imaginam que o sucesso do segundo plano quinquenal é grandioso, que o inimigo de classe foi destruído, concluem portanto que a propaganda antirreligiosa se tornou supérflua. Em certas regiões – no Cáucaso e no Norte, por exemplo –, tentaram até mesmo suprimir a organização dos SDM, com o pretexto de que ninguém mais tinha religião. Em outros lugares, deixam que o trabalho antirreligioso se faça sozinho.

O jornal não compartilha desse otimismo, ainda que no ano seguinte, em 8 de fevereiro de 1936, o *Pravda* publique um balanço triunfal da ação dos sem-Deus: o movimento teria 50 mil células, 5 milhões de membros e mais 2 milhões de jovens militantes; teria inaugurado 30 museus antirreligiosos, publicaria 80 títulos por ano e realizaria 10 mil conferências anuais. Na verdade, o estrago é maior para o clero e os edifícios religiosos do que para a mentalidade: a Igreja Ortodoxa Russa passou de 50.960 sacerdotes para algumas centenas; a Igreja Católica, de 810 padres para 73; e as Igrejas protestantes, de 230 pastores para 83.

A partir de 1935, porém, a antirreligião não é mais um objetivo prioritário na URSS. As necessidades da luta antifascista levam à preconização de uma aproximação com os cristãos. O Comitê Central da Internacional Comunista dos Jovens decide ampliar os acordos com os jovens cristãos. Nessa época, Maurice Thorez preconiza na França, diante dos microfones da Rádio Paris, a política da "mão estendida": "Nós lhes estendemos a mão, católico, operário, empregado, artesão, camponês..." (17 de abril de 1936). Três anos antes, podia-se ler no jornal *L'Humanité* um convite para uma festa antirreligiosa, realizada no 14º distrito de Paris, nos seguintes termos:

> Pedimos aos camaradas que venham em massa a essa grande festa, porque lutar contra a religião é apressar a queda do capitalismo [...]. Nosso combate não conhece fronteiras e temos o orgulho de constatar que nossos irmãos, por exemplo, nossos irmãos ateus militantes da URSS, têm mais de 5 milhões de partidários. Não há lugar para a Igreja na sociedade comunista e o segundo plano quinquenal estabeleceu como tarefa a liquidação de todas as religiões. Nós devemos, de nossa parte, seguir uma via paralela e unir nossos esforços

ATEÍSMO E FÉ: DA GUERRA AO ARMISTÍCIO?

para que, num futuro próximo, a Igreja vá se juntar ao capitalismo no vazio do passado.[10]

De fato, em 1924, os livres-pensadores comunistas se desligaram do Livre-Pensamento Francês, que contava apenas 2.496 membros em 1920, para entrar no movimento dos sem-Deus. Refundado depois com o nome de Federação Nacional dos Livres-Pensadores da França e das Colônias, a associação possuía 20 mil membros em 1931 e 25 mil em 1936. Evidentemente, o rompimento entre os dois ateísmos, comunista e não comunista, foi um fator de enfraquecimento, sobretudo pela hostilidade que nutriam um pelo outro: os comunistas, a exemplo de Iaroslavski, criticam o "ateísmo burguês".

> Nosso ateísmo é um ateísmo militante e, por isso, distingue-se do ateísmo burguês. Ele ataca todas as fortalezas do mundo antigo, bem como sua ideologia. Não se trata de coexistência pacífica com o clero, mas de luta implacável contra a religião por meio da reeducação dos trabalhadores que ainda seguem a Igreja. Esse é o nosso objetivo![11]

Em janeiro de 1932, pela pluma de Aragon num artigo do jornal *La Lutte*, intitulado "Athées ou libres penseurs?" ["Ateus ou livres-pensadores?"], os livres-pensadores comunistas decidem adotar o termo mais explícito e mais combativo de "ateu":

> O ateísmo é de fato o único compatível com a teoria revolucionária própria do proletariado. A crença na existência de Deus é uma crença contrarrevolucionária, porque os deuses não se encontram no céu, mas na terra, e não passam de máquinas intelectuais a serviço da preservação do Estado capitalista [...]. Não é preciso dizer que o livre-pensamento, ao perder seu valor de palavra de ordem [...] deixou de ser um sinal claro de adesão, nessa forma, para os revolucionários. Tomemos o nome de "ateus" que os padres nos jogam à cara com um santo horror e marquemos assim o que nos distingue especialmente dos sociais-democratas, que abandonaram os fundamentos materialistas do capitalismo e afirmam que é possível ser ao mesmo tempo socialista e espiritualista ou idealista, ou quem sabe cristão.

---

10 *L'Humanité*, 25 jan. 1933.
11 *Bezbojnik*, ago. 1935.

646 O FIM DAS CERTEZAS (SÉCULO XX)

A Associação dos Trabalhadores Sem Deus é fundada em 1932, com cerca de 4.300 membros comunistas. Membro eminente da direção, Louis Aragon compõe diatribes antirreligiosas e anticlericais de nível bastante baixo, em que apresenta os cristãos, por exemplo, como "fornecedores de drogas celestiais, donos de lupanares de oração, masturbadores de consciência, cafetões e chantagistas".[12]

Essas invectivas não são mais possíveis a partir de 1935, quando a "mão estendida" de Thorez provoca nos comunistas uma estranha amnésia coletiva, evidenciada por Jacqueline Lalouette ao entrevistar ex-militantes: todos reagiram com "uma ignorância absoluta ou uma impaciência mal--humorada".[13] Fernand Grenier jamais ouviu falar da Associação dos Trabalhadores Sem-Deus; Marcel Picard, militante de Bagnolet, não encontrou nem um dos antigos Sem-Deus; Pierre Delon considera que "tudo isso era besteira". Em suma, durante vinte anos, a política antirreligiosa foi feita na surdina pelos comunistas. Na França, de todo modo, o governo de Vichy pôs fim às atividades do livre-pensamento em 1940. Na URSS, a USDM foi dissolvida em 1941 para que não houvesse o risco de o povo se dividir diante dos alemães.

O ATEÍSMO MILITANTE NOS PAÍSES MARXISTAS DEPOIS DE 1945

É a partir de 1955-1956 que o esforço de luta antirreligiosa é retomado na União Soviética, com métodos um pouco menos primários. O fato religioso é estudado numa categoria das ciências sociais, que A. A. Zvorykin define em 1964 como "ciências cujo objeto são as diversas formas de consciência social", entre as quais se inclui o ateísmo:

> O ateísmo é a ciência que tem como objeto a história e as leis da eliminação das concepções imaginárias e religiosas do mundo pelo homem, ao mesmo tempo que da fé em Deus e num mundo no além; o ateísmo mostra as vias e os meios de libertar o espírito humano das ilusões encorajadas pela religião.[14]

O objetivo dessa ciência é, pois, a eliminação da religião, que por sinal é identificada à magia por I. A. Kryvelev. São feitos estudos sobre o modo

---

12 Aragon, *Traité du style*, p.98.
13 Lalouette, *La Libre Pensée en France, 1848-1940*, p.74.
14 Apud Girardi; Six (orgs.), *L'Athéisme dans la vie et la culture contemporaines*, t.I, p.171.

ATEÍSMO E FÉ: DA GUERRA AO ARMISTÍCIO?   647

como as religiões desaparecem. Em 1963, por exemplo, T. M. Mikhailov observa que as religiões pagãs resistem mais ao ateísmo do que as religiões mais evoluídas, como o cristianismo. Ele nota até mesmo certo retorno ao xamanismo entre os buriatas.[15] Em maio de 1960, a revista *Kommunist* publica o resultado de uma pesquisa sobre o ateísmo que foi realizada com os trabalhadores das fazendas coletivas situadas ao norte de Moscou: afastados das tradições e dos costumes rurais, eles perdem rapidamente as noções religiosas; a oração definha e conserva apenas um aspecto estritamente utilitário. Uma cátedra de "ateísmo científico" é criada em Moscou em 1963.

Essas preocupações reaparecem também na literatura soviética a partir de 1954, e ganham um novo impulso no XXII Congresso do Partido Comunista, em 1961. Em 1963, a crítica oficial declara: "É impossível não deplorar o fato de que, durante tantos anos, o conjunto dos temas antirreligiosos tenha despertado tão pouco interesse nos escritores soviéticos". Algumas obras romanescas ilustram essa renovação: *L'Icône miraculeuse* [O ícone milagroso], de Tendriakov (1958), *Les Dieux descendent sur la terre* [Os deuses descem à terra], de Rozanov (1964), ou *À Midi les ombres disparaissent* [Ao meio-dia as sombras desaparecem], de Ivanov (1964).

As democracias populares da Europa do Leste fazem um esforço equivalente. Na Alemanha Oriental, Olof Klohr, titular da cátedra de ateísmo científico, estuda em 1965 o ritmo do declínio da fé, que ele situa por volta de 6 a 8 em 1.000 por ano, num grupo afastado das fontes da religião. No mesmo ano, ele calcula a proporção de ateus marxistas no país em 29,3% (56,6% entre os funcionários públicos). Na Iugoslávia, o professor Fiamengo estabelece um elo entre o nível tecnológico dos grupos sociais e o desenvolvimento do ateísmo.

A política antirreligiosa é mais intensa na Checoslováquia, onde o alto clero é acusado de ter colaborado com o ocupante alemão. Entre 1948 e 1951, os processos judiciais permitem eliminar os bispos e abades mais importantes. Em 1964, o ministro da Educação nacional lembra que "um dos objetivos pedagógicos da escola é o ateísmo da juventude, a rejeição das ideias religiosas e a aceitação da explicação científica do mundo. A educação ateia na escola é, portanto, obrigatória". O programa de ensino inclui sempre uma disciplina sobre o ateísmo. Assim, na escola de enfermagem de Levoca, na Eslováquia, os alunos estudam no primeiro ano a explicação científica das origens do mundo e as razões do aparecimento da religião; no segundo

---

15 Mikhailov, *Certaines causes de la conservation des restes de chamanisme chez les Bouriates*, apud Girardi; Six (orgs.), op. cit., p.178.

ano, o papel reacionário da Igreja, aliada do capitalismo; no terceiro ano, a concepção materialista da sociedade. Em 1963, uma pesquisa realizada na Morávia com 2 mil pessoas mostra que 30% da população é ateia, 40% é indiferente e 30% é crente, dos quais apenas um quarto segue o conjunto de preceitos da fé cristã.

Na China, a luta antirreligiosa em nome do marxismo é empreendida persistentemente, mas de acordo com modalidades próprias para cada religião: os grupos cristãos são acusados de conluio com os imperialistas; no caso das religiões tradicionais, tenta-se jogar a população contra as autoridades religiosas; as ações não visam explicitamente a supressão da religião, mas a reeducação ideológica deve permitir a eliminação da necessidade religiosa; enfim, procura-se introduzir a contradição nos próprios grupos religiosos. Os cristãos são especialmente perseguidos nos anos 1950; os monges budistas, identificados com o opressor feudal, são obrigados a entrar nas brigadas de trabalho.

OS MOVIMENTOS ATEUS NÃO MARXISTAS

O ateísmo militante e proselitista não é exclusivamente marxista. No decorrer do século XX, diversos grupos empreenderam uma vigorosa ação antirreligiosa em escala mundial. Contudo, como não dispunham de um aparelho estatal como os marxistas, sua ação foi mais difícil, e com frequência tiveram dificuldade para se fazer ouvir. É o caso da União Mundial dos Livres-Pensadores, cuja audiência se reduz em geral ao círculo dos filósofos, pesquisadores, escritores e artistas. Bertrand Russell foi um de seus principais dirigentes.

O movimento reúne federações nacionais, como a Federação Nacional dos Livres-Pensadores da França, implantada entre professores e funcionários públicos e marcada por uma profunda desconfiança em relação à Igreja Católica, apesar da aparente liberalização desta última. O espírito de combate antirreligioso está sempre presente em suas declarações. Assim, no Congresso de Dijon, em 1964, a seguinte moção foi adotada:

> O livre-pensamento se afirma refratário às ilusões que inspira em leigos mal-informados e ingênuos a renúncia aparente dessa Igreja a seu dogmatismo intolerante. Depois das exortações de Paulo VI, marcadas por um paternalismo espiritual e uma piedade humilhante para homens conscientes de sua libertação intelectual, conquistada a duras penas na maioria das vezes, ele

ATEÍSMO E FÉ: DA GUERRA AO ARMISTÍCIO?   649

declara não querer essa piedade e conservar o orgulho de um ideal tão positivo quanto qualquer outro.

Nesse texto, o temor de que a Igreja desvirtue os ideais humanitários é patente. O congresso de 1965 denuncia novamente "o caráter dogmático e imperialista da Igreja", que nunca perdeu suas ambições, e cuja atitude ecumênica não passa de uma vontade de colonização espiritual. Assim, "a Federação Nacional dos Livres-Pensadores da França reafirma sua fidelidade à missão essencial e específica de prosseguir, denunciando todas as religiões e todos os clericalismos, a emancipação dos espíritos, único meio capaz de assegurar as melhorias da condição humana".

Nem sequer a abertura ao diálogo anunciada pelo Concílio Vaticano II parece convencer o livre-pensamento, e a Comissão Administrativa declara em 26 de dezembro de 1965:

> as mais expressas e mais justificadas reservas sobre os mais elogiados textos votados: o texto sobre a liberdade religiosa, que não inclui a "liberdade de descrença"; o texto sobre o ecumenismo, que diz respeito apenas às doutrinas espiritualistas e teístas e não traz nada além de um ideal laico restrito, há muito superado por nós; o texto sobre o ateísmo, que torna inúteis tudo o que ele comporta em termos de esforço de compreensão e seu apelo, mesmo sincero, à cooperação e ao diálogo, em razão da condenação, com referência às piores condenações anteriores, de crenças consideradas perniciosas, embora elas constituam para os descrentes o próprio fundamento do ideal moral, o único que poderia incitá-los a essa cooperação.[16]

O livre-pensamento se opõe em particular ao lugar exagerado que as Igrejas ocupam nas mídias e à organização de cerimônias religiosas oficiais no sepultamento dos presidentes da República, declarando, em 1974, que "tal prática leva na realidade a dar à religião católica o caráter de religião oficial do Estado".[17]

Apesar de uma resolução adotada em 1970, segundo a qual o livre-pensamento não lutava somente contra o clericalismo e os dogmas religiosos, mas contra tudo o que contribui para "manter a humanidade num estado de infantilismo",[18] sua ação parece excessivamente marcada pelas velhas

---

16 *Le Monde*, 29 dez. 1965.
17 Id., 9 abr. 1974.
18 Id., 18 ago. 1970.

650 O FIM DAS CERTEZAS (SÉCULO XX)

querelas de outrora e limitada a reações negativas pouco apropriadas para promover uma renovação cultural pós-religiosa. Por isso, surgiu em 1952 um movimento mundial mais ambicioso, a União Internacional Ética e Humanista, que visava refundar uma ética planetária sobre uma base ateia. Rejeitando "a polêmica estéril com as Igrejas", ela abriga tanto racionalistas positivistas quanto humanistas ligados aos ideais de um cristianismo liberal de extrema esquerda. O manifesto adotado em 1952, em Amsterdã, afirma o caráter pluralista e a orientação puramente humanista do movimento: "O humanismo ético reúne todos os que não podem mais acreditar nas diferentes confissões e desejam basear suas convicções no respeito do homem enquanto ser espiritual e moral".[19]

No congresso de fundação, em 26 de agosto de 1952, Julien Huxley, presidente, pronuncia um discurso intitulado *Evolutionary Humanism* [Humanismo evolucionista], ilustrando o tema central de um movimento que, desde 1966, reunia cerca de 30 associações de 27 países e milhões de membros.

Entre os muitos outros movimentos ateus, assinalamos a União dos Ateus, fundada em 14 de março de 1970 por Albert Beaughon: ela concede um prêmio literário todos os anos a partir de 1977, tem uma tiragem de 2.500 exemplares de sua *Tribune des Athées* e mantém vínculos com outros grupos, como o Centro Ateísta, na Índia, a Ateus da América, a Sociedade dos Ateus da Austrália e a União Racionalista. Esta última, fundada em 1930, adota uma linha intelectual, realiza conferências e publica uma revista mensal, os *Cahiers Rationalistes*.

OS COMBATES RACIONALISTAS DOS ANOS 1950-1980

Depois de uma estreia tímida, com 1.260 membros em 1931, a União Racionalista tem certo florescimento antes da guerra, passando a 3.228 membros em 1938. Em 1945, participam de seu comitê de honra personalidades como Albert Einstein, Bertrand Russell, Albert Bayet, Édouard Herriot. No entanto, o movimento estagna e seus dirigentes começam a se questionar, como Paul Raphaël, que escreve nos *Cahiers Rationalistes* de maio de 1957:

---

19 *Proceedings of the First International Congress in Humanism and Ethical Culture*, p.150.

Será que os princípios laicos têm em si mesmos uma razão de fraqueza? Pensando bem, parece que a resposta deve ser afirmativa.

A laicidade é a aplicação prática, nas relações sociais, do princípio de tolerância. Por conseguinte, os laicos, respeitando a liberdade de consciência de seus adversários, recusam-se a usar contra eles qualquer medida que os constranja. Nossos adversários, ao contrário, não têm nenhum escrúpulo de empregar a força ou a astúcia, quando se trata de aniquilar a ideia laica. Agindo assim, sabem que são justificados antecipadamente por sua própria doutrina. Para eles, o espírito laico é o mal, e todos os procedimentos são válidos para destruir o mal. [...]

Nossa fraqueza provém ainda de nossos princípios por outra razão. Para nós, laicos, o espírito de análise não é somente um direito, mas é também um dever. Não aceitamos palavras de ordem, nem sequer de nossos amigos; ou, se as recebemos, nossos princípios impõem que as julguemos, e somente lhes obedecemos caso as consideremos justificadas. É difícil portanto realizar a unidade de ação entre os laicos, pois ela supõe um exame e uma adesão prévia. [...]

Enfim, é fácil praticar a intolerância, basta obedecer aos preconceitos, sem se incomodar com a razão ou a moral, e satisfazer o prazer que se experimenta em provar a própria força e amordaçar o adversário. A tolerância, ao contrário, exige a negação de qualquer prevenção, o domínio de si mesmo, a obediência a um ideal. Um bruto pode ser intolerante sem custo; um filósofo deve se esforçar para ser constantemente tolerante com todos. A superioridade de nossos princípios nos obriga a lutar contra nós mesmos.[20]

A análise só vale, é claro, para os movimentos de livre-pensamento não marxistas, e fora dos países comunistas, mas sublinha bem os limites de um movimento que se baseia essencialmente numa negação e só tem o respaldo da opinião pública quando certos casos trazem novamente à tona a velha clivagem clericalismo-anticlericlarismo. Um desses casos, que deu muito que falar na época, é a "monopolização" por parte da Igreja dos últimos instantes de vida de Édouard Herriot – ateu ou agnóstico, anticlerical feroz, membro do livre-pensamento – em março de 1957. O escândalo é grande porque o cardeal Gerlier, arcebispo de Lyon e ardoroso defensor do general Pétain, visita o moribundo, declara que ele morreu em paz com a Igreja e ainda preside às exéquias religiosas! Para André Lorulot, isso é demais. Num artigo exaltado em *La Calotte*, ele ataca os "carniceiros", os "ladrões de cadáveres", "a odiosa tirania da Igreja, que impõe suas ridículas

---

20 Raphaël, Tolérance et laïcité, *Les Cahiers Rationalistes*, n.163, p.171 e ss.

macaquices aos cadáveres de seus mais determinados adversários".[21] O próprio Jean Rostand não consegue evitar a alusão a "certos testemunhos [que] não estão em harmonia com toda a sua vida de laicidade e agnosticismo".[22]

René Rémond, em *L'Anticléricalisme en France* [O anticlericalismo na França], dá outros exemplos de reações irritadas à mediatização excessiva dos eventos religiosos, que choca os descrentes. É o caso das viagens do papa, iniciadas por Paulo VI. Em 1964, Robert Escarpit protesta contra a exclusão de que são vítimas aqueles que não se interessam pela celebração desses deslocamentos espetaculares: "Os que estão fora da ciranda são tão respeitáveis quanto aqueles que dançam em círculos. A boa vontade não pode dar melhor prova de sua existência do que o fato de não ser obrigatória".[23] A observação vale também para as inúmeras viagens de João Paulo II.

Entre 1963 e 1964, aumentam na França os protestos contra o excesso de programas de caráter religioso, e também contra uma espécie de conformismo moral que tende a excluir o ateísmo da televisão: "A fé é respeitável. Por que temos de lhe dar esse tom de decência necessária, como se fosse indecente ser ateu? Queremos voltar aos tempos da Bonne Prense* ou dos *billets de confession***?", pergunta Morvan Lebesque em *L'Express*.[24] Em 1963, no *France-Observateur*, Gilbert Verilhac também se questiona sobre a verdadeira natureza do fenômeno religioso, e conclui que a religião "só pode ser imperialista" e utiliza meios indiretos para impor uma moral ultrapassada; ele se espanta que a mídia só se interesse pelos problemas de consciência dos crentes e silencie sobre a "solidão trágica" dos descrentes:

> Talvez ainda não tenha notado, no dilúvio de relatos que nos valeu o Concílio Vaticano II, e agora a reunião do conclave, como a questão essencial é

---

21 Lorulot, *La Calotte*, maio 1957.
22 Discurso de ingresso de Jean Rostand na Académie Française, em 12 de novembro de 1959.
23 *Le Monde*, 8 jan. 1964.
  * Alusão às publicações do grupo editorial La Maison de la Bonne Presse, que veiculava obras e jornais de referência voltados ao público católico. (N. E.)
** Referência ao episódio ocorrido no ano de 1746 em Paris, quando o arcebispo Christophe de Beaumont anunciou uma nova medida para conter a influência do jansenismo. Determinou-se que, para ter direito à comunhão ou a outros sacramentos, o fiel precisaria apresentar um certificado assinado (*billets de confession*) comprovando que se confessara com um padre favorável à bula *Unigenitus* (antijansenista). Essa determinação provocou uma série de protestos que ganharam repercussão política, envolvendo o rei Luís XV, o Parlamento e o papa Bento XIV. (N. E.)
24 *L'Express*, 16 abr. 1964.

escamoteada – aquela, no entanto, que a formidável assembleia reunida em Roma deve inspirar a todo indivíduo pensante: a religião ainda é útil ao homem? O esquecimento é ainda mais curioso porque a França possui um certo número de descrentes – aliás, sem tribuna e audiência oficial. Como interpretar esse silêncio? [...]

Eis o paradoxo, pelo menos aparente, de nosso tempo: a Igreja se preocupa com a descristianização de nossa civilização, mas o domínio dessa Igreja sobre a política e os espíritos é mais forte do que era há um século. [...]

A religião me incomodaria bem menos se não tentasse se apoderar de mim pelos meios ainda poderosos de que dispõe. Eu a toleraria quase sem dificuldade se ela me tolerasse. Mas, por definição, ela só pode ser imperialista. Ela impõe certa moral muito tempo depois de ela ter perdido a necessidade, estimula determinados costumes e toma as rédeas de um poder temporal que tendia, pelo menos em nossa "doce França", a escapar de suas mãos. Ela faz isso com algumas concessões e adaptações, mas exige muito mais do que dá. [...]

As religiões vivem seu ocaso; morrem dignamente, lentamente, mas infalivelmente. Contudo, essas moribundas, que nisso são semelhantes aos velhos déspotas, morrem de vontade de comandar, como nos tempos de sua juventude, uma comunidade que, covardemente, dá seu consentimento. [...]

A solidão trágica do homem sem Deus não tenta a curiosidade do fiel? Por que, então, esse silêncio?[25]

Como se vê, as questões básicas não desapareceram. Um dos aspectos que mais irritam os descrentes é a intervenção dos meios clericais em favor de uma censura cultural: por exemplo, a proibição do filme *La Religieuse*, em 1965, e a retirada da televisão francesa de um esquete paródico sobre a Paixão de Cristo, em 1970. Aliás, artistas, diretores e autores hostis à Igreja, como Luís Buñuel, Jacques Brel e Léo Ferré, irritam-se com as tentativas de desvirtuação que parecem fazer parte da nova tática da Igreja: "Os crentes dirão que Buñuel tem fé sem saber e que Deus está nele sem ele querer",[26] escreve M. Duran. Eles atacam a falsa religião, portanto são verdadeiros espíritos religiosos: meio infalível para abocanhar todas as consciências.

Isso deturpa todas as tentativas de diálogo entre crentes e descrentes, como declara Pierre Desvalois em 1966. O cristão jamais fala com os outros em pé de igualdade, porque está seguro de que detém a verdade; tudo o que pode fazer é ajudar o outro a encontrar a sua verdade, a verdade da fé. O

---

25 *France-Observateur*, 13 jun. 1963.
26 *Le Canard Enchaîné*, 19 mar. 1969.

imperialismo religioso está sempre presente, por trás das palavras de comiseração aos "não crentes", termo ainda mais negativo do que "descrente":

> O homem de Igreja, o cristão, não fala de igual para igual quando se dirige aos gentios. Ele é, desde o início, o testemunho da verdade! A seus olhos, o interlocutor não passa de um cristão potencial, receptáculo inconsciente do depósito sagrado que virá ao mundo através do diálogo. Paulo VI, em sua encíclica, define assim as coisas: "O diálogo não suprime a pregação da verdade [...]. A Igreja diz aos homens: tenho o que vocês procuram... Ela lhes fala de verdade, de justiça, de liberdade, de progresso, de concórdia, de paz, de civilização. São palavras das quais a Igreja possui o segredo; Cristo o confiou a ela".
>
> Que diálogo é esse, então? É a busca comum a que deve levar toda troca autêntica, dentro do respeito ao humano? Ou se trata antes de definir uma abordagem e um método pedagógico para garantir o triunfo da verdade que a Igreja afirma trazer? Temos muito receio de que o diálogo que nos é proposto seja um diálogo concedido.[27]

O contexto de confronto continua vivo nos círculos ateus até os anos 1970. A vontade de fazer a Igreja recuar, ou mesmo a fé, manifesta-se de muitos modos. A questão da laicidade no ensino continua sendo um tema mobilizador na França, e os teóricos da pedagogia ateia, como o norte-americano John Dewey (1859-1952), desenvolvem uma base racional para excluir a religião da escola.[28] Movimentos como a franco-maçonaria mantêm uma orientação ferozmente anticlerical. A Assembleia Geral do Grande Oriente da França preocupa-se em 1960, por exemplo, com o risco de recomposição de uma Europa clerical a favor da União Europeia: "Alguns não sonham coroar esse belo edifício, erguido contra todos os materialismos, 'tanto americano quanto russo', com a autoridade espiritual do papa? Nessa 'pequena Europa', aos 68% de clericalistas opõem-se, segundo dizem, apenas 32% de laicos".

RUMO A UM ARMISTÍCIO?

Nas duas últimas décadas do século XX, no entanto, o ardor do combate antirreligioso diminui. As posições claras do período precedente se atenuam,

---

27 *École Libératrice*, 9 set. 1966.
28 Dewey, *A Common Faith*.

desagregam-se na grande melancolia de fim de século e fim de milênio. Os campos adversários se desfazem rapidamente, com exceção de um inevitável núcleo duro de cada lado. A dúvida penetra os espíritos, alimentada por um sentimento de impotência e inutilidade, quase de futilidade, diante de questões que outrora inflamavam os espíritos.

O tema mais mobilizador, o anticlericalismo, não tem mais interesse. Os véus e as batinas desaparecem. Politicamente, o padre não é mais o que era: muitos se bandeiam para a esquerda; bispos mudam de lado e marcham à frente das manifestações contra a ordem estabelecida, o que de certo modo leva o anticlericalismo para a direita e até para dentro da Igreja. É difícil reconhecer amigos e inimigos.[29] Parece distante o tempo em que *La Calotte* lançava gritos de guerra:

> Podem ser sinceros esses bispos que apoiaram o governo de Vichy e agora desfilam ao lado de De Gaulle, esforçando-se para matar a escola laica, para sufocar os sindicatos, para trair sorrateiramente a República, a verdadeira, a da Razão, e não aquela que vai buscar suas diretrizes no confessionário? [...] Contra a estupidez humana e contra os Tartufos, todos em frente![30]

Em 1962, Ernest Kahane, secretário-geral da União Racionalista, declara que os tempos do "anticlericalismo vulgar" estão superados: "Ele teve um papel histórico na época em que era necessário livrar os espíritos da superstição mais profunda, mas podemos considerar que hoje, na França, seu papel é secundário".[31] O anticlericalismo não passava, segundo ele, de "um aspecto menor da tradição racionalista", cujo grande objetivo é "a luta contra o próprio espírito da religião e, de maneira geral, contra todo espírito dogmático", mostrando que "a ciência, e apenas a ciência, é capaz de resolver os problemas que se apresentam à humanidade".

Cinco anos depois, Maurice Caveing, em *Raison Présente*, defende a subordinação das Igrejas ao Estado laico, que deve ser vista não como "uma medida do ateísmo contra a religião, mas a aplicação do princípio da unidade do poder político na nação, responsável pela paz civil". Em 1980, Evry Schatzman escreve na mesma revista: "A fé, seja ela qual for, seria perfeitamente aceitável e respeitável, não hesito em dizer, se se acomodasse às fés vizinhas, e se os que creem nela, convencidos de que detêm a verdade,

---

29 Mellor, *Histoire de l'anticléricalisme français*.
30 *La Calotte*, out. 1945.
31 *Les Cahiers Rationalistes*, n.200, p.8.

não quisessem converter os outros a todo custo".[32] Apesar de a desconfiança persistir, os dois campos parecem evoluir pouco a pouco na direção de uma tolerância mútua, cujas características veremos adiante. Do lado das Igrejas, o tom também baixou em relação ao ateísmo, embora ainda paire certa ambiguidade nas declarações oficiais.

A "RECUPERAÇÃO" DOS ATEUS PELA IGREJA

O discurso da Igreja Católica sobre o ateísmo no século XX tem múltiplas formas. A condenação feroz e incondicional foi durante muito tempo a regra. Encontramos uma definição sistemática no *Grand dictionnaire de théologie catholique* [Grande dicionário de teologia católica], de Vacant e Mangenot, redigido a partir de 1913. O início do verbete "Ateísmo e erros conexos" dá o tom: "Salvo raras exceções, o adjetivo *ateu* causa repulsa no mundo erudito e tenta-se geralmente negá-lo". Inevitavelmente, o ateísmo é materialista, e o materialismo é "grosseiro". Por isso, explica o dicionário, até aqueles que negam a ideia da criação não querem se declarar ateus e procuram meios-termos. Assim são os panteístas – com suas duas variantes, a materialista e a espiritualista –, os positivistas e os sensualistas.

A quem se deve aplicar o adjetivo insultuoso? "Se uma doutrina for manifestamente incompatível com a ideia de Deus, se sua conclusão for, diretamente, a negação equivalente ao mínimo absolutamente necessário para formular com alguma verdade o julgamento de que Deus existe, então, nesse caso, seu nome próprio, no dicionário, deve ser ateísmo." É preciso distinguir, por um lado, o ateísmo "negativo" ou "precisivo", que se caracteriza por uma ausência total da ideia de Deus e é antes um agnosticismo, e, por outro, o ateísmo "positivo" e "formal", que nega categoricamente a existência de um Ser Supremo. Nessa categoria, há dois subgrupos: o ateísmo teórico, negação de Deus no campo especulativo, e o ateísmo prático, negação estendida ao campo das ações corriqueiras.

Em compensação, não são chamados de ateus os filósofos que têm teorias falsas ou incompletas sobre a natureza divina, os que se caracterizam pela "ausência de ideias definidas e precisas sobre a divindade", os "povos sem crenças" ou "o autor de uma doutrina cujas conclusões não destruam

---

32 *Raison Présente*, n.55, p.7.

direta e imediatamente a noção de Deus, ainda que se possa demonstrar, por deduções lógicas, que elas a ameaçam".

Desse modo, o adversário é claramente designado e seu erro é estigmatizado. O papel do teólogo é ao mesmo tempo explicar e refutar a descrença. É o que tenta fazer, em 1944, um dos espíritos mais esclarecidos do catolicismo, Henri de Lubac. Seu livro *Le Drame de l'humanisme athée* [O drama do humanismo ateu] marcou o pensamento cristão. Esse jesuíta de espírito aberto reconhecia a nobreza do pensamento dos humanistas ateus, definidos pela frase de Dietrich Kerler: "Mesmo se fosse possível provar matematicamente que Deus existe, não quero que Ele exista, porque Ele me limitaria em minha grandeza". Para ele, essa ideia falsa de um Deus que limita a liberdade e a dignidade do homem tem três origens: Comte, Feuerbach e Marx, e ele se dedica a mostrar suas insuficiências. Mas pelo "ateísmo vulgar" ele só sente desprezo e o descarta com desdém: "Não falemos do ateísmo vulgar, que existiu em quase todos os tempos e nada oferece de significativo; nem mesmo do ateísmo puramente crítico, cujos efeitos continuam a se expandir, mas não constitui uma força viva, porque é incapaz de substituir aquilo que destrói."[33]

Esse ateísmo vulgar é associado, classicamente, ao materialismo "grosseiro", que é o materialismo de uma massa popular desinteressante: "Esse humanismo ateu não se confunde de nenhuma maneira com o ateísmo fruitivo e grosseiramente materialista, fenômeno sempre banal, que é encontrado nas mais diversas épocas e não merece reter nossa atenção".[34] Desprezo insultante em relação ao ateísmo prático de milhões de pessoas que, por isso mesmo, merecem atenção.

Esse preconceito é compartilhado por outros membros da elite crente, pronta a atribuir ao ateísmo todos os males do planeta, e isso até o fim do século XX. Um exemplo especialmente límpido disso é Michel Schooyans que ainda se permite dizer em 1997:

> se por democracia entende-se uma sociedade que se organiza em vista da felicidade de todos os seus membros, é evidente que tal sociedade não pode ser moralmente neutra, indiferente, agnóstica, ateia. [...] O pluralismo não pode significar que a sociedade política deva professar o agnosticismo ou o ateísmo,

---

33 Lubac, *Le Drame de l'humanisme athée*, p.5.
34 Ibid., p.9.

a indiferença moral ou religiosa. A experiência mostra que, quando é o caso, a sociedade política se torna intolerante e tirânica.[35]

Para ele, a morte de Deus é a morte do homem, e todas as grandes ideologias totalitárias do século XX são fruto da secularização e do ateísmo, que são responsáveis por "ataques diretos contra a vida humana": "Elas revelam enfim um ateísmo prático, análogo àquele que, depois de ter entronizado o culto do Estado, da Raça e do Partido, esforça-se para entronizar a idolatria do mercado" e, para isso, restaura o culto pagão da Terra Mãe.[36] Essa posição extrema de um catolicismo que "nada aprendeu e nada esqueceu" é corroborada pelo cardeal Ratzinger, que lembra que apenas a visão cristã do mundo, com o respeito integral da vida que ela governa, pode dar à existência "sua grandeza e sua dignidade".[37] O velho dilema continua presente: será que milhões de vidas miseráveis de uma sub-humanidade, que valorizam a admirável dedicação de uma madre Teresa, valem mais do que o controle racional da natalidade, que permitiria levar ao verdadeiro status de homens e de mulheres seres menos numerosos, porém mais felizes?

A maioria dos teólogos tem um ponto de vista menos limitado em relação ao ateísmo. No entanto, são raros aqueles que aceitam considerá-lo com um respeito sincero. Uma das atitudes mais corriqueiras consiste, simplesmente, em negar a realidade do ateísmo. O que existe é apenas um ateísmo de fachada, em pessoas que, sem se dar conta, reconhecem a existência do absoluto divino pela própria maneira como se comportam. O que significa que todas as pessoas virtuosas são automaticamente crentes, querendo ou não; as outras – os verdadeiros ateus – são "culpadas". É o que não hesita em afirmar Karl Rahner:

> [existem apenas] homens que creem não acreditar em Deus [...]. Do mesmo modo, é possível que existam ateus que somente acreditam ser ateus, que aceitam obedientemente, de uma maneira não expressa, a transcendência, mas não conseguem lhe dar uma expressão suficientemente adequada. É possível que exista, enfim, um ateísmo completo e, portanto, necessariamente culpado, que se fecha para a transcendência por medo ou por orgulho e a nega de modo explícito e consciente.[38]

---

35 Schooyans, *L'Évangile face au désordre mondial*, p.144.
36 Ibid., p.309.
37 Cardeal Ratzinger, Préface. In: Schooyans, op. cit., p.iii.
38 Rahner; Vorgrimler, Athéisme. In: _____, *Petit dictionnaire de théologie catholique*.

ATEÍSMO E FÉ: DA GUERRA AO ARMISTÍCIO?

Além do mais, "uma moral ateia perfeita, mesmo que apenas subjetivamente, não é possível, e deve-se dizer o mesmo do próprio ateísmo".

Jacques Maritain diz a mesma coisa quando fala dos "pseudoateus": aqueles que "não creem em Deus, mas na realidade creem inconscientemente nele, porque o Deus do qual eles negam a existência não é Deus, mas alguma outra coisa".[39] Os testemunhos citados em *Catholiques d'aujourd'hui* [Católicos de hoje] vão na mesma direção:

> Minha opinião é que o verdadeiro ateu não existe, não pode existir [...] Qualquer um que se diga ateu não passa, no fundo, de anticlerical.
>
> Não podemos negar Deus, assim como não podemos provar sua existência. Desse ponto de vista, o racionalismo parece tão pueril e absurdo quanto a superstição. No fundo, não podemos chegar a uma conclusão. Caímos sempre na mesma constatação: existe alguma coisa.[40]

A obra também mostra reações de incompreensão: os ateus que respeitam a moral, embora nada os obrigue a isso, são verdadeiros heróis, "e isso é raro neste mundo". Três séculos depois de Bayle, a possibilidade de um ateísmo virtuoso ainda não convence. Em geral, a piedade se impõe: "Tenho dó deles"; "São mais dignos de pena do que de reprovação".

Em *Les Problèmes de l'athéisme* [Os problemas do ateísmo], o teólogo Claude Tresmontant não demonstra maior compreensão. Para ele, os ateus ou são crentes que se ignoram, ou são pessoas que não compreenderam nada e criticam um falso cristianismo, ou são um resíduo inexplicável, uma anomalia intelectual, um enigma. "Nesse nível, a análise dificilmente pode avançar. Talvez a psicologia possa nos dar alguma luz sobre essa aversão ao judaísmo e ao cristianismo, que se manifesta e se exprime através dos séculos."[41] A existência dessa curiosidade, o ateísmo autêntico, ao menos tem o mérito de mostrar que a fé é um ato livre, que pode ser recusado.

A arrogância dessa posição se revela na conclusão do livro, negando a possibilidade de um verdadeiro ateísmo num ser saudável. O ateu é um anormal:

---

39 Maritain, *La Signification de l'athéisme contemporain*, p.9.
40 Apud Potel, Peut-on parler aujourd'hui en France d'incroyants et d'athées? In: Girardi; Six (orgs.), op. cit., p.152, nota 95.
41 Tresmontant, *Les Problèmes de l'athéisme*, p.431.

O ateísmo puro não existe. Existe, por outro lado, uma religião da natureza que se opõe ao monoteísmo hebreu.

O ateísmo não tem absolutamente nenhum vínculo com o racionalismo, e o racionalismo não tem nada em comum com o ateísmo. É preciso desvincular cuidadosamente, e para sempre, o ateísmo do racionalismo. [...]

O ateísmo é uma fé, e o ateísmo moderno é essencialmente fideísta, posto que renuncia a apresentar razões que o fundamentem filosoficamente. Podemos dizer que os cristãos de hoje, exatamente como os ateus, também são fideístas. Isso é fato. Mas não o cristianismo: ele não é fideísta.

O ateísmo é uma fé irracional e, como tal, diz respeito à psicologia. Cabe aos psicólogos nos apresentar uma análise profunda que nos permita compreender a gênese e a existência do ateísmo. Acreditamos que os psicólogos encontrarão, na análise dos conflitos, os contrassensos teológicos que levantamos.[42]

O ateísmo é irracional, é uma "enfermidade infantil"; jamais conseguiu pensar sobre si mesmo corretamente. Então por que tantas pessoas, apesar de inteligentes, se dizem ateias? Para Claude Tresmontant, é porque erraram o alvo: atacaram uma caricatura de cristianismo. O problema, poderíamos retorquir, é que o cristianismo produziu tantas caricaturas de si mesmo que poderíamos perguntar onde é que se esconde o cristianismo "autêntico" e se, por acaso, ele existiu alguma vez. Outras explicações dadas por Claude Tresmontant: alguns ateus simplesmente não veem necessidade de recorrer à hipótese de um Deus, a natureza é o suficiente para eles. Outros põem todas as religiões no mesmo saco, e atribuem ao cristianismo o mesmo espírito das mitologias antigas, antropomórficas e irracionais. Outros veem a Igreja como uma força reacionária, obscurantista ou, ao contrário, revolucionária, e reprovam suas contradições no decorrer da história: amaldiçoava a democracia no século XIX e hoje a glorifica, o que, segundo o autor, não é uma contradição, mas uma evolução do pensamento.

Em suma, todos aqueles que não são capazes de enxergar além dessas vicissitudes se deixam enganar pelas aparências. Eles são ateus por deficiência mental. Apenas os crentes compreenderam, os outros são inconscientes. O caráter insultante dessa posição, que se recusa a levar o ateísmo a sério, é criticado por outros crentes. Para Jules Girardi, "os que negam um Deus falsamente concebido não deixam de ser ateus por causa disso" e devem ser levados a sério.[43]

---

42 Ibid., p.438.
43 Girardi; Six (orgs.), op. cit., p.49, nota 32.

É POSSÍVEL PROVAR A EXISTÊNCIA DE DEUS?

Há na Igreja outra maneira insidiosa de desqualificar o ateísmo: reintroduzir a velha ilusão das "provas" da existência de Deus. Descartamos de imediato o caso pouco sério daqueles que jogam com os paradoxos para afirmar, como o cineasta Henri-Georges Clouzot, que a melhor prova é a ausência de prova: "O que me ajudou foi a ausência de provas da existência de Deus. Deus oculto. Para mim, essa ausência de provas é a primeira prova: porque se Deus respeita o homem, ele deve querer de nossa parte uma adesão livre; ele não deve nos constranger à necessidade de crer nele".[44] Um princípio como esse pode justificar a crença em qualquer coisa. Por isso os teólogos não renunciam facilmente à ideia escolástica da demonstração da existência de Deus, dando as nuances e fazendo as correções impostas pela civilização da desconfiança em que vivemos. Isso leva a resultados bem curiosos.

Em comparação com um Théodule Rey-Mermet, que admite que "não se pode falar de provas, mas somente de 'caminhos' até Deus, de abordagens de Deus pela razão",[45] os outros têm um discurso mais oblíquo. Depois das afirmações categóricas de santo Anselmo, de santo Tomás e de incontáveis teólogos escolásticos, depois da declaração peremptória do Concílio Vaticano I, segundo a qual "a razão sincera demonstra o fundamento da fé", seria inadequado para um teólogo contemporâneo dizer que a razão não pode provar a existência de Deus. Mas isso não é problema. Ele recorre a um procedimento clássico das sutilezas teológicas: mantêm-se as palavras e muda-se o sentido, o que permite afirmar o contrário dizendo a mesma coisa e, assim, exibir uma magnífica unidade doutrinal durante dois mil anos. A capacidade de adaptação da Igreja vem em grande parte desse procedimento.

Duas ilustrações no caso em questão. Podemos, em primeiro lugar, decretar que o verbo "provar" nem sempre tem o mesmo significado, "provar" não quer dizer "provar" e, portanto, a declaração otimista do Concílio Vaticano I deve ser interpretada à luz de uma semântica especial. É o que faz, com muita sutileza, o padre Gilbert num artigo de 1996, intitulado "Prouver Dieu et espérer en lui" ["Provar Deus e ter esperanças nele"].[46] Isso é o que se pode chamar de mudança na continuidade: "O texto conciliar

---

44 Apud Rey-Mermet, *Croire. Pour une redécouverte de la foi*, t.I, p.23.
45 Ibid., p.22.
46 *Nouvelle Revue Théologique*, n.118.

não diz que a razão é capaz de 'provar a existência' de Deus. Ele afirma, ao contrário, que ela pode acenar para os fundamentos da fé".[47] Além de não compreendermos muito bem o que isso quer dizer, seria interessante saber se os Pais de 1870 compartilhariam essa interpretação.

A segunda solução é – perdoem-me a expressão – "afogar o peixe".[*] Também nesse campo a Igreja tem especialistas. O cardeal Jean-Marie Lustiger, arcebispo de Paris, dá uma brilhante demonstração durante uma entrevista a Jean-Louis Missika, publicada em *Le Choix de Dieu* [A escolha de Deus].[48] A pergunta do jornalista é simples e clara: "É possível demonstrar, pelo uso da razão humana, a existência de Deus?". Evidentemente, ninguém espera um "sim" ou um "não", mas a resposta impressiona: "A resposta cai como uma lâmina [...]. O primeiro concílio do Vaticano respondeu que sim [...]. Ou seja, essa demonstração racional deve ser possível". Podemos ter certeza de que a resposta não virá. O jornalista insiste: "*Deve* ser possível, ou *é* possível?". Surge, então, o virtuosismo: "A questão está em aberto...". Dez linhas depois: "Em nome da própria fé, o crente é levado a afirmar o poder da razão humana. Isso é extraordinário! Essa reviravolta, esse paradoxo ainda hoje me admira...". Vinte linhas depois: "Para que o homem se deixe convencer pelas provas da existência de Deus, é preciso que sua razão purificada e ordenada aceite se deixar convencer. O trabalho da razão sobre a afirmação de Deus tira toda a sua força da convicção no ato de fé, que é ele próprio fruto de uma cura de Deus, de uma graça".

Seis perguntas e uma página e meia depois, o jornalista tenta pôr ordem na questão, apelando para a petição de princípio usual: é possível demonstrar a existência de Deus se se crê nele, em primeiro lugar:

> A argumentação que o senhor desenvolve é paradoxal, para não dizer contraditória. Ela dá a entender que é preciso ser crente para demonstrar racionalmente a existência de Deus. Não seria mais simples dizer que, ainda que seja possível discutir racionalmente a existência de Deus, a demonstração de sua existência é impossível, e que isso determina a fronteira entre a razão e a fé? Por que querer, a todo custo, fazer a razão entrar em cena?

---

47 Ibid., p.693.

* Literalmente, *"noyer le poisson"*. A expressão, segundo o dicionário *Le Petit Robert*, significa "obscurecer voluntariamente uma questão de maneira a confundir o interlocutor". (N. E.)

48 Lustiger; Missika; Wolton, *Le Choix de Dieu: entretiens avec Jean-Louis Missika et Dominique Wolton*, p.195-8.

ATEÍSMO E FÉ: DA GUERRA AO ARMISTÍCIO?

Inútil. Jamais saberemos se é possível demonstrar racionalmente a existência de Deus. No entanto, ficamos sabendo pela boca do cardeal que, se as chamadas sociedades cristãs de antigamente provocaram massacres, é porque elas não eram cristãs: elas se acreditavam cristãs. Por outro lado, se os ateus de hoje se comportam bem, é porque eles não são ateus: eles se acham ateus, mas na verdade são cristãos! "Quer se queira ou não, a sociedade ateia é uma sociedade cristã. Esse ateísmo é específico, não é a destruição dos deuses, mas a negação de Deus [...]. A civilização moderna é inelutavelmente marcada pelo encontro com o verdadeiro Deus."[49]

Mas há quem encontre provas, provas modernas, provas irrefutáveis, informatizadas, acessíveis na Internet.[50] As pesquisas sobre as estruturas numéricas da Bíblia levaram algumas pessoas a descobrir nela frases ocultadas, de sentido profético. Essa estrutura matemática, cuja concepção estaria além da capacidade de compreensão do cérebro humano e cuja decifração só poderia ser feita na era do computador, provaria ao menos uma coisa: Deus gosta de brincadeiras e pode perder tempo camuflando sua existência em palavras cruzadas tão pueris, enquanto espera um grupo de espertinhos do fim do século XX encontrar a solução por obra e graça da IBM. Por isso, caso a mesma estrutura não seja encontrada no Novo Testamento, o cristianismo inteiro desmoronará.

A TEOLOGIA AO ENCONTRO DO ATEÍSMO

Mais a sério, a Igreja começou a levar em conta a existência de uma massa irredutível e crescente de descrentes. A certeza de um triunfo infalível do cristianismo em escala planetária morreu pouco a pouco. A Igreja se conformou em ser apenas um componente no leque das crenças e descrenças humanas, e um componente minoritário, e recuperar os outros transformando-os em cristãos inconscientes, como vimos anteriormente. Ainda falta determinar a atitude em relação aos ateus.

O Concílio Vaticano II marca uma virada. Em primeiro lugar, pelo reconhecimento de um número cada vez maior de ateus no mundo: "Recusar Deus ou a religião, não fazer caso disso, não é mais um fato excepcional, o destino de alguns, como em outros tempos; hoje, esse comportamento é apresentado de bom grado como uma exigência do progresso científico ou

---

49 Ibid., p.200.
50 Drosnin, *La Bible: le code secret*.

de um novo humanismo".[51] Em segundo lugar, pela confissão da responsabilidade dos crentes na propagação desse ateísmo: "Os crentes podem ter uma participação considerável na gênese do ateísmo, na medida em que, por negligência na educação de sua fé, por apresentações enganosas da doutrina, pode-se dizer que eles ocultaram a verdadeira face de Deus".

A constituição *Gaudium et Spes* estuda com precisão as diferentes modalidades de ateísmo: protesto contra o mal no mundo, promoção de alguns valores a absolutos que mascaram Deus, imersão numa civilização de tipo materialista, exaltação exagerada do homem e da ciência, ausência total de preocupação religiosa. No ateísmo sistemático, o concílio distingue o ateísmo humanista, que coloca o homem como rival de Deus, e o ateísmo marxista, que apresenta a religião como um obstáculo à libertação das classes oprimidas.

Passando à atitude prática, o concílio enuncia duas exigências complementares e contraditórias: lutar contra o ateísmo, proporcionando ao mundo o espetáculo de um verdadeiro amor fraterno, e colaborar com os ateus por um mundo mais justo:

> Ao mesmo tempo que rejeita absolutamente o ateísmo, a Igreja proclama, sem segundas intenções, que todos os homens, crentes e descrentes, devem se dedicar à construção de um mundo justo, no qual vivam juntos. Isso só é possível, seguramente, por meio de um diálogo leal e prudente.[52]

Essas conclusões do concílio se baseiam num documento do Secretariado para os Não Cristãos que apresenta o ateísmo como uma atitude pós-religiosa. Para nós em particular, o interesse desse texto reside nas precisões terminológicas, que mostram que, depois do *Dictionnaire de théologie catholique*, a Igreja ampliou consideravelmente a noção de ateísmo, incluindo quase todos os não cristãos. Assim, no ateísmo teórico, incluem-se os que ignoram a existência de Deus, os que a negam, os que duvidam dela (ateísmo cético), os que o consideram fora do alcance de nossa inteligência (ateísmo agnóstico), os que pensam que a questão não tem sentido ("ateísmo semântico ou neopositivismo"), os que recusam toda e qualquer revelação divina positiva (os descrentes), os que excluem Deus da atividade humana (ateísmo especulativo-prático), os que concentram sua atenção exclusivamente num sistema de valores do qual Deus está ausente (indiferentismo prático).

---

51 Constituição *Gaudium et Spes*, 7, 3.
52 Ibid., 21, 6.

ATEÍSMO E FÉ: DA GUERRA AO ARMISTÍCIO?

Essa classificação rigorosa mostra como o ateísmo é levado a sério. Estranhamente, é considerado um "fenômeno tipicamente ocidental" e, especialmente, pós-cristão, nascido da mentalidade racionalista. Isso equivale a reconhecer que o cristianismo trazia em si essa potencialidade, por uma insistência dualista no divino, por um lado, e, por outro, num mundo que obedece a leis naturais. O cristianismo engendrou o ateísmo. Isso é parcialmente verdade, ao menos no que diz respeito ao ateísmo racionalista.[53]

A importância que o ateísmo ganhou no mundo contemporâneo impressionou Paulo VI, que tratou diversas vezes daquilo que ele chamava de "o fenômeno mais grave de nossa época".[54] Ele distinguia os "que professam abertamente a impiedade e se assumem como seus protagonistas dos que:

> rejeitam todo e qualquer culto religioso por considerar supersticioso, inútil ou fastidioso abordar e servir ao Criador e obedecer a suas leis. Eles vivem sem fé em Cristo, privados de qualquer esperança e sem Deus. Esse é o ateísmo que serpenteia em nossa época na cultura, na economia, no campo social, por vezes abertamente, outras às ocultas, disfarçado na maior parte do tempo sob o rosto ou o manto do progresso.[55]

A Igreja parece despertar e tomar consciência do fato de que o mundo está escapando do cristianismo, enquanto era embalada num sonho de cristandade universal. O despertar é brutal. Os padres, inseridos no mundo secularizado, constatam amargamente a extensão do desastre. Deus não está mais neste mundo; a era da grande ausência começa: "Encontramos essa ausência de Deus por toda a parte: nos trens, nos ônibus, nas fábricas barulhentas, tanto quanto no ambiente silencioso dos quadros superiores",[56] escreve o padre Loew. Segundo os padres da região parisiense:

> O ateísmo, muito mais difundido do que se pensa, tem formas múltiplas e atinge todos os meios: ele se apresenta como uma incontestável realidade de meio e, ao mesmo tempo, passa pelo coração de quase todos os homens, até mesmo dos crentes. O ateísmo é positivo em seu desígnio: muitos ateus sentem que podem reconstruir o mundo; contudo, o ateísmo exprime um sofrimento

---

53 L'athéisme contemporain, *La Documentation Catholique*, 19 jun. 1966, col. 1111.
54 Encíclica *Ecclesiam Suam*.
55 Paul VI, alocução aos jesuítas, *Le Monde*, 9 maio 1965.
56 Apud Girardi; Six (orgs.), op. cit., p.110.

intenso, o de uma multidão que se sente frustrada em sua humanidade e se choca contra o pecado, o mal e a morte.[57]

Confrontada pela primeira vez em sua história com um nível tão grande de descrença, a Igreja reage em ordem dispersa. A alta hierarquia, como de costume, é paralisada por suas estruturas, por suas tradições e pela idade de seus membros; só pode deplorar os "erros" do ateísmo, tentar recuperá-lo e salvar o que ainda pode ser salvo no campo moral para minimizar as perdas no campo da prática e da fé; também pode se voltar para um terceiro mundo jovem e mais receptivo a um velho mundo ocidental cético, decepcionado com seus dois mil anos de cristianismo.

Entre os pensadores da Igreja, no entanto, na medida em que podem se manifestar, inicia-se uma renovação teológica que mostra uma capacidade de adaptação notável. Num livro publicado em 1978, significativamente intitulado *Existiert Gott?* [Deus existe?],[58] Hans Küng protesta contra as tentativas cristãs de recuperação do ateísmo:

> A teologia deve evitar recuperar o ateísmo, tratando-o como uma fé em Deus "que se ignora". A convicção do ateu deve ser respeitada, e não eliminada pela especulação. Como se seu ateísmo não fosse verdadeiro, como se sua não fé fosse uma fé, apesar de tudo, e os ateus fossem pessoas que creem em Deus secretamente.[59]

Do mesmo modo, deve parar de culpar o ateu, tratando-o como se tivesse uma doença vergonhosa: "É preciso evitar desqualificar globalmente o ateísmo como uma falta moral". Terceira advertência: a Igreja deve parar de especular sobre a crise do racionalismo, esperando que a voga do sobrenatural e do irracional atraia fiéis, que a desordem cultural e a necessidade de um porto seguro contribuam para lhe devolver sua influência. A razão deve ser levada a sério. Em troca, é preciso que os ateus aceitem se submeter à exigência racional, levando em conta o fato de que "a existência de Deus se tornou problemática, mas sua não existência também".[60] Não há provas nem de uma coisa nem de outra.

---

57 Ibid.
58 Küng, *Existiert Gott? Antwort auf die Gottesfrage der Neuzeit*; trad. fr.: *Dieu existe-t-il? Réponse à la question de Dieu dans les temps modernes*.
59 Ibid., p.395.
60 Ibid., p.384.

ATEÍSMO E FÉ: DA GUERRA AO ARMISTÍCIO?

Alguns teólogos vão mais longe e, admitindo a secularização generalizada, levam-na para dentro da própria teologia. O pastor Dietrich Bonhöffer já defendia um cristianismo sem religião num mundo arreligioso. Outros, ainda mais audaciosos, sobretudo no mundo anglo-saxão, tentam adaptar a ideia da "morte de Deus": é o caso do norte-americano Gabriel Vahanian que, em *La Mort de Dieu* [A morte de Deus], mostra que o cristianismo pode se adaptar a um mundo secularizado; é o caso também de Leslie Newbigin, em *Une Religion pour un monde séculier* [Uma religião para um mundo secular]; já o anglicano John Robinson, em *Honest to God* [Juro por Deus], prega um retorno a Jesus Cristo pela ação e pelo abandono da linguagem metafísica.

A tentativa mais interessante talvez seja a de Rudolf Bultmann (1884-1976), professor de Novo Testamento em Marbourg. Segundo ele, é preciso romper com o mito de Jesus, esse Jesus "histórico", inventado pelas comunidades cristãs: "Acredito que não podemos saber praticamente nada da vida e da personalidade de Jesus, porque as fontes cristãs que temos em nosso poder, muito fragmentárias e contaminadas pela lenda, não manifestaram nenhum interesse por isso".[61] A fé cristã deve ser desmitificada. Ela foi construída numa cultura e numa linguagem míticas, utilizando o helenismo, o gnosticismo, o apocalipse judeu. A ressurreição, os milagres e a encarnação são mitos, em que apenas o sentido importa, e esse sentido deve ser adaptado ao mundo moderno. Por outro lado, inspirando-se em Strauss e Heidegger, Bultmann julga que deveríamos renunciar a qualquer racionalização da fé, que seria ilusória. A fé é um "salto" irracional em Deus; não tem outra justificação além dela mesma.

Não há nisso uma convergência com os pontos de vista puramente seculares do estruturalismo, em especial como são expressos pelos "mestres da desconfiança", que tendem a reduzir a realidade à linguagem e à epistemologia? Quando Claude Lévi-Strauss escreve: "Acreditamos que o objetivo último das ciências humanas não é constituir o homem, mas dissolvê-lo" e Michel de Certeau acrescenta que "o objeto das ciências humanas é a linguagem, e não o homem", podemos ver o mesmo estado de espírito de Bultmann, que reduz a religião a uma linguagem. Poderíamos facilmente aplicar a Deus o que Michel Foucault aplica ao homem em *As palavras e as coisas*:

> O homem é uma invenção cuja data recente pode ser facilmente demonstrada pela arqueologia de nosso pensamento. E talvez o fim próximo... Vê-se

---

61 Bultmann, *Jésus*, p.35.

nitidamente que aquilo que manifesta o que é próprio das ciências humanas não é esse objeto privilegiado e singularmente emaranhado que é o homem. Pela simples razão de que não é o homem que as constitui e lhes oferece um campo específico: é a disposição geral da *episteme* que lhes dá lugar, chama e instaura, permitindo-lhes assim constituir o homem como seu objeto.

As ciências do homem, de certa maneira, "criam" o homem como seu próprio objeto de estudo, e a teologia "cria" Deus como um objeto de estudo. Tudo está nas palavras.

Ateus e crentes podem assim se regozijar num relativismo e num ceticismo generalizado. Solução sedutora para espíritos cansados de percorrer inutilmente milhares de anos de história do pensamento humano em busca da verdade. "O que sei?": essas três palavras poderiam unir crentes e descrentes no fim do século XX. Alguns as adotam e, cansados de guerra, aceitam o armistício entre a fé e o ateísmo.

Embora muitos ainda tenham a ilusão de que podem alcançar a verdade, ou mesmo de que já a possuem, a questão da existência de Deus, tanto no nível teórico quanto no prático, está passando por uma transformação notável, e há quem diga que já foi superada.

– 19 –

A HIPÓTESE DEUS: UM PROBLEMA ULTRAPASSADO?

> É surpreendente constatar que, hoje, quase não se prova mais Deus, como faziam santo Tomás, santo Anselmo ou Descartes. As provas são na maioria das vezes subentendidas e limitam-se a refutar a negação de Deus, seja procurando nas filosofias novas fissuras pelas quais possa ressurgir a noção sempre suposta do Ser necessário, seja, ao contrário, tão decididamente esses filósofos a põem em questão, desqualificando-a sumariamente como *ateísmo*.[1]

Essa reflexão de Maurice Merleau-Ponty situa bem a atitude dos intelectuais da última metade do século XX. Deus não é mais a questão central. O problema passa para o segundo plano, e ninguém mais se dá ao trabalho de refazer a demonstração. Deus é admitido ou não. E devemos dizer que, majoritariamente, os filósofos contemporâneos não o admitem. Mas sem dar muita importância a isso. Como se fosse um fato óbvio. Aí está a originalidade atual: o filósofo situa-se de saída no ateísmo, um ateísmo que

---

1 Merleau-Ponty, *Éloge de la philosophie*, p.58.

670 O FIM DAS CERTEZAS (SÉCULO XX)

passou "da negação radical à indiferença absoluta".[2] Longe de ser a posição de uns poucos libertinos excêntricos, como no século XVII, o ateísmo é a posição comum, imediata, quase evidente.

O EXISTENCIALISMO: REJEIÇÃO DE DEUS EM NOME DA LIBERDADE

A posição é tão evidente que, a rigor, a questão da existência de Deus, outrora ponto crucial de todo o pensamento filosófico, nem sequer é colocada. Típico nesse sentido é o caso do existencialismo, essa nebulosa filosófica que tanto marcou os anos 1950-1970. Antes de tudo, estabelece--se a rejeição de qualquer absoluto, qualquer norma. O homem está num mundo que não tem sentido predeterminado, um mundo, portanto, absurdo. Jogado nesse mundo como uma existência, sem essência, pura liberdade, o homem faz-se a si mesmo, por meio de seus atos, engajando-se, numa atitude de "niilismo heroico". Jean-Paul Sartre analisou esse processo de realização do indivíduo, do qual o para-si, que é consciência e liberdade, tenta em vão coincidir com o em-si; entre os dois há o nada, e dessa busca vã do em-si resulta a angústia existencial. O fato de existir ou não um Deus não muda nada. Mas para Sartre, não pode existir Deus.

Em primeiro lugar, porque Deus deveria ser o Ser total, ideal, ao mesmo tempo em-si, logo perfeitamente determinado, e para-si, isto é, liberdade; ora, isso é contraditório e irrealizável. Em segundo lugar, não existe Deus porque não existe natureza humana, portanto não existe criador. Enfim, se existisse um Deus, onipresente e infinito, como o homem poderia ser livre? O ser não tem causa, não tem razão, não tem necessidade. De certa maneira, o homem, para se realizar, deve desapropriar-se, aniquilar-se e criar-se, num vazio angustiante que ele tenta preencher pela ação: ele mesmo é Deus. "A liberdade que se manifesta pela angústia caracteriza-se por uma obrigação perpetuamente renovada de refazer o *Eu* que designa o ser livre." Portanto é preciso esquecer a ideia de Deus, que seria nociva à liberdade do homem. Nada é determinado previamente; o homem inventa o sentido e os valores, numa total responsabilidade, que engaja tanto a ele quanto a todos os outros. Isso não é fácil: "Não é ateu quem quer", declara Sartre numa conferência sobre Kierkegaard. A angústia existencial não é confortável.

---

2 Bruaire, Athéisme et philosophie. In: Girardi; Six (orgs.), *L'Athéisme dans la philosophie contemporaine*, p.10.

A HIPÓTESE DEUS: UM PROBLEMA ULTRAPASSADO?   671

Com Albert Camus, o ateísmo e o absurdo da existência parecem estimular uma atitude de desafio humano, desafio de um ser que se sabe só no universo, e que sabe que apenas ele pode lhe dar sentido: "Alguma coisa neste mundo tem sentido, e é o homem, porque ele é o único a exigir que haja sentido para o mundo". A revolta lhe permite criar a humanidade: "Eu me revolto, eu me insurjo contra a opressão, portanto nós somos". Se sou livre, é porque não existe Deus:

> Tornar-se Deus é somente ser livre na terra, não servir a um ser imortal. É sobretudo, evidentemente, assumir todas as consequências dessa dolorosa independência. Se Deus existe, tudo depende dele e nada podemos contra sua vontade. Se ele não existe, tudo depende de nós.[3]

Também nesse caso, a posição não é nada confortável e, a propósito de Don Juan ateu, Camus fala "da terrível amargura daqueles que tinham razão".[4]

Albert Camus é realmente ateu? Em seu caso, podemos falar ao menos de uma "nostalgia de Deus".[5] Ele evocou diversas vezes seu senso do sagrado e do mistério, e declarou em agosto de 1957: "Não acredito em Deus, é verdade. Mas nem por isso sou ateu. Concordo com Benjamin Constant, que vê a irreligião como algo vulgar e... sim, gasto". Segundo I. Lepp, foi a manutenção de uma linha intransigente na Igreja, com a encíclica *Humani generis*, e a condenação de Teilhard de Chardin que teriam acabado com suas veleidades de conversão.[6]

Maurice Merleau-Ponty é mais categórico em seu ateísmo. O absoluto não existe, tudo é contingente, indeterminado: o homem é um acidente da evolução, e desaparecerá; enquanto isso não acontece, cabe a ele fazer a si mesmo, com toda a liberdade, e essa liberdade não existiria sob o olhar de Deus: "esse olhar infinito diante do qual somos sem segredo, mas também sem liberdade, sem desejo, sem futuro, reduzidos à condição das coisas visíveis".[7] Deus não deve existir, senão o que estaríamos fazendo aqui? Restaria ao homem apenas sua mediocridade: "Se Deus existe, a perfeição já está realizada aquém deste mundo, não poderia ser aumentada, não há rigorosamente nada a fazer".[8]

---

3 Camus, *Le Mythe de Sisyphe*, p.146.
4 Ibid., p.106.
5 Lepp, *Psychanalyse de l'athéisme contemporain*, p.248.
6 Ibid., p.249.
7 Merleau-Ponty, *Sens et non-sens*, p.362.
8 Ibid., p.356.

672   O FIM DAS CERTEZAS (SÉCULO XX)

Martin Heidegger prefere deixar a questão de Deus em aberto. Nada nos permite decidir no momento atual. Devemos nos acomodar na "indiferença", o que não quer dizer que, para ele, a questão não tenha importância e não possamos, um dia, cogitar abrir caminho na direção de Deus. Mas, hoje, a cultura não leva a Deus: "Não somente os deuses e o Deus desapareceram, mas o reflexo do divino se apagou no mundo"; "o sagrado enquanto caminho para Deus se perde". Nossa época é a da "ausência de Deus", da "falta de Deus", e o trágico é que ela "nem sequer é mais capaz de sentir a falta de Deus como uma falta".[9]

Para Karl Jaspers, a crença na verdade que faz viver tem aparência religiosa, mas trata-se de uma atitude exclusivamente filosófica, incompatível com a verdadeira religião: "Devemos supor que um homem que chegou à crença religiosa, e antes foi filósofo, jamais praticou a verdadeira filosofia".[10]

Por fim, bastante próxima dessas posições existencialistas é a fenomenologia de Nicolai Hartmann, que o leva a postular que Deus não existe, a fim de salvar a liberdade indispensável ao homem moral.[11] Quanto a José Ortega y Gasset, cujo pensamento religioso foi muito controvertido, ele acredita que "o divino é a idealização do que há de melhor no homem, e a religião é o culto que uma metade de cada indivíduo consagra à outra metade, as partes íntimas e inertes às mais vigorosas, às mais heroicas".[12]

O NONSENSE DA QUESTÃO DE DEUS PARA A FILOSOFIA ANALÍTICA

Os existencialistas não levam em conta a existência de Deus para salvar a liberdade humana. Os neopositivistas negam simplesmente que haja um problema da existência de Deus, porque este seria um problema metafísico, e a metafísica é desqualificada. Herdeiros dos nominalistas, consideram que todo conhecimento provém de experiências sensíveis ligadas entre elas por uma ideologia formal, o conhecimento apoia-se unicamente nos indivíduos e a coisa em si não pode ser conhecida. Nesse saber puramente empírico, sem ideias ingênitas, as questões que não podem ser apreendidas pela

---

9   Heidegger, *Holzwege*, p.248.
10   Jaspers, *Existenzphilosophie*, p.80.
11   Hartmann, *Ethik*.
12   Apud Goyenechea, Athéisme et historicisme: Ortega y Gasset. In: Girardi; Six (orgs.), op. cit., p.521.

A HIPÓTESE DEUS: UM PROBLEMA ULTRAPASSADO?

abordagem científica são pseudoquestões. Elas não existem. As proposições do tipo "Deus existe" ou "Deus não existe" não têm sentido, não são nem verdadeiras nem falsas. Uma existência não se prova: ela se experimenta por intuição. Além do mais, não conhecemos sequer os atributos de Deus: como poderíamos reconhecê-lo?

O mais célebre representante dessa atitude é Ludwig Wittgenstein, que mostra em seu *Tractatus logico-philosophicus* que temos apenas uma representação do mundo, que é a linguagem, e não podemos atingir a realidade das coisas. Na linguagem, certas proposições são verdadeiras e outras são falsas. Uma proposição é verdadeira se é cientificamente verificável. Tudo o que a teologia diz é evidentemente inverificável e, portanto, não tem sentido. Pessoalmente, Wittgenstein não exclui a possibilidade da existência de Deus, que no entanto está ligado unicamente ao domínio da mística e é incomunicável, pois Deus, caso exista, não pode se revelar no mundo nem ser objeto de um saber. Talvez exista um discurso religioso, cuja coerência interna pode ser estudada, mas nada garante sua verdade. Os outros pensadores neopositivistas são ainda mais radicais. Para Rudolf Carnap, há uma impossibilidade absoluta em definir Deus; as pseudodefinições não passam de palavras cujo conteúdo é inverificável, portanto está absolutamente fora de questão discutir a existência ou a não existência de um tal ser.

A filosofia analítica, importante sobretudo no mundo anglo-saxão, adota mais ou menos o mesmo ponto de vista. Seu objetivo é esclarecer a linguagem, o que permite descartar os pseudoproblemas clássicos, que não passavam de confusões lógico-linguísticas. Não se trata de um ateísmo positivo, que nega formalmente a existência de Deus, mas sim de uma rejeição da questão; o problema é posto de lado, porque é um nonsense no nível das possibilidades de nossa linguagem, o que não exclui, necessariamente, uma outra abordagem.

No interior desse quadro geral, é possível discernir algumas nuances. Para G. E. Moore, o senso comum é totalmente neutro em relação à questão de Deus:

> Globalmente, creio mais exato dizer que o senso comum não tem opinião sobre saber se conhecemos efetivamente a existência de um Deus ou não: não se pode dizer nem que ele o afirma nem que o nega; e, por conseguinte, o senso comum não tem opinião sobre o universo, em seu conjunto.[13]

---

13 Moore, *Some Main Problems of Philosophy*, p.17.

674   O FIM DAS CERTEZAS (SÉCULO XX)

Sua posição pessoal é sobretudo agnóstica. Alfred Jules Ayer é mais radical: todas as proposições religiosas devem ser rejeitadas, porque não podem satisfazer às exigências formais e lógicas que lhes dariam sentido; são um nonsense e nem sequer devem ser consideradas. Para Bertrand Russell, todas as provas que foram fornecidas da existência de Deus são falaciosas: é impossível pronunciar-se e, aliás, por que apelar para um Deus? O mundo se basta. Russell, no entanto, afirmou sem ambiguidade seu ateísmo pessoal: "Considero sem exceção as grandes religiões do mundo – o budismo, o hinduísmo, o cristianismo, o islamismo e o comunismo – falsas e nefastas".[14] Em relação ao cristianismo, ele tem críticas mais específicas, que dizem respeito sobretudo à moral sexual: "O caráter mais condenável da religião católica, contudo, é sua atitude em relação à sexualidade, atitude tão malsã, tão contrária à natureza que, para compreendê-la, é preciso voltar à época do declínio do Império Romano".[15]

Outros procedem de maneira negativa: os enunciados religiosos não têm sentido porque são feitos de tal modo que não sabemos o que os torna falsos. É o que declara A. Flew: "Não se pode conceber acontecimento ou série de acontecimentos cuja realização poderia ser reconhecida pelos homens de formação religiosa como razão suficiente para admitir: 'Não existe Deus afinal', ou: 'Deus não nos ama realmente nessas condições'".[16]

J. N. Findlay, por sua vez, inverte o argumento ontológico de Anselmo, afirmando: "Se é possível, num certo sentido lógico e não somente epistemológico, que não haja Deus, então a existência de Deus não é somente duvidosa, mas impossível, porque nenhuma coisa capaz de não existência poderia ser Deus".[17] Os lógicos da escola analítica se interessaram em especial, é claro, pela prova ontológica de Anselmo: eles a reviraram em todos os sentidos, mostrando que ela não tem nenhum valor a propósito de uma existência. Todas as proposições relativas à existência são contingentes.

O domínio da fé religiosa não tem mais nada a ver com o da racionalidade e do discurso comum. Encontramo-nos exatamente no espírito nominalista de Guilherme de Occam. A fé só pode se justificar por si mesma. No domínio da lógica, ela é absurda. R. B. Braithwaite elaborou uma teoria dessa ruptura em *An Empiricist's View of the Nature of Religious Belief* [Uma concepção empirista da natureza da fé religiosa]. As afirmações religiosas,

---

14 Russell, *Why I Am Not a Christian*.
15 Ibid., p.52.
16 Flew, *Theology and Falsification*, p.98.
17 Findley, *Language, Mind and Value*, p.8.

escreve ele, são semelhantes a enunciados de moral: são "declarações de adesão a uma linha de ação, declarações de comprometimento com uma maneira de viver". Quanto aos dogmas, são histórias que nos ajudam a viver segundo essa linha moral. Assim, como observa M. J. Charlesworth:

> dentro da concepção de Braithwaite, é possível considerarmos não só que a proposição "Deus existe", tomada como um enunciado factual, é desprovida de sentido, mas também que todo o corpo da doutrina cristã, com todos os enunciados históricos que a ela foram acrescentados, são falsos se os tomarmos ao pé da letra, e afirmarmos ao mesmo tempo que somos cristãos crentes, utilizando a linguagem religiosa na plenitude de seu sentido.[18]

A posição de Alfred Whitehead é diferente, mas consiste em dissolver a questão, porque podemos dizer tanto que "Deus existe" quanto que "Deus não existe". Deus é:

> a realização do mundo atual na unidade de sua natureza. [...]
> É tão verdadeiro dizer que Deus é permanente e o mundo fluente quanto dizer que o mundo é permanente e Deus fluente.
> É tão verdadeiro dizer que Deus é uno e o mundo múltiplo quanto dizer que o mundo é uno e Deus múltiplo.
> É tão verdadeiro dizer que Deus, se comparado ao mundo, é eminentemente real quanto dizer que o mundo, se comparado a Deus, é eminentemente real.
> É tão verdadeiro dizer que o mundo é imanente a Deus quanto dizer que Deus é imanente ao mundo.
> É tão verdadeiro dizer que Deus transcende o mundo quanto dizer que o mundo transcende Deus.
> É tão verdadeiro dizer que Deus criou o mundo quanto dizer que o mundo criou Deus.[19]

Quanto ao estruturalismo, para ele, "Deus não está somente morto: seu nome não pode nem mesmo aparecer na paisagem, não havendo sentido algum nisso".[20]

---

18 Charlesworth, Athéisme et philosophie analytique. In: Girardi; Six (orgs.), op. cit., p.651.
19 Whitehead, *Process and Reality. An Essay in Cosmology*, p.528.
20 Blanquart, Athéisme et structuralisme. In: Girardi; Six (orgs.), op. cit., p.709.

A CIÊNCIA: NEGAR DEUS OU REVISAR O CONCEITO?

Ao lado dessas correntes filosóficas modernas, que suprimem a questão da existência de Deus, há, é claro, correntes mais clássicas, atitudes de negação de Deus que se fundamentam em critérios científicos. Para Jacques Monod, "não se trata de provar que Deus não existe. Ninguém jamais conseguirá isso. Deus é uma hipótese da qual a ciência não pode se ocupar".[21] A ciência é alheia a esse problema, que é "puro postulado, para sempre indemonstrável", o que parece condizer com as posições anteriores. Na verdade, para Monod o céu é vazio. Nenhum projeto, nenhuma finalidade é detectável na evolução:

> O puro acaso, apenas o acaso, liberdade absoluta, porém cega, está na raiz do prodigioso edifício da evolução: essa noção central da biologia moderna não é mais uma hipótese, entre outras possíveis ou ao menos concebíveis. Ela é a única concebível, como a única compatível com os fatos da observação e da experiência. E nada permite supor (ou esperar) que nossas concepções sobre isso devam ou mesmo possam ser revisadas.[22]

Diante da ausência de Deus, cada um reage de acordo com seu temperamento, mas na maioria dos casos não com serenidade. Para Monod, resta-nos assumir a angústia do homem diante de um universo vazio de sentido, único em sua "estranheza radical". Há angústia também para Jean Rostand, em termos quase idênticos:

> Essa é a mensagem da ciência. Essa mensagem é árida. Devemos reconhecer que a ciência não fez praticamente nada até hoje, além de dar ao homem uma consciência mais nítida da trágica singularidade de sua condição, despertando-o, por assim dizer, do pesadelo em que ele se debate.[23]

E Rostand faz a pergunta que Robert Lenoble chama com razão de pascaliana: "Os que creem em um Deus pensam em sua presença tão apaixonadamente quanto nós, que não cremos nele, pensamos em sua ausência?".[24]

---

21 Monod, La science, valeur suprême de l'homme, *Raison Présente*, n.55, p.63.
22 Id., *Le Hasard et la nécessité*, p.127.
23 Rostand, *Pensées d'un biologiste*, p.1906.
24 Ibid., p.130.

A HIPÓTESE DEUS: UM PROBLEMA ULTRAPASSADO?

A despeito do que poderia levar a supor o recente aumento de obras de cientistas crentes, explicando, cada qual à sua maneira, como conciliam as exigências da racionalidade e a fé,[25] a comunidade científica permanece profundamente dividida, mais ou menos à razão de um para um. Segundo uma pesquisa de 1989 com os coordenadores dos grupos de pesquisa do Conseil National de la Recherche Scientifique [Conselho nacional de pesquisa científica],[26] nos departamentos de ciências exatas 110 pesquisadores se declaram crentes, 106 descrentes e 23 agnósticos; 70% consideram que a ciência jamais poderá excluir ou provar a existência de Deus, e o Deus de que falam tem apenas um parentesco distante com aquele dos Evangelhos, dos dogmas, da Igreja. O Deus antropomórfico é inaceitável no mundo científico: há certo mal-estar diante de um culto que continua a atribuir sentimentos humanos a Deus. Continua a existir um núcleo antirreligioso forte, cuja posição é expressa por William Provine, da Universidade Cornell, de Nova York, que fundamenta seu ateísmo em quatro constatações:

> Em primeiro lugar, com exceção das regras mecanicistas puras, não existe nenhum princípio organizador ou finalista no mundo. Não há nem deuses nem forças teleológicas. A asserção reiterada segundo a qual a biologia moderna e a tradição judaico-cristã são compatíveis, essa asserção é falsa. Em segundo lugar, não existem nem lei moral em si nem princípios absolutos como guias da sociedade humana. Em terceiro lugar, os homens são máquinas maravilhosamente complexas. O indivíduo se torna uma pessoa graças à eficiência de dois mecanismos: a hereditariedade e a influência do meio [...]. Em quarto lugar, a liberdade, entendida no sentido clássico do termo, não existe [...]. Todas as tentativas para descobrir a base da liberdade no indeterminismo de uma mecânica quântica (já enfraquecido no nível das moléculas de DNA) ou nas ambiguidades dos sistemas complexos (as quais desaparecem rapidamente), todas essas tentativas estão fadadas ao fracasso.[27]

William Provine nega categoricamente qualquer consenso entre religião e ciência:

---

25 Ver, por exemplo, J. Delumeau (org.), *Le Savant et la foi. Des scientifiques s'expriment*, ou a coleção "Scientifiques et croyants", da editora Beauchesne.

26 *Le Nouvel Observateur*, 21-27 dez. 1989, p.9.

27 Provine, Mécanisme, dessein et éthique: la révolution darwinienne inachevée. In: Congrès International pour le Centenaire de la Mort de Darwin, *De Darwin au darwinisme: science et idéologie*, p.119.

678   O FIM DAS CERTEZAS (SÉCULO XX)

Dizem que a religião e a ciência são perfeitamente compatíveis e que Deus criou o mundo há muito tempo, talvez no momento em que ocorreu o Big-Bang. Essa concepção de Deus é, acredito, intelectualmente desonesta. Não existe nenhuma prova, o que em todo caso equivale a um ateísmo real. O Deus que criou o mundo há milhares de anos e em seguida o abandonou a si mesmo não é o Deus pessoal das religiões.[28]

É portanto errado afirmar, como muitas pesquisas e testemunhos orientados tenderiam a nos fazer crer, que a ciência está unanimemente pronta a aderir ao espiritualismo. Inúmeros cientistas se reconhecem nas declarações de Einstein:

> Creio no Deus de Spinoza, que se manifesta na harmonia das leis da realidade, e não num Deus que cuida do destino e dos atos do homem. É certo que, na base de todo trabalho científico mais delicado, encontra-se uma convicção análoga ao sentimento religioso de que o mundo é fundamentado na razão e pode ser compreendido. Essa convicção, ligada a um sentimento profundo de uma razão superior, que se manifesta no mundo da experiência, constitui para mim a ideia de Deus: em linguagem comum, podemos chamar isso de "panteísmo".[29]

Há muitos materialistas no mundo científico, mas devemos evitar colocá-los no mesmo plano. Todo cientista pratica um materialismo de método, que não prejulga suas opiniões filosóficas ou religiosas. Ele exclui a hipótese de um pensamento organizador e criador. É na maneira como ele aborda os problemas tradicionais que aparecem as diferenças: como nasce o pensamento? Como as idealidades lógico-matemáticas podem existir? Como explicar a consciência coletiva? Ora, é bem verdade que, nesse nível, as respostas são em geral de cunho ateu. Sobretudo entre os biólogos, cujo trabalho consiste precisamente em reduzir o pensamento e as condutas humanas em termos de atividade neuronal: *O homem neuronal*, publicado em 1983 por Jean-Pierre Changeux, é uma boa ilustração disso.

Devemos assinalar igualmente a existência de uma corrente ambígua no mundo científico, que se desenvolveu a partir dos anos 1970 e teve certo sucesso, sobretudo nos Estados Unidos: a gnose. Apoiando-se nas descobertas mais recentes da ciência, em especial na mecânica quântica, que parece

---

28   Ibid., p.121.
29   Einstein, *Comment je vois le monde*, p.210.

A HIPÓTESE DEUS: UM PROBLEMA ULTRAPASSADO?

propícia a um "reencantamento" do mundo, ela tem ares de neomisticismo. A "gnose de Princeton" nasceu em 1969, no círculo dos astrofísicos norte--americanos de Pasadena, e reconhece Newton como seu precursor, com sua ideia de espaço como *sensorium Dei* [os sentidos de Deus]. O movimento se baseia em teorias científicas recentes, física das partículas e astronomia. Situa-se fora de qualquer religião revelada e rejeita todos os tipos de mito, bem como os fenômenos paranormais. O cristianismo não tem nenhum valor para eles. É na matéria que eles encontram o espírito, que podemos chamar de Deus, se quisermos, e "Deus é o pensamento do qual o mundo constituído é o cérebro".[30]

Esse Deus é realmente Deus? Raymond Ruyer, em *Dieu des religions, Dieu de la science* [Deus das religiões, Deus da ciência], tentou esclarecer esse termo tão carregado de sentido que sua utilização atual se tornou problemática. Ele parte da constatação de que a imagem que temos de Deus depende da imagem global do cosmo; essa imagem evoluiu, ao contrário da imagem do Deus das religiões, que por isso se tornou inadaptada. Além do mais, as religiões se enredam pouco a pouco em superstições parasitárias, que têm uma grande responsabilidade no processo de descrença:

> A experiência mostra que não é multiplicando as visões, as aparições, os locais de peregrinação, a crença na ascensão miraculosa de diversas personagens religiosas, ou pregando o retorno à Bíblia e à palavra de Deus, supostamente límpida e incontestável, que se reforça a fé primária no movimento religioso. Visões e aparições podem entusiasmar alguns devotos, mas distanciam silenciosamente milhões de pessoas "racionais", ou pessoas que se consideram racionalistas, mesmo em sua ideologia fanática.[31]

O que chamamos de Deus é, na verdade, o pensamento do mundo como totalidade; ele está intimamente vinculado ao mundo, à natureza. É produto do espaço-tempo, está em devir. O Deus único das grandes religiões, como infinito de todas as qualidades, é uma impossibilidade: é também a inversão da prova ontológica. Por isso, quer se trate do Deus-ordem ou do Deus-pessoa das grandes religiões, esse ser é excluído. Inversamente, porém, sendo Deus o eixo do "todo do ser", o verdadeiro ateísmo é impossível, porque seria negar o ser. Deus é uma noção conceitualmente vazia, que

---

30 Ruyer, *La Gnose de Princeton*, p.248.
31 Id., *Dieu des religions, Dieu de la science*, p.34-5.

existe apenas no nível de eficácia. Voltamos, em outra forma, à relegação do problema da existência de Deus como um nonsense:

> A controvérsia "ateísmo ou teísmo", quando assume a forma da pergunta: "Deus existe?", não tem interesse algum. O "todo do ser" existe, e continuamos presos a ele. [...] Que o homem acredite ou não conscientemente em Deus não tem metafisicamente nenhuma importância, porque, aquém dessa consciência segunda, há uma consciência primária, pré-reflexiva, que coloca Deus sem ter necessidade de colocar a si mesma. [...] Parece então que, se a crença em Deus não pode proporcionar nem a visão de um ser nem a revelação de um sentido ou de um valor específico, a própria noção de Deus é vazia e inútil. Se ninguém pode ser ateu, é como se ninguém pudesse ser teísta. Se ninguém pode se desencontrar de Deus, tampouco pode encontrá-lo. [...]
>
> O Deus das religiões particulares favorece a megalomania. Do mesmo modo que o ateísmo, como religião particular. Aquele que acredita que Deus favorece sua Igreja e aquele que crê que seu partido tem o poder de decretar a verdade assemelham-se num ponto: ambos são igualmente ameaçados de paranoia. O Deus filosófico, justamente porque é abstrato e não é enfeudado a nada, é eficaz contra essa espécie de demência, sem correr o risco, contudo, de levar à loucura inversa do homem que se sente esmagado por um Deus pessoal e arbitrário.[32]

É compreensível que a acolhida dada à gnose tenha sido moderada. O jesuíta François Russo exprime bem essa cautela:

> Não deixa de ser notável o fato de que, numa época em que a morte de Deus é proclamada, em que são tão numerosos, mesmo entre os cristãos, os que têm a impressão de que a fé não pode "resistir" à ciência, cientistas de alto nível acabem concluindo que, não somente a ciência não rejeita Deus, como ainda é obrigada a afirmar sua existência. Entretanto, o Deus da gnose não é verdadeiramente um Deus transcendente. Ele mal é uma Pessoa, e somente algumas observações muito discretas podem nos fazer pensar que ele poderia ser um Deus de amor.[33]

A maioria dos observadores concorda com o interesse dessa abordagem, porém todos se mostram céticos quanto ao resultado.

---

32 Ibid., p.236-9.
33 Russo, *Études*, out. 1975, p.403.

A HIPÓTESE DEUS: UM PROBLEMA ULTRAPASSADO?

Seja como for, a gnose ilustra uma tendência recente, importante no mundo intelectual, que é a recusa da velha oposição crente-descrente. Não existe o problema da existência de Deus, afirma Paule Levert no título de seu livro. Até para alguns cristãos:

> essa existência não é uma ideia, não é um fato dado de uma vez por todas. Do mesmo modo que um organismo vivo se renova incessantemente através de todos os seus membros, ela se realiza na comunhão das consciências que, para além de suas diferenças, consumam e manifestam a unidade em ato, cuja vida é mantida por elas.[34]

O ABRANDAMENTO DO MARXISMO

Os verdadeiros negadores de Deus, à moda clássica e positiva, vamos encontrá-los, sem dúvida, entre os marxistas-leninistas, na URSS, até o desmantelamento do país. A filosofia oficial do regime se esforça para manter todos os postulados do ateísmo materialista marxista. As provas da existência de Deus são refutadas uma vez mais nos manuais e nas enciclopédias. Esforços são feitos para aprofundar o estudo das origens da religião como personificação das forças da natureza. O ponto de partida é a afirmação de um estado arreligioso nos primórdios da história humana. Em *Os problemas fundamentais do ateísmo científico*, manual semioficial publicado em 1956, lê-se:

> A ciência demonstrou, de modo irrefutável, que o aparecimento das formas mais antigas da religião foi precedido de um longo período arreligioso na história da humanidade. Segundo as constatações arqueológicas, pode-se situar o surgimento do homem há cerca de 1 milhão de anos. As escavações não trouxeram nenhuma indicação que permita conjeturar, no que diz respeito às espécies humanas mais antigas, a presença de representações religiosas. Foi somente numa época situada cinquenta mil a cem mil anos atrás que descobertas indicariam que os homens desse período dispunham de representações religiosas de crença.[35]

---

34 Levert, *Il n'y a pas de problème de l'existence de Dieu*, p.170.
35 Apud Wetter, *La critique de la religion du marxisme-lénisme*. In: Girardi; Six (orgs.), op. cit., p.326.

682 O FIM DAS CERTEZAS (SÉCULO XX)

A forma mais elementar de religião teria sido o fetichismo e o totemismo, e a complexificação das relações sociais é que teria provocado o aparecimento das religiões clássicas, instrumentos de dominação nas mãos das classes superiores. A propaganda oficial também insiste muito na oposição entre a ciência e a religião em obras de ampla difusão como *Les Succès de la science moderne et la religion* [Os sucessos da ciência moderna e a religião] (1961).

Nas democracias populares e nos partidos comunistas dos países ocidentais, contudo, não se exclui a colaboração prática com a religião, como na Hungria e sobretudo na Polônia, com pensadores como Leszek Kolakowski e Tadeusz Pluzanski, que distinguem o cristianismo integrista e o cristianismo aberto, à maneira de Teilhard de Chardin. Na França, em 1949, Roger Garaudy sublinha o valor positivo do cristianismo na elaboração do conceito de pessoa humana, e pensa que um acordo entre marxistas e crentes é possível no que diz respeito à concepção do homem e da sociedade. Do mesmo modo, na Itália, sob a influência de Palmiro Togliatti, Lucio Lombardo-Radice e Salvatore di Marco, houve um avanço na direção do pluralismo cultural nos anos 1960. O X Congresso do Partido Comunista Italiano, em 1962, adota o seguinte texto:

> Trata-se de compreender que a aspiração a uma sociedade socialista pode seguramente prosperar entre homens que possuem uma fé religiosa, mas pode, melhor ainda, encontrar uma incitação na própria consciência religiosa, quando colocada diante dos problemas dramáticos do mundo contemporâneo.[36]

Essa evolução, sob pressão dos acontecimentos políticos que se seguiram ao desmoronamento do comunismo, chega a um resultado surreal nos abraços de João Paulo II e Fidel Castro em 1998, em Havana, sob os olhares cúmplices e sarcásticos (ou desiludidos?) dos retratos em tamanho gigante de Jesus e Che Guevara.

AS PESQUISAS SOCIOLÓGICAS E A MEDIDA DA DESCRENÇA

Vejamos a realidade social. Em quase todo o mundo, o século XX foi marcado por um avanço inegável da descrença em todas as suas formas. As

---

36 Ibid., p.326.

A HIPÓTESE DEUS: UM PROBLEMA ULTRAPASSADO?

pesquisas de sociologia religiosa, muito numerosas, confirmam isso. Nós nos contentaremos com alguns exemplos significativos.

Gabriel Le Bras deixou um panorama da situação na maioria das dioceses francesas nos anos 1930-1950.[37] O quadro é bastante eloquente. Nele encontramos os grandes centros da irreligião, já recenseados no século XIX. O departamento da Creuse é talvez o caso mais nítido: "A hostilidade é tamanha que a bênção de uma via-sacra pelo bispo de Limoges foi feita, no dia 21 de julho de 1935, sob a proteção de três brigadas da gendarmaria".[38] E o informante de Gabriel Le Bras faz até um comentário de ordem etnológica sobre o "caráter" dos habitantes da Creuse:

> Raça inteligente, mas de uma inteligência voltada para as coisas práticas, austera no trabalho, avessa ao sonho e ao sentimento, extremamente individualista, igualitária, combativa. Por mais excessivo que pareça, creio que a população da Creuse não tem necessidades religiosas.[39]

Alguns números ilustram a situação: em 1935, em cada três paróquias rurais de 1.500 habitantes, 80 pessoas vão à missa dominical, das quais 30 crianças; 28 mulheres respeitam a Páscoa; em Limoges, em 1926, mais de um quarto dos enterros e mais de 36% dos casamentos são civis; no decanato de Saint-Sulpice-des-Champs, essa razão aumenta, respectivamente, para dois terços e quatro quintos. Não muito longe dali, em Tulle, em 1933, nota-se o efeito desorganizador da emigração rural sobre a fé:

> A emigração de muitos camponeses seria a grande causa dessa revolução: outrora cocheiros de fiacres, hoje motoristas de táxi, esses proletários urbanos se tornam irreligiosos e frequentemente extremistas. Eles exercem sua influência quando voltam à região de origem e, de Paris, remetendo a suas famílias radicadas jornais e opúsculos bem pouco devotos.[40]

Em Clermont-Ferrand, a irreligião atinge as zonas em trânsito, e nota-se a "ação dos albergues, muitos deles mantidos por militantes do livre-pensamento".[41]

---

37 Le Bras, *Études de sociologie religieuse*, t.I.
38 Ibid., p.151.
39 Ibid.
40 Ibid., p.188.
41 Ibid., p.143.

A Borgonha continua sendo um foco de descrença. No Mâconnais, onde 25% das crianças não são catequizadas, nota-se uma "irreligião profunda e geral". Um padre de 90 anos conta que, em sua infância, cerca de 50 pessoas, num grupo de 1.100, iam à missa; "hoje esse contingente se reduz a dois nativos". O observador tenta uma explicação: "Sabemos que os vinhedos são uma terra de indiferença, de vida mais fácil do que mística, mais independente do que submissa a Deus e a seus ministros; a aspereza, a insubordinação do Mâconnais é proverbial".[42] Entre a Auvergne e a Borgonha, o Berry: "Nos confins da Creuse, granito e terras frias, população áspera e positiva, sem necessidades religiosas, indiferença também nos campos em torno de Bourges, Châteauroux e, sobretudo, Issoudun [...] uma zona medíocre sobre o calcário dos campos".[43]

No Sudoeste, a diocese de Aire é um "oceano de indiferença desde tempos remotos". Ali não se contam mais do que 5% de praticantes entre os homens. Entre as explicações dadas em 1938, nota-se que "o serviço militar em terras além-mar contribuiu para isso: o argumento de muitos desses viajantes é que não existe verdade universal".[44] Na diocese de Angoulême, 5% dos homens e 15% das mulheres respeitam a Páscoa; na de Luçon, 90% dos homens das regiões de bosque são praticantes, mas apenas 25% nas regiões abertas em 1936. Há contraste também na diocese de Aix, onde o Norte, praticante, opõem-se ao Sul, "cinturão de Marselha, população industrial, cosmopolita, desenraizada, que deve ser reincorporada à Igreja. Entre esses dois extremos, uma terra de indiferença".[45] Na diocese de Amiens, destaca-se "o Santerre, rico, generoso, indiferente. Em volta de Amiens, completa apatia".[46]

Em Saint-Jean-de-Maurienne, coloca-se em questão a emigração sazonal dos jovens para as cidades, a industrialização, o mau exemplo dado pelos turistas. Na Bretanha, o ceticismo dos habitantes do Trégor continua em pauta e desconcerta o abade Le Meur, professor da Universidade Católica de Angers, em 1938: lá "vive uma população camponesa acometida há muito tempo de um ceticismo profundo em matéria religiosa. De onde vem esse fenômeno? Sempre me fiz essa pergunta e nunca encontrei uma resposta satisfatória".[47]

---

42 Ibid., p.129.
43 Ibid., p.135.
44 Ibid., p.121.
45 Ibid., p.122.
46 Ibid.
47 Ibid. p.174.

A HIPÓTESE DEUS: UM PROBLEMA ULTRAPASSADO?

Todos esses contrastes se destacam no mapa religioso da França rural, pintado pelo cônego Boulard e datado de 1º de janeiro de 1952. Ele distingue as regiões "indiferentes" (centro da Bacia Parisiense, da Baixa Normandia à Champanhe, da Picardia ao Poitou-Berry, Aquitânia, regiões mediterrâneas) das regiões de "missão", amplamente descristianizadas (Creuse, Mâconnais, Champanhe), que se opõem às regiões cristãs.[48]

Desde então, o avanço da descrença prosseguiu. Yves Lambert o acompanhou o século inteiro no contexto da paróquia de Limerzel, no Morbihan.[49] O sinal mais visível foi o declínio da prática dominical: de um ou dois ausentes antes de 1930, passou-se a 80 em 1958; a prática regular caiu de 92% para 76% entre 1958 e 1967. Os homens são os primeiros a abandoná-la: comerciantes, artistas e, por último, os camponeses, dando como desculpa as mudanças na liturgia: "Não sei mais como é, não vou mais", e o abandono do conteúdo literal da Bíblia. Ao mesmo tempo, o prestígio social do clero diminui, os turistas chegam, o contexto muda: a religião não é mais sentida como indispensável, nem neste mundo nem no outro.

Alguns meios são mais atingidos do que outros. Os marinheiros em especial: uma pesquisa realizada em 1980 na Vendeia mostra que 1% participa da vida religiosa, e isso é acompanhado de uma hostilidade acentuada contra o clero e até contra Deus, responsabilizado pelas dificuldades da vida.[50]

O FIM DAS CATEGORIAS (ATEU, DESCRENTE, AGNÓSTICO, INDIFERENTE)

A fronteira entre o crente e o descrente é cada vez mais frouxa. É preciso compreender portanto o sentido contemporâneo dos termos ateísmo e descrença – o que leva à questão do sentido das estatísticas contemporâneas, baseadas em pesquisas necessariamente redutoras, ou mesmo caricaturais. Atualmente, não se contam mais as pessoas na saída da missa, mas pergunta-se: "Você acredita em Deus?", como se houvesse duas respostas simples, "sim" ou "não"! E daí se tiram quadros peremptórios. Observa Cornelio Fabro:

---

48 Ibid., p.325.
49 Lambert, *Dieu change en Bretagne. La religion à Limerzel de 1900 à nos jours*.
50 Chaussade, Anticléricalisme et religiosité dans le milieu maritime vendéen. In: Colloque du Collège de France, *Foi chrétienne et milieux maritimes*, p.351-9.

Não há nada mais mentiroso do que as estatísticas oficiais: a maioria das pessoas pode ainda se declarar adepta desta ou daquela confissão cristã, ainda que ignore tudo das doutrinas e negligencie as obrigações sagradas, mesmo as mais elementares, como a oração ou as cerimônias fundamentais do culto.[51]

Mais enganoso ainda, evidentemente, é elaborar estatísticas religiosas amparando-se em ritos como o batismo, que não têm mais vínculos diretos com as convicções religiosas dos indivíduos que passaram por eles. Quantos batizados não são ateus, indiferentes, agnósticos, deístas, panteístas, membros de seitas etc.? Recensear todas essas pessoas como crentes, membros da Igreja Católica, como fazem muitos dicionários, guias e enciclopédias, não tem nenhum sentido. Se existe um fenômeno que não pode ser reduzido a números, é o das crenças religiosas.

O que é um ateu? Jules Girardi levanta novamente o problema:

> Deveríamos, por exemplo, considerar ateu alguém que admite a existência de um "Ser supremo", de uma "força" que teria dado origem ao mundo, sem no entanto lhe reconhecer os atributos de uma pessoa? Aquele que, sem negar a existência de Deus, duvida profundamente? Aquele que, mesmo afirmando a existência de Deus, considera que esse fato não tem nenhum alcance vital? Ou ainda aquele que, mesmo se declarando ateu, persegue um ideal ético? As respostas possíveis a essas perguntas nascerão de opiniões bem diversas sobre a amplidão do fenômeno ateu em seu conjunto.[52]

Por outro lado, uma pessoa é ateia em relação a quê? Em relação ao "verdadeiro" Deus ou em relação ao "falso" Deus? Panteísmo é ateísmo? E aqueles que consideram que a questão de Deus nem sequer se coloca? O número de ateus pode variar de centenas a milhões, segundo a definição adotada.

O caso mais simples concerne sem dúvida ao ateísmo teórico, que nega categoricamente a existência de um ser transcendente pessoal que age no mundo. É muito mais difícil definir o ateísmo prático. Dizer, como Lalande, que ele abrange "aqueles que vivem como se Deus não existisse" significaria englobar a imensa maioria da humanidade, inclusive inúmeros cristãos.

---

51 Fabro, Genèse historique de l'athéisme contemporain. In: Girardi; Six (orgs.), op. cit., p.27.
52 Girardi, Athéisme: précisions terminologiques. In: Girardi; Six (orgs.), L'Athéisme dans la vie et la culture contemporaines, t.I, p.25.

A HIPÓTESE DEUS: UM PROBLEMA ULTRAPASSADO?

É uma inversão de termos: em vez de considerar que os ateus são cristãos que se ignoram, poderíamos considerar que muitos cristãos são ateus que se ignoram. Em seu modo de viver e até mesmo em sua "crenças" – as incoerências reveladas pelas pesquisas são desconcertantes: em 1997, 32% dos jovens católicos declaram não acreditar em Deus![53] Foi necessário inventar a categoria dos "crentes ateus", sobre os quais o professor Robert O. Johann fez um interessante estudo.[54] Para ele, trata-se de crentes para os quais a fé tem apenas muito ocasionalmente um efeito moral na vida prática ou, ao contrário, ateus que vivem como se, em todo o caso, Deus existisse.

Resumamos. Os estudos contemporâneos apontam a existência de um ateísmo teórico, ou especulativo, que compreende três categorias: ateísmo assertórico (nega a existência de Deus), ateísmo agnóstico (afirma que o problema é insolúvel), ateísmo semântico (julga que a questão não tem sentido), ateísmo prático (vive como se Deus não existisse), ateísmo especulativo-prático (declara que a existência eventual de um Deus não deve ter consequências sobre o comportamento).[55]

Mas e os descrentes? Até aqui utilizamos os dois termos – de forma abusiva – mais ou menos como se fossem sinônimos, na medida em que tanto "ateu" quanto "descrente" se opõem a "crente". Os descrentes formam uma nebulosa muito difícil de definir, como lembra um artigo publicado na revista *Montalembert*:

> Com esse termo genérico, designamos realidades muito diversas e até mesmo opostas. Existe aquele que simplesmente deixou sua fé morrer, sem jamais realizar um verdadeiro ato de liberdade. De uma crença infantil e não assumida, ele passou sem muito sofrimento para uma descrença igualmente infantil e pouco assumida. Existe aquele que passou por uma "crise": o confronto interior entre uma fé que queria ser leal e vigorosa e uma crítica que, em nome da mesma exigência de verdade, queria ser radical. Existe aquele que passou de uma religião que ele jamais viveu para a descrença, ou melhor, para um ateísmo positivo, desempenhando, em sua inexperiência, o papel integrador e unificador que a fé deveria ter desempenhado. Existe, enfim, aquele que nasceu e viveu na descrença. Múltiplas faces traduzidas pela denominação excessivamente cômoda de "descrentes".[56]

---

53 Pesquisa CSA, *La Vie*, p.20.
54 Johann, L'athéisme des croyants. In: Girardi; Six (orgs.), op. cit., p.371-87.
55 Girardi, op. cit., p.54.
56 L'étudiant et la religion, *Revue Montalembert*, 1º trim. 1966, p.188.

688 O FIM DAS CERTEZAS (SÉCULO XX)

Devemos levar em conta também o grupo importantíssimo dos agnósticos, muito numeroso sobretudo no meio científico, como lembra R. Collin:

> Muitos têm a intuição mais ou menos confessada de que os fenômenos da natureza possuem um lado metafísico, mas consideram-se inaptos para investigá-lo. Referem-se na prática ao monismo materialista, mas não têm a agressividade dos verdadeiros ateus. Um ceticismo amigável ou irônico os distancia tanto dos que negam quanto dos que afirmam a existência de Deus, e eles se furtam às perguntas embaraçosas, seja de que lado for do horizonte filosófico que elas surjam. Eles parecem formar o grosso da tropa dos homens das ciências descrentes.[57]

O agnosticismo caracteriza cada vez mais os círculos intelectuais. Esse termo, que teria sido criado por Huxley em 1869, é na verdade uma variante do ceticismo no domínio da fé: o espírito humano é incapaz de alcançar as verdades metafísicas, portanto é preferível se abster de julgamentos a respeito delas.

Enfim, há um grupo que representa provavelmente a grande massa das multidões contemporâneas: o dos indiferentes, que consideram que a religião não é problema deles. Essa atitude pôde ser qualificada de "pós-ateísmo", na medida em que os indiferentes se acomodam numa dimensão puramente humana, sem se questionar sobre os problemas metafísicos, considerando que é perfeitamente possível viver sem se preocupar com a fé, com Deus, com a religião. Essas questões são relegadas a um passado longínquo, e eles não sentem nem animosidade nem simpatia por elas. Escreve J.-B. Metz:

> Hoje, trata-se antes de tudo de uma descrença de um tipo novo, o de uma era "pós-ateísta". A descrença de nossos dias, seja qual for a extrema complexidade do fenômeno que ela representa, deixou mais ou menos de ser aquilo que poderíamos chamar de "descrença direta", a atitude cuja base essencial era a negação explícita da fé. A primeira impressão que dá a descrença contemporânea é menos a de um sistema dirigido contra a fé do que a de uma possibilidade positiva de existir, de ser totalmente homem, sem precisar da fé.[58]

---

57 Collin, Athéisme et science, *Lumière et Vie*, n.13, p.17.
58 Metz, *Conillium*, n.16, edit.

A HIPÓTESE DEUS: UM PROBLEMA ULTRAPASSADO?

Essa necessária recapitulação mostra a que ponto podem ser ilusórios os julgamentos globais sobre o ateísmo ou a descrença no século XX, assim como as estatísticas e as pesquisas sobre as questões religiosas. As divisões estanques entre crentes e ateus desapareceram. Válidas talvez até o século XIX, elas se desfizeram por efeito de um relativismo crescente, de um aumento do individualismo e da autonomia pessoal, do declínio dos credos e das ideologias. Hoje, do ateu puro ao crente integrista, há uma infinidade de nuances que tornam essas classificações um tanto vazias.

É por isso que examinamos com extrema prudência os resultados das pesquisas que, em 1959, por exemplo, colocam 18% de jovens franceses na categoria dos "sem religião", dos quais 4% creem em Deus, 5% "hesitam em ser categóricos a esse respeito" e 9% declaram ter certeza de que Deus não existe.[59] Devemos ter a mesma prudência em relação à pesquisa de 1986 do instituto Sofres, segundo a qual 8% dos franceses não têm opinião sobre a existência de Deus, 12% a consideram fora de questão, 14% improvável, 35% provável e 31% segura. Notamos ainda que, segundo essa pesquisa, a razão entre os católicos seria respectivamente 7%, 6%, 12%, 39% e 36%, o que confirma a importância atual dos "crentes ateus" e da inverossímil confusão que reina nesse domínio.

PERDER A FÉ NO SÉCULO XX: ALGUNS EXEMPLOS

Muitas vezes é mais esclarecedor estudar casos individuais, que podem fornecer respostas motivadas. A literatura é muito rica em exemplos de ateísmo e ilustram inúmeras nuances: o ateísmo negro de Thomas Hardy, o ateísmo tristemente lúcido de Gérard de Nerval, o ateísmo angustiado de Paul Valéry, o ateísmo nostálgico de Jules Romains ou de Roger Martin du Gard, o ateísmo inquieto de Georges Duhamel, e o remorso que lhe inspira a perda da fé de sua infância:

> A religião católica me deixou há 35 anos. Passada a idade em que o orgulho nos consola, confundindo-nos, senti falta muitas vezes, digamos quase todos os dias, daquela fé que basta a tudo, porque oferece uma metafísica, uma moral, um sistema do mundo e até mesmo uma política. Pesar sincero. Pesar vão. A aposta de Pascal é pragmática demais para reconfortar meu coração.[60]

---

59 Pesquisa Ifop, 1959.
60 Em Simon, *Georges Duhamel*, p.151.

690 O FIM DAS CERTEZAS (SÉCULO XX)

Mas há ainda o ateísmo mundano de Thomas Hardy, o ateísmo vazio de Françoise Sagan, o ateísmo multiforme de André Gide, o ateísmo moral de Thomas Mann, o ateísmo historicista de Benedetto Croce.

Muitas personalidades contaram como perderam a fé, e isso fornece também um esclarecimento essencial sobre a desagregação das crenças religiosas no século XX. Muitos se cansaram, como no século precedente, da insistência das Igrejas em sustentar puerilmente o sentido histórico da Bíblia. Foi o que levou Albert Einstein ao ateísmo, desde os 12 anos:

> Cessei subitamente de ser religioso com 12 anos de idade. Pela leitura de livros para a difusão da ciência, eu me convenci rapidamente de que muitas histórias que a Bíblia conta não podiam ser verdadeiras. A consequência foi que me tornei um defensor ardoroso do livre-pensamento, associando à minha nova fé a impressão de que os jovens eram conscientemente enganados pelo Estado, que lhes dava um ensino mentiroso; e essa impressão foi, para mim, pungente.[61]

Einstein, no entanto, evoluiu em seguida para uma fé de tipo panteísta, mas rejeitava qualquer ideia de um Deus pessoal.

Outro avanço progressivo na direção da descrença, igualmente motivado pela fraqueza da exegese cristã, é o de Saint-Exupéry. Numa passagem célebre de seus *Cahiers* [Cadernos], ele interpela o padre Sertillanges a propósito da falta de base histórica dos Evangelhos:

> Diga-nos por que devemos crer na ressurreição com base em documentos cujos autores são desconhecidos e nenhum viveu na época de Cristo. Por que a sua Igreja insiste tanto na história sem importância de Jacó e insiste tão pouco na gênese dos Evangelhos, na escolha que orientou a seleção, nos motivos de certas recusas? Já que essa autenticidade é a pedra angular da sua Igreja, vocês deveriam ter dito por que a "petição de princípio" que consideramos, em todos os domínios, indigna de um homem que respeita o pensamento, e que indigna vocês tanto quanto a nós quando vocês a desmascaram nos seus adversários, torna-se na sua Igreja, tão bruscamente, uma qualidade feita de humildade e obediência? "A escolha dos Evangelhos é certa porque os concílios que a presidiram eram infalíveis." Eles eram infalíveis porque falavam em

---

61 Einstein et al., *Albert Einstein savant et philosophie*.

nome do Deus dos Evangelhos. E esse Deus só é demonstrado na medida em que a escolha é certa.[62]

O testemunho pessoal de Georges Hourdin mostra que casos desse tipo são numerosos, especialmente entre crentes sinceros que descobrem pouco a pouco, ao aprofundar o estudo das Escrituras, que os Evangelhos são na verdade uma elaboração coletiva de comunidades que não conheceram Jesus e o transformaram num verdadeiro mito. É a repetição do caso de Renan, muito mais frequente do que se imagina. É o caso do padre, que confessa:

> Fiz dez anos de exegese e estudos bíblicos em Roma [...]. Esse trabalho me conduziu ao ateísmo. [...] Foram as primeiras comunidades cristãs que transformaram Cristo em Deus, que lhe atribuíram palavras que ele não pronunciou, atos que ele não realizou.
>
> Quis continuar a honrar meu compromisso sacerdotal e, durante seis anos, subi ao púlpito todos os domingos para ensinar aos outros verdades nas quais eu não acreditava mais. Minha perseverança não foi recompensada. Minha fé em Deus não voltou. Sou obrigado a ser verdadeiro comigo mesmo. Decidi, então, renunciar ao sacerdócio e tentar ganhar minha vida do mesmo modo que fazem todos os outros homens.[63]

Não é raro que os intelectuais percam a fé por cansaço da busca sem fim da verdade. De tanto procurar e não encontrar, compreendem que a busca é inútil. É o que conclui Bertrand Russell: "A busca da verdade abalou a maioria de minhas antigas crenças [...]. Não creio que isso tenha me tornado um homem mais feliz", mas o que fazer? Jean Rostand acabou detestando a Verdade, ou melhor, aqueles que afirmam possuí-la, religiosos ou não, e gostariam de impô-la aos outros: "Temo e odeio a verdade absoluta, a verdade total e definitiva, a verdade com V maiúsculo, que se encontra na base de todos os sectarismos, de todos os fanatismos e de todos os crimes".

Para muitos, a passagem da fé para o ateísmo ocorre pela revolta. Revolta contra o absurdo da vida, mas também contra a solução cristã diante desse absurdo, no caso de Albert Camus. *O homem revoltado* exprime essa atitude, essa vontade de enfrentar sozinho o absurdo da condição humana. Revolta contra um ser que limitaria sua liberdade, no caso de Jean-Paul

---

62 Apud Hourdin, Conversions du christianisme à l'athéisme. In: Girardi; Six (orgs.), op. cit., p.408.

63 Ibid., p.406.

Sartre, educado num ambiente de catolicismo fechado. Revolta contra a inautenticidade do cristianismo pequeno-burguês dos pais, no caso de Simone de Beauvoir, que perde a fé aos 15 anos:

> "Não acredito mais em Deus", disse a mim mesma, sem grande surpresa [...]. Sempre achei que, em comparação com a eternidade, este mundo não valia nada; ele valia, porque que eu o amava, e de repente era Deus que não estava à sua altura; seu nome não acoberta mais que uma miragem.[64]

Revolta também contra o absurdo, contra a morte, no caso de Hemingway, que rejeita a fé de sua infância na universidade.

Essas experiências individuais confirmam as observações da sociologia contemporânea, que atribui a uma fé mal interiorizada a conversão dos crentes ao ateísmo. Trata-se muitas vezes de pessoas educadas numa religião conformista, que elas abandonam insensivelmente. Uma pesquisa de 1956 sobre o processo da perda de fé distingue três modelos: alguns renunciam à crença por influência do ambiente descristianizado, da leitura, do lazer, das dificuldades da vida; outros, por causa de uma ausência total de formação religiosa; e outros ainda por constatar a hipocrisia de certos crentes.[65] O espetáculo do mal que reina no mundo é outro motivo poderoso, bem como a decepção diante do descompasso entre as verdades religiosas ensinadas e uma realidade moral ou intelectual que se distancia delas.

PSICOLOGIA E SOCIOLOGIA DO ATEÍSMO AMBIENTE

Raramente se tentou fazer um estudo psicológico do fenômeno do ateísmo, ao contrário da psicologia do homem religioso, e sempre pelo mesmo motivo: o ateu se define negativamente como aquele que não crê.[66] Antoine Vergote se insurge com razão contra essa não atribuição de valor positivo ao ateísmo, do qual ele esboça um quadro.[67] Ele rejeita categoricamente a teoria dos "temperamentos ateus", que transforma alguns homens em seres naturalmente refratários à fé. Para ele, os processos psicológicos

---

64 Beauvoir, *Mémoires d'une jeune fille rangée*, p.138.
65 Pin, *Pratique religieuse et classes sociales*.
66 Rumke, *The Psychology of Unbelief*.
67 Vergote, Analyse psychologique du phénomène de l'athéisme. In: Girardi; Six (orgs.), op. cit., p.213-52.

que estão em jogo no ateísmo são uma reação de assombro, de fuga diante do sagrado, uma reação de defesa angustiada diante daquilo que aparece como algo mágico, totalmente irracional. Outro processo é a dessacralização do mundo, que apaga qualquer vestígio de intervenção divina. Como vimos, essa dessacralização é, em grande parte, produto do próprio cristianismo, que separou o profano do sagrado e fez Deus aparecer como o outro, tão outro que sua existência se tornou problemática. O mundo desencantado, rendido à ciência e à técnica, oferece pouco espaço de liberdade para um Deus eventual, e o indivíduo imerso neste mundo quase não consegue mais ver as marcas de uma ação divina.

Outro traço psicológico importante da atitude ateia: a desconfiança, sobretudo entre os intelectuais, em relação à afetividade, categoria em que normalmente é incluído o "sentimento religioso". A fé se enraíza na experiência interior da presença divina; ora, as ciências humanas nos mostraram quanto a "experiência interior" depende de pulsões, recalques e comportamentos de compensação simbólica que remontam à infância e são totalmente irracionais. Tudo isso ensina a desconfiar de uma fé excessivamente ligada às crises da adolescência, e que muitos rejeitam justamente por isso, uma vez que se alcança o equilíbrio emocional na idade adulta.

Aliás, o ateísmo atinge muito mais os especialistas das ciências humanas do que os das ciências exatas. Não há nada mais corrosivo para a fé do que a história, a sociologia, a psicologia, a psicanálise, a filosofia. É o que mostram todos os estudos.[68] As ciências humanas explicam os comportamentos humanos por fatores humanos e, portanto, relativizam todos os absolutos. A fé, como elemento psicológico, é um objeto de estudo para elas, o que contribui, infalivelmente, para reduzi-la ao estado de um sentimento puramente humano.

A experiência do mal, do sofrimento humano, continua sendo uma das principais causas da descrença, especialmente entre os jovens, como mostram as pesquisas de Antoine Vergote: 29% dos adolescentes das escolas técnicas situam nessa categoria sua rejeição da fé.

A oposição entre o gozo terreno e a fé é também um obstáculo para esta última. A sexualidade em especial é capaz de dar ao homem um sentimento de plenitude e suficiência que o desvia de qualquer necessidade

---

68 Tais estudos são em particular teses norte-americanas, como Riggs, *An Exploratory of the Concepts of God Reported by Selected Samples of Physical Scientists, Biologists, Psychologists, and Sociologists*; ou Mayer, *Religious Attitudes of Scientists*.

694   O FIM DAS CERTEZAS (SÉCULO XX)

sobrenatural. Antoine Vergote fez uma análise muito judiciosa da desconfiança profunda da Igreja em relação à sexualidade:

> As reticências e a desconfiança que uma longa tradição cristã manteve em relação ao gozo erótico, muito particularmente, são explicadas por essa intuição obscura da Igreja de que o gozo é por si mesmo marcado por um quê de suficiência pagã. É o que pode explicar o esforço da Igreja para domar, humanizar e cristianizar o gozo erótico, subordinando-o à lei da vida e ao serviço social. Basta refletir alguns instantes sobre o significado propriamente religioso do voto de castidade. A abstinência sexual é justificada como uma opção radical pela fé em Deus, única verdadeira salvação do homem. Isso não mostra, de modo gritante, o germe de paganismo ateu contido na promessa erótica de uma felicidade em plenitude?[69]

A atitude negativa da Igreja em relação à sexualidade é um fato importante no ateísmo. Essa constatação pode ser estendida a toda espécie de gozo: a alegria suprime a necessidade de Deus; ele reaparece, ao contrário, nos momentos difíceis da vida. Todos os padres notaram: os templos nunca estiveram tão cheios como nos períodos de guerra. Para muitos descrentes, a fé está ligada à ideia de sofrimento, de tristeza, de rejeição das alegrias da vida. Acrescentamos que, numa época em que a autoridade paterna é amplamente rejeitada ou enfraquecida, a religião do Deus-pai parece sufocante, paralisante, frustrante, castradora, contrária à liberdade humana.

Importantes fatores de ateísmo encontram-se também no processo de crescimento psicológico. A fé nos círculos cristãos é constituída no decorrer da infância e da adolescência, e adota necessariamente as formas e as expressões compreensíveis nessa época da vida; ela se impregna de um contexto antropomórfico, mágico, moral, intimamente associado às crenças fundamentais. O indivíduo, ao crescer, é levado inevitavelmente a rejeitar esses elementos infantis, e não é raro que rejeite ao mesmo tempo a fé, porque está associada a essas infantilidades.[70] O antropomorfismo é um desses traços mais comuns: Deus não somente tem forma humana em nosso imaginário, como ainda é dotado de sentimentos humanos (antropomorfismo afetivo), amiúde ligados à projeção da imagem parental. O abandono desse antropomorfismo na idade adulta assume muitas vezes um ar de

---

69   Vergote, op. cit., p.241.
70   McCann, Developmental Factors in the Growth of a Mature Faith, *Religious Education*, n.50, p.147-55.

desmistificação. O Deus da infância está ligado a uma concepção mágica do mundo, que nos faz atribuir um poder sobrenatural à oração; a constatação da ineficácia da oração é apontada com frequência como causa da descrença, bem como o recuo da concepção animista do mundo diante da revelação da eficácia científica. Enfim, a fé da infância está quase sempre ligada a uma moral repressiva e coercitiva que é percebida em seguida como um obstáculo à realização humana, sobretudo no campo da sexualidade. A negação da culpa acarreta a negação da fé.[71]

O aspecto sociológico também é fundamental. As mutações sociais e culturais do século XX criaram um ambiente especialmente favorável ao desenvolvimento da descrença. O caso da Grã-Bretanha é exemplar.[72] Após um primeiro grande declínio nos anos 1920, seguido de uma relativa estagnação, a religião desmoronou a partir dos anos 1980: "A religião na Grã-Bretanha vem se deteriorando consideravelmente, a presença nos ofícios tornou-se um passatempo para a mais ínfima minoria de que se tem notícia, desde a criação do sistema paroquial na primeira metade do milênio".[73] O abandono começou nas altas camadas. A burguesia, que se tornou majoritariamente descrente, perdeu todo o interesse pela evangelização das massas: "É a lenta erosão do vínculo da burguesia com a Igreja, e não o desaparecimento dos operários, que explica os números atuais de frequência".[74]

O advento do lazer de massa teve um papel fundamental: a imprensa de grandes tiragens, o cinema, o futebol, a televisão ocuparam rapidamente o dia do Senhor, outrora estritamente reservado à devoção e ao repouso.

De modo geral, a sociedade de consumo e abundância relegou Deus à categoria de acessório ultrapassado, ou último recurso. Nas sociedades tradicionais, sempre à beira da penúria, Deus é indispensável para encarar as ameaças potenciais: fome, peste, guerra. O relativo fim dessas calamidades fez desaparecer a necessidade de proteção. O esquecimento foi ainda mais rápido porque a criação constante de novas necessidades e a corrida pelo dinheiro desviaram a atenção da religião. A vida urbana, com sua solicitação permanente de atividade, preencheu o vazio existencial das massas, o vazio

---

71 Quanto a esses aspectos, cf. Godin, *Croissance psychologique et tentation d'athéisme*. In: Giradi, Six (orgs.), op. cit., p.269-92.

72 Norman, *Church and Society in England, 1700-1970. A Historical Study*; Budd, *Variety of Unbelief: Atheists and Agnostics in English Society, 1850-1960*; Royle, *Radicals, Secularists and Republicans: Popular Free Thought in Britain, 1866-1915*; McLeod (org.), *Histoire religieuse de la Grande-Bretagne*.

73 McLeod (org.), op. cit., p.337.

74 Norman, op. cit., p.10.

que era com frequência uma abertura para o sobrenatural. Enquanto as elites, educadas na ciência e na filosofia, aprendiam o ceticismo, a massa, empanturrada de pão e circo, acomodou-se no ateísmo prático. A ideologia de consenso, o humanismo democrático laico, depois de ter assimilado os grandes valores humanos e cristãos, irradia um clima lenitivo, que anestesia a busca do sagrado.

A própria sociologia participa desse desencantamento, explicando as razões do decréscimo global das necessidades religiosas, que inelutavelmente, segundo Lucien Lévy-Bruhl, são satisfeitas pela ciência e pela técnica. O ateísmo está tão integrado ao mundo contemporâneo que invadiu aquilo que é talvez seu elemento mais típico: o mundo do virtual, com o cinema. O mundo contemporâneo é cada vez mais um mundo espetáculo, um mundo que se olha através das representações que faz de si mesmo, e o cinema, que exprime tanto a visão de um diretor quanto a da sociedade, tratou todos os aspectos da ausência de Deus, como mostrou Amédée Ayfre.[75] Entre os diretores, Luis Buñuel se destaca por sua visão violentamente ateia do mundo, denunciando o caráter nefasto das religiões; Ingmar Bergman, ao contrário, mostra a incerteza atual, fator de angústia diante de "uma pergunta para a qual não existe resposta. Haveria uma se acreditássemos em Deus. Como não acreditamos, não existe saída", como diz uma de suas personagens. Federico Fellini pinta o mundo desencantado, um mundo que é apenas um cenário mascarando uma horrenda realidade.

O cinema é o último avatar de Deus? Dos *Dez mandamentos* a *Jesus de Nazaré*, Deus rende bilheteria. Seu Filho fez sucesso anos a fio como *Superstar* de musical entre 1970 e 1980. Mas esse Deus integrado ao circuito comercial do *show business* não é o símbolo de uma sociedade iconoclasta que entra numa fase de pós-ateísmo, depois de superar seus velhos problemas de consciência, a ponto de transformá-los em espetáculo? Proclamado morto há um século, Deus parece ter se transformado num fantasma que até mesmo os crentes têm dificuldade de discernir. Mas, como se sabe, nada é mais tenaz do que a crença nos fantasmas.

Quanto à pergunta que Pilatos dirigiu a Jesus, ela ainda ecoa lancinante, de geração em geração: "O que é a verdade?". A Europa, depois de milênios de fé, parece ter esgotado todas as respostas, todas as religiões, e procura em outras direções. O tempo da descrença acabou, depois de dois mil anos de cristianismo?

---

75 Ayfre, L'athéisme dans le cinéma contemporain. In: Girardi; Six (orgs.), op. cit., t.I, p.248-86.

– 20 –

A QUANTAS ANDA A DESCRENÇA, APÓS 2 MIL ANOS DE CRISTIANISMO?

A quantas anda a descrença no ano 2000? Tornou-se impossível dar conta de uma realidade tão multifacetada, e esse fato é em si revelador da atomização das atitudes. E, no entanto, não faltam números, todos falsos. Quando muito, permitem afirmar que mais de um quinto da humanidade não acredita mais em Deus. Estimativas para 1993 contavam 1 milhão e 154 mil agnósticos e ateus no mundo.[1] De acordo com a *World Christian Encyclopedia* [Enciclopédia cristã mundial], em 2000 deveria haver cerca de 1,071 bilhão de agnósticos e 262 milhões de ateus, o que, no lapso de um século, representaria um enorme salto, já que em 1900 eles eram respectivamente 2,9 milhões e 220 mil.[2] O grupo formado por descrentes, agnósticos e ateus constituiria a maior família de pensamento do mundo, já que o Islã reuniria cerca de 1 bilhão e 200 milhões de fiéis e a Igreja Católica, 1 bilhão e 132 milhões.

---

1 *Britannica Book of the Year*.
2 Clévenot (org.), *L'État des religions dans le monde*.

A IMPORTÂNCIA DA DESCRENÇA E AS DIFICULDADES DO ATEÍSMO MILITANTE

Na Europa, 25% da população se diz "não religiosa", com taxas mais baixas nos países latinos: de 12% a 15% (16,2% na Itália, 15,6% na França, 2,9% na Espanha e 4,6% em Portugal). Mas todas as pesquisas põem em evidência a relativa debilidade do grupo dos "ateus convictos": 5% na Europa, com diferenças significativas entre os países: 12% na França, 7% na Bélgica, 6% na Holanda, 5% em Portugal e 4% no Reino Unido.[3]

Essa situação minoritária do ateísmo integral, convicto, assumido, declarado, pode causar surpresa no fim do século XX, quando a Europa assistiu a um forte declínio das religiões. Encontramos uma ilustração na debilidade das associações militantes, como a Liga Internacional do Ensino, da Educação e da Cultura Popular, a Livre-Pensamento e diversos movimentos racionalistas. Esses movimentos, por sinal, tendem a se unir: a Liga Francesa do Ensino e da Educação Permanente, por exemplo, juntou-se há alguns anos com a Federação Humanista Europeia.

As adesões são raras: a União dos Ateus possuía 2.787 membros em 1993; em outubro de 1996, a assembleia geral da União Racionalista constatou 1.299 assinaturas dos *Cahiers Rationalistes* e 178 serviços gratuitos, com cerca de 100 perdas por ano; ela reconhecia a dificuldade da situação e preconizava ações para se aproximar da população.[4] Em 1996, os *Cahiers Rationalistes* publicaram um estudo do norueguês Finngeir Hiorth, intitulado "Réflexions sur l'athéisme contemporain" ["Reflexões sobre o ateísmo contemporâneo"], em que o autor recenseava as organizações mundiais explicitamente ateias. Elas eram pouco numerosas e reuniam um número pequeno de membros.

A mais antiga, estranhamente, é indiana: é o Centro Ateu, de Vijayawada, fundado em 1949 pelo indiano Gora. Desde 1969, ele publica um jornal mensal em inglês, *The Atheist*, realiza sessões e ações locais em favor dos intocáveis, em particular. Num livro de 1972, *Positive Atheism* [Ateísmo positivo], Gora faz um paralelo entre a hipocrisia inevitável de todo sistema religioso e a sinceridade do ateu autêntico:

> A inflexibilidade dos mandamentos das Escrituras torna a desonestidade indispensável aos crentes. Eles são obrigados a satisfazer suas necessidades

---

3 Baubérot (org.), *Religions et laïcité dans l'Europe des douze*, p.259.
4 *Les Cahiers Rationalistes*, n.511.

A QUANTAS ANDA A DESCRENÇA...

699

comuns de modo sub-reptício [...]. Os hindus falam com encanto da *adwaita*, ou unidade, mas tratam seus companheiros humanos como intocáveis. Os cristãos falam de amor, mas estão em guerra por toda a parte. Os muçulmanos falam de fraternidade, mas comprazem-se em exterminar os outros crentes. [...] O ateísmo declarado é uma necessidade para construir um homem moral, sólido e completo [...]. Um ateu é livre para dizer ou fazer o que lhe convém, desde que faça o que diz e diga o que faz. Assim, no contexto das relações sociais, a liberdade do indivíduo é uma liberdade moral. Naturalmente, as relações sociais não permitem nem licenciosidade, nem egoísmo, nem segredo.[5]

O Centro Ateu de Vijayawada não é uma organização de associados. Seu público é limitado numa Índia ainda amplamente religiosa. Entre os outros movimentos explicitamente ateus, Finngeir Hiorth menciona duas organizações americanas: Ateus da América (1963) e Ateus Unidos, grupelhos de menos de mil membros cada, minados por dissensões: o segundo foi fundado por dissidentes do primeiro, e este continua a perder força com a partida de mais membros em 1991 para criar a Aliança Ateia.

A Alemanha é foco de inúmeros e minúsculos movimentos ateus, como a Liga Internacional dos Sem-Religião e Ateus, criada em 1972. A antiga Sociedade Popular para o Livre-Pensamento, fundada em 1921, tornou-se em 1991 a União das Associações de Livre Visão do Mundo, pregando mais cooperação entre os movimentos ateus. Em 1993 nasceu a Federação Humanista da Alemanha, segundo ela, com 10 mil membros.

A extrema debilidade desses movimentos reflete a dificuldade para dar um conteúdo positivo ao ateísmo, que continua sendo um termo de conotação negativa, cujo sentido reside sobretudo na oposição à crença religiosa. Esse ponto comum justifica a fundação de movimentos estruturados? Finnger Hiorth acredita que não:

> Pessoalmente, não acredito no ateísmo enquanto tal. Sou ateu e simpatizo com o ateísmo positivo de Gora e com o ateísmo libertador de Richard Robinson. Tenho menos simpatia pelo ateísmo de Ludwig Büchner e menos ainda pelo de Marx e Engels.
>
> Como disse, ateus diferentes têm visões diferentes sobre assuntos diversos. Eles têm em comum o fato de não acreditarem em um deus ou em deuses. Aparentemente, isso não é muito, porém é. Porque, quando se rejeita o conceito

---

5 Gora, *Positive Atheism*, p.56-9.

700   O FIM DAS CERTEZAS (SÉCULO XX)

de deus, rejeita-se uma enormidade de absurdos. Pode ser útil sublinhar isso ao qualificar a si mesmo de ateu. [...]

O ateísmo não é suficiente na perspectiva das organizações. Isso explica a raridade das organizações puramente ateias. Uma organização precisa normalmente de mais de uma ideia, ainda que uma ideia, por exemplo, o ateísmo, possa ocupar o primeiro plano.[6]

Paradoxalmente, poderíamos dizer que, quanto mais ateus existirem, menos justificação têm os grupos de ateus. Quando uma ideia se torna uma evidência compartilhada por um grande número de pessoas, não há mais interesse em defendê-la numa associação. Sobretudo se se tratar de uma ideia oposta a uma realidade em via de se desagregar. Por exemplo, podemos imaginar grupos contrários à prática da sangria? Dezenas de milhões de ateus não veem interesse em se unir em torno unicamente do tema da não crença, sobretudo numa Europa invadida pouco a pouco pelo agnosticismo. A debilidade dos movimentos ateus é a melhor prova da difusão do ateísmo.

É verdade que há a situação inversa, com a proibição do ateísmo militante nos países islâmicos. Como lembra Finngeir Hiorth, pode haver um Islã tolerante com as outras religiões e favorável aos direitos humanos, mas sua atitude em relação ao ateísmo continua extremamente hostil:

> Em muitos países, os ateus não podem se organizar como ateus. Esse é o caso em muitos países islâmicos. Não há dúvida de que existem pessoas intolerantes em todas as religiões, mas o Islã é talvez a mais intolerante das religiões deístas, embora existam também muitos muçulmanos tolerantes. Há muçulmanos que lutam pelos direitos humanos, mas não há muitos que lutem pelos direitos dos ateus.
>
> Um grande número de Estados tem uma ideologia oficial. Na Indonésia, a ideologia de Estado é chamada de *Pancasila* (os cinco princípios), e um de seus princípios é a existência de um deus supremo. Todas as organizações indonésias devem aceitar os princípios *Pancasila* e, por conseguinte, a existência de um deus supremo. Existem ateus na Indonésia, mas eles não podem se organizar como ateus.[7]

Do mesmo modo, o ateísmo nos meios judeus tem uma posição ambígua, tamanha é a associação da identidade judia com a religião. Contudo,

---

6 Hiorth, Réflexions sur l'athéisme contemporain, *Cahiers Rationalistes*, n.504, p.25.
7 Ibid., p.17-8.

A QUANTAS ANDA A DESCRENÇA...

há inúmeros judeus ateus, cujo judaísmo é somente étnico e cultural: é o judaísmo humanista ou laico. Estima-se que mais de 50% dos judeus são descrentes ou agnósticos, mais na França e um pouco menos em Israel. Eles negam a existência de um Deus e acreditam que "a Bíblia e os escritos dos sábios são produto de uma civilização em desenvolvimento e de um povo que tentava se adaptar a uma situação nova".[8] Em 1985 foi criada a Federação Internacional do Judaísmo Humanista Laico nos Estados Unidos, à qual são filiados a Associação dos Judeus Laicos, o Congresso das Organizações Judias Laicas, o Centro do Judaísmo Laico de Bruxelas e a Associação Israelita pelo Judaísmo Humanista Laico. Em 1991 foram realizadas em Paris as primeiras convenções do judaísmo laico.

A impressão geral é que o ateísmo militante passa pela mesma evolução que as grandes religiões contra as quais ele surgiu e foram muito tempo sua razão de ser: com a decomposição das religiões tradicionais, os ateus sentem menos necessidade de se definir como ateus, e a incredulidade tende, assim, a se dissolver num conjunto humanista e laico mais vasto. Ainda restam indivíduos que insistem em atos e escritos de provocação blasfematória, cuja estupidez e arcaísmo não se prestam nem ao riso. De modo geral, porém, a grande oposição entre crentes e descrentes parece ser coisa do passado.[9]

A RUPTURA DA FÉ: DE DEUS AO ESPÍRITO

Aliás, como vimos, ninguém sabe mais onde fica a fronteira entre os dois. Até mesmo os movimentos militantes evitam fazer declarações belicosas. Em 1997, lia-se nos *Cahiers Rationalistes* que "o racionalismo é, acima de tudo, o reconhecimento do papel fundamental da razão na aventura humana. A União Racionalista não se baseia em nenhum dogmatismo doutrinal ou moral. Ela é aberta a todos os espíritos independentes que não se satisfazem com ideias prontas ou crenças descontroladas".[10] Alguns episódios ainda reacendem periodicamente as querelas, como o aniversário de 1.500 anos do batismo de Clóvis, em 1996, visto como uma nova tentativa de monopolização do clero: "Não há dúvida de que apresentar o episódio de Clóvis

---

8 Wigoder (org.), *Dictionnaire encyclopédique du judaïsme*.
9 Exemplo recente: Alain Tête, *Contre Dieu. Court traité du blasphème*.
10 *Les Cahiers Rationalistes*, n.515.

como o batizado da França e celebrar oficialmente esse batismo equivalia a excluir simbolicamente da comunidade nacional todos os não católicos".[11]

A introdução recente de capítulos da história religiosa nos programas de ensino secundário na França também provoca reações. Certos livres- -pensadores se alarmaram com o modo como os autores de livros didáticos para o primeiro ano do ensino médio, por exemplo, trataram a questão da origem do cristianismo. Em abril de 1998, numa "tribuna livre" da revista *Historiens et Géographes*, Michel Barbe se assumiu como porta-voz dessas preocupações, afirmando que "esse capítulo tende a transformar nosso ensino histórico em uma página de catecismo". Infelizmente, seu discurso é cheio de excessos e erros que nenhum historiador poderia deixar passar. Contestar a existência histórica do homem Jesus, afirmando que "os redatores desse capítulo dos livros didáticos sabem pertinentemente que a existência de Jesus jamais foi comprovada pela Igreja ou pelos historiadores", e acusar os editores de "quererem propagar a fábula da existência de Jesus e confundir história e catecismo" é simplesmente abusivo. Dizer que "o primeiro Evangelho (o que Marcos revelou à comunidade cristã de Roma) data do ano 140" é um erro: todos os exegetas, inclusive os descrentes, situam esse texto por volta do ano 70. Tais exageros são um desserviço para a causa que pretendem favorecer. Mas são apenas rusgas, em comparação com os conflitos do passado.

Confusão? Convergência? Compromisso? Seja como for, de ambos os lados a abordagem é das mais conciliadoras. Os cristãos não hesitam em elogiar a dúvida, ainda que tal dúvida como prolegômenos da fé possa parecer um tanto suspeita para um descrente.[12] Trânsfugas como Roger Garaudy chegam ao ponto de escrever:

> No fim das contas, o que caracteriza nossa época não é o ateísmo, mas a superstição (a começar pela da técnica, tanto a Leste quanto a Oeste). [...] Acreditar em Deus é escolher a liberdade como fundamento supremo da realidade. Acreditar em Deus é afirmar que a vida, o mundo e sua história têm um sentido. Acreditar em Deus é acreditar no homem que Ele habita. É acreditar que não há amaldiçoados eternos e existe futuro até mesmo para os que são condenados por seu próprio passado.[13]

---

11 Galifret, Reims, la reculade, *Les Cahiers Rationalistes*, n.7.
12 Copin, *Je doute donc je crois*.
13 Garaudy, *Appel aux vivants*, p.313-4.

Esse zelo espiritualista em um ex-comunista causa perplexidade, mas, afinal, existem conversões de todos os tipos.

Crer ou não crer: a questão, no ano 2000, está inserida em problemas mais vastos de ética, antropologia e sociedade. A existência de Deus não é mais abordada em si mesma. Bernard Sève diz o seguinte:

> Quem, hoje, propõe teses filosóficas substanciais sobre o status de ser ou de existência daquilo que chamamos de "Deus"? O debate é de tal modo sobre-determinado por preliminares teóricas ou metodológicas que o sentido bruto e brutal dessa noção de existência de Deus parece ter desaparecido. É que, com efeito, muitos filósofos contemporâneos que falam de Deus não o encontram (se é que podemos falar assim) na filosofia, mas em outro lugar – em sua fé pessoal, por exemplo. Daí certo equívoco filosófico da noção de Deus e, mais ainda, da noção de existência de Deus.[14]

Essa questão, contudo, ainda não foi resolvida. Será que um dia terá solução? Bernard Sève se surpreende que ela ainda seja levantada:

> O objeto filosófico "Deus" parece oferecer uma maior resistência à erosão do que a maioria dos outros conceitos ou problemas filosóficos. E a metáfora da resistência à erosão ainda é mineral demais; seria mais apropriado falar de uma necessidade dinâmica: a questão se impõe, apesar de tudo. Isso é um fato, mas um fato ambíguo. O crente verá nele a moção ou a pressão da verdade, uma das formas do chamado que Deus dirige a todas as almas; o ateu verá nele a marca do singular poder de ilusão contido nesse impossível e imaginário objeto de desejo que é Deus.[15]

CRENÇAS PERSONALIZADAS E TENTATIVAS DE MONOPOLIZAÇÃO

Na verdade, o mais surpreendente, dois mil anos depois de Cristo, é constatar que a questão da existência de Deus, embora não tenha sido resolvida, tornou-se secundária. Que diferença faz que Deus exista ou não? Ninguém se dá mais ao trabalho de provar ou refutar sua existência. Todos os argumentos foram explorados, repisados pelos dois campos, e a questão está tão gasta que interessa a poucas pessoas. Até as que aceitam a existência

---

14 Sève, *La Question philosophique de l'existence de Dieu*, p.271.
15 Ibid., p.274-5.

de Deus como algo evidente utilizam cada vez menos o termo. Isso é nítido na linguagem clerical e na pregação. Fala-se muito mais de "espírito". Joaquim de Fiore, que dividia a história em idade do Pai, idade do Filho e idade do Espírito, estava certo?

De fato, a decomposição dos grandes conjuntos religiosos se dá em proveito de uma nebulosa espiritualista em que convivem o melhor e o pior, o respeitável e o desprezível, o absurdo e o ponderado. Todos os vínculos clássicos se desfazem em proveito de uma atomização das crenças, de uma dispersão anárquica ainda mais forte pelo fato de o fim da cultura religiosa privar as palavras de seu sentido exato e favorecer reconstruções aberrantes. Os países do Leste Europeu não escapam desse fenômeno. Na República Checa, por exemplo, "essa experiência histórica única desenvolve uma religiosidade marcada pelo ceticismo, mas faz nascer ao mesmo tempo movimentos cívicos de visada propriamente religiosa que investem a ideia nacional de um verdadeiro messianismo".[16]

A ruptura das religiões atinge o cume. Jean-Louis Schlegel fez um quadro da grande bagunça que se tornou o campo das crenças em *Religions à la carte* [Religiões *à la carte*]; também encontramos uma descrição do problema na *Encyclopédie des religions* [Enciclopédia das religiões], bem como nas obras organizadas por Jean Delumeau, *Le Fait religieux* [O fato religioso] e *Homo religiosus* [O homem religioso]. Neste último, Patrick Michel sublinha com razão:

> a dificuldade cada vez maior de dar crédito à distinção entre "crente" e "não crente", uma vez que não existe mais, se não teoricamente, ao menos *de facto*, um "conteúdo" de crença capaz de servir de referência; e, por outro lado, uma incontornável e maciça desinstitucionalização do ato de crer.[17]

Para o autor, nós saímos, "se não do religioso, ao menos da religião", e ele denuncia a derradeira e utópica tentativa da Igreja de se impor jogando com as contradições da secularização, apresentando, por exemplo, o desmoronamento do comunismo como o fracasso do pensamento laico e ateu em organizar o mundo.

---

16 Resenha do livro organizado por P. Michel (org.), *Les Religions de l'Est*, em *Annales. Histoire, Science Sociale*, jan.-fev. 1997, p.226. No mesmo número, encontra-se um resumo detalhado das publicações recentes sobre a evolução religiosa do mundo contemporâneo, em especial: Isambert, *De la Religion à l'éthique*; Hervieu-Léger, *La Religion pour mémoire*; Donegani, *La Liberté de choisir. Pluralisme religieux et pluralisme politique dans le catholicisme français contemporain*.

17 Michel, Les itinéraires de croire aujourd'hui. In: Delumeau, *Homo religiosus*, p.619.

A acusação tem fundamento. Persuadida de que é indestrutível simplesmente porque, no Evangelho de Mateus (16,18), Jesus diz: "sobre esta pedra erguerei minha Igreja e o poder da morte não terá força contra ela", a Igreja soube combinar rigidez e flexibilidade para sobreviver dois mil anos, e pretende continuar de pé o mais que puder. O modo como ela reage diante do relativismo religioso atual é típico. Para o cardeal Ratzinger, o fato de a fé não ter sido varrida completamente pelo ceticismo atual é mais uma prova de seu caráter ao mesmo tempo natural e sobrenatural:

> Se olharmos a situação religiosa atual [...] podemos nos maravilhar de que, apesar de tudo, as pessoas continuam a crer cristãmente. Como explicar que a fé tenha ainda uma chance de sucesso? Eu diria que é porque ela encontra uma correspondência na natureza do homem. Com efeito, o homem possui uma dimensão mais ampla do que aquela que Kant e as diversas filosofias pós-kantianas lhe atribuíram.[18]

A Comissão Teológica Internacional, num documento de 1997 sobre "O cristianismo e as religiões", concilia o inconciliável: ela constata a existência do pluralismo das crenças, aceita-o, declara-o legítimo, mas reafirma ao mesmo tempo que a Igreja Católica é a única que pode assegurar a salvação:

> Apenas na Igreja, que está em continuidade histórica com Jesus, é que se pode viver plenamente seu mistério [...] é mais difícil determinar como os homens que não o conhecem estão em relação com Jesus, ou como o estão as religiões. Devemos mencionar, então, os caminhos misteriosos do espírito.[19]

O espírito, palavra mágica cuja definição será cuidadosamente evitada, é capaz de resolver todas as contradições. Graças a ele, a comissão pode afirmar "a necessidade de pertencer à Igreja para aqueles que creem em Jesus e a necessidade, para a salvação, do ministério da Igreja", e ao mesmo tempo a possibilidade de salvação para aqueles que não fazem parte da Igreja, os que "são ordenados de maneira diferente do Povo de Deus": os judeus e os muçulmanos, mas também:

---

18 Conferência do cardeal Ratzinger, Le relativisme est aujourd'hui le problème central de la foi et de la théologie, *Documentation Catholique*, n.2151, p.36.
19 *Documentation Catholique*, n.2157, p.320.

todos aqueles que, sem pecado de sua parte, ignoram o Evangelho de Cristo e não conhecem a Igreja, mas buscam Deus com um coração sincero e esforçam-se para realizar sua vontade através da consciência e, em quarto lugar, aqueles que, sem pecado de sua parte, ainda não alcançaram o reconhecimento expresso de Deus, mas, apesar disso, esforçam-se para levar uma vida direita.

Em outras palavras, praticamente todo mundo. Para que serve a Igreja, então, e que diferença faz pertencer ou não a ela? É o que muitos não cristãos e descrentes se perguntarão.

Essa linguagem permite à Igreja contemporânea realizar a proeza de se proclamar representante de toda a humanidade, inclusive de todos que fazem oposição a ela. O mesmo processo acontece num domínio diferente, o da moral sexual, em que as autoridades eclesiásticas, por uma estarrecedora decisão de 1997, declaram que, caso seja previsível a desobediência do crente, é melhor que ele não conheça as exigências reais da fé. É exatamente isso que diz o "Vade-mécum para os confessores", publicado pelo Conselho Pontifical para a Família, a propósito da proibição da contracepção: "É preferível deixar os penitentes em sua boa-fé nos casos em que o erro se deve a uma ignorância subjetivamente invencível, quando é previsível que o penitente, mesmo que tenha a intenção de viver sua fé, não mudará seu comportamento e acabará pecando formalmente".[20] Assim, todo mundo fica satisfeito: ninguém desobedece à Igreja, já que a Igreja não pede nada; do mesmo modo, ninguém é contra a Igreja, uma vez que ela se apresenta como representante de todos os homens de boa vontade, seja qual for sua crença. Essa atitude é característica da adaptação à nova forma de religiosidade do mundo atual, uma religiosidade sem conteúdo preciso, sem credo, suscetível de uma infinidade de expressões diferentes que revelam a variedade do "espírito".

É exatamente do que se trata. Françoise Champion, num estudo intitulado "Religieux flottant, éclectisme et syncrétismes" [Religioso vacilante, ecletismo e sincretismos],[21] descreve assim o fenômeno: "Estamos hoje, no Ocidente, numa situação histórica inédita: uma decomposição do religioso, sem recomposição à vista". Estamos diante de um "cristianismo desregulado e consertado, estilhaçado"; os recortes, cada vez mais imprecisos, fazem surgir, esquematicamente, um grupo de crentes, um grupo de descrentes e uma massa de partidários de fés difusas, que misturam cristianismo, esoterismo,

---

20 Ibid., p.337.
21 In: Delumeau (org.), *Le Fait religieux*, p.742-72.

A QUANTAS ANDA A DESCRENÇA...   707

ocultismo, vidência, astrologia e cultos orientais, sem nenhuma certeza verdadeira. Um naufrágio para o espírito racional. A nebulosa místico-esotérica que rejeita as ortodoxias caracteriza-se pela primazia da "experiência", da transformação de si mesmo por meio de técnicas psicocorporais inspiradas no Extremo Oriente, com o objetivo de atingir a felicidade terrena. A ênfase é dada a uma ética do amor, com uma visão monista do mundo, num contexto de grupos afins que se reúnem em volta de líderes livremente escolhidos, de carisma por vezes duvidoso.

Nesse conjunto, o sagrado, longe de renascer, está ameaçado de extinção, dissolvendo-se num individualismo exacerbado: "Levada às últimas consequências, a tendência ao arranjo personalizado trará o fim do sagrado", escreve Françoise Champion, porque os empréstimos de outras espiritualidades, como o budismo, o hinduísmo, o zen, o xamanismo e outros, isolados de seu contexto etnológico e cultural original, transformam-se em simples práticas mágicas que visam a felicidade pessoal:

> A nebulosa místico-esotérica não pode, portanto, ser concebida como uma recomposição verdadeiramente religiosa dessa religiosidade vaga e difusa que continua a se desenvolver graças à perda de influência contínua das grandes instituições religiosas. Ela pode cristalizá-la, mas corresponde a uma decomposição do religioso (ou melhor, do mágico-religioso, pois não existe religião livre de magia), em proveito do "simplesmente mágico" tendente ao paracientífico, do psicológico, do humanismo revisitado.[22]

A TENTAÇÃO PARACIENTÍFICA E SUAS AMBIGUIDADES

A deriva paracientífica no interior desses movimentos é igualmente acentuada e acarreta um sério problema de credibilidade. Essa mistura impressionante de fragmentos de crenças das mais diversas origens, numa espécie de "sopa" esotérico-astrológica, temperada com divagações proféticas e rudimentos científicos mal assimilados assusta o espírito cartesiano, que chega a sentir saudade da boa e velha guerra fria entre cristãos e ateus materialistas. O fenômeno vai bem além da Europa: as inépcias etéreas da Nova Era só têm equivalente, em termos de absurdo, no sincretismo católico-espírita-animista da umbanda, que faz sucesso entre os

---

22 Ibid., p.764.

708   O FIM DAS CERTEZAS (SÉCULO XX)

brasileiros, e, no Japão, mais de 300 movimentos religiosos atraem 15% da população.

A partir do momento em que não se faz mais diferença entre ciência e paraciência, e as fronteiras entre o crível e o incrível desaparecem, as portas se abrem para todos os tipos de credulidade. Percebe-se então que a aliança tão desejada entre ciência e fé, capaz de nos aproximar da verdade, pode produzir um monstro que nos distancia irremediavelmente dela. Nesse caso preciso, o confronto não foi mais fecundo do que a colaboração ou, pelo menos, certa forma de colaboração? Assim, é com perplexidade que vemos movimentos que afirmam que a ciência mais moderna, sobretudo a física das partículas elementares, pode descobrir realidades religiosas, místicas e esotéricas, apoiando-se numa concepção monista do mundo segundo a qual todo o universo é natureza espiritual, numa espécie de espiritualismo materialista, de certo modo. E essa perplexidade cresce quando vemos que cientistas autênticos, cujas relações com a meditação transcendental são intrigantes, participam desses movimentos:

> O Colóquio de Córdoba, organizado pela France-Culture em 1978, reuniu, especialmente no campo da física, grandes nomes como David Bohm (autor de trabalhos importantes sobre a mecânica quântica) e Brian Josephson (prêmio Nobel aos 33 anos pela descoberta da supracondutividade). David Bohm discutiu muito com Krishnamurti sua ideia de uma "ordem implicada" do universo. B. D. Josephson prosseguiu suas pesquisas com Maharishi Mahesh (fundador da Meditação Transcendental); ele considera que "uma parte da atividade científica está incluída na consciência cósmica" e os eixos de pesquisa que escolheu "não podem ser dominados sem a meditação" que ele pratica.[23]

Em *O tao da física*, Fritjof Capra também faz aproximações inquietantes entre física quântica e mística oriental.

O movimento da transdisciplinaridade se encontra no cruzamento dessas tentativas sincréticas que visam apreender o real de seus ângulos diversos. Organizado formalmente em torno de um centro internacional de pesquisas e estudos transdisciplinares, cujo primeiro congresso foi realizado em 1994, ele afirma sua intenção de transcender as oposições clássicas entre fé religiosa e ateísmo. O presidente, Basarab Nicolescu, físico teórico

---

23 Champion, De nouveaux courants mystiques et ésotériques. In: Baubérot, op. cit., p.201.

do Conseil National de la Recherche Scientifique [Conselho Nacional de Pesquisa Científica], escreveu no manifesto, em 1996:

> As diferentes religiões, bem como as correntes agnósticas e ateias, definem-se, de uma maneira ou de outra, em relação à questão do sagrado. O sagrado, como experiência, é fonte de atitude transreligiosa. A transdisciplinaridade não é nem religiosa nem arreligiosa: ela é transreligiosa. A atitude transreligiosa, resultante de uma transdisciplinaridade vivenciada, é que nos permite aprender a conhecer e apreciar a especificidade das tradições religiosas e arreligiosas estranhas a nós, para perceber melhor as estruturas comuns que as fundamentam e assim chegar a uma visão transreligiosa do mundo.
>
> A atitude transreligiosa não está em contradição com nenhuma tradição religiosa ou corrente agnóstica ou ateia, na medida em que tais tradições e correntes reconhecem a presença do sagrado. Essa presença do sagrado é, de fato, nossa transpresença no mundo. Se fosse generalizada, a atitude transreligiosa tornaria impossível qualquer guerra de religião.[24]

O autor lembra que o sagrado não implica a crença em Deus e, em outro livro, atribui a origem da tradição transdisciplinar a um estranho pensador místico, Jacob Boehme (1575-1624):

> A aposta de Jacob Boehme era e continua sendo um desafio crucial: conciliar, mantendo porém a especificidade de cada um, o racional e o irracional, a matéria e o espírito, a finalidade e a não finalidade, o bem e o mal, a liberdade e a lei, o determinismo e o indeterminismo, o imaginário e o real, conceitos que, aliás, aparecem no contexto de sua filosofia apenas como pobres e risíveis aproximações de conceitos infinitamente mais ricos.

Por isso,

> apesar de se situar resolutamente no domínio da racionalidade, a transdisciplinaridade poderia permitir o nascimento de um diálogo polifônico racional-irracional, sagrado-profano, simplicidade-complexidade, unidade-diversidade, natureza-imaginário, homem-universo. Estou convencido de que a transdisciplinaridade poderia se revelar, nas décadas vindouras, um meio

---

24 Nicolescu, *La Science, le sens et l'évolution. Essai sur Jakob Boehme*, p.27.

710 O FIM DAS CERTEZAS (SÉCULO XX)

privilegiado da elaboração da epistemologia da complexidade e poderia iluminar o caminho da formulação de uma nova Filosofia da Natureza.[25]

DO ATEÍSMO À INDIFERENÇA

Tudo isso é um tanto desconcertante, mas é também sintomático da busca atual por novos caminhos pós-religiosos, assim como pós-ateus, no sentido de superação do antigo antagonismo que marcou mais de 5 mil anos de cultura ocidental. O risco reside na atomização dessa busca, que em alguns casos pode levar a especulações aberrantes ou perigosas.

Pois se tanto o movimento transdisciplinar quanto a gnose vêm de uma elite intelectual capaz de regular sua reflexão, as pesquisas revelam que a grande maioria dos "novos crentes", adeptos das modas esotéricas, astrológicas ou sectárias, possui níveis de instrução que não vão além do ensino médio e cede sem reflexão à voga do irracional: se 11% de franceses acreditam em fantasmas, 21% em reencarnação e 46% na explicação da astrologia para a personalidade, devemos nos preocupar com o equilíbrio mental de uma sociedade "avançada" como a nossa. Sem dúvida, a incapacidade do racionalismo, tanto crente quanto descrente, de fornecer uma explicação válida do mundo e, sobretudo, de assegurar valores culturais estáveis e críveis é responsável por essa ascensão do irracional. Prestando-se às vezes, por razões midiáticas ou comerciais, a polêmicas duvidosas, a própria ciência contribui para confundir a distinção entre o crível e não crível:

> Lembramos que "o caso da memória da água", em 1988, que validava a homeopatia pelos métodos científicos clássicos, deveu-se a uma cooperação científica internacional que envolveu diversos cientistas de alto nível e, antes de ser, de certo modo, ridicularizado, deu ensejo a publicações em revistas científicas reconhecidas, até mesmo na prestigiosa *Nature*. Tudo isso nos parece revelador de um sentimento social de incerteza e interrogação sobre a natureza e a validade da ciência, propício ao desenvolvimento de crenças em que não se pode crer.[26]

A desintegração do racional não é útil nem para as religiões nem para o ateísmo: "Esse distanciamento com relação às instituições religiosas

---

25 Ibid., p.137.
26 Champion, op. cit., p.203.

estabelecidas não se efetuou em proveito do ateísmo: a porcentagem de pessoas que se declaram ateias permanece relativamente estável e baixa em todo o mundo".[27] As pessoas se declaram "sem religião", mas acreditam em Deus, na alma, na vida depois da morte e – por que não? – na metempsicose. Muitas se dedicam às práticas esotéricas, à astrologia transpessoal, numa abordagem global, "holística", da realidade que poderíamos chamar de spinozismo popular. Elas captam as "forças", as "vibrações", as "energias" psíquicas e espirituais; adotam técnicas psicocorporais do Extremo Oriente. O Deus pessoal está ausente desses sistemas heteróclitos que, no entanto, não podemos qualificar estritamente de ateus.

"Para muitos de nossos contemporâneos, o problema religioso nem sequer é um problema. O ateísmo se banalizou, desapareceu, assim como o fenômeno religioso que o fez surgir, tornando-se o horizonte neutro da existência", escreve René Le Corre.[28] Ele acrescenta ainda: "A indiferença pura está próxima, já está aí, apesar das aparências". O ateísmo engajado e agressivo não desapareceu inteiramente, mas foi substituído por um ateísmo tranquilo, sinônimo de indiferença: "Esse ateísmo é evidente. Nem sequer se pensa mais como tal". Ele não briga mais com as religiões, que se tornaram simples objetos de estudo. Aliás, a voga dos estudos religiosos não é, paradoxalmente, um sinal do assolamento das religiões? Reduzidas à condição de fenômenos culturais, podem ser estudadas como tais; enquanto representaram o absoluto, ficaram fora do campo de investigação:

> O interesse, talvez crescente, pelas ciências religiosas [...] não deve nos iludir: a religião é vista agora como uma região da cultura entre outras, um objeto de pesquisa, uma estante de biblioteca. Ela não é mais *a* visão do mundo, embora seja ainda *uma* visão do mundo, situada entre outras.[29]

O religioso não desapareceu. Ele segue, na forma de religião natural, "um caminho subterrâneo e modesto" entre os crentes não praticantes, como mostra Jacqueline Lagrée: é "uma atitude de retraimento, entre uma religião positiva e o agnosticismo".[30] Fala-se também de "religião fluida".

A morte da religião certamente não está próxima, reconhece Charles Conte, livre-pensador militante, em 1997:

---

27 Ibid., p.746.
28 Clévenot (org.), op. cit., p.500.
29 Ibid., p.497.
30 Lagrée, *La Religion naturelle*.

712   O FIM DAS CERTEZAS (SÉCULO XX)

A primeira constatação é a da permanência. Será que ainda há pessoas
que acreditam no declínio inelutável das religiões em geral e do catolicismo
em particular? Esse fim não é impensável, sem dúvida, mas com certeza não
vai ser amanhã ou depois de amanhã. Não faltaram suposições, do "futuro de
uma ilusão" (Freud) à "irreligião do futuro" (Guyau). Mais de 900 milhões de
pessoas, conduzidas por 1,5 milhão de padres, religiosos e religiosas, 2.700
bispos e um papa, definem-se como católicas. Nos piores momentos de sua
história, o catolicismo foi regenerado por grandes movimentos, muitas vezes
populares, que surpreenderam, antes de mais nada, o clero.[31]

Mas não devemos nos esquecer de que a história jamais se repete e,
se a situação atual tem semelhanças com períodos como o Baixo Império
Romano ou o início do século XIX, o contexto global é sem precedente. O
desencantamento do mundo jamais chegou a esse nível. Marcel Gauchet
mostrou em seu livro de 1985 que a religião perdeu seu papel essencial; as
sociedades avançadas não fazem mais referência ao divino e, se o sentido
religioso persiste, trata-se de um sentido sem Deus, em que o que está em
questão é o sagrado, o sobrenatural, ou mesmo o divino – mas com uma
grande ausência: Deus. E até mesmo certa "teologia" começa a tomar partido dessa postura.

Por isso, parece pouco verossímil que ocorra uma ressurreição do
cristianismo. O cristianismo vai morrer? – perguntava-se Jean Delumeau
mais de vinte anos atrás num livro que suscitou paixões.[32] Desde então, os
acontecimentos confirmaram as análises do autor, que previa a substituição
progressiva de um certo tipo de cristianismo, clerical, dogmático, ritualista
e totalitário, por outro, aberto, secularizado e desclericalizado. O problema
é saber se essa nova forma continuará sendo um "cristianismo". Este se
metamorfoseou tanto ao longo dos séculos, deu imagens tão variadas de si
mesmo, que não sabemos mais se existe um cristianismo "verdadeiro" ou se
aquilo que chamamos de cristianismo há dois mil anos não é simplesmente a
cristalização das necessidades religiosas dominantes de cada fase cultural da
civilização ocidental em torno da figura indefinivelmente adaptável de Jesus.
Outros avatares são possíveis, mas o cristianismo de massa, ou majoritário,
não existe mais. Escreve Jean Delumeau:

---

31 *Esprit: Le Temps des religions sans Dieu*, jun. 1997, p.203.
32 Delumeau, *Le Christianisme va-t-il mourir?*

A QUANTAS ANDA A DESCRENÇA...

Creio entrever a nova carreira de um cristianismo minoritário, porém renovado. Passado o tempo dos conformismos, das obrigações e das sanções lançadas em conjunto pela Igreja e pelo Estado, a religião cristã, nessa segunda visão de antecipação, voltará a ser o que nunca deveria ter deixado de ser: uma união de homens de fé, livres e conscientes da importância e dos riscos de sua adesão a Cristo.[33]

OS JOVENS E DEUS: UM ABANDONO EM MASSA

É comum voltar-se para a juventude para avaliar as tendências futuras a médio prazo. Desde os anos 1960, pesquisas e enquetes se multiplicam na faixa dos 15-25 anos, a propósito de todos os assuntos, em especial das crenças religiosas. A síntese das pesquisas realizadas na segunda metade do século XX apresenta resultados globalmente coerentes, que parecem confirmar o abandono crescente das religiões em proveito de crenças heteróclitas – o que, em última análise, reflete uma angústia cada vez maior. Voltemos ao meado do século. Nos Estados Unidos, estudos de 1948 já mostram um índice baixo de frequência aos cultos religiosos: caiu para 17% entre os rapazes e 38% entre as moças nas universidades.[34] Na França, a prática religiosa começa a diminuir por volta dos 13 anos e estabiliza-se por volta dos 20 anos em 9% dos rapazes e em 15% das moças. Resultados semelhantes foram obtidos na Itália, na Alemanha e na Suíça.[35] Entre os não praticantes, o número de ateus permanece, em geral, inferior a 10%: 7,3% nos Estados Unidos. No entanto, há problemas de delimitação nesses dados: embora 75% dos jovens norte-americanos declarem acreditar em Deus, para muitos deles essa crença é puramente abstrata e não tem nenhuma influência em seu comportamento, e 12% "não sabem exatamente em que acreditam".

Na década de 1960-1970, a proporção de ateus declarados aumenta nitidamente entre os estudantes. Em 1962-1963, na Universidade de Londres, 17% se afirmam ateus, e a porcentagem chega a 40% na Faculdade de Ciências Econômicas e Políticas de Londres; em Cambridge, 21% se dizem

---

33 Ibid., p.149-50.
34 Allport; Gillespie; Young, The Religion of the Post-War College Students, *Journal of Psychology*, n.25, p.3-33.
35 Milanesi, L'athéisme des jeunes. In: Girardi; Six (orgs.), *L'Athéisme dans la vie et la culture contemporaines*, t.I, p.293-370.

714   O FIM DAS CERTEZAS (SÉCULO XX)

agnósticos; em Oxford, 23% são agnósticos e 11% ateus.[36] Na Suíça, 26,5% respondem negativamente à pergunta: "Deus existe?". Na Itália, 12% dos estudantes de Pavia se declaram céticos e agnósticos, 7% "recusam Deus", 5% se dizem ateus.[37]

Estamos na época da grande voga das ideologias marxistas, trotskistas e maoistas na juventude intelectual europeia. O aumento do ateísmo dos anos 1960 e 1970 é explicado por dois fatores socioculturais contraditórios: de um lado, esses jovens estão inseridos numa sociedade de consumo materialista secularizada, em que os valores religiosos começam a desaparecer; de outro, eles rejeitam esse tipo de sociedade e abraçam ideologias ateias. Tanto de um lado como de outro, Deus está ausente. Inúmeros estudos sociológicos feitos nessa época sublinham o papel fundamental dos meios de comunicação de massa na destruição de valores e referências; veiculando modelos totalmente laicizados, eles contribuíram fortemente para a desagregação dos valores religiosos. Giancarlo Milanesi, num estudo sobre o ateísmo dos jovens, escreveu pertinentemente em 1967:

> Para esse estado de coisas contribuem certamente os meios de comunicação de massa; as "mensagens" introduzidas na cultura por meio da imprensa, do rádio, da televisão e do cinema podem, em razão de sua quantidade, instabilidade e caráter contraditório, exacerbar o estado de confusão cultural em que os jovens se debatem; a longo termo, isso colocará todos os valores em crise. Constatamos, com efeito, que o teor dessas "mensagens" tende a solicitar sobretudo a mudança cultural dos valores (familiares e sexuais) mais estreitamente dependentes do fato religioso. Daí a influência direta sobre a religiosidade, tanto no sentido de um nivelamento dos valores religiosos em relação aos valores profanos quanto no de uma crítica generalizada a eles.[38]

A ação corrosiva das mídias modernas sobre a fé é ainda pior, porque elas utilizam técnicas de persuasão que dão um aspecto atraente à mensagem, diante "da fraca estruturação psicológica e sociológica da mensagem religiosa".

Para o mesmo autor, o ateísmo juvenil é também uma reação de defesa contra suas múltiplas frustrações, frustrações de ordem social num mundo

---

36 Brothers, Religion in the British Universities: the Findings of Some Recent Surveys, *Archives de Sociologie des Religions*, n.18, p.71-82.
37 Milanesi, op. cit., p.313-4.
38 Ibid., p.338.

que está em contínua mutação e cujas transformações os jovens não conseguem mais captar e integrar. É preciso acrescentar ainda fatores como a progressiva desintegração da célula familiar, que causa conflitos, instabilidade e rejeição da tutela dos pais. Os problemas de ordem sexual também provocam um abandono precoce da fé: solicitações cada vez mais claras num meio permissivo aumentam o descompasso em relação à proibição religiosa, que parece cada vez mais intolerável: "A religião é abandonada porque condena as atitudes que têm uma função imediata de equilíbrio emocional, opondo-se diretamente a elas".[39]

A juventude é a época da inserção da personalidade na sociedade; ora, esta última, por ser secularizada, dá pouca chance de expressão a certo senso do sagrado, que se dirige então para os "ídolos" inventados pela sociedade de consumo: estrelas do mundo artístico e do esporte, em especial. O nivelamento dos valores e dos não valores cria, aliás, um contexto cultural desfavorável ao sagrado, com uma dispersão das energias, dos interesses, das atividades, e isso gera um sentimento de nonsense em relação à existência:

> Do nivelamento das atitudes religiosas ao abandono da prática religiosa e ao rompimento da unidade das crenças religiosas, depois à incredulidade e ao rompimento com qualquer tipo de instituição, esse parece ser o trajeto de certa "mobilidade negativa" progressiva da atitude religiosa; esse trajeto é, de certo ponto de vista psicossociológico, o equivalente do processo de desenvolvimento do ateísmo juvenil.[40]

Giancarlo Milanesi conclui seu estudo com a constatação de certa persistência do sagrado entre os jovens, o que, segundo ele, poderia ser o prelúdio da reconstrução do religioso: "Muitos acreditam que o mal-estar atual, devido sobretudo à "desordem transicional dos valores e dos papéis", serve de "purificação" da religiosidade dos jovens e anuncia uma possibilidade de retomada tanto da prática religiosa quanto da integração religiosa sociocultural".[41]

Trinta anos depois, as pesquisas desmentem o prognóstico. Consideraremos, entre outros, os resultados de uma pesquisa realizada pelo instituto CSA em março de 1997, intitulada "Deus interessa aos jovens?".[42]

---

39 Ibid., p.348.
40 Ibid., p.358-9.
41 Ibid., p.367.
42 *La Vie*, mar. 1997.

716 · O FIM DAS CERTEZAS (SÉCULO XX)

À pergunta principal: "Você acredita em Deus?", 51% responderam: "Não". O progresso dessa negação é constante há trinta anos: 17% diziam "não" em 1967, 30% em 1977. Assim, dois mil anos depois de Cristo, num país de forte tradição cristã, mais da metade dos jovens nega a existência de Deus. Por outro lado, as respostas deixam bem visível a falta de interesse desses jovens pela religião: 17% jamais falam do assunto, 53% raramente; 12% rezam, 7% respeitam os períodos de jejum, 2% se confessam; 47% acham que o catolicismo não se adapta mais à espiritualidade de hoje, 67% que ele não se adapta mais ao mundo moderno, 76% que ele não responde às perguntas que se apresentam aos jovens, 50% que ele não traz esperança, 60% que ele não favorece a realização pessoal. Em suma, o balanço é amplamente negativo. O Islã não se sai melhor; a imagem do budismo, ao contrário, é muito mais positiva.

Alguns objetarão que João Paulo II ainda atrai milhares de jovens. Mas qual é o sentido real desses ajuntamentos espetaculares cujo sucesso, amplificado pela mídia e por uma sólida logística, é ambíguo? O fato de que algumas centenas de milhares de jovens, entre dezenas de milhões, arrastadas pelo efeito de grupo, reúnam-se durante algumas horas para ver um papa do qual eles não aceitam mais os ensinamentos dogmáticos e morais, esse fato não ilude ninguém. O verdadeiro fenômeno de massa encontra-se por trás dessa fachada midiatizada, na constatação cotidiana, em campo: 1% nas missas dominicais, menos ainda na capela dos colégios, e uma ampla indiferença da imensa maioria diante dos problemas da fé. A juventude europeia não é mais religiosa, tampouco maciçamente ateia: ela navega entre esses dois mares, o que reflete a situação global da cultura dominante. Os comentadores desperdiçam seu latim: entre os jovens cristãos que não creem nem em Deus nem na ressurreição e os jovens descrentes que têm o senso do sagrado, parece reinar a contradição, e assim voltamos às noções de "arranjo" e "borboleteamento". O milênio finda num vazio de pensamento assustador, como se tivéssemos experimentado e gasto todos os sistemas possíveis. "Inicialmente, acreditamos que a época era ateia", escreve Jean--Claude Eslin, "a rejeição do cristianismo era o ateísmo. O grande debate entre o ateísmo e o cristianismo ocorreria finalmente. Depois, falamos de indiferença religiosa. Hoje, deveríamos falar de mutação religiosa".[43] Na verdade, assistimos a uma "crença que se transforma pouco a pouco em probabilismo e paraciência, mais do que em descrença". O mundo não tem

---

43 *Esprit*, jun. 1997, p.87-8.

mais sentido e não acredita mais nos líderes espirituais: 70% dos jovens entrevistados em 1997 não viam a necessidade deles. Nesse aspecto, a ascensão das seitas, amplificada mais uma vez pela mídia, deve ser relativizada. Segundo o relatório Guyard de 1996, havia 172 seitas na França, mas todos os seguidores juntos não passavam de 250 mil, ou seja, 0,4% da população; destes, 100 mil eram testemunhas de Jeová, que só chegaram a esse nível depois de mais de um século pregando de porta em porta: a "ameaça" não parece tão grave.

No que diz respeito às grandes religiões, contudo, a desconfiança persiste e parece duradoura, pois, apesar da moderação da linguagem, as tendências totalitárias reaparecem na primeira oportunidade, como mostra o exemplo das democracias populares. Escreve Chantal Millon-Delsol:

> A compreensão do fenômeno ideológico levou à percepção das profundas analogias entre religiões e ideologias, entre inquisição e *gulag*. As religiões constrangem e depois oprimem, na medida dos meios que cada época oferece. O modo como a Igreja ressurgiu na Polônia veio nos convencer disso.[44]

O sentimento de pertencimento religioso diminui por toda a parte. Cada vez menos homens e mulheres se identificam com uma religião. A comparação entre os números de 1975 e os de 1992 é uma ampla demonstração. Segundo medições europeias, as declarações de pertencimento religioso caíram de 71% a 54% na Holanda, de 81% a 69% na França, de 81% a 70% na Bélgica, de 74% a 65% na Grã-Bretanha. E a diminuição é muito maior entre os jovens. Nenhum elo com o nível de vida pode ser estabelecido: entre os países mais religiosos, encontram-se tanto a Escandinávia e os Estados Unidos quanto Portugal e Grécia. Também não existe elo com o status das Igrejas: tanto os países de concordata quanto os de separação entre a Igreja e o Estado estão na mesma situação. Explicar as diferenças pelos fatores históricos seria mais esclarecedor? Yves Lambert pensa que sim:

> Na verdade, para compreender as diferenças de estado religioso e regime confessional pela Europa afora, é preciso apelar para a história. Vamos nos contentar em dar uma rápida olhada no problema, simplesmente para sintetizar os pontos essenciais. Seguindo os passos de David Martin sobretudo, sublinharemos cinco elementos capitais: o sucesso ou o fracasso da Reforma

---

44 Ibid., p.46.

718   O FIM DAS CERTEZAS (SÉCULO XX)

protestante, a atitude das Igrejas diante do Iluminismo, a atitude delas diante da penetração da democracia, o papel da religião na construção da identidade nacional, a importância das influências socialista e comunista no século XX.[45]

Estamos na era da confusão. O que dizer? O que fazer? Em que acreditar? O que pensar? A dúvida é a palavra-chave do ano 2000. Técnica, tecnologia e sociedade evoluem a passos acelerados, escapando ao controle do pensamento sistematizador: a ação ganha da reflexão, que não tem mais tempo de teorizar. O pensamento econômico é pego de surpresa por atores anônimos; a moral, pela multiplicação de casos inéditos (no campo da biologia, notadamente); o pensamento filosófico, pelas mutações culturais; o pensamento religioso, pela desintegração dos credos. A ação não é mais orientada, não é mais pensada; ela volta a ser selvagem.

O "RETORNO DO RELIGIOSO": UMA ILUSÃO

O questionário que a revista *Esprit* enviou em 1997 a um grupo de intelectuais, crentes e não crentes, sobre a situação religiosa atual é uma boa ilustração dessa perda de inteligibilidade do mundo, mesmo para aqueles cuja tarefa é pensar sobre a cultura. As próprias perguntas são instrutivas. Eis algumas:

> Entre "retorno do religioso", que está na ordem do dia há quase duas décadas, e "decomposição do religioso", qual é a tendência mais forte, em sua opinião? Caso haja "recomposição", quais seriam suas linhas principais?
>
> Estamos diante de uma tentativa de reencantamento do mundo, de uma reação contra o individualismo? Em particular, devemos ver em todos esses sintomas atuais uma crise decisiva, ou mesmo um abandono do cristianismo (e, portanto, do judaísmo), em proveito de um tipo de religiosidade baseada num panteísmo difuso, eventualmente num politeísmo? Ou, ao contrário, estamos assistindo, acima de tudo, a uma reidentificação (cf. integrismo, fundamentalismo, movimentos sectários)? [...]
>
> Devemos ver, pelo menos em certos aspectos do retorno do religioso, um reequilíbrio necessário em relação ao Iluminismo ou a uma modernidade "antirreligiosa" ou "arreligiosa", e não somente anticlerical? [...]

---

45 Lambert, Les régimes confessionnels et l'état du sentiment religieux. In: Baubérot (org.), op. cit., p.253.

Que poder tem o religioso diante do niilismo comum? A "questão de Deus" (de um deus, de "deuses novos") é pertinente em sua história pessoal, na sociedade (de que pontos de vista, em que dimensões)? [...]

Com nuances, não devemos reconhecer que o "retorno do religioso", evidentemente fundamentalista e integrista, mas também simplesmente identitário, judeu, cristão e muçulmano, coincide com o enfraquecimento do trabalho intelectual, do esforço de interpretação, da retomada crítica e construtiva da tradição?[46]

As respostas concordam pelo menos em alguns pontos essenciais. E, em especial, em relação à negação de um suposto "reencantamento do mundo". Não há nem "retorno do religioso" nem "retorno de Deus". Essas expressões então na moda, que enchem as revistas destinadas ao grande público, são abusos de linguagem empregados com objetivos midiáticos, a partir de casos isolados desmedidamente exagerados, ou então resultam de uma aplicação muito mais ampla do termo "religioso". Para Paul Valadier, os devaneios esotéricos de alguns movimentos não têm absolutamente nada a ver com o religioso:

> Evitaremos falar, no entanto, de um *retorno do religioso*, ou identificar as seitas com novos movimentos religiosos, como fazem alguns sociólogos com uma pressa que surpreende e preocupa, pois, se incontestavelmente assistimos a uma efervescência em relação ao misterioso, esotérico, impenetrável, seria no mínimo imprudente incluir sob a etiqueta "religioso" todo o emaranhado de buscas que vão da procura do equilíbrio do corpo, ou do psiquismo, a um desejo de harmonia com o cosmo ou as forças telúricas, mas não excluem a adesão a galimatias pseudocientíficas ou a fidelidade incondicional a gurus; aspirações tão heteróclitas quanto essas só poderiam entrar na categoria de "religioso" se déssemos a ela uma extensão tão ampla e tão plástica que pudesse recobrir quase tudo.[47]

Jean-Louis Schlegel tem a mesma opinião: o sociólogo das religiões tem tendência a ver o religioso e o sagrado em tudo. Na realidade, "o reencantamento do mundo praticamente não está mais na ordem do dia".[48] A voga dos anjos da guarda, do espiritismo, do paranormal e do satanismo,

---

46 *Esprit*, jun. 1997, p.87-8.
47 Ibid., p.41.
48 Ibid., p.66.

que distrai os estudantes – e até certos diretores – é na verdade um jogo pueril com finalidades terapêuticas. "De qualquer modo, a moda dos anjos já passou. Há outras", como a reencarnação. Classificar tudo isso como religioso é realizar uma "redução antropológica", como diz Richard Figuier, na qual o homem se projeta.[49]

De resto, devemos notar que todas essas crenças extravagantes teriam sido chamadas de ateísmo em outros tempos. A mudança de vocabulário é reveladora. No passado, tudo o que saía dos limites estritos do cristianismo era qualificado de ateísmo: era uma reação de crentes mergulhados numa civilização alicerçada sobre a fé. Hoje, ao contrário, tudo o que foge do materialismo determinista puro é qualificado de religioso: reação de uma geração impregnada de descrença e ateísmo. O homem do ano 2000 vê espontaneamente o mundo como ateu.

Aliás, Robert Scholtus se pergunta:

> Deus pode ainda existir? Há ainda lugar para ele, fora do lugar comum em que seu nome se confunde com o "Ser", o "Outro", o "desejo", a "história"? Como observa Jean-Luc Nancy, "a morte de Deus exigiu e suscitou um pensamento que se arrisca onde Deus não assegura mais nem o ser, nem o sujeito, nem o mundo. A essas extremidades, a esses abismos, ou a essas derivas, nenhum Deus poderia retornar.[50] E o que hoje se apresenta como um retorno do religioso não passa provavelmente do último gesto de seu esgotamento, a sombra projetada do fantasma de Deus na caverna do mundo. Para o teólogo, porém, "uma coisa parece certa: vivemos numa época desprovida de lugar para que se fale de Deus. Disso decorre a impossibilidade cada vez maior de pensar sobre Deus, bem como o mutismo teológico, mesmo quando vem camuflado sob uma torrente de palavras. A teologia vai mal".[51] E, sem dúvida, ele ainda terá uma longa estadia nesse lugar de silêncio e ausência.[52]

A teologia negativa dos místicos, teologia da ausência, ganha assim certa atualidade.

Não há um retorno do divino, portanto. Tampouco um avanço do verdadeiro ateísmo, como observa Yves Lambert:

---

49 Ibid., p.78.
50 Nancy, *Des Lieux divins*, p.35.
51 Jungel, *Dieu mystère du monde*, t.I, p.2.
52 *Esprit*, jun. 1997, p.83.

Observemos que não se pode falar, na Europa Ocidental, de uma "revanche de Deus", nem de um desaparecimento progressivo do religioso, ainda que haja certa tendência de abandono individual da religião, porque o ateísmo convicto permanece fraco, embora em ligeiro crescimento, e as "crenças paralelas" estão em alta.[53]

Resta saber se essas "crenças paralelas" não são um ateísmo disfarçado.

E, mesmo que fossem, será que a diferença entre crentes e descrentes é tão fundamental assim? É o que se pergunta Umberto Eco. A oposição não seria sobretudo entre maneiras de crer e maneiras de não crer? Não há mais diferença entre um fundamentalista e um crente liberal do que entre este último e um ateu aberto ao senso do sagrado? A revista italiana *Liberal* lançou, em 1996, um debate sobre esse tema entre o cardeal Carlo Maria Martini e Umberto Eco. Este lembrava então: "Existem formas de religiosidade e, portanto, senso do sagrado, do limite, da interrogação e da espera, da comunhão com algo que está além de nós, mesmo na ausência de fé numa divindade pessoal e providencial".[54]

É no problema ético que o consenso fracassa. Tanto para o cardeal Martini quanto para Umberto Eco, é a dignidade da pessoa humana que deve servir de referência. Mas, para o primeiro, essa dignidade só tem fundamento porque foi colocada no homem por Deus. A dignidade humana precisa se fundamentar em outro que não o si mesmo? Ela não "carrega, por si mesma, uma dimensão respeitável"? É aí que parece se situar o ponto atual das divergências entre crente e descrente.

A ambiguidade se encontra até mesmo no que diz respeito ao futuro da Europa, com o debate sobre os futuros valores da civilização ocidental. Em 1997, em *La Question laïque* [A questão laica], Jean-Marie Mayeur definiu os problemas suscitados pela diversidade das heranças socioculturais dos membros da União Europeia. A ideia de uma "religião civil", de base cristã, que lembra o pensamento de Ferdinand Buisson, gera objeções, com toda a razão, porque "não leva em consideração os agnósticos e os adeptos das religiões não cristãs". Assim como os ateus, herdeiros de uma tradição mais antiga do que a do cristianismo. A laicidade à moda francesa, feita de neutralidade flexível e pragmatismo, talvez seja a mais capaz de conciliar as diferentes correntes, na ausência de uma crença alternativa.

---

53 Lambert, op. cit., p.249-50.
54 *Esprit*, jun. 1997, p.59.

RUMO À PERDA DO SENTIDO

É nesse pé que estamos dois mil anos depois de Cristo. A questão de Deus ainda não foi resolvida, e talvez jamais seja. Desde os primórdios da história, os homens tomaram partido em relação a essa questão, considerada por eles fundamental. E desde os primórdios muitos afirmaram que o mundo é sem Deus: não que Deus esteja morto, mas porque ele jamais existiu. O ateísmo é tão antigo quanto o pensamento humano, tão antigo quanto a fé, e o conflito entre ambos é um traço permanente da civilização ocidental, como lembra André Godin:

> Certa apologética cristã se compraz em sublinhar a universalidade geográfica e temporal da crença no divino, a adesão unânime (mais ou menos consciente) a uma forma de teísmo. Em bom método, essa afirmação deveria ser completada por outra: a universalidade igualmente impressionante de certo ateísmo, a presença (mais ou menos socialmente admitida) de um pensamento segundo o qual nenhuma divindade deu origem ao mundo e à obra no mundo.
>
> A coexistência dessas duas tendências, que podem ser encontradas tanto nos filósofos da Grécia Antiga quanto em adultos de culturas primitivas que deixaram de acreditar nos mitos e nos ritos tradicionais, sugere a ideia da permanência, na humanidade, de um conflito ou de uma antinomia psicológica cuja resolução prosseguiria, ao longo do crescimento, seja na linha da crença religiosa, seja na linha da descrença.[55]

É esse conflito que seguimos desde suas origens. Ele nos permitiu constatar que, do mesmo modo que as religiões, o ateísmo assumiu formas muito variadas, sucessiva e simultaneamente. Ateísmo de revolta, contra a existência do mal, contra as proibições morais, contra a limitação da liberdade humana, ateísmo especulativo ligado aos períodos de crise dos valores, atingindo ao mesmo tempo as classes ascendentes e as classes decadentes. Os personagens de Dostoievski encarnaram esses diversos ateísmos, que eles apresentam como uma exaltação do homem: "Haverá um novo homem, feliz e orgulhoso. Aquele que vencer o sofrimento e o terror será um Deus. E o Deus lá no alto não existirá mais", declara Kirillov em *Os possessos*. Em outro momento, Dostoievski transforma o ateísmo numa espécie de ascese

---

55 Godin, Croissance psychologique et tentation d'athéisme. In: Giradi, Six (orgs.), op. cit., p.270.

que prepara para a fé perfeita: "O perfeito ateísmo paira no alto da escada, no penúltimo degrau que leva à fé perfeita".

Interpretações igualmente diversas e igualmente antigas do materialismo: reducionista, mecanicista, epifenomenista, emergentista, evolucionista, segundo a classificação proposta por Olivier Bloch,[56] que acrescenta ainda que tal posição é tão velha quanto a filosofia. Na verdade, o materialismo é o que dá ao ateísmo seu aspecto positivo, com uma teoria filosófica estruturada, completamente independente da fé, e sem necessidade de se definir em relação a ela.

O ateísmo tem uma história própria. Desde as origens da humanidade, ele é uma das duas grandes maneiras de ver o mundo: um mundo sem sobrenatural, um mundo em que o homem está só diante de si mesmo e de uma natureza regida por leis imutáveis. O ateu sente o subterfúgio por trás do conceito de Deus e o denuncia. Perseguido durante séculos, ele consegue direito de cidadania no século XIX e acredita que pode proclamar a morte de Deus, substituindo-o por seu próprio sistema de mundo. Mas percebemos, no fim do século XX, que nada está decidido. Deus, ao se retirar, levou com ele o sentido do mundo, e o homem tenta em vão recuperá-lo por uma acumulação de racionalidade. Escreve Georges Gusdorf:

> Ora, o caos, o absurdo, hoje, não propõem possibilidades abstratas; eles estão por toda a parte, não por insuficiência de racionalidade, mas por superabundância e excesso de lógica, de técnica, de intelectualidade parcelar, num universo em que a imensa acumulação de detalhes contraditórios oculta, ou mesmo destrói, a ordem humana. [...] Deus está morto, a história enlouqueceu, o homem morreu, são formulações desesperadas que exprimem a consciência tomada, e o ressentimento, da ausência de sentido.[57]

Georges Gusdorf pinta um quadro implacável e lúcido da humanidade do ano 2000:

> [ela] vive no Grande Interregno dos valores, condenada a uma travessia do deserto axiológica cujo final ninguém pode prever. [...] O fato novo é a enorme pressão que as diversas técnicas de comunicação de massa exercem sobre o foro íntimo de cada indivíduo. [...] A percepção e a compreensão da escritura mobilizam os recursos do intelecto, isto é, a possibilidade da crítica. A fotografia, o

---

56 Bloch, *Le Matérialisme*, p.17.
57 Gusdorf, *Mythe et métaphysique*, p.44-5.

cinema, o rádio, a televisão têm um efeito direto sobre as faculdades emocionais do indivíduo, submetido sem resistência a fascínios que agem sobre seus instintos, no domínio das pulsões inconscientes. [...] Somos as testemunhas impotentes de uma diminuição capital da inteligência. [...] A displicência geral da linguagem e dos costumes exprime em sua ordem o relaxamento de todas as disciplinas; a passividade das autoridades é a marca de uma impotência fundamentada na má consciência e no mau pensamento. Ninguém é responsável, todo mundo é culpado; o criminoso é mais digno de dó do que a vítima. [...] As filosofias do frenesi apoiam-se no frenesi dos tempos, cascalhos que rolam com a correnteza. Trata-se de ser o homem do momento, aquele que define a situação no momento certo, isto é, sob a lente das câmeras de televisão e dos olhos dos repórteres das revistas.[58]

A tecnologia fragmentada venceu a inteligência, a moral, a compreensão global do mundo. Nesse naufrágio da racionalidade, a própria questão de Deus perdeu o sentido. Esse é um fato capital: é a primeira vez que ele acontece na história, e por isso o futuro é imprevisível. Se hoje não se vê mais a necessidade de afirmar ou negar a existência de Deus, é porque o espírito humano está capitulando diante das forças de dispersão. A ideia de Deus era uma maneira de apreender o universo inteiro e lhe dar sentido, posicionando-se em relação ao Ser: o teísta lhe atribuía a direção do conjunto; o ateu a retirava dele e encarregava o homem de dar sentido ao mundo. Hoje, um e outro parecem superados pela atomização do saber. A divisão não parece mais ser entre crentes e descrentes, mas entre os que afirmam a possibilidade racional de pensar globalmente o mundo, num modo divino ou num modo ateu, e os que se limitam a uma visão fragmentária, na qual predomina o aqui e agora, o imediato localizado. Se essa segunda atitude ganhar, isso significa que a humanidade terá abdicado de sua busca de sentido.

O ateísmo e a fé aparecem, portanto, como posições que estão mais vinculadas do que nunca, porque têm em comum uma afirmação global sobre o mundo. Ateísmo e fé se perpetuarão juntos, ou perecerão juntos.

---

58 Ibid., p.30-3.

CONCLUSÃO
O SÉCULO XXI SERÁ IRRELIGIOSO?

"O século XXI será religioso ou não será", teria dito André Malraux. A observação é apócrifa. Em compensação, foi ele que disse: "Acredito que a tarefa do próximo século, diante da mais terrível ameaça que a humanidade conheceu, vai ser reintegrar os deuses". Mas não nos enganemos: "Os deuses são apenas tochas acesas uma a uma pelo homem para iluminar o caminho que o arranca da animalidade". Se devemos compreender por essas palavras que a humanidade necessita urgentemente reinventar valores sagrados que lhe permitam dar de novo um sentido ao universo e acreditar novamente em seu papel, o diagnóstico tem muita chance de ser exato. Não se trata de modo algum de um prognóstico. O futuro permanece inteiramente aberto. Ele será ateu?

Antes de arriscar qualquer opinião, convém olhar mais uma vez para trás, na esperança de discernir o mecanismo da evolução do ateísmo através daquilo que pudemos recuperar. Todo processo linear está excluído. Não há uma marcha regular que vá de uma situação exclusivamente religiosa a um triunfo inelutável da descrença. Pois crença e descrença são fenômenos complexos, variados, cheios de nuances, que não passam de um componente da cultura como um todo, um componente sempre presente, desde o início, e cujas proporções variam em função de uma grande variedade de fatores: a situação das ciências, o lugar da razão, as relações sociais e as forças produtivas, a atitude dos poderes políticos, os modos dominantes de pensar e viver, os princípios epistemológicos, éticos e até mesmo estéticos.

O esquema que parece se delinear na história, desde a Antiguidade, contrapõe os períodos de predominância racional aos períodos de predominância irracional. Nos primeiros, o homem confia na razão: ele a utiliza com otimismo, como um guia capaz de lhe revelar pouco a pouco o sentido da existência e os princípios da conduta moral que deve seguir. Esses períodos "racionalistas" se caracterizam pela força de uma grande religião, que possui dogmas estruturados e equilibra revelação e razão, e por correntes de ateísmo teórico, que manifestam uma reflexão intelectual sobre o universo, ao passo que o ateísmo prático é relativamente fraco. Nesses períodos, a razão serve para reforçar a fé em alguns e destruí-la em outros, porém ela é referência para todos.

A cultura passa também por fases de irracionalidade, em que o homem duvida das capacidades humanas de raciocínio e prefere refugiar-se em crenças irracionais, heteróclitas, de tipo esotérico e paracientífico; o sentimento se sobrepõe à razão, a paixão à inteligência, o mistério e a confusão à clareza. Durante tais períodos, as grandes religiões entram em crise, ao mesmo tempo que o ateísmo teórico; as seitas, os cultos de mistérios proliferam na maior confusão; do mesmo modo, o ateísmo prático avança, assim como a indiferença, e muitas pessoas vivem sem referência ao religioso. Em suma, o desenvolvimento das grandes religiões ocorre par a par com o do ateísmo teórico, porque essas duas atitudes se baseiam na confiança em que a razão é capaz de alcançar a verdade; em compensação, a superstição e a voga das crenças paranormais, esotéricas e outras extravagâncias andam de par com o ateísmo prático, porque essas duas atitudes se baseiam na rejeição da razão, considerada incapaz de alcançar a verdade, e qualificada de fria e inumana.

Assim, as duas formas do ateísmo estão de fato intimamente ligadas às duas formas de crenças religiosas, como as duas faces de uma mesma moeda, assim como indicava nosso esquema inicial. Cada período racional vê realizar-se uma nova síntese oriunda da crise de civilização que marca cada período irracional. Recapitulemos os episódios passados, que nos levarão à alvorada do século XXI.

No decorrer da Antiguidade Clássica, quando a religião greco-romana atingiu seu apogeu, os filósofos gregos, apoiando-se na razão, elaboraram sistemas céticos ou ateus: Demócrito e Epicuro, continuados por Romano Lucrécio, contestam a ação e até mesmo a existência dos deuses; no entanto, os templos dominam as cidades e são frequentados por um povo crente. Esse equilíbrio é contestado a partir do século I, quando cresce a preocupação com a salvação e as religiões de mistérios proliferam; o povo abandona pouco a pouco os antigos deuses e as superstições se multiplicam. É no decorrer dessa crise de irracionalidade que nasce o cristianismo, e rapidamente se estabelece em torno dele uma nova síntese racional.

Essa síntese marca a Idade Média até o fim do século XIII. Por um lado, ela se caracteriza pelo sistema escolástico, união de Aristóteles com a fé cristã que proclama a capacidade da razão iluminada pela revelação de explicar o mundo e provar a existência de Deus; por outro lado, caracteriza-se por correntes puramente racionais, em contradição com a fé, que não hesitam em afirmar que a verdade pode ser dupla: verdade segundo a razão e verdade segundo a fé, o que pode legitimar certa forma de ateísmo.

Do século XIV ao XVI, ocorre o retorno do irracional, desencadeado no plano do pensamento pelo nominalismo de Guilherme de Occam: a fé e a razão são dois domínios completamente independentes, e a razão é incapaz de atingir o real. A partir de então, as hipóteses abundam, as heresias pululam, a autoridade da Igreja é destruída pelo Grande Cisma; os valores cambaleiam. Com os primórdios do humanismo, o pensamento pagão volta com força; Epicuro seduz as classes dominantes, que se entregam ao ateísmo prático. As descobertas geográficas, a revolução copernicana, as transformações econômicas afligem os espíritos, que se voltam para o esoterismo, a magia, a cabala, o irracional. A descrença se torna uma realidade vivenciada no século de Rabelais, um fenômeno que atraiu a atenção dos melhores historiadores contemporâneos. As análises são divergentes, porque a época não produziu um sistema ateu coerente, mas a impertinência em relação à fé é um indício eloquente de certa descrença prática.

O grande retorno da razão ocorre no século XVII, com o cartesianismo. Esse retorno é utilizado tanto pela religião quanto pelo ateísmo. Descartes raciocina tanto para um quanto para o outro; Malebranche e Fontenelle são seus discípulos. A Igreja tridentina, que separa profano e sagrado, apoia-se na razão; ela tenta provar a existência de Deus e racionaliza o dogma. Do outro lado, apoiando-se igualmente na razão, os libertinos, depois os céticos e posteriormente os filósofos iluministas elaboram sistemas ateus cada vez mais audaciosos, que culminam com o padre Meslier e o barão D'Holbach. O século XVIII assiste ao confronto entre a razão religiosa e a razão ateia.

Desse confronto estéril, o irracional sai vencedor, com o espírito romântico. A Revolução Francesa e o início do século XIX, até por volta de 1830, são a afirmação maciça da descrença prática, admitida pela primeira vez. As igrejas se esvaziam, a religião se feminiliza; ao mesmo tempo, florescem os cultos paralelos, a teosofia, a teofilantropia, o Ser supremo e outras curiosidades. Crença e descrença buscam novas formas de expressão, fora da razão, cujo rigor frio e inumano é rejeitado.

No entanto, um novo período racional se inicia por volta de 1830. A Europa recupera a confiança na capacidade do espírito humano de explicar e organizar o mundo. E, pela primeira vez, o novo equilíbrio que se instaura é vantajoso para o ateísmo. O progresso científico dá um impulso decisivo ao materialismo. O cientismo é uma força em ascensão, a ciência positiva é o futuro da humanidade. A fé religiosa, que não conseguiu se refazer do choque da revolução, é pega de surpresa. Contudo, ela não perde as esperanças na razão: o Vaticano I proclama a capacidade racional do homem de provar a existência de Deus, e a harmonia inelutável entre a razão e a fé, enquanto nas universidades alemãs o conteúdo da revelação passa pelo crivo da razão. Apesar disso, esta última parece ter passado para o campo do ateísmo. A civilização técnica ocidental se seculariza, mergulhando num clima cada vez mais marcado pela descrença. A morte de Deus parece programada; o papel social, econômico, político e cultural da religião só faz recuar ao longo do século XIX, um recuo acentuado pelo florescimento das ciências humanas, que reduzem a fé a um objeto de estudo.

Não há dúvida de que o movimento teria ido até o fim – o triunfo do ateísmo – se o questionamento do poder da razão, na segunda metade do século XX, não tivesse interrompido o processo. E eis-nos mais uma vez num período de irracionalidade, ao mesmo tempo semelhante aos precedentes e diferente deles. Semelhante pela mesma desconfiança em relação à razão e pela mesma atração pelo irracional. Mas diferente pelo lado mais radical da atual crise dos valores.

Depois de quatro fracassos sucessivos da racionalidade (racionalidade pagã, racionalidade escolástica, racionalidade cartesiana, racionalidade científica), chegamos à quarta crise de irracionalidade do Ocidente (irracionalismo do fim do mundo antigo, irracionalismo do fim da Idade Média e da Renascença, irracionalismo romântico, irracionalismo do fim do milênio). Depois de toda essa volta, a cultura europeia se assemelha a um campo em ruínas, ou melhor, ao canteiro de obras da Torre de Babel, mais uma vez desativado.

Essa Torre de Babel a que retornamos resume a história humana, a história de uma humanidade que, como dizia Jaurès, não existe ainda, tenta se construir, dar um "nome" a si mesma, como diz a Bíblia, e marcar seu lugar no universo. Uma humanidade que quer se construir só, afirmar-se sem Deus. As obras avançam durante os períodos de racionalidade, quando os homens utilizam a única ferramenta eficaz de que dispõem: a razão. Elas se interrompem durante os períodos de irracionalidade, quando os homens quebram a ferramenta, dispersam-se em crenças esotéricas, paracientíficas, paranormais ou mágicas, recorrem a um arranjo de crenças que, mal se ergue, desmorona. Estamos num período assim: as obras foram interrompidas, e ninguém sabe se serão retomadas um dia.

Pois, para que sejam retomadas, novos valores teriam de surgir, permitindo que a maioria dos homens se unisse novamente em torno da

CONCLUSÃO: O SÉCULO XXI SERÁ IRRELIGIOSO?

construção comum. No entanto, após quatro crises de irracionalidade, que valores ainda permanecem de pé? O problema está além da história da descrença, mas esta é, ainda assim, um elemento essencial e revelador.

A quantas anda, hoje, a descrença? Para além das estatísticas ilusórias sobre o número de ateus, contabilidade pueril, o que é notável é que a questão central, aquela em torno da qual se desenvolviam os debates, a questão da existência de Deus, parece ultrapassada, embora nunca tenha sido resolvida. É como se o homem do ano 2000 tivesse decidido: questão falsa, debate falso. É também o que parece dizer tanto o intelectual quanto o homem comum, tanto o ex-ateu teórico quanto o ex-ateu prático, que se juntam numa atitude pós-ateísta, a menos que seja pós-religiosa.

Talvez esta seja a grande virada do ano 2000: o consenso que parece se desenhar para ocultar a questão de Deus. Evidentemente, as religiões não morreram; algumas parecem até bastante agressivas. Mas o conteúdo dessas religiões foi amplamente secularizado. Nos discursos dos religiosos, Deus está cada vez menos presente; eles tratam sobretudo da realização do homem, do equilíbrio interior, da busca de serenidade ou de um ideal de ajuda mútua, de solidariedade, num plano horizontal. Em outros contextos, a religião é pura arma política, ou uma maneira de criar uma identidade em sociedades angustiadas. Mas Deus, nisso tudo, está cada vez mais ausente. Isso é ainda mais nítido nos "arranjos" religiosos e nas "religiões *à la carte*" que cada um inventa para si, fora das grandes denominações.

Foi dessa maneira insidiosa que a descrença penetrou na sociedade contemporânea. Não por um confronto direto, como no século XIX, um choque que só pode radicalizar as posições de um lado e de outro, mas por uma progressão interna, que corroeu o conteúdo transcendente da fé e deixou apenas uma concha vazia. Os edifícios religiosos são muito frequentados, mas são museus; ninguém vai lá para adorar o santo sacramento, mas para admirar os capitéis românicos. Os livros de história religiosa e espiritualidade proliferam; os primeiros refletem uma profunda nostalgia, e os segundos, uma necessidade terapêutica, muito mais do que uma fé em Deus, cuja figura vem se apagando inexoravelmente.

Essa é a verdadeira vitória do ateísmo. Um ateísmo que não diz seu nome; um ateísmo que é conquistador sem querer, sem premeditação e até sem ter consciência de si mesmo. Os combates do passado entre crentes e descrentes parecem muito distantes. O próprio sagrado, que alguns teimam em ver em toda a parte, na forma de novos ídolos, não existe mais. O último valor sagrado é o eu. Todo o resto é instrumento, meio, ferramenta de realização de equilíbrio interior do eu. Essa vitória do ateísmo de fato não foi fruto de um plano maquiavélico. Ela resultou da evolução cultural global, que acabou desgastando todos os valores, inclusive o ex-valor supremo, Deus. Nós nem nos perguntamos se ele existe.

A civilização do ano 2000 é ateia. O fato de ainda falar de Deus, Alá, Iavé ou outros não muda nada, porque o conteúdo do discurso não é mais religioso, mas político, sociológico, psicológico. O próprio sagrado deixou de existir; nem o homem, que era visto no século XIX como o sucessor de Deus, tomou o seu lugar. Basta ver como ele é tratado, como é manipulado, como é martirizado, para se convencer de que a humanidade não foi divinizada. No naufrágio generalizado dos valores, resta apenas um sagrado irredutível: eu.

E é em última instância no eu que teremos de nos alicerçar para construir uma nova racionalidade. O mundo não pode viver muito tempo num caos cultural, social, econômico e político como este que ele atravessa hoje. Ele terá de inventar novos deuses, deuses críveis. É o que já dizia Durkheim há um século:

> Os antigos deuses envelheceram ou morreram, e outros não nasceram. Foi isso que tornou inútil a tentativa de Comte de organizar uma religião com velhas lembranças históricas, artificialmente despertadas: é da própria vida, e não de um passado morto, que pode sair um culto vivo. *Mas esse estado de incerteza e de agitação confusa não pode durar para sempre.* Virá o dia em que nossas sociedades conhecerão novamente horas de efervescência criativa, no decorrer das quais novas ideias surgirão, novas fórmulas aparecerão e servirão algum tempo de guia para a humanidade.

Desde Durkheim, a humanidade inventou novos deuses, em forma de ideologias, que serviram de guias no século XX. Conhecemos o resultado. Esses novos deuses também morreram. A humanidade moderna é ávida consumidora de divindades. Experimentados, perdemos as ilusões, tornamo-nos receosos, desconfiados. O homem multiplicou os deuses, e os deuses morreram por causa disso. Agora, é o homem que prolifera, e quanto mais prolifera, menos tem valor. Ele se tornou tão comum que cada exemplar não vale mais grande coisa. E a questão não é saber se o século XXI será crente ou ateu, religioso ou descrente, mas se o formigueiro humano ainda tem a vontade e os meios de inventar um futuro para ele.

REFERÊNCIAS BIBLIOGRÁFICAS

ADAM, A. *Les Libertins au XVIIe siècle*. Paris, 1964.

ADAM, P. *La Vie paroissiale en France au XIVe siècle*. Paris, 1964.

ALLEN, D. C. *Doubt's Boundless Sea. Skepticism and Faith in the Renaissance*. Baltimore, 1964.

_____. *Mysteriously Meant. The Rediscovery of Pagan Symbolism and Allegorical Interpretation in the Renaissance*. Londres, 1970.

ANWANDER, A. Le problèmes des peuples athées. In: *L'Athéisme dans la vie et la culture contemporaines*. Paris, 1968, t.I, v.2.

ARNIM, V. [Ed.] *Stoicorum veterum fragmenta*, 1974, t.III.

AUGUSTODUNENSIS, H. *Elucidarium*, [s.d.], [s.l.], t.II, 18.

AVERROES. *Le Livre du discours décisif*. Paris: Garnier-Flammarion, 1996.

BARROUGH, P. *The Method of Physick*. Londres, 1596.

BAYLE, P. *Œuvres complètes*. Roterdã, 1702.

BEAUCHAMP, L. *Biographie universelle*. Paris, 1811.

BEETKE, W. *Die Religion der Germanen in Quellenzeugnissen*. Frankfurt, 1938.

BENASSAR, B. *L'Homme espagnol*. Paris, 1975.

BENEDICTI, J. *La Somme des pechez et remèdes d'iceux*. Lyon, 1594.

BERGSON, H. *Les Deux sources de la morale et de la religion*. Paris: PUF, 1967.

BERRIOT, F. *Athéismes et athéistes au XVIème s. en France*. Paris: CERF, 1984.

BETHENCOURT, F. *L'Inquisition à l'époque moderne. Espagne, Portugal, Italie. XVe-XIXe siècle*. Paris, 1995.

BLANCONE, R. *La Vie miraculeuse de la séraphique et dévote Catherine de Sienne*. Paris, 1607.

BLOCH, E. *Atheismus im Christentum*. Frankfurt, 1968.

_____. *L'Athéisme dans le christianisme*: La religion de l'exode et du royaume. Paris, 1978.

BOLSEC, J. Histoire de la vie, mœurs, actes, doctrine, constance et mort de Jean Calvin. *Archives curieuses de l'histoire de France*, Paris, 1835, t.V.

BOULMIER, J. *Estienne Dolet, sa vie, ses œuvres, son martyre*. Paris, 1857.

BRABANT. S. de. *L'Histoire de la philosophie*. Paris: Gallimard, 1969, t.I.

BRACCIOLINI, P. *Les Facéties de Pogge*. Paris: Isidore Liseux, 1878.

BREHIER, E. *La Philosophie du Moyen Âge*. Paris: A. Michel, 1971.

BRIGHT, T. *A Teatrise of Melancholie*. Londres, 1586.

BRUNO, G. *De l'Univers fini et des mondes*. In: KOYRÉ, A. *Du Monde clos à l'univers infini*. Paris, 1962.

BRUNSCHVICG, L. Religion et philosophie, *Revue de métaphysique et de morale*, 1935.

BUCKLEY, G. T. *Atheism in the English Renaissance*. Chicago, 1932.

BURCKHARDT, J. *La Civilisation de la Renaissance en Italie*. Paris, 1958.

BURTON, R. *The Anatomy of Melancholy*. Londres, 1948, t.I.

BUSSON, H. *La Pensée religieuse de Charron à Pascal*. Paris, 1933.

_____. *Le Rationalisme dans la littérature française de la Renaissance, 1553-1601*. Paris, 1922.

_____. Les noms des incrédules au XVIe siècle (athées, déistes, achristes, libertins). *Bibliothèque d'Humanisme et Renaissance*, 1954, t.XVI, p.273-83.

CAILLOIS, R. *L'Homme et le sacré*. Paris: Folio, 1950 [1991].

CALVINO, J. *Des scandales qui empeschent aujourd'huy beaucoup de gens de venir à la pure doctrine de l'Evangile et en débauchent d'autres*. Genebra, 1550.

_____. *Institution de la religion chrétienne*. Genebra, 1559. [*Institution*. Paris, 1541, t.I.]

_____. *Psychopannychie. Traité par lequel il est prouvé que les âmes veillent et vivent après qu'elles sont sorties des corps, contre l'erreur de quelques ignorants qui pensent qu'elles dorment jusques au dernier jugement*, 1534. In: CALVINO, J. *Œuvres françaises*. Paris, 1842.

CANTIMORI, D. *Eretici italiani del Cinquecento*. Florença, 1939.

CANTIMPRE, T. de. Bonum universale de apibus. In: BERRIOT, F. *Athéismes et athéistes au XVIe siècle en France*, 1984, t.I.

CARDAN, J. *De subtilitate*. [s.l.], 1550.

CARDINI, F. *La Culture de la guerre*. Paris, 1994.

CASTELLION, S. *De arte dubitandi*. In: CANTIMORI, D.; FEIST, E. (Ed.) *Per la storia degli eretici italiani del secolo sedicesimo in Europa*. Roma, 1937.

CATALAN, A. *Passevant parisien*. Paris, 1556 [1875].

CATECISMO do Concílio de Trento, [s.l.], [s.d.].

CATHÉCHISME de Jean Brenze. Tübingen, 1563.

CAUZONS, T. de. *Histoire de l'Inquisiton en France*. Paris, 1909, t.II.

CESAREIA, E. de. *La Préparation évangélique*. Paris, 1982.

CHARBONNEL, J. R. *La Pensée italienne au XVIe siècle et le courant libertin* Paris: Champion, 1917.

CHARLES-DAUBERT, F. Libertinage, littérature clandestine et privilège de la raison. *Recherches sur le XVIIIe siècle*, VII, 1984, p.45-55.

CHASSAIGNE, M. *Étienne Dolet*. Paris, 1930.

CHAUVETON, U. *Brief discours et histoire d'un voyage de quelques François en la Floride*. Paris, 1579

CHAUVIRE, R. *Colloque de Jean Bodin*: des secrets cachez des choses sublimes. Paris, 1914.

CHEREST, A. *L'Archiprêtre. Épisodes de la guerre de Cent Ans au XVIe siècle*. Paris, 1879.

CLAMANGES, N. De corrupto Ecclesiae statu. *Opera*, p.8 e 16.

CLEMENTE de Alexandria. *Le Protreptique*. Santo, 1949, t.II.

CLÉVENOT, M. (Org.) *L'État religieux du monde*. Paris, 1987.

REFERÊNCIAS BIBLIOGRÁFICAS

CODRINGTON, R. H. *The Melanesians*. Oxford: Clarendon Press, 1891.

CONCHES, G. de. *Philosophia mundi*. [s.l.], [s.d.], t.II.

CONSEIL salutare d'un bon François aux Parisiens. Paris, 1589.

COPIE d'une lettre missive envoyée aux gouverneurs de La Rochelle par les capitaines des galères de France. La Rochelle, 1583.

CORÃO, t.XLV. Paris: Garnier-Flammarion, 1970, pp.23-25.

COTON, P. *Le Théologien dans les conversations avec les sages et les grands du monde*. Paris, 1683.

COULTON, G. G. The Plain Man's Religion in the Middle Ages. *Medieval Studies*, 1916, p.13.

COX, H. *La Fête des fous. Essai théologique sur les notions de fête et de fantaisie*. Paris, 1971.

CRESPET, F. *Instruction de la foy chrestienne contre les impostures de l'Alcoran Mahométique, tant contre mahométistes que faux chrestiens et athéistes*. Paris, 1589.

CRESPET, P. *Six livres de l'origine, excellence, exil, exercice, mort et immortalité de l'âme*. Paris, 1588.

CROIX, A. *Culture et religion en Bretagne aux XVIe et XVIIe siècles*. Rennes, 1995.

CYR, T. de. *Thérapeutique des maladies helléniques*. Paris, 1958, t.III.

DAMPMARTIN, P. de. *De la Connoissance et merveilles du monde et de l'homme*. Paris, 1585.

DARAKI, M. *Une Religiosité sans Dieu. Essai sur les stoïciens d'Athènes et saint Augustin*. Paris, 1889.

DE LA MOTHE LE VAYER, F. La Vertu des païens. In: *Œuvres*. Paris: Augustin Courbe, 1662, t.I, p.665.

DECHARME, P. *La Critique des traditions religieuses chez les Grecs*. Paris, 1904.

DECLOUX, S. Les athéismes et la théologie trinitaire: À propos d'un livre récent, *Nouvelle Revue Théologique*, jan.-fev. 1995, t.117, n.1, p.112.

DELARUELLE, E. *La Piété populaire au Moyen Âge*. Turim, 1975.

DELUMEAU, J. *La Peur en Occident*. Paris, 1978.

_____. *Le Christianisme de Luther à Voltaire*. Paris, 1971.

DERENNE, E. *Les Procès d'impiété intentés aux philosophes à Athènes aux Ve et IVe siècles avant J.-C.* Liège-Paris, 1930.

DES PÉRIERS, B. *Cymbalum mundi*. Paris: F. Franck, 1883.

DES RUES, F. *Description contenant toutes les singularitez des plus célèbres villes*. Rouen, 1608.

DÉSIRÉ, A. *La Singerie des huguenots*. Paris, 1571.

DIELS, H. *Fragmente der Vorsokratiker*. 1951.

DISCOURS merveilleux de la vie, actions et déportements de la Reyne Catherine de Médicis. Paris, 1574.

DOBIACHE-ROJDESTVENSKY, O. *La Vie paroissiale en France au XIIIe siècle d'après les actes épiscopaux*. Paris, 1911.

_____. *Les Poésies des goliards*. Paris, 1931.

DRACHMANN, A. B. *Atheism in Pagan Antiquity*. Londres-Copenhague, 1922.

DRAGON, G. Moines et empereurs (610-1054). *L'Histoire du christianisme*. Paris, 1993, t.IV.

DU BREIL, A. *Police de l'art et science de médecine, contenant la réfutation des erreurs et insignes abus qui s'y commettent pour le jourd'huy*. Paris, 1580.

DU FAIL, N. *Propos rustiques. Baliverneries. Contes es discours d'Eutrapel*. Paris, 1842.

DUPLESSIS-MORNAY, P. *Athéomachie ou Réfutation des erreurs et detestables impietez des athéistes libertins et autres esprits profanes de ces derniers temps, escrite pour la confirmation des infirmes en la Foy de l'Église chrestienne et maintenant mise en lumière par Baruch Canephius*. 1582.

DUPONT, G. Le registre de l'officialité de Cerisy, 1314-1357. *Mémoires de la Société des antiquaires de Normandie*, 1880, t.30, p.361-492.

DUPRÉAU-PRATEOLUS, G. *Nostrorum temporum calamitas*. 1559.

DURKHEIM, E. *Les Formes élémentaires de la vie religieuse*. Paris: Quadrige, 1990.

ELIADE, M. *Traité d'histoire des religions*. Paris: Payot, 1979.

ESTIENNE, H. *Apologie pour Hérodote ou Traité de la conformité des merveilles anciennes avec les modernes*. 1566. [La Haye, 1735.]

FABRO, C. Genèse historique de l'athéisme contemporain. In: *L'Athéisme dans la philosophie contemporaine*. Paris, 1970.

FEBVRE, L. *Le problème de l'incroyance au XVIe siècle. La religion de Rabelais*. Paris: A. Michel, 1968.

FERNEL. *Physiologia*. [s.l.], 1607.

FESTUGIERE, J.-A. *Épicure et ses dieux*. Paris, 1968.

FLAVIN, M. de. *De l'État des âmes après le trépas et comment elles vivent estant du corps séparées*. Paris, 1595.

FLEURY, C. *Histoire ecclésiastique*. Paris, 1758. t.XVII.

FOUCAULT, M. *Histoire de la folie à l'âge classique*. Paris: Gallimard, 1972.

FOX, R. L. *Pagans and Christians*. Nova York, 1986.

GARASSE, F. *Apologie*. Paris, 1624.

——————. *La Doctrine curieuse des beaux esprits de ce temps*. Paris, 1623.

——————. *Le Rabelais réformé, ou les Bouffonneries, impertinences, impiétés et ignorances de Pierre du Moulin [...]*. Paris, 1619.

——————. *Recherches des recherches d'Estienne Pasquier*. Paris, 1622.

——————. *Somme théologique*. Paris, 1625.

GARBE, R. *Die Samkhyaphilosophie*. Leipzig, 1917.

GAULTIER, J. *Table chronographique de l'estat du christianisme, depuis la naissance de Jésus--Christ jusques à l'année 1612*. Lyon, 1613.

GAUTHIER, L. *La Théorie d'Ibn Roschd Averroès sur les rapports de la religion et de la philosophie*. Paris, 1909.

GEBHART, E. *Rabelais, la Renaissance et la Reforme*. Paris, 1877.

GEERTZ, C. Religion as a Cultural System. In: BANTON, M. *Anthropological Approaches to the Study of Religion*. Londres: Tavistock, 1966.

GENTILLET, I. *Discours sur les moyens de bien gouverner et maintenir en bonne paix un royaume contre Nicolas Machiavel*. Florentin, 1576.

GEREMEK, B. *Les Marginaux parisiens aux XIVe et XVe siècles*. Paris: Champs-Flammarion, 1976.

GERSON, J. Rememoratio per praelatum quemlibet agendorum. *Opera*, [s.d.], t.II, col. 107.

GONDA, J. *Die Religionen Indiens*. Stuttgart, 1963.

GOUGET, C.-P. *Bibliothèque françoise*. Paris, 1744, t.VIII.

GOULARD, S. *Tresor d'histoires admirables et mémorables de notre temps*. Colônia, 1610-1614.

REFERÊNCIAS BIBLIOGRÁFICAS

GRENIER, A. *Le Génie romain dans la religion, la pensée et l'art*. Paris, 1925.

GUSDORF, G. *Mythe et métaphysique*. Paris: Champs-Flammarion, 1984.

HARNACK, A. *Der Vorwurf des Atheismus in den drei ersten Jahrhunderten*. Leipzig, 1950.

HEDELIN, F. *Des satyres, brutes, monstres et démons, de leur nature et adoration*. Paris, 1627.

HEERS, J. *Fêtes, jeux et joutes dans les sociétés d'Occident à la fin du Moyen Âge*. Paris--Montreal, 1971.

HERMINJARD, J.-L. *Correspondance des réformateurs dans les pays de langue françaises*. Genebra, 1866-1877.

HILD, M. *Aristophanes impietatis reus*. [s.l.: s.n.], 1880.

HIORTH, F. Réflexions sur l'athéisme contemporain. *Les Cahiers rationalistes*. Paris, abr. 1996, n.504, p.21.

HISTOIRE de la France religieuse. *Du christianisme flamboyant à l'aube des Lumières*, Paris, 1988, t.II, p.199-213.

HISTOIRE du diable de Laon. *Archives curieuses de l'histoire de France*, Paris, 1836, t.VI.

HISTOIRE nouvelle et merveilleuse et espouvantable d'un jeune homme d'Aix en Provence emporté par le Diable et pendu à un amandier pour avoir impiement blasphémé le nom de Dieu et mesprisé la saincte messe [...]. Arrivé le 11 janvier de la présente année 1614. Paris, 1614.

HOURDIN, G. Conversions du christianisme à l'athéisme. In: *L'Athéisme dans la vie et la culture contemporaines*. Paris, 1967, t.I, 1ª parte, p.392.

INSTITOR, H.; SPRENGER, J. *Le Marteau des sorcières*. Paris: A. Danet, 1973.

JACOBY, F. *Diagoras*. Berlim, 1959.

JACQUART, D. Le regard d'un médecin sur son temps: Jacques Despars (1380-1458). *Bibliothèque de l'École des Chartes*, jan.-jun. 1980, t.138, p.5-86.

KIERKEGAARD, S. *Post-scriptum aux Miettes philosophiques*. Paris: Gallimard, 1941.

KOCHER, P. H. *Christopher Marlowe*. Chapel Hill, 1946.

KRISTELLER, P.-O. Le mythe de l'athéisme de la Renaissance et la tradition française de la libre pensée. *Bibliothèque d'Humanisme et Renaissance*. Genève, jan. 1975, t.37, n.1, p.337-48.

KUNTZ, M. D. L. *Colloquium of the Seven about the Secrets of the Sublime*. Princeton, 1975.

L'ESTOILE, C. *Cymbalum mundi en francoys*. Lyon, 1538.

L'ESTOILE, P. de. *Journal*. Paris: Michaud-Poujoulat, 1837. t.II.

LA CROZE. *Entretiens sur divers sujets d'histoire*. Amsterdã, 1711.

LA MONNOIE, B. de. *De tribus impostoribus*. Paris, 1861.

_____. *Lettre à M. Bouhier*. In: MONNOYE, LA. *Œuvres complètes*. Haia, 1770. t.II.

LA NOUE, F. de. *Discours politiques et militaires nouvellement recueillis et mis en lumière*. Basileia, 1587.

LA PLANCHE, L. R. de. *Histoire de l'Estat de France*. 1575.

LA PRIMAUDAYE, P. de. *L'Académie françoise. De la Cognoissance de l'homme et de son institution en bonnes mœurs*. 1577.

_____. *Suite de l'Académie françoise en laquelle il est traicté de l'homme et comme par une histoire naturelle du corps et de l'âme est discouru de la création*. Paris, 1580.

LA RELIGION populaire en Languedoc: du XIIIe siècle à la moitié du XIVe siècle. *Cahiers de Fanjeaux*, Toulouse, 1976, t.XI.

LACHÈVRE, M.-F. *Le Procès de Théophile de Viau devant le parlement de Paris*. v.2. Paris, 1919.

LAÉRCIO, D. *Vies, doctrines et sentences des philosophes illustres*. Paris: Garnier-Flammarion, 1965. t.II.

LANG, A. *The Making of Religion*. Londres, 1898.

LANGE, F. A. *Histoire du matérialisme et critique de son importance à notre époque*. Paris, 1877.

LANGFORS, A. *La Société française vers 1330, vue par un frère prêcheur du Soissonnais*. Helsingfors, 1918.

LANGLOIS, C. *La Dépénalisation de la superstition d'après la Théologie morale de Mgr Gousset (1844)*. In: DEMENAU, J. *Homo religiosus*. Paris, 1997.

LAPLANCHE, F. *La Bible en France entre mythe et critique, XVIe-XIXe siècle*. Paris, 1994.

LAVAL, A. de. *Des philtres, breuvages, charmes et autres fascinations et diaboliques en amour*. Paris, 1584.

_____. *Desseins des professions nobles et publiques*. Paris, 1605.

LAVATER, L. *Trois livres des apparitions des esprits, fantosmes, prodiges*. Genebra, 1571.

LE BRAS, G. *Lumen Vitae*. 1951.

LE FÈVRE DE LA BODERIE, G. *De la Religion chrestienne de Marsile Ficin*. Paris, 1578.

LE GOFF, J. *L'Imaginaire médiéval. Essais*. Paris, 1985.

_____.; SCHMITT, J.-C. *Le Charivari*. Paris-Nova York-Haia, 1981.

LE LOYER, P. *Le Discours des spectres et apparitions d'esprits*. Paris, 1608.

LE MARIE, G. *Liber Guillelmi Majoris*. Paris, 1874.

LE PICARD, F. *Les Sermons et instructions chrétiennes*. Paris, 1563.

LE ROY LADURIE, E. *Le Monde*, jan. 1972.

_____. *Montaillou, village occitan de 1294 à 1324*. Paris, 1975.

_____. *Le problème de Dieu*. Paris, 1929.

LECLER, J. Aux origines de la libre pensée française. Étienne Dolet. *Études*, maio 1931, t.207, n.10, p.403-20.

_____. Un adversaire des libertins au début du XVIIe siècle: le père François Garasse. *Études*, dez. 1931, t.209, n.23, p.553-72.

LECOUTEUX, C. *Fées, sorcières et loups-garous au Moyen Âge*. Paris, 1992.

_____. *Les Monstres dans la pensée médiévale européenne*. Paris, 1993.

LEFRANC, A. Étude sur le Pantagruel. *Œuvres de Rabelais*. Paris, 1923.

LEFRANC, P. *Sir Walter Raleigh écrivain*. Paris, 1968.

LEHMANN, F. R. *Mana*: eine begriffgeschichtiche Untersuchung auf ethnologischer Grundlage. Leipzig, 1915.

LENOBLE, R. *Esquisse d'une histoire de l'idée de nature*. Paris: A. Michel, 1969.

_____. *Histoire de l'idée de nature*. Paris. 1969.

_____. *Mersenne ou la Naissance du mécanisme*. Paris: Vrin, 1943.

LÉRY, J. de. *Histoire d'un voyage en terre de Brésil*. [s.l.], 1578.

LESCARBOT, M. *Relation dernière de ce qui s'est passé au voyage du Sieur Poutrincourt en la Nouvelle France depuis 20 mois en ça*. Paris, 1612.

LÉVI-STRAUSS, C. *La Pensée sauvage*. Paris: Plon, 1962.

LÉVY-BRUHL, C. *La Mythologie primitive*. Paris: Alcan, 1935.

LEY, H. *Studie zur Geschichte des Materialismus im Mittelalter*. Berlim, 1959.

LUBAC, H. de. L'origine de la religion. *Essai d'une somme catholique contre les sans-Dieu*. Paris, 1936.

LUCINGE, R. de. *Lettres sur la cour d'Henri III*. Paris: A. Dufour, 1996.

LUCRECE. *De Natura Rerum*. Paris: Union Latine d'Editions, 1958.

MABILLEAU, L. *Étude historique sur la philosophie de la Renaissance en Italie*. Paris, 1881.

REFERÊNCIAS BIBLIOGRÁFICAS

MANDONNET, P. *Siger de Brabant et l'averroïsme latin au XIIIe siècle*. Louvain, 1911.

MANSELLI, R. *La Religion populaire au Moyen Âge, problèmes de méthode et d'histoire*, Montreal-Paris, 1975.

MARCEL, G. *Journal métaphysique*. Paris, 1935.

MARCHAND, P. *Œuvres complètes*. [s.l.], [s.d.], t.I.

MARÉCHAL, P. *Les Commandements de Dieu et du Diable*. Monza, 1831.

MARTIN, H. *Le Métier de prédicateur à la fin du Moyen Âge. 1350-1520*. Paris, 1988.

———. *Mentalités médiévales, XIe-XVe siècle*. Paris, 1996.

MARX, K. *Différence de la philosophie de la nature chez Démocrite et chez Épicure*. Berlim, 1841.

MATTHIEU, P. *Histoire des derniers troubles de France sous les règnes des très chrestiens roys Henry III,... Henry IV*. Lyon, 1597.

MAUTNER, F. *Der Atheismus und seine Geschichte im Abendlande*, 4 vol. Stuttgart-Berlim, 1920-1923.

MÉMOIRES concernant les pauvres qu'on appelle enfermez. Paris, 1617.

MENCHI, S. S. *Erasmo in Italia, 1520-1580*. Turim, 1987.

———. *Érasme hérétique. Réforme et Inquisition dans l'Italie du XVIe siècle*. Paris: Hautes Études, Gallimard-Seuil, 1996.

MENDOZA, J. de. *Histoire du grand royaume de Chine*. Paris, 1588.

MERDRIGNAC, B. *La Vie des saint bretons durant le haut Moyen Âge*. Rennes, 1993.

MERSENNE, M. *La Vérité des sciences contre les sceptiques et les pyrrhoniens*. Paris, 1625.

———. *Quaestiones celeberrimae in Genesim*. Paris, 1623.

MESLIER, J. *Œuvres complètes*. Paris: Anthropos, 1971, t.II.

MESLIN, M. *Le Merveilleux. L'Imaginaire et la croyance en Occident*. Paris, 1984.

MICHEL, P.-H. *L'atomisme de Giordano Bruno*. *La Science au XVIe siècle Colloque international de Royaumont*. Paris, 1960.

MINOIS, G. *Censure et culture sous l'Ancien Régime*. Paris, 1995.

———. *Du Guesclin*. Paris, 1993.

———. *Histoire de l'avenir. Des prophètes à la prospective*. Paris, 1996.

———. *Histoire du suicide*: La société occidentale face à la mort volontaire. Paris: Fayard, 1995.

———. *L'Église et la guerre. De la Bible à l'ère atomique*. Paris: Fayard, 1994.

———. *L'Église et la science. Histoire d'un malentendu*. Paris, 1990, t.I. [Paris: Fayard, 1991.]

MONISTROL, C. de. *Les Grands et Redoutables Jugements et punitions de Dieu advenus au monde*. Morges, 1581.

MORALITÉ très singulière et très bonne des blasphémateurs du nom de Dieu où sont sont contenus plusieurs exemples et enseignements à l'encontre des maulx qui procèdent à cause des grands jurements et blasphèmes qui se commettent de jours en jours, imprimée nouvellement à Paris par Pierre Sergent. Paris: Silvestre, 1831.

MORE, T. *Utopia*. [s.l.]: Delcourt, 1516.

MORERI, L. *Le Grand Dictionnaire historique*. Paris, 1691.

MUCHEMBLED, R. *Culture populaire et culture des élites dans la France moderne, XVe-XVIIIe siècle*. Paris: Champs-Flammarion, 1978.

NEVEUX, J.-B. *Vie spirituelle et vie sociale entre Rhin et Baltique au XVIIe siècle*: de J. Arndt à P. J. Spener. Paris, 1967.

NICERON, J.-P. *Mémoires pour servir à l'histoire des hommes illustres dans La république des lettres.* Paris, 1729-1745.

NIEUWENHUIS, A. W. *De Mensch in de werkelijkleid.* Leyde, 1920.

OCHINO, B. *Dialogi triginta in duos libros divisi.* Basileia, 1563.

OGIER, F. *Jugement et censure de la Doctrine curieuse de François Garasse.* Paris, 1623.

OSTROWIECKI, H. La Bible des libertins. *Dix-septième siècle*, n.194, jan.-mar. 1997.

OURSEL, R. (Ed.) *Le Procès des Templiers.* Paris, 1955.

PAGANINI, G. *Scepsi moderna*: Interpretazione dello scetticismo da Charron a Hume. Cosenza: Busento, 1991.

PATIN, G. *L'Esprit de Gui Patin.* Amsterdã, 1710.

PAUL, J. La religion populaire au Moyen Âge. À propos d'ouvrages récents. *Revue d'histoire de l'Église de France*, n.70, jan.-jun. 1977.

PEREYRA, B. *Commentatorium et disputationum in Genesim*, 4v., Maguncia, 1612, t.I.

PERRENS, F.-T. *Les Libertins en France au XVIIe siècle.* Paris: Calmann Lévy, 1899.

PEYREFITTE, A. Les Chinois sont-ils a-religieux? In: DELUMEAU, J. *Homo religiosus.* Paris, 1997, p.695-703.

PINTARD, R. *Le Libertinage érudit dans la première moitié du XVIIe siècle.* Paris: Boivin, 1943, t.I.

_____. Les problèmes de l'histoire du libertinage, notes et réflexions. *Dix-septième siècle*, n.127, abr.-jun. 1980, p.131-62.

_____. *Vies parallèles.* Paris: Gallimard, 2001, t.II.

POLONIA, M. da. *Chronique.* Anvers, 1574.

POMMIER, E. L'itinéraire religieux d'un moine vagabond au XVIe siécle. *Mélanges d'archéologie et d'histoire de l'École française de Rome*, 1954, t.66, p.293-322.

POPKIN, R. H. *Histoire du scepticisme d'Erasme à Spinoza.* Paris: PUF, 1995.

POSSEVIN, A. *Atheismi haereticorum hujus seculi.* Poznań, 1585.

_____. *De atheismis sectatorium nostri temporis.* Colônia, 1584.

POSTEL, G. *Absconditorum clavis.* Paris, 1899.

_____. *De orbis terrae concordia.* Paris, 1543.

_____. *Les Premières Nouvelles de l'autre monde, ou l'Admirable Histoire de la Vierge vénitienne.* Paris, 1922.

_____. *Les Très Merveilleuses Victoires des femmes du Nouveau Monde et comment elle doibvent à tout le monde par raison commander.* Paris, 1563.

RADIN, P. *Primitive Man as Philosopher.* Nova York: The Appleton Co., 1927.

RAEMOND, F. de. *Histoire de la naissance, progrez et décadence de l'héresie de ce siècle, divisée en huit livres.* Paris, 1610.

RAPP, F. *L'Église et la vie religieuse en Occident à la fin du Moyen Âge.* Paris, 1971.

RECUEIL des actes, titres et mémoires concernant les affaires du clergé de France. Paris, 1719, t.VII.

RECUEIL général des questions traitées es conférences du Bureau d'Adresse. Lyon, 1666.

REIMMANN, J. F. *Historia universalis atheismi et atheorum falso et merito suspectorum.* Hildesiae, 1718.

RÉMI, N. *Daemonolatriae libri três.* Lyon, 1595.

RENAUDOT, E. *Recueil général des questions traitées es conférences du Bureau d'Adresse.* Lyon: A. Valaniol, 1666.

REVEILLE-PARISE, J.-H. [Ed.] *Lettres de Gui Patin.* Paris, 1846, t.II.

REFERÊNCIAS BIBLIOGRÁFICAS

ROGET, A. *Le Procès de Michel Servet.* Genebra, 1877.

ROMIER, L. *Le Royaume de Catherine de Médicis. La France à la veille des guerres de religion.* Paris, 1925, t.II.

ROSTHORN, A. Die Urreligion der Chineses. In: *Die Religionen der Erde in Einzeldarstellungen.* Viena-Leipzig, 1929.

ROTONDO, A. La censura ecclesiastica e la cultura. *Storia d'Italia.* Turim, 1973.

ROTTERDAM, E. de. *Eloge de la folie.*

SAINT-CYRAN. *La Somme des fautes et faussetés capitales contenues en la Somme théologique du P. François Garasse.* Paris, 1624, t.I.

SAINTE-ALDEGONDE, P. M. de. Tableau des différences de la religion. *Œuvres.* Bruxelas, 1857.

SAULNIER, V.-L. Le sens du *Cymbalum mundi* de Bonaventure des Périers. *Blibliothèque d'Humanisme et Renaissance.* Genebra, 1951, t.XIII, p.167.

SCHMIDT, W. *Ursprung der Gottesidee*: eine historisch-kritische und positive Studie. Münster, 6 vol., 1912-1954.

SCHMITT, J.-C. La croyance au Moyen Âge. *Raison présente.* Paris, 1995.

SEIDEL-MENCHI, S. *Erasmo in Italia, 1520-1580.* Turim, 1987.

SERVET, M. *Christianismi restitution.* [s.l.], 1553.

SÈVE, B. *La Question philosophique de l'existence de Dieu.* Paris, 1994.

SEXTUS EMPIRICUS, S. *Contre l'enseignement des sciences*, IX, 17.

————. *Hypotyposes pyrrhoniennes contre les physiciens.* Paris, Aubier, 1948.

SIGAL, P.-A. *L'Homme et le miracle en France aux XIe et XIIe siècles.* Paris, 1985.

SLEIDAN, J. *Histoire entière déduite depuis le déluge jusqu'au temps présent en XXIX livres.* Genebra, 1563.

SMAHEL, F. *Magisme et superstitions dans la Bohême hussite.* In: DEMENAU, J. *Homo religiosus.* Paris, 1997.

SOREL, G. *Histoire comique de Francion.* Paris, 1623.

SPENCER, H. *Principles of Sociology.* Londres, 3 vol. 1875-1896.

SPENCER, W. B.; GILLEN, F. J. *The Northern Tribes of Central Australia.* Londres: Macmillan, 1904.

SPINK, J. S. *La Libre Pensée française de Gassendi à Voltaire.* Paris: Éditions Sociales, 1966.

SPITZEL, G. *Scrutinium atheismi historico-aetiologicum.* Augustae Vindelicorum: Praetorius, 1663

STONE, L. *English Historical Review.* Oxford, 1962.

STROWKI, F. *Pascal et son temps.* Paris, 1922, t.I.

TESSMANN, G. *Preussische Jahrbücher*, 1927.

THOMAS, K. *Religion and the Decline of Magic.* Londres: Penguin, 1971 [1991].

THOMSON, J. A. F. *The Later Lollards.* Oxford, 1965.

TITO LÍVIO, 39, 8 e seguintes.

TOCSAIN contre les massacreurs et auteurs des confusions de France. Reims, 1579.

TOLOSAIN, A. *L'Adresse du salut éternel et antidote de la corruption qui règne en ce siècle et fait perdre continuellement tant de pauvres âmes.* Lyon, 1612.

TOURS, G. de. *Histoire des Francs.* Paris, 1859.

TOUSSAERT, J. *Le Sentiment religieux en Flandre à la fin du Moyen Âge.* Paris, 1963.

TRESMONTANT, C. *Le Problème de l'athéisme.* Paris, 1972.

VACANT, A.; MANGENOT, E.; AMANN, E. *Dictionnaire de théologie catholique.* Paris, 1941.

VAUCHEZ, A. (Ed.) Faire croire – Modalités de la diffusion et de la réception des messages religieux du XIIe au XVe siècle. *École française de Rome*. Roma, 1981.

VAULTIER, R. *Le Folklore pendant la guerre de Cent Ans d'après les lettres de rémission du Trésor de Chartes*. Paris, 1965.

VÉNARD, M. *Histoire du christianisme*, t. VIII, *Le temps des confessions, 1530-1620*, Paris: Desclée, 1992.

VEYNE, P. *Les Grecs ont-ils cru à leurs mythes?* Paris, 1983.

VIGOR, S. *Sermons catholiques du Saint Sacrement de l'autel, accommodez pour tous les jours des octaves de la feste-Dieu*. Paris, 1582.

VIRET, P. *L'Interim faict par dialogues*. Lyon, 1565.

VISCARDI, G. M. *La mentalité religieuse en Basilicate à l'époque moderne*. In: DEMENAU, J. *Homo religiosus*. Paris, 1997.

VOLZ, W. *Im Dämmer des Rimba*. Leipzig, 1925.

WEBER, H. *Histoire littéraire de la France*. Paris, 1975.

WINGTEIT-CHAN. *Religiöses Leben im heutige China*. Munique, 1955.

WIRTH, J. La Naissance du concept de croyance, XIIe-XVIe siècle. *Bibliothèque d'Humanisme et Renaissance: travaux et documents*, 1983, t.XLV.

XENÓFONES. *Mémorables*.

ZUBER, R. Libertinage et humanisme: une rencontre difficile. *Dix-septième siècle*, n.127, abr.-jun. 1980, p.163-80.

ÍNDICE ONOMÁSTICO

A

Abbadie, 313
Abelardo, Pedro, 84-5
About, Edmond, 560
Abra de Raconis, 222
Abraão, 319, 351
Aconcio, Giacomo, 292
Acton, Harry Burrows, 326
Adam, Antoine, 264
Adam, Paul, 109, 111
Adão, 154, 192, 194, 319
Afonso Maria de Ligório, santo, 323, 384-8
Afonso X, o Sábio, rei de Castela, 88
Afrodite, 54
Agostinho, santo, 112, 115, 133, 352, 370
Ailly, Pierre d', 113-4
Aire, Raymond de l', 107
Ajello, 609
Akenside, 335
Alain de Lille, 84
Alain, 609
Albert de Beham, 87
Alberto, o Grande, 83
Albitte, representante, 508, 512
Alembert, Jean Le Rond d', 365, 415, 449, 468, 471, 479-80, 482
Alexandre de Afrodísias, 125, 166, 182
Alexandre I, imperador da Rússia, 466
Alexandre, o Grande, 46, 286
Alfarabi, 78, 125

Alfaric, Prosper, 572, 581, 585
Allard, comissário, 514
Allemane, Jean, 558
Alletz, padre, 446
Althusius, 219
Álvaro Pelágio, 89
Amalrico de Bena, 83
Ambrósio, santo, 194
Ampère, André-Marie, 576
Amyraldus, Moses, 327
Anaxágoras, 38, 40-1, 45, 470
Anaximandro, 37, 296
Anaxímenes, 36, 38, 45
Anderson, James, 465
Andrara, padre jesuíta, 205
André, diretor do Liceu Louis-le-Grand, 275
André, Jean, livreiro, 161-2
Andreae, 219
Ânito, 42
Anselmo, santo, 72, 90-1, 273, 661, 669, 674
Antístenes, 61
Anwander, Anton, 68
Apicius, 226
Apolodoro, 55
Aragon, Louis, 645-6
Arato, 55
Aretino, Pietro, 184, 187, 290
Argens, marquês de, 314, 387, 415, 442, 446, 451, 457

Argenson, Marc René de Voyer d', 374, 479
Aristarco de Samos, 62
Aristeu, 54
Aristides, 470
Aristodemo, o Pequeno, 47
Aristófanes, 42, 45, 53
Aristóteles, 68, 72, 78, 80-3, 88, 90-1, 124-5, 177, 193, 211, 217-8, 250, 288-9, 333, 726
Aristóxenes de Tarento, 45
Arnaud de Cervole, 110
Arnauld, Antoine, 243
Arnoux, 142
Arpe, 287
Arquelau, 44
Artigas-Menant, Geneviève, 366
Arvon, Henri, 323
Asses, Claude de, conselheiro do Parlamento, 162
Astruc, 457
Atena, 54
Aubespine, família, 159
Aubignac, abade d', 216
Aubijoux, 239
Aubry, padre, 367
Auger, padre jesuíta, 205
Aulard, A., 528
Austatz, Guillaume, 106
Averróis, 72, 78-80, 82-3, 88, 165-6, 177, 182
Avicena, 78
Ayer, Alfred Jules, 674
Ayfre, Amédée, 696

B
Bachaumont, Louis de, 239, 372, 429
Baco, 54
Bacon, chanceler, 222, 247, 292
Bacon, Francis, 172
Bacon, Nicolas, 172
Badius, Conrad, 121
Baetens, Roland, 408-9
Bagny, cardeal de, 244
Bakunin, Mikhail, 591
Balaão, 229

Baldigiani, padre Antonio, 281
Ballanche, Pierre-Simon, 599
Balzac, Guez de, 234-5, 250
Balzac, Honoré de, 597
Barbe, Michel, 702
Barbey d'Aurevilly, Jules, 530
Barbier, 465
Baret, 510
Barnabé, 104
Barodet, seminarista, 589
Barrough, Peter, 232
Bary, René, 276
Basalù, Giulio, 127
Basin, Louis, médico, 240, 263-4
Basso, Sébastien, 282
Bassompierre, François de, 213
Batowski, escritor, 400
Baudeau, Nicolas, abade, 370
Baudelaire, Charles, 146
Baudin, Pierre, 220
Baudrillard, Alfred, 579
Bauer, Bruno, 586, 607, 618
Baxter, Richard, 172
Bayet, Albert, 650
Bayle, Pierre, 6, 21, 253, 262, 278, 287, 306, 309, 313-4, 322-5, 335, 372, 387, 399, 403, 423, 446, 448, 458, 659
Beauchamp, 88
Beaughon, Albert, 650
Beaumont, Christophe de, 454, 456
Beauvoir, Simone de, 692
Béchonnet, padre, 508-9
Beda, 194
Bédeillac, Arnaud de, 108
Beeckmann, Isaac, 243
Belinsky, Vissarion Grigorevitch, 602
Bellarmino, cardeal, 219
Belon, Pierre, 146
Belurgey, Claude, 250
Bembo, cardeal, 126, 205
Ben Avouyah, Eliseu, 32
Benedicti, Jean, franciscano, 167, 184
Benedictis, padre Giovanni De, 281
Benet, Guillemette, 107
Bénichou, Paul, 601

ÍNDICE ONOMÁSTICO

Benitez, Miguel, 423
Benoist, Élie, pastor, 314
Bentley, Richard, 302-3, 320, 330, 332
Bento, papa, 303
Béranger, Pierre Jean de, 544
Bérauld, Nicolas, 190
Berengário, arquidiácono de Angers, 86
Bérenger, padre de Laverune, 508
Bergier, abade, 429, 453-4, 474, 556
Bergman, Ingmar, 696
Bergson, Henri, 16-7, 634
Berkeley, George, bispo, 333-4
Bernard de Seneffe, 95
Bernardino de Siena, 188
Bernardo de Chartres, 84
Bernardo, são, 85-6, 115
Bernier, François, 265, 277, 308
Bernis, cardeal de, 403, 453
Berriot, François, 120, 123, 126, 131, 140, 175-7, 192-3
Bert, Paul, 587, 590
Berthelot, Marcelin, 558, 577, 589, 592
Bertier, abade, 420
Bertier, Charles, 295
Bérulle, cardeal, 273, 281
Betissac, tesoureiro, 105
Beurrier, Pierre, 262-4
Bianchi, S., 510
Bion de Boristeno, 46, 62
Biscazza, Girolamo, 129
Bitaud, Jean, químico, 243, 282
Blackall, Offspring, 322
Blanc, padre, 509
Blanchard, abade, 447
Blancone, P., 168
Bloch, Ernst, 32
Bloch, Olivier, 476, 723
Blot, barão de, 239, 268
Blount, Charles, 328
Blount, Christopher, 172
Bloy, Léon, 594
Boccaccio, 103-4, 147, 185, 290
Bochart, Samuel, 291
Bodin, Jean, 299
Boécio de Dácia, 81, 284
Boehme, Jacob, 219, 709

Boerhaave, Hermann, 310, 482
Boguet, Henri, 145
Bohm, David, 708
Boileau, Nicolas, 269
Boindin, Nicolas, 407, 418-9, 456
Bois, Paul, 533-4, 554, 569
Bolingbroke, Henry Saint John, 421
Bolser, Jérôme, 195
Bonald, Louis de, 299, 556, 571
Bonald, Victor de, 580
Bonaparte, Luís Napoleão, 525, 557
Bonaventure de Fourcroy, 458
Bonhöffer, Dietrich, pastor, 667
Boret, Aycard, 108
Bori, Girolamo, 290
Boschet, padre, 410
Bossuet, Bénigne, 73, 253-6, 271-2, 277, 313, 318, 320, 336, 454, 533, 556
Bouchard, 238
Bouchard, abade, 419
Boucher, Jean, 220, 222
Bouchet, Guillaume, 146
Bouchet, padre do Gare, 508
Bouchet, padre, 317
Bouhier, juiz, 364
Bouillon, cavaleiro de, 268
Bouillon, duquesa de, 268
Boulainvilliers, Henri de, 277-8, 312, 315, 418, 421, 446
Boulanger, Nicolas-Antoine, 365, 401, 446, 459, 484
Boulard, cônego, 685
Boulliau, Ismaël, 237
Bourbon, Nicolas, 190
Bourdelot, Pierre, médico, 238, 253, 291
Bourdin, J.-C., 492
Bourdon, Léonard, 517
Boureau-Deslandes, 448, 450
Bourgueville, 137
Bourguillot, J.-R., 373
Bourleroy, 261
Boutauld, padre Michel, 223
Boyer, Pierre, 590
Boyle, Robert, 332
Bradlaugh, Charles, 557
Bradley, François, 609

Braithwaite, R. B., 674-5
Brégy, 271
Bréhier, Émile, 81-2, 84, 93
Breil, André du, 202
Brel, Jacques, 653
Brentius, 156
Breteuil, barão de, 402
Breughel, Pieter, 204
Briand, Aristide, 558
Briggs, E. R., 418
Bright, Timothy, 232
Brissac, duque de, 239, 402
Broca, Paul, 557, 589
Broët, padre, 140
Brown, Thomas, 427
Browne, Thomas, 177
Bruaire, Claude, 94
Bruneau, Laurent, padre, 371
Brunet, Claude, 307
Bruno, Giordano, 130, 184, 188-90, 198, 223, 280, 283, 290, 428
Brunschvicg, León, 21, 609
Bruto, 63
Brutus, seção, 517
Büchner, Ludwig, 563, 590, 630, 699
Buda, 525, 617, 628, 739
Buddeus, Johann, 302, 460
Buffier, padre, 313
Buffon, Georges Louis Leclerc, 430, 479, 493
Buisson, Ferdinand, 551-2, 558, 563-4, 577, 592, 721, 744
Bukharin, Nikolai, 638
Bull, 327
Bultmann, Rudolf, 667
Bunyan, John, 172
Buñuel, Luis, 653, 696
Burchard de Worms, 110
Burckhardt, Jacob, 131
Burman, 272
Burnet, Thomas, 254, 322, 328
Burnouf, 586
Burton, Robert, 232-3
Busson, Henri, 119, 124, 139, 178, 205, 237
Bussy, senhoritas de, 276

Butler, Samuel, 332
Buxton, John, 295

C

Cabanis, Pierre-Jean, 452, 460, 479
Caffarelli, monsenhor, 535
Caillois, Roger, 21-2, 526
Caius, John, 172
Calepinus, 137
Calímaco, 53
Callot, Jacques, 204
Callou, Jacques, cônego, 359
Calmet-Beauvoisins, 513
Calvinhac, 561
Calvino, 121, 134, 138-9, 152-5, 160, 192-3, 195, 234, 537
Câmara, Hélder, 584
Campanella, Tommaso, 177, 222, 266
Camus, Albert, 671, 691
Candale, conde de, 239, 249
Canfeld, Benoît de, 375
Cantimori, Delio, 126
Capra, Fritjof, 708
Carabellese, Pantaleo, 609
Cardano, Girolamo, 132, 148, 166, 183, 186, 232, 283, 290
Cardini, Franco, 204
Carlos Teodoro, eleitor da Baviera, 467
Carlos V, 184
Carlos X, 573
Carnap, Rudolf, 673
Carnéades, 62
Carnot, Hyppolite, 602
Carot, Jaquette, 106-7
Carra, Jean-Louis, polígrafo, 479
Carré de Montgeron, conselheiro do Parlamento, 418
Carrefour, salteador, 202
Carus, Carl Gustav, 599
Casanova, Giovanni Giacomo, 403
Casaubon, Isaac, 289
Casimir, capuchinho, 282
Cássio, 63, 166
Castellani, irmão Angelo, 288
Castellion, Sébastien, 121, 128, 192
Castor, 54

ÍNDICE ONOMÁSTICO

Castro, Fidel, 682
Castro, Orobio de, 426
Catalan, Antoine, 138
Catão, 448
Catarina de Médicis, 162, 201
Catulo, 164
Cauchy, Augustin, barão, 576
Caussin, jesuíta, 221-2
Caveing, Maurice, 655
Caylus, bispo de, 416-7
Caylus, conde de, 364
Caylus, senhora de, 421
Cazalat, Charles, 560
Cecco, d'Ascoli, 104, 149
Celso, 166, 176, 199, 215
Ceriziers, 222
Certeau, Michel de, 667
Cesalpino, André, 124
Cesarini, Virginio, 281
Cesi, Federico, 280
Chain, comissário, 513
Chakhov, Alexandre, 369
Châles, 512
Challe, Robert, 316, 424
Chamfort, Nicolas de, 443, 450
Champion, Françoise, 706-7
Changeux, Jean-Pierre, 678
Chantecler, René de, advogado, 213, 248
Chantreau, 521
Chapelain, Jean, 259
Chapelle, Claude-Emmanuel, poeta, 265-6, 268
Charbonnel, J.-R., 124, 217, 237
Charbonnel, Victor, abade, 589
Chardin, Jean, 308
Charlesworth, M. J., 675
Charrier, abade, 416
Charron, Pierre, 182-3, 216, 221, 226-7, 230, 235-7, 363
Chassaneuz, Barthélemy de, 141
Chassanion de Monistrol, Jean, 134
Chateaubriand, François René, visconde de, 571
Châteauneuf, abade de, 268
Châtelet, Madame du, 322
Chaucer, Geoffrey, 171

Chaudon, Louis-Mayeul, 367, 407
Chaulieu, abade de, 268
Chaumette, Pierre, 520-1
Chauvelin, Germain Louis de, ministro da Justiça, 364
Chauveton, Urbain, 134
Chauvigny, Claude de, 268, 403, 448
Che Guevara, 682
Chedin, 513
Chemin, livreiro, 525
Chénier, André, 460, 479
Chesneau-Dumarsais, César, 425, 446, 448
Chesnelong, Pierre Charles, senador, 570
Chevallier, Pierre, 596
Chillingworth, William, 329
Choiseul, Étienne François, duque de, 453
Choisy, François Timoléon, abade, 268
Cholvy, Gérard, 545, 603
Chubb, Thomas, 330, 332
Cibele, 65
Cícero, 45-6, 54, 63, 135, 190-1, 244, 448
Cinésias, 54
Cipião Emiliano, 63
Clair, Pierre, 423
Clamanges, Nicolas de, 109-10, 113
Claraz, Jules, abade, 588
Clarckson, Laurence, 293
Clarke, Samuel, 304
Claudel, Paul, 594
Claves, Étienne de, 243, 282
Cleante, 56, 437
Cleland, John, 366
Clemenceau, Georges, 590
Clemente de Alexandria, 46, 75
Clemente XII, 466
Cléré, René de, 576
Clifford, Martin, 421
Clínias, 50
Cloots, Anacharsis, 367
Clouzot, Henri-Georges, 661
Clóvis, 701, 244
Cobb, Richard, 505, 515, 518, 523

746   GEORGES MINOIS

Codrington, 15
Coëffeteau, bispo, 213
Coke, sir Edward, juiz, 172
Colbert, Nicolas, 408
Colecchi, 609
Collin, R., 688
Collins, Anthony, 312, 330-2, 335, 387
Combes, Émile, 536
Comenius, Jan Amos, 219
Comte, Auguste, 12, 593, 601, 621-2, 657, 730
Condé, Luís de, príncipe, 275
Condillac, Étienne Bonnot, 370, 478, 514
Condorcet, marquês de, 316, 471
Confúcio, 277, 439, 510
Constant, Alphonse-Louis, abade, 601
Constant, Benjamin, 671
Conte, Charles, 711
Conti, Antonio, 418, 420-1
Copérnico, Nicolau, 216, 245
Coppin, Richard, 293
Corbinelli, secretário, 276
Cordemoy, Géraud de, 274
Cotin, Charles, abade, 139, 220, 265
Coton, padre Pierre, 222-5
Coudereau, doutor, 564
Coupé, membro da Convenção, 509-10
Couplet, jesuíta, 277
Courthop, George, 295
Courtin, abade, 268
Cousin, Bernard, 529
Cousin, Victor, 478, 586, 598
Coutiller, Jean, 275
Coward, William, 311, 330-1, 334
Coyer, 370, 372
Cramail, conde de, 238, 260, 287
Crates, 45
Cremonini, 244, 248, 288-9
Crespet, padre Pierre, 166, 204
Creuzer, Friedrich, 599
Crisipo, 54
Cristina da Suécia, rainha, 177, 216, 291
Cristo, 4, 30-1, 37, 62, 80, 87, 89, 97, 102-4, 107, 111, 127-8, 138-9, 153, 156-7, 159-61, 165, 171-2, 177, 182, 184, 187-8, 190-3, 195, 197, 220,

226, 262, 264, 279, 281, 285, 288, 293, 331-2, 341, 343, 352, 354-6, 389, 391, 398, 418, 424-6, 433, 456, 468, 480, 514-5, 586, 617, 619, 654, 665, 667, 690-1, 703, 706, 713, 716, 721-2. Ver também Jesus Cristo.
Crítias, 54
Croce, Benedetto, 609, 690
Croft, Herbert, 328
Croiset, padre, 315
Croix, Alain, 140
Crouseilhes, monsenhor de, 539
Croy, monsenhor de, 532
Cubells, Monique, 529
Cudworth, Ralph, 296-7, 306, 314, 333
Curie, Pierre, 562
Cusani, 609
Cuvelier, cronista, 111
Cyrano de Bergerac, 73, 266-7

D

Damião, Pedro, 86
Damilaville, 365, 468
Damour, Socrate, 514
Dampmartin, Pierre de, 179
Daneau, Lambert, 144
Dangeau, marquês de, 401
Daniel, 148, 583
Daniel, jesuíta, 243
Dante, 88, 132
Danton, Georges Jacques, 517, 526
Daraki, Maria, 53, 55-6, 61, 70
Darmanson, 274
Darnton, Robert, 455
Darwin, Charles, 575, 631
Daumard, Adeline, 543-4
Dauthier de Santi-Sauveur, cônego, 508
Davi, 351
David de Dinant, 84
David, monsenhor, 540
De Gaulle, Charles, 655
Deborine, A., 369
Décio, 67
Decloux, padre, 1
Deffand, senhora, 469
Deffay, Claude, 144

ÍNDICE ONOMÁSTICO

Déhénault, Jean, 252, 269
Delisle de Sales, 442
Deloffre, Frédéric, 424
Delon, Pierre, 646
Delumeau, Jean, 71, 97, 114, 143, 704, 712
Dêmades, 46
Deméter, 53, 54
Demétrio, 46, 53
Demócrito, 38-9, 44, 48-9, 166, 182, 189, 232, 280, 282, 476, 615, 726
Denonain, J., 178
Denyse, Jean, 305
Deprun, Jean, 288, 362, 490
Derenne, É., 40
Derodon, 221-2
Des Périers, Bonaventure, 148, 183, 190, 198-200
Des Rues, F., 184
Desbois de Rochefort, 504
Descartes, René, 92, 126, 189, 217, 219, 243, 251, 255, 271-81, 287, 302, 308, 311, 330, 332, 334-6, 348, 363, 422, 428, 436, 470, 476, 496, 669, 727
Deschamps, Dom Léger-Marie, 370, 373-5, 460-1
Desfieux, 517
Desgranges, abade, 567
Deshoulières, Madame, 253, 269
Désiré, Artus, 205
Desné, Roland, 342, 360, 369, 424
Despars, Jacques, médico, 241
Desroche, Henri, 546
Destutt de Tracy, Antonie Louis Claude, conde de, senador, 461, 479
Desvalois, Pierre, 653
Dewey, John, 654
Diágoras, 42, 44-5, 64, 75-6, 153, 232, 284, 299, 363
Dicearco, 55
Diderot, Denis, 302, 335, 365, 374, 415, 434, 436, 441-3, 448, 450-1, 454, 457, 459-60, 462, 464, 467-8, 472, 479, 481, 483, 492-3
Diecmann, teólogo, 287
Digby, cavaleiro, 187
Dinet, Dominique, 416-7

Diodati, Élie, 238
Diodoro, 54
Diógenes de Apolônio, 45
Diógenes de Oinoanda, 40
Diógenes Laércio, 39-40, 45, 61
Diógenes, 45, 61-2, 123, 232, 246
Dionis Du Séjour, Pierre-Achille, 418
Dionísio Skytobrachion, 55
Dioniso, 45, 54
Diopites, 39, 40-1
Dmochowski, escritor jacobino, 400
Dolet, Étienne, 120-1, 128, 147, 160, 183, 190, 192, 198, 562
Dolivier, padre, 511
Dortous de Mairan, cientista, 421
Dostoievski, Fedor, 722
Draper, J. W., 577
Drews, 586
Du Bellay, Joachim, 137
Du Cange, Charles, 320
Du Fail, Noël, 166
Du Guesclin, Bertrand, 111
Du Halde, padre, 314
Du Hamel, Jean-Baptiste, abade, 275, 282
Du Pan, 471
Du Perron, cardeal, 122
Du Rondel, pastor calvinista, 265
Dubois, abade, 372
Ducastelier, Adrien-Louis, 511
Duclos, Charles, 407, 419, 421, 451
Dufresse, 513
Duhamel, abade, 589
Duhamel, Georges, 689
Duilhé de Saint-Projet, 579
Dumond, André, 513
Dumoulin, Pierre, 184
Duns Scot, João, 93
Dupanloup, monsenhor, 533, 563, 594
Duplessis-Mornay, Philippe de, 178-83, 227
Dupont de Nemours, Pierre Samuel, 442
Dupréau, Gabriel, 137-8, 159
Dupuis, Charles-François, advogado, 476, 484, 515, 543, 585-6
Dupuy, Jacques, 213
Dupuy, Pierre, 213

748 GEORGES MINOIS

Duran, M., 490, 653
Durand, Guillaume, 109
Dürer, Albrecht, 204
Durkheim, Émile, 12-5, 29, 587, 730
Dutertre, padre, 313
Duval Le Roy, 540
Duveau, G., 545
Duvernet, abade, 447

E
Eckhart, Mestre, 94
Eco, Umberto, 721
Édipo, 21, 561, 633
Edoneu, 38
Edwards, John, 328
Egídio Romano, 79
Ehrard, Jean, 430
Einstein, Albert, 650, 678, 690
Elbène, Alexandre d', 261
Eliade, Mircea, 18, 23
Elias, 132
Elizabeth I da Inglaterra, 170
Empédocles, 37-8, 56
Engels, Friedrich, 478, 589, 619-20, 699
Epicuro, 4, 33, 38, 56-60, 64, 132, 153, 164-6, 169, 176, 182, 189, 226, 232, 242-3, 250, 259, 265, 269, 280, 282, 285, 330, 334, 363, 480, 482, 615, 726-7
Epifânio, 40
Epiteto, 607
Erasmo, 121, 127-9, 147, 169, 214, 330
Ernstius, Henri, 197
Escarpit, Robert, 652
Escoto Erígena, João, 83
Escoto, Miguel, 87
Esculápio, 54, 456
Eslin, Jean-Claude, 716
Esnault, poeta, 253
Espiard de La Borde, François Ignace d', 371
Estácio, 222
Estienne, Henri, 121-2, 147, 161-2, 183, 198, 205
Estilpo, 45-6
Estratão, 312

Eurípedes, 53
Eva, 165, 599
Evêmero, 46, 52, 54, 75-6, 104
Ezequiel, 453

F
Fabro, Cornelio, 67-8, 72, 323, 685
Falkland, lorde, 292
Falloux, conde de, 578
Farinata, capitão, 88
Farnese, Alessandro, 205
Faure, Sébastien, 568, 589
Favre, Robert, 441, 443, 447, 451
Febvre, Lucien, 73, 120-3, 134, 137, 143, 183
Félix, padre, 574
Feller, François-Xavier de, 446
Fellini, Federico, 696
Fénelon, 266, 277, 305, 344-5, 361, 363, 430, 533
Feramus, Charles, advogado, 213
Fernel, Jean, 232
Ferré, Léo, 653
Ferté, Jeanne, 264
Festugière, J.-A., 57
Feuerbach, Ludwig, 586, 610, 612-7, 657
Fiamengo, professor, 647
Fichte, Johann Gottlieb, 440
Ficino, Marsílio, 179
Figuier, Richard, 720
Filodemo, 45
Findlay, J. N., 674
Firmin, Pierre, 124
Flammarion, Camille, 563
Flaubert, Gustave, 544, 560
Flavin, Melchior de, 133, 201
Fléchier, Esprit, 372
Fleuriot de Langle, Paul Antonie Marie, 449
Fleury, cardeal de, 364
Flew, A., 674
Flourens, Gustave, 563
Foigny, Gabriel de, 265-6
Foix, duque de, 268
Fontanier, 221
Fontenelle, Bernard Le Borier de, 21, 309, 322, 407, 335, 467, 476, 727

ÍNDICE ONOMÁSTICO

Fontpertuis, 270
Fontrailles, Louis de, 239
Foresti, padre Antonio, 319
Fortin de La Hoguette, Philippe, 248
Foucault, Jean, 101
Foucault, Michel, 667
Fouché, Joseph, 506, 512-3, 515, 520-1
Foudriat, Antoine, abade, 372
Fourier, Charles, 601
Fournier, Jacques, 106
Fox, John, 172
Fox, Robin Lane, 67
France, Anatole, 558-9
Francisco de Assis, são, 115
Francisco de Sales, são, 219
Francisco I, 119, 159, 184, 203, 245
Franco, Niccolo, 290
François de Foix, 138
François, Laurent, abade, 303
Franklin, William, 293
Frederico Guilherme II da Prússia, 466
Frederico II, imperador germânico, 87-8, 105, 482
Frederico II, rei da Prússia, 79
Freppel, monsenhor, 568
Fréret, Nicolas, 321, 421, 425-6
Fréron, Élie, 524
Fresnel, Augustin, 576
Fretault, Jean-Baptiste, 508
Freud, Sigmund, 96, 631-2, 712
Froeschlé-Chopard, M.-H., 413
Froidmont, Libert, 273
Froissart, Jean, 105
Fumée, Antoine, 138

G

Gaffarel, Jacques, 213, 237
Galeno, Cláudio, 125, 165-6
Galiani, abade, 370, 468, 474
Galileu, 189, 211, 216-8, 223, 271, 280, 336, 347
Galland, senhora de, 276
Gamaches, 222
Garasse, padre François, 122, 128, 186, 198, 221-2, 225-36, 242, 287, 470
Garat, conde, 529

Garaudy, Roger, 682, 702
Garnier, Antoine, abade, 567, 580
Gascoigne, George, 172
Gassendi, 213, 217, 237, 242-3, 254, 265-6, 269, 273-4, 281-2, 292, 302, 308, 330, 335, 475
Gastrell, Francis, 332
Gatti, 609
Gauchat, abade, 464-5
Gauchet, Marcel, 712
Gaulmin, Guillaume, 213
Gaultier de Niort, 278
Gaultier, doutor, 311
Gaultier, Jacques, jesuíta, 169
Gaunilo, monge de Marmoutier, 91
Gauss, Carl Friedrich, 576
Gautier, Théophile, 420, 594
Gebhart, E., 119
Geertz, C., 29
Genebrard, 177
Gentile, Giovanni, 107, 609
Gentillet, Innocent, 164-5, 289
Gerdil, cardeal, 576
Geremek, Bronislaw, 101
Gerhardt, 219
Gerlier, cardeal, 651
Gerson, Jean, 113-4
Gianonne, Pietro, 362
Gibbon, Edward, 335
Gibson, Edmund, bispo de Londres, 332, 387
Gide, André, 690
Gilbert, Claude, advogado, 428
Gilbert, padre, 661
Gilberto Porretano, 84
Gillet, padre, 360
Giovio, Paolo, 126
Girard, René, 521
Girardi, Jules, 660, 686
Glaber, Rodulfus, 89, 116
Glaire, J.-B., abade, 574
Glanvill, Joseph, 296
Glénat, 449
Gobet, bispo, 509
Godin, André, 722
Goethe, Johann Wolfgang von, 467, 598

Golovkine, Gavrilla, conde, 640
Gomez, Diego, 104
Gondel, David, 371
Gonson, sir John, 334
Goorle, David Von, 282
Gora, 698-9
Gottofrey, professor, 581
Goujet, abade, 188
Goulard, Simon, 145, 201
Grafft, padre jesuíta, 205
Grammont, 287
Gramont, conde de, 401
Gramont, duque de, 401
Grandmaison, P. de, 555
Gratien, bispo, 528
Gratry, Auguste Alphonse, 543
Grégoire, Pierre, 124
Gregório de Tours, 105
Gregório IX, 87
Gregório XVI, 115, 584
Gregório, o Grande, 105
Grenier, Albert, 62-3
Grenier, Fernand, 646
Grenier, Jules, 563, 590
Grew, Nehemiah, botânico, 306
Grignan, senhora de, 276
Grillet, monsenhor, 220
Grimarest, senhor de, 259
Grimm, barão de, 364
Grimmelshausen, Hans Jakob Christoph
  Von, 205
Gros de Besplats, abade, 445
Groslaire, comissário, 516
Grotius, 271
Gruet, Jacques, 130, 160, 190, 192-3,
  195, 198
Guérin, Daniel, 528
Guesde, Jules, 551
Guget, François, 250
Guibert, monsenhor, 568
Guilherme de Conches, 84-6
Guilherme de Occam, 93, 280, 674, 727
Guilherme de Saint-Thierry, 86
Guilherme Firmat, são, 95
Guilherme III, rei da Inglaterra, 334
Guillard, padre de Montagny, 509

Guillaume, padre, 362, 421
Guillotin, abade, 342
Guizot, François, 594
Gusdorf, Georges, 15, 18, 20, 23, 92,
  270, 466, 579, 598-9, 723
Gutzkow, Karl, 578
Guyon, abade, 539
Guyon, Madame, 269

H

Habasque, vigário, 539
Haeckel, Ernst, 563, 631
Hagnónides, 46
Hali d'Abenragel, 149
Hall, G. S., 631
Haller, Albrecht von, 457, 467
Hamann, Johann Georg, 440
Hamel, Jean du, 275, 282
Hamont, Matthew, 171
Hardouin, Jean, jesuíta, 264, 470
Hardy, Thomas, 689-90
Harel, abade, 447
Hariot, Thomas, 172
Harrent, abade, 589
Harris, John, doutor, 332
Hartmann, Eduard von, 625
Hartmann, Nicolai, 672
Hartsoeker, Nicolas, 306
Haudessens, René de, 238
Hayer, J.-N., 464
Haymier, inspector, 425
Hazard, Paul, 212
Hébert, Jacques, 520
Hecateu, 54
Hecquet, Philippe, 310, 457
Hegel, Friedrich, 478, 606-8, 610, 618-
  9, 627
Heidegger, Martin, 667, 672
Heine, Heinrich, 531-2
Helideu, 126
Heliogábalo, 226
Helvétius, Claude Adrien, 365, 400, 436,
  442, 451, 455, 460, 462, 473, 478,
  481, 514-5
Hémery, inspetor d', 407
Hemingway, Ernest, 692

ÍNDICE ONOMÁSTICO

Henrique II, rei da França, 130, 205
Henrique III, rei da França, 141, 201
Henrique IV, rei da França, 201, 223, 237
Hera, 38
Heráclito, 4, 36-7
Herbélot, d', 315
Hércules, 54
Herder, Johann Gottfried, 440, 467, 577, 598
Hermocles, 53
Herriot, Édouard, 587, 650-1
Hervet, Gentien, 159, 179
Hesíodo, 75
Hill, Nicolas, 280, 292
Hiorth, Finngeir, 30, 698-700
Hipócrates, 125, 201, 317
Hipodamos, 62
Hipon de Melos, 76
Hipon de Régio, 47
Hobbes, Thomas, 254, 278-9, 319, 326-7, 329-30, 332, 334-5, 387-8, 428, 448, 450, 475-6
Hocking, Guillaume, 609
Holbach, barão d', 178
Holyoake, George, 557
Homero, 75, 125, 250
Honório de Autun, 101
Hooke, Robert, 322
Horácio, 89, 154, 285, 447
Hourdin, Georges, 4, 556, 585, 691
Houteville, Charles-François, 321, 476
Howitt, 13
Huarte, médico, 240
Huet, François, 562
Huet, Pierre Daniel, 279-80, 304, 317-8
Hugo, Victor, 564, 568, 597-8
Hugueny, comissário civil, 505
Hugues, Clovis, poeta, 560
Hullon, Jean-Baptiste, 242
Hulst, monsenhor d', 574
Hume, David, 326, 436-7
Hus, Jan, 115
Huvelin, abade, 568
Huxley, Julien, 650
Huxley, Thomas Henry, 688

I

Iaroslavski, E., 638, 642, 645
Ibn al-Jawzi, 88
Ibn Badja (Avempace), 78
Ibn Burd, Bassan, 79
Ibn Roschd (Averróis), 78
Ibn Sabin, 88
Ibn Tufayl (Abubacer), 78
Inizan, padre, 539
Inocêncio III, 115
Inocêncio IV, 205
Inskip, sir Thomas, 642
Isaac, 78
Isaías, 194
Ísis, 65
Ivanov, escritor, 647
Ivo, santo, 536, 547

J

Jacobi, Friedrich Heinrich, 441, 598-9
Jadin, Joseph, padre, 371
Jaime II, rei da Inglaterra, 326, 329
Jaquelot, Isaac, 278
Jaspers, Karl, 438, 672
Jaurès, Jean, 577, 728
Jeanne d'Albret, 158
Jeanne des Anges, 294
Jens, Peter, 278
Jeová, 614, 639, 717
Jeremias, 31
Jerônimo de Praga, 103
Jesus Cristo, 30, 87, 89, 139, 177, 187, 195, 197, 220, 262, 264, 279, 352, 356, 391, 418, 424-5, 480, 514, 667
Jó, 31, 148, 194
João Paulo II, 115, 652, 682, 716
João XXIII, 115
João, são, 98-9, 127, 619
Joaquim de Fiore, 196, 704
Jogand-Pagès, Gabriel-Antoine, 550
Johann, Robert O., 687
Join-Lambert, P., 532
Joly de Fleury, advogado, 473, 481
Jonas, 229, 574, 579
José, são, 514

Josephson, Brian D., 708
Josué, 319, 321
Jouffroy, Théodore, 596
Journet, Noël, 130, 166
Jovinus de Solcia, 104
Judas, 355, 594
Juigné, monsenhor de, 379
Juliano, dito o Apóstata, 182, 215, 232
Julien Le Sage, cônego, 406
Julien, pastor, 509-10
Júlio III, 363
Jung, Carl Gustav, 96, 219, 633
Junqua, abade, 589
Júpiter, 65, 156, 191
Jurieu, Pierre, 311, 323
Justel, Henri, 268
Juvenal, 89

K
Kahane, Ernest, 655
Kalthoff, 586
Kant, Emmanuel, 92, 436, 438, 531, 562, 705
Keith, milorde, 364
Keller, Gottfried, 624
Kelly, Edward, 172
Kerler, Dietrich, 657
Khayyam, Omar, 77
Kierkegaard, Søren, 92, 623, 670
Killigrew, Thomas, dramaturgo, 294
Kirwan, 575
Klohr, Olof, 647
Kolakowski, Leszek, 682
Kologrivof, Ivan, 640
Kors, Alan Charles, 474
Kraus, 599
Krishnamurti, 708
Kristeller, P. O., 124-5
Kryvelev, I. A., 646
Küng, Hans, 613, 666

L
L'Estoile, Claude de, 198
L'Estoile, Pierre de, 202
L'Estrange, sir Roger, 294

La Brosse, Gui de, 250
La Bruyère, Jean de, 256-9, 534
La Chalade, professor, 198
La Chapelle, abade de, 365
La Fare, marquês de, 268
La Fontaine, Jean de, 259, 265, 268, 448
La Fresnaye, médico, 221, 240
La Loubère, Simon de, 277
La Mettrie, Julien Offroy de, 364-5, 427, 430, 446, 452, 454, 457, 462, 468, 468, 478, 482-3
La Monnoye, Bernard de, 186, 198
La Mothe Le Vayer, François de, 186, 213, 217, 245, 347
La Noue, François de, 139, 162-4, 170
La Place, 407
La Primaudaye, Pierre de, 165, 232
La Ramée, Pierre de, 197
La Roche-Chandrieu, Antoine de, 121
La Sablière, senhora de, 259, 268
La Serre, 321
La Vallière, duque de, 178
Labat, padre, 313
Labre, Benoît Joseph, 566
Labrousse, Élisabeth, 323
Lacombe, padre, 222
Lacordaire, Henri, 578
Lafargue, Paul, 562, 590
Lafitau, padre Joseph-François, 314
Lagneau, Jules, 609
Lagrée, Jacqueline, 711
Lainez, poeta, 253
Lallemant, padre Pierre, 445
Lalouette, Jacqueline, 557, 559, 566, 646
Lambert, Yves, 685, 717, 720
Lamennais, Félicité de, 541, 568
Lamennais, Jean-Marie de, 537-8, 549, 572-3, 576, 578, 584
Lamoignon, juiz de, 364
Lampire, Tom, 293
Lamy, François, beneditino, 277, 305
Lamy, Guillaume, médico, 282-3, 307, 311, 430
Lancre, Pierre de, 145-6
Land, Andrew, 13
Lange, Friedrich Albert, 36, 478

ÍNDICE ONOMÁSTICO

Lao-Tsé, 30
Laplanche, François, 512, 580
Lardeyrol, Firmin, 511, 513
Larroque, P., 594
Lassay, marquês de, 457
Lau, escritor alemão, 399, 428
Lauder, John, 295
Lauderdale, duque de, 294
Launay, Gilles de, 282
Launay, senhorita de, 276
Laurens, Henri-Joseph, 370, 373
Laval, Antoine de, 167
Laveaux, 519-20
Le Blanc, padre jesuíta, 205
Le Bras, Gabriel, 3, 378-80, 405, 537, 553-4, 683
Le Clerc, Jean, 278, 305-6, 308, 458
Le Cornec, padre de Paimpol, 538
Le Corre, René, 711
Le Dantec, Félix, 591
Le Dru, capitão, 548
Le Fèvre de La Boderie, Guy, 156, 179
Le Gobien, padre, 313
Le Goff, Jacques, 71, 97
Le Grand, franciscano, 265
Le Jeune, B., 381
Le Loyer, Pierre, 134, 145, 149, 166
Le Maire, Guillaume, 111
Le Maître de Claville, 445
Le Mée, monsenhor, 541
Le Meur, abade, 684
Le Petit, Claude, 268
Le Picard, François, 155-6
Le Roy Ladurie, Emmanuel, 73, 106-8, 146, 372, 417
Le Roy, Édouard, 92
Le Verrier, Urbain, 576
Leão X, 79, 184, 363
Lebesque, Morvan, 652
Lebon, Joseph, 512
Lebrun, François, 381
Lecouteux, C., 105
Lefèvre, André, 362
Lefranc de Pompignan, Jean-Jacques, 435, 453
Lefranc, Abel, 120

Legendre de Saint-Aubin, 315
Lehmann, 15-6
Leibniz, Wilhelm, 92, 178, 259, 274-5, 302-4, 306, 320, 334
Lémery, Nicolas, 277
Lenclos, Ninon de, 261, 268, 418, 448, 582
Lenin, 572, 589, 615, 617-8, 638
Lenoble, Robert, 131, 676
Leon, Jean, 135
Leonardo da Vinci, 132
Lepp, I., 671
Lequinio, representante, 521
Lermina, J., 551
Leroux, Pierre, 601
Léry, Jean de, 134-7
Lescarbot, Marc, 134
Lessing, Gotthold Ephraïm, 400, 439-41, 598
Lessius, jesuíta, 222
Leuba, J. H., 631
Leucipo, 38, 317
Leuwenhoek, 336
Levert, Paule, 681
Lévesque, irmãos, 425
Lévi, Éliphas, 601
Levis, marquês de, 402
Lévi-Strauss, Claude, 17, 96, 667
Lévy-Bruhl, Lucien, 12, 22, 696
Ley, H., 72
Liancourt, senhor de, 258
Liard, Louis, 577
Libera, Alain de, 83
Lícon, 42
Licurgo, 185
Lignerolles, cortesão, 130
Lindet, bispo, 523
Linon du Val, inquisidor, 83
Littré, Émile, 568, 579, 619
Lobineau, Dom, 410
Locke, John, 267, 295, 297, 314, 321, 325-6, 330, 335, 387, 460, 476, 514
Lockroy, Édouard, 568
Loew, padre, 665
Loisy, Alfred, abade, 76, 581, 584
Lombardo-Radice, Lucio, 682

Longiano, Fausto de, 187
Longue, escritor, 454
Longueville, duque de, 248
Lorimier, René, abade, 589
Lorulot, André, 651
Loth, 97, 229
Louvet, Jean-Baptiste, 524
Lovell, Thomas, 171
Lubac, Henri de, 12, 657
Lubbock, John, 12
Lucas, biógrafo, 278
Luciano, 67, 103, 128, 164-5, 184, 192, 199, 223
Lucílio, Caio, 63
Lucrécio, 58-61, 63, 65, 71, 103, 154, 161, 165-6, 183, 190, 232, 259, 265, 281, 348, 363, 403, 453, 485, 726
Luillier, 238
Luís XIII, 237, 248
Luís XIV, 115, 246, 253-4, 259, 269, 297, 401, 422
Luís XV, 421, 454
Luís, são, 112
Lúlio, Raimundo, 80
Lunatcharski, Anatoli, 640
Lustiger, Jean-Marie, cardeal, 662
Lutero, Martinho, 115, 119, 122, 128, 147, 226, 537, 627
Luynes, duque de, 275, 402

M

Mabillon, Jean, 320
Mably, Gabriel Bonnot de, 370, 461
Macróbio, 77
Madre de Dios, Jerónimo de la, 177
Magnan, Jean-Chrysostome, 243
Magnen, J. C., 282
Mahesh, Maharishi, 708
Maignan, Emmanuel, frade da Ordem dos Mínimos, 274
Mailly, monsenhor de, 360
Maimbourg, padre, 128
Maimônides, 78
Maine, duquesa de, 276
Maistre, Joseph de, 219, 575

Malebranche, Nicolas, 92, 255, 270, 273, 277, 302, 305, 309, 316, 345-8, 363, 427, 470, 476
Malesherbes, Chrétien Guillaume, 455
Malézieux, 268
Malherbe, François de, 216
Malraux, André, 725
Mancini, Giulio, 290
Mandeville, Bernard de, 329
Mâneto, 319
Mangenot, abade, 72, 579, 656
Mann, Thomas, 690
Manzoli, marquês de, 290
Maomé, 79, 87, 89, 104, 176-7, 185, 188, 232, 263, 315, 456, 510, 525
Maquiavel, Nicolau, 159, 162, 164, 166, 184-6, 232, 284
Marais, Matthieu, 262
Marana, 278, 363
Marat, Jean-Paul, 517
Marcel, Gabriel, 92
Marcel, padre jesuíta, 205
Marchand, Prosper, 103
Marcial, 164
Marco, frade beneditino, 127
Marco, Salvatore di, 682
Marcos, são, 350, 702
Maréchal, Sylvain, 368, 442, 448, 461, 484-6, 489, 496, 520, 526
Maret, abade, 576, 579, 596, 598
Margarida de Navarro, 198
Marguerite-Marie, 254
Maritain, Jacques, 23, 659
Marlowe, Christopher, 172
Marolles, Michel de, abade, 213, 237, 242, 265-6
Marot, Clément, 235
Marsham, John, 319-20
Marta, santa, 295
Martin du Gard, Roger, 585, 689
Martin, André, 274
Martin, David, 717
Martin, Hervé, 95-6
Martinetti, Piero, 609
Martini, Carlo Maria, cardeal, 721

ÍNDICE ONOMÁSTICO

Marx, Karl, 36, 369, 478, 542, 572, 590, 606, 615-7, 619-20, 624, 638-9, 657, 699
Mascardi, Agostino, 281
Massillon, Jean-Baptiste, 381-5, 417
Mateus, São, 705
Mathiez, Albert, 528
Matthieu, Pierre, 168
Maturi, 609
Matusalém, 229
Maubert de Gouvest, Jean-Henri, 457, 479
Mauffret, dom, 373
Mauléon, Auger de   , 213
Maunoir, padre Julien, 410, 412
Maupertuis, Pierre Luis Moreau, 304, 446, 448, 482-3
Maury, Jean Siffrein, 370
Mautner, F., 1
Mayer, Jean Frédéric, 178
Mayeur, Jean-Marie, 592, 721
Mazarino, Jules, 244, 260
McNicholl, padre, 592
McTaggart, Jean, 609
Medici, Júlio de, cardeal, 126
Médicis, Cosme de, 245
Médicis, Lourenço de, 245
Meleto, poeta, 42
Melin de Saint-Gelais, 235
Mendelssohn, Moisés, 400
Mendoza, Jean de, 134
Menetra, Jean-Louis, artesão, 407
Menier, Jean, 162
Menjot, Antoine, médico, 282
Mercier, Sébastien, 394-5, 397-8, 442, 464, 525
Méré, cavaleiro de, 253, 262
Mérimée, Prosper, 594
Merleau-Ponty, Maurice, 669, 671
Mersenne, padre Marin, 177, 186, 198, 202, 213, 217-8, 220, 222-3, 240, 242, 264, 271-2, 287, 292, 476
Meslier, Jean, dito o cura, 31, 212, 241, 278, 288, 336, 339-54, 356-77, 395, 420, 422, 441, 465, 476, 428, 499, 507, 538, 584, 727

Mesmer, Anton, 465, 602
Métier, Germain, 511
Metternich, conde de, 467
Metz, J. B., 688
Meunier de Querlou, 365
Mezêncio, 232
Michel, Patrick, 704
Michelet, Jules, 525, 573, 594, 601
Migne, abade, 453
Mikhailov, T. M., 647
Milanesi, Giancarlo, 714-5
Millon-Delsol, Chantal, 717
Milner, Max, 561
Milton, John, 294, 330, 561
Miossens, 261
Mirabaud, Jean-Baptiste de, 322, 425-6, 428, 442
Missika, J.-L., 662
Mithra, 65
Mitton, Damien, 253, 262
Mnaseas de Patras, 55
Moigno, abade, 576
Moisés, 79, 87, 89, 104, 128, 148, 154, 156, 166, 172, 176-7, 182, 185, 188, 193-4, 232, 250, 263, 317, 319-20, 322, 328, 331, 352, 420, 454, 456-7, 525, 574, 582, 632
Molanus, 219
Molé, Mathieu, procurador-geral, 235
Moleschott, Jakob, 563, 630
Molière, 259
Moncony, 237
Monod, Jacques, 676
Monson, lady, 172
Montagu, Robert, 295
Montaigne, Michel de, 73, 146, 148, 179, 227, 292, 363, 387, 480-1
Montalembert, conde de, 542
Montazet, arcebispo de Lyon, 446
Montbel, senhora de, 269
Montéhus, 550
Montesquieu, 301, 314, 441-2
Montfaucon, Bernard de, 320
Montmorency, conde de, 249
Montmorency, duque de, 225
Moore, G. E., 673

More, Thomas, 149
Morellet, André, 370, 474
Morelly, abade, 370, 461-5
Moreri, Louis, 88
Morin, Jean, 162
Morin, Jean-Baptiste, 243
Morra, Gianfranco, 609
Moulinas, René, 529
Mozart, Wolfgang Amadeus, 447
Muchembled, Robert, 98, 411
Muggleton, Lodowick, 293
Muratori, Ludovico Antonio, 320
Muret, Marc-Antoine, 147-8, 197

N

Naigeon, Jacques-André, 178, 365, 368, 424, 479, 506-7
Nancy, Jean-Luc, 720
Napoleão, Jerônimo, príncipe, 560
Nassau, Maurice de, 292
Naudé, Gabriel, 186, 213, 216, 238, 244-5, 289-90, 363, 476
Naudet, abade, 567
Navez, Napoléon, 559
Nerval, Gérard de, 689
Nestis, 38
Neufchâteau, François de, 521
Newbigin, Leslie, 667
Newton, Isaac, 302-3, 322, 328, 336, 347, 470, 493, 679
Nicaise, abade, 274
Nicanor de Chipre, 55, 76
Niceron, J. P., 188, 197
Nicolas de Autrecourt, 94
Nicolau de Cusa, cardeal, 94
Nicole, Pierre, 258, 318, 470
Nicolescu, Basarab, 708
Nietzsche, Friedrich, 498, 606, 622, 625-7, 629-30
Nieuwentyt, 493
Niphus, 126
Noailles, conde de, 291
Noailles, marechal de, 364
Nobletz, padre, 411
Nodier, Charles, 368
Noé, 182, 317, 580-1

Nogent-Bautru, senhora de, 261
North, lorde, 171
Numa, 185

O

Ochino, Bernardino, 187
Odone, Jean-Angel, 190
Ogier, padre François, 234-5
Olechtchouk, 639
Olimpiodoro, 41
Oresme, Nicole d', 104
Orígenes, 76, 133, 176
Orléans, duque de, 238, 246, 270, 361
Orléans, duquesa de, 322
Orte, Bernard d', 106
Ortega y Gasset, José, 672
Oseias, 453
Osíris, 65
Ostrowiecki, Hélène, 237
Ovídio, 164, 199, 442
Ozanam, Frederico, 596

P

Paganini, G., 214, 217
Palatina, princesa, 402, 442
Palingenius, 290
Panat, barão de, 232, 260
Panckouke, Charles Joseph, 368
Paracelso, 132
Paré, Ambroise, 144, 147
Parent, François, 510, 513
Paris, Yves de, 222
Parker, 186
Parmênides, 4, 37
Parodi, Dominique, 609
Parrain, Jacques, 265
Pascal, Blaise, 216-7, 219, 227, 254, 258, 264, 267, 269, 273, 279, 470, 689
Pasteur, Louis, 576
Patin, Guy, 216-7, 242-3, 250, 258, 289, 476
Paul, Jacques, 106
Paul, Jean-Marie, 438-9
Paulo V, 285
Paulo VI, 648, 652, 654, 665

ÍNDICE ONOMÁSTICO

Paulo, são, 65, 67, 121, 127, 133, 480, 526
Payot, François, 269
Pécaut, Félix, 562
Peland, professor, 275
Pellault, Étienne, 213
Pérelle, Antoine-Robert, 421-2
Péricles, 40-1
Pernoud, Régine, 71
Pérouas, Louis, 381
Perpiniano, jesuíta espanhol, 138
Perrault, Claude, 307
Perseu, 54
Petrarca, 80, 124
Petrônio, 448
Pettazzoni, Raffaele, 13
Pfeiffer, Auguste, 271
Pfister, 632
Phares, Simon de, 148
Phélypeaux, Jacques-Antoine, 403
Picard, Marcel, 646
Pichon, Thomas, 366
Pico della Mirandola, Giovanni, 386
Pidansat de Mairobert, 455
Pier della Vigna, 88
Pierrard, Pierre, 546
Pigray, Pierre, médico, 146
Pilatos, Pôncio, 355, 696
Pinard, padre, 372
Pintard, René, 124, 237, 241, 264
Pio IX, 115, 550, 584
Pio X, 115, 585
Pirro, 246
Pissini, Andrea, padre olivetano, 281
Pitágoras, 6, 49, 442
Pitodoro, 40
Planissoles, Béatrice de, 106
Platão, 43, 47-52, 61-2, 68, 193, 442, 495
Plélo, conde de, 421
Plessis-Parscau, conde de, 539
Plínio, 125, 161, 165, 190, 232, 244, 333, 363
Plongeron, Bernard, 465, 527
Pluche, abade, 430
Plutarco, 41, 46, 58, 63, 75
Pluzanski, Tadeusz, 682
Pocock, 315

Poelffy, conde, 467
Poggio, 103
Poiret, Pierre, 277
Políbio, 55, 63
Polignac, Melchior, cardeal de, 403, 453
Pollot, 138
Pólux, 54
Pomeau, René, 447
Pompeo Colonna, Francesco Mario, 310
Pomponazzi, Pietro, 124-6, 166, 232
Pont, René du, 220
Popkin, R. H., 214
Porfírio, 67, 164, 166, 232
Possevin, Antonie, padre jesuíta, 205
Postel, Guillaume, 137, 161, 177, 183, 195-7
Poulain de la Barre, 276
Prades, Jean-Marie de, abade, 314, 370, 456
Prévost, abade, 314, 370
Priestley, John, 335, 472
Prioleau, 238
Pródico de Ceos, 54
Propércio, 164
Protágoras, 39-40, 44, 75, 299
Proudhon, Pierre Joseph, 556, 572, 589
Provine, William, 677
Pucci, Francisco, 187
Pufendorf, Samuel, 271
Purshall, G., médico inglês, 310
Puy-Herbault, frei Gabriel de, 120

Q

Quéniart, Jean, 370
Quillet, 238
Quinet, Edgar, 573, 600

R

Rabaut de Saint-Étienne, 519
Rabelais, François, 71, 119-23, 137, 183-4, 235, 240, 363, 727
Racle, Louis, 379
Radicati, 429, 449
Raemond, Florimond de, 168, 177, 196-7
Rahner, Karl, 658

Raleigh, sir Walter, 148, 172
Ramsay, cavaleiro de, 317, 430
Raphaël, Paul, 650
Rapin, jesuíta, 243
Rapp, Francis, 99
Ratzinger, cardeal, 658, 705
Rauzi, Pierre, 107-8
Ravachol, 551
Ray, John, botânico, 322
Raynal, abade, 370, 393, 401, 415, 455, 474
Raynaud, 186
Réaumur, René Antoine Ferchault de, 467
Rebreviettes, 220, 222
Reclus, Paul, 558
Redondi, Pietro, 280
Réginon de Prüm, 110
Régis, Pierre Sylvain, 274-5, 305
Regius, 274
Régnier de La Planche, Louis, 130
Reik, T., 633
Reimarus, Hermann Samuel, 439
Reimmann, J. F., 124
Rémi, abade, 443
Rémi, Nicolas, juiz, 144
Rémond, René, 549, 652
Renan, Ernest, 76, 80, 124, 368, 416, 440, 536-8, 548, 560, 562, 572-3, 577, 580-2, 584, 586, 589, 592-6, 602, 619, 691
Renaudet, abade, 320
Retat, Laudyce, 592-3, 595
Rétif de La Bretonne, 372
Réville, Albert, 587
Rey-Mermet, T., 661
Richelieu, cardeal de, 238
Richelieu, duque de, 402
Richer, Léon, 562
Richter, Johann Friedrich, 433-4, 439
Robert, conde de Mortaux, 95
Robert, Pancrace, 508
Robespierre, Maximilien de, 462, 474, 516-7, 521-3, 525-6
Robinet, André, 374-5
Robinet, Jean-Baptiste René, 479
Robinot, Louis-Augustin, cônego, 431

Robinson, John, 667
Robinson, Richard, 699
Roche, Daniel, 474
Rochemont, senhor de, 261
Roger, Jacques, 467, 493
Rohault, 266
Roland, Madame, 360, 369, 424
Rollin, chanceler, 317
Roma, jacobino, 162
Romains, Jules, 689
Romainville, 238, 260
Romier, Lucien, 140
Rômulo, 232
Ronsard, Pierre de, 121
Rops, Daniel, 255
Roquelaure, cavaleiro de, 238-9, 258, 260-1, 264
Roquette, Gabriel de, 262
Roscelino, 86
Rostand, Jean, 652, 676, 691
Rotondo, Antonio, 170
Roubaud, 370
Rousseau, Jean-Baptiste, 268, 407
Rousseau, Jean-Jacques, 364, 450-1, 454-5, 461, 462-3, 474, 520, 544, 562
Rousseaux, François, 569
Roux, Jacques, 370, 511
Rovere, Antonio, 288
Rozanov, Vassili, 647
Ruggieri, Cosimo, 124, 149, 232
Russell, Bertrand, 648, 650, 674, 691
Russo, François, 680
Ruth, 319
Ruyer, Raymond, 679
Ruzé, conselheiro do Parlamento, 162
Rymer, 320

S

Sabinus, Floridus, 192
Sablé, marquesa de, 276
Sade, marquês de, 436, 444, 460-1, 489-91
Sagan, Françoise, 690
Sailli, padre jesuíta, 205
Saint-Cyran, abade de, 236

ÍNDICE ONOMÁSTICO

Sainte-Aldegonde, Marnix de, 168
Sainte-Beuve, Charles Augustin, 218, 253-5, 264, 323, 560, 593
Saint-Évremond, 252-3, 269, 387, 401, 448
Saint-Exupéry, Antoine de, 690
Saint-Hilaire, Barthélemy de, 29
Saint-Just, Louis Antoine Léon, 462, 526
Saint-Martin, Louis Claude de, 529, 602
Saint-Pavin, poeta, 253
Saint-Pierre, abade, 370, 372
Saint-Réal, 253
Saint-Simon, duque de, 262, 269, 360, 401-2, 600
Saint-Vicent, Robert de, 418
Salimbene, Fra, cronista, 88
Salomão, 330
Salomé, Lou Andreas, 675
Samuel, 319
Sanctius, historiador, 88
Santayana, George, 592
Sara, 582
Sarrette, músico, 516
Sartre, Jean-Paul, 670, 692
Saumaise filho, 271
Saumaise, Claude, 292
Saurin, Élie, 448
Saurin, Jacques, 287, 448
Saury, 370
Savary, 238
Savella, Troïlo, 290
Savignan, Arnaud de, 106
Savonarola, Girolamo, 185
Saxe-Gotha, duque de, 467
Saxe-Weimar, duque de, 467
Scaliger, Joseph Juste, 121, 137, 197
Scargill, 329
Scève, Guillaume, 190-1
Schatzman, Evry, 655
Schelling, Friedrich Wilhelm Joseph, 598, 618
Schlegel, Friedrich von, 618
Schlegel, Jean-Louis, 704
Schleiermacher, Friedrich, 527, 597, 623
Schmidt, padre Wilhelm, 13
Schmitt, Jean-Claude, 74-5

Schmitt, Thérèse-Jean, 380
Scholtus, Robert, 720
Schooyans, Michel, 657
Schopenhauer, Arthur, 564, 606, 622, 624, 627, 630
Schupp, 219
Scioppius, Gaspar, 189
Scoraille, padre de, 575
Scotus, franciscano, 89
Séailles, Georges, 592
Sebonde, Ramon de, 179
Séguier, chanceler, 455-6, 473-4
Ségur, Philippe de, 602
Seidel Menchi, Silvana, 126
Sembat, Marcel, 558
Semer, Thomas, 102
Senancour, Étienne de, 442, 444
Sêneca, 125, 148, 242, 244, 269, 427, 448
Sennert, David, 282
Sépher, abade, 424
Serápis, 65
Serchl, Antoine, 565
Serres, Louis de, 240
Sertillanges, padre, 690
Servet, Jacques, 222
Servet, Michel, 147, 156, 183, 190, 195, 198, 562
Servien, 268
Sève, Bernard, 49, 94, 703
Sévigné, Madame de, 276
Sexto Empírico, 54, 67, 69
Shaftesbury, conde de, 330-1, 335, 387
Shakespeare, William, 211, 358
Sherlock, John, 332
Sicre, Raymond, 107
Sicurus, Dorotheus, 329
Siegfried, André, 533-4, 549, 553, 569
Sieyès, abade, 370, 373
Sigal, P. A., 95
Siger de Brabante, 72, 81-3
Silhon, 222
Simão de Tournai, 89
Simão, o Mago, 149
Simon, Jules, 557, 563
Simon, Richard, oratoriano, 318, 320-1, 350

Simônides de Ceos, 64, 125
Sísifo, 54
Skrzypek, Marian, 400
Sleidan, Jean, 158
Smahel, Frantisek, 141
Smith, Bridget, 429
Smith, Richard, encadernador, 429
Soboul, Albert, 511, 516, 520
Sócrates, 42-4, 47, 246, 330, 448, 470, 544
Sófocles, 62
Sólon, 185
Sonning, financista, 268
Sorbière, 238
Sorel, Georges, 238
Spaventa, Bertrando, 608-9
Spencer, Herbert, 13, 585
Spencer, John, 319
Spener, Philipp Jakob, 219
Spink, J. S., 217, 237-8, 251, 366, 283, 298
Spinoza, Baruch de, 253-4, 276-8, 303, 308-9, 311-2, 319-21, 327, 331-3, 335, 349-50, 363, 383-4, 387-8, 399, 421, 423, 460, 471, 476, 598
Spitzel, 1
Stackhouse, Thomas, 332
Stahl, George-Ernest, médico, 306
Stalin, 639
Starbuck, E. D., 631
Steffens, Heinrik, 598
Stepanoff, 639
Stirner, Max, 622-4
Stosch, 399
Stouppe, 276
Strauss, David, 580, 586, 619
Strowski, M., 216
Strozzi, Filippo, 148
Strozzi, Pierre, 205
Stuart Mill, John, 621
Suard, Jean-Baptiste, 365
Suarez, Francisco, 281
Suchodolski, B., 400
Suidas, 44
Surin, jeusíta, 142
Swedenborg, Emmanuel, 465, 597

Swieten, barão Van, 467
Swift, Jonathan, 323, 329, 335
Sydenham, Thomas, 232
Sygiert, J., 401

T

Tácito, 244
Taine, Hippolyte, 560, 589, 595
Tales, 36, 39
Tallemant des Réaux, Gédéon, 216, 248, 260-1
Tântalo, 58
Tarot, inspetor de ensino, 533
Taurisano, duque de, 284
Taxil, Léo, 369, 550, 560, 567
Tchernychevski, Nikolai, 617
Teilhard de Chardin, Pierre, 671, 682
Telésio, Bernardino, 186, 266, 280, 310
Tempier, Étiennne, 80
Tendriakov, escritor, 647
Teodoreto de Ciro, 75
Teodoro de Cirena, dito Teodoro, o Ateu, 4, 42, 45-6, 62, 64, 75-6, 363
Teodósio I, o Grande, 529
Teófilo de Constantinopla, 231
Teofrasto, 37, 46, 298
Terêncio, 63
Teresa do menino Jesus, santa, 556
Teresa, madre, 658
Terrasson, 372
Tertuliano, 112
Thenard, barão, 576
Thierry de Chartres, 84
Thiers, Jean-Baptiste, 412
Thomas, Keith, 29, 102
Thomasius, jurista alemão, 219, 271
Thomassin, Louis, 313
Thompson, E. P., 545
Thomson, Ann, 427
Thomson, John, 102
Thorez, Maurice, 644, 646
Thou, François-Auguste de, 213
Tibulo, 164
Ticiano, 184
Tício, 58
Tillotson, doutor, 328

ÍNDICE ONOMÁSTICO

Tindal, 332, 335, 387
Tissot, médico, 457
Tobias, 228-9, 234
Tocanne, 237
Togliatti, Palmiro, 682
Toland, John, 321, 330-1, 334-5, 387, 427
Tolosain, Antoine, pregador, 169
Tomás de Aquino, santo, 82-3, 91-2, 125, 194
Tomás de Cantimpré, 89
Tomasini, 186
Toralbe, 215
Touly, Antoine de, 360
Tournemine, padre, 314, 319, 344
Touron, abade, 445
Toussaert, J., 110
Toussaint, 455
Trasímaco, 54
Tresmontant, Claude, 37, 582-4, 659-60
Triboniano, 363
Trinius, 399
Tristan, Flora, 601
Tronchin, médico, 447, 457
Trouiller, Joseph, 212, 238
Tschirnhaus, Ehrengried Walter von, 219
Tucídides, 53
Turberville Needham, John, abade, 306-7
Turenne, marechal da França, 258
Turmel, Joseph, abade, 76, 572, 581, 584
Turner, William, 297
Tylor, Edward, 12
Tyssot de Patot, 308

U

Urbano V, 110
Urbano VIII, 290
Ursio, Andrea, 127

V

Vacherot, filósofo, 586
Vahanian, Gabriel, 667
Vairasse, Denis, 267-8
Valadier, Paul, 719
Valéry, Paul, 689

Vallée des Barreaux, Jacques, 248
Vallée, Geoffroy, 139, 147, 198, 234
Van Helmont, Jean-Baptiste, 264
Vanini, Lucilio, dito Giulio Cesare, 124, 130, 198, 221, 224-5, 232, 260, 283-8, 299, 327, 334-5, 362, 388, 470
Vanni, jesuíta, 281
Varlin, Eugène, 557
Varrão, 244
Vartanian, Aram, 493
Vasari, Giorgio, 132
Vauquelin des Yveteaux, Nicolas, 248
Veillard-Baron, Jean-Louis, 525
Veleio Patérculo, 64
Vendôme, duque de, 248
Vendôme, irmãos, 268
Venturino, Diego, 315
Vera, Augusto, 608
Vergote, Antoine, 632-3, 692-4
Verilhac, Gilbert, 652
Verlet, Henri, 557
Verthamon de Chavagnac, Michel de, 456
Veyne, Paul, 36
Viau, Théophile de, 213, 221, 225, 248-9
Vicente de Paula, são, 219, 254, 260
Vicq d'Azyr, Félix, 457
Vigor, Simon, 155
Vilgardo de Ravena, 89
Villani, cronista, 88
Villeneuve, Simon de, 190, 195-6
Villers, abade, 274
Villers, Charles de, 578
Vinchon, Rémi, 510
Vintimille, monsenhor de, 406
Virchow, Rudolf, 563
Viret, Pierre, 121, 131, 138-9, 157-8, 212
Virgílio, 89, 442
Visagier, 192
Voët, Gilvert, 271, 287
Voetius, 187
Vogt, Karl, 563, 630
Voisin, padre, 225, 459
Volguine, V. P., 369
Volland, Sophie, 335, 451
Volney, conde de, 479, 524

Voltaire, 21, 178, 198, 237, 268, 287, 307-8, 314, 364-5, 368, 374, 385, 387, 398, 403, 434, 442-3, 446-8, 450-5, 457, 459, 463, 467-72, 480, 482, 519, 532-3, 543-4, 562, 567, 591
Vossius, Isaac, 291-2
Vovelle, Michel, 404-6, 507

W
Wagner, Nicolas, 464
Walker, Brian, 171
Wallenstein, Albrecht von, 204
Walpole, Horace, 472
Wang Chaung, 30
Wasik, W., 400
Weber, Henri, 120
Weishaupt, Adam, 466
Wells, H. G., 590
Werner, Zacharias, 467
Weyer, 232
Wezel, Johann Carl, 489-90
Whiston, William, 322, 327, 332
Whitehead, Alfred, 675
Wier, Jean, 146
Wilkes, John, 335

Willis, Thomas, medico, 282
Willoughby, lorde, 295
Wilmot, John, 327
Winstanley, 293
Wise, Thomas, 333
Wittgenstein, Ludwig, 673
Wolff, Christian, 304, 439
Woolston, 321, 332, 387

X
Xenófanes de Cólofon, 4, 37
Xenofonte, 43

Y
Yang-Xu, 30
Yvon, abade, 315

Z
Zacarias, padre, 264
Zenão de Citio, 54-5, 246
Zeus, 38, 42, 53-4, 56
Zola, Émile, 577
Zoroastro, 525
Zvorykin, A. A., 646
Zwingli, Ulrich, 128

SOBRE O LIVRO

Formato: 16 x 23 cm
Mancha: 27 x 42 paicas
Tipologia: Iowan Old Style 10/13,1
Papel: Pólen Print 80 g/m² (miolo)
Cartão Supremo 250 g/m² (capa)
1ª edição: 2014

EQUIPE DE REALIZAÇÃO

Capa
Estúdio Bogari

Edição de texto
Mariana Echalar (Preparação de original)
Vivian Miwa Matsushita (Revisão)

Editoração Eletrônica
Sergio Gzeschnik (Diagramação)

Assistência Editorial
Alberto Bononi

Impressão e Acabamento

Bartiragráfica

(011) 4393-2911